GEIRIADUR
DICTIONARY

GEIRIADUR TERMAU
DICTIONARY OF TERMS

Golygydd/Editor:

JAC L. WILLIAMS

Cyhoeddwyd ar ran Ysgol Addysg Prifysgol Cymru

Published on behalf of the University of Wales School of Education

1973
CAERDYDD
GWASG PRIFYSGOL CYMRU
UNIVERSITY OF WALES PRESS
CARDIFF

Argraffiad cyntaf 1973
First edition 1973

Adargraffiad clawr papur 1987
Reprint in paperback 1987

Adargraffwyd 1988, 1990, 1991
Reprinted 1988, 1990, 1991

ⓑ Prifysgol Cymru, 1973
© University of Wales, 1973

Cyhoeddwyd yr argraffiad cyntaf ar ran Ysgol Addysg Prifysgol Cymru. Cyhoeddwyd yr adargraffiad hwn ar ran Pwyllgor Termau Technegol y Bwrdd Gwybodau Celtaidd.

The first edition was published on behalf of the University of Wales School of Education. This reprint was published on behalf of the Technical Terms Committee of the Board of Celtic Studies.

British Library Cataloguing in Publication Data
Geiriadur termau = Dictionary of terms.
 1. Welsh language—Dictionaries—
English   2. English language—Dictionaries
—Welsh
I. Williams, Jac L.
491.6'6321   PB2191
ISBN 0-7083-0999-2

Cedwir pob hawl. Ni cheir atgynhyrchu unrhyw ran o'r cyhoeddiad hwn na'i gadw mewn cyfundrefn adferadwy na'i drosglwyddo mewn unrhyw ddull na thrwy unrhyw gyfrwng electronig, mecanyddol, ffoto-gopïo, recordio, nac fel arall, heb ganiatâd ymlaen llaw gan Wasg Prifysgol Cymru, 6 Stryd Gwennyth, Caerdydd CF2 4YD.

All rights reserved. No part of this book may be reproduced, stored in a retrieval system, or transmitted, in any form or by any means, electronic, mechanical, photocopying, recording or otherwise, without clearance from the University of Wales Press, 6 Gwennyth Street, Cardiff CF2 4YD.

Argraffwyd ym Mhrydain Fawr gan Antony Rowe Cyf.
Printed in Great Britain by Antony Rowe Ltd.

BYRFODDAU / ABBREVIATIONS

A.	Addysg (*Education*)
a.	ansoddair (*adjective*)
ad.	adferf (*adverb*)
Ag.	Addysg Gorfforol a Mabolgampau (*Physical Education and Athletics*)
ardd.	arddodiad (*preposition*)
B.	Bioleg (*Biology*)
be.	berf (*verb*)
C.	Cerddoriaeth (*Music*)
Ce.	Cemeg (*Chemistry*)
Cel.	Celfyddyd a Chrefft (*Art and Craft*)
Co.	Coginio (*Cookery*)
Cr.	Crefft (*Craft*)
Ch.	Chwaraeon ac Adloniant (*Games and Leisure*)
D.	Daearyddiaeth (*Geography*)
e.	enw (*noun*)
eb.	enw benywaidd (*feminine noun*)
eg.	enw gwrywaidd (*masculine noun*)
ell.	enw lluosog (*plural noun*)
Ff.	Ffiseg a Mathemateg (*Physics and Mathematics*)
G.	Gwaith Coed (*Woodwork*)
Gb.	Gwniadwaith a Brodwaith (*Needlework and Embroidery*)
H.	Hanes (*History*)
ll.	lluosog (*plural*)
n.	noun
n.f.	noun, feminine
n.m.	noun, masculine
n.p.	noun, plural
prx.	prefix
rhag.	rhagddodiad (*prefix*)
S.	Swyddfa a Busnes (*Office and Business*)
Th.	Theatr (*Theatre*)
un.	unigol (*singular*)
v.	verb

INTRODUCTION

This dictionary reflects the effort of many people engaged in education in Wales to produce lists of terms required for the teaching of a number of school subjects through the medium of Welsh. Many other countries wishing to develop education through the medium of a language that has not been widely used in the past for educational and administrative purposes are facing a similiar problem. A brief account of the manner in which the problem has been tackled in Wales is therefore included in this introductory note. This is in response to many requests received at the Collegiate Faculty of Education at Aberystwyth for information about what is happening in relation to the development of terminology in Welsh.

The initiative in the preparation of ten lists of terms was taken by the Faculty of Education of the University College of Wales. These lists were:—

Termau Addysg (Education).
Termau Daearyddiaeth (Geography).
Termau Mathemateg (Mathematics).
Termau Bioleg (Biology).
Termau Addysg Gortforol a Mabolgampau (Physical Education and Athletics).
Termau Chwaraeon ac Adloniant (Games and Recreation).
Termau Ffiseg a Mathemateg (Physics and Mathematics).
Termau Coginio (Cookery).
Termau Gwniadwaith, Brodwaith, Gwau a Golchwaith (Needlecraft, Embroidery, Knitting and Laundrywork).
Termau Swyddfa a Busnes (Business and Office).

Work on these lists extended over a period of twelve years and the production of each list consisted of the steps listed below:—

1. The Dean or the Liaison Officer of the Faculty suggested to the Executive Committee of the Faculty that a Vocabulary Committee be established to prepare a provisional list of terms required for the

teaching of a particular subject through the medium of Welsh. The Vocabulary Committee usually consisted of (*a*) the Dean of the Faculty as Chairman; (*b*) the Liaison Officer as Secretary; (*c*) two or three members of the staff of the University Department of Education who happened to be interested in encouraging the use of Welsh as a medium of teaching the subject selected; (*d*) two representatives of Trinity College Carmarthen, a bilingual College of Education that is associated with the University College; (*e*) two Welsh speaking members of the staff of the relevant University Department, if available, to provide expert guidance on the meaning of terms to be rendered into Welsh; (*f*) two bilingual teachers from schools in the Faculty area, preferably with some experience of teaching the subject through the medium of Welsh. In the production of some lists persons other than teachers were invited, e.g., the Principal of Aberystwyth College of Further Education, the Secretary of the University Department of Education and a Bank Manager to serve on the Vocabulary Committee that launched *Termau Swyddfa a Busnes*.

2. A provisional list of terms required was drawn up by members of staff of the University Department of Education, usually the lecturer or lecturers responsible for Method Courses on the teaching of this subject. The person responsible for this initial step was not always Welsh-speaking, e.g., the first Biology list was produced by Mr. H. T. Conway, the Department's non-Welsh-speaking specialist in Biology Teaching Methods and was based on short dictionaries of biological terms available in other languages.

3. The Collegiate Faculty's Vocabulary Committee met regularly at fortnightly intervals, usually for two or three university terms, to produce the list of Welsh equivalents and to add and delete terms as seen fit. Each member was expected to do some homework and to come to each meeting with suggestions and comments for 400-600 terms.

4. The list produced was typed and distributed to a number of teachers and other persons interested for use and for comment.

5. The comments were collated by the Dean and presented to a further meeting or meetings of the Collegiate Faculty's Vocabulary Committee.

6. A revised list was then typed and copies forwarded to the University of Wales School of Education for further consideration and revision by the University Faculty of Education's Translation Committee. This committee consisted of four representatives of the Collegiate Faculties of the University College of North Wales, Bangor, and four representatives of the University College of Wales, Aberystwyth, nominated by the Deans of the respective Faculties, and usually drawn from the staff of the University Department of Education and a College of Education. A representative of the Welsh Department of the Ministry of Education was also present when some of the later lists were revised. This committee met usually over a long week-end, three or four times in the course of each university session, at a convenient residential centre under the chairmanship of Professor J. E. Caerwyn Williams, then Head of the Department of Welsh at the University College of North Wales and with Mr. Aneurin Davies, then Secretary of the University School of Education's Translation Committee.

7. A new list, revised and usually lengthened, produced by this committee was distributed by the University Faculty and the two Collegiate Faculties for experimental use and for comment by teachers known to be interested.

8. After an interval of at least one year this list was further considered, revised and extended by the University Faculty of Education's Translation Committee.

9. This finally revised list was presented to the Board of Celtic Studies of the University of Wales for approval.

10. Further consideration of the list by the University Faculty of Education Committee was undertaken if deemed to be necessary in the light of any comments received from the Board of Celtic Studies.

11. The University of Wales Press published the list of terms.

Two of these lists, covering Education and Geography, went out of print fairly soon and revised lists covering these two subjects were produced and published in the same manner.

Other lists of Welsh terms have been produced in a more direct manner. The Board of Celtic Studies sponsored the publication of *Termau Technegol* as early as 1950, covering terms already used for presenting knowledge of Grammar, Phonetics, Ethics, Metaphysics, Aesthetics, Logic, Music and Chemistry through the medium of Welsh in university classes and in Welsh periodicals. A group of Welsh-speaking scientists working in the University College of Wales and at the Welsh Plant Breeding Station, Aberystwyth, were meeting regularly in the 1950s to produce lists of terms required for discussing rural science and veterinary science in Welsh. Their lists were published in the periodical *Gwyddor Gwlad*. The Board of Celtic Studies sponsored the production of *Termau Hanes* (History) during the same period. *Termau Theatr* was published in 1964, based on a list for which the author, Mr. R. Emrys Jones, was awarded a prize at the National Eisteddfod in 1961. *Termau Crefft* (Craft) and *Termau Gwaith Coed* (Wood Work) were produced by a panel established by the University of Wales Press. Lists of scientific terms, arising out of contributions to each issue have been published in the Welsh scientific journal *Y Gwyddonydd*. Other lists, usually taken from radio and television news bulletins in Welsh, have been published in *Arolwg*. The Welsh Office produced a list of terms relevant to administration and local government. All these lists were consulted when this dictionary was compiled and edited.

Teachers and others have been inclined to complain that the various lists already published are inadequate because they do not give guidance on gender. It has also been suggested by many teachers that the lists should be gathered together to form *Geiriadur Termau* — a dictionary of Terms. This volume represents an attempt to meet these suggestions.

The preparation of this dictionary involved making a card index of all lists published up to 1970 and making suggestions concerning the gender of each term. The card index, amounting to almost 100,000 items revealed many repetitions and also a surprisingly large number of inconsistencies. The conversion of the lists into one volume involved a considerable amount of work and the University School of Education sponsored the conversion by making available to the Aberystwyth Collegiate Faculty of Education the services of two graduate assistants, the one, Mr. Eirwyn George, a native Welsh-speaker from a rural area and the other, Mrs. Eileen Faithfull, an honours graduate who had learned Welsh as a second language. Both worked at Aberystwyth under the direction of the Dean of the Collegiate Faculty.

An attempt has been made to follow some basic principles governing the determination of gender and plural forms; but established usage in the Welsh language demanded that certain exceptions to general practice be allowed. When the editor was in doubt as to whether a term should be regarded as masculine or feminine there was more than a tendency to adopt the masculine gender. Adopting the masculine form reduces the demands of mutation in Welsh and is also in line with natural development in other languages where there is a gender pattern somewhat similar to that of Welsh. In general, terms to be regarded as masculine end in *-adur, -al, -deb, -der, -dod, -dra, -ed, edr, edd, -er, -had, -i, -iad, -iant, -id, -in, -ineb, -ni, -od, -og, -rwydd, -waith, -wm, -ws, -wch, -wr, -yd, -ydd, -yn,* and terms to be regarded as feminine end in *-ach, -aeth, -as, -eb, -ed, -eg, -ell, -em, -en, -es, -fa, -igaeth, -og, -wraig, -yddes.* There has been a similar attempt to follow a general pattern in the determination of plural forms in the light of information on current practice, as presented by Mr. T. Arwyn Watkins in his linguistic study of modern Welsh and reported in his volume *Ieithyddiaeth* (University of Wales Press).

It is inevitable that some subjective factors, opinions may be, should enter into decisions reached by groups of people and individuals working in the field of vocabulary production. The listing of terms required for studying various subjects through Welsh in schools is not exceptional.

Those who wish to promote the development and the use of the Welsh language through such activity are comparatively fortunate. Welsh is a well developed language and it has been used as a medium of literature for fifteen centuries. It has a comparatively rich vocabulary. The living language provides a large number of terms, but in many examples some limitation of meaning may be necessary, e.g., a panel working on terminology for Physics recommended that *grym* should be used for *force* and *nerth* for *power,* two Welsh words that have been used over a long period to represent the meaning of the two English terms without discrimination. The Welsh language is well endowed with prefixes and suffixes and these are used to attach different shades of meaning to the same basic word, e.g., *-ydd* for an instrument or agent, *-wr* for a person in words such as *recordydd* for *tape recorder* and *recordiwr* for the person who uses the tape recorder.

Two short words are often combined to represent the exact meaning of some terms. Extensive use is made of words that are already well established in other languages, e.g., *diwifr* that had been used by thousands of Welsh speakers for a *wireless set* was abandoned in favour of *set radio*. Scientific terms with their origin in Latin or Greek appear in large numbers in the dictionary, but often slightly modified in spelling, or given a Welsh ending, to enable them to settle naturally and gracefully into the living national language of Wales. Sometimes users of this dictionary are offered a choice, e.g., *projector* or *taflunydd* for the word *projector*. In the case of many words ending in -*eg* the choice of gender has been left open as there is a tendency to regard many such words as masculine when they refer to a school subject but as feminine when used in another context, e.g., *mathemateg*.

This dictionary does not include all the terms that teachers and others are liable to need as the use of the Welsh language is extended for educational and administrative purposes. Language, by its very nature, is dynamic and it is hoped that the vocabulary of Welsh will continue to grow and to change. Nevertheless, the editor hopes that the number of words included is adequate to enable users to produce, almost instinctively, other terms they may require. It is hoped that users will be encouraged in due course to "create" or adopt very many new words to enrich the language. It is also hoped that they will be assisted and guided in that process of creation and decision by the experience of using this dictionary and of absorbing unconsciously some of the underlying principles that were adopted by various committees and panels when the original lists were formulated. Language cannot be developed to any significant extent by the mere presentation of a list of new words. It lives and develops by natural and spontaneous usage. If these terms remain in lists and dictionaries on shelves and never circulate in natural speech and writing, the labour of those who produced or listed them will have been almost in vain.

Those who have devoted so much time to the production of lists of Welsh terms from which this dictionary has been compiled, the two paid assistants and the editor will not be disappointed if their suggestions do not find universal acceptance. A really living language should get new words naturally from its speakers through spontaneous creation and repeated usage but the Welsh language is not in a position to do so in relation to the impact of science, technology, economics and administration on the daily lives of Welsh-speakers in the latter half of the twentieth century. It is hoped that this dictionary, produced in 1970-71, will make some small contribution towards undermining one of the unfortunate consequences of an Education Act of Parliament that brought English-medium education, a hundred years earlier, within reach of every child in Wales.

The editor wishes to thank many colleagues in the field of education who encourage the growth of Welsh-medium teaching in schools and who foster the extension of the use of the national language in the social and cultural life of Wales. Their contributions, directly or indirectly, have made this volume possible. A special word of thanks is due to Mr. Berian Williams (lecturer in Science Teaching Methods) and Mr. G. J. Jones (Tutor Librarian of the Aberystwyth Collegiate Faculty of Education, for helping with checking and proof reading, and also to Mr. Gerwyn Lewis and the University School of Education for facilitating publication.

The editor will be pleased to receive criticism and suggestions for improvements for a revised edition that may be forthcoming before the end of the present decade if there is satisfactory response to this publication.

JAC L. WILLIAMS.
St. David's Day 1971.

P.S. *Termau Llywodraeth Leol* was published after this dictionary was completed and a selection of terms from that list was incorporated at the printing stage. Some legal terms were also added from a list presented to the editor by Professor Hywel Moseley.

RHAGAIR

Gan fod Cymry sy'n debyg o ddefnyddio'r *Geiriadur Termau* yn medru deall a defnyddio'r iaith Saesneg cystal â Saeson ni wnawn ail-adrodd cynnwys yr *Introduction* yn Gymraeg. Cyflwynwyd y wybodaeth honno yn Saesneg am fod llythyrau'n cyrraedd Cyfadran Addysg Coleg Aberystwyth o bryd i'w gilydd o amryw wledydd yn holi beth yw'r sefyllfa ynglŷn â chynhyrchu termau Cymraeg at ddibenion addysgol a gweinyddol. Dichon fod llawer yng Nghymru hefyd yn ymddiddori yn y gweithgarwch termyddol hwn a heb fod yn gwybod sut y trefnwyd y gwaith.

Mae dwy agwedd sylfaenol i'r gwaith y ceisiwyd ei wneud dros y Gymraeg gan Gyfadran Addysg Coleg Prifysgol Cymru yn Aberystwyth yn ystod y deng mlynedd diwethaf.

(*a*) Datblygu dulliau mwy effeithiol o ddysgu'r Gymraeg fel ail-iaith. Dilynwyd tri llwybr: (1) Datblygu'r Dull Dwyieithog fel dull effeithiol o gyflwyno a datblygu medr mewn iaith newydd ac yn arbennig yn y Gymraeg. Mae'n ddull arbennig o addas ar gyfer Cymru gan fod angen ymarfer mewn cadw dwy iaith ar wahân, yn ogystal â datblygu medr yn y ddwy brif iaith berthnasol i'r sefyllfa addysgol yn y wlad hon. Cyhoeddwyd disgrifiad manwl o'r dull yn y gyfrol *The Bilingual Method* (C. J. Dodson); (2) Hybu datblygiad dwyieithedd cynnar trwy danseilio polisi aflwyddiannus y gorffennol o beidio â chyflwyno'r Gymraeg fel ail-iaith i blant dan 7 oed a gosod yn ei le bolisi "Dwy Iaith Naturiol yn Chwech Oed". Cyhoeddwyd adroddiadau ar yr arbrofion a wnaed yn y gyfrol *Towards Bilingualism, Bwletin y Gyfadran 1972* a chanlyniad arolwg o lwyddiant yr ysgolion meithrin Cymraeg yn y gyfrol *Yr Ysgol Feithrin Gymraeg*. Testun llawenydd fu gweld Adroddiad Gittins a'r Cyngor Ysgolion yn rhoi hwb i'r syniad yn ei flaen; (3) Hwyluso dysgu'r Gymraeg i oedolion trwy lunio llawlyfrau fel *Cymraeg i Oedolion* (R. M. Jones) a *Cwrs Cymraeg Llafar* (D. L. James).

(*b*) Datblygu a hyrwyddo dysgu trwy'r Gymraeg ar bob lefel addysgol. Sefydlwyd cyrsiau trwy gyfrwng y Gymraeg yn Adran Addysg y coleg hyd at lefel Gradd Anrhydedd neu radd ymchwil, yn ogystal â chynnig cyrsiau trwy'r Gymraeg fel cyrsiau hyfforddi llawn-amser a rhan-amser i athrawon. Symbylwyd a noddwyd cyfres o lyfrau at astudio Addysg trwy'r Gymraeg (*Ysgrifau ar Addysg* Cyfrolau 1-5.)

I'r un maes o weithgarwch y perthyn y geiriadur hwn ac y mae'n adlewyrchu llafur llawer iawn o bobl dros gyfnod o ddeng mlynedd, llafur cariad bron i gyd, gan na thalwyd neb am bwyllgora, na llunio rhestri, na chywiro proflenni, neb ond y cynorthwywyr ymchwil y medrwyd eu cyflogi trwy nawdd Cyfadran Addysg y Brifysgol at roi ffurf derfynol i'r gwaith.

Sylweddolwn fod problem fawr iawn yn aros, sef trosglwyddo'r termau hyn o dudalennau'r Geiriadur i wefusau pobl Cymru. Mae'n rhaid i ni ddysgu gwyddona, gweinyddu, cadw cyfrifon, a chyfreithia trwy'r iaith Gymraeg, yn ogystal â gweddïo a chyfansoddi llenyddiaeth ynddi ac yn ychwanegol at ei dysgu fel pwnc mewn ysgolion. Rhaid i Gymraeg a bywyd bob dydd pobl Cymru asio'n naturiol ac yn gadarn wrth ei gilydd os yw'r Gymraeg i fyw. Mae i addysg le yn y datblygiad hwn, a dyna paham y teimlwyd ei bod yn ddyletswydd ar Gyfadran Addysg i roi sylw arbennig i'r ddarpariaeth o dermau y mae'n rhaid wrthynt. Sylweddolwn, er hynny, na all addysgwyr ac athrawon achub iaith heb gefnogaeth gyffredinol y gymdeithas y mae ysgolion a sefydliadau addysgol eraill yn ceisio'i gwasanaethu.

JAC L. WILLIAMS.
Gŵyl Ddewi 1972.

SAESNEG–CYMRAEG
ENGLISH–WELSH

A

abacus, *nm,* abacws
abandon, *v,* gadael; rhoi i fyny; cyfradael (*D*)
abatement notice, *nm,* rhybudd diddymiad
abattoir, *nm,* lladd-dy
abaxial, *a,* allechelin
abbey, *nm,* abaty
abbreviation, *nm,* byrfodd
abdomen, *nm,* abdomen
abduct *v,* llathruddo
aberration, *nm,* egwyriant
abet, *v,* cefnogi
abetter, *nm,* cefnogwr
ability, *nm,* gallu; medr; *nf,* dawn
   native ability, gallu cynhenid
   specific ability, gallu arbennig
ablate, *v,* abladu
ablation, *nm,* abladiad
abnormal, *a,* annormal
abnormality, *nf,* annormalaeth; *nm,* abnormaledd
aboriginal, *nm,* cynfrodor
aborigines, *np,* cynfrodorion
abort, *v,* erthylu
abortion, *nm,* erthyliad; aborsiwn
abortionist, *nm,* erthylydd; erthylfeddyg
abortive, *a,* erthylog; annhymig; aflwyddiannus; ofer
abrade, *v,* sgriffio; sgrafellu
abraded, *a,* sgrafellog
abrase, *v,* sgrafellu
abrasion, *nm,* sgraffiniad; sgrafelliad; sgriffiad; ysgythrad
   minor abrasions, mân sgriffiadau
abrasive, *nm,* sgraffinydd
abscess, *nm,* cornwyd; crawniad; casgl; *nf,* crynhofa; *nm,* croniad
abscissa, *nm,* absisa
abseil, *nm,* abseil; *v,* abseilu
absence, *nm,* absenoldeb; absen
   absence with leave, absenoldeb gyda chaniatâd
absent, *a,* absennol
absentee, *nm,* absenolwr; absenolyn

absenteeism, *nm,* absenoldeb; absenoledd; absen; *nf,* absenoliaeth
absolute, *a,* absoliwt; diamod
   absolute discharge, *nm,* rhyddhad diamod
absolution, *nm,* absolwsiwn; gollyngdod
absolutism, *nf,* absolwtiaeth
absorb, *v,* amsugno
absorbance, *nm,* amsugniant
absorbent, *a,* amsugnol; *nm,* amsugnydd
   absorbent ground, *nm,* grwnd amsugnol
absorption, *nm,* amsugniad;
abstract, *a,* haniaethol; *nf,* haniaeth; *nm,* crynhoad; *nmf,* crynodeb; *v,* haniaethu; crynhoi; tynnu allan; tynnu
   abstract term, *nm,* term haniaethol
   near abstract, lled-haniaethol
abstraction, *nf,* haniaeth; *nm,* tyniad
absurd, *a,* afresymol
   Theatre of the Absurd, *nf,* Theatr yr Afreswm
abundance, *nm,* llaweredd
abundant, *a,* helaeth
abut, *v,* ymylu ar; ffinio â
abutment, *nm,* ategwaith
abyss, *nm,* affwys
abyssal, *a,* affwysaidd
academicism, *nf,* academiaeth
academy, *nf,* academi
   The Royal Academy of Arts, Academi Frenhinol y Celfyddydau
acanthus, *nm,* acanthws
Acarina, *np,* Acarina
accelerate, *v,* cyflymu
accelerated, *a,* cyflymedig
acceleration, *nm,* cyflymiad
accelerator, *nm,* cyflymiadur
accent, *nf,* acen; *v,* acennu
accept, *v,* derbyn
acceptance for honour, *nm,* cytuniad i anrhydeddu (*S*)

1

acceptor, *nm,* cytunwr
access, *nm,* mynediad; *nf,* mynedfa
  main road access, mynediad i briffordd
  rear access, ôl-fynedfa
accessary, *a,* affeithiol
accessibility, *nm,* hygyrchedd
accessible, *a,* hygyrch
accessions, *np,* derbynion
accessories, *nf,* cyfwisgoedd (*Gb*); ategolion
accessory, *a,* ategol; cynorthwyol; *nm,* affeithiwr
  accessory course, *nm,* cwrs ategol
acciaccatura, *nm,* aciacatwra
accidental, *nf,* hapnod; (*pl,* hapnodion)
accident-prone, *a,* damweinlon; damweingar
acclimatize, *v,* hinsoddi; ymhinsoddi
accolade, *nm,* acolâd
accommodation, *nm,* lle; arle; cymhwysiad (*Ff*)
accompaniments, *np,* cyfwydydd (*Co*)
accompanist, *nm,* cyfeilydd
accomplice, *nm,* cyd-droseddwr; affeithiwr; acwmplydd
accordant, *a,* cyfuwch
account, *nm,* cyfrif
  account day, *nm,* dydd cyfrif
  appropriation account, cyfrif dosbarthu
  current account, cyfrif cyfredol
  deposit account, cyfrif adnau
  payee account, cyfrif taledigwr
  trading account, cyfrif masnachu
accountancy, *nmf,* cyfrifeg
accountant, *nm,* cyfrifydd
accredit, *v,* achredu
accretion, *nm,* croniant; ymgasgliad
  interstellar accretion, ymgasgliad rhyngserol
accumulate, *v,* crynhoi; casglu; ymgasglu
accumulated, *a,* cronedig
accumulation, *nm,* cronnedd
  filter accumulation, cronnedd ffilter
accumulator, *nm,* cronadur
accuracy, *nm,* cywirdeb
accuse, *v,* cyhuddo

accused, *a,* cyhuddedig
acelluar, *a,* anghellog
acetabulum, *nm,* acetabwlwm
acetate, *nm,* asetyn; asetad (*Ce*)
acetic, *a,* asetig
acetonaemia, *nm,* asetonaemia; asidedd gwaed
acetone, *nm,* aseton
acetylcholine, *nm,* asetylcolin
acetylene, *nm,* asetylên
  acetylene welding, *v,* weldio asetylên
achene, *nm,* achen
achlamydeous, *a,* aclamydaidd
achromatic, *a,* acromatig; diliw
acid, *nm,* asid
  ascorbic acid, asid asgorbig
  dilute acid, asid gwan
  nitric acid, asid nitrig
  sulphuric acid, asid sylffwrig
acidic, *a,* asidig
acidity, *nm,* asidrwydd; surni (yn y stumog)
acidulated, *a,* asidaidd
ack-ack, *nm,* ac-ac (*Th*)
acknowledge, *v,* cydnabod
acme, *nm,* acme
acne, *nm,* acne
acnode, *nm,* acnod
acolyte, *nm,* acolit
acorn, *nf,* mesen
acoustic, *a,* acwstig
acoustics, *nmf,* acwsteg; clybodeg
acquire, *v,* caffael
acquired, *a,* caffaeledig
  acquired characteristics, *np,* nodweddion caffael
acquisition, *nm,* caffaeliad
  acquisition of skills, caffaeliad medrau
acquisitive, *a,* caffaelgar
acquisitiveness, *nm,* caffaelgaredd
acquit, *v,* diheirio; dienogi; rhyddfarnu
acquittal, *nm,* diheiriad
Acrania, *nm,* Acrania
acre, *nm,* erw; acer
acrilan, *nm,* acrilan
acrobat, *nm,* acrobat; llamhidydd (*Th*)
acroliths, *np,* acrolithiau

ACROPETAL

acropetal, *a*, acropetal
acroteria, *np*, acroteria
act, *nf*, gweithred; deddf; act; *v*, actio
  Act of God, Gweithred o Dduw
  Act of Parliament, Deddf Seneddol
  Homicide Act, Deddf Galanas
  knock-about act, act golbio
actinomorphic, *a*, actinomorffig
actinomycete, *nm*, actinomycet
Actinozoa, *np*, Actinozoa
action, *nf*, gweithred; *nm*, gweithrediad; gweithiad; arwaith; symud (*Th*); achos
  solvent action, gweithred doddi (*D*)
activation, *nm*, actifiant
activator, *nm*, actifadur
active, *a*, bywiog; actif; gweithgareddol
activity, *nm*, actifedd; gweithgarwch; gweithgaredd
  co-operative activity, *nm*, cydweithgarwch
  group activities, *np*, gweithgareddau grŵp
  human activity, gweithgaredd dyn
  introductory activity, gweithgaredd rhagarweiniol
  solar activity, gweithgaredd yr haul
actor, *nm*, actor
  actor's preparation, *nm*, paratoad actor
  all-round actor, actor amryddawn
actor-manager, *nm*, actor-reolwr
actor proof, *a*, actorol
actress, *nf*, actores
actuary, *nm*, actwari
acute, *a*, llym; gwyllt (ynglŷn â chlefydau)
adagio, *ad*, adagio; *nm*, adagio
adapt, *v*, addasu; cymhwyso; cyfaddasu; ymaddasu
adaptability, *nm*, addasedd; cymhwysedd
adaptable, *a*, addasadwy
adaptation, *nm*, addasiad; cyfaddasiad
adaptive, *a*, addasol
adaptor, *nm*, adaptor; addasydd; cymhwysydd
adaxial, *a*, adechelin
add, *v*, adio

ADMINISTRATIVE

addend, *nm*, adend
addiction, *nm*, ymroad
addition, *nm*, adio; adiad
  complementary addition, adio cyflenwol
  equal addition, adio cyfartal
additional, *a*, ychwanegol
  additional pieces, *np*, ychwanegion
additive, *a*, adiol; ychwanegol; *nm*, adchwanegiad; adiolyn
  additive lighting, *nm*, golau ychwanegol (*Th*)
  colour additive, adiolyn lliw
address, *nm*, cyfeiriad; *v*, cyfarch
adenosine triphosphate, *nm*, triffosffad adenosin
adhere, *v*, adlynu; ymlynu; glynu wrth
adherence, *nm*, ymlyniad
adhesion, *nm*, adlyniad
adhesive, *a*, adlynol; gludiog; *nm*, adlyn; gludydd
adiabatic, *a*, adiabatig
adjacent, *a*, cyfagos
adjoined, *a*, cydiedig
adjoint, *a*, atgydiol; *nm*, atgyd
adjourn, *v*, gohirio
adjournment, *nm*, gohiriad
adjudge, *v*, gofarnu
adjudication, *nm*, gofarniad
adjust, *v*, cymhwyso; addasu; ymaddasu
adjustable, *a*, addasadwy
  adjustable jumping stands, *np*, pyst neidio addasadwy
adjustment, *nm*, addasiad; cymhwysiad; ymaddasiad
  adjustment to society, ymaddasiad i gymdeithas
ad-lib, *v*, byrfyfyrio; ad-libio
administer, *v*, gweinyddu; adweinyddu
  administer an oath, gweinyddu llw
administrate, *v*, gweinyddu
administration, *nm*, gweinyddiad; *nf*, adweinyddiaeth
  letter of administration, *nm*, llythyr gweinyddu; llythyr cymun
administrative, *a*, gweinyddol

administrator, *nm*, gweinyddwr
administrator of estate, gweinyddwr ystad
administratrix, *nf*, gweinyddwraig
admiral, *nm*, llyngesydd
admissibility, *nf*, derbyniadwyaeth
admissible, *a*, derbynadwy
admissible statement, *nm*, datganiad derbynadwy
admission, *nm*, admisiwn; mynediad; cydnabyddiad; cyfaddefiad; derbyniad (tystiolaeth)
admit, *v*, cyfaddef
admit an offence, cyfaddef trosedd
admittance, *nm*, derbyniant
admixture, *nm*, cymysgiad
adnate, *a*, adnawd
adobe, *nm*, adobe
adolescence, *nm*, adolesens; llencyndod
adolescent, *a*, adolesent; llencynnol
adrenalin, *a*, adrenalin
adsorb, *v*, arsugno
adsorption, *nm*, arsugniad
adulterate, *v*, difwyno; eddylltru
adulteration, *nm*, llygriant; difwyniad; eddylltrad
adulthood, *nf*, oedolaeth
advance, *nm*, blaenswm; *v*, blaensymu (*S*); blaensymud (*H*); blaenu (*Ff*)
advance payment, *nm*, benthyciad; blaendâl
advance-manager, *nm*, rhagdrefnydd (*Th*)
advantage, *nm*, mantais
mechanical advantage, mantais fecanyddol
advect, *v*, llorfudo
advection, *nm*, llorfudiad
advective, *a*, llorfudol
adventure, *nm*, antur
adventure training, *nm*, hyfforddiant antur
advertise, *v*, hysbysebu
advertising agent, *nm*, asient hysbysebu
advertising media, *np*, cyfryngau hysbysebu
advertisement, *nf*, hysbyseb
advisory, *a*, cynghorol; ymgynghorol

advocacy, *nf*, adfocatiaeth
advocate, *nm*, hyrwyddwr; dadleuwr; tafodog (*H*)
advowry, *nm*, adfowri (*H*)
advowson, *nm*, adfowswn
adytum, *nm*, adytwm
adze, *nf*, neddyf; bwyell gam
Aegean, *a*, Aegeaidd
Aeolian, *a*, Aeolaidd
aerate, *v*, awyru
aerated, *a*, awyrog
aeration, *nm*, awyriad
aerenchyma, *nm*, aerencyma
aerial, *nf*, erial; aerol
aerobic, *a*, aerobig
aerodynamics, *nmf*, aerodynameg
aeronautics, *nmf*, aeronoteg
aerospace, *nm*, awyrofod
aesthetic, *a*, esthetig
aesthetics, *nmf*, estheteg
aestivation, *nf*, aestifiaeth
aether, *nm*, aether
affect, *nm*, affaith; *v*, affeithio
affectation, *nm*, mursendod; rhodres; affeithiad; cynhesrwydd teimlad; serch
affectionate, *a*, serchog
affective, *a*, affeithiol
affectivity, *nm*, affeithiolrwydd
affeer, *v*, afferu
affeeror, *nm*, afferiad; afferwr
afferent, *a*, afferol; atygol
affidavit, *nm*, affidafid; (*pl*, affidafidion)
swear an affidavit, *v*, tyngu affidafid
affiliation, *nm*, perthnasiad; *nf*, tadogaeth
affine, *nm*, affin
affinity, *nm*, affinedd
affirmation, *nm*, cadarnhad
affluent, *a*, goludlawn; *nf*, llednant
afforest, *v*, fforestu
afforestate, *v*, coedwigo; fforestu
afforestation, *nm*, coedwigiad; *nf*, coedwigaeth
affray, *nf*, affrae
aforesaid, *a*, a enwyd uchod
afterbirth, *nm*, olesgor; brych
after-care, *nm*, ôl-ofal
after-care of patients, ôl-ofal cleifion
afterglow, *nm*, oldywyn; golewych

after-piece, *nm,* ôl-chwarae
after-ripen, *v,* araeddfedu
agar, *nm,* agar
agate, *nm,* aget
agba, *nm,* agba
age, *nm,* oedran
  age hardening *v,* oed-galedu
  age scale, *nf,* graddfa oedran
  basal age, oedran cynsail
  chronological age, oedran cronolegol
  educational age, oedran addysgol
  mental age, oedran meddyliol
age-group, *nm,* grŵp oedran; oed-grŵp
agency, *nm,* cyfrwng; *nf,* asiantaeth
agenda, *nm,* agenda
agent, *nm,* cyfrwng; gweithredydd; asiant
  estate agent, asiant ystadau
  forwarding agent, *nm,* blaenyrrwr
age-range, *nf,* ystod oedran
agglomerate, *nf,* llosgarnedd; *nm,* athyriad; *v,* athyrru
agglutination, *nm,* cyfludiad
aggradation, *nm,* adraddiad
aggrade, *v,* adraddu
aggregate, *nm,* cyfanrhed; agreg; *v,* agregu
aggression, *nm,* treisgyrch; ymosodedd
aggressive, *a,* ymosodgar; ymosodol
aggressiveness, *nm,* ymosodgaredd
aggressor, *nm,* treisgyrchwr; ymosodwr
agility, *nm,* ystwythder
  agility exercises, *np,* ymarferion ystwytho
agio, *nm,* agio
agistment, *nf,* porfelaeth
agitator, *nm,* tyrfell; tarfwr
agnate, *a,* agnawd; *nm,* agnawd
Agnatha, *np,* Agnatha
agora, *nm,* agora
agrarian, *a,* amaethol
agreement, *nm,* cytundeb
agriculture, *nmf,* amaethyddiaeth
agronomist, *nm,* agronomegwr
Agrostis, *nm,* Agrostis
aid, *nm,* cymorth; *nf,* cymhorthdreth; *v,* cynorthwyo

aiding and abetting, cynorthwyo ac annog
aide, *nm,* cymhorthiad; gweinydd
aids, *np,* cymhorthion
aiguille, *nm,* *aiguille*
aileron, *nm,* is-adain; adeinig
aim, *nm,* diben; amcan; aneliad; *v,* anelu
air, *nf,* awyr; *nm,* aer; *v,* crasu caledu; eiro
  air mass, *nm,* awyrgorff
  air pressure, *nm,* awyrbwysedd
  air survey, *nm,* arolwg awyr
  fresh air, awyr iach
  upper air, awyr uchaf
air-bladder, *nf,* chwisigen awyr
air-condition, *v,* nawsaeru
air-field, *nm,* maes awyr
  air-field landing strip, *nf,* llain lanio
  air-field runway, *nf,* rhedffordd
air-lock, *nm,* aerglo
air-mail, *nm,* post awyr
air-marshal, *nm,* awyr-lywydd
air-port, *nm,* porth awyr
air-resistance, *nm,* gwrthiant yr awyr
air ring, *nf,* clustog awyr; cylchen awyr
air-sacs, *np,* codennau awyr
airtight, *a,* aerglos
aisle, *nf,* eil; ale; asgell; *nmf,* ystlys
alb, *nm,* alb
albatross, *nm,* albatros
albedo, *nm,* albedo
albinism, *nm,* albinedd
albumen, *nm,* albwmen
alburnum, *nm,* gwynnin
alchemist, *nm,* alcemydd
alchemy, *nm,* alcemi
alcohol, *nm,* alcohol
  ethyl alcohol, ethyl alcohol
alcove, *nf,* clugell; *nm,* alcof
Alcyonaria, *np,* Alcyonaria
aldehyde, *nm,* aldehyd
alder, *nf,* gwernen
alderman, *nm,* henadur
aleurone, *nm,* alewron
  aleurone grains, *np,* gronynnau alewron
alga, *nf,* alga
Algae, *np,* Algae
algebra, *nmf,* algebra; algebreg

algebraic, *a,* algebraidd
algebraic number, *nm,* rhif algebraidd
algorithm, *nm,* algorithm
alibi, *nm,* alibi
alidade, *nm,* alidad
alien, *nm,* estronwr
alienate, *v,* arallu
alienation, *nm,* aralliad
align, *v,* alino; alinio; cyfunioni
aligned, *a,* cyfunion
alignment, *nm,* aliniad (*Ff*); cyfunioniad (*Cr*); llinelliad (*Th*)
alimentary, *a,* maethol
 alimentary canal, *nf,* pibell faeth
aliquot, *a,* alicwot
alkali, *nm,* alcali
alkaline, *a,* alcalinaidd
alkalinity, *nm,* alcalinedd
alkaloid, *nm,* alcaloid
allantois, *nm,* alantois
allegation, *nm,* alegasiwn
allege, *v,* honni
allegiance, *nf,* dyledogaeth; *nm,* teyrngarwch; teyrngaredd
allegory, *nf,* alegori
allelomorph, *nm,* alelomorff
 multiple allelomorphs, *np,* lluos alelomorffau
allelomorphic, *a,* alelomorffig
allemande, *nm,* *allemande*
alley, *nf,* ali
 bowling alley, ali fowlio
alliance, *nm,* cynghrair
allied, *a,* perthynol; cynghreiriol
allocate, *v,* dyrannu
allocation, *nm,* dyraniad
allonge, *nm,* estynneb
allopolyploid, *nm,* alopolyploid
allot, *v,* alotio
allotetraploid, *nm,* alotetraploid
allotment, *nm,* alotiad (*S*); lotment (*D*); lleindir
allotropic, *a,* alotropaidd
allotropy, *nm,* alotropi
allowance, *nm,* lwfans
 break down allowance, lwfans colli iechyd
 entertainment allowance, lwfans croesawu; lwfans adloniant
 initial allowance, lwfans cychwynnol
 mileage allowance, lwfans milltiredd
 subsistence allowance, lwfans cynnal
alloy, *nm,* aloi
 bronze alloy, aloi efydd
 y alloy, aloi y
allspice, *nm,* pupur Jamaica
alluvial, *a,* llifwaddodol
 alluvial deposits, *np,* dyddodion llifwaddod
 alluvial fan, *nm,* bwa llifwaddod
 alluvial plain, *nm,* gwastatir llifwaddod
alluvium, *nm,* llifwaddod
ally, *nm,* cynghreiriad
almain, *nm,* *almain*
almond, *nf,* almon
almoner, *nm,* almonydd; elusennwr; almonwr; *nf,* elusenwraig; almonwraig
almonry, *nm,* elusendy; *nf,* elusenfa
aloft, *ad,* fry; i fyny (*Th*)
alopecia, *nm,* alopecia
alp, *nm,* alp
alpha, *nf,* alffa
 alpha particle, *nm,* gronyn alffa
alphabet, *nf,* yr wyddor
alpine, *a,* alpaidd
Alps, *np,* Yr Alpau
altar, *nf,* allor
altarage, *nm,* allordal
altar-piece, *nm,* allorun; reredos
alternate, *a,* eiledol; ar yn ail; bob yn ail; *v,* eiledu; aryneilio
alternating, *a,* eiledol
alternation, *nm,* eilededd
 alternation of generation, eilededd cenedlaethau
alternativo, *a,* *alternativo*; *nm,* *alternativo*
alternator, *nm,* eiliadur
altimeter, *nm,* altimedr
altiplane, *nm,* altiplan
altitude, *nm,* uchder
alto, *nm,* alto
 alto clef, *nf,* allwedd yr alto; *nm,* cleff yr alto
alto-relievo, *nm,* cerfwedd uchel; *alto-relievo*
altruism, *nm,* allgaredd
altruistic, *a,* allgarol

alum, *nm*, alwm
alumina, *nm*, alwmina
aluminium, *nm*, alwminiwm
alveolus, *nm*, alfeolws
amalgam, *nm*, amalgam
amalgamate, *v*, aruno
amalgamation, *nm*, aruniad
amateur, *a*, amatur; *nm*, amatur
ambassador, *nm*, llysgennad
amber, *a*, ambr; melyngoch; *nm*, ambr; amber
ambidexterity, *nm*, amddeheurwydd
ambiguous, *a*, amwys
ambit, *nm*, cwmpasiad
ambo, *nm*, ambo
ambry, *nm*, ambari
ambulatory, *nf*, cerddedfa; rhodianfa
amend, *v*, diwygio
amendment, *nm*, gwelliant
amerce, *v*, amersu
amercement, *nm*, amersiad
American, *a*, Americanaidd
americanisation, *nm*, americaneiddiad
americanise, *v*, americaneiddio
amenity, *nm*, amwynder
Ametabola, *np*, Ametabola
amino acid, *nm*, amino-asid; asid amino
amitosis, *nm*, amitosis
ammeter, *nm*, amedr
ammonia, *nm*, amonia
ammoniac, *a*, amoniac
  sal ammoniac, sal amoniac
ammonite, *nm*, amonit
ammonium, *nm*, amoniwm
amnesia, *nm*, amnesia; collgof
amnesty, *nm*, amnest
amnion, *nm*, amnion
Amoeba, *nm*, Amoeba
amoeboid, *a*, amoebaidd
amorino, *nm*, amorino
amorphous, *a*, di-ffurf; amorffus
amortisation, *nm*, amorteiddiad
amount, *nm*, swm; cyfanswm
ampere, *nm*, amper
Amphibia, *np*, Amphibia
amphimixis, *nm*, amffimicsis
amphibious, *a*, amffibus
Amphineura, *np*, Amphineura
Amphioxus, *nm*, Amphioxus
Amphipoda., *np*, Amphipoda

amphi-prostyle, *nm*, amffi-prostyl
amphitheatre, *nf*, amffitheatr; *nm*, cemaes
amplification, *nm*, mwyhad
amplified, *a*, mwyedig
amplifier, *nm*, mwyhadur; chwyddleisydd
amplify, *v*, mwyhau; chwyddo
amplitude, *nm*, arg; osgled
  amplitude of tide, osgled llanw
amputate, *v*, trychu
amputation, *nm*, trychiad
amyl, *nm*, amyl
  amyl acetate, asetad amyl
amylase, *nm*, amylas
anabolism, *nm*, anabolaeth
anachronism, *nm*, anacroniad
anacrusis, *nm*, anacrwsis
anaemia, *nm*, anaemia; diffyg gwaed
  pernicious anaemia, anaemia niweidiol; anaemia gwyllt
anaerobic, *a*, anaerobig
anaesthesia., *nf*, cwsg feddygaeth
anaesthetics, *np*, anaesthetigion
anaesthetize, *v*, anaesthetigo
analgesia, *nm*, analgesia
analogous, *a*, cydweddol; cydwedd; analogaidd
analogue, *nm*, analog; cydwedd
analogy, *nm*, cydweddiad
analyse, *v*, dadansoddi
analyser, *nm*, dadansoddydd
  monetary flow analyser, dadansoddydd llif ariannol
analysis, *nm*, dadansoddiad; analysis
  factor analysis, dadansoddi ffactorau
  quantitative analysis, dadansoddiad maintolus, dadansoddiad ansoddol
analytic, *a*, dadansoddol; analytig
analytical, *a*, dadansoddol; analytig
  analytical continuation, *nm*, helaethiad analytig
anaphase, *nm*, anaffas
anarchist, *nm*, anarchydd
anarchistic, *a*, anarchyddol
anarchy, *nf*, anarchiaeth
anastomosis, *nm*, anastomosis
anatomy, *nmf*, anatomeg; anatomi
anatropous, *a*, anatropus
ancestor, *nm*, hynafiad

ancestral, *a*, hynafiadol
anchor, *nf*, angor
anchorage, *nf*, angorfa
anchovy, *nm*, ansiofi
ancient monument, *nm*, henebyn; (*pl*, henebion)
ancillary, *a*, ategol
ancone, *nm*, ancon
andiron, *nm*, brigwn
androecium, *nm*, androeciwm
anemometer, *nm*, anemomedr
anemophilous, *a*, anemoffilus
anemophily, *nm*, anemoffiledd
aneroid, *nm*, aneroid
aneurin, *nm*, anewrin
angelica., *nm*, *angelica*
anger, *nm*, dicter
angiosperm, *nm*, angiosberm
Angiospermae, *np*, Angiospermae
angle, *nf*, ongl
  acute angle, ongl lem
  adjacent angle, ongl gyfagos
  alternate angle, ongl eiledol
  angle of depression, ongl ostwng
  angle of elevation, ongl godi
  at an angle, ar ogwydd
  clearance angle, ongl gliriad
  complementary angle, ongl gyflenwol
  corresponding angle, ongl gyfatebol
  dihedral angle, ongl ddeuhedral
  exterior angle, ongl allanol
  glancing angle, ongl arwyneb
  hour angle, ongl awr
  interior angle, ongl fewnol
  obtuse angle, ongl aflem
  reflex angle, ongl atblyg
  right angle, ongl sgwar
  supplementary angle, ongl atodol
  vertically opposite angle, ongl croesfertig
anglicisation, *nm*, seisnigiad; seisnigo; seisnigeiddio
anglicise, *v*, seisnigo (iaith); seisnigeiddio (cymdeithas)
Anglo-Norman, *a*, Eingl-Normanaidd; *nm*, Eingl-Norman
Anglo-Saxon, *a*, Eingl-Seisnig; *nm*, Eingl-Sais
angular, *a*, onglog

angular deformation, *nm*, anffurfiad ongl
angular magnification, *nm*, mawrygiad ongl,
angular perspective, *nm*, persbectif onglog
angularity, *nm*, onglogrwydd
anharmonic, *a*, anharmonig; *nm*, anharmonig
anhydrous, *a*, anhydrus
animism, *nf*, animistiaeth
animistic, *a*, eneidigol; eneidyddol
anion, *nm*, anïon
anisogamy, *nf*, anisogamiaeth
ankle, *nf*, ffêr
annal, *nm*, blwyddnod
annate, *nm*, anawd; blaenffrwyth
anneal, *v*, anelio
annealing, *nm*, aneliad
Annelida, *np*, Annelida
annex, *v*, cyfeddiannu
annexation, *nm*, cyfeddiant
annihilate, *v*, difodi
annoint, *v*, eneinio
annotate, *v*, annodi
announce, *v*, cyhoeddi
announcement, *nm*, cyhoeddiad
annual, *a*, blynyddol; *nm*, unflwydd
  annual ring, *nm*, cylch unflwydd
  annual thickening, *nm*, tewychu cylchol
annuity, *nm*, blwydd-dâl; blwydddaliad
annular, *a*, anwlar (*Ff*); cylchol (*B*)
annulet, *nm*, anwlet
annulus, *nm*, anwlws
anode, *nm*, anod
anodize, *v*, anodeiddio
anodontia, *nm*, anodontedd
anomalous, *a*, anrheolaidd; anomalus
anomaly, *nm*, anomaledd
Anoplura, *np*, Anoplura
anorexia, *nm*, anorecsia; anchwant bwyd
anoxia, *nm*, anocsia
answer, *nm*, ateb
  Answer (in fugue), yr Ateb
  approximate answer, ateb agos
  real answer, ateb gwir; cyfateb gwir
  rough answer, ateb bras
anta, *nm*, anta

ANTAGONISM   9   APPARATUS

antagonism, *nf,* gwrthwynebiaeth
antagonist, *nm,* gwrthwynebydd
antarctic, *a,* antarctig
antecedent, *a,* rhagosodol; *nm,* rhag-flaenydd
   antecedent in canon, *nm,* rhag-flaeniad
antecedental, *a,* rhagosodol
ante-natal, *a,* cyn-geni; cyn-enedigol
   ante-natal care, *nm,* gofal cyn-geni
antenna, *nm,* antena
antennule, *nm,* antenwl
anterior, *a,* blaen
   anterior root, *nm,* nerf anterior
anthemion, *nm,* anthemion
anther, *nm,* anther
antheridium, *nm,* antheridiwm
antherozoid, *nm,* antherosoid
anthesis, *nm,* ffluriant; anthesis
anthocyanin, *nm,* anthocyanin
anthoxanthin, *nm,* anthocsanthin
anthracite, *nm,* glo carreg
anthrax, *nm,* anthracs; clefyd y ddueg; y clwy du
anthropoid, *a,* anthropoid
anthropology, *nmf,* anthropoleg
antibiotic, *a,* antibiotig
antibiotics, *np,* antibiotigion
antibody, *nm,* antibodi
antic, *a,* antig; *nm,* antig
   antic work, *nm,* gwaith antig
anticipate, *v,* rhag-weld
anticipatory, *a,* rhagddyfalus
anticlimax, *nm,* disgynneb; anti-climacs
anticlinal, *a,* anticleinol
anticline, *nm,* anticlein
anticlinorium, *nm,* anticlinoriwm
anticlockwise, *a,* gwrthgloc
anticyclone, *nf,* antiseiclon
   blocking anticyclone, antiseiclon rwystr
anticyclonic, *a,* antiseiclonig
antifreeze, *nm,* gwrthrew; gwrth-rewyn
antigen, *nf,* antigen
anti-logarithm, *nm,* gwrthlogarithm
antimony, *nm,* antimoni
antinode, *nm,* antinod
antiparallel, *a,* gwrthbaralel
antiphase, *a,* gwrthwedd

antipodes, *nm,* cyferbwynt; *np,* antipodes
antiproton, *nm,* antiproton
antique, *nm,* hynafolyn
   antique dealer, *nm,* gwerthwr hynafolion
antiquity, *nf,* hynafiaeth
antiseptics, *np,* antiseptigion
antisymmetric, *a,* gwrthgymesur
antisymmetry, *nm,* gwrthgymesuredd
anti-trades, *np,* gwrthwyntoedd trafnid
Anura, *np,* Anura
anuria, *nm,* carchar dŵr
anus, *nm,* anws
anvil, *nf,* eingion; einion
   anvil face, *nm,* wyneb eingion
   anvil horns, *np,* cyrn eingion; heyrn sgrôl
   bickern anvil, eingion gyriog
anxiety, *nm,* pryder
   anxiety state, *nm,* cyflwr pryder
   anxiety symptom, *nmf,* arwydd pryder
aorta, *nm,* aorta
aortic, *a,* aortig
   aortic arch, *nm,* bwa aortig
apartheid, *nm,* apartheid
apartment, *nm,* apartment; rhandy
apathy, *nm,* apathi
apatite, *nm,* apatit
aperiodic, *a,* digyfnod
aperture, *nf,* agorfa
apetalous, *a,* dibetal
apex, *nf,* apig
Aphaniptera, *np,* Aphaniptera
aphasia, *nm,* affasia
aphasic, *a,* affasig; *nm,* affasig
aphelion, *nm,* affelion
Aphis, *nm,* Aphis
aphoria, *nm,* afforia
apical, *a,* apigol
apocarpous, *a,* apocarpus
apogee, *nm, apogee*
apologist, *nm,* apolegwr
apomixis, *nm,* apomicsis
apoplexy, *nm,* parlys mud; apoplecsi
appanage, *nf,* apanaeth
apparatus, *np,* offer; *nm,* cyfarpar; aparatws
   improvised apparatus, offer arbar

manufactured apparatus, offer parod
portable apparatus, offer cludol
structural apparatus, offer strwythurol
apparent, a, ymddangosol
apparitor, nm, aparitor
appeal, nf, apêl; v, apelio
  appeal against decision, apelio yn erbyn dyfarniad
  appeal dismissed, gwrthodir yr apêl
appear, v, ymddangos
  appear in a play, ymddangos mewn drama
appellant, nm, apeliwr
appellate jurisdiction, awdurdod apêl
appendage, nm, atod
  biramous appendage, atod deugainc
appendix, nm, apendics; atodiad
  vermiform appendix, apendics fermiffurf
apperception, nm, cyfarganfod; cyfarganfyddiad
appetite, nm, chwant
applause, nf, cymeradwyaeth
  nm, curo dwylo
apple, nm, afal
  baked apple, afal pob
  cooking apple, afal digoni; afal coginio; afal cwcio
application, nm, cymhwysiad; cais; nf, ceiseb
applied, a, cymhwysol; cymwysedig (A); gosod (Gb)
  applied braid, nm, brêd gosod
  applied facing, nm, ffesin gosod
  applied flounce, nm, ffflowns gosod
  applied humanities, np, dyniaethau cymhwysol
  applied linguistics, nf, ieithyddiaeth gymhwysol
  applied mathematics, nmf, mathemateg gymhwysol
  applied mechanics, nmf, mecaneg cymhwysol
applique, nm, applique; addurn gosod
apply, v, cymhwyso; gwneud cais
  apply for bail, gofyn am fechnïaeth

appoggiatura, nm, appoggiatura
appoint, v, penodi
  the appointed day, nm, y dydd a enwyd
appointment, nm, penodiad; apwyntiad; apwyntment
appreciate, v, gwerthfawrogi
appreciation, nm, gwerthfawrogiad
apprehend, v, dirnad
apprehension, nf, dirnadaeth
apprentice, nm, prentis
apprenticeship, nf, prentisiaeth
approach, nm, nesâd; nf, dynesfa; ffordd o fynd ati; v, nesáu; dynesu
appropriate, v, adfeddu
appropriation, nm, adfeddiad
appropriator, nm, adfeddwr
approve, v, aprofi; cymeradwyo
approver, nm, aprofwr
approximate, a, agos; bras; v, brasamcanu; lledamcanu
approximately, ad, tua
approximation, nm, brasamcan; lledamcan
apraxia, nm, apracsia
apricot, nm, apricot; nf, bricyllen
apron, nf, ffedog; barclod
  cookery apron, ffedog goginio
apse, nf, aps; cromgafell; nm, cromfan
apsidal, a, cromfannol
apteral, a, apteral
Apterygota, np, Apterygota
aptitude, nf, dawn; nm, tueddfryd
aqua, nm, acwa
aquarium, nm, acwariwm
  aquarium heater, nm, gwresogydd acwariwm
aquatic, a, dyfrol; yn tyfu mewn dŵr
  acquatic acts, np, campau dŵr
aquatint, nm, acwatint
aqueduct, nf, traphont ddŵr
aqueous humour, nm, gwlybwr y llygad
aquifer, nm, acwifer
arabesque, a, arabesg; nm, arabesg
arable, a, âr
arachnid, nm, arachnid
Arachnida, np, Arachnida

arachnoid, *a,* arachnoid; *nm,* arachnoid
arbitrage, *nm,* abitrais
arbitrary, *a,* mympwyol
arbitrate, *v,* cyflafareddu
arbitration, *nm,* cyflafareddiad
arbitration-award, *nm,* dyfarniad canolwr
arbitrator, *nm,* cyflafareddwr; canolwr
arbor, *nm,* arbor
arc, *nf,* arc
  arc lamp, arc drydan
  arc of contact, arc gyffwrdd
  corner arc, arc y gornel
arcade, *nf,* arcêd
arch, *nm,* bwa; *v,* pontio
  arch border, *nf,* borden fwa
  chancel arch, bwa cangell
  equilateral arch, bwa hafalochrog
  four centred arch, bwa pedwar canolbwynt
  half arch, hanner bwa
  horse shoe arch, bwa pedol
  lancet arch, bwa lanset; bwa fflaim
  ogee arch, bwa ogee
  pointed arch, bwa pwynt
  squinch arch, cilfwa
archaeology, *nmf,* archaeoleg
archaic, *a,* hynafaidd
archdeacon, *nm,* archddiacon
archegonium, *nm,* archegoniwm
archenteron, *nm,* archenteron
archer, *nm,* saethwr (*Ch*)
archery, *nf,* saethyddiaeth
archesporium, *nm,* archesboriwm
Archimedean, *a,* Archimedaidd
archipelago, *nm,* ynysfor; archipelago
architect, *nm,* pensaer
architective style, *nf,* arddull pensaernïaeth
  Baroque, *Baroque*
  Decorated, Addurnedig
  Early English, Seisnig cynnar
  Jacobean, Jacobeaidd
  Norman, Norman
  Perpendicular, Perpendiciwlar
  Rococco, *Rococco*
architectonic, *a,* architectonig
architectural, *a,* pensaernïol
architecture, *nmf,* pensaernïaeth
  school architecture, pensaernïaeth ysgol
architrave, *nm,* pendrawst; architraf; amhinog; *nf,* amgylchlen (*Th*)
archival, *a,* archifol
archive, *nm,* archif
  archive group, *nm,* grŵp archifol
archives (repository), *nm,* archifdy
archivist, *nm,* archifydd
archivolt, *nm,* moltas
arctic, *a,* arctig
  arctic air, *nm,* awyr arctig
  Arctic Circle, *nm,* Cylch Arctig
arcuate, *a,* bwaog
area, *nm,* arwynebedd; *nf,* ardal; *nm,* rhandir; rhanbarth
  acting area, cylch chwarae (*Th*)
  backward area, ardal arafgynnydd
  built-up area, rhanbarth adeiledig
  catchment area, *nm,* dalgylch (*D*)
  excepted area, rhanbarth eithriedig
  floor area, arwynebedd llawr
  high class area, ardal dosbarth uchaf
  linguistically mixed area, ardal gymysg ei hiaith
  pilot area, ardal dywys
  single school area, ardal un-ysgol
arena, *nf,* arena; *nm,* cemaes
  arena staging, *v,* canol-lwyfannu (*Th*)
areola, *nm,* areola
areolar, *a,* areolog
  areolar tissue, *nm,* meinwe areolog
arête, *nf,* crib
argillaceous, *a,* cleiog
argument, *nm,* ymresymiad
argumentative, *a,* dadleugar
aria, *nf,* aria
arid, *a,* cras
aril, *nm,* aril
arista, *nm,* arista
arithmetic, *nmf,* rhifyddeg
  commercial arithmetic, rhifyddeg masnach
  mechanical arithmetic, rhifyddeg mecanaidd
  mental arithmetic, rhifyddeg pen
  mental arithmetic tests, *np,* profion rhifyddeg pen
  oral arithmetic, rhifyddeg llafar
arithmetical, *a,* rhifyddol

arithmetician, *nm*, rhifyddwr
ark, *nf*, arch
　Noah's ark, arch Noa
arm, *nf*, braich; *v*, arfogi
　arm jumping, *v*, braich-neidio
　arms sideways, *np*, breichiau ar led
　arms upwards, *np*, breichiau i fyny
　arm walking, *v*, braich-gerdded
　fighting arm, braich ymladd
armature, *nm*, armatwr
armhole, *nm*, twll llawes
armour bright, *a*, arfloyw
armpit, *nf*, cesail
arpeggio, *nm*, arpegio
　arpeggio notes, *np*, nodau arpegio
arraign, *v*, areinio
arraignment, *nm*, galwad i ateb cyhuddiad; areinment
arrange, *v*, trefnu miwsig
arrangement, *nm*, trefniant, trefniad
　private arrangement, trefniant preifat
array, *nm*, arae; arrae
　commission of array, *nm*, comisiwn arae
arrearage, *nf*, ôl-ddyledaeth
arrears, *np*, ôl-ddyledion; ôl-daliadau
　arrears of contributions, ôl-ddyled cyfraniadau
arrest, *nm*, arestiad; restiad; *v*, arestio; restio
arriccio, *nm*, arriccio
arris, *nm*, arris; *nmf*, ymyl fain; *v*, arisio
arrival, *nm*, cyrraedd; dyfodiad
　arrival and departure, cyrraedd a gadael
arrive, *v*, cyrraedd
arrogance, *nm*, traha
arrogant, *a*, trahaus
arrow, *nf*, saeth
　nock of arrow, *nm*, noc saeth
　pile of arrow, *nm*, duryn saeth
　spinning arrow, saeth droi
　vane of arrow, *nf*, pluen saeth
arrowhead, *nm*, pen saeth
　arrowhead tacks, *np*, taciau pen saeth
arrowroot, *nm*, arorwt
arroyo, *nm*, aroyo
arsenal, *nf*, arsenal

arson, *nm*, arswn; drwglosgiad
arsonist, *nm*, arswnydd
art, *nf*, celfyddyd
　aboriginal art, celfyddyd gynfrodorol
　abstract art, celfyddyd haniaethol
　anecdotal art, celfyddyd storïol
　applied art, celfyddyd gymhwysol
　architectural art, celfyddyd bensaernïol
　art board, *nm*, bwrdd arlunio
　biomorphic art, celfyddyd fiomorffig
　bushman art, celfyddyd y prysgwyr
　Carolingian Art, Celfyddyd Garolingaidd
　Celtic Art, Celfyddyd Geltaidd
　child art, celfyddyd plant
　concrete art, celfyddyd ddiriaethol
　contemporary art, celfyddyd gyfoes
　conventional art, celfyddyd gonfensiynol
　decorative art, celfyddyd addurnol
　derivative art, celfyddyd darddiadol
　descriptive art, celfyddyd ddisgrifiadol
　Early Christian Art, Celfyddyd Cristnogaeth Gynnar
　Ecole Des Beaux Arts, *Ecole Des Beaux Arts*
　Etruscan Art, Celfyddyd Etrwsgaidd
　Fatamid Art, Celfyddyd Ffatamid
　Fine Art, Celfyddyd Gain
　Geometric Art, Celfyddyd Eometrig
　Hellacic Art, Celfyddyd Helas
　Hellenic Art, Celfyddyd Helenig
　Hellenistic Art, Celfyddyd Helenistig
　hieratic art, celfyddyd hieratig
　humanistic art, celfyddyd ddyneiddiol
　Indian Art, Celfyddyd India
　La Tène Art, Celfyddyd La Tène
　literary art, celfyddyd lenyddol
　Magdalenian Art, celfyddyd Fagdalenaidd

Melanesian Art, Celfyddyd Felanesaidd
Minoan Art, Celfyddyd Finoaidd
narrative art, celfyddyd draethiadol; celfyddyd naratif
pictorial art, celfyddyd ddarluniol
plastic art, celfyddyd ffurfluniol
artefact, *nm,* arteffact
arteriole, *nm,* rhedwelyn
arteritis, *nm,* arteritis, llid y rhedweliau
artery, *nm,* rhedweli; *nf,* gwythïen fawr
artesian, *a,* artesaidd
artesian well, *nf,* ffynnon artesaidd
arthritis, *nm,* arthritis
arthropod, *nm,* arthropod
Arthropoda, *np,* Arthropoda
artichoke, *nm,* artisiog
article, *v,* erthyglu
articles, *np,* erthyglau
Articles of Association, Erthyglau Cymdeithasiad
articulated vehicle, *nm,* cerbyd cymalog
articulation, *nm,* cynaniad
artifice, *nf,* dyfais; *nm,* cyfrwystra
artificial, *a,* artiffisial
artificial insemination, *nm,* semenu artiffisial
artificial light, *nm,* golau artifisial
artillery, *nm,* artileri; *nf,* y fagnelaeth
artilleryman, *nm,* magnelwr
artisan, *nm,* artisan
artist, *nm,* artist
artistic, *a,* artistig
asbestos, *nf,* llen dân; *nm,* asbestos
ascending, *a,* esgynnol
ascension (star position), *nm,* esgyniad
Right Ascension, Esgyniad Cywir
ascent, *nm,* esgyniad
ascertain, *v,* sicrhadu
ascertainment, *nf,* sicrhadaeth
ascetic, *a,* asgetig
asceticism, *nf,* asgetigiaeth
ascites, *nm,* dropsi'r bol
ascorbic, *a,* asgorbig
aseptic, *a,* aseptig
asexual, *a,* anrhywiol
asexual reproduction, *nm,* atgenhedlu anrhywiol

ash, *nf,* onnen; *nm,* lludw
ash content, *nm,* cynnwys lludw
ashbox, *nf,* llwchgell
ashlar, *nm,* ashlar
ashpit, *nm,* twll lludw
ashtray, *nm,* llwchblat
aside, *ad,* naill ochr; *nf,* neilleb *(Th)*
askew, *ad,* ar gam; ar letraws
aslope, *ad,* ar oledd
asparagus, *nm,* asbaragws, merllys
aspect, *nmf,* agwedd; wynebwedd
aspen, *nf,* aethnen
asphalt, *nm,* asffalt
asphyxia, *nm,* asffycsia; myctod; asphyxia
aspic, *nm,* asbig
aspiration, *nm,* dyhead
assart, *nm,* asart; *v,* asartio
assault, *nm,* ymosodiad; ymosod; *v,* ymosod
assault and battery, ymosod a tharo
assault and beat X, ymosod ar X a'i guro
common assault, ymosod syml; ymosod cyffredin
indecent assault, ymosod anweddus
assemble, *v,* cydosod
assembly, *nf,* cymanfa; *nm,* cynulliad; cydosodiad
assembly hall, *nf,* neuadd gynnull
assembly plant, *nf,* cydosodfa
assent, *nm,* cydsyniad
assertion (logic), *nm,* haeriad (rhesymeg)
assess, *v,* mesur; barnu; asesu; ychwanegu
assessment, *nm,* asesiad
continuous assessment, asesiad parhaus
assessor, *nm,* cyfeisteddwr; aseswr
asset, *nm,* ased
current asset, ased cyfredol
fixed asset, ased sefydlog
frozen assets, *np,* asedion clo
liquid assets, *np,* asedion hylifol; asedion llifol
assign, *v,* trosglwyddo; neilltuo
assignment, *nm,* trosglwyddiad; aseiniad

assimilation, *nm*, cymathiad
assistant, *a*, cymhorthol; *nm*, cymhorthwr; gwas
assize, *nm*, brawdlys
  assize arms, bread, ale, etc., *nm*, aseis arfau, bara, cwrw, etc.
  rent of assize, *nm*, rhent aseis
Assizes, *nm*, Y Brawdlys
associated, *a*, cysylltiol
association, *nf*, cymdeithas
  association (ecological), *nf*, cydgymuned (ecolegol)
  association (of ideas), *nm*, cymdeithasiad (syniadau)
associationism, *nf*, cysylltiaeth
associative, *a*, cysylltiadol; cymdeithasiadol
assortment, *nm*, trefniant
assumption, *nf*, tybiaeth *(Ff)*; *nm*, bwriant
assurance, *nm*, aswiriant
  life assurance, aswiriant bywyd
aster, *nm*, aster
asterisk, *nf*, seren
asthma, *nm*, asma; *nf*, y fogfa
astigmatism, *nm*, astigmatedd
astragal, *nm*, astragal
astride (position), *ad*, (traed) ar led
astringent-lotion, *nm*, cyffur ŵyneb *(Th)*
astroid, *nm*, astroid
astronomy, *nmf*, seryddiaeth
astrophysics, *nmf*, astroffiseg
astylar, *a*, astylar
asymmetric, *a*, anghymesur
asymmetry, *nm*, anghymesuredd
asymptote, *nm*, asymtot
at, *prp*, ar
  at call, ar gais
  at discount, ar ddiscownt
  at par, ar bâr
  at premium, ar bremiwm
  at sight, ar weld
atavism, *nf*, atafiaeth
atavistic, *a*, atafiaethol
ataxia, *nm*, atacsia
athlete, *nm*, mabolgampwr
atlantes, *np*, atlantes
Atlantic, *nm*, Iwerydd
  Atlantic roller, *nf*, gwaneg Iwerydd
atlas, *nm*, atlas

atmosphere, *nm*, awyrgylch; atmosffer
atmospheric, *a*, atmosfferig
atoll, *nf*, atol
atom, *nm*, atom
atomic, *a*, atomig
  atomic weight, *nm*, pwys atomig
atomicity, *nm*, atomigedd
atomiser, *nm*, atomadur
atony, *nm*, atonedd
A.T.P. (adenosine triphosphate), A.T.P. (triffosffad adenosin)
atresia, *nm*, atresia
atrium, *nm*, atriwm
atrocity, *nm*, erchyllder
atrophy, *nm*, atroffi
attache (arrest), *v*, rhestio
attachment, *nm*, atodyn; cydfan
  attachment constriction, cydfan main
  attachment of earnings, *nm*, atafael enillion
  binding attachment, atodyn beindio; *nf*, beindell
  spindle attachment, cydfan gwerthyd
attack, *nm*, ymosodiad; *v*, ymosod
  attack on the blade, ymosod ar y llafn
  attack with edge, ymosod â'r min
  compound attack, ymosod cyfun
  false attack, ymosod ffals
  frontal attack, ymosod blaen
  point attack, ymosod â'r pwynt
  simple attack, ymosod syml
  wing attack, ymosodwr asgell
attacker, *nm*, ymosodwr
attainder, *nm*, adendriad
attainment, *nm*, cyrhaeddiad
attaint, *v*, adendro
attend, *v*, dal sylw; rhoi sylw
  attend the flag, *v*, gweinyddu fflag
attention, *nm*, sylw
  revision of attention, *nm*, gwrtholi sylw
attenuate, *v*, gwanhau
attenuated, *a*, gwanedig
attenuation, *nm*, gwanhad
attenuator, *nm*, gwanhadur
attic, *a*, atig; *nmf*, atig
  Attic base, *nm*, bas Attica
  attic storey, *nm*, llawr atig; nenlofft

attitude, *nmf,* agwedd; *nm,* ymagweddiad; *nf,* osgo
attorney, *nm,* twrnai
Attorney-General, Y Twrnai Gwladol
power of attorney, *nf,* dogfen twrnai; dogfen awdurdod
attract, *v,* tynnu at; atynnu
attraction, *nm,* atyniad
attractive, *a,* atyniadol
attribution, *nm,* athreuliad
attribute, *nm,* priodoledd
attributes and variates, *np,* priodoleddau ac amryweddau
attributes of settlements *np,* priodolion anheddau
auction, *nf,* ocsiwn; *nm,* arwerthiant
auctioneer, *nm,* ocsiwnier; arwerthwr
audibility, *nm,* clywededd
audible, *a,* clywadwy
audience, *nf,* cynulleidfa
audience participation, *nm,* cyfranogiad cynulleidfa
audile, *nm,* clywedog
audio frequency, *a,* seinamlog; *nm,* seinamledd
audiogram, *nm,* awdiogram
audiometer, *nm,* awdiomedr
audiometry, *nmf,* awdiomedreg
audio-visual, *a,* clyweledol; clyweled
audio-visual aids, *np,* cymhorthion clyweled
audition, *nm,* praw wrandawiad
auditor, *nm,* archwiliwr
auditorium, *nm,* awditoriwm, llawr y neuadd
auditory, *a,* yn ymwneud â'r clyw
auditory capsule, *nm,* cwpan y clyw
auditory nerve, *nm,* nerf y clyw; nerf clyw
auditory organ, *nmf,* organ y clyw
auger, *nm,* taradr
augmentation, *nm,* ychwanegiad; mwyhâd *(C)*
augmented, *a,* estynedig
augmented interval, *nm,* cyfwng estynedig
augmented triad, *nm,* triad estynedig
aural, *a,* clywedol

aural aids, *np,* cymhorthion clywedol
aureole, *nm,* lleugylch; halo; eurgylch
auricle, *nm,* awricl; *nf,* clusten
aurora, *nm,* awrora
auroral, *a,* awroraidd
austenite, *nm,* awstenit
autarchy, *nf,* awtarchiaeth
autecology, *nmf,* awtecoleg
authentication, *nm,* dilysiad
author, *nm,* awdur
authorisation, *nm,* awdurdodi; awdurdodiad
authorise, *v,* awdurdodi
authoritarian, *a,* awdurdodus
authoritarianism, *nm,* awdurdodusrwydd
authority, *nm,* awdurdod
local education authority, awdurdod addysg lleol
autistic, *a,* awtistig
autobahn, *nf,* awtobahn
autocracy, *nf,* awtocratiaeth
autocrat, *nm,* awtocrat
autocratic, *a,* awtocratig
auto-erotic, *a,* awto-erotig
autolysis, *nm,* awtolysis
automate, *v,* awtomeiddio
automated, *a,* awtomataidd
automated instruction, *nm,* hyfforddiant awtomataidd
automatic, *a,* awtomatig; hunanysgogol
automation, *nf,* awtomatiaeth; hunanysgogaeth *(A); nm,* awtomasiwn
automatism, *nf,* awtomatiaeth
automobile, *nm,* modur
automobile component, *nf,* cydran modurol
automorphic, *a,* awtomorffig
autonomic, *a,* awtonomig; hunanreolus
autonomic nervous system, *nf,* y gyfundrefn nerfol awtonomig
autonomous, *a,* ymreolaethol
autonomy, *nf,* hunanreolaeth; ymreolaeth; *nm,* awtonomi
autopolyploid, *nm,* awtopolyploid
autopsy, *nm,* awtopsia
autoregression, *nm,* ymatchweliad

autoregressive, *a*, ymatchwelaidd
autosome, *nm*, awtosom
autotrophic, *a*, awtotroffig
auxiliary, *a*, cynorthwyol; ategol
   auxiliary circle, *nm*, cylch cynorthwyol
   auxiliary course, *nm*, cwrs cynorthwyol
   auxiliary equation, *nm*, hafaliad cynorthwyol
   auxiliary view, *nm*, gweddlun cynorthwyol
auxin, *nm*, awcsin
availability, *nm*, caffaeledd; argaffaeledd
avalanche, *nm* afalans
avenue, *nf*, lôn goed; rhodfa
average, *a*, cyfartalaidd; cyfartalog; cymedraidd; *nm*, cymedr; cyfartalyn; cyfartaledd; canoliad; *v*, cyfartalu
   average price, *nm*, pris cyfartalog
   average rainfall, *nm*, glawiad cyfartalog
   average temperature, *nm*, tymheredd cyfartalog
   on average, ar gyfartaledd
aversion, *nm*, gwrthnawsedd

aviation, *nf*, hedfanaeth
award, *nm*, dyfarniad; *nf*, buddged
awareness, *nm*, arwybod
awe, *nm*, parchedig ofn; aeth
awl, *nm*, mynawd; pegol
awn, *nm*, col
axe, *nf*, bwyell
   socketed axe, bwyell soced
axial, *a*, echelog; echelinol; echelin
   axial plane, *nm*, plân echelinol
axil, *nf*, cesail
axillary, *a*, ceseilaidd
axiom, *nm*, acsiom
axiomatic, *a*, acsiomatig
axis, *nf*, echel
   axis cylinder, *nm*, silindr echel
   axis of fold, echel plyg
   axis of reference, echel leoli
   major axis, echel hwyaf
   minor axis, echel leiaf
axle, *nf*, echel
axon, *nm*, acson
ayre, *nm*, ayre
azimuth, *nm*, asimwth
azoturia, *nm*, asotwria; dwr cochddu
Aztec, *a*, Astec; *nm*, Astec
azure, *a*, asur

B

babyhood, *nm*, babandod
babysit, *v*, gwarchod (baban)
babysitter, *nm*, gwarchodwr (baban); *nf*, gwarchodwraig (baban)
back, *nm*, olwr; *v*, gwarantu
backbearing, *nm*, olgyfeiriad
backbencher, *nm*, ôl-seddwr
backboard, *nm*, bwrdd cefn
backbone, *nm*, asgwrn cefn
back-cloth, *nf*, cefnlen
backcross, *nm*, olgroesiad
backer, *nm*, baciwr
background, *nm*, cefndir
   background music, *nm*, miwsig cefndir

backhand, *nf*, gwrthlaw
back-heel, *v*, olsodli
backing (e.g. of wind), *v*, gwrthdroi
backland, *nf*, cefnwlad
backlash, *nm*, adlach
backplate, *nm*, cefnblat
back-rest, *nf*, cefnell
backshore, *nm*, cefndraeth
backspacer, *nf*, oledell
backstage, *nm*, cefn y llwyfan
   backstage influence, *nm*, dylanwad cefn y llwyfan
   backstage staff, *nm*, staff cefn y llwyfan
backstitch, *nm*, pwyth ôl

BACKSTROKE

backstroke, *nm,* nofio ar y cefn
  English backstroke, *nm,* dull Seisnig o nofio ar y cefn
backwall, *nm,* cefnwal
backwardation, *nm,* gohirdal
backwardness, *nm,* arafwch
  conditioned backwardness, arafwch cyflyredig
backwash, *nm,* tynddwr
backwater, *nm,* cilddwr
backwoods, *np,* gwyllgoed
bacon, *nm,* bacwn; cig moch
  home-cured bacon, bacwn cartref
  short back bacon, bacwn byr
  smoked bacon, bacwn mwg
  streaky bacon, bacwn brith; bacwn rheiog
baconer, *nm,* mochyn bacwn
bacteria, *np,* bacteria
  nitrifying bacteria, bacteria nitreiddiol
bacteriology, *nmf,* bacterioleg
bacteriophage, *nm,* bacterioffag
bacterium, *nm,* bacteriwm
bad, *a,* sâl
  bad house, *nm,* tŷ sâl
  bad join, *nm,* asiad sâl
baffle, *nm,* baffl
bag, *nm,* bag; cwd; *v,* bagio
  bean bag, bag ffa; cwd ffa
  duffle bag, bag dyffl
  rag bag, bag rhacs
bagatelle, *nm, bagatelle*
  bagatelle table, *nm,* bwrdd *bagatelle*
baggage, *nm,* pac
  baggage man, *nm,* dyn paciau
bail, *nf,* caten *(Ch);* mechnïaeth
bailey, *nm,* beili
  motte and bailey, *nm,* mwnt a beili
bailiff, *nm,* beili
  bailiff in eyre, beili cylch
bailiwick, *nf,* beiliaeth
baize, *nm,* baeas
bake, *v,* pobi; crasu
  baking pan, *nf,* padell bobi
  baking powder, *nm,* powdr codi
  baking set, *nf,* set bobi
  baking sheet, *nf,* silff bobi
  baking tin, *nm,* tun pobi

BALL

bakestone, *nf,* gradell; *nm,* maen; llechfaen; planc
balance, *nm,* balans; cydbwysedd; mantoledd; gweddill *(S)*; *nf,* clorian; mantol; tafol; *v,* cydbwyso; mantoli; siglo *(Ch)*
  balance b/d, gweddill d/l
  balance c/d, gweddill c/l
  balance marks, *np,* marciau cydbwysedd
  balance of payments, balans taliadau
  balance of power, cydbwysedd grym
  balance of Trade, mantoledd Masnach; balans Masnach
  balance sheet, *nf,* mantolen
  balance the accounts, *v,* mantoli'r cyfrifon
  balance wheel, *nf,* olwyn balans; olwyn cydbwysedd
  beam balance, mantol drawst
  be off balance, *v,* colli cydbwysedd
  keep balance, *v,* cadw cydbwysedd
  treble balance bar, *nf,* styllen gydbwyso drebl
balanced, *a,* cytbwys
  well balanced, cytbwys
balancing, *a,* cydbwysol
balcony, *nm,* balcon; balconi
  balcony front spot, *nf,* sbot ffrynt balcon *(Th)*
baldachin, *nm,* baldachin
bale, *nm,* bwrn
  bale loader, *nm,* codwr byrnau
baler, *nm,* byrnwr
ball, *nf,* pêl, pellen (edafedd neu gordyn); pelen *(Ff)*; *nm,* bowliad *(Ch)*
  ball head stake, *nm,* bonyn pengrwn
  ball point, pelenbwynt; pwynt pelen
  beach ball, pêl traeth
  dead ball, pêl farw
  dropped ball, pêl gwymp
  four ball, pedair pêl
  gamester ball, pêl dyllog
  held ball, *nm,* daliad
  jump ball, *nf,* cydnaid
  lost ball, pêl goll
  " no ball," " no ball "

provisional ball, pêl ddarpar
rugby ball, pêl rygbi
sponge ball, pêl sbwng
wrong ball, pêl rong
ballabilli, *nm*, balabili *(Th)*
ballad, *nf*, baled
 ballad opera, *nf*, opera faled
ballade, *nf*, balâd: *ballade*
ballbearing, *nm*, pelferyn
ballet, *nm*, bale; *ballet*
 ballet chorus, *nm*, dawnsgor bale
 ballet dancers, *np*, dawnswyr bale
 ballet mistress, *nf*, meistres y bale
ballistic, *a*, balistig
ballistig missile, *nf*, saethell falistig
ballistics, *nf*, balisteg
ballot, *nm*, balot; *nf*, pleidlais gudd
ball-race, *nf*, pelres *(Cr)*
ballroom, *nf*, dawnsfa; neuadd ddawnsio
 ballroom floor, *nm*, llawr dawnsfa
ballyhoo, *nm*, cybôl
balsa, *nm*, balsa
 balsa cement, *nm*, sment balsa
 balsa wood, *nm*, pren balsa
balsam, *nm*, balsam
 Canada balsam, balsam Canada
 Friars balsam, balsam Ffriar
baluster, *nm*, balwster
balustrade, *nmf*, canllaw; *nm*, balwstrad
 balustrade piece, *nm*, fflat canllaw *(Th)*
bamboo, *nf*, bambŵ
banana, *nf*, banana
band, *nf*, mintai; *nm*, band; *nf*, seindorf
 military band, seindorf filwrol
 percussion band, seindorf daro
 trained band, traenband *(H)*
banded, *a*, bandog
banding, *nm*, bandin
bandit, *nm*, lleidr
 one-armed bandit, lleidr unfraich
band-room, *nf*, ystafell y band *(Th)*
banister, *nm*, banister; *nmf*, canllaw
bank, *nf*, glan; *nm*, banc; clawdd; *v*, bancio
 bank account, *nm*, cyfrif banc
 bank charges, *np*, codiannau banc
 banking centre, *nf*, canolfan fancio
 banking system, *nf*, cyfundrefn fancio
 bank manager, *nm*, rheolwr banc
 bank notes, *np*, papurau banc
 bank rate, *nf*, bancradd
 bank return, *nm*, adroddiad banc
 bank statement, *nf*, cyfrifen banc
 bank up, *v*, enhuddo
 commercial bank, banc masnachol
 issuing bank, banc anoddi
 joint stock bank, banc cydstoc
 merchant banc, banc marsiant
 mud bank, banc llaid
 right bank, glan dde
 savings bank, banc cynilo
 undercut bank, *nf*, torlan *(D)*
banker, *nm*, bancer; banciwr
 banker's order, *nf*, archeb banc
 merchant banker, bancer marsiant
bankful, *nf*, cyforlan *(D)*
 near-bankful, gogyforlan
 over-bankful, gorgyforlan
bankrupt, *a*, bancrafft; *nm*, bancrafft; methdalwr
bankruptcy, *nm*, methdaliad; *nf*, bancrafftiaeth; methdalwriaeth
banner, *nf*, baner
baptistry, *nf*, bedyddfa
bar, *nm*, bar; mesur
 bar bell, *nf*, cloch y bar
 bar tack, *nm*, tac cynnal *(Gb)*
 chime bars, *np*, barrau seinio
 cutter bar, bar torri
 folding bars, *np*, barrau plyg
 horizontal bar, bar llorwedd
 lengthening bars, *np*, barrau ymestyn
 merchant bars, *np*, barrau marsiant *(Cr)*
 parallel bars, *np*, barrau cyflin
 snack bar, bar ceganau; bar tamaid a llwnc; snacbar
 space bar, bar gofod
 tommy bar, tommy bar; twmfar
barb, *nm*, adfach
barbed, *a*, adfachog
barbican, *nm*, barbican
barbiturate, *nm*, barbitwrad
barbule, *nm*, adfachyn
barchan, *nm*, barchan
bare, *a*, moel; noeth

bargain, *nf,* bargen; *v,* bargeinio
  collective bargaining, *v,* cydfargeinio
barge, *nf,* ysgraff; *nm,* hyrddiad; *v,* hyrddio
baritone, *a,* bariton; *nm,* bariton
barium, *nm,* bariwm
bark, *nm,* rhisgl
barker, *nm,* cyfarthwr *(Th)*
barley, *nm,* barlys; haidd
  barley bread, *nm,* bara barlys; bara haidd
  barley water, *nm,* dŵr barlys; dŵr haidd
bar-line, *nf,* llinell mesur; llinell bar
barnacle, *nf,* gwyran
barnacles, *np,* cregyn llongau
barn-door, *nf* sgrin sbot *(Th)*
barogram, *nm,* barogram
barograph, *nm,* barograff
barometer, *nm,* baromedr
barometric, *a,* baromedrig
  barometric gradient, *nm,* graddiant baromedrig
  barometric tendency, *nf,* tuedd faromedrig
baron, *nm,* barwn
baronage, *nf,* barwniaeth
baronet, *nm,* barwnig
baronial, *a,* barwnol
barony, *nf,* barwni
baroque, *a, baroque; nm, baroque*
barrack, *nm,* baric
barrage, *nm,* bared
barre, *nm,* bar bale *(Th)*
barrel, *nf,* baril
barren, *a,* anghyfeb, gwag
  barren cow, *nf,* byswynog
barrenness, *nm,* anghyfebrwydd, diffrwythdra
barrier, *nm,* barier
barrister, *nm,* bargyfreithiwr
barrow, *nm,* gwyddgrug *(Cr);* crug *(D)*
barter, *nm,* barter
barton, *nm,* bartwn
basal, *nm,* basal
  infra-basals, *np,* is basalau *(D)*
basalt, *nm,* basalt
base, *a,* basig; *nm,* gwaelod; bôn; bas; base *(Ce); nf,* sail: canolfan; *nmf,* sylfaen; *v,* seilio

base coat, *nf,* haen sail *(Th)*
base level, *nf,* gwaelodfa
home base, bas cartref
naval base, canolfan llynges
based, *a,* seiliedig
  based on geometrical shapes, seiliedig ar ffurfiau geometrig
  based on natural shapes, seiliedig ar ffurfiau o fyd natur
  based on texture and print, seiliedig ar wead a phatrwm
baseman, *nm,* baswr
basement, *nm,* basment; islawr
bashful, *a,* swil
bashfulness, *nm,* swildod
basic, *a,* sylfaenol
basidiospore, *nm,* basidiosbor
basil, *nm,* basil
basilica, *nm,* basilica
basin, *nm,* basn
  basin and range country, *nm,* tir basn a chadwyn
  intervening basin, basn rhyngfodol
  nesting basin, basn tas
  river basin, basn afon
  rock basin, basn craig
  structural basin, basn adail
  tectonic basin, basn tectonig
basipetal, *a,* basipetal
basis, *nmf,* sylfaen
basketwork, *nm,* basgedwaith; gwaith basged
bass, *nm,* bas
  bass clef, *nm,* cleff y bas
  bass-clarinet, *nm,* is-glarinet
bassoon, *nm,* baswn
basso ostinato, *nm,* bas grwndwal; bas sylfaen
basso-relievo, *nm, basso-relievo*
bast, *nm,* plisgyn; bast
bastard strangles, *np,* ffug-ysgyfaint
baste, *v,* basteru; brasbwytho; rhedeg edau
bastide, *nm,* bastid
bastion, *nm,* bastiwn
bat, *nm,* bat; *v,* batio
  blade of bat, *nm,* llafn bat
  bottom of bat, *nm,* gwaelod bat
  handle of bat, *nmf,* coes bat
  rounders bat, bat rownders
  shoulder of bat, *nf,* ysgwydd bat

bath, *nm*, baddon; bath; *v*, baddo
  acid bath, bath asid
  deep end of bath, *nm*, dwfn y baddon
  shallow end of bath, *nm*, bas y baddon
  shower bath, baddon cawod
batholith, *nm*, batholith
batholithic, *a*, batholithig
bathos, *nm*, bathos; disgynneb; affwysedd
bathroom, *nf*, ymolchfa; bathrwm
baton, *nm*, batwn
batsman, *nm*, batiwr
battalion, *nm*, bataliwn
batten, *nf*, astell; stribed
  back batten, astell gefn
  concert batten, astell gyntaf
batter, *nm*, bater; cytew
  coating batter, cytew cotio; cytew gorchuddio
  French batter, cytew Ffrengig
battery, *nm*, batri
battlement, *nm*, bylchfur; *nf*, bylchgaer
baulk, *nm*, trawst bras
bauxite, *nm*, bocsit; bawcsit
bay, *nm*, bae
  bay-head beach, *nm*, traeth pen bae
  cut off bay, cilfae
bazaar, *nm*, basâr
beach, *nm*, traeth
  beach material, *np*, defnyddiau traeth
  raised beach, cyfordraeth
  storm beach, stormdraeth
beacon, *nm*, golau môr; ban; *nf*, coelcerth; goleufa
bead, *nm*, glain; *v*, gleinio
  bead trimming, *nm*, trimin glain
beading, *nm*, gleiniad; gleinwaith
beadle, *nm*, plwyfwas; bedel
beads, *np*, gleiniau; bîds; mwclis
  amber beads, gleiniau gwefr
  giant beads, mwclis mawr
  interlocking beads, gleiniau cydio
beaker, *nm*, bicer
  beaker person, *nm*, bicerwr
beam, *nm*, trawst; paladr (golau); lled
  balance beam, *nm*, honglath

beam angle, *nf*, ongl baladr
beam saddle, *nm*, cyfrwy trawst
hammer beam, trawst gordd
reversed beam, trawst o chwith
bean, *nf*, ffeuen
  baked beans, *np*, ffa pob
  broad beans, *np*, ffa
  French beans, *np*, ffa Ffrengig
  runner beans, *np*, ffa dringo
  soya bean, ffeuen soya
bear, *nf*, arth
beard, *nf*, barf
  cross-over beard, barf croesi *(Th)*
bearer, *nm*, dygiedydd
  bearer cheque, *nf*, siec dygiedydd
  bearer securities, *np*, gwarannoedd dygiedydd
bearing, *nm*, cyfeiriad *(Ch)*; atgyfeiriad; beryn; cyfeiriant *(Ff)*; *nf*, traul
  bearing line, *nm*, atgyfeirlin
  bearing metal, *nm*, metel traul
  magnetic bearing, atgyfeiriad magnetig
  thrust bearing, *nm*, gwrthferyn
  true bearing, atgyfeiriad cywir
beat, *nm*, curiad; trawiad; *v*, curo; trechu; tacio *(Ch)*
  beat frequency, *nm*, amledd curiad
  beat the time, *v*, curo amser
beater, *nm*, curydd
beat-group, *nm*, curiadwyr; grŵp curo
beauty, *nm*, harddwch; prydferthwch; ceinder
bed, *nm*, gwely; *v*, gwelyo
  bed linen, *np*, dillad gwely
  bed jacket, *nf*, siaced wely
  bed rock, *nf*, haen craig; creigwely
  nesting beds, *np*, gwelyau tas
  osier bed, gwely gwiail
  rest beds, *np*, gwelyau gorffwys
bedding, *a*, gwelyog; *nm*, gwelyo; cywair gwely
  bedding plane, *nm*, plân gwelyo
  current bedding, llifwelyo
  false bedding, gwelyo gau
Bedouin, *nm*, Bedwin
bedridden, *a*, gorweiddiog
bedsitter, *nf*, ystafell fyw a chysgu; bywgysgell
bedsock, *nf*, socsen wely

bedsore, *nm*, briw gorwedd
bedspread, *nm*, gorchudd gwely; cwrpan
bee, *nm*, gwenynen
beech, *nf*, ffawydden
beef, *nm*, cig eidion; biff
  beef extract, *nf*, rhin biff; rhin eidion
  beef tea, *nm*, te biff; te eidion
beehive, *nm*, cwch gwenyn
  beehive house, *nm*, tŷ cwch gwenyn
beeswax, *nm*, cŵyr gwenyn
  beeswax polish, *nm*, llathrydd cŵyr gwenyn
beetle, *nf*, chwilen
  death watch beetle, *nm*, ticbryf
  furniture beetle, chwilen celfi
beetroot, *np*, betys coch, bitrwt
beet sugar, *nm*, siwgr betys
beg, *v*, erfyn; ymbil; deisyf
  begging the question, *v*, rhagdybio'r casgliad
beginner, *nm*, prentis actor; dechreuwr; cychwynnwr *(Th)*
  beginner's play, drama dechreuwr
behaviour, *nm*, ymddygiad
  deviant behaviour, gŵyr-ymddygiad
  initial behaviour, cyn-ymddygiad
  terminal behaviour, ôl-ymddygiad
behaviourism, *nf*, ymddygiadaeth
bel, *nm*, bel
belay, *nm*, belái; *v*, belaio
  indirect belay, belái anunion
  running belay, belái rhedeg
  sling belay, belái sling
belfry, *nm*, clochdy; *nf*, llofft y gloch; *nm*, clochdwr
belief, *nm*, cred
bell, *nf*, cloch
bell-jar, *nf*, clochen
bellows, *nf*, megin
  double blast foot bellows, megin droed chwyth dwbl
  foot bellows, megin droed
belly, *nm*, bol
below, *ad*, islaw *(Th)*
belt, *nf*, gwregys; *nmf*, belt; *nm*, strimyn
  below the belt, dan y felt
  conveyor belt, cludfelt
  shelter belt, belt gysgodi
belvedere, *nm*, belfedir
bema, *nm*, bema
bench, *nf*, mainc
  bench end, *nmf*, ystlys mainc
  bench holdfast, *nm*, dalbren
  bench hook, *nm*, bach mainc
  bench mark, *nm*, meincnod
  bench rib, *nf*, asen y fainc
  bench stop, *nm*, rhagod
  bench tools, *np*, offer mainc
  bookbinder bench, mainc rwymo llyfrau
  wall of bench, *nm*, cafn mainc
  woodwork bench, mainc waith coed
  work bench, mainc waith
bencher, *nm*, meinciwr
benchwork, *nm*, gwaith mainc; meincwaith
bend, *nm*, plyg; *v*, plygu
  arms bend, *np*, breichiau'n blyg
  full knees bend, *np*, gliniau'n blyg i'r eithaf
  half knees bend, *np*, gliniau'n blyg i'r hanner
bending, *nm*, plygiant
benefit, *nm*, budd; budd-dâl; budd-daliad
  benefit performance, budd berfformiad *(Th)*
benevolence tax, *nf*, treth wirfodd
benzene, *nm*, bensen
bequeath, *v*, cymynnu; gadael mewn ewyllys; becweddu
bequest, *nf*, cymynrodd; becwêdd
beret, *nm*, beret
Bergschrund, *nm*, Bergschrund
berry, *nf*, aeronen; (*pl*, aeron)
berth, *nf*, docfa; *nm*, gwely llong; *v*, docio
beryllium, *nm*, beryliwm
Bessemer, *a*, Bessemer
  Bessemer converter, *nm*, trawsnewidydd Bessemer
betterment, *nm*, gwellhad
bevel, *nf*, befel
  sharpening bevel, befel minio; befel hogi
beverage, *nm*, maethlyn; diodlyn; diod faeth
bezel, *nf*, gwefl

biannual, *a,* hanner blynyddol
bias, *nm,* bias (*Gb*) *nf,* gŵyrduedd (*A*); *v,* biasu
  bias binding, *nm,* beindin bias
  bias extension, *nm,* estyniad bias
  bias seams, *np,* sêmau bias; gwrymiau bias
  grid bias, bias grid
bib, *nf,* bib
bicarbonate, *nm,* bicarbonad
bicarbonate of soda, *nm,* soda pobi; cabi
bicellular, *a,* deugell
bick, *nf,* pig; einion big
  bick iron, bonyn pig
biconvex, *a,* deuamgrwm
bicycle, *nm,* deurodur
bid, *nm,* cynnig; bid; *v,* bidio
  take over bid, bid cymryd drosodd
Biedermeier, *a,* Biedermeier
biennial, *a,* bob dwy flynedd; eilflwydd; *nm,* eilflwydd
bifocal, *a,* deuffocal
  bifocal vision, *nmf,* golwg deuffocal
bifurcate, *a,* deufforchog; *v,* fforchi'n ddau
bigamist, *nm,* bigamwr
bigamy, *nm,* bigamedd; bigami
bight, *nm,* geneufor
bikini, *nm,* bicini
bilateral, *a,* dwyochrog
  bilaterally symmetrical, dwyochrog cymesur
bilberry, *nf,* llusen (*pl,* llus)
bile, *nm,* bustl
  bile duct, *nf,* dwythell y bustl
  bile salts, *np,* halwynau bustl
bilinear, *a,* deulinol
bilingual, *a,* dwyieithog
bilingualism, *nm,* dwyieithedd; dwyieithrwydd
bilingualism (study of), *nm,* dwyieitheg
bilinguality, *nm,* dwyieithedd
bill, *nm,* bil; *v,* bilio
  bill of complaint, bil achwyn
  bill of divorce, bil ysgar
  bill of exchange, bil cyfnewid
  bill of lading, bil llwytho
  promote a bill, *v,* cyflwyno bil

bill-board, *nm,* bwrdd biliau
  bill-board pass, *nm,* pas biliau (*Th*)
billet, *nm,* biled; *v,* biledu
  billet moulding, *nm,* moldin biled
billhook, *nm,* bilwg
bill-inspector, *nm,* arolygwr biliau
billion, *nm,* biliwn
bimetallic, *a,* deufetel
bin, *nm,* bin
  clay bin, bin clai
binary, *a,* deuaidd
binaural, *a,* deuglust
bind, *v,* clymu; rhwymo; beindio
  bind in the sum of, rhwymo yn y swm o
  bind over, rhwymo rhywun (i gadw'r heddwch; i ymddangos yn dyst)
binder, *nm,* rhwymydd; rhwymwr (person)
  edge binder, rhwymydd ymylon
binding, *nm,* beindin; rhwymyn
  bias binding, beindin bias
  French binding, beindin Ffrengig
binocular, *a,* binocwlar
  binocular vision, *nmf,* golwg deulygad
binoculars, *np,* deulygadion; binocwlars
binominal, *a,* binomaidd; *nm,* binomial
  binomial nomenclature, *nm,* enwi binomaidd
  Binomial Theorem, *nf,* Theorem Binomial
bio-box, *nm,* bwth taflunydd
biochemistry, *nmf,* biocemeg
biogenesis, *nm,* biogenesis
  principal of biogenesis, *nf,* egwyddor biogenesis
biogeography, *nmf,* daearyddiaeth fywydol
biological, *a,* biolegol
  boliogical control, *nf,* rheolaeth fiolegol
biology, *nmf,* bioleg
  marine biology, bioleg môr
biomechanics, *nmf,* biomecaneg
biometry, *nmf,* biometreg
biophysics, *nmf,* bioffiseg
biosphere, *nm,* biosffer

bipartite, *a*, deurannol
bipolar, *a*, deubegwn
  bipolar sentiments, *np*, sentimentau (synfennau) deubegwn
birch, *nf*, bedwen
bird, *v*, bwio *(Th)*
birdie, *nm*, *birdie;* byrdi *(Ch)*
biro, *nm*, biro
birth-rate, *nm*, cyfradd geni
biscuit, *nf*, bisged; bisgïen
bisect, *v*, haneru; dwyrannu
bisector, *nm*, hanerydd; dwyrannydd
bisexual, *a*, deuryw
bismuth, *nm*, bismwth
bit, *nm*, ebill; bit
  auger bit, bit taradr
  countersink bit, ebill gwrthsoddi
  dowel bit, ebill hoelbren; ebill dowel
  expansive bit, ebill ymledu
  twist bit, ebill tro
bitch, *nf*, gast
  oestrum bitch, gast gynhaig
bits (of parts), *nf*, briwsion; manion
  bit player, *nm*, actor manion *(Th)*
bivalent, *a*, bifalent
bivalve, *a*, deufalf; *nm*, deufalf
bizarre, *a*, bizâr; bisâr
  bizarre symptoms, *np*, arwyddion bizâr
black, *a*, du
  jet black, *nm*, muchudd
  the black, *nm*, y barclod *(Th)*
  The Black Death, *nm*, Y Pla Du *(H)*
blackberries, *np*, mwyar duon
blackcurrants, *np*, cyrens duon; rhyfon
blackhead, *a*, penddu; *nm*, penddu
blackleg, *nf*, y fwren ddu; y chwarren ddu; *nm*, y clwy du; bradwr (streic); y clwy byr
blackjack (blende), *nm*, blacjac
blackmail, *nm*, bygythbris; blacmel
blackout, *nm*, llwyrdduwch; blacowt; y fagddu *(Th)*
blackquarter, *nf*, y fwren ddu; y chwarren ddu; *nm*, y clwy du; y chwarter du; y clwy byr; blaened
blacks, *np*, duon *(Th)*

blacksmith, *nm*, gof
  blacksmith's hearth, *nm*, tân gof
bladder, *nf*, pledren
  gall bladder, pledren y bustl
  urinary bladder, pledren wrin
blade, *nm*, llafn
  take the blade (prise de fer), cymryd y llafn *(Ch)*
blain, *nf*, y fothell; llyffantws
blanch, *v*, cannu; gwynnu
blancmange, *nm*, *blancmange*
blank, *a*, gwag; blanc; *nm*, blanc
  blank verse, *nm*, mesur di-odl
blanket, blanced; *nm*, gwrthban
  nursery cot blankets, *np*, blancedi cot
blasphemy, *nm*, cabledd
blast, *nm*, chwythiad; blast
  blast furnace, *nf*, ffwrnais flast
blastocoele, *nm*, blastocoel
blastoderm, *nm*, blastoderm
blastomere, *nm*, blastomer
blastopore, *nm*, blastopôr
blastula, *nm*, blastwla
bleach, *nm*, cannydd; *v*, cannu; diliwio
bleached, *a*, can
  bleached calico, *nm*, calico can
  bleached canes, *np*, gwiail can
blend, *nm*, blend; *v*, blendio; cytuno; cyd-doddi; asio; cymhlitho *(B)*; mysgu
blended, *a*, mysgol
  blended food, *nm*, bwyd mysgol
blind, *a*, dall
  blind spot, *nm*, man dall; dallbwynt
blinder, *nm*, dallydd *(Th)*
blindness, *nm*, dallineb
blister, *nf*, pothell; chwysigen
blizzard, *nm*, lluwchwynt
bloat, *nm*, chwydd y boten; clwy'r boten
bloater, *nm*, pennog sych
blobby, *a*, blotiog
block, *nm*, bloc; blocyn; blocsyn; plocyn; plocsyn; *v*, blocio; cau; rhwystro; bras actio *(Th)*
  block lava, *nm*, bloc lafa
  block letters, *np*, llythrennau bras
  block mountain, *nm*, blocfynydd
  block plane, *nm*, plaen bloc

BLOCKADE 24 BOARD-LIGHT

block scree, *nm,* sgri bloc
chipping bloc, bloc sglodi
engraving block, bloc engrafu
erratic blocks, *np,* meini dyfod
perched block, *nm,* crogfaen
screwing block, plocyn sgriwio
V block and clamps, bloc V a chlampiau
blockade, *nm,* blocâd
blockboard, *nm,* blocfwrdd; bwrdd blocio
block-practice, *nf,* ymarfer crynswth
block teaching practice, ymarfer dysgu crynswth
blood, *nm,* gwaed
blood corpuscle, *nm,* corffilyn gwaed
blood film, *nf,* ffilm gwaed
blood plasma, *nm,* plasma gwaed
blood platelets, *np,* thrombocytau
blood pressure, *nm,* gwasgedd gwaed
blood serum, *nm,* serwm gwaed
blood transfusion, *nm,* trallwysiad gwaed
red blood cells, *np,* celloedd gwaed coch
white blood cells, *np,* celloedd gwaed gwyn
blood-boil, *v,* gwaed-ferwi
blood-clot, *v,* gwaedgeulo; tolchi
blood-dry, *v,* gwaed-sychu
blood-group, *nm,* grŵp gwaed
blood-poisoning, *nm,* gwenwyniad gwaed
blood-sugar, *nm,* siwgr gwaed
blood-vessel, *nf,* pibell waed
bloom, *nm,* blŵm; haearn pwdl
blouse, *nf,* blows; blowsen
blow, *nm,* ergyd; pwyad *(Ff)* chwythiad; *v,* chwythu
blow out, *nm,* chwythbant; chwythfwlch
blower, *nm,* chwythydd; chwythwr
motorised blower, *nm,* peiriant chwythu; chwythydd peiriannol
blow-hole, *nm,* mordwll; chwythdwll *(Cr)*
blowlamp, *nf,* blowlamp; chwythlamp
blowpipe, *nf,* chwythbib

blows, *np,* dobiau *(Cr)*
uphand blows, dobiau ysgafn
blue, *nm,* lliw glas; bliw; *v,* glasu; bliwio
blueprint, *nm,* glaslun; glasbrint
bluff, *nm,* blwff
blunt, *a,* pŵl; di-fin; *v,* pylu
bluntness, *nm,* pylni
blurb, *nm,* gwasgfoliant; broliant
boar, *nm,* baedd
board, *nm,* bwrdd; *nf,* astell; aden; adain; ystyllen
art board, bwrdd arlunio
backing board, bwrdd cefnu
barge board, aden dywydd; astell dywydd
board and easel, bwrdd ac isl
Board of Directors, Bwrdd Cyfarwyddwyr
Board of Health, Bwrdd Iechyd
Board of Trade, Bwrdd Masnach
Board room, *nf,* ystafell y Bwrdd
Bristol board, bwrdd Bryste
canvas board, bwrdd cynfas
chalk board, bwrdd sialc
colour and shape sorting board, bwrdd dosbarthu lliw a llun
compo board, cywasgfwrdd
cover board, bwrdd clawr
cutting board, bwrdd torri
display board, bwrdd arddangos
drawing board, bwrdd lluniadu
dust board, bwrdd llwch
fibre board, bwrdd ffibr
geometrical inset board, bwrdd dosbarthu pegiau
modelling board, bwrdd modelu
Nature Conservancy Board, Bwrdd Gwarchodaeth Natur
notice board, bwrdd hysbysu
number board, bwrdd rhifo
peg board, bwrdd pegiau
peg sorting board, bwrdd dosbarthu pegiau
shooting board, bwrdd plaenio
skirt board, bwrdd sgert
sleeve board, bwrdd llawes
switch board, switsfwrdd
turnover board, bwrdd dymchwel
wire board, bwrdd weiar
boarders, *np,* byrddwyr *(A)*
board-light, *nm,* golau'r bwrdd *(Th)*

boards, *np*, byrddau
  floor boards, byrddau llawr
  lee boards, byrddau'r tu clytaf
boat, *nm*, cwch; bad
  speed boat, bad sbid
  tug boat, cwch tynnu; bad tynnu
bob, *nm*, bob *(Ff)*
bobbin, *nm*, bobin; rhedegydd *(Th)*
  bobbin case, *nm*, cas bobin
  bobbin winder, *nm*, dirwynwr bobin
  lace bobbin, bobin les; bobin sider
bocage, *nm*, bocage
bodice, *nm*, bodis
  bodice back, *nm*, cefn y bodis; cefn bodis
  bodice block, *nm*, bloc y bodis
  bodice front, *nm*, ffrynt y bodis
bodkin, *nm*, botgin; bwytgyn
  ball pointed bodkin, botgin pengrwm
  bent bodkin, botgin cam
  bent flat bodkin, botgin fflat cam
  flat bodkin, botgin fflat
body, *nm*, corff; gwrthrych *(Ff)*
  body-building foods, *np*, bwydydd twf
  Bodybuilders' Association, *nf*, Cymdeithas y Corfffeithrinwyr
bog, *nf*, cors
  blanket bog, *nf*, gorgors; mignen
  peat bog, *nf*, mawnog; mawned
  raised bog, *nf*, siglen
bogey, *nm*, bogey; bogi
bogie, *nm*, tryc llwyfan
boil, *nm*, cornwyd; clewyn; pendduyn; *v*, berwi
boiler, *nm*, boiler; berwedydd
boiling, *a*, berwedig
  boiled water, *nm*, dŵr berwedig
  boiling point, *nm*, pwynt berwi; berwbwynt
  boiling water, *nm*, dŵr berw
bole, *nm*, bôn; boncyff
bolero, *nm*, bolero
bolshevik, *a*, bolsiefig; *nm*, bolsiefig
bolson, *nm*, bolson
bolster, *nm*, bolster; gobennydd mawr

bolt, *nf*, bollt
  coach bolt, bollt goets; bollt wagen
  eye bolt, bollt ddolen
  expansion bolt, bollt ymestyn
bomb, *nm*, bom
bombard, *v*, peledu
bond, *nm*, bond
  bond-customs, rhwymdoll
  bond strength, cryfder bond
  Defence Bonds, Bondiau Amddiffyn
  drawn bonds, bondiau tynnu
  irredeemable bonds, bondiau diddyddiad
bondsman, *nm*, bondsmon
bone, *nm*, asgwrn; *v*, diesgyrni; tynnu esgyrn
  blade bone, asgwrn palfais
  frontal bone, asgwrn talcen
  navicular bone, asgwrn cychog
  pubic bone, asgwrn y gedor
  spongy bone, asgwrn meddal
bonnet, *nf*, boned
bonus, *nm*, bonws
book, *nm*, llyfr; *v*, archebu; bwcio
  advance booking, *v*, rhagarchebu tocynnau
  book end, *nf*, pennell llyfrau
  book flat, *nm*, fflat llyfr; fflat Ffrengig
  book shelves, *np*, silffoedd llyfrau
  book wing, *nf*, asgell lyfr
  guide book, *nm*, tywysydd; llyfr tywys
  rag book, llyfr clwt
  reference book, llyfr cyfarwyddyd; llyfr ymgynghori; cyfarwyddiadur
  scrambled programme book, llyfr rhaglen wasgar
  the book, *nm*, copi'r cofweinydd *(Th)*
bookcase, *nm*, cwpwrdd llyfrau
  folding bookcase, cwpwrdd plyg
bookcloth, *nm*, lliain llyfrau
bookcraft, *nf*, crefft llyfrau
book-keeper, *nm*, llyfrifwr
book-keeping, *nmf*, llyfrifeg
boom, *nm*, bŵm
boomerang, *nm*, bwmerang
booming, *a*, ffyniannus

boon, *nf,* dawn
  boon-work, *nm,* dawnwaith *(H)*
boost, *nm,* atgyfnerthiad
booster, *nm,* cyfnerthydd; bwster; atgyfnerthiad; atgyfnerthydd
  booster dose, *nm,* dos gyfnerthol
  booster injection, *nm,* pigiad atgyfnerthol
booth, *nm,* bwth
boots, *np,* sgidiau
  canvas boots, sgidiau cynfas
  clinker nailed boots, sgidiau hoelion clincer
bora, *nm,* bora
borax, *nm,* boracs
border, *nm,* border *(Gb);* byrddwr *(H); nf,* rhiden *(Ff); nmf,* goror *(D);* borden *(Th);* cwr *(D)*
  arch border, borden fwa
  beam border, borden ddistiau
  cloud border, borden gwmwl
  false proscenium border borden ffug-broseniwm
  tree border, borden goed
  sky border, borden awyr
border-land, *nm,* ffindir
borderline, *a,* ffiniol
bore, *nm,* bôr; twll; *nf,* tyllfedd; *nm,* eger; *v,* tyllu; borio
  Severn Bore, Eger Hafren
  vertical boring, borio fertigol
boreal, *a,* boreal
bore-hole, *nm,* treidd-dwll
borer, *nm,* tyllwr
boron, *nm,* boron
borough, *nf,* bwrdeisdref
  Borough English, *nf,* olafanedigaeth *(H)*
  contributory borough, bwrdeistref gyfrannol
  pocket borough, bwrdeistref boced
  rotten borough, bwrdeistref bwdr
bosh, *nm,* bosh
  bosh line, *nm,* llinyn ffidil
bosom, *nf,* mynwes
boss, *nm,* bos; cnap
botany, *nmf,* llysieueg; botaneg
bote, *nm,* budd
bottle, *nm,* potel; *v,* potelu
bottleneck, *nf,* tagfa

bottom, *nm,* gwaelod
  knocked up bottom, gwaelod gweflog *(Cr)*
botulism, *nf,* botwliaeth
boulder, *nm,* clogfaen
  boulder choke, *nf,* tagfa clogfaen
  boulder clay, *nm,* cloglai; clog-glai; clai clog
bounce, *nm,* tampiad; bownd; *v,* tampio; bowndio; sboncio *(Ch);* tasgu *(S)*
  bounce pass, *nm,* pas tamp
bound, *a,* rhwym; *nm,* llam; *nf,* arffin *(Ff); v,* llamu
  bounded set, *nm,* casgliad arffin
  bounding plane, *nm,* plân terfyn
boundary, *nm,* terfyn; *nf,* ffin
  boundary stone, *nf,* carreg ffin
  the boundaries, *np,* y ffiniau *(Ch)*
bounded, *a,* ffinedig
bourgeois *a, bourgeois*
bourgeoisie, *nm, bourgeoisie*
bourne, *nf* nant hafesb
bourrée, *nm, bourrée*
bout, *nm,* bowt
bovate, *nm,* bufedd
bow, *nm,* cwlwm; *nf,* dolen *(Gb); nm,* bwa; ymgrymiad *(Ch); v,* ymgrymu *(Ch);* crymu *(Gb)*
  bow case, *nm,* cas bwa
  bow fronted, *a,* blaengrwm
  bow saw, *nf,* llif fwa
  down bow, bwa i lawr
  up bow, bwa i fyny
bow-knot, *nm,* cwlwm dolen
bowl, *nm,* cawg; *nf,* powlen; bowlen *(Co); nm,* bowliad *(Ch); v,* bowlio
  bowl over-arm, bowlio dros ysgwydd
  bowl over the wicket, bowlio dros y wiced
  bowl round the wicket, bowlio rownd y wiced
  bowl under-arm, bowlio dan ysgwydd
  good length ball, bowliad hyd da
  short length ball, bowliad hyd byr
  wide, *wide*
  yorker, iorcer
bow-legged, *a,* coesgrwm
bowler, *nm,* bowliwr

bowlful, *nm*, powliad
bowline, *nm*, bowlin
Bowman's capsule, *nm*, cwpan Bowman
bowstring, *nm*, llinyn bwa
box, *nm*, bocs; blwch; *nf*, cist; *v*, paffio; bocsio
  box crosswise, bocs ar groes
  box lengthwise, bocs ar hyd
  box office, *nm*, bwth tocynnau
  box office plan, *nm*, plan seddau
  box scene, *nf*, golygfa focs
  box set, *nf*, set focs
  colour box, bocs lliw
  core box, bocs craidd
  crash box, cist ddadwrdd
  letter box, bocs llythyrau
  tidy box, bocs cadw
  trinket box, blwch tlysau
  word-building box, bocs llythrennau
boxwood, *nm*, pren bocs
boycott, *nm*, boycot
brace, *nm*, cyplysnod; carn-tro; bres; cleddyf; sbwrlas (*Ch*); *v*, bresu; cleddyfu
  brace of door, cleddyf
  brace rail, *nf*, rheilen bres
  brace the bow, *v*, tynhau'r bwa
  French brace, bres Ffrengig
braced, *a*, cleddyfog
bracer, *nm*, breichydd
braceweight, *np*, pwysau bres
brachial, *a*, breichiol
brachiopod, *nm*, braciopod
brachistochrone, *nm*, bracistocron
bracket, *nf*, braced; cromfach
brackets, *np*, bachau sgwâr; cromfachau (*Th*)
bract, *nm*, bract
bracteole, *nm*, bracteol
brad, *nf*, hoelen fain; hoelen frad
bradawl, *nm*, mynawyd
bradshot, *nm*, gwayw; dŵr coch (ar ddefaid)
bradycardia, *nm*, bradycardia; hwyrguriad y galon
braid, *nm*, cadis; brêd; rhuban; *v*, gwythiennu
  braid loom, *nm*, gwŷdd brêd
  coloured braid, rhuban lliw
  ric-rac braid, brêd ric-rac

braided, *a*, gwythiennog
  braided river, *nf*, afon wythiennog
brail-line, *nf*, lein halio (*Th*)
brain, *nm*, ymennydd
brainpower, *nm*, gallu ymenyddol
brains-town, *nf*, tref ymennydd
brainwash, *nm*, pwylltreisiad; pwylltrais; *v*, golchi ymennydd; pwylltreisio
braise, *v*, brwysio
braissie, *nm*, *braissie*
brake, *nm*, brêc
  brake lining, *nm*, leinin brêc
  brake resistance, *nm*, gwrthedd brêc
branch, *nf*, cangen
  branch factory, *nf*, ffatri gangen
  branch line, *nf*, lein gangen
branched, *a*, canghennog
branchia, *np*, brancia
branchial, *a*, branciaidd
  branchial arch, *nm*, bwa branciaidd
brand, *nm*, brand
branle, *nm*, branle
brass, *nm*, pres; presyn
  brass eyelet, *nf*, llygaden bres
  brass instruments, *np*, offer pres
  brass rubbings, *np*, rhwbiadau pres
  brass section of orchestra, *nm*, cerddbresi; *nf*, adran bres
  brass wire, *nf*, weiar bres
brassière, *nm*, *brassière*
brattice, *nm*, bratis
bravura, *nm*, brafwra
brawn, *nm*, brôn
braxy, *nm*, gwayw; dŵr coch (ar ddefaid)
braze, *v*, efyddu; presyddu
  brazing hearth, aelwyd bresyddu
breach, *nm*, bwlch; methiant; *v*, bylchu
  breach of peace, *nm*, torcyfraith; torheddwch
  breach of requirement, torri gofynion
breached, *a*, bylchog
bread, *nm*, bara
  barley bread, bara haidd; bara barlys

brown bread, bara brown; bara coch
currant bread, bara brith
fresh bread, bara ffres
laver bread, bara lawr
malt bread, bara brag
mixed bread, bara amyd
oat bread, bara ceirch
rye bread, bara rhyg
short-bread, bara byr; teisen Aberffraw
stale bread, bara henbob
unleavened bread, bara crai
wheaten bread, bara gwenith
white bread, bara can
whole-meal bread, bara gwenith trwyddo; bara gwenith cyfan
breadth, *nm*, lled
break, *nm*, brêc; toriad; sbel (*Th*); egwyl (*Th*); *v*, torri
  leg break, *leg break*
  off break, *off break*
breakage, *nm*, toriad
breakdown (machinery), *nm*, torri i lawr (peirianwaith)
breaker, *nm*, toniar
break-up, *nm*, darn chwâl (*Th*)
breakwater, *nm*, morwal
breast, *nf*, brest
breast-stroke, *nm*, nofio ar y frest; nofio broga
breccia, *nm* brecia
breeches, *np*, llodrau
breed, *nm*, brîd; *v*, bridio
  breeding centre, *nf*, bridfa
breeder, *nm*, bridiwr
breeze, *nf*, awel; *nm*, bris
  fresh breeze, awel ffres
  light breeze, awel ysgafn
  moderate breeze, awel gymedrol
breve, *nm*, brif
breviary, *nm*, brefiari
brew, *v*, bragu; bwrw ffrwyth
brick, *nf*, bric; bricen; bricsen
  brick clay, bric-glai
  brick earth, bric bridd
  course of bricks, *nm*, cwrs o frics
  fire brick, bric dân
  hollow bricks, brics gwag; brics coeg
brickfielder, *nm*, *brickfielder*

brick-layer, *nm*, briciwr
brick-layer kit, *nf*, set briciwr
brickwork, *nm*, bricwaith
bridge, *nf*, pont; *v*, pontio
  bridge passage, y bont (*C*)
  bridge point, *nm*, man pontio
  forward bridge, pont ymlaen
  snow bridge, pont eira
bridgehead, *nf*, talbont
bridge-tone, *nf*, trawston
bridle, *nf*, ffrwyn
bridleway, *nm*, llwybr march; llwybr ceffyl
brief, *nm*, briff; *v*, briffio
briefs, *np*, byrion
brigade, *nf*, brigâd
brigadier, *nm*, brigadydd
brightness, *nm*, disgleirdeb
brilliance, *nm*, disgleirdeb
brine, *nm*, heli
bring, *v*, dwyn
  brought down, dygwyd lawr
  brought forward, dygwyd ymlaen (*S*)
brisket, *nf*, brisged
bristle, *nm*, gwrychyn, gwrych
  bristle trap, *nm*, trap gwrychyn (*Th*)
brittle, *a*, brau
brittleness, *nm*, breuder
broach, *nm*, digorydd
broadcast, *nm*, darllediad; *v*, darlledu
  broadcasting station, *nf*, darlledfa
brocade, *nm*, brocâd
broccoli, *nf*, brocoli
broil, *v*, brwylio
broiler (chicken), *nm*, brwyliad
broker, *nm*, brocer
brokerage, *nm*, brocerais; tâl brocer
bromide, *nm*, bromid
bromine, *nm*, bromin
bronchi, *np*, bronci; pibau'r frest
bronchiole, *nm*, bronciol
bronchitis, *nm*, broncitis; llid y bronci
broncho-pneumonia, *nm*, bronco-niwmonia
bronchus, *nm*, broncws
bronze, *nm*, efydd; efyddyn
  aluminium bronze, efydd alwminiwm
broom, *nf*, sgubell

broth, *nm*, cawl; potes
brow, *nf*, ael
brown, *a*, brown
　brown paper, *nm*, papur llwyd
brownish, *a*, brownaidd
bruise, *nm*, clais; *v*, cleisio
brush, *nm*, brws
　cane brush, brws cans; brws bras
　carding brush, brws ffeil
　complexion brush, brws ŵyneb
　dry brush, brws sych
　hoghair brush, brws blew mochyn
　poster brush, brws poster
　sable brush, brws sabl
brushwood, *nm*, prysgwydd; coed bach
brushwork, *nm*, brwswaith
Brussels sprouts, *np*, ysgewyll Brussels; adfresych
Bryophyta, *np*, Bryophyta
bubble, *nm*, bwrlwm; bwbwl; *v*, byrlymu; bybylu
buck, *nm*, bwch
buckle, *nm*, bwcl; *v*, bwclo
buckram, *nm*, bwcram
bud, *nm*, blaguryn; ffull; *v*, blaguro; impio
　alternate bud, blaguryn eiledol
　axilliary bud, blaguryn ceseilaidd
　bud scale, *nm*, cen blaguryn
　dormant bud, blaguryn cwsg
　lateral bud, blaguryn ochrol
　opposite bud, blaguryn cyferbyn
　terminal bud, blaguryn blaen; blaguryn pen
budget, *nf*, cyllideb; *v*, cyllido; cyllidebu
budgetary, *a*, cyllidol
　budgetary control, *nf*, rheolaeth gyllidol
buff, *nm*, bwff; *v*, bwffio
　calico buff, bwff calico
　felt buff, bwff ffelt
buffer, *nm*, byffer; *v*, deor
buffer-state, *nf*, clustogwlad
buffoonery, *nm*, ffwlbri
build, *v*, adeiladu
　high density building, *nm*, adeiladu clos
builder, *nm*, bildwr; adeiladydd; adeiladwr

building, *nm*, adeilad
body-building, *nm*, meithrin corff; corff-feithrin
　half-timbered building, adeilad fframbren
built stuff, *np*, celfi gwneud (*Th*)
bulb, *nm*, bwlb; bylb; oddf
bulbil, *nm*, bylbyn
bulbous, *a*, oddfog
bulge, *nm*, chwydd; bol; *v*, chwyddo; bolio
bulk, *nm*, swmp
bulky, *a*, swmpus
bull, *nm*, bwl (*H*); tarw (*S*)
bulldozer, *nm*, tarw dur
bull frog, *nm*, crawciwr (*Th*)
bullion, *nm*, bwliwn
　bullion knot, *nm*, cwlwm bwliwn
　bullion stitch, *nm*, pwyth bwliwn
bullnose, *a*, trwynbwl
bumper, *nm*, bwmper
bun, *nf*, bynsen; bynnen
　Chelsea buns, *np*, byns Chelsea
　cream buns, *np*, byns hufen
　French buns, *np*, byns Ffrengig
　hot cross buns, *np*, byns y Grog
bunces, *np*, golau clwstwr
bunch, *nm*, clwm; cwlwm; clwstwr
bunchgrass, *nm*, sypwellt
bundle, *nm*, sypyn
　bicollateral bundle, sypyn deugyfraidd
　collateral bundle, sypyn cyfraidd
bung, *nm*, byng; bwng
bungalow, *nm*, byngalo
　ranch style bungalow, byngalo dull ransh
bunker, *nm*, bwncer
　sand bunker, bwncer tywod
buoy, *nm*, bwi
buoyant, *a*, hynawf
buoyancy, *nm*, hynofedd
　buoyancy bags, bagiau hynofedd
buran, *nm*, bwran
burden, *nm*, baich; llwyth; pwn
　beast of burden, *nm*, anifail pwn
bureau, *nf*, swyddfa; biwrô
　Juvenile Employment Bureau, Swyddfa Gyflogi Ieuenctid
bureaucracy, *nf*, biwrocratiaeth
bureaucrat, *nm*, biwrocrat
bureaucratic, *a*, biwrocratig

burette, *nf,* biwred
burgage, *nf,* bwrdeisiaeth
burgess, *nm,* bwrdais
burghal, *a,* bwrdeisiol
burglary, *nm,* bwrglari; *nf,* bwrgleriaeth
burin, *nm,* ysgythrydd
burlesque, *nm,* bwrlesg
burn, *v,* llosgi
burner, *nm,* byrner
  Bunsen burner, byrner Bunsen
burnish, *nm,* bwrnais; bwrneisio
burnt, *a,* llosg
  burnt cork artiste, *nm,* actor corc llosg
  burnt sugar, *nm,* siwgr llosg
burr, *nm,* bwr; masgl pigog; min; *v,* bwrio
burrow, *nf,* tyrchfa; twyn (tywod); *v,* tyrchu
bursa, *nm,* bwrsa
bursitis, *nm,* bwrsitis
burster, *nm,* ffrwydriad
bus, *nm,* bws; *v,* bysio
  double-deck bus, bws deulawr
  single-deck bus, bws unllawr
bush, *nm,* llwyn; prysglwyn; tir prysglwyn; bwsh (*Cr*)
  bush veld, *nm,* feld prysglwyn
bushel, *nm,* pwysel
bushmen, *np,* pobl y prysglwyn
business, *nm,* busnes; gorchwyl (*Th*)
  business acumen, *nm,* acwmen busnes
  central business district, canol busnes y dref
bust, *nm,* penddelw; bwst (*Gb*); *nf,* mynwes
butane, *nm,* biwtân
butt, *v,* bytio
butte, *nm, butte;* cnwc

butterfly, *nf,* iâr fach yr haf; *nm.* glöyn byw; *nf,* pilipala
  butterfly stroke, *nm,* nofio glöyn byw; nofio pilipala; pilipalan
buttermilk, *nm,* llaeth enwyn
buttery, *nm,* bwtri
buttock, *nf,* ffolen
button, *nm,* botwm; *v,* botymu
  button thread, *nf,* edau gyfrodedd
  covered button, botwm defnydd
  linen button, botwm lliain
buttonhole, *nm,* twll botwm; rhwyll
  bound buttonhole, twll botwm wedi ei feindio
  buttonhole loop, *nf,* dolen fotwm
  buttonhole stitch, *nm,* pwyth twll botwm
  worked buttonhole, twll botwm pwythog
buttonholer, *nm,* atodyn twll botwm; *nf,* botymell
buttress, *nmf,* gwanas; bwtres
  flying buttress, bwtres hedegog
buy, *v,* prynu
  bulk buying, bras-brynu
  credit buying, prynu ar gredyd; prynu ar goel
  impulse buying, prynu byrbwyll
buyer, *nm,* prynwr
bye, *nm, bye;* cil
  leg bye, *leg bye* (*Ch*)
by-election, *nm,* is-etholiad
by-law, *nf,* is-ddeddf; deddf leol
by-movements, *np,* symudiadau sgîl
by-pass, *nm,* heibiad; *v,* heibiadau
by-play, *v,* chwarae o'r neilltu
by-product, *nm,* cil-gynnyrch; is-gynnyrch; ôl-gynnyrch
Byzantine, *a,* Bysantaidd
Byzantium, Bysantiwm

C

cabal, *nm*, cabal
cabbage, *nf*, cabetsen; bresychen
cabinet, *nf*, cell; cist; *nm*, cabinet
cabinet maker, *nm*, saer celfi
cable, *nm*, cebl; *nf*, cablen
cablegram, *nm*, ceblgram
cacophony, *nf*, drycsain
caddie, *nm*, cadi
caddie car, *nm*, car cadi
cadence, *nf*, diweddeb; goslef
Amen cadence, diweddeb eglwysig
cadential chord, *nm*, cord diweddeb
interrupted cadence, diweddeb annisgwyliadwy
perfect cadence, diweddeb berffaith
plagal cadence, diweddeb eglwysig
surprise cadence, diweddeb annisgwyliadwy
cadenza, *nm*, cadensa
caducous, *a*, cwympol
caecum, *nm*, caecwm
cairn, *nm*, carnedd
caisson, *nm*, caison
cake, *nf*, teisen; cacen
calamine, *nm*, calamin
calcareous, *a*, calchaidd
calcicole, *a*, calchgar
calcification, *nm*, calcheiddiad
calcifuge, *a*, calchgas
calcify, *v*, calcheiddio
calcinate, *v*, calchynnu
calcination, *nm*, calchyniad
calcite, *nm*, calchit
calcium, *nm*, calsiwm
calcium carbonate, *nm*, carbonad calsiwm
calculate, *v*, cyfrif
calculation, *nm*, cyfrifiad
calculus, *nm*, calcwlws
caldera, *nm*, callor
calendar, *nm*, calendr
calf (of leg), *nf*, croth (y goes)
calibrate, *v*, calibro
calibration, *nm*, calibrad

calico, *nm*, calico
glazed calico, calico sglein
unbleached calico, calico heb ei gannu
calipers, *np*, caliperau; caliprau
inside, c. mewn
jenny, c. jenny
outside, c. allan
calkin, *nm*, cawc
call, *nm*, galwad; *v*, galw; hysbysu
call beginners, *v*, galw'r cychwynwyr
call board, *nm*, hysbysfwrdd llwyfan (*Th*)
call boy, *nm*, hysbyswr (*Th*)
calls in advance, *np*, galwadau ymlaen llaw
calls in arrears, galwadau ôl-ddyledus
calligraphic, *a*, ceinlinol
calligraphist, *nm*, ceinlinolydd
calligraphy, *nm*, ceinlinoledd
callose, *a*, calwsaidd; caledennog
callosity, *nm*, calwsedd; calededd
callus, *nm*, calws; *nf*, caleden
calm, *nf*, gosteg
calorie, *nm*, calori; (*pl*, caloriau)
calorific, *a*, caloriffig
calorific value, *nm*, gwerth caloriffig
calorimeter, *nm*, calorimedr
calorimetry, *nmf*, calorimedreg
calypso, *nm*, calypso
calyptrogen, *nf*, calyptrogen
calyx, *nm*, calycs
cam, *nm*, cam
camber, *nm*, camber; *v*, cambro
cambium, *nm*, cambiwm
cambium layer, *nf*, haen cambiwm
Cambrian, *a* Cambriaidd
cambric, *nm*, cambrig
Cambridge, Caer-grawnt
cameo, *nm*, cameo
camera, *nm*, camera
camera obscura, *camera obscura*
camouflage, *nf*, cuddwedd; *v*, cuddweddu

campaign, *nf,* ymgyrch; rhyfelrod (*H*)
campanile, *nm,* campanil; clochdy
camshaft, *nf,* camsiafft
can, *nm,* tun; can; *v,* canio
canal, *nm,* camlas
canals, *np,* sianelau; camlesi
  Haversian canals, sianelau Havers (*B*)
cancel, *v,* canslo
cancellation, *nm,* canslad
cancer, *nm,* canser; cancr
candied peel, *nm,* pil candi
candle, *nf,* cannwyll
candle-power, *nm,* canhwyllnerth
candle-snuffer, *nm,* glaniadur
candlestick, *nm,* canhwyllbren
candlewick, *nm,* cotwm trwch
cane, *nm,* cansen; gwialen;
  bamboo cane, cansen bambw
  dyed canes, gwiail lliw
  jumping canes, gwiail neidio
canework, *nm,* gwaith gwiail
canker, *nm,* cancr
canned food, *nm,* bwyd tun
cannery, *nm,* canerdy
canoe, *nm,* canŵ; (*pl,* canwod)
  folding canoe, canŵ plyg
  rigid canoe, canŵ diblyg
  slalom, slalom
canon, *nm,* canon
  canon by inversion, gwrthganon
  finite canon, canon terfynedig
  infinite canon, cylch-ganon
canonical, *a,* canonaidd
canonize, *v,* canoneiddio
canopy, *nm,* canopi; gortho
cantata, *nm,* cantawd
canteen, *nm,* cantin
Canterbury, Caer-gaint
cantilever, *nm,* cantilifer
canvas, *nm,* cynfas; *v,* cynfasio
  canvas embroidery, *nm,* brodwaith cynfas
  canvas theatre, *nf,* theatr dan gynfas
  rug canvas, cynfas rwg
  win by a canvas, *v,* ennill o gynfas
canyon, *nm,* canion
cap, *nm,* capan
  cap rock, *nf,* craig gapan
capacitative, *a,* cynhwysaidd

capacitor, *nm,* cynhwysor
capacity, *nm,* gallu; cynhwysedd (*Ff*)
  gallu cynhenid (*A*)
  capacity to produce, gallu i gynhyrchu
cape, *nm,* clogyn (*Gb*); penrhyn (*D*)
  Cape of Good Hope, Penrhyn Gobaith Da
capillarity, *nm,* capilaredd
capillary, *nm,* capilari
  capillary tube, *nm,* tiwb capilari
capital, *nf,* prifddinas; priflythyren; *nm,* cyfalaf; prifswm; capan colofn (*Cr*)
  capital account, *nm,* cyfrif cyfalaf
  capital appreciation, *nm,* cynnydd cyfalaf
  capital depreciation, *nm,* dibrisiad cyfalaf
  capital goods, *np,* adnoddau cyfalaf
  capital felony, *nf,* ffeloniaeth ddihenydd
  capital intensive, dwysgyfalaf
  capital murder, *nf,* llofruddiaeth ddihenydd
  capital offence, *nmf,* trosedd marwol
  capital punishment, *nf,* cosb ddihenydd
  capital resources, *np,* adnoddau cyfalaf
  capital sum, *nm,* swm cyfalaf; cyfalswm
  fixed capital, cyfalaf sefydlog
  working capital, cyfalaf ar waith
capitalism, *nf,* cyfalafiaeth
capitalist, *nm,* cyfalafwr
capitalistic, *a,* cyfalafol
capitalize, *v,* cyfalafu
capitular, *a,* cabidylaidd; *nm,* cabidylwr
capitulate, *v,* ymostwng; ardeleru (*H*)
capitulation, *nm,* ardeleriad
capitulum, *nm,* pen asgwrn; capitwlwm
capsize, *v,* dymchwel
capsule, *nf,* coden; ciben; *nm,* capsiwl; capswl
captain, *nm,* capten
captivity, *nm,* caethiwed

CAPTURE

capture, *v*, dal
caput, *nm*, capwt
car, *nm*, car
  pedal motor car, car pedlo
  sports car, sbortscar
caramel, *nm*, caramel
carapace, *nm*, carapac
carat, *nm*, carat
caraway seeds, *np*, hadau carwe
carbohydrate, *nm*, carbohydrad
carbon, *a*, carbon; *nm*, carbon
  carbon copy, *nm*, copi carbon
  carbon cycle, *nm*, cylch carbon
  carbon dioxide, *nm*, deuocsid carbon
  carbon paper, *nm*, papur carbon
  free carbon, carbon rhydd
carbonate, *nm*, carbonad; *v*, carbonadu
carbonated, *a*, carbonedig
carbonation, *nm*, carboniad; carbonadu
carbonic, *a*, carbonig
  carbonic acid, *nm*, asid carbonig
carboniferous, *a*, carbonifferaidd
  Carboniferous Age, *nf*, Oes y Glo; Oes Garbonifferaidd
carbonisation, *nm*, carboneiddiad
carbons, *np*, carbonau
carborundum, *nm*, agalen
carbuncle, *nm*, carbwncl
carburate, *v*, carbwradu
carburettor, *nm*, carbwradur; carbwredydd
carburize, *v*, carbwreiddio
carcase, *nm*, sgerbwd
carcinogenic, *a*, canser-gynhyrchiol
carcinoma, *nm*, carsinoma; cancr gwyllt
card, *nm*, cerdyn; *nf*, carden; (*pl*, cardiau)
  assignment cards, *np*, cardiau dosrannu; cardiau gwaith
  index card, cerdyn mynegai
  number card, cerdyn rhifo
  serrated card, cerdyn danheddog
  word-matching cards, *np*, cardiau llun a gair
cardboard, *nm*, cardbord
carder, *nm*, cribwr

CARRIAGE

cardiac, *a*, cardiac; *nm*, cardiac
  cardiac diseases, *np*, afiechydon y galon
cardigan, *nf*, cardigan
cardinal, *nm*, cardinal
  cardinal number, *nm*, prifol
  cardinal points, *np*, pwyntiau cardinal
care, *nm*, gofal
  care and after-care, gofal ac ôl-ofal
  due care and attention, gofal a sylw dyladwy
  post natal care, gofal ôl eni
career, *nf*, gyrfa
caretaker, *nm*, gofalwr
  caretaker company, *nm*, cwmni gofalu
  caretaker government, *nf*, llywodraeth ofalu
cargo, *nm*, cargo
caricature, *nm*, digriflun; gorlun; caricatur; *v*, gorlunio
caricaturist, *nm*, gorlunydd
caries, *nm*, pydredd dannedd
carnal, *a*, cnawdol
carnassial, *a*, cigysol
  carnassial teeth, *np*, dannedd cigysol
carnivora, *np*, carnifora; cigysolion
carnivore, *nm*, cigysydd
carnivorous, *a*, cigysol; carniforus
carol, *nf*, carol
carotene, *nm*, carotin
carotenoids, *np*, carotenau
carotid, *a*, carotid
  carotid artery, *nf*, rhydweli garotid
carousel, *nm*, carwsel
carpal, *a*, carpal
  carpal bones, *np*, esgyrn carpal
carpel, *nm*, carpel
carpenter, *nm*, saer coed; saer
  carpenter scene, *nf*, chwim olygfa (*Th*)
carpentry, *nf*, saernïaeth
  carpentery and joinery, *nm*, gwaith saer ac asiedydd
carpet cut, *nf*, astell carped (*Th*)
carpus, *nm*, carpws
carriage, *nm*, cludiant; cludo
  carriage forward, cludiant i'w dalu
  carriage of typewriter, *nm*, carais teipiadur

carriage paid, cludiant wedi ei dalu
carriageway, *nf,* lôn gerbyd
carrier, *nm,* cludydd; cariwr
carrying chair, *nf,* cadair gludo
carrot, *nf,* moronen; (*pl,* moron); caretsen; (*pl,* carets)
carry, *v,* cario; cludo
　carry forward, cario mlaen
　carry over, cario drosodd
cart, *nf,* cert
　barrow cart, cert berfa
　dump cart, cert tipio
cartage, *nm,* cartiant
　cartage note, *nm,* nodyn **cartiant**
cartel, *nm,* cartel
cartesian, *a,* cartesaidd
cartilage, *nm,* cartilag
　cartilage-bone, *nm,* asgwrn **cartilag**
cartilaginous, *a,* cartilagaidd
cartography, *nm,* cartograffi
carton, *nm,* carton
cartoon, *nm,* cartŵn
cartulary, *nm,* cartwlari
cartwheel, *nm,* olwyndro; *v,* olwyndroi; troi fel olwyn
carucate, *nm,* carwgad
caruncle, *nm,* carwncl
carve, *v,* cerfio; carfio; torri cig
carver, *nm,* cerfiwr; torrwr cig
carving, *nm,* cerfiad; cerfio
　negative carving, cerfio negatif
caryatid, *nm,* caryatid
caryopsis, *nm,* caryopsis
cascade, *nm,* sgwd
case, *nm,* achos; bag; casyn; cas; plisgyn (wy); *v,* casio
　as the case may be, yn ôl fel y bo'n digwydd
　attache case, cas *attache*
　brief case, cas briff; bag dogfennau
　case conference, *nm,* cyd-drafod unigolion
　case dismissed, gwrthodir yr achos
　case history, *nm,* hanes achos
　open the case, *v,* agor yr achos
caseation, *nm,* cawseiddiad
casein, *nm,* casein
casement, *nm,* casment
　casement window, *nm,* ffenestr adeiniog

cash, *np,* arian
　cash account, *nm,* cyfrif coffr
　cash book, *nm,* llyfr coffr
　Cash on Delivery (C.O.D.), Talu wrth dderbyn (C.O.D.)
　cash payment, *v,* talu i lawr; talu ar law
　hard cash, arian caled
　petty cash, arian pitw
　ready cash, arian parod
cashier, *nm,* ariannwr
casing, *nm,* casyn; cas; plisgyn
casserole, *nm,* caserol
cassette, *nm,* caset
cassiterite, *nm,* casiterit
case, *nm,* cast; ffurflun; tafliad; chwipiad; *v,* castio; bwrw; taflu; chwipio
　cast a colt, *v,* bwrw ebol
　casting office, *nf,* swyddfa gastio
　cast off, *v,* cau pwythau
　cast on, *v,* ystofi; codi pwythau
　cast out type, *v,* castio'n anghymwys
　pipe casting, *v,* bwrw pibau
　pressure die casting, deigastio gwasgol
castanets, *np,* castanedau
castellan, *nm,* castellydd
castellated, *a,* castellaidd; castellog
castellation, *nm,* castelliad
caster sugar, *nm,* siwgr caster
casting, *nm,* castin
　overshot casting, castin gorymyl
castle, *nm,* castell
castor, *nm,* castor
　ball castors, *np,* castorau pêl
casual, *a,* achlysurol; ysbeidiol
　casual labour, *nm,* llafur ysbeidiol
　casual water, *nm,* dŵr achlysurol
casuals, *np,* dillad segura
catabolism, *nf,* catabolaeth
catacomb, *nm,* catacwm
catafalque, *nm,* cataffalc; *nf,* elor
catalase, *nm,* catalas
catalogue, *nm,* catalog; *v,* catalogio
catalyst, *nm,* catalydd
catalytic, *a,* catalytig
　catalytig agent, *nm,* catalydd
cataract, *nm,* cataract; sgwd; *nf,* pilen; rhuchen
catarrh, *nm,* catar

catch, *nm*, daliad; cats; *nf*, clicied (drws); *v*, dal
   ball catch, clicied bêl
   fair catch, daliad glân
catcher, *nm*, daliwr
catchment area, *nm*, dalgylch
category, *nm*, categori
catena, *nm*, catena
catenary, *nm*, catena
catenoid, *nm*, catenoid
cater, *v*, darmerthu; arlwyo
caterer, *nm*, darmerthydd
catering, *nf*, arlwyaeth; *nm*, bwydwaith
caterpillar, *nm*, lindysyn
catharsis, *nm*, catharsis
cathedral, *nf*, eglwys gadeiriol; cadeirlan
cathode, *nm*, catod
   cathode rays, *np*, pelydrau catod
cation, *nm*, catïon
cationic, *a*, cationig
catkin, *nm*, catcyn; *nf*, cynffon oen bach
catspring, *nf*, naid cath
cattle, *np*, gwartheg
   cattle cake, *nm*, cêc gwartheg
   fat cattle, gwartheg tewion
catwalk, *nm*, brigdrawst *(Th)*
caudal, *a*, cawdal
caul, *nm*, gwasgblat
cauliflower, *nf*, colifflŵer; cawlifflwr; blodfresychen
caulk, *v*, calcio
causality, *nf*, achosiaeth
causation, *nf*, achosiaeth
cause, *nm*, achos
   challenge for cause, *v*, gwrthwynebu am reswm
   to show cause why, *v*, i ddangos achos pam
causeway, *nf*, sarn
   causeway camp, *nm*, gwersyll sarnau
caustic, *a*, costig
   caustic soda, *nm*, soda costig
cave, *nf*, ogof
cavern, *nf*, cafern; ogof gron
cavernous, *a*, cafernaidd
cavetto, *nm*, cafeto
cavity, *nm*, ceudod
   body cavity, ceudod corff
   nasal cavity, ceudod y trwyn
   pleural cavity, ceudod y plewra
cavo relievo, *nm*, *cavo relievo*
cayenne, *nm*, *cayenne;* caian
cede, *v*, dadafael
cedar, *nf*, cedrwydden
ceiling, *nm*, nenfwd
   ceiling cloth, *nm*, lliain nenfwd
   ceiling piece, *nm*, darn nenfwd
   ceiling spot, *nf*, sbot nenfwd
celanese, *nm*, *celanese*
celery, *nm*, seleri
celestial, *a*, wybrennol
celestials, *np*, y nefolion
celibacy, *nf*, dibriodaeth; anghydweddaeth
celibate, *nm*, di-briod; anghydweddog *(H)*
cell, *nf*, cell
   cell division, *nm*, cellraniad
   cell pores, *np*, celldyllau
   daughter cells, *np*, merchgelloedd
   goblet cell, cell gobled
   guard cell, cell warchod
   living cell, cell fywiol
   mother cell, mamgell
   musculo-epithelial cell, cell mwsgwlo-epithelial
   palisade cell, cell balis
   passage cell, cell dramwy
   resting cell, cell orffwys
   Sertoli cells, *np*, celloedd Sertoli
   somatic cells, *np*, celloedd somatig
   thread cell, cnidoblast
   wandering cell, cell grwydrol
cella, *nm*, *cella*
cellar, *nf*, seler; seler llwyfan *(Th)*
cellarer, *nm*, selerwr
cell-body, *nm*, cellgorff
cell-membrane, *nf*, cellbilen
cello, *nm*, soddgrwth
cellophane, *nm*, seloffên
cellotape, *nm*, selotâp
cell-theory, *nm*, theori celloedd
cellular, *a*, cellog
cellulitis, *nm*, llid yr isgroen; enyniad y celloedd
celluloid, *nm*, selwloid
cellulose, *nm*, selwlos; cellwlos
   cellulose paste powder, *nm*, past powdr selwlos
cell-wall, *nf*, gwal y gell

Celsius, Celsius
cement, *nm*, sment; *v*, smentio
cementation, *nm*, smentiad
  cementation of sediments, smentiad gwaddodion
cementite, *nm*, smentit
cenotaph, *nm*, cenotaff
censer, *nm*, censer; *nf*, thuser
censorship, *nf*, sensoriaeth
censure, *nm*, cerydd
  censure debate, *nf*, dadl gerydd
census, *nm*, cyfrifiad swyddogol; cyfrifiad poblogaeth
centaur, *nm*, dynfarch
centile, *a*, canrannol
  centile rank, *nf*, safle ganrannol
centimetre, *nm*, centimetr; *nf*, canfedd
central, *a*, canolog
  central heating, *nm*, gwres canolog
centralization, *nm*, canoliad
centrality, *nm*, canolrwydd
centralize, *v*, canoli
centre, *a, canol; nm*, canol; canolbwynt; canolgylch; *nf*, canolfan; *nm*, canolwr (*Ch*); craidd (*Ff*); *v*, canoli
  attendance centre, canolfan presenoldeb
  black earth centre, canolgylch pridd du (*D*)
  centre aisle, *nf*, eil ganol
  centre back, canol-gefn (*Th*)
  centre circle, *nm*, cylch canol
  centre dotting, *v*, canolfarcio
  centre drill, *nm*, dril canoli
  centre front, canol ffrynt
  centre of gravity, craidd disgyrchiant
  centre of interest, canolfan diddordeb; canolbwynt diddordeb
  centre of mass, craidd mas
  centre of percussion, craidd taro; canolfan taro
  centre opening, *nm*, agoriad canol
  centre piece, *nm*, gosodiad canol
  centre punch, *nm*, pwns canoli
  centre spot, *nm*, marc canol (*Ch*)
  centre square, *nmf*, sgwâr canoli
  centre stage, canol llwyfan
  centre the ball, *v*, canoli'r bêl
  dead centre, canol llonydd

  detention centre, canolfan cadw
  live centre, canol tro
  nerve centre, canolfan nerfol
  remand centre, canolfan remand
centreboard, *nm*, bwrdd canol
centre-half, *nm*, hanerwr canol; canolwr
centre-line, *nf*, lein canoli
centrifugal, *a*, allgyrchol
  centrifugal force, *nm*, grym allgyrchol
centrifuge, *nm*, allgyrchydd; *v*, allgyrchu
centriole, *nm*, centriol
centripetal, *a*, mewngyrchol
  centripetal force, *nm*, grym mewngyrchol
centroid, *nm*, craidd
centromere, *nm*, centromer
centrosome, *nm*, centrosom
centrosphere, *nm*, centrosffer
centrum, *nm*, centrwm
cephalic, *a*, ceffalig
  cephalic index, *nm*, indecs ceffalig
cephalo-caudal, *a*, ceffalo-cawdal
ceramic, *a*, ceramig
ceramics, *nmf*, cerameg
cercaria, *nm*, cercaria
cerci, *np*, cerci
cereal(s), *nm*, grawnfwyd
cerebellum, *nm*, cerebelwm
cerebral, *a*, cerebral
  cerebral cortex, *nm*, cortecs cerebral
  cerebral hemispheres, *np*, hemisfferau cerebral
cerebrospinal, *a*, cerebrosbinal
  cerebrospinal fluid, *nm*, llifydd cerebrosbinal
cerebrum, *nm*, cerebrwm
certificate, *nf*, tystysgrif
  Advanced Level Certificate, Tystysgrif Safon Uwch
  defence certificate, tystysgrif amddiffyniad
  General Certificate of Education, Tystysgrif Gyffredinol Addysg
  medical certificate, tystysgrif meddyg
  Ordinary Level Certificate, Tystysgrif Safon Gyffredin
certified, *a*, ardystiedig

certify, *v,* ardystio
cervical, *a,* cerfical
cession, *nm,* dadafaeliad
cesspool, *nm,* carthbwll
Cestoda, *np,* Cestoda
chaconne, *nm, chaconne*
chaeta, *nm, chaeta*
chafe, *v,* rhathu; rhwbio
chafing, *nm,* rhathiad; rhath; rhwbiad
chain, *nf,* cadwyn; *v,* cadwyno
  broad chain, cadwyn lydan
  chain loops, *np,* dolenni cadwynog
  chain reaction, *nm,* ymwaith cadwynol
  chain stitch, *nm,* pwyth cadwyn
  chain store, *nf,* siop gadwyn
  chequered chain, cadwyn amryliw
  twisted chain, cadwyn dro
chainé, *nf,* cadwyn bale
chain-instinct, *nf,* greddf gadwyn
chain-reflexes, *nf,* cadwyn o atgyrchion; *np,* atgyrchion cadwynol
chair, *nf,* cadair
  arm chair, cadair freichiau
  bosun's chair, cadair boswn
  nesting chairs, *np,* cadeiriau tas
  push chair, cadair wthio
  stacking chairs, *np,* cadeiriau stacio
chair back, *nm,* gorchudd cefn cadair
chair-lift, *nf,* cadair-esgyn
chalaza, *nm,* calasa
Chaldean, *a,* Caldeaidd
chalet, *nm,* hafoty; *chalet*
chalk, *nm,* sialc; *v,* sialcio
  chalk a scene, *v,* sialcio golygfa
  French chalk, sialc Ffrengig
  lettering chalk, sialc llythrennu
  tailor's chalk, sialc teiliwr
challenge, *nm,* gwrthwynebiad; sialens; *v,* gwrthwynebu
  challenge a juryman, gwrthwynebu rheithiwr
  challenge to the array, gwrthwynebu'r rheithgor cyfan
  challenge to the polls, gwrthwynebu'r rheithwyr unigol
  peremptory challenge, gwrthwynebiad di-nag
challenger, *nm,* heriwr
chalice, *nm,* caregl

chalybeate water, *nm,* dŵr haearn
chamber, *nf.* siambr; swyddfa (Cyfraith)
  Chamber of Commerce/Trade, Siambr Fasnach
  (Judge) in Chamber, yn ei swyddfa
chamberlain, *nm,* siambrlen; ystafellwr; ystafellydd
chamfer, *nm,* siamffer; *v,* siamffro
chamois, *nm,* siami
champion, *nm,* pencampwr
championship, *nf,* pencampwriaeth
chancel, *nf,* cangell
chancellor, *nm,* canghellor
Chancery, *nf,* Siawnsri
chandelier, *nm,* canhwyllyr
change, *nm,* newid; cyfnewidiad; *v,* newid
  change room, ystafell newid
  quick change, newid cyflym
  quick change room, ystafell newid cyflym
changing-notes, *np,* nodau deutu
channel, *nf,* sianel
  Bristol Channel, *nm,* Môr Hafren
  channel efficiency, *nm,* effeithlonedd sianel
  cross channel boat, *nm,* cwch sianel
  distributary channel, allsianel
  overflow channel, sianel orlif
chant, *nf,* siant; salm-dôn
chantry, *nm,* siantri
  chantry priest, siantrïwr; offeiriad siantri
chapel, *nm,* capel
  Lady Chapel, Capel Mair
chaplet, *nm,* caeog
chapter (eccles), *nm,* cabidwl; siaptri
  chapter house, *nm,* cabidyldy
character, *nf,* nodwedd; *nm,* cymeriad
  character lines, *np,* rhychau cymeriad
  character make-up, *nm,* colur cymeriad
  in character, *a,* cymeriadol
characteristic, *a,* nodweddol; nodweddiadol; *nf,* nodwedd; *nm,* nodweddrif
  personal characteristics, *np,* nodweddion priod

characterization, *nf,* cymeriadaeth
charade, *nm,* siarâd
charcoal, *nm,* golosg; sercol
charge, *nm,* siars; hyrddiad (*Ch*); codiant; pridiant; *nf,* gwefr; *nm,* cyhuddiad; gofal; *v,* rhuthro (ar); llwytho (ffwrnais); gwefru; gwefrio (batri); codi (pres); cyhuddo
   officer in charge of, *nm,* swyddog a chanddo ofal
   shoulder charge, hyrddiad ysgwydd
charged, *a,* gwefredig
charge-hand, *nm,* is-fformon
chart, *nm,* siart
   instruction chart, siart cyfarwyddo; *nf,* taflen gyfarwyddo
   synoptic chart, siart synoptig
charter, *nf,* siarter
   charter flight, *nm,* hediad siarter
   charter party, *nm,* parti siarter
chartism, *nf,* siartaeth
chartist, *nm,* siartydd
chase, *v,* ymlid; siasio
chaser, *nm,* siaswr
chasing, *nm,* siasin
chasm, *nf,* agendor
chassis, *nf,* fframm; *nm,* siasi
chattel, *nm,* teclyn
chatter, *nm,* clebran; sgrytiad (*Cr*); *v,* clebran; sgrytian
check, *nf,* siec; *nm,* prawf; gwiriad; *v,* profi; gwirio
   checked material, *nm,* defnydd siec
   check out, siec allan (*Th*)
   check the house, *v,* sicrhau'r tŷ (*Th*)
checkmate (chess), *nm,* siachmat
checkpoint, *nf,* rheolfa
cheek, *nf,* boch; bochgern
chef-d'oeuvre, *nm,* campwaith
chemical, *a,* cemegol; *nm,* cemigyn; cemical
   chemical equation, *nm,* hafaliad cemegol
   chemical formulae, *np,* fformwlau cemegol
   chemical industry, *nm,* diwydiant cemigion

   chemical stains, *np,* staeniau cemegol
   chemical symbols, *np,* symbolau cemegol
chemist, *nm,* cemegwr, cemist
chemistry, *nmf,* cemeg
chemoreceptor, *nm,* cemogymerydd
chemotactic, *a,* cemotactig
chemotactism, *nm,* cemotacsis
chemotaxis, *nm,* cemotacsis
chemotrophic, *a,* cemotroffig
chemotropism, *nm,* cemotropedd
cheque, *nf,* siec
   bearer cheque, siec dygiedydd
   blank cheque, siec ben-agored
   crossed cheque, siec wedi'i chroesi
chequerboard, *nm,* tawlbwrdd
   chequerboard town, *nf,* tref dawlbwrdd
chequerwork, *nm,* siecerwaith
chernozem, *nm,* chernosem
cherry, *nf,* ceiriosen
   glace cherries, *np,* ceirios siwgr
cherry-tree, *nm,* pren ceirios
chert, *nm,* chert
chess, *nf,* gwyddbwyll
chest, *nf,* cist; brest
   chest clinic, *nm,* clinig y frest
Chester, Caer
chestnut, *a,* castan; *nf,* castan; *nm,* concer
   chestnut brown, brown castan
   horse chestnut tree, *nf,* castanwydden; coeden gnau ceffylau
   sweet chestnut, *nf,* castanwydden felys
chew the cud, *v,* cnoi cil
chevet, *nm,* *chevet*
chevron, *nm,* ceibr; ceibren
chiaroscuro, *nm,* *chiaroscuro*
chiasma, *nm,* ciasma, (*pl,* ciasmata)
chilblains, *np,* llosg eira; maleithiau
child, *nm,* plentyn
   child care officer, *nm,* swyddog gofal plant
   child guidance, *nm,* cyfarwyddo plant
   child guidance council, *nm,* cyngor cyfarwyddo plant
   child minder, *nm,* gofalwr plant
childhood, *nm,* plentyndod; maboed

children, *np*, plant
  aphasic children, plant affasig
  backward children, plant araf
  blind children, plant dall
  children suffering from speech defects, plant â nam ar eu lleferydd
  deaf children, plant byddar
  delicate children, plant gwanllyd
  diabetic children, plant diabetig
  educationally subnormal children, plant addysgol isnormal
  epileptic children, plant epileptig
  handicapped children, plant dan anfantais
  late developing children, plant hwyrgynyddol
  maladjusted children, plant heb ymaddasu
  partially hearing children, plant anghyflawn eu clyw
  partially sighted children, plant anghyflawn eu golwg
  physically handicapped children, plant â nam corfforol arnynt
  retarded children, plant olgynyddol
  spastic children, plant sbastig
chill, *nm*, rhyndod; *nf*, rhynnell; *v*, rhynnu
chilled, *a*, rhŷn
chimaera, *nm*, cimaera
chimney, *nf*, simnai; *nm*, corn mwg
  chimney breast, *nm*, brestyn simnai
  chimney breast beam, *nm*, swmer
chin, *nf*, gên
china, *nm*, tsieni
  bone china, tsieni asgwrn
  china palette, *nm*, palet tsieni
  Dresden china, tsieni Dresden
Chinaman, *nm*, Chinaman (*Ch*)
Chinook, *nm*, Chinook
chinz, *nm*, *chinz*
chip, *nm*, sglodyn; asglodyn; *v*, sglodio; sipio
  chipped potatoes, *np*, sglodion tatws
chironomy, *nf*, ystumiaeth (*Th*)
chiropody, *nm*, chiropodi; *nf*, triniaeth traed

chisel, *nf*, gaing; *nm*, cŷn; *v*, naddu; cynio
  bevel chisel, gaing fefel; cŷn befel
  cold chisel, gaing galed; cŷn caled
  cross cut chisel, gaing drawstor
  diamond point chisel, gaing trwyn diemwnt
  firmer chisel, gaing fferf
  flat chisel, gaing fflat
  half round chisel, gaing hanner crwn
  horizontal chiselling, *v*, naddu llorweddol; cynio llorweddol
  mortice chisel, gaing fortais
  paring chisel, gaing hir
  skew chisel, gaing oledd
  turning chisel, gaing durnio
  vertical chiselling, *v*, naddu unionsyth; cynio unionsyth
chit, *nm*, slip
chitin, *nm*, *chitin*
chives, *np*, cennin syfi
chlamydospore, *nm*, clamydosbor
chlorenchyma, *nm*, clorencyma
chloride, *nm*, clorid
chlorinate, *v*, clorinadu
chlorination, *nm*, clorinio; cloriniad
chlorine, *nm*, clorin
Chlorophyceae, *np*, Chlorophyceae
chlorophyll, *nm*, cloroffyl
chloroplast, *nm*, cloroplast
chlorosis, *nm*, clorosis
chockstone, *nf*, tagen
choir, *nm*, côr
  choir stall, *nf*, cafell
choke, *nm*, tagydd
cholera, *nm*, colera; geri
cholesterol, *nm*, colesterol
choline, *nm*, colin
  choline esterase, *nm*, esteras colin
chop, *nm*, golwyth; *v*, golwytho; cildorri; dryllio; malu
  chopping-board, *nf*, ystyllen falu
choral, *a*, corawl
  choral ode, *nf*, awdl gorawl
chorale, *nm*, corâl
chord, *nm*, cord
  arpeggio $^6_4$ chord, cord $^6_4$ arpegio
  augmented chord, cord estynedig
  auxiliary $^6_4$ chord, cord $^6_4$ cynhorthwy

chord of dominant seventh, cord seithfed y llywydd
chord progression, *nm,* dilyniant cordiau
common chord, cord cyffredin
diminished chord, cord cywasg
figuring of chords, *v,* rhifoli cordiau
French sixth, cord y chweched Ffrengig
German sixth, cord y chweched Almaenig
passing $^6_4$ chord, cord $^6_4$ cyplad
pivot chord, cord pifot; cord trobwynt
primary chord, cord sylfaen
root of a chord, *nm,* gwreiddyn cord
secondary chord, cord eilradd
chorea, *nm,* cryndod; corea
choreograph, *nm,* coreograff
choreographer, *nm,* coreograffydd
choreography, *nf,* coreograffiaeth
chorion, *nm,* corion
chorus, *nm,* corws; dawnsgôr
chorus girl, *nf,* côrferch
Christmas pudding, *nm,* pwdin Nadolig; plwmpwdin
chromatic, *a,* cromatig
chromatic chord, *nm,* cord cromatig
chromatic scale, *nf,* graddfa gromatig
chromatic semitone, *nf,* hannertôn gromatig
chromatid, *nm,* cromatid
chromatin, *nm,* cromatin
chromatographic, *a,* cromatograffig
chromatography, *nm,* cromatograffi
chromite, *nm,* cromid
chromium, *nm,* cromiwm
chromomeres, *np,* cromomerau
chromoplast, *nm,* cromoplast
chromosome, *nm,* cromosom
chromosome map, *nm,* map cromosomau
giant chromosome, cromosom cawraidd
chromosphere, *nm,* cromosffer
chronic, *a,* cronig; parhaus
chronic sick, *np,* cleifion cronig
chronic sickness, *nm,* gwaeledd cronig

chronicle, *nm,* cronicl
chronicle play, *nf,* drama gronicl
chronological, *a,* cronolegol
chronological order, *nf,* trefn gronolegol
chronometer, *nm,* cronomedr
chrysalis, *nm,* crysalis
chuck, *nf,* crafanc; *nm,* pegwn gafael
Jacob's chuck, crafanc Jacob
self centering chuck, crafanc hunanganol
chute, *nf,* llithren
nursery steps and chute, llithren fawr
see-saw chute, llithren si-so
chutney, *nm, chutney*
ciborium, *nm,* ciboriwm
cider, *nm,* seidr
cilia, *np,* cilia
ciliary, *a,* ciliaraidd
ciliary body, *nm,* corffyn ciliaraidd
ciliary feeding, *v,* porthi ciliaraidd
ciliated, *a,* ciliedig
ciliated epithelium, *nm,* epitheliwm ciliedig
cilium, *nm,* ciliwm
cinders, *np,* marwor
cine-camera, *nm,* camera cine
cinnamon, *nm,* sinamon
cinquefoil, *nf,* pumdalen
cipher, *nm,* seiffer
circle, *nm,* cylch; *np,* seddau'r cylch (*Th*); *v,* cylchu
centre circle, cylch canol
circumscribed circle, amgylch
colour circle, lliwgylch
director circle, cyfeirgylch
escribed circle, allgylch
Great Circle, Cylch Mawr
Great Circle Route, *nm,* Llwybr Cylch Mawr
incircle, mewngylch
restraining circle, cylch atal
shooting circle, cylch saethu
Small Circle, Cylch Bychan
circlip, *nm,* cylchglip
circuit, *nm,* cylch; *nf,* cylchdaith (*H*); amdaith; cylched; *v,* cylchedu
acceptor circuit, cylched derbyn

closed circuit, cylched gaeedig; cylched gaeth
closed circuit television, *nm,* teledu cylch cyfyng
colour circuit, amdaith lliwiau
parallel resonant circuit, cylched cysain cyflin
rejector circuit, cylched gwrthod
short circuit, cylched pwt; *v,* pwt-gylchedu; pwtio
tuned circuit, cylched cysain
circular, *a,* crwn; cylchog; cylchol; *nm,* cylchlythyr
circular land, *nf,* glan gylchol
circular lap seam, *nf,* sêm lap gylchog
circular overfolded seam, sêm orlap gylchog
circularise, *v,* cylchlythyru
circulate, *v,* cylchredeg
circulating, *a,* cylchredol
circulating waters, *np,* dyfroedd cylchredol
circulation, *nm,* cylchrediad
fiduciary circulation, cylchrediad ymddiried
circulatory, *a,* cylchredol
circulatory system, *nf,* system gylchredol
circumcentre, *nm,* amganol
circumcircle, *nm,* amgylch
circumference, *nm,* cylchyn (llinell); cylchedd (mesur)
circumference line, *nm,* cylchlin
circumnutation, *nm,* amdroelledd
circumscribe, *v,* amsgrifo; cwmpasu; amgylchu
circumscribed polygon, *nm,* polygon amgylchol
circumstances, *np,* amgylchiadau
mitigating circumstances, *np,* ystyriaethau lliniarol
circus, *nm,* syrcas
cire-perdue, *nm, cire-perdue*
cirque, *nm,* peiran
cirrhosis, *nm,* cirosis; caledwch yr afu; caledwch yr iau
Cirripedia, *np,* Cirripedia
cirro-cumulus, *nm,* ciro-cwmwlws; awyrdraeth; traeth awyr; cymylau caws a maidd; cymylau caws a llaeth

cirro-stratus, *nm,* ciro-stratws; cymylau boliog
cirrus, *nm,* cirws; cymylau blew geifr; cymylau gwallt y for-wyn
cissoid, *nm,* cisoid
cistern, *nf,* seston
citadel, *nf,* uchelgaer; ysgor (*D*)
cite, *v,* enwi; dyfynnu
cite previous convictions, enwi euogfarnau cynharach
Citizens Advice Bureau, *nf,* Cynghorfa Gyhoeddus y Dinasyddion
citric acid, *nm,* asid citrig
citron, citron
citrus, *nm,* citrus; citrws
citrus fruit, *nm,* ffrwyth citraidd
city, *nf,* dinas
city blues, y felan ddinas
city region, *nm,* rhanbarth dinas
giant city, cawrddinas
millionaire city, miliwnddinas
second order city, dinas ail radd
city-state, *nf,* gwladwriaeth ddinas
civic, *a,* dinesig
civic theatre, *nf,* theatr ddinesig
civics, *np,* astudiaethau dinesig
civil, *a,* sifil
civil servant, *nm,* gwas sifil
civil service, *nf,* gwasanaeth sifil
civil war, *nmf,* rhyfel cartref
civilian, *nm.* sifilwr
civility, *nm,* gwarineb
civilization, *nm,* gwareiddiad
claim, *nm,* cais; *nf,* hawl
claim of right made in good faith, honni hawl mewn didwylledd
clamp, *nm,* clamp; *v,* clampio
clap, *v,* clapio
claque, *np,* clapwyr tâl (*Th*)
clarify, *v,* gloywi
clarinet, *nm,* clarinet
clash, *nm,* gwrthdrawiad; *v,* gwrthdaro
clasp, *nm,* clasb; clesbyn
clasp nail, *nf,* hoelen lorio
class, *nm,* dosbarth
class order, *nf,* urdd dosbarth
class separation, *nm,* gwahaniad dosbarthiadau
class structure, *nm,* gwneuthuriad cymdeithasol

lower class, dosbarth isaf
middle class, dosbarth canol
nursery classes, *np,* dosbarthiadau meithrin
upper class, dosbarth uchaf
working class, dosbarth gweithiol
class-conscious, *a,* ymwybodol o ddosbarth; dosbarth-ymwybodol
class-consciousness, *nm,* dosbarth-ymwybod; ymwybod o ddosbarth
classic, *nm,* clasur
classics, *np,* clasuron
classification, *nm,* dosbarthiad
classify, *v,* dosbarthu
clause, *nm,* cymal
claustrophobia, *nm,* clawstroffobia
clavichord, *nm,* claficord
clavicle, *nf,* pont yr ysgwydd; *nm,* trybedd yr ysgwydd
claw, *nf,* crafanc
  claw feet, *np,* traed crafanc
  claw hammer, *nm,* morthwyl crafanc
clay, *nm,* clai
  china clay, *nm,* caolin
  clay bin, *nm,* bin clai
  clay modelling, *v,* modelu â chlai
  clay tools, *np,* offer clai
  clay vale, *nm,* dyffryndir clai
  clay with flints, clai â challestr
clayey, *a,* cleiog
clean, *a,* glân
  clean air, *nf,* awyr lân
  clean comic, *nm,* comedïwr glân
  cleaning cloth, *nm,* clwt ŵyneb (*Th*)
cleaner, *nm,* glanhawr
cleanliness, *nm,* glanweithdra
cleanse, *v,* glanhau
  cleansing action, *nm,* arwaith glanhau
  cleansing department, *nf,* adran lanweithio
clear, *a,* clir; gloyw; *v,* clirio, rhyddhau; gloywi
  clearing agent, *nm,* gloywydd
  clearing stick, *nf,* ffon ryddhau
clearance, *nm,* cliriad
  front clearance, cliriad blaen
  slum clearance, clirio slymiau

clearer, *nm,* cliriwr
clearing, *nf,* llannerch
clearing-house, *nf,* cyfnewidfa; *nm,* tŷ clirio
clearstorey, *nm,* clerestri; claer-uchdwr
clearway, *nf,* clirffordd
cleat, *nm,* clêt
cleats, *np,* cleddyfau
cleavage, *nm,* holltiad; holltedd
  cleavage properties, *np,* priodoleddau holltedd
clef, *nm,* cleff; *nf,* allwedd
  C clefs, *nf,* cleffiau C
  soprano clef, cleff y soprano
  tenor clef, cleff y tenor
  treble clef, cleff y trebl
cleft, *nmf,* hollt
cleistogamy, *nm,* cleistogami
clench, *v,* clensio
clergy, *np,* clerigwyr; *nf,* y glerigaeth
  benefit of clergy, *nmf,* braint clerigwyr
  secular clergy, y glerigaeth seciwlar
clergyman, *nm,* clerigwr
clerical, *a,* clercyddol (*S*); clerigol
clericism, *nf,* clerigoliaeth
clerk, *nm,* clerc
  clerk of the course, clerc y maes
clevis, *nm,* cloig; clefis
cliché, *nf,* ystrydeb
client, *nm,* client
clientele, *np,* clientél
cliff, *nm,* clogwyn
  cliff line, *nf,* llinell glogwyn
  raised cliff, cyforglogwyn
  slumped cliff, slwmp-glogwyn
  stepped cliff, gris-glogwyn
climate, *nf,* hinsawdd
  insular climate, hinsawdd ynysol
  maritime climate, hinsawdd arfor
climatic, *a,* hinsoddol
  climatic features, *np,* nodweddion hinsoddol
  climatic regions, *np,* rhanbarthau hinsoddol
climatology, *nmf,* hinsoddeg
climax, *nm,* climacs; uchafbwynt
  climax vegetation, uchafbwynt llystyfiant

climb, v, dringo
  climbing plant, nm, llysieuyn dringo
    four points of contact, nm, pedwar pwynt cyswllt
    Make fast, Clymwch
    Take in slack, Tynnu slac
    That's me, Dyna fi
    Transverse to the right, Trosio i'r dde
climber, nm, dringwr
cline, nm, clin
clinic, nm, clinig
  child guidance clinic, clinig cyfarwyddo plant
  child welfare clinic, clinig lles plant
  mobile clinic, nm, clinig mudol; clinig teithiol
clinical, a, clinigol
clinker, nm, clincer
clinometer, nm, clinomedr
clint, nm, clint
clip, nm, clip; v, clipio
  bulldog clip, clip fforchog
clipboard, nm, clipfwrdd
clitellum, nm, clitelwm
clitoris, nm, clitoris
cloaca, nm, cloaca
cloak, nm, clogyn; clog
cloakroom, nf, ystafell gotiau
clock, nm, cloc
  clocks and watches, np, clociau a watsys
clockwise, ad, clocwedd
cloister, nm, clwysty; cloistr
clone, nm, clôn
close, a, clos; nm, clôs; nf, diweddeb; v, cau
  cathedral close, clôs cadeirlan
  close buildings, np, adeiladau clos
  closing date, nm, dydd cau
  false close, diweddeb annisgwyliadwy
  full close, diweddeb berffaith
  half close, diweddeb amherffaith
closed, a, caeëdig
closet, nm, closet
closure, nf, caefa
clot, nf, tolch; v, tolchi
cloth; nm, lliain; brethyn
  American cloth, lliain American-aidd
  Dhootie cloth, brethyn Dhootie
  dish cloth, nm, clwtyn llestri; cadach llestri
  table cloth, lliain bwrdd
clothes, np, dillad
  beach clothes, dillad traeth
  ceiling clothes rack, nf, rhac nenfwd
  clothes basket, nf, basged ddillad
  clothes hanger, nm, cambren dillad
  clothes horse, nm, hors dillad
  clothes line, nf, lein ddillad
  clothes pegs, np, pegiau dillad
  clothes rack, nf, rhac ddillad
  leisure clothes, dillad hamdden
  plain clothes, dillad cyffredin
clotted, a, tolch
  clotted cream, nm, hufen tolch
cloud, nm, cwmwl
  base of cloud, nm, bôn cwmwl
  cloud border, nf, borden gwmwl
  cloud chamber, nm, llestr niwl
cloudburst, nm, torgwmwl
cloudiness, nm, cymylogrwydd
cloudlet, nm, cymylyn
clove, nf, clofen; (pl, clofs)
clover, nf, meillionen; (pl, meillion)
clown, nm, clown
club, nm, clwb
clubability, nm, clwbgaredd
clubs, np, clybiau (Ch)
clump, nm, twr; clwmp; v, ymdyrru
cluster, nm, clwstwr
  globular cluster, clwstwr crwn
  open cluster, clwstwr agored
clutch, nm, cydiwr
cnidoblast, nm, cnidoblast
cnidocil, nm, cnidocil
coach, nm, cyfarwyddwr; hyfforddwr (Ch); nf, wagen
  coach bolt, nf, bollt wagen; bollt goets
  coach screws, np, sgriwiau wagen
coagulate, v, ceulo; tolchi
coagulated, a, ceuledig; tolchedig
coagulation, nm, ceuliad; tolchiad
coal, nm, glo
  bituminous coal, glo bitwmen; glo rhwym
  brown coal, glo brown

cannel coal, glo canel
coal bearing rocks, *np,* creigiau â glo
coal measures, *np,* cystradau glo
coal tar, *nm,* côl tar; tar glo
coking coal, glo colsio
steam coal, glo rhydd
coaming, *nf,* ymyled
coarseness, *nm,* garwedd
coast, *nm,* arfordir; *v,* cowstio
  concordant coast, arfordir cydgordiol
  coasts of emergence, *np,* arfordiroedd cyfodol
  coasts of submergence, *np,* arfordiroedd gostyngol
  discordant coast, arfordir anghydgordiol
coastal, *a,* arfordirol
  coastal features, *np,* arweddau arfordir
  coastal plain, *nm,* gwastadedd arfor
coastline, *nf,* morlin
  transverse coastline, morlin ardraws
coat, *nf,* cot; *v,* caenu; araenu; cotio
  coat hanger, *nm,* cambren cot
  coat of arms, *nf* arfbais
  duffle coat, cot ddyffl
  duster coat, cot ddwster
  matinée coat, cot matinée
coating, *nf,* araen
  coating batter, *nm,* cytew caenu
coaxial, *a,* cyfechelin
cobalt, *nm,* cobalt
cobble, *nm,* cobl
coccidiosis, *nm,* cocsidiosis
coccus, *nm,* cocws
cochlea, *nm,* coclea
cockles, *np,* cocos; rhython; cocs
cockfeather, *nf,* pluen geiliog
cockpit, *nm,* cocpit
cocksfoot, *np,* byswellt
cocktail, *nm,* coctel
cocoa, *nm,* coco
  cocoa butter, *nm,* saim coco
coconut, *nm,* coconyt; *nf,* cneuen goco
  desiccated coconut, coconyt mân
cocoon, *nm,* cocŵn; cocôn
cod, *nm,* cod; penfras

coda, *nm,* coda; atgan; llosgwrn
code, *nm,* côd; coelbren; *v,* dynodi; codio
  code figure, *nm,* rhif côd
  elaborated code, côd eang
  restricted code, côd cyfyng
codetta, *nm, codetta*
codex, *nm,* codecs
codicil, *nm,* codisil
codification, *nm,* codeiddiad
codifier, *nm,* codeiddiwr
codify, *v,* codeiddio
co-dominant, *a,* cyd-drech
co-education, *nf,* cydaddysg
coefficient, *nm,* cyfernod
  coefficient of correlation, cyfernod cydberthyniad
coelenteron, *nm,* coelenteron
coelom, *nm,* coelom
coenzyme, *nm,* cydenzym
coffee, *nm,* coffi
coffer, *nm* coffr
cog, *nf,* cocsen
cognition, *nf,* gwybyddiaeth
cognitive, *a,* gwybyddol
  cognitive element, *nf,* elfen wybyddol
cogwheel, *nf,* olwyn gocos
cohabit, *v,* cyd-fyw
coherence, *nm,* cysylltedd; cydlyniad
coherent, *a,* cydlynol
cohesion, *nm,* cydlyniad
cohesiveness, *nm,* cydlynrwydd
coil, *nm,* coil; torch; *v,* coilio; torchi
  moving coil, coil symudol
coin, *nm,* darn arian; bathyn; *v,* bathu
  copper coins, arian cochion
  silver coins, arian gleision; arian gwynion
coinage, *np,* arian bath
coincide, *v,* cyd-daro
coincident, *a,* cyd-drawol
coir, *nm,* coir
coke, *np,* cols glo; *nm,* côc; golosg
  coke oven batteries, cyfres ffyrnau cols
col, *nm,* col
colander, *nm,* colander
colatitude, *nm,* cyfledred
colchicine, *nm,* colchicin

cold, *a*, oer
  cold drawn, *a*, wedi'i dynnu'n oer
  cold front, *nm*, ffrynt oer
  cold shortness, *nm*, oer freuder
  icy cold, *a*, rhewoer
Coleoptera, *np*, Coleoptera
coleoptile, *np*, coleoptil
coleorhiza, *nm*, coleorhisa
colic, *nm*, colig
colitis, *nm*, colitis, llid y coluddion
collage, *nm*, *collage*
collagen, *nf*, colagen
collapse, *nm*, dygwympiad; *v*, cwympo; dygwympo
  collapse the scrum, cwympo'r sgrym
collar, *nm*, coler
  collar with band, coler â band
  detachable collar, coler rhydd
  mandarin collar, coler mandarin
  Peter Pan collar, coler Peter Pan
  pointed collar, coler pig
  put on a collar, *v*, gosod coler
  reverse collar, coler llabed
  roll collar, coler rhôl
  set-on collar, coler gosod
collar-bone, *nf*, pont yr ysgwydd; *nm*, trybedd yr ysgwydd
collate, *v*, coladu; cyflehau
collated, *a*, coladol
collateral, *a*, cyfochrog
collation, *nm*, coladiad
collection, *nm*, casgliad
collective, *a*, cyfunol
  collective farm, *nf*, ffarm gyfunol
collectivisation, *nm*, cyfunoliad
collectivism, *nf*, cydberchnogaeth
collectivist, *nm*, cydberchnogaethwr
college, *nm*, coleg
  Business Administration College, Coleg Gweinyddu Busnes
  College of Advanced Technology, Coleg Technegol Uwch
  College of Education, Coleg Addysg
  College of Further Education, Coleg Addysg Bellach
  county college, coleg sir
  residential college, coleg preswyl
collegiate, *a*, colegol
  collegiate church, *nf*, claseglwys
collenchyma, *nm*, colencyma

collet, *nm*, colet
collide, *v*, gwrthdaro
colliery, *nf*, glofa
collimator, *nm*, cyflinydd
collinear, *a*, unllin
collinearity, *nm*, unllinedd
collineation, *nm*, unlliniad
collision, *nm*, gwrthdrawiad
colloid, *nm*, coloid
colloidal, *a*, coloidaidd
collude, *v*, cyd-dwyllo
collusion, *nm*, cyd-dwylledd
cologarithm, *nm*, cyflogarithm
colon, *nm*, colon (B); *nf*, colon
colonel, *nm*, cyrnol
  lieutenant colonel, is-gyrnol
colonial, *a*, trefedigaethol; cytrefol (B)
  colonial animal, *nm*, anifail cytrefol (B)
colonization, *nm*, gwladychiad
colonize, *v*, gwladychu; cytrefu (B)
colonnade, *nf*, colofnres; *nm*, colonâd
colony, *nf*, trefedigaeth; cytref (B)
coloration, *nm*, lliwiad
  cryptic coloration, cêl-liwiad
  warning coloration, lliwiad rhybuddiol
colour, *nm*, lliw; *v*, lliwio
  body colour, lliw didraidd
  broken colour, rhaniadliw
  colour bar, *nm*, gwahanfur lliw; bar lliw
  colour blind, *a*, lliwddall
  colour blindness, *nm*, lliwddallineb
  colour card, *nm*, cerdyn lliw
  complementary colour, lliw cyflenwol
  fast colour, lliw safadwy; lliw anniflan; lliw sy'n dal
  fugitive colour, lliw diflan
  lose colour, *v*, colli lliw
  opaque colours, lliwiau pŵl
  permanent colour, lliw sefydlog
  powder colour, powdrliw
  pure colour, lliw pur
  underglaze colour, lliw dan wydredd
  blacks and whites, duon a gwynion
  Chinese white, gwyn China
  flake white, gwyn plwm
  titanium white, gwyn titaniwm

zinc white, gwyn sinc
ivory black, du ifori
lamp black, du lamp
reds, cochion
 alizarin crimson, rhuddgoch
  alisarin
 cadmium red, coch cadmiwm
 cadmium scarlet, sgarlad cadmiwm
 carmine, carmin
 cerise, ceirios
 crimson, rhuddgoch
 crimson lake, llif rhuddgoch
 magenta, magenta
 rose madder, mader rhos
 scarlet lake, llif sgarlad
 scarlet madder, mader sgarlad
 vermilion, fermiliwn
greens, gwyrddion
 alizarin green, gwyrdd alisarin
 chrome green, gwyrdd crôm
 cobalt green, gwyrdd cobalt
 emerald, emrallt
 olive green, gwyrdd olewydd
 viridian, firidian
browns, browniau
 burnt sienna, sienna llosg
 burnt umber, wmber llosg
 Indian red, coch India
 light red, coch golau
 raw umber, wmber crai
 red ochre, ocr coch
 Vandyke brown, brown Vandyke
 venetian red, coch fenis
blues and violets
 alizarin purple lake, llif porflor alisarin
 cerulean blue, glas y nen
 cobalt, cobalt
 cobalt violet, fioled cobalt
 indigo, indigo
 mauve, porffor golau
 new blue, glas newydd
 Payne's blue, glas Payne
 Prussian blue, glas Prwsia
 turquoise green, glaswyrdd
 ultramarine, dulas
yellows and oranges, melynion ac orennau
 cadmium orange, oren cadmiwm
 cadmium yellow, deep, melyn cadmiwm dwfn
 cadmium yellow, mid, melyn cadmiwm canol
 cadmium yellow, pale, melyn cadmiwm golau
 chrome orange, oren crôm
 chrome yellow, deep, melyn crôm dwfn
 chrome yellow, mid, melyn crôm canol
 chrome yellow, pale, melyn crôm golau
 gamboge tint, tint gamboge
 lemon yellow, deep, melyn lemon dwfn
 lemon yellow, pale, melyn lemon golau
 Naples yellow, melyn Naples
 Naples yellow, deep, melyn Naples dwfn
 raw sienna, sienna crai
 yellow ochre, ocr melyn
colouring, *nm,* lliw; lliwiad
column, *nf,* colofn
 clustered column, colofn glwstwr
 column matrix, *nm,* matrics colofn
 column vector, *nm,* fector colofn
 engaged column, colofn gyswllt
 vertebral column, colofn cefn
columnar, *a,* pilerog, colofnog
 columnar structure, *nf,* adeiladaeth golofnog
coma, *nm,* coma, hunglwyf
comb, *nf,* crib; *nm,* cwdi (*D*)
combat, *nf,* gornest; *v,* taro
 close combat, gornest glos; taro clos
combination, *nm,* cyfuniad; cyfddewis
 horizontal combination, cyfuniad llorwedd
 vertical combination, cyfuniad fertigol
combine, *nm,* peiriant cyfuno; combein; *v,* cyfuno
combined, *a,* cyfunol
combustible, *a,* hylosg
combustion, *nm,* taniad
come, *v,* dod
 come in great quantity, dod yn llibau
comedian, *nm,* comedïwr
 low comedian, comedïwr iselradd

comedist, *nm*, comedydd
comedy, *nf*, comedi
  broad comedy, comedi amlwg
  comedy of manners, comedi moesau
  musical comedy, comedi fiwsig; comedi gerdd
  romantic comedy, comedi ramant
comet, *nf*, comed; seren gynffon
comic, *a*, comic
  comic relief, *nm*, ysgafnhad comic
command, *nm*, gorchymyn; *v*, gorchymyn
  command-response method, *nm*, dull gorchymyn ac ymateb
commander, *nm*, comander
commensal, *a*, comensal
  nm, comensal
commensurable, *a*, cyfesur
commentary, *nf*, sylwebaeth
  running commentary, sylwebaeth ar y pryd
commentator, *nm*, sylwebwr
commerce, *nf*, masnach; *nmf*, masnacheg
commercial, *a*, masnachol
  commercial arithmetic, *nmf*, rhifyddeg masnach; rhifyddeg fasnachol
  commercial course, *nm*, cwrs masnachol
commissar, *nm*, comisâr
commissariat, *nm*, comisariat
commissary, *nm*, comisari
commission, *nm*, comisiwn
  Commission of the Peace, Comisiwn Heddwch
  Forestry Commission, Comisiwn Coedwigo
commissionaire, *nm*, porthor, ceidwad y drws
commissioner, *nm*, comisiynydd
  Divorce Commissioner, Comisiynydd Ysgariad
commissure, *nm*, comiswr
commit someone for trial (in custody), *v*, traddodi rhywun yng ngharchar i'w farnu
commit to Quarter Sessions, *v*, cyflwyno i Lys Chwarter
committee, *nm*, pwyllgor
  ad hoc committee, pwyllgor ad hoc

Child Care Committee, Pwyllgor Gofal Plant
co-ordinating committee, pwyllgor cyfesur
emergency committee, pwyllgor brys
executive committee, pwyllgor gwaith
finance committee, pwyllgor ariannol
general purposes committee, pwyllgor materion cyffredin
management committee, pwyllgor rheoli
sub committee, is bwyllgor
commodity, *nm*, nwyddyn
commodore, *nm*, comodôr
common, *a*, cyffredin; *nm*, comin; cytawl
  common lodging-house, *nm*, llety cyffredin
  common pasture, cytawl pori
  common time, *nm*, amser cyffredin
  House of Commons, *nm*, Tŷ'r Cyffredin
commoner, *nm*, cominwr; aelod o Dŷ'r Cyffredin; cyfyrddwr (collegiate); gwerinwr
commonwealth, *nf*, y Gymanwlad; y Werinlywodraeth (1649-60); y lles cyffredin (the common wealth)
commote, *nm*, cwmwd
communal, *a*, comunol; cyfunol; cymunedol
commune, *nm*, comun
communicant, *a*, cymunol; *nm*, cymunwr
communicate, *v*, cyfathrebu
communication, *nm*, cyfathrebiad; *nf*, cyfathreb
  means of communication, *nm*, cyfrwng mynegiant
communicational, *a*, cyfathrebol
communication-cord, *nm*, cordyncyswllt
communism, *nf*, comiwnyddiaeth
communist, *a*, comiwnyddol; *nm* Comiwnydd
community, *nf*, cymuned

community centre, *nf*, canolfan cymunedol
community home, *nm*, cartref cymunedol
racial community, cymuned hil
commutation, *nm*, cymudiad
commutative, *a*, cymudol
commutator, *nm*, cymudadur
commute, *v*, cymudo
commuter, *nm*, cymudwr
compact, *a*, cryno
compactness, *nm*, crynoder
companion, *nm*, cymar
  companion cells, *np*, cymargelloedd
company, *nm*, cwmni
  and Co., & Co., a'i gwmni
  auxiliary company, cwmni cynorthwyol
  chartered company, cwmni siarter
  holding company, cwmni dal
  joint stock company, cwmni cyd-gyfalaf
  limited company, cwmni cyfyngedig
  livery company, cwmni lifrai
  subsidiary company, is-gwmni
  united company, cwmni unol
comparison, *nf*, cymhariaeth
  comparison goods, *np*, nwyddau cymhariaeth
compass, *nm*, cwmpas; cwmpawd
compasses (a pair of), *nm*, cwmpas
  compass lead, *nm*, pensil cwmpas
  compass walk, *nf*, taith gwmpawd
  wing compass, cwmpas adeiniog
compatibility, *nm*, cytunedd
compatible, *a*, cytûn
compensate, *v*, cydadfer
compensation, *nm*, cydadferiad; iawndal; iawn
compensatory, *a*, cydadferol
  compensatory exercises, *np*, ymarferion cydadfer
compère, *nm*, comper; disgrifiwr arweinydd; cyflwynydd
competence, *nm*, deheurwydd; cymhwysedd
competent, *a*, cymwys; digonol
  competent officer, *nm*, swyddog cymwys; swyddog atebol
competition, *nf*, cystadleuaeth

complacency, *nm*, bodlonusrwydd
complacent, *a*, bodlonus
complainant, *nm*, cwynwr; achwynydd
complaint, *nf*, cwyn; *nm*, achwyniad
complement, *nm*, cyflenwad
complemental, *a*, cyflawnol
complementary, *a*, cyflenwol
complete, *a*, cyflawn
complex, *a*, cymhleth; cymhlyg; *nm*, cymhlyg; cymhlethdod
  complex indicators, *np*, arwyddion cymhlethdod
  complex function, *nm*, ffwythiant cymhlyg
  complex variable, *nm*, newidyn cymhlyg
  industrial complex, cymhlyg diwydiannol
  inferiority complex, cymhleth y taeog
  Oedipus complex, cymhleth Oedipus
complexion, *nm*, prydliw
complimentary ticket, *nm*, tocyn di-dâl
comply with, *v*, cydymffurfio â; ateb i
component, *a*, cydrannol; *nf*, cydran; *nm*, cyfansoddyn
  component of a force, cydran grym
  component of velocity, cydran cyflymder
  component parts, *np*, darnau cydrannol
compose, *v*, cyfansoddi
composite, *a*, cyfansawdd
composition, *nm*, cyfansoddiad; compowndiad (*H*)
compost, *nm*, compost
compound, *a*, cyfansawdd; *nm*, cyfansoddyn; *v*, compowndio
  compound interest, *nm*, adlog
  compound intervals, *np*, cyfyngau cyfansawdd
  compound time, *nm*, amser cyfansawdd
  compound shoreline, *nf*, morlin gyfansawdd
  nitrate compounds, *np*, cyfansoddion nitrad

comprehend, *v*, amgyffred
comprehension, *nm*, amgyffrediad
comprehensive, *a*, cyfun
compress, *v*, cywasgu
compressed, *a*, cywasgedig; cywasg
compressibility, *nm*, hywasgedd
compressible, *a*, hywasg; cywasgadwy
compression, *nm*, cywasgedd
compressor, *nm*, cywasgydd
comptometer, *nm*, comptomedr
compulsion, *nm*, rheidrwydd; *nf*, gorfodaeth; gyriadaeth
compulsive, *a*, gyriadol
compulsory, *a*, gorfodol
   compulsory attendance, *nm*, presenoldeb gorfodol
   compulsory purchase order, *nm*, gorchymyn pwrcasu gorfodol
compurgation, *nm*, cyflyedd
computation, *nm*, cyfrifiant
computational, *a*, cyfrifiannol
compute, *v*, cyfrifiannu
computer, *nm*, cyfrifiadur; compiwtydd
   computer operator, cyfrifiadurwr; gweithiwr cyfrifiadur; compiwtiwr
   computer science, *nmf*, cyfrifianneg
computor, *nm*, cyfrifiannydd
conation, *nm*, ymdrechiad
concave, *a*, ceugrwm
concavity, *nm*, ceugrymedd
conceive, *v*, cyfebru
concentrate, *nm*, crynod; *v*, crynodi; canolbwyntio; cydganoli; ymganoli
concentrated, *a*, crynodedig; crynod
concentration, *nm*, crynodiad; cydganoliad
concentric, *a*, consentrig; cynghreiddig
   concentric bundle, *nm*, sypyn cynghreiddig
concept, *nm*, cysyniad; cyngeth
   fractional concept, cysyniad ffracsiynol
concept-loop, *nf*, ffilmddolen
conceptacle, *nm*, conseptacl
conception, *nm*, beichiogi; beichiogiad; *nf*, cysyniadaeth
conceptualism, *nf*, cysyniadolaeth

concertante, *a*, *concertante*; *nm*, *concertante*
concertino, *nm*, *concertino*
concerto, *nm*, *concerto*
   concerto grosso, *concerto grosso*
concert-pitch, *nm*, traw cyngerdd
concession, *nm*, consesiwn
conchoid, *nm*, concoid
conciliar, *a*, cynghoraidd
   Conciliar Movement, *nm*, Y Mudiad Cynghoraidd
conciliate, *v*, cymodi
conclave (of cardinals), *nf*, cymanfa'r cardinaliaid
conclusion, *nm*, casgliad
   weakened conclusion, casgliad ysig
concord, *nm*, cytundeb; cytgord
   final concord, cytundeb terfynol
concordant, *a*, cydgordiol; cytunol
   concordant intrusion, *nm*, ymwthiad cydgordiol; ymwthiad cytunol
concordat, *nm*, concordat
concrete, *a*, diriaethol; *nm*, concrit
   reinforced concrete, concrit dur
concretions, *np*, cerrig
concur, *v*, cydgroesi (*Ff*)
concurrent, *a*, cytgroes; cyfredol
concussion, *nm*, cyfergyd; ergydwst
concyclic, *a*, cydgylchol
condensation, *nm*, cyddwysiad
condense, *v*, cyddwyso
condenser, *nm*, cyddwysydd; cynhwysor (*Ff*); tewychydd (*Ce*)
condiments, *np*, cynfennau; confennau
condition, *nm*, cyflwr; *nmf*, amod
   condition of sale, amod gwerthiant
   conditions of service, amodau gwasanaeth
conditional, *a*, amodol
condone, *v*, cydfaddau
conduct, *nm*, ymarweddiad; ymddygiad; *v*, dargludo; arwain
conductance, *nm*, dargludiant
conduction, *nm*, dargludiad
conductivity, *nm*, dargludedd
conductor, *nm*, arweinydd; dargludydd; tywyswr (bws)
conduit, *nm*, cwndid; aber
condyle, *nm*, condyl
cone, *nm*, côn

cinder cone, côn lludw
cone centre, *nm*, craidd côn
cone pulley, *nm*, chwerfan côn
cone stand, *nf*, ateg gôn
confederate, *nm*, conffederydd; *v*, conffederu
confederation, *nm*, conffederasiwn
conference-room, *nf*, cynadleddfa; pwyllgorfa
confidence, *nm*, hyder; ymddiried
confidential, *a*, cyfrinachol
configuration, *nf*, ffurfwedd
confinement (med.), *nm*, gwelyfod
confirm, *v*, cadarnhau
conflict, *nm*, croestyniad
  sustained conflict, croestyniad parhaol
confluence, *nm*, aber; cymer; cydlifiad
  deferred confluence, cydlifiad gohiriedig
confocal, *a*, cyffocal
conform, *v*, cydffurfio; cydymffurfio
conformable, *a*, cyffurfiadwy
conformal, *a*, cyffurf
conformist, *nm*, cyffurfiwr
congenital, *a*, cynhwynol; cydenedigol
  congenital defects, *np*, camffurfiadau cydenedigol
  congenital deformities, *np*, namau cynhwynol; anffurfiadau cynhwynol
congest, *v*, gordyrru
congested, *a*, gordyrrog
congestion, *nm*, tagiant; gordyriant
  traffic congestion, tagiant trafnidiaeth
conglomerate, *nm*, amryfaen
conglomeration, *nm*, cyd-dyriad
congress, *nf*, cyngres
congressional, *a*, cyngresol
congruence, *nm*, cyfathiant
congruent, *a*, cyfath
conic, *a*, conig
conical, *a*, conigol
  conic section, *nm*, toriad conigol
conicoid, *nm*, conicoid
coniferous, *a*, conifferaidd
  coniferous trees, *np*, conwydd
conjugate, *nm*, cyfiau; *v*, rhedeg

conjugation, *nm*, cyfunedd (*B*); rhediad
conjunctiva, *nm*, *conjunctiva*
conjunctivitis, *nm*, *conjunctivitis*;
connect, *v*, cysylltu
connected, *a*, cysylltiedig
connecting-rod, *nm*, boncyswllt
connection, *nm*, cyswllt
connector, *nm*, cysylltydd
  connector box, *nm*, bocs cysylltydd
connivance, *nm*, cyd-ddygiad
connive, *v*, cyd-ddwyn
connotation, *nm*, cynodiad; cynodiant
conoid, *a*, conoid; *nm*, conoid
conscientiousness, *nm*, cydwybodolrwydd
consciousness, *nf*, ymwybyddiaeth *nm*, ymwybod
  field of consciousness, *nm*, maes yr ymwybod
  threshold of consciousness, *nf*, ffin ymwybod
conscript, *nm*, gorfodog; *v*, gorfodi
conscription, *nf*, gorfodaeth
consecutive, *a*, olynol
  consecutive 5th and 8ths, *np*, 5edau ac 8edau olynol
consent, *nm*, cydsyniad
consequence, *nm*, canlyniad
  in consequence of, o ganlyniad i
consequent, *a*, canlynol; *nm*, cydlif
  " consequent " in canon, *nm*, canlyniad
consequential, *a*, ôl-ddilynol
conservancy, *nf*, gwarchodaeth
  conservancy board, *nm*, bwrdd gwarchodaeth
conservation, *nf*, cadwraeth; ceidwadaeth (*H*)
  conservation of energy, cadwraeth egni
  conservation of momentum, cadwraeth momentwm
  conservation of number, cadwraeth rhif
conservative, *a*, ceidwadol; cadwrol; *nm*, Ceidwadwr
  conservative field of force, *nm*, maes cadwrol grym
conserve, *nm*, cyffaith
consideration, *nf*, ystyriaeth

consistency, *nm*, cysondeb
  internal consistency, cysondeb mewnol
consistent, *a*, cyson
consistorial, *a*, consistoraidd
consistory, *nm*, consistori
  consistory court, *nmf*, llys consistori
  papal consistory, consistori pab
consociation, *nf*, gorgymuned
console, *nm*, consol
consolidate, *v*, cydgyfnerthu
consolidated, *a*, cydgyfnerthedig
  Consolidated Annuities, *np*, Consols
consolidation, *nm*, cydgyfnerthiad
con sordini, *con sordini*
consortium, *nm*, consortiwm; cydgwmni; *nf*, clymblaid
conspiracy, *nm*, cynllwyn
constable, *nm*, cwnstabl
constancy of intelligence quotient, *nm*, sefydlogrwydd y cyniferydd deallusrwydd
constant, *nm*, constant; cysonyn
  arbitrary constant; constant mympwy; cysonyn rhydd
constellation, *nm*, cytser
  circumpolar constellation, cytser ambegynnol
  constellation of towns, *nm*, clwstwr trefi
  seasonal constellation, cytser tymhorol
constipation, *nm*, rhwymedd
constituency, *nf*; etholaeth
constituent, *nm*, etholwr; cyfansoddyn; ansoddyn (*B*)
  Constituent Assembly, *nf*, Cymanfa Gyfansoddol
constitute, *v*, ansoddi
constitution, *nm*, cyfansoddiad
constitutional, *a*, cyfansoddiadol
constraint, *nm*, cyfyngydd
constrict, *v*, darwasgu
construct, *v*, llunio
construction, *nm*, lluniad (*Ff*); adeiladwaith; *nf*, cystrawen; cystrawennaeth; creadigaeth; *nm*, gwneuthuriad
constructivism, *nf*, lluniadaeth
consubstantiation, *nm*, cysylweddiad

consul, *nm*, conswl
consulate, *nf*, conswliaeth
consultant, *nm*, ymgynghorwr
consultation, *nm*, ymgynghoriad
  joint consultation, cyd-ymgynghoriad
consumer, *nm*, prynwr; pwrcaswr; treuliwr; yswr; defnyddiwr
  consumer goods, *np*, nwyddau traul
  consumer industry, *nm*, diwydiant nwyddau traul
  consumer market, *nf*, marchnad nwyddau traul
consummation (of marriage), *nm*, cyflawnhad
  non-consummation, *nm*, anghyflawnhad
consumption (T.B.), *nf*, darfodedigaeth; *nm*, dycáe; dycád; dicléin
contact, *nm*, cysylltiolyn; cyswllt; cyffyrddiad; contact; *v*, cysylltu; contactio
  contact breaker, cyswllt-dorrydd
  personal contact, cyffwrdd person (*Ch*)
contagious, *a*, llynol
  contagious disease, *nf*, haint llŷn; *nm*, clefyd llŷn
container, *nm*, cynhwysydd; amlwyth
  container depot, *nm*, depot amlwyth
  container fed, *a*, gwasanaethu ag amlwyth
  container services, *np*, gwasanaethau amlwyth
  container terminal, *nf*, terfynfa amlwyth
  container train, *nm*, trên amlwyth
  container wagon, *nf*, wagen amlwyth
containerisation, *nm*, amlwythiad
contaminate, *v*, difwyno
contamination, *nm*, halogiad
contango, *nm*, contango (*S*)
contempt, *nm*, dirmyg; tremyg
  contempt of court, tremyg llys
  contempt of justice, tremyg barn
  have contempt, *v*, tremygu
contemplate, *v*, myfyrio; cynhemlu
contemplation, *nm*, myfyrdod; cynhemlad

contemporary, *a,* cyfoes;
nm, cyfoeswr
content, *nm,* cynnwys; cynhwysiad
(*B*)
contentious, *a,* cynhennus
contest, *nf,* gornest
contiguity, *nm,* cyfagosrwydd
continent, *nm,* cyfandir
continental, *a,* cyfandirol
   continental shelf, *nf,* sgafell gyfandirol
continentality, *nm,* cyfandiroledd
contingent, *a,* amodol; dilynol; damweiniol
continuation, *nm,* parhad
   analytical continuation, parhad analytig
continuity, *nm,* didoriant
   principal of continuity, *nf,* egwyddor didoriant
continuous, *a,* di-dor; di-fwlch
   continuous creation, creu parhaol
   continuous wrap, *nm,* agoriad undarn; placet parhaol
continuum, *nm,* continuwm
contour, *nmf,* amlin; *nf,* amlinell; *nm,* cyfuchlinedd; cyfuchlin; *v,* ogylchu
   contour interval, cyfwng cyfuchlin
   contour lines, *np,* cyfuchliniau
   contour ploughing, *v,* aredig cyfuchlinol
contraband, *nm,* contraband
contraception, *nm,* atal cenhedlu; gwrthgenhedlu
   contraceptive sheath, *nf,* maneg atal cenhedlu; maneg wrthgenhedlu
contract, *nm,* contract; cyfamod; bargen; *v,* byrhau; cyfangu
   social contract, contract cymdeithasol
contractile, *a,* cyfangol
   contractile root, *nm,* gwreiddyn cyfangol
   contractile vacuole, *nm,* gwagolyn cyfangol
contracting, *a,* cyfangol
contraction, *nm,* cyfangiad; cwtogiad
   contraction of sentences, cwtogiad brawddegau

contractor, *nm,* contractwr
   haulage contractor, contractwr cludo; ymgymerwr cludiad
contrary, *a,* cyferbyn
contrast, *nm,* gwrthgyferbyniad; cyferbynnu
contrasted, *a,* cyferbyniol
contrasting, *a,* cyferbyniol
contravene, *v,* torri
   in contravention of, yn groes i
contribution, *nm,* cyfraniad
contributory cause, *nm,* achos cyfrannol
control, *nm,* control; controlydd; rheolydd; *nf,* rheolaeth; *v,* rheoli; controlio
   coarse control, rheolaeth fras
   control rod, *nf,* rhoden reoli
   control unit, *nf,* uned reoli
   fine control, rheolaeth fanwl; rheolaeth fain
   location control, rheoli lleoliad
   neuro-muscular control, rheolaeth nerf-gyhyr
control-equipment, *nm,* rheoliadur
controller (of household), *nm,* distain; arolygwr; rheolydd; rheolwr
   telecolour controller, rheolydd lliwiau
conurbation, *nm,* cytrefiad; *nf,* clymdref
convalesce, *v,* cyfwella; ymadfer
   convalescent home, *nm,* cartref cyfwella; cartref ymadfer
convalescence, *nm,* cyfwellhad; ymadferiad
convection, *nm,* darfudiad
convectional, *a,* darfudol
   convectional rain, *nm,* glaw darfudol
convener, *nm,* cynullydd
convenience, *nf,* hwylusfa
conveniences, *nf,* cyfleusterau
conventicle, *nm,* confenticl
convention, *nm,* confensiwn
conventional, *a,* confensiynol; defodol
   conventional signs, *np,* arwyddion confensiynol
converge, *v,* cydgyfeirio
convergence, *nm,* cydgyfeiriad

convergent, *a*, cydgyfeiriol
   convergent series, *nf*, cyfres gydgyfeiriol
conversation, *nm*, ymddiddan
   conversation piece, *nm*, darlun ymddiddan (*Cel*); *nf*, drama ymgom (*Th*)
conversazione, *nf*, ymgomwest
converse, *a*, cyfdro
   converse theorem, *nf*, theorem cyfdro
conversion, *nm*, trawsnewid; trawsnewidiad; *nf*, troedigaeth; *nm*, trosiant
   conversion tables, *np*, tablau cyfnewid; tablau newid
   partial conversion, trawsnewid rhannol
convert, *v*, trosi; trawsnewid
   converted try, *nm*, trosgais
convertor, converter, *nm*, trawsnewidydd
convex, *a*, amgrwm
convey, *v*, trosglwyddo
conveyance, *nm*, trosglwyddiad; cludiant; *v*, trosglwyddebu
conveyor, *nm*, cludydd; cludwr
   armoured conveyor, cludwr cyfnerthol
   conveyor belt, *nm*, cludfelt
convict, *v*, dyfarnu'n euog; euogfarnu
   after convicting you, ar ôl eich euogfarnu
   you were convicted, dyfarnwyd chwi'n euog
conviction, *nf*, euogfarn; *nm*, collfarniad
   previous convictions, euogfarnau cynharach
Convocation, *nm*, Confocasiwn
convolution, *nm*, ffaltwng
convulsion, *nm*, dirdyniad
cook, *v*, coginio; cwcio; digoni
cooker, *nm*, cwcer
cookery, *nmf*, coginiaeth
cool, *a*, claear; *v*, claearu
coolant, *nm*, oerydd
coombe, *nm*, cwm
   coombe rock, *nf*, cwmgraig
co-operate, *v*, cydweithredu
co-operation, *nm*, cydweithrediad

co-operative, *a*, cydweithredol
   co-operative activity, *nm*, cydweithgaredd
   co-operative movement, *nm*, mudiad cydweithredol
   Co-operative Society, *nf*, Cymdeithas Gydweithredol
   product of co-operative activity, *nm*, cywaith
co-opt, *v*, cyfethol
   co-opted members, *np*, aelodau cyfethol
co-optation, *nm*, cyfetholiad
coordinate, *nm*, cyfesuryn; *v*, cyfesur; cyd-drefnu
   coordinating committee, *nm*, pwyllgor cyfesur
coordination, *nm*, cyd-drefniant; cydweithrediad; cytgord
cope, *nm*, copa
copepod, *nm*, copepod
Copepoda, *np*, Copepoda
coping, *nm*, copin; clo
   coping stone, *nf*, carreg gopa; *nm*, maen copa
coplanar, *a*, cymhlan
copper, *nm*, copr
   blister copper, copr pothell (*Cr*)
   copper toe, *nm*, trwyn copr (*Th*)
coppice, *nm*, copi
copra, *nm*, copra
co-precipitate, *v*, cydwaddodi
copse, *nf*, coedlas
copulate, *v*, cypladu
copunctal, *a*, cydbwyntol
copy, *nm*, copi
copyhold, *nm*, copiddaliad
copyholder, *nm*, copiddeiliad
copyright, *nf*, hawlfraint
   copyright law, *nf*, deddf hawlfraint
coracoid, *a*, coracoid; *nm*, coracoid
coral, *nm*, cwrel
corallian, *a*, cwrelaidd
cor anglais, *nm*, côr *anglais*
corbel, *nm*, corbel; *nf*, gorysgwydd
cord, *nm*, llinyn; cord; cortyn; cordyn; *nf*, corden; *v*, cordio
   finger cord, cordyn bys
   mercerised cord, cordyn sglein
   piping cord, cordyn peipio
   umbilical cord, llinyn bogel
   vocal cords, *np*, llinynnau llais

corder, *nm*, corder
corduroy, *nm*, melfaréd; rib
core, *nm*, craidd; *nf*, calon
   core of a region, craidd rhanbarth
   liquid core, craidd hylifol
Corinthian, *a*, Corinthaidd
cork, *nm*, corcyn; corc
   cork slab, *nf*, tafell gorc
corm, *nm*, corm
corn, *nm*, ŷd
   Corn Hog Belt, *nmf*, Belt Corn a Moch
   indian corn, india corn; indrawn
cornea, *nm*, cornea
corner, *nf*, cornel; *v*, cornelu
   corner flag, *nf*, fflag cornel; *nm*, lluman cornel
   long corner, cornel bell
   mitred corners, *np*, corneli wedi'u meitru
   penalty corner, cornel gosb
cornet, *nm*, corned; cornet
cornflakes, *np*, creision ŷd
cornflour, *nm*, blawd corn
   cornflour mould, *nm*, mowld blawd corn
cornice, *nm*, cornis
cornification, *nm*, corneiddiad
corolla, *nm*, corola
corollary, *nf*, canlyneb; *nm*, corolari; gorddwythiad
corona, *nm*, corona
coronary, *a*, coronaidd; *nm*, coronari
   coronary vessels, *np*, pibellau coronaidd
coroner, *nm*, crwner
   coroner's inquest, *nm*, cwest crwner
corporal, *nm*, corporal
corporation, *nf*, corfforaeth
   corporation tax, *nf*, treth gorfforaeth
corpse, *v*, lladd part (*Th*)
corpuscle, *nm*, corffilyn; *nf*, cell gwaed
corpus luteum, corpws lwtewm
corral, *nm*, coral
corrasion, *nm*, cyrathiad
   lateral corrasion, cyrathiad ochrol
   vertigal corrasion, cyrathiad fertigol
correct, *a*, cywir; *v*, cywiro

correction, *nm*, cywiriad
correlate, *v*, cydberthyn; cydberthnasu
correlated, *a*, cydberthnasol
correlation, *nm*, cydberthyniad
   coefficient of correlation, *nm*, cyfernod cydberthyniad
   correlation matrix, *nm*, matrics cydberthyniad
   multiple correlation, aml-gydberthyniad
   partial correlation, cydberthyniad rhannol
   product-moment correlation, cydberthyniad *product-moment*
   spurious correlation, cydberthyniad annilys
corrente, *ad*, *corrente*
correspondence, *nf*, gohebiaeth; cyfatebiaeth
   correspondence course, *nm*, cwrs gohebol
corresponding, *a*, cyfatebol
corridor, *nm*, coridor
corrie, *nm*, peiran
   tandem corrie, peiran tandem
corrode, *v*, cyrydu; cancro
corrodian, *nm*, corodiydd
corrody, *nm*, corodi
corrosion, *nm*, cyrydiad
corrosive, *a*, cyrydol
corrugated, *a*, rhychiog; gwrymiog
corset, *nf*, staes
cortège, *nm*, cynhebrwng
cortex, *nm*, cortecs
corticotropin, *nm*, corticotropin
cortisone, *nm*, cortison
corymb, *nm*, corymb
coryza, *nm*, corysa; ffroenffrydiad; ysnodi
cosecant, *nm*, cosecant
cosech, *nm*, cosech
cosh, *nm*, cosh
cosine, *nm*, cosin
cosmetic, *nm*, cosmetig
cosmic, *a*, cosmig
cosmopolitan, *a*, cosmopolitan
cost, *nf*, cost; *v*, costio
   costs were awarded against him, gorchmynwyd iddo dalu'r costau; dyfarnwyd ei fod i dalu'r costau

COSTAL

defendant to pay costs, y diffynydd i dalu'r costau.
prime cost, cost crai
with/without costs, heb/gyda chostau
costal, *a*, asennol
costing, *nm*, costiad
costume, *nm*, costiwm; *nf*, siwt; gwisg
bathing costume, siwt nofio
costume comedy, gwisg gomedi
costume plot, gwisgrestr
period costume, gwisg gyfnod
cotangent, *nm*, cotangiad
coterminal, *a*, cyd-derfynol
coth, *nm*, coth
cottar, *nm*, cotywr
cotter, *nm*, coter
cotton, *nm*, cotwm; *nf*, edau gotwm
coloured tacking cotton, edau dacio lliw
cotton belt, *nmf*, belt cotwm
cotton linters, *np*, linteri cotwm
cotton yarn, *nm*, edafedd cotwm
crochet cotton, cotwm crosio
embroidery cotton, cotwm brodwaith; edau frodwaith
knitting cotton, cotwm gwau
machine cotton, edau mashîn
mercerised cotton, cotwm sglein
sewing cotton, cotwm gwnïo
stranded cotton, cotwm ceinciog
weaving cotton, cotwm gwehyddu
cotyledon, *nf*, cotyledon
couch, *v*, cowtsio
cough, *nm*, peswch
cough and a spit, *np*, manion (*Th*)
whooping cough, pâs
coulomb, *nm*, *coulomb*
council, *nm*, cyngor
Common Council, Cyngor Cyffredin
Consumer Council, Cyngor Prynwyr
Greater London Council, Cyngor Llundain Fawr
Inner London Council, Cyngor Llundain Fewnol
King's Council, Cyngor y Brenin
Privy Council, Cyfrin Gyngor
counsel, *nm*, cwnsler; *v*, cwnsla; cwnsela; cynghori; ymgynghori

COUNTY

counsel for defence, cyfreithiwr y diffynnydd
counsel for prosecution, cyfreithiwr yr erlynydd
counsel's opinion, *nf*, barn cwnsler
submission of counsel, *nm*, maentumiad
counselling, *nm*, cynghoriant; cynghori
counsellor, *nm*, cwnsler; cynghorwr
school counsellor, cwnsler ysgol
count, *nm*, cownt; *v*, rhifo; cowntio
compulsory count, cownt gorfod
counting house, *nf*, swyddfa gyfrif
count out, cowntio allan
vocabulary count, *nm*, cyfrifiad geiriau
countability, *nm*, rhifadwyedd
countable, *a*, rhifadwy
counter, *a*, gwrth; *nm*, cownter; rhifydd; rhifwr; gwrthiad; *v*, gwrthio
counter attack, *nm*, gwrthymosod
counter spit, *nm*, gwrth dafod
counterbalance, *nm*, gwrthgytbwys
counterbore, *v*, gwrthforio, gwrthddyllu
counterchange, *nm*, gwrthgyfnewidiad; *v*, gwrthgyfnewid
counter-claim, *nm*, gwrthgais; *v*, gwrthgeisio
counterclockwise, *a*, gwrthgloc
counter-exposition, *nm*, gwrthddangosiad
counterfeit, *v*, bathu arian llwgr
counterfeit money, *np*, arian llwgr
counterfoil, *nm*, bonyn
counterpart, *nf*, gwrthran
counterpoint, *nm*, gwrthbwynt
Counter-reformation, *nm*, Gwrthddiwygiad
counter-sign, *v*, ad-arwyddo
countersink, *nm*, gwrthsoddydd; *v*, gwrthsoddi
counter-subject, *nm*, gwrthdestun
counterweights, *np*, gwrthbwysynnau
country, *nf*, gwlad
advanced country, gwlad uwchddatblygedig
country town, *nf*, tref wledig
county, *nm*, cyfydod

County Palatine, *nf*, Iarllaeth Balatin
couple, *nm*, cwpl; *v*, cyplu; cyplysu
coupled, *a*, cypledig
coupler, *nm*, cyplydd
couplet, *nm*, cwpled
coupon, *nm*, cwpon
courante, *nm*, *courante*
courier, *nm*, tywyswr
course, *nm*, cwrs
  crash course, cwrs carlam
  pre-nursing course, cwrs cyn-nyrsio
  sandwich course, cwrs rhyngosod; cwrs brechdan
  string course, llin-gwrs
court, *nm*, cwrt; *nmf*, llys
  Appeal Court, Y Llys Apêl
  Arches, Cwrt y Bwâu
  Audience, Cwrt Gwrandawiad
  Augmentations, Cwrt yr Ychwanegiadau
  Central Criminal Court, Y Llys Canolog Troseddau
  Chancery, Cwrt Siawnsri
  Christian Court, Cwrt Eglwysig
  Common Pleas, Cwrt Pledion Cyffredin
  county court, cwrt y sir
  court baron, barwn cwrt
  court leet, cwrt lit
  Court of Admiralty, Cwrt y Morlys
  Court of Competent Jurisdiction, Y Llys ag awdurdod digonol
  Court of Criminal Appeal, Y Llys Apêl Troseddau
  Delegates, Cwrt Anfonogion
  Divisional Court, Y Llys Adrannol
  Divisional Court of Queen's Bench, Llys Adrannol Mainc y Frenhines
  Equity, Cwrt Ecwiti
  Exchequer, Cwrt y Siecr
  Great Sessions, Cwrt y Sesiwn Fawr
  High Commission, Cwrt yr Uchel Gomisiwn
  High Court, Yr Uchel Lys
  King's Bench, Cwrt Mainc y Brenin
  Magistrates' Court, Llys Ynadon
  Obligations, Cwrt Ymrwymiadau
  Prerogative Court of Canterbury, Cwrt Uchelfraint Caer-gaint
  Petty Sessions, Y Cwrt Bach
  Piepowder Court, Cwrt Marchnad
  Probate, Cwrt Probat
  Quarter Sessions, Y Llys Chwarter; Cwrt Sesiwn Chwarter
  Requests, Cwrt Deisyfion
  royal court, llys brenhinol
  Star Chamber, Cwrt Siambr y Seren
  tennis court, cwrt tennis
  university court, llys prifysgol
  Wards and liveries, Cwrt Gward a lifrai
courtelle, *nm*, *courtelle*
courtesy, *nm*, cwrteisi
covalent, *a*, cofalent
cove, *nf*, cilan
covenant, *nm*, cyfamod
  National Covenant, Cyfamod Cenedlaethol
covenanter, *nm*, cyfamodwr
cover, *nm*, gorchudd; cyfar; sicrwydd; *v*, gorchuddio; cyfro (*Ch*)
  extra cover, cyfar ychwanegol
  loose cover, gorchudd rhydd
  spray cover, gorchudd trochion
covering, *nm*, gorchudd
cover-point, *nm*, cyfar; cyfarbwynt
coversine, *nm*, cyfersin
coverslip, *nm*, arwydryn
covert, *nf*, gorchudden
cover-up, *v*, gwarchod
cow, *nf*, buwch
  oestrum cow, buwch wasod; derfenydd
cowl, *nm*, cwcwll; cwfl
cowpox, *nf*, brech y fuwch; *nm*, cowpog
cox, *nm*, cocs; llywiwr; *v*, cocsio; llywio
coxed four, *nm*, pedwar â chocs
coxed pair, *nm*, pâr â chocs
coxless four, pedwar
coxless pair, pâr
Phrases for the cox, *np*, Ymadroddion i'r cocs
  Are you ready? Yn barod?
  Back her down a bit, Yn ôl â hi dipyn
  Bow side under, Ochr bow dani
  Come forward, Dewch ymlaen
  Easy all, Dyna chi

Give her ten, Rhowch ddeg
Hands across, Dwylo drosodd
Hold her hard, Daliwch hi'n dynn
Lift, I fyny
Lower, I lawr
Paddle, Padlwch
Row, Ewch
Step in, I mewn
Step out, Allan
Stroke side under, Ochr strôc dani
coxa, *nm,* cocsa
crab, *nm,* cranc; *v,* cranca (*Ch*); tynnu'n ddarnau (*Th*)
crack, *nm,* crac
crackle, *v,* cracellu
cradle, *nm,* cawell; crud; *v,* crudo
cradle V, cawell V; crud V
cradling, *nm,* crudiad
craft (boat), *nm,* bad
craft, *nf,* crefft
craftsman, *nm,* crefftwr
semi-skilled craftsman, lledgrefftwr; crefftwr hanner-sgil
craftsmanship, *nf,* crefftwriaeth
craftwork, *nm,* crefftwaith
crag, *nf,* clegyr
crag and tail, clegyr a chynffon
craggy, *a,* clegyrog
cramp, *nm,* cramp; clymau gwythi
G cramp, cramp G
mitre cramp, cramp meitr
sash cramp, cramp hir
crampon, *nm,* crampon
cranberries, *np,* llugaeron
crane, *nm,* craen
derrick crane, craen deric
cranial, *a,* cranial
cranial nerve, *nm,* nerf cranial
cranium, *nm,* craniwm
crank, *nm,* cranc; camdro; *v,* cam-droi
crank-shaft, *nf,* camwerthyd
crater, *nm,* crater
crawl, *v,* ymlusgo; cropian
back crawl, ymlusgo ar y cefn
crayon, *nm,* creon
craze, *v,* cracellu
cream, *nm,* hufen
cream of tartar, hufen tartar
ice-cream, hufen iâ
vanishing cream, iryn diflan
whipped cream, hufen chwisg

creamy, *a,* hufennog
crease, *nm,* crych; cris (*Ch*); *v,* crychu
bowling crease, cris bowlio
crease resisting, *a,* gwrthgrych
creasing hammer, *nm,* morthwyl crychu
creasing iron, *nm,* bonyn crychu
popping crease, cris batio
return crease, cris dychwel
create, *v,* creu
create a part, creu part
creative, *a,* creadigol
creative work, *nm,* gwaith creadigol
creativeness, *nm,* creadigrwydd
creativity, *nm,* creadigedd
credence, *nm,* credfwrdd (*Cr*)
credentials, *np,* credlythyrau
credit; *nm,* credyd; coel; *v,* credydu; cyfrif fel credyd
credit by fraud, coel drwy dwyll
credit note, *nm,* nodyn credyd
credit transfer, *nm,* trosnodyn credyd
on credit, ar goel
creditor, *nm,* credydwr
creek, *nf,* cilfachell; cilfach
creep, *v,* ymollwng
cremate, *v,* amlosgi
crematorium, *nf,* amlosgfa; *nm,* crematoriwm
crenellate, *v,* crenellu
crenellated, *a,* crenellog
creole, *nm,* creol
crêpe, *nm,* crêp
crêp hair, *nm,* gwallt crêp
crepitation, *nm,* rhugliad
crescent, *nm,* cilgant
crescent moon, *nf,* lleuad gilgant
The Fertile Crescent, Y Cilgant Ffrwythlon
cress, *nm,* berwr
garden cress, berwr gardd
watercress, berwr dŵr
crest, *nm,* brig; *nf,* crib; *nmf,* arwydd
cresting, *nm,* crest
crestline, *nf,* criblin
even crestline, criblin gyson
cretaceous, *a,* cretasaidd; sialcaidd
cretin, *nm,* cretin
cretinism, *nf,* cretiniaeth

crevasse, *nm,* crefas
crewel wool, *np,* edafedd brodio
crime, *nmf,* trosedd
  crime squad, *nm,* troseddlu
criminal, *a,* troseddol; *nm,* troseddwr
  criminal justice, *nm,* gweinyddiad cyfraith trosedd
  criminal law, *nf,* cyfraith trosedd
  criminal procedure, *nf,* trefn llys troseddau
criminology, *nmf,* troseddeg
crimp, *v,* crimpio
cripple, *nm,* efrydd; *v,* efryddu
crippling, *a,* efryddol
crisps, *np,* creision
  potato crisps, creision tatws
criss-cross, *a,* croesyngroes
criterion, *nm,* maen prawf; criterion
critic, *nm,* critig; beirniad
critical, *a,* critigol; beirniadol; peryglus; argyfyngol
  critical faculties, *np,* cyneddfau beirniadu
  critical point, *nm,* trobwynt
  critical range, *nm,* trofan
  critical ratio, *nf,* cymhareb gritigol
  critical temperature, *nm,* tymheredd critigol
criticism, *nf,* beirniadaeth
crochet, *nm,* crosiet; gwaith crosio; *v,* crosio
  crochet hook, *nm,* bach crosio
crocket, *nm,* croced
croft, *nm,* crofft; *v,* crofftio
crofting system, *nf,* system grofftio
crofter, *nm,* crofftwr
crop, *nm,* cnwd (bot.); *nmf,* crombil (zoo.); *v,* tocio
  brassica crop, cnwd brasica
  cash crop, cnwd arian parod; cnwd gwerthu
  catch crop, byrgnwd
  cover crop, cnwd gorchudd
  cultivated crop, cnwd trin
  fodder crop, cnwd porthiant; cnwd ebran
  root crop, cnwd gwraidd
  subsistence crop, cnwd cynnal
cropar paper, *nm,* papur cropar
cropping, *v,* cnydio
  double cropping, cnydio dwbl
  share cropping, toll-gnydio

cross, *a,* traws; croes; *nm,* croesiad; *nf,* croes; *v,* croesi
  cross breed, *v,* croesfridio
  cross pollination, *nm,* croesbeilliad
  direct cross, uniongroes
cross-bar, *nm,* croesfar
cross-bedded, *a,* trawswelyog
cross-check, *nm,* croeswiriad
cross-cut, *v,* trawslifio; trawstorri
cross-examine, *v,* croesholi
cross-fertilization, *nm,* croes-ffertiliad; croes-ffertileiddio
crossfire, *nm,* croeslafar (*Th*)
cross-hatch, *v,* trawslinellu
cross-hatching, *nm,* trawslinelliad
crossing, *nf,* croesfa
  level crossing, croesfa wastad
cross-legged, *ad,* croesgoes
cross-over, *nm,* trawsgroesiad
  cross-over index, *nm,* indecs trawsgroesi
cross-ratio, *nf,* cymhareb groes
cross-section, *nm,* trawstoriad; trawslun; croes-doriad
cross slide, *nm,* trawslithryn
cross-ventilation, *nm,* croes-awyriant
crouch, *nm,* cwrcwd; *v,* cyrcydu
crowd, *v,* tyrru
crown, *nf,* coron; corun
  Crown Court, *nmf,* Llys y Goron
  Crown Land, *nm,* Tir y Goron
  Crown Prince, *nm,* Edling
crown-wheel, *nf,* coronrod (rhod goron)
crucible, *nm,* crwsibl
cruciform, *a,* croesffurf
cruck, *nf,* nenfforch
crucked, *a,* nenffyrchog
crude, *a,* crai
  crude oil, *nm,* oel crai
crumble, *v,* ymfalurio; malurio; briwsioni
crumbs, *np,* briwsion
crumby, *a,* briwsionllyd
  crumby structure, *nf,* adeiliaeth friwsionllyd
crumpet, *nf,* cramwythen
crunode, *nm,* crwnod
crusade, *nmf,* crwsâd; *nf,* croesgad
crusader, *nm,* crwsadydd; croesgadwr
crush, *v,* llethu; mathru
crusher, *nm,* mathradur

crust, *nf*, cramen
  irregular crust, cramen afreolaidd
Crustacea, *np*, Crustacea
crustaceans, *np*, cramenogion
crustaceous, *a*, cramennog
cryogenics, *nmf*, cryogeneg
cryolite, *nm*, cryolit
crypt, *nm*, crypt
cryptorchid, *nm*, cuddfarch; cudd-darw
crystal, *a*, crisial; *nm*, crisial
crystalline, *a*, crisialog
crystallisation, *nm*, crisialad; crisialiad
crystallise, *v*, crisialu
  crystallised fruits, *np*, ffrwythau crisial
crystallography, *nmf*, crisialeg; crisialograffi
cube, *nm*, ciwb; *v*, ciwbio
  cube root, *nm*, gwreiddyn ciwb
cubic, *a*, ciwbig
  cubic equation, *nm*, hafaliad ciwbig; hafaliad teirgradd
  cubic inch, *nf*, modfedd giwbig
cubical, *a*, ciwbigol
cubism, *nf*, ciwbiaeth
cubist, *a*, ciwbaidd; *nm*, ciwbydd
cuboid, *nm*, ciwboid
cucumber, *nm*, cucumer
cue, *nm*, ciw
  cue-bound, *a*, rhwym wrth giw
  cue-despiser, *nm*, ciw-ddirmygwr
  cue-list, *nf*, ciw-restr
cuesta, *nm*, cwesta
cuff, *nm*, cwff; *nf*, cyffsen; cyffen
culmination, *nm*, anterth
culpable, *a*, beius
cultivar, *nm*, cwltifar
cultivate, *v*, diwyllio; trin (tir)
cultivation, *nm*, triniad
  limit of cultivation, *nm*, terfyn triniad
  shifting cultivation, triniad mudol
cultivator, *nm*, triniadur; diwyllydd
cultural, *a*, diwylliannol
  cultural environment, *nm*, amgylchedd diwylliannol
culturization, *nm*, diwylliad; diwylliannu
culture, *nm*, diwylliant
  core culture, diwylliant craidd

culvert, *nm*, cylfat; cwlfer
cumbersome, *a*, beichus
cum bonus, *cum bonus*
cumulative, *a*, cronnus
cumulus, *nm*, cwmwlws
cuneiform, *a*, ffurf letem
cup, *nm*, cwpan
  interlocking building cups, *np*, cwpanau ffitio
cupboard, *nm*, cwpwrdd
  folding cupboard, cwpwrdd plyg
cupola, *nm*, cwpola
cupric, *a*, coprig
cuprous, *a*, coprus
cup-shake, *nmf*, hollt gam
cup-tie, *nf*, gornest gwpan
  cup final, gornest derfynol y cwpan
curare, *nm*, cwrare
curb, *nm*, cwrbyn; cilcyn
curd, *nm*, ceuled
curdle, *v*, ceulo
cure, *v*, cwrio; gwella
curiosity, *nm*, chwilfrydedd
curl, *nm*, cyrl, cwrliad; *v*, cyrlio
currant, *nf*, cyrensen
  currant bread, *nm*, bara brith
currency, *np*, arian cyfred; arian treigl; arian breiniol
current, *a*, cyfredol; *nm*, cerrynt; rhedlif
  alternating current, cerrynt eiledol; cerrynt tonnog
  current account, *nm*, cyfrif cyfredol
  current affairs, *np*, materion cyfoes
  current money, arian treigl
  direct current, cerrynt union
  eddy current, *nm*, trolif
  longshore current, cerrynt arfordir
curriculum, *nm*, cwricwlwm; cwrs addysg
curry, *nm*, cyrri
cursive, *a*, rhedol
curtain, *nf*, llen; *nm*, cyrten
  advertisement curtain, llen hysbyseb
  casement curtain, cyrten casment
  cop the curtain, *v*, dwyn y llen (*Th*)
  curtain call, *nm*, llen-alwad
  curtain music, *nm*, llen-fiwsig
  curtain raiser, *nm*, chwarae agor
  curtain set, *nf*, set lenni
  curtain speech, *nm*, claplafar

curtain taker, *nm,* llen-hoffwr
drop curtain, *nm,* llen gwymp
festoon curtain, llen blyg
final curtain, llen olaf
French curtains, *np,* llenni Ffrengig
front curtain, llen flaen
good curtain, llen dda
lapse of time curtain, llen treigl amser
position for curtain, *nm,* llen lleoliad
quick curtain, llen sydyn
roller curtain, llen ddirwyn
safety curtain, llen dân
slow curtain, llen araf
tableau curtain, llen dablo
curtain-wall, *nm,* cysylltfur
curtilage, *nm,* beili; cwrtil; talar tŷ
curtsy, *nm,* cyrtsi
curvature, *nm,* crymedd
  concave curvature, ceugrymedd
  convex curvature, amgrymedd
curve, *nf,* cromlin; *nm,* crymedd; troad; *nf,* cromlin ar dro; *v,* crymu
  bimodal curve, cromlin ddeufodd
  cumulative frequency curve, cromlin mynychder cynyddol
  cycloidal curves, *np,* cromliniau seicloid
  smoothed curve, cromlin leddf
curved, *a,* crwm
  curved line, *nf,* llinell gron
  curved spit, *nm,* tafod crwm
curvilinear, *a,* cromlinog
  curvilinear decoration, *nm,* addurn cromlinog
cusb, *nm,* cwsb
cushion, *nf,* clustog
  cushion cover, *nm,* cas clustog
  tailor's cushion, clustog teiliwr
cuspate, *a,* cwsbaidd
custard, *nm,* cwstard
  egg custard, cwstard ŵy
custody, *nf,* dalfa; cadwraeth
custom, *nm,* arfer; toll
  Custom House, *nm,* Tollty
  customs and excise, tollau tramor a chartref; cwstwm ac ecseis
  custom's entry, *nm,* nodyn tollfa
customer, *nm,* cwsmer; tollwr
custumal, *nm,* cwstmal

cut, *nm,* trychiad; toriad; cut (*Ch*); *v,* torri; trychu; cytio
  clean cut, toriad glân
  cut and thrust, trychu a gwanu
  cut a paper pattern, torri patrwm papur
  cut at cheek, trychu at foch
  cut at chest, trychu at fynwes
  cut at flank, trychu at ystlys
  cut at head, trychu at ben
  cut cloth, *nm,* cynfas blwch
  cut in, *v,* torri ar draws
  cut on the thread, *v,* torri ar yr edau
  cut out, *v,* torri allan; torri maes; gadael allan (*Th*)
  cut on the bias, *v,* torri allan ar y bias
  cut out on the cross, torri allan ar groes
  cut through, *v,* torri trwodd
  cutting lay out, *nm,* cynllun torri patrwm
  cutting line, *nf,* llinell dorri
  cutting out guides, *np,* arwyddion torri patrwm
  cutting out shears, *np,* gwellaif
  cut work, *nm,* torwaith
  late cut, *late cut*
  leg cut, *leg cut*
  square cut, square cut
cuticle, *nm,* cwticl
cutin, *nm,* cwtin
cutlery, *np,* cwtleri
cutlet, *nf,* cytled
cutoff, *nm,* torbwynt
cut-over, *v,* trostorri
cutter, *nm,* torrwr; cŷn; *nf,* torrell
  clay cutter, torrell glai
  fluted cutter, torrell rychog
  pastry cutter, torrell bastri
  plain cutter, torrell blaen
cutting, *nf,* trychfa
cutting, *nm,* toriad; torryn
  down cutting, *v,* tyrchu
cuttle-fish, *nf,* môr-gyllell
cutwater, *nm,* torddwr
cwm, *nm,* peiran
Cyanophyceae, *np,* Cyanophyceae
cyanosis, *nm,* seianosis, glasglwyf
cycle, *nf,* cylchred; *nm,* cylchdro
  cycle of erosion, cylchred erydiad

life cycle, cylchred bywyd
menstrual cycle, cylchred y mis-glwyf
trade cycle, cylchdro masnach
cyclic, *a*, cylchol; cylchredol
  cyclic group, *nm*, grŵp cylchol
cycloid, *nm*, seicloid
cycloidal, *a*, seicloid
cyclone, *nm*, seiclon
cyclorama, *nm*, seiclorama
cyclosymmetry, *nm*, cylchgymesuredd
cyclotron, *nm*, seiclotron
cylinder, *nm*, silindr
cylindrical, *a*, silindrog
cylindroid, *nm*, silindroid
cyma, *nm*, cyma
cymatium, *nm*, cymatiwm

cymbal, *nm*, symbal
cymbals, *np*, symbalau
cyme, *nm*, cym
cymose, *a*, cymaidd
cypress, *nf*, cypreswydden
cyst, *nf*, coden
cysticercoid, *a*, cysticercoid
cysticercus, *nm*, cysticercws
cystitis, *nm*, llid y bledren
cytochrome, *nm*, cytocrom
cytogenetics, *nmf*, cytogeneteg
cytology, *nmf*, cytoleg
cytolysis, *nm*, cytolysis
cytoplasm, *nm*, cytoplasm
cytoplasmic, *a*, cytoplasmig
  cytoplasmic inheritance, *nf*, etifeddiaeth gytoplasmig

D

dab, *v*, dabio
dacron, *nm*. dacron
dada, *nm*, dada
dadaism, *nf*, dadaiaeth
dado, *nm*, dado
dago-part, *nm*, part Lladinaidd
Daguerrotype, *nm*, Dagweroteip
dairy, *nm*, llaethdy
  dairy farming, *v*, ffarmio llaeth
  dairy products, *np*, cynhyrchion llaeth
dairying, *nf*, llaethyddiaeth; llaetheg
dais, *nm*, esgynlawr
daisy, *nf*, llygad y dydd
  daisy chain, *nf*, cadwyn llygad y dydd
  daisy chain link, *nf*, dolen cadwyn llygad y dydd
dale, *nm*, dyffryn; *nf*, ystrad
dam, *nm*, argae; *v*, cronni; argau
damage, *nm*, niwed; difrod; *v*, difrodi
  malicious damage, difrod maleisus

damages, *nm*, iawndal
  award damages, *v*, dyfarnu iawndal
damascene, *a*, damasgin; *nm*, damasgin; *v*, damasgu
Dame, *nf*, Bonesig
damp, *a*, llaith; *nm*, lleithder; *v*, lleithio
  damp course, *nm*, cwrs lleithder
damper, *nm*, dampar; *nf*, tagell
damping, *nm*, gwanychiad
damsons, *np*, eirin damson; eirin duon
dance, *nf*, dawns; *v*, dawnsio
  dance band, *nm*, band dawns; *nf*, seindorf ddawns
  display of dancing, *nf*, arddangosfa ddawns
  dance movements, *np*, symudiadau dawns
  allemande, *allemande*
  arm, *v*, breichio
  back to back, cefn-gefn

backwards, wysg y cefn
cast up, castio i fyny
column of threes, *nf,* colofn drioedd
do-si-do, do-si-do
duple minor set, *nf,* set ddeubar
figure eight, *nm,* ffigur wyth
forward and back and double, llanw a thrai
half round, *nm,* hanner rownd
hands across, *nf,* seren
hands three, cylch tri
ladies' chain, *nf,* cadwyn y merched
lead up, *v,* arwain i fyny
left hand turn, *nm,* tro chwith
longways for as many as will, ar hyd i bawb a fynno
longways set, *nf,* set ar hyd
polka step, *nm,* step polka
reel, *nm,* rîl
right hand turn, *nm,* tro de
round, *nm,* rownd
Sicilian circle, *nm,* cylch Sicily
single set, *nf,* set sengl
skip step, *nm,* step sgip
slip step, *nm,* step slip
square set, *nf,* set sgwâr
swing, *nm,* swing
swing corner, *v,* swingio cymar
three handed reel, *nm,* rîl teirllaw
towards the harp, gwrogaeth i'r delyn
turn single, tro unfan
up a double and back, dwbl ymlaen ac yn ôl
weave, *v,* gwau
folk dance caller, *nm,* geilwad
Public Dance (folk), *nm,* Twmpath Dawns
Ballroom dances, Dawnsiau Neuadd
Bishop of Bangor's Jig, Dawns Esgob Bangor
Clog Dances, Dawnsiau'r Glocsen
Conway Races, Dawns Campau Conwy
Country Dances, Dawnsiau Gwledig
Dainty Davy Dance, Dawns Dafydd Gain
Evan's Jig, Dawns Ifan
Folk Dances, Dawnsiau Gwerin
Llandaff Reel, Dawns Llandâf
Llanover Reel, Dawns Llanofer
Modern Educational Dance, Dawns Addysgol Modern
Morris Dances, Dawnsiau Morris
National Dances, Dawnsiau Cenedlaethol
Of Noble Race was Shenkin, O Uchel Dras oedd Siencyn
Oswestry Wake, Dawns Croesoswallt
Princess Elizabeth's Fancy, Ffansi Leisa
Square Dances, Dawnsiau Sgwâr
Sword Dances, Dawnsiau Cleddyf
Tap Dances, Dawnsiau Tap
The Welch Whim, Y Chwiw Gymreig
dancer, *nm,* dawnsiwr
darn, *nf,* craith; *v,* creithio; cyweirio; trwsio
corner tear darn, craith rhwyg cornel
cross cut darn, craith groes-doriad
hedge tear darn, craith rhwyg perth
knitted fabric darn, craith ffabrig wedi'i wau
loom darning, creithio gwŷdd
machine darn, craith beiriant
print darn, craith brint
Swiss darn, craith Swis
thin place darn, craith man traul
darning needle, *nf,* nodwydd greithio
dart, *nm,* dart; *v,* dartio
dart slash, *nm,* toriad dart
Darwinism, *nf,* Darwiniaeth
data, *np,* data
date, *nf,* datysen; (*pl,* datys); *nm,* dyddiad; *v,* dyddio
out of date, *a,* wedi dyddio
up to date, *a,* cyfoes
dated, *a,* dyddiedig
daub, *nm,* dŵb
wattle and daub, *nm,* bangorwaith a dŵb; plethwaith a dŵb
day, *nm,* diwrnod; dydd
carry over day, dydd cario drosodd
lunar day, diwrnod lleuad
name day, dydd tocyn
sideral day, diwrnod sêr
solar day, diwrnod haul

day-book, *nm*, dyddlyfr
day-dream, *v*, gwlana; pensynnu
day-work, *nm*, dyddwaith
deacon, *nm*, diacon
deaconess, *nf*, diacones
dead, *a*, marw
  dead act, *nf*, act farw
  dead stick, *nm*, parlys (*Th*)
deadwood, *nm*, sbâr (*Th*)
deaf, *a*, byddar; *nm*, byddar
de-afforestation, *nm*, datgoedwigo; datgoedwigiad
deafness, *nm*, byddardod
deal, *nf*, bargen; *nm*, deliant; *v*, bargeinio
  clinch a deal, *v*, taro bargen
  package deal, *nm*, deliant pac
dealer, *nm*, deliwr
deamination, *nm*, deamineiddiad
dean, *nm*, deon
  dean of faculty, deon cyfadran
  rural dean, deon gwlad
deanery, *nf*, deoniaeth
  rural deanery, deoniaeth wlad
death-mask, *nm*, marw-lun
debenture, *nm*, debentur
debit, *nm*, debyd; *v*, cyfrif fel debyd; debydu
  debit note, *nm*, dylednod; nodyn debyd
debris, *np*, malurion
debt, *nf*, dyled
  bad debt, dyled ddrwg
  floating debt, dyled nawf
  funded debt, dyled ddiddyddiad
  National Debt, Y Ddyled Wladol
debtor, *nm*, dyledwr
decade, *nm*, degad; degawd
decagon, *nm*, decagon
decalcification, *nm*, digalcheiddiad
decant, *v*, ardywallt
decarbonise, *v*, datgarboneiddio
decastyle, *a*, decastyl; *nm*, decastyl
decay, *v*, darfod; pydru
decaying, *a*, darfodus
deceit, *nm*, dichell
deceive, *v*, twyllo
decelerate, *v*, arafu
decelerating, *a*, arafus
deceleration, *nm*, arafiad; arafiant
decentralisation, *nm*, datganoliad; datganoli

decentralise, *v*, datganoli
deceptive, *a*, dichellus; twyllodrus
deceptive, *a*, dichellus
decibel, *nm*, decibel
decide, *v*, penderfynu; barnu
deciduous, *a*, collddail; deilgwymp; yn colli eu dail
  deciduous trees, *np*, coed collddail; coed deilgwymp
decile, *a*, degymol
  decile points, *np*, pwyntiau degymol
decimal, *a*, degol; *nm*, degolyn
  decimal coinage, *np*, arian degol
  decimal places, *np*, lleoedd degol
  decimal point, *nm*, pwynt degol
  decimal system, *nf*, system ddegol
  recurring decimal, degol cylchol
decimalize, *v*, degoli
decision, *nm*, dyfarniad
decisiveness, *nm*, pendantrwydd
deck, *nm*, bwrdd; dec
deckle, *nm*, decl
declaration, *nm*, datganiad
declare, *v*, declario (cyhoeddi digon) (*Ch*); dargyhoeddi
declination, *nm*, gogwyddiad; goleddiad
declivity, *nm*, goriwaered
de-code, *v*, dad-ddynodi; datru
decolourize, *v*, dadliwio
decompose, *v*, dadelfennu; madru
decomposition, *nm*, dadelfeniad; madredd
decontaminate, *v*, dadlygru; dad-ddifwyno
decontrol, *v*, dadreoli
decontrolled, *a*, dadreoledig
decor, *nm*, addurn
decorate, *v*, addurno
decorated, *a*, addurnedig
decoration, *nm*, addurn
decorative, *a*, addurnol
  decorative finish, *nm*, gorffeniad addurnol
  decorative seam, *nf*, sêm addurnol
decouple, *v*, dadgyplu
decrease, *nm*, lleihad; *v*, cyfyngu; gostwng; lleihau
  decrease to back of stitch, cyfyngu trwy gefn pwyth
  overall decrease, lleihad trwodd a thro

decreasing, *a*, lleihaol
decree, *nm*, dyfarniad; arch-ddyfarniad
decrement, *nm*, decrement
decretal, *a*, decretal; *nm*, decretal
dedication, *nm*, cysegriad
deduce, *v*, casglu; diddwytho
deduct, *v*, tynnu
deduction, *nm*, diddwythiad; gostyngiad
deductive, *a*, diddwythol
deed, *nf*, gweithred
  transfer deed, gweithred drosglwyddo
deep, *a*, dwfn; *nm*, dwfn; pellter
  deep end of pool, dwfn y baddon
  deep litter, *nm*, gwasarn
  deep seated, dwfn
  deep freeze cabinet, *nm*, cwpwrdd rhew caled; *nf*, rhewgell; rhewgist
deep-freezer, *nm*, rhewydd
defamation, *nm*, drygair; difenwad
default, *v*, diffygdalu
  defaulted in payment of the fine, pallodd dalu'r ddirwy
defaulter, *nm*, diffygdalwr; pallwr
defaulting authority, *nm*, awdurdod diffygus; awdurdod pallus
default powers, *np*, galluoedd yn herwydd pallu
defect, *nm*, diffyg; nam
defective, *a*, diffygiol
defence, *nm*, amddiffyniad; gwarchodiad; amddiffyn
  man to man defence, amddiffyn dyn am ddyn
  wing defence (player), gwarchodwr asgell
  zone defence, amddiffyn rhanbarth
defend, *v*, amddiffyn
defender, *nm*, amddiffynnwr, amddiffynnydd
defer, *v*, oedi; gohirio
deferred, *a*, gohiriedig
deficiency, *nm*, diffygiant
  deficiency diseases, *np*, clefydau diffygiant
  mental deficiency, diffygiant meddyliol
deficit, *nm*, diffyg ariannol
defile, *nm*, cyfyng

define, *v*, diffinio
defined, *a*, diffinedig
definite, *a*, pendant
definition, *nm*, diffiniad
deflate, *v*, dadchwythu
deflation, *nm*, dadchwythiant; dadchwythiad
deflection, *nm*, allwyriad
defoliate, *v*, diddeiliannu; diddeilio
defoliation, *nf*, diddeiliannaeth; *nm*, diddeiliad
deforestate, *v*, difforestu; digoedwigo
deformation, *nm*, anffurfiad
deformity, *nm*, anffurfiant
defraud, *v*, amddifadu trwy dwyll; twyllo rhywun
defray, *v*, talu
  defray expenses, talu treuliau
degenerate, *a*, dirywiedig; *v*, dirywio
degeneration, *nm*, dirywiad
deglaciation, *nm*, dadrewlifiant
degradation, *nm*, diraddiad; dyraddiad; dyrydiad
degree, *nf*, gradd
  day degree, dyddradd
  degree day, *nm*, dydd graddau
  degrees of the scale, graddau'r raddfa (C)
  dominant, llywydd
  leading note, nodyn arweiniol
  mediant, y feidon
  subdominant, is-lywydd
  submediant, is-feidon
  supertonic, uwchdonydd
  tonic, tonydd
dehiscent, *a*, dehiscent
dehorn, *v*, digornio
dehydrate, *v*, dehydru
dehydration, *nm*, dehydrad
dehydrogenase, *nm*, dehydrogenas
delegate, *nm*, anfonog; cynrychiolydd; dirprwy; *v*, dirprwyo
delegated legislation, *nm*, deddfu dirprwyol
delegation, *nf*, cynrychiolaeth
deliberate, *v*, ystyried
deliberation, *nf*, ystyriaeth
delinquency, *nm*, tramgwydd; *nf*, tramgwyddaeth; *nm*, delincwensi
  juvenile delinquency, tramgwydd ifancaidd; ifanc-dramgwyddaeth

delinquent, *a,* delincwent; tramgwyddus; *nm,* tramgwyddwr
deliquescence, *nm,* diwlychiad
deliquescent, *a,* diwlychol
delirium, *nm,* deliriwm
deliver, *v,* trosgludo; trosglwyddo
delivery, *nm,* trosglud
  delivery book, *nm,* llyfr trosglud
  delivery date, *nm,* dyddiad trosglud
  recorded delivery, trosglud cofnodedig
delta, *nm,* delta
  arcuate delta, delta bwaog
  bird's foot delta, delta crafanc
deltaic, *a,* deltaidd
delusion, *nmf,* rhithdyb
demand, *nm,* gorchymyn; hawliad; *nf,* archeb; *v,* hawlio
  demand note, *nm,* gorchmynnod
demense, *nf,* demên
demise, *nf,* cymuniaeth; prydles; *v,* cymuno; prydlesu
demi-semiquaver, *nm,* lled-hanner-cwafer
demodulate, *v,* dadfodylu
demodulation, *nm,* dadfodyliad
demography, *nm,* demograffi
demolish, *v,* dymchwel; dymchweliad; chwalu
demolition orders, *np,* gorchmynion dymchwel
demonstrate, *v,* arddangos; dangos
demonstration, *nm,* arddangosiad; dangosiad
  demonstration lesson, *nf,* gwers ddangos
demur, *v,* demyrru
demurrage, *nm,* tâl gorgadw
demurrer, *nm,* demyriad
denaturation, *nm,* annatureiddiad
dendrite, *nm,* dendrit
denitrification, *nf,* dadnitradaeth
denitrify, *v,* dadnitreiddio
  denitrifying bacteria, *np,* bacteria dadnitreiddio; bacteria dadnitraidd
denominator, *nm,* enwadur
  common denominator, cyfenwadur; cyd-enwadur
denotation, *nm,* dynodiad
denote, *v,* dynodi
denoument, *nm,* dadleniad

dense, *a,* trwchus
density, *nm,* amlder; dwysedd; trwch
  relative density, dwysedd cymharol
dent, *nm,* tolc
dental, *a,* deintyddol
  dental formula, *nf,* fformwla deintyddol
dentary, *nm,* dentari
denticle, *nm,* deintig
dentils, *np,* deintellion
dentine, *nm,* dentin
dentistry, *nf,* deintyddiaeth
denudation, *nm,* dinoethiant; treuliant
  denudation chronology, *nf,* cronoleg treuliant
denude, *v,* dinoethi
denumerable, *a,* rhifadwy
deodorant, *nm,* diaroglydd; deodorant
deodorize, *v,* diarogli
department, *nf,* adran
  Department of Education and Science, Adran Addysg a Gwyddoniaeth
  department store, *nf,* siop adrannol
departmental, *a,* adrannol
departure, *nm,* gadael; gadawiad; ymadawiad
  arrival and departure, cyrraedd a gadael
  time of departure, *nm,* amser gadael
dependence, *nm,* dibyniant; ymddibyniant
dependency, *nm,* dibyniad; *nf,* gwlad ddibynnol; tiriogaeth ddibynnol
  matched dependency, dibyniad cyfatebol
dependent, *a,* dibynnol
  dependent variable, *nm,* newidyn dibynnol
depilation, *nm,* diflewedd; diflewiad
deploy, *v,* lleoli
depopulation, *nf,* diboblogaeth; *nm,* diboblogiad
depopulate, *v,* diboblogi
deport, *v,* dadborthio
deportment, *nm,* ymarweddiad; ymgynhaliad

depose, *v*, diorseddu; diswyddo; tystio
deposit, *nm*, adnau; blaen-dâl (*S*); dyddodyn; gwaddodyn; gwaelod; *v*, dyddodi; gwaelodi
  abyssal deposits, *np*, gwaddodion affwys
  deposit account, *nm*, cyfrif adnau
  deposit rate, *nm*, cyfradd adnau
  marine deposits, *np*, dyddodion môr
  neritic deposits, *np*, dyddodion neritig
  salt deposits, *np*, dyddodion halen
  superficial deposits, *np*, dyddodion arwynebol
deposition, *nm*, diorseddiad; diswyddiad; dyddodiad; deponiad; *nf*, tystiolaeth
  deposition to perpetuate testimony, deponiad er diogelu tystiolaeth
depot, *nm*, depot; depo
depreciate, *v*, dibrisio; isbrisio; gwerthostwng
depreciation, *nm*, dibrisiant; isbrisad; gwerthostyngiad
depress, *v*, gostwng
depression, *nm*, dibwysiant (tywydd); dirwasgiad (diwydiant); gostyngiad; iselder (ysbryd); pant, pannwl (tir)
  secondary depression, dibwysiant dilynol
deprivation, *nm*, amddifadedd; amddifadiad; *nmf*, colled
deprived, *a*, amddifadus
  deprived area, *nf*, ardal amddifadus
  deprived child, *nm*, plentyn amddifadus
deputation, *nf*, dirprwyaeth
deputy, *nm*, dirprwy
derelict, *a*, cyfrollwng; derelict; gadawedig
derivation, *nm*, deilliant
derivative, *a*, deilliadol; *nm*, deilliad
derived, *a*, deilliadol
  derived function, *nm*, ffwythiant deilliadol
Dermaptera, *np*, Dermaptera
dermatitis, *nm*, clwy'r croen; dermatitis
dermatogen, *nm*, dermatogen
dermis, *nm*, dermis
derrick, *nm*, deric
descant, *nf*, cyfalaw; desgant
descend, *v*, disgyn
descendant, *nm*, disgynnydd
descending, *a*, disgynnol
descent, *nm*, disgyniad
de-schooling, *v*, dadysgolia
desert, *nm*, diffeithwch
  desert land, *nm*, diffeithdir
  desert place, *nm*, diffeithle
deserted, *a*, diffaith
  deserted villages, *np*, pentrefi diffaith
desiccated, *a*, disych
desiccation, *nm*, disychiad; disychiant
design, *nm*, cynllun; dyluniad; patrwm; rhaglun; *v*, cynllunio; dylunio; rhaglunio
  abstract design, cynllun haniaethol
  counter change design, patrwm gwrthgyfnewid
  design play, chwarae patrwm
  freehand design, rhaglun llaw rydd
  original design, cynllun gwreiddiol; rhaglun gwreiddiol
  unit of design, *nf*, uned patrwm
designate, *v*, dynodi
designation, *nm*, dynodiad
designer, *nm*, cynllunydd; dylunydd; rhagluniwr
desire, *nm*, awydd; *v*, dymuno
despair, *nm*, anobaith
despondency, *nm*, gwanobaith
despot, *nm*, unben
  benevolent despot, unben tadol
  enlightened despot, unben goleuedig
desquamate, *v*, digennu
desquamation, *nm*, digeniad
dessert, *nm*, ancwyn
destination, *nm*, cyrchnod
destructiveness, *nm*, distrywgaredd
destructor, *nm*, distrywydd
details, *np*, manylion
  in detail, yn fanwl
detain, *v*, cadw
detector, *nm*, detector
detergent, *a*, glanedol; *nm*, glanedydd; detergent
  soapless detergent, glanedydd disebon

director, *nm*, cyfarwyddwr
  managing director, rheolwr gyfarwyddwr
directory, *nm*, cyfarwyddiadur
directrix, *nm*, cyfeirlin
disability, *nm*, anabledd
  disabled person, *nm*, person anabl
  disablement pension, *nm*, pensiwn anabledd
disaccharide, *nm*, deusacarid
disafforest, *v*, datfforestu
disafforestation, *nm*, datfforestiad
disbursement, *nm*, dostaliad; gwariad
disc, *nmf*, disg
discard, *v*, hepgor
discharge, *nm*, gor-allwysiad; cliriad; gollyngdod; *v*, dadlwytho; dadwefru; rhyddhau; gollwng
  absolute discharge, rhyddhad diamod
  conditional discharge, rhyddhad amodol
disciplinary, *a*, disgyblaethol
discipline, *nf*, disgyblaeth
  formal discipline, disgyblaeth ffurfiol
disclose, *v*, dadlennu
disclosure, *nm*, datgudd; *v*, datguddio
discolour, *v*, afliwio; drygliwio
  lose colour, *v*, bwrw lliw; colli lliw
discolouration, *nm*, drygliwiad
discontinuity, *nm*, anidoriant; toriant
discontinuous, *a*, annidor; toredig
discord, *nm*, anghytgord
discount, *nm*, disgownt; *v*, disgowntio
  at discount, ar ddisgownt
  trade discount, disgownt masnach
  true discount, gwir ddisgownt
discourse, *nm*, mynegiant (ieithyddiaeth)
discover, *v*, darganfod
discrete, *a*, arwahanol
discretion, *nm*, gorddewis; disgresiwn; *nmf*, ewyllys
discretionary, *a*, gorddewisol
  discretionary power, *nf*, hawl orddewisol
discriminant, *nm*, gwahanolyn
discriminate, *v*, gwahaniaethu
discus, *nf*, disgen
  throw the discus, *v*, taflu'r ddisgen

discuss, *v*, trafod
discussion, *nf*, trafodaeth
  discussion group, *nm*, cylch trafod
disease, *nm*, clefyd; clwy
  deficiency disease, clefyd diffyg
  degenerative disease, clefyd dirywiol
  grass disease, clefyd y borfa
  infectious disease, clefyd llidiog
  malignant disease, clefyd adwythig
  pulmonary disease, clefyd yr ysgyfaint
  pulpy kidney disease, clwy'r aren bwdr
  scheduled disease, clefyd rhestredig
  sporadic disease, clefyd achlysurol
  venereal disease, clwy gwenerol
disembark, *v*, glanio
disengage, *v*, datgyweddu
disengaged, *a*, rhydd; datgyweddog
disengagement, *nm*, datgyweddiad
disentail, *v*, dadentaelio
disestablishment, *nm*, datgysylltiad
  Disestablishment of the Church, Datgysylltiad yr Eglwys
disfranchise, *v*, dadfreinio
disgust, *nm*, ffieidd-dod
dish, *nf*, dysgl; saig
  dish cloth, *nm*, cadach llestri; clwtyn llestri
  dish up, *v*, dysglo
dishonour, *v*, di-anrhydeddu; gwrthod
dishonoured, *a*, gwrthodedig
disinfect, *v*, diheintio
disinfectant, *nm*, diheintydd
disinfection, *nm*, diheintiad
disinfest, *v*, diheigiannu
disinfestation, *nm*, diheigiant
disinherit, *v*, dietifeddu
disintegrate, *v*, datgyfannu
disintegration, *nm*, datgyfannu; maluriad; ymfaluriad
dislocate, *v*, afleoli; dadleoli; taflu
dislocation, *nm*, afleoliad; dadleoliad; tafliad
dismiss, *v*, gwrthod; diswyddo
  case dismissed, gwrthodir yr achos
disorganise, *v*, anhrefnu
dispatch, *nf*, cenadwri; *v*, anfon

dispensation, *nf,* trwydded
  dispensing power, *nf,* hawl trwyddedu
  papal dispensation, trwydded babaidd
dispersal, *nm,* gwasgariad; gwasgariant
disperse, *v,* gwasgaru
dispersed, *a,* ar wasgar; gwasgaredig
  dispersed settlement, *nmf,* annedd ar wasgar; anheddu gwasgaredig
dispersion, *nm,* gwasgariad; gwasgariant
dispersive, *a,* gwasgarol
displace, *v,* dadleoli
displacement, *nm,* dadleoliad; dadleoliant
  spatial displacement, dadleoliad gofodol
display, *nf,* arddangosfa; arddangosiad; *v,* arddangos
  display brackets, *np,* bracedi arddangos
disposable sheets, *np,* llieiniau hepgor; cynfasau hepgor
disposition, *nm,* anianawd; cyfosodiad
dispute, *nm,* anghydfod; *v,* gwadu
  dispute a conviction, *v,* gwadu euogfarn
disqualification, *nm,* gwrthodiad; diarddeliad; digymhwysiad; ataliad; difreiniad; datgymhwysiad
  impose a disqualification on; *v,* gosod datgymhwysiad ar
disqualify, *v,* diarddel; gwrthod; torri allan; atal
disrepair, *nm,* anghyweiriad; anghyweirdeb; anrapâr
dissect, *v,* dyrannu
dissected, *a,* dyranedig
  dissected plateau, *nm,* llwyfandir dyranedig
dissent, *nf,* ymneilltuaeth
dissenter, *nm,* sentar; ymneilltuwr
dissenting, *a,* ymneilltuol
dissociation, *nm,* datgysylltiad
  dissociation of personality, datgysylltiad personoliaeth
dissolution, *nm,* diddymiad; *v,* diddymu
dissolve, *v,* toddi; diddymu

dissolved, *a,* toddedig
distal, *a,* distal
distance, *nm,* pellter
distemper, *nm,* clefyd y cŵn; distemper
distil, *v,* distyllu
distillation, *nm,* distylliad; distylliant
distinction, *nm,* arbenigrwydd; gwahaniaeth; *nf,* rhagoriaeth
distinctive, *a,* gwahanredol
distort, *v,* aflunio
distortion, *nm,* afluniad; ystumiad
distract, *v,* gwrthdynnu; gwyrddenu
  distract attention, gwrthdynnu sylw; gwyrddenu sylw
distrain, *v,* atafaelu
distraint, *nm,* atafaeliad
distress, *nm,* cyfyngder
  distress signal, *nmf,* arwydd cyfyngder
  distress warrant, *nmf,* gwarant atafael
distributary, *nf,* allafon
distribute, *v,* dosbarthu
distribution, *nm,* dosbarthiad; dosbarthu; dosraniad; rhaniad; gwasgariad; *nf,* lleolaeth
  census of distribution, *nm,* cyfrifiad dosbarthu
  distribution of settlements, dosbarthiad anheddau
  wholesale and retail distribution, dosbarthu cyfanwerth ac adwerth
distributive, *a,* dosbarthol
  distributive trades, *np,* masnachau dosbarthol
distributor, *nm,* dosbarthwr; dosbarthydd; dosrannwr
District Council, *nm,* Cyngor Dosbarth
District Nurse, *nf,* Nyrs Ardal
disturbance, *nm,* cynnwrf
disturbed, *a,* blinderus
disunite, *v,* daduno; tynnu'n rhydd
ditch, *nf,* dyfrffos; ffos
diurnal, *a,* dyddiol
dive, *nf,* deif; *v,* deifio
  pike dive, deif blygu
  racing dive, deif ras
  somersault dive, deif drosben
  surface dive, deif arwyneb
  swallow dive, deif wennol

diverge, v, dargyfeirio
divergence, nm, dargyfeiredd
divergent, a, dargyfeiriol
  divergent series, nf, cyfres ddargyfeiriol
divers, np, yr amryw
diversification, nm, amrywiant; rhaniad
diversion, nm, dargyfeiriad
diverticulum, nm, diferticwlwm
divide, nf, gwahanfa; v, rhannu (â)
  dividing head, nm, pen rhannu
divided, a, rhanedig
dividend, nf, buddran; nm, difidend
  cum dividend, nm, cum dividend
  dividend top, nm, bonyn difidend
  dividend warrant, nmf, gwarant difidend
divider, nf, rhannell; nm, rhannwr
dividers, np, cwmpas mesur; rhanwyr; rhanyddion
divisibility, nm, rhanadwyedd
divisible, a, rhanadwy
division, nf, adran; rhan; nm, rhanbarth; rhaniad; rhannu
  long division, rhannu hir
  reduction division, rhaniad lleihaol
  short division, rhannu byr
divisionism, nm, rhaniadwaith
divisor, nm, rhannydd
divorce, nm, ysgariad
divot, nm, difod
docile, a, hydrin; llaraidd
docility, nm, hydrinedd; llarieidd-dra
doctrine, nf, athrawiaeth; gwerseb
document, nf, dogfen
  false document, dogfen anwir
  produce a document, v, cyflwyno dogfen
documentary, a, dogfennol; nf, dogfennen
  documentary bill, nm, bil dogfennol
dodecahedron, nm, dodecahedron
dodge, v, osgoi
doily, nm, doili
doldrums, np, doldrymau
dolerite, nm, dolerit
doline, nf, dolin
doll, nf, dol; doli
  rag doll, dol racs; doli glwt
dolly, nf, doli

dolomite, nm, dolomit
domain, nm, parth
dome, nf, cromen; nm, crymdo; cryndo; v, cromennu
domestic, a, cartrefol; teuluaidd
  domestic arts, np, celfyddydau tŷ
  domestic science, nf, gwyddor tŷ
domesticate, v, dofi; hyweddu
domesticated, a, dof; hywedd
domicile, nm, domisil
domiciliary visits, np, ymweliadau â chartrefi
dominance, nm, trechedd; nf, uchafiaeth
  left eye dominance, uchafiaeth llygad chwith
  mixed dominance, cymysg-uchafiaeth
dominant, a, dominyddol; llywodraethol; trech; nm, llywydd
  dominant factor, nf, nodwedd drech
  dominant grass, nm, gwair trech
  dominant lighting, nm, golau llywodraethol
  dominant seventh, seithfed y llywydd (C)
  fundamental dominant discords, anghytgordiau sylfaenol y llywydd (C)
dominate, v, dominyddu
domination, nf, dominyddiaeth
dominion, nm, dominiwn
domino, nm, domino; (pl, dominos)
donor, nm, rhoddwr
doodle, v, dwdlan
door, nm, drws
  barred door, drws barrog
  catch of door, nf, clicied drws
  dock door, drws bae
  door fitting, hanging, v, gosod drws
  door flat, nm, fflat drws (Th)
  door panels, np, paneli drws
  door slam effect, nf, effaith clepian (Th)
  door space, nm, lle drws
Dorian, a, Doraidd
  Dorian mode, nm, y modd Doraidd
Doric, a, Dorig
dormant, a, cwsg
dormer, nm, dormer; nf, ffenestr gromen

dormie, *nm*, *dormie*
dormitory, *a*, dormitori; noswyl;
   nf, noswylfa
dorsal, *a*, dorsal; *nm*, dorsal
   dorsal root, *nm*, nerf dorsal
dorsiventral, *a*, dorsifentral
dose, *nm*, dos; *v*, dosio
dot, *nmf*, dot; *v*, dotio
double, *a*, dwbl; *nm*, dwbl; *v*, chwarae dwy ran (*Th*); dyblu
   double act, *nf*, act ddwbl
   double bar, *nm*, bar dwbl
   double concerto, *nm*, concerto dwbl
   double entry, *nm*, cofnod dwbl; llyfrifo dwbl (*S*)
   double exposition, *nm*, dangosiad dwbl
   double flat, *nm*, meddalnod dwbl (*C*)
   double fugue, *nf*, ffiwg ddwbl
   double recessive, *nm*, enciliad dwbl
   double sharp, *nm*, llonnod dwbl; siarp dwbl (*C*)
   double spacing, *nm*, gofod dwbl
double-bass, *nm*, basgrwth
doubler, *nm*, dwbler
doubles, *np*, *doubles;* parau
doubt, *nf*, amheuaeth
dough, *nm*, toes
doughnut, *nf*, toesen
dovetail, *v*, tryfalu
   secret dovetailing, tryfalu cudd
dowel, *nm*, dowel; hoelbren
   dowel bit, *nm*, ebill hoelbren
   dowel joint, *nm* uniad hoelbren
   dowel plate, *nm*, plat hoelbren
dower, *nf*, gwaddol
down, *np*, mân-blu; manblu
downfold, *nm*, isblyg
downgrade, *v*, israddio
downland, *nm*, twyndir
downpour, *nm*, tywalltiad; *v*, tywallt
downstream, *nm*, gwaered afon; i lawr yr afon
downstroke, *nf*, olstroc
downtown, *nf*, llordref
downward, *ad*, i lawr
   downward-sideways, *ad*, i lawr ac i'r ochr
downwash, *nm*, darfodiant
draft, *nm*, drafft; *v*, drafftio
   drafting paper, *nm*, papur drafftio
   draft on demand, drafft ar hawliad
   in draft, mewn drafft
drag, *nm*, drag; llusgiad; llusgiant
drain, *nf*, draen; carthffos; *v*, gloywi; draenio
   combined drain, draen gyfun; carthffos gyfun
   draining board, *nm*, bwrdd draenio; *nf*, ystyllen ddraenio
   drainpipe, *nf*, pib draen; draenbib
   water drains, *np*, draeniau dŵr
drainage, *nm*, draeniad; carthffosiad
   antecedent drainage, draeniad rhagosod
   confused drainage, draeniad dryslyd
   dendritic drainage, draeniad canghennog
   drainage basin, *nm*, dalgylch afon
   drainage pattern, *nm*, patrwm draeniad
   interior drainage, draeniad mewnol
   radial drainage, draeniad rheiddiol
   superimposed drainage, draeniad gorosod
   trellised drainage, draeniad rhwyllog
drama, *nf*, drama
   cloak and sword drama, drama clog a chledd
   cocktail drama, drama wirod
   community drama, drama gymuned
   domestic drama, drama gartrefol
   fate drama, drama ffawd
   heroic drama, drama arwrol
   poetic drama, drama farddoniaeth; drama fydryddol
   rustic drama, drama wledig
   social drama, drama gymdeithasol
   suitcase drama, drama bag
dramatic, *a*, dramatig
dramatisation, *nm*, dramodiad
dramatise, *v*, dramateiddio; dramodi
dramatis personae, *np*, cymeriadau'r ddrama
dramatist, *nm*, dramodydd
drapery, *nf*, dilladaeth
drapes, *nm*, gorchudd

draught, *nf,* drafften *nm,* drafft
  draught excluder, *nm,* gwrth-ddrafftyn; allanydd drafft
draughtsman, *nm,* cynlluniwr; drafftsmon
draughtsmanship, *nf,* drafftsmonaeth
draw, *nm,* tyniad; culiant; pariad; *v,* cyfartalu; darlunio; lluniadu; llunio; tynnu
  assembly drawing, *v,* lluniadu cydosod
  draw down, *v,* tynnu i lawr
  draw filing, *v,* darffeilio
  draw off, *v,* tapio; tynnu i ffwrdd
  draw string, *nm,* llinyn tynnu
  draw to scale, *v,* lluniadu wrth raddfa; graddluniadu
drawbridge, *nf,* pont godi
drawee, *nm,* ardynnwr
drawer, *nm,* drôr; tynnwr (siec); tynnwr llun; lluniadur; lluniadwr
  drawer guide, *nm,* rhedegydd drôr
  drawer slip, *nm,* drôr-gryfhawr; drôr-gyfnerthydd
drawing, *nm,* dyluniad; llun; lluniad; fframwaith; gwead
  drawing board, *nm,* bwrdd llunio
  life drawing, byw-luniad; lluniadu'r byw
  scale drawing, graddluniad; lluniad wrth raddfa
  sepia drawing, dyluniad sepia
drawings, *np,* tyniadau
drawn game, *nf,* gêm ddi-drech
dredge, *v,* carthu
dredger, *nf,* carthlong; llong garthu; *nm,* sgeintiwr
drencher-pipe, *nm,* drensiwr
dress, *nf,* dres; ffrog; gwisg; *v,* dresio; gwisgo; trin
  dress circle, *np,* seddau'r cylch
  dress rehearsal, *nf,* rihyrsal wisg
  dress seed, *v,* dresio had
  dress stone, *v,* trin meini
  dress the part, *v,* gwisgo'r part
  dress the set, *v,* gwisgo'r set
  dress the stage, *v,* gwisgo'r llwyfan
  evening dress, ffrog hwyr; dres min nos
dresser, *nm,* gwisgwr; *nf,* gwisgwraig: *nm,* dreser

dressing, *nm,* dresin; triniad
  French dressing, dresin Ffrengig
  salad dressing, dresin salad
  seed dressing, dresin had
  stone dressing, triniad meini
dressing-room, *nf,* ystafell wisgo
dressmaker, *nf,* gwniadwraig; gwniadyddes; gwniyddes
  dressmaker's dummy, *nm,* dymi teiliwr
dressmaking, *nm,* gwniadwaith; *v,* gwneud dillad
dribble, *nm,* dribl; driblad; *v,* driblo
drier, *nm,* sychydd
  convector drier, sychydd confector
  rotary drier, sychydd tro
  spin drier, sychydd sbin
  tumble drier, sychydd twmbwl
drift, *nm,* drifft; gwrth-dylliad; *v,* drifftio; gwrthdyllu
  drift nets, *np,* rhwydau drifft
  glacial drift, drifft rhewlif
  long shore drift, drifft arfordirol; drifft y glannau
  North Atlantic Drift, Drifft Gogledd Iwerydd
drifter, *nm,* drifftter
drill, *nm,* dril; *v,* drilio
  Archimedean drill, dril Archimedaidd
  breast drill, dril brest
  capsize drill, dril dymchwel
  combination drill, dril canoli
  drilling machine, *nm,* peiriant drilio
  drill sizes, *nm,* maint driliau
  hand drill, dril llaw
  jobbers' drills, *np,* driliau jobwyr
  radial drill, dril radial; dril rheiddiol
  straight shank drill, dril garan syth
  taper shank drill, dril garan tapr
driller, *nm,* driliwr
drip-dry, *a,* dripsych; *v,* dripsychu
dripping, *nm,* toddion
dripstone, *nm,* bargodfaen
drive, *nm,* dreif; gyriant; gyriad; trawsyriad; trawsyriant; *v,* dreifio; gyrru; trawsyrru
  backhand drive, dreif gwrthlaw
  compound drive, gyriad cyfansawdd

forehand drive, dreif blaenllaw
off drive, offdreif
on drive, ondreif
driver, nm, dreifwr; gyrrwr
drizzle, nm, glaw mân; gwlithlaw; manlaw
drones, np, gwenyn segur
drop, nm, dafn; v, adlamu; cwympo; gollwng; gostwng
  drop goal, nm, gôl adlam
  drop out, v, adlamu allan
  drop-scene, nf, golygfa gwymp
Drosophila, nm, Drosophila
drought, nm, sychder; sychdwr
  partial drought, sychdwr rhannol
drug, nm, cyffur; dryg
  hard drug, cyffur caled
  soft drug, cyffur meddal
drugget, nm, mat cefn
  drugget pin, nf, hoelen mat
drum, nm, drwm
  bass drum, drwm bas
  drum and sticks, drwm a ffyn
  drum roll, nm, sŵn drwm
drumlin, nf, drymlin
drums, np, drymiau; tabyrddau
  kettle drums, tympanau
drupe, nm, drŵp
drupelet, nm, drwpled
dry, a, hysb; sych; v, sychu
  dry-clean, v, sychlanhau
  dry dock, nm, doc sych
  dry gap, nm, adwy sych
  drying cabinet, nm, cabinet sychu
  dry valley, nm, dyffryn sych
  indoor drying, v, sychu dan do
  outdoor drying, v, sychu awyr agored
dryers, np, sychyddion
drypoint, nm, sychbwynt
dry-rot, nm, sych-bydredd
dual, a, deuol
  dual personality, nf, personoliaeth ddeuol
duality, nf, deuoliaeth
dubbing, nm, cefnlais; nf, cefnsain
duck, nf, hwyaden; v, dowcio
ducks, np, lorri-gychod
duct, nf, dwythell
  thoracic duct, dwythell y thoracs
ductile, a, hydwyth
ductility, nm, hydwythedd

due, a, dyledus; dyladwy; nf, dyled; nm, tâl
  instalments due to date, np, rhandaliadau sy'n ddyledus hyd at heddiw
dull, a, dwl
  dull and backward, dwl ac araf
dullness, nm, dylni
dumb, a, mud
dumbness, nm, mudandod
dummy, nm, dymi; v, ffug basio
dumpling, nf, twmplen
dune, nm, tywyn
  advanced dune, tywyn blaen
  attached dune, tywyn cystylliedig
  crescentic dune, tywyn cilgant
  dune belt, nmf, belt tywynnau
  dune community, nf cymuned dywyn
  head dune, tywyn pen
  tail dune, tywyn cynffon
  wake dune, tywyn ôl
dungarees, nf, dungarees
dungeon, nm, dwnsiwn
duodecagon, nm, duodecagon
duodecahedron, nm, duodecahedron
duodecimal, a, deuddegol; nm, deuddegol
duodenal, a, duodenal
  duodenal ulcer, nm, wlser duodenal
duodenum, nm, duodenwm
duple, a, dyblyg
  duple time, nm, amser dyblyg
duplet, nm, dwblet
duplicate, a, dyblyg; nf, dyblygeb; v, dyblygu; lluosogi
  duplicate copy, nm, copi dyblyg
  duplicate pieces, np, darnau dyblyg
  duplicating paper, nm, papur dyblyg; papur lluosogi
duplicator, nm, dyblygydd; lluosogydd
duralumin, nm, duralwmin
dura mater, nm, dura mater
duress, nf, gorfodaeth
dust, nm, llwch
  dust board, nm, bwrdd llwch
  dust bowl, nf, powlen lwch
  dust devil, nm, cythraul llwch
  dust pan, nm, pan llwch
  dust storm, nf, storm lwch

dustman, *nm*, sbwrielwr
dusty, *a*, llychlyd
duty, *nf*, dyletswydd; toll
   customs duty, toll cwstwm; tolldal
   export duty, toll allforio
   import duty, toll mewnforio
   stamp duty, toll stamp
dwarf, *nm*, cor; corrach
   dwarf beans, *np*, corffa
   dwarf willow, *nf*, corhelygen
dwelling, *nmf*, annedd; *nf*, preswylfa
dyad, *nm*, deuad
dye, *nm*, llifyn; lliwur; *v*, llifo; lliwio
   fabric dye, llifyn ffabrig
   fast dye, llifyn anniflan; llifyn cadarn
   fluorescent dye, llifyn fflwrolau
   loose dye, llifyn llac
dyed, *a*, llifedig
dyke, *nm*, clawdd llanw; cob; deic; morglawdd
dyke swarm, *nm*, clwstwr o ddeiciau
dynamic, *a*, dynamig
dynamical, *a*, dynamegol
dynamics, *nmf*, dynameg
   universal dynamics, dynameg gyffredinol
dynamo, *nm*, dynamo
dynamometer, *nm*, dynamomedr
dynastic, *a*, breninlinol
dynasty, *nf*. brenhinllin
dynatron, *nm*, dynatron
dyne, *nm*, dein
dysentery, *nm*, dysenteri
dyslabia, *nm*, dyslabia
dyslexia, *nm*, dyslecsia
dyspepsia, *nm*, dyspepsia
dyspnoea, *nm*, caethder anadl; dyspnoea

E

eagle, *nm*, eryr
eagre, *nm*, eger
ear, *nmf*, clust
   ear discharge, *nm*, rhedlif clust
   ear ossicle, clust-osicl
   inner ear, clust mewnol
   middle ear, clust canol
   outer ear, clust allanol
ear-ache, *nm*, clust tost; pigyn clust
eardrum, *nm*, drwm clust
earl, *nm*, iarll
earl-marshall, *nm*, iarll-farsial
ear-mark, *nm*, clustnod; *v*, neilltuo; clustnodi
ear-muff, *nm*, clustgap
earnest, *nf*, ernes
earphone, *nm*, ffôn clust; clustffôn
earth, *nf*, daear; *nm*, pridd; tir; *v*, daearu
   brown earth, pridd brown
   earth movement, *nm*, symudiad daear
   earth wire, *nf*, gwifren ddaear
   fuller's earth, pridd y pannwr
   red earth, pridd coch
earthenware, *np*, llestri pridd
earthquake, *nm*, daeargryn
earthshine, *nm*, llewyrch daear
ease, *nm*, esmwythder; *v*, esmwytho
easel, *nm*, esel; isl
easement, *nf*, rhyddhawl; hawddfraint
east, *a*, dwyreiniol; dwyrain; *nm*, dwyrain
   Far East, Dwyrain Pell
   Middle East, Dwyrain Canol
   Near East, Dwyrain Agos
easting, *nm*, dwyreiniad
eat, *v*, bwyta
   eat the play, llyncu'r ddrama (*Th*)
eaves, *nm*, bargod; bondo
ebb, *nm*, trai
ebony, *nm*, eboni
ebullition, *nm*, bybylu

eccentric, *a,* ecsentrig; echreiddig
eccentricity, *nm,* echreiddiad; ecsentredd
ecchymosis, *nm,* ecymosis
ecdysis, *nm,* ecdysis
e-centre (ex-centre), *nm,* allganol
Echinodermata, *np,* Echinodermata
Echinus, *nm,* Echinus
echo, *nm,* adlais; *nf,* adlef; atsain; *v,* adleisio; atseinio
echo-sounder, *nm,* gwreichionnydd
e-circle (ex-circle), *nm,* allgylch
eclampsia, *nm,* eclampsia
eclectic, *a,* eclectig; *nm,* eclectigwr
eclecticism, *nf,* eclectiaeth; *nm,* eclectigedd
eclipse, *nm,* cil; diffyg; eclips; *v,* eclipsio
  lunar eclipse, diffyg ar y lleuad; eclips lleuad
  solar eclipse, diffyg ar yr haul; eclips haul
ecliptic, *a,* ecliptig; *nm,* ecliptig
ecological, *a,* ecolegol
ecologist, *nm,* ecolegwr
ecology, *nmf,* ecoleg
economic, *a,* economaidd
economical, *a,* cynnil
economics, *nmf,* economeg
economy, *nm,* economi
  balanced economy, economi cytbwys
ectoderm, *nm,* ectoderm
ectoparasite, *nm,* ectoparasit
ectopic, *a,* ectopig
ectoplasm, *nm,* ectoplasm
eczema, *nm,* ecsema
edaphic, *a,* edaffig
  edaphic factors, *np,* ffactorau edaffig
eddy, *nm,* trolif
edge, *nm,* awch; min; *nmf,* ymyl
  bevelled edge, ymyl befel
  edge joint, *nm,* ymyluniad; *v,* ymyluno
  sawtooth edge, ymyl llifdant
  working edge, ymyl weithiol
edible, *a,* bwytadwy
edict, *nf,* cyhoeddeb
Edinburgh, Caeredin
edit, *v,* golygu

edition, *nm,* argraffiad
  French's edition, argraffiad French
  revised edition, argraffiad diwygiedig
educability, *nm,* addysgedd; addysgadwyedd
educable, *a,* addysgadwy
  educable defective, diffygiol addysgadwy
educate, *v,* addysgu
education, *nf,* addysg
  adult education, addysg oedolion
  elementary education, addysg elfennol
  further education, addysg bellach; addysg ychwanegol
  health education, addysg iechyd
  part-time education, addysg ranamser
  primary education, addysg gynradd
  secondary education, addysg uwchradd
  tertiary education, addysg drydyddol
educational, *a,* addysgol
  educational age, *nm,* oedran addysgol
  educational factor, *nmf,* ffactor addysgol
  educational quotient, *nm,* cyniferydd addysgol
  educationally subnormal, *a,* addysgol isnormal
educationist, *nm,* addysgiaethwr
educator, *nm,* addysgwr
educe, *v,* edwytho
eduction, *nm,* edwythiad
  eduction of correlates, edwythiad cydberthynas
  eduction of relations, edwythiad perthynas
eel, *nf,* llysywen
eelworm, *nf,* llyngyren llysiau
effect, *nf,* effaith
  after effects, *np,* sgil-effeithiau
  effects man, *nm,* trefnydd effeithiau
  effects projector, *nm,* taflunydd effeithiau; projector effeithiau
  halo effect, effaith lleugylch
  mental effects, *np,* effeithiau amgyffredol
  sound effects, *np,* effeithiau sain

EFFECTIVE 77 ELEVATION

effective, *a*, effeithiol
  effective rainfall, *nm*, glawiad effeithiol
effectiveness, *nm*, effeithiolrwydd
effector, *nm*, effector
efferent, *a*, echdygol; efferent; *nm*, efferent
effervesce, *v*, eferwi
effervescence, *nm*, eferwad
efficiency, *nm*, effeithlonedd; effeithlonrwydd
  efficiency bar, *nm*, bar effeithlonrwydd
efficient, *a*, effeithlon
effigy, *nf*, arddelw
efflorescence, *nm*, ewlychiad
efflorescent, *a*, ewlychol
effluence, *nm*, elifyn
effluent, *a*, elifol; *nm*, elifiant
effort, *nf*, ymdrech
egg, *nm*, ŵy
  egg case, *nm*, plisgyn ŵy
  egg cup, *nm*, llestr ŵy; cwpan ŵy
  egg membrane, *nf*, pilen ŵy
  scrambled egg, ceulwy; cymysgwy; ŵy sgrambl
eggbound, *a*, wyrwym
egg-shell, *nm*, masgl ŵy; plisgyn ŵy
egocentric, *a*, egosentrig
ego-complex, *nmf*, cymhleth y myfi; cymhleth yr ego
ego involvement, *nm*, egoymhlyg
egoism, *nf*, myfiaeth
egoistic, *a*, myfiol
eight, *a*, wyth; *nm*, wyth
  number eight, *nm*, wythwr (*Ch*)
eighteen, *a*, deunaw; *nm*, deunaw
  eighteen new pence, deunaw c.n.
elance, *v*, gwibio
elastic, *a*, elastig; hydwyth; *nm*, lastig
elasticity, *nm*, elastigedd; hydwythedd; hydwythder
elastin, *nm*, elastin
elation, *nf*, gorawen
elbow, *nmf*, penelin; elin
  capped elbow, dur ar y penelin
  elbow of capture, elin lladrad (*D*)
elder, *a*, hŷn; *nf*, ysgawen (*G*)
elderly, *a*, oedrannus; *np*, yr oedrannus
elect, *a*, etholedig; *v*, ethol
elector, *nm*, etholwr; etholydd

electorate, *nf*, etholaeth
electric, *a*, electrig; trydanol
  electric arc, *nf*, arc drydan
electrician, *nm*, trydanwr
electricity, *nm*, trydan; *nmf*, trydaneg (pwnc)
electrify, *v*, trydanu
electrochemical, *a*, electrogemegol; *nm*, electrogemigyn
  electrochemical equivalent, *nm*, cywerth electrogemegol
electrode, *nm*, electrod
electrolysis, *nm*, electrolysis
electrolyte, *nm*, electrolyt
electromagnetic, *a*, electromagnetig
electromagnetism, *nmf*, electromagneteg (pwnc); *nm*, electromagnetedd
electrometer, *nm*, electromedr
electromotive, *a*, electromotif
  electromotive force, *nm*, grym electromotif
electron, *nm*, electron
electronegative, *a*, electro-negyddol; *nm*, electro-negydd
electronic, *a*, electronig
electronics, *nmf*, electroneg
electrophoresis, *nm*, electrofforesis
electrophorus, *nm*, electrofforws
electroplate, *v*, electroplatio; trydanolchi
electroplating, *nm*, electro-plating
electropositive, *a*, electro-posidiol; *nm*, electro-posidiol
electroscope, *nm*, electrosgop
electrostatics, *nmf*, electrostateg (pwnc)
element, *nf*, elfen
  identity element, elfen unfathiant
  self inverse element, elfen hunan wrthdro
  trace element, elfen hybrin; elfen mymryn
elementary, *a*, elfennol
elephantiasis, *nm*, eleffantiasis
elevated, *a*, ar godiad; ymgodol
elevation, *nm*, codiad; drychiad; *nmf*, golwg
  end elevation, ochr-olwg
  front elevation, blaen-ddrychiad; blaenolwg; drychiad blaen
  side elevation, ochr-ddrychiad

elevator, *nm*, codwr
elevators, *np*, sodlau dodi; sodlau gosod *(Th)*
eliminant, *nm*, dilëydd
eliminate, *v*, dileu
elimination, *nm*, dilead
ellipse, *nm*, elips; hirgylch
ellipsoid, *nm*, elipsoid
elliptic, *a*, eliptig
elliptical, *a*, eliptig; eliptigol; hirgylchog
elm, *nf*, llwyfen
elocution, *nf*, areithyddiaeth; adroddyddiaeth
elocutionist, *nm*, areithydd; adroddydd
elongated, *a*, hirgul
elongation, *nm*, hwyhad
eluviation, *nm*, echlifiant
elytra, *np*, cloresgyll; elytra
elytron, *nm*, elytron
emaciated, *a*, curiedig
emaciation, *nm*, curiedd
embankment, *nm*, arglawdd
embargo, *nm*, embargo
embarrass, *v*, peri chwithedd; chwitheddu
embarrassment, *nm*, chwithedd
embassador, *nm*, llysgenhadwr
embassy, *nf*, llysgenhadaeth; *nm*, llysgenhaty
embayment, *nm*, amfae
embed, *v*, gwelyo
embezzle, *v*, embeslu
embezzlement, *nm*, embeslad; ariandwyll
emblem, *nm*, arwyddlun; *nf*, emblem
embolism, *nf*, emboliaeth
emboss, *v*, boglynnu; bosi
embossed, *a*, boglynnog
embossing, *nm*, boglynwaith; bosiad
embracery, *nf*, rhaith-ymyrraeth
embroider, *v*, brodio
embroidery, *nm*, brodwaith
  drawn fabric embroidery, brodwaith ffabrig
  drawn thread embroidery, brodwaith tynnu edau
  ecclesiastical embroidery, brodwaith eglwysig
  embroidery frame, *nf*, ffrâm frodio
  Jacobean embroidery, brodwaith Jacobeaidd
  machine embroidery, brodwaith peiriant
  tanbour embroidery frame, *nf*, ffrâm frodio gron
embryo, *a*, embryo; *nm*, embryo
  embryo sac, *nm*, cod embryo
embryological, *a*, embryolegol
embryology, *nmf*, embryoleg
emerald, *nm*, emerald; gwyrddfaen
emerge, *v*, allddod
emerged, *a*, allddodol; cyfodol
emergency, *nm*, argyfwng
  emergency admission, *nm*, derbyniad brys
  emergency legislation, *nm*, deddfwriaeth argyfwng
emergent, *a*, esblygol
  emergent nations, *np*, cenhedloedd esblygol
emery, *nm*, emeri
  emery cloth, *nm*, clwt emeri
emesis, *nm*, cyfog; cyfogi; chwydu
emetic, *a*, cyfogol; *nm*, cyfoglyn
emigrant, *nm*, allfudwr; ymfudwr
emigrate, *v*, allfudo; ymfudo
emission, *nm*, allyriant
emissivity, *nm*, allyrredd
emotion, *nm*, emosiwn
  aesthetic emotion, emosiwn esthetig
  derived emotions, *np*, emosiynau deilliedig
  disinterested emotions, *np*, emosiynau anhungar
  tender emotion, *nm*, tynerwch
emotional, *a*, emosiynol
  emotional attitude, *nmf*, agwedd emosiynol
  emotional blocking, *nm*, ataliad emosiynol
  emotional disturbance, *nm*, aflonyddwch emosiynol
  emotional stability, *nm*, sefydlogrwydd emosiynol
emotive, *a*, emosiynus; emosiynog
empanel, *v*, panelu
  empanel a jury, ffurfio panel
empathy, *nm*, empathi
emphysema, *nm*, emffysema

empire, *nf*, ymerodraeth
  Holy Roman Empire, Yr Ymerodraeth Rufeinig Santaidd
empiric, *a*, empeirig
empirical, *a*, empeiraidd
empiricism, *nf*, empeiraeth
employable, *a*, cyflogadwy
employee, *nm*, cyflogedig; gŵr cyflog
employer, *nm*, cyflogwr
employment, *nf*, cyflogaeth
  employment exchange, *nf*, swyddfa gyflogaeth
emulsification, *nm*, emwlsiad
emulsify, *v*, emwlsio
emulsion, *nm*, emwlsiwn
  emulsion paint, *nm*, paent llaethog; paent emwlsiwn
empyaemia, *nm*, empyaemia
enamel, *nm*, enamel; owmal; *v*, enamelo; enamlo
encaustic, *a*, llosgliw
encephalitis, *nm*, llid yr ymennydd
enchainment, *nf*, dolenddawns
encircle, *v*, amgylchu; cylchynu
encirclement, *nm*, cylchyniad
enclave, *nm*, clofan
enclose, *v*, amgau
enclosed, *a*, amgaeëdig
enclosure, *nm*, lloc (*Ch*)
enclosures, *np*, amgaeëdigion (*S*)
encore, *nm*, encôr
encroach, *v*, llechfeddiannu
encroachment, *nm*, llechfeddiant
encysted, *a*, cystiedig
end, *nm*, diben; diwedd; *v*, diweddu
  end point, *nm*, pwynt terfyn
endemic, *a*, endemig; *nm*, endemig
ending, *nm*, ymylwaith
endocarditis, *nm*, endocarditis; llid falfau'r galon
endocrinology, *nmf*, endocrinoleg
endoderm, *nm*, endoderm
endodermis, *nm*, endodermis
endogenous, *a*, endogenus
endometritis, *nm*, llid y famog
endoparasite, *nm*, endoparasit
endoplasm, *nm*, endoplasm
Endopterygota, *np*, Endopterygota
end-organ, *nf*, terfynell
endorse, *v*, ardystio; cefnodi; arnodi
endorsed, *a*, arnodedig; ardystiedig
endorsement, *nm*, ardystiad
endoskeleton, *nm*, sgerbwd mewnol
endosperm, *nm*, endosberm
endostyle, *nm*, endostyl
endowed, *a*, gwaddoledig
endowment, *nf*, cynhysgaeth; *nm*, gwaddol
endurance, *nm*, dalfod; dalfodedd; dalgaredd; dygnedd
energetic, *a*, egnïol
energize, *v*, egnioli
energy, *nm*, egni; ynni
  binding energy, egni uno
  energy level, *nf*, lefel egni
  surplus energy, egni dros ben
enfeoff, *v*, enffeodu
enfeoffment, *nf*, enffeodaeth
enfranchise, *v*, etholfreinio; rhyddfreinio
engage, *v*, cydio; cysylltu; cyweddu (*Ch*); cyflogi
engaged, *a*, dyweddiedig; ymrwymedig; prysur
engagement, *nm*, cyweddiad (*Ch*); ymrwymiad (*S*)
  change of engagement, newid cyweddiad (*Ch*)
  double engagement, cyweddiad dwbl
engine, *nf*, injan; *nm*, peiriant
  atomic powered engine, peiriant (pŵer) atomig
  fire engine, injan dân
  inboard engine, peiriant arfwrdd
  internal combustion engine, peiriant mewndanio; peiriant tanio tu mewn
  outboard engine, peiriant allfwrdd
  steam engine, peiriant ager
engineer, *nm*, peiriannwr; peiriannydd
engineering, *nmf*, peirianneg
  advanced engineering, peirianneg uwch
englacial, *a*, mewnrhewlifol
englishry, *nf*, saesonaeth
engrain, *v*, engreinio; suddo'n ddwfn
engram, *nm*, engram
  engram complex, *nmf*, cymhleth engram
engrave, *v*, engrafu
engraving, *nm*, engrafiad

engross, *v,* cwblfeddiannu; ymdyrru; bras-gopio
engrossment, *nm,* copi terfynol (*S*); cwblfeddiant
enharmonic, *a,* enharmonig
  enharmonic change, *nm,* cyfnewid enharmonig
enlarge, *v,* helaethu; estyn
  enlarge recognizances, estyn ymrwymiad
enlightenment, *nf,* goleuedigaeth
enquiry, *nf,* holeb; *nm,* holiad; ymholiad
enquiries, *np,* holiadau; " Holwch Yma "
enrol, *v,* cofrestru
enrolment, *nm,* cofrestrad
ensemble, *nf,* cydeffaith
ensign, *nm,* lluman; llumanwr
entablature, *nm,* entabladur; *nf,* pentablech
entail, *nm,* entael; *v,* enteilio
entasis, *nm,* entasis
enter, *v,* dod i mewn; mynd i mewn
enteric, *a,* ynglŷn â'r ymysgaroedd; enterig
  enteric canal, *nf,* pibell faeth
enteritis, *nm,* enteritis
enterokinase, *nm,* enterocinas
enterprise, *nf,* menter
entertain, *v,* gwestya; difyrru; adlonni
entertainments committee, *nm,* pwyllgor adloniannau
entice, *v,* priod-ddenu
entire, *a,* cyfan
entirely, *ad,* yn gyfan gwbl
entirety, *nm,* cyfanrwydd; crynswth
entomology, *nmf,* entomoleg
entomophily, *nm,* pryfbeilliad; entomoffiledd
entr'acte, *nf,* eitem saib
entrance, *nm,* mynediad
  entrance cue, *nm,* ciw dyfod
  entrance fee, *nm,* tâl mynediad
  missed entrance, *nm,* dod-fethiant (*Th*)
entrepot, *nm,* entrepot
entrepreneur, *nm, entrepreneur*
entropy, *nm,* entropi
entry, *nm,* cofnod; derbyn; mynediad; *nf,* mynedfa

staggered entry, derbyn cyfnodol
terminal entry, derbyn dechrau tymor (*A*)
enumerable, *a,* rhifadwy
enumerate, *v,* rhifo
enunciate, *v,* geirio
enunciation, *nm,* cynhaniad
envelope, *nf,* amlen
environment, *nm,* amgylchedd; amgylchfyd
  immediate environment, amgylchedd cynefin
  internal environment, amgylchedd mewnol
environmental, *a,* amgylchol
environs, *np,* amgylchion
envy, *nf,* cenfigen; *v,* cenfigennu
enzoötic, *a,* ensoötig; *nf,* haint lleol
enzyme, *nm,* ensym; enzym
eosin, *nm,* eosin
eosinophil, *nm,* eosinoffil
epaulette, *nm, epaulette; nf,* epoled
épée, *nmf, épée*
epeirogenetic, *a,* epeirogenetig
epeirogenic, *a,* epeirogenig
ephemeral, *a,* effemeral; *nm,* effemeral
ephemeris, *nm,* effemeris
Ephemeroptera, *np,* Ephemeroptera
epicentre, *nm,* uwchganolbwynt
epicotyl, *nm,* epicotyl
epicycloid, *nm,* episeicloid
epidemic, *a,* epidemig; *nm,* epidemig
epidermal, *a,* epidermaidd
epidermis, *nm,* epidermis
epididymis, *nm,* epididymis
epigeal, *a,* epigeal
epiglottis, *nm,* epiglotis
epigynous, *a,* epigynus
epilepsy, *nm,* epilepsi; *nf,* haint digwydd
epilogue, *nm,* epilog
epipetalous, *a,* epipetalus
epiphysis, *nm,* epiffysis
epiphyte, *nm,* epiffyt
epirogenetic, *a,* epirogenetig
episode, *nm,* episôd; *nf,* gogyfran
epitaxis, *nm,* epitacsis; ffroen-waediad
epithelium, *nm,* epitheliwm
  germinal epithelium, epitheliwm cenhedlu

epitome, *nm*, talfyriad
epitrochoid, *nm*, epitrocoid
epitrochoidal, *a*, epitrocoidal
epizootic, *a*, episoötig
epoch, *nm*, epoc
equal, *a*, cyfartal; hafal; unfaint
  equal and opposite, hafal a dirgroes
  equal area, *nm*, arwynebedd cyfartal
  equals, yn hafal i
  equal sign, *nmf*, nod hafalu
  equal stretching, *nm*, ymestyn cyfartal
equality, *nm*, cydraddoldeb; cyfartalwch
equate, *v*, hafalu
equation, *nm*, hafaliad
  biquadratic equation, hafaliad pedradd
  cubic equation, hafaliad teirgradd
  linear equation, hafaliad unradd
  quadratic equation, hafaliad dwyradd
  simple equation, hafaliad syml
  simultaneous equation, hafaliad cydamserol
equator, *nmf*, cyhydedd
  celestial equator, cyhydedd wybrennol
equatorial, *a*, cyhydeddol
equiangular, *a*, hafalonglog
equilibrium, *nm*, cydbwysedd; cymantoledd
  neutral equilibrium, cydbwysedd newtral
  stable equilibrium, cydbwysedd sad
  unstable equilibrium, cydbwysedd ansad
equinox, *nf*, cyhydnos
  autumnal equinox, cydhydnos yr hydref
  vernal equinox, cydhydnos y gwanwyn
equip, *v*, cyfarparu; cyweirio
equipment, *nm*, cyfarpar; aparatws; *nf*, darpariaeth; *np*, offer
  rescue equipment, cyfarpar achub
equipotential, *a*, unbotensial
equitable, *a*, ecwitïol
equity, *nm*, ecwiti
equivalence, *nm*, cywerthedd

equivalent, *a*, cywerth
  equivalent weight, *nm*, pwys cywerth
era, *nm*, era
erase, *v*, dileu
eraser, *nm*, dilëydd; dilëwr
  bulk eraser, swm ddilëwr
erastian, *a*, erastaidd; *nm*, erastydd
erastianism, *nf*, erastiaeth
erect, *a*, syth; *v*, cyfodi; codi
erection, *nm*, codiad; cyfodiad; cyfodwaith
erepsin, *nm*, erepsin
erg, *nm*, erg
ergot, *nm*, ergot
erode, *v*, erydu
eroded, *a*, erydog
  eroded surface, *nm*, arwyneb erydog
erosion, *nm*, erydiad
  cycle of erosion, *nmf*, cylchred erydu
  erosion platform, *nmf*, llwyfan erydu
  erosion surface, *nm*, arwyneb erydiad
  glacial erosion, erydiad rhewlif
  headward erosion, blaen erydu
  selective erosion, erydiad dethol
  wind erosion, erydiad gwynt
erosive, *a*, erydol
  erosive agent, *nm*, erydydd
erroneous, *a*, gwallus
error, *nm*, cyfeiliornad; gwall
  compensating error, gwall cyfadfer
  error of commission, gwall trwy gamwaith
  error of omission, gwall trwy anwaith
  error of principle, gwall egwyddor
  probable error, cyfeiliornad tebygol
  typing error, gwall teipio
erupt, *v*, echdorri
eruption, *nm*, echdoriad; tarddiant
  clinical eruption, brigo
  solar eruption, echdoriad yr haul
  volcanic eruption, echdoriad folcanig
eruptive process, *nm*, brigwthiad
erysipelas, *nm*, manwynion; fflamwydden

erythema, *nm*, erythema
erythrocyte, *nm*, erythrocyt; *nf*, cell coch y gwaed
escalator, *nm*, escaladur; *np*, grisiau symudol
escape, *nf*, dihangfa; *nm*, dihangyn; *v*, dianc
escheat, *nm*, siêd
escheator, *nm*, siedwr
escribe, *v*, allgylchu
   escribed circle, *nm*, allgylch
escutcheon, *nm*, esgytsiwn
esker, *nm*, esgair
espagnolette, *nm*, ysbaenoled; *espagnolette*
esquire, *nm*, ysgwier; yswain
   Esquire of the King's Body, Ysgwier o Gorff y Brenin; Ysgwier o Gorfflu'r Brenin
   Esquire of the Queen's Body, Ysgwier o Gorff y Frenhines
essence, *nm*, hanfod; rhinflas
essential, *a*, hanfodol
establish, *v*, sefydlu
establishment, *nm*, sefydliad
estancia, *nm*, *estancia*
estate, *nf*, gradd; stad; ystad
   estates of the realm, *np*, graddau'r deyrnas
   industrial estate, stad ddiwydiannol
   real estate, ystad real
   third estate, y drydedd radd
   trading estate, stad fasnach
ester, *nm*, ester
estimate, *nm*, amcangyfrif; mesuroniad; *v*, amcangyfrif; mesuroni
estoppel, *nm*, estopel
estreat, *nf*, ystrêd; *v*, ystredu
estuary, *nf*, moryd
   constructed estuary, moryd wneud
etch, *v*, ysgythru
etching, *nm*, ysgythriad
   drypoint etching, ysgythru sychbwynt
   etching ground, *nm*, grwnd ysgythru
   etching needle, *nf*, nodwydd ysgythru
   soft ground etching, ysgythru ar rwnd meddal
etesian, *a*, etesaidd

ethical, *a*, moesegol
ethics, *nmf*, moeseg
ethnic, *a*, ethnig
   ethnic group, *nm*, grŵp ethnig
ethnocentricism, *nf*, ethnocentraeth
ethnologist, *nm*, ethnolegwr
ethnology, *nmf*, ethnoleg
ethos, *nm*, ethos
etiolation, *nf*, etiolaeth
euclidean, *a*, ewclidaidd
eugenics, *nmf*, ewgeneg
eurhythmics, *nmf.* ewrhythmeg
europeanise, *v*, ewropeiddio
europeanism, *nm*, ewropeiddiad
eustatic, *a*, ewstatig
eustyle, *a*, ewstyl; *nm*, ewstyl
evacuate, *v*, gwacáu; datnwyo
evade, *v*, osgoi; efadu
evaluate, *v*, enrhifo; gwerthuso; pennu gwerth; prisio
evaluation, *nm*, gwerthusiad
evaporate, *v*, anweddu; troi'n anwedd
evaporation, *nm*, anweddiad
evaporator, *nm*, anweddydd
evasion, *nm*, efasiwn
even, *a*, llyfn
   even number, *nm*, eilrif
everglade, *nm*, *everglade*
evergreen, *a*, bythwyrdd; *nm*, bythwyrdd
evidence, *nf*, tystiolaeth
   circumstantial evidence, tystiolaeth amgylchiadol
   direct evidence, tystiolaeth uniongyrchol
   documentary evidence, tystiolaeth ddogfennol
   evidence in chief, y dystiolaeth gyntaf
   hearsay evidence, tystiolaeth ail law
   Law of Evidence, *nf*, Cyfraith Tystiolaeth
   material evidence, tystiolaeth berthnasol
   oral evidence, tystiolaeth lafar
   the evidentiary burden, *nm*, y baich tystiolaethol
   the rule of evidence, *nf*, rheol y dystiolaeth
evidential, *a*, tystiolaethol
evolute, *nm*, efoliwt

evolution, *nm,* esblygiad
evolutionary, *a,* esblygiadol
evolutionism, *nf,* esblygiadaeth
ewe, *nf,* mamog
   draft ewe, *nf,* dafad ddidol
   yearling ewe, *nf,* hesbin; hesben
exact, *a,* cymwys; cywir; manwl; union
exactness, *nm,* cywirdeb; manyldeb
examination, *nm,* archwiliad; arholiad
   medical examination, archwiliad meddygol
   preliminary examination, *nm,* rhagbrawf
   sessional examination, arholiad pen blwyddyn
   terminal examination, arholiad pen tymor
examine, *v,* archwilio; arholi; holi
   examining justices, *np,* ynadon archwilio
examiner, *nm,* arholwr
example, *nf,* enghraifft
exceed, *v,* bod yn fwy na
excepted, *a,* eithriedig
exception, *nm,* eithriad
excess, *nm,* gormodedd; rhagor
excessive, *a,* gormodol
exchange, *nf,* cyfnewidfa; *v,* cyfnewid
   employment exchange, cyfnewidfa gyflogi
   par of exchange, *nm,* par cyfnewid
   rate of exchange, *nm,* cyfradd cyfnewid
excise, *nm,* ecseis; *nf,* toll cartre
exciseman, *nm,* ecseismon
excitability, *nm,* cynhyrfedd
excitable, *a,* cynhyrfawr
excite, *v,* cynhyrfu
exciting, *a,* cynhyrfus
exclude, *v,* cau allan; torri i maes; allgau
   draught excluder, *nm,* gwrth-ddrafftyn; allanydd drafft
exclusion from school, *nm,* gwahardd; gwaharddiad o ysgol
exclusive, *a,* anghynhwysol
excommunicate, *v,* ysgymuno
excommunication, *nm,* ysgymuniad
excreta, *np,* carthion
excrete, *v,* ysgarthu
excretion, *nm,* ysgarth; ysgarthiad

ex-dividend, ex difidend (ex dif.)
execute, *v,* cyflawni; gweithredu; dienyddio
execution, *nm,* cyflawniad; dienyddiad
   in the execution of his duties, yn cyflawni ei swydd
executive, *a,* gweithiol; gweithredol
   divisional executive, *nm,* pwyllgor rhanbarth
   executive committee, *nm,* pwyllgor gwaith
executor, *nm,* ysgwtor
executrix, *nf,* ysgwtores
exercise, *nf,* ymarfer; *v,* ymarfer
   abdominal exercise, ymarfer bol
   agility exercise, ymarfer ystwytho
   compensatory exercise, ymarfer cyfadfer
   dorsal exercise, ymarfer uwchgefn
   lateral exercise, ymarfer ochrol
   remedial exercise, ymarfer adfer
   trunk exercise, ymarfer bongorff
ex-factory, o'r ffatri; ex-ffatri
exfoliate, *v,* diblisgo
exfoliation, *nm,* diblisgiad
exhaust, *v,* disbyddu; gwacáu
   exhaust pump, *nm,* pwmp gwacáu
exhausted, *a,* disbyddedig; lluddedig
exhaustion, *nm,* gorludded; disbyddiant
exhaustive, *a,* disbyddol
exhibit, *nm,* dangosbeth; arddangosyn; *v,* arddangos; dangos
exhibition, *nf,* arddangosfa
exhibitionism, *nf,* arddangosiaeth
exile, *nm,* alltud; *v,* alltudio
existence, *nf,* bodolaeth
   struggle for existence, *nf,* ymdrech am fodolaeth
existential, *a,* dirfodol
existentialism, *nf,* dirfodaeth
existentialist, *nm,* dirfodolwr
exit, *nm,* exit; *nf,* allanfa; *nm,* mynediad allan; *v,* mynd allan
   exit cue, *nm,* ciw mynd allan
   exit line, *nf,* llinell fynd (*Th*)
exodermis, *nm,* ecsodermis
ex-officio, *ex-officio;* yn rhinwedd swydd

ex-officio member, *nm,* aelod ex-officio
exogenous, *a,* ecsogenus
Exopterygota, *np,* Exopterygota
exorcist, *nm,* bwriwr cythreuliaid
exoskeleton, *nm,* sgerbwd allanol
exostosis, *nm,* ecsostosis; talp ar asgwrn
expand, *v,* datblygu; ehangu
expansion, *nm,* datblygiad; ehangiad; ymlediad
expectant mother, *nf,* mam yn disgwyl; darpar fam
expectorate, *v,* poergarthu
expediency, *nm,* hwylustod
expedient, *a,* buddiol; hwylus; cyfleus
expedite, *v,* prysuro
expedition, *nf,* alldaith
expenditure, *nm,* gwariant; *nf,* traul
  excess expenditure, gorwariant
  incurred expenditure, gwariant gwirioneddol
expenses, *np,* treuliau
experience, *nm,* profiad
experiment, *nm,* arbrawf; *v,* arbrofi
experimental, *a,* arbrofol
  experimental education, *nf,* addysg arbrofol
  experimental evidence, *nf,* tystiolaeth arbrofol
  experimental knowledge, *nf,* gwybodaeth arbrofol
  experimental psychology, *nmf,* seicoleg arbrofol
explain, *v,* egluro; esbonio
explanation, *nm,* eglurhad; esboniad
explicit, *a,* echblyg; eglur; pendant
explode, *v,* ffrwydro
exploit, *v,* ymelwa; ecsploitio
exploitation, *nm,* ymelwad
exploration, *nm,* fforiad
explore, *v,* fforio
explorer, *nm,* fforiwr
explosion, *nm,* ffrwydrad
explosive, *a,* ffrwydrol; *nm,* ffrwydrydd
exponent, *nm,* esbonydd
exponential, *a,* esbonyddol
export, *nm,* allforyn; *v,* allforio
  invisible exports, *np,* allforion anweledig
exporter, *nm,* allforiwr

expose, *v,* amlygu; dinoethi
exposed fifths and eighths, pumedau ac wythfedau cudd
exposition, *nm,* dangosiad; esboniad
exposure, *nm,* anghlydwr; anghuddiad; amlygiad; dinoethiad
  exposure for sale, dangosiad er mwyn gwerthu
  indecent exposure, dinoethiad anweddus
expression, *nm,* mynegiad; mynegiant; mynegyn
expressionism, *nm,* hunanfynegiant; *nf,* mynegiadaeth
expressionist, *nm,* mynegiadwr
expressive, *a,* mynegiannol; myneglon
  expressive movement, *nm,* symudiad mynegiannol
expressiveness, *nm,* myneglonrwydd
expulsion, *nm,* diarddeliad
ex-quay, o'r cei
extemporize, *v,* cyfansoddi ar y pryd
extend, *v,* estyn; helaethu; ymestyn
extended, *a,* estynedig
extensible, *a,* estynadwy
extension, *nm,* estyniad; ymestyniad
  extension pieces, *np,* estynion
extensor, *nm,* estynnor
extent, *nmf,* stent; ystent
  to some extent, i raddau
exterior, *a,* allanol; *nm,* allanedd; *nmf,* golwg allanol; *nf,* golygfa allanol (*Th*)
external, *a,* allanol
extinct, *a,* wedi darfod
extinguish, *v,* diffodd
extinguisher, *nm,* diffoddiadur
extra, *a,* ychwanegol; *nm,* rhodiwr (*Th*)
extracellular, *a,* allgellog
extract, *nm,* detholiad; echdyniad; rhin; *v,* cyfrifannu; echdynnu; tynnu allan
extractive, *a,* echdynnol
extractor, *nm,* echdynnydd; echdynnwr
extra-curricular, *a,* allgyrsiol
  extra-curricular activities, *np,* gweithgareddau allgyrsiol
extradite, *v,* trosroddi; estraddodi
extradition, *nm,* trosroddiad
extrados, *nm,* ecstrados

extraneous, *a*, allanus
extrapolate, *v*, allosod
extrapolation, *nm*, allosodiad
extra-sensory, *a*, allsynhwyraidd; uwch-synhwyrol
　extra-sensory perception, *nm*, canfyddiad allsynhwyraidd
extravagant, *a*, afradlon
extravaganza, *nm*, chwydd-chwarae (*Th*)
extraversion, *nm*, alltro
extravert, *nm*, alltroedig
extreme, *a*, eithaf; *nm*, eithaf
　extreme west, gorllewin eithaf
extremity, *nm*, eithaf
　extremities of vale, *np*, eithafoedd dyffryn
extrorse, *a*, ecstrors
extrude, *v*, allwthio
extrusion, *nm*, allwthiad
extrusive, *a*, echwthiol
　extrusive rocks, *np*, creigiau echwthiol

ex-works, o'r gwaith
eye, *nm*, llygad; crau; *nf*, dolen
　compound eye, llygad cyfansawdd
　eye fixation, llygad-sefydledd
　eye of a needle, crau nodwydd
　eye ring, *nm*, cylch llygad
eyeball, *nf*, pelen y llygad
eyebrow, *nf*, ael
　eyebrow pencil, *nf*, pensil ael
eyelashes, *np*, blew y llygad
eyelet, *nf*, llygaden
　eyelet holes, *np*, tyllau llygaden
eye-level, *nf*, llinell orwel
eyelid, *nm*, amrant
eye-muscles, *np*, cyhyrau llygad
eyepiece, *nm*, sylladur
eyesight, *nmf*, golwg
eyes level with the dress circle, llygaid yn gydwastad â seddau'r cylch (*Th*)
eyesocket, *nm*, soced y llygad
eyestrain, *nm*, straen y llygad

F

fabric, *nm*, defnydd; ffabrig
　absorbent fabric, ffabrig amsugnol
　bonded fabric, ffabrig bond
　brushed nylon fabric, ffabrig nylon gwlanog
　denim fabric, ffabrig denim
　dress fabric, ffabrig ffrogiau
　fine fabric, ffabrig main
　furnishing fabric, ffabrig dodrefnu
　jersey fabric, ffabrig jersi; ffabrig gwau
　lurex fabric, ffabrig lwrecs
　minimum care fabrics, *np*, ffabrigau gofal lleiaf
　pile of fabric, *nm*, peil y ffabrig
　poplin fabric, ffabrig poplin
　sailcloth fabric, defnydd hwyliau
　spun rayon fabric, ffabrig rayon nydd
　stretch fabric, ffabrig hystwyth
　towelling fabric, ffabrig tywelin

　winceyette fabric, ffabrig *winceyette*
fabricate, *v*, ffabrigo
fabricated, *a*, ffabrigedig
facade, *nm*, ffasâd
face, *nm*, wyneb; *v*, wynebu
　face cream, *nm*, eli wyneb
　face edge, *nmf*, ymyl weithiol
　face mark, *nm*, marc wyneb
　face plate, *nm*, plat wyneb
　face side, wyneb gweithiol; ochr weithiol
　spot face, *v*, sbot wynebu
　working face, wyneb gweithiol
facet, *nm*, ffased
facing, *nm*, ffesin; wynebiad; wynebydd
　armhole facing, ffesin twll llawes
　back facing, ffesin cefn
　front facing, ffesin blaen
　interfacing, ffesin cudd

facies, *nm*, *facies*
facsimile, *nm*, ffacsimile
faction, *nf*, ymblaid
factor, *nmf*, ffactor; *nm*, achos; *nf*, elfen; *nm*, ffactorwr
  environmental factor, ffactor amgylchedd
  factor theories, *np*, theorïau ffactoraidd
  general factor, ffactor cyffredinol
  manual factor, ffactor deheurwydd llaw
  power factor, ffactor pwer
  prime factor, ffactor cysefin
  specific factor, ffactor sbesiffig
factorial, *a*, ffactorial; *nm*, ffactorial
factorizable, *a*, ffactoradwy
factorization, *nm*, ffactoriad
factorize, *v*, ffactorio
factorizing, *nf*, ffactoriaeth
factory, *nf*, ffatri
  advance factory, ffatri barod; blaenffatri
faculty, *nf*, cyfadran; cynneddf; ffacwlti
  faculty theory, *nf*, damcaniaeth y cyneddfau
fade, *v*, colli lliw; gwywo
  fade out, *v*, tywyllu araf (*Th*)
faeces, *np*, ysgarthion
faggot, *nm*, ffagod; *nf*, ffagotsen; *v*, ffagodi
  double faggot, ffagod dwbl
faggotting, *nm*, ffagodwaith
faience, *nm*, *faience*
failure, *nm*, methiant
fairway, *nf*, ffordd deg (*Ch*)
fake, *nm*, ffug; ffugwaith; *v*, ffugio
fall, *nm*, cwymp; *v*, cwympo
  fall line, *nf*, llinell gwymp
fallacious, *a*, gwallog
fallacy, *nm*, gwall
fallout, *nm*, alldafliad
  radioactive fallout, alldafliad ymbelydrol
fallow, *nm*, braenar; *v*, braenaru
false, *a*, anwir; ffug; ffals
  false calves, ffug grothau (coes) (*Th*)
  false proscenium, ffug broseniwm
falsetto, *nf*, meinlais; ffalseto
falsification, *nm*, anwiriad; anwirio
falsify, *v*, anwirio; ffalseddu

faltung, *nm*, ffaltwng
family, *nm*, teulu
  extended family, *nf*, teulu estynedig
  family advice centre, *nf*, uned cynghori teulu
  family allowances, *np*, lwfansys teulu
  family planning, cynllunio teulu
  family tree, *nm*, siart achau; cart achau
  super family, uwch deulu
fan, *nm*, bwa; *nf*, ffan; gwyntyll
  alluvial fan, bwa gwaddod
  extractor fan, ffan echdynnu
  fan vault, ffanfowt
fanaticism, *nf*, ffanatigiaeth; *nm*, penboethni
fanfare, *nm*, ffanffar
fanlight, *nm*, ffanleu; golau ffan
fantasy, *nmf*, ffantasi; ffantasia
farad, *nm*, ffarad
farce, *nf*, ffars
farcy, *nm*, ffarsi; clefri mawr
farm, *nf*, ffarm; fferm; *v*, ffarmio; ffermio
  arable farming, ffarmio âr
  dairy farm, ffarm laeth
  dry farming, ffarmio sych
  extensive farming, ffarmio bras
  farm implements, *np*, offer ffarm
  hill farming, ffarmio mynydd
  home farm, ffarm y faenor; ffarm y plas
  intensive farming, ffarmio arddwys
  livestock farming, ffarmio da byw
  mixed farming, ffarmio cymysg
  pastoral farming, ffarmio bugeiliol
  peasant farming, ffarmio gwladaidd
  sheep farm, ffarm ddefaid
  stock farm, ffarm stoc
  subsistence farming, ffarmio ymgynnal
  truck farming, ffarmio tryc
farmer, *nm*, ffarmwr; ffermwr
fascia, *nm*, ffasgia
fasciation, *nm*, clymdwf
fascicular, *a*, ffasgicwlar
fascioliasis, *nm*, braenedd; clwy'r afu
fascism, *nf*, ffasistiaeth; ffasgiaeth
fascist, *a*, ffasistaidd; ffasgaidd; *nm*, Ffasist; Ffasgydd

fashion, *nf,* ffasiwn
  fashion disc, *nmf,* disg ffasiwn
fasten, *v,* bachu; ffasno
fastener, *nm,* ffasnydd
  corrugated fastener, *nf,* hoelen rychog
fastening, *nm,* ffasnin
fat, *a,* bras; *nm,* braster; saim
  clarified fat, saim gloywedig
  fat body, *nf,* stôr braster
  fat part, *nf,* part bras
father, *nm,* tad
  father figure, tad-ddelw
fathom, *nm,* gwryd; *v,* dirnad; plymio
fatigue, *nm,* lludded
  acoustic fatigue, lludded acwstig
fatty, *a,* brasterog
  fatty acid, *nm,* asid braster
  fatty degeneration, *nm,* dirywiad brasterog
fault, *nm,* bai; ffawt; toriad; *nf,* ffot; *v,* ymdorri; ffawtio
  block fault, ffawt bloc
  double fault, ffawt dwbl
  fault line, *nm,* ffawtlin
  fault plane, *nm,* plân ffawt
  fault scarp, *nm,* sgarp ffawt
  fault zone, *nf,* cylchfa ffawtio
  foot fault, ffawt troed
  normal fault, ffawt normal
  oblique fault, ffawt arosgo; ffawt traws
  reverse fault, ffawt cilwth
  step fault, ffawt gris
  tear fault, ffawt rhwyg
  thrust fault, ffawt wthiol
  trough fault, ffawt cafn
faulted, *a,* toredig
  faulted strata, *np,* strata toredig
faulting, *nm,* ffawtiad; ymdoriad
fauna, *nm, fauna,* ffawna
favourite, *a,* hoff; *nm,* ffefryn
fealty, *nm,* llw ffyddlondeb
feat, *nf,* camp
feather, *nf,* pluen; *v,* pluo
feature, *nf,* arwedd; nodwedd
featureless, *a,* dinodwedd
federal, *a,* ffederal; ffedral
  Federal German Republic, *nf,* Gweriniaeth Ffederal yr Almaen
federalism, *nf,* ffedraliaeth
federalist, *nm,* ffedralwr

federate, *v,* ffedreiddio; ffederu
federation, *nm,* ffederasiwn
fee, *nf,* ffi; *nm,* tâl
  fee farm, ffi fferm
  fee patent, ffi batent
  fee simple, ffi rydd
  fee entail, ffi entael
  prescribed fee, tâl penodedig; ffi benodedig
feeble, *a,* eiddil; gwan
feeble-minded, *a,* eiddil ei feddwl; gwan ei feddwl
feeble-mindedness, *nm,* eiddilwch meddwl
feed, *nm,* ffîd; porthiant; *v,* bwydo; porthi
  automatic feed, porthiant awtomatig
feed-back, *nm,* adborth; *v,* adborthi
feed dog, *nm,* ffidiwr; (*Gb*)
feeder, *nm,* brat bwyd
feel, *nm,* swmp; swmpiad; *v,* teimlo; swmpo
  feel of material, swmp deunydd
  feel of the house, *nf,* naws y tŷ; teimlo'r awyrgylch (*Th*)
feeling, *nm,* teimlad; ymdeimlad; swmpiad
fee-simple, *nf,* perchnogaeth gyflawn
feint, *nm,* ffug; *v,* ffugio
  feint of attack, *nm,* ffug ymosodiad
  feint of disengagement, *nm,* datgyweddiad ffug
fell, *v,* cwympo; cymynu
felloe, *nm,* camog
felon, *nm,* ffelon
felonious, *a,* ffelonaidd
felony, *nf,* ffeloniaeth
  capital felony, ffeloniaeth ddihenydd
felsenmeer, *nm,* ffelsenmer
felspar, *nm,* ffelsbar
felspathic, *a,* ffelsbathig
felt, *nm,* ffelt; *v,* ffeltio
  felt board, *nm,* bwrdd ffelt
  felt numeral, *nm,* rhif ffelt
  felt pad, *nm,* pad ffelt
  felt pen, *nm,* pin ffelt
  felt tip pen, *nm,* pen blaen ffelt
  felt work, *nm,* gwaith ffelt
felting, *nm,* ffeltin
female, *a,* benywol; *nf,* benyw

feminine, *a*, benywaidd
   feminine ending, *nf*, diweddeb fenywaidd
femininity, *nf*, benywaeth
femur, *nm*, ffemwr
fen, *nm*, corstir; ffen
fence, *nf*, ffens; *v*, ffensio
   wattle fence, ffens bleth
fencer, *nm*, ffensiwr
fenestration, *nm*, ffenestriad
feodary, *nm*, ffeodari
feoffee, *nm*, ffeodydd
feoffer, *nm*, ffeodwr
feoffment, *nf*, ffeodaeth
ferment, *nm*, eples; *v*, eplesu
fermentation, *nm*, eplesiad
fern, *nf*, rhedynen
ferric, *a*, fferrig
ferrite, *nm*, fferrit
ferro-concrete, *nm*, concrit dur; fferro-concrit
ferromagnetism, *nm*, fferomagnetedd
ferrous, *a*, fferrus
ferrule, *nf*, amgarn; fferwl
ferry, *nm*, fferi
fertile, *a*, ffrwythlon
fertilisation, *nm*, ffertileiddiad
fertilise, *v*, ffertileiddio
fertiliser, *nm*, ffertileiddydd; gwrtaith
fertility, *nm*, ffrwythlonder
fescues, *np*, peiswellt
fester, *v*, casglu; crynhoi; madru; crawni
festival, *nf*, gŵyl
   festival theatre, *nf*, theatr ŵyl
fetch, *nm*, cyrch; *v*, cyrchu; nôl
fettle, *v*, ffetlo
feud, *nf*, cynnen oesol; *nm*, ffiwd
feudal, *a*, ffiwdal
feudalisation, *nm*, ffiwdalhad
feudalise, *v*, ffiwdalhau
feudalism, *nf*, ffiwdaliaeth
fever, *nf*, twymyn
   fog fever, *nm*, clefyd yr adladd
   scarlet fever, *nf*, brech sgarlad; twymyn goch; *nm*, clefyd coch
   undulant fever, twymyn donnol
fibre, *nm*, ffibr; ffeibr
   animal fibre, ffibr anifail
   fibre board, *nm*, bwrdd ffibr
   fibre mat, *nm*, mat ffibr
   man-made fibre, ffibr gwneud
   natural fibre, ffibr naturiol
   synthetic fibre, ffibr synthetig
   vegetable fibre, ffibr llysiau
   wood fibre, ffibr coed
fibrin, *nm*, ffibrin
fibrinogen, *nm*, ffibrinogen
fibrous, *a*, ffibrog; ffibrus
   fibrous root, *nm*, gwreiddyn ffibrog
fibula, *nm*, ffibwla
fiddle, *nm*, crwth; *nf*, ffidil
   fiddle back, *nm*, cefn crwth
fiduciary, *a*, ymddiriedol
   fiduciary circulation, *nm*, cylchrediad ymddiriedol
field, *nm*, cae; maes; *v*, ffildio; maesu
   open field, y maes agored
   paddy field, cae padi
fieldmarshal, *nm*, maeslywydd
fieldsman, *nm*, ffildiwr
fieldwork, *nm*, gwaith maes
fifth, *nm*, pumed
   consecutive fifths, *np*, pumedau olynol
   exposed fifths, *np*, pumedau cudd
fig, *nf*, ffigysen
fig-tree, *nm*, ffigysbren
figure, *nm*, ffigur; rhif
   carrying figure, rhif i'w gario
   lay figure, ffigur gosod
   significant figure, rhif ystyrlon
figurative, *a*, ffigurol
figurine, *nm*, ffiguryn
filament, *nm*, ffilament
filamentous, *a*, ffilamentus
file, *nf*, ffeil; rhathell; *v*, ffeilio
   bastard cut file, ffeil fastard
   dead smooth cut file, ffeil orlefn
   filing cabinet, *nm*, cwpwrdd ffeilio
   flat file, ffeil fflat
   half round file, ffeil hanner cron
   hand file, ffeil law
   middle cut file, ffeil orfras
   rough cut file, ffeil frasddant
   second cut file, ffeil eildor
   smooth cut file, ffeil lefn
   square file, ffeil sgwâr
   three square file, ffeil driongl
   warding file, ffeil wardio
filet-darn, *v*, ffiledu
filial, *a*, ffilial
   first filial generation, *nf*, cenhedlaeth ffilial gyntaf

second filial generation, *nf*, ail genhedlaeth ffilial
filiform, *a*, edeuffurf
filigree, *a*, ffiligri; *nm*, ffiligri
fill, *nm*, llenwad; *v*, llenwi
 valley fill, llenwad dyffryn
filler, *nm*, llanwad; llenwydd; llanwydd
fillet, *nf*, ffilet; llain
filleted, *a*, lleiniog
filling, *nm*, llenwad; llanw; llenwyn; mewnyn; stwffin
 filling station, *nf*, gorsaf betrol
 Greek filling, llanw Groegaidd
film, *nf*, ffilm
 film loop, *nm*, ffilmlŵp; ffilm gylch; cylch ffilm
 film strip, *nm*, striplun; ffilmstribed; stribed ffilm
filoplume, *nf*, edeubluen
filter, *nm*, ffilter; *nf*, hidl; *v*, ffiltro; hidlo
 air filter, ffilter aer
 filter bed, *nm*, gwely ffiltro
fin, *nf*, asgell; *nm*, ffin
final, *a*, terfynol
 semi-final, *a*, cynderfynol
finale, *nm*, diweddglo
finance, *nmf*, arianneg; *nm*, cyllid
financial, *a*, ariannol; cyllidol
 financial transaction, *nm*, trafod ariannol
 financial year, *nf*, blwyddyn ariannol
financier, *nm*, cyllidwr; ariannwr
fine, *a*, mân; main; manwl; *nf*, dirwy; *nm*, tâl; tâl gymryd; *v*, dirwyo
 fine control, *nf*, rheolaeth fanwl
 fine soil, *nm*, pridd mân
fineness, *nm*, coethedd; manedd; mander
fingerprint, *nm*, print bys; ôl bys; bysbrint; bys-nod
finial, *nm*, ffinial
finish, *nf*, caen; *nm*, gorffeniad; *v*, caenu; gorffen
 finishing touch, gorffeniad
 finish off, *v*, gorffennu
finished, *a*, gorffenedig
 finished goods, *np*, nwyddau gorffenedig
finite, *a*, meidraidd

fire, *nm*, tân
 fire drill, *nm*, dril tân
 fire escape, *nf*, dihangfa dân
 fire extinguisher, *nm*, diffoddydd tân
 fire insurance, *nm*, yswiriant tân
 fire precautions, *np*, rhagodion tân
 fire proof materials, *np*, defnyddiau anllosg
 fire service, *nf*, gwasanaeth tân
fire-arm, *nf*, arf-tân
firebote, *nm*, cynudfudd
fireclay, *nm*, clai tân
fireplace, *nm*, lle tân
fire-proof, *v*, gwrthdanu
firm, *nm*, cwmni; ffyrm
firn, *nm*, ffirn
first-aid, *nm*, ymgeledd parod; cymorth cyntaf; cymorth union
 first-aid box, *nm*, bocs ymgeledd parod
first-hand, *nf*, llaw gyntaf
fiscal, *a*, cyllidol
 fiscal year, *nf*, blwyddyn gyllidol
fish, *nm*, pysgodyn; *v*, pysgota
 demersal fishing, pysgota'r gwaelod
 deep sea fishing, pysgota'r cefnfor
 fish and chips, pysgod a sglodion
 fish meal, pysg mâl
 fish slice, *nf*, sleis bysgod
 inshore fishing pysgota'r glannau
 lung fish, pysgodyn sgyfeiniog
 magnetic fish, pysgodyn magnet
 pelagic fishing, pysgota'r wyneb
fishmonger, *nm*, pysgodwr
fissile, *a*, ymholltus
fission, *nm*, ymhollti; ymholltiad
 fission product, *nm*, cynnyrch ymhollti
fissure, *nf*, agen; *nm*, daeardor
fist, *nm*, dwrn
fistula, *nm*, ffistwla
fit, *a*, ffit; abl-iach; *nf*, ffit; *v*, ffitio
 fits and limits, *np*, ffitiau a therfannau
 interference fit, ffit ymyrru
 running fit, ffit redegog
 transition fit, ffit lithr
 unfit, *a*, anffit
fitch, *nm*, ffitsh

fitness, *nm*, ffitrwydd
  physical fitness, ffitrwydd
    corfforol
fitter, *nm*, ffitiwr
fitting, *nm*, ffitiad
  fitting line, *nf*, llinell ffitio
fittings, *np*, ffitiadau; mân daclau
five, *a*, pump; pum
  five points in ballet dancing, pum
    safle mewn dawnsio bale
fix, *v*, sefydlogi; sicrhau; pennu
fixation, *nm*, sefydledd; sefydlogiad
fixative, *nm*, sefydlyn
fixed, *a*, sefydlog
fixture, *nm*, peniant; gosodyn
  trade fixtures, *np*, gosodion
    masnachol
fjard, *nm*, ffiard
fjord, *a*, ffiordaidd; *nm*, ffiord
  fjord bench, *nf*, mainc ffiord
flaccid, *a*, fflacsid; llipa
flag, *nf*, fflag; *nm*, lluman;
  v, llumanu
  starting flag, lluman cychwyn
flagellum, *nm*, fflagelwm
flag-stick, *nf*, fflag
flagstone, *nf*, fflag
flake, *nm*, fflaw; *nf*, caenen
  flake culture, *nm*, diwylliant fflaw
  mica flake, fflaw mica
  snow flake, *nf*, pluen eira
flaked, *a*, fflawiog
  flaked maize, *nm*, indrawn
    fflawiog; *np*, creision indrawn
flakes, *np*, creision
  cornflakes, creision ŷd
flambé, *nm*, fflambé
flamboyant, *a*, fflamaidd
flame, *nf*, fflam
flame-resistant, *a*, gwrthfflam
flan, *nf*, fflan
flange, *v*, fflansio
flank, *nmf*, ystlys
  thick flank, ystlys dew
  thin flank, ystlys denau
flannel, *nf*, gwlanen
flannelgraph, *nm*, bwrdd gwlanen;
  graff gwlanen
flap, *nm*, fflap; *v*, fflapio
flare, *nf*, ffagl, ffler; *v*, fflachio
  flared skirt, *nf*, sgert ffler
flaring, *a*, ffler

flash, *nf*, fflach
  flash back, ôl-fflach
  flash card, *nm*, cerdyn fflach
  flash powder, *nm*, powdr fflach
flashed, *a*, fflachedig
flask, *nf*, fflasg
  conical flask, fflasg gonigol
  flat bottomed flask, fflasg fonfflat;
    fflasg dinfflat
  round bottomed flask, fflasg
    fongron; fflasg dingron
  squat flask, fflasg fyrdew
flat, *a*, gwastad; *nm* (*Th*), *nf*, fflat;
  nm, gwastad; meddalnod (*C*)
  backing flat, fflat celu
  flat marking, *v*, marcio fflat
  French flat, fflat Frengig
  mud flat, fflat llaid
  self-contained flat, *nf*, fflat gyflawn
flat-footed, *a*, fflatwadn
flatter, *nm*, fflatiwr; *v*, gwenieithio;
  seboni
flatulence, *nm*, gwynt
flatworm, *nf*, llyngyren lledog
flavour, *nm*, cyflas; *v*, cyflasu
flavouring, *nm*, cyflasyn
flaw, *nm*, diffyg; rhwyg
flax, *nm*, llin
flèche, *nm*, fflèche
fleck, *nm*, brychni; *v*, brychu
flecnode, *nm*, fflecnod
fleece, *nf*, cnu
fleecy, *a*, cnufiog
fleet, *nf*, fflyd; llynges
  bath tub fleet, llynges faddon
flesh, *nm*, cig
  proud flesh, cig marw
flex, *nm*, fflecs
  stage flex, fflecs llwyfan
flexibility, *nm*, hyblygrwydd
flexible, *a*, hyblyg
  flexible string, *nm*, cortyn hyblyg
flexion, *nm*, plygiant
flexor, *nm*, plygor
flexure, *nm*, plygiant
flick, *v*, fflicio
flick-flack, *nm*, fflic-fflac
flies, *np*, y brigau (*Th*)
flight, *nm*, hediad; *nf*, rhes
  flight of stairs, rhes o risiau
flight-lieutenant, *nm*, awyr-
  lifftenant

flimsy, *a*, simsan
flint, *nm*, callestr; fflint
flip-flap, *nm*, fflic-fflac;
　fflip-fflap
flippancy, *nm*, tafodryddineb
flippant, *a*, tafodrydd
flipper, *nf*, aden fflat
flitch, *nf*, hanerob; nerob; *nmf*,
　ystlys mochyn
float, *nm*, arnofyn; *v*, arnofio;
　fflotio
floaters, *np*, nofion
floating, *a*, arnawf; nawf
　floating charge, *nf*, dyled nawf;
　　nm, pridiant nawf
flocculation, *nm*, clystyrru
flock, *nf*, diadell; *nm*, ffloc; praidd
　wool flock, ffloc gwlân
flood, *nm*, llif; llifeiriant; *v*, gorlifo
　flash flood, fflachlif
　flood plain, *nm*, gorlifdir
　flood water, *nm*, llifddwr
floodlight, *nm*, llifolau; *v*, llifoleuo
floor, *nm*, llawr
　first floor, llawr cyntaf
　floor space, *nm*, arwynebedd
　　llawr
　ground floor, llawr daear;
　　daearlawr
　lower ground floor, llawr is-
　　ddaear
　sales floor, llawr gwerthu
　upstairs floor, llawr llofft
floor-mopper, *nm*, dawnslamwr
floor-polisher, *nm*, llawr-sgleinydd;
　llawrsgleiniwr
flop, *nm*, ffrit; fflop
flora, *nm*, fflora
floral, *a*, fflur
　floral diagram, *nm*, diagram fflur
　floral formula, *nf*, fformwla fflur
Florentine, *a*, yn ymwneud â
　Florence
　Florentine work, *nm*, gwaith
　　Florence
floriated, *a*, ffluredig
florin, *nm*, deuswllt; ffloring
flotation, *nm*, arnofiant
flotsam, *nm*, broc môr; fflotsam
　flotsam and jetsam, fflotsam a
　　jetsam; broc môr
flounce, *nf*, fflowns

flour, *nm*, blawd; fflŵr
　flour paper, *nm*, papur blawd
　plain flour, blawd plaen
　self raising flour, blawd codi
　white flour, blawd gwyn; blawd
　　can
flow, *nm*, dylifiad; llif; *v*, llifo
　anabatic flow, llif anabatig
　earth flow, llif daear
　flow chart, *nm*, siart rhediad
　flow pattern, *nm*, patrwm llif
　flow stone, *nf*, carreg ddylif
　laminar flow, llif llafnol
　linear flow, llif llinol
　turbulent flow, llif terfysgol
flower, *nm*, blodyn; *v*, blodeuo
flowery, *a*, blodeuog
fluctuate, *v*, anwadalu
fluctuation, *nm*, anwadaliad
fluff, *nm*, fflwff; *v*, bwnglera
　fluff out, *v*, lledu; sbybio
fluid, *a*, llifol; llifyddol; *nm*, hylif;
　llifydd
　amniotic fluid, hylif amniotig
　correcting fluid, hylif cywiro
fluidity, *nm*, llifedd
fluke, *nm*, ffliwc; (pryf yr afu);
　llyngyren afu
fluorescence, *nm*, fflwroleuedd
fluorescent, *a*, fflwrolau
　fluorescent lighting, *nm*, fflwrolau
fluoridate, *v*, fflworeiddio
fluoridation, *nm*, fflworeiddiad
fluorine, *nm*, fflworin
fluorosis, *nm*, fflworosis
flush, *a*, cyfwyneb; *v*, gwrido
flushing cistern, *nf*, seston ddwrlif
flute, *nf*, ffliwt
fluted, *a*, ffliwtiog; rhychog
　fluted cutter, *nf*, torrell rychog
fluting, *nm*, ffliwtwaith
flutter, *v*, hwyfo (*Ch*)
fluvial, *a*, afonol
fluvio-glacial, *a*, ffrwd rewlifol
　fluvio-glacial material, *nm*,
　　defnydd ffrwd rewlifol
flux, *nm*, dylif; fflycs
　active flux, fflycs gweithredol
　passive flux, fflycs goddefol
fly, *nm*, pry(f); brig (*Th*); *nf*, cleren
　fly door, *nm*, drws y brig
　fly gallery, *nf*, briglofft

fly ladders, *np,* ysgolion y brig
fly lines, *np,* rhaffau'r brig
fly men, *np,* dynion brig
fly rail, *nf,* rheilen brig
tsetse fly, cleren tsetse; pry tsetse
fly-opening, *nm,* balog; copys
fly-over, *nf,* pontffordd; trosffordd
flywheel, *nf,* chwylolwyn; chwylrod
foam, *nm,* ewyn; *v,* ewynnu
focal, *a,* ffocal
  focal point, *nm,* pwynt ffocal
focus, *nm,* canolbwynt; ffocws; pwynt ffocal; *v,* canolbwyntio; ffocysu
foetus, *nm,* ffoetws; rhith
fog, *nm,* caddug; niwl; *v,* caddugo
  advective fog, caddug llorfudol
  frontal fog, caddug ffrynt
  hill fog, caddug mynydd
  radiation fog, caddug rheiddiad
  steam fog, caddug anwedd
fohn, *nm,* ffohn
foil, *nm,* ffoil; ffwyl
foilist, *nm,* ffwyliwr
fold, *nm,* plyg; *v,* plygu
  asymmetric fold, plyg anghymesur
  fold in, *v,* ymysgu (*Co*)
  old fold, gorblyg
  recumbent fold, plyg gorweddol
  symmetric fold, plyg cymesur
folded, *a,* plyg
  folded country, *nm,* tir plyg
  folded mountain, *nm,* mynydd plyg
  folded strata, *np,* strata plyg
folder, *nm,* ffolder; *nf,* plygell
folding, *nm,* plygiant
foliage, *nm,* deiliant
foliated, *a,* deiliog
foliation, *nm,* deiliogrwydd
folio, *nm,* ffolio
folium, *nm,* ffoliwm
folklore, *nf,* llên gwerin
folk-play, *nm,* chwarae gwerin
follicle, *nm,* ffolicl
  follicle stimulating hormone, *nm,* hormon symbylu ffolicl
  Graafian follicle, ffolicl Graaf
  ovarian follicle, ffolicl ofaraidd
follow, *v,* canlyn; dilyn
  enforce the follow on *v,* gorfodi canlyn ymlaen (*Ch*)

follow on, canlyn ymlaen
follow up, dilyn ymlaen
following, *np,* dilynwyr; *nm,* dilyniad
folly, *nm,* ffoledd; ffolineb
font, *nm,* bedyddfaen; ffont
fontanelle, *nm,* ffontanel
food, *nm,* bwyd
  body building food, bwyd twf
  food chain, *nf,* cadwyn fwyd
  food poisoning, bwyd wenwyniad
  food preservation, *nf,* bwydgadwraeth; *v,* preserfio bwyd; cyffeithio bwyd
  foodstuff, *nm,* ymborthiant
  food vessel, *nm,* bwydlestr
  heat and energy giving food, bwyd gwres ac egni
  prepacked, *a,* rhagbacedig; wedi'i ragbecynnu; mewn rhagbecynnau
  protective food, bwyd amddiffyn
  quick-frozen, brys-rewedig; wedi'i frys-rewi
  tinned food, bwyd tun
foolscap, *nm,* ffwlsgap
foot, *nmf,* troed; *nf,* troedfedd
  ball of the foot, *nf,* pelen y droed
  bumble foot, troed cnapiog
  foot rot, *nm,* clwy'r traed
  foul in the foot, troed clonc
  in bare feet, *a,* troednoeth
footbath, *nm,* baddon troed
footbridge, *nf,* pont gerdded
footgear, *nf,* troedwisg
foothills, *np,* bryniau godre
footholds, *np,* gafaeliau traed
footing, *nmf,* sylfaen
footlights, *np,* golau'r godre
  footlight well, *nm,* cafn golau
foot-music, *nm,* miwsig traed
footpath, *nm,* llwybr troed
foot-presser, *nf,* gwasgell
foot-rush, *nm,* cwrs traed
footstool, *nf,* stôl droed
footwork, *nm,* troedwaith; gwaith traed
foramen, *nf,* fforamen
force, *nm,* grym
  centrifugal force, grym allgyrchol
  centripetal force, grym mewngyrchol
  force ratio, *nf,* cymhareb grym

forcemeat, *nm*, stwffin
ford, *nf*, rhyd
forearm, *nf*, elin
   forearm deflection, *nm*, eliniad
fore-brain, *nm*, blaen-ymennydd
forecast, *nf*, darogan; *np*, rhagolygon; *v*, darogan; rhagddweud
forecaster, *nm*, daroganwr
   weather forecaster, daroganwr tywydd
foreclose, *v*, blaengau
fore-closure, *nm*, blaengaead
forefinger, *nm*, mynegfys
foreground, *nm*, blaendir
foreign, *a*, estron; tramor
   foreign affairs, *np*, materion tramor
   foreign trade, *nf*, masnach dramor; masnach estron
foreland, *nm*, rhagdir; morben; penrhyn
foreman, *nm*, fforman
fore-rib, *nf*, asen flaen
foresail, *nf*, hwyl flaen
foreseeable, *a*, rhagweladwy
foresheet, *nf*, rhaff flaen
foreshore, *nm*, blaendraeth
foreshorten, *v*, rhagfyrhau
forest, *nf*, coedwig; fforest
   forest village, *nm*, pentref coedwig
   gallery forest, fforest galeri
   rain forest, fforest law
   submerged forest, fforest soddedig
   thorn forest, fforest ddrain
forester, *nm*, coedwigwr; fforestwr
forestry, *nf*, coedwigaeth; fforestiaeth
   Forestry Commission, Comisiwn Coedwigo
forfeit, *v*, fforffedu
   forfeit recognizances, fforffedu ymrwymiad
forge, *nf*, gefail; *v*, ffugio; gofannu; poethofanu
   forged document, *nf*, dogfen ffug
forgery, *nm*, ffug; ffugiad; twylledd
forget, *v*, anghofio
forgetfulness, *nm*, anghofusrwydd
forging, *nm*, gofaniad; poethofaniad; ffugio

form, *nf*, ffurf; *nf*, ffurflen; *nmf*, ystum
   air letter form, ffurflen llythyr awyr
   application form, ffurflen cais
   binary form, y ffurf ddyblyg
   cheque enclosure form, ffurflen amgau siec
   claim form, ffurflen gais
   prescribed form, ffurflen benodedig
formal, *a*, ffurfiol
formalism, *nf*, ffurfiolaeth
formant, *nm*, ffurfyn
formation, *nf*, ffurf; *nm*, ffurfiant; *nm*, trefniant
   free formation, trefniant rhydd
former, *a*, blaenorol; *nm*, ffurfydd
formeret, *nf*, ffurfell
formica, *nm*, fformica
formline, *nf*, ffurflin
formula, *nf*, fformwla; ffurfeb
formulation, *nm*, fformwlad
formwork, *nm*, ffurfwaith
forthwith, *ad*, ar unwaith
forum, *nm*, fforwm
forward, *ad*, ymlaen; *nm*, blaenwr; *v*, blaenyrru
   blind side wing-forward, *nm*, blaenasgell dywyll
   forward and backward, ymlaen ac yn ôl
   forward and downward, ymlaen ac i lawr
   forward and sideways, ymlaen ac i'r ochr
   forward and upward, ymlaen ac i fyny
   forward rush, *nm*, cwrs blaenwyr
   open side wing-forward, *nm*, blaenasgell agored
   prop forward, *nm*, blaenwr prop
   wing-forward, *nm*, blaenasgell
fosse, *nf*, ffos
fossil, *a*, ffosilaidd; *nm*, ffosil
fossilisation, *nm*, ffosileiddiad
fossilised, *a*, ffosiledig
fossilise, *v*, ffosileiddio
foster, *v*, meithrin
   foster child, *v*, plentyn maeth
fouette, *nm*, ffŵet

foul, *a,* aflan; ffowl; *nf,* ffowl; ffowlen; *v,* ffowlio
　foul blow, *nm,* dyrnod ffowl
　foul play, *nm,* chwarae brwnt
　foul throw, *v,* camdaflu
　personal foul, ffowl bersonol
　technical foul, ffowl dechnegol
foulard, *nm,* ffowlard
found, *v,* bwrw
found iron, *v,* bwrw haearn
foundation *nmf,* sylfaen
　foundation garment, *nm,* dilledyn sail
　foundation pattern, *nm,* patrwm sylfaenol
foundry, *nf,* ffowndri
fountain-pen, *nm,* cronbin; pin llanw
foursome, *nm,* pedwarawd
four-stroke, *a,* pedair-strôc
fovea, *nm,* ffofea
fowl, *nf,* dofedn; *nm,* ffowlyn
　boiling fowl, ffowlyn berwi
　fowl cholera, *nm,* geri dofednod
　fowl paralysis, *nm,* parlys dofednod
　fowl pest, *nf,* haint dofednod
　fowl pox, *nf,* brech dofednod
　foul roup, *nm,* rwp dofednod
　roasting fowl, ffowlyn rhostio
foyer, *nm,* cyntedd
fraction, *nm,* ffracsiwn; rhanned; rhanrif
　fraction inset board, *nm,* bwrdd ffracsiynau
　fraction trough, *nm,* cafn ffracsiynau
　improper fraction, ffracsiwn anghymen; ffracsiwn pendrwm
　proper fraction, ffracsiwn bondrwm; ffracsiwn cymen
　representative fraction, ffracsiwn cynrychiadol
　vulgar fraction, ffracsiwn cyffredin
fractional, *a,* ffracsiynol
fracture, *nm,* crac; toriad; *v,* cracio; torri
fragment, *nm,* darn
fragmentary, *a,* darniog
fragmentation, *nm,* darniad
frame, *nf,* ffrâm
　basket frame, ffrâm fasged
　bent frame, ffrâm blyg
　climbing frame, ffrâm ddringo
　colour frame, ffrâm lliwiau
　counting frame, ffrâm rifo
　paint frame, ffrâm baent
framework, *nm,* fframwaith
　skeleton framework, bras fframwaith
franchise, *nf,* etholfraint; *nm,* ffransies
frankalmoign, *nm,* elusendir
frankpledge, *nm,* tangwystl
　view of frankpledge, *nm,* cwrt tangwystl
fraternity, *nf,* brawdoliaeth
fratricide, *nm,* brawdladdiad
fraud, *nm,* twyll
fraudulent, *a,* twyllodrus
　fraudulent conversion, *nm,* camfeddiannu
fraudulently, *ad,* trwy dwyll
fray, *nm,* rhaflad; *v,* rhaflo
free, *a,* rhydd
　free alongside ship, rhydd wrth long; rhydd wrth gei
　free of average insurance, *nm,* yswiriant heb gyfartalu
　free on board, rhydd ar long
　free on rail, rhydd ar drên
　free overside, rhydd o long
　free trade, *nf,* masnach rydd
free-association, *nm,* rhydd-gymdeithasiad
free-expression, *nm,* rhydd-fynegiant
freehold, *nm,* rhydd ddaliadol; *nf,* rhyddfraint
freeholder, *nm,* rhydd-ddeiliad
free-martin, *nf,* free-martin; gefeilles i wryw
free-practice, *nf,* ymarfer rhydd
free-style, *nm,* dull rhydd
free-verse, *nm,* mesur rhydd (barddoniaeth)
freeway, *nm,* ffriwe; *nf,* rhyddffordd
freeze, *v,* fferru; rhewi
freeze-box, *nf,* rhewgell
freight, *nm,* llwyth; tâl cludo
freightliner, *nm,* llwythleiner
French, *a,* Ffrengig
　French overture, *nm,* yr agorawd Ffrengig

French suites, *np*, y cyfresi Ffrengig
frequency, *nm*, amledd; mynychder
  frequency curve, *nf*, cromlin mynychder
  frequency distribution, *nm*, dosraniad amledd
  frequency polygon, *nm*, polygon mynychder
  high frequency, amledd uchel
  low frequency, amledd isel
fresco, *nm*, ffresco; ffresgo
fret, *nf*, rhwyll
fretsaw, *nf*, rhwyll-lif; llif ffret
fretwork, *nm*, rhwyllwaith
friable, *a*, hyfriw
  friable mass, *nm*, mas hyfriw
friar, *nm*, brawd
friary, *nm*, brodordy
friction, *nm*, ffrithiant
  coefficient of friction, *nm*, cyfernod ffrithiant
  friction washing, *nm*, golchi ffrithiant
  sliding friction, ffrithiant llithro
frieze, *nm*, ffris
friezeman, *nm*, ffriswr
frigate, *nf*, ffrigad
frill, *nm*, ffril
  attach frills, *v*, gosod ffriliau
fringe, *nmf*, ymyl; *nm*, eddi; *np*, rhidens
frit, *nm*, ffrit
fritter, *nm*, ffriter
frock, *nf*, ffrog
  cocktail frock, ffrog goctel
frogman, *nm*, nofiwr tanddwr
frond, *nm*, ffrond
front, *nmf*, ffrynt; *nm*, siet; tâl
  cold front, ffrynt oer
  from the front, o'r ffrynt
  front-cloth scene, *nf*, chwim olygfa (*Th*)
  front of house, ffrynt y tŷ (*Th*); ffrynt tŷ
  front piece, *nm*, clwt talcen
  in front, yn y ffrynt
  intertropical front, ffrynt rhyng drofannol
  occluded front, ffrynt achludd
  polar front, ffrynt begynol
  warm front, ffrynt gynnes

frontage, *nm*, ffryntiad
frontal, *a*, blaen; ffrynt
  frontal apron, *nf*, ffedog flaen
  frontal fog, *nm*, caddug ffrynt
frontier, *nmf*, goror; *nm*, cyffindir; *nf*, ffin
  frontier state, *nf*, cyffinwlad; gororwlad
frost, *nm*, rhew
  black frost, rhew du
  frost bite, ewinrhew
  frost line, *nm*, rhewlin
  frost shattered, *a*, rhewfriw
  ground frost, llorrew
  hoar frost, *nm*, barrug; llwydrew
frosty, *a*, rhewllyd
froth, *nm*, ewyn; crwybr; ffroth; *v*, ewynnu
frottage, *nm*, ffrotais; *v*, ffroteisio
fructose, *nm*, ffrwctos
fruit, *nm*, ffrwyth
  first fruits, blaenffrwyth
  fruit cake, *nf*, cacen ffrwythau; teisen ffrwythau
  fruiting spur, *nm*, sbardun ffrwytho
  fruit juice, *nm*, sudd ffrwyth
fruity, *a*, ffrwythus
frustration, *nm*, llesteiriant
frustum, *nm*, ffrwstwm
fry, *v*, ffrio
  deep fat frying, ffrio dwfn
  dry frying, ffrio sych
  shallow frying, ffrio bas
frying pan, *nf*, padell ffrio; ffrimpan
fucoxanthin, *nm*, fwcocsanthin
fudge, *nm*, cyffug
fuel, *nm*, cynnud; tanwydd
  fuel cell, *nm*, cynudydd
  fuel consumption, *nf*, traul cynnud; traul tanwydd
  fuel supply, *nm*, cyflenwad tanwydd
  smokeless fuel, cynnud di-fwg
  solid fuel, cynnud solid
fugato, *nm*, ffwgato
fughetta, *nm*, ffwgheta
fugue, *nf*, ffiwg
  triple fugue, ffiwg driphlyg
fulcrum, *nm*, ffwlcrwm
full, *a*, llawn
  full cream, *nm*, hufen cyflawn

full house, *nm,* tŷ llawn
full scenery, *nf,* set lawn
full set, *nf,* set lawn
full-back, *nm,* cefnwr
fuller, *nm,* pannydd; *v,* pannu
  bottom fuller, pannydd isaf
  fuller's earth, *nm,* pridd y pannwr
  top fuller, pannydd uchaf
fullness, *nm,* llawnder
  dispose of fullness, *v,* atrefnu'r llawnder
  remove fullness, *v,* tynnu i mewn
full-time, *nm,* amser llawn
fully-paid, *a,* diddyled
fumarole, *nm,* ffwmarol
fumble, *v,* bynglo; pwtffalu
fume, *nm,* myctarth; mygdarth
fumigate, *v,* mygdarthu; tryfygu
fumigation, *nm,* mygdarthiad
  fumigation of premises, mygdarthiad anheddau
function, *nm,* ffwythiant; *nf,* swyddogaeth
  eigen function, ffwythiant eigen
  explicit function, ffwythiant echblyg
  implicit function, ffwythiant ymhlyg
functional, *a,* ffwythiannol; swyddogaethol
  functional construction, *nm,* adeilad gweithrediadol
  functional mix, *nm,* cymysgedd swyddogaethol
  functional reading, *nm,* darllen ffwythiannol
  functional zone, *nf,* cylchfa swyddogaeth

functionalism, *nf,* ffwythiannaeth; ffwythiannedd
fund, *nf,* cronfa
  sinking fund, cronfa sawdd; cronfa soddi
fundamental, *a,* sylfaenol
fungicide, *nm,* ffwngleiddiad
fungoid (growth), *nm,* (tyfiant) ffyngoid
fungus, *nm,* ffwng
funicle, *nm,* ffwnicl
funicular, *a,* ffwnicwlar
funnel, *nm,* twndis; twmffat
  funnel stake, *nm,* bonyn twndis; bonyn twmffat
fur, *nm,* ffwr
furlong, *nf,* ystaden
furnace, *nf,* ffwrnais
  electric arc furnace, ffwrnais arc trydan
  open hearth furnace, ffwrnais tân agored
  Witton high frequency furnace, ffwrnais amledd uchel Witton
furnish, *v,* dodrefnu
furnishings, *np,* dodrefnau
furniture, *np,* celfi; dodrefn
  furniture beetle, *nf,* chwilen gelfi
  furniture store, *nf,* stôr gelfi
furrow, *nf,* cwys; *nmf,* rhych
furze, *np,* eithin
fuse, *nm,* ffiws; toddyn; *v,* ffiwsio
fusion, *nm,* ymasiad; ymdoddiad
future, *nm,* dyfodol
futures, *np,* dyfodolion
futurism, *nf,* dyfodolaeth
futuristic, *a,* dyfodolaidd
futurology, *nmf,* dyfodoleg

G

gabbro, *nm*, gabro
gable, *nm*, tâl maen
  gable end, *nm*, talcen tŷ
gag, *nm*, smaldod; *v*, smalio
gain, *nm*, elw; ennill; *v*, ennill
gaiter, *nm*, coesarn
gala, *np*, campau; *nm*, gala
  swimming gala, campau nofio; gala nofio
galactagogue, *a*, blithogol; *nm*, blithogydd
galactic, *a*, galaethog
  extra galactic, echalaethog
  inter galactic, rhyngalaethog
galactose, *nm*, galactos
galantieren, *nm*, galantieren
galaxy, *nf*, galaeth
gale, *nf*, tymestl
galena, *nm*, galena
gall, *nm*, bustl
  gall bladder, *nf*, coden y bustl; pledren y bustl
  gall stones, *np*, cerrig y bustl
  ox gall, bustl ych
galleon, *nm*, galiwn
gallery, *nm*, galeri; *nf*, oriel
  gallery copy, *nm*, copi oriel
  gallery grave, *nm*, bedd oriel
  gallery stools, *np*, stolion oriel
galley, *nm*, gali
galliard, *nm*, galiard
gallon, *nm*, galwyn
gallop, *nm*, carlam; *v*, carlamu
galvanize, *v*, galfanu
galvanised, *a*, galfanedig
  galvanised iron, *nm*, haearn galfanedig
galvanometer, *nm*, galfanomedr
gambrel, *nm*, cambren
game, *nm*, chwarae; *nf*, gêm; helwriaeth
  drawn game, gêm ddi-drech
  game forms, *np*, ffurfiau gêm
  gaming machine, *nm*, peiriant hapchwarae

gamete, *nm*, gamet
  female gamete, gamet benyw
  male gamete, gamet gwryw
gametocyte, *nm*, gametocyt
gametophyte, *nm*, gametoffyt
gametophyte generation, *nf*, cenhedlaeth gametoffyt
gammon, *nm*, gamon
gamopetalous, *a*, gamopetalus
gamosepalous, *a*, gamosepalus
gang, *nm*, gang
ganglion, *nm*, ganglion
  sympathetic ganglion, ganglion sympathetig
gangrene, *nm*, madredd; cig marw
ganister, *nm*, ganister
gap, *nm*, adwy; bwlch
  gap town, *nf*, tref adwy
gapes, *nm*, y big
garage, *nm*, garej; modurdy; *v*, garejo
garden, *nf*, gardd, *v*, garddio
  garden city, *nf*, gardd-ddinas
  garden cloth, *nf*, llen gardd
  market garden, *v*, garddio marchnad
gardener, *nm*, garddwr
  market gardener, garddwr masnachol; masnach-arddwr
gardening, *nf*, garddwriaeth
garderobe, *nf*, gardrob
gargoyle, *nm*, gargoil
garland, *nm*, garlant; *nf*, borden bleth
garlic, *np*, garlleg
garment, *nm*, dilledyn; pilyn
  foundation garment, dilledyn sail
garnish, *v*, garnisio; harddu
garnishee, *nm*, garnisiwr
  garnishee order, *nm*, garnisiad
garrison, *nm*, garsiwn
gas, *nm*, nwy
  gas coal, *nm*, glo nwy
gas-gangrene, *nm*, madredd nwyog
gastight, *a*, nwyglos

gastric, *a*, gastrig
gastritis, *nm*, gastritis; llid y cylla
gastropod, *nm*, gastropod
Gastropoda, *np*, Gastropoda
gastrula, *nm*, gastrwla
gastrulation, *nf*, gastrwlaeth
gate, *nf*, clwyd; gât; *nmf*, llidiart; *nm*, porth; *nf*, porthell; *v*, porthio; porthellu
  lich gate, porth mynwent
gather, *v*, casglu; crychu; crynhoi; ymgynnull
  gather stay, *nm*, stae crychu (G)
gatherer, *nf*, crychell
gathering, *nm*, crychiad
gauge, *nf*, gaing; *nm*, medrydd; meidrydd; lled; *v*, medryddu; meidryddu
  carving gauge, gaing gau gerfio
  cutting gauge, medrydd torri
  depth gauge, medrydd dyfnder
  dial gauge, medrydd deial
  feeler gauge, medrydd teimlo
  firmer gauge, gaing gau gefn; cŷn cau cefn
  gauge blocks, *np*, blociau medrydd
  height gauge, medrydd uchder
  limit gauge, medrydd terfan
  marking gauge, medrydd marcio
  mortice gauge, medrydd mortais
  panel gauge, medrydd panel
  rain gauge, medrydd glaw
  thumb gauge, medrydd bawd
gauss, *nm*, gaws
gauze, *nm*, meinwe; *nf*, rhwyllen
  gauze cloth, lliain meinwe
gavelkind, *nf*, cyfran; *nm*, *gavelkind*
gavotte, *nm*, *gavotte;* gafod
gazebo, *nm*, *gazebo;* golygdy
gear, *nmf*, gêr; *np*, offer; taclau
  bottom gear, gêr isaf
gearbox, *nm*, gerbocs; *nf*, gergist
gel, *nm*, gel
gelatine, *nm*, gelatin; gludai
  gelatine size, *nm*, seis gelatin
gemma, *nm*, gema
gendarme, *nm*, *gendarme*
gene *nm*, genyn
  gene complex, *nmf*, cymhleth genynnau
genealogy, *nf*, ach; achyddiaeth

general, *a*, cyffredinol; *nm*, cadfridog
  general ability, *nm*, gallu cyffredinol
  general certificate, *nf*, tystysgrif gyffredinol
  general science, *nf*, gwyddoniaeth gyffredinol
  general understudy, *nm*, dirprwy cyffredinol
  major general, *nm*, is-gadfridog
generalisation, *nm*, cyffredinoliad; casgliad cyffredinol
generalize, *v*, cyffredinoli
generalized, *a*, cyffredinol; cyffredinoledig
generate, *v*, generadu
  generating capacity, *nm*, gallu generadu
generator, *nm*, cynhyrchydd; generadur
generic, *a*, generig; rhywogaethol
  generic image, *nf*, delwedd rywogaethol
genetic, *a*, genetig
  genetic psychology, *nmf*, seicoleg enetig
genetical, *a*, genetigol
genetics, *nmf*, geneteg
genius, *nf*, athrylith; *nmf*, anian
genocide, *nm*, hil-laddiad
genotype, *nf*, genoteip
genotypic, *a*, genoteipol
genre, *nm*, *genre*
gentry, *np*, bonedd
genus, *nm*, genws; math; *nf*, rhywogaeth
geochemistry, *nmf*, geocemeg
geodesic, *nm*, geodesig
geographical, *a*, daearyddol
  geographical inertia, *nm*, inertia daearyddol
  geographical momentum, *nm*, momentwm daearyddol
geography, *nmf*, daearyddiaeth
  applied geography, daearyddiaeth gymhwysol
geologist, *nm*, daearegwr
geology, *nmf*, daeareg
geometric, *a*, geometrig
geometrical, *a*, geometregol

geometry, *nmf*, geometreg
 plane and solid geometry, geometreg plân a soled
 plane geometry, geometreg plân; geometreg arwyneb
geomorphology, *nmf*, geomorffoleg
geophysics, *nmf*, geoffiseg
geopolitics, *nmf*, daearwleidyddiaeth
Georgian, *a*, Georgaidd
geosyncline, *nm*, geosynclein
geotaxis, *nm*, geotaxis; geotacsis
geotropism, *nm*, geotropedd
germ, *nmf*, germ
 germ-cells, *np*, celloedd cenhedlu
 germ-layer, *nf*, haen genhedlu
 germ-plasm, *nm*, plasm cenhedlu
germicide, *nm*, germleiddiad
germinate, *v*, egino
 germinating temperature, *nm*, tymheredd egino
germination, *nm*, eginiad
gerontology, *nf*, gerontoleg
gesso, *nm*, geso
gestalt, *nm*, gestalt
 gestalt psychology, *nmf*, seicoleg gestalt
gestate, *v*, cario; dwyn
gestation, *nm*, cyfnod cario
gesture, *nmf*, ystum
geyser, *nm*, geyser
ghetto, *nm*, geto; ghetto
ghost, *nm*, bwgan
 ghost glide, *nm*, trap bwgan (*Th*)
giblets, *np*, giblets
giddiness, *nm*, pendro
gifted, *a*, dawnus
 highly gifted, *a*, tra dawnus
gigantic, *a*, anferth; cawraidd
gigantism, *nf*, cawraeth
gigue, *nm*, gigue
gild, *v*, euro
gill, *nm*, brancia; gil
 gill cover, *nm*, clawr brancia
 gill raker, *nmf*, crib brancia
 gill slit, *nf*, agen brancia
gilt, *a*, gilt; goreurog; *nf*, banwes; hwch fanwes
gilt-edged, *a*, gilt
 gilt-edged securities, *np*, stociau gilt
gimlet, *nf*, gimbil; gimbill; wimbled

ginger, *nm*, sinsir; sunsur
gingerbread, *nf*, teisen sinsir
gingham, *nm*, gingham
 check gingham, siec gingham
ginnery, *nm*, ginerdy
gipsy, *nm*, sipsi
girder, *nm*, hytrawst
girdle, *nm*, cadis; cylch; *nf*, gwregys
 gym girdle, cadis ymarfer corff
 pelvic girdle, cylch pelfig; gwregys pelfig
 shoulder girdle, cylch yr ysgwydd; gwregys pectoral
giro, *nm*, giro
giver, *nm*, rhoddwr
gizzard, *nf*, glasog
glacial, *a*, rhewlifol
 glacial clay, *nm*, rhewglai
 glacial deposits, *np*, dyddodion rhewlif
 glacial drifts, *np*, drifftion rhewlif
 glacial erosion, *nm*, erydiad rhewlif
 glacial features, *np*, nodweddion rhewlifol
 glacial lake, *nm*, rhewlyn
 glacial maximum, *nm*, uchafbwynt rhewlifol
 post glacial, *a*, olrewlifol
 pre-glacial, *a*, cyn-rewlifol
glaciate, *v*, rhewlifo
glaciation, *nm*, rhewlifiant
glacier, *nm*, rhewlif; glasier
 advance glacier, *nm*, estyniad rhewlif
 glacier milk, *nm*, llaeth rhewlif
 glacier snout, *nm*, swch rhewlif
 glacier tongue, *nm*, tafod rhewlif
 retreat glacier, *nm*, enciliad rhewlif
glacierologist, *nm*, iaenydd
glaciology, *nmf*, rhewlifeg
glair, *nm*, glaer; *v*, glaeru
glance, *nf*, glans (*Ch*)
gland, *nf*, chwarren; cilchwyrnen; *nm*, gland
 adrenal gland, chwarren adrenal
 ductless gland, chwarren ddiddwythell
 endocrin gland, chwarren endocrin

enlarged gland, chwarren chwyddedig
green gland, chwarren las; chwarren werdd
lymphatic gland, chwarren lymffatig
mammary gland, chwarren laeth
parotid gland, chwarren barotid
pineal gland, chwarren binol
pituitary gland, chwarren bitwidol
popliteal gland, chwarren y ffolen
thyroid gland, chwarren theiroid; chwarren thyroid
glanders, *np*, llynmeirch yr ysgyfaint
glandular, *a*, chwarennol
glare, *nm*, llacharedd; llathredd
glass, *nm*, gwydr
 glass blowing, *v*, gwydr chwythu
 glass panel, *nm*, panel gwydr
 glass paper, *nm*, papur gwydrog; papur llyfnu
 reeded glass, gwydr rib
 thick plate glass, gwydr plât trwchus
 stained glass, gwydr lliw
glasshouse, *nm*, tŷ gwydr
glauconite, *nm*, glawconit
glaze, *nm*, gwydredd; sglein; *v*, gwydro; sgleinio
 glaze a window, *v*, gwydro ffenest
 glaze paper, *v*, sgleinio papur
 glaze stain, *nm*, staen gwydrin
 hare's fur glaze, gwydredd blew ysgyfarnog
glazed, *a*, gwydrog
 glazed cotton, *nm*, cotwm sglein
 glazed tiles, *np*, teils gwydrog
glazing, *nm*, gwydriad
glebe, *nm*, tir llan; clastir
gleet, *nm*, diferlif; *nf*, ysnoden
glen, *nm*, glyn
gley, *v*, gleio
glide, *nm*, llithr; llithrad; *v*, llithran; llithro
 ferry glide, llithrad fferi
glissade, *nm*, *glissade*; *v*, sglefrio
globe, *nm*, glob
globule, *nm*, globwl
globulin, *nm*, globwlin

glockenspiel, *nm*, *glockenspiel*
glomerulus, *nm*, glomerwlws
glossy, *a*, llathraidd
glottis, *nm*, glotis
gloup, *nm*, glŵp
glove, *nf*, maneg
 heel of glove, *nmf*, sawdl y faneg
 inside of glove, *nf*, cledr y faneg
 open glove, maneg agored
glover, *nm*, glwfer
 glover's needle, *nf*, nodwydd glwfer
glow, *nm*, tywyn; *v*, tywynnu
glucose, *nm*, gliwcos; glwcos; glucos
glue, *nm*, glud; *v*, gludio
 animal glue, glud anifail
 cake glue, glud slab
 casein glue, glud casein
 flexible cold glue, glud oer ystwyth
 glue brush, *nm*, brws glud
 glue kettle, *nm*, tegell glud
 glue pot, *nm*, pot glud
 pearl glue, glud perl; perluas glud
 vegetable glue, glud llysiau
glume, *nm*, glŵm
glut, *nm*, gorlawnder; gormodedd
gluten, *nm*, glwten
glycogen, *nm*, glycogen
glycosuria, *nm*, glycoswria
glyph, *nm*, glyff
gnaw, *v*, cnewian
gneiss, *nm*, gneis
go, *v*, mynd
 go about, ogamu (*Th*)
 go on for, mynd yn lle (*Th*)
goal, *nf*, gôl; *nm*, nôd
 goal area, *nm*, cwrt gôl
 goal boards, *np*, byrddau gôl
 goal net, *nf*, rhwyd gôl
 goal posts, *np*, pyst gôl
 penalty goal, gol gôsb
goalkeeper, *nm*, golwr
goal-shooter, *nm*, saethwr
Gobelin, *nm*, Gobelin
godet, *nm*, *godet*
goffer, *v*, goffro
goitre, *nm*, goitr; y wen
gold, *a*, aur; *nm*, aur; gold (*Ch*)
 fine gold, aur coeth
 gold cushion, *nf*, clustog deilen aur

gold leaf, *nf*, deilen aur
gold size, *nm*, seis aur
gold standard, *nf*, safon aur
gold tooling foil, *nm*, ffoil offeru aur
gold tooling leaf, *nf*, deilen offeru aur
placer gold, aur banc tywod
golden, *a*, euraid
Golden Mean, *nm*, Cymedr Euraid
goldsmith, *nm*, eurof; eurych; gof aur
golf, *nm*, golff
golf links, *nm*, maes golff
Golgi, Golgi
Golgi apparatus, *np*, offer Golgi
golliwog, *nm*, goliwog; Twm Parddu
gonad, *nm*, gonad
gonad hormone, *nm*, hormon gonad
gonadotrophic, *a*, gonadotroffig
good, *a*, da
good house, *nm*, tŷ da (*Th*)
good rough actor, *nm*, actor amrwd da (*Th*)
goods, *np*, nwyddau
bulky goods, nwyddau swmpus
consumer goods, nwyddau traul
convenience goods, nwyddau rhaid
durable goods, nwyddau para
household goods, nwyddau tŷ
manufactured goods, nwyddau gweithgynnyrch; gweithgynhyrchion
perishable goods, nwyddau darfod
goodwill, *nmf*, ewyllys da
googly, *nm*, gwgli
gooseberry, *nf*, eirinen Fair; (*pl*, eirin Mair); gwsberen; (*pl*, gwsberys)
gooseneck, *nm*, mynwydd; *v*, mynwyddu
gore, *nm*, gôr
gorge, *nm*, ceunant
Gothic, *a*, Gothig
Decorated Gothic, Gothig Addurnedig
Early English Gothic, Gothig Seisnig Cynnar
Flamboyant Gothic, Gothig Fflamaidd

Perpendicular Gothic, Gothig Perpendicwlar
gouache, *nm*, *gouache*
gouge, *nf*, gaing gau; *nm*, cŷn crwn; *v*, cafnu
firmer gouge, gaing gau gefn
scribing gouge, gaing gau wyneb
tooling gouge, gaing gau offeru
gout, *nm*, gowt
Governor-general, *nm*, Llywodraethwr Cyffredinol
gown, *nm*, gŵn
dressing gown, gŵn gwisgo
grace, *nm*, gras
days of grace, *np*, dyddiau gras
gradation, *nm*, graddiad; graddoliad
grade, *nf*, gradd; graddfa; *v*, graddio; graddoli; graddnodi
graded, *a*, graddedig
gradient, *nm*, graddiant
gradual, *a*, graddol; *nm*, gradiwl; greal
graduate, *v*, graddnodi; graddio
graduation, *nf*, graddedigaeth; *nmf*, graddnod
Graeco-Roman, *a*, Graeco-Romanaidd, Groeg-Rufeinig
Graeco-Roman Art, *nf*, Celfyddyd Graeco-Romanaidd
graffito, *nm*, murlun; graffito; *nf*, murysgrifen
graft, *v*, grafftio
grafted patch, *nm*, clwt grafft
graft hybrid, *nm*, grafft hybrid
grain, *nm*, graen; *nm*, gronyn; *np*, grawn; *v*, graenio
end grain, graen pen
graining comb, *nmf*, crib graenio
grain like arrow, *nf*, saeth y graen
straight grain, sythraen
grained, *a*, graenog
grained goat, *nm*, croen gafr graenog
gram, *nm*, gram
gramophone, *nf*, gramoffôn
grand, *a*, mawreddog; mawreddus
grand concert, *nmf*, cyngerdd mawreddog
grand manner, *nm*, dull mawreddus; dull mawreddog
grand opera, *nf*, opera fawreddog
grange, *nm*, grêns

granite, *nm*, gwenithfaen; ithfaen
grant, *nm*, grant; *v*, caniatáu
  capitation grant, grant yn ôl y pen
granular, *a*, gronynnog; gronynellog
granulated, *a*, gronynnog; gronynellog
granulation, *nm*, gronyniad
  granulation tissue, *nm*, meinwe ronynnog
granule, *nm*, gronynnell; gronyn
  Nissl granules, *np*, gronynellau Nissl
granulite, *nm*, granwlit
granulocyte, *nm*, granwlocyt
grapefruit, *nm*, grawnffrwyth
grapes, *np*, grawnwin
graph, *nm*, graff
  compound line graph, graff llinell gyfansawdd
  graph paper, *nm*, papur graff
  wheel graph, graff olwyn
graphic, *a*, graffig
  graphic arts, *np*, celfyddydau graffig
graphical, *a*, graffigol
graphics, *nm*, graffigwaith
graphite, *nm*, graffit
graptolite, *nm*, graptolit
grasp, *nf*, gafael; *v*, gafael; amgyffred
  alternate grasp, gafael ar yn ail
  inward grasp, mewnafael
  over grasp, trosafael
  under grasp, tanafael
grass, *nm*, glaswellt; *nf*, porfa
  bent grass, maeswellt
  grasses, *np*, glaswelltau
  grassland, *nm*, glaswelltir
  grass plant, *nm*, glaswelltyn
grater, *nm*, grater
graticule, *nm*, graticwl
grating, *nm*, gratin
gratuity, *nm*, cildwrn
grave, *nm*, bedd
  grave trap, *nm*, trap bedd
gravel, *np*, gro; *nm*, grafel
  taele gravel, gro taele
graver, *nf*, crafell
  multiple graver, crafell lluosbig
gravitation, *nm*, disgyrchedd
  law of gravitation, *nf*, deddf disgyrchedd

gravitational, *a*, disgyrchol
  gravitational field, *nm*, maes disgyrchedd
  gravitational force, *nm*, grym disgyrchedd
  gravitational slumping, *nm*, llithrad disgyrchol
  gravitational units, *np*, unedau disgyrchedd
gravity, *nm*, disgyrchiant
  centre of gravity, *nm*, craidd disgyrchiant
  gravity flow, *nm*, llif disgyrchiant
  gravity pull, *nm*, tynfa disgyrchiant
gravy, *nm*, grefi
  gravy boat, *nm*, jwg grefi
  gravy browning, *nm*, brownin
graze, *v*, pori
  rotational grazing, pori cylchdro
grazier, *nm*, porfäwr
grease, *nm*, gwêr; iraid; saim; *v*, ireidio; iro; seimio
  candle grease, gwêr cannwyll
  greased paper, *nm*, papur saim
  grease solvent, *nm*, saimdoddydd
greasepaint, *nm*, paent iro
greaseproof, *a*, gwrthsaim
  greaseproof paper, papur gwrthsaim; papur menyn
green, *a*, gwyrdd; glas; grîn (*Ch*); gwerddon
  green bacon, *nm*, bacwn cyffredin
  green belt, *nmf*, belt gwyrdd; *nf*, gwregys werdd
  green chrome oxide, *nm*, ocsid crôm gwyrdd
  green fat, *nm*, saim glas; saim gwyrdd
  green field site, *nm*, safle maes glas; safle cae glas
  green sand mould, *nm*, mowld tywod llaith
  rub of the green, *nm*, rwb y grîn (*Ch*)
  village green, *nm*, grîn y pentref
greengages, *np*, eirin gwyrdd
greengrocer, *nm*, grîngroser
green peas, *np*, pys gleision
green-room, *nf*, lolfa'r actorion
greensandstone, *nm*, tywodfaen gwyrdd

gregariousness, *nm*, gregaredd
grenade, *nf*, llawfom; grenâd
grey, *a*, llwyd
  grey iron, *nm*, haearn llwyd
  grey matter, *nm*, llwydyn
  grey modelling clay, *nm*, clai modelu llwyd
  grey powdered clay, *nm*, clai powdr llwyd
greywacke, *nm*, *greywacke*
grid, *nm*, grid
  grid north, *nm*, gogledd grid
  grid reference, *nm*, cyfeirnod grid
  grid resistor, *nm*, gwrthydd grid
  grid system, *nf*, system grid
griddle, *nf*, gradell
gridiron, *nmf*, gradell rwyllog
  gridiron pattern, *nm*, patrwm gradell
grief, *nm*, galar
grievance, *nmf*, cwyn
grieve, *v*, galaru
grievous, *a*, difrifol
grike, *nm*, greic
grill, *nm*, gril; gridyll; *v*, gridyllio; grilio
  grill pan, *nm*, grildun; tun gridyll
  mixed grill, *nm*, gril cymysg
grille, *nm*, gril
grind, *v*, llifanu; llifo
  grinding angles, *np*, onglau llifo
  grinding paste, *nm*, past llifanu
  grinding wheels, *np*, olwynion llifanu
grindstone, *nf*, carreg hogi; *nm*, maen llifanu; maen llifo
grip, *nm*, gafael; *v*, gafael
gripes, *np*, cnofeydd y coluddion; y cnoi
grisaille, *nm*, *grisaille;* grisal
gristle, *np*, gïau; gwythi
grit, *nm*, grit
gritaceous, *a*, gritiog
gritty, *a*, gritaidd
groat, *nm*, grot
groats, *nf*, rhynion
grocer, *nm*, groser
groceries, *np*, groserion
groin, *nf*, cesail; morddwyd; gwerddyr

groom, *nm*, gwastrawd
  Groom of the Chamber, Gwastrod yr Ystafell
groove, *nf*, rhigol; *v*, rhigoli
grooved, *a*, rhigoledig; rhigolog
  grooved seam, *nf*, sêm rigol
grooving, *nm*, rhigoliad
gross, *a*, gros; *nm*, gros
  gross loss, *nmf*, colled gros; colled grynswth
  gross profit, *nm*, elw gros; elw crynswth
grotesque, *a*, grotésg
grotto, *nm*, groto
ground, *a*, daear; grwnd; *nf*, daear; *nm*, tir; rheswm; *nf*, sail; *nm*, cae chwarae (*Ch*); *v*, llorio
  break ground, *v*, torri tir
  fair ground, tir teg
  foul ground, tir ffowl
  gain ground, *v*, ennill tir
  ground nuts, *np*, cnau daear
  ground plane, *nm*, plân llawr
  ground plate, grwndblât
  ground the ball, *v*, llorio'r bêl
  ground water, *nm*, dŵr daear
  on the ground that, am y rheswm fod
  the ground of complaint, sail yr achwyniad
  the ground on which the application is made, y rheswm dros ofyn
ground-bass, *nm*, bas grwndwal; bas sylfaen
groundfrost, *nm*, llorrew; rhew daear
groundmass, *nm*, grwndmas
groundsman, *nm*, tirmon
groundsmanship, *nm*, tirmonaeth
groundrow, *nf*, llawr-res; *nm*, llorwedd
group, *nm*, grŵp; twr; *nmf*, carfan; *v*, dosbarthu; grwpio
  Abelian group, grŵp Abel
  age group, grŵp oedran
  commutative group, grŵp cymudol
  De Stijl group, grŵp De Stijl
  group factors, *np*, ffactorau grŵp
  group test, *nm*, prawf grŵp
  savings group, grŵp cynilo

sub-group, is-grŵp
triplet group, grŵp tripled
group-captain, *nm*, grŵp-gapten
group-psychology, *nmf*, seicoleg y dorf
grout, *nm*, growt; *v*, growtio
grove, *nf*, celli
grow, *v*, tyfu
growth, *nm*, twf; tyfiant; prifiant
  absolute growth rate, *nm*, cyfradd-twf absoliwt
  bungaloid growth, twf byngaloaidd
  grand period of growth, *nm*, prif gyfnod tyfiant
  growth analysis, *nm*, dadansoddiad twf
  growth ring, *nm*, cylch tyfiant
  relative growth rate, *nm*, cyfradd-twf cymharol
groyne, *nm*, grwyn
gruel, *nm*, griwel; grwal
guarantee, *nmf*, gwarant; *nm*, gwarantiad
guarantor, *nm*, gwarantwr; gwarantydd
guard, *nm*, gard; gwarchodydd; *v*, gwarchod
guard-house, *nf*, gwarchodfa
guardian, *nm*, gwarcheidwad
guardianship, *nf*, gwarcheidwaeth
guerrillas, *np*, cyrchfilwyr
guess, *v*, dyfalu
guest, *nm*, gwestai
guest-artist, *nm*, actor gwadd
guidance, *nm*, cyfarwyddyd
  child guidance, cyfarwyddo plant
  educational guidance, cyfarwyddyd addysgol
  vocational guidance, cyfarwyddyd galwedigaethol
guide, *nmf*, arwydd; *nm*, cyfeirydd; tywyswr; *v*, cyfarwyddo
guide-dogs, *np*, arweingwn
guide-lines, *np*, gwifrau tywys
guild, *nm*, gild
  cordwainer guild, gild y cryddion
  craft guild, gild crefft
  fuller guild, gild y panwyr
  goldsmith guild, gild yr eurofaint
  merchant guild, gild y masnachwyr
  shearer guild, gild y cneifwyr
  tanner guild, gild y barceiriaid; gild y taneriaid
  tucker guild, gild y twcwyr
guildhall, *nf*, neuadd y dref
guilloche, *nm*, *guilloche*
guillotine, *nm*, gilotin
guinea, *nmf*, gini
gulf, *nm*, gwlff
Gulf Stream, *nm*, Llif y Gwlff
gullied, *a*, gwlïog
gully, *nm*, gwli; *v*, gwlia
gum, *nm*, gwm; *v*, gymio
  gum arabic, gwm arabig
  gum eraser, *nm*, dilëwr gwm
  gum shield, *nf*, tarian geg
  gum tragacanth, gwm tragacanth
gummed, *a*, gwm; gwmedig
  gummed binding, *nm*, beindin gwm
  gummed paper, *nm*, papur gwm
gun, *nmf*, dryll; *nm*, ergyd; *nm*, gwn
  five minute gun, ergyd pum munud
  one minute gun, ergyd munud
  starting gun, ergyd cychwyn
gunmetal, *nm*, dryllfetal; gwnfetal; metal gwn
  Admiralty gunmetal, gwnfetel Morlys
gunpowder, *nm*, powdr gwn
gunwale, *nm*, gynwal
gurnard, *nm*, pengernyn
gurnet, *nm*, pengernyn
gush, *v*, ffrydio
  gush out, *v*, ffrydio
gusset, *nf*, cwysed
gust, *nm*, cwthwm
gustation, *nm*, blasu
gut, *nm*, perfeddyn; gwt; *v*, diberfeddu; tynnu perfedd
guttae, *np*, *guttae;* gwtau
gutter, *nm*, cafn; cwter
gybe, *nm*, starn ogam; *v*, starn ogamu
gymnasium, *nm*, gymnasiwm
gymnastics, *nmf*, gymnasteg
Gymnospermae, *np*, Gymnospermae
gynaecology, *nmf*, gynaecoleg
gynandromorph, *nm*, gynandromorff
gynoecium, *nm*, gynoeciwm

gypsum, *nm*, gypswm
gyration, *nm*, chwyrlïant
  radius of gyration, *nm*, radiws chwyrlïant

gyrocompass, *nm*, cwmpawd gyro
gyroscope, *nm*, gyrosgop

H

habit, *nm*, arferiad
habitat, *nm*, cynefin
  ecological habitat, cynefin ecolegol
habitation, *nmf*, annedd
habitual, *a*, cynefodig; parhaus
  habitual drunkard, *nm*, meddwyn cynefodig
hachure, *nm*, *hachure*
hacienda, *nm*, *hacienda*
hack, *v*, hacio
haddock, *nm*, hadog; corbenfras
hade, *nm*, *hade*; gwyriad fertigol
haematemesis, *nm*, haematemesis; codi gwaed
haematite, *nm*, haematit
  haematite iron, *nm*, haearn haematit
haematitic, *a*, haematitig
haematoma, *nm*, haematoma; pothell waed
haematuria, *nm*, haematwria; piso gwaed
haemocoel, *nm*, haemocoel
haemocyanin, *nm*, haemocyanin
haemoglobin, *nm*, haemoglobin
haemolysis, *nm*, haemolysis
haemophilia, *nm*, haemoffilia
haemorrhage, *nm*, diferlif gwaed; gwaedlif
haft, *nm*, coes; *v*, coesio
hagioscope, *nm*, hagiosgop
hail, *np*, cenllysg; cesair
hair, *nm*, blewyn; gwallt
  hair dresser, *nm*, triniwr gwallt
  hair dressing, *v*, trin gwallt
  hair follicle, *nm*, ffolicl blewyn
  hair stylist, *nm*, cynllunydd gwallt
  pubic hair, *nf*, cedor; *np*, blew'r arffed

hake, *nm*, cegddu
halberd, *nm*, halberd
half, *a*, hanner; *nm*, hanner
  half arch, *nm*, hanner bwa
  half cream, *nm*, lled-hufen
  half length portrait, *nm*, portread hanner hyd
  half life, *nm*, hanner oes
  half moon stake, *nm*, bonyn hanner crwn
  half section, *nm*, trawslun canol
  half tone, *nf*, hanner tôn
half-back, *nm*, hanerwr
halibut, *nm*, halibwt
halinity, *nm*, halwynedd
hall, *nf*, neuadd
hall-mark, *nm*, dilysnod
hallmote, *nm*, halmwd
hallucination, *nm*, geuddrych
halo, *nm*, eurgylch; lleugylch; halo
halophyte, *nm*, haloffyt
halophytic, *a*, haloffytig
  halophytic plant, *nm*, llysieuyn haloffytig
halt, *nf*, arosfa
halter, *nm*, tennyn
  halter top, *nm*, top tennyn
haltere, *nm*, halter
halve, *v*, haneru
  halving joint, *nm*, uniad haneru
ham, *nm*, ham
hamlet, *nm*, pentrefan
  shelter-seeking hamlet, pentrefan cysgotgar
hammer, *nm*, morthwyl; *v*, morthwylio; morthylu
  backing hammer, morthwyl cefnu

ball pein hammer, morthwyl wyneb crwn
claw hammer, morthwyl crafanc
collet hammer, morthwyl coleru
copper hammer, morthwyl copr
creasing hammer, morthwyl crychu
planishing hammer, morthwyl planisio
raising hammer, morthwyl codi
sinking hammer, morthwyl sincio
sledge hammer, *nf*, gordd
hammock, *nm*, hamog
  hammock twine, *nm*, cortyn hamog
hamper, *nm*, hamper
hand, *nf*, llaw
  hand off, hwp llaw (*Ch*)
  not a hand, dim clap (*Th*)
  show of hands, *v*, codi llaw
handbill, *nf*, hysbyslen fach
handedness, *nm*, llawdueddiad
handicap, *nm*, anfantais; handicap
  minor handicaps, *np*, mân anfanteision
handkerchief, *nf*, hances
handle, *nf*, dolen; *nm*, coes; carn; dwrn; swmp; *v*, gafael; llawio; trafod
  basket handle, dolen fasged
  file handle, carn ffeil
  handle material, *v*, swmpo deunydd
handling, *nf*, ymdriniaeth
hand-props, *np*, offer llaw
handrail, *nf*, canllaw; *v*, canllawio
hand-saw, *nf*, llawlif
hand-signs, *np*, arwyddion llaw
handwork, *nm*, gwaith llaw
handwriting, *nf*, llawysgrifen
hang, *v*, crogi; hongian
hanger (e.g. coat), *nm*, hanger
hanging, *a*, crog; *nm*, hongian
  backward hanging, hongian ôl syth
  bent backward hanging, hongian ôl plyg
  heave hanging, hongian halio
  reversed hanging, hongian pen i lawr
haploid, *a*, haploid; *nm*, haploid
hapteron, *nm*, hapteron

harbour, *nm*, porthladd; harbwr
  artificial harbour, porthladd artiffisial
  harbour dues, *np*, tollau harbwr
hard, *a*, caled
  hard soldering, *v*, sodro caled
hardboard, *nm*, cledfwrdd; caledfwrdd
  perforated hardboard, cledfwrdd tyllog
harden, *v*, caledu
  case hardening, crofennu
  work hardening, gwaithgaledu
hardener, *nm*, caledwr
hardie, *nm*, cŷn eingion
hardiest, *a*, gwytnaf
  hardiest trees, *np*, coed gwytnaf
hardness, *nm*, caledwch
hardpan, *nm*, cletir
hardware, *np*, nwyddau metel
  hardware shop, *nf*, siop nwyddau metel
hardwood, *nm*, pren caled
  hardwood mallet, *nf*, gordd bren caled
hare, *nf*, ysgyfarnog
  jugged hare, ysgyfarnog jwg
haricot, *nm*, haricot
harmattan, *nm*, harmatan
harmonic, *a*, harmonig; *nm*, harmonig
  harmonic colour, *nm*, lliw harmonig
  harmonic mean, *nm*, cymedr harmonig
  harmonic motion, *nm*, mudiant harmonig
  harmonic sequence, *nm*, dilyniant harmonig
  harmonic series, *nf*, cyfres harmonig
  simple harmonic, harmonig syml
harmony, *nm*, cytgord; harmoni
harpsichord, *nm*, harpsicord
harvester, *nm*, cynaeafwr
  combine harvester, *nm*, combein
hash, *nm*, hash
hatch, *v*, deori; lliniogi; rhicio
  cross hatch, croes liniogi
hatchery, *nf*, deorfa
hatchet, *nf*, bwyell
  hatchet stake, *nm*, bonyn ongl lem

hate, *nm*, casineb; *v*, casáu
haul, *v*, cludo
haulage, *nm*, cludiad; cludiant
　haulage contractor,
　　nm, ymgymerwr cludiad;
　　contractwr cludo
haunch, *nm*, cluniad; hans; hansiad;
　v, clunio; hansio
　secret haunch, hans cudd
haunched, *a*, cluniedig; hansiedig
　haunched mortise and tenon,
　　nm, mortais a thyno cluniedig;
　　mortais a thyno hansiedig
haustorium, *nm*, hawstoriwm
haven, *nf*, hafan
hawthorn, *nf*, draenen; draenen wen
haybote, *nm*, perthfudd
hayward, *nm*, gweirward
hazard, *nm*, llestair
　lateral hazard, llestair ochrol
haze, *nm*, tawch
　heat haze, *nm*, tes
hazel, *nf*, collen
head, *nm*, pen; wynebyn; *v*, penio
　head the ball, *v*, penio'r bêl
　loose head, pen rhydd
　mushroom heads, *np*, pennau
　　masrwm
　tight head, pen caeth
headgear, *nm*, penffest
headland, *nm*, pentir
headline, *nm*, pennawd
headphone, *nm*, pen-gorn; ffôn pen
headquarters, *nmf*, pencadlys
headstock, *nm*, pen byw
heald, *nm*, brwyda
　heald string, *nm*, llinyn brwyda
healthy, *a*, iachus; iach
healthy-mindedness,
　nm, iachusrwydd meddwl
hearing, *nm*, gwrandawiad
　adjourn a hearing, gohirio
　　gwrandawiad
hearsay evidence, *nf*, tystiolaeth ail-
　law
heart, *nf*, calon; *nm*, canol; craidd
　heart shake, *nmf*, hollt calon
hearth, *nf*, aelwyd
heartland, *nf*, perfeddwlad
heartwood, *nm*, rhuddin
heat, *nm*, gwres; *nf*, rhagras;
　v, gwresogi

black heat, gwres du
bright red heat, gwres cochias
bright yellow heat, gwres eirias
central heating, gwresogi canolog
dead heat, *nf*, ras gyfartal
heat treatment, *nf*, triniaeth
　gwres; gwres driniaeth
latent heat, gwres cudd
red heat, gwres coch
white heat, gwres gwynias
heater, *nm*, gwresogydd
　storage heater, stôr-wresogydd
heath, *nf*, rhos
heathland, *nm*, rhostir
heatstroke, *nm*, trawiad gwres;
　llethiad gwres; *nf*, strôc gwres
heatwave, *nf*, poethdon
heave, *nm*, gwyriad; haliad; *v*, halio
　heave on a bar, *nm*, ymgodiad;
　　ymhaliad; *v*, ymgodi; ymhalio
heavens, *nf*, wybren
heaving, *nm*, gwthiad
　frost heaving, gwthiad rhew
heavy, *a*, trwm
　heavy lead (man), *nm*, blaenwr
　　trwm (*Th*)
hectare, *nm*, hectar
heddle, *nm*, brwyda; cribwr
　heddle holder, *nm*, daliwr
　　brwyda
hedge, *nm*, gwrych
hedonism, *nf*, hedoniaeth
hedonist, *nm*, hedonydd
heel, *nmf*, sawdl; *v*, sodli
　reinforced heel, sawdl gaerog
　turn the heel, *v*, troi'r sawdl
hegemony, *nf*, goruchafiaeth;
　nm, hegemoni
heifer, *nf*, anner; heffer; treisiad
　heifer calf, *nm*, llo benyw
　heifer in calf, anner gyflo
　heifer in milk, anner flith
　maiden heifer, anner wyry
height, *nm*, uchder
　height index, *nm*, indecs uchder
　spot height, *nm*, pwynt uchder
heir, *nm*, etifedd
　heir apparent, etifedd aparawns
　heir presumptive, etifedd tebygol
heliactite, *nm*, heliactit
helical, *a*, heligol
　helical flutes, *np*, ffliwtiau heligol

helicoid, *nm,* helicoid
helicoidal, *a,* helicoidal
  helicoidal current, *nm,* cerrynt helicoidal
helicopter, *nm,* helicopter; hofrennydd
heliotropism, *nm,* heliotropedd
helix, *nm,* helics
helminth, *nm,* helminth; *nf,* llyngyren
helminthology, *nf,* helmintholeg
helmsman, *nm,* llywiwr
hem, *nf,* hem; *v,* hemio; ffelio
  depth of hem, *nm,* lled yr hem
  false hem, hem ffug
  finishing hems, *v,* gorffennu hemiau
  hem allowance, *nm,* lwfans yr hem
  hem marker, *nm,* nodydd hem
  hem stitching, *v,* hembwytho; pwytho hem
  hem tacking, *v,* tacio hem
  slip hemming, *v,* hemio slip
  turn a hem, *v,* troi hem
hemicellulose, *nm,* hemicellwlos; hemicellulos
Hemiptera, *np,* Hemiptera
hemisphere, *nm,* hemisffer
hemlock, *nm,* cegr pum bys; *np,* cegid; cecs y dŵr
hemmer, *nm,* hemell
hemp, *nm,* cywarch
  hemp cord, *nm,* cord cywarch
  hemp twine, *nm,* cortyn cywarch
hen, *nf,* iâr
  battery hen, iâr fatri
  free range hens, *np,* ieir maes
heparin, *nm,* heparin
hepatic, *a,* hepatig
  hepatic portal system, *nf,* system gludo hepatig
hepatitis, *nm,* hepatitis; llid yr afu
heptagon, *nm,* heptagon
heraldic, *a,* herodrol
  heraldic colour, *nm,* lliw herodrol
herb, *nm,* llysieuyn
herbaceous, *a,* llysieuol
herbarium, *nf,* llysieufa
herbicide, *nm,* llysleiddiad
herbivore, *nm,* llysysydd
herbiverous, *a,* llysysol

herbs, *np,* llysiau blas
herd, *nf,* buches; *nm,* gyr
  tuberculosis attested herd, buches ardyst
herd-instinct, *nf,* greddf yr haid
herdsman, *nm,* heusor
hereby, trwy hyn
hereditament, *nm,* etifeddiant
hereditary, *a,* etifeddol
heredity, *nf,* etifeddeg
hereinafter, yma o hyn ymlaen; yma wedi hyn
heriot, *nm,* heriot
heritable, *a,* etifeddadwy
hermaphrodite, *a,* hermaffrodit; *nm,* hermaffrodit
hermitian, *a,* hermitian
hernia, *nm,* hernia; torllengig
hero, *nm,* arwr
heroic, *a,* arwrol
  heroic realism, *nf,* realaeth arwrol
heroine, *nf,* arwres
herring, *nm,* pennog; sgadenyn
  herring bone, *a,* saethben
  herring bone pattern, *nm,* patrwm saethben
  red herring, pennog coch; sgadenyn coch
hessian, *nm,* hesian
  dyed hessian, hesian llifedig
heterodyne, *nm,* heterodein
heterogeneous, *a,* anghydryw; heterogenaidd; heterogenus
heterosexual, *a,* anghyfunrhyw
heterosis, *nm,* heterosis
heterostyly, *nm,* heterostyledd
heterozygous, *a,* heterosygus
heuristic, *a,* hewristig
hexachord, *nm,* hecsacord
hexagon, *nm,* hecsagon
hexagonal, *a,* hecsagonal
hexahedron, *nm,* hecsahedron
hexastyle, *a,* hecsastyl
hexose, *nm,* hecsos
hibernate, *v,* gaeafu
hibernation, *nm,* gaeafgwsg
hidden, *a,* cudd
  hidden detail line, *nf,* llinell manylion cudd
  hidden reserve, *nf,* cronfa gudd
hide, *nm,* croen
  hide mallet, *nf,* gordd ledr

hidebound, *a,* croendyn
hierarchical, *a,* hierarchaidd
hierarchical order, *nf,* trefn hierarchaidd
hierarchy, *nf,* hierarchaeth
hieroglyphic, *nm,* hieroglyffig
highboard, *nmf,* llwyfan uchel
highest, *a,* uchaf
    Highest Common Factor *(H.C.F.),* Ffactor Cyffredin Mwyaf *(Ff.C.M.)*
highland, *nm,* ucheldir
highlight, *v,* amlygu
highway, *nf,* cefnffordd
    four lane highway, cefnffordd pedair lôn
    super highway, uwch-gefnffordd
hijack, *v,* herwgipio
hijacker, *nm,* herwgipiwr
hijacking, *nm,* herwgipiad
hill, *nf,* rhiw; gallt; *nm,* bryn; tyle
    hill country, *nm,* bryndir
    hill fort, *nf,* bryngaer
    hill shading, *v,* arlliwio llethrau
    wooded hill-side, gallt
hillock, *nm,* bryncyn
hilly, *a,* bryniog
hilt, *nm,* carn
hilum, *nm,* hilwm
hind-brain, *nm,* ôl-ymennydd
hinge, *nm,* colfach; colyn; *v,* colfachu
    backflap hinge, colfach llydan
    butt hinge, colfach fôn; colfach ymyl
    centre hinge, colfach canol
    piano hinge, colfach hir
    raising hinge, colfach codi
    tee hinge, colfach T
hinterland, *nf,* cefnwlad
hip, *nf,* clun
    hip measurement, *nm,* mesur clun
hip-girdle, *nf,* gwregys belfig; *nm,* pelfis
hireling, *nm,* gwas cyflog
histamine, *nm,* histamin
histogram, *nm,* histogram
histology, *nf,* histoleg
histone, *nm,* histon
historicity, *nf,* hanesiaeth
historiographer, *nm,* hanesyddiaethwr
historiography, *nf,* hanesyddiaeth
history, *nm,* hanes
    administrative history, hanes adweinyddol
    agrarian history, hanes amaethyddol
    borough history, hanes bwrdeistrefol
    case histories, hanes unigolion
    colonial history, hanes trefedigaethol
    constitutional history, hanes cyfansoddiadol
    ecclesiastical history, hanes eglwysig
    economic history, hanes economaidd
    industrial history, hanes diwydiannol
    legal history, hanes cyfraith
    military history, hanes milwrol
    naval history, hanes llyngesol
    political history, hanes gwleidyddol; hanes politicaidd
    rural history, hanes gwledig
    social history, hanes cymdeithasol
    suburban history, hanes maestrefol
    urban history, hanes trefol
histrionic, *a,* histrionig; chwaraeyddol
hit, *nm,* ergyd; trawiad; *v,* taro
    bunt hit, *nm,* bwnt
    corner hit, ergyd cornel
    fly hit, fflei
    free hit, ergyd rhydd
    hit for six, *v,* taro chwech
hitch, *nm,* bachiad; *v,* clymu
hitch-hike, *v,* ffawdheglu
hitch-hiker, *nm,* teithiwr-bawd; ffawdheglwr
hoard, *v,* hordio
hoarding, *nm,* hordin
hoarfrost, *nm,* crwybr
hobby, *nm,* hobi; difyrwaith
hobby-horse, *nm,* hobi-hors
hock, *nmf,* gar
    capped hock, dŵr ar y gar
hodograph, *nm,* hodograff
hoe, *nm,* chwynnogl; how
hog, *nm,* twrch

hogback, *nm,* hobgefn
hoist, *v,* codi
hold, *nmf,* crombil; *nm,* howld;
v, dal; gafael
  hold an audience, dal cynulleidfa (*Th*)
  hold a scene, dal golygfa
holdall, *nm,* holdol; popethfag; *nf,* celsach; dalsach
holder, *nm,* daliwr; gafaelydd
  test tube holder, gafaelydd tiwb prawf; gafaelydd profdiwb
holdfast, *nm,* gludafael
holding, *nm,* daliad
  small holding, mân ddaliad; tyddyn
holds, *np,* gafaeliau
  finger holds, gafaeliau bysedd
hole, *nm,* twll
  blind hole, twll dall
  clearing hole, twll cliriad
  holes up, *v,* ennill o un twll (*Ch*)
  kettle hole, *nm,* twll tegell
  sink hole, suddbwll
  swallow hole, llynctwll
holiday, *nf,* gŵyl; *np,* gwyliau
  holiday with pay, gwyliau tâl
holiday-chalet, *nm,* bwthyn haf; hafoty
holiday-cottage, *nm,* hafoty
hollow, *a,* cau; *nm,* pant; *v,* cafnu; pantio
  hollow bit tongs, *nf,* gefel gegron
holly, *nf,* celynnen; *np,* celyn
holograph, *nm,* holograff
holomorphic, *a,* holomorffig
holophytic, *a,* holoffytig
homage, *nf,* gwrogaeth
home, *nm,* cartref
  community home, cartref cymunedol
  home confinement, *nm,* gwelyfod gartref
  home help, *nm,* cymorth cartref
  home market, *nf,* marchnad gartref
  home teaching, *nm,* dysgu gartref
  home visits, *np,* ymweliadau â chartrefi
  remand home, *nm,* cartref cadw: cartref remand

homegrown, *a,* cartref
  homegrown vegetables, *np,* bwydlysiau cartref
homeland, *nf,* gwlad gartref; cartrefwlad
homeostasis, *nm,* homeostasis
homestead, *nf,* trefred
homicide, *nm,* homiseid
  Homicide Act, *nf,* Deddf Galanas: Deddf Lladd Dyn
homogeneity, *nf,* cydrywiaeth; unrhywiaeth; homogeneg
homogeneous, *a,* cydryw; cyfunrhyw; homogenaidd; homogenus
homogenise, *v,* homogeneiddio
homography, *nf,* homograffeg
homoithermal, *a.* homoithermal
homologous, *a,* homologus
  homologous chromosomes, *np,* cromosomau homologus
homologue, *nm,* homolog
homomorphic, *a,* homomorffig
homomorphism, *nm,* homomorffedd
homosexual, *a,* cyfunrywiol; cyfunrhyw; *nm,* gwrywgydiwr
homosexuality, *nf,* cyfunrywoliaeth
homothetic, *a,* homothetig
homozygous, *a,* homosygus
hone, *nf,* carreg hogi; *nm,* hôn; *v,* teg hogi
honey, *nm,* mêl
  honey guides, *np,* dynodau mêl
honeycomb, *nm,* crwybr; *v,* crwybro
honeycombed, *a,* crwybrog
honorarium, *nm,* honorariwm
honorary, *a,* anrhydeddus; mygedol
honour, *nm,* anrhydedd; *nmf,* braint; *nf,* uchelarglwyddiaeth; *v,* anrhydeddu; cydnabod
hood, *nm,* lwfer
  hood moulding, *nm,* moldin capan
hoof, *nm,* carn
hook, *nm,* bach; bachyn; bachiad; *v,* bachu; hwcio
  cabin hook, bach cabin
  crotchet hook, bach crosio
  hook and bolt, bollt a bach
  hook and eye, bach a dolen; bach a llygad
hooker, *nm,* bachwr

hoop, *nm*, cylchyn; hŵp; *v*, cylchu
   hoop stick, *nf*, ffon gylchyn
   hoola hoop, hwla hŵp; cylchyn hwla; hŵp hwla
hoose, *nm*, hach
hop, *nm*, hop; *nf*, herc; *nm*, hwb; *v*, hopian; hercian
   hop, step and jump, herc, cam a naid
hops, *np*, hopys
horizon, *nm*, gorwel
   eluvial horizon, gorwel allwaddodol
   illuvial horizon, gorwel mewnwaddodol
horizontal, *a*, llorwedd; llorweddol
   horizontal chiselling, *v*, naddu llorweddol
   horizonal equivalent, *nm*, cyfwerth llorwedd
   horizontal line, *nf*, llinell lorweddol
   horizontal line of sight, *nf*, lein weld lorwedd
   horizontal paring, *v*, naddu llorweddol
   horizontal plane, *nm*, plân llorwedd
horizontality, *nm*, llorwedd-dra
horme, *nm*, horme
hormone, *nm*, hormon
   antidiuretic hormone, hormon antidiwretig
   lactogenic hormone, hormon lactogenig
   luteal hormone, hormon lwteal
   luteinizing hormone, hormon lwteinio
horn, *nm*, corn
horned, *a*, corniog
horny, *a*, cornaidd
horse, *nm*, ceffyl; hors
   horse hair, *nm*, rhawn ceffyl
   horse with pommels, ceffyl â chorfau
horseblock, *nm*, esgynfaen
horse chestnut, *nf*, castanwydden
horse-power (h.p.), *nm*, marchnerth (m.n.)
horseradish, *np*, radys poeth
horst, *nm*, horst
horticulture, *nf*, garddwriaeth; garddeg

hosiery, *nm*, hosanwaith
hospital, *nm*, ysbyty
   general hospital, ysbyty cyffredinol
   isolation hospital, ysbyty arunigedd
   maternity hospital, ysbyty mamolaeth
   psychiatric hospital, ysbyty seiciatrig
hospitalise, *v*, anfon i'r ysbyty; ysbyteiddio
host, *nm*, gwestywr
hostage, *nm*, gwystl
hostel, *nm*, hostel
   youth hostel, hostel ieuenctid
hostess, *nf*, gwestywraig
hot, *a*, poeth
   hot colour, *nm*, lliw gorgynnes
   hot dogs, *np*, selsgwn poeth
   hot lime, *nm*, calch brwd
   hot shortness, *nm*, poeth-freuder
hotel, *nm*, gwesty; hotel
hotel-management, *nf*, gwestyaeth
hotness, *nm*, poethder
hotpot, *nm*, hotpot; poethbot
hour, *nf*, awr
house, *nm*, tŷ; *v*, anheddu
   back to back houses, tai cefn gefn
   beer house, tŷ cwrw
   chapter house, cabidyldy; tŷ'r siapter
   clearing house, tŷ clirio
   club house, tŷ clwb
   detached house, tŷ sengl; tŷ ar wahân
   fortified manor house, maenordy caerog
   guest house, gwesty
   " house full " board, *nm*, bwrdd " tŷ llawn "
   house lights, *np*, golau'r tŷ
   housing problems, *np*, problemau anheddu
   house in multiple occupation, tŷ lluos-breswyl
   lodging house, llety
   manor house, maenordy
   public house, tŷ tafarn
   semi-detached house, tŷ un talcen; tŷ pâr
housebote, *nm*, anheddfudd

housebreak, *v*, torri i mewn i dŷ
housebreaking, *nm*, tŷ doriad
housecoat, *nf*, côt tŷ
housecraft, *nf*, crefft cadw tŷ
household, *nf*, gosgordd; (H) *np*, pobl y tŷ
  household circumstances, *np*, amgylchiadau teuluaidd
householder, *nm*, deiliad tŷ; tŷ-ddeiliad; perchentywr
houseling, *nm*, cymunwr
  houseling bench, *nf*, mainc gymuno; ffurwm gymun
  houseling people, *np*, cymunwyr
housing, *nm*, amgaead; *nf*, gwal; rhigol draws; tŷ-ddarpariaeth
  housing joint, *nm*, uniad rhigol
  stopped housing joint, rhigol draws gau
hovercraft, *nf*, hofranlong; llong hofran
how's that? beth amdani? (*Ch*)
hub, *nf*, both
hue, *nf*, gwaedd
  hue and cry, gwaedd ac ymlid
hug, *v*, cofleidio
hull, *nm*, hwl
humanism, *nf*, dyneiddiaeth; hwmaniaeth
humanistic, *a*, dyneiddiol; hwmanistig
humanities, *np*, dyniaethau
humanity, *nf*, dynoliaeth
humerus, *nm*, hwmerws
humic, *a*, hwmig
humid, *a*, llaith
humidity, *nm*, lleithder
  absolute humidity, lleithder absolwt
  relative humidity, lleithder cymharol
humification, *nm*, hwmysiad; llufadredd
hummock, *nf*, ponc
hummocky, *a*, ponciog
hump, *nm*, crwb
  visceral hump, crwb ymysgarol
hums, *np*, hwms
humus, *nm*, hwmws; llufadron
hundred, *nm*, hwndrwd (*H*)
hundredweight, *nm*, canpwys; cant o bwysau

hunger, *nm*, eisiau bwyd; newyn
hurricane, *nm*, corwynt
husbandry, *nf*, hwsmonaeth
husk, *nm*, cibyn; hach; plisgyn
husting, *nm*, hwstyng
hybrid, *a*, hybrid; *nm*, hybrid
  hybrid vigour, *nm*, ymnerth hybrid
hydathode, *nm*, hydathod
hydatid, *a*, hydatid; *nm*, hydatid
  hydatid cyst, *nm*, cyst hydatid
Hydra, *nm*, Hydra
hydrant, *nm*, hydrant
hydrate, *v*, hydradu
hydration, *nm*, hydrad; hydradiad
hydraulic, *a*, hydrawlig
hydrocarbon, *nm*, hydrocarbon
hydrocephalus, *nm*, hydroceffalws; penchwyddni; dwrben
hydrochloric, *a*, hydroclorig
  hydrochloric acid, *nm*, asid hydroclorig
hydrochloride, *nm*, hydroclorid
hydrodynamics, *nmf*, hydrodynameg
hydro-electric, *a*, hydro-electrig
  hydro-electric power, *nm*, pŵer hydro-electrig
hydro-extractor, *nm*, gwehynnydd
hydrofoil, *nm*, hydroffoil
hydrogen, *nm*, hydrogen
hydrography, *nf*, hydrograffeg
hydroid, *a*, hydroid; *nm*, hydroid
hydrology, *nmf*, hydroleg
hydrolyse, *v*, hydrolyddio; hydrolu
hydrolysis, *nm*, hydrolysis
hydrometer, *nm*, hydromedr
hydrophobia, *nm*, hydroffobia
hydrophobic, *a*, hydroffobig
hydrophyte, *nm*, hydroffyt
hydroponics, *nmf*, hydroponeg
hydrosere, *nm*, hydroser
hydrosphere, *nm*, hydrosffer
hydrostatic, *a*, hydrostatig
hydrostatics, *nmf*, hydrostateg
hydrothermal, *a*, hydrothermal
hydrotropism, *nm*, hydrotropedd
hydrous, *a*, hydrus
hygiene, *nmf*, iechydeg; *nm*, hylendid; iechyd; *nf*, gwyddor hylendid
  personal hygiene, hylendid personol
hygienic, *a*, hylan

hygroma, *nm*, hygroma
hygrometer, *nm*, hygromedr
hygroscopic, *a*, hygrosgopig
hymen, *nf*, hymen
Hymenoptera, *np*, Hymenoptera
hymn-tune, *nf*, emyn-dôn
hypabyssal, *a*, hypabysal
  hypabyssal rock, *nf*, craig hypabysal
hypaethral, *a*, di-do
hyperactive, *a*, goractif
hyperbola, *nm*, hyperbola
hyperbolic, *a*, hyperbolig
hyperboloid, *nm*, hyperboloid
hypergeometric, *a*, hypergeometrig
hypermarket, *nf*, hyperfarchnad
hypermaturity, *nm*, goraeddfedrwydd
hypertonic, *a*, hypertonig
hyperplasia, *nm*, hyperplasia; gordwf
hypertrochoid, *nm*, hypertrocoid
hypertrophy, *nm*, hypertroffedd
hypha, *nm*, hyffa
hypnosis, *nm*, hypnosis
hypnotic, *a*, hypnotig; *nm*, hypnotig: cyffur cwsg
hypnotise, *v*, hypnoteiddio; gorswyno
hypnotised, *a*, mewn swyngwsg
hypnotism, *nm*, swyngwsg; *nf*, hypnotiaeth
hypocaust, *nm*, hypocawst
hypocotyl, *nm*, hypocotyl
hypocycloid, *nm*, hyposeicloid
hypodermic, *a*, hypodermig
hypogeal, *a*, hypogeal
hypogynous, *a*, hypogynus
hypostyle, *nm*, hypostyl
hypotenuse, *nm*, hypotenws
hypothecate, *v*, pridiannu
hypothesis, *nf*, damcaniaeth; *nm*, hypothesis
hypothetical, *a*, damcaniaethol
hypotonic, *a*, hypotonig
hypsography, *nmf*, hypsograffeg
hypsometer, *nm*, hypsomedr
hysteresis, *nm*, hysteresis
hysteria, *nm*, hysteria; y famwst
  canine hysteria, hysteria cŵn
hysteroid, *a*, hysteroid

I

ice, *nm*, iâ; rhew; *v*. eisio
  black ice, iâ du
  dead ice, rhew llonydd
  Ice Age, *nf*, Oes yr Iâ
  ice bound, *a*, wedi ei gaethiwo gan iâ; iaglwm
  ice cap, *nm*, cap iâ
  ice dammed lake, *nm*, llyn argae iâ
  ice fall, *nf*, disgynfa iâ
  ice field, *nm*, maes iâ
  ice floe, *nm*, ffloch iâ
  ice foot, *nmf*, troed iâ
  ice front, *nmf*, ffrynt iâ
  ice lobe, *nf*, clusten iâ
  ice shattered, *a*, rhew-ddrylliog; wedi ei ddryllio gan rew
  ice sheet, *nf*, llen iâ
  ice wedging, *nm*, lletemiad rhew
ice-axe, *nmf*, picas iâ
iceberg, *nm*, eisberg; mynydd iâ
ice-cream, *nm*, hufen iâ
iceflow, *nm*, llif iâ
ice-rink, *nf*, rhedfa rew; rinc rew
icicle, *np*, pibonwy
icing, *nm*, eising
  glace icing, eising sglein
  icing nozzle, *nm*, trwyn eisio
  icing pump, *nm*, pwmp eisio
  royal icing, eising brenhinol
icon, *nm*, icon
iconic, *a*, iconig
  iconic representation, *nm*, portread iconig

iconoclasm, *nm*, iconoclasm
iconographic, *a*, iconograffig
iconography, *nf*, iconograffiaeth
icosahedron, *nm*, icosahedron
icterus, *nm*, clefyd melyn
id, *nm*, id
idea, *nm*, drychfeddwl; idea;
   syniad
ideal, *a*, delfrydol; perffaith;
   nm, delfryd; ideal
idealisation, *nm*, delfrydiad;
   idealiad
idealise, *v*, delfrydu
idealism, *nf*, delfrydiaeth; idealaeth
idealistic, *a*, delfrydol
ideation, *nf*, syniadaeth
idemfactor, *nf*, idemffactor
idempotent, *a*, idempotent
identical, *a*, unfath
identification, *nf*, adnabyddiaeth
   identification mark, *nm*, nod adnabod
   identification parade, *nf*, rheng adnabod
identify, *v*, adnabod; unodi; uniaethu
   identify oneself with, ymarddel â; ymuniaethu â
   identify pieces, enwi darnau
   identify with, uniaethu â
identity, *nm*, unfathiant; adnabyddiant; *nf*, hunaniaeth
   false identity, gau hunaniaeth
ideological, *a*, ideolegol
ideology, *nf*, ideoleg
idiom, *nm*, idiom; priod-ddull
idiosyncrasy, *nf*, hynodwedd
idiot, *nm*, ynfytyn
   idiot savant, ynfytyn talentog
igloo, *nm*, iglw
igneous, *a*, igneaidd
   igneous rock, *nf*, craig igneaidd
ignite, *v*, tanio
ignition, *nm*, taniad
ileum, *nm*, ilewm
ilium, *nm*, iliwm
illegal, *a*, anghyfreithlon
illegitimacy, *nm*, anghyfreithusdra
illegitimate, *a*, anghyfreithus
illiteracy, *nm*, anllythrennedd
illuminate, *v*, goleuo; goleuannu; goliwio

illuminated, *a*, goliwiedig
   illuminated manuscript, *nf*, llawysgrif oliwiedig
illumination, *nm*, goleuant; goliwiad
illuminations, *np*, goleuadau
illusion, *nm*, rhith; rhithganfyddiad
illusionism, *nf*, rhitholaeth
illustrate, *v*, darlunio; egluro; eglurebu
illustration, *nm*, darlun; *nf*, eglureb; *nm*, gwaith eglurebol
illuviation, *nm*, mewn-waddodiad
image, *nf*, delwedd; delw; *v*, delweddu
   after image, olddelwedd
   brand image, delwedd brand
   erect image, delwedd ddidro
   inverted image, delwedd wrthdro
imagery, *nf*, delweddaeth
   olfactory imagery, delweddaeth aroglau
imaginal, *a*, imaginal
   imaginal disc, *nmf*, disg imaginal
imaginary, *a*, dychmygol
imagination, *nm*, dychymyg; darfelydd; crebwyll
imaginative, *a*, dychmygus
imago, *nm*, imago
imbalance, *nm*, anghydbwysedd
imbecile, *nm*, gwirionyn
imbed, *v*, plannu
imitate, *v*, dynwared; efelychu
imitation, *a*, ffug; *nm*, dynwarediad; efelychiad; efelychiant
immature, *a*, anaeddfed
   immature soil, *nm*, pridd anaeddfed
immerse, *v*, trochi
immersion, *nm*, trochiad
   immersion heater, *nm*, gwresogydd troch
immigrant, *nm*, mewnfudwr
immigrate, *v*, mewnfudo
immigration, *nm*, mewnfudiad
immobility, *nm*, ansymudoledd
immune (from), *a*, heintrydd; imwnaidd; ymwneiddiog (oddi wrth, rhag, i)
immunisation, *nm*, gwrtheiniad; imwneiddiad
immunise, *v*, gwrtheinio; imwneiddio; heintryddu

immunity, *nm,* gwrtheinedd;
  heintryddid; imwnedd
  acquired immunity, heintryddid
    datblyg; imwnedd datblyg
  active immunity, heintryddid
    gweithredol; imwnedd
    gweithredol
  immunity (from legal process),
    nm, breint-ryddid
  natural immunity, heintryddid
    cynhenid; imwnedd naturiol
  passive immunity, heintryddid
    goddefol; imwnedd goddefol
impact, *nm,* ardrawiad
  forcible impact, ardrawiad grymus
impasto, *nm,* impasto
  heavy impasto, impasto trwm
impeach, *v,* uchelgyhuddo
impeachment, *nm,* uchelgyhuddiad;
  uwchgyhuddiad
impedance, *nm,* rhwystriant
impediment, *nm,* rhwystr; atal
imperial, *a,* imperial; imperialaidd;
  ymerodraethol
imperialism, *nf,* imperialaeth
imperialist, *nm,* imperialydd
impermeable, *a,* anathraidd
impersonate, *v,* personadu
impersonator, *nm,* personadwr
impervious, *a,* anhydraidd
impetus, *nm,* ysgogiad
impinge, *v,* ardaro
implication, *nm,* ymhlygiad;
  goblygiad
implicit, *a,* ymhlyg; goblygedig
implosion, *nm,* mewnffrwydriad;
  mewnwthiad
imply, *v,* ymhlygu
import, *nm,* mewnforyn;
  v, mewnforio
importer, *nm,* mewnforiwr
impost, *nm,* arbost
impotence, *nm,* analluedd
impound, *v,* powndio
impound, *v,* powndio; ympowndio
impregnate, *v,* ymrain; ymreinio;
  trwytho
impregnation, *nm,* ymread
impression, *nf,* argraff; *nm,* argraffiad
impressionism, *nf,* argraffiadaeth
  neo-impressionism, neo-
    argraffiadaeth

post-impressionism, post-
  argraffiadaeth
impressionist, *nm,* argraffiadydd
impressionistic, *a,* argraffiaethol;
  argraffiadus
impressive, *a,* trawiadol
imprest, *nm,* imprest
imprint, *nm,* gwasgnod; *v,* gwasgnodi
imprison, *v,* carcharu
impromptu, *a,* ar y pryd
improper, *a,* anghymen; afreolaidd;
  pendrwm
impropriate, *v,* amfeddu
  impropriate tithes, *np,* degymau
    amfedd
impropriation, *nm,* amfeddiad
impropriator, *nm,* amfeddwr
improve, *v,* gwella
  improved land, *nm,* tir wedi ei
    wella
improvisation, *nm,* addasiad
  byrfyfyr
impulse, *nm,* ysgogiad; ergyd;
  ergydiant
  irresistible impulse, ysgogiad di-
    wrthdro
  sexual impulse, ysgogiad rhywiol
impulsive, *a,* ergydiol
impurity, *nm,* amhuredd
impute, *v,* priodoli
in abeyance, ar saib
inaccessible, *a,* anhygyrch
inaccuracy, *nm,* gwallusrwydd;
  anghywirdeb
inaccurate, *a,* gwallus
inadmissibility,
  nf, annerbyniadwyaeth
inadmissible, *a,* annerbyniadwy
inalienable, *a,* annieithr
inattention, *nm,* pall sylw; diffyg
  sylw
inaudible, *a,* anhyglyw
inbreed, *v,* mewnfridio
incandescence, *nm,* gwyniasedd
incandescent, *a,* gwynias
incentive, *nm,* ysgogiad
incentre, *nm,* mewnganol
incest, *nm,* llosgach
inchoate, *a,* dechreuol
incidence, *nm,* trawiant
  angle of incidence, *nf,* ongl
    trawiant

incident, *a*, trawol; *nm*, digwyddiad
incidental, *a*, achlysurol
  incidental music, *nm*, miwsig achlysurol
incircle, *nm*, mewngylch
incise, *v*, endorri; rhychu
  incising knife, *nf*, cyllell endorri
incision, *nm*, endoriad
incisor, *nm*, incisor; dant blaen
incite, *v*, annog; cyffroi
inclination, *nm*, aroledd; gogwydd; *nf*, tuedd; *nm*, tueddfryd
  angle of inclination, *nf*, ongl aroledd
incline, *nf*, llethr; *nm*, inclein; *v*, aroleddu; goleddu
inclined, *a*, ar oledd; goleddol; wedi ei oleddu
inclusive, *a*, cynhwysol
incoherent, *a*, anghysylltus; digyswllt
income, *nm*, incwm
  income group, *nm*, grŵp incwm
  income tax, *nf*, treth incwm
incomings, *np*, mewnddyfodion
incommensurable, *a*, anghyfesur
incompatibility, *nm*, gwrthnawsedd
incompatible, *a*, anghytûn
incompetence, *nm*, anghymwyster
incomplete, *a*, anghyflawn
incompressible, *a*, anghywasg
inconsistency, *nm*, anghysondeb
inconsistent, *a*, anghyson
incontinence, *nm*, anataliad
inconvertible, *a*, anghyfnewid
incorporate, *v*, corffori; ymgorffori
increase, *nm*, cynnydd; *v*, cynyddu; codi pwythau (*Gb*)
  increasing sequence, *nm*, dilyniant cynyddol
increment, *nm*, ychwanegiad
incriminate, *v*, argyhuddo
incrustation, *nm*, crameniad
incrusted, *a*, cramennog
incubate, *v*, gori
incubator, *nm*, deorydd
incumbent, *a*, periglor
incus, *nm*, incws
indecency, *nm*, anweddeidd-dra; anwedduster
  gross indecency, anwedduster garw

indecent assault, *nm*, ymosod anweddus
indefinite, *a*, amhendant; amhenodol
indehiscent, *a*, annehiscent
indemnify, *v*, rhyddarbed; indemnio
indemnity, *nm*, iawndal; indemniad; rhyddarbediad
  form of indemnity, *nf*, indemneb
  retirement indemnity, indemniad ymddeol
indent, *nm*, indent; *v*, indeintio
indentation, *nm*, danheddiad; pantiad; panyliad; indeintiad; yndeintiad
indented, *a*, danheddus
indenture, *nm*, indentur; yndeintur
independence, *nf*, annibyniaeth
independent, *a*, annibynnol
  independent assortment, *nm*, trefniant annibynnol
  independent chuck, *nf*, crafanc annibynnol
  independent variable, *nm*, newidyn annibynnol
indeterminancy, *nm*, amhenodrwydd
indeterminate, *a*, amhenodol; amhenderfynadwy
index, *nm*, indecs; mynegai; *v*, mynegeio
  index finger, *nm*, mynegfys
  use-height index, indecs uchder-defnydd
indicator, *nm*, dangosydd
  dial test indicator, prawf ddangosydd deial
indict, *v*, ditio
indictable, *a*, ditiadwy; ditiol
  indictable offence, *nmf*, trosedd dditiol
indicter, *nm*, ditiwr
indictment, *nm*, ditment
  bill of indictment, *nm*, llythyr ditment.
  draw up an indictment, *v*, llunio ditment
  quash an indictment, *v*, dirymu ditment
indifference, *nm*, difaterwch
indigenous, *a*, cynhenid
indignation, *nm*, dig; dicllonedd
indirect, *a*, anunion; anuniongyrchol; anuniongyrch

indirect taxes, *np*, trethi anunion
indissoluble, *a*, annhoddadwy
　indissoluble residue, *nm*, gwaddod annhoddadwy
individual, *a*, unigol; *nm*, unigolyn
　individual differences, *np*, gwahaniaethau unigol
　individual psychology, *nmf*, seicoleg yr unigolyn
individualism, *nf*, unigoliaeth
individualist, *nm*, unigolydd
individuality, *nf*, unigoliaeth; *nm*, unigolrwydd
indorsement, *nm*, cefnodiad
Indo-Sumerian, *a*, Indo-Swmeraidd
induced, *a*, anwythol
　induced colour, *nm*, lliw anwythol
induct, *v*, anwytho; sefydlu
inductance, *nm*, anwythiad
　mutual inductance, cydanwythiad
　self inductance, hunananwythiad
inducted, *a*, anwythol
induction, *nm*, anwythiad; sefydliad
　carry on an induction, *v*, anwytho
inductive, *a*, anwythol
in due course, yn ei bryd
indulgence, *nf*, maddeueb
indurated, *a*, duredig
industrial, *a*, diwydiannol
　industrial complex, *nm*, cymhlyg diwydiannol
　industrial estate, *nf*, stad ddiwydiannol
　industrial inertia, *nm*, inertia diwydiannol
　industrial plant, *nm*, offeriant diwydiannol
　industrial rehabilitation, *nm*, adsefydlu diwydiannol
　industrial relations, *np*, cysylltiadau diwydiannol; *nmf*, cydberthynas ddiwydiannol
　industrial revolution, *nm*, chwyldro diwydiannol
industrialization, *nf*, diwydiannaeth
industrialize, *v*, diwydiannu
industry, *nm*, diwydiant; diwydrwydd; gwaith; llafur
　aircraft industry, diwydiant awyrennau
　ancillary industry, diwydiant ategol
　armament industry, diwydiant arfau
　auxiliary industry, diwydiant cynorthwyol
　basic industry, diwydiant sylfaenol
　canning industry, diwydiant canio
　domestic system of industry, *nf*, cyfundrefn diwydiant aelwyd
　extractive industry, diwydiant echdynnol; diwydiant echdyn
　heavy industry, diwydiant trwm
　light industry, diwydiant ysgafn
　prestige industry, diwydiant rhodres
　primary industry, diwydiant primaidd
　public utility industry, diwydiant gwasanaethu'r cyhoedd
　robber industry, diwydiant disbyddol
　secondary industry, diwydiant eilaidd
　service industry, diwydiant gwasanaethol
　tertiary industry, diwydiant tertaidd; diwydiant trydyddol
　textile industry, diwydiant gweol
　tourist industry, diwydiant ymwelwyr
　woollen industry, diwydiant gwlân
ineducable, *a*, anaddysgadwy
　ineducable defective, diffygiol anaddysgadwy
inelastic, *a*, anelastig; anhydwyth
inequality, *nm*, anhafaledd
inert, *a*, difywyd; inert
　inert colour, *nm*, lliw difywyd
inertia, *nm*, inertia
　moment of inertia, *nf*, moment inertia
inextensible, *a*, anestynadwy
infacing, *a*, mewnwynebol
　infacing scarp, *nm*, sgarp mewnwynebol
infancy, *nf*, mabandod
infant, *nm*, maban
　infant welfare, *nm*, lles mabanod

infanticide, *nm*, babanladdiad
infantile, *a*, mabanaidd
infantry, *np*, gwŷr traed
infarction, *nm*, cnawdnychiant
infect, *v*, heintio
infected, *a*, heintus
infection, *nm*, heintiad
  droplet infection, heintiad defnyn
inference, *nm*, casgliad
inferential, *a*, casgliadol
  inferential thought, *nm*, meddwl casgliadol
inferior, *a*, isnormal
infest, *v*, heigiannu
infestation, *nm*, heigiad; pla
infested, *a*, heigiannus
infield, *nm*, mewnfaes; y maes agos
in-fight, *v*, paffio clos
infilling, *nm*, mewnlenwad
infiltrate, *v*, ymdreiddio
infiltration, *nm*, ymdreiddiad
infinite, *a*, anfeidraidd
infinitesimal, *a*, gorfychan; *nm*, gorfychanyn
infinity, *nm*, anfeidredd
  point of infinity, *nm*, pwynt anfeidredd
infirmary, *nm*, clafdy
inflammable, *a*, hyfflam; taniadwy
inflammation, *nm*, llid
inflate, *v*, enchwythu
inflation, *nm*, chwyddiant
inflection, *nm*, ffurfdro
inflorescence, *nf*, fflurgainc
  inflorescence axis, *nf*, echel fflurgainc
influence, *nm*, dylanwad; *v*, dylanwadu
  sphere of influence, *nm*, cylch dylanwad
influx, *nm*, dylifiad
inform, *v*, hysbysu; rhoi gwybod i
informal, *a*, anffurfiol
informant, *nm*, hysbysydd
information, *nf*, hysbysiaeth; gwybodaeth
  lay an information, *v*, cyflwyno hysbysiaeth
infra, *px*, tan-; is-
  infra structure, *nf*, tanadeiliaeth; isadeiliaeth

infra-red, *a*, is-goch
infuse, *v*, trwytho
infusion, *nm*, trwyth
in-goal, *nf*, ceisfa
ingot, *nm*, ingot
ingredients, *np*, cynhwysion; rheidiau
inguinal, *a*, arffedol
inhalation, *nm*, anadliad
inhale, *v*, anadlu; tynnu i mewn
inherit, *v*, etifeddu
inheritable, *a*, etifeddadwy
inheritance, *nf*, etifeddiaeth; *nm*, etifeddiant
  blending inheritance, etifeddiaeth gymhlith
inherited, *a*, etifeddedig
inhibition, *nm*, ataliad; lluddiant
inhospitable, *a*, digroeso; anghroesawus
initial, *a*, cychwynnol; dechreuol; *nm*, ynyd; *nf*, ynyden; (*pl*, ynydau); *v*, ynydu
  initial cost, *nm*, cost cychwynnol
initiate, *v*, cynhorio
initiation, *nm*, cynhoriad
initiative, *nm*, cynhoredd
inject, *v*, chwistrellu; mewnsaethu; pigiadu
injection, *nm*, chwistrelliad; mewnsaethiad; pigiad
  booster injection, pigiad atgyfnerthu; chwistrelliad atgyfnerthu
injunction, *nf*, ataleb; *nm*, ataliant; *nf*, gorfodeb; *nm*, gorfodiant
injury, *nm*, anaf; niwed; *nmf*, colled
ink, *nm*, inc; *v*, incio
  coloured drawing ink, inc lluniadu lliw
  drawing ink, inc lluniadu
  indelible ink, inc cadw; inc dal
  Indian ink, inc India
  ink drier, *nm*, sychydd inc
  ink in, *v*, incio
  ink roller, *nm*, rholydd inc
  ink thinner, *nm*, teneuydd inc
  lino printing ink, inc printio lino
  manuscript ink, inc llawysgrif
  transfer ink, inc troslun

inland, *a,* mewndirol; mewnol
inland revenue, *nm,* cyllid mewnol; *nf,* mewndreth
inlay, *nm,* saddurn; enosodiad; *v,* saddurno; enosod
inlet, *nf,* cilfach; mewnfa
inlet head, *nm,* blaen cilfach
inlier, *nf,* mewngraig
innate, *a,* cynhenid; cynhwynol
inner, *a,* mewnol
Inner Urban Range,
  nm, Rhanbarth Trefol Mewnol
innervation, *nf,* nerfogaeth
innings, *nm,* batiad; *np,* innings
innominate, *a,* anenwol
Inns of Court, *np,* Ysbytai'r Frawdlys
  Clifford's Inn, Ysbyty Clifford
  Gray's Inn, Ysbyty Gray
  Inner Temple Inn, Ysbyty'r Inner Temple (Y Deml Fewnol)
  Lincoln's Inn, Ysbyty Lincoln
  Middle Temple Inn, Ysbyty'r Middle Temple (Y Deml Ganol)
  Serjeants' Inn, Ysbyty'r Ceisiaid
inoculate, *v,* brechu
inoculation, *nm,* brechiad; gwrth-heintiad
in-patient, *nm,* claf preswyl
input, *nm,* mewnbwn; mewnosod
inquest, *nm,* cwest; ymchwiliad
  hold an inquest, *v,* cynnal cwest
inquire, *v,* ymholi
inquiry, *nm,* ymholiad; ymchwiliad
  further inquiry, chwilio ymhellach
  inquiry fee, *nm,* tâl ymholiad
inquisition, *nm,* ymchwiliad; Y Chwilys
inquisitor, *nm,* ymchwiliwr
insane, *a,* o'i bwyll; gorffwyll
insanity, *nm,* gorffwylledd; ynfydrwydd
inscribe, *v,* mewnsgrifio; arsgrifio
inscription, *nf,* arysgrif
insect, *nm,* pryfyn; trychfilyn
  social insect, trychfilyn cymdeithasol
Insecta, *np,* Insecta
insecticide, *nm,* gwenwyn pryfed; pryfleiddiad

contact insecticide, pryfleiddiad cyffwrdd
insectivore, *nm,* pryfysydd
insectivorous, *a,* pryfysol
inselberg, *nm, inselberg*
insensibility, *nm,* annheimladrwydd
insert, *v,* mewnosod
insertion, *nm,* mewniad
inset, *nm,* mewnosodiad; inset
inshore, *ad,* gyda'r glannau
  inshore fishing, *v,* pysgota'r glannau
inside-forward, *nm,* mewnwr
inside-half, *nm,* mewnwr
inside-left, *nm,* mewnwr chwith
inside-right, *nm,* mewnwr de
insight, *nf,* mewnddirnadaeth; *nm,* mewnwelediad
insolation, *nm,* darheulad
insoluble, *a,* annhoddadwy; anhydawdd
insolvency, *nm,* methdaliad
insolvent, *a,* methdalus; *nm,* methdalwr
inspection, *nm,* arolygiad; archwiliad
inspector, *nm,* arolygwr; inspector
inspiration, *nf,* ysbrydoliaeth
instability, *nm,* ansadrwydd
instalment, *nm,* rhandal; rhandaliad
instant, *nmf,* ennyd
instantaneous, *a,* ebrwydd; enydaidd
  instanteous grip, *nf,* gafael ebrwydd
instar, *nm, instar; v,* serennu
instep, *nm,* cefn troed
instinct, *nf,* greddf
  acquistive instinct, greddf gasglu
  assertive instinct, greddf ymwthio
  constructive instinct, greddf greadigol
  gregarious instinct, greddf yr haid
  protective instinct, greddf warchod
  pugnacious instinct, greddf ymladd
  sex instinct, greddf ryw
  submissive instinct, greddf ymostwng
institution, *nm,* sefydliad

instruction, *nm*, cyfarwyddiad; cyfarwyddyd; hyfforddiant
  programmed instruction, hyfforddiant rhaglennol
  remedial instruction, hyfforddiant adfer
  self instruction, hunan hyfforddiant
instructor, *nm*, hyfforddwr; cyfarwyddwr
instrument, *nm*, offeryn; erfyn
  key instrument, offeryn allweddog
  percussion instruments, *np*, offerynnau taro
  precision instrument, offeryn manylwaith
  wind instruments, *np*, offer chwyth
instrumentation, *nf*, offeryniaeth
insular, *a*, ynysol
insulate, *v*, ynysu
  insulating boards, *np*, byrddau ynysu
insulated, *a*, ynysedig; ynysog
insulation, *nm*, ynysiad
insulator, *nm*, ynysydd
insulin, *nm*, inswlin
insurance, *nm*, yswiriant
  comprehensive insurance, yswiriant cyfun
  National Insurance, Yswiriant Gwladol
  third party insurance, yswiriant trydydd person
insure, *v*, yswiro; yswirio
insured, *a*, yswiriedig
  insured population, *nf*, poblogaeth yswiriedig
inswinger, *nm*, *inswinger*
intact, *a*, didoriad
  intact spur, *nm*, ysbardun didoriad
intaglio, *nm*, *intaglio*
intake, *nm*, derbynnedd; *v*, derbyn
  intake tower, *nm*, tŵr mewnlif
integer, *nm*, cyfanrif; integer
integral, *a*, cyfannol; integrol; *nm*, integryn
  definite integral, integryn pendant
  indefinite integral, integryn amhendant

integral calculus, *nm*, calcwlws integrol
integral vision, *nm*, gwelediad cyfannol
  particular integral, integryn arbenigol
integrand, *nm*, integrand
integrate, *v*, cyfannu; integru
integrated, *a*, cyfannol; cyfunedig; integredig
integration, *nm*, cyfuniad; integriad
integument, *nm*, pilyn
intellect, *nm*, deall
intellectual, *a*, deallol; deallgar; deallus
  the intellectuals, *np*, y deallusion
intellectualism, *nf*, deallaeth
intelligence, *nm*, deallusrwydd
  categories of intelligence, *np*, categorïau deallusrwydd
  intelligence quotient (IQ), *nm*, cyniferydd deallusrwydd (CD)
  intelligence test, *nm*, prawf deallusrwydd
  non-verbal intelligence test, prawf deallusrwydd di-iaith
intelligent, *a*, deallus
intendant, *nm*, intendant
intense, *a*, dwys; angerddol
intensity, *nm*, arddwysedd; addwysedd; *nmf*, angerdd; *nm*, dwyster
  intensity index, *nm*, indecs arddwysedd
intensive, *a*, dyfal; trylwyr
intention, *nm*, bwriad
interact, *v*, rhyngweithio; ymarweithio
interaction, *nm*, cydadwaith; cydarwaith; rhyngweithiad
interbedded, *a*, rhyngwelyog
interbreed, *v*, rhyngfridio
intercalary, *a*, intercalaraidd
intercellular, *a*, rhyng-gellol
intercept, *v*, rhagod; rhyngdorri
interception, *nm*, rhagod; rhyngdoriad
interchange, *v*, ymgyfnewid
interchangeable, *a*, cydgyfnewidiol; ymgyfnewidiol

intercolumnation, *nm,* rhyng-golofniad
intercom, *nm,* intercom
intercorrelation, *nm,* rhyng-gydberthyniad
intercourse, *nf,* cyfathrach
interdict, *nm,* gwaharddiad
inter-disciplinary, *a,* cyd-ddisgyblaethol
inter-drumline, *a,* rhyngddrymlinol
interest, *nm,* diddordeb; llog
  compound interest, adlog
  immediate interest, diddordeb union
  insurable interest, diddordeb yswiradwy
  rate of interest, *nm,* cyfradd llog
  simple interest, llog syml
interfacing, *nm,* ffesin cudd
interfascicular, *a,* interffasgicwlar
  interfascicular cambium, *nm,* cambiwm interffasgicwlar
interference, *nf,* ymyrraeth; *nm,* ymyriad; ymyriant
interferometer, *nm,* ymyradur
interferometry, *nf,* ymyraduriaeth
interfluve, *nm,* rhyngafonol
interglacial, *a,* rhyngrewlifol
interior, *a,* mewnol; *nf,* perfedd-wlad; gwlad fewnol; golygfa fewnol; *nm,* mewnedd (*Th*)
interlace, *nm,* rhyngles; *v,* rhyngleisio
interlining, *nm,* leinin cudd
interlinked, *a,* cydgysylltiol
interlocutory, *a,* dros dro
interlude, *nf,* egwyl; anterliwt
  moral interlude, anterliwt foes
intermediary, *nm,* cyfryngwr; athrywynwr
intermediate, *a,* canolradd; *nm,* canolradd
intermezzo, *nm, intermezzo*
intermission, *nm,* saib
intermittent, *a,* ysbeidiol
  intermittent feeding, *v,* porthi ysbeidiol
intermix, *v,* cydgymysgu
intermixture, *nm,* cydgymysgedd
intermont, *a,* rhyngfynyddig
intern, *v,* dalgadw

internal, *a,* mewnol
  internal combustion engine, *nm,* peiriant tanio mewnol
international, *a,* cydwladol; rhyngwladol
internee, *nm,* dalgadwor
internment, *nf,* dalgadwraeth; *nm,* dalgadw
internode, *nm,* internod
interphase, *nm,* interffas
interplay, *nm,* cydadwaith
interpleader, *nm,* rhyngblediwr
interpolate, *v,* rhyngosod
interpolation, *nm,* rhyngosodiad
interpret, *v,* dehongli; cyfieithu; lladmera
interpretation, *nm,* dehongliad; cyd-dreiddiad; lladmeriad
interpreter, *nm,* lladmerwr
interregnum, *nm,* interegnwm
interrelation, *nmf,* rhyngberthynas
interrogation, *nf,* cwestiyneb
interrogatory, *nf,* cwestiyneb
intersect, *v,* croestorri
intersection, *nm,* croesfan; croestoriad
  point of intersection, *nm,* croestorfan
intersex, *nm,* cymysgryw
interstitial, *a,* interstitial
  interstitial cells, *np,* celloedd interstitial
inter-tidal, *a,* rhynglanw
interval, *nf,* egwyl; *nm,* saib; seibiant; cyfwng
  compound intervals, *np,* cyfyngau cyfansawdd
  consonant intervals, *np,* cyfyngau cytseiniol
  diminished interval, cyfwng cywasg
  dissonant intervals, *np,* cyfyngau anghytseiniol
  interval running, egwyl-redeg
interview, *nm,* cyfweliad; *v,* cyfweled
intestacy, *nm,* diewyllysiedd
intestate, *a,* diewyllys
intestine, *nm,* coluddyn
intracellular, *a,* mewngellol
intrados, *nm,* intrados
in transit, ar ei daith

intransitive, *a*, annhrosaidd
intraspecific, *a*, mewnrhywogaethol
intravenous, *a*, mewnwythiennol
intrigue, *nm*, cynllwyn
intrinsic, *a*, hanfodol; cynhenid
introduction, *nm*, rhagymadrodd;
 rhagarweiniad
introjection, *nf*, mewnddelwaeth
introrse, *a*, intrors
introspection, *nm*, mewnsylliad
introspective, *a*, mewnsyllgar
introversion, *nm*, mewndro
introvert, *a*, mewndroedig
intrude, *v*, mewnwthio
intrusion, *nm*, mewnwthiad;
 ymwthiad
 concordant intrusion,
 mewnwthiad cydgordiol
intrusive, *a*, mewnwthiol
intuition, *nm*, sythweliad;
 sythwelediad
intuitive, *a*, sythweledol
intussusception, *nm*, llawesiad
inulin, *nm*, inwlin
invagination, *nm*, ymweiniad
invalid, *a*, annilys; afiachog;
 nm, dyn afiachog
invalidate, *v*, annilysu
invariant, *a*, sefydlog; *nm*, sefydlyn
invent, *v*, dyfeisio
invention, *nf*, dyfais;
 nm, darganfyddiad
inventory, *nf*, llechres; rhestren;
 rhestr eiddo
inverse, *nm*, gwrthdro
inversion, *nm*, gwrthdroad;
 gwrthdro
 canon by inversion,
 nmf, gwrthganon
 first inversion, gwrthdro cyntaf
 inversion of temperature,
 gwrthdroad tymheredd
 second inversion, yr ail wrthdro
invert, *v*, gwrthdroi
invertase, *nm*, infertas
Invertebrata, *np*, Invertebrata
inverted, *a*, gwrthdro
 inverted pleat, *nm*, plet gwrthdro
invest, *v*, buddsoddi
investiture, *nm*, arwisgiad
 Investiture Contest, *nm*, Ymryson
 yr Arwisgiadau

investment, *nm*, buddsoddiad
investor, *nm*, buddsoddwr
invigorating, *a*, bywiogus
 invigorating climate,
 nf, hinsawdd bywiogus
invite, *v*, gwahodd
invoice, *nf*, anfoneb
involucre, *nm*, infolwcr
involuntary, *a*, annirfoddol
involute, *a*, infolwt; *nm*, infolwt
involution, *nm*, infolytedd
involve, *v*, ymglymu
involved, *a*, ymglymedig
involvement, *nm*, ymglymiad;
 ymgyfraniad
iodide, *nm*, ïodid
iodine, *nm*, ïodin
ion, *nm*, ïon
Ionic, *a*, Ionig
ionisation, *nm*, ïoneiddiad
ionise, *v*, ïoneiddio
ionosphere, *nm*, ïonosffer
iris, *nm*, iris
Irish stew, *nm*, stiw Gwyddelig
iron, *nm*, haearn; haearn smwddio;
 v, smwddio
 angle iron, haearn ongl
 blackheart iron, haearn castin
 hydrin
 cast iron, haearn bwrw
 electric iron, haearn trydan
 flexless gas iron, haearn nwy
 di-fflecs
 galvanised iron, haearn galfanedig
 gas iron, haearn nwy
 ironing board, *nm*, bwrdd
 smwddio
 iron nipping press, *nf*, gwasg
 haearn nipio
 pig iron, haearn bwrw
 polishing iron, haearn gloywi
 rotary ironer, *nm*, smwddydd tro
 scrap iron, *np*, sborion haearn
 smoothing iron, haearn smwddio
 steam iron, haearn stêm
 Swedish iron, haearn Sweden
 table ironer, smwddydd bwrdd
 wrought iron, haearn gyr
ironmongery, *np*, nwyddau haearn
irons, *np*, clybiau haearn (*Ch*);
 heyrn
irradiate, *v*, arbelydru

irradiation, *nm*, arbelydriad
irrational, *a*, anrhesymol;
  anghymarebol; direswm
  irrational creatures,
    np, creaduriaid direswm
irrationalism, *nf*, anrhesymoliaeth
irreducible, *a*, anostwng
irregular, *a*, afreolaidd
irregularity, *nm*, afreoleidd-dra
irrelevant, *a*, amherthnasol
irreversible, *a*, anwrthdroadwy
irrevocable, *a*, di-alw yn ôl
irrigate, *v*, dyfrhau
irrigation, *nm*, dyfrhad
  irrigation ditches, *np*, ffosydd dyfrhau
irritable, *a*, croendenau
isallobar, *nm*, isalobar
isanomalous, *a*, cyfanomalus
  isanomalous line, *nf*, llinell gyfanomalus
ischium, *nm*, isciwm
isle, *nf*, ynys
islet, *nf*, ynysig
  islets of Langerhans,
    np, ynysoedd Langerhans
isobar, *nm*, isobar
isobaric, *a*, isobarig
isobilateral, *a*, isobilateral
isochronous, *a*, isocronus
isoclinal, *a*, isocleiniog
  isoclinal folding, *nm*, plyg isocleiniog
isocline, *nm*, isoclein
isogamy, *nm*, isogamedd
isoglos, *nm*, isoglos
isogonal, *a*, isogonal
isohyet, *nm*, isohyed; isohyet
isolate, *nm*, unigyn; arunigyn;
  v, unigo; arunigo
isolated, *a*, arunig
isolation, *nm*, arunigedd; unigedd
isometric, *a*, isomedrig
  isometric axes, *np*, echlinau isomedrig
  isomedric planes, *np*, planau isomedrig

isometric projection,
  nm, tafluniad isomedrig
isometric scale, *nf*, graddfa isomedrig
isomorph, *nm*, isomorff
isomorphic, *a*, isomorffig
isomorphism, *nm*, isomorffedd
isoperimetric, *a*, isoperimedrig
isopleth, *nm*, isopleth
isosceles, *a*, isosgeles
isostacy, *nm*, isostasi
isostatic, *a*, isostatig
  isostatic adjustment,
    nm, cymhwysiad isostatig
  isostatic anomaly, *nm*, anomaledd isostatig
  isostatic equilibrium,
    nm, cydbwysedd isostatig; cymantoledd isostatig
isotherm, *nm*, isotherm
isothermal, *a*, isothermal
isotonic, *a*, isotonig
isotope, *nm*, isotop
isotopic, *a*, isotopig
isotropic, *a*, isotropig
issue, *nm*, cyhoeddiad; disgynnydd;
  v, cyhoeddi; arwyddo; anoddi; gollwng
  at issue, i'w ddadlau
  issue a subpoena, arwyddo swbpoena
  issue a warrant, arwyddo gwarant
  issue is found, gwneir cyfraith
  join issue, gwneuthur cyfraith
  the facts in issue, y ffeithiau dan ddadl
isthmus, *nm*, culdir
italic, *a*, italig
  italic writing pen, *nm*, pin italig
itch, *nm*, coswst
item, *nf*, item
  item analysis, item analysis
iterate, *v*, iteru
iteration, *nm*, iteriad
iterative, *a*, iterus
ivory, *nm*, ifori

J

jab, *nf*, jab
jacket, *nf*, siaced
  life jacket, siaced achub
  lumber jacket, siaced lymbar
Jacobean, *a*, Jacobeaidd
Jacobin, *nm*, Jacobin
Jacobite, *nm*, Jacobiad
jam, *nm*, jam; clo; *v*, jamio; cloi
  hand jam, clo llaw
jamb, *nm*, post ystlys; *nf*, gorsin; gorsing
jamissary, *nm*, jamisariad
janitor, *nm*, porthor
Japanese, *a*, Japaneaidd
  Japanese prints, *np*, printiau Japaneaidd
jar, *nf*, jar
jargon, *nm*, jargon
jaundice, *nm*, clwy melyn; clefyd melyn
jaunty, *a*, hoyw
javelin, *nf*, gwaywffon
  throw the javelin, *v*, taflu'r waywffon
jaw, *nf*, gen; safn
jealousy, *nm*, eiddigedd
jeans, *nm*, jîns
jeep, *nm*, jip
jejunum, *nm*, jejwnwm
jelly, *nm*, jeli
jenny, *nm*, jenni
jersey, *nf*, jersi
jet, *nf*, chwythell; chwistrell; *nm*, jet
  jet engine, *nm*, peiriant jet
  jet of liquid, *nf*, chwistrell
jetsam, *nm*, jetsam
jetty, *nm*, jeti
jewellery, *nm*, gemwaith; tlyswaith
jib, *v*, nogio
jibbing, *nm*, nogiad
jig, *nm*, daliwr; jig; *v*, jigio
jigsaw, *nm*, jig-so; *nf*, herclif
  jigsaw numerals, *np*, rhifau jig-so
  jigsaw puzzle, *nm*, pôs jig-so
jink, *v*, jinc

job, *v*, jobio
jobber, *nm*, jobiwr
  jobber's turn, *nm*, elw'r jobiwr
join, *v*, cyplysu; cysylltu; uno
joinder of offences, *nm*, cyplysu cyhuddiadau
joiner, *nm*, saer; asiedydd
joinery, *nm*, gwaith saer
joint, *nm*, breg; cymal; cyswllt; uniad; darn o gig; *v*, uniadu
  ball and socket joint, cymal pelen a soced
  box joint, uniad bocs
  bridle joint, uniad bagl
  butt joint, uniad bôn
  comb joint, uniad crib
  common joint, cymal cyffredin
  corner bridle joint, uniad bagl cornel
  corner halving joint, uniad haneru cornel
  cross halving joint, uniad haneru croes; uniad croes hanerog
  double mortise and tenon joint, uniad mortais a thyno dwbl
  dovetail joint, uniad cynffonnog
  dovetail halving joint, uniad haneru cynffonnog; uniad cynffonnog hanerog
  dovetail housing joint, uniad rhigol gynffonnog
  dowel joint, uniad dowel; uniad hoelbren
  expansion joint, chwyddgymal
  haunched mortise and tenon joint, uniad mortais a thyno cluniedig; uniad mortais a thyno hansiedig
  joint account, *nm*, cyfrif cyd; cydgyfrif
  joint ill, *nf*, haint yr ebolion; *nm*, clwy'r cymalau
  joint oil, *nm*, dŵr cymalau
  joint plane, *nm*, plân breg
  knuckle joint, uniad cymal
  lap joint, *nm*, goruniad

JOINTED — JUSTICE

lapped dovetail joint, goruniad cynffonnog
lapped halving joint, goruniad hanerog
loose tongue joint, uniad tafod rhydd
mitred bridle joint, uniad baglau meitrog
mitred dovetail joint, uniad cynffonnog meitrog
mitred halving joint, uniad haneru meitrog
mortice and tenon joint, uniad mortais a thyno
pinning joint, uniad mortais a thyno cribog; uniad mortais a thyno niferus
rubbed joint, uniad rhwbiedig
rule joint, uniad riwl
sash joint, uniad ffrâm
secret dovetail joint, uniad cynffonnog cudd
secret screwing joint, uniad sgriwio cudd
stopped housing joint, uniad rhigol draws cudd
tee bridle joint, uniad baglau T
tee halving joint, uniad hanerog T
through housing joint, uniad rhigol draws agored
tongue and groove joint, uniad tafod a rhigol
jointed, *a,* bregog; cymalog
  well jointed, amlfreg
jointing, *nm,* bregiant
  columnar jointing, bregiant colofnaidd
joist, *nm,* dist; trawst
jotter, *nm,* joter
joule, *nm, joule*
journal, *nm,* jwrnal; siwrnal
journeyman, *nm,* jermon
joy, *nm,* llawenydd
judge, *nm,* barnwr; beirniad; *v,* barnu; beirniadu
judgement, *nf,* barn; *nm,* dyfarniad
  pass judgement on, *v,* dedfrydu rhywun
judicial, *a,* barnwrol
Judiciary, *nf,* y Farnwriaeth
juggler, *nm,* siwglwr

juice, *nm,* sudd; sug
jumble sale, *nf,* ffair sborion
jump, *nf,* naid; *v,* neidio
  astride jump, naid ar led
  crouch jump, naid gwrcwd
  frog jump, naid broga
  high jump, naid uchel
  jumping pit, *nm,* pwll neidio
  jump lines, *v,* neidio llinellau *(Th)*
  jump up, *v,* clopáu
  jump with a rebound, naid ac adlam
  long jump, naid hir
  pole jump, naid bolyn
  rabbit jump, naid cwningen
  rhythmic jump, naid rythmig
  skip jump, naid sgip
  standing jump, naid stand
  straddle jump, naid stradl
junction, *nm,* cydiad; *nf,* cyffordd; *nm,* cymer
  clover leaf junction, cyffordd dail clofer
  road junction, cyffordd
Juncus, *nm,* Juncus
jungle, *nf,* dryswig; jyngl
junior, *nm,* iengyn; *nf,* iengen *(S)*
  junior barrister, *nm,* bargyfreithiwr ieuaf
junket, *nm,* jwncet; llaeth maidd
Jurassic, *a,* Jwrasig
jurisdiction, *nm,* awdurdod; *nf,* awdurdodaeth
jurisprudence, *nf,* deddfeg
jurist, *nm,* deddfegwr
juror, *nm,* rheithiwr
  special juror, rheithiwr arbennig
jury, *nm,* rheithgor
  Common Jury, Rheithgor Cyffredin
  Coroner's Jury, Rheithgor Crwner
  Grand Jury, Yr Uchel Reithgor
  Jury of Assize, Rheithgor Brawdlys
  Petty Jury, Yr Isel Reithgor
  special jury, rheithgor arbennig
justice, *nm,* ustus; cyfiawnder
  Justice in Eyre, Ustus Cylch
  justice in the quorum, ustus cworwm

justice of gaol delivery, ustus rhyddhau o garchar
Justice of the Peace, Ustus Heddwch; Ynad Heddwch
Lord Chief Justice, Arglwydd Brif Ustus
justiciar, *nm,* prifustus
justiciary, *nm,* prifustus
justifiable, *a,* cyfiawnadwy
justification, *nm,* cyfiawnhad
  plead justification, *v,* pledio gwirionedd
jute, *nm,* jiwt
jut, *v,* ymwthio
jutting, *nm,* ymwthiad
juvenile, *a,* ieuanc; ifancaidd; diweddar; *nm,* blaenlanc; *nf,* blaenlances
Juvenile Court, *nmf,* Llys Plant; Llys Ieuenctid
juvenile delinquency, *nm,* tramgwydd ifancaidd; *nf,* ifanc-dramgwyddaeth
juvenile deliquent, *nm,* tramgwyddwr ifanc
juvenile relief, *nf,* tirwedd diweddar
juxtaposition, *nm,* cyfosodiad

K

kale, *np,* cêl; celys
Kamares, *Kamares*
  Kamares ware, *nm,* crochenwaith *Kamares*
kame, *nm,* cnwc gro; *kame*
  kame moraine, *nm,* marian *kame*
kaolin, *nm,* caolin
kapok, *nm,* capoc
karst, *nm,* carst
katabatic, *a,* catabatig
katabolism, *nf,* catabolaeth
kayak, *nm,* cayac
keds, *np,* llau defaid
keel, *nm,* cilbren; meingil; trumbren
  bilge keel, cilbren sadio
  folding keel, cilbren plygu
keep, *nm,* gorthwr; tŵr
  keep to the script, dilyn y copi (*Th*)
keeper, *nm,* ceidwad
kemp, *nm,* cemp
keratin, *nm,* ceratin
kerf, *nm,* llifdoriad; cerff
kernel, *nm,* cnewyllyn
  palm kernel, cnewyllyn palmwydd; cnewyllyn palm
kersey, *nm,* cersi; brethyn caerog
ketchup, *nm,* cetsyp; *ketchup*
key, *nm,* agoriad; *nf,* allwedd; bysell (*S*); *nm,* cywair (*C*); *v,* allweddu
  key hole saw, *nf,* llif twll clo
  key seat clamp, *nm,* clamp sedd glo
  key way, *nf,* allweddfa
  piano keys, *np,* allweddi piano
  relative major and minor keys, *np,* cyweiriau perthynol mwyaf a lleiaf
  typewriter key, *nf,* bysell teipiadur
  Woodruff key, clo Woodruff
keyboard, *nf,* allweddell; *nm,* bysellfwrdd; trawfwrdd
keynote, *nm,* cyweirnod
key-signature, *nmf,* arwydd cywair; arwydd cyweirnod
keystone, *nm,* maen clo
keyway, *nm,* allweddrych
key-workers, *np,* gweithwyr allweddol; prifweithwyr
Khamsin, *nm,* *Khamsin*
Kibbutz, *nm,* cibwts, *Kibbutz*
kick, *nf,* cic; *v,* cicio
  corner kick, cic gornel

cross kick, cic groes
diagonal kick, cic letraws
direct free kick, cic rydd uniongyrch
dolphin kick, cic dolffin
drop kick, cic adlam
fly kick, cic wib
free kick, cic rydd
goal kick, cic gôl
grubber kick, cic bwt
high kick, cic ffril (*Th*)
indirect free kick, cic rydd anuniongyrch
kick ahead, cic ymlaen
kick for touch, cic am ystlys
kick off, cic gychwyn
penalty kick, cic gosb
place kick, cic osod
punt kick, pwnt
up and under kick, cic a chwrs
kickers, *np,* padiau cicio
kid, *nm,* cid
kidnap, *v,* lladrata (person); herwgydio; llathruddo
kidnapping, *nm,* dynladrad; herwgydiad
kidney, *nf,* aren; elwlen
kidney shape, *a,* arennog
pulpy kidney, aren bwdr
kiln, *nf,* odyn
electric kiln, odyn drydan
season in kiln, *v,* sychu mewn odyn
kilocalorie, *nm,* kilocalori; cilocalori
kilocycle, *nm,* kiloseicl; ciloseicl
kilogram, *nm,* kilogram; cilogram (kgm.)
kilometre, *nm,* kilometr; cilometr (km.)
kilowatt, *nm,* kilowat; cilowat
kilt, *nm,* cilt
kin, *nmf,* perthynas
next of kin, perthynas agosaf
kinæsthetic, *a,* cinesthetig
kinæsthetical, *a,* cinesthetigol
kindle, *v,* cynnau
kinematics, *nmf,* cinemateg
kinetic, *a,* cinetig; symudol
kinetic energy, *nm,* egni cinetig
kinetics, *nmf,* cineteg
king-pin, *nm,* prif-golyn

King's Counsel, *nm,* Cwnsler y Brenin
kink, *nm,* cinc
kiosk, *nm,* ciosg
kipper, *nm,* ciper
kiss of life, *nmf,* cusan adfer
kit, *nm,* cit; pac; *np,* taclau
first aid kit, cit ymgeledd
kitchen dresser, *nf,* dresel; seld
kitchen paper, *nm,* papur cegin
klunk, *nf,* clonc
knacker, *nm,* nacer
knacker's yard, *nf,* iard nacer
knackery, *nm,* celanedd-dy
knead, *v,* tylino
knee, *nf,* pen-glin; pen-lin; glin
knee cap, *nf,* padell pen-glin; pellen pen-glin
knee control, *nm,* contrôl pen-glin
kneel, *v,* penlinio
half kneel, penlinio un glin
horizontal kneel, penlinio llorwedd
kneel sit, penlinio eistedd
knicker, *nm,* nicer; (*pl,* nicers)
knickpoint, *nm,* cnicyn
knife, *nf,* cyllell
bread knife, cyllell fara
carving knife, cyllell garfio
clickers knife, cyllell glicer
cook's knife, cyllell cogydd
draw knife, *nf,* rhasgl
filletting knife, cyllell ffiletio
fish knife, cyllell bysgod
grapefruit knife, cyllell rawn-ffrwyth
knife edge, *nm,* min cyllell; arfin
palette knife, *nf,* cyllell balet
pastry knife, cyllell grwst
vegetable knife, cyllell lysiau
knit, *v,* gwau
loose knit, gwau llac
knit 1, purl 1, 1 o'r dde, 1 o'r chwith; rib sengl
knit 2, knit 2, 2 o'r dde, 2 o'r chwith; rib dwbl
knitwise, *v,* gwau o'r dde
knitting needle, *nf,* gwaell; gwaellen
knitwear, *nm,* gweuwaith

knob, *nm*, bwlyn; cnap; dwrn; nobyn
knock, *v*, taro
  knock down, taro i lawr; fflatio
  knocking down iron, *nm*, haearn fflatio
  knock on, taro ymlaen
  knock out, *knock out*
knoll, *nm*, cnwc
knot, *nm*, clwm; cwlwm; *nf*, môrfilltir; not; cainc; *v*, clymu cnotio; cuddio ceinciau
  alpine butterfly knot, cwlwm canolwr
  clove hitch knot, cwlwm glŷn
  fisherman's joining knot, cwlwm pysgotwr
  French knot, cwlwm Ffrengig
  knotter faults, *np*, namau
  middleman's knot, cwlwm canolwr
  overhand knot, cwlwm tros law
knotch *nm*, bwlch; *v*, bylchu
knuckle, *nm*, cwgn; migwrn; cymal
  fore knuckle, cwgn blaen; migwrn blaen
  knuckle joint, *nm*, uniad cymal
  knuckle thread, *nf*, edau gymal
knuckling, *nm*, gwendid yr egwyd
knurl, *v*, nwrlio
knurling, *nm*, nwrliad
Kraal, *nm*, *Kraal*
kurtosis, *nm*, cwrtosis

L

label, *nf*, llabed; label; *nm*, llabedyn; bargodfaen; *v*, llabedu; labelu; nodenwi
labelled, *a*, llabedig
labial, *a*, gwefusol
labium, *nm*, labiwm
laboratory, *nm*, labordy
  language laboratory, labordy iaith
labour, *nm*, llafur
  intensive labour, dwyslafur
  labour board, *nm*, bwrdd llafur
  labour force, *nm*, llafurlu; *np*, gweithwyr
  labour-pains, *np*, gwewyr esgor
  Labour Party, *nm*, Plaid Lafur
  labour relations, *np*, cysylltiadau llafur
labrum, *nm*, labrwm
labyrinth, *nm*, labyrinth
laccolith, *nm*, lacolith
lace, *nm*, les; sider; *nf*, carrai; *v*, lasio; careio
  fluted lace, les ffliwt
  lace beading, *nm*, gleinwaith les
  lace curtains, *np*, llenni les
  lace insertion, *nm*, mewniad les
  lacing card, *nm*, cerdyn lasio; cerdyn careio
  lacing strips, *np*, darnau lasio; darnau careio
  join lace, *v*, uno les
  trim with lace, *v*, sideru
lacemaking, *v*, sideru
lacerate, *v*, cymriwio
lacerated, *a*, cymriw
lacerations, *np*, cymriwiadau
lachrymal, *a*, dagreuol
lacquer, *nm*, lacr; farnais caled; *v*, lacro
lactase, *nm*, lactas
lactation, *nm*, llaethiad; *v*, llaetha
  lactation period, *nm*, cyfnod llaetha
lacteals, *np*, lactealau
lactic, *a*, lactig
  lactic acid, *nm*, asid lactig
lactogenic, *a*, lactogenig
  lactogenic hormone, *nm*, hormon lactogenig
lactose, *nm*, lactos
lacunaria, *np*, lacwnaria
lacunary, *a*, bylchus

lacustrine, *a,* llynnol
ladder, *nf,* ysgol; ysgolen (*Gb*);
   v, ysgoli; (y)sgolennu
   arm ladder, ysgol fraich
   rope ladder, ysgol raff
   window ladder, ysgol ffenestr
ladle, *nf,* lletwad
laevulos, *nm,* laefwlos
lag and lead, *nm,* lag a led;
   v, lagio a ledio
lagoon, *nmf,* lagŵn
lairage, *nm,* lloc; tâl llocio
laity, *np,* y gwŷr lleyg
lake, *nm,* llyn
   barrier lake, barlyn
   bitter lake, llyn chwerw
   dammed lake, cronlyn
   former lake, cynlyn
   glacial lake, rhewlyn
   gouged-out lake, llyn cafnog
   lake dwelling, *nmf,* annedd llyn
   lake head delta, *nm,* delta penllyn
   lake plateau, *nm,* llwyfandir
      llynnoedd
   ox-bow lake, ystumlyn
   rock basin lake, llyn creicafn
   salt lake, llyn halen
lakeside, *nf,* glanllyn
   lakeside delta, *nm,* delta glanllyn
Lamarckism, *nf,* Lamarckiaeth
lamb, *nm,* oen; cig oen
   ewe lamb, oen benyw
   lamb dysentery, *nm,* disentri'r
      ŵyn
   ram lamb, oen hwrdd
lamella, *nm,* lamela
   middle lamella, lamela canol
lamina, *nf,* haen; *nm,* lamina; llafn
laminar, *a,* laminaidd
laminate, *a,* haenog; *v,* haenogi;
   laminadu
laminated, *a,* haenog; laminedig;
   llafnedig
lamination, *nm,* laminiad; llafniad
laminboard, *nf,* astell lafnog
laminitis, *nm,* laminitis
lamp, *nf,* lamp
lampas, *nm,* mindag
lampshade, *nf,* lamplen; cysgodlen
   lamp
lance-corporal, *nm,* is-gorpral
lancet, *nm,* lanset; fflaim

lancet arch, *nm,* bwa lanset;
   bwa fflaim
land, *nm,* tir; *nf,* glan; *v,* glanio
   common land, tir comin
   grazing land, tir pori
   land agent, *nm,* stiward tir
   land charge, *nm,* pridiant tir
   land mass, mastir
   land registry, *nf,* cofrestrfa tir
   land use, *nm,* defnydd tir
   land use survey, *nm,* arolwg
      defnydd tir
   marginal land, tir ymyl
   waste land, tir anial; tir diffaith
landbreeze, *nf,* awel o'r tir
landform, *nf,* tirffurf
landholder, *nm,* deiliad tir
landlocked, *a,* tirgylch
land-rover, *nf,* landrofer
landscape, *nm,* tirlun; *nf,* tirwedd
   cultural landscape, tirlun
      diwylliannol
   landscape consultant,
      nm, ymgynghorwr tirlun
landslide, *nm,* tirgwymp
landslip, *nm,* cwymp (tir)
landward, *a,* atir; *ad,* atir
lane, *nf,* lôn
language, *nf,* iaith
   standard spoken language,
      iaith lafar safonol
langue, *nf,* iaithdrefn
lantern, *nm,* llusern
lap, *nm,* lap; *v,* lapio; llepio
   lap dovetail joint, *nm,* goruniad
      cynffonnog
   lap halving joint, *nm,* goruniad
      hanerog
   lap joint, *nm,* goruniad
   lap scorers, *np,* rhifwyr lapiau
lapel, *nf,* llaped
lapilli, *np,* lapili
lapis-lazuli, *nm, lapis-lazuli*
lapse, *nm,* methiant
larceny, *nm,* lladrad
   Larceny Act, *nf,* Deddf Lladrad
larch, *nf,* llarwydden
lard, *nm,* lard; bloneg; *v,* lardio;
   blonegu
larder, *nm,* larder; *nf,* lardfa
larva, *nm,* larfa
larval, *a,* larfal

laryngitis, *nm,* laryngitis; dolur corn gwddf
larynx, *nm,* laryncs; corn gwddf
laser, *nm,* laser
lash, *v,* rhwymo
latch, *nf,* clicied
late, *a,* hwyr
  late comers, *np,* hwyr ddyfodwyr
latency, *nm,* cuddni
latent, *a,* cudd
lateral, *a,* ochrol
  lateral dominance, *nf,* ochr-oruchafiaeth; goruchafiaeth ochrol
laterisation, *nm,* latereiddio
laterised, *a,* latereiddiedig
laterite, *nm,* laterit
lateritic, *a,* lateritig
latex, *nm,* latecs
lath, *nf,* latsen; eisen
lathe, *nm,* turn
  lathe centres, *np,* canolau turn
  lathe dog, *nm,* cariwr turn
latholith, *nm,* latholith
latifundia, *np,* latiffwndia
latitude, *nm,* lledred
  horse latitudes, *np,* lledredau'r meirch
  low latitude, lledred isel
lattice, *nm,* dellt; delltwaith; latis
  lattice work, delltwaith
latus-rectum, *nm,* latws-rectwm
launch, *nm,* lans; *v,* lansio
laundress, *nf,* golchwraig
laundrette, *nm,* landret; *nf,* golchfa
laundry, *nm,* golchdy; tŷ golchi; landri
  laundry set, *nf,* set olchi
  laundry work, *nm,* golchwaith
laurel, *nf,* llawryfen
lava, *nm,* lafa
  lava cone, *nm,* côn lafa
  lava flow, *nm,* llif lafa
  lava outflow, *nm,* gorlif lafa
  pillow lava, lafa clustog
lavatory, *nf,* ymolchfa
laver bread, *nm,* bara lawr
law, *nf,* cyfraith; deddf
  all or none law, deddf cwbl neu ddim
  Anglo-Norman Law, Cyfraith Eingl-Norman
  Anglo-Saxon Law, Cyfraith Eingl-Seisnig
  Canon Law, Cyfraith Ganon
  Civil Law, Cyfraith Sifil
  Combination Law, Deddf Gyfuno
  Common Law, Cyfraith Gwlad
  Company Law, Cyfraith Cwmnïau
  Corn Laws, Deddfau Ŷd
  Customary Law, Cyfraith Cwstwm
  Game Laws, Deddfau Helwriaeth
  law and order, rheol a threfn
  law day, *nm,* diwrnod llys barn
  Law of Diminishing Returns, Deddf Cynnyrch Lleihaol
  Law of Evidence, Cyfraith Tystiolaeth
  Martial Law, Cyfraith Rhyfel
  Merchant Law, Cyfraith Fasnach
  Poor Law, Cyfraith y Tlodion; Deddf y Tlodion
  Roman Law, Cyfraith Rufain
  Salic Law, Cyfraith Salig
  Statute Law, Cyfraith Statud
law-abiding, *a,* deddfgadwol
lawgiver, *nm,* deddfroddwr
lawn, *nm,* lawn; lawnt
law-suit, *nm,* cyngaws
laxative, *a,* rhyddhaol; *nm,* cyffur rhyddhau; cyffur gweithio; rhyddydd
lay, *a,* lleyg; llyg; *v,* gosod
  lay brother, *nm,* brawd lleyg
  lay on, *v,* rhagliwio
layback, *v,* olgripian
lay-by, *nf,* encilfa; cilfach barcio
layer, *nf,* haen
  abscission layer, haen bwrw
  boundary layer, ffin-haen; haen ffin
  intermediate layer, haen ryngol
  palisade layer, haen balis
layman, *nm,* lleygwr
layout, *nm,* cynllun; gweddlun; *nf,* llunwedd
  cutting layout, cynllun torri
leach, *v,* trwytholchi
leaching, *nm,* trwytholchiad
lead, *nm,* blaenwr; lîd; plwm; *v,* arwain
  lead blocks, *np,* blociau

leading lady, blaenores
leading leg, *nf,* coes flaen
leading man, blaenwr
leading note, *nm,* nodyn arweiniol
leading question, *nm,* cwestiwn arweiniol
leader, *nm,* arweinydd
leaf, *nf,* deilen; dalen
  colour tooling leaf, dalen offeru lliw
  compound leaf, deilen gyfansawdd
  floating leaf, deilen arnawf
  emergent leaf, deilen allddodol; deilen allddod
  leaf area duration, *nm,* parhad arwynebedd dail
  leaf blade, *nm,* llafn y ddeilen
  leaf scar, *nf,* deilgraith
  leaf sheath, *nf,* gwain y ddeilen
  leaf trace, *nf,* deildres
  simple leaf, deilen syml
  submerged leaf, deilen danddodol; deilen danddod
leaflet, *nf,* deiliosen; taflen; *nm,* dalennig
leaflets, *np,* deiliach; deilios
leafy, *a,* deiliog
league, *nm,* cynghrair
  League of Nations, Cynghrair y Cenhedloedd
leap, *nm,* llam; *nf,* naid; *v,* llamu; neidio
  leap frog, llam llyffant
  leap year, *nf,* blwyddyn naid
learn, *v,* dysgu
lease, *nf,* les; prydles; *v,* prydlesu
leasehold, *a,* prydlesol
  leasehold reform, *nm,* diwygio cyfraith brydles
leather, *nm,* lledr
leaved, *a,* deiliog
  broad leaved, llydan-ddeiliog
  narrow leaved, culddeiliog
lectern, *nf,* darllenfa; *nm,* darllenfwrdd
lectionary, *nm,* llithiadur, *nf,* rhestr llithiau
lecture, *nf,* darlith; *v,* darlithio
lecturer, *nm,* darlithydd
  senior lecturer, uwch-ddarlithydd
lecture-room, *nf,* darlithfa

ledge, *nf,* ysgafell
ledger, *nm,* ledjer; llyfr cyfrifon
leech, *nf,* gelen
leek, *nf,* cenhinen
leeward, *a,* y tu clytaf
left, *a,* chwith
left-centre-back, chwith-canol-gefn
left-half, *nm,* hanerwr chwith
left-handed, *a,* llawchwith
  left hand scissors, *nm,* siswrn llawchwith
left-handedness, *nm,* llawchwithedd
leg, *nf,* coes; rhan
  deep fine leg, fine leg pell (*Ch*)
  fine leg, fine leg
legacy, *nf,* cymynrodd
legal, *a,* cyfreithiol
  legal tender, *np,* arian cyfreithiol
  legally qualified, *a,* hyddysg yn y gyfraith
  legal aid, *nm,* cymorth cyfreithiol
legate, *nm,* legad
legatee, *nm,* becweddai
legator, *nm,* becweddwr
legislate, *v,* deddfu
legislation, *nf,* deddfwriaeth
legislator, *nm,* deddfwr
legislature, *nm,* corff deddfu; deddfwrfa
legs, *np,* coesau; coesau'r ochr (*Th*)
legume, *nm,* legwm
legumes, *np,* ciblys
leguminous, *a,* legwmaidd
leitmotiv, *nm,* leitmotif; prif ddrychfeddwl
lemma, *nm,* lema
lemon, *nmf,* lemon; lemwn
  lemon peel, *nm,* pil lemon
  lemon sole, *nf,* lleden lemon
  lemon squeezer, *nf,* gwasgell lemon
length, *nm,* hyd
  length of thread, *nm,* nodwyddiad; pwythyn
  three-quarter length, hyd tri-chwarter
lengthen, *v,* ymestyn; llaesu
leno, *nm,* leno
lens, *nmf,* lens
  concave lens, lens dargyfeiriol
  convex lens, lens cydgyfeiriol
  objective lens, lens blaen

lenticel, *nm,* lenticel
lenticular, *a,* corbysog; lenticwlar
lentil, *nf,* corbysen; lentil
leptocephalus, *nm,* leptoceffalws
leptokurtic, *a,* leptocwrtig
leptotene, *a,* leptotên
lesbian, *nf,* lesbiad
lesbianism, *nf,* lesbiaeth
les points, *np,* y minion
lessee, *nm,* prydlesai
lessor, *nm,* prydlesydd
let, *nm,* gosod; let; *v,* gosod
  house to let, *nm,* tŷ ar osod
lethal, *a,* marwol
  lethal gene, *nm,* genyn marwol
letter, *nm,* llythyr; *nf,* llythyren
  block capital letters, *np,* prif lythrennau bloc
  covering letter, cyflythyr; llythyr cyfar
  letter box, *nm,* llythyrdwll; bocs llythyrau
  letter card, *nm,* llythyrgerdyn
  lettered headboard signs, *np,* cardiau enwi
  letter game, *nm,* pôs llythrennau
  letter heading, *nm,* pennawd llythyr
  letter of administration, llythyr gweinyddu; llythyr cymun
  letter of credit, llythyr credyd
  letters patent, llythyrau patent; llythyrau breinio; breinlythyrau
  letter post, *nm,* post llythyrau
  letter rack, *nf,* rhac llythyrau
  lock-in letters, *np,* llythrennau-ffitio
  registered letter, llythyr cofrestredig
lettering, *nm,* llythreniad; *v,* llythrennu
lettuce, *nf,* letysen
leucocyte, *nm,* lewcocyt
leucoplast, *nm,* lewcoplast
levant, *nm,* lefant
levee, *nm,* llif-glawdd
level, *a,* gwastad; lefel; *nf,* graddfa; *nm,* gwastad; *nf,* lefel; *v,* gwastatau; lefelu
  level bedded rocks, *np,* creigiau llorwelyog
  spirit level, lefel wirod
lever, *nm,* lifer; trosol
  lever frame fretsaw, *nf,* llif ffret lifer
leverage, *nm,* trosoledd; trosoliad
levy, *nm,* lefi; *nf,* treth; *v,* codi
  betterment levy, lefi gwelliant
  rate levied by Council, treth a godir gan Gyngor
ley, *nm,* gwndwn
  ley farm, *v,* ffarmio gwndwn
leywrite, *nm,* leywrite
liability, *nm,* cyfrifoldeb; atebolrwydd; *nf,* rhwymedigaeth
  joint liability, cyd-rwymedigaeth
  limited liability, rhwymedigaeth gyfyngedig
liable (to a fine), *a,* agored i ddirwy
  liable for, *a,* yn atebol am
liaison, *nm,* cyswllt; *nf,* cyfathrach
liana, *nm,* liana
libel, *nm,* enllib
libellous, *a,* enllibus
liberal, *a,* rhyddfrydig; rhyddfrydol; *nm,* Rhyddfrydwr
  Liberal Party, *nf,* Y Blaid Ryddfrydol
Liberalism, *nf,* Rhyddfrydiaeth
liberalize, *v,* rhyddfrydoli
liberty, *nm,* rhyddid; libart
libido, *nm,* libido
library, *nf,* llyfrgell
  branch library, llyfrgell gangen
  mobile library, llyfrgell deithiol
libration, *nm,* mantoliad
libretto, *np,* geiriau cerdd; *nf,* libreto
licence, *nf,* trwydded
  off-licence, all-drwydded
  on-licence, mewn-drwydded
licensed, *a,* trwyddedig
  licensed premises, *np,* anheddau trwyddedig
licensee, *nm,* trwyddedai
licensor, *nm,* trwyddedwr
lichen, *nm,* cen
Lichenes, *np,* Lichenes
lido, *nm,* lido
lie, *nm,* celwydd; gorweddiad (*Ch*)
liege-lord, *nm,* dyledog
lien, *nm,* lien
lierne, *nm,* liern

lieutenant, *nm,* lifftenant
life, *nm,* bywyd
  life-save, *v,* achub bywyd
  life-saving leg kick, *nf,* cic achub bywyd
lift, *nf,* lifft; codell; cadair esgyn; *nm,* codiant
lifter, *nm,* codwr
ligament, *nm,* gïewyn
ligature, *nm,* pwythyn
light, *a,* golau; *nm,* golau; goleuni; *v,* goleuo
  burner lights, *nm,* clwstwr polyn (*Th*)
  fan light, *nm,* ffanleu
  high-light, *nm,* uwch-oleubwynt; *v,* goleubwyntio
  light and shade, *nm,* tywyll a golau
  light batten, *nf,* astell olau
  lighting plot, *nm,* plot golau
  light rehearsal, *nf,* rihyrsal golau
  light year, *nf,* blwyddyn goleuni
  northern lights, goleuni'r gogledd
lighthouse, *nm,* goleudy
lightship, *nf,* goleulong
lignified, *a,* lignedig
lignin, *nm,* lignin
lignite, *nm,* lignid; lignit
ligule, *nm,* ligwl
likelihood, *nf,* tebygoliaeth
limb, *nf,* braich; *nmf,* ystlys
  lower limb, braich isaf
  upper limb, braich uchaf
lime, *nm,* calch; leim; *nf,* palalwyfen
  lime deficiency, *nm,* prinder calch
  lime juice, *nm,* sudd leim
limelight, *nm,* amlygrwydd
  seek limelight, *v,* chwennych amlygrwydd
limestone, *nf,* carreg galch; *nm,* calchfaen
  carboniferous limestone, calchfaen carbonifferaidd
  jurassic limestone, calchfaen jwrasig
  magnesian limestone, calchfaen magnesaidd
  oolitic limestone, calchfaen oölitig
  shelly limestone, calchfaen cregynnog

limit, *nf,* ffin; limit; terfan; *nm,* terfyn
  elastic limit, terfan elastig
  limit of functions, terfan ffwythiannau
  limit of integration, terfyn integriad
  limit of sequences, terfan dilyniannau
  Newall limits, *np,* terfannau Newall
limitation, *nm,* cyfyngiad
  limitation of liability, cyfyngiad atebolrwydd
limited, *a,* cyfyngedig
limiting, *a,* terfannol
line, *nf,* llinell; lein; rhes; *v,* llinellu
  alteration line, llinell newid
  base line, llinell fas; gwaelodlin
  boundary line, llinell derfyn
  break line, llinell dorri
  broken line, llinell doredig
  centre line, llinell ganol
  centre serving line, llinell serfio ganol
  construction line, llinell adeiladwaith
  contour line, llinell cyfuchder; cyfuchlin
  datum line, llinell datwm
  dead ball line, llinell derfyn
  dimension line, llinell dimensiwn
  dotted line, llinell ddotiau
  five yard line, llinell bumllath
  fold line, llinell y plyg
  goal line, llinell gôl
  halfway line, llinell ganol
  hidden detail line, llinell manylion cudd
  hidden line, llinell gudd
  high line, llinell uchel
  International Date Line, Y Dyddlinell
  ledger line, llinell estyn (*C*); llinell ledjer
  line and wash, llinell a golchiad
  line engraving, llin-engrafiad
  lining tool, *nm,* erfyn llinellu
  line of regression, llinell atchwel
  lines of grid, *np,* rhaffau'r brig
  low line, llinell isel

opening line, llinell agoriadol
phantom line, llinell manylion cudd
rhumbic line, rhumblin
scoring line, lein hac (*Th*)
serving line, llinell servio
seven yard line, llinell seithllath
shooting line, llinell saethu
side line, llinell ochr
spring line, llinell darddiad
vanishing line, llinell ddiflannol
linear, *a*, llinol; sythlin; unionlin
  linear composition, *nm*, cyfansoddiad llinol
  linear equation, *nm*, hafaliad unradd
  linear frame, *nf*, ffrâm unionlin
  linear programme, *nf*, rhaglen unionlin
linen, *nm*, lliain
  fine linen, lliain main
  household linen, lliain tŷ
  linen basket, *nf*, basged llieiniau
  linen bin, *nm*, bin llieiniau
  linen crash, *nm*, bras liain
  linen cupboard, *nm*, cwpwrdd llieiniau
  linen embroidery, *nm*, brodwaith ar liain
  linen fold, *nm*, plyg lliain; llieinblyg
  linen scrim, lliain sgrim
  linen thread, *nf*, edau lin
  linen twill, *nm*, twil lliain
  table linen, *np*, lleiniau bwrdd
line-out, *nf*, lein
  form a line-out, *v*, leinio
liner, *nm*, leiner; *nf*, llinellen
  liner train, *nm*, trên leiner
linesman, *nm*, llinellwr; ystlyswr
lingerie, *nm*, *lingerie*; lingri
linguistics, *nf*, ieithyddiaeth
  applied linguistics, ieithyddiaeth gymhwysol; ieithyddiaeth gymwysedig
liniment, *nm*, liniment; eneinlyn; oel
lining, *nm*, leinin
link, *nm*, cyswllt; *nf*, dolen; linc
  link polygon, *nm*, polygon cyswllt

linkage, *nm*, cysylltedd; doleniad
  complete linkage, cysylltedd cyflawn
  imcomplete linkage, cysylltedd anghyflawn
  linkage group, *nm*, grŵp cysylltiedig
lino, *nm*, leino
  lino cut, *nm*, torlun leino
  lino cutter, *nf*, torrell leino
  lino knife, *nf*, cyllell leino
linoleum, *nm*, leino; linolewm
  linoleum block, *nm*, bloc leino
linseed, *np*, hâd llin
  linseed oil, *nm*, oel hâd llin
lintel, *nm*, lintel; capan drws; *nf*, linter
lip, *nf*, gwefus; *nm*, min
lipase, *nm*, lipas
lipoid, *nm*, lipoid
lipoma, *nm*, lipoma; chwyddi braster
lipstick, *nm*, minlliw; lipstic
liquefaction, *nm*, hylifiant
liquefied, *a*, hylifedig
liquefy, *v*, hylifo
liqueur, *nm*, gwirodlyn
liquid, *a*, hylif; gwlyb; *nm*, hylif
  liquid dimmer, *nm*, pylydd gwlyb
  liquid make-up, *nm*, colur gwlyb
  liquid measure, *nm*, mesur hylif; mesurydd hylif
liquidated (damages), *a*, penodedig
liquidation, *nm*, diddymiad; ymddiddymiad
liquidator, *nm*, diddymwr
liquidity, *nm*, hylifedd
liquor, *nm*, gwirod
  liquor licence, *nf*, trwydded gwirod
lisp, *nm*, lisb
list, *nf*, rhestr
  Civil List, Rhestr Sifil
  credit list, rhestr diolch
  material list, rhestr defnyddiau
  waiting list, rhestr aros
listening-post, *nf*, cell wrando
literal, *a*, llythrennol
litharge, *nm*, litharg
lithology, *nf*, litholeg
lithosere, *nm*, lithoser
lithosol, *nm*, lithosol

lithosphere, *nm,* lithosffer
litigant, *nm,* ymgyfreithiwr
litigate, *v,* ymgyfreitha; mynd i gyfraith
litigious, *a,* ymgyfreithgar; cyfreithgar
litmus, *nm,* litmws
litre, *nm,* litr
litter, *nm,* sbwriel
littoral, *a,* arfordirol; *nm,* arfordir
live, *a,* byw; *v,* byw
   live a part, byw'r part
   live stage, *nmf,* llwyfan byw
   living newspaper, *nm,* newyddiadur byw
liver, *nm,* afu; iau
   liver fluke, *nm,* ffliwc; llyngyren afu
livery, *nm,* lifrai
living, *nf,* bywoliaeth
llano, *nm,* llano
load, *nm,* llwyth
loam, *nm,* lôm
loan, *nm,* benthyciad; benthyg; *v,* benthyca
   conversion loan, benthyciad arnewid
   funding loan, benthyciad cronnol
   loan sanction, *nm,* caniatâd i fenthyca
loanable, *a,* benthyciadwy
   loanable funds, *np,* arian benthyciadwy
lob, *nm,* lob; *v,* lobio
lobate, *a,* clustennog
   lobate bar, *nm,* bar clustennog
lobe, *nf,* llabed
lobed, *a,* llabedog
lobscouse, *nm,* lobsgows
lobster, *nm,* cimwch
   lobster fishing, *v,* pysgota cimwch
lobule, *nf,* lobwlen; llabeden
local, *a,* lleol
   local authority, *nm,* awdurdod lleol
   local government, *nf,* llywodraeth leol
localized, *a,* lleoledig
   localized activity, *nm,* gweithgaredd lleoledig

locate, *v,* lleoli
location, *nm,* lleoliad
loch, *nm,* loch
lock, *nm,* clo; loc; *v,* cloi
   lock nut, *nf,* nyten gloi
locker, *nf,* llocell; locer
lockjaw, *nm,* genglo
locomotive, *nm,* locomotif
locum, *nm,* locwm
locus, *nm,* locws
lode, *nm,* clais; *nf,* gwythïen
lodge, *nm,* lodj
lodgings, *nm,* llety
lodicule, *nm,* lodicwl
loess, *nm, loess;* loés
loft, *nf,* llofft
   rood loft, llofft y grog
log, *nm,* boncyff; log
   log book, *nm,* llyfr log
   log jam, *nm,* tagiant logiau
loganberries, *np,* loganau
logarithm, *nm,* logarithm
loggia, *nm,* logia
logic, *nf,* rhesymeg
loin, *nmf,* lwyn
   chump end of loin, lwyn drwch
   fore loin, lwyn flaen
Londoner, *nm,* Llundeiniwr
long, *a,* hir
   long and short work, *nm,* gwaith hir a byr
   long auger, *nm,* taradr hir
   long chamber, *nf,* siambr hir
   long distance, *a,* hirbell; hirdeithiog
   long section, *nm,* toriad hydredol
longitude, *nm,* hydred
longitudinal, *a,* hydredol; arhydol
   longitudinal section, *nm,* toriant hydredol; trychiad hydredol
   longitudinal vibrations, *np,* dirgryniadau arhydol
longsight, *nmf,* golwg hir
loom, *nm,* gwŷdd
   cottage loom, gwŷdd bwthyn
   foot power loom, gwŷdd troedlath
   tabby loom, gwŷdd tabi
loop, *nf,* dolen; dolennen
   film loop, *nm,* cylch ffilm
   induction loop, *nf,* cylchwifren
loophole, *nm,* cloerdwll; dihangdwll

loose, *a*, llac
loosen, *v*, gollwng
lopolith, *nm*, lopolith
lop, *v*, tocio
lop-sided, *a*, un ochrog
lord, *nm*, arglwydd
   House of Lords, *nm*, Tŷ'r Arglwyddi
   Lord Chamberlain, Arglwydd Siambrlen
   Lord Chamberlain's licence *nf*, trwydded yr Arglwydd Siambrlen
   Lord Chief Justice, Arglwydd Brif Ustus
   Lord Lieutenant, Arglwydd Raglaw
   Lord of the manor, Arglwydd y manor
   Lord Privy Seal, Arglwydd y Sêl Gyfrin
   Lord Rector, Arglwydd Reithor
   Lords Marcher, *np*, Arglwyddi'r Gororau; Arglwyddi'r Mers
   Lords of the Admirality, *np*, Arglwyddi'r Morlys
   Lords Ordainers, *np*, Lords Ordainers
loss, *nmf*, colled
   loss of earnings, *nm*, coll-enill; coll-enillion
   loss of expectation, colled disgwyliad
   loss taking, *v*, llyncu colled
lost, *a*, colledig; diflan; ar goll
   lost villages, *np*, pentrefi diflan
lot and scot, lot a sgot
lotion, *nm*, golchdrwyth
loud, *a*, seinfan (*Ff*)
loudness, *nm*, seinfannedd
loudspeaker, *nm*, darseinydd
lough, *nm*, lwch
lounge, *nf*, lolfa
loure, *nm*, *loure*
louvre, *nm*, lwfer
love, *nm*, serch; dim (*Ch*)
   love all, dim dim (*Ch*)
   love game, *nf*, gêm i ddim
   love interest, *nf*, elfen serch (*Th*)
lower, *v*, gostwng
lowest, *a*, isaf; lleiaf

Lowest Common Multiple (L.C.M.), *nm*, Cynhwysrif Cyffredin Lleiaf (*C.C.Ll.*)
lowest order, *nm*, is-ddosbarth
lowest term, *nf*, ffurf symlaf
lowland, *nm*, iseldir
loxodrome, *nm*, locsodrom
loyalty, *nm*, teyrngarwch; teyrngaredd; ymlyniad
lozenge, *nm*, losin
lubricant, *nm*, iraid
lubricate, *v*, iro
lubrication, *nm*, iriad
lucerne, *nm*, lwsern; maglys
lug, *nmf*, clust
lumber, *nm*, lymber; *v*, lymbera
lumberjack, *nm*, lymberjac
lumen, *nm*, lwmen
luminescence, *nm*, ymoleuedd
luminosity, *nm*, goleuedd; llewychiant
luminous, *a*, goleuog; llewyrchol; llewychol
lunacy, *nm*, lloerigrwydd; *nf*, gwallgofiaeth
luncheon, *nm*, cinio bach; cinio canolddydd
   luncheon voucher, *nm*, tocyn cinio
lune, *nm*, lŵn
lunette, *nf*, lluned
lung, *nm*, ysgyfant, (*pl*, ysgyfaint)
lunge, *nm*, rhagwth; *v*, rhagwth
   lunge forward, rhagwth ymlaen
   lunge in low line, rhagwth ar linell isel
   lunge outward, rhagwth allan
   lunge sideways, rhagwth ochr
lunula, *nm*, lwnwla
lurex, *nm*, lwrecs
lustre, *nm*, gloywedd
lute, *nmf*, liwt
luteal, *a*, lwteal
   luteal hormone, *nm*, hormon lwteal
   luteal tissue, *nm*, meinwe lwteal
lux, *nm*, lwcs; lux
luxation, *nm*, datgymaliad
lymph, *nm*, lymff
lymphangitis, *nm*, lymffangitis; llid y pibau limff
lystav, *nm*, *lystav*; listaf

M

macaroni, *nm*, macaroni
mace, *nm*, mas; brysgyll
machicolation, *nm*, machicolad
machine, *nm*, peiriant; mashin;
   v, peiriannu; gorffennu
   peiriannol (*Cr*)
  accounting machine, peiriant
   cyfrifeg
  adding machine, peiriant adio
  automatic machine, peiriant
   awtomatig
  bench drilling machine, peiriant
   dril mainc
  calculating machine, peiriant
   cyfrif
  drilling machine, peiriant drilio
  franking machine, peiriant
   ffrancio
  machine made, *a*, peiriannol
  machine shop, *nm*, gweithdy
   mashin; gweithdy mashinau;
   gweithdy peiriant
  machine tools, *np*, offer mashin
  machine vice, *nf*, feis beiriant
  pedestal drilling machine,
   peiriant dril pedestal
  pillar drilling machine, peiriant
   dril piler
  pillar type machines, peiriannau
   pilerog (*Cr*)
  tabulating machine, peiriant tablo
  teaching machine, peiriant dysgu
machinery, *nm*, peirianwaith
mackerel, *nm*, macrell
macrocosm, *nm*, macrocosm
macronucleus, *nm*, macronwclews
macroscopic, *a*, macrosgopig
macula, *nm*, macwla
madrigal, *nf*, madrigal
maggot, *nm*, cynrhonyn; *nf*,
   cynrhonen
magic, *nm*, hud
  magic lantern, hud-lusern
Magistracy, *nf*, Yr Ynadaeth

magistrate, *nm*, ynad
  lay magistrate, ynad lleyg
  stipendiary magistrate, ynad
   cyflog
magna, *nm*, magna
magnanimity, *nm*, mawrfrydigrwydd
magnesium, *nm*, magnesiwm
magnet, *nm*, magnet
magnetic, *a*, magnetig
  magnetic field, *nm*, maes
   magnetig
  magnetic north, *nm*, gogledd
   magnetig
magnetisation, *nm*, magneteiddiad
magnetise, *v*, magneteiddio
magnetism, *nmf*, magnetedd;
   magneteg (pwnc)
  terrestrial magnetism, magnetedd
   daear
magneto, *nm*, magneto
magnetometer, *nm*, magnetomedr
magnetron, *nm*, magnetron
magnification, *nm*, chwyddhad
magnifier, *nm*, chwyddhadur
magnify, *v*, chwyddhau
magnifying-glass, *nm*, chwyddwydr
magnitude, *nm*, maintioli
mahlstick, *nf*, ffon peintiwr
mahogany, *nm*, mahogani
mail, *nm*, post
  mail boat, *nf*, llong bost
  mail order, *nm*, postwerthiant;
   v, archebu drwy'r post
mainland, *nm*, y tir mawr
mainsail, *nf*, yr hwyl fawr
mainsheet, *nf*, y brif raff
maintenance, *nm*, arofal;
   nf, gofalaeth; cynhaliaeth
  maintenance-men, *np*, gweithwyr-
   cynnal
  maintenance order, *nm*,
   gorchymyn cynnal
  maintenance payment, *nm*, tâl
   cynnal
maisonette, *nm*, *maisonette*

maître de ballet, *nm,* cyfarwyddwr bale
maize, *nm,* india corn; indrawn
majolica, *nm,* maiolica
major, *a,* hwyaf; prif; *nm,* uwchgapten
  major and minor games, *np,* prif a mân chwaraeon
  major axis, *nm,* echelin hwyaf
  major premise, *nm,* prif ragosodiad
majority, *nm,* mwyafrif
  age of majority, *nm,* oedran oedolaeth
  majority holding, *nm,* daliad mwyafrif
  majority vote, *nf,* pleidlais mwyafrif
make-believe, *v,* creu-a-chredu; smalio; cogio
make-up, *nm,* colur; *v,* coluro
  make-up box, *nm,* blwch colur
  make-up man, *nm,* colurwr
  straight make-up, colur plaen
mal-adjusted, *a,* heb ymaddasu
  mal-adjusted child, *nm,* plentyn heb ymaddasu
mal-adjustment, *nm,* diffyg ymaddasiad
maladministration, *nm,* camweinyddiad
malaise, *nm,* anhwylder
malaria, *nm,* malaria
  malaria parasite, *nm,* parasit malaria
male, *a,* gwrywol; gwryw; *nm,* gwryw
malformation, *nm,* camffurfiad
malice, *nm,* malais
  malice aforethought, malais rhagfwriadol
malicious, *a,* maleisus
  Malicious Damage Act, *nf,* Deddf Niwed Bwriadol
malignant, *a,* adwythig; gwyllt
malleability, *nm,* hydrinedd
malleable, *a,* hydrin; curadwy
  malleable iron, *nm,* haearn hydrin
mallet, *nf,* gordd; gorddbren
  beechwood mallet, gordd pren ffawydd
  bossing (eggshaped) mallet, gordd ben wy
  boxwood mallet, gordd pren bocs
  carver mallet, gordd gerfio
  fabric printing mallet, gordd brintio ffabrig
malleus, *nm,* malews
malnutrition, *nm,* diffyg maeth; gwallfaethiad
malocclusion, *nm,* camgymheiriad
Malpighian, *a,* Malpighi; Malpighiaidd
  Malpighian body, *nm,* corffilyn Malpighi
  Malpighian layer, *nf,* haen Malpighi
  Malpighian tubules, *np,* tiwbylau Malpighi
malt, *nm,* brag
maltase, *nf,* maltas
Malthusianism, *nf,* Malthwsiaeth
maltose, *nm,* maltos
mamillated, *a,* bronennog
mamma, *nf,* mama
mammal, *nm,* mamal
Mammalia, *np,* Mammalia
mammalian, *a,* mamalaidd
man (a boat) *v,* criwio
manageable, *a,* hydrin
management, *nf,* goruchwyliaeth; rheolaeth
manager, *nm,* rheolwr
  acting manager, rheolwr gweithredol
  box office manager, rheolwr tocynnau
  business manager, rheolwr busnes
managerial, *a,* rheolaethol
  managerial posts, *np,* swyddi rheoli
mandate, *nm,* mandad
mandated, *a,* mandadedig
  mandated territory, *nf,* tiriogaeth fandadedig
mandatory, *a,* mandadadol; gorfodol
mandible, *nm,* mandibl
mandorla, *nm,* mandorla
mandrel, *nm,* mandrel
  sugar loaf mandrel, mandrel côn

manganese, *nm*, manganîs
mange, *nm*, clafr y cŵn
mangle, *nm*, mangl
   wooden roller mangle, mangl pren
mango, *nm*, mango
mangrove, *nm*, mangrof
   mangrove swamp, *nm*, swamp mangrof
manhole, *nf*, cellen; *nm*, dyndwll
mania, *nm*, mania; gorffwylledd; gorawydd
manifold, *nm*, maniffold
   exhaust manifold, maniffold gwacáu
manipulate, *v*, llawdrin
manned, *a*, â chriw
   manned rocket, *nf*, roced â chriw
manner, *nf*, darddull
mannerism, *nf*, darddulliaeth; dullwedd
mannerist, *a*, darddullaidd; *nm*, darddullwr
   mannerist style, *nf*, arddull ddarddullaidd
manners (bad), *nm*, anfoesgarwch
manners (good), *nm*, moesgarwch
manoeuvre, *nm*, cad-drefniant; *v*, cad-drefnu
manometer, *nm*, manomedr
manor, *nm*, manor
   custom of the manor, *nm*, cwstwm y manor
   infield, *nm*, y maes agos
   openfield, *nm*, y maes agored
   outfield, *nm*, y maes pell
   three field system, *nf*, y gyfundrefn dryfaes
manorial, *a*, manorol
manpower (labour force), *nm*, llafurlu
manse, *nm*, mans
manslaughter, *nm*, dynladdiad
manslaughteree, *nm*, dynleiddiedig
manslaughterer, *nm*, dynladdwr
mantelpiece, *nf*, silff ben tân; *nm*, manplis
mantissa, *nm*, mantisa
mantle, *nf*, mantell; *v*, mantellu
   mantle cavity, *nm*, ceudod mantell
mantoux test, *nm*, prawf *mantoux*

manual, *nm*, maniwal; llyfr
   Manual of Military Law, Maniwal Cyfraith y Fyddin
manumission, *nm*, rhyddhad
maufacture, *nm*, gwneuthuryn; gwneuthuriad; *v*, gweithgynhyrchu; gwneuthur
manufacturer, *nm*, gwneuthurwr
manure, *nm*, tail
manus, *nm*, manws
manuscript, *nf*, llawysgrif
many-valued *a*, lluoswerth
map, *nm*, map; *v*, mapio
   base map, map sylfaenol
   conformal mapping, *nm*, mapiad cydffurfiiol
   contour map, map cyfuchlin
   land utilization map, map defnydd tir
   map reference, *nm*, cyfeiriad map
   map sheet, *nf*, dalen map
   ordnance survey map, map swyddogol y llywodraeth
   relief map, map tirwedd; map cydffurfiol
   sketch map, llinfap
   weather map, map tywydd
maple (field maple) *nf*, masarnen fach
maqui, *nm*, macwi
marble, *nm*, marmor; *v*, marmori
march, *nmf*, goror; *nf*, ffin; ymdaith; *v*, ymdeithio
   The Marches, Y Gororau; Y Mers
mare, *nf*, caseg
   oestrum mare, caseg farchus; caseg yn gwynad; c. yn gofyn
margarine, *nm*, margarin
margin, *nf*, ffin; *nmf*, ymyl; *nm*, glandir (*D*)
   binding margin, ymyl rhwymo
   eastern margin, glandir dwyreiniol
   margin release, *nf*, rhyddell ymyl
   margin stop, *nm*, stop ymyl
   profit margin, *nm*, lled yr elw
   western margin, glandir gorllewinol
marginal, *a*, ffiniol
   marginal return, *nm*, elw ffiniol
marianne, *nm*, marian

marine, *a*, morol
  marine deposits, *np*, dyddodion morol
  marine engineering, *nmf*, peirianneg forol
  marine transgression, *nm*, troseddiad môr
marines, *np*, morfilwyr
maritime, *a*, arfor; arforol
  maritime climate, *nf*, hinsawdd arforol
  maritime trade, *nf*, masnach arforol
marionette, *nm*, pwped; marionet
marjoram, *nm*, marjoram; *np*, mintys y graig
mark, *nm*, marc; mark (Almaenig); *nm*, nôd; *v*, marcio
  assay mark, nôd prawf
  hall mark, nôd gwarant
  mark out, *v*, marcio
  mark sterling, marc sterling
marker, *nm*, marciwr
market, *nf*, marchnad
  bear market, marchnad eirth
  bull market, marchnad teirw
  corner the market, *v*, cornelu'r farchnad
  market research, *nmf*, ymchwil marchnad
  market value, *nm*, gwerth y farchnad
  money market, marchnad arian
markings, *np*, marciadau; marciau
marl, *nm*, marl
marmalade, *nm*, marmalêd
marquetry, *nm*, argaenwaith
marrow (bone), *nm*, mêr
marrow (vegetable) *nf*, pwmpen
marsh, *nf*, cors; gwern; mignen
  freshwater marsh, mignen dŵr croew
  salt marsh, *nm*, morfa heli
  sea marsh, *nm*, morfa
marshall, *nm*, iarll-farsial; marsialydd; *v*, trefnu; marsialu
  marshalling yard, *nf*, iard drefnu
mart, *nf*, mart
marzipan, *nm*, marsipan
mascara, *nm*, masgara
masculinity, *nf*, gwrywaeth

mash, *v*, stwnsio
  mashed potatoes, *np*, tatws stwns
mask, *nm*, masg; mwgwd; *v*, mygydu; cuddio
masochism, *nf*, masociaeth
mason, *nm*, saer maen
  mason's mitre, *nm*, meitr saer maen
masonry, *nm*, gwaith maen
masque, *nm*, masc
mass, *nm*, mas; *nf*, offeren
  industrial mass housing, *v*, masanheddu diwydiannol
  mass movement, *nm*, mas-symudiad; mudiad torfol
  mass produce, *v*, masgynhyrchu
  negative mass, mas negatif
  positive mass, mas positif
massacre, *nf*, cyflafan
massage, *v*, tylino'r corff
massif, *nm*, masiff
massive, *a*, masfawr
mass-wasting, *nm*, masddarfodiant
mast, *nm*, mast
master-sentiment, *nm*, prif sentiment; prif synfen
mastery, *nf*, meistrolaeth
mastitis, *nm*, mastitis; clefyd y gader; garged
masturbate, *v*, mastwrbio
masturbation, *nm*, mastwrbedd
mat, *nm*, mat; *v*, matio
  fibre mat, mat ffibr
  floor mat, mat llawr
  foam mat, mat ffôm
match, *nf*, gornest; gêm; *v*, cydweddu; cyfateb
  match point, *nm*, pwynt gornest
mate, *v*, cyplysu; paru
  mating parts, *np*, rhannau cyplysol; rhannau paru
material, *nm*, defnydd
  bulk material, defnydd swmp
  check material, defnydd siec
  double material, defnydd dwbl
  floral material, defnydd blodeuog
  fraying material, defnydd rhaflog
  lustrous material, defnydd gloyw
  material evidence, *nf*, tystiolaeth berthnasol
  patterned material, defnydd patrymog

plaid material, defnydd plod
plain material, defnydd plaen
plastic material, defnydd plastig
quantity of material, nm, swˆm y defnydd; maint y defnydd
spotted material, defnydd smotiog
striped material, defnydd streip
structure of material, nm, gwneuthuriad defnydd
materialism, nf, materoliaeth
mathematics, nmf, mathemateg
matinee, nm, dydd-berfformiad
mating-instinct, nf, y reddf baru
matricide, nm, mamladdiad
matrimony, nf, priodas
   matrimonial offence, nmf, trosedd priodasol
matrix, nm, matrics
   compound matrix, matrics cyfansawdd
   rectangular matrix, matrics petryal
   square matrix, matrics sgwâr
matt, a, mat
matte, nm, *matte*
matted, a, matiog
mattress, nf, matras
maturation, nm, aeddfediad; llawn-aeddfedu
   maturation of germ cells, aeddfediad y celloedd cenhedlu
mature, a, aeddfed
maturity, nm, aeddfedrwydd
   late maturity, aeddfedrwydd diweddar; hwyraeddfediad
   maturity date, nm, dyddiad aeddfedu
maul, nf, sgarmes
   loose maul, sgarmes rydd
mausoleum, nm, mawsolewm
maxilla, nm, macsila
maximum, nm, macsimwm
maxwell (unit), nm, *maxwell*
mayor, nm, maer
maypole, nf, bedwen fai
mazerine floor, nf, seler llwyfan
maze, nm, drysfa
mazurka, nm, *mazurka*
mead, nm, medd
meadow, nf, gweirglodd; dol
   water meadow, llifddol

meals on wheels (service), nf, (gwasanaeth) pryd ar glud
mealy, a, blodiog
mean, a, cymedrig; nm, cymedr
   arthimetic mean, cymedr rhifyddol
   geometric mean, cymedr geometrig
   harmonic mean, cymedr harmonig
   mean deviation, nm, gwyriad cymedrig
   mean difference, nf, gwahaniaeth cymedr
   mean free path, nf, taith cymedr
   mean sea level, nf, level môr cymedrig
   mean temperature, nm, tymheredd cymedrig
meander, nmf, ystum afon; v, ystumio; dolennu
   abandoned meander, ystumllyn
   entrenched meander, ystum cilrych
   incised meander, ystum rhychiog
   ingrown meander, ystum lledrych
   meander belt, nm, strimyn ystumiau
   meander scar, nm, craith ystum
meaning, nmf, ystyr
   inner meaning, ystyr fewnol
means, nm, cyfrwng; modd
   means and end, cyfrwng a diben
   means test, nm, prawf moddion
   means to pay, modd i dalu
measles, nf, y frech goch
   German measles, brech goch yr Almaen
measurable, a, mesuradwy
measure, nm, mesur; bar
measurement, nm, mesur; mesuriad
   measurement methods, np, dulliau mesur
meat roll, nf, rhôl gig
meatus, nm, meatws
mechanical, a, mecanyddol
   mechanical advantage, nf, mantais fecanyddol
   mechanical aptitude, nm, tueddfryd mecanyddol
   mechanical drawing, v, lluniadu mecanyddol
   mechanical exercises, np, ymarferion mecanyddol

mechanical factor, *nmf,* ffactor mecanyddol
mechanics, *nmf,* mecaneg
mechanisation, *nm,* mecaneiddiad
mechanism, *nm,* mecanwaith; peirianwaith
  defence mechanism, mecanwaith amddiffyn
mechanistic, *a,* mecanistig
  mechanistic psychology, *nmf,* seicoleg fecanistig
medal, *nm,* medal
mediaeval, *a,* canoloesol
median, *nm,* canolrif (ystadegol); llinganol (geom.)
  median mental age, *nm,* oedran meddyliol canolrifol
mediant, *nmf,* meidon, y feidon
mediastinum, *nm,* mediastinwm
mediate, *v,* cyfryngu
medical, *a,* meddygol
  medical inspection, *nm,* archwiliad meddygol
medicine, *nf,* meddygaeth
mediterranean, *a,* mediteranaidd; canoldiraidd
  mediterranean climate, *nf,* hinsawdd mediteranaidd
medium, *nm,* cyfrwng
  colour media, *np,* cyfryngau lliw
medulla, *nm,* medwla
  medulla oblongata, medwla oblongata
medullary, *a,* craidd
  medullary ray, *nf,* rheidden graidd
medusa, *nm,* medwsa
meet, *v,* cwrdd
megalith, *nm,* megalith
megalopolis, *nm,* megalopolis
megalopolitan, *a,* megalopolitan
megaspore, *nm,* megasbor
meglip, *nm,* meglip
meiosis, *nm,* meiosis
melancholia, *nm,* melancolia; pruddglwyf; y felan
melancholic, *a,* melancolaidd; pruddglwyfus
melanin, *nm,* melanin
melanism, *nm,* melanedd
  industrial melanism, melanedd diwydiannol
melanophore, *nm,* melanoffor
melodrama, *nf,* melodrama
melody, *nf,* alaw
  melody by condensation, alaw drwy gywasgiad
melon, *nm,* melon
melt, *v,* ymdoddi
  melting point, *nm,* ymdoddbwynt; pwynt ymdoddi
  melting pot, *nm,* pair
member, *nm,* aelod
membrane, *nf,* pilen
  basement membrane, pilen waelod
  nictitating membrane, pilen nictitataidd
  nuclear membrane, pilen nwclews
  serous membrane, pilen serus
membranous, *a,* pilennog
  membranous labyrinth, *nm,* labyrinth y glust
memo, *nm,* memo
memorandum, *nm,* memorandwm
memorise, *v,* dysgu ar gof
memory, *nm,* cof
  rote memory, rhodgofio
menarche, *nm,* menarche
mend, *v,* cyweirio; trwsio
  invisible mending, cyweirio anwel
Mendel's laws, deddfau Mendel
Mendelism, *nf,* Mendeliaeth
meninges, *np,* meningau
meningitis, *nm,* meningitis
meniscus, *nm,* menisgws
menstruation, *nm,* misglwyf
mensuration, *nmf,* mesureg
mental, *a,* meddyliol
  mental age, *nm,* oedran meddyliol
  mental age equivalents, *np,* cywerthau oedrannau meddyliol
  mental defective, *nm,* person diffygiol ei feddwl
  mental deficiency, *nm,* diffygiant meddwl
  mental deterioration, *nm,* dirywiad meddyliol
  mental development, *nm,* datblygiad meddwl
  mental disturbance, *nm,* ansicrwydd meddwl

mental health, *nm,* iechyd meddwl
mental measurement, *nm,* mesuriad meddwl
mental test, *nm,* prawf meddwl
mention, *v,* nodi; crybwyll
menu, *nm,* menu; *nf,* bwydlen
mercantile, *a,* mercantil
  mercantile law, *nf,* cyfraith mercantil
mercantile, *a,* mercantilaidd
mercantilism, *nf,* mercantilaeth
mercantilist, *nm,* mercantilydd
mercenary, *nm,* milwr hur
merchandise, *nf,* marsiandiaeth; nwyddau
merchant, *a,* marsiant; *nm,* masnachwr
  merchant shipping, *np,* llongau marsiant
merchet, *nm, merchet*
mercuric, *a,* mercwrig
mercurous, *a,* mercwrus
mercury, *nm,* mercwri; arian byw
merge, *v,* soddi; ymsoddi; cyfundoddi
merger, *nm,* cyfundoddiad; ymsoddiad
meridian, *nf,* meridian
  prime meridian, prif feridian
meringue, *nm, meringue*
meristem, *nf,* meristem
  primary meristem, meristem brimaidd
  primordial meristem, meristem brimordial
meromorphic, *a,* meromorffig
mesa, *nm,* mesa
mesentery, *nm,* mesenteri
meseta, *nm,* meseta
mesh, *nm,* masg; rhwydwaith
  wire mesh, rhwydwaith weiar
mesoderm, *nm,* mesoderm
mesogloea, *nm,* mesogloea
mesokurtic, *a,* mesocwrtig
mesolithic, *a,* mesolithig
meson, *nm,* meson
mesophyll, *nm,* mesoffyl
mesophyte, *nm,* mesoffyt
mesothorax, *nm,* mesothoracs
messenger, *nm,* negesydd; *nf,* cennad

Messrs, *np,* Meistri (Mri)
Messrs Jones & Co. Ltd., Mri Jones a'i Gwmni Cyf.
Messrs Jones & Son, Mri Jones a'i Fab
mestizo, *nm,* mestiso
metabolic, *a,* metabolig
metabolism, *nf,* metabolaeth
metacarpal, *a,* metacarpal
  metacarpal bones, *np,* esgyrn metacarpal
metacentre, *nm,* metabwynt
metal, *nm,* metel
  Babbith's metal, metel Babbith
  Britannia metal, metel Britannia
  ferrous metal, metel fferrus
  gilding metal, metel euro
  metal beater, *nm,* curwr metel
  metal plane, *nm,* plaen metel
  metal work, *nm,* gwaith metel
  Muntz metal, metal Muntz
  scrap metal, *np,* sborion metel
  sheet metal, llenfetel
  type metal, metel teip
metallic, *a,* metelig
  metallic cloth, *nm,* ffabrig metelig
metalliferous, *a,* metelifferaidd; metelifferus
metalling, *nm,* metelin
metallurgical, *a,* metelegol
  metallurgical industries, *np,* diwydiannau metelegol
metallurgy, *nmf,* meteleg
metamere, *nm,* metamer
metameric, *a,* metamerig
metamerism, *nf,* metameraeth
metamorphic, *a,* metamorffig
  metamorphic aureole, *nm,* eurgylch metamorffig
metamorphism, *nf,* metamorffiaeth
metamorphosis, *nm,* metamorffosis
metaphase, *nm,* metaffas
metaphysics, *nmf,* metaffiseg
metaplastic, *a,* metaplastig
metastable, *a,* metasad
metastasis, *nm,* metastasis
metatarsal, *a,* metatarsal
  metatarsal bones, *np,* esgyrn metatarsal
metathorax, *nm,* metathoracs
metaxylem, *nf,* metaxylem

Metazoa, *np,* Metazoa
meteor, *nm,* meteor; *nf,* seren wib
meteoric, *a,* meteorig
meteorite, *nm,* gwibfaen; meteorit; meteoryn
meteorology, *nmf,* meteoroleg
meter, *nm,* meidr
methane, *nm,* methan
method, *nm,* dull; method
  creamed method, dull hufen (*Co*)
  discovery method, dull darganfod
  exploration method, dull fforio
  look and say method, dull edrych a dweud
  melting method, dull toddi (*Co*)
  method of trial and error, dull cynnig a methu
  multiple choice method, dull amryddewis
  narrative method, dull storïol
  projective method, dull ymdaflunio
  rubbed in method, dull rhwbio (*Co*)
methodology, *nf,* methodoleg
methyl, *nm,* methyl
  methylated spirit, *nm,* gwirod methyl
meticulous, *a,* gorfanwl
metier, *nm,* metier
metope, *nm,* metop
metre, *nm,* metr; mydr
metric, *a,* metrig
  metric measure, *nm,* mesur metrig
  metric system, *nf,* system fetrig
metrisable, *a,* metrigadwy
metritis, *nm,* metritis; llid y famog
metronome, *nm,* metronom
metropolitan, *a,* metropolitan
mezzanine, *nf, mezzanin;* lloft ganol
mezzotint, *nm, mezzotint*
mica, *nm,* mica
micella, *nm,* micela
microbe, *nm,* microb
micro-biology, *nmf,* mân-fywydeg; microfioleg
microclimate, *nf,* micro-hinsawdd
microcosm, *nm,* microcosm
micrograph, *nm,* micrograff
microlith, *nm,* microlith

micrometer, *nm,* micromedr
  inside micrometer, micromedr mewnol
  outside micrometer, micromedr allanol
micron, *nm,* micron
micronucleus, *nm,* micronwclews
micro-organism, *nf,* micro-organeb
microphone, *nm,* meicroffon; meic; microffon
micropyle, *nm,* micropyl
microscope, *nm,* microsgop
  ultra microscope, wltra microsgop
microscopic, *a,* microsgopig
microscopy, *nmf,* microsgopeg
microspore, *nm,* microsbor
microsporophyll, *nm,* microsboroffyl
microtome, *nm,* microtom
micturate, *v,* piso
micturition, *nm,* pisiad
mid-brain, *nm,* canol-ymennydd
middle, *nm,* canol
  middle distance, *nm,* pellter canol
  middle tint, *nm,* tint canol
middleman, *nm,* canolwr
midget, *nm,* corrach; cor
  midget state, *nf,* corwlad
mid-latitude, *nm,* lledred canol
midrib, *nf,* gwythïen ganol
midway-upward, *ad,* hanner ffordd i fyny
midwife, *nf,* bydwraig
midwifery, *nmf,* bydwreigiaeth
migraine, *nm,* migren
migration, *nm,* mudo
mildew, *nf,* cafod lwyd; *nm,* llwydni
mile, *nf,* milltir
  mile post, *nm,* postyn milltir
  mile stone, *nf,* carreg filltir
  nautical mile, môr-filltir; milltir fôr
mileage allowance, *nm,* lwfans milltiredd
miliary, *a,* miliaraidd
milieu, *nm, milieu*
militia, *nm,* milisia
milk, *nm,* llaeth; llefrith; *v,* godro
  condensed milk, llaeth cyddwys
  dried milk, llaeth powdr

evaporated milk, llaeth anwedd; llaeth anweddog
milk cartons, np, cartonau llaeth
milk dry, v, godro'n sych
milk float, nf, fflôt laeth
milk the audience, v, godro'r gynulleidfa (Th)
tuberculin tested milk, llaeth ardyst
Milky Way, nm, Y Llwybr Llaethog
mill, nf, melin; v, melino; malu
  climb milling, v, melino dringol (Cel)
  cold strip mill, melin strip oer
  continuous strip mill, melin strip ddi-dor
  hot strip mill, melin strip boeth
  mill flour, v, malu blawd
millboard, nm, bwrdd melin
millenium, nm, milflwyddiant; mileniwm
miller, nm, melinydd
millet, nm, milet
millibar, nm, milibar
milling-machine, nm, peiriant melino
million, nm, miliwn
millstone, nm, maen melin
  millstone grit, nm, grit maen melin
millwork, nm, melinwaith
mime, nm, meim
mimesis, nm, mimesis
mimic, nm, dynwaredwr; v, dynwared
mimicry, nm, dynwarediad
minaret, nm, minaret; meindwr
mince, nm, briwgig; v, briwio
mincemeat, nm, briwdda
mince pies, np, teisennau briwdda; cacennau briwdda; pasteiod Nadolig
mincer, nf, briwell
mind, nm, meddwl
mine, v, mwyngloddio; ffetlo (Cel)
  opencast mining, mwyngloddio brig; gweithio glo brig
mineral, a, mwynol; nm, mwyn
  mineral drinks, np, diodydd mwynol
  mineral salts, np, halwynau mwynol
  mineral water, nm, dŵr mwynol

mineralogy, nf, mwynyddiaeth
miniature, nm, miniatur
  miniature painting, nm, peintio miniatur
minim, nm, minim
minimal, a, minimal
minimum, nm, minimwm
mining, nf, mwyngloddiaeth
minister, nm, gweinidog
  minister's account, nm, cyfrif swyddwr
  Minister of Education, Gweinidog Addysg
  Minister of State, Gweinidog Gwladol
ministry, nf, gweinyddiaeth
minor, a, lleiaf; nm, minor
  minor ailments, np, mân anhwylderau
minority, nm, lleiafrif
  minority holding, nm, daliad lleiafrif
mint, nm, y mint; bathdy; mint; mintys
  mint par of exchange, par cyfnewid mint
  Royal Mint, Mint Brenhinol
mintage, nm, bathiad
minuend, nm, minwend
minuet, nm, minwet
  minuet and trio, minwet a thrio
minus sign, nmf, arwydd minws
minute, nmf, munud
minutes, np, cofnodion
  minutes book, nm, llyfr cofnodion
miracidium, nm, miracidiwm
mirage, nm, lleurith
mirror, nm, drych
mirror-writing, nf, drych-ysgrifen
misanthropist, nm, dyngaswr
misanthropy, nm, dyngasedd
misbehave, v, camymddwyn
miscarriage, nm, erthylu; erthyliad
  miscarriage of justice, nm, aflwyddo cyfiawnder
miscast, v, camgastio
miscellaneous, a, amrywiol
mischief, nm, direidi
misdemeanour, nm, camwedd; camddygiad
  statutory misdemeanour, camwedd dan ddeddf

misdescription, *nm,* camddisgrifiad
mise, *nm,* meis
mis-en-scene, *nm,* cywaith
misericord, *nm,* misericord
misfit, *a,* misffit; *nm,* misffit
  misfit river, *nf,* afon fisffit
misinterpret, *v,* camddehongli; camesbonio
mislay, *v,* camosod
misprision of felony, *v,* celu ffelwn
misrepresent, *v,* camarwain; camliwio
misrepresentation,
  nm, camarweiniad; camliwiad
missal, *nm,* misal; llyfr offeren
mis-shapen, *a,* dilun
missile, *nm,* saethyn
mist, *nm,* niwl; crwybr; *v,* niwlio
  river mist, *nm,* tarth
mistral, *nm,* mistral
mites, *np,* euddon
mitigate, *v,* lliniaru
  mitigating circumstances,
    np, ystyriaethau lliniarol
mitochondrion, *nm,* mitocondrion
mitosis, *nm,* mitosis
mitotic, *a,* mitotig
mitral, *a,* mitral; meitral;
  nm, meitral
  mitral valve, *nm,* falf mitral
mitre, *nm,* meitr; *v,* meitru; meitro
  mitre block, *nm,* blocyn meitro
  mitre box, *nm,* blwch meitro
  mitre cramping, *nm,* crampio meitr
  mitre shooting board,
    nm, bwrdd meitro
  mitre square, *nmf,* sgwâr meitro
mitten, *nm,* miten
mixture, *nm,* cymysgedd; cymysgiad
moat, *nf,* ffos
mobile, *a,* symudol; mudol
mobile, *nm,* symudyn
mobilisation, *nm,* byddinaid; dygyfor
mobilise, *v,* byddino; lluyddu; dygyfor
mobility, *nm,* symudoledd; mudoledd
  contest mobility, symudoledd ymryson
  downward mobility, symudoledd i lawr
  sponsored mobility, symudoledd noddedig
  upward mobility, symudoledd i fyny
mode, *nm,* dull; modd
  major mode, y modd mwyaf
model, *nm,* model; *v,* modelu
  model town, *nf,* tref fodel; modeldref
  three dimensional modelling, modelu tri dimensiwn
  two dimensional modelling, modelu dau ddimensiwn
moderate, *a,* cymedrol
moderator, *nm,* cymedrolwr
modernisation, *nm,* moderneiddiad
modesty, *nm,* gwyleidd-dra
modification, *nm,* adnewidiad
modified, *a,* adnewidiadol
modify, *v,* adnewid; goleddfu
modillion, *nf,* braced; *nm,* modilion
modular, *a,* modwlar
modulate, *v,* modylu
modulated, *a,* modyledig
modulation, *nm,* trawsgyweiriad; trosiad; goslefiad
modulator, *nm,* modylydd; trosiadur
  extended modulator, trosiadur mawr
module, *nm,* modwl
modulo, *nm,* modwlo
modulus, *nm,* modwlws
moiety, *nm,* moieti
moist, *a,* llaith
moisture, *nm,* lleithedd
  moisture content, *nm,* cynnwys lleithedd
molar, *a,* molar; *nm,* molar
molars, *np,* cilddannedd
mole, *nm,* môl *(Ff)*; twrch daear *(B)*
molecular, *a,* molecwlar; molecylig; molecwlaidd
  molecular weight, *np,* pwysau molecylig
molecule, *nm,* molecwl
Molinia, *nm,* Molinia
mollusc, *nm,* molwsc
Mollusca, *nm,* Mollusca
molten, *a,* tawdd
molybdenum, *nm,* molybdenwm
moment, *nf,* moment
  bending moment, moment plygu

momentum, *nm*, momentwm
monadelphous, *a*, monadelffus
monadnock, *nm*, monadnoc
monarchist, *nm*, monarchydd
monarchy, *nf*, monarchiaeth
monastery, *nm*, mynachlog
  Dissolution of Monasteries,
    nm, Diddymiad y Mynachlogydd
money, *np*, arian; *nm*, pres
  call money, arian galw
  copper money, arian cochion
  current money, arian treigl
  easy money, arian rhwydd
  paper money, arian papur
  silver money, arian gwynion;
    arian gleision
  symbol money, arian ffug
  token money, arian tocyn
money lender, *nm*, echwynnwr
money lending, *v*, echwyn arian
mongol, *nm*, mongol
monic, *a*, monig
monitor, *nm*, monitor
monitorial, *a*, monitoraidd
monocellular, *a*, ungell
monochromatic, *a*, unlliw; monocromatig
monochrome, *a*, monocrom; unlliw
monocline, *nm*, monoclein; monoclin
Monocotyledoneae,
  np, Monocotyledoneae
monocular, *a*, monocwlar
monoculture, *nm*, uncnwd
monocyte, *nm*, monocyt
monodromy, *nm*, monodromi
monoecious, *a*, monoecus; **cydryw**
monogenic, *a*, monogenig
monogram, *nm*, monogram
monograph, *nm*, monograff
monohybrid, *nm*, monohybrid
monolith, *nm*, monolith
monologue, *nf*, monolog
monomial, *a*, monomaidd;
  nm, monomial
monophobia, *nm*, monoffobia
monopodium, *nm*, monopodiwm
monopolist, *nm*, monopolwr
monopoly, *nm*, monopoli
monopolylogue, *nm*, monopolylog
monosaccharide, *nm*, monosacarid
monotone, *a*, monoton; un-dôn

monotonic, *a*, monotonig
monotony, *nm*, undonedd
monotype, *nm*, monoteip
monoxide, *nm*, monocsid
monsoon, *nm*, monsŵn
  advance monsoon, *nm*, blaen-rhediad monsŵn
  burst monsoon, *nm*, toriad monsŵn
  retreat monsoon, *nm*, olrhediad monsŵn
montana, *nm*, montana
monument, *nm*, cofadail
  Ancient Monuments, *np*, Hen Gofadeiliau
mood, *nf*, hwyl; tymer
moody, *a*, oriog
moon, *nf*, lleuad
  apparent motion of the moon,
    nm, mudiad ymddangosiadol y lleuad
  crescent moon, lleuad gilgant
  full moon, lleuad lawn
  gibbous moon, lleuad amgrwn
  half moon, hanner lleuad
  harvest moon, lleuad fedi; lleuad naw nos olau
  hunter's moon, lleuad hela
  moon wane, lleuad yn ei gwendid; lleuad ar ei chil; ciliad lleuad; encil y lleuad
  moon wax, lleuad ar ei chynnydd; blaen lleuad; cynnydd lleuad
  new moon, lleuad newydd
  phases of moon, *np*, gweddau'r lleuad
  quarter moon, chwarter lleuad
moon quake, *nm*, lloergryn
moor, *nf*, gwaun
moorland, *a*, gweundirol;
  nm, gweundir; *nf*, ffridd
mop, *nm*, mop
moraine, *nm*, marian
  end moraine, marian terfynol
  englacial moraine, marian perfedd
  ground moraine, marian llusg
  lateral moraine, marian ochr
  medial moraine, marian canol
  moraine dammed lake,
    nm, cronlyn marian
  recessional moraine, marian olrhedol

moral, *a*, moesol; *nf*, moes
  morally defective, moesol
    ddiffygiol
morale, *nm*, moral
morality, *nm*, moesoldeb
moratorium, *nm*, moratoriwm;
    oediad
mordant, *nm*, mordant
  flocking mordant, glud fflocio
mordente, *nm*, mordent
morganatic, *a*, morganatig
moron, *nm*, moron
morphology, *nmf*, morffoleg
Morse, *nm*, Morse
  Morse drill, *nm*, dril Morse
  Morse tapers, *np*, taprau Morse
mortality, *nm*, marwoldeb;
    marwoledd
  perinatal mortality, marwoldeb
    ameni
mortar, *nm*, mortar; breuan
mortgage, *nm*, morgais, *v*, morgeisio
mortgagee, *nm*, morgeisai;
    morgeisydd
mortgagor, *nm*, morgeiswr
mortice, *nm*, mortais
  haunched mortice and tenon,
    mortais a thyno clunedig
  long mortice and tenon, mortais
    a thyno hir
  **long shouldered mortice and
    tenon**, mortais a thyno gydag
    ysgwydd hir
  **short shouldered mortice and
    tenon**, mortais a thyno gydag
    ysgwydd fer
  stubbed mortice and tenon,
    mortais a thyno pwt
  twin mortice and tenon, mortais
    a thyno dwbl
mortification, *nm*, marweiddiad
mortise, *nm*, mortais; *v*, morteisio
mortlake (ox-bow lake),
    nm, merllyn; ystumllyn
mortmain, *nm*, tir llaw farw;
    mortmain
mortuary, *nm*, mortiwari; mortwari
morula, *nm*, morwla
mosaic, *a*, mosaig; *nm*, mosaig;
    brithwaith
  leaf mosaic, mosaig dail

moss, *nm*, mwsogl
  Carragheen moss, mwsogl
    Carragheen
  reindeer moss, mwsogl carw
motel, *nm*, motel
motet, *nm*, motet
moth, *nm*, gwyfyn
mothercraft, *nf*, crefft y fam
mother-liquor, *nm*, mam-doddiant
mothproof, *a*, gwrthwyfyn;
    v, gwrthwyfynnu
motif, *nm*, motif
motion, *nm*, mudiant
  constrained motion, mudiant
    cyfyngedig
motivate, *v*, cymelliadu
motivation, *nm*, cymhelliant;
    nf, cymelliadaeth;
    motifyddiaeth
motive, *nm*, cymhelliad; motif (*Cr*)
motor, *a*, ymudol; *nm*, modur;
    motor
  electric motor, motor trydan
  motor bicycle, modur deurod;
    motor-feic; motor-beic
  motor traffic, *nm*, traffig
    moduron
motor-cycle, *nm*, motor-beic;
    modur-feic
motor-cyclist, *nm*, modur-feiciwr
motorway, *nf*, traffordd
motte, *nm*, mwnt
  motte and bailey, mwnt a beili
mould, *nm*, llwydni (*B*); mold (*Cr*);
    mowld (*A*); *v*, moldio; mowldio
moulding, *nm*, moldin; mowldin;
    moldio
  bracket moulding, moldin braced
  gravity moulding, moldio
    disgyrchol
  keel moulding, moldin cilfin
  moulding bench, *nf*, mainc foldio
  moulding sand, *nm*, tywod moldio
  roll moulding, mowldin rhol
  wave moulding, mowldin tonnog
mount, *nm*, mownt; *v*, mowntio
mountain, *nm*, mynydd
  mountain range, *nf*, cadwyn o
    fynyddoedd
  mountain ash, *nf*, cerddinen;
    criafolen

mountaineer, *v,* mynydda
mountaineering association, *nf,* cymdeithas fynydda
mounted, *a,* mowntiedig
  mounted lino block, *nm,* bloc lino mowntiedig
mounting, *nm,* cylfyn; mowntin; mownting
  mounting board, *nm,* bwrdd mowntio
mouth, *nm,* aber; *nf,* ceg
mouth-parts, *np,* rhannau'r genau
moutoné, *a,* mollt
  roche moutonée, *nf,* craig follt
movable, *a,* symudol
  movable pin, *nm,* pin symudol
move, *v,* symud
movement, *nm,* mudiad; symudiad; symud
  aesthetic movement, mudiad esthetig; symudiad esthetig
  apparent movement, symudiad ymddangosol
  by-movement, symudiad sgîl
  conjunct movement, symudiad cyfredol
  Enclosure Movement, Mudiad Cau Tir
  movement of music, symudiad o gerddoriaeth
mower, *nm,* torrwr; *nf,* torrell
mucilage, *nm,* mwcilag
mucilaginous, *a,* mwcilaginus
mucin, *nm,* mwcin
mucosa, *nm,* mwcosa
mucous, *a,* mwcus
  mucous membrane, *nf,* pilen mwcus
mucus, *nm,* mwcws; llysnafedd
mudflow, *nm,* lleidlif
mudstone, *nf,* carreg laid
muffin, *nm,* mwffin
mugging, *v,* mwyglo
muggy, *a,* mwll; mwygl
mulatto, *nm,* mwlato
mulberries, *np,* mwyar Mair; morwydd
mulberry tree, *nf,* morwydden
mull (soil), *nm,* mwl (pridd)
mullion, *nm,* mwliwn
multi-based, *a,* lluosfon
multicellular, *a,* amlgellog; lluosgell
multichrome, *a,* amliw; lluosliw; mwlticrom
multifunctional, *a,* amlswyddogaethol
multinomial, *a,* mwltinomaidd; *nm,* mwltinomial
multi-peninsular, *a,* aml-benrhynnol
multiple, *a,* amryfal; lluosrif; cyfansawdd
  multiple angles, *np,* onglau cyfansawdd
  multiple proportions, *np,* cyfartaleddau amryfal
  multiple puncture test, *nm,* prawf lluosbigiadau
  multiple setting, *nm,* gosodiad amryfal
multiplicand, *nm,* lluosyn
multiplication, *nm,* lluosiad
multiplicity, *nm,* lluosogrwydd
multiplier, *nm,* lluosydd
multiply, *v,* amlhau; lluosogi (*B*); lluosi (*Ff*)
multi-purpose, *a,* amlbwrpas
multi-range, *nm,* amlarfod
multi-storey, *a,* aml-lofftog
multitone, *a,* mwltiton; aml-don
multi-tool post, *nm,* twred
multi-valued, *a,* lluoswerth
mummy, *nm,* mwmi
mumps, *nf,* twymyn doben; *nm,* clwyf pennau
municipal, *a,* bwrdeistrefol
murage, *nm,* murdreth
mural, *nm,* murlun
  mural composition, *nm,* cyfansoddiad murol
  mural ground, *nm,* grwnd murol
murder, *nf,* llofruddiaeth
  capital murder, llofruddiaeth ddihenydd
muscle, *nm,* cyhyr
  skeletal muscle, cyhyr rhesog
  smooth muscle, cyhyr di-res
  striped muscle, cyhyr rhesog
  voluntary muscle, cyhyr rhesog
musette, *nm,* mwset
mushroom, *nm,* madarch; masrwm
music, *nmf,* cerddoriaeth
  absolute music, cerddoriaeth haniaethol

programme music, cerddoriaeth destunol
musical, *nf*, sioe fiwsig
music-drama, *nf*, drama-gerdd
music hall, *nf*, theatr fiwsig
muskeg, *nm*, mwsceg
muslin, *nm*, mwslin
mussel, *nf*, misglen
mussels, *np*, cregin gleision; misgl
mustard, *nm*, mwstard
  mustard and cress, mwstard a berwr
muster, *nm*, mwstwr
  muster master, *nm*, meistr fwstriwr
  muster roll, *nf*, rhol fwstwr
mutant, *nm*, mwtant
mutate, *v*, mwtantu
mutation, *nm*, mwtantiad (*B*); treiglad
mute, *a*, mud; *nm*, miwt; mudydd
  mute of malice, yn fud o fwriad
mutton, *nm*, cig dafad; cig gwedder; cig mollt; cig mallwyn; cig maharen; cig llwdwn
mutual, *a*, cilyddol; ei gilydd; cyd-
  mutually perpendicular, yn sgwâr i'w gilydd; yn gyd-sgwâr
  mutually independent, yn annibynnol ar ei gilydd
mutule, *nm*, mwtwl
muzzle, *nm*, trwyn
mycelium, *nm*, myceliwm
mycology, *nmf*, mycoleg
mycorrhiza, *nm*, mycorhisa
mycosis, *nm*, mycosis
myopia, *nm*, myopia; byrwelediad
Myriapoda, *np*, Myriapoda

N

Nabis, The, *np*, Y Nabis
nadir, *nm*, nadir
nail, *nf*, hoelen; *v*, hoelio
  brad nail, hoelen fain
  clasp nail, hoelen lorio
  clout nail, hoelen benfras; corhoelen
  nail head ornament, *nm*, addurn pen hoelen
  nail punch, *nm*, pwns hoelion
  oval nail, hoelen hirgron
  wire nail, hoelen gron
nail-bound, *a*, hoelgloff; cloffni pedoli
name, *nm*, enw
  name board, *nm*, bwrdd enwau
nap, *nm*, nap
  with nap, *a*, napiog
nape, *nm*, gwegil; gwar
  nape to waist, o'r gwegil i'r wasg
naperian (natural), *a*, naturiol
napkin, *nm*, napcyn
  baby napkin, *nm*, cewyn
  table napkin, napcyn
nappes, *np*, nappes
narcissism, *nf*, narcisiaeth
narcosis, *nm*, narcosis
Nardus, *nm*, Nardus
nares, *np*, ffroenau
narration, *nm*, adroddiad
narrator, *nm*, adroddwr
narrow, *a*, cul
  narrow leaved, *a*, culddeiliog; culddail
narrows, *nf*, culfa
nascent, *a*, genychol
nastic, *a*, nastig
  nastic movement, *nm*, symudiad nastig
natal, *a*, genedigol
nation, *nf*, cenedl
national, *a*, cenedlaethol; gwladol
  National Assistance, *nm*, Cymorth Gwladol
  national debt, *nf*, y ddyled wladol
  National Health Services, *np*, Gwasanaethau Iechyd Gwladol

National Insurance, *nm,* Yswiriant Gwladol
national savings, *np,* cynilion gwladol
nationalism, *nm,* cenedlaetholdeb
nationality, *nm,* cenedligrwydd
nationalization, *nm,* gwladoliad
nationalize, *v,* gwladoli
nationalized industry, *nm,* diwydiant gwladol
nation-state, *nf,* gwladwriaeth genedl; gwladwriaeth genhedlig
native, *a,* cynhenid
native ore, *nm,* metel naturiol
natural, *a,* naturiol
natural number, *nm,* rhif naturiol
natural selection, *nm,* detholiad naturiol
naturalism, *nf,* naturoliaeth
naturalize, *v,* brodori
naturalization papers, *np,* papurau brodori
naturalize (biol), *v,* cynefino
naturalize (polit), *v,* cywladu
natur, *nf,* natur (allanol); anian (mewnol)
nature and nurture, natur a magwraeth
naughtiness, *nm,* drygioni; direidi
naughty, *a,* drygionus; direidus
nausea, *nm,* cyfog
nave (church), *nm,* corff eglwys
nave (wheel), *nf,* both; *nm,* bwl; *nmf,* bogail; *nm,* bogel
navigable, *a,* mordwyol
navigation, *nm,* mordwyo; morgludo
head of navigation, *nm,* terfyn mordwyo
Navigation Act, *nf,* Deddf Morgludo
naze, *nm,* trwyn (*D*)
Nazi, *a,* Natsïaidd; *nm,* Natsi
Nazism, *nf,* Natsïaeth
neaten, *v,* cymhennu; twtio
neatness, *nm,* cymhendod; taclusrwydd
nebula, *nm,* nifwl
ring nebula, nifwl modrwy
necessary, *a,* angenrheidiol
necessary and sufficient, angenrheidiol a digonol

neck, *nm,* gwddf; gwddw
boat neck, gwddf bad
neck to waist, o'r gwddf i'r wasg
round neck, gwddf crwn
square neck, gwddf sgwâr
V neck, gwddf V
volcanic neck, gwddf folcanig
neckline, *nm,* gwddf (ffrog)
necropolis, *nm,* necropolis
necropsy, *nm,* necropsi
necrosis, *nm,* necrosis
need, *nm,* angen
needle, *nf,* nodwydd
between needle, *nf,* nodwydden
crewel needle, nodwydd frodio
darning needle, nodwydd greithio
embroidery needle, nodwydd frodwaith
harness needle, nodwydd harnais
knitting needle, *nf,* gwaell; gwaellen
machine needle, nodwydd beiriant; nodwydd mashin
needle files, *np,* ffeiliau nodwydd
sewing needle, nodwydd wnïo
swing needle, nodwydd sigl
swing needle machine, *nm,* peiriant nodwydd swing
thread a needle, *v,* rhoi edau mewn nodwydd
upholstery needle, nodwydd bolstri
whip stitching needle, nodwydd pwyth chwip
needle clamp, *nm,* clamp nodwydd
needlecraft, *nf,* crefft nodwydd
needlepoint, *nm,* blaen nodwydd
needlepoint edging, *nm,* ymylwaith blaen nodwydd
needleweave, *v,* gwehyddu nodwydd
needlework, *nm,* gwniadwaith; nodwyddwaith
negative, *a,* negatif; negyddol
negativism, *nf,* negyddiaeth
negligee, *nf, negligee*
negligence, *nm,* esgeulustod
gross negligence, esgeulustod dybryd
negotiable, *a,* negodol
negotiable instrument, *nf,* dogfen negodol
not negotiable, *a,* annegodol
negotiate, *v,* negodi; trafod

negotiation, *nf*, trafodaeth; cyd-
drafodaeth
negotiator, *nm*, trafodwr
nehrung, *nm*, *nehrung*
neighbourhood, *nm*, cyfyl *(Ff)*;
nf, cymdogaeth
  in the neighbourhood, ar (yn) ei
  gyfyl *(Ff)*
  neighbourhood unit, *nf*, uned
  gymdogaeth *(D)*
neighbourliness, *nm*, cymdogrwydd
nekton, *nm*, necton
nematocyst, *nm*, nematocyst
Nematoda, *np*, Nematoda
nematode, *nm*, nematod
neo-classical, *a*, neo-glasurol
neo-classicism, *nf*, neo-glasuraeth
Neo-Gothic, *a*, Neo-Gothig
neo-impressionism, *nf*, neo-
argraffiadaeth
neo-malthusianism, *nf*, neo-
falthwsiaeth
neo-natal, *a*, newydd-enedigol
neonate, *a*, newydd-anedig
neoplasm, *nm*, neoplasm; twf afiach
nephridium, *nm*, neffridiwm
nephritis, *nm*, neffritis; llid yr
arennau
nephron, *nm*, neffron
nepotism, *nm*, neiedd
nepotist, *nm*, neieddwr
Neptune, Neifion
neritic, *a*, neritig
nerve, *nf*, nerf
  abducens nerve, nerf abdwcens
  accessory nerve, nerf atodol
  auditory nerve, nerf y clyw
  medullated nerve fibre, ffibr nerf
  medwlaidd
  motor nerve, nerf ymudol
  nerve cell, *nf*, nerfgell
  nerve centre, *nf*, canolfan nerfol
  nerve cord, *nm*, llinyn nerf
  nerve ending, *nm*, terfyn nerf
  nerve fibre, *nm*, ffibr nerf
  nerve net, *nf*, nerfrwyd
  nerve root, *nm*, nerfwreiddyn
nervous, *a*, nerfol (system);
nerfus (cyflwr)
  central nervous system, *nf*, system
  nerfol ganolog
  nervous system, *nf*, system nerfol

ness, *nm*, trwyn *(D)*
nested, *a*, amnyth
net, *a*, net; gwir; *nf*, rhwyd
  net cord, *nm*, cordyn rhwyd
  net loss, *nmf*, gwir golled
  net profit, *nm*, gwir elw
  net the ball, *v*, rhwydo'r bêl
  net weight, *np*, gwir bwysau
  trawl net, treillrwyd
netball, *nf*, pêl rwyd
  netball ring, *nm*, cylch pêl rwyd
network, *nm*, rhwydwaith
neural, *a*, newral
neurasthemia, *nm*, nerfwst
neuritis, *nm*, newritis
neurological, *a*, nerfegol; newrolegol
neurology, *nmf*, nerfeg; newroleg
neuro-muscular, *a*, newro-gyhyrog
neurone, *nm*, newron
neurosis, *nm*, newrosis
neuter, *a*, newter; *nm*, newter
neutral, *a*, newtral; *nm*, newtral
neutrality, *nf*, newtraliaeth
  armed neutrality, newtraliaeth
  arfog
neutralization, *nm*, newtraliad
neutralize, *v*, newtralu
neutralized, *a*, newtraledig
neutrino, *nm*, newtrino
neutron, *nm*, newtron
nevé, *nm*, *nevé*
newel-post, *nm*, post grisiau
newsreel, *nf*, ffilm newyddion
newton, *nm*, newton
niche, *nm*, cloer
nickel, *nm*, nicel
  nickel plated buckle,
  nm, bwcl plât nicel
niggle, *v*, traffertha
niggler, *nm*, trafferthwr
night, *nf*, nos; noson
  first night, noson gyntaf *(Th)*
  first night nerves, *np*, nerfau
  noson gyntaf *(Th)*
  night soil, *np*, carthion nos *(D)*
nightclub, *nm*, hwyrglwb
nightdress, *nm*, gŵn nos; *nf*, coban
  nightdress case, *nm*, cas gŵn nos;
  cas coban
  shortie nightdress, gŵn nos cwta
nightshirt, *nm*, crys nos

nihilism, *nf*, nihiliaeth
nihilist, *nm*, nihilydd
Nile, *nf*, Neil; Nîl
nilpotent, *a* nilpotent
nimbostratus, *nm*, nimbostratws
nimbus (halo), *nm*, lleugylch
nipper, *nm* niper
  band nipper, niper bandio
nit, *nf*, nedden, (*pl*, nedd)
nitrate, *nm* nitrad
nitric, *a*, nitrig
  nitric acid, *nm*, asid nitrig
nitride, *nm*, nitrid
nitrification, *nm*, nitreiddiad
nitrify, *v*, nitreiddio
nitrite, *nm*, nitraid
nitrogen, *nm*, nitrogen
  nitrogen cycle, *nm*, cylchred nitrogen
  nitrogen fixation, *nm*, sefydlogiad nitrogen
nitrous, *a*, nitrus
  nitrous acid, *nm*, asid nitrus
nobility, *nf*, pendefigaeth
noble, *nm*, pendefig
nock, *nm*, hic; *v*, hicio
  nocking point, *nm*, man hicio
nocturnal, *a*, nosluniol (*Cel*); nosol
nocturne, *nf*, hwyrgan (*C*); noslun (*Cel*)
nodal, *a*, nodal
nodality, *nm*, nodaledd
node, *nm*, nôd
nodule, *nm*, cnepyn
nog, *v*, nogi
  brick nogging, nogi brics
noise, *nm*, sŵn
  noises off, sŵn tu ôl (*Th*)
nomad, *nm*, nomad
nomadic, *a*, crwydrol; nomadig
nomadism, *nf*, nomadiaeth
nomenclature, *nf*, cyfundrefn enwau; *nm*, dull enwi
nominal, *a*, mewn enw
nominate, *v*, enwebu; enwi
nomination, *nm*, enwebiad
nominator, *nm*, enwebwr
nominee, *nm*, enwebai
nomogram, *nm*, nomogram
nonagon, *nm*, nonagon

non-aggression, *a*, anhreisgyrchog; *nm*, anhreisgyrch
non-aggression pact, *nm*, cytundeb anhreisgyrch
nonconformist, *nm*, anghydffurfiwr
nonconformity, *nf*, anghydffurfiaeth
non-crystalline, *a*, anghrisialaidd; anghrisialog
non-cummulative, *a*, anghronnol
non-disclosure, *nm*, diffyg datguddio
non-employable, *a*, anghyflogadwy
non-event, *nm*, annigwyddiad
non-ferrous, *a*, anfferrus
  non-ferrous metal, *nm*, metel anfferrus
non-flammable, *a*, anfflamadwy
non-intervention, *nf*, anymyrraeth
non-juror, *nm*, annhyngwr
non-metals, *np*, anfeteloedd
non-mutant cell, *nf*, cell ddigyfnewid
non-phosphoric, *a*, anffosfforig
non-porous, *a*, difandwll
non-positive, *a*, amhositif
  non-positive drive, *nm*, dreif amhositif
non-reactive, *a*, anadweithiol
non-respiratory, *a*, an-anadlog
non-selective, *a*, annetholiadol; annethol
non-singular, *a*, anhynod
non-terminating, *a*, annherfynus
non-volcanic, *a*, anfolcanig
non-voluntary, *a*, anwirfodd
  non-voluntary attention, *nm*, sylw anwirfodd
noodle, *nm*, nwdl
noon, *nm*, canol dydd
norm, *nm*, norm
normal, *a*, normal; *nm*, normal
normalize, *v*, normaleiddio
normalizer, *nm*, normalydd
Norman, *nm*, Norman
normative, *a*, normadol
north, *nm*, gogledd
  north light, *nm*, golau'r gogledd
  North Pole, *nm*, Pegwn y Gogledd
nose, *nm*, trwyn
  nose putty, *nm*, pwti trwyn
northings, *np*, gogleddiadau
nota cambiata, *nota cambiata*

notary, *nm*, notari; notri; nodiadur; noter
  Papal notary, noter y Pab
  public notary, noter cyhoeddus
notation, *nm*, nodiant
notch, *nm*, rhic; rhicyn; *v*, rhicio
notches, *np*, hiciau
  matching notches, hiciau cyfatebol
note, *nm*, nodyn; sylwer (*NB*)
  accented passing notes,
    np, nodau cyplad acennog (*C*)
  advice note, *nm*, hysbysnod (*S*)
  auxiliary notes, *np*, nodau cynorthwy
  characteristic notes, *np*, nodau nodweddiadol
  consignment note, nodyn cludlwyth
  cover note, nodyn diogelu
  dotted notes, *np*, nodau unpwynt
  essential notes, *np*, nodau anhepgor
  grouping of notes, *nm*, cyfosod nodau
  marked notes, *np*, nodau rhifol
  packing note, nodyn cludo
  passing notes, *np*, nodau cyplad
  promissory note, *nf*, addaweb
  reiterated notes, *np*, nodau mynychedig
  suspended note, *nm*, gohirnod; daliad
  tied notes, *np*, nodau clwm
  unaccented passing notes,
    np, nodau cyplad diacen
  unessential notes, *np*, nodau afraid
  unmarked notes, *np*, nodau plaen
notebook, *nm*, nodiadur
notice, *nm*, hysbysiad; rhybudd
  notice of motion, rhybudd o gynnig
  take judicial notice, *v*, cydnabod heb dystiolaeth
noticeboard, *nm*, hysbysfwrdd
notifiable diseases, *np*, clefydau hysbysadwy
notification, *nm*, hysbysrwydd
notion, *nm*, syniad
notional, *a*, tybiannol
notochord, *nm*, notocord

nought, *nm*, gwagnod; dim; zero
nourishment, *nm*, maeth
nova, *nf*, nofa
noxious business, *nm*, busnes atgas; busnes niweidiol
nozzle, *nf*, ffroenell
nuance, *nf*, naws
necellus, *nm*, nwcelws; *nucellus*
nuclear, *a*, cnewyllol; nwclear; niwclear
  nuclear family, *nm*, teulu cnewyllol
  nuclear fluid, *nm*, llifydd nwclear
  nuclear power, *nm*, pwer nwclear
  nuclear power station, *nf*, atomfa; gorsaf pwer nwclear
  nuclear sap, *nm*, sudd nwclear
nucleated, *a*, cnewylledig; nwcledig
  nucleated settlement,
    nm, anheddiad cnewylledig; anheddiad clwm
nucleic, *a*, nwcleig
  nucleic acid, *nm*, asid nwcleig
nucleolus, *nm*, nwcleolws
nucleoplasm, *nm*, nwcleoplasm
nucleoprotein, *nm*, nwcleoprotein
nucleon, *nm*, nwcleon
nucleotide, *nm*, nwcleotid
nucleus, *nm*, cnewyllyn; nwclews
nude, *nm*, noethlun (*Cel*)
  in the nude, yn noethlymun
nudge, *v*, pwnio
nuisance, *nm*, niwsans; poendod
  public nuisance, niwsans cyffredinol
null, *a*, nwl; *nm*, nwl
  null point, *nm*, nwlbwynt
  null set, *nf*, set wag
nullah, *nm*, nwlah
nullity, *nm*, diddymdra
number, *nm*, rhif; nifer
  mixed number, rhif cymysg
  odd number, odrif
  ordinal number, *nf*, trefnol
  whole number, rhif cyfan
numeral, *nm*, rhifol
  cut-out numeral, rhif torlun
numerate, *a*, rhifynnog
numeration, *nm*, cyfrifiad
numerator, *nm*, rhifiadur

numerical, *a*, rhifiadol; niferiadol
  numerical data, *np*, data rhifiadol
  numerical factor, *nmf*, ffactor rhifiadol
nunatak, *nm*, nwnatac
nuncio, *nf*, cennad y pab
nurse, *v*, nyrsio
nursery, *nf*, meithrinfa
nurture, *nf*, magwraeth
nut, *nf*, nyten; cneuen; gwain; gweinell (*G*)
  castle nut, nyten gastell
  die nut, nyten dei
  hexagonal nut, nyten hecsagonal
  lock nut, nyten gloi
  nuts and bolts, *np*, nytiau a boltiau
  quick action nut, nyten chwimwth
  slotted nut, nyten slot
  square nut, nyten sgwâr
  wing nut, nyten asgellog
nutate, *v*, troellu
nutation, *nm*, troelledd (*B*); troelliad (*Ff*)
nutmeg, *nm*, nytmeg
nutrient, *a*, nwtrient; maethol; *nm*, nwtrient
  nutrient form, *nf*, ffurf faethol
  nutrient salts, halwynau nwtrient
  nutrient value, *nm*, gwerth maethol
nutriment, *nm*, maeth
nutrition, *nm*, maethiad
nutritious, *a*, maethlon
nutritive, *a*, maethol
nyctinasty, *nm*, nyctinastedd
nylon, *nm*, nylon; neilon
  brushed nylon, nylon gwlanog
  nylon cutter, *nm*, torrwr nylon
nymph, *nm*, nymff
Nymphaea, *nm*, Nymphaea
nymphaeum, *nm*, nymffaewm
nymphomania, *nm*, nymffomania

O

oak, *nf*, derwen; coeden dderw
  cork oak, derwen gorc
  holm oak, derwen fythwyrdd
  quartered oak, derwen reidd-dor; derw rheidd-dor
oar, *nf*, rhwyf
  loom of oar, *nmf*, coes rhwyf
oasis, *nf*, gwerddon; *nm*, oasis
oatcake, *nm*, bara ceirch
oath, *nm*, llw
  administer an oath, *v*, gweinyddu llw
oatmeal, *nm*, blawd ceirch
oats, *np*, ceirch
obelisk, *nm*, obelisg
object, *nm*, gwrthrych
  found object, gwrthrych hapgael
objective, *a*, gwrthrychol; *nm*, nôd
  objective of a microscope, *nm*, gwrthrychydd (microsgop)
  objective naturalism, *nf*, naturoliaeth wrthrychol
objectivity, *nm*, gwrthrychedd
oblation, *nm*, offrwm
obligation, *nf*, rhwymedigaeth
obligatory, *a*, gorfodol
oblique, *a*, arosgo; lletraws; *v*, trawsio
  oblique projection, *nm*, tafluniad lletraws
  oblique reverse pen, *nm*, pin arosgo croes
  oblique section, *nm*, trychiad lletraws; toriad arosgo
  oblique view, *nm*, gweddlun lletraws
obliqueness, *nm*, arosgedd
obliquity, *nm*, arosgedd; lletrawsedd
  angle of obliquity, *nf*, ongl lletrawsedd

obliviscence, *nm,* anghofrwydd
oblong, *a,* hirgul; *nm,* oblong
oboe, *nm,* obo
obscene, *a,* anllad; brwnt
  obscene libel, *nm,* enllib brwnt
obscenity, *nm,* anlladrwydd; brynti
obscuration, *nm,* amguddiad
obsequies, *nf,* arwyl
observant, *a,* arsyllog
observation, *nm,* arsylliad; sylw; arsylwad
  Observation Order, *nm,* Gorchymyn Arsylliad
  visual observations, *np,* arsylwadau golygol
observatory, *nf,* arsyllfa
observe, *v,* arsylwi; arsyllu; gwylio; sylwi
obsession, *nm,* obsesiwn
obsolence, *nm,* dihenyddiant; anarferiant
obsolete, *a,* dihenydd; anarferedig
obstacle, *nm,* rhwystr
obstetrics, *nmf,* obstetreg; bydwreigiaeth
obstinacy, *nm,* ystyfnigrwydd
obstruction, *nm,* rhwystr; rhwystrad
obtain, *v,* sicrhau; meddiannu
  obtain by fraud, meddiannu drwy gamhoniad; meddiannu drwy dwyll
obtuse, *a,* aflym; onglog
  obtuse angle, *nf,* ongl aflem
occasional, *a,* ysbeidiol
  occasional stream, *nf,* ffrwd ysbeidiol
occlusion, *nm,* achludiad; arguddiad
occult, *v,* argel
occupation, *nf,* galwedigaeth; meddiannaeth
  clerical occupation, galwedigaeth glercol
occupational, *a,* galwedigaethol
  occupational structure, *nf,* adeilaeth alwedigaethol
  occupational therapy, *nm,* therapi galwedigaethol
occupier, *nm,* preswyliwr
  owner occupier, *nm,* perchennog preswyl

ocean, *nm,* cefnfor
  Atlantic Ocean, Môr Iwerydd; Môr Atlantig
oceanic, *a,* cefnfor
  oceanic climate, *nf,* hinsawdd gefnfor
oceanography, *nmf,* cefnforeg; eigioneg
ocellus, *nm,* ocelws
ochre, *nm,* ocr
  red ochre, ocr coch
octagon, *nm,* octagon
octahedron, *nm,* octahedron
octant, *nm,* octant
octastyle, *nm,* octastyl
octave, *a,* octaf; *nm,* octaf; wythfed
  consecutive octaves, *np,* wythfedau olynol
  exposed octaves, *np,* wythfedau cudd
octavo, *nm,* octafo
octet, *nm,* wythawd
ocular, *a,* ocwlar; *nm,* ocwlar
odalisque, *nm,* odalisg
oddlegs, *np,* caliprau anghyfartal; *nm,* jenny
odd-number, *nm,* odrif
odds and ends, *np,* tameidiau; *nm,* tameidiach
Odonata, *np,* Odonata
oedema, *nm,* oedema; chwyddi
oedematous, *a,* oedematus
oesophagus, *nm,* oesoffagws; *nf,* pibell fwyd
oestrogen, *nm,* oestrogen
oestrous, *a,* oestrus
  oestrous cycle, *nf,* cylchred oestrus
oestrus, *nm,* oestrws
offal, *nm,* offal; syrth
offence, *nmf,* trosedd; *nm,* tramgwydd
  arrestable offence, trosedd restiol
  indictable offence, trosedd ditiol
  petty offences, mân droseddau
offensive, *a,* ymosodol; tramgwyddus
  offensive weapon, *nf,* arf bygythiol
offer, *v,* cynnig

office, *nf,* swyddfa
  enquiry office, swyddfa holi; swyddfa ymholiadau
  General Post Office, Prif Swyddfa Bost
  office machinery, *np,* peiriannau swyddfa
  Post Office, Swyddfa Bost
  Sub Post Office, *nm,* Llythyrdy
officer, *nm,* swyddog
  administrative officer, swyddog gweinyddol
  certifying officer, swyddog ardystio
  executive officer, swyddog gweithredol
  flying officer, swyddog hedfan
  issuing officer, swyddog anoddi
  liaison officer, swyddog cyswllt
  non commissioned officer (n.c.o.), swyddog heb gomisiwn (s.h.g.)
  Officer of the Royal Court, Swyddog Llys y Brenin
  pilot officer, peilot swyddog
  probation officer, swyddog prawf; swyddog profiannaeth
  returning officer, swyddog adroddol
official, *a,* swyddogol; *nm,* swyddog
offprint, *nmf,* hanlith
off-set, *nm,* atred; off-set; *v,* ongli
offshoot, *nf,* cangen
offshore, *nm,* alltraeth
off-side, *nf,* camochr; *v,* camochri
offspring, *nm,* epil
offstage, *a, ad,* ger-lwyfan
  offstage lines, *np,* llinellau ger-lwyfan
ogee, *nm, ogee*
ogive, *nm,* ogif
ohm, *nm,* ohm
oil, *nm,* oel; olew; *v,* oelio; iro
  boiled oil, oel wedi'i ferwi
  cod liver oil, olew iau penfras
  corn oil, olew grawn
  lard oil, oel lard
  linseed oil, olew had llin; olew llinad
  oil can, *nm,* can oel; tebot oel
  oil colours, *np,* lliwiau olew
  oil out, *v,* olewa; oelio allan
  oil painting, *nm,* peintiad olew; *v,* peintio olew
  oil palm kernels, *np,* cnewyll palm oel
  oil paper, *nm,* papur olew
  oil rig, *nm,* rig oel
  olive oil, oel olif; olew olewydden; oel swit
  vegetable oil, oel llysiau
oilfield, *nm,* maes oel; maes olew
oilseed, *nm,* had oel
oilstone, *nf,* carreg hogi; *nm,* hôn
  Arkansas oilstone, carreg hogi Arkansas
  combination oilstone, carreg hogi ddwbl
old-stager, *nm,* hen law
olefine, *nm,* oleffin
oleograph, *nm,* oleograff
olfactory, *a,* arogleuol; aroglog; *nm,* aroglog
olive, *nf,* olewydden; olif
  olive oil, *nm,* oel olif; olew olewydden; oel swit
omasum, *nm,* omaswm; y god fach
ombre, *nm, ombre*
ombudsman, *nm,* ombwdsmon
omelette, *nm,* omlet
omission, *nm,* esgeulustra; anwaith
omit, *v,* gadael allan
ommatidium, *nm,* omatidiwm
omniverous, *a,* hollysol
on, *prp,* ar
  on boards, ar lwyfan
  on the boards, ar yr estyll
  on the road, ar dramp; ar gerdded
  on top of 'em, ar eu pennau (*Th*)
  on tour, ar dramp
onchosphere, *nm,* oncosffer
oncost, *nm,* argost
one-fifth, *nm,* un pumed
one night stand, *nm,* chwarae unnos (*Th*)
one-quarter, quarter, *nm,* un chwarter, chwarter
one third, *nm,* traean
on guard! *on guard!*
onion, *nm,* nionyn; (*pl,* nionod); winwnsyn; (*pl,* winwns)
  button onions, cornionod; corwins
onshore, *a,* artraeth
onside, *nf,* iawnochr

onstage, *a, ad,* ar-lwyfan
on stage off, ger ar-lwyfan
ontogeny, *nm,* ontogenedd
oöcyte, *nm,* oöcyt
oögamy, *nm,* oögamedd
oögenesis, *nm,* oögenesis
oögonium, *nm,* oögoniwm
oölitic, *a,* oölitig
oösphere, *nm,* oösffer
oöspore, *nm,* oösbor
oozes, *np,* morlloedd
opacification, *nm,* didreiddiad
opacity, *nm,* didreiddedd
opaque, *a,* didraidd
open, *a,* ar agor; agored; *v,* agor
　open cold, agor mewn ffydd (*Th*)
　open field system, *nf,* cyfundrefn dryfaes
　open hearth furnace, *nf,* ffwrnais tân agored
　open off, agor i'r
　open on, agor at
　open set, *nf,* set agored
　open space, *nm,* llecyn agored
　open stage, *nmf,* llwyfan agored
open-air, *a,* awyr agored; *nm,* awyr agored
　open-air theatre, *nf,* theatr awyr agored
opener, *nf,* agorell
opening, *nm,* agoriad; *nf,* agorfa
　back opening, agoriad cefn
　box pleat opening, agoriad plet bocs
　concealed opening, agoriad cudd
　continuous opening, agoriad didor
　faced opening, agoriad ffesin
　fly opening, *nm,* copys; *nf,* balog
　front opening, agoriad ffrynt
　hemmed opening, agoriad hem
　neck opening, agoriad gwddf
　opening line, *nf,* llinell agoriadol
　opening night, *nf,* noson agor
　side opening, agoriad ochr
　skirt opening, agoriad sgert
opera, *nf,* opera
　ballad opera, opera faled
　comic opera, opera ddigri
　grand opera, opera drom
　light opera, opera ysgafn
　opera glasses, *np,* gwydrau theatr

operant conditioning, *nm,* cyflyru gweithredol
operate, *v,* gweithredu; operadu
operation, *nm,* gweithred; gweithrediad; operiad
operative, *a,* effeithiol; gweithredol
operator, *nm,* gweithredwr; gweithredydd; operadur
operculum, *nm,* opercwlwm
operetta, *nf,* opereta
ophthalmia, *nm,* offthalmiad; clwy'r llygaid
ophthalmologist, *nm,* offthalmolegwr
ophthalmoscope, *nm,* offthalmosgop
opisthodomos, *nm,* opisthodomos
opponent, *nm,* gwrthwynebwr
oppose, *v,* gwrthwynebu
opposite, *a,* cyferbyn; dirgroes (*Ff*); gwrthgyferbyn; gwrthgyferbyniol
　equal and opposite, *a,* hafal a dirgroes
　opposite direction, *nm,* cyfeiriad dirgroes
　opposite prompt (O.P.), cyferbyn â'r cofweinydd (C.C.)
　opposite signs, arwyddion dirgroes
oppositeness, *nm,* gwrthgyferbynnedd
opposition, *nm,* gwrthwynebiad
oppress, *v,* gormesu
oppression, *nm,* gormes
oppressive, *a,* gormesol
oppressor, *nm,* gormeswr
optic, *a,* optig
optical, *a,* optegol
　optical mixtures, *np,* cymysgion optegol
　optical refinement, *nm,* unioniad optegol
optician, *nm,* optegwr
optics, *nmf,* opteg
optimism, *nf,* optimistiaeth
optimum, *a,* optimwm; *nm,* optimwm
　optimum population, *nf,* poblogaeth optimwm
　optimum size, *nm,* maint optimwm
option, *nm,* opsiwn
opus, *nm,* opws

oral, *a,* geneuol; llafar
oral vaccine, *nm,* brechlyn geneuol
orange, *nm,* oren
oratorio, *nf,* oratorio
oratory, *nm,* betws
orbit, *nm,* orbit; *nf,* rhod
orbital, *a,* orbitol
orchard, *nf,* perllan
orchestra, *nf,* cerddorfa
  orchestra bell, *nf,* cloch y band
  orchestra room, *nf,* ystafell y band
  orchestra stalls, *np,* seddau cerddorfa
ordain, *v,* ordeinio
ordeal, *nm,* diheubrawf
  ordeal by fire, diheubrawf tân
  ordeal by water, diheubrawf dŵr
order, *nf,* archeb; trefn; cyfundrefn; rheol; urdd; *nm,* cynnig; gorchymyn; *v,* archebu; gorchymyn; trefnu; rhoi gorchymyn i
  conditional order, gorchymyn amodol
  firm order, cynnig pendant
  highest order, urdd uchaf
  lowest order, urdd isaf
  mendicant order, urdd gardotaidd
  minor order, urdd leiaf
  money order, archeb arian
  religious order, urdd grefyddol
  standing order, archeb sefydlog
  Standing Orders, *np,* Rheolau Sefydlog
  sub-order, is-urdd
  winding up order, gorchymyn dirwyn i ben
  Augustinian Order, Urdd Awstinaidd
  Benedictine Order, Urdd Fenedictaidd
  Capuchin Order, Urdd Gapwcaidd
  Carmelite Order, Urdd Garmelaidd
  Cistercian Order, Urdd Sistersaidd
  Dominican Order, Urdd Ddominicaidd
  Franciscan Order, Urdd Ffransisgaidd
  Jesuit Order, Urdd Jeswitaidd
  Knights Hospitallers, *np,* Marchogion Ysbytyaidd
  Knights Templar, *np,* Marchogion Temlaidd
  Knights Teutonic, *np,* Marchogion Tewtonig
  Premonstratensian Order, Urdd Bremonstratensaidd
  witness order, gorchymyn tystiolaeth
ordered, *a,* trefnedig
orderliness, *nm,* trefnusrwydd
ordinal, *a,* trefnol; *nf,* trefnol
ordinance, *nm,* deddfiad; ordiniant
ordinand, *nm,* ordeinyn
ordinary, *a,* cyffredin; ordinari
ordinate, *nm,* mesuryn
ordnance, *nm,* ordnans
  ordnance datum, *nm,* datwm ordnans
  Ordnance Survey Map, *nm,* Map Swyddogol y Llywodraeth; Map Ordnans
Ordovician, *a,* Ordofigaidd
ordres, *np, ordres*
ore, *nm,* mwyn
  iron ore, mwyn haearn
  ore carrier, *nf,* mwynlong
organ, *nmf,* organ
organdie, *nm,* organdi
organic, *a,* organig
  organic sensations, *np,* synwyriadau organig
organisation, *nf,* trefniadaeth; trefnyddiaeth; trefn; cyfundrefn
  social organisation, trefn gymdeithasol
  thought organisation, cyfundrefn feddyliol
organiser, *nm,* trefnydd
organism, *nf,* organeb
orient, *nm,* dwyrain
orientate, *v,* cyfeiriadu; cyfeirio
orientation, *nf,* cyfeiriadaeth; *nm,* cyfeiriadedd
origin, *nm,* lleolbwynt
original, *a,* gwreiddiol
orlon, *nm,* orlon
ormolu, *nm, ormolu*

ornament, *nm*, addurn; addurnwaith
  ball flower ornament, addurn pêl-flodyn
  beak head ornament, addurn pigben
  egg and dart ornament, addurn ŵy a saethell
orogenesis, *nm*, orogenesis
orogenetic, *a*, orogenetig
orogeny, *nm*, orogeni; orogenedd
orographic, *a*, orograffig
Orphism, *nf*, Orffiaeth
orthocentre, *nm*, orthograidd
orthogenesis, *nm*, orthogenesis
orthogonal, *a*, orthogonal
orthogonality, *nm*, orthogonaledd
orthographic, *a*, orthograffig
  orthographic projection, *nm*, tafluniad orthograffig
orthonormal, *a*, orthonormal
orthoptic, *a*, orthoptig
oscillate, *v*, osgiladu
oscillation, *nm*, osgiladiad
  damped oscillation, osgiladiad gwanychol
  forced oscillation, osgiladiad gorfod
oscillator, *nm*, osgiladur
  beat frequency oscillator, osgiladur amledd curiad
oscillatory, *a*, osgiladol
  oscillatory movement, *nm*, symudiad osgiladol
oscilloscope, *nm*, osgilosgop
osculate, *v*, minialu
osculating, *a*, minialaidd
osculation, *nm*, minialedd
osmo-regulation, *nf*, osmo-reolaeth
osmosis, *nm*, osmosis
osmotic, *a*, osmotig
  osmotic pressure, *nm*, gwasgedd osmotig
ossification, *nm*, asgwrneiddiad
ossify, *v*, asgwrneiddio
osteomyelitis, *nm*, osteomyelitis; llid yr asgwrn
osteopath, *nm*, meddyg esgyrn; osteopath
Oswestry, Croesoswallt
otitis, *nm*, otitis
otolith, *nm*, otolith
otorrhoea, *nm*, otoroea; clust yn rhedeg
ounce, *nf*, owns
out, *ad*, allan
  caught out, allan drwy ddal
  forced out, allan trwy wth
  out front, allan yn y ffrynt
  touched out, allan trwy gyffwrdd
outback, *a, ad*, *outback*
outbreed, *v*, allfridio
outburst, *nm*, echwythiad
outcrop, *nm*, brig; *v*, brigo
outdate, *v*, goroedi
outdated, *a*, goroedol
outdoor, *a*, yn yr awyr agored
outer, *a*, cyrion
  outer city use, *nf*, swyddogaeth cyrion dinas
  outer country ring, *nm*, cylch gwledig y cyrion
  outer fringe, *np*, y cyrion
  outer-outer zone, *np*, y cyrion allanol
outfield, *nm*, allfaes; y maes pell
outfielder, *nm*, ffildiwr
  centre outfielder, ffildiwr canol
  left outfielder, ffildiwr chwith
  right outfielder, ffildiwr de
outfit, *nf*, arpar; owtffit
outflow, *v*, all-lifo
outlaw, *nm*, herwr; *v*, rhoi ar herw
outlawry, *nf*, herwriaeth
outlet, *nf*, allfa
outlier, *nf*, allgraig
outline, *nmf*, amlin; *nf*, amlinell; *v*, amlinellu
  outline map, *nm*, map amlinell
  outline stitch, *nm*, pwyth amlinell
out of bounds, *ad*, tu hwnt i'r ffin
outpatient, *nm*, maesglaf; claf mynd a dod
outport, *nf*, allborth
outpost, *nm*, allbost
output, *nm*, allbwn; cynnyrch
outside-forward, *nm*, asgellwr
outside-half, *nm*, maswr
outside-left, *nm*, asgellwr chwith
outside-right, *nm*, asgellwr de
outswinger, *nm*, *outswinger*
outwash, *nm*, allolchiad
  outwash deposits, *np*, dyddodion allolchiad

oval, *a*, hirgrwn
ovary, *nf*, ofari
oven, *nf*, ffwrn; *nm*, popty
over, *nf*, ofer (*Ch*); *prp*, dros; uwch; *px*, gor-; tra-; rhag-
   maiden over, *maiden over;* ofer feiden
overall, *nm*, oferôl
overblouse, *nf*, blows rydd
overcast, *v*, trawsbwytho
overcrowd, *v*, gordyrru; gorlenwi
overcrowded, *a*, gorlawn; gordyrrog; gordwr; wedi ei orlenwi
overdeepened, *a*, gorddyfnedig; wedi ei orddyfnu
overdose, *nm*, gorddos
overdraft, *nm*, gorgodiant; gorddrafft
overdraw, *v*, gorgodi; gordynnu
overdue, *a*, gorddyledus
overestimate, *nm*, gor-ragbrisiad; *v*, gorbrisio; gormodi; gor-ragbrisio
overfold, *nm*, trosblyg
overglaze, *nm*, troswydryn; *v*, troswydro
overhang, *nm*, gordo; trosgrog
overhanging, *a*, gordo
   overhanging cave, *nf*, ogof ordo
overhaul, *v*, argyweirio
overhead, *a*, uwchben
   overhead projector, *nm*, uwchdaflunydd
   overhead wires, *np*, gwifrau uwchben; gwifrau uwchddaear
overheads, *np*, gorbenion; costau parhaol
overlap, *v*, gorgyffwrdd
overlay, *nf*, trosgaen
overlord, *nm*, mechdeyrn
overlordship, *nf*, mechdeyrniaeth
overlying, *a*, gorchudd
   overlying rock, *nf*, craig orchudd
overman, *v*, gorgyflogi
overpaint, *v*, trosbeintio

overpopulate, *v*, gorboblogi
overpopulation, *nf*, gorboblogaeth
over-reaching, *a*, gor-gyrraedd
over-rehearse, *v*, gor-ymarfer
over-ride, *v*, gor-redeg
overseer, *nm*, goruchwyliwr
oversew, *v*, amylu
overspill, *nf*, gorlif
oversubscribe, *v*, gordanysgrifio
overswing (bent arm), *nm*, tros swing
overswing (long arm), *nm*, tros swing freichsyth
overtime, *nm*, goramser
overtone, *nf*, uwchdôn
overture, *nf*, agorawd
   Italian overture, agorawd Eidalaidd
over-utilize, *v*, gor-ddefnyddio
oviduct, *nm*, ofidwct
oviparous, *a*, ofiparus
ovipositor, *nm*, ofipositor
ovulation, *nf*, ofwliaeth
ovule, *nm*, ofwl
ovum, *nm*, ofwm
Oxford, Rhydychen
oxidation, *nm*, ocsidiad
   oxidation-reduction, ocsido-rydwythiad
oxide, *nm*, ocsid
   oxidising agent, *nm*, ocsidydd
oxidisation, *nm*, ocsideiddiad
oxidise (oxidize) *v*, ocsideiddio; ocsidio
ox tongue, *nm*, tafod ych
oxy-acetylene, *a*, ocsy-asetylen
oxygen, *nm*, ocsigen; ocsygen
oxygenate, *v*, ocsygeneiddio
oxygenation, *nm*, ocsygeneiddiad
oxyhaemoglobin,
   nm, ocsyhaemoglobin
oyster, *nm*, llymarch; *nf*, wystrysen
ozazone, *nm*, ozazon; osason
ozone, *nm*, ozôn; osôn

P

pace, *nm*, cyflymdra
pacemaker, *nm*, amserogydd
pachytene, *a*, pacytên
pack, *nm*, pac; pecyn; *nf*, pacfa; *v*, pacio
  close pack, pac clos
  open pack, pac agored
  pack ice, pacfa iâ
packaging, *nm*, deunydd pacio
pact, *nm*, cytundeb
pad, *nm*, pad; *v*, padio
  stamp pad, pad stampio
paddle, *nm*, padl; *v*, padlo
  dog paddle, *nm*, nofio ci
  ferrule, *nm*, fferwl
  forward paddling stroke, *nf*, strôc badlo ymlaen
  loom, *nmf*, coes padl
  paddle firm, *v*, padlo'n gadarn
  paddle light, *v*, padlo'n araf
  reverse paddling stroke, *nf*, strôc badlo'n ôl
paddle-steamer, *nf*, rhodlong
paddock, *nf*, padog
paediatric, *a*, paediatrig
paediatrician, *nm*, paediatrydd
paediatrics, *nmf*, paediatreg
pageant, *nm*, pasiant
pageantry, *nm*, rhwysg; pasiantri
pagoda, *nm*, pagoda
pain, *nmf*, poen
  growing pains, poenau prifiant; poenau tyfiant
paint, *nm*, paent; *v*, peintio
  action painting, *nm*, peintio arweithiol
  elements of painting, *np*, elfennau peintio
  emulsion paint, paent emwlsiwn
  figurative painting, *nm*, peintio ffigurol
  gloss paint, paent llathr (glós)
  marine painting, *nm*, peintio morol
  School of Direct Painting, *nf*, Ysgol Peintio Uniongyrchol
painterly, *a*, peintwrus
painters, *np*, rhaffau clymu (*Ch*)
painting, *nm*, peintiad
  cave painting, peintiad ogof
  Foredge Painting, *nf*, Celfyddyd Werin
  painting knife, *nf*, cyllell beintio
pair, *v*, cyplu
pairing, *nm*, pariad
palaeobotany, *nmf*, palaeobotaneg
palaeogeography, *nmf*, palaeoddaearyddiaeth
palaeographer, *nm*, palaeograffwr
palaeography, *nmf*, palaeograffeg
palaeontology, *nmf*, palaeontoleg
Palaeozoic, *a*, Palaeosoig
palate, *nf*, taflod
palatinate, *a*, palatin; *nf*, yr etholaeth Balatin
  County Palatine, *nf*, Iarllaeth Balatin
  Elector Palatine, *nm*, Etholydd Palatin
  Palatine Earl, *nm*, Iarll Palatin
palette, *nm*, palet
  palette knife, *nf*, cyllell balet
palisade, *nm*, palisâd; palis
palliative, *a*, lliniarol; *nm*, lliniarydd
pallium, *nm*, paliwm
palm (of hand), *nf*, cledr
  palm tree, *nf*, palmwydden
palp, *nm*, palp
palpate, *v*, teimlo; swmpo
palpitation, *nm*, crychguriad y galon
palstave, *nm*, palstaf
pampas, *np*, pampas; *nm*, paith
pampero, *nm*, pampero
pan, *nf*, padell
panache, *nm*, *panache*
panatrope, *nm*, panatrôp
pancake, *nf*, crempog; ffroisen; pancosen; poncagen
panchromatic, *a*, pancromatig
pancreas, *nm*, pancreas
pane, (pein, pene), *nm*, wyneb

panel, *nm*, panel
  door panel, panel drws
  glass panel, panel gwydr
  panel pin, *nm*, pin panel
  panel saw, *nf*, llif banel
  remote-control panel, panel pell-reoli
panic, *a*, panig; *nm*, panig
paning, *v*, twcio
  paning hammer, *nm*, morthwyl twcio
pannage, *nm*, mesobr
panorama, *nm*, panorama
panoramic, *a*, panoramig
panplain, *nm*, panwastadedd
panties, *np*, pantos
pantograph, *nm*, pantograff
pantomime, *nf*, pantomeim
pantry, *nm*, pantri
pants, *nf*, pants
paper, *nm*, papur; *v*, papuro
  blotting paper, papur sugno
  cartridge paper, papur catris
  coloured paper, papur lliw
  corrugated paper, papur gwrymog
  cover paper, papur clawr
  crepe paper, papur crêp
  cutting out paper, papur torri allan
  end paper, papur terfyn
  fine, first class paper, papur dosbarth cyntaf
  flour paper, papur blawd
  frieze paper, papur ffris; papur cyfreslun
  glass paper, papur gwydrog; papur llyfnu; papur swnd
  glazed paper, papur sglein
  hand made printing paper, papur printio a wnaed â llaw
  paper binding, *nm*, beindin papur; rhwymiad papur
  paper clip, *nm*, clip papur
  paper dicky, *nf*, tsiet bapur
  paper drafting, *v*, drafftio papur
  paper fastener, *nm*, ffasner papur
  paper folder, *nm*, cas papurau
  paper money, *np*, arian papur
  paper the house, *v*, rhadlenwi'r tŷ; papuro'r tŷ
  paper tissue, tissue paper, papur sidan
  paper tracing, *v*, dargopïo
  rag paper, papur lliain
  silk finish paper, papur sidan sglein
  tracing paper, papur dargopïo
  waxed paper, papur cwyrog
papier-mâche, *np*, mwydion papur
papilla, *nm*, papila
pappus, *nm*, papws
par, *a*, llawn werth; *nm*, pâr
  at par, ar lawn werth; ar bâr
parabola, *nm*, parabola
parabolic, *a*, parabolig
paraboloid, *nm*, paraboloid
  paraboloid roof, *nm*, tô paraboloid
parade, *nm*, parêd
paradox, *nm*, croesddywediad; paradocs
paraffin, *nm*, paraffîn
parallax, *nm*, paralacs
parallel, *a*, cyfochrog; *nf*, cyflin; *nm*, paralel
  parallel lines, *np*, cyflinellau
  parallel of latitude, cyflin lledred; paralel lledred
  parallel perspective *nm*, persbectif cyflin
  parallel play, *nm*, chwarae cyfochrog
  standard parallel, cyflin safonol
parallelepiped, *nm*, paralelepiped
parallelism, *nm*, cyfochredd
  psychophysical parallelism, cyfochredd corff-feddyliol
parallelogram, *nf*, cyflinog; *nm*, paralelogram
paralysis, *nm*, parlys
paramagnetism, *nm*, paramagnetedd
parameter, *nm*, paramedr
parametric, *a*, paramedrig
paranoia, *nm*, paranoia
parapet, *nmf*, erchwyn; *nm*, gwalc; parapet
  parapet wall, *nf*, wal erchwyn
paraphysis, *nm*, paraffysis
parapodium, *nm*, parapodiwm
parasite, *nm*, parasit
parasitic, *a*, parasitig
parathyroid, *a*, parathyroid; *nm*, parathyroid
paraxial, *a*, parechelin
par boil, *v*, lledferwi

parcel, *nm*, parsel
parched, *a*, cras
pardoner, *nm*, pardynwr
parenchyma, *nm*, parencyma
parents, *np*, rhieiniol
parental, *a*, rhieiniol
  parental care, *nm*, gofal rhieni
  parental character, *np*, nodweddion rhieni
  parental instinct, *nf*, greddf rieiniol
parenthesis, *nm*, parenthesis
parents, *np*, rhiant; rhieni
parietal, *a*, parietal; *nm*, parietal
pari passu, *pari passu*
parishioner, *nm*, plwyfolyn
parity, *nm*, paredd
park, *nm*, parc
  park land, *nm*, parcdir
  parkland avenue, *nf*, rhodfa parcdir
Parliament, *nf*, Senedd
parol, *a*, llafar
parole, *nm*, parôl
parquet, *nm*, *parquet*
parricide, *nm*, tadladdiad
parry, *v*, pario
  circular or counter parry, pario cylchol neu wrthbario
  direct or simple parry, pario syml neu union
  parry by detachment, pario drwy ysgaru
  parry by opposition, pario drwy wrthwynebu
parsley, *nm*, persli
parsnip, *nf*, panasen
part, *nf*, rhan; *nm*, darn; part
  butler part, part gwas (*Th*)
  grand dame part, part arglwyddes
  overlapping of parts, *nm*, gorgyffwrdd rhannau
  part payments, *np*, taliadau rhannol
  parts list, *nf*, rhestr rhannau
parthenogenesis, *nm*, parthenogenesis
partial, *a*, rhannol; *nm*, rhannol
  partial fractions, *np*, ffracsiynau rhannol
participation, *nm*, cyfranogiad
particle, *nm*, gronyn

particular, *a*, arbenigol; neilltuol; penodol
particularism, *nf*, neilltuolaeth; particwlariaeth
particulars of offence, *np*, manylion y ddrwg-weithred
parting, *v*, partio; rhannu
  parting off, partio
  parting off tool, *nm*, erfyn partio
  parting powder, *nm*, powdr partio
partita, *nm*, partita
partition, *nm*, rhaniad; pared
partly-paid, *a*, rhandaledig
partner, *nm*, cymar; partner
  junior partner, is-bartner
  sleeping partner, partner segur
  working partner, partner gweithiol
partnership, *nf*, partneriaeth
partridge, *nf*, petrisen
parturition, *nm*, esgoriad; *nf*, âl; *v*, alu; bwrw llo, ebol, etc.; esgor
party, *nf*, plaid
  political parties, *np*, pleidiau gwleidyddol; pleidiau politicaidd
pas, *nm*, cam (*Ch*)
  pas de bourre, cam bwre
  pas de chat, cam cath
  pas de cheval, cam march
  pas de deux, cam dau
pass, *nf*, bwlch; *nm*, pas; *nf*, trwydded; *v*, pasio
  bounce pass, pass bowndio (tampio)
  centre pass, pas cyntaf
  chest pass, pas o'r frest
  forward pass, pas ymlaen
  javelin pass, pas gwaywffon
  one-handed pass, pas unllaw
  overarm pass, pas dros ysgwydd
  pass door, pas trwydded
  penalty pass, pas cosb
  reverse pass, pas gwrthol
  shoulder pass, pas o'r ysgwydd
passacaglia, *nm*, *passacaglia*
passage, *nm*, pasej; *nf*, siwrnai; taith; tramwyfa
passbook, *nm*, paslyfr
passepied, *nm*, *passepied*

passion, *nm,* nwyd
passive, *a,* goddefol
passport, *nm,* pasport
paste, *nm,* past
  fish paste, past pysgod
pastel, *nm,* pastel
pasteurize, *v,* pasteureiddio; pasteuro
pastiche, *nm, pastiche*
pastime worker, *nm,* gweithiwr hamdden
pastoralism, *nf,* bugeilyddiaeth
pastry, *nm,* crwst
  biscuit pastry, crwst bisgïen
  choux pastry, crwst *choux*
  flaky pastry, crwst haenog
  hot water crust pastry, crwst dŵr poeth
  pastry board, *nm,* bwrdd crwst; *nf,* ystyllen crwst
  pastry brush, *nm,* brws crwst
  puff pastry, crwst pwff
  rough puff pastry, crwst pwff bras
  short crust pastry, crwst brau
pasturage, *nf,* porfelaeth
pasture, *nf,* porfa
  mountain pasture, porfa mynydd
  rough pasture, porfa arw
pasty, *nf,* pasten
pat, *v,* patio
patch, *nm,* clwt; *v,* clytio
  calico patch, clwt calico
  cloth patch, clwt brethyn
  fitted patch, clwt ffitio
  flannel patch, clwt gwlanen
  machine darn patch, clwt craith peiriant
  patch pockets, *np,* pocedi clwt
  print patch, clwt print
patchwork, *nm,* clytwaith
patchy, *a,* clytiog
  patchy grass, *nm,* glaswellt clytiog
patella, *nm,* patela; *nf,* padell penglin
patent, *nm,* patent
  patent pending, patent dan ystyriaeth
patentee, *nm,* patentai
patera, *nm,* patera
path, *nm,* llwybr
  motor path, llwybr ymudo
  public path, llwybr cyhoeddus
  towing path, llwybr tynnu
pathogen, *nf,* pathogen
pathology, *nmf,* patholeg
patina, *nm,* patina
patio, *nm,* patio
patrial, *a,* trefdadol; cynhwynol
patrol, *nm,* patrôl; *v,* patrolio
patrolman, *nm,* patrolwr
patronage, *nm,* nawdd; *nf,* nawddogaeth
  patronage board, *nm,* bwrdd nawddogaeth
patter, *v,* clebran
  patter talk, chwim glebran
pattern, *nm,* patrwm
  adapt a pattern, *v,* addasu patrwm
  block pattern, patrwm bloc
  bought (commercial) pattern, patrwm parod
  cored pattern, patrwm creiddig
  drafted pattern, patrwm drafft
  enlarge a pattern, *v,* ehangu patrwm
  herring bone pattern, patrwm pen saeth
  odd side pattern, patrwm ochr od
  one piece pattern, patrwm undarn
  pattern alteration, *nm,* newid patrwm
  pattern darning, *v,* creithio patrymog
  pattern pieces, *np,* darnau'r patrwm
  pattern sequence, *nf,* trefn y patrwm
  perforations and markings, *np,* tyllau a marciau
  printed pattern, patrwm print
  reduce a pattern, *v,* lleihau patrwm
  split pattern, patrwm hollt
  trade pattern, patrwm masnachol
patterned, *a,* patrymog
patty, *nm,* pati
  patty tin, *nm,* tun pati
pause, *nm,* saib
pavan, *nm,* pafan
pavement, *nm,* pafin; palmant
pavimentum, *nm,* palmant
pawl, *nm,* atalfar; pawl

pawn, *nm*, gwystl; *nf*, gwerin gwyddbwyll (chess)
pay, *nmf*, cyflog; *nm*, pae
  back pay, *nm*, oldal; ôl-dâl
  pay freeze, *v*, unfannu cyflogau
  pay packet, *nm*, pacyn pae; pacyn cyflog
  pay slip, *nm*, slip pae; slip cyflog
payable, *a*, taladwy
P.A.Y.E. (Pay as you Earn), P.A.Y.E. (Talu wrth Ennill)
payee, *nm*, talai
paymaster, *nm*, tâl-feistr
  Paymaster-General, Y Tâl-feistr Cyffredinol
payment, *nm*, tâl; taliad
  payment by results, *v*, talu yn ôl canlyniadau
  payment on account, tâl ar gyfrif
paysage, *nm*, tirlun
pea, *nf*, pysen
peach, *nf*, eirinen wlanog
peak, *nm*, pig; penllanw
  off peak, *a*, di-benllanw
  peak hour, *nf*, awr benllanw
  peak period traffic, *nm*, cyfnod penllanw traffig
  peak population, penllanw poblogaeth
  peak value intersection, *nm*, croestoriad gwerth uchafbwynt
peanut, *nf*, cneuen ddaear
pear, *nf*, gellygen
  pear tree, *nm*, pren gellyg; pren pêr
pearlite, *nm*, perlit
pearling, *v*, perlio
  pearling punch, *nm*, pwns perlio
peasant, *nm*, gwladeiddiwr; gwladeiddyn
  peasant farming, *v*, ffarmio gwladaidd
peasantry, *nm*, gwladeiddiach
peat, *nm*, mawn *nf*, mawnog
  amorphous peat, mawn amorffus
  fibrous peat, mawn ffibrus
  peat hag, *nm*, hag mawnog
pebble, *nm*, pebl; *np*, cerigos
  pebble dash, pebl dash
  pebble rock, *nf*, craig gerigos

peck, *nm*, peciad; pecaid; *v*, pigo
pectic, *a*, pectig
  pectic acid, *nm*, asid pectig
  pectic compounds, *np*, cyfansoddau pectig
pectin, *nm*, pectin
pectoral, *a*, pectoral
  pectoral girdle, *nf*, gwregys bectoral
peculiar, *a*, priodorol; od; *nf*, priodoriaeth
pedagogy, *nf*, pedagogaeth
pedal, *nm*, pedal
pedalfer, *nm*, pedalffer
pedesis, *nm*, pedesis
pedestal, *nm*, pedestal
pedestrian, *a*, pedestrig; *nm*, pedestrad
  pedestrian crossing, *nf*, croesfa pedestriaid; croesfa bedestr; *nm*, croesfan cerddwyr
pedicel, *nm*, pedicel
pediculosis, *nm*, pedicwlosis; pla'r llau
pedigree, *nf*, llinach
  pedigree stock, *nm*, stoc o dras
pediment, *nm*, pediment; talog
  broken pediment, pediment torlin
pediplain, *nm*, gwastadedd pediment
pedlar, *nm*, pedler
pedocal, *nm*, pedocal
pedogenic, *a*, priddegol
  pedogenic process, *nf*, proses priddegol
pedology, *nmf*, priddeg
peduncle, *nm*, pedwncl
peel, *nm*, croen; pil; rhisgl; *v*, pilio; plicio
peep-hole, *nm*, twll sbio
peer, *nm*, urddolyn; cymheiriad
peerage, *nf*, urddoliaeth
  status among his peers, *nm*, statws ymhlith ei gymheiriaid
  trial by his peers, *nm*, prawf gan ei gyfurdd
peg, *nm*, peg
  hammer pegs, *np*, pegiau ffusto; pegiau dobio
  ice pegs, *np*, pegiau rhew
  piton peg, peg piton

pein, *nm*, blaen
pelagic, *a*, eigionol; pelagig
pellet, *nf*, pelen
  mud pellet, pelen laid
pelmet, *nm*, pelmet
pelvic, *a*, pelfig
  pelvic girdle, *nf*, gwregys belfig
pelvis, *nm*, pelfis
pen, *nm*, pin; pen
  pen and ink, pin ac inc
  pen and wash, pin a golchiad
  pen process aquatint, *nm*, acwatint proses pin
penal, *a*, penydiol
penalty, *nf*, cosb; *nm*, cosbdal
  penalty area, *nm*, cwrt cosb
  penalty clause, *nm*, cymal cosb
  penalty spot, *nm*, marc cosb
pencil, *nm*, pensil
  colour pencil, pensil lliw
  marking pencil, pensil marcio
pendant, *a*, crog
  pendant globule, *nm*, globwl crog
pendentive, *nm*, pendentif
pendulum, *nm*, pendil
  compound pendulum, pendil cyfansawdd
  simple pendulum, pendil syml
peneplain, *nm*, lledwastad
  low peneplain, lledwastad isel
  middle peneplain, lledwastad canol
peneplantation, *nm*, lledwastadiad
penetrate, *v*, treiddio
penetrating, *a*, treiddiol
penicillin, *nm*, penisilin; penicilin
Penicillium, *nm*, Penicillium
peninsula, *nf*, gorynys
peninsular, *a*, gorynysol
  peninsular India, India orynysol
penis, *nm*, penis
pennant, *nm*, lluman
penologist, *nm*, penydegwr
penology, *nm*, penydeg
pension, *nm*, pensiwn
  contributory pension, pensiwn cyfrannol
  non-contributory pension, pensiwn anghyfrannol
pentadactyl, *a*, pentadactyl; *nm*, pentadactyl
  pentadactyl limb, *nm*, aelod pentadactyl

pentadecagon, *nm*, pentadecagon
pentagon, *nm*, pentagon
pentagonal, *a*, pentagonal
pentagram, *nm*, pentagram
pentaptych, *nm*, pentaptych
pentose, *nm*, pentos
pentoxide, *nm*, pentocsid
penumbra, *nm*, penwmbra
peplum, *nm*, peplwm
pepper, *nm*, pupur
pepsin, *nm*, pepsin
peptide, *nm*, peptid
peptone, *nm*, pepton
per, *prp*, ar; trwy; wrth; y; per
  per cent, y cant
perceive, *v*, canfod
percentage, *nm*, canran
  percentage decline, *nm*, gostyngiad canrannol
  percentage growth, *nm*, twf canrannol
percentile, *a*, canraddol; *nf*, canradd
  percentile rank, *nf*, safle ganraddol
percept, *nm*, canfodiad
perceptible, *a*, canfyddadwy
perception, *nm*, canfyddiad
perceptual, *a*, canfodiadol
perch, *nf*, clwyd golau (*Th*); *nm*, draenog; draenogiad (*Co*)
percolate, *v*, trylifo
percolation, *nm*, trylifiad
percolator, *nm*, percoladur
percussion, *nm*, trawiad
  centre of percussion, *nf*, canolfan taro
  percussion band, *nm*, band taro
peremptory, *a*, terfynol
perennation, *nf*, perennaeth
perennial, *a*, lluosflwydd; perennial; *nm*, lluosflwydd; perennial
perfect, *a*, perffaith
perfectionism, *nf*, perffeithiaeth
perforator, *nm*, tyllydd; perfforadur
perform, *v*, chwarae; perfformio
  performing fee, *nm*, tâl perfformio
  performing licence, *nf*, trwydded perfformio
performance, *nm*, perfformiad
  command performance, arch berfformiad
performer, *nm*, chwaraewr; perfformiwr

perfuse, *v*, darlifo
perianth, *nm*, perianth
periblem, *nf*, periblem
peribolus, *nm*, peribolws
pericardial, *a*, pericardial
  pericardial cavity, *nm*, ceudod pericardial
pericardium, *nm*, pericardiwm
pericarp, *nm*, pericarp
pericline, *nm*, periclin
pericycle, *nm*, pericycl; perigylch
periderm, *nm*, periderm
perigee, *nm*, *perigee*
periglacial, *a*, ffinrewlifol
perigynous, *a*, perigynus
perihelion, *nm*, perihelion
perimeter, *nm*, perimedr; amfesur; cylchfesur
perinatal, *a*, am-enedigol
perineum, *nm*, perinewm
period, *nm*, cyfnod;
  gestation period, cyfnod cario
  operational period, cyfnod gweithredol
  period play, *nf*, drama gyfnod
periodic, *a*, cyfnodol
periodical, *a*, cyfnodol; *nm*, cyfnodol
  order for periodical payments, *v*, gorchymyn am daliadau cyfnodol
periodicity, *nm*, cyfnodedd; *nf*, cyfnodoldeb
peripatetic, *a*, cylchynol; peripatetig
  peripatetic teacher, *nm*, athro cylchynol; athro peripatetig
peripheral, *a*, amgannol; perifferal; amgantol
  peripheral distribution, *nm*, dosbarthiant amgannol
  peripheral nervous system, *nf*, system nerfol berifferal
  peripheral speed, *nm*, sbîd amgant; sbîd perifferal
periphery, *a*, amgant; *nm*, amgant; perifferi
periscope, *nm*, perisgop
perishable, *a*, darfodus
  perishable goods, *np*, defnyddiau darfodus
peristalsis, *nm*, peristalsis
peristyle, *nm*, peristyl

peritoneal, *a*, peritoneal
  peritoneal cavity, *nm*, ceudod peritoneal
peritoneum, *nm*, peritonewm
peritonitis, *nm*, peritonitis; llid y ffedog
perjure, *v*, tyngu anudon
perjury, *nf*, anudoniaeth
  commit perjury, *v*, tyngu anudon
perma, *a*, parhaol
  perma frost, *nm*, rhew parhaol
permanent, *a*, arhosol; sefydlog
  permanent pasture, *nf*, porfa sefydlog
  permanent setting, *nm*, gosodiad arhosol
  permanent teeth, *np*, dannedd parhaol
permeability, *nm*, athreiddedd
permeable, *a*, athraidd
permissible, *a*, caniatol
permission, *nm*, caniatâd
  planning permission, *a*, caniatâd cynllunio
permissive, goddefus; goddefol; caniatadwy
  permissive society, *nf*, cymdeithas oddefol; cymdeithas oddefus
permit, *nm*, caniatâd; *nf*, hawlen; *v*, caniatáu
permutate, *v*, trynewid
permutation, *nm*, trynewid; trynewidiad
peroxide, *nm*, perocsid
perpendicular, *a*, perpendicwlar; unionsgwar; *nm*, perpendicwlar
  perpendicular line, *nf*, llinell blwm
perpetuity, *nm*, bytholrwydd
  in perpetuity, dros byth
per pro, *per pro*
perquisite, *nm*, elw digwydd
perseverance, *nm*, dyfalbarhad
perseveration, *nm*, gorbarhad
personal, *a*, personol
  personal manager, *nm*, trefnwr personol
  personal props, *np*, celfi personol
personality, *nf*, personoliaeth
  multiple personality, personoliaeth luosblyg

personality actor, *nm,* actor personoliaeth
personality types, *np,* teipiau personoliaeth
choleric, colerig
melancholic, melancolig
phlegmatic, fflegmatig
sanguine, sangwin
personate, *v,* personiadu
personation, *nm,* personiad
personnel, *nm,* personnél
perspective, *nm,* persbectif
aerial perspective, persbectif awyrol
atmospheric perspective, persbectif atmosfferig
colour perspective, persbectif lliw
perspectivity, *nm,* persbectifedd
perspex, *nm,* persbecs
coloured perspex, persbecs lliw
perspiration, *nm,* chwys
perverse, *a,* gwrthnysig
perversion, *nm,* gŵyrdro; gwrthnysedd
pervert, *nm,* gŵyrdroedig; *v,* gŵyrdroi
pervious, *a,* hydraidd
pessary, *nm,* pesari; *nf,* crothateg
pessimism, *nf,* pesimistiaeth
pest, *nm,* pla
pesticide, *nm,* plaleiddiad
pestiferous, *a,* plaog
pestilence, *nf,* haint
pestle, *nm,* pestl; pwnier
pestle and mortar, pestl a morter
pet, *nm,* mwythyn; *nf,* mwythen
petal, *nm,* petal
petechiae, *np,* mân waedu
petiole, *nm,* petiol
petition, *nf,* deiseb
petit point, *petit point*
petrochemical, *nm,* petrocemigyn
petrology, *nf,* petroleg
petticoat, *nf,* pais
pew, *nm,* côr; *nf,* sedd
pewter, *nm,* piwter
Phaeophyceae, *np,* Phaeophyceae
phagocyte, *nm,* ffagocyt
phagocytosis, *nm,* ffagocytosis
phalange, *nm,* ffalang
pharmaceutical, *a,* fferyllol
pharmacy, *nmf,* cyffurle; cyffurfa

pharyngitis, *nm,* ffaryngitis
pharynx, *nm,* ffaryncs; llwnc
phase, *nm,* cyfnod; *nf,* gwedd
Causal Phase, Cyfnod Achosol
in phase, cydwedd
not in phase, anghydwedd
pheasant, *nf,* ffesant; iâr goed
phellem, *nf,* ffelem
phelloderm, *nm,* ffeloderm
phellogen, *nf,* ffelogen
phenomenon, *nf,* ffenomen
phenotype, *nm,* ffenoteip
phenotypic, *a,* ffenoteipol
philanthropy, *nm,* dyngarwch
Philistine, *a,* Philistaidd
philosophy, *nf,* athroniaeth
phlebitis, *nm,* fflebitis
phlebotomy, *nm,* gwaedu; gollwng gwaed; fflebotomi
phlegm, *nf,* fflem
phloem, *nf,* ffloem
phobia, *nm,* ffobia; *phobia*
school phobia, ffobia ysgol
phone, *nm,* ffôn
phonetics, *nmf,* seineg
phonic, *a,* ffonegol; ffonig; seinegol
phonics, *nmf,* ffoneg
phosphate, *nm,* ffosffad
phosphine, *nf,* ffosffin
phospho-protein, *nm,* ffosffo-protein
phosphor, *nm,* ffosffor
phosphorate, phosphorise, *v,* ffosfforeiddio
phosphor-bronze, *nm,* ffosfforefydd
phosphoresce, *v,* ffosfforesgu
phosphorescence, *nm,* ffosfforesgedd
phosphorescent, *a,* ffosfforesgol
phosphoric, *a,* ffosfforig
phosphorous, *a,* ffosfforaidd
phosphorus, *nm,* ffosfforws
photocell, *nf,* ffotogell
photochemical, *a,* ffotogemegol
photoelectric, *a,* ffoto-electrig
photolectricity, *nm,* ffotodrydan
photogrammetry, *nf,* ffotogrametreg
photograph, *nm,* ffotograff; *v,* tynnu ffotograff
aerial photograph, awyrlun; ffotograff o'r awyr
photography, *nf,* ffotograffiaeth

photolysis, *nm*, ffotolysis
photometer, *nm*, ffotomedr
photometric, *a*, ffotomedrig
photometry, *nmf*, ffotometreg
photomontage, *nm*, ffotomontedd
photon, *nm*, ffoton
photonasty, *nm*, ffotonastedd
photoperiodism, *nm*, ffotoperiodedd
photosensitization, *nm*, golau-deimladrwydd
photosphere, *nm*, ffotosffer
photosynthesis, *nm*, ffotosynthesis
photosynthetic, *a*, ffotosynthetig
phototaxis, *nm*, ffototacsis
phototropism, *nm*, ffototropedd
phrase, *nm*, cymal
phrenology, *nmf*, darllen pennau; ffrenoleg
phycocyanin, *nm*, ffycocyanin
phylloclade, *nm*, ffyloclad
phyllode, *nm*, ffylod
phyllotaxis, *nm*, ffylotacsis
phylogeny, *nm*, ffylogenedd
phylum, *nm*, ffylwm
physical, *a*, corfforol; ffisegol
  physical properties, priodweddau ffisegol
physician, *nm*, ffisegwr
physicist, *nm*, ffisegydd
physics, *nmf*, ffiseg
physiographic, *a*, ffisiographig
physiology, *nmf*, ffisioleg
physiotherapy, *nm*, ffisiotherapi
physique, *nm*, corffoledd
phytoliths, *np*, ffytolithiau
phytophagous, *a*, ffytoffagus
phytoplankton, *nm*, ffytoplancton
pianist, *nm*, pianwr; pianydd; *nf*, pianwraig
pianoforte, *nm*, piano
  pianoforte keys, *np*, allweddi p.
piccolo, *nm*, picolo
pick, *nf*, picas
  tranchet pick, picas transiet
pick-axe, *nf*, picas
picket, *nm*, picedwr; *v*, picedu
pickle, *nm*, picl; *nf*, piclen; *v*, piclo
pickpocket, *nm*, pigwr pocedi
pickup, *nm*, cipyn
pictography, *nm*, pictograffi
pictorial, *a*, darluniadol

pictorial space, *nm*, gofod darluniadol
picture, *nm*, darlun; pictiwr
  picture frame stage, *nmf*, llwyfan ffrâm pictiwr
  picture plane, *nm*, plân darlun
picturesque, *a*, pictiwresg
pie, *nf*, pastai
piece, *nm*, darn; clwt; clwtyn
  chucking piece, darn crafangu
  hanging piece, darn crog
piecewise, *a*, bob yn ddarn
piecework, *nm*, gwaith darndal; tâl wrth y gwaith
piedmont, *nm*, *piedmont*
pier, *nm*, pier
  clustered pier, pier clwstwr
pierce, *v*, trywanu
piercer, *nm*, gwanydd
pieta, *nm*, pieta
pig, *nm*, mochyn
  ruptured pig, mochyn pwrsog
  store pig, mochyn stôr
  suckling pig, porchell
pigeon, *nf*, colomen
pigeon-hole, *nm*, cloer
pigment, *nm*, pigment
pike, *nm*, penhwyad
pikelets, *np*, picau burum
pilaster, *nm*, pilaster
pilchard, *nm*, pilsiard
pile, *nm*, pentwr; *v*, pentyrru
  stock pile, *nm*, stoc bentwr; stoc bentyrru
pile-driver, *nf*, gordd beiriant
piliferous, *a*, pilifferus
  piliferous layer, *nf*, haen bilifferus
pill, *nf*, pelen; pilsen
pillar, *nm*, piler
pillow, *nf*, clustog; *nm*, gobennydd
  pillow case, *nm*, cas gobennydd
  pillow structure, *nf*, adeiliaeth glustog
pin, *nm*, pin; *v*, pinio
  cotter (split) pin, pin hollt
  drawing pin, pin bawd; pin gwasgu; pin pennflat
  dressmakers' pin, *np*, pinnau bach
  fixed pins, *np*, rolocs sefydlog (*Ch*)
  moveable pin, pin symudol
  panel pin, pin panel

pin and slot, *nf,* cynffon a bwlch (*Cr*)
pin drill, *nm,* dril pin
pin punch, *nm,* pwns pin
pin tuck, *nm,* twc pin
safety pin, pin cau
spruce pin, pin sbriws
pinafore, *nm,* brat
  pinafore dress, *nf,* ffrog diwnig; bratffrog
pincers, *nm,* gefel bedol; pinsiwn
pinch, *nm,* pinsiad; *v,* pinsio
pincushion, *nm,* pincws
pine, *nf,* pinwydden
  pitch pine, pinwydden pyg
pineapple, *nm,* afal pîn
pineal, *a,* pineal
  pineal body, *nf,* chwarren bineal
pin-hole, *nm,* pindwll
pinion, *nm,* piniwn
pink, *v,* pincio
pinna, *nm,* pinna
pinnacle, *nm,* pinacl
pin-point, *v,* pinbwyntio
pin-rail, *nf,* rheilen brig
pint, *nm,* peint
pioneer, *nm,* arloeswr; *v,* arloesi
  pioneer crop, *nm,* cnwd arloes
pip, *nm,* dincodyn
pipe, *nf,* peipen; pib; pibell; *v,* peipio
  bubble pipe, pib swigod
  exhaust pipe, peipen wacáu; allbib
  piping foot (zipperfoot), *nm,* atodyn peipio; *nf,* zipell
pipette, *nf,* piped
piqué, *nm, piqué*
piracy, *nm,* afon ladrad; morladrad; *nf,* pirantiaeth
pirouette, *nf,* pirwet
piscina, *nm, piscina*
pistil, *nm,* pistil
pistillate, *a,* pistilaidd
piston, *nm,* piston
  piston rings, clychau piston
pit, *nm,* pwll; pant; *np,* seddau ôl (*Th*); *v,* pyllu
  boarded pits, *np,* pantiau gweflog
pitch, *nm,* cywair; cyweirnod; pyg; traw; *nf,* chwaraefa; *v,* pitsio
  absolute pitch, traw safon

pitch block, *nm,* plocyn pyg
pitch bowl, *nf,* bowlen pyg
pitch, degree of, *nm,* serthiant
pitch pine, *nf,* pinwydden byg
pitch of roof, *nm,* codiad to
pitch of screw, pits sgriw
wicket pitch, pits wiced
pitcher, *nm,* pitsiwr
pitchstone, *nm,* pygfaen
pith, *nm,* bywyn; craidd; pith
pithy, *a,* pithog
  pithy stem, *nm,* stem pithog; coes pithog
pitprop, *nm,* post pwll
pitted, *a,* pyllog
pituitary, *a,* pitwidol; *nm,* pitwitari
  pituitary gland, *nf,* chwarren bitwidol
pivot, *nm,* colyn; pifod; *v,* colynnu; pifodi
  forward pivot, pifod blaen
  pivot turns, *np,* troadau ar bifod
  reverse pivot, pifod ôl
pivotal, *a,* colynnol
pivoted, *a,* argolyn
pizzicato, *a, pizzicato; nm, pizzicato*
place, *nm,* lle; llecyn; *v,* gosod; lleoli
  free place, lle rhad; lle rhydd
placeman, *nm,* gŵr swydd
placenta, *nm,* placenta
placentation, *nm,* placentiad
placing, *nm,* gosodiad
placket, *nm,* placet
  dress placket, placet ffrog
plagiarism, *nm,* lladrad; llenladrad
plagiogeotropism, *nm,* plagiogeotropedd
plague, *nm,* pla
  cattle plague, pla'r gwartheg
plaice, *nf,* lleden
plaid, *nm,* plod; plad
plain, *a,* plaen; *nm,* gwastadedd
  low-lying plain, gwastadedd isel
  outwash plain, *nm,* sandur
  plain tract, *nm,* gwastatir afon
  Summit Plain, Gwastadedd Copa
plainsong, *nf,* plaengan
plaintiff, *nm,* achwynydd; achwynwr; hawlwr; cwynwr; pleintydd

plait, *nf*, pleth; *v*, plethu
plan, *nm*, cynllun; plan; uwcholwg; *v*, cynllunio
  concentric plan, plan consentrig
  ground plan, llorgynllun; cynllun llawr
  integrated planning, *v*, cynllunio cyfannol; cynllunio integredig
planar, *a*, planar
plane, *nm*, plaen; plân; *v*, plaenio
  block plane, plaen bloc
  bounding plane, plân terfyn
  bull nose plane, plaen trwynbwl
  combination plane, plaen aml ddefnydd
  compass plane, plaen gwadn amgrwn
  cutting plane, plân torri
  ecliptic plane, plân ecliptig
  escapement, *nf*, cilfa; *nm*, dihangle
  inclined plane, plân goleddol
  jack plane, plaen jac; jacblaen
  moulding plane, plaen gleinio; plaen siapio
  mouth of plane, *nf*, ceg
  plough plane, plaen rhigoli
  rebate plane, plaen rabad
  router, old woman's tooth, plaen dyfnder; dant y wrach
  scraper plane, plaen crafu
  shoulder plane, plaen ysgwydd
  smoothing plane, plaen llyfnhau
  tangent plane, plaen tangiad
  toothing plane, plaen danheddog
  trying plane, plaen hir; trymplaen
planet, *nm*, planed
  Earth, Y Ddaear
  Jupiter, Iau
  Mars, Mawrth
  Mercury, Mercher
  Neptune, Neifion
  Pluto, Plwto
  Saturn, Sadwrn
  Uranus, Wranus
  Venus, Gwener
planish, *v*, planisio
planisphere, *nm*, planisffer
plank, *nf*, astell; estyllen; *nm*, planc; plencyn
plankton, *nm*, plancton
  phytoplankton, ffytoplancton
  zoöplankton, zoöplancton; swoplancton
planktonic, *a*, planctonig
plant, *nm*, offeiriant; planhigyn; *v*, plannu
  dwarf plant, corblanhigyn
  plant a gag, *v*, smalosod
  short day plant, planhigyn byrddydd
  twining plant, *nm*, llysieuyn troellog
plantar, *a*, yn ymwneud â gwadn y droed
  plantar cushion, *nm*, broga'r droed; llyffant y droed
plantation, *nm*, gwastad; *nf*, planhigfa
plantigrade, *a*, plantigrad; *nm*, plantigrad
plaque, *nm*, plac
  number plaque, plac rhifo
plasma, *nm*, plasma
plasmagene, *nm*, plasmagenyn
plasma-membrane, *nf*, pilen blasma
plasmolysis, *nm*, plasmolysis
plaster, *nm*, plastr; *v*, plastro
  plaster cast, *nm*, cast plastr; *nf*, delw blastr
  plaster casting, *v*, castio plastr
  plaster of Paris, plastr Paris
plastic, *a*, plastig; *nm*, plastig
  plastic art, *nf*, celfyddyd blastig
  plastic baths, *np*, baddonau blastig
  plastic bowls, *np*, padelli plastig
  plastic colour, *nm*, lliw plastig
  plastic container, *nf*, costrel blastig
plasticiser, *nm*, plastigydd
plasticity, *nm*, plastigedd; plastigrwydd
plastid, *nm*, plastid
plate, *nf*, haenell; *nm*, plat; *v*, golchi; haenellu; platio
  angle plate, plat ongl
  book plate, plat llyfr
  box angle plate, plat ongl bocs
  catch plate, plat cydio; plat troi
  dowel plate, plat dowel
  draw plate, plat tynnu
  driver plate, plat troi
  face plate, plat wyneb

pitcher's plate, plat y pitsiwr
plate paper, *nm*, papur plat
Sheffield plate, plat Sheffield
striker's plate, plat yr ergydiwr
terne plate, plat tern
throat plate, gwddwblat
plateau, *nm*, llwyfandir
high plateau, llwyfandir uchel
plateau block, bloclwyfandir
plate-glass, *nm*, platwydr
platelet, *nf*, platen
platform, *nmf*, llwyfan
600' Platform, Llwyfan 600'
platinise, *v*, platineiddio
platinum, *nm*, platinwm
platoon, *nm*, platŵn
Platyhelminthes,
   np, Platyhelminthes
platykurtic, *a*, platycwrtig
play, *nm*, chwarae; *nf*, drama;
   v. chwarae
Biblical play, drama Feiblaidd
chronicle play, drama gronicl
commercial play, drama fasnachol
dangerous play, chwarae peryglus
detective play, drama dditectif;
   drama gyffro
escapist play, drama osgoi; drama
   ddihangol
literary play, drama lenyddol
miracle play, drama firagl
morality play, drama foes;
   moes-chwarae
Nativity play, drama'r Geni
non-copyright play, drama ddi-
   hawlfraint
Passion play, drama'r Dioddefaint
play doctor, *nm*, doctor drama
play for a laugh, *v*, deisyf
   chwerthin
play group, *nm*, grŵp chwarae
play reader, *nm*, darllenwr drama
play to capacity, *v*, chwarae i
   dŷ llawn
play to the gallery, *v*, chwarae
   i'r galeri
play under canvas, *v*, chwarae
   dan gynfas
producer's play, drama
   cynhyrchydd
stroke play, chwarae strôc
thesis play, drama bwnc

toga play, drama doga
water play, chwarae dŵr
playa, *nm*, playa
player, *nm*, actor; chwaraewr
scratch player, chwaraewr crafog
seeded player, chwaraewr dethol
playgoer, *nm*, mynychwr drama
playground, *nm*, chwaraele; *nf*,
   iard chwarae
playground chalk, *nm*, sialc iard
playhouse, *nm*, chwaraedy;
   nf, theatr; *nm*, tŷ chwarae
playitis, *nm*, clefyd drama
playstool, *nf*, stôl fach
plea, *nm*, ple; *v*, pledio
cognizance of pleas, *nf*, hawl
   pledio
Court of Common Pleas,
   nm, Cwrt Pledion Cyffredin
Pleas of the Crown, *np*, Pledion
   y Goron
plead, *nm*, ple; *v*, pledio
plead a special plea, pledio ple
   arbennig
plead guilty, pledio'n euog
plead justification, pledio
   gwirionedd
plead not guilty, pledio'n
   ddieuog
plead the general issue, pledio'n
   gyffredinol
pleader, *nm*, plediwr
pleading, *nm*, plediad
please, os gwelwch yn dda;
   byddwch cystal â
pleasure, *nm*, pleser
pleasure and unpleasure, pleser
   ac amhleser
pleat, *nf*, plet; *v*, pletio
accordion pleating, *nm*, pletio
   acordion
box pleating, pletio bocs
durable pleating, pletio parhaol
inverted pleating, pletio gwrthdro
knife pleat, plet llafn
sunray pleat, pletio pelydrog
unpressed pleating, pletio rhydd
pleated, *a*, pletiog
pleated edging, *nmf*, ymyl pletiog
plebiscite, *nf*, pleidlais gwlad
Plecoptera, *np*, Plecoptera
pledge, *nm*, gwystl

plenipotentiary, *nm*, plenipotenswr
plerome, *nm*, plerom
pleura, *nm*, plewra
pleurisy, *nm*, plewrisi
plexus, *nm*, plecsws
pliable, *a*, hyblyg
plication, *nm*, plygiant
pliers, *nf*, gefelen; *nm*, pliars
  combination pliers, gefelen gyfunol
  eyelet pliers, gefelen lygaden
  flat nose pliers, gefelen drwyn fflat
  round nose pliers, gefelen drwyn gron
plinth, *nm*, plinth
plot, *nm*, cynllun; plot; *v*, cynllunio; plotio
  counter plot, gwrth blot
  experimental plot, *nm*, talwrn
ploughbote, *nm*, aradfudd
plover, *nf*, cornchwiglen; cornicyll
  golden plover, cornicyll, cornchwiglen y mynydd
  grey plover, cornicyll, cornchwiglen y waun
pluck, *nm*, pliciad; *v*, plicio
plug, *nm*, plwg; *v*, plygio
  plug gauge, *nm*, medrydd plwg
  plug tap, *nm*, tap plwg
plum, *nf*, eirinen; plwmsen
  plum tree, *nm*, pren eirin
plumb, *a*, plwm
  plumb line, *nf*, llinell blwm
plumbago, *nm*, plwmbago
plumber, *nm*, plymwr
plumbic, *a*, plymig
plumbous, *a*, plymus
plumule, *nm*, plwmwl
plunge, *nm*, plymiad; *v*, plymio
  plunge pool, *nm*, plymbwll
plural, *a*, lluosog; lluosryw
  plural society, *nf*, cymdeithas luosryw
pluralism, *nf*, amlblwyfyddiaeth
pluralist, *nm*, amlblwyfydd
plus, *nm*, *plus*; plws
  plus sign, *nf*, arwydd *plus*; arwydd plws
plutonic, *a*, plwtonig
  plutonic rocks, *np*, creigiau plwtonig

pluvial, *a*, glawog
ply, *nf*, cainc
  two ply wool, *nf*, edafedd dwygainc
  three ply wool, *nf*, edafedd tair cainc
plywood, *nm*, pren haenog
  three ply, *a*, tairhaenog
  five ply, *a*, pumhaenog
  armoured ply, *nm*, pren haengaled
pneumatic, *a*, *pneumatic*; niwmatig
pneumonia, *nm*, llid yr ysgyfaint; niwmonia
pneumothorax, *nm*, niwmothoracs
poach, *v*, potsio; herwhela
  egg poacher, *nm*, potsydd ŵy
  poached egg, *nm*, ŵy wedi'i botsio
pocket, *nf*, poced; *v*, pocedu
  bag pocket, poced gwdyn
  patch pocket, poced glwt
podium, *nm*, podiwm
podsol, *nm*, podsol
poikilothermic, *a*, poicilothermig
point, *nm*, blaen; pwynt; trwyn; *v*, pwyntio
  break point, torbwynt
  critical point, pwynt critigol
  decimal point, pwynt degol
  fixed point, pwynt anghyfnewid
  freezing point, rhewbwynt; pwynt rhewi
  point of articulation, pwynt cymal
  point of decalescence, pwynt caledu
  point of delay, pwynt oedi
  point of sight, safbwynt
  point of the jaw, pwynt yr ên
  triple point, pwynt triphlyg
  turning point, trobwynt
  vanishing point, diflanbwynt; pwynt diflannu
  yield point, pwynt ildio
pointed, *a*, pigfain
pointel, *nm*, pwyntil
pointer, *nm*, pwyntydd
pointillism, *nf*, pwyntiliaeth
poise, *nm*, cydbwysedd
poison, *v*, gwenwyno
  ptomaine poisoning, gwenwyno tomên

poker, *nm*, pocer; procer
  gas poker, pocer nwy
polar, *a*, pegynol; polar;
  nm, pegynlin
  polar body, *nm*, corffilyn polar
polarimeter, *nm*, polarimedr
polarimetry, *nf*, polarimedreg
polarity, *nm*, polaredd
polarization, *nm*, polareiddiad
polarize, *v*, polaru
  polarized light, *nm*, golau polar
polarizer, *nm*, polarydd
polder, *nm*, polder
pole, *nm*, pegwn; pol
  north celestial pole, pegwn wybrennol y gogledd
  north pole, pegwn y gogledd
  pole star, *nf*, seren y gogledd
  pole strength, *nm*, poledd
  south celestial pole, pegwn wybrennol y de
  south pole, pegwn y de
poleward, *ad*, tu pegwn
police, *np*, heddlu
  police lights, *nm*, golau rhaid
policeman, *nm*, plismon; heddwas
policewoman, *nf*, plismones; heddforwyn
policy, *nm*, polisi
polish, *nm*, llathredd; llathrydd; sglein; *v*, caboli; llathru; sgleinio
  French polish, llathredd Ffrengig
  polishing iron, *nm*, haearn llathru
  wax polish (material), llathrydd cwyr
  wax polish (shine), llathredd cwyr
polished, *a*, caboledig
political, *a*, gwleidyddol; politicaidd
politician, *nm*, gwleidydd
politics, *nf*, gwleidyddiaeth
polje, *nm*, polje
poll, *nm*, pôl
  deed poll, *nf*, gweithred newid enw
  poll money, *np*, arian pennau
  poll tax, *nf*, treth pennau
pollard, *nm*, tocbren; *v*, tocio
pollen, *nm*, paill
  pollen grain, *nm*, gronyn paill
  pollen tube, *nm*, peilldiwb

poll-evil, *nm*, clwy'r gwegil
pollinate, *v*, peillio
pollination, *nm*, peilliad
pollinium, *nm*, poliniwm
pollution, *nm*, amhuriad; difwyniad
polonaise, *nm*, polonais
polycycle, *nm*, amgylchred
polycyclic, *a*, amgylchredol
polygon, *nm*, polygon
  circumscribed polygon, polygon amgylchol
  funicular polygon, polygon rhaff
  link polygon, polygon cyswllt
polyhedral, *a*, polyhedral
polyhedron, *nm*, polyhedron
polymer, *nm*, polymer
polymorph, *nm*, polymorff
polyneuritis, *nm*, polynewritis
polynomial, *a*, polynomaidd; *nm*, polynomial
polyp, *nm*, polyp
polypeptide, *nm*, polypeptid
polyploid, *a*, polyploid; *nm*, polyploid
polyptych, *nm*, polyptych
polypus, *nm*, polypws
polysaccharide, *nm*, polysacarid
polythene, *nm*, polythen
polyuria, *nm*, polywria
pome, *nm*, pôm
pomegranate, *nm*, pomgranad
pommel, *nm*, cnap
pompon, *nm*, pompon
pong, *nm*, clebar
pons, *nf*, pont
pontage, *nf*, pontreth
pony, *nf*, merlen; *nm*, merlyn; poni
  pony trekker, *nm*, merlotwr
  pony trekking, *v*, merlota
pool, *nf*, cronfa
  typing pool, cronfa deipio
pop, *a*, pop
poplar, *nf*, poplysen
poppets, *np*, popedi
  giant poppets, popedi mawrion, cawrbopedi
poppy, *nf*, pabi
  poppy head, *nm*, pen pabi
population, *nf*, poblogaeth
  floating population, poblogaeth symudol

porcelain, *nf*, porslen
  eggshell porcelain, porslen plisgyn ŵy
porch, *nm*, porth
pore, *nm*, mandwll
pork, *nm*, porc
porker, *nm*, porcyn
porosity, *nm*, mandylledd
porous, *a*, mandwll; mandyllog; amrydyllog
porphyritic, *a*, porffyritig
porphyry, *nm*, porffyri
porpoise, *nm*, llamhidydd
porridge, *nm*, uwd
port, *nm*, porth; porthladd; port; crwndwll; *v*, cario
  free port, porthladd rhydd
  hip port, hip carry, *v*, cario wrth glun
  packet port, pacborth; pacedborth
  port of call, porth galw
portable, *a*, cludadwy
portal, *a*, portal
portcullis, *nm*, porthcwlis
porte, *nm*, porte
porter, *nm*, porter; porthor
porterage, *nf*, porteriaeth; *nm*, porteriant
portfolio, *nm*, portffolio
portico, *nm*, portico
port-reeve, *nm*, porthfaer
position, *nm*, lleoliad; *nm*, safle; sefyllfa
positive, *a*, cadarnhaol; posidiol (*Ce*); positif; *nm*, posidiol (*Ce*); positif
  positive drive, *nm*, dreif positif
  positive rake, *nm*, gwyredd positif
positron, *nm*, positron
possess, *v*, meddu
possession, *nm*, meddiant
possessiveness, *nm*, meddgaredd
possibilism, *nf*, posibiliaeth
possibilist, *nm*, posibiliedydd
post, *nm*, post; postyn; *nf*, swydd; *v*, postio
  goal posts, *np*, pyst gôl
  guide post, arweinbost
  king post, brenhinbost
  newel post, post grisiau
  parcel post, post parsel
  post and lintel, post a linter
  post card, *nm*, cerdyn post
  post date, *v*, olddyddio
  post entry, *nm*, olgofnod
  post free, yn cynnwys tâl post
  post office, *nf*, swyddfa bost
  queen post, banonbost
postage, *nm*, tâl post
  postage account, *nm*, cyfrif post
postal, *a*, post
  postal order, *nf*, archeb bost
  postal services, *np*, gwasanaethau post
poster, *nf*, hysbyslen; *nm*, poster
  poster colour, *nm*, lliw posteri
posterior, *a*, posterior; *nm*, posterior
  posterior root, *nm*, nerf posterior
postern, *nm*, cilddor
posticum, *nm*, posticwm
postmark, *nm*, postfarc
post-mortem, *nm*, post-mortem
post-multiply, *v*, ôl-luosi
post-natal, *a*, wedi-geni; ôl-enedigol
postremogeniture, *nf*, ieuafanedigaeth (hawl yr ieuafanedig)
postulate, *nm*, cynosodiad; *v*, cynosod
posture, *nm*, safiad; ymddaliad
pot, *nm*, pot
  electric glue pot, pot glud trydan
  nesting pots, *np*, llestri tas
potash, *nm*, potas; potash
potassium, *nm*, potasiwm
potato, *nf*, taten; tysen
  baked potatoes, tatws wedi eu pobi; tatws pôb
  boiled potatoes, tatws wedi eu berwi
  fried potatoes, tatws wedi eu ffrio
  instant mash potato, tatws ar amrant
  mashed potatoes, tatws stwns
  potato in jacket, taten trwy'r pil
  potato peeler, *nm*, piliwr tatws (person); pilydd tatws (instrument or machine)
  roast potatoes, tatws rhost
  steamed potatoes, tatws wedi eu stemio; tatws stêm

potency, *nm*, nerth
potential, *a*, potensial; *nm*, gallu cudd; potensial
potentiality, *nm*, gallu cudd
potentiometer, *nm*, potensiomedr
pothole, *nm*, ceubwll
potter, *nm*, crochenydd
  potter's wheel, *nf*, troell crochenydd
pottery, *nm*, crochenwaith
  Aegean pottery, crochenwaith Aegeaidd
poultice, *nm*, pwltis
poultry, *np*, da pluog; dofednod; powltri
pounce, *nm*, panlwch; *v*, panlychu
pound, *nm*, pwys
poundage, *nm*, powndedd
poundal, *nm*, pwysal
pour, *v*, arllwys
  pouring gate, *nf*, porthell arllwys
powder, *nm*, powdr; powdwr
  crocus powder, powdr crocws
  flocking powder, powdr fflocio
  powder puff, *nm*, pwff powdr
  powder room, *nf*, ystafell bowdro
  rooting powder, powdr gwreiddio
powdery, *a*, powdraidd
  powdery soil, *nm*, pridd powdraidd
power, *nm*, gallu; nerth; pŵer
  Great Power, Pŵer Mawr
  illuminating power, goleunerth
  power factor, *nmf*, ffactor pŵer
  power index, *nf*, gradd pŵer
power-drive, *nm*, nerthyriad; pŵer-ddreif
power-stroke, *nm*, grymergyd
pox, *nf*, brech
  chicken pox, brech yr ieir
  small pox, y frech wen
practical, *a*, ymarferol
  practical factor, *nmf*, ffactor ymarferol
  practical props, *nm*, gêr ymarferol
  practical test, *nm*, prawf ymarferol
practice, *nm*, practis; ymarferiad; *nf*, ymarfer
  practice method, y dull practis
practitioner, *nm*, ymarferydd

pragmatic, *a*, pragmatig
pragmatism, *nf*, pragmatiaeth
prairie, *nm*, paith
pram, *nf*, coets fach; *nm*, pram
prawn, *nm*, corgimwch; prôn
preamble, *nf*, rhaglith
prebend, *nm*, prebend
prebendary, *nm*, prebendari
Pre-Cambrian, *a*, Cyn-Gambriaidd
precatory, *a*, precatori
precedence, *nf*, blaenoriaeth
precedent, *nf*, rhag-amod; ffurfell
precedent, *nf*, rhag-amod; ffurfell; cynsail, rhag-esiampl
precept, *nm*, archebiant; praesept; *v*, archebu
precess, *v*, presesu
precession, *nm*, presesiad
precinct, *nm*, cyffin
precipice, *nm*, dibyn; diffwys
precipitate, *nm*, gwaddod; *v*, gwaddodi
precipitation, *nm*, gwaddodiad
precipitous, *a*, diffwysol
precise, *a*, trachywir; manwl-gywir
precision, *nm*, trachywiredd
precocious, *a*, rhagaeddfed
precocity, *nm*, rhagaeddfedrwydd
preconscious, *a*, rhagymwybodol
predecessor, *nm*, rhagflaenydd
predella, *nm*, predela
predict, *v*, rhagfynegi
prediction, *nm*, rhagfynegiad
pre-existing, cynfodol
  pre-existing valley, *nm*, dyffryn cynfodol
prefab, *nm*, preffab
prefabricate, *v*, rhagffurfio
prefabricated, *a*, parod; rhagffurfiedig
prefect, *nm*, penoriad; swyddog
  prefect system, *nf*, system bennor
prefix, *nm*, rhagddodiad
pregnancy, *nm*, beichiogiad; *nf*, beichiogaeth
  pregnancy toxaemia, *nm*, clwy'r cyfeb
pregnant, *a*, beichiog
prehistoric, *a*, cynhanesiol
pre-history, *nm*, cynhanes
prejudice, *nf*, rhagfarn
  without prejudice, heb ragfarn

prejudicial to health, *a*, niweidiol i iechyd
prelude, *nm*, preliwd
premature, *a*, cynamserol
premaxilla, *nm*, premacsila
premeditate, *v*, rhagfwriadu
premeditated, *a*, rhagfwriadol
premiere, *nm*, blaen berfformiad
premise, *nmf*, annedd;
nm, rhagosodiad
  purpose built premise, annedd pwrpas
  tailor made premise, annedd deiliwredig
premium, *nm*, premiwm
  at a premium, ar bremiwn
  premium bond, *nm*, bond premiwm
premolar, *nm*, cildant blaen
pre-multipy, *v*, rhag-luosi
pre-natal, *a*, cyn geni
pre-operational, *a*, cynweithredol
  pre-operational thought, *nm*, meddwl cynweithredol
prepaid, *a*, rhagdalwyd
  prepaid envelope, *nf*, amlen ragdal
preparation, *nm*, paratoad
  preparation of a discord in suspension, paratoad yr anghytsain
preperception, *nm*, rhag-ganfyddiad
Pre-Raphaelite, *a*, Cyn-Raphaelaidd
  Pre-Raphaelite Brotherhood, *nf*, Brawdoliaeth Gyn-Raphaelaidd
prerogative, *nf*, uchelfraint
  Prerogative Court of Canterbury, *nm*, Cwrt Uchelfraint Caergaint
Presbytery, *nm*, Presbyterdy
prescribe, *v*, darnodi
prescribed, *a*, penodedig
prescription, *nm*, darnodiad; papur-meddyg; presgripsiwn
pre-selective, *a*, rhagddetholus
present, *a*, presennol; *nm*, presennol
  Before Present (B.P.), Cyn Presennol (C.P.)
presentation, *nm*, cyflwyniad
presentational, *a*, llwyfannu symbolig (*Th*)

presentment, *nm*, presentiad
presentor, *nm*, presentiwr
preservative, *nm*, cadwolyn; cyffur cadw
preserve, *nm*, cyffaith; *v*, cyffeithio; preserfio
preserved food, *nm*, bwyd cadw
press, *nf*, gwasg; *nm*, pres;
v, gwasgu; presio
  cutting press, gwasg dorri
  finishing press, gwasg orffennu
  lying press, gwasg osod
  press cloth, *nm*, lliain smwddio; lliain presio
  press cutting, *nf*, torlith
  presser foot, *nf*, gwasgell
  press gang, *nm*, presgang; y pres
  pressing pad, *nm*, pad gwasgu
  pressing roller, *nm*, rholer gwasgu
  pressing tin, *nm*, tun gwasgu
  pressing tool, *nm*, bwrdd gwasgu
  press into service, *v*, presio i'r fyddin
  press release, *nm*, datganiad i'r wasg
  press stud, *nf*, styden wasg
  press tool, *nm*, erfyn gwasgu
pressure, *nm*, gwasgedd; pwysedd
  air pressure, awyr bwysedd
  atmospheric pressure, gwasgedd atmosfferig
  blood pressure, gwasgedd gwaed
  centre of pressure, *nm*, canolbwynt gwasgedd
  constant pressure, gwasgedd cyson
  high pressure, gwasgedd uchel
  intra-cardiac pressure, gwasgedd mewn-galon
  low pressure, gwasgedd isel
  pressure belt, *nm*, cylch gwasgedd
  pressure cooker, *nf*, gwasgwcer; sosban frys
  pressure gradient, *nm*, graddiant gwasgedd
  pressure group, *nmf*, carfan annog
  pressure tendency, *nm*, tueddiad gwasgedd
  pressure torch, *nf*, ffagl-bwysedd; ffagl-wasgedd

pressure vessel, *nm,* llestr gwasgedd
pressurize, *v,* gwasgeddu
pressurized, *a,* gwasgeddedig
presumption, *nm,* tybiad; *nf,* tybiaeth; rhagdybiaeth
  irrebuttable presumption, tybiaeth derfynol
  rebuttable presumption, tybiaeth amodol
presumptive, *a,* tybiadol; rhagdybiaethol; rhagdybiol
  presumptive heir, *nm,* aer rhagdybiol
presupposition, *nmf,* rhagdyb
pretender, *nm,* ymhonnwr
prevention, *nm,* rhwystrad; ataliad
  prevention of illness, ataliad gwaeledd
preventive, *a,* ataliol; rhwystriadol
  preventive medicine, *nf,* meddygaeth ataliol
preview, *nf,* blaenweled; blaenwelediad
previous, *a,* blaenorol
price, *nm,* pris
  cost price, pris cost
  making up price, pris cloi
  middle price, pris canol
  reduced price, pris gostyngol
prick, *v,* pricio
  prick and pounce, pricio a phanlychu
pricker, *nm,* priciwr
primadonna, *nf,* blaen-gantores
primary, *a,* cynradd; primaidd; sylfaenol
  primary education, *nf,* addysg gynradd
  primary emotions, *np,* emosiynau sylfaenol
  primary mental abilities, *np,* galluoedd meddyliol sylfaenol
  primary product, *nm,* cynnyrch primaidd
  primary vocabulary, *nf,* geirfa sylfaenol
Primate, *nm,* Primas
prime, *a,* cysefin
  prime factor, *nmf,* ffactor cysefin
  prime number, *nm,* rhif cysefin

priming, *nm,* preimin; *v,* preimio
primitive, *a,* cyntefig; *nm,* cyntefig
primitivism, *nf,* cyntefigiaeth
primogeniture, *nf,* cyntafanedigaeth
primordial, *a,* primordial
prince, *nm,* tywysog
  crown prince, *nm,* edling
principal, *a,* pennaf; prif; *nm,* prifathro; prif swm
  principal boy, *nm,* prif lanc
  principal girl, *nf,* prif lances
  principal value, *nm,* penrhif
principals, *np,* cyplau; prif actorion
principle, *nm,* egwyddor
  general principles, *np,* egwyddorion cyffredinol
  neo-genetic principles, *np,* egwyddorion neo-genetig
print, *nm,* argraffiad; print; *v,* argraffu; printio
  block printing, printio bloc
  fabric printing, printio ffabrig
  offset printing, atgraffu; printio offset
  potato printing, argraffu â thaten
  stick printing, argraffu â phren
printed, *a,* printiedig
prior, *nm,* prior
prioress, *nf,* priores
priority, *nf,* blaenoriaeth; *nm,* blaeniant
  top priority, y flaenoriaeth flaenaf
  top priority industry, *nm,* diwydiant blaenoriaeth flaenaf
priorship, *nf,* prioriaeth
priory, *nm,* priordy
  alien priory, allbriordy
prisage, *nf,* preisaeth
prise, *nm,* preis
prisere, *nm,* priser
prism, *nm,* prism
  oblique prism, prism oblig
  right prism, prism union
prismatic, *a,* prismatig
  prismatic compass, *nm,* cwmpawd prismatig
prismatoid, *a,* prismatoid; *nm,* prismatoid
prismoid, *nm,* prismoid
prismoidal, *a,* prismoidol

private, *a,* preifat
  private enterprise, *nf,* menter breifat
  private theatricals, *nm,* chwarae preifat
privation, *nm,* angenoctid
privy, *nm,* tŷ bach
Privy Seal, *nm,* Cyfrin Sêl
probability, *nf,* tebygoleg; *nm,* tebygolrwydd
  probability curve, *nf,* cromlin tebygolrwydd
probate, *nf,* profeb
  probate office, *nf,* swyddfa brofebu
probation, *nm,* prawf; *nf,* profiannaeth; *nm,* profiant; probat
  breach of probation, tor-profiannaeth
  breach of requirement of probation order, torri gofynion gorchymyn prawf
  on probation, *a,* ar brofiannaeth
  probation officer, *nm,* swyddog profiannaeth; swyddog prawf
  probation order, *nf,* prawfamod; *nm,* gorchymyn profiannaeth
  probation part, *nm,* part prawf
probationer, *nm,* profiannwr
problem, *nf,* problem
  artistic problem, problem artistig
  problem families, *np,* teuluoedd problemus
  problem picture, *nm,* darlun problem
  problem solving, *v,* datrys problemau
procambium, *nm,* procambiwm
procedure, *nf,* trefn; trefniadaeth
  Civil Court procedure, trefn Llys Sifil
  Criminal Court procedure, trefn Llys Troseddau
  summary procedure, trefn ddiannod
proceedings, *np,* gweithgareddau; gweithrediadau; trafodaethau; trafodion
  domestic proceedings, *np,* achosion teuluol
  stay proceedings, *v,* atal y prawf
  summary proceedings, *nm,* prawf diannod; treial o flaen ynadon
  take proceedings, *v,* rhoi cyfraith ar
process, *nf,* proses; *nm,* cnap; *v,* prosesu
  acid Bessemer process, proses asid Bessemer
  basic open hearth process, proses basig tân agored
  process of induction, proses anwytho
  silk screen process, proses sgrîn sidan
  spinal processes, *np,* cnapiau asgwrn cefn
procession, *nf,* gorymdaith
proctitis, *nm,* proctitis; llid y rectwm; llid y coluddyn ôl
proctodaeum, *nm,* proctodaewm
proctor, *nm,* proctor
procurator, *nm,* procwradur
procure, *v,* peri; achosi
produce, *nm,* cynnyrch; *v,* cynhyrchu; estyn; cyflwyno; dangos
  mass produce, *v,* masgynhyrchu
  produce a document, cyflwyno dogfen
producer, *nm,* cynhyrchydd
producer-gas, *nm,* nwy-cynnyrch
product, *nm,* cynnyrch; lluoswm
  by-product, is-gynnyrch
  dairy product, cynnyrch llaeth
production, *nm,* cynhyrchiad
productivity, *nm,* cynhyrchedd; cynhyrchiant
professional, *a,* proffesiynol
  professional actor, *nm,* actor proffesiynol
proficiency, *nm,* hyfedredd
proficient, *a,* hyfedr
profile, *nm,* cernlun; proffil
  classic profile, proffil delfrydol
  graded profile, proffil graddedig
  longitudinal profile, proffil hydredol
  profile of equilibrium, proffil cydbwysedd
  projected profile, proffil estynedig

profit, *nm*, elw
  excess profit, gorelw
  gross profit, elw gros; elw crynswth
  net profit, elw net
  profit and loss account, *nm*, cyfrif elw a cholled
  profit margin, *nm*, lled yr elw
  profit taking, *v*, cymryd elw
pro forma, *pro forma*
progeny, *nm*, epil
progesterone, *nm*, progesteron
proglottis, *nm*, proglotis
prognosis, *nm*, prognosis
programme, *nf*, rhaglen; *nm*, program; *v*, rhaglenni; rhaglennu
  branching programme, rhaglen ganghennog
  intrinsic programme, rhaglen amrylin
  linear programme, rhaglen unionsyth
  spiral programme, rhaglen sbiral
programmed, *a*, rhaglennog; rhaglenedig
  programmed book, *nm*, llyfr rhaglenedig
  programmed learning, *nm*, dysgu rhaglenedig
progress, *nm*, cynnydd; *nf*, cylchdaith; *v*, esgyn
progression, *nm*, dilyniant; dilyniad; graddoliad
  arithmetic progression, dilyniant rhifyddol
  geometric progression, dilyniant geometrig
  harmonic progression, dilyniant harmonig
  progression of chords, dilyniant cordiau
progressive, *a*, blaengar; cynyddol; dilyniadol; esgynnol; graddedig
  progressive exercises, ymarferion graddedig; ymarferion esgynnol
progressiveness, *nm*, blaengaredd
prohibition, *nm*, gwaharddiad
project, *nm*, cynllun; cywaith; project; *v*, allanoli; taflu; taflunio

projected scenery, *np*, golygfeydd taflu
projectile, *nm*, teflyn
projection, *nm*, allaniad; estyniad; tafluniad; amcaniad; amcanestyniad
  auxiliary projection, tafluniad cynorthwyol
  azimuthal projection, tafluniad asimwthal
  conical projection, tafluniad conigol
  cylindrical projection, tafluniad silindrol
  equatorial projection, tafluniad cyhydeddol
  equi-area projection, tafluniad arwynebedd hafal
  equi-distant projection, tafluniad cytbell
  first angle projection, tafluniad ongl gyntaf
  gnomic projection, tafluniad gnomig
  interrupted projection, tafluniad rhannog
  oblique projection, tafluniad arosgo
  orthographic projection, tafluniad orthograffig
  orthomorphic projection, tafluniad orthomorffig
  polar projection, tafluniad pegynol
  projection lines, llinellau tafluniadol
  projection techniques, technegau allaniadol
  projection tests, profion ymdaflunio
  recentred projection, tafluniad atganolog
  stereographic projection, tafluniad stereograffig
  third angle projection, tafluniad trydedd ongl
  transverse Mercator projection, tafluniad Mercator ardraws
  zenithal projection, tafluniad senithal
projective, *a*, tafluniol; tafluniog
projectivity, *nm*, taflunedd

projector, *nm*, taflunydd
projector lens, *nmf*, lens taflunydd
prolegs, *np*, gaugoesau; coesau ffug
proliferate, *v*, amlhau
proliferation, *nm*, amlder
prolixity, *nf*, amleiriaeth
prolocutor, *nm*, prolocwtor
prologue, *nm*, prolog
promenade, *nm*, promenâd
promeristem, *nf*, promeristem
promiscuity, *nm*, cymysgaredd
promiscuous, *a*, cymysgar
promontory, *nmf*, garth; *nm*, pentir
 promontory fort, *nf*, caer bentir
promoter, *nm*, cychwynnwr; hyrwyddwr
promotion, *nm*, dyrchafiad; hyrwyddiad
 promotion money, *np*, arian hyrwyddo
prompt, *v*, awgrymebu; cofweini
 prompt book, copi'r cofweinydd
 prompt box, bwth cofweinydd
 prompt side (P.S.), ochr cofweinydd (O.C.)
prompter, *nm*, cofweinydd
prompting, *nf*, awgrymeb
pronaos, *nm*, pronaos
pronate, *a*, pronaidd; *v*, pronadu
pronation, *nm*, pronadedd
prone-lying, *v*, tor-orwedd
proneness, *nm*, tueddiad
prong, *nf*, fforch; pig
pronounce, *v*, cynanu; ynganu
pronunciation, *nm*, cynaniad; ynganiad
proof, *nm*, prawf; *nf*, proflen
 burden of proof, *nm*, baich y profi
 evidentiory burden of proof, baich dystiolaethol y profi
 progress proofs, *np*, proflenni datblygiad
prop, *nf*, ateg
propagate, *v*, lledaenu
propagation, *nm*, lledaeniad
propane, *nm*, propân
proper, *a*, cymen; priodol; rheolaidd
 proper fraction, *nm*, ffracsiwn bondrwm

proper motion, *nm*, mudiant priodol
proper time, *nm*, amser priodol
properties, *np*, celfi (*Th*)
property, *nm*, eiddo; *nf*, perchenogaeth; priodwedd (*Ce*), (*Ff*)
 personal property, eiddo personol
 property basket, *nf*, basged gelfi
 property conveyance, *nm*, trosglwyddebu eiddo
 property man, *nm*, arolygwr celfi
 property of a public nature, eiddo cyhoeddus
 property plot, *nm*, plot celfi
 property room, *nf*, storfa gelfi
 real property, eiddo real
prophase, *nm*, proffâs; proffas
prophylaxis, *nm*, heintrwystriad; proffylacsis
proportion, *nm*, cyfartaledd; *nf*, cyfran; *nm*, cyfrannedd; cymesuredd
 direct proportion, cyfrannedd union
 in proportion, mewn cyfrannedd
 in the proportion, yn y cyfrannedd
 inverse proportion, cyfrannedd gwrthdro
proportional, *a*, cyfraneddol; cyfrannol; cymesur; *nm*, cyfraneddol
 proportional parts, *np*, cyfrannau
proportionate, *a*, cyfatebol; cymesur
proposal, *nm*, cynnig
 counter proposal, gwrth-gynnig
 proposal form, *nf*, ffurflen gynnig
proposition, *nm*, cynigiad; cynnig; gosodiad
propositional, *a*, gosodiadol
 propositional thinking, *nm*, meddwl gosodiadol
proprioceptor, *nm*, proprioceptor
props, *np*, celfi; dodrefn
propylaeum, *nm*, propylaewm
prorate, *v*, cyfraddio
prorogation, *nm*, gohiriad; addoediad
prorogue, *v*, gohirio

proscenium, *nm*, prosceniwm; proseniwm
proscenium arch, *nm*, bwa'r proseniwm; *nf*, ffrâm y llwyfan
prosecute, *v*, erlyn
prosecution, *nm*, erlyniad
Director of Public Prosecutions, *nm*, Cyfarwyddwr yr Erlyniadau Gwladol
the prosecution, *nm*, yr erlyniaeth
prosecutor, *nm*, erlynydd; erlynwr
prospectus, *nm*, prosbectws
prostate, *a*, prostad; *nm*, prostad
prostate gland, *nf*, chwarren brostad
prostrate, *a*, ymledol
prostyle, *nm*, prostyl
protagonist, *nm*, gwrthwynebydd
protandrous, *a*, protandrus
protease, *nm*, proteas
protection, *nm*, amddiffyniad; nawdd
protective colouration, *nm*, gwarchodliw
protective foods, *np*, bwydydd amddiffyn
Protector, *nm*, Protector
Protectorate, *nf*, Protectoriaeth
protein, *nm*, protein
proteolytic, *a*, proteolytig
proteolytic enzyme, *nm*, enzym proteolytig
protest, *nm*, protest
prothallus, *nm*, prothalws
prothorax, *nm*, prothoracs
prothrombin, *nm*, prothrombin
protocol, *nm*, protocol
protogynous, *a*, protogynus
proton, *nm*, proton
protonotary, *nm*, protonoter
protoplasm, *nm*, protoplasm
protoplast, *nm*, protoplast
prototype, *nm*, prototeip
protoxylem, *nf*, protoxylem
Protozoa, *np*, Protozoa
protractor, *nm*, onglydd; protractor
prove, *v*, profi
prove beyond reasonable doubt, profi tu hwnt i unrhyw amheuaeth resymol
province, *nf*, talaith

provision, *nf*, darpariaeth; *nm*, gosodiad; cyflwyniad
papal provision, cyflwyniad y pab
Provision of Clarendon, Gosodiad Clarendon
provision of meals, darpariaeth prydau bwyd
Provision of Oxford, Gosodiad Rhydychen
provisional, *a*, dros dro
proviso, *nm*, eithriad; *nf*, amod
provoke, *v*, pryfocio; cythruddo
provost, *nm*, profost
provost marshal, y profost farsial
proximal, *a*, procsimal; *nm*, pen agosaf
proximo-distal, *a*, procsimo-distal
proxy, *nm*, procsi
prudential, *a*, cynghorus
prune, *nf*, eirinen sych; *nm*, prŵn; *v*, prwnio; tocio
pruritis, *nm*, prwritis
P.S., O.N. (ôl nodyn)
psalm tune, *nf*, tôn salm
psalter, *nm*, sallwyr
pseudo, *a*, ffug
pseudopodium, *nm*, psewdopodiwm
psychiatrist, *nm*, seiciatrydd
psychiatry, *nmf*, seiciatreg
psycho-analysis, *nm*, dadansoddiad seicolegol; seico-analysis
psychograph, *nm*, seicograff
psycholinguistics, *nf*, seico-ieithyddiaeth; seico-ieitheg
psychology, *nmf*, seicoleg
differential psychology, seicoleg wahaniaethol
psychometrics, *nmf*, seicometreg
psychometrist, *nm*, seicometrydd
psychosis, *nm*, seicosis
psychosomatic, *a*, seicosomatig
psychotherapy, *nm*, seicotherapi
pteroma, *nm*, pteroma
pthisis, *nf*, darfodedigaeth; *nm*, tisis
ptosis, *nm*, tosis
ptyalin, *nm*, ptyalin; tyalin
puberty, *nm*, rhag-aeddfedrwydd; blaen lencyndod
pubic, *a*, pwbig
pubic symphysis, *nm*, symffysis pwbig
pubis, *nm*, pwbis

public, *a*, cyhoeddus; *nm*, y cyhoedd
  public cleansing service, *nf*, gwasanaeth glanweithio cyhoeddus
  public conveniences, *np*, cyfleusterau cyhoeddus; hwylusfeydd cyhoeddus
  public inquiry, *nm*, ymchwiliad cyhoeddus
  public performance, *nm*, perfformiad cyhoeddus
  public relations, *np*, cysylltiadau cyhoeddus
  Public Relations Officer (P.R.O.), *nm*, Swyddog Cysylltiadau Cyhoeddus (P.R.O.) (S.C.C.)
  public utilities, *np*, gwasanaethau cyhoeddus
publicity, *nm*, cyhoeddusrwydd
pucker, *v*, sybachu
pudding, *nm*, pwdin
  baked pudding, pwdin wedi'i bobi
  boiled pudding, pwdin wedi'i ferwi
  steamed pudding, pwdin wedi'i stemio
puddle, *nm*, pwllyn; *v*, pwdlo
  puddling furnace, *nf*, ffwrnais bwdlo
puerperium, *nm*, pwerperiwm; cyflwr alu
puff, *nm*, pwff
pug, *v*, cleio; cleilenwi; pwgio
pull, *v*, tynnu
pulley, *nf*, chwerfan
pull-in, *nm*, hudwr
pullover, *nm*, pwlofer
pulmonary, *a*, ysgyfeiniol
pulp, *np*, mwydion; *nm*, pwlp
pulp-cavity, *nm*, ceudod y bywyn
pulsate, *v*, pwlsadu
pulsation, *nm*, curiad; curiadedd
pulsator, *nm*, pwlsadur
pulse, *nm*, curiad; pwls
pulverisation, *nm*, pyloriad
pulverise, *v*, pylori
pulvinus, *nm*, pwlfinws
pumice, *nm*, pwmis
  pumice powder, *nm*, powdr pwmis

pump, *nm*, pwmp
  aerator pump, pwmp awyru
  force pump, pwmp grym
  lift pump, pwmp codi
  pump storage, *nf*, storfa bwmp
  suction pump, pwmp sugno
pumpkin, *nm*, pwmpen
puna, *nm*, pwna
punch, *nm*, dyrnod; pwns; pwnsh; *v*, dyrnio; pwnsio
  automatic centre punch, pwns canoli awtomatig
  background punch, pwns cefndir
  bell punch, pwns cloch
  combination punch, *nm*, cyfuniad dyrnod
  dot punch, pwns dot
  eyelet punch, pwns llygadennu
  left cross punch, dyrnod chwith draws
  nail punch, pwns hoelion
  pulling the punch, *v*, lleddfu'r dyrnod
  punch bag, *nm*, bag dyrnio
  punch ball, *nf*, pêl ddyrnio
  punch pad, *nm*, pad dyrnio
  rabbit punch, dyrnod gwar
  right cross punch, dyrnod de draws
  short punch, dyrnod pwt
punctuality, *nm*, prydlondeb
punishment, *nf*, cosb; cosbedigaeth
punitive, *a*, cosbol
punt, *v*, pyntio
punter, *nm*, pwnter
pupa, *nm*, pwpa
pupil (of eye), *nf*, cannwyll (llygad)
puppet, *nm*, pwped
  finger puppet, pwped bys
  glove puppet, pwped maneg
  hand puppet, pwped llaw
  puppet theatre, *nf*, theatr bwped
puppeteer, *nm*, pwpedwr
purchase, *nm*, gafael; pwrcas; pwrcasiad; *v*, pwrcasu
  hire purchase, *v*, hurbrynnu; hurbwrcasu
  purchase tax, *nf*, treth bwrcas
  purchasing power, *nm*, gallu pwrcasu; pŵer pwrcasu

pure, *a*, pur
  pure line, *nf*, llinach bur
purge, *nm*, cliriad; *v*, llwyrlanhau
purism, *nf*, purdebaeth
purist, *nm*, purdebwr
purl, *nm*, pwyth o chwith; *v*, gwau o chwith
purlin, *nm*, trawslath
purple, *nm*, porffor
  visual purple, porffor gweledol
purpose, *nm*, bwriad
purposive, *a*, bwriadus
purposiveness, *nm*, bwriadusrwydd
purpura, *nm*, mân-waedu; pwrpwra
pursuit, *nm*, cais; gorchwyl
  pursuit of a subject, *v*, dilyn cwrs
pursuivant, *nm*, pwrsifant
purvey, *v*, arlwyo
purveyance, *nf*, arlwyaeth
purveyor, *nm*, arlwywr; darwerthwr
push, *nm*, gwth; *v*, gwthio
  push pass, gwthbas
pustule, *nm*, llinoryn; pwstwla
put, *v*, dodi; gosod
  put it on with a trowel, plastro
putative (father), *a*, cyfrifedig
putt, *v*, pytio
  putting green, *nm*, grîn pytio
putter, *nm*, pytiwr

putting the shot, *v*, hyrddio'r pwysau
puy, *nm*, pwe
puzzle, *nm*, pôs
  adventure puzzle, pôs antur
  word and inset puzzle, pôs gair ac inset
pyaemia, *nm*, pyaemia
pycnostyle, *nm*, pycnostyl
pyelitis, *nm*, pyelitis
pyjamas, *np*, pyjamas
  shortie pyjamas, pyjamas cwta
pylon, *nm*, peilon
pylorus, *nm*, pylorws
pyogenig, *a*, crawnllyd; pyogenig
pyometria, *nm*, crawn y groth
pyorrhea, *nm*, pyorea
pyramid, *nm*, pyramid
  nesting pyramid, pyramid tas
pyramidal, *a*, pyramidiol
pyrenoid, *nm*, pyrenoid
pyrexia, *nm*, pyrecsia; *nf*, twymyn
pyrite, *nm*, pyrit
pyrites, *nm*, pyrites
pyroclast, *nm*, pyroclast
pyroclastian, *a*, pyroclastaidd
pyrometer, *nm*, pyromedr
pyrometry, *nf*, pyromedreg

Q

quadrangle, *nm*, pedrongl; cwadrangl; cwod
quadrant, *nm*, cwadrant; chwarter cylch; pedrant
quadrat, *nm*, cwadrat
quadrilateral, *a*, pedrochr; *nm*, pedrochr
quadruple, *nm*, pedwarawd
quadruplet, *nm*, pedrwplet
quagmire, *nf*, siglen
quail, *nf*, sofliar
qualification, *nm*, cymhwyster
  examination qualification, cymhwyster arholiadol

qualify, *v*, ymgymhwyso; cymwysoli; goleddfu
qualitative, *a*, ansoddol
qualities, *np*, priodweddau (*Ce*)
quality, *nm*, ansawdd
  top quality goods, *np*, nwyddau o'r ansawdd gorau
quantisation, *nm*, cwanteiddiad
quantitative, *a*, mesurol
quantity, *nm*, maint; nifer; swm
  quantity surveyor, *nm*, maintfesurydd
quantum, *nm*, cwantwm
quarantine, *nm*, cwarant; cwarantin

quark, *nm*, cwarc
quarry, *nf*, chwarel; *v*, chwarela
quart, *nm*, cwart; chwart
quarter, *nmf*, annedd; *nm*, cwarter; rhanbarth
  family quarters, anheddau teuluol
  Latin quarter, rhanbarth Lladinaidd
  married quarters, anheddau priod
  merchant quarter, rhanbarth masnachol
  quarter check, cwarter siec
quarter-final, *a*, go-gynderfynol; *nm*, go-gynderfynol
quarterly, *a*, chwarterol
quartermaster, *nm*, cwarterfeistr
quartet, *nm*, pedwarawd
quartic, *a*, cwartaidd
quartile, *nm*, chwartel, cwartel
quarto, *nm*, cwarto
quartz, *nm*, cwarts
quash (conviction), *v*, dileu
quaternary, *a*, cwaternaidd
quaternian, *nm*, cwaternian
quatrefoil, *nf*, pedairdalen
quaver, *nm*, cwafer
quay, *nm*, cei
quench, *v*, trochoeri; torri (syched)
questionary, *a*, holiadurol; *nm*, holiadur
questionnaire, *nm*, holiadur
queue, *nm*, cwt; ciw

quick, *a*, cyflym
quicksands, *nm*, traeth byw; traeth gwyllt
quill, *nf*, cwilsen
quilt, *nm*, cwilt; *v*, cwiltio
  English quilting, cwiltio Seisnig
  Italian quilting, cwiltio Eidalig
  quilting frame, *nf*, ffrâm gwiltio
  Welsh quilting, cwiltio Cymreig
quince, *nm*, cwins
quintet, *nm*, pumawd
quintuplet, *nm*, pumlet
quire, *nm*, cwir
quirk, *nm*, cwirc
quitter, *nm*, ewinor
quiver, *nf*, cawell saethau
  ground quiver, cawell lawr
quoin, *nm*, onglfaen
quoit, *nf*, coeten; *v*, coetio
  quoits board, *nm*, bwrdd coitio
  rope quoits, *np*, coetennau rhaff
  rubber quoits, *np*, coetennau rwber
quorum, *nm*, cworwm; corwm
quota, *nm*, cwota
quotation, *nm*, dyfynbris; dyfyniad
quote, *v*, dyfynnu
quotient, *nf*, cyfran; *nm*, cyniferydd
  accomplished quotient, cyniferydd cyflawniad
  intelligence quotient (I.Q.), cyniferydd deallusrwydd (C.D.)

R

rabies, *nm*, cynddaredd
race, *nf*, hil; ras
  cross country race, ras draws gwlad
  hundred yards race, ras ganllath
  hurdles race, ras glwydi
  mile race, ras filltir
  mill race, ras felin
  obstacle race, ras rwystrau
  race track village, *nm*, pentref trac ras
  relay race, ras gyfnewid
  shuttle relay race, ras gyfnewid ôl a blaen

raceme, *nf*, racem
rachilla, *nm*, racila
rachis, *nm*, racis
rack, *nf*, clwyd; rac; rhac; rhesel
  book rack, rhesel lyfrau
  magazine rack, rac cylchgronau
racket, *nf*, rhaced
  face of the racket, *nm*, wyneb y rhaced
  handle of the racket, *nm*, coes y rhaced
  neck of the racket, *nm*, gwddf y rhaced

racketeer, *nm,* rhacetîr; *v,* rhacetiro
rack-rent, *nm,* rhacrent; crogrent
radar, *nm,* radar
raddle, *nm,* radl
radial, *a,* radial; rheiddiol
   radial saw cut, *nm,* llifdoriad rheiddiol; llifiad rheiddiol
   radial section, *nm,* toriant rheiddiol
   radial symmetry, *nm,* cymesuredd rheiddiol
radiant, *a,* rheiddiog
   radiant heat, *nm,* gwres rheiddiog
radiate, *v,* pelydru; rheiddio; allbelydru
radiation, *nm,* pelydrad; rheiddiad
   black body radiation, pelydrad cyflawn
   exposure to radiation, arbelydrad
   full radiation, pelydrad cyflawn
   radiation sickness, *nm,* gwaeledd pelydrad
radiator, *nm,* pelydrydd; rheiddiadur
radical, *a,* gwreidd-dardd; radical; radicalaidd; *nm,* radical
radicalism, *nf,* radicaliaeth
radices, *np,* gwreiddiau
radicle, *nm,* radicl
radio, *nm,* radio
   radio star, *nf,* seren radio
radioactive, *a,* radioactif; ymbelydrol
radioactivity, *nm,* radioactifedd; ymbelydredd
radioastronomy, *nmf,* radioseryddiaeth; radioastronomi
radiobiology, *nmf,* radiofioleg
radiograph, *nm,* radiograff
radiography, *nmf,* radiograffaeth
radiology, *nmf,* radioleg
radio-opaque, *a,* radio-didraidd
radiotherapy, *nf,* radiofeddygaeth; *nm,* radiotherapi
radius, *nm,* radiws
   radius gauge, *nm,* medrydd radiws
radish, *np,* radys; rhuddygl
radula, *nm,* radwla
raffia, *nm,* raffia
   raffia weaving, *v,* gwau raffia; plethu raffia
   raffia work, *nm,* gwaith raffia

raft, *nf,* rafft; *v,* rafftio
rafter, *nm,* ceibr; trawst; *nf,* tulath
   trussed rafter, tulath gypledig
rag and bone dealing, *nf,* masnach carpiau ac esgyrn
ragged, *a,* bylchog
   ragged shores, *np,* glannau bylchog
raid, *nm,* cyrch; *v,* dwyn cyrch ar
rail, *nf,* canllaw; cledren; rheilen
   head rail, rheilen uchaf
   towel rail, rheilen tywelion
railway, *nf,* lein; rheilffordd
   mineral railway, rheilffordd mwynau
   miniature railway, lein fach
   narrow gauge railway, lein fach gul; trên cul
   rack and pinion railway, rheilffordd rhac a phiniwn
   railway crossing, *nf,* croesfa rheilffordd
   railway cutting, *nf,* trychfa rheilffordd
   railway embankment, *nm,* arglawdd rheilffordd
   railway siding, *nm,* seidin rheilffordd
rain, *nm,* glaw
   rain machine, *nm,* peiriant glaw
   rain-proof, *a,* gwrth-law
   rain shadow, *nf,* glawsgodfa
rainbow, *nm,* bwa'r arch; *nf,* enfys
rainfall, *nm,* glawiad
   moderate rainfall, glawiad cymedrol
   rainfall reliability, *nm,* dibynadwyedd glawiad
rainwash, *nm,* glawred
raise, *v,* codi
raisin, *nf,* rhesinen; (*pl,* rhesin)
raising, *nm,* codi
   raising agent, *nm,* codydd
   raising mallet, *nf,* gordd godi
rake, *nm,* rhaca; cribin; gwyredd; *v,* cribinio; rhacanu
   raked piece, *nf,* lletem llwyfan
   raked stage, *nmf,* llwyfan ogwydd
   top rake, gwyredd uchel
raker (gill), *nm,* cribin
rally, *nm,* rali

ram, *nm*, hwrdd
  battering ram, *nm*, hyrddiadur
  ram-wing, *nf*, adain hwrdd
  yearling ram, *nm*, hesbwrn
rammer, *nm*, hyrddwr
  butt end of rammer, *nm*, pen ôl hyrddwr
  pein end of rammer, *nm*, pen wyneb hyrddwr
ramp, *nm*, ramp
rampart, *nm*, rhagfur
ranchhouse, *nm*, tŷ ransh
  ranchhouse style, *nm*, dull tŷ ransh
rand, *nm*, rand
random, *a*, ar antur; ar siawns;
  random number, *nm*, haprif
randy, *a*, cocwyllt; clochdarog
range, *nm*, amred; amrediad; maestir; arfod; *nf*, cadwyn; ystod; *v*, amrhedeg
  cattle range, maestir gwartheg
  critical range, amred critigol
  range of mountains, cadwyn o fynyddoedd
  range of temperature, amrediad tymheredd
  range of tide, amrediad llanw
rank, *nf*, ranc; rhenc; rhes; rhestr; *nm*, safle; *v*, graddio
  rank correlation, *nm*, cydberthyniad rhestrol
  ranking method, *nm*, method graddio
  rank order, *nm*, safle restr
  ranks of windows, *np*, rhesi o ffenestri
rant, *v*, bragaldian
rap, *nf*, cnoc
rape, *nm*, rêp; trais
raphide, *nm*, raffid
rapids, *np*, geirw
rapport, *nm*, rapport
rarefaction, *nm*, teneuad
rash, *nm*, tarddiant
rasp, *nm*, rasb; *nf*, rhathell
rasher, *nf*, sleisen
raspberry, *nf*, afanen; mafonen
ratchet, *nf*, clicied ddannedd
  ratchet brace, *nm*, carn-tro clicied

rate, *nf*, ardreth; treth; *nm*, cyfradd; tâl
  birth rate, cyfradd genedigaethau
  current rate, cyfradd bresennol; cyfradd gyfredol
  death rate, cyfradd marwolaethau
  freight rate, tâl cludo
  hourly rate, awrdal; tâl wrth yr awr
  lapse rate, cyfradd newid
  mortality rate, cyfradd marwolaethau
  net assimilation rate, cyfradd cymathiad net
  rate of change, cyfradd newid
  rate of exchange, cyfradd cyfnewid
  rate of growth, cyfradd twf
  rate of interest, cyfradd llog
  rate of learning, *nm*, dysgred
  rate per cent, cyfradd y cant
  rate support grants, *np*, grantiau cymorth treth
  time rate, cyfradd amser
rateable, *a*, ardrethol
  rateable value, *nm*, gwerth ardrethol
ratification, *nm*, cadarnhad
rating, *nm*, cyfraddiad
  rating scales, *np*, graddegau mesur
ratio, *nf*, cymhareb
  bifurcation ration, cymhareb ddeufforchio
  dihybrid ratio, cymhareb ddeuhybrid
  direct ratio, cymhareb wrthdro
  monohybrid ratio, cymhareb monohybrid
rational, *a*, cymarebol; rhesymol
rationalisation, *nm*, rhesymegiad; rhesymoliad
rationalism, *nf*, rhesymoliaeth
rationalization, *nm*, rhesymoliad
rationalize, *v*, rhesymoli
rave, *v*, gorawenu
ravine, *nf*, dyfnant
raw, *a*, crai
  raw edge, *nmf*, ymyl grai
  raw materials, *np*, defnyddiau crai
  raw steel, *nm*, dur crai

ray, *nm,* pelydr(yn); (*pl,* pelydrau); *nf,* rheidden (Botaneg)
  medullary ray, rheidden graidd; rheidden fedwla
rayon, *nm,* rayon
  rayon chord, *nm,* cord rayon
reach, *nm,* estyniad; *v,* cyrraedd; estyn; trawsio
react, *v,* adweithio; ymweithio
reaction, *nm,* adwaith; adweithedd; ymateb; ymwaith (*Ce*)
  anticipatory reaction, ymateb rhagddyfalus
  biuret reaction, ymwaith *biuret*
  chain reaction, adwaith cadwynol
  motor reaction, adwaith ymudol
  pattern reaction, adwaith ar batrwm
  reaction experiment, *nm,* arbrawf adwaith
  reaction time, *nm,* amser adwaith
reactionary, *a,* adweithiol; *nm,* adweithiwr
reactive, *a,* adweithiol
reactor, *nm,* adweithydd; ymweithydd
  breeder reactor, ymweithydd bridiol
read, *v,* darllen
  lip read, *v,* darllen gwefusau
readjust, *v,* ailgymhwyso
readjustment, *nm,* addasiad
ready-reckoner, *nm,* cyfrifydd parod
reafforest, *v,* ailfforestu
reafforestation, *nm,* ailfforestiad; atgoedwigo
reagent, *nm,* ymweithredydd
real, *a,* dirweddol; gwir; real
realism, *nf,* dirweddaeth; realaeth
reality, *nm,* dirwedd; realiti
realize, *v,* realeiddio; sylweddoli
  realize assets, realeiddio asedau
realm, *nf,* teyrnas
ream, *nm,* rîm; *v,* agorellu; iawndyllu
reamer, *nf,* agorell
  adjustable reamer, agorell gymwysadwy
  expanding reamer, agorell ehangol
  taper reamer, agorell dapr

rear-admiral, *nm,* dirprwy lyngesydd
reason, *nm,* rheswm; rhesymiad; ymresymiad; *v,* rhesymu
rebate, *nm,* ad-daliad; rabad
  rebate plane, *nm,* plaen rabad
rebound, *v,* adlamu
  on the rebound, *ad,* ar adlam
rebuild, *v,* ailadeiladu; ailgodi
recall, *v,* argofio
recapitulate, *v,* ailadrodd
recapitulation, *nm,* ailadroddiad
  recapitulation (in a sonata), yr ailadroddiad
recapitulatory, *a,* ailadroddol
recede, *v,* olredeg
receding, *a,* enciliol
  receding colour, *nm,* lliw enciliol
receipt, *nf,* derbynneb
receive, *v,* derbyn
receiver, *nm,* derbyniwr; derbynnydd; rhysyfwr (*H*, e.e., rhysyfwr arglwyddiaeth)
recency, *nm,* diweddaredd
receptacle, *nm,* cynheilydd
reception, *nm,* derbyniad; *nf,* derbynwest
receptor, *nm,* receptor
recess, *nm,* cil; *nf,* cilan; cilfach; eil
recessed, *a,* cilanog; wedi cilannu
  to be recessed, *v,* cilannu
recession, *nm,* ciliad; ciliant; encil; enciliad; olrediad
  cliff recession, enciliad clogwyn
  recession of head wall, enciliad cefn-fur
recessive, *a,* enciliol; encil
  recessive factor, *nmf,* ffactor encil
recessiveness, *nm,* enciledd; enciliant
recipe, *nm,* cyfarwyddyd; *nf,* resipi; rysait
reciprocal, *a,* cilyddol; *nm,* cilydd
  reciprocal cross, *nf,* croes gilyddol
reciprocate, *v,* cilyddu
reciprocating, *a,* cilyddol; cilyddus
  reciprocating motion, *nm,* mudiant cilyddus; mudiant cilyddol
recitation, *nm,* adroddiad; *nf,* adroddgan

reciter, *nm*, adroddwr
reckless, *a*, dihid
recklessly, *ad*, yn ddihid; yn ddibris
recklessness, *nm*, dihidrwydd; dibrisdod
reckon, *v*, cyfrif
  dead reckoning, *v*, gogyfrif
reclaim, *v*, adennill; adfer; ailennill
  reclaim land, adennill tir
reclaimed, *a*, wedi ei adennill
reclamation, *nm*, adennill
reclassification, *nm*, ad-ddosbarthiad
recode, *v*, ad-ddynodi
recognition, *nm*, adnabod; adwybyddiad; *nf*, cydnabyddiaeth
  memory recognition, adwybyddiad cof
  recognition and recall, adwybod ac argofio
recognizance, *nm*, ymrwymiad (llys)
  enter into recognizance, *v*, ymrwymo
recognize, *v*, adnabod; adwybod; cydnabod
recoil, *v*, adlamu
recollect, *v*, atgofio
recollection, *nm*, atgof
recombination, *nm*, ailgyfuniad
reconcile, *v*, cymodi; cymrodeddu
recondition, *v*, atgyflyru; atgyweirio
reconditioning, *nm*, atgyflyru
reconnaissance, *nm*, rhagchwiliad
reconnoitre, *v*, rhagchwilio
reconsider, *v*, ailystyried
reconstruct, *v*, adlunio; ail-lunio
reconstruction, *nm*, adluniad; ailluniad
record, *nm*. adroddiad; cofnod; *nf*, record
  County Record Office, *nm*, Archifdy Sir
  off the record, heb gofnod
  on record, ar gofnod
  Public Record Office, *nm*, Yr Archifdy Gwladol
  record cards, *np*, cardiau cofnodi; cardiau record
  recording head, *nm*, pen recordio

recorded, *a*, cofnodedig
  recorded delivery, *nm*, trosglud cofnodedig
recorder, *nm*, recorder; cofnodwr; pibgorn; recordydd (offeryn); recordiwr (person)
recover, *v*, adennill; ymadfer; gwella (o salwch)
recovery, *nm*, adferiad
recreation, *nm*, adloniant
recreative, *a*, adloniadol
recruit, *nm*, adfilwr; recriwt; *v*, recriwtio
recrystallize, *v*, ailgrisialu
rectangle, *nm*, petryal
rectangular, *a*, petryalog
  rectangular solid, *nm*, solid petryalog
rectification, *nm*, unioniad; cywiriad
rectifier, *nm*, unionydd
rectify, *v*, unioni; cywiro
rectilinear, *a*, unionlin
rector, *nm*, rheithor
rectum, *nm*, rectwm
recumbent, *a*, gorweddol
recurring, *a*, cylchol
recurved, *a*, atro
recusancy, *nf*, reciwsaniaeth
recusant, *nm*, reciwsant
reddish, *a*, cochlyd
redeem, *v*, adbrynu
redeemable, *a*, adbryn
redemption, *nm*, adbryniant
redeployment, *nm*, ad-drefniadu; adleoli
re-deposit, *v*, ail-ddyddodi
red-shift, *nm*, rhuddiad
reduce, *v*, gostwng; lleihau; rhydwytho; teneuo
reducing agent, *nm*, rhydwythwydd
  reducing medium, *nm*, cyfrwng teneuo
reduced, *a*, gostyngol
  reduced price, *nm*, pris gostyngol
reductant, *nm*, rhydwythydd
reduction, *nm*, gostyngiad; rhydwythiad
redundancy, *nf*, anghyflogaeth; *nm*, dianghendod

redundant, *a*, di-alw-am-dano; gormodol
redundant entry (in fugue), *nm*, cychwyniad afraid
redwood, *nf*, coeden goch
redwoods, *np*, coedydd coch
reed, *nf*, corsen
reeding, *nm*, corsenwaith
reef, *nm*, rîff; rhîff; *v*, riffio
barrier reef, barrîff
fringing reef, rîff ymyl; ymylrîff
reel, *nf*, ril; rilen
re-enter, *v*, adfewni
re-entrance, *nm*, atchwel
re-entrance contour line, *nm*, cyfuchlin atchwel
re-entry, *nm*, adfewniad
re-equip, *v*, ail-gyfarparu
reeve, *nm*, maer; rif
re-examine, *v*, ail arholi
re-export, *nm*, adfor; *v*, ad-allforio; adforio
refectory, *nm*, ffreutur
refer, *v*, cyfeirio
referee, *nm*, cyfeirebwr; refferi; rheolwr; canolwr
reference, *nf*, cyfeireb; *nm*, cyfeiriad; cyfeirnod
referendum, *nm*, refferendwm
refill, *nm*, adlenwad; *v*, adlenwi
refine, *v*, coethi; puro
refined, *a*, coeth; puredig
refined oil, *nm*, oel puredig
refinement, *nm*, coethder
reflect, *v*, adlewyrchu
reflected, *a*, adlewyrch; adlewyrchedig; atblygol
reflected appraisal, *nf*, barn atblygol
reflected colour, *nm*, lliw adlewyrchedig
reflection, *nm*, adfyfyrdod
reflector, *nm*, adlewyrchydd
reflex, *a*, atgyrch; atgyrchol; *nm*, atgyrch
conditioned reflex, atgyrch cyflyredig
reflex arc, *nm*, cylch atgyrchol
reflexive, *a*, ymatblyg
reflexive relation, *nmf*, perthynas ymatblyg
refoot, *v*, troedio

reforestate, *v*, ailfforestu; ailgoedwigo
reform, *v*, diwygio
Reformation, *nm*, Y Diwygiad
Counter-reformation, Gwrthddiwygiad
reformatory, *a*, diwygiol
reformer, *nm*, diwygiwr
refracted, *a*, plyg
refracted light, *nm*, golau plyg
refraction, *nm*, gwrthdoriad; plygiant
refractive index, *nm*, indecs plygiant
wave refraction, plygiant tonnau
refractivity, *nm*, plygianedd
refractometer, *nm*, reffractomedr
refractory, *a*, gwrthsafol
refrigerant, *nm*, rhewydd
refrigerate, *v*, rheweiddio
refrigeration, *nm*, rheweiddiad
refrigerator, *nm*, rhewadur; rhewydd; *nf*, oergist; *nm*, cwpwrdd rhew; oeriadur
deep freeze cabinet, *nm*, cwpwrdd rhew caled; *nf*, rhewgist; rhewgell
refuge, *nm*, nodded
refuge village, *nm*, pentref nodded
refugee, *nm*, ffoadur
refuse, *nm*, sbwriel
refuse collector, *nm*, casglwr sbwriel
refuse disposal, *nm*, gwared sbwriel
regalia, *np*, teyrnolion; regalia
regalian, *a*, teyrnol
regelation, *nm*, adrewi
regency, *a*, regentaidd; *nf*, Y Rhaglywiaeth
regeneration, *nm*, atgynhyrchu
regenerative, *a*, atgynhyrchiol
regenerative, principle, *nf*, egwyddor atgynhyrchiol
regent, *nm*, rhaglyw
Prince Regent, Y Rhaglyw Dywysog
regicide, *nm*, teyrnleiddiad
regime, *nm*, llywodraethiad
regiment, *nf*, catrawd

region, *nf*, ardal; *nm*, rhanbarth
  natural regions, rhanbarthau naturiol
regional, *a*, rhanbarthol
regionalism, *nf*, rhanbarthiaeth; rhanbartholdeb
register, *nf*, cofrestr; *nm*, cwmpas; iawnliniad; *v*, cofrestru
  cash register, cofrestr arian
  high register of voice, cwmpas llais uchel
  low register of voice, cwmpas llais isel
  printing register, *nm*, iawn liniad argraffu
  storage register, *nf*, cofgell
registered, *a*, cofrestredig
  registered pupils, disgyblion cofrestredig
registrar, *nm*, cofrestrydd
  Registrar General, Cofrestrydd Cyffredinol
registration, *nm*, cofrestriad
  registration number, *nm*, cofrestrif
registry, *nf*, cofrestrfa; *nf*, swyddfa gofrestru
regrade, *v*, adraddoli; ailraddio
regrading, *nm*, adraddiad; adraddoliad
regress, *v*, atchwel
regression, *nm*, atchweliad
  regression equation, *nm*, hafaliad atchwel
  regression line, *nf*, llinell atchwel
regret, *nm*, edifaredd; *v*, edifaru
regula, *nm*, regwla
regular, *a*, rheolaidd; cyfreolus; rheolus
regularise, *v*, rheoluso; cyfreoluso
regulation, *nm*, rheoliad
regulator, *nm*, rheolydd
regurgitate, *v*, codi cil; dadlyncu
regurgitation, *nm*, codi cil; dadlynciad
rehabilitate, *v*, adsefydlu
rehabilitation, *nm*, adsefydliad
rehearsal, *nf*, rihyrsal
rehearse, *v*, ymarfer
reheat, *v*, eildwymo; ail-dwymo
  reheated dish, *nm*, bwyd eildwym; *nf*, saig eildwym

reimburse, *v*, ad-dalu
rein, *nf*, adfwyn; afwyn
reinforce, *v*, atgyfnerthu; cryfhau
  reinforced heel, *nf*, sawdl gaerog
  reinforcing dose, *nm*, dos atgyfnerthol
re-integration, *nm*, atgyfaniad
reintegrate, *v*, atgyfannu
rejoin, *v*, ailuno; ail-uno
rejoinder, *nm*, gwrthateb; adwrtheb
rejuvenate, *v*, adnewyddu
rejuvenated, *a*, adnewyddiedig
relapse, *v*, ailfoelyd
related, *a*, perthnasol
relation, *nm*, cyswllt; *nmf*, perthynas
  false relation, amherthynas; gau berthynas
relationship, *nmf*, cydberthynas; perthynas; *nm*, rhwym
  sibling relationship, perthynas sibling
relative, *a*, cymharol; o'i gymharu â; perthnasol; perthynol
  relative flatness, *nm*, gwastadrwydd cymharol
  relative humidity, *nm*, lleithder cymharol
relativistic, *a*, perthnaseddol
relativity, *nm*, cymharoldeb; perthnasedd
  general relativity, cymharoldeb cyffredinol
relax, *v*, llacio; llaesu; ymlacio; ymlaesu; ymollwng
relaxation, *nm*, ymlaciad
relaxed, *a*, llac; llaes
relay, *nm*, relai; *v*, cyfnewid
  medley relay race, *nf*, ras gyfnewid gymysg
  relay race, *nf*, ras gyfnewid
release, *v*, rhyddhau
  release and rescue, rhyddhau ac achub
releaser, *nm*, rhyddhawr
relevance, *nm*, perthnasedd
relevant, *a*, perthnasol
reliability, *nf*, cysondeb
  reliability coefficient, *nm*, cyfernod cysondeb
reliable, *a*, dibynadwy
relic, *nm*, crair

relief, *nf,* cerfwedd; tirwedd; *nm,* dirwy etifedd (*H*); rhyddhad
  available (local) relief, tirwedd leol
  bas relief, cerfwedd isel
  faint relief, tirwedd anamlwg
  high relief, cerfwedd uchel
  inverted relief, tirwedd wrthdro
  relief map, *nm,* map tirwedd
  uninverted relief, tirwedd ddiwrthdro
relieving officer, *nm,* swyddog cymorth
reliquary, *nf,* creirfa
reluctance, *nm,* gwrthiant
  magnetic reluctance, gwrthiant magnetig
remainder, *nm,* gweddill
  remainder theorem, *nf,* theorem y gweddill
remand, *v,* remandio; remandu
  Remand Home, *nm,* Remandy; Cartref Cadw
  remand on bail, *v,* remandio ar fechnïaeth
remedial, *a,* adfer; adferol
remember, *v,* cofio
remembrancer, *nm,* cofiadur
reminder, *nm,* nodyn atgoffa
remission, *nm,* dilead (o gosb)
remit, *v,* danfon
remittance, *nm,* taliad
remnant, *nm,* sbaryn
remodel, *v,* adlunio
remonstrance, *nm,* gwrthdystiad
remonstrate, *v,* gwrthdystio
remorse, *nm,* atgno
removeable, *a,* symudadwy
remove, *nm,* gwyriad; *v,* symud
  first sharp remove, gwyriad y llonnod cyntaf
  removing cream, *nm,* irad symud
remunerate, *v,* cydnabod; talu
remuneration, *nf,* cydnabyddiaeth; *nm,* tâl
remunerative, *a,* buddiog
Renaissance, *nm,* Y Dadeni
  High Renaissance, Uchel Ddadeni
render, *nm,* rendrad; taeniad; *v,* rendro; taenu

rendering, *nm,* datganiad
rendition, *nm,* datganiad
rendzina, *nm,* rendsina
renew, *v,* adnewyddu
renewal, *nm,* adnewyddiad
rennet, *nm,* cwyrdeb
rennin, *nm,* rennin
renovate, *v,* adnewyddu
rent, *nm,* rhent
  ground rent, grwndrent; rhent tir
rental, *nm,* rhental; rhentol
  television rental, rhental teledu
rent-roll, *nf,* rhol rhent
reorganise, *v,* ad-drefnu
reorientation, *nm,* ailgyfeiriadedd
repair, *nm,* cyweiriad; *v,* trwsio
  repair kit, *nf,* set drwsio
  repair shop, *nf,* siop drwsio
  repair works, *nm,* atgyweirdy
reparation, *nm,* iawn
repartee, *nm,* gwrtheb
repayable, *a,* ad-daladwy
repeat, *v,* ailadrodd
repeated, *a,* eilfydd
repeating, *a,* eilaidd
repel, *v,* gwrthyrru
repentance, *nm,* edifeirwch
repertoire, *nm,* stoc; *repertoire*
repertory, *nf,* cronfa; rhestr ddarnau
  repertory players, *np,* actorion stoc
  repertory theatre, *nf,* theatr un cwmni
repetition, *nm,* ailadrodd
replace, *v,* allosod
replacement, *nm,* allosodyn; amnewid
  import replacement, amnewid mewnforion
replevin, *nm,* replefin
replication, *nf,* gwrthdystiolaeth
report, *nm,* adroddiad
  weather report, adroddiad tywydd
repose, *nm,* ymdawelwch
repossess, *v,* adfeddiannu
repoussé, *a, repoussé*
represent, *v,* cynrychioli
representation, *nm,* cynrychioliad; portread
  proportional representation, cynrychioliad cyfrannol

representational, *a*, cynrychiadus
representational art, *nf*, celfyddyd gynrychiadus
representative, *a*, cynrychiadol; *nm*, cynrychiolydd
representative assembly, *nf*, cymanfa gynrychiadol; *nm*, cynulliad cynrychiadol
representative fraction, *nm*, ffracsiwn cynrychiadol
representative sample, *nf*, sampl gynrychiadol
repress, *v*, adwthio
repression, *nm*, adwthiad
reprint, *nm*, adbrint; ailbrint
reprisal, *nm*, dial
reprise, *nm*, atbreis
reproduce, *v*, atgynhyrchu; epilio
reproduction, *nm*, atgenhedlu; atgenhedliad; atgynhyrchiad
vegetative reproduction, atgynhyrchiad llystyfol
reproof, *nm*, cerydd
reptile, *nm*, ymlusgiad
republic, *nf*, gweriniaeth
republican, *a*, gweriniaethol; *nm*, gweriniaethwr
repulsion, *nm*, gwrthnysedd; gwrthyriad
reputation, *nm*, enw da
reputed, *a*, honedig
require, *v*, galw gorchymyn; gofyn; rhwymo
you are not required to, nid oes galw arnoch i
requisition, *nf*, archeb
reredos, *nm*, reredos
rescind, *v*, diddymu
rescribe, *v*, gwrthysgrifennu
rescript, *nf*, gwrthysgrif
rescue, *v*, achub
mountain rescue post, *nm*, safle achub ar fynydd
research, *nm*, ymchwiliad
researcher, *nm*, ymchwiliwr
resection, *nm*, toriad
resemblance, *nm*, tebygrwydd
reservation, *nm*, atgyfnerthyn; *nm*, neilltuad
financial reservations, atgyfnerthion ariannol

reserve, *nm*, chwaraewr cadw (*Ch*); *nf*, cronfa; gwarchodfa; *nm*, reserf; stôr; *v*, cadw; neilltuo
food reserve, cronfa fwyd
in reserve, *ad*, wrth gefn
nature reserve, gwarchodfa natur
reserve fund, cronfa gadw
reserve price, *nm*, pris cadw
secret reserve, reserf cudd
reserved, *a*, wedi ei gadw
reserved seat, *nf*, sedd gadw
reservoir, *nf*, cronfa ddŵr
impounding reservoir, cronfa ddal a chadw
service reservoir, cronfa wasanaeth
resettlement, *nm*, ailanheddiad
residence, *nf*, trigfa
residential, *a*, preswyl
non-residential student, *nm*, myfyriwr mynd a dod
residential student, *nm*, myfyriwr preswyl
residential zone, *nf*, cylchfa breswyl
residual, *a*, gweddill
residual deposits, *np*, dyddodion gweddill
residue, *nm*, gweddill; rhelyw
resignation, *nm*, ymddiswyddiad; ymostyngiad
resilience, *nm*, hydwythder
resin, *nm*, resin
resin box, *nm*, blwch resin
resinous, *a*, cydwil; glynol; ystorus
resist, *v*, gwrthiannu; gwrthsefyll
resistance, *nm*, gwrthiant
resistant, *a*, gwrthiannol
resistivity, *nm*, gwrthedd
resistor, *nm*, gwrthydd
resolute, *nf*, cydran
resolution, *nm*, cydraniad (*Ff*); datrysiad; penderfyniad
resolve, *v*, cydrannu; penderfynu
resolvent, *nm*, cydrennydd
resonance, *nm*, cyseiniant
resonant, *a*, cysain
resonator, *nm*, cyseinydd
resort, *nmf*, cyrchfan
summer resort, cyrchfan haf
resources, *np*, adnoddau
pool resources, *v*, cyfuno adnoddau

respective, *a*, priodol
respectively, *ad*, yn ôl eu trefn
  with respect to, o'i gymharu â;
    o berthynas i
respiration, *nm*, anadliad;
  nf, resbiradaeth
  aerobic respiration, resbiradaeth
    aerobig
  anaerobic respiration,
    resbiradaeth anaerobig
  artificial respiration, adfer
    anadlu; peri anadlu; anadlu
    artiffisial
respirator, *nm*, resbiradur
respiratory, *a*, resbiradol
  respiratory movement,
    nm, symudiad resbiradol
  respiratory organ, *nmf*, organ
    resbiradol
  respiratory pigment, *nm*, pigment
    resbiradol
respire, *v*, resbiradu
respond, *nm*, gobiler; *v*, ymateb
respondent, *nm*, atebwr; gwrth-
  apeliwr (mewn apêl)
  co-respondent, cyd-atebwr
response, *nm*, ymateb
  constructed response, ymateb
    lluniedig
responsibility, *nm*, cyfrifoldeb
  collective responsibility, cyd-
    gyfrifoldeb
rest, *nm*, cynhalydd; disymudedd;
  nf, gorffwysfa; *nm*, rest;
  tawnod (*C*)
  at rest, *ad*, disymud
  dotted rest, tawnod unpwynt
  group rests, *v*, cyfosod tawnodau
  rest centres, *np*, canolfannau
    gorffwys
  slide rest, rest llithr
restaurant, *nm*, bwyty
restitution, *nm*, adfer
restoration, *nm*, adferiad
restore, *v*, adfer; atgyweirio
restrict, *v*, caethiwo; cyfyngu
Restriction Order, *nm*, Gorchymyn
  Cyfyngiad
restrictive, *a*, cyfyngol
  restrictive practices, *np*, arferion
    cyfyngol

result, *nm*, ateb; canlyniad;
  mesureb (*Ff*)
resultant, *a*, canlyniadol;
  cydeffeithiol; *nf*, cydeffaith
  resultant picture, *nm*, darlun
    canlyniadol
resuscitation, *nm*, dadebriad
retail, *a*, adwerthol; *v*, adwerthu
retailer, *nm*, adwerthwr
retain, *a*, adwerth; *v*, dargadw
  retain service, *nf*, gwasanaeth
    adwerth
retainer, *nm*, daliedydd; tâl cadw;
  tâl argadw
  retainer of land, daliedydd tir
  retaining fee, *nf*, ffi argadw
retard, *v*, arafu
retardation, *nm*, arafiad;
  olgynnydd (*A*)
retarded, *a*, olgynyddol; atal-
  gynyddol
retch, *v*, ceisio chwydu
retention, *nm*, argadw; dargadwad;
  rhwymder
  retention fee, *nm*, tâl argadw
retentive, *a*, dargadwol
retentiveness, *nf*, dargadwaeth
reticulate, *a*, rhwydol
reticulum, *nm*, reticwlwm; y boten
  rwydol
retina, *nm*, retina
retinue, *nf*, gosgordd
retire, *v*, cilio; reteirio
retiring, *a*, cilgar; encilgar;
  ymgilgar
retort, *nm*, retort
  retort stand, *nm*, stand retort
retouch, *v*, ailgyffwrdd; atgyffwrdd
retreat, *nm*, encil; enciliad;
  v, encilio
retributive, *a*, ad-daliadol
retroactive, *a*, retroactif
  retroactive inhibition,
    nm, lluddiant retroactif
retrorse, *a*, retrors
retrospect, *v*, olsyllu
retrospection, *nm*, olsylliad
return, *nm*, adroddiad ystadegol;
  cynnyrch; darn tro; dychwel;
  dychweliad
  angled return, dychwel lletraws
revaluation, *nm*, adbrisiad; ailbrisiad

reveal, *nf*, dadlen; *nm*, darn trwch (*Th*); *v*, dadlennu
revelation, *nm*, datguddiad
revenue, *nm*, cyllid; incwm; refeniw
  Inland Revenue, Cyllid Gwladol; *nf*, mewndreth Cyllid Mewnol
reverberation, *nm*, datseinedd
reverberatory, *a*, datseiniol
reverence, *nm*, parchedigaeth
revers, *np*, llabedi
reversal, *nm*, cildroad; gwrthdroad
reverse, *a*, cil; *nm*, gwrthdro; *v*, cildroi
  reverse charge, *v*, talu pen arall
  reverse side, *nm*, tu chwith; tu cildro
  reverse the pattern, *v*, cildroi'r patrwm
reversed, *a*, cildro
  reversed stream, *nf*, nant gildro
reversible, *a*, cildro; cildroadwy; gwrthdroadwy
reversion, *nm*, cildroad; refersiwn
revetment, *nf*, wal gynnal
revival, *nm*, adfywiad; diwygiad; *v*, adfywio; diwygio
revive, *v*, adfer; adfywio
  revive an order, adfer gorchymyn
revocable, *a*, adlamus; dirymiadwy
revocation, *nm*, dirymiad
revoke, *v*, dirymu; diddymu
  revoke an order, diddymu gorchymyn
revolution, *nm*, chwyldro
  French Revolution, Chwyldro Ffrengig
  Industrial Revolution, Chwyldro Diwydiannol
revolve, *v*, cylchdroi; chwyldroi
  revolving centre, *nm*, canol chwyldroi
  revolving hearth, *nf*, aelwyd dro
rheostat, *nm*, rheostat
rhesus-positive, *a*, rhesws bositif
rhetoric, *nf*, rhethreg
rheumatism, *nm*, gwynegon
  articular rheumatism, *np*, cryd cymalau; *nm*, cymalwst
rhinitis, *nm*, ffroenwst; rhinitis
rhizoid, *nm*, rhizoid
rhizome, *nm*, rhizom
Rhodophyceae, *np*, Rhodophyceae

rhombohedron, *nm*, rhombohedron
rhomboid, *nm*, rhomboid
rhombus, *nm*, rhombws
rhubarb, *nm*, riwbob
rhythm, *nm*, rhediad; rhythm
  rhythm stick, *nf*, ffon rhythm
ria, *nm*, ria
rib, *nf*, asen; rib; rhes
  chuck rib, asen war
  fore rib, asen flaen
  spare rib, asen fras; sbarib
ribbed, *a*, asennog; rhesog
ribbon, *a*, rhuban; rhubanog; *nm*, rhuban
  ribbon development, *nm*, datblygiad rhubanog
  ribbon lake, *nm*, llyn hirgul
  ribbon settlement, *nm*, anheddiad hirfain
ribosome, *nm*, ribosom
rice, *nm*, reis
rickets, *nf*, llech
rider, *nf*, atodeg (i ddogfen); *nm*, marchogwr (ceffyl)
ridge, *nm*, cefn; gwrym; *nf*, cefnen; crib
  ridge and furrow relief, *nm*, tirwedd cefnen a rhych
  ridge of high pressure, cefnen o wasgedd uchel
  ridges and swales, cefnau a swaliau
  ridge top, *nm*, pen y gefnen
  ridge tree, *nf*, nenbren
riffle, *nm*, riffl
riffler, *nm*, rifflwr
rift, *nf*, agen; *nmf*, hollt
rig, *nm*, rig; *v*, rigio
rigger, *nm*, riger
right, *a*, cywir; de; iawn; *nf*, hawl
  exclusive right, hawl echgynhwysol
  inclusive right, hawl gynhwysol
  right-centre-back, de canol gefn
  right side, *nf*, ochr dde
right-angled, *a*, sgwaronglog
righteous, *a*, cyfiawn
  righteous indignation, *nm*, dig cyfiawn
right-half, *nm*, hanerwr de
right-handed, *a*, llawddeheu; llawdde

right-handedness, *nm,* llawddeheuedd
rigid, *a,* anhyblyg; anystwyth; haearnaidd; tyn
rigidity, *nm,* anhyblygedd
rigor, *nm,* rigor
rigorous, *a,* manwl-gywir
rigour, *nm,* manwl-gywirdeb
rim, *nm,* rhimyn; *nmf,* ymyl
rime, *nm,* arien
rimer (reamer), *nf,* agorell
ring, *nm,* cylch; *nf,* modrwy; rhwy; *v,* modrwyo
  annual rings, cylchoedd blynyddol
  floor ring, cylch llawr
  growth ring, cylch tyfiant
  porous ring, cylch hydraidd
  ring down, *nm,* rhybudd gostwng y llenni (*Th*)
  ring shake, hollt cylch
  ring up, *nm,* rhybudd codi'r llenni (*Th*)
ringboard, *nm,* bwrdd cylchenni
ring-bone, *nm,* ewinor march
ringed, *a,* modrwyog
ringworm, *nf,* darwden; *nm,* derwreinyn
rink, *nf,* rinc; *nm,* llawr sglefrio
rinse, *nm,* rins; *v,* tynnu trwy'r dŵr; rinsio
riot, *nm,* terfysg; reiat
  Riot Act, *nf,* Deddf Terfysg
rip, *nm,* rhip; *v,* rhipio; rhwygo
  rip saw, *nf,* rhiplif
riparian authority, *nm,* awdurdod glannau (afon)
riparian owner, *nm,* perchennog glan afon
ripieno, *a,* ripieno; *nm,* ripieno
riposte, *nm,* ripost
  compound riposte, ripost cyfun (cyfansawdd)
  counter riposte, ripost gwrthol
  delayed riposte, ripost oediog
  direct riposte, riposte union
ripper, *nm,* rhipiwr
ripple, *nm,* crych; *nf,* crychdon; *v,* crychdonni
rise, *nm,* codiad; *v,* codi
  at rise, *ad,* ar godiad
riser, *nm,* codwr
risk, *nm,* perygl; risg
rissole, *nf,* risol

ritual, *nf,* defod
rivation, *nm,* erydiad
  rivation hollow, *nm,* pant erydiad eira
river, *nf,* afon
  consequent river, afon gydlif
  obsequent river, afon wrthlif
  river capture, afon ladrad
  river regime, *nm,* patrymedd afon
  river terrace, *nm,* cerlam
  subsequent river, afon drawslif
riverine, *a,* afonol
  riverine lands, *np,* tiroedd afonol
rivet, *nm,* hem; rhybed; *v,* hemio rhybedu
  conical head rivet, rhybed pengôn
  countersunk head rivet, rhybed gwrthsodd
  flat head rivet, rhybed pennflat
  pan head rivet, rhybed penban
  pop rivet, rhybed pop
  rivet sett, *nf,* set rhybed
  round head rivet, rhybed pengrwn
rivetted, *a,* hemog; rhybedog
rivetting, *nm,* hemio; rhybedu
  dolly rivetting, rhybedu doli
  snap rivetting, rhybedu snap
rivulet, *nf,* afonig
roach, *nf,* gwrachen; *nm,* torgoch
road, *nf,* ffordd
  access road, ffordd fynediad
  arterial road, ffordd arterial
  fenced road, ffordd gyda ffens
  heads of the valley road, ffordd y blaenau
  ring road, cylchffordd
  slip road, slipffordd
  trunk road, cefnffordd; ffordd gysylltu
  unfenced road, ffordd heb ffens
roadstead, *nm,* angorle
road-user, *nm,* fforddol; fforddolyn
roast, *v,* rhostio
rob, *v,* ysbeilio; dwyn drwy drais
  assault with intent to rob, ymosod gan fwriadu lladrata oddi ar
robbery, *nm,* lladrad; ysbeiliad
  robbery with violence, ysbeiliad drwy drais

robe, *nf*, mantell; *v*, gwisgo; mantellu
roches moutonnées, *np*, creigiau myllt
rock, *nf*, craig
  arenaceous rock, craig dywodlyd
  basic rock, craig fasig
  country rock, craig gysefin
  extrusive rock, craig echwthiol
  flat rock, craig wastad
  intrusive rock, craig fewnwthiol; craig ymwthiol
  mantle rock, creicaen
  parent rock, mamgraig
  pedestal rock, craig bedestal
  primary rock, craig brimaidd
  quaternary rock, craig gwaternaidd
  rock flour, *nm*, blawd craig
  rock hollow lakeland, *nm*, llyndir creicafn
  rock salt, *nm*, halen craig
  secondary rock, craig eilaidd; craig secwndaidd
  sedimentary rock, craig waddod
  tertiary rock, craig dertaidd
rockabout, *nm*, cwch siglo
rocket, *nf*, roced
rocketeer, *nm*, rocedwr
rococco, *a*, rococo
rod, *nf*, rod; rhod; rhoden
  connecting rod, rhoden gyswllt
  control rod, rhoden reoli
  track rod, rhoden lwybro
rodent, *nm*, rodent; cnofil
  rodent control, *nm*, rheoli cnofilod; *nf*, rheolaeth ar gnofilod
  rodent infestation, *nm*, pla cnofilod
roe (hard) *nf*, gronell; *nm*, bol caled
roe (soft) *nm*, lleithan; bol meddal
rôle, *nf*, rôl; rhan
roll, *nmf*, rhol; *nm*, rholyn; *v*, rholio; troi
  backward roll, *nm*, rhol yn ôl
  dive forward roll, *nm*, deifrol ymlaen
  forward roll, *nm*, rhol ymlaen
  Master of the rolls, *nm*, Ceidwad y rholiau; Meistr y rholiau
  meat roll, *nf*, rhol gig
  rent roll, *nf*, rhol rhent
  rolled hem, *nf*, hem rol
  roll in, *v*, rholio mewn
  roll on and roll off, *v*, gyrru mewn a mas (*Ch*)
  Western roll, *nf*, rhol y Gorllewin
roller, *nm*, rhol; rholer; rholydd; rhowl
  roller bearing, *nm*, rholferyn
  roller coaster, *nm*, car sglefrio; cert sglefrio
  roller loom, *nm*, gwŷdd rholer
  roller-skates, *np*, olwynion troed
rolling, *a*, tonnog
  rolling downland, *nm*, twyndir tonnog
  rolling stock, *nm*, rholstoc
rolling-pin, *nm*, rholbren
roll-out, *nm*, cynfas rowlio
roly-poly, *nm*, roli poli; rowlyn powlyn
Romanesque, *a*, Romanesg
romanization, *nm*, rhufeineiddiad
romantic, *a*, rhamantaidd; rhamantus
  romantic lead, *nm*, blaenwr serch
Rome, Rhufain
romper, *nm*, rhomper
rondeau, *nm*, *rondeau*
rondel, *nm*, rondel
rondo, *nm*, rondo
  modern rondo, rondo modern
  simple rondo, rondo syml
  sonata rondo, rondo sonata
rood, *nf*, croes; crog
  rood screen, *nf*, croglen
roof, *nm*, to
  flat roof, to gwastad
  hammer beam roof, to trawst gordd
  helm roof, to helm
  hip roof, talcendo
  mansard roof, to mansard
  roof line, *nf*, llinell toeau
  valley roof, to cafnog
root, *nm*, gwreiddyn; isradd (*Ff*)
  adventitious root, gwreiddyn dŵad
  contractile root, gwreiddyn cyfangol
  cube root, trydydd isradd

fibrous root, gwreiddyn ffibrus
motor root, gwreiddyn ymudo
root mean square, isradd cymedr sgwâr
root nodules, np, gwreiddgnepynnau
root of a chord, gwreiddyn cord
root of the equation, gwreiddyn yr hafaliad
root pressure, nm, gwreiddwasgedd
secondary root, gwreiddyn eilaidd
square root, ail isradd
tap root, gwreiddyn tap; prif wreiddyn
root-cap, nm, gwreiddgap
rooted, a, gwreiddiog
root-hair, nm, gwreiddflewyn
rootless, a, di-wraidd
rope, nf, rhaff
　climbing rope, rhaff ddringo
　fullweight nylon rope, rhaff nylon pwysau llawn
　inclined rope, rhaff ar oledd
　sisal rope, rhaff seisal
　skipping rope, rhaff sgipio
ropeway, nf, rhaffordd
　aerial ropeway, rhaffordd awyr
rose hip syrup, nm, suddog egroes
rosette, nf, roset; rhosed (B)
　rosette chain, nf, cadwyn roset
rosewood, nm, rhosbren; np, rhoswydd
rostrum, nm, esgynlawr; rostrwm
　rostrum front, nmf, ffrynt esgynlawr; ffrynt rostrwm
rot, nm, pydredd
　dry rot, pydredd pren
rotary, nm, amldro; cylchdro; rotari
　Rotary Club, nm, Clwb Rotari
rotate, v, cylchdroi
rotation, a, cylchdro; nm, cylchdro
　rotation of crops, cylchdro cnydau
rotational, a, cylchdro
　rotational movement, nm, symudiad cylchdro
　rotational grazing, nm, pori cylchdro
　rotational slip, nm, cylchlithredd
rotor, nm, rotor

rotten, a, pwdr
　rotten egg, nm, ŵy drwg; ŵy clwc
rotunda, nm, rotwnda
rouge, nm, rwg; *rouge;* rhuddliw
rough, a, garw
roughage, nm, carthfwyd; crafwyd; garwfwyd
rough dry, a, bras sych; v, bras sychu
roughness, nm, garwedd
rough-out, v, bras-osod
Rouleau, nm, Rouleau
round, a, crwn; nf, cylchgan; nm, rownd
　round off, v, talgrynnu
roundabout, nm, trogylch
route, nm, llwybr
routine, a, rhigolaidd; nm, rheolwaith; nf, rhigol; rhigolaeth
　routine tendency, nf, tuedd rhigolaeth
row, nf, rheng; rhes
rowlock, nm, roloc
royal, a, brenhinol
royalism, nf, breninyddiaeth
Royalist, nm, Brenhinwr
royalty, nm, breindal
rub, v, rhwbio
　rubbing board, nm, bwrdd rhwbio
rubbed, a, wedi'i rwbio
rubber, nm, rwber
　foam rubber, nm, rwber ewynnog
　rubber band, nm, band rwber
　rubber digger, nm, pâl rwber
　rubber foam, nm, rwber ewynnog
　rubber rake, nm, cribyn rwber; rhaca rwber
　rubber sand mould, nm, mowld tywod rwber
　rubber sheet, nm, cynfas rwber; llywionen rwber
　rubber stamp, nm, stamp rwber
　rubber webbing, nm, webin rwber
rubbing, nm, ffrontais; v, ffronteisio
rubbish, nm, sbwriel
rubble, nm, rwbel; rhwbel
　rubble masonry, nm, gwaith maen rhwbel

rubefacient, *nm,* plastr poeth
rucking, *nm,* crychyn
rudder, *nm,* llyw
   rudder line, *nf,* rhaff lyw
ruffle, *nm,* ryffl; *v,* ryfflo
rug, *nf,* ryg
   rugmaking, *nm,* rygwaith
rugged, *a,* garw
ruggedness, *nm,* garwedd
rule, *nf,* riwl; rheol
   closure rule, rheol gaefa
   contraction rule, riwl gyfangiad
   folding rule, riwl blyg
   foot rule, riwl droedfedd
   non slip rule, riwl wrthslip
   slide rule, llithriwl; riwl rifo; riwl gyfrif
   three second rule, y rheol tri eiliad
   yard rule, riwl lathen
ruled, *a,* riwledig
   ruled paper, *nm,* papur llinellog
ruler, *nf,* ffon fesur; riwl; *nm,* riwler
ruling, *nm,* riwliad
rumen, *nm,* rwmen
ruminant, *nm,* anifail cilgno; anifail cnoi cil
ruminate, *v,* cnoi cil
run, *nm,* libart; rhedeg; rhediad (*Ch*); *v,* rhedeg
   approach run, *nm,* atrediad; *v,* atredeg
   extras, *np,* chwanegion
   home run, rhediad adref
   run a flat, *v,* rhedeg fflat
   run out, *v,* rhedeg allan
   run over lines, *v,* mynd dros linellau
   run through, *v,* mynd drwyddi
   short run, rhediad byr
rundale, *np,* lleiniau cytal
rundown, *nm,* dihoeniad
rung, *nf,* ffon ysgol
runnel, *nf,* corffrwd
runner, *nm,* rhedwr; ymledydd
   runner peg, *nm,* peg rhedwr
running, *nm,* rhedeg
   running shoes, *np,* esgidiau rhedeg
   running time, *nm,* hyd perfformiad
run-off, *nm,* dŵr ffo; off-rediad
runrig, *np,* lleiniau cytal
rupture, *nf,* torgest; *nm,* torllengig
rural, *a,* gwledig
rush, *nf,* brwynen; *nm,* brys
   freshwater rushes, *np,* brwyn dŵr croyw
   rush hour, *nf,* awr frys
rust, *nm,* rhwd; *v,* rhydu
rustic, *a,* gwladaidd; gwledig
   rustic furniture, *np,* celfi gwladaidd
rustification, *nm,* creigwaith
rustless, *a,* gwrthrwd
   rustless nail, *nf,* hoelen wrthrwd
rye-grass, *np,* rhygwellt
   Italian rye-grass, rhygwellt Eidalaidd
   perennial rye-grass, rhygwellt perennial
ryot, *nm,* ryot

S

Sabbatarianism, *nf,* Sabathyddiaeth
sable, *a,* sabl
sabre, *nm,* sabr
saccharase, *nm,* sacaras
Saccharomyces, *nm,* Saccharomyces
saccule, *nm,* sacwl
sack, *nf,* sach; ffetan
sacral, *a,* sacral
   sacral vertebra, *nf,* fertebra sacral
sacrilege, *nm,* cysegr-ladrad; halogiad
sacristan, *nm,* sacristan
sacristy, *nm,* sacristi
sacrum, *nm,* sacrwm
sad, *a,* diysgog; trist
saddle, *nm,* cyfrwy
   saddle of mountain, cyfrwy mynydd
saddlepoint, *nm,* col
sadism, *nf,* sadistiaeth
saeter, *nm,* saeter
safe, *a,* diogel; *nf,* diogell
   safe edge, *nmf,* ymyl ddiogel
safety, *nm,* diogelwch
   safety regulations, *np,* rheolau diogelwch
safety-belt, *nm,* rhwymyn arbed
safety-guard, *nm,* diogelydd
saffron, *nm,* saffrwm
sag, *nm,* sagiad; *v,* sagio
sage, *nm,* saets
   sage brush, *nm,* prysgwydd saets
   sage bush, *nm,* llwyn saets
sagger, *nm,* sager
sagittal, *a,* saethol
sago, *nm,* sego
said, *a,* a enwyd; hwnnw
   the said Court, *nmf,* Y Llys a enwyd; y Llys hwnnw
salad, *nm,* salad; *np,* addail
   salad cream, *nm,* hufen salad
   salad oil, *nm,* oel salad
salary, *nmf,* cyflog
sale, *nm,* arwerthiant; gwerthiant; sêl
   auction sale, arwerthiant; ocsiwn
   clearance sale, arwerthiant clirio
   sales analysis, *nm,* dadansoddiad gwerthiannau
   wash sales, *np,* arwerthiannau golch
salina, *nm,* salina
saline, *a,* halwynog
salinity, *nm,* halwynedd
saliva, *nm,* salifa
   salivary gland chromosomes, *np,* cromosomau chwarennau salifa
salmon, *nm,* eog; samon
salon, *nm,* salon
salt, *nm,* halen; halwyn; heli; *v,* halltu; halwyno
   salt cellar, *nm,* llestr halen
   salt deposits, *np,* dyddodion halen
   salt flat, *nm,* gwastad heli
   salt lake, *nm,* llyn heli
   salt marsh, *nm,* morfa heli
   salt pan, *nm,* pant heli
   salts, *np,* halwynau
   salts of lemon, *np,* halwynau lemon
saltpetre, *nm,* solpitar
saltings, *nm,* halwyndir
salute, *v,* cyfarch
salvage, *nm,* arbediad; *nf,* achubiadaeth; *v,* arbedu; achubiadu
salvor, *nm,* achubiadwr
sample, *nf,* sampl; *v,* samplu
   random sample, hapsampl; sampl ar antur; sampl ar siawns; *v,* hapsamplu
   representative sample, sampl gynrychiadol
   sampling errors, *np,* gwallau samplu
   sampling method, *nm,* method samplu
   sampling technique, *nm,* techneg samplu
sampler, *nm,* sampler

sanction, *nm*, ataliad; goddefiad; sancsiwn
  economic sanction, ataliad economaidd
  pragmatic sanction, goddefiad pragmatig
sanctuary, *nm*, cysegr; *nf*, seintwar
sand, *np*, tywod
  blown sand, tywod chwyth
  facing sand, tywod wynebu
  Mansfield sand, tywod Mansfield
  sand bank, *nm*, banc tywod
  sand bar, *nm*, bar tywod
  sand comb, *nf*, crib tywod
  sand dune, *nm*, tywyn
  sand grain, *nm*, gronyn tywod
  sand hill, *nm*, bryn tywod
  sand inclusions, *np*, cynhwysion tywod
  sand pit, *nm*, pwll tywod
  sand play table, *nm*, bwrdd tywod
  sand pointer, *nm*, pensil tywod
  sand sieve, *nm*, gogr dywod; rhidyll tywod
  sand spit, *nm*, tafod tywod
  sand stone, *nm*, tywodfaen
  sand storm, *nf*, storm dywod
  sand tools, *np*, offer tywod
  sand tray, *nm*, bwrdd tywod
  whistling sand, tywod sïo
sandbag, *nm*, bag tywod
sand-cloth, *nf*, caenen dywod
sandcrack, *nmf*, hollt y carn
sandpaper, *nm*, papur gwydrog
sandr, *nm*, sandr
sandstone, *nm*, tywodfaen
sandwich, *nf*, brechdan ddwbl
  egg sandwich, brechdan ŵy
  lettuce sandwich, brechdan letys
  meat sandwich, brechdan gig
  sandwich cake, *nf*, teisen ddwbl
sane, *a*, mewn iawn bwyll
sanfoin, *nm*, codog
sanitary, *a*, iechydol
  sanitary convenience, *nf*, hwylusfa iechydol
  sanitary towel, *nm*, tywel iechydol; tywel misglwyf
sanitation, *nm*, iachlendid; *nf*, iechydaeth

sap, *nm*, nodd; sudd; sug; *v*, sugno; tanseilio
  basal sapping, *v*, tanseilio gwaelod
sapling, *nm*, glasbren
saponification, *nm*, seboniant
saponify, *v*, seboneiddio; seboniannu
saprophyte, *nm*, saproffyt
saprophytic, *a*, saproffytig
sapwood, *nm*, albwrnwm; gwynnin
saraband, *nm*, saraband
sarcasm, *nf*, gwatwareg
sarcoma, *nm*, sarcoma
sardine, *nm*, sardîn
sash, *nm*, sas
satchel, *nm*, sgrepan
satellite, *nf*, lloeren; satelit
  satellite town, *nf*, tref satelit
satin, *nm*, satin
satire, *nf*, drama watwar (*Th*); gwatwarlen
satisfaction, *nm*, boddhad; bodlonrwydd; boddiant
satisfy, *v*, boddio; bodloni; boddiannu (*Ff*)
saturate, *v*, dirlenwi; trwytho
saturated, *a*, dirlawn, trwythedig
  super saturated, gorddirlawn
saturation, *nm*, dirlawnder
  saturation zone, *nf*, cylchfa dirlawnder
sauce, *nm*, saws
  caper sauce, saws caper
  sauce boat, *nm*, jwg saws
  white sauce, saws gwyn
saucepan, *nf*, sosban
sauna bath, *nm*, baddon sauna
sausage, *nf*, selsigen; sosej
  sausage roll, *nmf*, rhol sosej
savanna, *nm*, safanna
save, *v*, arbed
savory, *a*, blasus; sawrus; *nm*, blasusfwyd; *nf*, safri fach
savoy, *np*, cabets crych; *savoy*
saw, *nf*, llif; *v*, llifio
  band saw, cylchlif
  bow saw, llif fwa
  circular saw, llif gron
  compass saw, llif gwmpas
  coping saw, llif fwa fach
  cross cut saw, trawslif

dovetail saw, llif ddoffdal; llif dyno fach
fret saw, llif ffret
hack saw, haclif; llif fetel
hand saw, llawlif
jig saw, herclif
pad saw, llif dwll clo
panel saw, llif banel
piercing saw, llif rwyllo
rip saw, rhiplif; rhwyglif
saw cut, *nm*, llifiad
sawing board, *nm*, bwrdd llifio
sawing method, *nm*, dull llifio
set a saw, *v*, codi trwch ar lif; gosod llif; llifosod
sheet saw, llif slitio
slash sawn, *a*, tangiadlifiol
tangential saw cut, *nm*, tangiadlifiad
tenon saw, llif dyno
through saw cut, *nm*, llifiad drwodd
sawdust, *nm*, blawd llif; llwch llif
sawmill, *nf*, melin lifio
sawyer, *nm*, llifwr
Saxon, *a*, Sacsonaidd
scab, *nm*, clafr; sgab
scabies, *nm*, crafu
scaffold, *nm*, sgaffold; crocbren
scalar, *a*, sgalar
scalariform, *a*, sgalaraidd
scalariform thickening, *nm*, tewychu sgalaraidd
scald, *v*, sgaldanu; sgaldian; sgaldio
scale, *nm*, cen; *nf*, graddfa; *v*, digennu; graddio
attitude scale, graddfa agweddiad
Beaufort Scale, Graddfa Beaufort
chromatic scale, graddfa gromatig
comparative scale, graddfa gymharol
diagonal scale, graddfa groeslin
division of scale, *nf*, gradden
draw to scale, *v*, lluniadu wrth raddfa
harmonic form scale, graddfa gromatig harmonig
isometric scale, graddfa isometrig
major scale, graddfa fwyaf
melodic form scale, graddfa gromatig felodig

minor scale, graddfa leiaf
national scale, graddfa genedlaethol; graddfa wladol
pentatonic scale, graddfa bentatonig
plain scale, graddfa syml
point scale, graddfa bwyntiau
relative major scale, graddfa berthynol fwyaf
salary scales, graddfâu cyflogau
scale leaf, *nf*, deilen gennog
scale of charges, graddfa amdaliadau
scale of intelligence, graddfa deallusrwydd
tonic major scale, graddfa fwyaf y tonydd
whole-tone scale, graddfa'r tonau cyfartal
scalene, *a*, anghyfochrog
scales, *nf*, clorian; tafol
scallop, *nm*, sgolop; *v*, sgolopio
scalloped edge, *nmf*, ymyl sgolop
scaly, *a*, cennog
scan, *v*, archwilio; corfannu; sganio
Scandinavia, Llychlyn; Sgandinafia
scape, *nm*, sgap
scapula, *nm*, sgapwla
scar, *nf*, craith
active meander scar, craith ystum fyw
girdle scar, craith gylchog
leaf scar, craith ddeilen
scarf, *nf*, sgarff; *v*, sgarffio
scarp, *nmf*, erchwyn; *nm*, sgarp; *nf*, tarren
scarpland, *nm*, sgarpdir
scatter, *v*, gwasgaru
scattering, *nm*, gwasgariad
scavenge, *v*, carthysu
scavenger, *nm*, carthysydd
scenario, *nm*, senario
scene, *nf*, golygfa
scene designer, *nm*, cynllunydd golygfa
scene shifter, *nm*, cliriwr
scenery, *nf*, golygfa; *np*, golygfeydd; *nf*, set
detail scenery, set fanwl
scenery bay, *nm*, bae golygfeydd (*Th*)

scenic, *a*, chwaraeyddol; golygfaol
  scenic artist, *nm*, paentiwr
    golygfeydd
  scenic effect, *nf*, effaith olygfaol
schedule, *nf*, atodlen; rhestr;
    sgedwl
  attached schedule, atodlen glwm;
    sgedwl glwm
  schedule of accommodation,
    gofodlen; sgedwl gofod
schema, *nm*, sgema
scheme, *nm*, cynllun
  scheme of work, cynllun gwaith
  superannuation scheme, cynllun
    pensiwn
scherzo, *nm*, *scherzo*
  scherzo and trio, *scherzo* a thrio
schism, *nm*, sism; *schism*
  Great Schism, Sism Mawr
schist, *nm*, schist
schistosity, *nm*, schistedd
schizocarp, *nm*, schizocarp
scholastic, *a*, addysgol; sgolastig
scholasticism, *nf*, sgolastigiaeth
school, *nf*, ysgol
  aided school, ysgol gymorthedig
  all-range school, ysgol pob oed
  approved school, ysgol warchod
  area school, ysgol ardal
  bilateral school, ysgol ddwyochrog
  boarding school, ysgol breswyl
  British school, ysgol Frutanaidd;
    ysgol Brydeinig
  catering school, ysgol arlwyaeth
  central school, ysgol ganolog
  charity school, ysgol elusennol
  circulating school, ysgol
    gylchynnol
  co-educational school, ysgol
    gydaddysgol; ysgol ddeuryw
  comprehensive school, ysgol
    gyfun
  continuation school, ysgol
    estynnol
  controlled school, ysgol reoledig
  council school, ysgol gyngor
  county school, ysgol sir
  dame school, ysgol fones
  direct grant school, ysgol grant
    union
  endowed school, ysgol waddoledig
  evening school, ysgol nos
  grammar school, ysgol ramadeg
  higher grade school, ysgol radd
    uwch
  high school, uwchysgol; ysgol
    uwch
  hospital school, ysgol ysbyty
  independent school, ysgol
    annibynnol
  infants' school, ysgol plant bach
  intermediate school, ysgol
    ganolradd
  junior agricultural school, ysgol
    amaethyddol gyntaf
  junior high school, uwchysgol
    iau
  junior school, ysgol plant iau
  junior technical school, ysgol
    dechnegol gyntaf
  middle school, ysgol ganol
  mixed school, ysgol gymysg
  monitorial school, ysgol
    fonitoraidd
  multilateral school, ysgol
    amlochrog
  national school, ysgol
    genedlaethol
  non-provided school, ysgol
    ddiddarpariaeth
  nursery school, ysgol feithrin
  primary school, ysgol gynradd
  public school, ysgol freiniol;
    ysgol fonedd
  reformatory school, ysgol ddiwygio
  school of industry, ysgol
    ddiwydiant
  Schools' Council, *nm*, Cyngor
    Ysgolion
  secondary school, ysgol uwchradd
  senior high school, uwchysgol
    hŷn
  senior school, ysgol plant hŷn
  single sex school, ysgol un rhyw
  special agreement school, ysgol
    wirfoddol dan gytundeb
    arbennig
  special school, ysgol arbennig
  state school, ysgol y wladwriaeth
  technical school, ysgol dechnegol
  tertiary school, ysgol drydyddol
  trade school, ysgol grefft
  two sex school, ysgol ddeuryw
  works' schools, ysgolion gweithiau

schoolman, *nm*, ysgolwr
science, *nmf*, gwyddoniaeth; gwyddor
  rural science, gwyddor gwlad
scientology, *nmf*, gwyddoneg
scientologist, *nm*, gwyddonegwr
scintillate, *v*, ffachennu
scion, *nm*, scion
scissors, *nm*, siswrn
  button-hole scissors, siswrn twll botwm
  cutting out scissors, siswrn torri allan
  embroidery scissors, siswrn brodwaith
  pinking scissors, siswrn igamogam; siswrn pincio
  scissors cross, *nf*, croes siswrn
  scissors movement, *nm*, symudiad siswrn
  scissors stage, *nmf*, llwyfan siswrn
sclerenchyma, *nm*, sglerencyma
scleroprotein, *nm*, sgleroprotein
scleroscope, *nm*, sglerosgop
sclerosis, *nm*, calediad; sglerosis
scolex, *nm*, sgolecs
scone, *nf*, sgon
scoop, *nm*, sgŵp; *v*, sgwpio
scooter, *nm*, sgwter
scorch, *v*, deifio; rhuddo
score, *nf*, sgôr; *v*, sgori; sgorio
  full-scale score, sgôr raddfa lawn
  full score, sgôr lawn
  non-verbal score, sgôr (prawf) di-eiriau
  open score, sgôr agored
  prorated score, sgôr gyfradd
  raw score, sgôr grai
  scaled score, sgôr raddedig
  score board, *nm*, bwrdd sgôr
  score sheet, *nf*, taflen sgorio
  short score, sgôr fer
  standard score, sgôr safonol
  verbal score, sgôr (prawf) geiriol
scorer, *nm*, cyfrifwr; sgorwr
scorn, *nm*, gwawd; *nf*, gwawdiaeth; *v*, gwawdio
scorper, *nm*, sgorper
scorpion, *nm*, sgorpion
Scotch egg, *nm*, ŵy Sgotyn
scotia, *nm*, sgotia
Scotland, Sgotland; Yr Alban
scour, *nm*, sgwriad; *v*, sgwrio; ysgothi
  tidal scour, *nm*, sgwriad y llanw
  white scour, *nm*, ysgothi gwyn
scout, *nm*, sgowt
scrag end, *nm*, sgrag
scrambled, *a*, tameidiog
  scrambled egg, *nm*, ŵy sgrambl; ceulwy; cymysgwy
scrap, *a*, sgrap
  scrap metal, *nm*, metel sgrap
scrapbook, *nm*, llyfr manion; llyfr sgrap; llyfr lloffion
scrape, *v*, crafu; sgrafellu
scraper, *nm*, crafwr; *nf*, sgrafell
  scraper plane, *nm*, plaen crafu
scraperboard, *nm*, sgrafwrdd
scratch, *nm*, crafiad
  scratch brush, *nm*, brws crafu
  scratch stock, *nm*, crafwr addurn
scree, *nm*, sgri
screen, *nf*, sgrîn; *v*, didoli
  glass beaded screen, sgrîn gleiniau gwydr
  parclose screen, sgrîn barclos
  portable screen, sgrîn gludadwy
  rear projection screen, sgrîn oldaflunio
  rood screen, *nf*, croglen; sgrîn y grog
  screen filter, *nm*, llanwad; llenwydd
  silver grey screen, sgrîn arianlwyd
screw, *nf*, sgriw; *v*, sgriwio
  Allen screw, sgriw Allen
  cheese head screw, sgriw bencosyn
  coach screw, sgriw coets; sgriw wagen
  countersunk screw, sgriw wrthsodd; sgriw benwastad
  drunken screw, sgriw chwil
  grub screw, sgriw ddigopa
  hexagonal screw, sgriw hecsagonal
  lead screw, sgriw dywys
  raised head screw, sgriw gopog; sgriw benuchel
  round head screw, sgriw bengron
  screw binder, *nm*, rhwymyn sgriw

screw cutting, *v*, llunio edau; torri edau
screw pitch gauge, *nm*, medrydd pits sgriw
screw plate, plat sgriwio
secret screwing, *v*, sgriwio cudd
socket screw, sgriw soced
square head screw, sgriw bensgwar
stage screw, sgriw llwyfan
tie-off screw, sgriw cwlwm
wood screw, sgriw pren
wooden screw, sgriw bren
screwdriver, *nm*, sgriwdreifer; *nm*, tyrnsgriw
scribe, *v*, ysgrifellu; sgrifellu
scribing block, *nm*, medrydd arwyneb
scribing gouge, *nf*, gaing gau wyneb
scriber, *nf*, ysgrifell; sgrifell (offeryn); *nm*, sgrifellwr (person)
scrip, *nm*, sgrip
script, *nf*, sgript
scrivener, *nm*, ysgrifner; sgrifner
scroll, *nm*, sgrôl
anvil horn scroll, heyrn sgrôl
scroll moulding, *nm*, mowldin sgrôl
scroll tool, *nm*, erfyn sgrôl
scroll wrench, *nm*, tyndro sgrôl
scrotum, *nm*, sgrotwm; pwrs
scrub, *nm*, prysg; *v*, sgrwbio
mallee scrub, prysg *mallee*
mulga scrub, prysg mwlga
scrubland, *nm*, tir prysg
scrum, *nf*, sgrym
loose scrum, sgrym rydd
set scrum, sgrym osod
scrutineer, *nm*, archwiliwr
scrutiny, *nm*, archwiliad
scull, *nm*, sgwl; *v*, rhodli; sgwlio
double scull, sgwl dwbl
draw stroke, i droi
for support, i ymgynnal
single scull, sgwl
sculpture, *nf*, cerfluniaeth; *nm*, cerflunwaith
equiposed sculpture, cerfluniaeth gytbwys
sculpturesque, *a*, cerflunaidd

scumble, *nm*, sgwmbl; *v*, sgymblo
scurvy, *nm*, clefri poeth; llwg
scutage, *nf*, ysgwtreth
scutellum, *nm*, sgwtelwm
sea, *nm*, môr
Black Sea, Môr Du
Caribbean Sea, Môr Ceribi
Dead Sea, Y Môr Marw
high sea, cefnfor
Irish Sea, Môr Iwerddon
Mediterranean Sea, Y Môr Canoldir
North Sea, Môr Tawch
Red Sea, Y Môr Coch
sea lane, *nm*, llwybr y môr; môrlwybr
sea level, *nf*, lefel môr
sea urchin, *nmf*, draenog môr
sea-angling, *v*, môr-enweirio
seacoast erosion, *nm*, erydiad morlan; erydiad arfordir
seagrass, *np*, moresg; morwellt
dyed seagrass, morwellt llifedig
seagrass mats, *np*, matiau moresg
sea-horse, *nm*, morfarch
seal, *nm*, morlo; *nmf*, selnod
seal of company, selnod cwmni
seam, *nm*, gwrym; *nf*, gwythïen; haen; sêm; *v*, trosbwytho
doubled folded seam, sêm ddeublyg
felled seam, sêm ffel
flannel seam, sêm wlanen
folded seam, sêm blyg
French seam, sêm Ffrengig
open seam, sêm agored
overlaid seam, sêm ffel
piped seams, *np*, semau peip
run and fell seam, sêm rhedeg a ffelio
seam allowance, *nm*, lwfans sêm
seam binding, *nm*, beindin sêm
seam finishes, *np*, gorffeniadau sêm
seam sett, *nf*, set sêm
seaming tool, *nm*, erfyn semio
single seam, sêm sengl
slot seams, *np*, semau slot
whipped seam, sêm chwipio
seamed, *a*, gwrymiog
seance, *nm*, seawns

semi-mounted, *a,* hanner-gosod
semi-permanent, *a,* hanner-arhosol
  semi-permanent set, *nm,* gosodiad hanner arhosol
semi-permeable, *a,* lled-athraidd
semiquaver, *nm,* hanner-cwafer
semitone, *nf,* hanner-tôn
  diatonic semitone, hanner-tôn ddiatonig
semi-vertical, *a,* semi-fertigol
semolina, *nm,* semolina
send, *v,* anfon
  send off, anfon o'r cae
seneschal, *nm,* synysgal
senior, *a,* uwch
seniority, *nf,* henoriaeth
sensation, *nm,* synhwyriad
sensationalism, *nf,* synwyriadaeth
sense, *nm,* synnwyr; *nmf,* ystyr; *v,* synhwyro
  sense of humour, synnwyr digrifwch
sense-experience, *nm,* profiad synwyriadol
sense-organ, *nmf,* organ synhwyro
sense-perception, *nf,* canfyddiad synwyriadol
sensibility, *nm,* synwyriadrwydd
sensible, *a,* synwyriadwy; synhwyrol
  sensible qualities, *np,* ansoddau synwyriadwy
sensitive, *a,* manwl; sensitif
  sensitive feed, *nm,* porthiant sensitif
  sensitive machines, *np,* peiriannau manwl
sensitivity, *nm,* sensitifedd; teimladrwydd
sensory, *a,* synhwyraidd; synhwyro
  sensory nerve, *nm,* nerf synhwyro
  sensory world, *nm,* byd synhwyraidd
  sensory-motor, *a,* synhwyraidd-ymudol
    sensory-motor action, ymudo synhwyraidd
sensual, *a,* chwantus
sensuous, *a,* synhwyrus
sentence, *nf,* dedfryd; brawddeg; *v,* dedfrydu
  remission of sentence, lleihau'r gosb; dileu'r gosb
  suspended sentence, dedfryd ataliedig; dedfryd ohiriedig
sentiment, *nm,* sentiment; synfen
sentimentalism, *nf,* sentimentaliaeth; *nm,* sentimentalrwydd
sentinence, *nm,* syniant
sentry-walk, *nf,* rhodfa'r gwyliwr
sepal, *nm,* sepal
separable, *a,* gwahanadwy
separate, *v,* didoli
separates, *np,* gwahanion
separation, *nm,* gwahaniad
separatism, *nf,* ymwahaniaeth
separist, *nm,* ymwahanwr
septicaemia, *nm,* gwenwyniad gwaed
Septuagint, *nm,* Y Deg a Thrigain
septum, *nm,* septwm
sequence, *nm,* dilyniant; rhediad; *nf,* gradd; olyniaeth; trefn
  correct sequence, trefn gywir
  real sequence, dilyniant gwir
  tonal sequence, dilyniant tonaidd
sequester, *v,* gorfodogi
sequestor, *nm,* gorfodogwr
sequestration, *nf,* gorfodogaeth
sequestrum, *nm,* secwestrwm
sequin, *nm,* secwin
septic, *a,* septig
serac, *nm,* serac
sere, *nm,* ser
serenade, *nf,* nosgan; serenâd
sergeant, *nm,* sarsiant
  sergeant at arms, sarsiant wrth arfau
  sergeant at law, sarsiant wrth gyfraith
sergeant-major, *nm,* uwch sarsiant
serial, *nf,* cyfres
seriation, *nm,* cyfresiad
sericulture, *nf,* sidaniaeth
series, *nf,* cyfres
serous, *a,* serus
serpent, *nf,* sarff
serpentine, *a,* dolennog; serpentin; *nf,* sarff
  serpentine front, *nm,* blaen dolennog
serrated, *a,* danheddog
serum, *nm,* serwm

serve, *nm*, serfiad; *v*, serfio
server, *nm*, serfiwr
service, *nf*, gwasanaeth; *nm*, serfiad; *v*, gwasanaethu
  cannon ball service, serfiad cannon
  let service, serfiad let
  Public Transport Services, *np*, Gwasanaethau Cludiant Cyhoeddus
  service centre, *nf*, canolfan wasanaeth
  service tenancy, *nf*, tenantiaeth swydd
  service pipe, *nf*, peipen gyswllt
  service road, *nf*, ffordd wasanaeth
  servicing industry, *nm*, diwydiant gwasanaethu
  short service, serfiad byr
  Youth Service, Gwasanaeth Ieuenctid
serviette, *nm*, napcyn
serving dishes, *np*, llestri gweini
sesquioxide, *nm*, sescwiocsid
sessile, *a*, sesil
session, *nf*, blwyddyn golegol; blwyddyn ysgol; *nm*, eisteddiad; sesiwn
set, *nm*, casgliad; *nf*, set; *v*, gosod; setio
  building set, set adeiladu
  cleaning set, set lanhau
  combination set, set gyfunol
  cooking set, set goginio
  curtain set, set lenni
  freight train set, set trên nwyddau
  laundry set, set olchi
  null set, set wag
  open set, set agored
  set back to the wall, *v*, gosod i'r mur
  set of punched cards, set o gardiau pwnsiedig
  set of sails, set o liain
  set waters, set dyfroedd
  solution set, set datrysiad
  super set, uwch set
  tea set, set o lestri te
  touring set, set deithiol
  universal set, set gynhwysol
set-square, *nm*, sgwaryn

seton, *nm*, setwn
sett, *nf*, set
setting, *nm*, gosodiad; lleoliad; *nf*, set
  indoor setting, set fewnol
  setting line, *nm*, lein gosodiad
settle, *v*, anheddu; setlo
settling day, *nm*, dydd setlo
settled, *a*, setledig
settlement, *nmf*, annedd; *nf*, anheddfa; *nm*, anheddiad; setliad
  distribution of settlements, *nm*, dosbarthiad anheddau
  nucleated settlement pattern, *nm*, patrwm anheddu clwm
  scattered settlement pattern, *nm*, patrwm anheddu gwasgarog
  settlement pattern, *nm*, patrwm anheddiad; patrwm anheddu
settler, *nm*, anheddwr
settlor, *nm*, setlwr
seven-a-side, saith bob ochr
seven movements in ballet, *nm*, saith symudiad mewn bale
sever, *v*, torri
severally, *ad*, bob yn un
  severally against you, yn eich erbyn chwi, bob un ohonoch
severance, *nm*, holltiad
severe, *a*, caled
sew, *v*, gwnïo
  plain sewing, *v*, gwnïo plaen
  sewing process, *nf*, proses gwnïo
sewage, *np*, carthion
sewage work, *nm*, gwaith carthion
sewer, *nf*, carthffos
sewin, *nm*, gleisiad; gwyniedyn; penllwyd; sewin
sewing machine, *nm*, peiriant gwnïo; *nf*, injan wnïo
  sewing machine attachments, *np*, atodion y peiriant gwnïo
  binder, *nf*, beindell
  hemmer, *nf*, hemell
  piper, *nf*, peipell
  quilter, *nf*, cwiltell
  ruffler, *nf*, ryfflell
sex, *nf*, rhyw
  heterogametic sex, rhyw heterogametig
  sex linkage, *nm*, cysylltedd rhyw

sexagesimal, *a,* secsagesimal; *nm,* secsagesimal
sex-chromosome, *nm,* cromosom rhyw
sex-determination, *nf,* penderfynaeth rhyw
sex education, *nf,* addysg rhyw
sex-role, *nf,* rôl rhyw
sextant, *nm,* secstant
sextet, *nm,* chwechawd
sextic, *a,* secstig; *nm,* secstig
sexton, *nm,* clochydd
sexual, *a,* rhywiol
  sexual intercourse, *nf,* cyfathrach rywiol
  sexual reproduction, *nm,* atgynhyrchiad rhywiol
  sexual selection, *nm,* detholiad rhywiol
sexuality, *nm,* rhywioledd
sforzando, *a, sforzando; nm, sforzando*
sgraffito, *nm,* sgraffito
shackle. *nm,* gefyn
shade, *nm,* arlliw; cysgod; *nf,* gwawr; *v,* arlliwio; graddliwio
  light and shade, tywyll a golau
shadow, *nm,* cysgod
  shadow show, *nf,* sioe gysgod
  shadow work, *nm,* cysgodwaith
shaft, *nf,* gwerthyd; *nm,* paladr; *nf,* siafft
  flexible shaft, siafft hyblyg
shake, *nmf,* hollt; *v,* siglo; ysgwyd
shale, *nm,* siâl
shallot, *nm,* sialotsyn
shallow, *a,* bas; *nm,* basddŵr
shampoo, *nm,* siampŵ
shank, *nmf,* garan
shape, *nf,* ffurf; siâp; *nmf,* ystum; *v,* llunio; siapio
shaper, *nm,* peiriant llunio
share, *nf,* cyfran; rhan; *v,* cydrannu; rhannu
  convert shares, *v,* arnewid cyfrannau
  cumulative preference shares, blaen-gyfrannau cronnol
  deferred shares, cyfrannau gohiriedig
  founders' shares, cyfrannau sefydlwyr
  ordinary shares, cyfrannau cyffredin
  paid up shares, cyfrannau llawndal
  participating preference shares, blaen-gyfrannau cyfrannog
  preference shares, cyfrannau blaen; blaen-gyfrannau
  share certificate, *nf,* tystysgrif cyfrannau
shareholder, *nm,* cyfranddaliwr
  share washing, *v,* golchi cyfrannau
sharp, *a,* llym; *nm,* llonnod
  sharp edged, *a,* awchlym
sharpen, *v,* awchu; hogi; minio
  sharpening bevel, *nm,* befel hogi; befel minio
sharpener, *nf,* minell; *nm,* minydd
shatter, *v,* dryllio
  shatter belt, *nm,* strimyn dryllio
  shatter zone, *nf,* cylchfa ddryllio
shavings, *np,* naddion
shawl, *nf,* siôl
sheaf, *nf,* ysgub
shear, *nm,* croesrym; *v,* cneifio; croeswasgu; croesrwygo; llafnu; siero
  shearing machine, *nm,* peiriant llafnu; peiriant cneifio
  shearing stress, *nm,* diriant croesrym
shearling, *nm,* croen un cnu
shears, *nm,* gwellaif
  pinking shears, gwellaif pincio
sheath, *nf,* gwain
  contraceptive sheath, *nf,* maneg atal cenhedlu
shed, *v,* parthu
sheep, *nm,* dafad
  oestrum sheep, dafad yn myharenna; dafad yn rhydio
  sheep-dipping, *v,* trochi defaid
sheepfold, *nf,* corlan
sheepskin, *nm,* croen dafad
  chrome tanned sheepskin, croen dafad crôm gywair
sheepwalk, *nf,* ffridd; *nm,* cynefin; defeidiog

sheet, *nm*, cynfas; lliain; *nf*, dalen; llen; taflen
  news sheet, taflen newyddion
  sheet metalwork, gwaith llenfetel
  time sheet, dalen amser
  work sheet, taflen gwaith
shelf, *nf*, astell; sgrafell; silff
  book shelf, astell lyfrau
  mantel shelf, silff fantel
shell, *nf*, cragen; *nm*, masgl; plisgyn
  egg shell, masgl ŵy
  shell edging, *nm*, ymylwaith cragen
  shell fish, *np*, pysgod cregin
shellac, *nm*, sielac
shelter, *nm*, clydwr; *nf*, cysgodfa
shepherd's pie, *nf*, pastai'r bugail
sherardize, *v*, sierardeiddio
sheriff, *nm*, siryf
sherry, *nm*, sieri
shield, *nf*, tarian; *nm*, tariandir
  Canadian shield, tariandir Canada
  gum shield, tarian geg
shift, *nmf*, sifft
shilling, *nm*, swllt
  ten shillings, *nm*, degswllt; *nmf*, chweugain
shim, *nm*, sim
shin, *nf*, coes las; shin
shine, *nm*, sglein; *v*, sgleinio
shingle, *nf*, estyllen do; *np*, graean bras; *nf*, peithynen
ship, *nf*, llong; *v*, llongiadu; llongio
  ship money, *nf*, treth llong
  shipping agency, *nf*, asiantaeth llongau
  shipping agent, *nm*, asiant llongau
  ships chandler, *nm*, cyweiriwr llongau
  ship yard, *nf*, iard llongau
shipper, *nm*, llongiadwr
shirr, *v*, cygrychu
shirt, *nm*, crys
  shirt waister blouse, *nf*, blows wasgrys
shiver, *nm*, achryd; cryndod; ysgryd; *v*, crynu
shock, *nm*, sioc; ysgytwad
  shock absorber, *nm*, sioc laddydd
shoddy, *nm*, brethyn eilban

shoe, *nf*, esgid
shoot, *nm*, impyn; *v*, saethu
  flight shooting, saethu pell
shop, *nm*, gweithdy; *nf*, siop
  antique shop, siop henbethau
  bucket shop, siop fwced
  chain shop, siop gadwyn
  closed shop, siop gaeëdig
  hairdressing shop, siop trin gwallt
  machine shop, gweithdy'r peiriannydd; siop beiriannau
  machine shop engineering, *nf*, peirianneg y gweithdy
  pawn shop, siop wystlo
  self-service shop, siop helpu'ch hunan
  shop front level, *nf*, lefel ffrynt siopau
shoplifter, *nm*, siopleidr
shoplifting, *nm*, siopladrad
shore, *nf*, ateg; *nm*, traeth; *nf*, glan
  dead shore, ateg fanwl
  flying shore, ateg fwa
  lower shore, traeth isaf
  middle shore, traeth canol
  raking shore, ateg ogwydd
  upper shore, traeth uchaf
shoreline, *nf*, traethlin
  compound shoreline, traethlin gyfansawdd
  lake shoreline, traethlin llyn
shorten, *v*, byrhau; cwtogi
shortbread, *nf*, teisen Aberffro; bara byr
shorthand, *a*, llawfer; *nf*, llawfer
shortness, *nm*, breuder
  red shortness, poeth freuder
shorts, *nm*, trowsus byr; *np*, siorts
shortsightedness, *nmf*, golwg byr
short-stop, *nm*, ataliwr
short-term, *a*, byrgyfnod
shot, *nm*, ergyd
  drop shot, ergyd pwt
  foul shot, cam ergyd
  smash shot, *nm*, pwyad
  wood shot, *nm*, taro'r pren
shott, *nm*, siot
shoulder, *nf*, palfais; ysbawd; ysgwydd; *v*, ysgwydda

shoulder-blade, *nm,* asgwrn yr ysgwydd; sgapwla
shoulder galls, *nm,* dolur ysgwydd
shoulder line, *nf,* llinell ysgwydd
shovel, *nf,* rhaw; *v,* rhofio
show, *nf,* sioe
  leg show, sioe goesau
  song and dance show, sioe ddawns a chân
shower-bath, *nm,* bath cawod; cawoden
showers, *np,* cawodydd
show-girl, *nf,* pisyn; sioe-ferch
showroom, *nf,* ystafell ddangos
  wholesale showroom, ystafell ddangos cyfanwerthwr
shred, *v,* carpio; cynhinio
  shredded wheat, *np,* carpion gwenith; cynhinion gwenith
Shrewsbury, Amwythig
shrievality, *nf,* siryfiaeth
shrimp, *nm,* berdasen; berdysyn
shrine, *nf,* creirfa; cysegrfa
shrink, *v,* culhau; rhybannu; tynnu ato
  shrink fit, *v,* ffitio poeth
  shrink resistant material, *nm,* deunydd gwrthrybannu
shrinkage, *nm,* culhad
shroud, *nm,* amdo; *nf,* rhaff mast
shrub, *np,* prysgwydd; *nm,* prysgyn
shunt, *nm,* siynt; *v,* siwntio
shut, *v,* cau
shuttering, *nm,* caeëdydd; *v,* caeadu
shuttle, *nf,* gwennol
shuttlecock, *nf,* gwennol
shy, *v,* rhusio
shyness, *nm,* swildod
sibling, *nm,* sibling
siccative, *nm,* sychydd
side, *nf,* ochr; *nm,* tu; *v,* ochri
  downhill side, ochr waered
  downthrow side, ochr syrthiedig
  leeward side, tu clytaf
  side elevation, ochr-ddrychiad; ochr olwg
  side (of bed), *nmf,* erchwyn
  upthrow side, ochr esgynedig
  wrong side, tu chwith; tu chwithig
sideboard, *nf,* seld; *nm,* seldfwrdd
sidebone, *nm,* esgyrniad y traed
sidecar, *nm,* cytgar
sided, *a,* ochrog
  lop sided, unochrog
sides, *np,* dalennau part (*Th*)
sidesman, *nm,* ystlyswr
side-step, *nm,* osgam; *v,* osgamu; mogamu
side-stroke, *v,* nofio ar yr ochr
sideways-upwards, *ad,* i'r ochr ac i fyny
siege, *nm,* gwarchae; *v,* gwarchae
sierra, *nm,* sierra
siesta, *nm,* siesta
sieve, *nm,* gogr; rhidyll; *v,* gogrwn; rhidyllio
  hair sieve, gogr rawn
  wire sieve, gogr weiren
sieve-plate, *nm,* plat hidl
sieve-tube, *nm,* tiwb hidl
sight, *nmf,* golwg
  at sight, ar olwg
  far sight, golwg hir
  near sight, golwg byr
sight-line, *nf,* lein weld
sign, *nmf,* arwydd; *v,* arwyddo; torri enw; llofnodi
  sign support, *nf,* ffrâm arwyddion
signal, *nm,* signal
signatory, *nm,* arwyddwr; llofnodwr
signature, *nm,* llofnod; arwyddiant
significance, *nm,* arwyddocâd
  test of significance, *nm,* prawf arwyddocâd
significant, *a,* arwyddocaol
  significant difference, *nm,* gwahaniaeth arwyddocaol
  significant form, *nf,* ffurf arwyddocaol
signum, *nm,* signwm
silage, *nm,* silwair
silencer, *nm,* tawelydd
silent, *a,* distaw
silhouette, *nm,* silŵet
silica, *nm,* silica
silicate, *nm,* silicad
silicon, *nm,* silicon
silicula, *nm,* silicwla
siliqua, *nm,* silicwa
silk, *nm,* sidan
  artificial silk, sidan artiffisial; sidan gwneud
  lacquered silk, sidan lacer

sill, *nm*, sil
sill-iron, *nm*, sil
sill-rail, *nf*, rheilen sil
silt, *nm*, silt; *v*, siltio
Silurian, *a*, Silwraidd
silver, *a*, arian; *nm*, arian; *np*,
  arian gleision; arian gwynion
silver plate, *nm*, plat arian
silver point technique,
  nf, techneg pwynt arian
silver solder, *nm*, sodr arian
silver steel, *nm*, dur arian
silversmith, *nm*, gof arian
similar, *a*, cyflun
similarity, *nm*, cyflunedd
similitude, *nm*, cyfluniant
  centre of similitude, *nm*, pwynt cyfluniant
simmer, *v*, mudferwi
simonist, *nm*, simonwr
simony, *nf*, simoniaeth
simoom, *nm*, simwm
simple, *a*, syml
simplification, *nm*, symleiddiad
simplified, *a*, symledig
simplify, *v*, symleiddio
simulator, *nm*, efelychydd
simultaneity, *nf*, cyfamseroldeb
simultaneous, *a*, cydamserol; cydfodol
  simultaneous equation,
    nm, hafaliad cydamserol
sine, *nm*, sein
sinew, *nm*, gewyn; giewyn
singe, *v*, deifio
  singeing lamp, *nf*, lamp ddeifio
singer, *nm*, canwr; cantwr; cantor; *nf*, cantores
single, *a*, sengl
  single balance bar, *nf*, styllen gydbwyso sengl
singles, *np*, senglau
single-valued, *a*, unwerth
singular, *a*, hynod; unigol
singularity, *nm*, hynodyn; hynodedd
sinh, *nm*, sinh
sink, *nm*, sinc; suddiant
sinter, *nm*, sinter; *v*, sinteru
sinus, *nm*, sinws
sinusoid, *nm*, sinwsoid
siphon, *nm*, siffon
sirloin, *nm*, syrlwyn; arlwyn; arlwyngig
sirocco, *nm*, siroco
sit, *v*, eistedd
sit in, aros mewn
sit on their hands, eistedd ar eu dwylo
site, *nm*, safle
  bombed site, safle bomiedig
  development site, safle datblygu
situation, *nf*, sefyllfa
sixmo, *nm*, sicsmo
size, *nm*, maint
skate, *nm*, llithredydd; *v*, llithredeg
skater, *nm*, llithredwr; sgetwr
skein, *nm*, sgein
skep, *nm*, sgep
skerry, *nm*, sgeri
skerry-guard, *nm*, sgerigard
sketch, *nm*, braslun; *nf*, sgets; *v*, braslunio
  field sketch, braslun maes
skew, *a*, sgiw; *nf*, sgiw
  negative skew, sgiw negatif
  positive skew, sgiw bositif
  skew line, *nf*, llinell sgiw
skewer, *nm*, sgiwer
skewness, *nm*, gŵyrgamedd; sgiwedd
ski, *v*, sgïo
  ski slope, *nm*, llechwedd sgïo
skilful, *a*, medrus; sgilgar
skill, *nm*, medr
  manipulative skill, medr deheurwydd llaw
skilled, *a*, crefftus
  highly skilled, tra chrefftus
  semi skilled, lled grefftus
skim milk, *nm*, llaeth sgim
skin, *nm*, croen
  calf skin, croen llo
skin-graft, *v*, impio croen
skip, *v*, sgipio; neidio trwy'r cortyn
skirt, *nf*, sgert; sgyrt
  circular skirt, sgert gylch
  culotte skirt, sgert *culotte*
skit, *nf*, sgit
skittle, *nm*, ceilysyn
skiver, *nm*, sgifer
skull, *nf*, penglog
sky, *nf*, awyr; *v*, awyru
  chaotic sky, awyr aflun

overcast sky, awyr benddu; awyr goprog
sky-batten, *nf,* astell gefn
skycloth, *nf,* nenlen
skylight, *nf,* ffenestr do
sky-line, *nm,* trumwel
skyscraper, *nm,* adeilad brigentrych; entrychdy
slab, *nm,* slab
slack, *nm,* glo mân; llac; llacrwydd
  dune slack, *nm,* slac tywyn
slacken, *v,* llacio
slacks, *np,* slacs; slacion
slag, *nm,* slag
slander, *nm,* athrod
slanderous, *a,* athrodus
slant, *nm,* goledd; *v,* goleddu
  slant edge, *nmf,* ymyl oledd
  slant height, *nm,* uchder goleddol
slapstick, *nm,* act slap
slash, *nm,* slaes; *v,* slaesio; slaesu
  slash sawn, *a,* tangiadlifiol
slate, *nf,* llechen
Slav, *nm,* Slav
slay, *v,* lladd
sledge, *nm,* car llusg
sleep, *nm,* cwsg; *v,* cysgu
  sleep learning, cwsg-ddysgu
sleet, *nm,* eirlaw
sleeve, *nf,* llawes
  bishop sleeve, llawes esgob
  cap sleeve, llawes gap
  dolman sleeve, llawes ddolman
  leg of mutton sleeve, llawes goes dafad
  magyar sleeve, llawes magyar
  raglan sleeve, llawes raglan
  set in a sleeve, *v,* gosod llawes
  set-in sleeve, llawes osod
  short sleeve, llawes fer
  sleeve board, *nm,* bwrdd llawes; slibord
  sleeve length, *nm,* hyd y llawes
  three-quarter sleeve, llawes dri-chwarter
slice, *nf,* crafell; llwyarn; rhaw dân; sleis; sleisen; tafell; *v,* sleisio
  fish slice, sleis bysgod
slickenside, *nf,* llyfnochr
slide, *nm,* sleid; *v,* llithro; symud
  sliding seat, *nf,* sêt symudol
  sliding stage, *nmf,* llwyfan lithr

slime, *nm,* llwtra; llysnafedd
sling, *nf,* sling
slip, *a,* slip; *nm,* slip; *v,* slipio
  compliment slip, slip cyfarchion
  paying in slip, mewnslip
  second slip, ail slip
  slip gauge, *nm,* medrydd slip
  slip seat, *nf,* sedd ddiod; sedd slip
  slip stone, *nf,* carreg hogi gau; *nm,* hôn gau
slip-knot, *nm,* cwlwm rhedeg
slipway, *nf,* llithrfa; slipwe
slit, *nf,* hollten; slit; *v,* holltennu
sloop, *nm,* slŵp
slope, *nm,* goledd; *nf,* llethr; *nm,* llechwedd; *v,* llechweddu
  break of slope, *nm,* tor llechwedd
  concave slope, llethr geugrwm
  constant slope, llethr gyson
  convex slope, llethr amgrwm
  free slope, llethr rydd
  gentle slope, llethr esmwyth
  gently rounded slope, llethr esmwyth grwn
  scarp slope, llechwedd sgarp
  slip-off slope, llethr slip
  steep slope, llethr serth
  waning slope, llethr giliol
  wash slope, golch lethr
  waxing slope, llethr gynyddol
slot, *nf,* agen; *nm,* agoriad; slot; *v,* agennu
  T slot, agoriad T; slot T
slough, *v,* bwrw croen
slug, *nm,* slyg; *nf,* malwoden
slump, *nm,* llithrad; slwmp; *v,* llithro
  industrial slump, slwmp diwydiannol
  slump of land, llithrad tir
slur, *nf,* cyflusg; *nm,* llithriad
small, *a,* bach
  microscopically small, microsgopig o fach
smallpox, *nf,* brech wen
smelt, *v,* smeltio
smelter, *nm,* smelter
smock, *nf,* smoc
smocking, *nm,* smocwaith
  cable smocking, smocwaith cebl

feather smocking, smocwaith pluen
honeycomb smocking, smocwaith crwybr
trellis smocking, smocwaith dellt
vandyke smocking, smocwaith Vandyke
smog, *nm,* smog
smoke, *nm,* mwg; *v,* mygu
  smoke control area, *nm,* rhanbarth rheoli mwg
smoked salmon, *nm,* eog mwg; samon mwg
smooth, *a,* llyfn; *v,* llyfnhau; llyfnu
  smoothing plane, *nm,* plaen llyfnhau
smoother, *nm,* llyfnwr
smother, *v,* mygu
smuggling, *nm,* smyglo
snack, *nf,* cegan; *nm,* snac; byrbryd; tameidyn
  snack bar, *nm,* bar ceganau; bar tamaid a llwnc; snacbar
snackery, *nf,* ceganfa; *nm,* snacri
snail, *nf,* malwen
  snail trail, *nm,* llwybr malwen
snake, *nf,* neidr; sarff
  snakes and ladders, sarff ac ysgol
snap, *nf,* clec
snaplink, *nm,* clesbyn
snarl, *v,* cafflu
  snarling iron, *nm,* haearn cafflo
snatch, *v,* cipio
snip, *nm,* snip
snips, *nm,* snipydd
  curved snips, snipydd crwn
  straight snips, snipydd syth
snow, *nm,* eira
snow-cradle, *nm,* crud eira
snowfield, *nm,* maes eira
snow-glasses, *nf,* sbectol eira
snow-line, *nf,* eirlin; llinell eira
soak, *v,* mwydo
soap, *nm,* sebon
  liquid soap, sebon hylif
  soap flakes, *np,* ffflochion sebon
  soap over, *v,* rhwbio sebon; sebonio
  synthetic soap, sebon synthetig
socage, *nf,* socaeth
sociability, *nm,* cymdeithasgarwch

social, *a,* cymdeithasol
social age, *nm,* oed cymdeithasol
social amenity, *nm,* amwynder cymdeithasol
social class, *nm,* dosbarth cymdeithasol
social distance, *nm,* pellter cymdeithasol
social drama, *nf,* d. realaidd; d. gymdeithasol; d. sosialaidd
social mobility, *nm,* symudoledd cymdeithasol
social psychology, *nmf,* seicoleg gymdeithasol
social studies, *np,* astudiaethau cymdeithasol
socialism, *nf,* sosialaeth
socialist, *a,* sosialaidd; *nm,* Sosialydd
socialize, *v,* cymdeithasoli
society, *nf,* cymdeithas
sociolinguistics, *nf,* ieithyddiaeth gymdeithasol
sociology, *nmf,* cymdeithaseg
sociometry, *nmf,* sociometreg
sock, *nf,* socsen
socket, *nm,* soced
  drill socket, soced dril
soda, *nm,* soda
  soda water, *nm,* dŵr soda
sodium, *nm,* sodiwm
  sodium hydrogen carbonate, *nm,* sodiwm hydrogen carbonad
sodomy, *nf,* sodomiaeth
soffit, *nm,* bondo; soffit
soft, *a,* meddal
soft drinks, *np,* diodydd gwan
soften, *v,* meddalu
softener, *nm,* meddalydd
softwood, *nm,* pren meddal
soil, *nm,* pridd; *v,* baeddu
  acidic soil, pridd asidig
  alkaline soil, pridd alcalinaidd
  arid soil, pridd cras
  azonal soil, pridd anghylchfaol
  blown soil, hedbridd
  chestnut soil, pridd castan
  dusty soil, pridd llychog
  floury soil, pridd blodiog
  forest soil, fforestbridd
  gley soil, pridd glei
  intrazonal soil, pridd cydgylchfaol

meadow soil, dolbridd
mountain soil, pridd mynydd
organic soil, pridd organig
pasty soil, pridd pastog
podsolic soil, pridd podsolig
powdery soil, pridd powdrog
prairie soil, peithbridd
saline soil, pridd halwynog
semi-arid soil, pridd lletgras
skeletal soil, pridd crai
soil creep, *nm*, ymgripiad pridd
soil erosion, *nm*, erydiad pridd
soil horizon, *nm*, haenlun pridd; *nf*, haen o bridd
soil mantle, *nf*, mantell bridd
soil profile, *nm*, proffil pridd
soil structure, *nf*, adeiliaeth y pridd; *nm*, adeiladwaith y pridd
soil texture, *nm*, gweadedd y pridd
steppe soil, pridd step
zonal soil, pridd cylchfaol
sol, *nm*, sol
solar, *a*, heulog; solar
solar system, *nm*, cysawd yr haul; *nf*, system yr haul
solder, *nm*, sodr; *v*, sodro
soft solder, sodr meddal
solder and braze, *v*, sodro a phresyddu
soldering iron, *nm*, haearn sodro
soldered, *a*, sodrog; wedi'i sodro
sole, *nm*, gwadn; *nf*, lleden chwithig
Dover sole, lleden Dover
sole of the foot, gwadn troed
solenoid, *nm*, solenoid
air cored solenoid, solenoid craidd awyr
iron cored solenoid, solenoid craidd haearn
solfa, *nm*, solffa; *v*, solffeuo
solfatara, *nm*, solfatara
solicitor, *nm*, cyfreithiwr; twrnai
Solicitor-General, *nm*, Erlynydd Gwladol
solid, *a*, solet; *nm*, solid
regular solid, solid rheolaidd
solidification, *nm*, solidiad
solidify, *v*, caledu; solidio
solifluction, *nm*, priddlifiad

soliloquy, *nm*, hunanymson
solitaire, *nm*, solitêr
solstice, *nm*, heuldro; heulsaf
summer solstice, alban hefin
winter solstice, alban arthan
solubility, *nm*, hydoddedd; toddadwyedd
soluble, *a*, hydawdd; toddadwy
soluble oil, *nm*, oel toddadwy
solute, *nm*, toddyn
solution, *nm*, datrysiad; toddiant
mildly acid solution, toddiant lled-asid
solve, *v*, datrys
solvent, *nf*, toddfa; *nm*, toddydd
somatic, *a*, somatig
somersault, *nm*, trosben; *v*, trosbennu
double somersault, trosben dwbl
hollow back somersault, trosben ceugefn
somersault backwards and forewards, *v*, trosbennu'n ôl ac ymlaen
sonata, *nm*, sonata
sonata-form, *nf*, ffurf-sonata
sonatina, *nf*, sonatina
song, *nf*, cân
action song, cân actol; cân ystum
sonic, *a*, sonig
sophisticated, *a*, soffistigedig
soporific, *a*, soporiffig
sore, *nm*, briw; clwyf; *nf*, cornwyden
sort (out), *v*, dosbarthu
sorted, *a*, parthedig
soubrette, *nf*, coegen
soufflé, *nm*, soufflé
sound, *nf*, sain; *nm*, sŵn; swnt (*D*); *v*, plymio
sound effect, *nf*, effaith sain
sound track, *nm*, llwybr sain
sound-resisting, *a*, gwrthsain; lladd sŵn
soup, *nm*, bisque; sŵp
clear soup, sŵp clir; sŵp gloyw
cream soup, sŵp hufen
oxtail soup, sŵp cynffon ych
vegetable soup, sŵp llysiau
sour, *a*, sur; *v*, suro
source, *nm*, tarddiad; tarddle
sourness, *nm*, surni

south, *a*, de; *nm*, de
southpaw, *nm*, southpaw
sovereign, *a*, sofran
  sovereign state, *nf*, gwladwriaeth sofran
sovereignty, *nf*, sofraniaeth
soviet, *nf*, sofiet
sow, *nf*, hwch; *v*, hau
  oestrum sow, hwch lodig
soya-beans, *np*, ffa soya
spa, *nm*, sba
space, *nm*, gofod; *v*, gwahanu; gofodi
  free space, gofod gwag
spaceman, *nm*, gofodwr
spacetime, *nm*, gofod-amser
spacial, *a*, gofodol
  spacial relationship, *nf*, perthnasiaeth ofodol
spacing, *nm*, gofod; gwahaniad
spadix, *nm*, sbadics
spaghetti, *np*, sbageti; *spaghetti*
span, *nm*, rhychwant; *v*, pontio
  span of attention, rhychwant sylw
spandrel, *nm*, sbandrel
spangle, *nm*, sbangl
spanner, *nm*, sbaner
  adjustable spanner, sbaner cymwysadwy
  box spanner, sbaner bocs
  open end spanner, sbaner ceg agored
  ring spanner, sbaner cylch
  socket spanner, sbaner soced
spar, *v*, sbarian
  sparring partner, *nm*, partner sbarian
spare-rib, *nf*, sbarib
spark, *nf*, gwreichionen; *v*, gwreichioni; tanio
  sparking plug, *nm*, plwg tanio
sparse, *a*, gwasgarog; tenau
spasm, *nm*, sbasm
spasmodic, *a*, sbasmodig
spastic, *a*, sbastig
spathe, *nf*, gwain
spatial, *a*, gofodol
  spatial recession, *nm*, enciliad gofodol
spatula, *nm*, sbatwla

spavin, *nf*, llyncoes; sbafen
  blood spavin, sbafen waed
  bog spavin, sbafen ddŵr
  bone spavin, sbafen asgwrn
spawn, *nm*, sil; *np*, grawn pysgod; llus broga; *nm*, grifft llyffant; *v*, silio; bwrw grawn
  spawning ground, *nf*, silfa
spay, *v*, disbaddu; ysbaddu
speak, *v*, llefaru; siarad
speaker, *nm*, llefarydd
special, *a*, arbennig
  special care unit, *nf*, uned gofal arbennig
specialisation, *nm*, arbenigiad
specialised, *a*, arbenigol
  highly specialised, tra arbenigol
  specialised agriculture, *nf*, amaethyddiaeth arbenigol
specialist, *a*, arbenigol; *nm*, arbenigwr
  specialist lead, blaen arbenigwr (*Th*)
speciality, *nm*, arbenigedd
specialization, *nf*, arbenigaeth
specialize, *v*, arbenigo
specialized, *a*, arbenigol
specie, *nm*, sbeci
  specie points, *np*, pwyntiau sbeci
species, *nf*, rhywogaeth; *nm*, math
  lowest species, rhywogaeth isaf
specific, *a*, cymharol; penodol; rhywogaethol; sbesiffig
  specific gravity, *nm*, dwysedd sbesiffig
  specific heat, *nm*, gwres cymharol; gwres sbesiffig
specification, *nm*, manyldeb; *nf*, manyleb
specify, *v*, enwi; rhestru
speck, *nm*, sbecyn
speckle, *nm*, brycheuyn; brychni; *v*, brychu
spectacles, *nf*, sbectol
spectral, *a*, sbectral
spectrometer, *nm*, sbectromedr
spectrometry, *nmf*, sbectromedreg
spectrophotometer, *nm*, sbectroffotomedr
spectroscope, *nm*, sbectrosgop
spectroscopy, *nmf*, sbectrosgopeg

spectrum, *nm,* sbectrwm
  absorption spectrum, sbectrwm bylchliw
speculate, *v,* sbeciannu
speculation, *nm,* sbeciant
speculative, *a,* sbeciannol; mentersoddol
speculum, *nm,* sbecwlwm
speech, *nf,* araith; *nm,* llafar; *nmf,* lleferydd; *nm,* ymadrodd
  impediment in speech, *v,* atal dweud
  speech defect, *nm,* diffyg lleferydd
  speech therapist, *nm,* therapydd lleferydd
  speech training, *nf,* llefareg
speed, *nm,* buanedd; sbîd
  cutting speed, sbîd torri
spelaeologist, *nm,* ogofydd
spelaeology, *nmf,* ogofeg
spelter, *nm,* sbelter
sperm, *nm,* hadlif; sberm
spermatheca, *nm,* sbermatheca
spermatic, *a,* sbermaidd
spermatid, *nm,* sbermatid
spermatocyte, *nm,* sbermatocyt
spermatogenesis, *nm,* sbermatogenesis
spermatogonium, *nm,* sbermatogoniwm
Spermatophyta, *np,* Spermatophyta
spermatozoid, *a,* sbermatozoid; *nm,* sbermatozoid
spermatozoön, *nm,* sbermatoswôn; sbermatozoön
sphere, *nf,* sffêr
  celestial sphere, sffêr wybrennol
  cone and cylinder sphere, sffêr côn a silindr
spherical, *a,* sfferaidd; sfferig
  spherical triangle, *nm,* triongl sfferig
spheroid, *nm,* sfferoid
spherometer, *nm,* sfferomedr
sphincter, *nm,* sffincter
spices, *np,* perlys; sbeis
spicule, *nm,* sbicwl
spicy, *a,* perlysiog; sbeislyd
Spiegeleisen, *nf,* Spiegeleisen
spikate, *a,* sbigaidd
spike, *nm,* sbigyn
spikelet, *nm,* sbigolyn

spill, *nf,* sbilsen
spillway, *nf,* gorlifan
spin, *nm,* sbin; *v,* nyddu; sbinio; trowasgu
  top spin, top sbin
spinach, *nm,* pigoglys
spinal, *a,* yn ymwneud ag asgwrn y cefn
  spinal colum, *nf,* colofn cefn
  spinal cord, *nm,* madruddyn cefn
  spinal nerve, *nm,* nerf asgwrn cefn
spindle, *nf,* gwerthyd
  spindle attachment, *nm,* cydiad gwerthyd
spin-drier, *nm,* sychydd sbin; tro-sychydd
spine, *nm,* asgwrn cefn
spinneret, *nm,* nyddyn
spinning wheel, *nf,* troell nyddu
spiracle, *nm,* sbiracl
spiral, *nm,* sbiral; troellog
  spiral nebula, *nm,* nifwl troellog
  spiral spring, *nm,* sbring sbiral
  spiral thickening, *v,* tewychu troellog
spire, *nm,* meindwr; pigdwr; pigwrn; pigyn
  broach spire, meindwr broch; pigdwr broch
spireme, *nf,* sbirem
spirillum, *nm,* sbirilwm
spirit, *nm,* gwirod; ysbryd
  methylated spirit, gwirod methyl
  spirit gum, *nm,* gwm gwirod
  spirits of turpentine, gwirod tyrpant
  spirit varnish, *nm,* farnais gwirod
spirit-level, *nf,* lefel wirod
spirituality, *nm,* ysbrydolrwydd; eiddo ysbrydol (H)
spirochaete, *nm,* sbirochaet
spit, *nm,* poer; bêr; tafod
  hooked spit, tafod bachyn
spitstick, *nm,* prenber
splanchnic, *a,* perfeddol
splash, *v,* tasgu
splay, *nm,* goleddf; sblae
splayed, *a,* goleddfog; sblae
spleen, *nf,* sblen; poten ludw; y chwarren ddu
splenic, *a,* sblenig

spline, *nm*, sblein
splint, *nm*, cnap ar goes; sblint
splinter, *nm*, fflewyn; sblinter
split, *nmf*, hollt; *nm*, sblint
split-levels, *np*, lefelau gwahân
spoil, *v*, sbwylio
  spoiling tactics, *nf*, tacteg sbwylio
spoke, *nf*, adain olwyn; sbogen
spokeshave, *nm*, plaen deugarn; *nf*, rhasgl
sponge, *nm*, sbwng; ysbwng; *v*, sbyngio; sbwngian
  sponge pudding, *nm*, pwdin sbwng
spongin, *nm*, sbongin
spontaneity, *nm*, digymhellrwydd
spontaneous, *a*, digymell
  spontaneous generation, *nm*, abiogenesis
spool, *nf*, gwerthyd; *nm*, sbŵl
  spool pin, *nm*, pin sbŵl
  spool rack, *nf*, rhac sbwliau
spoon, *nf*, llwy
  dessert spoon, llwy bwdin
  perforated spoon, llwy dyllog
  soup spoon, llwy gawl
  table spoon, llwy ford; llwy fwrdd
  tea spoon, llwy de
  wooden spoon, llwy bren
sporangium, *nm*, sborangiwm
spore, *nm*, sbôr
sporophyte, *nm*, sboroffyt
sports, *np*, mabolgampau; *nm*, sbort
  potted sports, mabolgampau bach
sportsman, *nm*, sbortsmon
sportsmanship, *nf*, sbortsmonaeth
spot, *nm*, sbot; sbotyn; *v*, sbotio
  balcony front spot, sbot ffrynt balcon
  ceiling spot, sbot nenfwd
  float spot, sbot godre
  hot spot, sbot llachar
  spotlight-chaser, *nm*, sbot geisiwr
sprat, *nm*, sbrat
spring, *nm*, sbring; *nf*, tarddell
  arab spring, sbring arab
  back spring, sbring cefn
  flyspring, sbring deudroed
  handspring, sbring untroed
  headspring, sbring pen
  neck spring, sbring gwar
  spiral spring, sbring sbiral
  spring-loaded, sbring lwythog
springbok, *nm*, sbringboc
springy, *a*, sbringar
  springy turf, *np*, tyweirch sbringar
sprinkler, *nf*, ysgeintell; *v*, ysgeintio
sprint, *nm*, sbrint; *v*, sbrintio
spurt, *nm*, sbyrt; *v*, sbyrtio
squall, *nm*, hyrddwynt
square, *nmf*, sgwâr; *v*, sgwario
  least square line, *nf*, llinell sgwariau lleiaf
  square inch, *nf*, modfedd sgwâr; sgwâr modfedd
  square thread, *nf*, edau sgwâr
  T square, sgwâr T
squash, *nm*, sgwas
  squash court, *nm*, cwrt sgwas
squatter, *nm*, sgwatiwr
squeegee, *nm*, gwesgi
squint, *nm*, llygad croes
stabilise, *v*, sefydlogi
stability, *nm*, sefydlogrwydd
stabilizer, *nm*, sadydd; sadiwr
stable, *a*, sefydlog; sad
staccato, *a*, stacato
stack, *nm*, stac
stage, *nm*, cyflwr; pwynt; cyfnod; *nmf*, llwyfan; *nf*, stad; *v*, llwyfannu
  apron stage, llwyfan farclod; llwyfan ffedog
  assistant stage manager, is-oruchwyliwr llwyfan
  fit-up stage, llwyfan cludadwy
  landing stage, *nf*, glanfa
  revolving stage, llwyfan troi
  space stage, llwyfan gwagle
  stage brace, *nm*, bres llwyfan
  stage carpenter, *nm*, saer llwyfan
  stage cloth, *nf*, caenen lawr; *nm*, gorchudd llwyfan
  stage clothes, *np*, dillad llwyfan
  stage craft, *nf*, crefft llwyfan
  stage directions, *np*, cyfarwyddiadau'r llwyfan
  down-centre, lawr-canol
  down-left, lawr-chwith
  down-right-centre, lawr-de-canol
  downstage, lawr llwyfan

downstairs, i lawr y grisiau
up-left-centre, fyny-chwith-canol
upstage, fyny'r llwyfan
stage director, nm, cyfarwyddwr y llwyfan
stage door, nm, drws actorion
stage doorkeeper, nm, porthor llwyfan
stage etiquette, nf, defod llwyfan
stage flex, nm, fflecs llwyfan
stage fright, nm, ofn llwyfan
stage hand, nm, dyn llwyfan
stage manager, nm, goruchwyliwr llwyfan
stage picture, nm, pictiwr llwyfan
stage properties, np, celfi llwyfan
stage screw, nf, sgriw llwyfan
stage struck, nm, clefyd llwyfan
stage wait, nmf, ennyd llwyfan
stage whisper, nm, sibrwd llwyfan
stage width, nm, lled llwyfan
stagger, v, darwahanu; honcian
staggered start, nm, hwnt-gychwyn
staggers, nf, dera
grass staggers, dera'r borfa
stain, nm, staen
chemical stain, staen cemegol
ebony stain, staen eboni
stain removal agent, nm, symudydd staen; asiant symud staen
stainless, a, di-staen
stainless steel, nm, dur di-staen
staircase, nf, staer
staircase side, nf, ochr staer
stairs, np, grisiau
flight of stairs, nf, rhes risiau
stairway, nf, grisffordd
stake, nm, bonyn
bottoming stake, bonyn gwaelodi
cow's tongue stake, bonyn tafod buwch
extinguisher stake, bonyn hirbig
three arm stake, bonyn teirfraich
stakeboat, nm, bad clwm
stakeholder, nm, hapddaliwr; daliwr mantol
stalactite, nm, stalactid; calchbibonwy
stalagmite, nm, stalagmid; calchbost
stalemate, nm, methmat (chess)

stalk, nm, coes
stall, nm, cor; nf, stondin; v, stolio
market stall, stondin farchnad
stallage, nf, stondinaeth
stamen, nf, briger
stamina, nm, stamina
staminate, a, brigerog
staminode, nf, gau friger
stammer, v, atal dweud
stamp, nm, stamp
stance, nm, safiad; stans
stanchion, nm, annel
stand, nf, stand; nm, clwstwr; v, sefyll
angle headstand, nm, pensefyll ar ongl
display stand, stand arddangos
handstand, nm, llawsafiad; v, llawsefyll
headstand, nm, pensafiad; v, pensefyll
perforated stand, stand dyllog
stand of trees, clwstwr
standard, a, safonol; nm, lluman; nf, safon
standard deviation, nm, gwyriad safonol
standard error, nm, cyfeiliornad safonol
standard form, nf, ffurf safonol
standard of living, safon byw
standard score, nm, sgôr safonol
standard thread, nf, edau safonol
standardisation, nm, safoni; safoniad
standardisation group, nm, grŵp safoni
standardise, v, safoni
standardised, a, safonedig
standardised intelligence test, nm, prawf deallusrwydd safonedig
standardised test, nm, prawf safonedig
stannic, a, stannig
stapes, nm, stapes
staple, a, prif; nm, edefyn; nf, stapl; staplen; stwffwl
staple of cotton, edefyn cotwm
staple of flax, edefyn llin
staple of wool, edefyn gwlân
stapler, nm, staplwr; staplydd (offeryn)

star, *nf*, seren
  binary star, seren ddwbl
  circumpolar star, seren ambegwn
  dwarf star, seren gorrach
  giant star, seren gawr
  main sequence stars, sêr prif ddilyniant
  pulsating star, seren guriadol
  seasonal star, seren dymor
  star part, *nm*, part seren (*Th*)
  star shake, *nmf*, hollt seren
  star trap, *nm*, trap seren
  star turn, *nf*, prif eitem; seren eitem (*pl*, sêr-eitemau)
  super giant star, seren orgawr
  variable star, seren newidiol
starboard, *nm*, starboard; starfwrdd
starch, *nm*, starts; *v*, startsio
  blended starch, starts cymysg
  coloured starch, starts lliw
  instant starch, starts cyflym
  plastic starch, starts plastig
  spray starch, starts chwistrell
  stick starch, *v*, stic startsio
starling, *nf*, drudwen; *nm*, torddwr
start, *v*, cychwyn
starter, *nm*, cychwynnwr; cychwynnydd (offeryn)
  starter switch, *nmf*, swits cychwyn
starting, *nm*, cychwyniad
  starting block, *nm*, bloc cychwyn
  starting line, *nf*, llinell gychwyn
  starting place, *nm*, man cychwyn
  starting position, *nm*, safiad cychwyn
state, *nm*, cyflwr; *nf*, ffurf; gwladwriaeth; stad; *v*, mynegi; datgan; dweud
  buffer state, gwladwriaeth ragod
  council state, stad gyngor
  Secretary of State, *nm*, Ysgrifennydd Gwladol
  state farm, *nf*, fferm y wladwriaeth
statement, *nf*, cyfrifen; *nm*, datganiad; gosodiad
  financial statement, datganiad ariannol
  statement in mitigation, datganiad lliniarol
  statement of account, cyfrifen
  statement of affairs, datganiad ariannol
  statement of fact, gosodiad
  statement of facts, datganiad ffeithiau
  preliminary statement, blaen ddatganiad
  reconciliation statement, cyfrifen gysoni
  written statement, datganiad ysgrifenedig
statesman, *nm*, gwladweinydd
statesmanship, *nf*, gwladweiniaeth
static, *a*, statig
statics, *nf*, stateg
station, *nf*, gorsaf
  bus and coach station, gorsaf bws a choets
  cleaning station, gorsaf lanhau
  petrol station, gorsaf betrol
  power station, gorsaf bŵer
stationary, *a*, sefydlog
  stationary wave, *nf*, ton unfan
stationer, *nm*, gwerthwr papurau
stationery, *nm*, papur ysgrifennu
statistics, *nf*, ystadegaeth; *nmf*, ystadegeg; *np*, ystadegau
statocyst, *nm*, statocyst
statolith, *nm*, statolith
stator, *nm*, stator
statue, *nm*, cerflun
stature, *nm*, maintioli
statute, *nf*, statud
  construe a statute, *v*, dehongli deddf
statutory, *a*, statudol
  statutory authority, *nm*, awdurdod deddf
  statutory body, *nm*, corff cyhoeddus; corff statudol
  statutory misdemeanour, *nm*, camwedd dan ddeddf
  statutory nuisance, *nm*, niwsans statudol
  statutory offence, *nmf*, trosedd yn erbyn deddf
  statutory procedure, *nf*, trefn yn ôl deddf; trefniadaeth statudol
stave, *nm*, erwydd
  treble stave, erwydd y trebl
stay, *nmf*, gwanas; *v*, aros; atal

steady, *a*, cyson; diysgog; sad; *nm*, sadydd; pwysfan (i'r llaw); *v*, sadio; ffrwyno
  fixed steady, sadydd disymud
  moving steady, sadydd symudol
steak, *nf*, stêc
  buttock steak, stêc ffolen
  rump steak, stêc rwmp
  shoulder steak, stêc balfais
steal, *v*, dwyn; lladrata
  steal the thunder, dwyn y clap
steam, *nm*, ager; *v*, ageru; stemio
steamer, *nf*, agerlong; *nm*, agerydd; stemar; stemydd
  packet steamer, *nf*, pacedlong
steam-roller, *nm*, stemroler
steel, *nm*, dur
  alloy steal, dur aloi
  blister steel, dur pothell
  crucible steel, dur crwsibl
  high speed steel, dur sbîd uchel
  mild steel, dur meddal
  stainless steel, dur gwrthstaen
  steel framing, *nm*, fframwaith dur
  steel reed, *nf*, corsen ddur
  steel wool, *nm*, gwlân dur
  tungsten steel, dur twngsten
steep, *a*, serth; *v*, dodi'n wlych; mwydo
steeple, *nm*, pigdwr; meindwr
steepsided, *a*, serthochrog
steer, *nm*, llywiad; *v*, llywio
steering wheel, *nm*, llyw
stele, *nm*, stel
stellar, *a*, serol
stellite, *nm*, stelit
stem, *nm*, coes; stem; duryn
stencil, *nm*, stensil
stentor, *nm*, stentor
step, *nm*, cam; *nf*, step; *v*, camu
  step cutting, *v*, torri step
steppe, *nm*, steppe; step
steradian, *nm*, steradian
stereographic, *a*, stereograffig
stereography, *nm*, stereograffi
stereophonic, *a*, stereoffonig
stereoscopic, *a*, stereosgopig
stereotype, *nf*, ystrydeb; *v*, ystrydebu
stereotyped, *a*, ystrydebol
sterile, *a*, anheintiol; anffrwythlon
sterilisation, *nm*, steriliad

steriliser, *nm*, diheintydd; steryllydd
sterility, *nm*, anffrwythlonedd; sterylledd
sterilize, *v*, steryllu; diheintio; sterilio
sterling, *nm*, sterling
stern, *nm*, stern
sternum, *nm*, sternwm
steroid, *nm*, steroid
stethoscope, *nm*, stethosgop
stew, *nm*, stiw; *v*, stiwio
  Irish stew, stiw Gwyddelig
stewpan, *nf*, sosban stiwio
steward, *nm*, stiward
  shop floor steward, stiward llawr gwaith
stick, *nf*, ffon; *nm*, pren
  back stick, ffon wasgu
  bad stick, ffon o chwith
  rounders stick, pren rownders
  shed stick, ffon barthu
stiff, *a*, anystwyth
stiffening, *nm*, stiffnin
stigma, *nm*, stigma
stile, *nf*, cledr; *nmf*, ystlys fflat; *nf*, sticil
  stile hole, *nm*, twll cortyn
stiletto, *nm*, stileto
still, *a*, llonydd; *nm*, llun llonydd
  still life, *nm*, bywyd llonydd
stillstand, *nm*, unfaniad
stilt, *nm*, studfach; piler; stilt
stilted, *a*, studfachog; pilerog; stiltaidd
  stilted arch, *nm*, bwa studfachog
stimulant, *a*, adfywiol; *nm*, cyffur adfywio; *nm*, symbylydd
stimulate, *v*, symbylu
stimulus, *nm*, stimwlws; swmbwl; symbyliad
  stimulus word, *nm*, gair symbylu; symbylair
sting, *nm*, colyn; *v*, colynnu; pigo
  sting cell, *nf*, cell golyn
stipe, *nm*, stip
stipple, *nm*, dotwaith; *v*, dotweithio
stipulate, *v*, amodi
stipulation, *nm*, amodiad
stipule, *nm*, stipwl
stir, *v*, cyffroi
stirrup, *nf*, gwarthol

stitch, *nm*, pwyth; *v*, pwytho
  back stitch, pwyth ôl
  blanket stitch, pwyth blanced
  buttonhole stitch, pwyth twll botwm
  cable stitch, pwyth cebl
  canvas stitch, pwyth cynfas
  catch stitch, pwyth dal
  chain stitch, pwyth cadwyn
  chevron stitch, pwyth siefron (*chevron*)
  crested chain stitch, pwyth cribog
  cross stitch, pwyth croes
  decorative stitch, pwyth addurnol
  detached chain stitch, pwyth cadwyn unigol
  drop a stitch, *v*, colli pwyth
  double back stitch, pwyth ôl dwbl
  double chain stitch, pwyth cadwyn ddwbl
  double knot stitch, pwyth cwlwm dwbl
  faggot stitch, pwyth ffagod
  feather stitch, pwyth pluen
  filling stitch, pwyth llanw
  fishbone stitch, pwyth pysgodyn
  four sided stitch, pwyth petryal
  garter stitch, pwyth gardas; *v*, gwau plaen
  gobelin stitch, pwyth gobelin
  hem stitch, hembwyth
  herringbone stitch, pwyth pennog; pwyth sgadenyn
  inserted stitch, pwyth cyswllt
  knotted stitch, pwyth clwm
  lazy daisy stitch, pwyth llygad y dydd
  lock stitch, pwyth clo
  long armed cross stitch, pwyth croes hirfraich
  long and short stitch, pwyth hir a byr
  looped stitch, pwyth dolennog
  moss stitch, pwyth mwsogl
  outline stitch, pwyth amlinell
  pad stitch, pwyth pad
  pass slip stitch over, pwyth dros bwyth
  Pekinese stitch, pwyth Pekin
  permanent stitch, pwyth parhaol
  pick up stitch, *v*, codi pwyth
  pin stitch, pwyth pin
  plain stitch, pwyth o dde
  punch stitch, pwyth pwns
  purl stitch, pwyth o chwith
  rice stitch, pwyth reis
  rope stitch, pwyth rhaff
  running stitch, pwyth rhedeg
  satin stitch, pwyth satin
  single faggot stitch, pwyth ffagod sengl
  stab stitch, pwyth gwân
  stay stitch, pwyth stae
  stem stitch, pwyth conyn
  stitch holder, *nm*, pin cadw pwythau
  stitch regulator, *nm*, rheolydd pwythau
  stocking stitch, pwyth hosan
  tent stitch, pwyth pabell
  tête de boeuf stitch, pwyth pen tarw
  three-sided stitch, pwyth triongl
  top stitch, pwyth top
  Turkish stitch, pwyth Twrc
stoa, *nm*, stoa
stock, *nm*, isgell (*Co*); stoc
  funding stock, stoc cronnol
  inscribed stock, stoc arysgrif
  stock company, *nf*, actorion stoc
  Stock Exchange, *nf*, Cyfnewidfa Stoc
  stock pot, *nm*, pot isgell
  stocks and shares, *np*, stociau a chyfrannau
  vegetable stock, isgell llysiau
stockholder, *nm*, daliwr stoc
stockinette, *nf*, stocinet
stocks, *np*, cyffglo; cyffion
  stocks and dies, cyffion a deis
stocktaking, *v*, cyfrif stoc
stole, *nf*, stol; ysgwyddlen; ystola
stolon, *nm*, stolon
stoloniferous, *a*, stolonifferus
stoma, *nm*, stoma
stomach, *nm*, cylla; *nf*, stumog
stomatitis, *nm*, stomatitis
stomodaeum, *nm*, stomodaewm
stone, *nm*, maen; *nf*, carreg; stôn
  dressed stone, carreg nadd
  silt stone, carreg silt
  slip stone, carreg hogi gau; hôn gau

stone-cell, *nf,* carreg-gell
Stonehenge, Côr y Cewri
stoneware, *nm,* crochenwaith caled
stonework, *nm,* caregwaith
stool, *nf,* stôl
   camp stool, stôl blyg
stop, *nm,* stop; *v,* atal; dal
   back stop, stop cefn
   front stop, stop ffrynt
   stop dead, *v,* stopio'n stond
stopcock, *nm,* stopcoc
stoppage, *nm,* ataliad
   stoppage in transit, atal ar daith
stopper, *nm,* topyn
storage, *nm,* stôr; *nf,* storfa
store, *nf,* siop; stôr; storfa
   department store, stôr adrannol
   general store, stôr gyffredinol
   multiple store, stôr gadwyn
   self service store, stôr hunan wasanaeth
storey, *nm,* llawr
   two storey, deulawr
   multistorey, aml-lawr
stoss, *a,* llyfn
   stoss and lee, llyfn a sgithrog
stove, *nf,* stof
   electric finishing stove, stof orffennu drydan
   electric stove, stof drydan
   gas stove, stof nwy
stow, *nm,* stow
straddle, *v,* stradlo
straddler, *nm,* stradlwr; stradlydd
straight, *a,* syth; unionsyth
   straight edge, *nmf,* ymyl syth
   straight left, chwith syth (*Ch*)
   straight part, *nm,* part syth (*Th*)
   straight right, de syth (*Ch*)
straighten, *v,* unioni
strain, *nm,* ildiant; straen; *nf,* tras; *v,* hidlo
strainer, *nf,* hidl; hidlen
strait, *nm,* culfor
strand, *nf,* beiston; *nf,* cainc; traethell; *v,* ceincio
stranded, *a,* ceinciog; amrygoll; ar y clwt
   stranded cotton, *nm,* cotwm ceinciog
strangles, *nm,* ysgyfeinwst

strap, *nf,* strap
   kicking strap, strap gicio
   strap hanger, *nm,* strap deithiwr
strapwork, *nm,* strapwaith
strata, *np,* haenau; strata
   faulted strata, strata toredig
strategic, *a,* stradegol; strategol
strategist, *nm,* stradegwr; stradegydd
strategy, *nf,* stradegaeth
strath, *nm,* ystrad
stratification, *nm,* haeniad
stratigraphical, *a,* stratigraffig
   stratigraphical table, *nm,* tabl stratigraffig
stratigraphy, *nm,* stratigraffi
stratosphere, *nm,* stratosffer
stratum, *nm,* stratwm
   stratum corneum, stratwm cornewm
strawberry, *nf,* mefusen; syfien
stream, *nf,* ffrwd; nant; *v,* ffrydio
   beheaded stream, ffrwd bengoll
   intermittent stream, afon ysbeidiol
   jet stream, *nm,* jetlif
   obsequent stream, *nm,* gwrthlif
   stream order, *nf,* hierarchaeth afon
   subsequent stream, *nm,* trawslif
streamer, *nm,* rhuban
streamless, *a,* di-ffrwd
streamline, *a,* llilin; *v,* llilinio
   streamline flow, *nm,* llif llilin
streamlining, *nm,* lliliniad
street, *nf,* stryd
   one way street, stryd unffordd
strength, *nm,* cryfder
strengthen, *v,* cryfhau
   strengthening movement, *nm,* symudiad cryfhau
stress, *nm,* diriant; gwasg
stretch, *nm,* hystyn; ymestyniad; *v,* ymestyn
   two way stretch, hystyn dwy ffordd
stretched, *a,* estynedig
stretcher, *nm,* estynnwr
stretto, *nm,* streto
strew, *v,* gwasgaru
striated, *a,* rhychedig
striations, *np,* rhychiadau

strikle, *nm*, stricl
stricling tool, *nm*, erfyn stricl
strike, *nm*, gogwydd; *nf*, streic;
v, taro
   sit down strike, streic eistedd lawr
   strike lock out, streic locowt
striker, *nm*, ergydiwr
string, *nm*, llinyn; tant; cortyn;
v, llinynnu
   open string, tant agored
stringer, *nm*, stringer
stringhalt, *nf*, corden
strip, *nf*, llain; *nm*, stribed; stribyn;
strip; *v*, dihatru; stripio
   film strip, stribed ffilm; striplun
   gib strip, stribyn gib
   rubbing strips, stripiau rwbio
   strip cultivation, llain driniad
   strip holding, llain ddaliad
   strip light, golau stribed
stripe, *nf*, rhesen; streip;
streipen
   diagonal stripes, streipiau
   croeslin
striped, *a*, streipiog
strip-tease, *nm*, strip-brofocio;
noethlymuno profoclyd
stroboscope, *nm*, strobosgop
stroke, *nm*, ergyd; trawiad;
nf, strôc
   attacking stroke, ergyd ymosod
   backhand stroke, ergyd gwrthlaw
   defensive stroke, ergyd amddiffyn
   forehand stroke, ergyd blaenllaw
   heat stroke, trawiad tes
   plain draw stroke, strôc dynnu
   stroke side, *nf*, ochr strôc
   two stroke, dwy strôc
strop, *nf*, strapen awchu; strapen
hogi; strop
structural, *a*, strwythurol; ffurfiannol
structure, *nf*, adeilaeth;
nm, adeiladwaith; adeiledd;
cyfansoddiad; cyfluniad;
fframwaith; ffurfiad; gwead;
patrwm; strwythur; *v*, cyflunio;
adeileddu; strwythuro
strut, *nm*, cynheiliad; pwyslath;
v, cynheilio; gosod cynheiliaid
stub, *nm*, bonyn; stwb; stwbyn
   stub axle, *nf*, echel bwt
   stub tenon, *nm*, tyno pwt

stucco, *nm*, *stucco*
stud, *nf*, hoelen glopa; styd; styden
   copper stud, styd gopr
   press stud, styd bres
study, *nf*, astudiaeth; *v*, astudio;
efrydu
   case studies, astudio unigolion;
   astudiaethau enghreifftiol
   enviromental studies,
   astudiaethau amgylchfyd
   local studies, astudiaethau lleol
   longitudinal study, astudiaeth
   arhydol
   private study, *v*, efrydu preifat
   time and motion study,
   astudiaeth amser a symud
stuffing, *nm*, stwffin
stump, *nm*, stwmp; *v*, stwmpio
   leg stump, *leg stump*
   middle stump, *middle stump;*
   stwmp canol
   off stump, *off stump*
stumper, *nm*, stwmpiwr
sturdy, *a*, cadarn
sty, *nf*, llefrithen; *nm*, llyfelyn
style, *nf*, colofnig; *nm*, styl
(Botaneg); dull; steil;
nf, arddull
   decorated style, arddull
   addurnedig
   Early English Gothic Style,
   Arddull Gothig Seisnig Gynnar
stylist, *nm*, cynllunydd
   hair stylist, cynllunydd gwallt
stylization, *nf*, arddulliaeth
stylobate, *nm*, stylobat
stylus, *nm*, stylws
stypic, *a*, stypig; *nm*, stypig
sub, *prx*, is; tan
subaerial, *a*, isawyrol
subcellular, *a*, isgellog
sub-class, *nm*, is-ddosbarth
sub-committee, *nm*, is-bwyllgor
subconsciousness, *nm*, isymwybod
subcutaneous, *a*, isgroenol
subdivide, *v*, isrannu; dosrannu
subdivision, *nm*, israniad
subdominant, *nm*, is-lywydd
suberin, *nm*, swberin
sub-factorial, *nm*, is-ffactorial
sub-family, *nm*, is-deulu
sub-group, *nm*, is-grŵp

sub-harmonic, *nm,* is-harmonig
subhumid, *a,* islaith
subinfeudate, *v,* is-ffeodu
subinfeudation, *nf,* is-ffeodaeth
subject, *nm,* goddrych; pwnc; testun
subjectification, *nm,* goddrychiad
subjective, *a,* goddrychol
sublet, *v,* isosod
sublimate, *v,* sychdarthu (*Ce*); trosgyfeirio (*A*)
sublimation, *nm,* trosgyfeiriad (*A*); sychdarthiad (*Ce*)
sub-liminal, *a,* is-liminal
sublittoral, *a,* istraethol
  sublittoral fringe, *nmf,* ymyl istraethol
submarine, *a,* tanfor; tanforol
submature, *a,* isaeddfed
submediant, *nm,* is-feidon
submerge, *v,* soddi
submerged, *a,* soddedig
submission, *nm,* argymhelliad
submit, *v,* argymell; ymostwng
submultiple, *a,* ffracsiynol
sub-normal, *a,* isnormal; *nm,* isnormal
sub-order, *nf,* is-urdd
subordinate, *a,* isradd; *nf,* isradd
subordination, *nm,* syborniad
sub-phylum, *nm,* is-ffylwm
sub-plot, *nm,* is-blot
subpoena, *nm,* swbpoena
  issue a subpoena, *v,* arwyddo swbpoena
sub-plot, *nm,* is-blot
sub-region, *nf,* is-ardal
subscribe, *v,* llofnodi; tanysgrifio
subscript, *nm,* is-nodiad
subscription, *nm,* tanysgrifiad
subsequence, *nm,* is-ddilyniant
subsequent, *a,* dilynol
sub-set, *nm,* is-gasgliad
subside, *v,* ymsuddo
subsidence, *nm,* ymsuddiant
subsidiary, *a,* israddol
  subsidiary course, *nm,* cwrs ategol
subsidy, *nm,* arian cymorth; cymhorthol; swbsidi; sybseidi
subsist, *v,* ymgynnal
subsistence, *nf,* cynhaliaeth
  subsistence farming, *v,* ffarmio ymgynhaliol

subsonic, *a,* swbsonig; is-sonig
subsoil, *nm,* isbridd
sub-species, *nf,* is-rywogaeth
substance, *nm,* sylwedd
substandard, *a,* is-safonol
substantial, *a,* sylweddol
sub-station, *nm,* is-bwerdy
substitute, *nm,* allddod; amnewid; dirprwy; *v,* allddodi; amgenu; amnewid; dirprwyo; rhoi yn lle; ffeirio
  parent substitute, *nm,* dirprwy riant
  substitute x for y, rhoi x yn lle y
substitution, *nm,* amnewid; dirprwyad
  substitution table, *nm,* tabl amnewid; tabl ffeirio
substrate, *nf,* is-haen; *nm,* swbstrat
subtangent, *nm,* istangiad
subtend, *v,* cynnal
  subtended angle, *nf,* ongl gynnal; ongl a gynhelir
subterranean, *a,* tanddaearol
sub-town, *nf,* istref
subtract, *v,* didynnu; tynnu i ffwrdd; tynnu (o)
subtraction (sum), *nm,* sym dynnu
subtractive, *a,* tyniol
sub-test, *nm,* is-brawf
subtropical, *a,* isdrofannol
suburb, *nf,* maestref
suburbia, *np,* y maestrefi
success, *nm,* llwyddiant
succession, *nf,* dilyniaeth; olyniaeth
  succession of rocks, olyniaeth creigiau
successive, *a,* olynol
succulence, *nm,* suddlonedd
succulent, *a,* suddlon
succus, *nm,* swcws
  succus entericus, swcws entericws
suck, *v,* sugno
sucrase, *nm,* swcras
sucrose, *nm,* swcros
suction, *nm,* sugnedd
  suction tube, *nm,* tiwb sugno
  suction washer, *nm,* golychydd sugno
sudd, *nm,* swd
sudorifics, *np,* cyffuriau chwysu

suds, *np*, golchion
  suds bowl, *nf*, padell olchion
suede, *nm*, swêd
  gloving suede, swêd menig
suet, *nm*, siwed
  suet pudding, *nf*, poten wêr; *nm*, pwdin siwed
sufficient, *a*, digon; *nm*, digon
suffix, *nm*, olddodiad
suffragan, *nm*, swffragan
suffrage, *nf*, pleidlais
  manhood suffrage, pleidlais gwŷr
  universal suffrage, pleidlais gyffredinol
suffragette, *nf*, swffraget
sugar, *nm*, siwgr
  beet sugar, siwgr betys
  brown sugar, siwgr brown; siwgr coch
  cane sugar, siwgr cên; swcros
  caster sugar, siwgr caster
  crystal sugar, siwgr bras
  demerara sugar, siwgr demerara
  granulated sugar, siwgr gronynnog
  icing sugar, siwgr eising
  invert sugar, siwgr gwrthdro
  lump sugar, siwgr lwmp
  sugar cane, *nf*, gwialen siwgr; *nm*, cên siwgr
  sugar loaf, *nf*, torth siwgr
suggestible, *a*, awgrymadwy
suggestion, *nm*, awgrym; awgrymiad
  auto suggestion, hunanawgrymiad
suggestive, *a*, awgrymog
suit, *nm*, cwyn; *nf*, siwt
  buster suit, siwt byster
  suit of court, *nf*, dyledogaeth llys
  tailored suit, siwt deiliwr; siwt wedi ei mesur
suitability, *nm*, cyfaddasrwydd
suite, *nf*, cyfres; swît; set
  suite de danses, dawnsgyfres
  suite of rooms, cyfres o ystafelloedd
  three-piece suite, set o dair
suitor, *nm*, cwynwr
sulphate, *nm*, sylffat; sylffad
  barium sulphate, sylffat bariwm
  copper sulphate, sylffat copor
sulphide, *nm*, sylffid
  ammonium sulphide, sylffid amoniwm

sulphite, *nm*, sylffaid
sulphur, *nm*, sylffwr
sulphuric, *a*, sylffwrig
  sulphuric acid, *nm*, asid sylffwrig
sulphurous, *a*, sylffwrus
  sulphurous acid, *nm*, asid sylffwrus
sultana, *nf*, swltana
sum, *nm*, sym; *v*, symio
  subtraction sum, sym dynnu
  summing up, *nm*, crynhoad
  sum total, *nm*, cyfanswm
  sum up, *v*, crynhoi
summable, *a*, intergradwy; symadwy
summary, *a*, diannod; *nmf*, crynodeb
  summary conviction, *nf*, euogfarn ddiannod
  summary offence, *nmf*, trosedd diannod
  summary procedure, *nf*, trefn ddiannod
summation, *nm*, symiant
summer, *nm*, haf
  Indian Summer, Haf Bach Mihangel
summit, *nm*, copa
  accordance of summit levels, *nm*, cyfuchedd copaon
summon, *nf*, gwŷs; *nm*, symans; *v*, gwysio
  judgement summons, gwŷs dyfarniad
  serve a summons, *v*, estyn dyfarniad
  summon for jury service, *v*, gwysio i weithredu'n rheithiwr
summoner, *nm*, gwysiwr
sump, *nm*, swmp
sun, *nm*, haul
  sun proof, gwrth-haul
  sun suit, *nf*, gwisg haul
  sun top, *nm*, top haul
sunrise, *nm*, codiad haul
sunset, *nm*, machlud haul
sunshine, *nf*, heulwen
sunspot, *nm*, brych haul
super, *nm*, rhodiwr; siwper
supercooled, *a*, goroer
supergrid, *nm*, uwchgrid
superimpose, *v*, arosod
  superimposed drainage, *nm*, draeniad arosod

superior, *a*, uwch; uwchnormal
  superior adult, *nm*, oedolyn uwchnormal
  superior child, *nm*, plentyn uwchnormal
  superior intelligence, *nm*, deallusrwydd uwchnormal
supermarket, *nf*, uwch-farchnad
supernatant, *a*, swpernatent
supernormal, *a*, uchafradd
supernova, *nf*, swpernofa
superosculate, *a*, uwchfinial
superosculating, *a*, uwchfinialaidd
superpose, *v*, arosod
superposition, *nm*, arosodiad
superscript, *nm*, uwchnodiad
supersonic, *a*, swpersonig
superstructure, *nf*, ar-adeiliaeth
supertonic, *nm*, uwchdonydd
supervise, *v*, arolygu
supervision, *nm*, goruchwyliad
  order of supervision, *nm*, gorchymyn goruchwyliad
supervisor, *nm*, arolygwr; *nf*, arolygwraig
supple, *a*, hydwyth
supplement, *nm*, atodiad
supplemental, *a*, atodol
supplementary, *a*, atodol; cyflenwol
supply, *nm*, cyflenwad; *v*, cyflenwi
  supply and demand, cyflenwad a galw
  supply teacher, *nm*, athro llanw; athro llanw bwlch
support, *nf*, cefnogaeth; *nm*, cynhaliad; cynheiliad; *v*, cefnogi; cynnal; ymgynnal
  balance support, *nm*, ymgynnal cytbwys
  front support, *nm*, ymgynnal blaen
  side support, *nm*, ymgynnal ochr
  supporting cast, *nm*, cast cynhaliol
supporter, *nm*, cefnogwr; cynhaliwr
supportive services, *np*, gwasanaethau ategol
supposition, *nf*, tybiaeth
suppository, *nm*, tawddgyffur
suppress, *v*, darwthio
suppression, *nm*, darwthiad

suprarenal, *a*, uwcharennol
  suprarenal gland, *nf*, chwarren uwcharennol
supremacy, *nf*, goruchafiaeth
supreme, *a*, goruchaf
surcharge, *nm*, surbris; surdal; gordal
surd, *nm*, swrd
surety, *nm*, meichiau
  find surety, *v*, sicrhau meichiau
surf, *nf*, beiston; *nm*, gorewyn
  surf-bathe, *v*, gorewynnu
  surf board, *nf*, astell gorewyn; astell feiston; *nm*, bwrdd gorewyn
  surf-rider, *nm*, brigwr tonnau
  surf-riding, *v*, brigo tonnau
surface, *nm*, arwyneb; wyneb
  surface embroidery, *nm*, brodwaith arwyneb
  surface gauge, *nm*, medrydd arwyneb
  surface of revolution, arwyneb chwyldro
  surface plate, *nm*, plat arwyneb
  surface table, *nm*, bwrdd arwyneb
  surface tension, *nm*, tensiwn arwyneb
surge, *nm*, ymchwydd; *v*, tyrru
surgery, *nf*, meddygfa; *nm*, syrjeri
surplus, *nf*, gwarged; *nm*, gweddill
surrealism, *nf*, swrealaeth
surrealist, *a*, swrealaidd; *nm*, swrealwr; swrealydd
surrender, *nm*, ildiad; *v*, ildio
  surrender value, *nm*, gwerth ildiad
surtax, *nf*, gordreth; surdreth
surveillance, *nf*, arolygiaeth
survey, *nm*, arolwg; *v*, gwneud arolwg; mesur tir; tirfesur
  building use survey, arolwg defnyddio adeiladau
surveyor, *nm*, tirfesurydd
survival, *nm*, goroesiad
  survival of the fittest, goroesiad yr addasaf; goroesiad y cymhwysaf
survivor, *nm*, goroeswr
susceptibility, *nm*, derbynnedd
suspend, *v*, atal; crogi; crogiannu; diarddel; hongian
  suspending power, *nf*, hawl atal

suspended, *a,* ar grog
suspender, *nm,* sysbendar
  suspender belt, *nmf,* belt sysbendar
suspense, *nm,* pryder
  in suspense, wedi ei atal (S)
  suspense account, *nm,* cyfrif atal (S)
suspension, *nm,* ataliad; crogiant; croglin (Ff); daliant (C); gohiriant (C); hongiad
  bifilar suspension, croglin dwbl
  suspension bridge, *nf,* pont grog
suspensor, *nm,* swsbensor
sustain, *v,* cynnal
suture, *nm,* asiad
swab, *nm,* swab
swag, *v,* dolennu
swage, *nm,* darfath; *v,* darfathu
  swage block, *nm,* bloc darfath
swallow, *v,* llyncu
swamp, *nm,* corstir; swamp; *nf,* gwern
  malarial swamp, corstir malaria
  mangrove swamp, corstir mangrof
  swamp forest, *nf,* fforest corstir
swarf, *np,* naddion
swash, *nm,* torddwr
swathe, *nm,* amrwm; *v,* amrwymo
sway, *nm,* swae; *v,* swaeo
swear, *v,* tyngu; rhegi
  swear an oath, tyngu llw
sweat, *nm,* chwys; *v,* chwysu; cysodro
  sweat gland, *nf,* chwarren chwys
sweater, *nf,* sweter; chwysen
swede, *nf,* rwden; swedsen
sweep, *nm,* sgubiad; *v,* sgubo
sweeping, *nm,* ehangylch
sweetbread, *nm,* cefndedyn
swell, *nm,* ymchwydd; *v,* ymchwyddo
  swell of wave, ymchwydd ton
swerve, *v,* gwyro; swerfio
swim, *v,* nofio
  swimsuit, *nf,* gwisg nofio
swing, *nm,* mudiad; sigl; *nf,* swing; siglen raff; *v,* swingio
  heave swing, swing ymhalio
  swing and tyre frame, siglen deiar
  swing of winds, mudiad gwyntoedd

Swiss, *a,* Swisaidd
switch, *nmf,* swits; *v,* switsio
switchback, *a,* switsbac; *nm,* switsbac
switchboard, *nm,* panel trydan; switsfwrdd
sword, *nm,* cleddyf
sycamore, *nf,* masarnen
sylko, *nf,* edau sglein
syllable, *nf,* sillaf
  nonsense syllables, *np,* sillafau diystyr
syllabus, *nm,* maes llafur
  agreed syllabus, maes llafur cytûn
syllogism, *nm,* cyfresymiad
symbiosis, *nm,* symbiosis
symbiotic, *a,* cydfywydog; symbiotig
symbol, *nm,* symbol
  felted symbols, *np,* symbolau ffelt
symbolic, *a,* symbolig
  symbolic representation, *nm,* portread symbolig
symbolism, *nf,* symbolaeth; symboliaeth
symbolist, *a,* symbolaidd
  Symbolist Movement, *nm,* Mudiad Symboliaeth
symmetric, *a,* cymesur
symmetrical, *a,* cymesur; cymesurol; cydffurf
symmetry, *nm,* cydffurfedd; cymesuredd
  bilateral symmetry, cymesuredd dwyochrog
  radial symmetry, cymesuredd rheiddiol
sympathetic, *a,* cyd-oddefol; cydymdeimladol; sympathetig
  parasympathetic, parasympathetig
  sympathetic ganglion, *nm,* ganglion sympathetig
  sympathetic system, *nf,* system sympathetig
sympathy, *nm,* cyd-deimlad; cydymdeimlad
symphonic, *a,* symffonig
  symphonic poem, *nf,* cathl symffonig
symphony, *nm,* symffoni
symphysis, *nm,* symffysis
symptom, *nm,* symptom

synapse, *nm,* synaps
synapsis, *nm,* synapsis
synchromesh, *nm,* cyd-ddant; syncromesh
synchronization, *nm,* cydamseriad
synchronize, *v,* cydamseru
synchronous, *a,* cydamseredig
synchrotron, *nm,* syncrotron
synclinal, *a,* synclinol
syncline, *nm,* synclein; synclin
syncopate, *v,* trawsacennu
syncopation, *nf,* trawsacen
syncope, *nm,* llesmair; syncop
Syndicalism, *nf,* Syndicaliaeth
synergism, *nm,* synergedd
synod, *nm,* synod
synodical, *a,* synodaidd
synoptic, *a,* synoptig
synovial, *a,* synofial
   synovial membrane, *nf,* pilen synofial
synpractic, *a,* synpractig
   synpractic language, *nf,* iaith synpractig
   synpractic speech, *nm,* hunansgwrsio
synthesis, *nm,* cyfosodiad; synthesis
synthesise, *v,* synthesio; synthesu
synthetic, *a,* cyfosodol; synthetig; *nm,* synthetig
syringe, *nf,* chwistrell
syrinx, *nm,* syrincs
syrup, *nm,* suddog; syrup
   golden syrup, *nm,* triog melyn
system, *nf,* cyfundrefn; system; trefn
   central nervous system, system nerfol ganol
   circulatory system, system gylchredol
   cooling system, system oeri
   counterweight system, system gwrthbwysau
   digestive system, system dreuliol
   excretory system, system ysgarthol
   metric system, y system fetrig
   nervous system, system nerfol
   reproductive system, system atgynhyrchiol
   respiratory system, system anadlol
   water vascular system, system fascwlar ddyfrol
systematic, *a,* trefnus
systematical, *a,* systematig
systematisation, *nm,* cyfundrefniant
systole, *nm,* systol
systyle, *a,* systyl; *nm,* systyl

T

tab, *nm,* tab
   tab hook, *nf,* dolen dab
tabernacle, *nm,* tabernacl
table, *nf,* bord; *nm,* bwrdd; tabl
   dressing table, bwrdd gwisgo
   nest of tables, *nf,* tas fyrddau; *nm,* nythaid o fyrddau
   table napkin, *nm,* napcyn
   table part, *nm,* part bwrdd
   table top, *nf,* astell fwrdd
   three times table, tabl tri
   water play table, bwrdd chwarae dŵr
tableau, *nm,* tablo
table-cloth, *nm,* lliain bord; lliain bwrdd
tableland, *nm,* tirfwrdd
tablet, *nf,* tabled
   digit tablet, tabled rhif
table tennis, *nm,* tennis bord; tennis bwrdd
taboo, *nm,* tabŵ
tabular, *a,* tablaidd
   tabular relief, *nf,* tirwedd tablaidd
tabulate, *v,* tablu

tachycardia, *nm*, chwimguriad y galon; tacycardia
tack, *nf*, hoelen fer; tacsen; *nm*, tac; *v*, tacio
  port tack, *v*, tacio port
  starboard tack, *v*, tacio starboard
  tailor's tack, tac teiliwr
tacker, *nm*, taciwr
tackle, *np*, offer; *nm*, tacl; *nm*, taclad; tacliad; *v*, taclo
  flying tackle, gwibdacl
  sliding tackle, llithr dacl; tacl llithr
  smother tackle, tacl coflaid
tackler, *nm*, taclwr
tacksman, *nm*, tacsmon
tacnode, *nm*, tacnod
tactics, *nf*, tacteg
tactile, *a*, cyffyrddog; cyffyryddol
  tactile values, *np*, gwerthoedd cyffyrddol
taffeta, *nm*, taffeta
tag, *nm*, tag; y gair olaf (*Th*)
taiga, *nm*, taiga
tail, *nf*, cynffon; cynffon cast (*Th*); *nm*, cynffonedd; entael
tailstock, *nm*, pen llonydd (*Cr*)
take, *v*, cymryd
  take a call, cymryd clap (*Th*)
  take the corner, cymryd y cornel
take off, *nf*, esgynfa; *v*, esgyn
  double take off, esgyn deudroed
  single take off, esgyn untroed
takeover, *nm*, trosgymryd; *v*, trosgymryd
take-up lever, *nf*, codell
talent, *nf*, dawn
tallage, *nf*, tollaeth
tallow, *nm*, gwêr
tally, *nm*, cyfatebiad; cyfanswm; rhicbren; *v*, cyfateb
talus, *nm*, talws
tamarind, *nm*, tamarind
tambour, *nm*, tabwrdd
tambourine, *nm*, tambwrîn
tang, *nm*, tafod
  tang of chisel, tafod gaing
T'ang, T'ang
  T'ang art, *nm*, celfyddyd T'ang
tangency, *nf*, tangiadiaeth
tangent, *nm*, tangiad

tangential, *a*, tangiadol
  tangential saw cut, *nm*, tangiadlifiad
tanh, *nm*, *tanh*
tank, *nm*, tanc
  water tank, tanc dŵr
tanker, *nf*, lorri-danc; *nm*, tancer
tannery, *nm*, barcty; tanerdy
tap, *nm*, edeufollt; tap; *v*, tapio; tapio edau
  plug buttoming tap, tap plwg gwaelodi
  second tap, ail dap
  tap dance, *v*, tap-ddawnsio
  taper tap, tap tapr
  tapping hole, *nm*, twll tapio
  tap the ball, *v*, tapio'r bêl
  tap wrench, *nm*, tyndro tap
tape, *nm*, incil; tâp
  cotton tape, tâp cotwm
  gummed tape, tâp glud
  masking tape, tâp masgio
  master tape, prif dâp
  pre-recorded tape, tâp parod
  self adhesive tape, tâp adlyn; tâp adlynol
  tape measure, *nm*, tâp mesur; llinyn mesur
taper, *nm*, tapr
  taper drift, *nm*, drifft tapr
  taper shank, *nmf*, garan tapr
  taper sleeve, *nf*, llawes dapr
  taper turning, tapr durnio
tape-recorder, *nm*, tâp-recordydd; peiriant tâp
  video recorder, llun-recordydd
tapestry, *nm*, tapestri; tapin
  tapestry needle, *nf*, nodwydd dapestri
  tapestry wool, *np*, edafedd tapestri
tapeworm, *nf*, llyngyren
tapioca, *nm*, tapioca
tappet, *nf*, taped
tare, *np*, pwysau
target, *nm*, targed
tariff, *nm*, tariff; *nf*, toll
tarn, *nm*, llyn mynydd
tarnish, *nm*, tarnais; *v*, tarneisio
tarsal, *a*, tarsal
  tarsal bone, *nm*, asgwrn tarsal
tarsus, *nm*, tarsws

tart, *nf,* tarten
tartaric acid, *nm,* asid tartarig
tartlet, *nf,* tartled
tassel, *nm,* tasel; tosel
taste (art and moral), *nf,* chwaeth; *v,* archwaethu; profi
taste (sensory), *nm,* blas; *v,* blasu; profi
taste-bud, *nm,* blasbwynt
tautology, *nf,* tawtoleg; tawtologaeth
tax, *nf,* treth
   less tax, wedi tynnu treth
   tax reserve certificate, *nf,* tystysgrif reserf treth
taxation, *nm,* trethiad; trethiant; trethu
taxis, *nm, taxis*
taxonomy, *nf,* tacsonomeg; *nm,* tacsonomi
tea-break, *nf,* egwyl de
teacake, *nf,* cacen de
teach, *v,* dysgu; addysgu
   teaching space, *nm,* gofod addysgu
teacher, *nm,* athro; *nf,* athrawes
teacloth, *nm,* lliain llestri
teak, *nm,* tîc
team, *nm,* tîm
   team teach, *v,* tîm-ddysgu
tear, *nm,* deigryn; rhwyg; *v,* rhwygo
   tear-jerker, *nm,* tynnwr dagrau
teaser, *nf,* brigfasg (*Th*)
teat-syphon, *nf,* nodwydd laeth
technical, *a,* technegol
   technical drawing, *v,* lluniadu technegol
   technical knock-out, *nm, knock-out* technegol
technician, *nm,* technegwr
technique, *nm,* techneg
   West End technique, techneg West End
technology, *nf,* technoleg
tectonic, *a,* tectonig
teddy bear, *nm,* tedi
tee, *nm,* ti; *v,* tïo
   teeing ground, *nm,* llawr tïo
teen-age, *nm,* arddegoed; arbymthegoed
teen-ager, *nm,* arbymthegyn; arddegyn; *nf,* arbymthegen; arddegen; (*pl,* arbymthegwyr; arddegwyr)

teen-age years, *np,* blynyddoedd yr arddegau
telecommunicate, *v,* telathrebu
telecommunication, *nm,* telathrebiaeth
telegraph, *v,* telegraffio
telegraphic, *a,* telegraffig
telephone, *nm,* teleffon
   telephone call box, *nm,* bocs teleffon
teleprinter, *nm,* teleprinter
telescope, *nm,* telesgop
telescopic, *a,* telesgopig
   telescopic gauge, *nm,* medrydd telesgopig
television, *nm,* teledu
   closed circuit television, teledu cylch-cau; teledu cylch-caeëdig
telophase, *nm,* teloffâs
temenos, *nm,* temenos
temper, *nf,* tymer; *v,* tymheru
tempera, *nm,* tempera
   egg tempera, tempera ŵy
temperament, *nm,* anianawd
   temperament test, *nm,* prawf anianawd
temperate, *a,* tymherus
   cool temperate, claer dymherus
   temperate forest, *nf,* fforest dymherus
   temperate grassland, *nm,* glaswelltir tymherus
   temperate zone, *nf,* cylchfa dymherus
   warm temperate, cynnes dymherus
temperature, *nm,* tymheredd
   accumulated temperature, tymheredd cronedig
   critical temperature, tymheredd critigol
   maximum temperature, tymheredd macsimwm; tymheredd uchafbwynt
   mean temperature, tymheredd cymedrig
   minimum temperature, tymheredd minimwm; tymheredd isafbwynt
   sensible temperature, tymheredd synhwyraidd
   temperature range, *nm,* amrediad tymheredd

temper-mill, *nf*, melin dymheru
template, *nm*, patrymlun; templat
tempo, *nm*, amseriad; tempo
temporality, *nm*, eiddo tymhorol
ten, *a*, deg; *nm*, deg
  ten point scale, *nf*, graddfa ddegpwynt
  tens and units, *np*, degau ac unau; degau ac unedau
tenacity, *nm*, dalgaredd; cyndynrwydd
tenancy, *nf*, tenantiaeth
  service tenancy, tenantiaeth swydd
tenant, *nm*, tenant; deiliad
  tenant at will, tenant wrth ewyllys
tend, *v*, tueddu
tendency, *nf*, tuedd; *nm*, tueddiad; gogwydd
  central tendency, canolduedd; tuedd ganolog
tender, *nm*, tendr; *v*, tendro
tendon, *nm*, tendon; gewyn
  contracted tendons, *nm*, crebachdod gewynnau
tendril, *nm*, tendril
Tenebrist, *nm*, Tenebriad
tenement, *nm*, tenement; daliad
  tenement building, *nm*, adeilad daliadol
tenia, *nm*, tenia
tennis, *nm*, tennis
tenon, *nm*, tyno
  bare faced tenon, tyno un ysgwyddog
  double tenon, tyno dwbl
tensile, *a*, tynnol
tension, *nm*, tyniant; gwrthdynfa; tyndra; tensiwn
tensor, *nm*, tensor
tent, *nf*, pabell
  tent theatre, *nf*, theatr dan gynfas
tentacle, *nm*, tentacl
tentacular, *a*, tentaclog
tenth, *a*, degfed; *nm*, degfed; degwm
tenure, *nf*, daliadaeth
  life tenure, daliadaeth am oes
terai, *nm*, terai
teratoma, *nm*, teratoma
term, *nm*, cyfnod; term
  long term, cyfnod hir
  short term, cyfnod byr
  terms of reference, *nm*, cylch gorchwyl; cylch perthnasol
terminable, *a*, terfynadwy
terminal, *a*, termol; eithaf; terfynol; *nf*, terfynell
terminated, *a*, terfynedig
terminating, *a*, terfynus
terminology, *nf*, termeg
terminus, *nm*, pen y daith; *nf*, terfynfa; *nm*, terminws
termite, *nm*, morgrugyn gwyn
ternary, *a*, ternari; triphlyg; *nm*, ternari
  ternary form, *nf*, y ffurf driphlyg
terpene, *nm*, terpen
terra, *nf*, daear; *nm*, pridd; terra
  terra rossa, *terra rossa*
  terra roxa *terra roxa*
terrace, *nf*, cerlan; *nm*, teras; *v*, cerlannu; terasu
  river terrace, *nf*, cerlan
  terrace houses, *np*, tai teras
  unpaired terraces, *np*, cerlannau anghymarus
terracette, *nm*, teraset
terrain, *nm*, terrain
terre, *nf*, daear; *nm*, y llawr
  à terre, ar lawr
terrestial, *a*, daearol
terrier, *nm*, terier
territorial, *a*, tiriogaethol
  territorial waters, *np*, dyfroedd tiriogaethol
territory, *nf*, tiriogaeth
  trusteeship territory, tiriogaeth ymddiriedol
tertiary, *a*, trydyddol; tertaidd
terylene, *nm*, terylen
tesselated, *a*, brithwaith
tessera, *nm*, *tessera*
test, *nm*, arbrawf; prawf; test; *v*, profi; testio
  absurdities test, prawf afresymolion
  activation test, prawf actifiant
  analogies test, prawf cydweddiadau
  aptitude test, prawf dawn; prawf tueddfryd
  attainment test, prawf cyraeddiadau

attitude test, prawf agwedd; (agweddiad; ymagweddiad)
battery of tests, *nm*, clwm o brofion
block design test, prawf blociau
classification test, prawf dosbarthiad
code test, prawf côd
completion test, prawf llenwi bylchau
comprehension test, prawf amgyffred
digit span test, prawf rhif rhychwant
directions test, prawf cyfarwyddiadau
disarranged sentence test, prawf aildrefnu brawddeg
forced whisper test, prawf sibrwd grymus
group test, prawf grŵp
individual test, prawf unigolyn
linguistic aptitude test, prawf dawn iaith
mazes test, prawf drysfa
non-language test, prawf di-iaith
non-verbal reasoning test, prawf rhesymu di-eiriau
non-verbal test, prawf di-eiriau
omnibus type test, prawf omnibws
opposites test, prawf cyferbyniadau
performance intelligence test, gweithbrawf deallusrwydd
performance test, gweithbrawf
picture completion test, prawf gorffen darlun
picture interpretation test, prawf dehongli darlun
preliminary test, rhagbrawf
readiness test, prawf parodrwydd
reading readiness test, prawf parodrwydd i ddarllen
Rorschach Inkblot test, prawf Rorschach
similarities test, prawf cyffelybion
special ability test, prawf gallu arbennig
synonym-antonym test, prawf cyfystyr-gwrthystyr
test tube, *nm*, tiwb profi; profdiwb

verbal intelligence test, prawf deallusrwydd geiriol
verbal test, prawf geiriol
testa, *nm*, testa
testate, *a*, ewyllysiol
testicle, *nm*, carreg; testicl
testify, *v*, tystio; tystiolaethu
testimony, *nf*, tystiolaeth
unsworn testimony, tystiolaeth ddi-lw
testis, *nm*, testis
testosterone, *nm*, testosteron
tetanus, *nm*, tetanws
tetany, *nm*, tetanedd
tetrachord, *nm*, tetracord
tetrad, *nm*, tetrad
tetrad difference, *nm*, gwahaniaeth tetrad
tetrad equation, *nm*, hafaliad tetrad
tetrahedral, *a*, tetrahedrol
tetrahedron, *nm*, tetrahedron
tetraploid, *a*, tetraploid; *nm*, tetraploid
tetrastyle, *a*, tetrastyl; *nm*, tetrastyl
tetrode, *nm*, tetrod
tetroxide, *nm*, tetrocsid
textile, *a*, gweol; *nm*, gweadwaith; tecstil
textile industry, *nm*, diwydiant gweol
textural, *a*, gweadol
texture, *nm*, arwead; gwead; gweadedd; gweadwaith; ansawdd; *nf*, gwedd (*Cr*)
coarse texture, gweadedd bras
soft texture, gweadedd main
texture of wood, ansawdd pren; gwedd pren
thalloid, *a*, thaloid
Thallophyta, *np*, Thallophyta
thallus, *nm*, thalws
thalweg, *nf*, thalweg
Thames, Tafwys
thatch, *nm*, to gwellt; *v*, toi
thatch straw, *np*, gwellt toi
theatre, *nf*, theatr; *nm*, chwaraedy
children's theatre, theatr plant
community theatre, theatr gymuned
intimate theatre, theatr gartrefol

legitimate theatre, theatr uniongred
little theatre, theatr fach
National Theatre, Theatr Genedlaethol
puppet theatre, theatr bypedau
theatre bill, *nm,* bil theatr
theatre licence, *nf,* trwydded theatr
theatre manager, *nm,* goruchwyliwr theatr
travelling theatre, theatr deithiol
theatrical, *a,* theatraidd
theft, *nm,* dwyn; lladrad
petty theft, mân-ladrad
theme, *nf,* thema
theodolite, *nm,* theodolit
theorem, *nf,* theorem
theory, *nf,* damcaniaeth; theori
Central Place Theory, Theori Man Canol
hormic theory, theori hormig
information theory, damcaniaeth gwybodaeth
multiple factor theory, theori aml ffactor
Ostwald theory, theori Ostwald
reinforcement theory, damcaniaeth atgyfnerthu
theory of probability, theori tebygolrwydd
theory test, *nm,* prawf theori
two factor theory, theori'r ddau ffactor
therapeutic, *a,* therapiwtig
therapist, *nm,* therapydd
therapy, *nm,* therapi
occupational therapy, therapi gweithgareddol
speech therapy, therapi siarad
therm, *nm,* therm
thermal, *a,* thermol; *nm,* thermal
thermal equator, *nm,* cyhydedd thermol; cyhydedd gwres
thermal wind, *nm,* gwynt thermol
thermocline, *nm,* thermoclein
thermocouple, *nm,* thermocwpl
thermodynamics, *nmf,* thermodynameg
thermoelectric, *a,* thermoelectrig
thermogram, *nm,* thermogram

thermojunction, *nm,* thermogydiad
thermometer, *nm,* thermomedr
maximum thermometer, thermomedr macsimwm
wet bulb thermometer, thermomedr bwlb gwlyb
thermopile, *nm,* thermopil
thermoscope, *nm,* thermosgop
thermostat, *nm,* thermostat
thesis, *nm,* gosodiad; thesis
thespian, *nm,* thesbiad
thicken, *v,* tewychu
thickening, *nm,* tewychydd
thicket, *nm,* dryslwyn; *nmf,* garth
thickness, *nm,* trwch
double thickness, trwch dwbl
thief, *nm,* dygwr; lleidr
thieve, *v,* lladrata
thigh, *nf,* morddwyd
thimble, *nm,* gwniadur
think, *v,* meddwl; meddylu
third, *a,* trydydd; *nm,* trydydd
third man, trydydd (*Ch*)
thong, *nf,* carrai
calf thong, carrai croen llo
thoracoplasty, *nm,* thoracoplasti
thorax, *nm,* thoracs
thoroughfare, *nf,* tramwyfa
thorough-pin, *nm,* chwyddi'r gar; coden y gar
thought, *nm,* meddwl; syniad
a thought, *nm,* meddyliad
thought process, *nf,* proses meddwl
thread, *nf,* edau; *nm,* edefyn; *v,* edafu
acme thread, edau acme
button thread, edefyn cyfrodedd; edau fotwm
carpet thread, edau garped
cotton thread, edau gotwm
double thread, edau ddwbl
draw a thread, *v,* tynnu edau
drunken thread, edau chwil
female thread, edau fenyw
gold thread, edau aur
length of thread for needle, *nm,* nodwyddiad; pwythyn
linen thread, edau lîn
lurex thread, edau lwrecs
Sellers thread, edau Sellers
selvedge thread, edau selfais

single thread, edefyn sengl
thread angle gauge, *nm,* medrydd pits sgriw
thread hole, *nm,* twll edau
threading hook, *nm,* bach edafu
threadmarking, *v,* pwytho llwybr
weft thread, edau anwe
woollen thread, edefyn gwlân
threadworm, *nf,* corlyngyren
three dimensional object, *nm,* gwrthrych tri dimensiwn
threat, *nm,* bygythiad
three outs, *nm,* tri allan
three-ply, *a,* tair haenog; trithrwch
three-quarter, *nm,* tri chwarter
threesome, *nm,* triawd
threshold, *nm,* trothwy
threshold population, *nf,* poblogaeth drothwy
thriller, *nf,* thrilen; drama dditectif; drama gyffro; *nm,* llyfr cyffro; llyfr ditectif
throat, *nm,* gwddf
thrombocyte, *nm,* thrombocyt
thrombosis, *nm,* thrombosis; tolcheniad
thrombus, *nm,* thrombws; *nf,* tolchen
throttle, *nf,* throtl; *v,* throtlo
throw, *nm,* tafledd; tafliad; *v,* taflu
free throw, tafliad rhydd *(Ch)*
throw forward, taflu ymlaen
throw in, taflu mewn
throw it away, bwrw llinell *(Th)*
throw line, *nm,* cortyn fflat *(Th)*
throw the hammer, taflu'r ordd
throw up, *nf,* cydnaid
thrush, *nf,* bronfraith; *nm,* clwy bywyn y carn; trysgli
thrust, *nm,* gwaniad; gwth; gwthiad; *v,* gwanu; gwthio; hyrddio
direct thrust, gwaniad union
over thrust, gorwthiad
thrusting, *nm,* ymwthiad
thunder, *nf,* taran
thunder sheet, *nf,* siten daran
thunderbolt, *nmf,* taranfollt
thunderstorm, *nf,* storm fellt a tharanau

thwart, *nf,* set ystlys; *v,* gwrthwynebu
thyme, *nm,* teim
thymus, *nm,* thymws
thyrotropic, *a,* thyrotropig
thyroxin, *nm,* thyrocsin
tibia, *nm,* tibia
tick, *nm,* tic; *nf,* trogen
tidal, *a,* llanw
tidal current, *nm,* cerrynt llanw
tidal lagoon, *nm,* lagŵn llanw
tide, *nm,* llanw
double tide, dau lanw
ebb tide, *nm,* trai
high tide, pen llanw
low tide, *nm,* distyll
neap tide, *nm,* ertrai
spring tide, gorllanw
tie, *nm,* cwlwm; *nf,* gêm gyfartal *(Ch);* tynlath; *nmf,* tei; *v,* clymu
loop and tie, *nf,* dolen a chwlwm
tie line, *nm,* clymlin
waist tie, cwlwm gwasg
tied house, *nm,* tŷ clwm
tier, *nf,* rhenc; rhes
lower tier, rhes isaf
tiered skirt, *nf,* sgert renciog
Tierce de Picardie, *Tierce de Picardie*
tight, *a,* tyn
tighten, *v,* tynhau
tights, *np,* tynion
tile, *nf,* teilsen
bonnet tile, teilsen fonet
mosaic tiles, *np,* teils mosaig
till, *nm,* clog-glai; cloglai; clai clog; *v,* trin tir
tillage, *nf,* triniaeth tir
tiller, *nf,* cadeiren *(B); nm,* tiler; triniwr; *v,* cadeirio *(B);* tileru
tilth, *nm,* tilth; ffraethni; *nf,* tymer
timber, *np,* coed; coedwydd; *v,* coedio
timber framing, *nm,* fframwaith coed
timber stacking, *v,* tasu coed
time, *nm,* amser; *v,* amseru
acting time, *nm,* hyd perfformiad *(Th)*
apparent time, amser haul
compound time, amser cyfansawdd

full time, amser llawn
Greenwich Mean Time, Amser Greenwich
half time, hanner amser
mean time, amser cymedr
sideral time, amser y sêr
simple time, amser syml
solar time, amser yr haul
time the acts, *v*, amseru'r actau
word reaction time, amser geiriadwaith
time-base, *nm*, amserlin
time-book, *nm*, llyfr amser
time-constant, *nm*, constant amser; cysonyn amser
time-keeper, *nm*, amserwr
time-names, *np*, enwau amser; enwau rhythm
time-off, *nm*, amser rhydd
time-out, *nf*, saib
time-sheet, *nf*, orlen
time-signature, *nmf*, arwydd amser
time-table, *nf*, amserlen; *v*, amserlennu
block time-table, amserlennu bloc
timing, *nm*, amseriad
timpani, *np*, timpani
tin, *nm*, alcam; alcan; tun; *v*, tunio
bun tin, tun byns
tincture, *nm*, trwyth
tine, *nm*, dant
tinman, *nm*, tiniwr
tinman's anvil, *nf*, eingion tuniwr
tinplate, *nm*, tunplat
tinplate industry, *nm*, diwydiant tunplat
tint, *nm*, arlliw; *v*, arlliwio; tintio
tint tool, *nm*, offeryn arlliwio
tip, *nm*, tip; pigyn; *v*, tipio
foul tip, tip ffowl
tissue, *nf*, meinwe
adipose tissue, meinwe floneg
connective tissue, meinwe gyswllt
nervous tissue, meinwe nerfau
scar tissue, meinwe craith; meinwe creithiog
tissues, *np*, hancesi papur
titanium, *nm*, titaniwm

tithe, *nm*, degwm; *v*, degymu
appropriate tithes, degymau adfedd
tithing, *nm*, degymiad
title deeds, *np*, gweithredoedd eiddo
titrate, *v*, titradu
titration, *nm*, titradaeth
titre, *nm*, titr
toad in the hole, *nm*, cytew selsig; cytew sosej
toast, *nm*, tost; *v*, tostio
tobralco, *nm*, tobralco
toccata, *nm*, tocata
toccatella, *nf*, tocatela
toe, *nm*, bawd; bys traed
on toes, *ad*, ar flaenau'r traed
toffee, *nm*, cyflaith; taffi
treacle toffee, cyflaith du; taffi triog
toilet, *nm*, toilet
tolerance, *nm*, goddefedd; goddefiant; lwfans
toll, *nf*, toll
toll bridge, *nf*, tollbont
toll gate, *nm*, tollborth
tomato, *nm*, tomato
tombola, *nm*, tombola
ton, *nf*, tunnell
tonal, *a*, tonaidd
tonal answer, *nm*, ateb tonaidd
tonal sequence, *nm*, dilyniant tonaidd
tonalite, *nm*, tonalit
tone, *nm*, arlliw; cywair; *nf*, naws; tôn
tone deaf, *a*, tôn-fyddar
tone values, *np*, gwerthoedd tôn
tongue, *nm*, tafod; *v*, tafodi
loose tongue, tafod rhydd
tongue and groove, tafod a rhigol; tafod a rhych
tongs, *nf*, gefel
bolt tongs, gefel follt
close mouth tongs, gefel gegdyn
double hollow bit tongs, gefel gegron ddwbl
draw tongs, gefel dynnu
hollow bit tongs, gefel gegron
pick up tongs, gefel godi
side mouth tongs, gefel gegochr
square mouth tongs, gefel gegsgwar

tonic, *a*, tonig; *nm*, tonig
tonnage, *nm*, tunelledd
  dead tonnage, tunelledd marw
  dead weight tonnage, tunelledd llwyth
  displacement tonnage, tunelledd dadleoliad
  freshwater tonnage, tunelledd dŵr croyw
  gross tonnage, tunelledd gros
  saltwater tonnage, tunelledd dŵr heli
  tonnage and poundage, treth faril a phwysau; treth gasgen
tonsil, *nm*, tonsil
tool, *nm*, erfyn; offeryn (*pl*, offer); *v*, offeru
  block cutting tool, erfyn ysgythru
  clay modelling tool, erfyn modelu clai
  Dresden tool, offeryn Dresden
  engraving tool, offeryn engrafu
  forming tool, erfyn ffurfio; offer ffurfio
  machine tools, offer peiriannol
  roughening tool, *nf*, brasnaddell
  tool bar, *nm*, bar offer
  tool bit, *nm*, bit offer
  tooling gouge, *nf*, gaing (gau) offeru
  tooling leaf, *nf*, dalen offeru
  tooling leather, *nm*, lledr offeru
toolmaker, *nm*, offerwr
  toolmaker's clamp, *nm*, clamp offerwr
tooth, *nm*, dant
  canine tooth, dant llygad
  crown of tooth, *nm*, copa dant
  dog tooth, dant ci
  milk teeth, *np*, dannedd sugno
  saw teeth, *np*, dannedd llif
top, *nm*, top; *v*, topio
  spinning top, *nm*, chwyrligan; top sgwrs; top tro
  top lights, golau'r top
  top of the bill, top y bil
topic, *nm*, pwnc
topographic, *a*, topograffig
topographical, *a*, topograffigol
  topographical art, *nf*, celfyddyd topograffigol
topological, *a*, topolegol
topology, *nmf*, topoleg
topple, *v*, dymchwel; ymhoelyd
topshell, *nf*, cragen grib
topsoil, *nm*, uwchbridd
tor, *nm*, tor
torch, *nm*, tors
tormentor, *nm*, encilydd; torfennwr
tornado, *nm*, tornado
torque, *nm*, torch
torrent, *nm*, cenllif; ffrydlif
torrid, *a*, crasboeth
torsion, *nm*, cwlwm; dirdro; tro
  torsion balance, *nf*, clorian ddirdro
  torsion bar, *nm*, trofar
torso, *nm*, torso
tort, *nm*, tort; camwedd
tortfeasor, *nm*, tortfeasor; camweddwr
tortious, *a*, tortus; camweddus
torus, *nm*, torws
tory, *a*, torïaidd; *nm*, Tori
toryism, *nf*, torïaeth
total, *nm*, cyfanrif; cyfanswm
touch, *nm*, cyffyrddiad; *v*, cyffwrdd
touch-line, *nf*, llinell ystlys
  touch down, *v*, llorio'r bêl
  touch in goal, ystlys y geisfa
  touch judge, *nm*, ystlyswr
toughness, *nm*, gwydnwch
tour, *nf*, taith
  tour en l'air, *nm*, tro awyr
touring, *a*, teithiol
  touring production, *nm*, cynhyrchiad teithiol
  touring set, *nf*, set deithiol
tourism, *nf*, twristiaeth
  Tourist Board, *nm*, Bwrdd Twristiaeth; Bwrdd Croeso (Cymru)
tourn, *nm*, twrn
tournament, *nm*, twrnamaint; twrneimant
towel, *nm*, tywel
  roller towel, tywel rholio
  towel master, tywel tynnu
  towel rail, *nf*, rheilen tywelion
towering, *a*, tyrrog
town, *nf*, tref
  satellite town, cylchdref
  shanty town, tref shanti
townscape, *nm*, treflin; *nf*, trefwedd

township, *nf*, trefgordd
toxaemia, *nm*, gwenwyniad; tocsaemia
toxicology, *nf*, tocsicoleg
toy, *nm*, tegan
  constructional toy, *np*, tegan adeiladu
  soft toy, tegan meddal
  washable toy, tegan golchadwy
trabeated, *a*, trawstiog
trace, *nm*, mymryn; olin; trywydd; *v*, dargopïo; tresio
  trace element, *nf*, elfen mymryn
tracer, *nm*, olinydd
tracery, *nm*, olinwaith; treswaith
trachea, *nm*, tracea
tracheal, *a*, traceal
  tracheal gill, *nm*, brancia traceal
tracheid, *nm*, traceid
trachelion, *nm*, tracelion
tracheole, *nm*, traceol
tracing, *nm*, dargopi
  tracing paper, *nm*, papur dargopïo
  tracing wheel, *nf*, olwyn ddargopïo; olwyn dresio
track, *nm*, llwybr; trac
  multiple track, amldrac
  single track, untrac
tracker dog, *nm*, ci trywydd
track-rod, *nf*, rhoden lwybro
track-suit, *nf*, tracwisg
trackway, *nf*, ffordd
  prehistoric trackway, ffordd gynhanes
tract, *nm*, tract
  plain tract, gwastatir afon
  torrent tract, blaendir afon
  valley tract, dyffryndir afon
traction, *nm*, tyniant
tractive, *a*, tyniadol
  tractive force, *nm*, grym tyniadol
tractor, *nm*, tractor
  pull-apart tractor, tractor ffitio; tractor tynnu'n rhydd
tractrix, *nm*, tractrics
trade, *nf*, crefft; masnach; *nm*, trâd
  free trade, masnach rydd
  free trader, *nm*, masnachwr rhydd
  retail trade, masnach adwerthol
  tea-cup trade, paned-fasnach
  trade description, *nm*, disgrifiad masnach
  Trade Facilities Act (T.F.A.), Deddf Hyrwyddo Masnach
  trade fixtures, *np*, gosodion masnach
  trade mark, *nmf*, nôd masnach; nôd masnachu; *nm*, marc trâd
  trade union, *nm*, undeb llafur
  trade unionist, *nm*, undebwr llafur
  Trade Unions Congress (T.U.C.), Cyngres yr Undebau Llafur
  trade winds, *np*, gwyntoedd trafnid
traffic, *nm*, traffig; *nf*, trafnidiaeth
  essential traffic, traffig gorfod
  optional traffic, traffig diorfod
  through traffic, traffig trwodd
tragedian, *nm*, trasiedydd
tragedienne, *nf*, trasiedyddes
tragedy, *nm*, trasiedi
tragicomedy, *nf*, trasigomedi
trailer, *nm*, olgerbyd; olgart; treler; treiler; rhaglun (*Th*)
train, *nm*, trên; *v*, hyfforddi; treinio
  gear train, trên gêr
  pullalong train, trên llusgo
trained, *a*, hyfforddedig
trainer, *nm*, hyfforddwr; treiniwr
training, *nm*, hyfforddiant
  in-service training, hyfforddiant mewn swydd
trait, *nf*, teithwedd
trajectory, *nm*, taflwybr
tramline, *nm*, tramlin
trammel, *nm*, tramel
trampette, *nm*, trampet
trampoline, *nm*, bwrdd sbring; tramplin
tranquilizer, *nm*, tawelyn
transcendental, *a*, trosgynnol
transcript, *nm*, trawsgript
transect, *nm*, transect; trawslun; *v*, trawlunio
transept, *nf*, croes eglwys; croesfa
transfer, *nm*, transffer; trosglwyddiad; troslun; *v*, transfferio; trosglwyddo

blank transfer, trosglwyddiad pen-agored
cable transfer, trosglwyddiad cebl
certified transfer, trosglwyddiad ardyst
smocking transfer, transffer smocwaith
telegraphic transfer, trosglwyddiad telegraffig
transferee, *nm,* trosglwyddai
transference, *nm,* trawsfudiad; trosglwyddiad
transferor, *nm,* trosglwyddwr
transfinite, *a,* trawsfeidraidd
transfluence, *nm,* trawslifiant
transform, *nf,* trawsffurf; *v,* trawsffurfio
transformation, *nm,* trawsffurfiant
transformer, *nm,* newidydd
  step-down transformer, newidydd gostwng
  step-up transformer, newidydd codi
transfusion (blood), *nm,* trosglwyddiad; trallwysiad (gwaed)
transgression, *nm,* troseddiad
transhipment, *nm,* trawslwytho
  transhipment point, *nm,* pwynt trawslwytho
transhumance, *nf,* trawstrefa
transistor, *nm,* transistor
transistorised, *a,* trawsyddol; transistoraidd
transit, *nm,* croesiad; *nf,* taith; trawstaith
  in transit, ar daith
  transit region, *nm,* rhanbarth trawstaith
transition, *nm,* cyfnewid; trawsfudiad; trawsnewid; trawsnewidiad
  downhill transition, trawsnewid gwaeredol
  partial transition, trawsnewid rhannol
  shop transition, trawsnewid siop
transitional, *a,* rhyngbarthol; trawsnewidiol; trosiannol
  transitional stage, *nm,* cyfwng canol
  transitional style, *nf,* arddull drawsnewidiol
  transitional zone, *nf,* cylchfa ryngbarthol
transitive, *a,* trosaidd; transitif
translate, *v,* cyfieithu; trawsfudo *(Ff)*
translation, *nm,* cyfieithiad; trawsfudiad *(Ff)*
translocation, *nm,* trawsleoliad
translucent, *a,* tryleu
transmission, *nm,* trawsyriant; trosglwyddiad
  electricity transmission line, *nf,* lein trawsyrru trydan
  transmission belt, *nmf,* belt trawsyriant
transmit, *v,* trawsyrru; trosglwyddo
transmitter, *nm,* trawsyrrydd
transmutation, *nm,* trawsnewidiad
transom, *nm,* trawslath
transparency, *nm,* tryloywder; tryloywlun
transparent, *a,* tryloyw
  transparent gummed paper, *nm,* papur gwm tryloyw
transpiration, *nf,* transbiradaeth
transpire, *v,* transbiradu
transplant, *v,* trawsblannu
transplanted, *a,* trawsblanedig
transport, *nm,* cludiant; *v,* cludo
  air transport, cludiant awyr
  canal transport, cludiant camlas
  railway transport, cludiant rheilffordd
  road transport, cludiant ffordd
transportation, *nm,* trawsgludiad
transpose, *nm,* trawsddodyn; *v,* trawsddodi; trosi
transposition, *nm,* trawsddodiad; trosiad
transubstantiation, *nm,* trawsylweddiad
transversal, *nm,* ardrawslin
transverse, *a,* ardraws; argroes; croes; traws; *nm,* trawslin; *v,* tramwy
  transverse process, *nm,* cnap trawslin
  transverse section, *nm,* toriant trawslin
trap, *nm,* trap; *v,* trapio; stondio

trapeze, *nm*, trapîs
trapezium, *nm*, trapesiwm
trapezoid, *nm*, trapesoid
trauma, *nm*, trawma
traumatic, *a*, trawmatig
traveller, *nm*, teithiwr; trafeiliwr
traverse, *a*, traws; *nf*, trawstaith
  traverse curtains, *np*, llenni traws
trawl, *v*, treillio
trawler, *nf*, treillong
tray, *nm*, hambwrdd
  counting tray, hambwrdd rhifo
  drip tray, hambwrdd diferion
  mixing tray, hambwrdd cymysgu
  nesting trays (stacking), hambyrddau tas
  number tray set, *nf*, set hambwrdd rhifo
  scissor tray, hambwrdd siswrn
traycloth, *nm*, lliain hambwrdd
treacle, *nm*, triagl; triog
tread, *nm*, gris; *v*, troedio
  treads and risers, gris ac wyneb
treadle-machine, *nm*, troedlath
treason, *nm*, treswn; brad; *nf*, teyrnfradwriaeth
  high treason, *nm*, uchel-frad; uchel dreswn
treasury, *nm*, trysorlys
  treasury bill, *nm*, bil trysorlys
  treasury tag, *nm*, tag trysorlys
treatment, *nf*, triniaeth
treaty, *nm*, cytundeb; cytuniad
tree, *nf*, coeden
  palm tree, *nf*, palmwydden
  tree line, *nm*, coedlin
trefoil, *nf*, teirdalen; *nm*, treffoil
Trematoda, *np*, Trematoda
tremolando, *a*, tremolando
tremolo, *nm*, tremolo
trench, *nf*, ffos; *v*, rhigoli; rhychu; ffosio
trental, *nm*, trental
trepan, *v*, trepannu
trephine, *nm*, tryffin; *v*, tryffinio
trespass, *nm*, tresmasiad; tresbas; *v*, tresmasu; troseddu; tresbasu
trespasser, *nm*, tresmaswr
trews, *np*, triws
triad, *nm*, triad
  primary triad, triad sylfaen

trial, *nm*, prawf; treial
triangle, *nm*, triongl
  isoceles triangle, triongl dwy ochr hafal; triongl isosgeles
  triangle of forces, triongl grymoedd
triangular, *a*, trionglog
triangulation, *nm*, triongli; triongliant
  Triangulation Pillar, *nm*, Piler Triongli
tribe, *nm*, llwyth
tribology, *nf*, triboleg
tribunal, *nm*, tribiwnlys
tributary, *nf*, isafon; llednant
  right bank tributary, llednant glan dde; isafon dde
  tributary region, *nm*, rhanbarth ategol
tricel, *nm*, tricel
Trichoptera, *np*, Trichoptera
tricycle, *nm*, treisicl
triffle, *nm*, treiffl
triforium, *nm*, trifforiwm
trigger tacker, *nm*, gwn tacio
triglyph, *nm*, triglyff
trigonometric, *a*, trigonometrig
trigonometry, *nmf*, trigonometreg
trihedral, *a*, trihedral
tri-lead tetroxide, *nm*, tri-phlwm tetrocsid
trilith, *nm*, trilith
trilithium, *nm*, trilithiwm
trill, *nm*, tril
trilobite, *nm*, trilobit
trim, *v*, trimio
  trim and clip, trimio a chlipio
trimming, *nm*, trimiant; trimin
trinket, *nm*, tlws
  trinket box, *nm*, blwch tlysau
trinomial, *a*, trinomaidd; *nm*, trinomial
trio, *nm*, trio
triode, *nm*, triod
trioxide, *nm*, triocsid
trip, *v*, baglu
tripartite, *a*, teiran; tridarn
  tripartite system, *nf*, cyfundrefn deiran
tripe, *nm*, treip

triple, *a,* triphlyg; *nm,* triphlyg
  triple concerto, *nm, concerto triphlyg*
  triple fugue, *nf,* ffiwg driphlyg
triplicate, *a,* triphlyg
triploblastic, *a,* triploblastig
triploid, *a,* triploid; *nm,* triploid
Tripoli, *nm,* Tripoli
  Tripoli composition, *nm,* sebon Tripoli
triptych, *nm,* triptych
trisect, *v,* traeannu
trisection, *nm,* traeaniad
trismus, *nm,* genglo; trismws
tritone, *nm,* triton
  false relation of the tritone, *nmf,* amherthynas y triton
triumvir, *nm,* triwr
triumvirate, *nf,* y driwriaeth
trivet, *nm,* trybedd
trivial, *a,* dibwys
trocar, *nm,* trychyr
trochanter, *nm,* trocanter
trochoid, *a,* trocoid; *nm,* trocoid
trolley, *nf,* trolen; *nm,* troli
  milk crate trolley, troli llaeth
trombone, *nm,* trombôn
trompe l'oeil, *nm, trompe l'oeil*
trophy, *nm,* buddged; tlws; troffi
tropical, *a,* trofannol
  inter tropical, rhyng-drofannol
  tropical air, *nf,* awyr drofannol
  tropical grasslands, *np,* glaswelltiroedd trofannol
tropics, *np,* trofannau
  Tropic of Cancer, Trofan Cancr
  Tropic of Capricorn, Trofan Capricorn
tropism, *nm,* atroad; tropedd; tropism
tropopause, *nm,* tropopos
troposphere, *nm,* troposffer
trot, *nm,* tuth; *v,* tuthio
trotter, *nf,* troed mochyn
trough, *nm,* cafn
  book trough, cafn llyfrau
  trough's end, *nm,* blaen cafn
troupe, *nm,* trŵp
trouper, *nm,* trwpiwr
trousers, *nm,* trowsus
trout, *nm,* brithyll

trouve, *a,* hapgael
  object trouve, *nm,* gwrthrych hapgael
trover, *nm,* trofer
trowel, *nm,* trywel
truancy, *nm,* triwanta
truant, *a,* triwant; *nm,* triwant
truce, *nm,* cadoediad
truck, *nm,* tryc; *nf,* wagen
  articulated truck, wagen gymal
  boat truck, tryc llwyfan (*Th*)
  gyro drive truck, tryc gyro
  tug along truck, wagen lusgo
true, *a,* cywir; gwir
  true length, *nm,* hyd cywir; gwir hyd
  true shape, *nf,* gwir ffurf
trumpet, *nf,* trwmped
truncate, *v,* blaendorri; trwyndynnu
truncated, *a,* trych
trunk, *a,* prif; *nm,* boncyff; bongorff; trync
  trunk hose, *np,* llodrau hosan
  trunk stream, *nf,* prif afon
trunks, *np,* tryncs; tryncion; bonion
trunnion, *nm,* trwnion
truss, *nm,* cwpl; trws; trysiad; *v,* trysio
trussed, *a,* cypledig; trysiedig
trust, *nf,* ymddiriedaeth; ymddiriedolaeth; trwstiaeth; *nm,* trwst; *v,* ymddiried
  trust corporation, *nf,* trwstgorfforaeth
  trust deed, *nf,* dogfen ymddiriedolaeth
trustee, *nm,* ymddiriedolwr
trusteeship, *nf,* ymddiriadaeth; trwstiaeth
try, *nm,* cais; rhoddi ar brawf; barnu; profi
  converted try, trosgais
  penalty try, cais cosb
  try back, *v,* troi'n ôl (*Th*)
trypsin, *nm,* trypsin
trypsinogen, *nf,* trypsinogen
try-square, *nmf,* sgwâr brofi
tsar, *nm,* tsâr
tub, *nm,* twb; *v,* twbio
  fixed tub, twb sefydlog
  tub four, twb pedwar
  tub pair, twb pâr

tuba, *nm,* tiwba
tube, *nm,* tiwb
  Eustachian tube, tiwb Eustachio
  Fallopian tube, tiwb Fallopio
  stomach tube, tiwb stumog
  test tube, tiwb profi; profdiwb
  uterine tube, tiwb wterws
tuber, *nf,* cloronen; twber
tubercle, *nm,* twbercwl
tuberculin, *nm,* twbercwlin
  tuberculin tested milk, *nm,* llaeth ardyst
tuberculosis, *nf,* darfodedigaeth; *nm,* twbercwlosis; dycáe; dyclein; pla gwyn
tubing, *nm,* tiwb; tiwbin
tubular, *a,* tiwbaidd
tubule, *nm,* tiwbwl
  seminiferous tubule, tiwbwl semen; tiwbwl semenifferus
  uriniferous tubule, tiwbwl wrin; tiwbwl wrinifferus
tuck, *nm,* twc; *v,* twcio
  cross tuck, twc croes
  pin tuck, twc pin
  shell tuck, twc cragen
  tucking hammer, *nm,* morthwyl twcio
  wide tuck, twc llydan
tufa, *nm,* twffa
tuff, *nm,* twff
tuffaceous, *a,* twffaidd
tufted, *a,* cudynnog
tug, *nm,* tynfad
tug-drawn, *a,* tynfad
  tug-drawn barge, *nf,* ysgraff tynfad
tugmen, *np,* tynfadwyr
tug o war, *nm,* tynnu rhaff; *nf,* gornest dynnu
tulle, *nm,* tiwl
tumble, *v,* bwndlo
tumbler, *nm,* twmbler
  tumbler gears, *np,* gêrs twmblo
tumour, *nm,* tiwmor
  malignant tumour, tiwmor gwyllt
  simple tumour, tiwmor araf
  tumour cysts, *np,* codennau tiwmor
tumulus, *nm,* twmwlws
tundra, *nm,* twndra

tungsten, *nm,* twngsten
  tungsten carbide, *nm,* carbid twngsten
tunic, *nf,* tiwnig; twnig
tunnel, *nm,* twnnel
  entrance to road tunnel, *nf,* mynedfa i ffordd dwnnel
turbary, *nf,* tywyrchfa; mawnfa
turbidity test, *nm,* prawf tyrfu
turbine, *nm,* tyrbin
turbo-generator, *nm,* generadur-tyrbo
turbulence, *nm,* tyrfedd
turbulent, *a,* tyrfol
  turbulent flow, *nm,* llifiant tyrfol
turgid, *a,* chwydd-dynn; twrgid
turgor, *nm,* twrgor
turkey, *nm,* twrci
turmeric, *nm,* twrmeric
turn, *nf,* troell; *v,* troi
turner, *nm,* tyrniwr
turnery, *nf,* tyrnwriaeth
turning, *nm,* troad
  double turning, troad dwbl
  single turning, troad sengl
  turning allowance, *nm,* lwfans troadau
  turnings allowed, *np,* troadau'n gynwysedig
turnip, *nf,* erfinen; meipen
  white turnip, erfinen wen
turnover, *nm,* trosiant
  sales turnover, trosiant gwerthu
turnpike, *nm,* tyrnpeg; tyrpeg
  turnpike trust, *nm,* cwmni tyrpeg
turnscrew, *nm,* tyrnsgriw
turntable, *nm,* bwrdd tro; trofwrdd
turpentine, *nm,* tyrpant; tyrpentin
  oil of turpentine, *nm,* oel tyrpant; olew tyrpant
turret, *nm,* twred
  turret-headed, *a,* pen twred
tutelage, *nf,* tiwtelaeth
tutti, *a,* twti; *nm,* twti
tuyere, *nm, tuyere;* twyer
tweed, *nm,* twîd
tweezers, *np,* gefeiliau
twenty-five, *nm,* dau ddeg pump (Mathamategol); pumparhugain (Llenyddol)
twig, *nm,* brigyn; ysbrigyn

twill, *nm,* twil
  cavalry twill, twil cafalri
twin, *v,* gefeillio
twine, *nm,* cortyn; *v,* troelli
  cotton twine, cortyn cotwm
twiner, *nm,* troellyn
twins, *np,* gefeilliaid
  dizygotic twins, gefeilliaid deuwy
  fraternal twins, gefeilliaid brawdol; gefeilliaid deuwy
  identical twins, gefeilliaid unfath
  monozygotic twins, gefeilliaid unwy
twin-town, *nf,* gefelldref
twist, *nm,* twist; *v,* cordeddu; dirdroi; twistio
  twist drill, *nm,* dril dirdro
  twisted cord, *nf,* corden dro; *nm,* cordyn tro
twisted, *a,* dirdro
twisting, *nm,* dirdroad
two, *nm,* dau; par
  in twos, *ad,* yn barau; yn ddeuoedd; yn gyplau
  two lines and a spit, *np,* manion (*Th*)
  two on the ball, *nm,* dau ar y bêl
two-stroke, *a,* dwystroc
two-tier, *a,* deuris; dwyradd
two-wheeled, *a,* deu-rod
tylose, *nm,* tylos
tympanic, *a,* tympanig
  tympanic cavity, *nm,* ceudod tympanig
  tympanic membrane, *nf,* pilen dympanig
tympanites, *np,* bolchwyddi; *nm,* tympanites
tympanum, *nm,* tympanwm
type, *nm,* teip
  type region, *nm,* rhanbarth teip
  type station, *nf,* gorsaf deip
  wild type, teip gwyllt
typewriter, *nm,* teipiadur
  typewriter carriage, *nm,* carais teipiadur
typhoon, *nm,* gyrwynt; teiffŵn
typist, *nm,* teipydd; *nf,* teipyddes
typology, *nf,* teipoleg
tyrant, *nm,* teirant; gormeswr
tyre, *nm,* teiar

U

ulcer, *nm,* wlser; clwyf
  rodent ulcer, *nm,* cornwyd ysol
ulna, *nm,* wlna
ultrabasic, *a,* wltrabasig
ultramontane, *a,* wltramontan; *nm,* wltramontan
ultramontanism, *nf,* wltramontaniaeth
ultrasonic, *a,* wltrasonig
ultrasonics, *nmf,* wltrasoneg
ultra-violet, *a,* wltra-fioled; uwchlas; uwch-fioled
umbel, *nm,* wmbel
umbilic, *a,* wmbilig
umpire, *nm,* dyfarnwr; rheolwr; *v,* dyfarnu
unaccompanied, *a,* heb gyfeiliant; yn ddigyfeiliant
una corda, *una corda*
unawareness, *nm,* anymwybod
unbalance, *nm,* diffyg cydbwysedd
unbounded, *a,* diarffin
uncial, *a,* wnsial; *nm,* wnsial
unclassified, *a,* annosbarthedig
unconditional, *a,* diamod; diamodol
unconformity, *nm,* anghydffurfedd
unconscious, *a,* anymwybodol; *nm,* diymwybod
unconsciousness, *nm,* anymwybod
unction, *nm,* eneiniad wncsiwn
undefined, *a,* anniffiniedig

underclothing, *np*, is-ddillad; dillad isaf
undercroft, *nf*, basgell
undercurrent, *nm*, islif
undercut, *v*, tandorri
undercutting, *nm*, tandoriad
under-developed, *a*, is-ddatblygedig
underdress, *nf*, is-wisg
under-employ, *v*, gau-gyflogi; ofergyflogi
underemployment, *nf*, gau-gyflogaeth; tangyflogaeth
underfed, *a*, heb ddigon o fwyd; annigonfwyd
under-function, *v*, goweithredu
under-graduate, *a*, rhagradd; rhagraddol: *nm*, rhagraddolyn (*pl*, rhagraddolion)
underground, *a*, tanddaearol; tanddaear
undergrowth, *nm*, tandwf
underlease, *nf*, is-brydles
underlie, *v*, gwaelodoli
underline, *v*, tanlinellu
underlying, *a*, gwaelodol
   underlying bed rock, *nm*, creigwely gwaelodol
under-nourished, *a*, heb ddigon o faeth; is-faeth
underpaid workers, *np*, gweithwyr rhy fach eu cyflog
underpaint, *v*, tanbeintio
underpart, *v*, isel-bartio
underpinning buildings, *v*, tanategu adeiladau
underpopulated, *a*, tanboblog
under-rehearse, *v*, tan-ymarfer
undersigned (the), *nm*, yr hwn sydd a'i enw isod
underskirt, *nf*, sgert isaf; is-sgert
understand, *v*, deall
understanding, *nf*, dealltwriaeth
understudy, *nm*, dirprwy-actor
under-utilize, *v*, tanddefnyddio
underworld, *nm*, isfyd
underwriter, *nm*, tansgrifennwr
underwriting, *nm*, tansgrifeniad
   firm underwriting, tansgrifeniad cadarn
undetermined, *a*, amhendant; amhenderfyn

undetermined coefficient, *nm*, cyfernod amhendant
undischarged, *a*, heb ei ollwng
undo, *v*, datod; mysgu
undulate, *v*, ymdonni
unemployable, *a*, anghyflogadwy
unemployed, *a*, diwaith
unemployment, *nf*, anghyflogaeth: *nm*. diweithdra
unemployment benefit, *nm*, budd-dâl diwaith
unequal, *a*, anghyfartal; anunfaint; anhafal
uneven, *a*, anwastad
unexploited, *a*, anecsploitiedig
unfasten, *v*, dadfachu
unfitness, *nm*, anaddasedd
   unfitness to plead, anabledd i bledio
ungentlemanly conduct, *nm*, ymddygiad anfonheddig
ungraded, *a*, anraddedig
ungulate, *a*, carnol; *nm*, carnol
unhitch, *v*, datglymu
unicellular, *a*, ungell; *nf*, ungell
uniclinal, *a*, unglinol
unicursal, *a*, uncwrsaidd
unification, *nm*, uniad; unoliad
unified, *a*, unol; unedig
   unified thread, *nf*, edau unol
uniform, *a*, unffurf; *nf*, gwisg swyddogol; gwisg unffurf; unffurfwisg; iwnifform
   non-uniform, *a*, anunffurf
uniformity, *nm*, unffurfedd; *nf*, unffurfiaeth
unify, *v*, unoli
unilateral, *a*, unochrog
unimodular, *a*, unfodylaidd
unincumbered, *a*, dilyffethair
unintentional, *a*, anfwriadol
union, *nm*, cyswllt; undeb; uniad
   trade union, undeb llafur
unique, *a*, unigryw
unisexual, *a*, unrhywiol
unison, *nf*, unsain; *a*, cyfun
   work in unison, *v*, gweithio'n gyfun
unissued, *a*, heb ei gyhoeddi

unit, *nf,* uned
  conveying unit, uned gludo
  sink unit, uned sinc
  tying unit, uned glymu
  unit of measurement, uned mesur
unitary, *a,* unedol
  unitary authority, *nm,* awdurdod unedol
united, *a,* unedig
  United Kingdom, Y Deyrnas Unedig
  United Nations, Cenhedloedd Unedig
  United States, Yr Unol Daleithiau; Y Taleithiau Unedig
unity, *nm,* undod
universal, *a,* cyffredinol
  universal joint, *nm,* cymal cyffredinol
universality, *nm,* cyffredinolrwydd
universe, *nm,* bydysawd; cyfanfaes; maes
unknown, *a,* anhysbys
unlimited, *a,* diderfyn
unmanageable, *a,* anhydrin
unmanliness, *nm,* anwryd
unmanned, *a,* di-griw
unmodulated, *a,* anfodyledig
unpick, *v,* dadbwytho
unpleasure, *nm,* amhleser
unpredictable, *a,* annarogan
  unpredictable weather, *nm,* tywydd annarogan
unproductive, *a,* anghynyrchiol
unquoted, *a,* heb eu dyfynnu
unreactive, *a,* anymadweithiol; diegni
unreasonable, *a,* afresymol
unrest, *nm,* aflonyddwch
unroll, *v,* dadrolio
unroof, *v,* dad-doi
unschooled, *a,* dihyffordd
  unschooled painter, *nm,* peintiwr dihyffordd
unsecured, *a,* ansicredig
unskilled, *a,* digrefft; di-sgil
unsorted, *a,* amharthedig
unstable, *a,* ansad; sigledig
unstratified, *a,* di-haen; dihaenedig
unsympathetic, *a,* digydymdeimlad
  unsympathetic part, *nm,* part digydymdeimlad

untwist, *v,* datgordeddu
unwholesome, *a,* afiachus
upfold, *nm,* uwchblyg
upgrade, *v,* uwchraddio
uphill, *ad,* i fyny
upholstery, *nm,* clustogwaith; polstri
upland, *nm,* gwrthdir; uwchdir
uplift, *nm,* ymgodiad; *v,* ymgodi
uplifted, *a,* ymgodol
  uplifted peneplain, *nm,* lledwastad ymgodol
upper, *a,* uchaf
  upper floor vacancy, *nm,* gwagfan llawr uchaf
uppercut, *nm, uppercut*
upper-world, *nm,* uwchfyd
upright, *a,* unionsyth; *nm,* unionsyth
uprising, *nm,* gwrthryfel
upset, *v,* clopau (*Cr*); dychwelyd; gofidio; peri i ofidio
upside-down, *ad,* wyneb i waered
upstairs, *ad,* ar y llofft; *nf,* llofft
upstream, *nm,* gwrthwaered afon
upstroke, *nf,* blaenstroc
upswelling, *nm,* ymchwydd; gorischwydd
upthrust, *nm,* brigwth
up-to-date, *a,* cyfddyddiol
uraemia, *nm,* wraemia
urban, *a,* trefol
  urban field, *nm,* cylch trefol
  urban hierarchy, *nf,* hierarchaeth drefol
urbanisation, *nm,* trefoli; *nf,* trefolaeth
urbanise, *v,* trefoli
urbanised, *a,* trefoledig
urea, *nm,* wrea
urease, *nm,* wreas
ureter, *nm,* wreter
urethra, *nm,* wrethra
urgency order, *nm,* gorchymyn brys
urgent case, *nm,* achos brys
uric, *a,* wrig
uric acid, *nm,* asid wrig
urinate, *v,* piso; wrinadu
urine, *nm,* wrin; lleisw; piso
  urine test, *nm,* praw troeth

uriniferous tubule, *nm,* tiwbwl wrinifferus
urn, *nmf,* wrn
 barrel urn, wrn baril
 beadrim urn, wrn glainymyl
 bucket urn, wrn bwced
 burial urn, wrn claddu
 cinerary urn, wrn lludw
 cordoned urn, wrn cortynnog
 encrusted urn, wrn cramennog
 pedestal urn, wrn pedestal
urstromtal, *nm,* wrstromtal
usage, *nm,* arfer
usance, *nm,* iwsans
use, *nm,* arfer; defnyddiad; mwyniant; *v,* defnyddio
user, *nm,* defnyddiwr
U shaped, *a,* ar ffurf U
usher, *nm,* tywyswr
usurp, *v,* trawsfeddiannu
usurpation, *nm,* trawsfeddiant
usurper, *nm,* trawsfeddiannwr
uterus, *nm,* wterws
 prolapse of uterus, bwrw'r famog; bwrw'r cwd
utilitarianism, *nf,* defnyddioliaeth
utility, *a,* defnyddiol
utilize, *v,* defnyddio
utricle, *nm,* wtricl
utter, *v,* yngan
uvula, *nm,* wfwla; tafod bach
uvular, *a,* wfwlar; tafodigol

V

vacancy, *nm,* lle gwag; *nf,* swydd wag
vaccinate, *v,* brechu
vaccinated, *a,* brechedig
vaccination, *nm,* brechiad
vaccine, *nm,* brechlyn
vacuole, *nm,* faciwol
vacuum, *nm,* gwactod
 vacuum chamber, *nf,* cell wactod
vagina, *nm,* fagina; *nf,* llawes goch
 prolapse of vagina, bwrw'r llawes goch
vagrants, *np,* crwydriaid
vagus, *nm,* fagws
 vagus nerve, *nm,* nerf fagws
valence, *nm,* falans
vale, *nm,* dyffryndir
valency, *nm,* falens; falensi
 univalent valency, falensi unfalent
valid, *a,* dilys; falid
validate, *v,* dilysu
validation, *nm,* dilysiant
validity, *nm,* dilysrwydd; falidedd
valley, *nm,* dyffryn; glyn; cwm
 drowned valley, dyffryn bawdd
 hanging valley, *nf,* crognant
 rift valley, dyffryn hollt
 trough shaped valley, dyffryn cafnog
 valley bench, *nf,* mainc dyffryn
 valley glacier, *nm,* rhewlif dyffryn
 valley tract, *nm,* dyffryndir afon
 widely spaced valleys, *np,* dyffrynnoedd pell oddi wrth ei gilydd
valor, *nm,* falor
valuation, *nm,* prisiant; prisiad
value, *nm,* gwerth; enrhif *(Ff)*
 absolute value, gwerth absolwt
 cash value, gwerth ariannol
 eigen value, enrhif eigen
 face value, wynebwerth
 for value, am werth
 instrumental value, gwerth cyfryngol
 intrinsic value, gwerth cynhenid
 nominal value, gwerth enwol
 no par value, heb lawnwerth
 par value, gwerth par; parwerth
 peak value, brigwerth
 place value, gwerth lle
 rateable value, gwerth ardrethol
 Value Added Tax, *nf,* Treth Adwerth

value received, gwerth wedi ei derbyn
valuer, *nm*, prisiwr
  district valuer, prisiwr rhanbarthol
valve, *nf*, falf
  safety valve, falf ddiogelu
  tricuspid valve, falf dricwsbid
vamp, *nm*, drws ffrwst; famp
van, *nf*, fen
  delivery van, fen ddosbarthu
vanadium, *nm*, fanadiwm
vane, *nf*, cribell
vanish, *v*, diflannu
vanishing, *a*, diflan
vaporise, *v*, anweddu; tarthu
vapour, *nm*, anwedd
  water vapour, anwedd dŵr
vapourization, *nm*, anweddiad
vapourize, *v*, anweddu
variability, *nm*, amrywedd; newidiant
variable, *a*, newidiol; *nm*, newidyn
  dependent variable, newidyn dibynnol
  independent variable, newidyn annibynnol
variance, *nm*, amrywiant
variants, *np*, amrywolion
variate, *nf*, amryweb; *nm*, amrywedd
  attributes and variates, *np*, priodoleddau ac amryweddau
  variates of settlements, amrywolion anheddau; amrywolion anheddu
variation, *nm*, amrywiad
  air with variations, *nf*, alaw gydag amrywiadau
  concomitant variation, cydamrywiad
  direct variation, amrywiad union
  inverse variation, amrywiad gwrthdro
  joint variation, cydamrywiad
variegation, *nm*, brithedd
variety, *nf*, amrywiaeth
variola, *nf*, brech wen
varnish, *nm*, farnais
  copal varnish, farnais copal
  stopping out varnish, farnais atal

varnished, *a*, wedi ei farneisio
  varnished surface, *nm*, arwyneb farnais
vary, *v*, amrywio
vascular, *a*, fasgwlar
  vascular bundle, *nm*, sypyn fasgwlar
  vascular plant, *nm*, planhigyn fasgwlar
  vascular system, *nf*, system fasgwlar
vas deferens, fas defferens
vas efferens, fas efferens
vaseline, *nm*, faselin
vasoconstriction, *nm*, cyfyngiad fas; fasogyfyngiad
vasodilation, *nm*, ehangiad fas; fasoehangiad
vasomotor, *a*, fasomotor; *nm*, fasomotor
vassal, *nm*, fasal; gŵr
vassalage, *nf*, fasalaeth; gwrogaeth
vaudeville, *nf*, fodfil; *vaudeville*
vault, *nf*, cromen; cromgell; *nm*, crymdo; *nf*, fowt; llofnaid (*Ch*); *v*, fowtio; llofneidio
  astride vault, llofnaid ar led
  back vault, llofnaid gefn
  barrel vault, fowt faril
  combined vault, llofnaid gadwynnol; llofnaid gysylltiol
  cross vault, fowt groes
  face vault, llofnaid wyneb
  gate vault, llofnaid glwyd
  horizontal vault, llofnaid hir
  reverse vault, llofnaid wysg y cefn
  round vault, llofnaid gylch
  running oblique back vault, llofnaid wellaif
  scissors vault, llofnaid siswrn
  side vault, llofnaid ochrol
  thief vault, llofnaid lleidr
  through vault, llofnaid fwlch
  vault with double beat, llofnaid ddeuglap
  vault with foot assisting, llofnaid milwr
  wolf vault, llofnaid blaidd
vaulted, *a*, cromennog
veal, *nm*, cig llo

vector, *nm*, fector
  eigen vector, fector eigen
  radius vector, fector radiws
vectoral, *a*, fectoraidd
veer, *v*, troi
vegetable, *nm*, bwydlys
vegetables, *np*, llysiau; bwydlysiau
vegetarian, *nm*, llysfwytawr; cigwrthodwr
  strict vegetarian, llysfwytawr caeth
vegetation, *nm*, llystyfiant
vegetative, *a*, llystyfol
vehicle, *nm*, cerbyd; cludydd
  amphibious vehicle, *nf*, lorri-gwch; *nm*, cerbyd dŵr
  articulated vehicle, cerbyd cymalog
  motor vehicle, cerbyd modur
vehicular, *a*, cerbydol
  vehicular traffic, *nm*, traffig cerbydol
vein, *nf*, gwythïen
  jugular vein, y wythïen wddf
  portal vein, gwythïen bortal
  postcaval vein, gwythïen bostcafal
  vein of ore, gwythïen fwyn
veining, *nm*, gwythienwaith
veld, *nm*, feld
velocity, *nm*, cyflymder
  angular velocity, cyflymder tro
  relative velocity, cyflymder cymharol
  velocity ratio, *nm*, cyfartaledd cyflymder; *nf*, cymhareb cyflymder
velvet, *nm*, melfed; felfed
velveteen, *nm*, melfed cotwm; melfedîn
vena, *nm*, fena
  vena cava inferior (posterior), fena cafa infferior (bosterior)
  vena cava superior, fena cafa swperior
venation, *nm*, gwythieniad
vendor, *nm*, gwerthwr
veneer, *nm*, argaen; argaeniad; *v*, argaenu
venison, *nm*, fenswn; cig carw
vent, *nf*, awyrell; agorfa; fent; *v*, awyrellu; fentio

ventilate, *v*, awyro; awyru
  ventilating shaft, *nf*, siafft awyru
ventilation, *nm*, awyriant; gwyntylliant; awyriad
ventilator, *nm*, awyrydd; awyriadur
ventral, *a*, fentral
  ventral root, *nm*, nerf fentral
ventricle, *nm*, fentricl
ventriloquist, *nm*, tafleisiwr; tafleisydd
  ventriloquist's guy, *nf*, dol tafleisiwr
venture, *nf*, menter
venue, *nm*, man cyfarfod
venule, *nm*, fenwl
verandah, *nm*, feranda
verbal, *a*, geiriol
  verbal factor, *nmf*, ffactor geiriol
  verbal image, *nf*, delwedd geiriol
  verbal intelligence test, *nm*, geirbrawf deallusrwydd
verbalism, *nm*, geirioledd
verderer, *nm*, gwyrddmon
verdict, *nm*, dyfarniad; *nf*, rheithfarn
  return a verdict, *v*, dwyn rheithfarn
verification, *nm*, gwireddiad
verify, *v*, gwireddu
verisimilitude, *nm*, rhithwiredd
vermicelli, *nm*, *vermicelli*
vermiform, *a*, fermiffurf
vermifuge, *nm*, cyffur llyngyr
vermin, *np*, fermin
verminous, *a*, pryfedog; ferminog
vernalization, *nm*, gwanwyneiddiad
vernier, *nm*, fernier
  vernier calipers, *np*, caliperau fernier
  vernier height gauge, *nm*, medrydd uchder fernier
  vernier protractor, *nm*, protractor fernier
versatile, *a*, amlbwrpas (peiriant); amryddawn (person)
verse, *nm*, pennill
  in verse, ar gân
verse play, *nf*, drama fydr
versine, *nm*, fersin
vertebra, *nm*, fertebra

VERTEBRATA — VIRGATE

lumber vertebrae, *np*, fertebrau meingefn
Vertebrata, *nm*, Vertebrata
vertex, *nm*, fertig
vertical, *a*, fertigol; unionsyth
  vertical chiselling, *v*, naddu unionsyth; naddu fertigol
  vertical erosion, *nm*, erydiad fertigol
  vertical interval, *nm*, cyfwng fertigol
  vertical line, *nf*, llinell blwm; llinell fertigol
  vertical line of sight, *nf*, llinell weld unionsyth
  vertical perspective, *nm*, persbectif fertigol
  vertical plane, *nm*, plan fertigol
verticality, *nm*, fertigoledd
vertigo, *nm*, madronedd; pendro
vesicant, *nm*, pothellydd
vesicate, *v*, chwysigennu; pothellu
vesicle, *nf*, fesicl; *nf*, chwysigen
  seminal vesicle, fesicl semen
vesicula, *nm*, fesicwla
  vesicula seminalis, *vesicula seminalis*
vesicular, *a*, pothellog
  vesicular cavity, *nm*, ceudod pothellog
vessel, *nm*, llestr
vest, *nf*, fest
vest(in), *v*, breinio
  vesting declaration, *nm*, datganiad breinio
vestibule, *nm*, cyntedd
vestige, *nm*, ôl
vestigial, *a*, festigiol
  vestigial organ, *nmf*, organ festigiol
vestment, *nf*, urddwisg
  Vestiarian Controversy, *nf*, Dadl yr Urddwisgoedd
vestry, *nf*, festri
  close vestry, festri ddethol
  open vestry, festri agored
veteran, *nm*, hen law
veto, *nm*, feto
viable, *a*, hyfyw
viaduct, *nf*, pontffordd; traphont
vibrate, *v*, dirgrynu
vibrating, *a*, dirgrynnol

vibration, *nm*, dirgryniad; dirgryniant
  forced vibration, dirgryniad gorfod
  vibration waves, *np*, tonnau dirgryn
vibratory, *a*, dirgryn
vibrissae, *np*, *vibrissae*
vicar, *nm*, ficer
vicar-choral, *nm*, ficer corawl
vicar-general, *nm*, ficer cyffredinol
vice, *nf*, feis; *nm*, gafaelai; gwyd; dirbechu; dirbechod
  hand vice, feis law
  leg vice, feis goes
  parallel jaw, feis baralel
  pin vice, feis bin
  vice clamp, *nm*, arbed feis
vice-admiral, *nm*, is-lyngesydd
vice-chairman, *nm*, is-gadeirydd
viceroy, *nm*, rhaglaw
victorian, *a*, victoraidd
  high victorianism, *nm*, uchel victoredd
view, *nf*, fersiwn; golygfa; *nmf*, golwg; *nm*, gweddlun
  bird's eye view, golygfa trem aderyn
  exploded view, golwg daenedig
  front view, blaenolwg
  sectional view, golwg doriadol
  side view, golwg ochrol
viewpoint, *nm*, safbwynt
vignette, *nm*, fignet
vigour, *nm*, ymnerth
Viking, *nm*, *Viking*; Llychlynnwr
villa, *nm*, fila
villein, *nm*, bilain
villeinage, *nf*, bileiniaeth
villus, *nm*, filws
vinegar, *nm*, finegr
  malt vinegar, finegr brag
viol, *nm*, fiol
viola, *nf*, fiola
violation, *nmf*, trosedd
violence, *nm*, dirdra; *nm*, trais
violent, *a*, treisiol
  non-violent, *a*, di-drais
violin, *nf*, ffidil
virgate, *nm*, firgat

virgin, *a*, gwyryfol; *nf*, morwyn; gwyry; gwyryf
virginal, *nm*, morwynaidd; firginal
virtual, *a*, gwireddus; rhithwir
virulent, *a*, ffyrnig
virus, *nm*, firws
visa, *nf*, teitheb
viscose, *a*, fisgos
viscosity, *nm*, gludedd
viscous, *a*, gludiog
visibility, *nm*, gwelededd
visile, *a*, gweledog; *nm*, gweledog
vision, *nmf*, golwg; *nm*, gwelediad; *nf*, gweledigaeth
  binocular vision, golwg deulygad
visit, *v*, ymweld â
visitation, *nm*, gofwy
  episcopal visitation, gofwy esgob
  visitation queries and answers, *np*, holiaduron ac atebion gofwy
visiting, *a*, ymweliadol
  visiting teacher, *nm*, athro ymweliadol
visitor, *nm*, gofwywr; ymwelydd
visual, *a*, gweledol
  visual aids, *np*, cymhorthion gweledol
  visual defects, *np*, diffygion gweledol
  visual image, *nf*, delwedd weledol
visualize, *v*, delweddu
vital statistics, *np*, ystadegau bywyd
vitamin, *nm*, fitamin
viticulture, *nf*, gwinwyddaeth
vitreous, *a*, gwydrog
  vitreous humour, *nm*, hylif gwydrog
vitriol, *nm*, fitriol
vituperation, *nm*, difriaeth; difrio
vivarium, *nf*, bywydfa; *nm*, fifariwm
viviparous, *a*, fifiparus
vocabulary, *nf*, geirfa
  active vocabulary, geirfa weithredol
  frequency of vocabulary, *nm*, mynychder geirfa
  passive vocabulary, geirfa oddefol
  range of vocabulary, *nm*, amrediad geirfa

vocational, *a*, galwedigaethol
  vocational aptitude test, *nm*, prawf tueddfryd galwedigaethol
  vocational guidance, *nm*, cyfarwyddyd galwedigaethol
  vocational selection, *nm*, dewisiad galwedigaethol
  vocational test, *nm*, prawf galwedigaethol
vogue, *nm*, ffasiwn
  in vogue, mewn bri
void, *a*, dirym; gwageddus; *nm*, gwagedd; *v*, gwageddu
voidable, *a*, dyrymadwy
volatile, *a*, hedegog
volcanic, *a*, folcanig
  volcanic activity, *nm*, gweithgaredd folcanig
  volcanic ash, *nm*, lludw folcanig
  volcanic dust, *nm*, llwch folcanig
  volcanic dyke, *nf*, camlas folcanig
  volcanic landforms, *np*, tirffurfiau folcanig
volcanics, *np*, folcanigau
volcano, *nm*, folcano; llosgfynydd
  active volcano, folcano byw
  dormant volcano, folcano mud
  extinct volcano, folcano marw
  mud volcano, folcano llaid
volatile, *a*, folatil; *nm*, folatil
volition, *nm*, ewyllysiad
volitionary, *a*, ewyllysiadol
volley, *nm*, foli; *v*, folian
  half volley, hanner foli
  stop volley, foli stop
volt, *nm*, folt; volt
voltage, *nm*, foltedd; grym trydan; voltedd
  high voltage, foltedd uchel
voltameter, *nm*, foltamedr; voltamedr
voltmeter, *nm*, foltmedr; voltmedr
volume, *nm*, foliwm; cyfaint (*Ff*); *nf*, cyfrol
voluntariness, *nm*, gwirfoddolrwydd
voluntary, *a*, dirfoddol; gwirfoddol; o wirfodd; o fodd
  voluntary attention, *nm*, sylw dirfoddol

voluntary decision, *nm,* penderfyniad gwirfoddol
volute, *nm,* foliwt
volvulus, *nm,* cwlwm perfedd
vortex, *nm,* fortecs
vortism, *nf,* forteisiaeth
vorticity, *nm,* forteisedd
vote, *nf,* pleidlais; *v,* pleidleisio
   casting vote, pleidlais fwrw

v shaped, *a,* ar ffurf v
vulcanicity, *nm,* fwlcanigrwydd
vulcanise, *v,* fwlcaneiddio
vulcanology, *nf,* fwlcanoleg
vulgar, *a,* cyffredin
   vulgar fraction, *nm,* ffracsiwn cyffredin
vulgate, *a,* fwlgat; *nm,* fwlgat

W

wadi, *nm,* wadi
wafer, *nf,* afrlladen; arlladen
waffle, *nf,* wafflen; waffl
wage, *nmf,* cyflog
   wage rate, *nm,* cyfradd cyflog
wager, *nm,* gwystl; cyngwystl
   wager of law, gwystl cyfraith
wagon, *nf,* wagen
wainscot, *nm,* wensgot
waist, *nf,* gwasg
   long waisted, *a,* hirwasg
   short waisted, *a,* byrwasg
   waist to hemline, o'r wasg i'r hem
waistband, *nm,* llinyn gwasg
waistcoat, *nf,* gwasgod
waiter, *nm,* gweinydd
walk, *v,* cerdded; rhodio
   walk on, rhodio
   walk through, cerdded drwyddi
wall, *nm,* mur; *nf,* wal
   curtain wall, cysylltfur
   fourth wall, pedwerydd mur
   hanging wall, crogwal; crogfur
   party wall, wal gydrannol
   retaining wall, wal gynnal
   wall arcade, *nm,* arcêd mur
   wall rib, *nf,* asen fur
walled, *a,* muriog
   walled town, *nf,* tref furiog
walnut, *nf,* cneuen ffrengig; collen ffrengig
waltz, *nm,* waltz
war, *nmf,* rhyfel
   cold war, rhyfel oer
warble, *nm,* pryf gweryd; *nf,* gweren; *v,* telori

ward, *nm,* ward; gward; *v,* gwardio
   Master of the Wards, Meistr y Gwardau
   warding file, *nf,* ffeil wardio
   ward of court, ward y llys
   watch and ward, gwyl a gward
wardrobe, *nf,* cist dillad; dilladfa; wardrob
   plan a wardrobe, *v,* cynllunio wardrob
   wardrobe mistress, *nf,* meistres y gwisgoedd
ware, *nm,* crochenwaith; wâr; *np,* nwyddau
   hollow ware, ceunwyddau
warehouse, *nm,* warws
warfare, *nmf,* rhyfel; *nm,* rhyfeliant
   germ warfare, rhyfel haint
warm, *a,* cynnes; twym; *v,* twymo; cynhesu
   warm air mass, *nm,* awyrglwm cynnes
   warm front, *nmf,* ffrynt gynnes
   warm sector, *nm,* sector cynnes
   warm up, *v,* cynhesu; ymdwymo; ymgynhesu
   warm up a spot, *v,* dwysáu sbot
warn, *v,* rhybuddio
warning, *nm,* rhybudd
warp, *nm,* camdroad; *nf,* ystof; *v,* camdroi; dylifo; ystofi
   warp and weft, ystof ac anwe
   warping mill, *nf,* melin ddylifo

WARRANT 254 WAVE

warrant, *nmf,* gwarant
arrest by warrant, restio dan warant
dividend warrant, gwarant difidend
issue a warrant, arwyddo gwarant
search warrant, gwarant chwilio
take out a warrant against, codi gwarant ar
warrant for arrest, gwarant i restio
warren, *nm,* warren
wart, *nf,* dafad
wash, *nm,* golch; golchiad; *v,* golchi
black wash, *nf,* haenen plwmbago
washable, *a,* golchadwy
washer, *nf,* wasier
copper washer, wasier gopor
shake proof washer, wasier wrthgryn
spring washer, wasier sbring
washing machine, *nm,* golchydd; mashîn golchi; peiriant golchi; *nf,* injan olchi
central agitator washing machine, golchydd tyrfell ganol
fully automatic washing machine, golchydd awtomatig
rotary washing machine, golchydd tro
semi-automatic washing machine, golchydd semi-awtomatig
single tub washing machine, golchydd twb sengl
twin tub washing machine, golchydd twb dwbl
waste, *nm,* gwastraff; *v,* gwastraffu
waste-mantle, *nf,* caen erydion
watchdog, *nm,* gwarchodgi
watchman, *nm,* gwyliwr; gwarchodwr
water, *nm,* dŵr; *v,* dyfrhau
brackish water, dŵr halltog
Gavelle water, dŵr Gavelle
head water, blaen-ddŵr
high water, *nm,* penllanw
high water mark, *nm,* marc penllanw
low water, *nm,* distyll
low water mark, *nm,* marc distyll
melt water, dŵr tawdd

perched water table, *nf,* lefel trwythiad dŵr clo
rain water, dŵr glaw
soft water, dŵr meddal
stagnant water, merddwr
water avoiding village, *nm,* pentrefan dyfrgas
water cooled, *a,* wedi ei oeri â dŵr
water gap, *nm,* bwlch dŵr
water hole, *nm,* pwll dŵr
water level, *nf,* lefel dŵr
water mains, *np,* prif beipiau dŵr
water mark, *nmf,* dyfrnod
water parting, *nf,* gwahanfa dŵr
water power, *nm,* pŵer dŵr
water spout, *nm,* sbowt dŵr
water table, *nf,* lefel trwythiad
water vapour, *nm,* anwedd dŵr
watercolour, *nm,* llun dyfrliw
watercress, *nm,* berwr dŵr
waterfall, *nf,* rhaeadr
water-gas, *nm,* nwy-dŵr
watering place, *nmf,* cyrchfan dŵr-wyliau; *nm,* dyfrfan
waterlogged, *a,* dŵrlawn
water-polo, *nm,* polo'r dŵr
waterproof, *a,* diddos; dwrglos; gwrth-ddŵr; *v,* diddosi
waterproof ink, *nm,* inc gwrth-ddŵr
water-repellent, *a,* gwrth-ddŵr
watershed, *nm,* cefndeuddwr; *nf,* gwahanfa ddŵr
watertight, *a,* dwrglos; diddos
waterway, *nf,* camlas; dyfrffordd
watt, *nm,* wat; watt
wattage, *nm,* watedd
wattle, *nm,* bangorwaith; plethwaith; *v,* bangori
wattle and daub, bangorwaith a dŵb; plethwaith a dŵb
wattle fence, *nf,* ffens bleth; plethffens
wave, *nf,* ton
carrier wave, ton gario
constructive wave, ton adeiladol
wave-cut platform, *nm,* llyfndir tonnau
wave motion, *nm,* mudiant ton

wave-form, *nf*, tonffurf
wavelet, *nf*, tonnell
wavelength, *nf*, tonfedd
wax, *nm*, cŵyr
  finishing wax, cŵyr gorffennu
  sealing wax, cŵyr selio
  wax painting, *nm*, peintiad cŵyr
  wax polish, *nm*, llathrydd cŵyr
  wax polish (substance), *nm*, llathrydd cŵyr
  wax polish (shine), *nm*, llathredd cŵyr
waxy, *a*, cwyraidd
  waxy surface, *nm*, arwyneb cwyraidd
weapon, *nf*, arf
  weapon hand, *nf*, llaw'r arf
wear, *nf*, traul; *v*, treulio
weather, *nm*, tywydd; *v*, hindreulio, weddro
weathering, *nm*, hindreuliad
  weathering agent, *nm*, cyfrwng hindreuliad
weave, *nm*, gwehyddiad; *v*, gwau; gwehyddu
weaver, *nm*, gwehydd
web, *nf*, gwe
webbing, *nm*, webin
wedge, *nf*, lletem; *v*, lletemu
weedicide, *nm*, chwynleiddiad
weekwork, *nm*, wythnoswaith
weft, *nf*, anwe
  weft threads, *np*, edefion anwe
weigh, *v*, cloriannu; pwyso; tafoli
  weigh in, *v*, pwyso
weighed, *a*, pwysedig
weight, *np*, pwysau; *nm*, pwysyn; *v*, pwysoli
  bantam weight, pwysau bantam
  catch weights, pwysau agored
  dead weight, pwysau marw
  feather weight, pwysau pluen
  fly weight, pwysau pryf
  heavy weight, pwysau trwm
  light heavy weight, pwysau gordrwm
  light weight, pwysau ysgafn
  middle weight, pwysau canol
  welter weight, pwysau welter
weighted, *a*, pwysol
weir, *nf*, cored

weld, *nm*, asiad; weld; *v*, asio; weldio
  butt weld, bôn asiad
  electric arc welding, weldio arc drydan
  electric spot welding, sbot-weldio trydan
  fillet weld, lleinasio
  fire weld, tânasio; tân-weldio
  spot welding, sbot-weldio
welfare, *nm*, budd; lles; llesiant
  maternity and child welfare, lles mamau a phlant
  welfare state, *nf*, gwladwriaeth les
well, *nf*, ffynnon; *nm*, pydew
well-balanced, *a*, cytbwys
well-firmed, *a*, cadarn
Welsh cakes, *np*, picau ar y maen; teisennau cri
Welsh Rarebit, *nm*, enllyn caws; tocyn Cymro
welshry, *nf*, brodoraeth
welt, *nm*, gwald; *v*, gwaldu
wen, *nf*, wen
west, *a*, gorllewinol; *nm*, gorllewin
westerlies, *np*, gwyntoedd y gorllewin
wether, *nm*, gwedder; molltyn
wetwhite, *a*, gwlyb-gwyn
wharf, *nf*, glanfa
wheat-germ, *nm*, bywyn gwenith
wheel, *nf*, olwyn; *v*, olwyno
  banding wheel, olwyn fandio
  change wheels, *np*, olwynion newid
  idler wheels, *np*, olwynion cyswllt
  number wheel, olwyn rhif
  trundle wheel, olwyn fesur
  wheel brace, *nm*, carndro olwyn
  wheel window, *nf*, ffenestr gron; ffenestr olwyn
wheelbarrow, *nf*, berfa; whilber
  junior metal wheelbarrow, berfa fach fetel
wheelchair, *nf*, cadair olwyn
wheelwright, *nm*, saer ceirt; saer troliau
whetstone, *nf*, agalen; *nf*, calan hogi; carreg hogi; *nm*, hogfaen
whey, *nm*, maidd

whig, *a*, chwigaidd; *nm*, chwig
whigism, *nf*, chwigiaeth
whinberries, *np*, llus; llusi duon bach
whine, *nm*, cwynfan; *v*, cwynfan
whip, *nf*, chwip; fflangell; *v*, chwipio; fflangellu
whipped cream, *nm*, hufen chwisg
whirl, *v*, chwyrlio
   whirling wheel, *nf*, troell chwyrlio
whirlpool, *nm*, trobwll
whirlwind, *nm*, trowynt
whisk, *nm*, chwisg; *v*, chwisgo
whiskey seat, *nf*, sedd slip
whisky, *nm*, chwisgi
whistle, *nf*, chwib; chwit; chwît; chwistlen; *v*, chwibanu
white, *a*, gwyn
   white flour, *nm*, blawd gwyn; blawd can
   white matter, *nm*, gwynnyn; sylwedd gwyn
   white metal, *nm*, aloi gwyn
   white of an egg, *nm*, gwynnwy; gwyn-ŵy
   white elephant, *np*, trimins barclod; *nm*, eliffant gwyn
white-haired, *a*, penwyn
   white-haired boy, *nm*, bachgen penwyn
whitewood, *nm*, pren gwyn
whiting, *nm*, gwyniad môr; powdr sialc
whittle, *v*, naddu
whitlow, *nf*, ewinor
whole, *a*, cyfan; *nm*, cyfan
   whole number, *nm*, rhif cyfan
wholemeal bread, *nm*, bara gwenith trwyddo; bara gwenith cyfan
wholemeal flour, *nm*, blawd gwenith cyfan; blawd gwenith trwyddo
wholeness, *nm*, cyfanrwydd
wholesale, *a*, cyfanwerthol; *nm*, cyfanwerth
whorl, *nf*, sidell
whorled, *a*, sidellog
wicker, *np*, gwiail
wickerwork, *nm*, basgedwaith
wicket, *nf*, wiced
   break the wicket, *v*, torri'r wiced
   keep wicket, *v*, cadw'r wiced

wicket-keeper, *nm*, wicedwr
wide, *a*, llydan
widen, *v*, llydanu
width, *nm*, lled
wig, *nm*, gwallt gosod; *nf*, wig
wigwam, *nm*, wigwam
wild, *a*, gwyllt
wilfully, *ad*, yn fwriadol
will, *nmf*, ewyllys
willow. *nf*, helygen
   buff willow, helyg bwff
   English willow, helyg Seisnig
will-power, *nm*, grym ewyllys
wilt, *v*, edwino
win, *v*, ennill
   win by a length, ennill o un hyd
   win by an innings, ennill o innings; ennill o fatiad
   win easily, ennill o ddigon
winch, *nf*, wins; *v*, winsio
wind, *nm*, gwynt; *v*, dirwyn; troelli; troi; windio
   brave west winds, *np*, gwyntoedd braf y gorllewin
   dominant wind, gwynt cryfaf
   inblowing wind, gwynt mewnchwyth
   outblowing wind, gwynt allchwyth
   prevailing wind, gwynt cyffredin; prifwynt
   wind-break, *nf*, atalfa gwynt
   wind gap, *nf*, adwy wynt; *nm*, bwlch gwynt; oerddrws
   wind machine, *nm*, peiriant gwynt
   wind rose, *nf*, seren wynt
   wind vane, *nm*, ceiliog gwynt
winder, *nm*, dirwynydd; dirwynwr
windfall, *nm*, elw annisgwyl; *np*, arian annisgwyl
windgalls, *np*, codennau gwynt
winding, *nm*, windiad
windmill, *nf*, melin wynt
   disused windmill, melin wynt segur
   windmill in use, melin yn gweithio
window, *nf*, ffenestr
   bay window, ffenestr grom
   bow window, ffenestr fwa
   casement window, ffenestr adeiniog; ffenestr gasment

dormer window, ffenestr dormer
French window, ffenestr Ffrengig
oriel window, ffenestr oriel
overhanging window, ffenestr ordo
recessed window, ffenestr gilan
rose window, ffenestr ros
sash window, ffenestr ddalennog
window flat, *nm*, fflat ffenestr
window sill, *nm*, llintar ffenestr
windproof, *a*, gwyntglos; gwrthwynt
windproof clothing, *np*, dillad gwyntglos
windpump, *nm*, pwmp gwynt
windward, *a*, atwynt
wing, *nf*, asgell; adain
wing brace, *nm*, bres asgell
wing case, *nf*, cloradain; clorasgell
wing compasses, *nm*, cwmpas asgellog
wing floods, *np*, llifolau esgyll
wing men, *np*, dynion esgyll
wing-commander, *nm*, asgell-gomander; *wing-commander*
wing-half, *nm*, hanerwr asgell
wings, *np*, esgyll
winkle, *nm*, gwichiad
winter, *v*, gaeafu
wire, *nf*, gwifren; weiar; *v*, gwifro; weiro
binding wire, weiar rwymo
copper wire, weiar goprog
fine brass wire, weiar bres fain
overhead wires, *np*, gwifrau uwch ddaear; gwifrau uwchben
wire drawing, *v*, tynnu weiar
wire gauge, *nm*, medrydd weiar
wire nail, *nf*, hoelen gron
wire netting, *nf*, rhwyd wifren
wire wool, *nm*, gwlân dur
wired, *a*, gwifrog
wired edge, *nmf*, ymyl wifrog
wireworms, *np*, hoelion daear
wiring, *nm*, gwifrad; weiariad; weiriad
wish, *nm*, dymuniad
wishful, *a*, awyddus; chwannog
wishful thinking, *nm*, eiddun-synio; breuddwyd gwrach

wish-fulfilment, *nm*, eiddun-gyflawniad
witch, *nm*, cromlin (*Ff*); *nf*, gwrach
witch of agnesi, cromlin agnesi
with books, â chopi (*Th*)
withdrawal, *nm*, ciliad
extreme withdrawal, ciliad eithaf
withdraw, *v*, tynnu'n ôl
withdrawn, *a*, encilgar; ymgilgar
wither, *v*, gwywo
withers, *nm*, gwar
fistulous withers, *np*, ysgwyddau llidus
witness, *nm*, tyst
call a witness, *v*, galw tyst
competency of witness, *nm*, cymhwyster tyst
competent witness, tyst cymwys
cross examine a witness, *v*, croesholi tyst
re-examine a witness, *v*, ailholi tyst
witness a document, *v*, ardystio; ardystu
wittiness, *nm*, ffraethineb
wobbler, *nm*, wobler
wolfram, *nm*, wolffram
wonder, *nm*, rhyfeddod; *v*, rhyfeddu
wood, *np*, coed; *nm*, pren
balsa wood, pren balsa
ply wood, pren haenog
synthetic wood, pren gwneud
three ply wood, pren tairhaenog
wood dye, *nm*, llifyn pren
wood engraving, *nm*, engrafiad pren
wood scraper, *nf*, crafell goed; sgrafell goed
wood screw, *nf*, sgriw bren
wood shavings, *np*, naddion
wood turning, *v*, turnio
woodcut, *nm*, torlun pren
wooden, *a*, prennaidd; di-enaid
woodland, *nf*, coedwig; *nm*, coetir
woodpecker, *nm*, cnocell y coed; taradr y coed
wood-pigeon, *nf*, ysguthan
woods (golf), *np*, clybiau pren
woodward, *nm*, wdward
wood-wind, *np*, cerddbrenni; chwythoffer pren

woodwool, *nm*, coedwlân
woodworm, *nm*, pryf pren
woodwork, *nm*, gwaith coed
woody, *a*, coediog; prennog
woof, *nf*, anwe
woollen, *a*, gwlân; gwlanog
woollens, *np*, nwyddau gwlân
woolly, *a*, gwlanog
wootz, *nm*, *wootz*
word-blind, *a*, geirddall
word-blindness, *nm*, geirddallineb
word-perfect, *a*, gair-berffaith
work, *nm*, gwaith; *nf*, tasg; *v*, gweithio
  field work, gwaith maes
  minor work, manwaith
  work card, *nm*, cerdyn tasg; cerdyn gwaith
  work sheet, *nf*, taflen gwaith
  work to capacity, *v*, gweithio i'r eithaf
work-box, *nf*, basged wnïo
worked, *a*, gweithiedig
worker, *nm*, gweithiwr
  gainful worker, gweithiwr enillol
  hand worker, gweithiwr llaw
  key worker, gweithiwr allweddol
  manual worker, gweithiwr dwylo
  non-manual worker, gweithiwr dwylo-glân
  semi-skilled worker, gweithiwr lled-grefftol; gweithiwr lled-hyffordd
  skilled worker, sgil-weithiwr; gweithiwr crefftol; gweithiwr hyffordd
  unskilled worker, gweithiwr di-sgil; gweithiwr di-grefft; gweithiwr dihyffordd
workforce, *nm*, llafurlu
workhouse, *nm*, tloty; wyrcws
  union workhouse, tloty'r undeb
working, *a*, gwaith; gweithiol
  working area, *nm*, cwrt gweithio; *nf*, rhan weithio; gweithfa; gweithfan

working edge, *nmf*, ymyl weithio
working face, *nm*, wyneb gweithiol
working light, *nm*, golau gwaith
working line, *nf*, lein waith
working party, *nm*, gweithgor
working script, *nf*, sgript gwaith
working title, *nm*, teitl gwaith
workshop, *nm*, gweithdy; *nf*, siop waith
workshop approach, *nm*, dull gweithdy
world-wide, *a*, byd-eang
worm, *nm*, abwyd; abwydyn; *nf*, llyngyren
worm eaten, *a*, pryfdyllog; abwyd-dyllog
wormery, *nf*, abwydfa
wormwood, *nm*, wermod
worship, *nm*, addoliad; *v*, addoli
  corporate act of worship, *nm*, cydaddoliad
worsted, *a*, wstid; *nm*, wstid
worth, *nm*, gwerth; teilyngdod
  present worth, gwerth presennol
wrap, *nm*, amlap; *v*, amlapio
wreath, *nm*, torch
wreathed, *a*, torchedig
wreck, *nm*, drylliad; *nf*, hawl broc; *v*, dryllio
wrench, *nm*, tyndro; *v*, tyndroi
wring, *v*, ringio; ymdorchi
wringer, *nm*, gwasgwr; ringer
wrist, *nm*, garddwrn
wristband, *nm*, band llawes
writ, *nf*, gwrit
  apply for writ of habeas corpus, ceisio gwrit *habeas corpus*
  originating writ, gwrit gychwynnol
write-off, *nm*, dilead; *v*, dileu
write-up, *nm*, uwchbrisiad; *v*, uwchbrisio; uwchwerthiannu
wrong, *a*, anghywir
wronksian, *nm*, roncsian
wrought-iron, *nm*, haearn gyr

X

xanthopyll, *nm*, xanthoffyl
x-chromosome, *nm*, cromosom-x
xeromorph, *nm*, xeromorff
xeromorphy, *nm*, xeromorffedd
xerophyte, *nm*, xeroffyt
xerosere, *nm*, xeroser
X-ray, *nm*, pelydr-X
xylem, *nf*, xylem

Y

yard, *nm*, llathaid; *nf*, llathen; llath; iard; *nm*, lloc
  loafing yard, lloc cadw
  per yard, wrth y llath
yardang, *nm*, yardang
yardstick, *nf*, ffon fesur; llathffon; llathen
yarn, *np*, edafedd
  filament yarns, edafedd ffilament
  staple yarns, edafedd stepl
y-chromosome, *nm*, cromosom-y
year, *nf*, blwyddyn
  Year Book, *nm*, Blwyddiadur Cyfraith
  year group, *nm*, grŵp blwyddyn
yeast, *nf*, berem; burman; burum
  yeast cake, *nf*, teisen furman; cacen ferem
  yeast mixture, *np*, cymysgedd berem
yell, *nf*, sgrech; *v*, sgrechu; sgrechain
yellow, *a*, melyn
  yellow body (corpus luteum), *nm*, corpws lwtewm
  yellow earth, *nm*, pridd melyn
yeoman, *nm*, iwmon
  Yeomen of the Guard, *np*, Iwmyn y Gosgorddlu
yew, *nf*, ywen
yield, *nm*, cnwd; cynnyrch; *v*, cnydio; ildio
yoke, *nf*, iau
  set a yoke, *v*, gosod iau
yoked, *a*, ieuog
yolk, *nm*, melynwy; melyn ŵy
  yolk-sac, *nm*, cwd melynwy
Yorkshire pudding, *nm*, pwdin Efrog
yours, *np*, eiddoch; yr eiddoch
  yours faithfully, yn ffyddlon
  yours sincerely, yn bur; yn ddi-ffuant
  yours truly, yn gywir

Z

zenith, *nm,* senith; zenith
zero, *nm,* sero; zero
  absolute zero, sero absoliwt; sero diamod; sero eithaf
  zero mark, *nm,* marc sero
zigzag, *a,* igam-ogam; *v,* igamogi
zinc, *nm,* sinc
  zinc chloride, *nm,* clorid sinc
zip, *nm,* zip
  zip fastener, *nf,* ffasner zip
zipperfoot, *nm,* atodyn peipio; *nf,* sipell
Zodiac, *nm,* Sidydd
  signs of the Zodiac, *np,* Arwyddion y Sidydd
zona pellucida, zona pelwcida
zonal, *a,* cylchfaol
zonation, *nm,* cylchfäedd
zone, *nf,* cylchfa; *v,* cylchfaeo
  buffer zone, cylchfa ragod
  convergence zone, cylchfa cydgyfeiriant
  cool temperate zone, cylchfa glaear-dymherus
  frigid zone, cylchfa rew
  saturation zone, cylchfa drwythiad
  splash zone, cylchfa trochion
  time zone, cylchfa amser
  torrid zone, cylchfa grasboeth
  twilight zone, cylchfa gyfnosi
  warm temperate zone, cylchfa gynnes-dymherus
  zone in transition, cylchfa mewn trawsnewid
  zone of accumulation, cylchfa cronni
  zone of advance and assimilation, cylchfa cynnydd a chymathu
  zone of discord, cylchfa wrthod
zoölogy, *nmf,* swoleg; zoöleg
zoöspore, *nm,* swosbor; zoösbor
zygomorphic, *a,* sygomorffig; zygomorffig
zygospore, *nm,* sygosbor; zygosbor
zygote, *nm,* sygot; zygot
zygotene, *nm,* sygotên; zygotên
zymase, *nm,* symas; zymas

CYMRAEG–SAESNEG
WELSH–ENGLISH

A

abacws, *eg, ll* abaci, abacus
abaty, *eg, ll* abatai, abbey
abdomen, *eg, ll* -au, abdomen
aber, *eg, ll* -oedd, mouth of river; conduit; confluence
abiogenesis, *eg, ll* -au, es, spontaneous generation
abitrais, *eg, ll* abitreisiau, arbitrage
abladiad, *eg, ll* -au, ablation
abladu, *be*, ablate
abl-iach, *a,* fit
abnormaledd, *eg, ll* -au, abnormality
aborsiwn, *eg, ll* -iynau, abortion
abseil, *eg, ll* -iau, abseil
abseilu, *be*, abseil
absen, *eg*, absence; absenteeism
absennol, *a,* absent
absenoldeb, *eg, ll* -au, absence; absenteeism
  absenoldeb gyda chaniatâd, absence with leave
absenoliaeth, *eb, ll* -au, absenteeism
absenolwr, *eg, ll* -wyr, absentee
absenolyn, *eg, ll* absenolion, absentee
absisa, *eg, ll* -âu, abscissa
absoliwt, *a,* absolute
absolwsiwn, *eg, ll* -iynau, absolution
absolwtiaeth, *eb,* absolutism
abwyd-dyllog, *a,* worm-eaten
abwydfa, *eb, ll* -feydd, wormery
abwydyn, *eg, ll* abwydod, worm
ac-ac, *eb, ll* -iau, ack-ack; acting area lantern *(Th)*
academi, *eb, ll* -ïau, academy
  Academi Frenhinol y Celfyddydau, The Royal Academy of Arts
academiaeth, *eb,* academicism
acanthws, *eg, ll* acanthi, acanthus
Acarina, *ell,* Acarina
acen, *eb, ll* -nau, -ion, accent
acennu, *be,* accent
acer, *eg, ll* -i, acre

acetabwlwm, *eg, ll* acetabwla, acetabulum
aciacatwra, *eg,* acciaccatura
aclamydaidd, *a,* achlamydeous
acne, *eg,* acne
acnod, *eg, ll* -au, acnode
acolâd, *eg, ll* acoladau, accolade
acolit, *eg, ll* -iaid, acolyte
Acrania, *ell,* Acrania
acrilan, *eg,* acrilan
acrobat, *eg, ll* -iaid, acrobat
acrolithiau, *ell,* acroliths
acromatig, *a,* achromatic
acropetal, *a,* acropetal
acroteria, *ell,* acroteria
acsiom, *eg, ll* -au, axiom
acsiomatig, *a,* axiomatic
acson, *eg, ll* -au, axon
act, *eb, ll* -au, act
  act ddwbwl, double act
  act farw, dead act
  act golbio, knock-about act
  act sengl, single act
  act slap, slapstick
actif, *a,* active
actifadur, *eg, ll* -on, activator
actifedd, *eg, ll* -au, activity
actifiant, *eg, ll* -iannau, activation
  profion actifiant, *ell,* activation tests
actinomorffig, *a,* actinomorphic
actinomycet, *eg, ll* -au, actinomycete
Actinozoa, *ell,* Actinozoa
actio, *be,* act
actor, *eg, ll* -ion, actor, player
  actor amrwd da, good rough actor
  actor amryddawn, all-round actor
  actor corc llosg, burnt cork artiste
  actor gwadd, guest artist
actorion stoc, stock company; repertory players

actor personoliaeth, personality actor
actor proffesiynol, professional actor
actores, *eb, ll* -au, actress
actorol, *a*, actor proof
actor-reolwr, *eg, ll* -wyr, actor-manager
actwari, *eg, ll* -aid, actuary
acwa, *eg*, aqua
acwariwm, *eg, ll* **acwaria**, aquarium
  gwresogydd acwariwm, *eg*, aquarium heater
acwatint, *eg*, aquatint
acwifer, *eg, ll* -au, aquifer
acwmplydd, *eg, ll* -ion, accomplice
acwsteg, *egb*, acoustics
acwstig, *a*, acoustic
ach, *eb, ll* -au, genealogy
  cart achau, *eg*, family tree
  siart achau, *eg*, family tree
achen, *eb, ll* -au, achene
achludiad, *eg, ll* -au, occlusion
achos, *eg, ll* -ion, cause; case; factor; action
  achos brys, urgent case
  achosion teuluol, domestic proceedings
  agor yr achos, *be*, open the case
  gwrthodir yr achos, case dismissed
achosi, *be*, procure
achosiaeth, *eb, ll* -au, causality; causation
achredu, *be*, accredit
achryd, *eg*, shiver
achub, *be*, save; rescue
  safle achub ar fynydd, *eg*, mountain rescue post
achub-bywyd, *be*, life-save
achubiadaeth, *eb*, salvage
achubiadu, *be*, salvage
achubiadwr, *eg, ll* -wyr, salvor
achwyniad, *eg, ll* -au, complaint
achwynwr, *eg, ll* -wyr, plaintiff
achwynydd, *eg, ll* -ion, plaintiff; complainant
achyddiaeth, *eb, ll* -au, genealogy
adagio, *ad, eg*, adagio
adain, *eb, ll* **adenydd**, wing; board
adain-hwrdd, *eb, ll* **adenydd-hwrdd**, ram-wing

ad-allforio, *be*, re-export
adaptor, *eg, ll* -au, adaptor
ad-arwyddo, *be*, counter-sign
adborth, *eg*, feed-back
adborthi, *be*, feed-back
adbrint, *eg, ll* -iau, reprint
adbrisiad, *eg, ll* -au, revaluation
adbryn, *a*, redeemable
adbryniant, *eg, ll* -iannau, redemption
adbrynu, *be*, redeem
adchwanegiad, *eg, ll* -au, additive
ad-daladwy, *a*, repayable
ad-daliad, *eg, ll* -au, rebate
ad-daliadol, *a*, retributive
ad-dalu, *be*, reimburse
ad-drefniadu, *eg*, redeployment
ad-drefnu, *be*, reorganise
ad-ddosbarthiad, *eg*, reclassification
ad-ddynodi, *be*, re-code
adechelin, *a*, adaxial
adeilad, *eg, ll* -au, building; construction
  adeiladau clos, close buildings
  adeilad brigentrych, skyscraper
  adeilad daliadol, tenement building
  adeilad fframbren, half-timbered building
  adeilad gweithrediadol, functional construction
adeiladaeth, *eb, ll* -au, structure
  adeiladaeth golofnog, columnar structure
adeiladu, *be*, build
  adeiladu clos, high density building
adeiladwaith, *eg, ll* -weithiau, construction; structure
adeiladwr, *eg, ll* -wyr, builder
adeiladydd, *eg, ll* -wyr, builder
adeilaeth, *eb, ll* -au, structure
adeiledd, *eg, ll* -au, structure
adeileddu, *be*, structure
adeinig, *eb*, aileron
aden, *eb, ll* -ydd, board
  aden dywydd, weather board; barge board
  aden fflat, flipper
adend, *eg, ll* -au, addend
adendriad, *eg, ll* -au, attainder
adendro, *be*, attaint

adennill, *be,* reclaim; recover
  adennill tir, reclaim land
  wedi ei adennill, *a,* reclaimed
adfach, *eg, ll* -au, barb
adfachog, *a,* barbed
adfachyn, *eg, ll* **adfachau,** barbule
adfaedd, *eg, ll* -od, stag
adfeddiad, *eg, ll* -au, appropriation
adfeddiannu, *be,* repossess
adfeddu, *be,* appropriate
adfeddwr, *eg, ll* -wyr, appropriator
adfer, *a,* remedial; *be,* restore; reclaim; revive; *eg,* restitution
  adfer gorchymyn, revive an order
adferiad, *eg, ll* -au, recovery; restoration
adferol, *a,* remedial
adfewni, *be,* re-enter
adfilwr, *eg, ll* -wyr, recruit
adfocatiaeth, *eb,* advocacy
adforio, *be,* re-export
adforyn, *eg, ll* **adforion,** re-export
adfowri, *eg, ll* -ïau, advowry
adfowswn, *eg, ll* -ynau, advowson
adfresych, *ell,* Brussels sprouts
adfyfyrdod, *eg, ll* -au, reflection
adfywiad, *eg, ll* -au, revival
adfywio, *be,* revive
  adfywio'r dychymyg, revive the imagination
adfywiol, *a,* stimulant
adiabatig, *a,* adiabatic
adiad, *eg,* addition
adio, *be,* add; *eg,* addition
  adio cyfartal, equal addition
  adio cyflenwol, complementary addition
adiol, *a,* additive
adiolyn, *eg, ll* **adiolion,** additive
  adiolyn lliw, colour additive
adlach, *eb, ll* -au, -iau, backlash
adlais, *eg, ll* **adleisiau,** echo
adlam, *eg, ll* -au, rebound
  ar adlam, *a,* on the rebound
  gôl adlam, *eg,* drop goal
adlamu, *be,* rebound; recoil
  adlamu allan, drop out
adlamus, *a,* revocable
adlef, *eb,* echo
adleisio, *be,* echo
adlenwad, *eg, ll* -au, refill
adlenwi, *be,* refill

adleoli, *eg,* redeployment
adlewyrch, *a,* reflected
adlewyrchedig, *a,* reflected
  lliw adlewyrchedig, *eg,* reflected colour
adlewyrchu, *be,* reflect
adlewyrchydd, *eg, ll* **adlewyrchyddion,** reflector
ad-libio, *be,* ad-lib
adlog, *eg, ll* -au, compound interest
adloniadol, *a,* recreative
adloniant, *eg, ll* -iannau, recreation
adlonni, *be,* entertain
adluniad, *eg, ll* -au, reconstruction
adlunio, *be,* remodel
adlyn, *a,* self-adhesive; *eg, ll* -ion, adhesive
adlyniad, *eg, ll* -au, adhesion
adlynol, *a,* adhesive; self-adhesive
adlynu, *be,* adhere
admisiwn, *eg, ll* -iynau, admission
adnabod, *be,* identify; recognize; diagnose; *eg,* recognition
  rheng adnabod, *eb,* identification parade
adnabyddiaeth, *eb,* identification
adnabyddiant, *eg,* identity
adnau, *eg, ll* **adneuon,** deposit
  cyfradd adnau, *eg,* deposit rate
  cyfrif adnau, *eg,* deposit account
adnawd, *a,* adnate
adnewid, *be,* modify
adnewidiad, *eg, ll* -au, modification
adnewidiadol, *a,* modified
adnewyddiad, *eg, ll* -au, renewal
adnewyddiedig, *a,* rejuvenated
adnewyddu, *be,* renew; renovate; rejuvenate
adnoddau, *ell,* resources
  cyfuno adnoddau, *be,* pool resources
adobe, *eg, ll* -au, adobe
adolesens, *eg,* adolescence
adolesent, *a,* adolescent
adraddiad, *eg, ll* -au, aggradation; regrading
adraddoli, *be,* regrade
adraddoliad, *eg, ll* -au, regrading
adraddu, *be,* aggrade
adran, *eb, ll* -nau, department; division; section

Adran Addysg a Gwyddoniaeth, Department of Education and Science
adran lanweithio, cleansing department
adrannol, *a,* departmental
siop adrannol, *eb,* departmental store
adrenalin, *a,* adrenalin
adrewi, *eg,* regalation
adroddgan, *eb, ll* -iadau, recitation
adroddiad, *eg, ll* -au, account; report; narration; recitation
adroddiad tywydd, weather report
adroddwr, *eg, ll* -wyr, narrator; reciter
adroddydd, *eg,* elocutionist
adroddyddiaeth, *eb,* elocution
adsefydliad, *eg,* rehabilitation
adsefydlu, *be,* rehabilitate
adwaith, *eg, ll* adweithiau, reaction
adwaith ar batrwm, pattern reaction
adwaith cadwynol, chain reaction
adwaith ymudol, motor reaction
arbrawf adwaith, *eg,* reaction experiment
adweinyddiaeth, *eb, ll* -au, administration
adweinyddu, *be,* administer
adweithedd, *eg, ll* -au, reactance
adweithio, *be,* react
adweithiol, *a,* reactive; reactionary
adweithiwr, *eg, ll* -wyr, reactionary
adweithydd, *eg, ll* -ion, reactor
adwerthol, *a,* retail
adwerthu, *be,* retail
adwerthwr, *eg, ll* -wyr, retailer
adwrtheb, *eg, ll* -ion, rejoinder
adwthiad, *eg, ll* -au, repression
adwthio, *be,* repress
adwy, *eg, ll* -au, on, gap
adwybod, *eg,* recognition
adwybod ac argofio, recognition and recall
adwybyddiad, *eg, ll* -au, recognition
adwythig, *a,* malignant
adytwm, *eg, ll* adyta, adytum
addail, *ell,* salad

addasadwy, *a,* adjustable; adaptable
pyst neidio addasadwy, *ell,* adjustable jumping stands
addasedd, *eg, ll* -au, adaptability
addasiad, *eg, ll* -au, adjustment; readjustment; adaptation
addasiad i gymdeithas, adjustment to society
addasol, *a,* adaptive
addasu, *be,* adapt
addasydd, *eg, ll* -ion, adaptor
addaweb, *eb, ll* -au, promissory note
addoediad, *eg,* Prorogation
addoli, *be,* worship
addoliad *eg,* worship
addurn, *eg, ll* -au, ornament; decoration; décor
addurn pêl-flodyn, ball flower ornament
addurn pigben, beak head ornament
addurn ŵy a saethell, egg and dart ornament
addurnedig, *a,* decorated
addurniad, *eg, ll* -au, ornament
addurno, *be,* decorate
addurnol, *a,* decorative
addurnwaith, *eg, ll* -weithiau, ornament
addwysedd, *eg, ll* -au, intensity
addysg, *eb,* education
addysg bellach, further education
addysg drydyddol, tertiary education
addysg elfennol, elementary education
addysg gynradd, primary education
addysg iechyd, health education
addysg oedolion, adult education
addysg raglennog, programmed learning
addysg ranamser, part-time education
addysg rhyw, sex education
addysg uwchradd, secondary education
addysg ychwanegol, further education
addysgadwy, *a,* educable
addysgadwyedd, *eg,* educability
addysgedd, *eg,* educability

addysgiaethwr, *eg, ll* **-wyr,** educationist
addysgol, *a,* educational; scholastic
  addysgol isnormal, educationally subnormal
  cyniferydd addysgol, *eg,* educational quotient
  ffactor addysgol, *egb,* educational factor
  oedran addysgol, *eg,* educational age
addysgu, *be,* educate; teach
addysgwr, *eg, ll* **-wyr,** educator
aeddfed, *a,* mature
aeddfediad, *eg, ll* **-au,** maturation
  aeddfediad y celloedd cenhedlu, maturation of germ-cells
aeddfedrwydd, *eg,* maturity; puberty
  aeddfedrwydd diweddar, late maturity
aeddfedu, *be,* mature
  dyddiad aeddfedu, *eg,* maturity
Aegeaidd, *a,* Aegean
ael, *eb, ll* **-iau,** brow
aelod, *eg, ll* **-au,** member
aelwyd, *eb, ll* **-ydd,** hearth
  aelwyd dro, revolving hearth
Aeolaidd, *a,* Aeolian
aer, *eg,* air
aerencyma, *eg,* aerenchyma
aerglo, *eg, ll* **-eon, -eau,** air-lock
aerglos, *a,* airtight
aerobig, *a,* aerobic
aerodynameg, *egb,* aerodynamics
aerol, *eb, ll* **-ion,** aerial
aeronen, *eb, ll* **aeron,** berry
aeronoteg, *egb,* aeronautics
aestifiaeth, *eb, ll* **-au,** aestivation
aeth, *eg, ll* **-au,** awe
aether, *eg, ll* **-a,** aether
aethnen, *eb, ll* **-nau,** aspen
afal, *eg, ll* **-au,** apple
  afal coginio, cooking apple
  afal cwcio, cooking apple
  afal digoni, cooking apple
  afal pin, pineapple
  afal pob, baked apple
afalans, *eg, ll* **-au,** avalanche
afanen, *eb, ll* **afan,** raspberry

afiachog, *a,* invalid
  dyn afiachog, *eg.* invalid
afiachus, *a,* unwholesome
aflan, *a,* foul
afleoli, *be,* dislocate
afleoliad, *eg, ll* **-au,** dislocation
aflerdwf, *eg,* sprawl
afliwio, *be,* discolour
aflonyddwch, *eg,* unrest
afluniad, *eg, ll* **-au,** distortion
aflunio, *be,* distort
aflwyddiannus *a,* abortive
aflym, *a,* obtuse
afon, *eb, ll* **-ydd,** river
  afon drawslif, subsequent river
  afon gydlif, consequent river
  afon ladrad, river capture; river piracy
  afon wrthlif, obsequent river
  afon wythiennog, braided river
  afonydd ysbeidiol, intermittent streams
  blaendir afon, *eg,* torrent tract
  dalgylch afon, *eg,* drainage basin
  dyffryndir afon, *eg,* valley tract
  gwaered afon, downstream
  gwastatir afon, *eg,* plain tract
  gwrthwaered afon, upstream
  hierarchaeth afon, *eb,* stream order
  patrymedd afon, *eg,* river regime
  ystum afon, *egb,* meander
afonig, *eb, ll* **-au,** rivulet
afonol, *a,* fluvial; riverine
  tiroedd afonol, *ell,* riverine lands
afradlon, *a,* extravagant
afreolaidd, *a,* irregular; improper (*Ch*)
afreoleidd-dra, *eg,* irregularity
afresymol, *a,* unreasonable; absurd
  Theatr yr Afreswm, *eb,* Theatre of the Absurd
afrlladen, *eb, ll* **afrllad,** wafer
afu, *eg, ll* **-oedd,** liver
afwyn, *eb, ll* **-au,** rein
affaith, *eg, ll* **affeithiau,** affect
affasia, *eg,* aphasia
affasig, *a*; *eg,* aphasic
affeithiad, *eg, ll* **-au,** affection
affeithiol, *a,* affective, accessary
affeithiolrwydd, *eg,* affectivity

AFFEITHIWR 268 ANGHYDLIFIAD

affeithiwr, *eg, ll* -**wyr**, accessary; accomplice
affelion, *eg, ll* **affelia**, aphelion
afferiad, *eg, ll* -**au**, affeeror
afferol, *a*, afferent
afferu, *be*, affeer
afferwr, *eg, ll* -**wyr**, affeeror
affidafid, *eg, ll* -**iau**, -**ion**, affidavit
   tyngu affidafid, *be*, swear an affidavit
affin, *eg*, affine
affinedd, *eg, ll* -**au**, affinity
afforia, *eg*, aphoria
affrae, *eb, ll* -**on**, affray
affwys, *eg*, abyss
   gwaddodion affwys, *ell*, abyssal deposits
affwysaidd, *a*, abyssal
affwysedd, *eg*, bathos
agalen, *eb, ll* -**nau**, -**ni**, carborundum; whetstone
agar, *eg*, agar
agba, *eg*, agba
agen, *eb, ll* -**nau**, fissure; rift; slot
agenda, *eg, ll* -**âu**, agenda
agendor, *eb, ll* -**au**, chasm
agennu, *be*, slot
ageru, *be*, steam
agerydd, *eg, ll* -**ion**, steamer
aget, *eg, ll* -**au**, agate
agio, *eg*, agio
Agnatha, *ell*, Agnatha
agnawd, *a*; *eg*, agnate
agor, *be*, open
   agor at, open on
   agor i'r, open off
   agor mewn ffydd, open cold (*Th*)
agora, *eg, ll* -**âu**, agora
agorawd, *eb, ll* -**au**, overture
   agorawd Eidalaidd, Italian overture
agored, *a*, open; liable
   agored i ddirwy, liable to a fine
   llecyn agored, *eg*, open space
agorell, *eb*, reamer; opener
   agorell dapr, taper reamer
   agorell ehangol, expanding reamer
   agorell gymwysadwy, adjustable reamer; expanding reamer
agorellu, *be*, ream

agorfa, *eb, ll* -**oedd**, opening; aperture; vent
agoriad, *eg, ll* -**au**, key; opening; slot
   agoriad canol, centre opening
   agoriad cefn, back opening
   agoriad cudd, concealed opening
   agoriad didor, continuous opening
   agoriad ffesin, faced opening
   agoriad ffrynt, front opening
   agoriad hem, hemmed opening
   agoriad gwddf, neck opening
   agoriad ochr, side opening
   agoriad plet bocs, box pleat opening
   agoriad sgert, skirt opening
   agoriad T, tee slot opening
   agoriad undarn, continuous wrap
agos, *a*, approximate
agreg, *eb, ll* -**iadau**, aggregate
agregu, *be*, aggregate
agronomegwr, *eg, ll* -**wyr**, agronomist
Agrostis, *eg*, Agrostis
agwedd, *egb, ll* -**au**, attitude; aspect
angen, *eg, ll* **anghenion**, need
angenoctid, *eg*, privation
angenrheidiol, *a*, necessary
   angenrheidiol a digonol, necessary and sufficient
angerdd, *eg*, intensity
angerddol, *a*, intense
anghellog, *a*, acellular
anghlydwr, *eg, ll* **anghlydyrau**, exposure
anghofio, *be*, forget
anghofrwydd, *eg*, obliviscence
anghofusrwydd, *eg*, forgetfulness
anghrisialaidd, *a*, non-crystalline
anghrisialog, *a*, non-crystalline
anghroesawus, *a*, inhospitable
anghronnol, *a*, non-cumulative
anghrwydr, *a*, sedentary
   cymuned anghrwydr, *eb*, sedentary community
anghuddiad, *eg, ll* -**au**, exposure
anghydbwysedd, *eg*, imbalance
anghydfod, *eg, ll* -**ion**, dispute
anghydffurfedd, *eg, ll* -**au**, unconformity
anghydffurfiaeth, *eb*, nonconformity
anghydffurfiwr, *eg, ll* -**wyr**, nonconformist
anghydlifiad, *eg, ll* -**au**, diffluence

anghydryw, *a*, heterogeneous
anghydwedd, *a*, not in phase
anghydweddaeth, *eb*, celibacy
anghyfartal, *a*, unequal
anghyfeb, *a*, barren
anghyfebrwydd, *eg*, barrenness
anghyfesur, *a*, incommensurable
anghyflawn, *a*, incomplete
anghyflawnhad, *eg*, non-consummation
anghyflogadwy, *a*, unemployable; non-employable
anghyflogaeth, *eb*, *ll* -au, redundancy; unemployment
anghyfnewid, *a*, inconvertible
anghyfochrog, *a*, scalene
anghyfreithlon, *a*, illegal
anghyfreithus, *a*, illegitimate
anghyfreithusdra, *eg*, illegitimacy
anghyfunrhyw, *a*, heterosexual
anghymarebol, *a*, irrational
anghymen, *a*, improper
anghymesur, *a*, asymmetric
anghymesuredd, *eg*, asymmetry
anghymhwyster, *eg*, incompetence
anghynhwysol, *a*, exclusive
anghynyrchiol, *a*, unproductive
anghyson, *a*, inconsistent
anghysondeb, *eg*, *ll* -au, inconsistency
anghysylltus, *a*, incoherent
anghytgord, *eg*, *ll* -iau, discord
anghytun, *a*, incompatible
anghyweirdeb, *eg*, disrepair
anghyweiriad, *eg*, disrepair
anghywir, *a*, wrong
anghywirdeb, *eg*, *ll* -au, inaccuracy
angiosberm, *eg*, *ll* -au, angiosperm
Angiospermae, *ell*, Angiospermae
angor, *eb*, *ll* -fâu, anchor
angorfa, *eb*, *ll* -fâu, feydd, anchorage
angorle, *eg*, *ll* -oedd, roadstead
ail, *a*, second
 ail isradd, *eg*, square root
ailadeiladu, *be*, rebuild
ailadrodd, *be*, repeat; recapitulate; *eg*, repetition
ailadroddiad, *eg*, *ll* -au, recapitulation
 yr ailadroddiad, recapitulation (in sonata)

ailadroddol, *a*, recapitulatory
ailanheddiad, *eg*, *ll* -au, resettlement
ail-arholi, *be*, re-examine
ailbrint, *eg*, *ll* -iau, reprint
ailbrisiad, *eg*, *ll* -au, revaluation
ail-dwymo, *be*, reheat
ail-dyfiant, *eg*, *ll* -iannau, second growth
ail-ddyddodi, *be*, redeposit
ailennill, *be*, reclaim
ail-flaenores, *eb*, *ll* -au, second lead
ail-flaenwr, *eg*, *ll* -wyr, second lead
ailfoelyd, *be*, relapse
ailfforestiad, *eg*, *ll* -au, reafforestation
ailfforestu, *be*, reafforest
ailgodi, *be*, rebuild
ailgoedwigo, *be*, reforestate
ailgrisialu, *be*, recrystallize
ail-gyfarparu, *be*, re-equip
ailgyfeiriadedd, *eg*, *ll* -au, reorientation
ailgyfuniad, *eg*, *ll* -au, recombination
ailgyffwrdd, *be*, retouch
ailgymhwyso, *be*, readjust
ail-lunio, *be*, reconstruct
ailraddio, *be*, regrade
ail-uno, *be*, rejoin
ailystyried, *be*, reconsider
âl, *eb*, *ll* alau, aloedd, parturition
alantois, *eg*, allantois
alaw, *eb*, *ll* -on, melody
 alaw drwy gywasgiad, melody by condensation
alb, *eg*, *ll* -iau, alb
albatros, *eg*, *ll* -au, albatross
albedo, *eg*, albedo
albinedd, *eg*, albinism
albwmen, *eg*, *ll* -au, albumen
albwrnwm, *eg*, sapwood
alcali, *eg*, *ll* -ïau, alkali
alcalinaidd, *a*, alkaline
alcalinedd, *eg*, *ll* -au, alkalinity
alcaloid, *eg*, *ll* -au, alkaloid
alcam, *eg*, tin
alcemi, *eg*, alchemy
alcemydd, *eg*, *ll* -ion, alchemist
alcof, *eg*, *ll* -au, alcove
alcohol, *eg*, alcohol
 ethyl alcohol, ethyl alcohol
Alcyonaria, *ell*, Alcyonaria
aldehyd, *eg*, aldehyde

ale, *eb, ll* -on, aisle
alegasiwn, *eg, ll* -iynau, allegation
alegori, *eb, ll* -ïau, allegory
alelomorff, *eg, ll* -au, allelomorph
  lluos alelomorffau, multiple allelomorphs
alelomorffig, *a,* allelomorphic
  ffactorau alelomorffig, *ell,* allelomorphic factors
alewron, *eg,* aleurone
  gronynnau alewron, *ell,* aleurone grains
alfeolws, *eg, ll* alfeoli, alveolus
Alga, *eg, ll* Algae, Alga
algebra, *egb,* algebra
algebraidd, *a,* algebraic
  rhif algebraidd, *eg,* algebraic number
algebreg, *egb,* algebra
algorithm, *eg, ll* -au, algorithm
ali, *eb, ll* alïau, alley
  ali fowlio, bowling alley
alibi, *eg,* alibi
alicwot, *a,* aliquot
alidad, *eg, ll* -au, alidade
aliniad, *eg, ll* -au, alignment
alinio, *be,* align
almon, *eb, ll* -au, almond
almonwr, *eg, ll* -wyr, almoner
almonwraig, *eb, ll* -wragedd, almoner
almonydd, *eg, ll* -ion, almoner
aloi, *eg, ll* -on, alloy
  aloi efydd, bronze alloy
  aloi gwyn, white alloy
  aloi y, y alloy
alopecia, *eg,* alopecia
alopolyploid, *eg,* allopolyploid
alotetraploid, *eg,* allotetraploid
alotiad, *eg, ll* -au, allotment (S)
alotio, *be,* allot
alotropaidd, *a,* allotropic
alotropi, *eg,* allotropy
alp, *eg, ll* -au, alp
alpaidd, *a,* alpine
Alpau, *ell,* Alps
altimedr, *eg, ll* -au, altimeter
altiplan, *eg, ll* -au, altiplane
alto, *eg,* alto
  allwedd alto, *eb,* alto clef
  cleff yr alto, *eg,* alto clef
alu, *be,* parturition
alwm, *eg,* alum

alwmina, *eg,* alumina
alwminiwm, *eg, ll* -iymau, aluminium
allafon, *eb, ll* -ydd, distributary
allan, *ad,* out
  allan trwy ddal, caught out
  allan trwy gyffwrdd, touched out
  allan trwy wth, forced out
  allan yn y ffrynt, out front
allanedd, *eg,* exterior
allanfa, *eb, ll* -feydd, exit
allaniad, *eg, ll* -au, projection
allanol, *a,* external; exterior
allanoli, *be,* project
allanus, *a,* extraneous
allbelydru, *be,* radiate, irradiate
allbost, *eg, ll* -byst, outpost
allbriordy, *eg, ll* -dai, alien priory
allbwn, *eg, ll* -bynnau, output
alldafliad, *eg, ll* -au, fallout
  alldafliad ymbelydrol, radioactive fallout
alldaith, *eb, ll* -deithiau, expedition
allddod, *be,* emerge
allddodi, *be,* substitute
allddodol, *a,* emerged
allddodyn, *eg, ll* -ddodion, substitute
allechelin, *a,* abaxial
allfa, *eb, ll* -feydd, outlet
allfaes, *eg, ll* -feysydd, outfield
allforio, *be,* export
allforiwr, *eg, ll* -wyr, exporter
allforyn, *eg, ll* -forion, export
  allforion anweledig, invisible exports
allfridio, *be,* outbreed
allfudo, *be,* emigrate
allfudwr, *eg, ll* -wyr, emigrant
allganol, *eg, ll* -au, e-centre (ex-centre
allgaredd, *eg,* altruism
allgarol, *a,* altruistic
allgau, *be,* exclude
allgellog, *a,* extracellular
allgraig, *eb, ll* -greigiau, outlier
allgylch, *eg, ll* -au, e-circle (ex-circle); escribed circle
allgylchu, *be,* escribe
allgyrchol, *a,* centrifugal
  grym allgyrchol, *eg,* centrifugal force
allgyrchu, *be,* centrifuge
allgyrchydd, *eg, ll* -ion, centrifuge

allgyrchyddol, *a*, centrifugal
allgyrsiol, *a*, extra-curricular
 gweithgareddau allgyrsiol,
  ell, extra-curricular activities
all-lifo, *be*, outflow
allolchiad, *eg*, *ll* -au, outwash
 dyddodion allolchiad, *ell*, outwash deposits
allolchion, *ell*, outwash
allor, *eb*, *ll* -au, altar
allordal, *eg*, *ll* -oedd, altarage
allorlun, *eg*, *ll* -iau, altarpiece
allosod, *be*, replace; extrapolate
allosodiad, *eg*, *ll* -au, extrapolation
allosodyn, *eg*, *ll* -osodion, replacement
allporth (allborth), *eb*, *ll* -pyrth, outport
allsianel, *eb*, *ll* -au, distributary channel
allsynhwyraidd, *a*, extra-sensory
 canfyddiad allsynhwyraidd, *eg*, extra-sensory perception
alltraeth, *a*, offshore
alltro, *eg*, *ll* -eon, extraversion
alltroedig, *eg*, extravert
alltud, *eg*, *ll* -ion, exile
alltudio, *be*, exile
allwedd, *eb*, *ll* -i, -au, clef; key
allweddell, *eb*, keyboard
allweddfa, *eb*, *ll* -fâu, key-way
allweddrych, *eb*, *ll* -au, key-way
allweddu, *be*, key
allwthiad, *eg*, *ll* -au, extrusion
allwthio, *be*, extrude
allwyriad, *eg*, *ll* -au, deflection
allyriant, *eg*, *ll* -iannau, emission
allyrredd, *eg*, emissivity
amaethol, *a*, agrarian
amaethyddiaeth, *eb*, agriculture
 amaethyddiaeth arbenigol, specialised agriculture
amalgam, *eg*, amalgam
amatur, *eg*, *ll* -iaid, amateur
ambari, *eg*, *ll* -ïau, ambry
amber, *eg*, amber
ambo, *eg*, *ll* -au, ambo
ambr, *a*, *eg*, amber
amcan, *eg*, *ll* -ion, aim
amcanestyniad, *eg*, projection
amcangyfrif, *be*, estimate; *eg*, *ll* -on, estimate

amcaniad, *eg*, projection
amdaith, *eb*, *ll* -deithiau, circuit; detour
 amdaith lliwiau, colour circuit
amdro, *a*, rotary
amdroelledd, *eg*, circumnutation
amddeheurwydd, *eg*, ambidexterity
amddifadedd, *eg*, deprivation
amddifadiad, *eg*, *ll* -au, deprivation
amddifadu drwy dwyll, *be*, defraud
amddifadus, *a*, deprived
 ardal amddifadus, *eb*, deprived area
amddiffyn, *be*, defend; *eg*, defence
 amddiffyn dyn am ddyn, man to man defence
amddiffyn rhanbarth, zone defence
amddiffyniad, *eg*, *ll* -au, defence; protection
amddiffynnwr, *eg*, *ll* amddiffynwyr, defender
amddiffynnydd, *eg*, *ll* amddiffynyddion, defendant
amedr, *eg*, *ll* -on, ammeter
am-enedigol, *a*, peri-natal
Americanaidd, *a*, American
americaneiddiad, *eg*, *ll* -au, americanisation
americaneiddio, *be*, americanise
amersiad, *eg*, *ll* -au, amercement
amersu, *be*, amerce
Ametabola, *ell*, Ametabola
amfae, *eg*, *ll* -au, embayment
amfeddiad, *eg*, *ll* -au, impropriation
amfeddu, *be*, impropriate
amfeddwr, *eg*, *ll* -wyr, impropriator
amfesur, *eg*, *ll* -au, perimeter
amffibus, *a*, amphibious
amffimicsis, *eg*, amphimixis
amffi-prostyl, *eg*, *ll* -au, amphi-prostyle
amffitheatr, *eb*, *ll* -au, amphitheatre
amgaead, *eg*, *ll* -au, housing
amgaeëdig, *a*, enclosure
amgaeëdigion, *ell*, enclosures (*S*)
amgannol, *a*, peripheral
 dosbarthiant amgannol, *eg*, peripheral distribution
amganol, *eg*, *ll* -au, circumcentre
amgant, *eg*, *ll* -au, periphery
 sbîd amgant, *eg*, peripheral speed

amgantol, *a*, peripheral
amgarn, *eb*, *ll* -au, ferrule
amgau, *be*, enclose
amgenu, *be*, substitute
amgrwm, *a*, convex
amgrymedd, *eg*, *ll* -au, convex curvature
amguddiad, *eg*, *ll* -au, obscuration
amgyffred, *be*, comprehend; grasp
amgyffrediad, *eg*, *ll* -au, comprehension
amgylch, *eg*, *ll* -au, circumcircle; circumscribed circle
amgylchedd, *eg*, *ll* -au, -ion, environment
   amgylchedd cynefin, immediate environment
   amgylchedd diwylliannol, cultural environment
   amgylchedd mewnol, internal environment
   ffactorau amgylchedd, *ell*, environmental factors
amgylchen, *eb*, *ll* -ni, architrave
amgylchfyd, *eg*, environment
amgylchiadau, *ell*, circumstances
   amgylchiadau teuluaidd, household circumstances
amgylchion, *ell*, environs
amgylchol, *a*, environmental
amgylchred, *eg*, *ll* -au, -ion, polycycle
amgylchredol, *a*, polycyclic
amgylchu, *be*, circumscribe, encircle
amharthedig, *a*, unsorted
amhendant, *a*, indefinite; undetermined
amhenderfyn, *a*, undetermined
amhenderfynadwy, *a*, indeterminate
amhenderfynedig, *a*, indeterminate
amhenodol, *a*, indefinite; indeterminate
amhenodrwydd, *eg*, indeterminacy
amherthnasol, *a*, irrelevant
amherthynas, *egb*, false relation
amheuaeth, *eb*, *ll* -au, doubt
amhinog, *eg*, *ll* aminogau, architrave
amhleser, *eg*, *ll* -au, unpleasure
amhositif, *a*, non-positive
   dreif amhositif, *eg*, non-positive drive

amhuredd, *eg*, *ll* -au, -ion, impurity
amhuriad, *eg*, *ll* -au, pollution
amino asid, *eg*, amino acid
amitosis, *eg*, amitosis
amlap, *eg*, *ll* -au, wrap
amlapio, *be*, wrap
amlarfod, *egb*, *ll* -au, ion, multi-range
aml-benrhynnol, *a*, multi-peninsular
amlblwyfydd, *eg*, *ll* -ion, pluralist
amlblwyfyddiaeth, *eb*, pluralism
amlbwrpas, *a*, multi-purpose; versatile
amlder, *eg*, *ll* -au, density; proliferation
aml-dôn, *a*, multitone
amldrac, *a*, multiple track
amlediad, *eg*, *ll* -au, dilation
amledd, *eg*, *ll* -au, frequency
   amledd isel, low frequency
   amledd uchel, high frequency
   dosraniad amledd, *eg*, frequency distribution
amleiriaeth, *eb*, prolixity
amlen, *eb*, *ll* -ni, envelope
amlgellog, *a*, multicellular
aml-gydberthyniad, *eg*, *ll* -au, multiple correlation
amlhau, *be*, multiply; proliferate
aml-lawr, *a*, multistorey
amlin, *egb*, *ll* -iau, contour; outline
amlinell, *eb*, *ll* -au, contour; outline
amlinellu, *be*, outline
amliw, *a*, multichrome
aml-lofftog, *a*, multi-storey
amlosgfa, *eb*, *ll* amlosgfeydd, crematorium
amlosgi, *be*, cremate
aml-swyddogaethol, *a*, multifunctional
amlwyth, *eg*, *ll* -i, container
   depot amlwyth, *eg*, container depot
   gwasanaethau amlwyth, *ell*, container services
   gwasanaethu ag amlwythi, *a*, container fed
   terfynfa amlwyth, *eb*, container terminal
   trên amlwyth, *eg*, container train
   wagen amlwyth, *eg*, container wagon

amlwythiad, *eg, ll* -au, containerisation
amlygiad, *eg, ll* -au, exposure
amlygrwydd, *eg*, limelight
   chwennych amlygrwydd, *be*, seek limelight
amlygu, *be*, expose; highlight
amnesia, *eg*, amnesia
amnest, *eg, ll* -au, amnesty
amnewid, *be*, substitute; *eg, ll* -iau, -ion, substitution, replacement
   amnewid mewnforion, import replacement
   tabl amnewid, *eg*, substitution table
amnewidyn, *eg, ll* **amnewidion**, substitute
amnion, *eg, ll* -nia, amnion
amnyth, *a*, nested
amod, *eb, ll* -au, condition, proviso
   amodau gwasanaeth, conditions of service
   amod gwerthiant, condition of sale
amodi, *be*, stipulate
amodiad, *eg*, stipulation
amodol, *a*, conditional; contingent
amonit, *eg, ll* -au, amonite
Amoeba, *eg*, Amoeba
amoebaidd, *a*, amoeboid
amonia, *eg*, ammonia
amoniac, *a*, ammoniac
   sal amoniac, sal ammoniac
amoniwm, *eg*, ammonium
amorffus, *a*, amorphous
amorino, *eg, ll* **amorini**, amorino
amorteiddiad, *eg, ll* -au, amortisation
amper, *eg, ll* -au, ampere
Amphibia, *ell*, Amphibia
Amphineura, *ell*, Amphineura
Amphioxus, *eg*, Amphioxus
Amphipoda, *ell*, Amphipoda
amrant, *eg, ll* **amrannau**, eye lid
amred, *eg, ll* -au, range
   amred critigol, critical range
amredeg, *be*, range
amrediad, *eg, ll* -au, range
   amrediad llanw, range of tide
   amrediad tymheredd, range of temperature

amrwym, *eg, ll* -au, swathe
amrwymo, *be*, swathe
amrydyllog, *a*, porous
amryddawn, *a*, versatile
amryfaen, *eg, ll* -feini, conglomerate
amryfal, *a*, multiple
amrygoll, *a*, stranded
amryw (yr), *ell*, divers
amryweb, *eb, ll* -au, variate
amrywedd, *eg, ll* -au, variability
   amrywolion anheddau, variates of settlements
   amrywolion anheddu, variates of settlements
   priodoleddau ac amryweddau, attributes and variates
amrywiad, *eg, ll* -au, variation
   alaw gydag amrywiadau, *eb*, air with variations
   amrywiad gwrthdro, inverse variation
   amrywiad union, direct variation
amrywiaeth, *eb, ll* -au, variety
amrywiant, *eg, ll* -iannau, diversification; variance
amrywiol, *a*, miscellaneous
amrywolion, *ell*, variants
amser, *eg, ll* -au, -oedd, time
   amser adwaith, reaction time
   amser cyfansawdd, compound time
   amser cymedr, mean time
   amser geiriadwaith, word-reaction time
   Amser Greenwich, Greenwich Mean Time
   amser llawn, full time
   amser rhydd, time off
   amser syml, simple time
   amser yr haul, solar time
   amser y sêr, sideral time
   arwydd amser, *egb*, time signature
   enwau-amser, *ell*, time-names
   hanner amser, half tiime
amseriad, *eg, ll* -au, timing; tempo
amserlen, *eb, ll* -ni, time-table
amserlennu, *be*, timetable
   amserlennu bloc, block timetable
amserlin, *eg, ll* -iau, time-base
amserogydd, *eg, ll* -ion, pacemaker

amseru, *be,* time
  amseru'r actau, time the acts
amserwr, *eg, ll* -wyr, time-keeper
amsgrifo, *be,* circumscribe
amsugniad, *eg, ll* -au, absorption
amsugniant, *eg,* absorbance
amsugno, *be,* absorb
amsugnol, *a,* absorbent
  grwnd amsugnol, *eg,* absorbent ground
amsugnydd, *eg, ll* -ion, absorbent
amwynder, *eg, ll* -au, amenity
  amwynder cymdeithasol, social amenity
amwys, *a,* ambiguous
Amwythig, Shrewsbury
amyl, *eg,* amyl
  asetad amyl, amyl acetate
amylas, *eg, ll* -au, amylase
amylu, *be,* oversew
anabledd, *eg,* disability
  anabledd i bledio, unfitness to plead
  pensiwn anabledd, *eg,* disablement pension
anabolaeth, *eb,* anabolism
anacroniad, *eg, ll* -au, anachronism
anacrwsis, *eg,* anacrusis
anadliad, *eg, ll* -au, inhalation; respiration
anadlu, *be,* breathe; inhale
  adfer anadlu, artificial respiration
  anadlu artiffisial, artificial respiration
  peri anadlu, artificial respiration
anadweithiol, *a,* non-reactive
anaddasedd, *eg,* unfitness
anaeddfed, *a,* immature
  pridd anaeddfed, *eg,* immature soil
anaemia, *eg,* anaemia
  anaemia niweidiol, pernicious anaemia
anaerobig, *a,* anaerobic
anaesthetigo, *be,* anaesthetize
anaesthetigion, *ell,* anaesthetics
anaf, *eg, ll* -au, injury
anaffas, *eg,* anaphase
analgesia, *eg,* analgesia
analog, *eg, ll* -au, analogue
analogaidd, *a,* analogous
analysis, *eg,* analysis

analytig, *a,* analytic; analytical
  helaethiad analytig, *eg,* analytical continuation
analluedd, *eg,* impotence
an-anadlog, *a,* non-respiratory
anarchiaeth, *eb,* anarchy
anarchydd, *eg,* anarchist
anarchyddol, *a,* anarchistic
anarferedig, *a,* obsolete
anarferiant, *eg, ll* -iannau, obsolescence
anastomosis, *eg, ll* **anastomoses,** anastomosis
anataliad, *eg, ll* -au, incontinence
anatomeg, *egb,* anatomy
anatomi, *egb,* anatomy
anatropus, *a,* anatropous
anathraidd, *a,* impermeable
anawd, *eg, ll* **anodau,** annate
ancon, *eg, ll* -au, ancone
ancwyn, *eg, ll* -ion, dessert
androeciwm, *eg, ll* **androecia,** androecium
anecsploitiedig, *a,* unexploited
anelastig, *a,* inelastic
aneliad, *eg, ll* -au, aim; annealing
anelio, *be,* anneal
anelu, *be,* aim
anemoffiledd, *eg,* anemophily
anemoffilus, *a,* anemophilous
anemomedr, *eg, ll* -au, anemometer
anenwol, *a,* innominate
aneroid, *eg, ll* -au, aneroid
anestynadwy, *a,* inextensible
anewrin, *eg,* aneurin
anfantais, *eb, ll* -eision, handicap
  mân anfanteision, minor handicaps
anfeidraidd, *a,* infinite
anfeidredd, *eg,* infinity
  pwynt anfeidredd, *eg,* point of infinity
anferth, *a,* gigantic
anfetelau, *ell,* non-metals
anfeteloedd, *ell,* non-metals
anfodyledig, *a,* unmodulated
anfoesgarwch, *eg,* bad manners
anfolcanig, *a,* non-volcanic
anfon, *be,* send; dispatch
  anfon o'r cae, send off (*Ch*)
anfoneb, *eb, ll* -au, invoice

anfonog, *eg, ll* -ion, delegate
anfwriadol, *a*, unintentional
anfferrus, *a*, non-ferrous
    metel anfferrus, *eg*, non-ferrous metal
anffit, *a*, unfit
anfflamadwy, *a*, non-flammable
anffosfforig, *a*, non-phosphoric
anffrwythlon, *a*, sterile
anffrwythlonedd, *eg*, sterility
anffurfiad, *eg*, deformation
    anffurfiad ongl, angular deformation
anffurfiant, *eg*, deformity
anffurfiol, *a*, informal
anhafal, *a*, unequal
anhafaledd, *eg, ll* -au, inequality
anharmonig, *a, eg*, anharmonic
anhedfudd, *eg*, housebote
anheddau, *ell*, premises
anheddfa, *eb, ll* -feydd, settlement
anheddu, *be*, settle; house
    anheddu gwasgaredig, dispersed settlement
    patrwm anheddu, *eg*, settlement pattern
    patrwm anheddu clwm, *eg*, nucleated settlement pattern
    patrwm anheddu gwasgarog, *eg*, scattered settlement pattern
anheddiad, *eg*, settlement
    anheddiad clwm, nucleated settlement
    anheddiad gwasgarog, scattered settlement
    anheddiad hirfain, ribbon settlement
    patrwm anheddiad, *eg*, settlement pattern
anheddwr, *eg, ll* -wyr, settler
anheintiol, *a*, sterile
anhrefnu, *be*, disorganise
anhreisgyrch, *a*, non-aggression
    cytundeb anhreisgyrch, *eg*, non-aggression pact
anhrosaidd, *a*, intransitive
anhwylder, *eg, ll* -au, malaise
anhyblyg, *a*, rigid
anhyblygedd, *eg*, rigidity
anhydawdd, *a*, insoluble
anhydraidd, *a*, impervious
anhydrin, *a*, unmanageable

anhydrus, *a*, anhydrous
anhydwyth, *a*, inelastic
anhyglyw, *a*, inaudible
anhygyrch, *a*, inaccessible
anhynod, *a*, non-singular
anhysbys, *a*, unknown
anhywasg, *a*, incompressible
anian, *egb, ll* -au, -oedd, genius; nature
anianawd, *eg*, temperament; disposition
    profion anianawd, *ell*, temperament tests
anifail, *eg, ll* anifeiliaid, animal
    anifail cilgno, ruminant
    anifail cnoi cil, ruminant
    anifail cytrefol, colonial animal
animistiaeth, *eb*, animism
anion, *eg, ll* -au, anion
anisogamiaeth, *eb*, anisogamy
anllad, *a*, obscene
anlladrwydd, *eg*, obscenity
anllythrennedd, *eg*, illiteracy
annarogan, *a*, unpredictable
    tywydd annarogan, *eg*, unpredictable weather
annatureiddiad, *eg, ll* -au, denaturation
annedd, *egb, ll* anheddau, anheddion, habitation; dwelling; settlement; quarters
    anheddau priod, married quarters
    anheddau teuluol, family quarters
    annedd ar wasgar, dispersed settlement
    annedd deiliwredig, tailor made premises
    annedd pwrpas, purpose built premises
    annedd tarddlin, spring line
    anheddau teuluol, married quarters
annegodol, *a*, not negotiable
annehiscent, *a*, indehiscent
annel, *eg, ll* anelau, stanchion
annelid, *eg, ll* -au, annelid
Annelida, *ell*, Annelida
anner, *eb, ll* aneirod, heifer
    anner flith, in milk heifer
    anner gyflo, in calf heifer
    anner wyry, maiden heifer
annerbyniadwy, *a*, inadmissible

annerbyniadwyaeth, *eb,* inadmissibility
annethol, *a,* non-selective
annetholiadol, *a,* non-selective
annheimladrwydd, *eg,* insensibility
annherfynus, *a,* non-terminating
annhoddadwy, *a,* insoluble; indissoluble
 gwaddod annhoddadwy, *eg,* insoluble residue
annhyngwr, *eg, ll* -wyr, nonjuror
annibyniaeth, *eb, ll* -au, independence
annhymig, *a,* abortive
annibynnol, *a,* independent
 crafanc annibynnol, *eg,* independent chuck
 newidyn annibynnol, *eg,* independent variable
 trefniant annibynnol, *eg,* independent assortment
annidor, *a,* discontinuous
annidoriant, *eg, ll* -iannau, discontinuity
anniddoliad, *eg, ll* -au, desegregation
annieithr, *a,* inalienable
anniffiniedig, *a,* undefined
annigonfwyd, *a,* underfed
annigwyddiad, *eg, ll* -au, non-event
annilys, *a,* invalid
annilysu, *be,* invalidate
annirfoddol, *a,* involuntary
annodi, *be,* annotate
annormal, *a,* abnormal
annormalaeth, *eb, ll* -au, abnormality
annosbarthedig, *a,* unclassified
anobaith, *eg,* despair
anocsia, *eg,* anoxia
anod, *eg, ll* -au, anode
anodeiddio, *be,* anodize
anodontedd, *eg,* anodontia
anoddi, *be,* issue
anomaledd, *eg, ll* -au, anomaly
anomalus, *a,* anomalous
Anoplura, *ell,* Anoplura
anorecsia, *eg,* anorexia
anostwng, *a,* irreducible
anraddedig, *a,* ungraded
anrapâr, *eg,* disrepair
anrheolaidd, *a,* anomalous
anrhesymol, *a,* irrational
anrhesymoliaeth, *eb,* irrationalism
anrhydedd, *eg,* honour

anrhyddu, *be,* honour
anrhydeddus, *a,* honorary
anrhywiol, *a,* asexual
 atgenhedlu anrhywiol, *eg,* asexual reproduction
ansad, *a,* unstable
ansadrwydd, *eg,* instability
ansawdd, *eg, ll* **ansoddau, ansoddion,** quality; texture
 nwyddau o'r ansawdd gorau, *ell,* top quality goods
ansicredig, *a,* unsecured
ansiofi, *eg,* anchovy
ansoddi, *be,* constitute
ansoddol, *a,* qualitative
ansoddyn, *eg, ll* **ansoddau,** constituent
ansymudoledd, *eg, ll* -au, immobility
anta, *eg, ll* **antae, anta**
antarctig, *a,* antarctic
antena, *eg, ll* **antenae,** antenna
antenwl, *eg, ll* **antenylau,** antennule
anterliwt, *eb, ll* -iau, interlude
 anterliwt foes, moral interlude
anterth, *eg,* culmination
antibiotig, *a,* antibiotic
antibiotigion, *ell,* antibiotics
antibodi, *eg, ll* -ïau, antibody
anticlein, *eg, ll* -au, anticline
anticleinol, *a,* anticlinal
anticlimacs, *eg,* anticlimax
anticlinoriwm, *eg, ll* **anticlinoria,** anticlinorium
antig, *a, eg,* antic
 gwaith antig, *eg,* antic work
antigen, *eb, ll* -nau, antigen
antimoni, *eg,* antimony
antinod, *eg, ll* -au, antinode
antipodes, *ell,* antipodes
antiproton, *eg, ll* -au, antiproton
antiseiclon, *eb, ll* -au, anticyclone
 antiseiclon rhwystr, blocking anticyclone
antiseiclonig, *a,* anticyclonic
antiseptigion, *ell,* antiseptics
antur, *eg, ll* -au, adventure
 ar antur, *a,* random
 hyfforddiant antur, *eg,* adventure training
 pos antur, *eg,* adventure puzzle
anthemion, *eg, ll* **anthemia,** anthemion

anther, *eg, ll* -i, anther
antheridiwm, *eg, ll* antheridia, antheridium
antherosoid, *eg, ll* -au, antherozoid
anthesis, *eg,* anthesis
anthocsanthin, *eg, ll* -au, anthoxanthin
anthocyanin, *eg, ll* -au, anthocyanin
anthracs, *eg,* anthrax
anthropoid, *a,* anthropoid
anthropoleg, *egb,* anthropology
anudoniaeth, *eb,* perjury
anunfaint, *a,* unequal
anunffurf, *a,* non-uniform
anunion, *a,* indirect
anuniongyrch, *a,* indirect
anuniongyrchol, *a,* indirect
Anura, *ell,* Anura
anwadal, *a,* changeable; fickle
anwadaliad, *eg, ll* -au, fluctuation
anwadalu, *be,* fluctuate
anwaith, *eg, ll* -weithiau, omission
anwastad, *a,* uneven
anwe, *eb, ll* -oedd, weft; woof
 ystof ac anwe, warp and weft
anwedd, *eg, ll* -au, vapour
 anwedd dŵr, water vapour
 troi'n anwedd, *be,* evaporate
anweddeidd-dra, *eg,* indecency
anweddiad, *eg, ll* -au, evaporation; vaporization
anweddu, *be,* evaporate; vaporise
anwedduster, *eg, ll* -au, indecency
 anwedduster garw, gross indecency
anweddydd, *eg, ll* -ion, evaporator
anwir, *a,* false
anwirfodd, *a,* non-voluntary
 sylw anwirfodd, *eg,* non-voluntary attention
anwiriad, *eg, ll* -au, falsification
anwirio, *be,* falsify; *eg,* falsification
anwlar, *a,* annular (Ff)
anwlet, *eg,* annulet
anwlws, *eg, ll* anwli, annulus
anwrthdroadwy, *a,* irreversible
anwryd, *eg,* unmanliness
anws, *eg, ll* anysau, anus
anwythiad, *eg, ll* -au, induction; inductance
anwytho, *be,* induct; carry on an induction

anwythol, *a,* induced; inductive; inducted
 lliw anwythol, *eg,* induced colour
anymadweithiol, *a,* unreactive
anymwybod, *eg,* unawareness; unconsciousness
anymwybodol, *a,* unconscious
anymyrraeth, *eb,* non-intervention
anystwyth, *a,* stiff; rigid
aorta, *eg, ll* aortae, aorta
aortig, *a,* aortic
apaniaeth, *eb, ll* -au, appanage
aparatws, *eg,* apparatus; equipment
aparitor, *eg, ll* -ion, apparitor
apartment, *eg, ll* -au, apartment
apatit, *eg, ll* -iau, apatite
apartheid, *eg, ll* -au, apartheid
apathi, *eg, ll* -ïau, apathy
apêl, *eb, ll* apelau; apeliau, appeal
 awdurdod apêl, *eg,* appellate jurisdiction
 gwrthodir yr apêl, appeal dismissed
apelio, *be,* appeal
 apelio yn erbyn dyfarniad, appeal against decision
apeliwr, *eg, ll* -wyr, appellant
apendics, *eg,* appendix
 apendics fermiffurf, vermiform appendix
Aphaniptera, *ell,* Aphaniptera
Aphis, *eg, ll* Aphides, Aphis
apig, *eg, ll* -au, apex
apigol, *a,* apical
apocarpus, *a,* apocarpous
apolegwr, *eg, ll* -wyr, apologist
apomicsis, *eg,* apomixis
apoplecsi, *eg,* apoplexy
apracsia, *eg,* apraxia
apricot, *eg, ll* -au, apricot
aprofi, *be,* approve
aprofwr, *eg, ll* -wyr, approver
aps, *eb, ll* -iau, apse
apteral, *a,* apteral
Apterygota, *ell,* Apterygota
apwyntiad, *eg, ll* -au, appointment
apwyntment, *eg,* appointment
ar, *ardd,* at; on; in
 ar bar, at par
 ar bremiwm, at premium
 ar dramp, on tour
 ar ddiscownt, at discount
 ar ei daith, in transit

ar eu pennau, on top of 'em (*Th*)
ar flaenau'r traed, on toes
ar gais, at call
ar gân, in verse
ar gerdded, on the road
ar goll, lost
ar lwyfan, on boards
ar saib, in abeyance
ar siawns, random
ar unwaith, forthwith
ar weld, at sight
ar y clwt, stranded
ar y llofft, upstairs
ar yn ail, alternate
ar y pryd, impromptu
ar yr estyll, on the boards
âr, *a*, arable
arabesg, *a, eg*, arabesque
arachnid, *eg, ll* -au, arachnid
Arachnida, *ell*, Arachnida
arachnoid, *a, eg*, arachnoid
ar-adeiliaeth, *eb, ll* -au, superstructure
aradfudd, *eg*, ploughbote
arae (arrae), *eg, ll* -au, array
araeddfedu, *be*, after-ripen
araen, *eg, ll* -au, coating
araenu, *be*, coat
arafiad, *eg*, retardation; deceleration
arafiant, *eg, ll* -iannau, deceleration
arafu, *be*, retard; decelerate
arafus, *a*, decelerating
arafwch, *eg*, backwardness
  arafwch cyflyredig, conditioned backwardness
araith, *eb, ll* areithiau, speech
aralliad, *eg, ll* -au, alienation
arallu, *be*, alienate
arbed, *be*, save
arbediad, *eg*, salvage
  arbediad papur, paper salvage
arbedu, *be*, salvage
arbelydriad, *eg, ll* -au, irradiation; exposure to radiation
arbelydru, *be*, irradiate
arbenigaeth, *eb, ll* -au, specialization
arbenigedd, *eg, ll* -au, speciality
arbenigiad, *eg, ll* -au, specialization
arbenigo, *be*, specialize
arbenigol, *a*, particular; specialised; specialist
  tra arbenigol, highly specialised

arbenigrwydd, *eg*, distinction
arbenigwr, *eg, ll* -wyr, specialist
arbor, *eg, ll* -au, arbor
arbost, *eg, ll* -byst, impost
arbrawf, *eg, ll* -brofion, experiment
arbrofi, *be*, experiment
arbrofol, *a*, experimental
  addysg arbrofol, *eb*, experimental education
  gwybodaeth arbrofol, *eb*, experimental knowledge
  seicoleg arbrofol, *egb*, experimental psychology
arbymthegen, *eb, ll* arbymthegion, teenager (over 15)
arbymthegyn, *eg, ll* arbymthegion, teenager (over 15)
arc, *eb*, arc
  arc drydan, arc lamp
  arc gyffwrdd, arc of contact
  arc y gornel, corner arc
arcêd, *eb, ll* arcedau, arcade
arctig, *a*, arctic
  awyr arctig, *eb*, arctic air
  Cylch Arctig, *eg*, Arctic Circle
arch, *eb, ll* eirch, ark
  arch Noa, Noah's ark
archaeoleg, *egb*, archaeology
archddiacon, *eg, ll* -iaid, archdeacon
archddyfarniad, *eg, ll* -au, decree
archeb, *eb, ll* -ion, order; demand
  archeb arian, money order
  archeb sefydlog, standing order
archebiant, *eg, ll* archebiannau, precept
archebu, *be*, precept
archegoniwm, *eg, ll* archegonia, archegonium
archenteron, *eg*, archenteron
archesboriwm, *eg*, archesporium
archif, *eg, ll* -au, archive
archifdy, *eg, ll* -dai, record office; archives
  Archifdy Sir, County Record Office
  Yr Archifdy Gwladol, Public Record Office
archifol, *a*, archival
  grŵp archifol, *eg*, archive group
archifydd, *eg, ll* -ion, archivist
Archimedaidd, *a*, Archimedean

archipelago, *eg, ll* -s, archipelago
architectonig, *a,* architectonic
architraf, *eg, ll* -au, architrave
archwaethu, *be,* taste
archwiliad, *eg, ll* -au, examination; inspection; scrutiny
   archwiliad meddygol, medical examination
archwilio, *be,* examine; scan
   ynadon archwilio, *ell,* examining justices
archwiliwr, *eg, ll* -wyr, auditor; scrutineer
ardal, *eb, ll* -oedd, area; region
   ardal arafgynnydd, backward area
   ardal dosbarth uchaf, high class area
   ardaloedd tywys, pilot areas
   ardal un-ysgol, single school area
ardaro, *be,* impinge
ardeleriad, *eg, ll* -au, capitulation
ardeleru, *be,* capitulate
ardrawiad, *eg,* impact
   ardrawiad grymus, forcible impact
ardraws, *a,* transverse
ardrawslin, *eg, ll* -iau, transversal
ardreth, *eb, ll* -i, rate
ardrethol, *a,* rateable
   gwerth ardrethol, *eg,* rateable value
ardynnwr, *eg, ll* **ardynwyr**, drawée
ardystiad, *eg, ll* -au, endorsement
ardystiedig, *a,* certified; endorsed
ardystio, *be,* certify; endorse; witness a document
ardystu, *be,* witness a document
arddangos, *be,* display; exhibit; demonstrate
arddangosfa, *eb, ll* -feydd, exhibition
arddangosiad, *eg, ll* -au, display; demonstration
arddangosiaeth, *eb,* exhibitionism
arddangosyn, *eg, ll* **arddangosion**, exhibit
arddegen, *eb, ll* **arddegion**, teenager
arddegoed, *a,* teenage
arddegyn, *eg, ll* **arddegion**, teenager
arddelw, *eb, ll* -au, effigy
arddull, *eb, ll* -iau, style
   arddull addurnedig, decorated style

arddull ddarddullaidd, mannerist style
Arddull Gothig Seisnig Gynnar, Early English Gothic Style
arddulliaeth, *eb,* stylization
arddwysedd, *eg, ll* -au, intensity
   indecs arddwysedd, *eg,* intensity index
arddywallt, *be,* decant
arddywediad, *eg, ll* -au, dictation
arddywedyd, *be,* dictate
areinio, *be,* arraign
areinment, *eg,* arraignment
areithydd, *eg, ll* -ion, elocutionist
areithyddiaeth, *eb,* elocution
aren, *eb, ll* -nau, kidney
   aren bwdr, pulpy kidney
arena, *eb, ll* **arenâu**, arena
arennog, *a,* kidney shape
areola, *eg, ll* **areolae**, areola
areolog, *a,* areolar
arestiad, *eg, ll* -au, arrest
arf, *eb, ll* -au, weapon
   arf bygythiol, offensive weapon
   arf tân, fire arm
   llaw'r arf, *eb,* weapon hand
arfbais, *eb, ll* -beisiau, coat of arms
arfer, *eg, ll* -ion, custom; use; usage
arferiad, *eg, ll* -au, habit
arfin, *eg, ll* -ion, knife-edge
arfloyw, *a,* armour bright
arfod, *eg, ll* -au, -on, range
arfogi, *be,* arm
arfor, *a,* maritime
arfordir, *eg, ll* -oedd, coast; littoral
   arfordir anghydgordiol, discordant coast
   arfordir cydgordiol, concordant coast
   arfordir cyfodol, coast of emergence
   arfordir gostyngol, coast of submergence
   arfordir soddedig, coast of submergence
   arweddau arfordir, *ell,* coastal features
arfordirol, *a,* coastal; littoral
arforol, *a,* maritime
   hinsawdd arforol, *eb,* maritime climate

masnach arforol, *eb,* maritime trade
arffedol, *a,* inguinal
arffin, *eb, ll* -iau, bound (*Ff*)
casgliad arffin, *eg,* bounded set
arg, *eg, ll* -iau, amplitude
argadw, *eg,* retention
ffi argadw, *eb,* retaining fee
tâl argadw, *eg,* retainer
argae, *eg, ll* -au, dam
argaen, *eg, ll* -au, veneer
argaeniad, *eg, ll* -au, veneer
argaenu, *be,* veneer
argaenwaith, *eg, ll* -weithiau, marquetry
argaffaeledd, *eg,* availability
argau, *be,* dam
argel, *a, egb, ll* -ion, occult
arglawdd, *eg, ll* -gloddiau, embankment
arglwydd, *eg, ll* -i, lord
Arglwydd Brif Ustus, Lord Chief Justice
Arglwyddi'r Gororau, Lords Marcher
Arglwyddi'r Mers, Lords Marcher
Arglwyddi'r Morlys, Lords of the Admirality
Arglwydd Raglaw, Lord Lieutenant
Arglwydd Reithor, Lord Rector
Arglwydd Siambrlen, Lord Chamberlain
Lords Ordainers, Lords Ordainers
Tŷ'r Arglwyddi, *eg,* House of Lords
arglwyddiaeth, *eb, ll* -au, seignory
arglwyddiaethol, *a,* seignorial
argofio, *be,* recall
argolyn, *a,* pivoted
argost, *eg, ll* -au, oncost
argraff, *eb, ll* -au, -ion, impression
argraffiad, *eg, ll* -au, edition
argraffiad diwygiedig, revised edition
argraffiad French, French's edition
argraffiadaeth, *eb, ll* -au, impressionism
neo-argraffiadaeth, neo-impressionism

post-argraffiadaeth, post-impressionism
argraffiadus, *a,* impressionistic
argraffiadydd, *eg, ll* -wyr, impressionist
argraffiadyddol, *a,* impressionistic
argraffiaeth, *eb, ll* -au, impressionism
argraffiaethol, *a,* impressionistic
argraffu, *be,* print
argraffu â phren, stick printing
argraffu â thaten, potato printing
arguddiad, *eg, ll* -au, occlusion
argyfwng, *eg, ll* argyfyngau, emergency
deddfwriaeth argyfwng, *eb,* emergency legislation
argyhuddo, *be,* incriminate
argymell, *be,* submit
argymhelliad, *eg,* submission
argyweirio, *be,* overhaul
arholi, *be,* examine
arholiad, *eg, ll* -au, examination
arholiad pen blwyddyn, sessional examination
arholiad pen tymor, terminal examination
arholwr, *eg, ll* -wyr, examiner
arhydol, *a,* longitudinal
dirgryniadau arhydol, *ell,* longitudinal vibrations
aria, *eb, ll* -u, aria
arian, *a,* silver; *eg, ll* -nau, -noedd, silver; *ell,* money; cash
arian annisgwyl, windfall
arian bath, coinage
arian breiniol, currency
arian byw, mercury
arian caled, hard cash
arian cochion, copper money; copper coins
arian cyfred, currency
arian cyfreithiol, legal tender
arian cymorth, subsidy
arian ffug, symbol money
arian galw, call money
arian gleision, silver money; silver coins
arian gwynion, silver money; silver coins
arian hyrwyddo, promotion money
arian llwgr, counterfeit money
arian papur, paper money

arian parod, ready cash
arian pennau, poll
arian pitw, petty cash
arian rhwydd, easy money
arian tocyn, token money
arian treigl, currency; current money
darn arian, *eg,* coin
dur arian, *eg,* silver steel
plat arian, *eg,* silver plate
sodr arian, silver solder
techneg pwynt arian, *eg,* silver point technique
ariandwyll, *eg,* embezzlement
arianneg, *egb,* finance
ariannol, *a,* financial
blwyddyn ariannol, *eb,* financial year
ariannwr, *eg, ll* **arianwyr,** cashier; financier
arien, *eg,* rime
aril, *eg, ll* -au, aril
arisio, *be,* arris
arista, *eg, ll* **aristae,** arista
arle, *eg, ll* -oedd, accommodation
arloesi, *be,* pioneer
arloeswr, *eg, ll* -wyr, pioneer
arlwyaeth, *eb, ll* -au, catering; purveyance
ar-lwyfan, *a, ad,* on-stage
ger ar-lwyfan, on-stage off
arlwyn, *eg,* sirloin
arlwyo, *be,* purvey
arlwywr, *eg, ll* -wyr, purveyor
arlladen, *eb, ll* **arllad,** wafer
arlliw, *eg, ll* -iau, shade; tone
arlliwio, *be,* shade; tint
arlliwio llethrau, hill shading
offeryn arlliwio, *eg,* tint tool
arllwys, *be,* pour
porthell arllwys, *eb,* pouring gate
arllwysiad, *eg, ll* -au, discharge
armatwr, *eg, ll* -au, armature
arnawf, *a,* floating
arnodedig, *a,* endorsed
arnodi, *be,* endorse
arnofiant, *eg, ll* -iannau, flotation
arnofio, *be,* float
arnofyn, *eg, ll* **arnofion,** float
arofal, *eg, ll* -on, maintenance
arogleuol, *a,* olfactory
aroglog, *a,* olfactory; *eg,* olfactory

aroledd, *a,* inclined; *eg, ll* -au, inclination
aroleddu, *be,* incline
arolwg, *eg, ll* **arolygon,** survey
arolwg awyr, air survey
arolwg defnyddio adeiladau, building use survey
arolygiad, *eg, ll* -au, inspection
arolygiaeth, surveillance
arolygu, *be,* supervise
arolygwr, *eg, ll* -wyr, inspector; supervisor; surveyor; controller
arolygwr biliau, bill-inspector (*Th*)
arolygwr celfi, property man (*Th*)
arolygwraig, *eb, ll* -wragedd, supervisor
arorwt, *eg,* arrowroot
aros, *be,* stay
aros mewn, sit in
arosfa, *eb, ll* -feydd, halt
arosgedd, *eg, ll* -au, obliqueness
arosgo, *a,* oblique
arosgöedd, *eg,* obliquity
arosod, *be,* superpose; superimpose
arosodiad, *eg, ll* -au, superposition
aroyo, *eg, ll* -au, arroyo
arpar, *eg, ll* -ion, outfit
arpegio, *eg,* arpeggio
cord $^6_4$ arpegio, *eg,* arpeggio $^6_4$ chord
nodau arpegio, *ell,* arpeggio notes
arris, *eg,* arris
arsenal, *eg, ll* -au, arsenal
arsgrifio, *be,* inscribe
arsugno, *be,* adsorb
arsugniad, *eg, ll* -au, adsorption
arswn, *eg,* arson
arswnydd, *eg, ll* -ion, arsonist
arsylwad, *eg, ll* -au, observation
arsylwadau golygol, *ell,* visual observations
arsylwi, *be,* observe
arsyllfa, *eb, ll* -oedd, -feydd, observatory
arsylliad, *eg, ll* -au, observation
Gorchymyn Arsylliad, *eg,* Observation Order
arsyllog, *a,* observant
arsyllu, *be,* observe

arteffact, *eg, ll* -au, artefact
arteritis, *eg*, arteritis
artesaidd, *a*, artesian
  ffynnon artesaidd, *eb*, artesian well
artiffisial, *a*, artificial
  semenu artiffisial, *eg*, artificial insemination
artileri, *eg, ll* -ïau, artillery
artisan, *eg, ll* -iaid, artisan
artisiog, *eg*, artichoke
artist, *eg, ll* -iaid, artist
artistig, *a*, artistic
artraeth, *a*, onshore
arth, *eb, ll* eirth, bear
arthritis, *eg*, arthritis
arthropod, *eg, ll* -au, arthropod
Arthropoda, *ell*, Arthropoda
aruniad, *eg, ll* -au, amalgamation
arunig, *a*, isolated
arunigedd, *eg*, isolation
arunigo, *be*, isolate
arunigyn, *eg, ll* arunigion, isolate
aruno, *be*, amalgamate
arwahanol, *a*, discrete
arwain, *be*, lead; conduct
arwaith, *eg, ll* -weithiau, action
arwead, *eg, ll* -au, texture
arwedd, *eb, ll* -au, -ion, feature
arweinbost, *eg, ll* -byst, guide post
arweingwn, *ell*, guide-dogs
arweinydd, *eg, ll* -ion, conductor; leader; compère
arwerthiant, *eg, ll* -iannau, auction; sale
  arwerthiant clirio, clearance sale
  arwerthiant golch, wash sale
arwerthwr, *eg, ll* -wyr, auctioneer
arwisgiad, *eg, ll* -au, investiture
  Ymryson yr Arwisgiadau, *eg*, Investiture Contest
arwr, *eg, ll* -wyr, hero
arwres, *eb, ll* -au, heroine
arwrol, *a*, heroic
arwybod, *eg, ll* -au, awareness
arwydryn, *eg, ll* arwydrau, coverslip
arwydd, *egb, ll* -ion, sign; crest; guide
  arwyddion llaw, hand signs
  arwydd minws, minus sign
arwyddiant, *eg, ll* -iannau, signature
arwyddlun, *eg, ll* -iau, emblem

arwyddo, *be*, sign; issue
  arwyddo gwarant, issue a warrant
  arwyddo swbpoena, issue a subpoena
arwyddocâd, *eg*, significance
  prawf arwyddocâd, *eg*, test of significance
arwyddocaol, *a*, significant
  ffurf arwyddocaol, *eb*, significant form
  gwahaniaeth arwyddocaol, *eg*, significant difference
arwyddwr, *eg, ll* -wyr, signatory
arwyl, *eb, ll* -ion, obsequies
arwyneb, *eg, ll* -au, surface
  arwyneb cwyraidd, waxy surface
  arwyneb chwyldro, surface of revolution
  bwrdd arwyneb, *eg*, surface table
  medrydd arwyneb, *eg*, surface gauge; scribing block
  plat arwyneb, *eg*, surface plate
  tensiwn arwyneb, *eg*, surface tension
arwynebedd, *eg, ll* -au, area
  arwynebedd llawr, floor area
aryneilio, *be*, alternate
arysgrif, *eb, ll* -au, -ion, inscription
asart, *eg, ll* -au, assart
asartio, *be*, assart
asbaragws, *eg*, asparagus
asbestos, *eg, ll* -au, asbestos
asbig, *eg*, aspic
ased, *eg, ll* -ion, asset
  ased cyfredol, current asset
  asedion clo, frozen assets
  asedion hylif (asedion llifol), liquid assets
  ased sefydlog, fixed asset
aseiniad, *eg, ll* -au, assignment
asen, *eb, ll* -nau, ais, rib
  asen flaen, fore-rib
  asen fras, spare rib
  asen war, chuck rib
  asen y fainc, bench rib
asennog, *a*, ribbed
asennol, *a*, costal
aseptig, *a*, aseptic
asesiad, *eg, ll* -au, assessment
  asesiad parhaus, continuous assessment
asesu, *be*, assess

aseswr, *eg, ll* **-wyr,** assessor
asetad, *eg,* acetate *(Ce)*
asetig, *a,* acetic
aseton, *eg,* acetone
asetonaemia, *eg,* acetonaemia
asetylcolin, *eg,* acetylcholine
asetylen, *eg,* acetylene
   weldio asetylen, *be,* acetylene welding
asetyn, *eg, ll* **-ion,** acetate
asffalt, *eg, ll* **-au,** asphalt
asffycsia, *eg,* asphyxia
asgell, *eb, ll* **esgyll,** wing; aisle; fin
   asgell lyfr, book wing
   dynion esgyll, *ell,* wing men
asgell-gomander, *eg, ll* **-iaid,** wing-commander
asgellwr, *eg, ll* **-wyr,** outside-forward
   asgellwr chwith, outside-left
   asgellwr de, outside-right
asgetig, *a,* ascetic
asgetigiaeth, *eb,* asceticism
asglodyn, *eg, ll* **-ion,** chip
asgorbig, *a,* ascorbic
asgwrn, *eg, ll* **esgyrn,** bone
   asgwrn cefn, backbone; spine
   asgwrn cychog, navicular bone
   asgwrn meddal, spongy bone
   asgwrn palfais, blade bone
   asgwrn talcen, frontal bone
   asgwrn yr ysgwydd, shoulder blade
   esgyrniad y traed, side bones
   pen asgwrn, capitulum
asgwrneiddiad, *eg, ll* **-au,** ossification
asgwrneiddio, *be,* ossify
ashlar, *eg,* ashlar
asiad, *eg, ll* **-au,** joint; weld; suture
   asiad sâl, bad join
asiant, *eg, ll* **-iaid,** agent
   asiant ystadau, estate agent
asiantaeth, *eb, ll* **-au,** agency
asid, *eg, ll* **-iau,** acid
   asid amino, amino acid
   asid asgorbig, ascorbic acid
   asid carbonig, carbonic acid
   asid citrig, citric acid
   asid ffosfforig, phosphoric acid
   asid hydroclorig, hydrochloric acid
   asid lactig, lactic acid
   asid nitrig, nitric acid
   asid sylffwrig, sulphuric acid
   asid tartarig, tartaric acid
asidaidd, *a,* acidulated
asidig, *a,* acidic
asidrwydd, *eg,* acidity
asiedydd, *eg, ll* **-ion,** joiner
asio, *be,* blend; weld
asimwth, *eg, ll* **-au,** azimuth
asma, *eg,* asthma
asotwria, *eg,* azoturia
Astec, *a, eg,* Aztec
astell, *eb, ll* **estyll,** board; shelf; plank; batten
   astell carped, carpet cut
   astell dywydd, barge board
   astell feiston, surf board
   astell gefn, back batten; sky batten
   astell gorewyn, surf board
   astell gyntaf, concert batten
   astell lafnog, laminboard
   astell lyfrau, book shelf
   astell olau, light batten
aster, *eg, ll* **-au,** aster
asteroid, *eg, ll* **-au,** asteroid
astigmatedd, *eg,* astigmatism
astragal, *eg, ll* **-au,** astragal
astroffiseg, *egb,* astrophysics
astroid, *eg, ll* **-iau,** astroid
astudiaeth, *eb, ll* **-au,** study
   astudiaeth achos, case study
   astudiaethau amser a symud, time and motion study
   astudiaeth arhydol, longitudinal study
   astudiaethau amgylchfyd, environmental studies
   astudiaeth enghreifftiol, case study
   astudiaeth leol, local study
astudio, *be,* study
   astudio unigolion, case studies
asur, *a,* azure
aswiriant, *eg, ll* **-iannau,** assurance
   aswiriant bywyd, life assurance
asymtot, *eg,* asymptote
atacsia, *eg,* ataxia
atafael enillion, *eg,* attachment of earnings
atafaeliad, *eg, ll* **-au,** distraint
atafaelu, *be,* distrain
atafiaeth, *eb,* atavism
atafiaethol, *a,* atavistic

atal, *be*, stop; disqualify; stay; *eg*, impediment
  atal ar daith, stoppage in transit
  hawl atal, suspending power
  wedi ei atal, *eb*, in suspense
atal cenhedlu, *eg*, contraception
  maneg atal cenhedlu, *eb*, contraceptive sheath
ataleb, *eb*, *ll* -au, injunction
atalfar, *eg*, *ll* -rau, pawl
atal-gynyddol, *a*, retarded
ataliad, *eg*, *ll* -au, stoppage; suspension; sanction; prevention; deterrent; inhibition; disqualification
  ataliad gwaeledd, prevention of illness
ataliant, *eg*, *ll* -iannau, injunction
ataliol, *a*, deterrent; preventive
  meddygaeth ataliol, *eb*, preventive medicine
ataliwr, *eg*, *ll* -wyr, short stop
atblygol, *a*, reflected
  barn atblygol, *eb*, appraisal
atbreis, *eg*, *ll* -iau, reprise
atchwel, *be*, regress; *eg*, *ll* -au, re-entrance
  cyfuchlin atchwel, *eg*, re-entrance contour line
  hafaliad atchwel, *eg*, regression equation
  llinellau atchwel, *ell*, regression lines
atchweliad, *eg*, *ll* -au, regression
ateb, *eg*, *ll* -ion, answer; result
  ateb agos, approximate answer
  ateb bras, rough answer
  ateb gwir, real answer
  ateb i, *be*, comply with
  yr ateb, answer (in fugue)
atebol (am), *a*, liable (for)
atebolrwydd, *eg*, liability
atebwr, *eg*, *ll* -wyr, respondent
  cyd-atebwr, co-respondent
ateg, *eb*, *ll* -ion, prop; shore
  ateg fanwl, dead shore
  ateg fwa, flying shore
  ateg ogwydd, raking shore
ategol, *a*, auxiliary; ancillary; tributary
  gwasanaethau ategol, *ell*, supportive services
  gweddlun ategol, *eg*, auxiliary view
  rhanbarth ategol, *eg*, tributary region
ategolion, *ell*, accessories
ategwaith, *eg*, *ll* -weithiau, abutment
atfor, *a*, *ad*, seaward
atgan, *eb*, *ll* -au, coda
atgenhedliad, *eg*, *ll* -au, reproduction
atgenhedlu, *be*, reproduce
atgno, *eg*, *ll* -eau, -eon, remorse
atgoedwigo, *be*, re-afforestate
atgof, *eg*, *ll* -ion, recollection
atgofio, *be*, recollect
atgraffiad, *eg*, *ll* -au, offset printing
atgraffu, *be*, offset printing
atgyd, *eg*, *ll* -au, adjoint
atgydiol, *a*, adjoint
atgyfaniad, *eg*, *ll* -au, re-integration
atgyfannu, *be*, re-integrate
atgyfeiriad, *eg*, *ll* -au, bearing
  atgyfeiriad cywir, true bearing
  atgyfeiriad magnetig, magnetic bearing
atgyfeirlin, *eg*, *ll* -iau, bearing line
atgyflyru, *be*, recondition
atgyfnerthiad, *eg*, *ll* -au, booster; boost
atgyfnerthu, *be*, reinforce
atgyfnerthydd, *eg*, *ll* -ion, booster
atgyfnerthyn, *eg*, *ll* -ion, reservation
  atgyfnerthion ariannol, financial reservations
atgyffwrdd, *be*, retouch
atgynhyrchiad, *eg*, *ll* -au, reproduction
atgynhyrchiol, *a*, regenerative
  egwyddor atgynhyrchiol, *eb*, regenerative principle
atgynhyrchu, *be*, reproduce; *eg*, regeneration
atgyrch, *eg*, *ll* -ion, reflex
  atgyrchion cadwynol, chain reflexes
  atgyrchion cyflyredig, conditioned reflexes
  cadwyn o atgyrchion, *eb*, chain reflexes
atgyrchol, *a*, reflex
  cylch atgyrchol, *eg*, reflex arc
atgyweirdy, *eg*, *ll* -dai, repair-works
atgyweirio, *be*, restore; recondition

atig, *a*, attic; *egb*, *ll* -au, attic
  bas atig, *eg*, attic base
  llawr atig, *eg*, attic storey
atir, *a*, *ad*, landward
atlantes, *ell*, atlantes
atlas, *eg*, *ll* -au, atlas
atmosffer, *eg*, *ll* -au, atmosphere
atmosfferig, *a*, atmospheric
atod, *eg*, *ll* -ion, appendage
  atod deugainc, biramous appendage
atodeg, *eb*, *ll* -au, rider
atodiad, *eg*, *ll* -au, supplement; appendix
atodlen, *eb*, *ll* -ni, schedule
  atodlen glwm, attached schedule
atodol, *a*, supplementary; supplemental
atodyn, *eg*, *ll* atodion, attachment
  atodyn beindio, binding attachment
atol, *eg*, *ll* -au, atoll
atom, *eg*, *ll* -au, atom
atomadur, *eg*, *ll* -on, atomiser
atomfa, *eb*, *ll* -feydd, nuclear power station
atomig, *a*, atomic
  pwys atomig, *eg*, atomic weight
atomigedd, *eg*, atomicity
atonedd, *eg*, atony
atred, *eg*, *ll* -au, off-set
atredeg, *be*, approach run
atrediad, *eg*, *ll* -au, approach run
atresia, *eg*, atresia
atriwm, *eg*, *ll* -atria, atrium
atro, *a*, recurved
atroad, *eg*, *ll* -au, tropism
atroffi, *eg*, *ll* -ïau, atrophy
atsain, *eb*, echo
atseinio, *be*, echo
atwynt, *a*, windward
atygol, *a*, afferent
atyniad, *eg*, *ll* -au, attraction
atyniadol, *a*, attractive
atynnu, *be*, attract
athraidd, *a*, permeable
athrawes, *eb*, *ll* -au, teacher
athrawiaeth, *eb*, *ll* -au, doctrine
athreiddedd, *eg*, *ll* -au, permeability
athro, *eg*, *ll* athrawon, teacher
  athro llanw, supply teacher
  athro llanw bwlch, supply teacher
athrod, *eg*, *ll* -ion, -au, slander,
athrodus, *a*, slanderous
athroniaeth, *egb*, *ll* -au, philosophy
athrylith, *eg*, *ll* -au, genius
  lled athrylith, near genius
athrywynwr, *eg*, *ll* -wyr, intermediary
athyriad, *eg*, *ll* -au, agglomerate
athyrru, *be*, agglomerate
aur, *a*, gold; *eg*, gold
  aur banc tywod, placer gold
  aur coeth, fine gold
  clustog deilen aur, *eb*, gold cushion
  deilen aur, *eb*, gold leaf
  deilen offeru aur, *eb*, gold tooling leaf
  ffoil offeru aur, *eg*, gold tooling foil
  safon aur, *eb*, gold standard
  seis aur, *eg*, gold size
awcsin, *eg*, *ll* -au, auxin
awch, *eg*, *ll* -au, edge
awchlym, *a*, sharp edged
awchu, *be*, sharpen
awdiogram, *eg*, *ll* -au, audiogram
awdiomedr, *eg*, *ll* -au, audiometer
awdiomedreg, *egb*, audiometry
awditoriwm, *eg*, auditorium
awdl, *eb*, *ll* -au, ode
  awdl gorawl, choral ode
awdur, *eg*, *ll* -on, author
awdurdod, *eg*, *ll* -au, authority; jurisdiction
  awdurdod addysg lleol, local education authority
  awdurdod deddf, statutory authority
  awdurdod diffygus, defaulting authority
  awdurdod pallus, defaulting authority
awdurdodaeth, *eb*, *ll* -au, jurisdiction
awdurdodi, *be*, authorise; *eg*, authorisation
awdurdodiad, *eg*, authorisation
awdurdodus, *a*, authoritarian

awdurdodusrwydd, *eg,*
  authoritarianism
awel, *eb, ll* -on, breeze
  awel ffres, fresh breeze
  awel gymedrol, moderate breeze
  awel o'r tir, land breeze
  awel ysgafn, light breeze
awgrymadwy, *a,* suggestible
awgrymeb, *eb, ll* -ion,
  prompting
awgrymebu, *be,* prompt
awgrymiad, *eg, ll* -au, suggestion
awgrymog, *a,* suggestive
awr, *eb, ll* oriau, hour
  awr frys, rush hour
  tâl wrth yr awr, hourly rate
awrdal, *eg, ll* -oedd, hourly rate
awricl, *eg, ll* -au, auricle
awrora, *eg, ll* awrorâu, aurora
awroraidd, *a,* auroral
awstenit, *eg, ll* -iau, austenite
awtarchiaeth, *eb, ll* -au, autarchy
awtecoleg, *egb,* autecology
awtistig, *a,* autistic
awtobahn, *eg, ll* -au, autobahn
awtocrat, *eg, ll* -iaid, autocrat
awtocratiaeth, *eb, ll* -au, autocracy
awtocratig, *a,* autocratic
awto-erotig, *a,* auto-erotic
awtolysis, *eg,* autolysis
awtomasiwn, *eg,* automation
awtomataidd, *a,* automated
  hyfforddiant awtomataidd, *eg,*
  automated instruction
awtomatiaeth, *eb, ll* -au,
  automatism; automation
awtomatig, *a,* automatic
awtomeiddio, *be,* automate
awtomorffig, *a,* automorphic
awtonomi, *eg,* autonomy
awtonomig, *a,* autonomic
  y gyfundrefn nerfol awtonomig,
  eb, autonomic nervous system
awtopolyploid, *eg, ll* -au,
  autopolyploid

awtopsia, *eg,* autopsy
awtosom, *eg, ll* -au, autosome
awtotroffig, *a,* autotrophic
awydd, *eg, ll* -au, desire
awyr, *eb,* air; sky
  awyr aflun, chaotic sky
  awyr agored, open air
  awyr goprog, overcast sky
  awyr gweddill, residual air
  awyr iach, fresh air
  awyr lân, clean air
  awyr penddu, over cast sky
  awyr traeth, cirro-cumulus
  awyr uchaf, upper air
  clustog awyr, *eb,* air ring
  cylchen awyr, *eb,* air ring
  gwrthiant yr awyr, *eg,* air-
  resistance
  post awyr, *eg,* air-mail
  traeth awyr, *eg,* cirro-cumulus
  yn yr awyr agored, outdoors
awyrbwysedd, *eg,* air-pressure
awyrell, *eb, ll* -au, vent
awyrellu, *be,* vent
awyren, *eb, ll* -nau, aeroplane
  diwydiant awyrennau, *eg,* aircraft
  industry
awyrgorff, *eg, ll* -gyrff, air mass
awyrgylch, *eg, ll* -oedd, atmosphere
awyriad, *eg,* aeration; ventilation
awyriadur, *eg, ll* -on, ventilator
awyriant, *eg, ll* -iannau, ventilation
awyr-llifftenant, *eg, ll* -iaid,
  flight-lieutenant
awyrlun, *eg, ll* -iau, aerial
  photograph
awyrlunio, *be,* aerial photography
awyr-lywydd, *eg, ll* -ion, air-marshal
awyro, *be,* ventilate
awyrofod, *eg, ll* -au, aerospace
awyrog, *a,* aerated
awyru, *be,* ventilate; aerate; sky (*Ch*)
  siafft awyru, *eb,* ventilating shaft
awyrydd, *eg, ll* -ion, ventilator
ayre, *eg,* ayre

B

babandod, *eg,* babyhood
babanladdiad, *eg,* infanticide
baciwr, *eg, ll* -**wyr,** backer
bacteria, *ell,* bacteria
  bacteria dadnitraidd, denitrifying bacteria
  bacteria dadnitreiddio, denitrifying bacteria
  bacteria nitreiddiol, nitrifying bacteria
bacterioffag, *eg, ll* -**au,** bacteriophage
bacterioleg, *egb,* bacteriology
bacteriwm, *eg, ll* **bacteria,** bacterium
bacwn, *eg,* bacon
  bacwn brith, streaky bacon
  bacwn byr, short back bacon
  bacwn cartref, home cured bacon
  bacwn mwg, smoked bacon
  bacwn rheiog, streaky bacon
bach, *eg, ll* -**au,** hook
  bach a llygad, hook and eye
  bach cabin, cabin hook
  bach crosio, crochet hook
  bachau sgwâr, brackets
bachgen, *eg, ll* **bechgyn,** boy
  bachgen gwyn, white haired boy
bachiad, *eg, ll* -**au,** hook; hitch
bachu, *be,* fasten; hook
bachwr, *eg ll* -**wyr,** hooker
bachyn, *eg, ll* **bachau,** hook
bad, *eg, ll* -**au,** boat; craft
  bad clwm, stakeboat
  bad sbid, speedboat
  bad tynnu, tug boat
baddo, *be,* bath
baddon, *eg, ll* -**au,** bath
  baddon cawod, shower bath
  baddon sauna, sauna bath
  baddon traed, footbath
  bas y baddon, *eg,* shallow end of the bath
  dwfn y baddon, *eg,* deep end of the bath
bae, *eg, ll* -**au,** bay
  bae golygfeydd, scenery bay
baeas, *eg,* baize
baedd, *eg, ll* -**od,** boar

baeddu, *be,* soil
baffl, *eg, ll* -**au,** baffle
bag, *eg, ll* -**iau,** bag
  bag dofennau, brief-case
  bag dyffl, duffle bag
  bag ffa, bean bag
  bag rhacs, rag bag
bagio, *be,* bag
baglu, *be,* trip
bangori, *be,* wattle
bangorwaith, *eg,* wattle
  bangorwaith a dwb, wattle and daub
bai, *eg, ll* **beiau,** fault
baich, *eg, ll* **beichiau,** burden
balabili, *eg,* ballabilli (*Th*)
balâd, *eb,* ballade
balans, *eg, ll* -**au,** balance
  balans masnach, balance of trade
  balans taliadau, balance of payments
balcon, *eg, ll* -**au, ïau,** balcony
  sbot ffrynt balcon, balcony front spot (*Th*)
balconi, *eg, ll* -**ïau,** balcony
baldachin, *eg,* baldachin
bale, *eg,* ballet
  dawnsgôr bale, *eg,* ballet chorus
  dawnswyr bale, *ell,* ballet dancers
  meistres y bale, *eb,* ballet mistress
baled, *eb, ll* -**i,** ballad
balisteg, *eb,* ballistics
balistig, *a,* ballistic
  saethell falistig, *eb,* ballistic missile
balog, *eb, ll* -**au, ion,** fly-opening
balot, *eg, ll* -**au,** ballot
balsa, *eg,* balsa
  pren balsa, *eg,* balsa wood
  sment balsa, *eg,* balsa cement
balsam, *eg, ll* -**au,** balsam
  balsam Canada, Canada balsam
  balsam Ffriar, Friars balsam
balwster, *eg, ll* -**au,** baluster
balwstrad, *eg, ll* -**au,** balustrade
bambŵ, *eb,* bamboo

ban, *eg,* top; point; crest; beacon
banana, *eb, ll* -au, banana
banc, *eg, ll* -iau, bank
  adroddiad banc, *eg,* bank return
  archeb banc, *eb,* banker's order
  banc anoddi, issuing bank
  banc cydstoc, joint stock bank
  banc cynilo, savings bank
  banc llaid, mud bank
  banc marsiant, merchant bank
  banc masnachol, commercial bank
  bancradd, *eb,* bank rate
  codiannau banc, *ell,* bank charges
  cyfrif banc, *eg,* bank account
  cyfrifen banc, *eb,* bank statement
  papurau banc, *ell,* bank notes
  rheolwr banc, *eg,* bank manager
bancer, *eg, ll* -wyr, -iaid, banker
bancer marsiant, merchant banker
bancio, *be,* bank
  canolfan fancio, *eb,* banking centre
  cyfundrefn bancio, *eb,* banking system
banciwr, *eg, ll* -wyr, banker
bancrafft, *a,* bankrupt; *eg,* bankrupt
bancrafftiaeth, *eb,* bankruptcy
band, *eg, ll* -iau, band
  band dawns, dance band
  band llawes, wrist band
bandin, *eg, ll* -au, banding
bandog, *a,* banded
baner, *eb, ll* -i, banner
banister, *eg, ll* -i, banister
banonbost, *eg, ll* -byst, queen post
banwes, *eb, ll* -au, gilt
bar, *eg, ll* -rau, bar; measure
  bar ceganau, snack bar
  bar clustennog, lobate bar
  bar gofod, space bar
  bar lliw, colour bar
  bar llorwedd, horizontal bar
  bar offer, tool bar
  barrau cyflin, parallel bars
  barrau marsiant, merchant bars (*Cr*)
  barrau plyg, folding bars
  barrau seinio, chime bars
  barrau ymestyn, lengthening bars
  bar tamaid a llwnc, snack bar
  bar torri, cutter bar

tommy bar, tommy bar
twmfar, tommy bar
bara, *eg,* bread
  bara amyd, mixed bread
  bara barlys, barley bread
  bara brag, malt bread
  bara brith, currant bread
  bara brown, brown bread
  bara byr, short bread
  bara can, white bread
  bara carwe, seed loaf
  bara ceirch, oat bread; oatcake
  bara coch, brown bread
  bara crai, unleavened bread
  bara ffres, fresh bread
  bara gwenith cyfan, wheaten bread; wholemeal bread
  bara gwenith trwyddo, wheaten bread; wholemeal bread
  bara haidd, barley bread
  bara henbob, stale bread
  bara lawr, laver bread
  bara rhyg, rye bread
barbican, *eg, ll* -au, barbican
barbitwrad, *eg, ll* -au, barbiturate
barclod, *eg, ll* -au, apron
  trimins barclod, *ell,* white elephant
  y barclod, *eg,* the black (*Th*)
barcty, *eg, ll* -tai, tannery
barchan, *eg,* barchan
bared, *eg, ll* -au, barrage
barf, *eb,* beard
  barf croesi, cross-over beard (*Th*)
bargeinio, *be,* bargain; deal
bargen, *eb, ll* -ion, bargain; deal; contract
  taro bargen, *be,* clinch a deal
bargod, *eg, ll* -ion, eaves
bargodfaen, *eg, ll* -feini, dripstone; label
bargyfreithiwr, *eg, ll* -wyr, barrister
  bargyfreithiwr ieuaf, junior barrister
baric, *eg, ll* -s, barrack
barier, *eg, ll* -i, barrier
baril, *eb, ll* -au, barrel
baritôn, *a, eg, ll* -au, baritone
bariwm, *eg,* barium
barlyn, *eg, ll* -noedd, barrier lake
barlys, *eg,* barley
barn, *eb, ll* -au, -ion, judgement

barnu, *be*, judge; assess; decide; try
barnwr, *eg, ll* -wyr, judge
Barnwriaeth (Y), *eb*, Judiciary
barnwrol, *a*, judicial
barograff, *eg, ll* -au, barograph
barogram, *eg, ll* -au, barogram
baromedr, *eg, ll* -au, barometer
baromedrig, *a*, barometric
  graddiant baromedrig, *eg*, barometric gradient
  tuedd faromedrig, *eb*, barometric tendency
barrîff, *eg*, barrier reef
barrug, *eg, ll* -au, -oedd, hoar frost
barter, *eg, ll* -au, barter
bartwn, *eg, ll* bartynau, barton
barwn, *eg, ll* -iaid, baron
barwni, *eb, ll* -ïau, barony
barwniaeth, *eb, ll* -au, baronage
barwnig, *eg*, baronet
barwnol, *a*, baronial
bas, *a*, shallow; *eg, ll* -au, base; bass
  bas cartref, home base
  bas grwndal, basso ostinato
  bas sylfaen, basso ostinato
  cleff y bas, *eg*, bass clef
basal, *eg, ll* -au, basal
  is basalau, *ell*, infra-basals
basalt, *eg, ll* -au, basalt
basâr, *eg, ll* -au, bazaar
basddwr, *eg, ll* -ddyfroedd, shallow water
basged, *eb, ll* -au, -i, basket
  basged ddillad, clothes basket
  basged gelfi, property basket
  basged wnïo, work-box
basgedwaith, *eg, ll* -weithiau, basketwork; wickerwork
basgell, *eb, ll* -au, undercroft
basgrwth, *eg, ll* -grythau, double-bass
basidiosbor, *eg, ll* -au, basidiospore
basig, *a*, base
basil, *eg, ll* -iau, basil
basilica, *eg, ll* basilicâu, basilicae, basilica
basipetal, *a*, basipetal
basment, *eg, ll* -au, basement
basn, *eg, ll* -au, -ys, basin
  basn adail, structural basin
  basn afon, river basin
  basn craig, rock basin

basn rhyngfodol, intervening basin
basn tas, nesting basin
basn tectonig, tectonic basin
tir basn a chadwyn, *eg*, basin and range country
bast, *eg, ll* -iau, bast
bastid, *eg, ll* -au, bastide
bastiwn, *eg, ll* -iynau, bastion
baswn, *eg, ll* baswnau, bassoon
baswr, *eg, ll* -wyr, baseman
bat, *eg, ll* -iau, bat
  bat rownders, rounders bat
  coes bat, *eg*, handle of bat
  gwaelod bat, *eg*, bottom of bat
  llafn bat, *eg*, blade of bat
  ysgwydd bat, *eb*, shoulder of bat
bataliwn, *eg*, bataliynau, battalion
bater, *eg, ll* -i, batter
batiad, *eg, ll* -au, innings
batio, *be*, bat
batiwr, *eg, ll* -wyr, batsman
batri, *eg, ll* -ïau, battery
batwn, *eg, ll* batynau, baton
bath, *eg, ll* -iau, bath
  bath asid, acid bath
bathdy, *eg, ll* -dai, mint
bathiad, *eg, ll* -au, mintage
batholith, *eg, ll* -iau, batholith
batholithig, *a*, batholithic
bathos, *eg, ll* -au, bathos
bathrwm, *eg, ll* -s, bathroom
bathu arian llwgr, *be*, counterfeit
bathyn, *eg, ll* -nau, coin
bawd, *eg, ll* bodiau, toe
becwêdd, *eb, ll* becweddau, bequest
becweddai, *eg, ll* becweddeion, legatee
becweddu, *be*, bequeath
becweddwr, *eg, ll* -wyr, legator
bedel, *eg, ll* -au, beadle
bedwen, *eb, ll* bedw, birch
  bedwen Fai, maypole
Bedwin, *eg, ll* -iaid, Bedouin
bedyddfa, *eb, ll* -fâu, -feydd, baptistry
bedyddfaen, *eg, ll* -feini, font
befel, *eg, ll* -au, bevel
  befel hogi, sharpening bevel
beichiog, *a*, pregnant
beichiogaeth, *eb, ll* -au, pregnancy
beichiogi, *eg*, conception

beichiogiad, *eg, ll* -au, pregnancy
beichus, *a,* cumbersome
beili, *eg, ll* -iaid, -ïau, bailiff; bailey; curtilage
   beili cylch, bailiff in eyre
   mwnt a beili, motte and bailey
beiliaeth, *eb,* bailiwick
beindell, *eb, ll* -au, binding attachment
beindin, *eg, ll* -nau, binding
   beindin bias, bias binding
   beindin Ffrengig, French binding
beindio, *be,* bind
beirniad, *eg, ll* **beirniaid,** judge; critic
beirniadaeth, *eb, ll* -au, criticism
beirniadol, *a,* critical
beirniadu, *be,* judge
beiston, *eb, ll* -nau, strand; surf
beius, *a,* culpable
bel, *eg, ll* -iau, bel
belái, *eg,* belay
   belái anunion, indirect belay
   belái rhedeg, running belay
   belái sling, sling belay
belaio, *be,* belay
belfedir, *eg, ll* -iau, belvedere
belt, *egb, ll* -iau, belt
   Belt Corn a Moch, Corn Hog Belt
   belt gysgodi, shelter belt
   belt sysbendar, suspender belt
   dan y belt, below the belt
bema, *eg, ll* **bemata,** bema
bensen, *eg,* benzene
benthyca, *be,* loan
   caniatâd i fenthyca, *eg,* loan sanction
benthyciad, *eg, ll* -au, loan; advance payment
   benthyciad arnewid, conversion loan
   benthyciad cronnol, funding loan
benthyciadwy, *a,* loanable
   arian benthyciadwy, *ell,* loanable funds
benthyg, *eg, ll* **benthycion,** loan
benyw, *eb, ll* -od, female
benywaeth, *eb,* femininity
benywaidd, *a,* feminine
   diweddeb fenywaidd, *eb,* feminine ending
benywol, *a,* female

berdasen, *eg, ll* **berdas,** shrimp
berdysyn, *eg, ll* **berdys,** shrimp
berem, *eg, ll* -au, yeast
   cacen ferem, *eb,* yeast cake
   cymysgedd berem, *eg,* yeast mixture
beret, *eg, ll* -au, beret
berfa, *eb, ll* -fâu, wheelbarrow
   berfa fach fetel, junior metal wheelbarrow
Bergschrund, *eg,* Bergschrund
berman, *eg,* yeast
berwbwynt, *eg, ll* -iau, boiling point
berwedig, *a,* boiling
   dŵr berwedig, *eg,* boiling water
berwedydd, *eg, ll* -ion, boiler
berwi, *be,* boil
   pwynt berwi, *eg,* boiling point
berwr, *eg,* cress
   berwr dŵr, water cress
   berwr gardd, garden cress
beryliwm, *eg,* beryllium
beryn, *eg, ll* -nau, bearing
Bessemer, *a,* Bessemer
   trawsnewidydd Bessemer, *eg,* Bessemer converter
betws, *eg, ll* **betysau,** oratory
betys coch, *ell,* beetroot
bias, *eg, ll* -au, bias (*Gb*)
   beindin bias, bias binding
   bias grid, grid bias
   estyniad bias, *eg,* bias extension
   gwrymiau bias, *ell,* bias seams
   sêmau bias, *ell,* bias seams
biasu, *be,* bias
bib, *eb, ll* -iau, bib
bicarbonad, *eg, ll* -iau, bicarbonate
bicer, *eg, ll* -i, beaker
bicerwr, *eg, ll* -wyr, beaker person
bicini, *eg, ll* -ïau, bikini
bid, *eg, ll* -iau, bid
   bid cymryd drosodd, take over bid
bidio, *be,* bid
bîds, *ell,* beads
bifalent, *a,* bivalent
biff, *eg, ll* -iau, beef
big, (*y*), *eg,* gapes
bigamedd, *eg,* bigamy
bigami, *eg,* bigamy
bigamwr, *eg, ll* -wyr, bigamist

bil, *eg,* bill
   bil achwyn, bill of complaint
   bil cyfnewid, bill of exchange
   bil llwytho, bill of loading
   bil ysgar, bill of divorce
   cyflwyno bil, *be,* promote a bill
   pas biliau, *eg,* bill-board pass *(Th)*
bilain, *eg, ll* **bileiniaid,** villein
bildwr, *eg, ll* **-wyr,** builder
biled, *eg, ll* **-au,** billet
   moldin biled, *eg,* billet moulding
biledu, *be,* billet
bileiniaeth, *eb, ll* **-au,** villeinage
bilio, *be,* bill
biliwn, *eg, ll* **biliynau,** billion
bilwg, *eg, ll* **bilygau,** billhook
bin, *eg, ll* **-iau,** bin
   bin clai, clay bin
binocwlar, *a,* binocular
binocwlars, *ell,* binoculars
binomaidd, *a,* binomial
   enwi binomaidd, *eg,* binomial nomenclature
   Theorem Binomaidd, *eb,* Binomial Theorem
biocemeg, *egb,* biochemistry
bioffiseg, *egb,* biophysics
biogenesis, *eg,* biogenesis
   egwyddor biogenesis, *eb,* principle of biogenesis
bioleg, *egb,* biology
   bioleg môr, marine biology
biolegol, *a,* biological
biomecaneg, *egb,* biomechanics
biometreg, *egb,* biometry
biosffer, *eg, ll* **-au,** biosphere
biro, *eg, ll* **-au,** biro
bisâr, *a,* bizarre
bisged, *eb, ll* **-i,** biscuit
bisgïen, *eb, ll* **bisgits,** biscuit
bismwth, *eg, ll* **-au,** bismuth
bitrwt, *ell,* beetroot
biwred, *eb, ll* **-i,** burette
biwrô, *eg, ll* **biwroau,** bureau
biwrocrat, *eg, ll* **-iaid,** bureaucrat
biwrocratiaeth, *eb,* bureaucracy
biwrocratig, *a,* bureaucratic
biwtân, *eg,* butane
bizâr, *a,* bizarre
   arwyddion bizâr, *ell,* bizarre symptoms
blacjac, *eg, ll* **-iau,** blackjack

blacmel, *eg,* blackmail
blaen, *a,* anterior; *eg, ll* **-au,** pein (of hammer); point
blaen-arbenigwr *eg, ll* **-wyr,** specialist lead *(Th)*
blaenasgell, *eg, ll* **-esgyll,** wing-forward
   blaenasgell agored, open side wing-forward
   blaenasgell dywyll, blind side wing-forward
blaenberfformiad, *eg, ll* **-au,** première
blaendâl, *eg, ll* **-daliadau,** advance payment; deposit
blaendir, *eg, ll* **-oedd,** foreground
blaendorri, *be,* truncate
blaendraeth, *eg, ll* **-au,** foreshore
blaen-ddrychiad, *eg, ll* **-au,** front elevation
blaen-ddŵr, *eg, ll* **-ddyfroedd,** head water
blaened, *eb,* blackquarter
blaenffrwyth, *eg, ll* **-au,** first fruits; annates
blaengaead, *eg, ll* **-au,** fore-closure
blaen-gantores, *eb, ll* **-au,** primadonna
blaengar, *a,* progressive
blaengaredd, *eg,* progressiveness
blaengau, *be,* foreclose
blaengrwm, *a,* bow fronted
blaengynllun, *eg, ll* **-iau,** blue-print
blaeniant, *eg, ll* **-iannau,** priority
blaenlanc, *eg, ll* **-iau,** juvenile
blaenlances, *eb, ll* **-i, -au,** juvenile
blaenlencyndod, *eg,* puberty
blaenolwg, *egb, ll* **-olygon,** front view; elevation view
blaenores, *eb,* leading lady
blaenoriaeth, *eb, ll* **-au,** priority; precedence
   diwydiant blaenoriaeth flaenaf, *eg,* top priority industry
   y flaenoriaeth flaenaf, top priority
blaenorol, *a,* former; previous
blaenstroc, *eb, ll* **-iau,** upstroke
blaenswm, *eg, ll* **-symiau,** advance
blaensymu, *be,* advance *(S)*
blaensymud, *be,* advance *(H)*
blaensymudiad, *eg, ll* **-au,** advance
blaenu, *be,* advance

blaenweled, *be*, preview
blaenwr, *eg, ll* -wyr, forward; lead; leading man
blaenwr prop, prop-forward
blaenwr serch, romantic lead
cwrs blaenwyr, *eg*, forward rush
blaen-ymennydd, *eg, ll* -ymenyddiau, fore-brain
blaenyrru, *be*, forward
blaenyrrwr, *eg, ll* blaenyrwyr, forwarding agent
blaguro, *be*, bud
blaguryn, *eg, ll* blagur, bud
blaguryn blaen, terminal bud
blaguryn ceseilaidd, axillary bud
blaguryn cwsg, dormant bud
blaguryn cyferbyn, opposite bud
blaguryn eiledol, alternate bud
blaguryn ochrol, lateral bud
blaguryn pen, terminal bud
cen blaguryn, *eg*, bud scale
blanc, *a, eg, ll* -au, blank
blanced, *eb, ll* -i, blanket
blancedi cot, nursery cot blankets
blas, *eg, ll* -au, taste (sensory)
blasbwynt, *eg, ll* -iau, taste-bud
blast, *eg, ll* -au, blast
ffwrnais flast, *eb*, blast furnace
blastocoel, *eg, ll* -ion, blastocoele
blastoderm, *eg, ll* -au, blastoderm
blastopor, *eg, ll* -au, blastopore
blastopor, *eg*, blastopore
blastwla, *eg, ll* blastwlae, blastula
blasu, *be*, taste; *eg*, gustation
blasusfwyd, *eg, ll* -ydd, savoury dish
blawd, *eg, ll* blodiau, flour
blawd can, white flour
blawd ceirch, oatmeal flour
blawd codi, self-raising flour
blawd corn, cornflour
blawd gwenith cyfan, wholemeal flour
blawd gwenith trwyddo, wholemeal flour
blawd gwyn, white flour
blawd llif, sawdust
blawd plaen, plain flour
papur blawd, *eg*, flour paper
blend, *eg, ll* -iau, blend
blendio, *be*, blend
blewyn, *eg, ll* blew, hair
ffolicl blewyn, *eg*, hair follicle

blinderus, *a*, disturbed
blithogol, *a*, galactagogue
blithogydd, *eg, ll* -ion, galactagogue
bliw, *eg, ll* -iau, blue
bliwio, *be*, blue
bloc, *eg, ll* -iau, block
bloc cychwyn, starting block
bloc engrafu, engraving block
bloc lafa, lava block
bloc sglodi, chipping block
bloc V a chlampiau, vee block and clamp
sgri bloc, block scree
blocâd, *eg, ll* blocadau, blockade
blocfwrdd, *eg, ll* -fyrddau, blockboard
blocfynydd, *eg, ll* -oedd, block mountain
blociau, *ell*, lead blocks (*Th*)
blocio, *be*, block
blocsyn, *eg, ll* blocs, block
blocyn, *eg, ll* blociau, block
blodeuo, *be*, flower
blodeuog, *a*, flowery; flowering
blodfresychen, *eb, ll* -fresych, cauliflower
blodiog, *a*, mealy
blodyn, *eg, ll* blodau, flower
bloneg, *eg, ll* -au, lard
blonegu, *be*, lard
blotiog, *a*, blobby
blowlamp, *eb*, blowlamp
blows, *eb, ll* -us, blouse
blows rydd, overblouse
blows wasgrys, shirt-waister blouse
blowsen, *eb, ll* blowsys, blouse
blwch, *eg, ll* blychau, box
blwch colur, make-up box
blwch resin, resin box
blwch tlysau, trinket box
blwff, *eg, ll* blyffiau, bluff
blŵm, *eg, ll* blymau, bloom
blwydd-dâl, *eg, ll* -daliadau, daloedd, annuity
blwydd-daliad, *eg, ll* -au, annuity
blwyddiadur, *eg, ll* -on, year-book
Blwyddiadur Cyfraith, Year Book
blwyddnod, *eg, ll* -au, annal
blwyddyn, *eb, ll* blynyddoedd, year
blwyddyn golegol, session
blwyddyn goleuni, light-year

blwyddyn naid, leap year
blwyddyn ysgol, session
blynyddoedd yr arddegau, *ell,* teen-age years
grŵp blwyddyn, *eg,* year group
blynyddol, *a,* annual
hanner blynyddol, biannual
bob, *eg, ll* -iau, bob (*Ff*)
bob dwy flynedd, *a,* biennial
bobin, *eg, ll* -iau, bobbin
  bobin les, lace bobbin
  bobin sider, lace bobbin
  cas bobin, *eg,* bobbin case
  dirwynwr bobin, *eg,* bobbin
bob yn ail, *a,* alternate
bob yn ddarn, *a,* piecewise
bob yn un, severally
  yn eich erbyn chwi, bob un ohonoch, severally against you
bocage, *eg, ll* -au, bocage
bocs, *eg, ll* -ys, box
  bocs ar groes, box crosswise
  bocs ar hyd, box lengthwise
  bocs cadw, tidy box
  bocs craidd, core box
  bocs cysylltydd, connector box
  bocs lliw, colour box
  bocs llythrennau, word-building box
  bocs llythyrau, letter box
bocsit, *eg, ll* -iau, bauxite
bocsio, *be,* box
boch, *eb, ll* -au, cheek
bochgern, *eb, ll* -au, cheek
bodis, *eg, ll* -iau, bodice
  bloc y bodis, *eg,* bodice block
  cefn bodis, *eg,* bodice back
  cefn y bodis, *eg,* bodice back
  ffrynt y bodis, *eg,* bodice front
bodloni, *be,* satisfy
bodlonrwydd, *eg,* satisfaction
bodlonus, *a,* complacent
bodlonusrwydd, *eg,* complacency
bodolaeth, *eb, ll* -au, existence
  ymdrech am fodolaeth, *eb,* struggle for existence
boddhâd, *eg,* satisfaction
boddiannu, *be,* satisfy (*Ff*)
boddiant, *eg,* satisfaction
boddio, *be,* satisfy
bogail, *egb, ll* bogeiliau, bogelau, nave (of wheel)

bogel, *eg,* nave (of wheel)
bogi, *eg,* bogey
boglynnog, *a,* embossed
boglynnu, *be,* emboss
boglynwaith, *eg, ll* -weithiau, embossing
boiler, *eg, ll* -i, boiler
bol, *eg, ll* -iau, bulge; belly
  bol (caled), roe (hard)
  bol (meddal), roe (soft)
bolchwyddi, *eg,* tympanites
bolero, *eg ll* -au, bolero
bolio, *be,* bulge
bolsiefig, *a,* bolshevik; *eg, ll* -ion, bolshevik
bolson, *eg, ll* -au, bolson
bolster, *eg, ll* -i, bolster
bollt, *eb, ll* byllt, bolt
  bollt a bach, hook and bolt
  bollt ddolen, eye bolt
  bollt goets, coach bolt
  bollt wagen, coach bolt
  bollt ymestyn, expansion bolt
bom, *eg, ll* -iau, bomb
bôn, *eg, ll* bonau, bonion, base
bôn-asiad, *eg, ll* -au, butt weld
boncyff, *eg, ll* -ion, trunk; bole; log
boncyswllt, *eg,* connecting-rod
bond, *eg, ll* -ion, bond
  Bondiau Amddiffyn, Defence Bonds
  bondiau diddyddiad, irredeemable bonds
  bondiau tynnu, drawn bonds
  cryfder bond, *eg,* bond strength
bondo, *eg, ll* -eau, -eon, eaves; soffit
bondrwm, *a,* proper
  ffracsiwn bondrwm, *eg,* proper fraction
bondsmon, *eg, ll* -myn, bondsman
boned, *eb,* bonnet
bonedd, *ell,* gentry
Bonesig, *eb,* Dame
bôn-golfach, *eg, ll* -au, butt hinge
bongorff, *eg, ll* -gyrff, trunk
bonion, *ell,* trunks
bonws, *eg, ll* bonysau, bonus
bonyn, *eg, ll* bonion, bonau, stake; stump; stub; counterfoil
  bonyn gwaelodi, bottoming stake
  bonyn hirbig, extinguisher stake

bonyn ongl lem, hatchet stake
bonyn pengrwn, ball head stake
bonyn tafod buwch, cow's tongue stake
bonyn teirfraich, three arm stake
bôr, *eg, ll* borau, bore
bora, *eg, ll* borâu, bora
boracs, *eg,* borax
bord, *eb, ll* -ydd, -au, table
borden, *eb, ll* -ni, border (*Th*)
borden awyr, sky border
borden bleth, garland
borden ddistiau, beam border
borden fwa, arch border
borden ffug-broseniwm, false proscenium border
borden goed, tree border
border, *eg, ll* -i, border (*Gb*)
boreal, *a,* boreal
borio, *be,* bore
borio fertigol, vertical boring
boron, *eg, ll* -au, boron
bos, *eg, ll* -iau, boss
bosh, *eg, ll* -iau, bosh
bosi, *be,* emboss
bosiad, *eg, ll* -au, embossing
botaneg, *egb,* botany
botgin, *eg, ll* -iau, bodkin
botgin cam, bent bodkin
botgin fflat, flat bodkin
botgin fflat cam, bent flat bodkin
botgin pengrwn, ball pointed bodkin
botwliaeth, *eb,* botulism
botwm, *eg, ll* botymau, button
atodyn twll botwm, *eg,* buttonholer
botwm defnydd, covered button
botwm lliain, linen button
dolen fotwm, *eb,* buttonhole loop
pwyth twll botwm, *eg,* buttonhole stitch
twll botwm, *eg,* buttonhole
twll botwm pwythog, worked buttonhole
twll botwm wedi ei feindio, bound buttonhole
botymell, *eb,* buttonholer
botymu, *be,* button
both, *eb, ll* -au, hub; nave (of wheel)
bothell, *eb, ll* -i, -au, blister
bowlen, *eb, ll* -ni, bowl

bowliad, *eg, ll* -au, bowl; ball
bowliad hyd byr, short length ball
bowliad hyd da, good length ball
iorcer, yorker
wide, wide
bowlin, *eg, ll* -iau, bowline
bowlio, *be,* bowl
bowlio dan ysgwydd, bowl underarm
bowlio dros ysgwydd, bowl overarm
bowlio dros y wiced, bowl over the wicket
bowlio rownd y wiced, bowl round the wicket
bowliwr, *eg, ll* -wyr, bowler
bownd, *eg, ll* -iadau, bounce
bowndio, *be,* bounce
bowt, *eg, ll* -iau, bout
boycot, *eg, ll* -au, boycott
braced, *eb, ll* -i, bracket; modillion
bracedi arddangos, display brackets
braciopod, *eg, ll* -au, brachiopod
bracistocron, *eg, ll* -au, brachistochrone
bract, *eg, ll* -au, bract
bracteol, *eg, ll* -au, bracteole
brad, *eg,* treason
uchel-frad, high treason
bradwr, *eg, ll* -wyr, blackleg; traitor
bradycardia, *eg,* bradycardia
braenar, *eg, ll* -au, fallow
braenaru, *be,* fallow
braenedd, *eg,* fascioliasis
brafwra, *eg,* bravura
brag, *eg, ll* -au, malt
bragaldian, *be,* rant
bragu, *be,* brew
braich, *eb, ll* breichiau, arm; limb
braich-gerdded, *be,* arm walking
braich isaf, lower limb
braich neidio, *be,* arm jumping
braich uchaf, upper limb
braich ymladd, fighting arm
breichiau ar led, arms sideways
breichiau i fyny, arms upwards
breichiau'n blyg, arms bend
brancia, *eg, ll* branciae, branchia; gill
agen brancia, *eb,* gill slit

clawr brancia, *eg*, gill cover
crib brancia, *eb*, gill raker
branciaidd, *a*, branchial
brand, *eg, ll* -au, brand
branle, *eg*, branle
bras-actio, *be*, block (*Th*)
brasamcan, *eg, ll* -ion, approximation
brasamcanu, *be*, approximate
brasbwytho, *be*, baste
bras-gopio, *be*, engross
brasi, *eg*, braissie
braslun, *eg, ll* -iau, sketch
  braslun maes, field sketch
braslunio, *be*, sketch
brasnaddell, *eb, ll* -au, roughening tool
bras-osod, *be*, rough-out
bras sych, *a*, rough dry
bras sychu, *be*, rough dry
braster, *eg, ll* -au, fat
  asid braster, *eg*, fatty acid
  stôr braster, *eb*, fat body
brasterog, *a*, fatty
  dirywiad brasterog, *eg*, fatty degeneration
brasteru, *be*, baste
brat, *eg, ll* -au, -iau, pinafore
  brat bwyd, feeder
bratffrog, *eb, ll* -au, -iau, pinafore dress
bratis, *eg, ll* -iau, brattice
brau, *a*, brittle
brawd, *eg, ll* brodyr, friar
brawdladdiad, *eg*, fratricide
brawdlys, *eg, ll* -oedd, assizes
brawdoliaeth, *eb*, fraternity
brêc, *eg, ll* breciau, brake; break
  gwrthedd brêc, *eg*, brake resistance
  leinin brêc, *eg*, brake lining
brecia, *eg, ll* breciâu, breccia
brech, *eb, ll* -au, pox
  brech goch yr Almaen, German measles
  brech sgarlad, scarlet fever
  brech wen, small pox; variola
  brech y fuwch, cowpox
  brech yr ieir, chicken pox
brechdan, *eb, ll* -au, slice of buttered bread
  brechdan ddwbl, sandwich
  brechdan gig, meat sandwich

brechdan letys, lettuce sandwich
brechdan ŵy, egg sandwich
brechedig, *a*, vaccinated
brechiad, *eg, ll* -au, vaccination; inoculation
brechlyn, *eg*, vaccine
  brechlyn geneuol, oral vaccine
brechu, *be*, vaccinate; inoculate
brêd, *eg, ll* -iau, braid
  brêd ric rac, rick rack braid
  gwŷdd brêd, *eg*, braid loom
brefiari, *eg, ll* -ïau, breviary
breg, *eg, ll* -iau, joint
  aml freg, *a*, well jointed
  plân breg, *eg*, joint plane
bregiant, *eg, ll* bregiannau, jointing
  bregiant colofnaidd, columnar jointing
bregog, *a*, jointed
breichiol, *a*, brachial
breichydd, *eg, ll* -ion, bracer
breindal, *eg, ll* -iadau, royalty
breinio, *be*, vest (in)
breint-ryddid, *eg*, immunity (from legal process)
brenhinbost, *eg, ll* -byst, king post
brenhinllin, *eb, ll* breninllinoedd, dynasty
brenhinol, *a*, royal
Brenhinwr, *eg, ll* -wyr, Royalist
breninlinol, *a*, dynastic
breninyddiaeth, *eb*, royalism
bres, *eg, ll* -i, brace
  bres asgell, wing brace
  bres Ffrengig, French brace
  bres llwyfan, stage brace
brest, *eb, ll* -iau, chest
bresu, *be*, brace
bresychen, *eb, ll* bresych, cabbage
brethyn, *eg, ll* -nau, cloth
  brethyn caerog, kersey
  brethyn Dhootie, Dhootie cloth
  brethyn eilban, shoddy cloth
breuan, *eb, ll* -au, mortar
breuder, *eg*, brittleness
  poeth freuder, red shortness
breuddwyd gwrach, *eg*, wishful thinking
bri, *eg*, fame; honour; distinction
  mewn bri, in vogue
bric, *eb, ll* -iau, brick
  bric-bridd, brick-earth

bric dân, fire brick
bric-glai, brick-clay
briciwr, *eg, ll* -wyr, brick-layer
  set briciwr, *eb,* brick-layer kit
bricsen, *eb, ll* brics, brick
  brics coeg, hollow bricks
  brics gwag, hollow bricks
  cwrs o frics, *eg,* course of bricks
bricwaith, *eg, ll* -weithiau, brickwork
bricyllen, *eb, ll* bricyll, apricot
brîd, *eg, ll* bridiau, breed
bridfa, *eb, ll* -feydd, breeding centre
bridio, *be,* breed
bridiwr, *eg, ll* -wyr, breeder
brif, *eg, ll* -iau, breve
briff, *eg, ll* -iau, brief
briffio, *be,* brief
brig, *eg, ll* -au, crest; top; summit; outcrop
brigâd, *eb, ll* brigadau, brigade
brigadydd, *eg, ll* -ion, brigadier
brigau, *ell,* flies (*Th*)
  dynion brig, *ell,* fly men
brig-drawst, *eg, ll* -iau, catwalk (*Th*)
briger, *eb, ll* -au, stamen
  gau friger, staminode
brigerog, *a,* staminate
brigfasg, *eg, ll* -iau, teaser
briglofft, *eb, ll* -ydd, fly gallery
brigo, *be,* outcrop; clinical eruption
  brigo tonnau, *be,* surf-riding
brigwerth, *eg, ll* -oedd, peak value
brigwn, *eg, ll* brigynau, andiron
brigwr tonnau, *eg, ll* -wyr, surf-rider
brigwth, *eg, ll* -iau, upthrust
brigwthiad, *eg, ll* -au, eruptive process
brigyn, *eg, ll* brigau, twig
bris, *eg, ll* -iau, breeze
brisged, *eb, ll* -i, brisket
brithedd, *eg,* variegation
brithwaith, *eg, ll* -weithiau, mosaic; tesselation
brithyll, *eg, ll* -iaid trout
briw, *a,* sore; *eg,* sore
  briw gorwedd, bedsore
briwdda, *eg,* mincemeat
  cacen friwdda, *eb,* mince pie
briwell, *eb, ll* -au, mincer
briwgig, *eg, ll* -au, oedd, mince
briwio, *be,* mince
briwsion, *ell,* crumbs; bits (of parts)

briwsioni, *be,* crumble
briwsionllyd, *a,* crumby
  adeiliaeth friwsionllyd, *eb,* crumby structure
broc, *eg,* wreckage
  hawl broc, *eb,* wreck
brocâd, *eg, ll* brocadau, brocade
brocer, *eg, ll* -iaid, broker
brocerais, *eg, ll* -eisiau, brokerage
brocoli, *eb,* broccoli
brodio, *be,* embroider
brodordy, *eg, ll* -dai, friary
brodoraeth, *eb,* welshry
brodori, *be,* naturalize
  papurau brodori, *ell,* naturalization papers
brodwaith, *eg, ll* -weithiau, embroidery
  brodwaith eglwysig, ecclesiastical embroidery
  brodwaith ffabrig, drawn thread embroidery
  brodwaith Jacobeaidd, Jacobean embroidery
  brodwaith peiriant, machine embroidery
  brodwaith tynnu edau, drawn thread embroidery
  ffrâm frodio, *eb,* embroidery frame
  ffrâm frodio gron, tanbour embroidery frame
broga, *eg, ll* -od, frog
  broga'r droed, plantar cushion
broliant, *eg, ll* -iannau, blurb
bromid, *eg, ll* -iau, bromide
bromin, *eg,* bromine
brôn, *eg, ll* bronau, brawn
bronci, *ell,* bronchi
  llid y bronci, *eg,* bronchitis
bronciol, *eg, ll* -au, bronchiole
broncitis, *eg,* bronchitis
bronco-niwmonia, *eg,* broncho-pneumonia
broncws, *eg, ll* bronci, bronchus
bronennog, *a,* mamillated
bronfraith, *eb, ll* adar bronfraith, thrush
brown, *a,* brown
brownaidd, *a,* brownish
brownin, *eg,* gravy browning

brwnt, *a,* dirty; foul; obscene
  chwarae brwnt, *eg,* foul play
  enllib brwnt, *eg,* obscene libel
brws, *eg, ll* **-ys,** brush
  brws blew mochyn, hoghair brush
  brws bras, cane brush
  brws cans, cane brush
  brws crwst, pastry brush
  brws ffeil, carding brush
  brws poster, poster brush
  brws sabl, sable brush
  brws sych, dry brush
  brws wyneb, complexion brush
brwswaith, *eg, ll* **-weithiau,** brushwork
brwyda, *eg, ll* **brwydau,** heald; heddle
  daliwr brwyda, *eg,* heddle holder
  llinyn brwyda, *eg,* heald string
brwyliad, *eg, ll* **brwyliaid,** broiler
brwylio, *be,* broil
brwynen, *eb, ll* **brwyn,** rush
  brwyn dŵr croyw, freshwater rushes
brwysio, *be,* braise
brych, *eg,* afterbirth
  brych haul, *eg, ll* **-au,** sunspot
brycheuyn, *eg, ll* **brychau,** speckle
brychni, *eg,* fleck; speckle
brychu, *be,* fleck; speckle
bryn, *eg, ll* **-iau,** hill
  bryniau godre, *ell,* foothills
bryncyn, *eg, ll* **-nau,** hillock
bryndir, *eg, ll* **-oedd,** hill country
bryngaer, *eb, ll* **-au, bryngeyrydd,** hill fort
bryniog, *a,* hilly
brynti, *eg,* obscenity
Bryophyta, *ell,* Bryophyta
brysgyll, *eg,* mace
buanedd, *eg, ll* **-au,** speed
buches, *eb, ll* **-au,** herd
  buches ardyst, tuberculosis attested herd
budd, *eg, ll* **-ion,** benefit; bote
  budd berfformiad, benefit performance
budd-dâl, *eg, ll* **-oedd,** benefit
  budd-dâl diwaith, unemployment benefit
budd-daliad, *eg, ll* **-au,** benefit
buddged, *eg,* award; trophy

buddiog, *a,* remunerative
buddiol, *a,* expedient
buddran, *eb, ll* **-nau,** dividend
buddsoddi, *be,* invest
buddsoddiad, *eg, ll* **-au,** investment
buddsoddiant, *eg, ll* **buddsoddiannau,** investment
buddsoddwr, *eg, ll* **-wyr,** investor
bufedd, *eg, ll* **-i,** bovate
bugeilyddiaeth, *eb, ll* **-au,** pastoralism
burman, *eg, ll* **-au,** yeast
burum, *eg, ll* **-au,** yeast
busnes, *eg, ll* **-au,** business
  acwmen busnes, *eg,* business acumen
  busnes atgas, noxious business
  busnes niweidiol, noxious business
  canol busnes y dref, *eg,* central business district
bustl, *eg, ll* **-au,** gall; bile
  bustl ych, ox gall
  cerrig y bustl, *ell,* gall stones
  coden y bustl, *eb,* gall bladder
buwch, *eb, ll* **buchod,** cow
  buwch derfenydd, oestrum cow
  buwch wasod, oestrum cow
bwa, *eg, ll* **bwau,** arch; bow; fan
  bwa aortig, aortic arch
  bwa branciaidd, branchial arch
  bwa cangell, chancel arch
  bwa fflaim, lancet arch
  bwa gwaddod, alluvial fan
  bwa hafalochrog, equilateral fan
  bwa i lan, up bow
  bwa i lawr, down bow
  bwa lanset, lancet arch
  bwa ogee, ogee arch
  bwa pedol, horse shoe arch
  bwa pedwar canolbwynt, four centred arch
  bwa pwynt, pointed arch
  bwa'r arch, rainbow
  bwa'r proseniwm, proscenium arch
  cas bwa, *eg,* bow case
  hanner bwa, half arch
  llinyn bwa, *eg,* bow string
bwaog, *a,* arcuate
bwbwl, *eg, ll* **byblau,** bubble
bwcio, *be,* book

bwcl, *eg, ll* byclau, buckle
bwclo, *be,* buckle
bwcram, *eg, ll* -au, buckram
bwch, *eg,* buck
bwff, *eg, ll* -iau, buff
   bwff calico, calico buff
   bwff ffelt, felt buff
bwffio, *be,* buff
bwng, *eg, ll* byngau, bung
bwnglera, *be,* fluff
bwi, *eg, ll* -iau, buoy
bwio, *be,* bird (*Th*)
bŵl, *eg, ll* bylau, bull (*H*); nave (of wheel)
bwlb, *eg, ll* bylbiau, bulb
bwlch, *eg, ll* bylchau, gap; pass; breach; notch
bwlion, *eg, ll* -au, bullion
   cwlwm bwlion, *eg,* bullion knot
   pwyth bwlion, *eg,* bullion stitch
bwlyn, *eg, ll* bwliau, knob
bŵm, *eg, ll* bwmau, boom
bwmerang, *eg,* boomerang
bwmper, *eg, ll* -i, bumper
bwncer, *eg, ll* -i, bunker
   bwncer tywod, sand bunker
bwndlo, *be,* tumble
bwr, *eg, ll* -iau, burr
bwran, *eg, ll* -au, buran
bwrdais, *eg, ll* bwrdeisiaid, burgess
bwrdeisiaeth, *eb,* burgage
bwrdeisiol, *a,* burghal
bwrdeistref, *eb, ll* -i, borough
   bwrdeistref boced, pocket borough
   bwrdeistref bwdr, rotten borough
   bwrdeistref gyfrannol, contributory borough
bwrdeistrefol, *a,* municipal
bwrdd, *eg, ll* byrddau, table; board; deck
   astell fwrdd, *eb,* table top
   bwrdd ac isl, board and easel
   bwrdd arddangos, display board
   bwrdd arlunio, art board
   bwrdd *bagatelle,* bagatelle table
   bwrdd biliau, bill-board
   bwrdd Bryste, Bristol board
   bwrdd canol, centreboard
   bwrdd cefn, backboard
   bwrdd cefnu, backing board
   bwrdd clawr, cover board
   bwrdd coetio, quoits board
   Bwrdd Croeso, Tourist Board
   bwrdd crwst, pastry board
   Bwrdd Cyfarwyddwyr, Board of Directors
   bwrdd cylchenni, ringboard
   bwrdd cynfas, canvas board
   bwrdd chwarae dŵr, water play table
   bwrdd dosbarthu ffurfiau, geometrical inset board
   bwrdd dosbarthu lliw a llun, colour and shape sorting board
   bwrdd dosbarthu pegiau, peg sorting board
   bwrdd draenio, draining board
   bwrdd dymchwel, turn over board
   bwrdd ffibr, fibre board
   bwrdd gorewyn, surf board
   Bwrdd Gwarchodaeth Natur, Nature Conservancy Board
   bwrdd gwisgo, dressing-table
   bwrdd hysbysu, notice board
   Bwrdd Iechyd, Board of Health
   bwrdd llawes, sleeve board
   bwrdd lluniadu, drawing board
   bwrdd llwch, dust board
   Bwrdd Masnach, Board of Trade
   bwrdd melin, millboard
   bwrdd modelu, modelling board
   bwrdd pegiau, peg board
   bwrdd plaenio, shooting board
   bwrdd rhifo, number board
   bwrdd sbring, trampoline
   bwrdd sgert, skirt board
   bwrdd sgôr, score board
   bwrdd sialc, chalk board
   bwrdd smwddio, ironing board
   bwrdd torri, cutting board
   bwrdd tro, turntable
   Bwrdd Twristiaeth, Tourist Board
   bwrdd "tŷ llawn", "house full" board
   bwrdd weiar, wire board
   switsfwrdd, switchboard
   tas o fyrddau, *eg,* nest of tables
   Ystafell y Bwrdd, *eb,* Board Room
bwrglari, *eg, ll* ïau, burglary
bwrglariaeth, *eb, ll* -au, burglary
bwriad, *eg, ll* -au, intention; purpose
   yn fwriadol, *ad,* wilfully

bwriadus, *a*, purposive
bwriadusrwydd, *eg*, purposiveness
bwriant, *eg*, *ll* **bwriannau**, assumption
bwrio, *be*, burr
bwriwr cythreuliaid, *eg*, exorcist
bwrlesg, *eg*, *ll* -au, burlesque
bwrlwm, *eg*, *ll* **byrlymau, byrlymion**, bubble
bwrn, *eg*, *ll* -au, bale
 codwr bwrnau, *eg*, bale loader
bwrnais, *eg*, *ll* **bwrneisiau**, burnish
bwrneisio, *be*, burnish
bwrsa, *eg*, *ll* **bwrsâu**, bursa
bwrsitis, *eg*, bursitis
bwrw, *be*, cast; found; throw
 bwrw ebol, cast a colt
 bwrw haearn, found iron
 bwrw llinell, throw it away (*Th*)
 bwrw pibau, pipe casting
bws, *eg*, *ll* **bysys**, bus
 bws deulawr, double-deck bus
 bws unllawr, single-deck bus
bwsh, *eg*, *ll* -ys, bush
bwst, *eg*, *ll* **bystiau**, bust (*Gb*)
bwster, *eg*, *ll* -i, booster
bwtres, *egb*, *ll* -i, buttress
 bwtres hedegog, flying buttress
bwtri, *eg*, *ll* -ïau, buttery
bwth, *eg*, *ll* **bythod, bythau**, booth
 bwth cofweinydd, prompt box
 bwth taflunydd, bio-box
 bwth tocynnau, box office
bwthyn haf, *eg*, *ll* **bythynnod haf**, holiday chalet; cottage
bwyd, *eg*, *ll* -ydd, food
 bwyd amddiffyn, protective food
 bwyd brys-rewedig; wedi'i frys-rewi, quick-frozen food
 bwyd eildwym, reheated dish
 bwydgadwraeth, *eb*, food preservation
 bwyd gwres ac egni, heat and energy giving food
 bwydlestr, *eg*, food vessel
 bwyd rhagbacedig; wedi'i ragbecynnu; mewn rhagbecynnau, pre-packed food
 bwyd tun, tinned food
 bwyd twf, body building food
 bwyd wenwyniad, *eg*, food poisoning
 cyffeithio bwyd, *eg*, food preservation
 eisiau bwyd, *eg*, hunger
 heb ddigon o fwyd, *a*, underfed
 preserfio bwyd, *eg*, food preservation
bwydlen, *eb*, menu
bwydlys, *eg*, *ll* -iau, vegetable
bwydo, *be*, feed
bwydwaith, *eg*, catering
bwyell, *eb*, *ll* **bwyeill**, axe; hatchet
 bwyell soced, socketed axe
bwytadwy, *a*, edible
bwytgyn, *eg*, *ll* -nau, bodkin
bwyty, *eg*, *ll* -tai, restaurant
bybylu, *be*, bubble; *eg*, ebullition
byd-eang, *a*, world-wide
bydwraig, *eb*, *ll* **bydwragedd**, midwife
bydwreigiaeth, *eb*, midwifery; obstetrics
bydysawd, *eg*, universe
byddar, *a*, deaf; *eg*, *ll* -iaid, deaf
byddardod, *eg*, deafness
byddiniad, *eg* *ll* -au, mobilisation
byddino, *be*, mobilise
byddwch cystal â, please
byffer, *eg*, buffer
bygythbris, *eg*, *ll* -iau, blackmail
bygythiad, *eg*, *ll* -au, threat
byng, *eg*, *ll* -au, bung
byngalo, *eg*, *ll* -au, bungalow
 byngalo dull ransh, ranch style bungalow
bylb, *eg*, *ll* -au, bulb
bylbyn, *eg*, *ll* **bylbiau**, bulbil
bylchu, *be*, notch
bylchfur, *eg*, *ll* -iau, battlement
bylchgaer, *eb*, *ll* -au, battlement
bylchog, *a*, breached
bylchu, *be*, breach
bylchus, *a*, lacunary
bynnen, *eb*, *ll* **byns**, bun
bynsen, *eb*, *ll* **byns**, bun
 byns Chelsea, Chelsea buns
 byns Ffrengig, French buns
 byns hufen, cream buns
 byns y Grog, hot cross buns
byrbryd, *eg*, *ll* -au, snack
byrdi, *eg*, birdie (*Ch*)
byrddau, *ell*, boards
 byrddau llawr, floor boards
 byrddau'r tu clytaf, lee boards

byrddwyr, *ell*, boarders
byrfodd, *eg, ll* -au, abbreviation
byrfyfyr, *a*, ad lib
byrgyfnod, *a*, short-term
byrhau, *be*, shorten
byrion, *ell*, briefs; shorts
byrlymu, *be*, bubble
byrner, *eg, ll* -i, burner
  byrner Bunsen, Bunsen burner
byrnwr, *eg, ll* byrnwyr, baler
byrwasg, *a*, short waisted
byrwelediad, *eg, ll* -au, myopia
bys, *eg, ll* -edd, finger; digit
  bysedd traed, toes
  bys-nod, *eg*, finger print
  ôl bys, *eg*, finger print
  print bys, *eg*, finger print
Bysantaidd, *a*, Byzantine
Bysantiwm, Byzantium
bysbrint, *eg, ll* -iau, finger print

bysell, *eb, ll* -au, key
  bysell teipiadur, key of typewriter
bysellfwrdd, *eg, ll* -fyrddau, keyboard
bysio, *be*, bussing
byswellt, *ell*, cocksfoot
bytio, *be*, butt
bytholrwydd, *eg*, perpetuity
  dros byth, in perpetuity
bythwyrdd, *a*, evergreen; *eg, ll* -ion, evergreen
byw, *a*, live; *be*, live
  byw'r part, live a part
bywgysgell, *eb, ll* -oedd, bedsitter
bywiog, *a*, active
bywoliaeth, *eb, ll* -au, living
bywyd, *eg, ll* -au, life
bywydfa, *eb, ll* -feydd, vivarium
bywyn, *eg, ll* -nau, pith
  bywyn gwenith, wheat germ

C

cabal, *eg, ll* -iau, cabal
cabetsen, *eb, ll* cabets, cabbage
  cabets crych, savoy
cabi, *eg, ll* cabïau, bicarbonate of soda
cabidwl, *eg, ll* cabidylau, chapter
cabidylaidd, *a*, capitular
cabidyldy, *eg, ll* -dai, chapter house
cabidylwr, *eg, ll* -wyr, capitular
cabinet, *eg, ll* -au, cabinet
  cabinet sychu, drying cabinet
cabledd, *eg*, blasphemy
cablen, *eb, ll* -ni, cable
caboledig, *a*, polished
caboli, *be*, polish
cacen, *eb, ll* -nau, -ni, cake
  cacen de, tea cake
  cacen ffrwythau, fruit cake
  cacen garwe, seed cake
cadach, *eg, ll* -au, handkerchief
  cadach llestri, dish cloth
cadair, *eb, ll* cadeiriau, chair
  cadair boswn, bosun's chair

cadair freichiau, arm chair
cadair esgyn, chair lift
cadair gludo, carrying chair
cadair wthio, push chair
cadeiriau stacio, stacking chairs
cadeiriau tas, nesting chairs
cadair-esgyn, *eb, ll* cadeiriau-esgyn, chair-lift
cadarn, *a*, sturdy; well-firmed (*Th*)
cadarnhad, *eg*, affirmation; ratification
cadarnhaol, *a*, positive
cadarnhau, *be*, confirm
cad-drefniad, *eg, ll* -au, manoeuvre
cad-drefnu, *be*, manoeuvre
cadeiren, *eb, ll* -nau, tiller
cadeirio, *be*, tiller
cadeirlan, *eb, ll* -nau, cathedral
cadfridog, *eg, ll* -ion, general
cadi, *eg, ll* cadïaid, caddie
  car cadi, *eg*, caddie car
cadis, *eg*, braid; girdle
  cadis ymarfer corff, gym girdle

cadoediad, *eg ll* -au, truce
cadw, *be*, detain
  bwyd cadw, *eg*, preserved food
  cyffur cadw, *eg*, preservative
cadwolyn, *eg, ll* **cadwolion**, preservative
cadwraeth, *eb, ll* -au, conservation; custody
  cadwraeth egni, conservation of energy
  cadwraeth momentwm, conservation of momentum
  cadwraeth rhif, conservation of number
cadwrol, *a*, conservative
  maes cadwrol grym, *eg*, conservative field of force
cadwyn, *eb, ll* -au, -i, chain; range
  cadwyn amryliw, chequered chain
  cadwyn balé, chainé
  cadwyn dro, twisted chain
  cadwyn fwyd, food-chain
  cadwyn lydan, broad chain
  cadwyn o fynyddoedd, range of mountains
  cadwyn *rosette*, rosette chain
  dolenni cadwynog, *ell*, chain loops
  pwyth cadwyn, *eg*, chain stitch
cadwyno, *be*, chain
caddug, *eg, ll* -au, fog
  caddug anwedd, steam fog
  caddug ffrynt, frontal fog
  caddug llorfudol, advective fog
  caddug mynydd, hill fog
  caddug rheiddiad, radiation fog
caddugo, *be*, fog
cae, *eg, ll* -au, field
  cae chwarae, ground (*Ch*)
  cae padi, paddy field
caeadu, *be*, shutter
caecwm, *eg, ll* **caeca**, caecum
caeëdig, *a*, closed
caeëdydd, *eg, ll* -ion, shuttering
caefa, *eb, ll* **caefeydd**, closure
caen, *eb, ll* -au, covering; coat; finish
  caen erydion, waste-mantle
caenen, *eb, ll* -nau, covering; flake
  caenen dywod, sand-cloth
  caenen lawr, stage cloth
caenu, *be*, coat; finish
caeog, *eg, ll* -au, chaplet

Caer, Chester
Caeredin, Edinburgh
Caer-gaint, Canterbury
Caer-grawnt, Cambridge
caethder anadl, *eg*, dyspnoea
caethiwed, *eg*, captivity
caethiwo, *be*, restrict
cafell, *eb, ll* -au, choir stall
cafern, *eg, ll* -au, cavern
cafernaidd, *a*, cavernous
cafeto, *eg, ll* **cafeti**, cavetto
cafn, *eg, ll* -au, trough
  blaen cafn, *eg*, trough's end
  cafn golau, footlight well
  cafn llyfrau, book trough
cafnu, *be*, gouge; hollow
cafod, *eb, ll* -au, -ydd, shower
  cafod lwyd, mildew
caffael, *be*, acquire
caffaeledig, *a*, acquired
caffaeledd, *eg, ll* -au, availability
caffaelgar, *a*, acquisitive
caffaelgaredd, *eg*, acquisitiveness
caffaeliad, *eg*, acquisition
  caffaeliad medrau, acquisition of skills
cafflo, *be*, snarl
  haearn cafflo, *eg*, snarling iron
cangell, *eb, ll* **canghellau**, chancel
cangen, *eb, ll* **canghennau**, branch; offshoot
  ffatri gangen, *eb*, branch factory
  lein gangen, *eb*, branch line
  llyfrgell gangen, *eb*, branch library
canghellor, *eg, ll* **cangellorion**, chancellor
canghennog, *a*, branched
caian, *eg*, cayenne
cainc, *eb, ll* **ceinciau**, knot; strand; ply
  cuddio ceinciau, *be*, knot
cais, *eg, ll* **ceisiadau**, application; claim; try
  cais cosb, penalty try (*Ch*)
  gwneud cais, *be*, apply
caison, *eg, ll* -au, caisson
calamin, *eg*, calamine
calan, *eb, ll* -nau, -ni, whetstone
  calan hogi, whetstone
calasa, *eg, ll* **calasae**, chalaza
calcio, *be*, caulk

calcwlws, *eg, ll* **calcwli**, calculus
   calcwlws integrol, integral
     calculus
calch, *eg, ll* **-oedd**, lime
   calch brwd, hot lime
   carreg galch, *eb*, limestone
   prinder calch, *eg*, lime deficiency
calchaidd, *a*, calcareous
calchbibonwy, *eg*, stalactite
calchbost, *eg, ll* **-byst**, stalagmite
calcheiddiad, *eg, ll* **-au**, calcification
calcheiddio, *be*, calcify
calchfaen, *eg, ll* **-feini**, limestone
   calchfaen carbonifferaidd,
     carboniferous limestone
   calchfaen cregynnog, shelly
     limestone
   calchfaen jwrasig, jurassic
     limestone
   calchfaen magnesaidd, magnesian
     limestone
   calchfaen oölitig, oolitic
     limestone
calchgar, *a*, calcicole
calchgas, *a*, calcifuge
calchit, *eg, ll* **-iau**, calcite
calchyniad, *eg, ll* **-au**, calcination
calchynnu, *be*, calcinate
Caldeaidd, *a*, Chaldean
caled, *a*, severe
caleddedd, *eg*, callosity
caleden, *ll* **-nau**, callus
caledennog, *a*, callose
caledfwrdd, *eg*, hardboard
calediad, *eg, ll* **-au**, sclerosis
caledu, *be*, harden; solidify; air
caledwch, *eg*, hardness
   caledwch yr afu (iau), cirrhosis
caledwr, *eg, ll* **-wyr**, hardener
calibrad, *eg, ll* **-au**, calibration
calibro, *be*, calibrate
calico, *eg, ll* **-au**, calico
   calico heb ei gannu, unbleached
     calico
caliperau (caliprau), *ell*, calipers
   c. allan, outside
   c. anghyfartal, oddlegs
   c. jenny, jenny
   c. mewn, inside
calon, *eb, ll* **-nau** core; heart
   afiechydon y galon, *ell*. cardiac
     diseases

calon rhanbarth, core of a region
   crychguriad y galon, *eg*,
     palpitation
   hollt calon, *egb*, heart shake
calori, *eg, ll* **caloriau**, calorie
caloriffig, *a*, calorific
   gwerth caloriffig, *eg*, calorific
     value
calorimedr, *eg, ll* **-au**, calorimeter
calorimedreg, *egb*, calorimetry
calsiwm, *eg*, calcium
calycs, *eg, ll* **calyces**, calyx
calypso, *eg*, calypso
calyptrogen, *eb*, calyptrogen
callestr, *eg, ll* **cellystr, callestri**, flint
callor, *eg, ll* **-au**, caldera
callws, *eg*, callus
callwsaidd, *a*, callose
callwsedd, *eg*, callosity
cam, *a*, crooked; bent; *eg, ll* **-au**,
   pas; cam
   ar gam, *ad*, askew
   cam bwre, pas de bourre
   cam dau, pas de deux
   cam cath, pas de chat
   cam march, pas de cheval
camarwain, *be*, misrepresent
camarweiniad, *eg, ll* **-au**,
   misrepresentation
camber, *eg, ll* **-i**, camber
cambiwm, *eg, ll* **cambia**, cambium
   haen cambiwm, *eb*, cambium layer
cambren, *eg, ll* **-ni**, gambrel
   cambren cot, coat hanger
   cambren dillad, clothes hanger
Cambriaidd, *a*, Cambrian
cambrig, *eg, ll* **-au**, cambric
cambro, *be*, camber
camdaflu, *be*, foul throw
camdro, *eg, ll* **-eau, -eon**, crank
camdroad, *eg, ll* **-au**, warp
camdroi, *be*, warp
cam-droi, *be*, crank
camddehongli, *be*, misinterpret
camddisgrifiad, *eg, ll* **-au**,
   misdescription
cameo, *eg*, cameo
camera, *eg, ll* **camerâu**, camera
   camera cine, cine-camera
camesbonio, *be*, misinterpret
camfeddiannu, *be*, fraudulent
   conversion

camffurfiad, *eg*, *ll* -au, malformation
camgastio, *be*, miscast
camgymheiriad, *eg*, *ll* -au, malocclusion
camlas, *eg*, *ll* **camlesi, camlesydd**, canal; waterway
camliwiad, *eg*, *ll* -au, misrepresentation
camliwio, *be*, misrepresent
camochri, *be*, off-side
camog, *eg*, *ll* -au, felloe
camosod, *be*, mislay
camp, *eb*, *ll* -au, feat
  campau dŵr, acquatic acts
campanile, *eg*, *ll* **campanili**, campanile
campwaith, *eg*, *ll* -weithiau, chef-d'oeuvre
camsiafft, *eb*, *ll* -au, camshaft
camu, *be*, step
camwedd, *eg*, *ll* -au, misdemeanour; tort
  camwedd dan ddeddf, statutory misdemeanour
camweddus, *a*, tortious
camweddwr, *eg*, *ll* -wyr, tortfeasor
camweinyddiad, *eg*, maladministration
camwerthyd, *eb*, *ll* -oedd, crankshaft
camymddwyn, *be*, misbehave
camymddygiad, *eg*, *ll* -au, misdemeanour
can, *a*, bleached; *eg*, *ll* -iau, can
  calico can, *eg*, bleached calico
  gwiail can, *ell*, bleached canes
cân, *eb*, *ll* **caniadau, caneuon**, song
  ar gân, in verse
  cân actol, action song
  cân ystum, action song
cancr, *eg*, *ll* -au, canker; cancer
cancro, *be*, corrode
canerdy, *eg*, *ll* -dai, cannery
canfasio, *be*, canvas
canfedd, *eb*, *ll* -i, centimetre
canfod, *be*, perceive
canfodiad, *eg*, *ll* -au, percept
canfodiadol, *a*, perceptual
canfyddadwy, *a*, perceptible
canfyddiad, *eg*, *ll* -au, perception
  canfyddiad synwyriadol, sense-perception
canhwyllbren, *eg*, *ll* -nau, candlestick

canhwyllnerth, *eg*, *ll* -oedd, candle-power
canhwyllyr, *eg*, *ll* **canwyllyriau**, chandelier
caniatâd, *eg*, permission; permit
  caniatâd cynllun, planning permission
caniatadwy, *a*, permissive
caniataol, *a*, permissible
caniatáu, *be*, grant; permit
canio, *be*, can
canion, *eg*, *ll* -au, canyon
canlyn, *be*, follow
  canlyn ymlaen, follow on
  gorfodi canlyn ymlaen, *be*, enforce the follow on
canlyneb, *eb*, *ll* -au, corollary
canlyniad, *eg*, consequence; result;
  "consequent" in canon
  o ganlyniad i, in consequence of
canlyniadol, *a*, resultant
canlynol, *a*, consequent
canllaw, *eb*, *ll* -iau, banister; rail; handrail
canllawio, *be*, handrail
cannu, *be*, bleach; blanch
cannwyll, *eb*, *ll* **canhwyllau**, candle
  cannwyll y llygad, pupil of eye
cannydd, *eg*, *ll* **canyddion**, bleach
canol, *eg*, *ll* -au, centre
  canol cefn, centre back
  canol ffrynt, centre front
  canol llonydd, dead centre
  canol llwyfan, centre stage
  canol tro, live centre
  cylch canol, *eg*, centre circle
  marc canol, *eg*, centre spot (*Ch*)
  pellter canol, *eg*, middle distance
canolbwynt, *eg*, centre; focus
  canolbwynt diddordeb, centre of interest
canolbwyntio, *be*, concentrate; focus
canoldiraidd, *a*, mediterranean
canolduedd, *eb*, central tendency
canolfan, *eb*, *ll* -nau, centre; base
  canolfan bancio, banking centre
  canolfan cadw, detention centre
  canolfan diddordeb, centre of interest
  canolfan llynges, naval base

canolfannau gorffwys, rest centres
canolfan nerfol, nerve centre
canolfan presenoli, attendance centre
canolfan remand, remand centre
canolfan taro, centre of percussion
canolfarcio, *be*, centre dotting
canol-gefn, *eg*, centre-back
canolgylch, *eg, ll* -oedd, -au, centre
  canolgylch pridd du, black earth centre
canoli, *be*, centre; centralize
  canoli'r bêl, centre the ball
canoliad, *eg, ll* -au, centralization; average
canol-lwyfannu, *be*, arena staging
canoloesol, *a*, mediaeval
canolog, *a*, central
  gwres canolog, *eg*, central heating
canolradd, *a*, intermediate; *eg*, intermediate
canolrif, *eg, ll* -au, median
canolrifol, *a*, median
canolrwydd, *eg*, centrality
canolwr, *eg, ll* -wyr, arbitrator; referee; middleman; centre (*Ch*); centre-half (*Ch*)
canol-ymennydd, *eg, ll* -ymenyddiau, mid-brain
canon, *eg, ll* -au, canon
  canon terfynedig, finite canon
canonaidd, *a*, canonical
canoneiddio, *be*, canonize
canopi, *eg, ll* canopïau, canopy
canpwys, *eg, ll* -au, -i, hundredweight
canradd, *eb, ll* -au, percentile
canraddol, *a*, percentile
  safle canraddol, *eb*, percentile rank
canran, *eg, ll* -nau, percentage
canrannol, *a*, percentage
  gostyngiad canrannol, *eg*, percentage decline
  twf canrannol, *eg*, percentage growth
cansen, *eb, ll* -nau, -ni, cane
  cansen bambŵ, bamboo cane
canser, *eg*, cancer
canser-gynhyrchiol, *a*, carcinogenic
canslad, *eg, ll* -au, cancellation
canslo, *be*, cancel
cant, *eg*, hundred; hundredweight
  y cant, per cent
cantawd, *eg, ll* cantodau, cantata
cantilifer, *eg, ll* -au, cantilever
cantin, *eg, ll* cantinau, canteen
cantor, *eg, ll* -ion, singer
cantores, *eb, ll* -au, singer
cantwr, *eg, ll* -wyr, singer
canŵ, *eg, ll* canwod, canoe
  canŵ diblyg, rigid canoe
  canŵ plyg, folding canoe
  slalom, slalom
canwr, *eg, ll* -wyr, singer
caolin, *eg, ll* -au, kaolin; china clay
capan, *eg, ll* -au, cap
  capan drws, lintel
capel, *eg, ll* -i, chapel
  Capel Mair, Lady Chapel
capilaredd, *eg*, capillarity
capilari, *eg, ll* capilarïau, capillary
capitwlwm, *eg, ll* capitwla, capitulum
capoc, *eg*, kapok
capsiwl, *eg, ll* -au, capsule
capswl, *eg, ll* -au, capsule
capten, *eg, ll* -iaid, captain
capwt, *eg, ll* -iaid, caput
car, *eg, ll* ceir, car
  car llusg, sledge
  car pedlo, pedal car
  car sglefrio, roller coaster
caramel, *eg, ll* -au, caramel
carais teipiadur, *eg*, typewriter carriage
carapac, *eg, ll* -au, carapac
carat, *eg, ll* -au, carat
carbohydrad, *eg, ll* -au, carbohydrate
carbon, *a*, carbon; *eg, ll* -au, carbon
  carbon cyfun, combined carbon
  carbon rhydd, free carbon
  cylch carbon, *eg*, carbon cycle
  deuocsid carbon, *eg*, carbon dioxide
carbonad, *eg, ll* -au, carbonate
  carbonad calsiwm, calcium carbonate
carbonadu, *be*, carbonate
carbonedig, *a*, carbonated
carboneiddiad, *eg, ll* -au, carbonisation

carboniad, *eg, ll* **-au**, carbonation
carbonifferaidd, *a*, carboniferous
carbonig, *a*, carbonic
carbwncl, *eg, ll* **carbynclau**, carbuncle
carbwradu, *be*, carburate
carbwradur, *eg, ll* **-on**, carburettor
carbwredydd, *eg, ll* **-ion**, carburettor
carbwreiddio, *be*, carburize
carchar dŵr, *eg*, anuria
carcharu, *be*, imprison
cardbord, *eg, ll* **-au, -ydd**, cardboard
carden, *eb, ll* **cardiau**, card
  cardiau dosrannu, assignment cards
  cardiau enwi, lettered headboard signs
  cardiau fflach, flash cards
  cardiau gwaith, assignment cards
  cardiau llun a gair, word-matching cards
cardiac, *a*, cardiac; *eg*, cardiac
cardigan, *eb, ll* **-au**, cardigan
cardinal, *a*, cardinal; *eg, ll* **-iaid**, cardinal
  cymanfa'r cardinaliaid, *eb*, conclave
  pwynt cardinal, *eg*, cardinal point
caregl, *eg, ll* **-au**, chalice
caregwaith, *eg, ll* **-weithiau**, stonework
careio, *be*, lace
  cerdyn careio, *eg*, lacing card
  darnau careio, *ell*, lacing strips
caretsen, *eb, ll* **carets**, carrot
carfan, *egb*, group
  carfan annog, pressure group
carfio, *be*, carve
carfiwr, *eg, ll* **-wyr**, carver
cargo, *eg, ll* **-au**, cargo
caricatur, *eg, ll* **-au**, caricature
cario, *be*, carry; gestate
  cario drosodd, carry over
  cario mlaen (cyfrifon) carry forward
cariwr, *eg, ll* **-wyr**, carrier
carlam, *eg, ll* **-au**, gallop
carlamu, *be*, gallop
carn, *eg, ll* **-au**, hilt; handle; hoof
  carn ffeil, file handle
  hollt y carn, *egb*, sandcrack

carnedd, *eg, ll* **-au, -i**, cairn
carnifora, *ell, un* **carniforyn**, carnivora
carniforus, *a*, carnivorous
carnol, *eg, ll* **-ion**, ungulate
carn-tro, *eg*, brace
carol, *eb, ll* **-au**, carol
carotenau, *ell*, carotenoids
carotid, *a*, carotid
carotin, *eg, ll* **-au**, carotene
carpal, *a*, carpal
  esgyrn carpal, *ell*, carpal bones
carpel, *eg, ll* **-i**, carpel
carpio, *be*, shred
carpws, *eg, ll* **-i**, carpus
carrai, *eb, ll* **careiau**, lace; thong
carreg, *eb, ll* **cerrig**, stone; testicle
  carreg ddylif, flowstone
  carreg galch, limestone
  carreg hogi, oilstone; whetstone; grindstone; hone
  carreg hogi Arkansas, Arkansas oilstone
  carreg hogi ddwbl, combination oilstone
  carreg hogi gau, slip stone
  carreg laid, mud stone
  carreg nadd, dressed stone
  carreg silt, silt stone
carreg-cell, *eb, ll* **-oedd**, stone-cell
carst, *eg, ll* **-au**, karst
cartel, *eg, ll* **-au**, cartel
cartesaidd, *a*, cartesian
cartiant, *eg, ll* **cartiannau**, cartage
  nodyn cartiant, *eg*, cartage note
cartilag, *eg, ll* **-au**, cartilage
  asgwrn cartilag, *eg*, cartilage-bone
cartilagaidd, *a*, cartilaginous
cartograffi, *eg*, cartography
carton, *eg, ll* **-au**, carton
cartref, *eg, ll* **-i**, home
  bwydlysiau cartref, *ell*, homegrown vegetables
  cartref cadw, remand home
  cartref cymunedol, community home
  cartref remand, remand home
  gwelyfod gartref, *eg*, home confinement
  gwlad cartref, *eb*, homeland
  marchnad cartref, *eb*, home market

ymweliadau â chartrefi, *ell*,
  domiciliary visits; home visits
cartrefwlad, *eb*, homeland
cartwlari, *eg, ll* cartwlarïau,
  cartulary
cartŵn, *eg, ll* cartwnau, cartoon
carthbwll, *eg, ll* carthbyllau,
  cesspool
carthfwyd, *eg, ll* -fwydydd, roughage
carthffos, *eb, ll* -ydd, drain; sewer
  carthffos gyfun, combined drain
carthffosiad, *eg, ll* -au, drainage
carthion, *ell*, sewage; excreta
  gwaith carthion, *eg*, sewage works
carthlong, *eb, ll* -au, dredger
carthu, *be*, dredge
carthysu, *be*, scavenge
carthysydd, *eg, ll* -ion, scavenger
carw, *eg, ll* ceirw, stag
carwgad, *eg, ll* -au, carucate
carwncl, *eg, ll* -au, caruncle
carwsel, *eg, ll* -au, carousel
caryatid, *eg, ll* -au, caryatid
caryopsis, *eg, ll* -au, caryopses,
  caryopsis
cas, *eg, ll* -ys, -iau, case; casing
  cas *attache*, attache case
  cas briff, brief case
casáu, *be*, hate
caseg, *eb, ll* cesig, mare
  caseg farchus, oestrum mare
  caseg yn gofyn, oestrum mare
  caseg yn gwynad, oestrum mare
casein, *eg*, casein
caserol, *eg, ll* -au, casserole
caset, *eg, ll* -i, cassette
casgl, *eg, ll* -ion, abscess
casgliad, *eg, ll* -au, collection; set;
  inference; conclusion
  casgliad ysig, weakened conclusion
casgliadol, *a*, inferential
  meddwl casgliadol, *eg*, inferential
    thought
casglu, *be*, collect; gather; deduce;
  accumulate; fester
casineb, *eg, ll* -au, hate
casio, *be*, case
casiterit, *eg, ll* -au, cassiterite
casment, *eg, ll* -au, casement
cast, *eg, ll* -iau, cast
  cast cynhaliol, supporting cast
castan, *a*, chestnut

brown castan, chestnut brown
castanedau, *ell*, castanets
castanwydden, *eb, ll* castanwydd,
  horse chestnut tree
  castanwydden felys, sweet chestnut
castell, *eg, ll* cestyll, castle
castellaidd, *a*, castellated
castelliad, *eg, ll* -au, castellation
castellog, *a*, castellated
castellydd, *eg, ll* -wyr, castellan
castin, *eg, ll* -iau, casting
  castin gorymyl, overshot casting
castio, *be*, cast
castor, *eg, ll* -au, castor
  castorau pêl, ball castors
casyn, *eg, ll* casiau, case; casing
catabatig, *a*, katabatic
catabolaeth, *eb*, catabolism;
  katabolism
catacwm, *eg, ll* -cymoedd, catacomb
cataffalc, *eg, ll* -au, catafalque
catalas, *eg, ll* -au, catalase
catalog, *eg, ll* -au, catalogue
catalogio, *be*, catalogue
catalydd, *eg, ll* -ion, catalyst;
  catalytic agent
catalytig, *a*, catalytic
catar, *eg, ll* -au, catarrh
cataract, *eg, ll* -au, cataract
catcyn, *eg, ll* -nau, catkin
categori, *eg, ll* categorïau, category
caten, *eb, ll* catiau, bail
catena, *eb, ll* catenâu, catena;
  catenary
catenoid, *eg, ll* -au, catenoid
catïon, *eg, ll* -au, cation
cationig, *a*, cationic
catod, *eg, ll* -au, cathode
  pelydrau catod, *ell*, cathode rays
catrawd, *eb, ll* catrodau, regiment
cats, *eg, ll* -au, catch
catharsis, *eg*, catharsis
cau, *a*, hollow; *be*, close; shut; block
  cau coler, shut a collar
  dydd cau, *eg*, closing date
cawc, *eg, ll* -iau, calkin
cawdal, *a*, caudal
cawell, *eg, ll* cewyll, basket; cradle
  cawell lawr, ground quiver
  cawell saethau, quiver
  cawell V, cradle V
cawg, *eg, ll* -iau, bowl

cawl, *eg*, broth
cawoden, *eb*, *ll* -nau, shower bath
cawodydd, *ell*, showers
cawraeth, *eb*, gigantism
cawraidd, *a*, gigantic
cawrddinas, *eb*, *ll* -oedd, giant city
cawseiddiad, *eg*, *ll* -au, caseation
cayac, *eg*, kayak
cebl, *eg*, *ll* -au cable
ceblgram, *eg*, *ll* -au, cablegram
cecs y dŵr, *ell*, hemlock
cedor, *eb*, *ll* -au, pubic hair
    asgwrn y gedor, *eg*, pubic bone
cedrwydden, *eb*, *ll* cedr, cedar
cefn, *eg*, *ll* -au, back; ridge
    asgwrn cefn, spine; backbone
    cefnau a swaliau, ridges and swales
    cefn troed, instep
    madruddyn cefn, *eg*, spinal cord
    tai cefn-gefn, *ell*, back to back houses
cefnblat, *eg*, *ll* -iau, backplate
cefndedyn, *eg*, sweetbread
cefndeuddwr, *eg*, *ll* cefndeuddyrau, watershed
cefndir, *eg*, *ll* -oedd, background
cefndraeth, *eg*, *ll* -au, backshore
cefnell, *eb*, *ll* -au, back-rest
cefnen, *eb*, *ll* -nau, ridge
    cefnen o wasgedd uchel, ridge of high pressure
    pen y gefnen, *eg*, ridge top
    tirwedd cefnen a rhych, *eb*, ridge and furrow relief
cefnfor, *a*, oceanic; *eg*, *ll* -oedd, high sea; ocean
    hinsawdd gefnfor, *eb*, oceanic climate
cefnforeg, *egb*, oceanography
cefnffordd, *eb*, *ll* -ffyrdd, highway; trunk road
    cefnffordd pedair lôn, four lane highway
cefnlais, *eg*, *ll* -leisiau, dubbing
cefnlen, *eb*, *ll* -ni, back-cloth
cefnodi, *be*, indorse; endorse
cefnodiad, *eg*, indorsement; endorsement
cefnogaeth, *eb*, support
cefnogi, *be*, support; abet
cefnogwr, *eg*, *ll* -wyr, supporter; abetter
cefnsain, *eb*, *ll* -seiniau, dubbing
cefnwal, *eb*, *ll* -iau, backwall
cefnwlad, *eb*, *ll* -wledydd, backland; hinterland
cefnwr, *eg*, *ll* -wyr, full-back
ceffalig, *a*, cephalic
    indecs ceffalig, *eg*, cephalic index
ceffalo-cawdal, *a*, cephalo-caudal
ceffyl, *eg*, *ll* -au, horse
    ceffyl â chorfau, horse with pommels
    rhawn ceffyl, *eg*, horse hair
ceg, *eb*, *ll* -au, mouth
cegan, *eb*, *ll* -au, snack
ceganfa, *eb*, snackery
cegddu, *eg*, hake
cegid, *ell*, hemlock
cegr pum bys, *ell*, hemlock
cei, *eg*, *ll* -au, quay
    o'r cei, ex-quay
ceibr, *eg*, *ll* -au, rafter; chevron
    ceibr cypledig, trussed rafter
ceibren, *eg*, *ll* -nau, chevron
ceidwad, *eg*, *ll* ceidwaid, keeper
    ceidwad y drws, commissionaire
ceidwadaeth, *eb*, conservatism
ceidwadol, *a*, conservative
ceidwadwr, *eg*, *ll* -wyr, conservative
ceilysyn, *eg*, *ll* ceilys, skittle
ceincio, *be*, strand
ceinder, *eg*, beauty
ceinlinol, *a*, calligraphic
ceinlinoledd, *eg*, calligraphy
ceinlinolydd, *eg*, *ll* -wyr, calligraphist
ceirch, *ell*, oats
ceiriosen, *eb*, *ll* ceirios, cherry
    ceirios siwgr, glacé cherries
    pren ceirios, *eg*, cherry tree
ceiseb, *eb*, *ll* -ion, application
ceisfa, *eb*, in-goal
cêl, *ell*, kale
celanedd-dy, *eg*, *ll* -dai, knackery
celfi, *ell*, furniture; properties (*Th*); props
    celfi gwladaidd, rustic furniture
    celfi gwneud, built stuff
    celfi llwyfan, stage props
    celfi personol, personal props

celfyddyd, *eb, ll* -au, art
  celfyddyd addurnol, decorative art
  celfyddydau graffig, graphic arts
  celfyddydau tŷ, domestic arts
  celfyddyd bensaernïol, architectural art
  Celfyddyd Cristnogaeth Gynnar, Early Christian Art
  celfyddyd darddiadol, derivative art
  celfyddyd draethiadol, narrative art
  celfyddyd ddarluniadol, pictorial art
  celfyddyd ddiriaethol, concrete art
  celfyddyd ddirywiedig, degenerate art
  celfyddyd ddisgrifiadol, descriptive art
  celfyddyd ddyneiddiol, humanistic art
  Celfyddyd Eometrig, Geometric Art
  Celfyddyd Etrwsgaidd, Etruscan Art
  Celfyddyd Fagdalenaidd, Magdalenian Art
  Celfyddyd Felanesaidd, Melanesian Art
  Celfyddyd Finoaidd, Minoan Art
  celfyddyd fiomorffig, biomorphic art
  Celfyddyd Ffatamid, Fatamid Art
  celfyddyd ffurfluniol, plastic art
  Celfyddyd Gain, Fine Art
  Celfyddyd Garolingaidd, Carolingian Art
  celfyddyd gonfensiynol, conventional art
  Celfyddyd Graeco-Romanaidd, Graeco-Roman Art
  celfyddyd gyfoes, contemporary art
  celfyddyd gymhwysol, applied art
  celfyddyd gynfrodorol, aboriginal art
  celfyddyd gynrychiadus, representational art
  celfyddyd haniaethol, abstract art
  Celfyddyd Helas, Helladic Art
  Celfyddyd Helenig, Hellenic Art
  celfyddyd hieratig, hieratic art
  Celfyddyd India, Indian Art
  Celfyddyd La Tene, La Tene Art
  celfyddyd lenyddol, literary art
  celfyddyd naratif, narrative art
  celfyddyd plant, child art
  celfyddyd storïol, anecdotal art
  Celfyddyd Werin, Foredge Painting
  celfyddyd y prysgwyr, bushman art
celsach, *eb, ll* -au, holdall
celynnen, *eb, ll* celyn, holly
celys, *ell*, kale
cell, *eb, ll* -oedd, cell
  cell balis, palisade cell
  cell dramwy, passage cell
  cell ddigyfnewid, non-mutant cell
  cell fywiol, living cell
  cell gobled, goblet cell
  cell goch y gwaed, erythrocyte
  cell grwydrol, wandering cell
  cell mwsgwlo-epithelial, musculo-epithelial cell
  celloedd cenhedlu, germ cells
  celloedd gwaed coch, red blood cells
  celloedd gwaed gwyn, white blood cells
  celloedd Sertoli, Sertoli cells
  celloedd somatig, somatic cells
  cell orffwys, resting cell
  cell waed, blood cell
  cell warchod, guard cell
  cell wrando, listening-post
  enyniad y celloedd, *eg*, cellulitis
  gwal y gell, *eg*, cell wall
  mamgell, mother cell
  merchgell, daughter cell
cellbilen, *eb, ll* -nau, cell-membrane
cell dyllau, *ell*, cell pores
cellen, *eb, ll* -nau, manhole
cellgorff, *eg, ll* -gyrff, cell-body
celli, *eb, ll* cellïau, cellïoedd, grove
cellog, cellular
cellraniad, *eg, ll* -au, cell division
cellwlos, *eg*, cellulose
cemaes, *eg, ll* -iau, amphitheatre; arena; stadium
cemeg, *egb*, chemistry

cemegol, *a*, chemical
  fformwlau cemegol, *ell*, chemical formulae
  hafaliad cemegol, *eg*, chemical equation
  staeniau cemegol, *ell*, chemical stains
  symbolau cemegol, *ell*, chemical symbols
cemegwr, *eg*, *ll* **-wyr**, chemist
cemical, *eg*, chemical
cemigyn, *eg*, *ll* **cemigion**, chemical
  diwydiant cemigion, *eg*, chemical industry
cemist, *eg*, chemist
cemogymerydd, (**cemodderbynnydd**), *eg*, *ll* **-ion**, chemoreceptor
cemotactig, *a*, chemotactic
cemotacsis, *eg*, chemotactism; chemotaxis
cemotroffig, *a*, chemotrophic
cemotropedd, *eg*, chemotropism
cemp, *eg*, *ll* **-au**, kemp
cen, *eg*, *ll* **-nau**, scale; lichen
  cen blaguryn, bud scale
cenadwri, *eb*, *ll* **cenadwrïau**, dispatch
cenedl, *eb*, **cenhedloedd**, nation
cenedlaethol, *a*, national
cenedlaetholdeb, *eg*, nationalism
cenedligrwydd, *eg*, nationality
cenfigen, *eb*, *ll* **cenfigennau, -ion**, envy
cenfigennu, *be*, envy
cenhinen, *eb*, *ll* **cennin**, leek
  cennin syfi, chives
cenllif, *eg*, *ll* **-oedd**, torrent
cenllysg, *ell*, hail
cennad, *eb*, *ll* **cenhadau**, messenger
  cennad y pab, nuncio
cennog, *a*, scaly
cenotaff, *eg*, *ll* **-au**, cenotaph
censer, *eg*, *ll* **-i**, censer
centimetr, *eg*, *ll* **-au**, centimetre
centriol, *eg*, *ll* **-au**, centriole
centromer, *eg*, *ll* **-au**, centromere
centrosffer, *eg*, *ll* **-au**, centrosphere
centrosom, *eg*, *ll* **-au**, centrosome
centrwm, *eg*, *ll* **centra**, centrum
cerameg, *egb*, ceramics
ceramig, *a*, ceramic

ceratin, *eg*, *ll* **-au**, keratin
cerbyd, *eg*, *ll* **-au**, carriage; vehicle
  cerbyd cymalog, articulated vehicle
  cerbyd dŵr, amphibious vehicle
  cerbyd modur, motor vehicle
  lôn gerbyd, *eb*, carriageway
cerbydol, *a*, vehicular
  traffig cerbydol, *eg*, vehicular traffic
cercaria, *eg*, *ll* **cercariae**, cercaria
cerci, *ell*, cerci
cerdyn, *eg*, *ll* **cardiau**, card
  cerdyn danheddog, serrated card
  cerdyn lliw, colour card
  cerdyn mynegai, index card
  cerdyn rhifo, number card
  cerdyn tasg, work-card
cerddbrenni, *ell*, wood-winds
cerddbresi, *ell*, brass section (of orchestra)
cerdded, *be*, walk
  cerdded drwyddi, walk through
cerddedfa, *eb*, *ll* **cerddedfeydd**, ambulatory
cerddinen, *eb*, *ll* **cerddin**, mountain ash
cerddorfa, *eb*, *ll* **cerddorfâu, cerddorfeydd**, orchestra
cerddoriaeth, *egb*, music
  cerddoriaeth destunol, programme music
  cerddoriaeth haniaethol, absolute music
cerebelwm, *eg*, *ll* **cerebela**, cerebellum
cerebral, *a*, cerebral
  cortecs cerebral, *eg*, cerebral cortex
  hemisfferau cerebral, *ell*, cerebral hemispheres
cerebrosbinal, *a*, cerebrospinal
  llifydd cerebrosbinal, *eg*, cerebrospinal fluid
cerebrwm, *eg*, *ll* **cerebra, cerebrymau**, cerebrum
cerfical, *a*, cervical
cerfio, *be*, carve
  cerfio negatif, negative carving
cerfiwr, *eg*, *ll* **-wyr**, carver
cerflun, *eg*, *ll* **-iau**, statue
cerflunaidd, *a*, sculpturesque

cerfluniaeth, *eb,* sculpture
  cerfluniaeth gytbwys, equipoised sculpture
cerflunwaith, *eg, ll* -weithiau, sculpture
cerfwedd, *eb, ll* -au, relief
  cerfwedd isel, bas relief; basso-relievo
  cerfwedd uchel, high relief; alto-relievo
cerff, *eg, ll* -au, kerf
cerigos, *ell,* pebbles
cerlan, *eb,* terrace; river terrace
  cerlannau anghymarus, unpaired terraces
cerlannu, *be,* terrace
cernlun, *eg, ll* -iau, profile
cerrig, *ell,* concretions
cerrynt, *eg, ll* cerhyntau, current
  cerrynt arfordir, longshore current
  cerrynt eiledol, alternating current
  cerrynt helicoidal, helicoidal current
  cerrynt tonnog, alternating current
  cerrynt union, direct current
cersi, *eg, ll* cersiau, kersey
cert, *eg, ll* ceirt, certi, cart
  cert berfa, barrow cart
  cert sglefrio, roller coaster
  cert tipio, dump cart
cerydd, *eg, ll* -au, -on, reproof
cesail, *eb, ll* ceseiliau, armpit; axil
  cesail morddwyd, groin
cesair, *ell,* hail
ceseilaidd, *a,* axillary
Cestoda, *ell,* Cestoda
cetsyp, *eg,* ketchup
ceubwll, *eg, ll* -byllau, pothole
ceudod, *eg, ll* -au, cavity
  ceudod corff, body cavity
  ceudod pericardial, pericardial cavity
  ceudod peritoneal, peritoneal cavity
  ceudod y bywyn, pulp cavity
  ceudod y plewra, plural cavity
  ceudod y trwyn, nasal cavity
ceugrwm, *a,* concave

ceugrymedd, *eg, ll* -au, concavity; concave; curvature
ceuled, *eg,* curd
ceuledig, *a,* coagulated
ceuliad, *eg, ll* -au, coagulation
ceulo, *be,* coagulate; curdle
ceulwy, *eg, ll* -au, scrambled egg
ceunant, *eg, ll* -nentydd, gorge
ceunwyddau, *ell,* hollow ware
cewyn, *eg, ll* -nau, baby napkin
ciasma, *eg, ll* ciasmata, chiasma
ciben, *eb, ll* -nau, -ni, capsule
ciblys, *ell,* legumes
ciboriwm, *eg, ll* ciboria, ciborium
cibwts, *eg, ll* -au, kibbutz
cibyn, *eg, ll* cibau, husk
cic, *eb, ll* -iau, kick
  cic achub bywyd, life saving leg kick
  cic a chwrs, up and under
  cic adlam, drop kick
  cic am ystlys, kick for touch
  cic bwt, grubber kick
  cic dolffin, dolphin kick
  cic ffril, high kick (*Th*)
  cic gôl, goal kick
  cic gornel, corner kick
  cic gosb, penalty kick
  cic groes, cross kick
  cic gychwyn, kick off
  cic letraws, diagonal kick
  cic osod, place kick
  cic pwnt, punt kick
  cic rydd, free kick
  cic rydd anuniongyrch, indirect free kick
  cic rydd uniongyrch, direct free kick
  cic wib, fly kick
  cic ymlaen, kick ahead
cicio, *be,* kick
cid, *eg, ll* -iau, kid
cig, *eg, ll* -oedd, flesh
  cig carw, venison
  cig dafad, mutton
  cig eidion, beef
  cig gwedder, mutton
  cig llo, veal
  cig llwdwn, mutton
  cig maharen, mutton
  cig mallwyn, mutton

cig marw, gangrene; proud flesh
cig moch, bacon
cig mollt, mutton
cig oen, lamb
cigwrthodwr, *eg, ll* -**wyr,** vegetarian
cigysol, *a,* carnivorous; carnassial
   dannedd cigysgol, *ell,* carnassial teeth
cigysolion, *ell,* carnivora
cigysydd, *eg, ll* -**ion,** carnivore
cil, *a,* reverse; *eg, ll* -**iau,** recess; bye
   cnoi cil, *be,* ruminate; chew the cud
   codi cil, *be,* regurgitate
cilan, *eb, ll* -**nau,** cove; recess
cilannu, *be,* to be recessed
   wedi cilannu, *a,* recessed
cilanog, *a,* recessed
cilbren, *eg, ll* -**nau,** keel
   cilbren plygu, folding keel
   cilbren sadio, bilge keel
cilcyn, *eg,* curb
cilchwyrnen, *eb, ll* **cilchwyrnau,** gland
cildorrri, *be,* chop
cildro, *a,* reversible; reversed
cildroad, *eg, ll* -**au,** reversal; reversion
cildroadwy, *a,* reversible
cildroi, *be,* reverse
   cildroi'r patrwm, reverse the pattern
   tu cildro, *eg,* reverse side
cildwrn, *eg,* gratuity
cilddannedd, *ell,* molars
   cilddannedd blaen, premolars
cilddor, *eb, ll* -**au,** postern
cilddwr, *eg, ll* -**ddyfroedd,** backwater
cilfach, *eb, ll* -**au,** creek; recess; inlet
   blaen cilfach, *eg,* inlet head
   cilfach barcio, lay-by
cilfae, *eg, ll* -**au,** cut off bay
cilfwa, *eg, ll* **cilfwâu,** squinch arch
cilgant, *eg, ll* **cilgannau,** crescent
   lleuad gilgant, *eb,* crescent moon
   Y Cilgant Ffrwythlon, The Fertile Crescent
cilgar, *a,* retiring
cilgno, *a,* ruminating
cil-gynnyrch, *eg, ll* -**gynhyrchion,** by-product

cilia, *ell,* cilia
ciliad, *eg, ll* -**au,** recession; withdrawal
   ciliad eithaf, extreme withdrawal
ciliant, *eg, ll* **ciliannau,** recession
ciliaraidd, *a,* ciliary
   corffyn ciliaraidd, *eg,* ciliary body
   porthi ciliaraidd, *be,* ciliary feeding
ciliedig, *a,* ciliated
cilio, *be,* retire
ciliwm, *eg, ll* **cilia,** cilium
cilocalori, *eg, ll* **cilocalorïau,** kilocalorie
cilogram, *eg, ll* -**au,** kilogram
cilometr, *eg, ll* -**au,** kilometre
ciloseicl, *eg, ll* -**au,** kilocycle
cilowat, *eg, ll* -**au,** kilowatt
cilt, *eg, ll* -**iau,** kilt
cilydd, *eg, ll* -**ion,** reciprocal
cilyddol, *a,* reciprocal; reciprocating; mutual
   croesiadau cilyddol, *ell,* reciprocal crosses
   mudiant cilyddol, *eg,* reciprocating motion
cilyddus, *a,* reciprocating
   mudiant cilyddus, *eg,* reciprocating motion
cimaera, *eg, ll* -**od,** chimaera
cimwch, *eg, ll* **cimychiaid, cimychod, cimych,** lobster
   pysgota cimwch, *be,* lobster fishing
cinc, *eg, ll* -**iau,** kink
cinemateg, *egb,* kinematics
cinesthetig, *a,* kinaesthetic
cinesthetigol, *a,* kinaesthetical
cineteg, *egb,* kinetics
cinetig, *a,* kinetic
cinio, *eg, ll* **ciniawau,** luncheon
   cinio bach, luncheon
   cinio canoldydd, luncheon
   cinio nos, dinner
ciosg, *eg, ll* -**au,** kiosk
ciper, *eg, ll* -**au,** kipper
cipio, *be,* snatch
cipyn, *eg, ll* -**nau,** pickup
ciro-cwmwlws, *eg, ll* -**cwmwli,** cirro-cumulus
cirosis, *eg,* cirrhosis
ciro-stratws, *eg, ll* **ciro-strati,** cirro-stratus

Cirripedia, *ell,* Cirripedia
cirws, *eg, ll* ciri, cirysau, cirrus
cisoid, *eg, ll* -au, cissoid
cist, *eb, ll* -iau, box; chest
   cist ddadwrdd, crash box
   cist ddillad, wardrobe
cit, *eg, ll* -iau, kit
   cit ymgeledd, first-aid kit
citron, *eg, ll* -au, citron
citrus, *a,* citrus
ciw, *eg, ll* -iau, cue; queue
   ciw dyfod, entrance cue
   ciw mynd allan, exit cue
   rhwym wrth giw, *a,* cue-bound
ciw-ddirmygwr, *eg, ll* -wyr, cue despiser
ciw-restr, *eb, ll* -i, cue-list
ciwb, *eg, ll* -iau, cube
   gwreiddyn ciwb, *eg,* cube root
ciwbaeth, *eb,* cubism
ciwbaidd, *a,* cubist
ciwbiaeth, *eb,* cubism
ciwbig, *a,* cubic
   hafaliad ciwbig, *eg,* cubic equation
   modfedd giwbig, *eb,* cubic inch
ciwbigol, *a,* cubical
ciwbio, *be,* cube
ciwboid, *eg, ll* -au, cuboid
ciwbydd, *eg, ll* -ion, cubist
claear, *a,* cool
claearu, *be,* cool
claeruchdwr, *eg, ll* claeruchdyrau, clear-storey
clafdy, *eg, ll* -dai, infirmary
claficord, *eg, ll* -iau, clavichord
claf mynd a dod, *eg, ll* cleifion mynd a dod, out-patient
claf preswyl, *eg, ll* cleifion preswyl, in-patient
clafr, *eg,* scab; leprosy
   clafr y cŵn, mange
clai, *eg, ll* cleiau, cleion, clay
   bin clai, *eg,* clay bin
   clai â challestr, clay with flints
   clai clog, boulder clay; till
   clai modelu llwyd, grey modelling clay
   clai powdr llwyd, grey powdered clay
   clai tân, fireclay
   clog glai, boulder clay; till

   dyffryndir clai, *eg,* clay vale
   modelu â chlai, *be,* clay modelling
   offer clai, *ell,* clay tools
clais, *eg, ll* cleisiau, bruise; lode
clamp, *eg, ll* -iau, clamp
clampio, *be,* clamp
clamydosbor, *eg, ll* -au, chlamydospore
clapio, *be,* clap
   dim clap, not a hand (*Th*)
claplafar, *eg,* curtain speech
clapwyr tâl, *ell,* claque (*Th*)
clarinet, *eg, ll* -au, clarinet
clasb, *eg, ll* -iau, clasp
claseglwys, *eb, ll* -i, collegiate church
clastir, *eg, ll* -oedd, glebe
clasur, *eg, ll* -on, classic
clawdd, *eg, ll* cloddiau, hedge; bank
   clawdd llanw, dyke
clawstroffobia, *eg,* claustrophobia
clebar, *eg,* pong
clebran, *be,* chatter; patter; *eg,* chatter
   chwim glebran, patter talk
clec, *eb, ll* -iadau, snap
cledfwrdd, *eg, ll* -fyrddau, hardboard
   cledfwrdd tyllog, perforated hardboard
cledr, *eb, ll* -au, palm (of hand); stile
cledren, *eb, ll* cledrau, rail
cleddyf, *eg, ll* -au, brace of door; sword
cleddyfau, *ell,* cleats; swords
cleddyfog, *a,* braced
cleddyfu, *be,* brace
clefis, *eg, ll* -iau, clevis
clefri poeth, scurvy
clefyd, *eg, ll* -au, -on, disease
   clefyd achlysurol, sporadic disease
   clefyd adwythig, malignant disease
   clefydau hysbysadwy, notifiable diseases
   clefyd coch, scarlet fever
   clefyd diffyg, deficiency disease
   clefyd dirywiol, degenerative disease
   clefyd drama, playitis
   clefyd llidiog, infectious disease

clefyd llŷn, contagious disease
clefyd melyn, icterus; jaundice
clefyd melys, diabetes
clefyd rhestredig, scheduled disease
clefyd rhydd, diarrhoea
clefyd siwgr, diabetes
clefyd y borfa, grass disease
clefyd y cŵn, distemper
clefyd y gader, mastitis
clefyd yr adladd, fog fever
clefyd yr ysgyfaint, pulmonary disease
cleff, *eg, ll* -iau, clef
  cleffiau C, C clefs
  cleff y soprano, soprano clef
  cleff y tenor, tenor clef
  cleff y trebl, treble clef
clegyr, *eg, ll* -au, crag
  clegyr a chynffon, crag and tail
clegyrog, *a,* craggy
cleilenwi, *be,* pug
cleio, *be,* pug
cleiog, *a,* clayey; argillaceous
cleisio, *be,* bruise
cleistogami, *eg, ll* cleistogamïau, cleistogamy
clensio, *be,* clench
clerc, *eg, ll* -od, clerk
  clerc y maes, clerk of the course
clercyddol, *a,* clerical
cleren, *eb, ll* clêr, fly
  cleren tse-tse, tse-tse fly
clerestri, *eg, ll* clerestri, clear-storey
clerigaeth, *eb,* clergy
  y glerigaeth seciwlar, secular clergy
clerigol, *a,* clerical
clerigoliaeth, *eb,* clericism
clerigwr, *eg, ll* -wyr, clergyman
clerigwyr, *ell,* clergy
  braint clerigwyr, *eb,* benefit of clergy
clesbyn, *eg, ll* clasbiau, snaplink; clasp
clêt, *eg, ll* cletiau, cleat
cletir, *eg, ll* -oedd, hard pan
clewyn, *eg, ll* -nau, boil
clicied, *eb, ll* -au, -i, latch; catch; bolt
  carn-tro clicied, *eg,* ratchet brace
  clicied bêl, ball catch
  clicied drws, catch of door
  clicied ddannedd, ratchet
client, *eg, ll* -au, client
clientél, *eg,* clientele
climacs, *eg, ll* -au, climax
clin, *eg, ll* -au, cline
clincer, *eg, ll* -s, clinker
clinig, *eg, ll* -au, clinic
  clinig cyfarwyddo plant, child guidance clinic
  clinig lles plant, child welfare clinic
  clinig mudol, mobile clinic
  clinig teithiol, mobile clinic
  clinig y frest, chest clinic
clinigol, *a,* clinical
clinomedr, *eg, ll* -au, clinometer
clint, *eg, ll* -iau, clint
clip, *eg, ll* -iau, clip
  clip fforchog, bulldog clip
clipfwrdd, *eg, ll* -fyrddau, clipboard
clipio, *be,* clip
clirffordd, *eb, ll* -ffyrdd, clearway
cliriad, *eg, ll* -au, clearance; discharge; purge
  cliriad blaen, front clearance
clirio, *be,* clear
  clirio slymiau, slum clearance
cliriwr, *eg, ll* -wyr, clearer; scene-shifter (*Th*)
clitelwm, *eg, ll* clitelymau, clitela, clitellum
clitoris, *eg, ll* clitores, clitoris
clo, *eg, ll* -eau, -eon, lock; bolt; coping
  clo llaw, hand jam (*Ch*)
  clo Woodruff, Woodruff key
  llif twll clo, *eb,* key hole saw
  maen clo, *eg,* keystone
cloaca, *eg, ll* cloacae, cloaca
cloc, *eg, ll* -iau, clock
  clociau a watsys, clocks and watches
clocwedd, *ad,* clockwise
cloch, *eb, ll* clychau, bell
  cloch y band, orchestra bell
  cloch y bar, bar bell
clochdarog, *a,* randy
clochdwr, *eg, ll* clochdrau, belfry
clochdy, *eg, ll* -dai, belfry; campanile
clochen, *eb, ll* -ni, bell-jar
clochydd, *eg, ll* -ion, sexton

cloer, *eg*, *ll* -au, niche; pigeon hole
cloerdwll, *eg*, *ll* -dyllau, loophole
clofan, *eg*, *ll* -nau, enclave
clofen, *eb*, *ll* clofs, clofennau, clove
clog, *eg*, *ll* -au, cloak
clogfaen, *eg*, *ll* -feini, boulder
  tagfa clogfeini, *eb*, boulder choke
clog-glai, *eg*, *ll* -leiau, -leion, boulder clay; till
cloglai, *eg*, *ll* -leiau, -leion, boulder clay; till
clogwyn, *eg*, *ll* -i, -au, cliff
  llinell glogwyn, *eb*, cliff line
clogyn, *eg*, *ll* -nau, cloak; cape
cloi, *be*, lock
  nyten gloi, *eb*, lock nut
cloig, *eb*, *ll* -au, clevis
cloistr, *eg*, *ll* -i, cloister
clôn, *eg*, clone
clonc, *eb*, *ll* -iau, klunk
clopáu, *be*, upset; jump
cloradain, *eb*, *ll* cloradenydd, wing case
clorasgell, *eb*, *ll* -esgyll, wing case
clorencyma, *eg*, chlorenchyma
cloresgyll, *ell*, elytrae
clorian, *eb*, *ll* -nau, balance; scales
  clorian ddirdro, torsion balance
cloriannu, *be*, weigh
clorid, *eg*, *ll* -iau, chloride
  clorid sinc, zinc chloride; killed spirits
clorin, *eg*, chlorine
clorinadu, *be*, chlorinate
cloriniad, *eg*, chlorination
clorinio, *eg*, chlorination
cloroffyl, *eg*, chlorophyll
cloronen, *eb*, *ll* cloron, tuber
cloroplast, *eg*, *ll* -au, chloroplast
clorosis, *eg*, chlorosis
clôs, *eg*, *ll* -ydd, close
  clôs cadeirlan, cathedral close
closet, *eg*, closet
clown, *eg*, *ll* -iaid, clown
cludadwy, *a*, portable
cludfelt, *eg*, *ll* -iau, conveyor belt
cludiad, *eg*, *ll* -au, haulage
  ymgymerwr cludiad, haulage contractor
cludiant, *eg*, *ll* cludiannau, conveyance; transport; haulage; carriage

cludiant awyr, air transport
cludiant camlas, canal transport
cludiant ffordd, road transport
cludiant i'w dalu, carriage forward
cludiant rheilffordd, railway transport
cludo, *be*, haul; transport; *eg*, carriage
cludwr, *eg*, *ll* -wyr, conveyor
  cludwr cyfnerthol, armoured conveyor
cludydd, *eg*, *ll* -ion, conveyor; carrier; vehicle
clun, *eb*, *ll* -iau, hip
  mesur clun, *eg*, hip measurement
cluniad, *eg*, *ll* -au, haunch
cluniedig, *a*, haunched
  mortais a thyno cluniedig, haunched mortise and tenon
clunio, *be*, haunch
clust, *egb*, *ll* -iau, ear; lug
  clust allanol, outer ear; external ear
  clust canol, middle ear
  clust mewnol, inner ear
  clust-osicl, ear ossicle
  clust tost, ear-ache
  drwm clust, *eg*, eardrum
  pigyn clust, *eg*, ear-ache
  rhedlif clust, *eg*, ear discharge
clusten, *eb*, *ll* -nau, -ni, auricle
clustennog, *a*, lobate
clustffôn, *eg*, *ll* clustffonau, earphone
clustgap, *eg*, *ll* -iau, ear-muff
clustnod, *eg*, *ll* -au, earmark
clustnodi, *be*, earmark
clustog, *eb*, *ll* -au, cushion; pillow
  adeiliaeth clustog, *eb*, pillow structure
  cas clustog, *eg*, cushion cover
  clustog teiliwr, tailor's cushion
clustogwaith, *eg*, *ll* -weithiau, upholstery
clustogwlad, *eb*, *ll* -wledydd, buffer-state
clwb, *eg*, *ll* clybiau, club
  clybiau haearn, irons
  clybiau pren, woods (golf)
clwbgaredd, *eg*, clubability

clwm, *eg, ll* clymau, bunch; knot
clwstwr, *eg, ll* clystyrau, clystyron,
 cluster; stand; bunch
clwstwr agored, open cluster
clwstwr crwn, globular cluster
clwstwr o goed, stand of trees
clwstwr polyn, burner lights
clwstwr trefi, constellation of
 towns
clwt, *eg, ll* clytiau, patch; piece
ar y clwt, *a*, stranded
clwt brethyn, cloth patch
clwt calico, calico patch
clwt craith peiriant, machine
 darn patch
clwt ffitio, fitted patch
clwt grafft, grafted patch
clwt print, print patch
clwt talcen, front piece
clwt ŵyneb, cleaning cloth
clwtyn, *eg, ll* clytau, piece
clwtyn llestri, dish cloth
clwyd, *eb, ll* -i, -au, gate; hurdle;
 rack
clwyd golau, perch (*Th*)
clwyf, *eg, ll* -au, wound; disease;
 sore; ulcer
clwy bywyn y carn, thrush
clwyf pennau, mumps
clwy gwenerol, venereal disease
clwy melyn, jaundice
clwy'r aren bwdr, pulpy kidney
 disease
clwy'r croen, dermatitis
clwy'r cymalau, joint ill
clwy'r cyfeb, pregnancy
 toxaemia
clwy'r gwegil, poll evil
clwy'r llygaid, ophthalmia
clwy'r traed, foot rot
y clwy byr, blackleg; blackquarter
clwysty, *eg, ll* -tai, cloister
clybiau, *ell*, clubs
clybodeg, *eb*, acoustics
clydwr, *eg*, shelter
clymblaid, *eb, ll* -bleidiau,
 consortium
clymdref, *eb, ll* -i, -ydd, conurbation
clymdwf, *eg, ll* -dyfiant, fasciation
clymlin, *eg, ll* -iau, tie-line
clymu, *be*, tie; knot; bind; hitch
clystyrru, *eg*, flocculation

clytio, *be*, patch
clytiog, *a*, patchy
clytwaith, *eg, ll* -weithiau,
 patchwork
clyw, *eg*, hearing
clywadwy, *a*, audible
clywededd, *eg*, audibility
clywedog, *eg, ll* -ion, audile
clywedol, *a*, aural
 cymhorthion clywedol, *ell*, aural
 aids
clyweled, *a*, audio-visual
 cymhorthion clyweled, *ell*, audio-
 visual aids
clyweledol, *a*, audio-visual
cnap, *eg, ll* -iau, cnepynnau, knob;
 pommel; boss; process
cnapiau asgwrn cefn, spinal
 processes
cnawdnychiant, *eg, ll* cnawd-
 nychiannau, infarction
cnawdol, *a*, carnal
cneifio, *be*, shear
 peiriant cneifio, *eg*, shearing
 machine
cnepyn, *eg, ll* -nau, nodule
cneuen, *eb, ll* cnau, nut
cnau Ffrengig, walnuts
cneuen ddaear, peanut
cneuen goco, coconut
cnewian, *be*, gnaw
cnewylledig, *a*, nucleated
 anheddiad cnewylledig, *eg*,
 nucleated settlement
cnewyllol, *a*, nuclear
 teulu cnewyllol, *eg*, nuclear family
cnewyllyn, *eg, ll* cnewyll, kernel;
 nucleus
cnewyllyn palm, palm kernel
cnewyllyn palmwydd, palm kernel
cnicyn, *eg, ll* -nau, knickpoint
cnidoblast, *eg, ll* -au, cnidoblast;
 thread cell
cnidocil, *eg, ll* -iau, cnidocil
cnoc, *eb, ll* -iau, rap
cnocell y coed, *eg*, woodpecker
cnofil, *eg, ll* -od, rodent
 pla cnofilod, rodent infestation
 rheolaeth ar gnofilod, rodent
 control
 rheoli cnofilod, rodent control
cnotio, *be*, knot

cnu, *eb, ll* -oedd, -au, fleece
  croen un cnu, *eg,* shearling
cnufiog, *a,* fleecy
cnwc, *eg, ll* cnycau, butte; knoll
  cnwc gro, kame
cnwd, *eg, ll* cnydau, crop
  byrgnwd, catch crop
  cnwd arian parod, cash crop
  cnwd arloes, pioneer crop
  cnwd brasica, brassica crop
  cnwd cynnal, subsistence crop
  cnwd ebran, fodder crop
  cnwd gorchudd, cover crop
  cnwd gwerthu, cash crop
  cnwd gwraidd, root crop
  cnwd porthiant, fodder crop
  cnwd trin, cultivated crop
cnydio, *be,* yield; crop
  cnydio dwbl, double cropping
cob, *eg, ll* -iau, dyke
cobalt, *eg, ll* -au, cobalt
coban, *eb, ll* -au, nightdress
  cas coban, *eg,* nightdress case
cobl, *eg, ll* -au, cobble
côc, *eg,* coke
coclea, *eg, ll* cocleau, cochlea
coco, *eg,* cocoa
  saim coco, *eg,* cocoa butter
coconyt, *eg, ll* -au, coconut
  coconyt mân, desiccated coconut
cocos (cocs), *ell,* cockles
cocpit, *eg, ll* -iau, cockpit
cocs, *eg, ll* -iaid, cox
  pâr a chocs, coxed pair
  pedwar a chocs, coxed four
  ymadroddion i'r cocs, phrases for
    the cox
  Allan, Step out
  Daliwch hi'n dynn, Hold her hard
  Dewch ymlaen, Come forward
  Dwylo drosodd, Hands across
  Dyna chi, Easy all
  Ewch, Row
  I fyny, Lift
  I lawr, Lower
  I mewn, Step in
  Ochr bow dani, Bow side under
  Ochr strôc dani, Stroke side
    under
  Padlwch, Paddle
  Rhowch ddeg, Give her ten
  Yn barod? Are you ready?

Yn ôl â hi dipyn, Back her down
  a bit
cocsa, *eg, ll* cocsae, coxa
cocsen, *eb, ll* -ni, cog
cocsidiosis, *eg,* coccidiosis
coctel, *eg, ll* -i, cocktail
cocŵn (cocôn), *eg, ll* cocynau,
  cocoon
cocws, *eg, ll* coci, coccus
cocwyllt, *a,* randy; lustful
cochlyd, *a,* reddish
cod, *eg, ll* -iau, cod
côd, *eg, ll* codau, code
  côd cyfyng, restricted code
  côd eang, elaborated code
coda, *eg, ll* codâu, coda
codecs, *eg, ll* -au, codex
codeiddiad, *eg, ll* -au, codification
codeiddio, *be,* codify
codeiddiwr, *eg, ll* -wyr, codifier
codell, *eb, ll* -au, lift; take-up lever
coden, *eb, ll* -nau, -ni, capsule; cyst
  codennau awyr, air sacs
  codennau gwynt, wind galls
codi, *be,* raise; erect; hoist; charge;
  levy
  treth a godir gan Gyngor, *eb,* rate
    levied by Council
codiad, *eg, ll* -au, rise; erection;
  elevation; pitch
  ar godiad, *a,* elevated; *ad,* at rise
codiant, *eg, ll* codiannau, lift; rise
codisil, *eg, ll* -iau, codicil
codog, *eg, ll* -ion, sanfoin
codwr, *eg, ll* -wyr, elevator; lifter;
  riser
codydd, *eg, ll* -ion, rising agent
coeden, *eb, ll* coed, coedydd, tree;
  wood; timber
  cnocell y coed, woodpecker
  coed bach, brushwood
  coeden dderw, oak
  coeden gnau ceffylau, horse
    chestnut
  coeden goch, redwood
  coed gwytnaf, hardiest trees
  coedydd coch, red woods
  fframwaith coed, *eg,* timber framing
  gwaith coed, *eg,* timbering
  sgrafell goed, *eb,* wood scraper
  taradr y coed, *eg,* woodpecker
  tasu coed, *be,* timber stacking

coedio, *be*, timber
coediog, *a*, woody
coedlan, *eb*, *ll* -nau, copse
coedlin, *eg*, *ll* -iau, tree line
coedwig, *eb*, *ll* -oedd, forest; woodland
    pentref coedwig, *eg*, forest village
coedwigaeth, *eb*, forestry
coedwigiad, *eg*, *ll* -au, afforestation
coedwigo, *be*, afforestate
    Comisiwn Coedwigo, *eg*, Forestry Commission
coedwigwr, *eg*, *ll* -wyr, forester
coedwlân, *eg*, *ll* -wlanoedd, woodwool
coedwydd, *ell*, timber
coegen, *eb*, *ll* -nod, soubrette
coel, *eg*, *ll* -iau, -ion, credit
    ar goel, on credit
    coel drwy dwyll, credit by fraud
    prynu ar goel, *be*, credit buying
coelbren, *eg*, *ll* -nau, -ni, code
coelcerth, *eb*, *ll* -i, beacon
coelenteron, *eg*, *ll* -au, coelenteron
coelom, *eg*, *ll* -au, coelom
coes, *eb*, *ll* -au, leg; *eg*, *ll* -au, handle; haft; stalk
coesarn, *eg*, *ll* -au, gaiter
coesau'r ochr, *ell*, legs (*Th*)
coesgroes, *ad*, cross-legged
coesgrwm, *a*, bow-legged
coesio, *be*, haft
coeten, *eb*, *ll* -nau, quoit
    coetennau rwber, rubber quoits
    coetennau rhaff, rope quoits
coetio, *be*, quoit
coetir, *eg*, *ll* -oedd, woodland
coets, *eb*, *ll* -ys, coach
    coets fach, pram
coeth, *a*, refined
coethder, *eg*, *ll* -au, refinement
coethedd, *eg*, fineness
coethi, *be*, refine
cof, *eg*, *ll* -ion, memory
cofadail, *eg*, *ll* cofadeiliau, monument
    Hen Gofadeiliau, Ancient Monuments
cofalent, *a*, covalent
cofgell, *eb*, *ll* -au, storage register
cofiadur, *eg*, *ll* -on, remembrancer
cofio, *be*, remember

cofiwr, *eg*, *ll* cofwyr, remembrancer
    cofiwr cyflym, quick study
cofleidio, *be*, hug
cofnod, *eg*, *ll* -ion, record; entry
    ar gofnod, on record
    heb gofnod, off the record
cofnodedig, *a*, recorded
    trosglud cofnodedig, *eg*, recorded delivery
cofnodi, *be*, record
    cardiau cofnodi, *ell*, record cards
cofnodion, *ell*, minutes
    llyfr cofnodion, *eg*, minute book
cofnodwr, *eg*, *ll* -wyr, recorder
cofrestr, *eb*, *ll* -au, -i, register
    cofrestr arian, cash register
cofrestrad, *eg*, *ll* -au, enrolment
cofrestredig, *a*, registered
    disgyblion cofrestredig, *ell*, registered pupils
cofrestrfa, *eb*, *ll* cofrestrfeydd, registry
cofrestriad, *eg*, *ll* -au, registration
cofrestrif, *eg*, *ll* -au, registration number
cofrestru, *be*, register; enrol
cofrestrydd, *eg*, *ll* -ion, registrar
    Cofrestrydd Cyffredinol, Registrar General
cofweini, *be*, prompt
cofweinydd, *eg*, *ll* -ion, prompter
    copi'r cofweinydd, *eg*, the book (*Th*)
coffi, *eg*, coffee
coffr, *eg*, *ll* -au, coffer
coginiaeth, *egb*, cookery
coginio, *be*, cook
cogio, *be*, make-believe
coil, *eg*, *ll* -iau, coil
    coil symudol, moving coil
coilio, *be*, coil
coir, *eg*, *ll* -iau, coir
col, *eg*, *ll* -iau, col; awn; saddlepoint
coladiad, *eg*, *ll* -au, collation
coladol, *a*, collated
coladu, *be*, collate
colagen, *eb*, collagen
colander, *eg*, *ll* -i, -au, colander
colchicin, *eg*, colchicine
coleg, *eg*, *ll* -au, college
    Coleg Addysg, College of Education

Coleg Addysg Bellach, College of Further Education
Coleg Gweinyddu Busnes, Business Administration College
coleg preswyl, residential college
coleg sir, county college
Coleg Technegol Uwch, College of Advanced Technology
colencyma, *eg,* collenchyma
coler, *eg, ll* -i, -au, collar
  coler â band, collar with band
  coler gosod, set on collar
  coler llabed, reverse collar
  coler mandarin, mandarin collar
  coler Peter Pan, Peter Pan collar
  coler pig, pointed collar
  coler rhôl, roll collar
  coler rhydd, detachable collar
  gosod coler, *be,* put on a collar
Coleoptera, *ell,* Coleoptera
coleoptil, *eg, ll* -au, coleoptile
coleorhisa, *eg, ll* **coleorhisae,** coleorhiza
colera, *eg,* cholera
colesterol, *eg,* cholesterol
colet, *eg, ll* -au, collet
colfach, *eg, ll* -au, hinge
  colfach canol, centre hinge
  colfach codi, raising hinge
  colfach hir, piano hinge
  colfach llydan, backflap hinge
  colfach T, tee hinge
  colfach ymyl, butt hinge
colfachu, *be,* hinge
colifflŵer (cawlifflwr), *eb, ll* -s, cauliflower
colig, *eg, ll* -au, colic
colin, *eg, ll* -au, choline
colitis, *eg,* colitis
colofn, *eb, ll* -au, column
  capan colofn, capital (*Cr*)
  colofn cefn, spinal column; vertebral column
  colofn glwstwr, clustered column
  colofn gyswllt, engaged column
  fector colofn, *eg,* column vector
  matrics colofn, *eg,* column matrix
colofnig, *eb, ll* -au, style
colofnog, *a,* columnar
colofnres, *eb, ll* -i, colonnade
coloid, *eg, ll* -au, colloid

coloidaidd, *a,* colloidal
colomen, *eb, ll* -nod, pigeon
colon, *eg, ll* -au, colon (*B*); *eb, ll* -au, colon
colonâd, *eg, ll* **colonadau,** colonnade
colsyn, *eg, ll* **cols,** ember
  cols glo, coke
coluddyn, *eg, ll* **coluddion,** intestine
colur, *eg, ll* -au, colour; make-up
  colur cymeriad, character make-up
  colur gwlyb, liquid make-up
  colur plaen, straight make-up
coluro, *be,* make up
colyn, *eg, ll* -nau, pivot; hinge; sting
  cell golyn, *eb,* sting cell
colynnol, *a,* pivotal
colynnu, *be,* pivot; sting
collddail, *a,* deciduous
  coed collddail, *ell,* deciduous trees
  yn colli eu dail, *a,* deciduous
colled, *egb,* loss; deprivation; injury
  colled disgwyliad, loss of expectation
  colled grynswth, gross loss
  llyncu colled, *be,* loss taking
colledig, *a,* lost
collen, *eb, ll* **cyll,** hazel
  collen Ffrengig, walnut
coll-ennill, *eg, ll* **coll-enillion,** loss of earnings
collfarniad, *eg, ll* -au, conviction
collgof, *eg, ll* -ion, amnesia
coma, *eg, ll* **comâu,** coma
comander, *eg, ll* -iaid, commander
combein, *eg, ll* -au, combine harvester
comed, *eb, ll* -au, comet
comedi, *eb, ll* **comedïau,** comedy
  comedi amlwg, broad comedy
  comedi fiwsig, musical comedy
  comedi gerdd, musical comedy
  comedi moesau, comedy of manners
  comedi ramant, romantic comedy
comedïwr, *eg, ll* -wyr, comedian
  comedïwr glân, clean comic
  comedïwr iselradd, low comedian
comedydd, *eg, ll* -ion, comedist

comensal, *a*, commensal; *eg*, commensal
comin, *eg*, *ll* -s, common
cominwr, *eg*, *ll* -wyr, commoner
comisâr, *eg*, *ll* **comisariaid**, commissar
comisari, *eg*, *ll* **comisarïau**, commissary
comisariat, *eg*, *ll* -au, -iaid, commissariat
comisiwn, *eg*, *ll* **comisiynau**, commission
  comisiwn arae, commission of array
  Comisiwn Heddwch, Commission of the Peace
comisiynydd, *eg*, *ll* -ion, **comisiynwyr**, commissioner
  Comisiynydd Ysgariad, Divorce Commissioner
comiswr, *eg*, *ll* **comisyrion**, commissure
Comiwnydd, *eg*, *ll* -ion, Communist
comiwnyddiaeth, *eb*, communism
comiwnyddol, *a*, communist
comodôr, *eg*, *ll* **comodoriaid**, commodore
compiwtiwr, *eg*, *ll* -au, computer operator
compiwtydd, *eg*, computer
compost, *eg*, compost
compowndiad, *eg*, *ll* -au, composition (*H*)
compowndio, *be*, compound
comptomedr, *eg*, *ll* -au, comptometer
comun, *eg*, *ll* -au, commune
comunol, *a*, communal
côn, *eg*, *ll* **conau**, cone
  ateg gôn, *eb*, cone stand
  côn lludw, cinder cone
  craidd côn, *eg*, cone centre
  chwerfan côn, *eg*, cone pulley
concordat, *eg*, *ll* -au, concordat
concoid, *eg*, conchoid
concrit, *eg*, *ll* -iau, concrete
  conrit dur, reinforced concrete; ferro-concrete
condyl, *eg*, *ll* -au, condyle
confennau, *ell*, condiments
confensiwn, *eg*, *ll* **confensiynau**, convention

confensiynol, *a*, conventional
  arwyddion confensiynol, *ell*, conventional signs
confenticl, *eg*, *ll* -au, conventicle
Confocasiwn, *eg*, *ll* **Confocasiynau**, Convocation
conffederasiwn, *eg*, *ll* **conffederasiynau**, confederation
conffederu, *be*, confederate
conffederydd, *eg*, *ll* -wyr, confederate
conifferaidd, *a*, coniferous
conicoid, *eg*, conicoid
conig, *a*, conic
conigol, *a*, conical
  toriad conigol, *eg*, conic section
conjwnctifa, *eg*, *ll* **conjwnctifae**, conjunctiva
conjwnctifitis, *eg*, conjunctivitis
conoid, *a*, conoid; *eg*, *ll* -au, conoid
consentrig, *a*, concentric
consesiwn, *eg*, *ll* **consesiynau**, concession
consistoraidd, *a*, consistorial
consistori, *eg*, *ll* **consistorïau**, consistory
  consistori pab, papal consistory
  llys consistori, *egb*, consistory court
consol, *eg*, *ll* -au, console
consortiwm, *eg*, *ll* consortia, consortium
constant, *eg*, *ll* -au, constant
  constant amser, time constant
  constant mympwy, arbitrary constant
conswl, *eg*, *ll* -iaid, consul
conswliaeth, *eb*, *ll* -au, consulate
contact, *eg*, *ll* -au, contact
contactio, *be*, contact
contango, *eg*, *ll* -au, contango
continuwm, *eg*, continuum
contraband, *eg*, *ll* -au, -iaid, contraband
contract, *eg*, *ll* -au, contract
  contract cymdeithasol, social contract
contractwr, *eg*, *ll* -wyr, contractor
  contractwr cludo, haulage contractor
control, *eg*, *ll* -au, control
controli, *be*, control

controlydd, *eg, ll* **-ion**, control
conwydd, *ell*, coniferous trees
copa, *eg, ll* **copâu, -on**, summit; cope
   carreg gopa, *eb*, coping stone
   cyfuchedd copaon, *eg*, accordance of summit levels
copepod, *eg, ll* **-ion**, copepod
Copepoda, *ell*, Copepoda
copi, *eg, ll* **copïau**, copy; coppice
   â chopi, with books
   copi carbon, carbon copy
   copi'r cofweinydd, prompt book
   copi terfynol, engrossement (*S*)
copiddaliad, *eg, ll* **-au**, copyhold
copiddeiliad, *eg, ll* **-iaid**, copyholder
copin, *eg, ll* **-au**, coping
copor, *eg, ll* **-au**, copper
   copor pothell, blister copper
   trwyn copor, *eg*, copper toe
copra, *eg, ll* **coprau**, copra
coprig, *a*, cupric
coprus, *a*, cuprous
copys, *eg*, fly-opening
cor, *eg, ll* **-rod**, dwarf
côr, *eg, ll* **corau**, choir; stall; pew
   Cor y Cewri, Stonehenge
coracoid, *a*, coracoid; *eg*, coracoid
coral, *eg, ll* **-au**, coral
corâl, *eg, ll* **coralau**, chorale
corbel, *eg, ll* **-au**, corbel
corbenfras, *eg*, haddock
corblanhigyn, *eg, ll* **-blanhigion**, dwarf plant
corbysen, *eb, ll* **-bys**, lentil
corbysog, *a*, lenticular
corc, *eg, ll* **-au, corcs, cyrc**, cork
corcyn, *eg, ll* **-nau, cyrc**, cork
cord, *eg, ll* **-iau**, chord; cord
   cord cyffredin, common chord
   cord cywarch, hemp cord
   cord cywasg, diminished chord
   cord $^6_4$ arpegio, arpeggio $^6_4$ chord
   cord $^6_4$ cymhorthwy, auxiliary $^6_4$ chord
   cord $^6_4$ cyplad, passing $^6_4$ chord
   cord eilradd, secondary chord
   cord estynedig, augmented chord
   cord pifot, pivot chord
   cord sylfaen, primary chord
   cord trobwynt, pivot chord
   cord y chweched Almaenig, German sixth

   cord y chweched Ffrengig, French sixth
dilyniant cordiau, *eg*, chord progression; progression of chords
   gwreiddyn cord, *eg*, root of chord
   rhifoli cordiau, *be*, figuring of chords
corden, *eb, ll* **cordenni, cyrds**, cord
   corden dro, twisted cord
corder, *eg, ll* **-i, -iaid**, corder
cordio, *be*, cord
cordyn, *eg, ll* **-ion**, cord
   cordyn bys, finger cord
   cordyn peipio, piping cord
   cordyn sglein, mercerised cord
   cordyn tro, twisted cord
cordeddu, *be*, twist
cordyn-cyswllt, *eg, ll* **cordiau-cyswllt**, communication-cord
corea, *eg*, chorea
cored, *eb, ll* **-au**, weir
coreograff, *eg, ll* **-au**, choreograph
coreograffiaeth, *eb, ll* **-au**, choreography
coreograffydd, *eg, ll* **-wyr**, choreographer
corfannu, *be*, scan
côrferch, *eb, ll* **-ed**, chorus girl
corff, *eg, ll* **cyrff**, body
   corff cyhoeddus, statutory body
   corff eglwys, nave
   corff wybrennol, heavenly body
corffa, *ell*, dwarf beans
corffilyn, *eg, ll* **corffilion**, corpuscle
corffoledd, *eg, ll* **-au**, physique
corfforaeth, *eb, ll* **-au**, corporation
   treth gorfforaeth, *eb*, corporation tax
corffori, *be*, incorporate
corfforol, *a*, physical
corffrwd, *eb, ll* **corffrydiau**, runnel
corgimwch, *eg, ll* **corgimychiaid**, prawn
corhelygen, *eb, ll* **corhelyg**, dwarf willow
coridor, *eg, ll* **-au**, corridor
Corinthaidd, *a*, Corinthian
corion, *eg, ll* **coria**, chorion
corlan, *eb, ll* **-nau**, sheep fold
corlyngyren, *eb, ll* **corlyngyr**, threadworm

corm, *eg, ll* -au, corm
corn, *eg, ll* **cyrn**, horn
   corn gwddf, larynx
   corn mwg, chimney
   dolur corn gwddf, *eg,* laryngitis
cornaidd, *a,* horny
cornant, *eb, ll* **cornentydd**, rill
cornchwiglen, *eb, ll* **cornchwiglod**, plover
   cornchwiglen y mynydd, golden plover
   cornchwiglen y waun, grey plover
cornea, *eg, ll* -u, cornea
corned, *eg, ll* -iaid, cornet
corneiddiad, *eg, ll* -au, cornification
cornel, *eb, ll* -au, -i, corner
   cornel bell, long corner
   cornel gosb, penalty corner
   corneli wedi'u meitru, mitred corners
cornelu, *be,* corner
cornet, *eg, ll* -au, cornet
cornicyll, *eg, ll* -od, plover
   cornicyll y mynydd, golden plover
   cornicyll y waun, grey plover
corniog, *a,* horned
cornionod, *ell* (*un,* **cornionyn**), button onions
cornis, *eg, ll* -iau, cornice
cornwyd, *eg, ll* -ydd, boil; abscess; ulcer
   cornwyd ysol, rodent ulcer
cornwyden, *eb,* sore
corodi, *eg, ll* **corodïau**, corrody
corodïydd, *eg, ll* -wyr, corrodian
corola, *eg, ll* **corolae, coroläu**, corolla
corolari, *eg,* corollary
coron, *eb, ll* -au, crown
   Tir y Goron, Crown Land
   Y Goron, The Crown
corona, *eg, ll* **coronae**, corona
coronaidd, *a,* coronary
   pibellau coronaidd, *ell,* coronary vessels
coronari, *eg,* coronary
coronrod (**rhod goron**), *eb, ll* -au, crown-wheel
corpral, *eg, ll* -iaid, corporal
corpws lwtewm, *eg, ll* **corpora lwtea**, corpus luteum; yellow body

corrach, *eg, ll* **corachod**, dwarf
cors, *eb, ll* -ydd, bog
corsen, *eb, ll* -nau, **cyrs**, reed
corsenwaith, *eg, ll* -weithiau, reeding
corstir, *eg, ll* -oedd, swamp; fen
   corstir malaria, malarial swamp
   corstir mangrof, mangrove swamp
cortecs, *eg, ll* **cortices**, cortex
corticotropin, *eg,* corticotropin
cortison, *eg,* cortisone
cortyn, *eg, ll* -nau, twine; string; cord
   cortyn cotwm, cotton twine
   cortyn cywarch, hemp twine
   cortyn fflat, throw line (*Th*)
   cortyn hyblyg, flexible string
corun, *eg, ll* -au, crown
corwinwns, *ell,* button onions
corwlad, *eb, ll* **corwledydd**, midget state
corws, *eg,* chorus
corwynt, *eg, ll* -oedd, hurricane
corymb, *eg, ll* -au, corymb
corysa, *eg, ll* -u, coryza
cosb, *eb, ll* -au, punishment; penalty
   cosb ddihenydd, capital punishment
   cwrt cosb, *eg,* penalty area
   cymal cosb, *eg,* penalty clause
   dileu'r gosb, remission of sentence
   marc cosb, *eg,* penalty spot
cosbdal, *eg,* penalty
cosbedigaeth, *eb, ll* -au, punishment
cosbol, *a,* punitive
cosecant, *eg, ll* **cosecannau**, cosecant
cosech, *eg, ll* -au, cosech
cosh, *eg,* cosh
cosin, *eg, ll* -au, cosine
cosmetig, *eg, ll* -au, cosmetic
cosmig, *a,* cosmic
cosmopolitan, *a,* cosmopolitan
cost, *eb, ll* -au, cost
   costau parhaol, overheads
   cost crai, prime cost
   dyfarnwyd ei fod i dalu'r costau, costs were awarded against him
   gyda chostau, with costs
   gorchmynwyd iddo dalu'r costau, costs were awarded against him
   heb gostau, without costs
   y diffynydd i dalu'r costau, defendant to pay costs

costiad, *eg, ll* -au, costing
costig, *a*, caustic
costio, *be*, cost
costiwm, *eg, ll* **costiymau**, costume
coswst, *eg*, itch
cot, *eb, ll* -iau, coat
  cot ddwster, duster coat
  cot ddyffl, duffle coat
  cot tŷ, housecoat
cotangiad, *eg, ll* -au, cotangent
coter, *eg, ll* -i, cotter
cotio, *be*, coat
cotwm, *eg, ll* **cotymau**, cotton
  belt cotwm, *egb*, cotton belt
  cotwm brodwaith, embroidery cotton
  cotwm ceinciog, stranded cotton
  cotwm crosio, crochet cotton
  cotwm gwau, knitting cotton
  cotwm gwehyddu, weaving cotton
  cotwm gwnïo, sewing cotton
  cotwm sglein, glazed cotton
  cotwm trwch, candlewick
  linteri cotwm, *ell*, cotton linters
cotyledon, *eg, ll* -au, cotyledon
cotywr, *eg, ll* -wyr, cottar
coth, *eg, ll* -iau, coth
cownt, *eg, ll* -iau, count
  cownt gorfod, compulsory count
cownter, *eg, ll* -i, counter
cowntio, *be*, count
  cowntio allan, count out
cowpog, *eg*, cowpox
cowstio, *be*, coast
cowtsio, *be*, couch
crac, *eg, ll* -iau, -au, crack; fracture
cracellu, *be*, crackle; craze
cracio, *be*, fracture
craen, *eg, ll* **creiniau**, crane
  craen deric, derrick crane
crafanc, *eb, ll* **crafangau**, claw; chuck
  crafanc hunanganoli, self centering chuck
  crafanc Jacob, Jacob's chuck
  morthwyl crafanc, *eg*, claw hammer
  traed crafanc, *ell*, claw feet
crafell, *eb, ll* -au, -i, scraper; graver; slice
  crafell goed, wood scraper
  crafell luosbig, multiple graver

crafiad, *eg, ll* -au, scratch
crafu, *be*, scratch; scrape; *eg*, scabies
  brws crafu, *eg*, scratch brush
  plaen crafu, *eg*, scraper plane
crafwr, *eg, ll* -wyr, scraper
  crafwr addurn, scratch stock
crafwyd, *eg, ll* -ydd, roughage
cragen, *eb, ll* **cregyn**, shell
  cragen grib, topshell
  cregyn llongau, barnacles
  ymylwaith cragen, *eg*, shell edging
crai, *a*, raw
  defnyddiau crai, *ell*, raw materials
craidd, *eg, ll* **creiddiau**, core; pith; centre; centroid
  craidd disgyrchiant, centre of gravity
  craidd hylifol, liquid core
  craidd mas, centre of mass
  craidd rhanbarth, core of a region
  craidd taro, centre of percussion
craig, *eb, ll* **creigiau**, rock
  blawd craig, *eg*, rock flour
  craig bedestal, pedestal rock
  craig brimaidd, primary rock
  craig dertaidd, tertiary rock
  craig dywodlyd, arenaceous rock
  craig echwthiol, extrusive rock
  craig eilaidd, secondary rock
  craig fasig, basic rock
  craig fewnwthiol, intrusive rock
  craig gapan, cap rock
  craig gerigos, pebble rock
  craig gwaternaidd, quaternary rock
  craig gysefin, country rock
  craig hypabysal, hypabyssal rock
  craig ignëaidd, igneous rock
  craig orchudd, overlying rock
  craig secwndaidd, secondary rock
  craig waddod, sedimentary rock
  craig wastad, flat rock
  craig ymwthiol, intrusive rock
  creigiau llorwelyog, level bedded rocks
  creigiau myllt, roches moutonées
  halen craig, *eg*, rock salt
crair, *eg, ll* **creiriau**, relic
craith, *eb, ll* **creithiau**, darn; scar
  craith beiriant, machine darn
  craith brint, print darn

craith ddeilen, leaf scar
craith ffabrig wedi'i wau, knitted fabric darn
craith groes-doriad, cross cut darn
craith gylchog, girdle scar
craith man traul, thin place darn
craith rhwyg cornel, corner tear darn
craith rhwyg perth, hedge tear darn
craith Swis, Swiss darn
craith ystum, meander scar
craith ystum fyw, active meander scar
cramen, *eb, ll* -nau, crust
  cramen afreolaidd, irregular crust
crameniad, *eg, ll* -au, incrustation
cramennog, *a*, incrusted; crustaceous
cramenogion, *ell*, crustaceans
cramp, *eg, ll* -iau, cramp
  cramp G, G cramp
  cramp hir, sash cramp
  cramp meitr, mitre cramp
crampon, *eg, ll* -au, crampon
cramwythen, *eb, ll* cramwyth, crumpet
cranc, *eg, ll* -iau, crank; crab
cranca, *be*, crab (*Ch*)
cranial, *a*, cranial
  nerf cranial, *eg*, cranial nerve
craniwm, *eg, ll* crania, cranium
cras, *a*, arid; parched
crasboeth, *a*, torrid
crasu, *be*, bake; air
crater, *eg, ll* -au, -i, crater
crau, *eg, ll* creuau, eye
crawciwr, *eg, ll* -wyr, bull frog (*Th*)
crawn y groth, pyometria
crawni, *be*, fester
crawniad, *eg, ll* -au, abscess
crawnllyd, *a*, pyogenic
creadigaeth, *eb, ll* -au, construction
creadigedd, *eg*, creativity
creadigol, *a*, creative
  gwaith creadigol, *eg*, creative work
creadigrwydd, *eg*, creativeness
crebwyll, *eg, ll* -ion, imagination
cred, *eb, ll* -au, belief
credfwrdd, *eg, ll* -fyrddau, credence
credlythyrau, *ell*, credentials

credyd, *eg, ll* -on, credit
cyfrif fel credyd, *be*, credit
nodyn credyd, *eg*, credit note
prynu ar gred, *be*, credit buying
prynu ar gredyd, *be*, credit buying
trawsnodyn credyd, *eg*, credit transfer
credydu, *be*, credit
credydwr, *eg, ll* -wyr, creditor
crefas, *eg, ll* -au, crevasse
crefft, *eb*, craft; trade
  crefft cadw tŷ, housecraft
  crefft llwyfan, stage-craft
  crefft llyfrau, bookcraft
  crefft y fam, mothercraft
crefftus, *a*, skilled
  lled grefftus, semi-skilled
  tra chrefftus, highly skilled
crefftwaith, *eg, ll* -weithiau, craftwork
crefftwr, *eg, ll* -wyr, craftsman
  crefftwr hanner-sgil, semi-skilled craftsman
crefftwriaeth, *eb*, craftsmanship
cregin gleision, *ell*, mussels
creicaen, *eb, ll* -au, mantle rock
creigwaith, *eg, ll* -weithiau, rustification
creigwely, *eg, ll* -au, bed rock
creirfa, *eb, ll* creirfâu, shrine; reliquary
creision, *ell*, flakes; crisps
  creision indrawn, flaked maize
  creision tatws, potato crisps
  creision ŷd, cornflakes
creithio, *be*, darn
  creithio gwŷdd, loom darning
  nodwydd greithio, *eb*, darning needle
crematoriwm, *eg, ll* crematoria, crematorium
crempog, *eb, ll* -au, pancake
crenellog, *a*, crenellated
crenellu, *be*, crenellate
creol, *eg, ll* -au, creole
creon, *eg, ll* -au, crayon
crêp, *eg*, crepe
  gwallt crêp, *eg*, crepe hair
crest, *eg, ll* -au, cresting
cretasaidd, *a*, cretaceous
cretin, *eg, ll* -au, cretin

cretiniaeth, *eb*, cretinism
creu, *be*, create
   creu parhaol, continuous creation
   creu part, create a part
creu-a-chredu, *be*, make-believe
criafolen, *eb*, *ll* criafol, mountain ash
crib, *eb*, *ll* -au, comb; crest; ridge; arête
   crib graenio, graining comb
cribell, *eb*, *ll* -au, vane
cribin, *eg*, *ll* -iau, rake; raker (gill)
cribinio, *be*, rake
criblin, *eg*, *ll* -iau, crestline
   criblin cyson, even crestline
cribwr, *eg*, *ll* -wyr, carder; heddle
crimpio, *be*, crimp
cris, *eg*, *ll* -iau, crease
   cris batio, popping crease
   cris bowlio, bowling crease
   cris dychwel, return crease
crisial, *a*, crystal; *eg*, *ll* -au, crystal
crisialad, *eg*, *ll* -au, crystallisation
crisialeg, *egb*, crystallography
crisialiad, *eg*, *ll* -au, crystallization
crisialog, *a*, crystalline
crisialograffi, *egb*, crystallography
crisialu, *be*, crystallise
criterion, *eg*, *ll* criteria, criterion
critig, *eg*, *ll* -iaid, critic
critigol, *a*, critical
criwio, *be*, man (a boat)
crocbren, *eg*, scaffold
croced, *eb*, *ll* -i, crocket
crochenwaith, *eg*, *ll* -weithiau, pottery; ware
   crochenwaith Aegeaidd, Aegean pottery
   crochenwaith caled, stoneware
   crochenwaith Kamares, Kamares ware
crochenydd, *eg*, *ll* -ion, potter
   troell crochenydd, *eb*, potter's wheel
croen, *eg*, *ll* crwyn, skin; hide; peel
   bwrw croen, slough
   croen dafad crôm gywair, chrome tanned sheepskin
   croen llo, calf skin
   impio croen, *be*, skin graft
croendenau, *a*, irrational
croendyn, *a*, hidebound

croes, *a*, cross; transverse; *eb*, *ll* -au, cross
   croes eglwys, transept
   croes siswrn, scissors cross
croes-awyriant, *eg*, *ll* -awyriannau, cross-ventilation
croesbeilliad, *eg*, *ll* -au, cross pollination
croes-doriad, *eg*, *ll* -au, cross section
croesddywediad, *eg*, *ll* -au, paradox
croesfa, *eb*, *ll* **croesfeydd,** crossing; transcept
   croesfa wastad, level crossing
croesfan, *eg*, *ll* -nau, intersection
   croesfan cerddwyr, pedestrian crossing
croesfar, *eg*, *ll* -rau, cross-bar
croes-ffertiliad, *eg*, *ll* -au, cross-fertilization
croes-ffertileiddio, *eg*, cross-fertilization
croesfridio, *be*, crossbreed
croesffurf, *a*, cruciform
croesgad, *eb*, *ll* -au, crusade
croesgadwr, *eg*, *ll* -wyr, crusader
croesholi, *be*, cross-examine
croesi, *be*, cross
croesiad, *eg*, *ll* -au, cross; transit
croeslafar, *eg*, crossfire (*Th*)
croeslin, *a*, diagonal; *eg*, *ll* -iau, diagonal
croeslinol, *ad*, diagonally
Croesoswallt, Oswestry
croesrwygo, *be*, shear
croesrym, *eg*, *ll* -oedd, shear
croestorfan, *eg*, *ll* -nau, point of intersection
croestoriad, *eg*, *ll* -au, intersection
   croestoriad gwerth uchafbwynt, peak value intersection
croestorri, *be*, intersect
croestyniad, *eg*, *ll* -au, conflict
   croestyniad parhaol, sustained conflict
croeswasgu, *be*, shear
croeswiriad, *eg*, *ll* -au, cross-check
croesyngroes, *a*, criss-cross
crofennu, *be*, case harden
crofft, *eb*, *ll* -ydd, -au, croft
crofftio, *be*, croft
   system grofftio, *eb*, crofting system

crofftwr, *eg, ll* **-wyr**, crofter
crog, *a*, hanging
  ar grog, *a*, suspended
  pont grog, *eb*, suspension bridge
crogfaen, *eg, ll* **-feini**, perched block
crogfur, *eg, ll* **-iau**, hanging wall
crogi, *be*, suspend; hang
crogiannu, *be*, suspend
crogiant, *eg, ll* **crogiannau**, suspension
croglen, *eb, ll* **-ni, -nau**, rood screen
croglin, *eg, ll* **-iau**, suspension *(Ff)*
  croglin dwbl, bifilar suspension
crognant, *eg, ll* **crognentydd, crogneint**, hanging valley
crogrent, *eg*, rack rent
crogwal, *eb, ll* **-iau, -au**, hanging wall
cromatid, *eg, ll* **-au**, chromatid
cromatig, *a*, chromatic
  cord cromatig, *eg*, chromatic chord
  graddfa gromatig, *eb*, chromatic scale
  hanner-tôn gromatig, *eb*, chromatic semitone
cromatin, *eg*, chromatin
cromatograffi, *eg*, chromatography
cromatograffig, *a*, chromatographic
crombil, *egb, ll* **-iau**, crop (Zoölogy); hold
cromen, *eb, ll* **-ni, -nau**, dome; vault
cromennog, *a*, vaulted
cromennu, *be*, dome
cromfach, *eb, ll* **-au**, bracket
cromfan, *eg, ll* **-nau**, apse
cromfannol, *a*, apsidal
cromgafell, *eb, ll* **-au**, apse
cromgell, *eb, ll* **-oedd, -au**, vault
cromid, *eg, ll* **-au**, chromite
cromiwm, *eg*, chromium
cromlin, *eb, ll* **-iau**, curve; *eg*, witch
  cromlin agnesi, witch of agnesi
  cromlin ddeufodd, bimodal curve
  cromliniau seicloid, cycloidal curve
  cromlin leddf, smoothed curve
  cromlin mynychder, frequency curve
  cromlin mynychder cynyddol, cumulative frequency curve

cromlinog, *a*, curvilinear
  addurn cromlinog, *eg*, curvilinear decoration
cromomerau, *ell*, chromomeres
cromoplast, *eg, ll* **-au**, chromoplast
cromosffer, *eg, ll* **-au**, chromosphere
cromosom, *eg, ll* **-au**, chromosome
  cromosom cawraidd, giant chromosome
  cromosom-x, x-chromosome
  cromosom-y, y-chromosome
  map cromosomau, *eg*, chromosome map
cronadur, *eg, ll* **-on**, accumulator
cronbin, *eg, ll* **-nau**, fountain pen
cronedig, *a*, accumulated
cronfa, *eb, ll* **cronfeydd**, reservoir; fund
  cronfa dal a chadw, impounding reservoir
  cronfa deipio, typing pool
  cronfa ddŵr, reservoir
  cronfa fwyd, food reserve
  cronfa gadw, reserve fund
  cronfa sawdd, sinking fund
  cronfa soddi, sinking fund
  cronfa wasanaeth, service reservoir
croniant, *eg, ll* **croniannau**, accretion
cronig, *a*, chronic
  cleifion cronig, *ell*, chronic sick
  gwaeledd cronig, *eg*, chronic sickness
cronlif, *eg, ll* **-eiriant, -oedd**, secretion
cronlyn, *eg, ll* **-noedd**, dammed lake
cronnedd, *eg, ll* **croneddau**, accumulation
  cronnedd ffilter, filter accumulation
cronni, *be*, dam
cronnus, *a*, cumulative
cronolegol, *a*, chronological
  trefn gronolegol, *eb*, chronological order
cronomedr, *eg, ll* **-au**, chronometer
crosiet, *eg, ll* **-au**, crochet
crosio, *be*, crochet
croth (benyw), *eb*, womb
croth (y goes), *eb*, calf (of leg)
crothateg, *eb, ll* **-ion**, pessary

crud, *eg, ll* -iau, cradle
   crud eira, snow-cradle
   crud V, cradle V
crudiad, *eg, ll* -au, cradling
crudo, *be*, cradle
crug, *eg, ll* -iau, barrow (*D*)
Crustacea, *ell*, Crustacea
crwb, *eg, ll* -iau, hump
   crwb ymysgarol, visceral hump
crwm, *a*, curved
   tafod crwm, *eg*, curved spit
crwn, *a*, circular
crwndwll, *eg, ll* **crwndyllau**, port
crwner, *eg, ll* -iaid, coroner
   cwest crwner, *eg*, coroner's inquest
crwnod, *eg, ll* -au, crunode
crwsâd, *egb, ll* -au, crusade
crwsadydd, *eg, ll* -wyr, crusader
crwsibl, *eg, ll* -au, crucible
crwst, *eg, ll* **crystiau**, pastry
   crwst bisgïen, biscuit pastry
   crwst brau, short crust pastry
   crwst *choux*, choux pastry
   crwst dŵr poeth, hot water crust pastry
   crwst haenog, flaky pastry
   crwst pwff, puff pastry
   crwst pwff bras, rough puff pastry
crwth, *eg, ll* **crythau**, fiddle
   cefn crwth, fiddle back
crwybr, *eg, ll* -au, honeycomb
crwybro, *be*, honeycomb
crwybrog, *a*, honeycombed
crwydriaid, *ell*, vagrants
crwydrol, *a*, nomadic
crybwyll, *be*, mention
crych, *eg*, crease; ripple; wrinkle
crychdon, *eb, ll* -nau, ripple
crychdonni, *be*, ripple
crychell, *eb*, gatherer
crychiad, *eg, ll* -au, gathering
crychu, *be*, crease; gather
   bonyn crychu, *eg*, creasing iron
   stae crychu, *eg*, gather stay
crychyn, *eg, ll* -nau, rucking
cryd cymalau, *eg*, articular rheumatism
cryfder, *eg, ll* -au, strength
cryfhau, *be*, strengthen; reinforce
crymder, *eg, ll* -au, camber
crymdo, *eg, ll* -eau, dome; vault

crymedd, *eg, ll* -au, curve; curvature
crymu, *be*, curve; bow
cryndo (crymdo), *eg, ll* -eau, -eon, dome
cryndod, *eg*, chorea; shiver
crynhoad, *eg, ll* **crynoadau**, abstract; summing up
crynhofa (croniad), *eb*, abscess
crynhoi, *be*, gather; abstract; accumulate; sum up; fester
cryno, *a*, compact
crynod, *a*, concentrated; *eg, ll* -au, concentrate
crynodeb, *egb, ll* -au, summary; abstract
crynodedig, *a*, concentrated
crynoder, *eg*, compactness
crynodi, *be*, concentrate
crynodiad, *eg, ll* -au, concentration
crynu, *be*, shiver
cryogeneg, *egb*, cryogenics
cryolit, *eg*, cryolite
crypt, *eg, ll* -iau, crypt
crys, *eg, ll* -au, shirt
   crys nos, nightshirt
crysalis, *eg, ll* -au, chrysalis
cucumer, *eg, ll* -au, cucumber
cudynnog, *a*, tufted
cudd, *a*, hidden; secret; latent
   clun gudd, *eb*, secret haunch
   cronfa gudd, *eb*, secret reserve
   sgriwio cudd, *be*, secret screwing
   uniad cynffonnog cudd, *eg*, secret dovetailing
cudd-darw, *eg*, cryptorchid
cuddfarch, *eg*, cryptorchid
cuddio, *be*, mask
cuddni, *eg*, latency
cuddwedd, *eb, ll* -au, camouflage
cuddweddu, *be*, camouflage
culdir, *eg, ll* -oedd, isthmus
culddail, *a*, narrow leaved
culddeiliog, *a*, narrow leaved
culfa, *eb, ll* **culfeydd**, narrows
culfor, *eg, ll* -oedd, strait
culgell, *eb, ll* -oedd, alcove
culhad, *eg, ll* -au, shrinkage
culhau, *be*, shrink
culiant, *eg, ll* **culiannau**, draw
curadwy, *a*, malleable
curiad, *eg, ll* -au, beat; pulsation
   amledd curiad, *eg*, beat frequency

curiadedd, *eg,* pulsation
curiadwyr (grŵp curo), *ell,* beat-group
curiedig, *a,* emaciated
curiedd, *eg, ll* -au, emaciation
curo, *be,* beat
  curo amser, beat time
  curo dwylo, applaud
curydd, *eg, ll* -ion, beater
cusan adfer, *egb, ll* -nau, kiss of life
cwadrangl, *eg, ll* -au, quadrangle
cwadrant, *eg, ll* -au, quadrant
cwadrat, *eg, ll* -au, quadrat
cwafer, *eg, ll* -au, quaver
cwanteiddiad, *eg, ll* -au, quantisation
cwantwm, *eg,* quantum
cwarant, *eg, ll* -au, quarantine
cwarantin, *eg,* quarantine
cwarc, *eg, ll* -iau, quark
cwart, *eg, ll* -au, quart
cwartaidd, *a,* quartic
cwartel, *eg, ll* -i, quartile
cwarter, *eg, ll* -i, quarter; one-quarter
  cwarter siec, quarter check
cwarterfeistr, *eg, ll* -iaid, quartermaster
cwarto, *eg, ll* -au, quarto
cwarts, *eg, ll* -iau, quartz
cwaternaidd, *a,* quaternary
cwaternian, *eg,* quaternian
cwblfeddiannu, *be,* engross
cwblfeddiant, *eg, ll* cwblfeddiannau, engrossment
cwcer, *eg, ll* cwceri, cooker
cwcio, *be,* cook
cwcwll, *eg, ll* cycyllau, cowl
cwch, *eg, ll* cychod, boat
  cwch siglo, rockabout
  cwch tynnu, tug boat
cwd, *eg, ll* cydau, bag
  cwd ffa, bean bag
cwdyn, *eg, ll* cydau, bag
cwest, *eg, ll* -au, inquest
  cynnal cwest, *be,* hold an inquest
cwesta, *eg, ll* -u, cuesta
cwestiwn arweiniol, *eg,* leading question
cwestiyneb, *eb, ll* -au, interrogatory; interrogation
cwfl, *eg, ll* cyflau, cowl
cwff, *eg, ll* cyffiau, cuff

cwgn, *eg, ll* cygnau, knuckle
  cwgn blaen, fore knuckle
cwilsen, *eb, ll* cwils, quill
cwilt, *eg, ll* -iau, quilt
cwiltell, *eb, ll* -au, **cwiltyll,** quilter
cwiltio, *be,* quilt
  cwiltio Cymreig, Welsh quilting
  cwiltio Eidalig, Italian quilting
  Cwiltio Seisnig, English quilting
cwins, *eg, ll* -ys, quince
cwir, *eg, ll* -au, quire
cwirc, *eg, ll* -iau, quirk
cwlfer, *eg, ll* -au, culvert
cwltifar, *eg, ll* -au, cultivar
cwlwm, *eg, ll* clymau, cylymau, knot; bow; tie; torsion; bunch
  cwlwm canolwr, middleman's knot; alpine butterfly
  cwlwm dolen, bow-knot
  cwlwm Ffrengig, French knot
  cwlwm glŷn, clove hitch knot
  cwlwm gwasg, waist tie
  cwlwm pysgotwr, fisherman's joining knot
  cwlwm rhedeg, slip-knot
  cwlwm tros law, overhand knot
  dolen a chwlwm, loop and tie
cwm, *eg, ll* cymoedd, valley; coombe
cwmgraig, *eb, ll* cwmgreigiau, coombe rock
cwmni, *eg, ll* cwmnïau, company
  a'i gwmni (& gni), & company
  cwmni cydgyfalaf, joint stock company
  cwmni cyfyngedig, limited company
  cwmni cynorthwyol, auxiliary company
  cwmni dal, holding company
  cwmni gofalu, caretaker company
  cwmni lifrai, livery company
  cwmni siartr, chartered company
  cwmni unol, united company
cwmpas, *eg, ll* -au, compass; compasses; register
  cwmpas adeiniog, wing compass
  cwmpas asgellog, wing compasses
  cwmpas isel, low register
  cwmpas mesur, dividers
  cwmpas uchel, high register
  pensil cwmpas, compass lead

cwmpasiad, *eg*, ambit
cwmpasu, *be*, circumscribe
cwmpawd, *eg*, *ll* cwmpodau, compass
   cwmpawd gyro, gyrocompass
cwmwd, *eg*, *ll* cymydau, commote
cwmwl, *eg*, *ll* cymylau, cloud
   bôn cwmwl, *eg*, base of cloud
   cymylau blew geifr, cirrus
   cymylau boliog, cirro-stratus
   cymylau caws a llaeth, cirro-cumulus
   cymylau caws a maidd, cirro-cumulus
   cymylau gwallt y forwyn, cirrus
cwmwlws, *eg*, *ll* cwmwli, cumulus
cwndid, *eg*, *ll* -au, conduit
cwnsela, *be*, counsel
cwnsla, *be*, counsel
cwnsler, *eg*, *ll* -iaid, counsel; counsellor
   barn cwnsler, *eb*, counsel's opinion
   Cwnsler y Brenin, King's Counsel
   cwnsler ysgol, school counsellor
cwnstabl, *eg*, *ll* -iaid, constable
cwod, *eg*, *ll* -iau, quadrangle
cworwm, *eg*, quorum
cwota, *eg*, *ll* cwotâu, quota
cwpan, *eg*, *ll* -au, cup
   cwpanau ffitio, interlocking building cups
   cwpan Bowman, Bowman's capsule
   cwpan y clyw, auditory capsule
cwpanu, *be*, cup
cwpl, *eg*, *ll* cyplau, couple; truss
cwpled, *eg*, *ll* -i, -au, couplet
cwpola, *eg*, *ll* cwpolâu, cupola
cwpon, *eg*, *ll* -au, coupon
cwpwrdd, *eg*, *ll* cypyrddau, cupboard
   cwpwrdd plyg, folding bookcase; folding cupboard
   cwpwrdd rhew caled, deep freeze cabinet
   cwpwrdd sychu, drying cabinet
cwr, *eg*, *ll* cyrion, cyrrau, cyriau, border
   cylch gwledig y cyrion, outer country ring
   y cyrion, outer fringe
   y cyrion allanol, outer-outer zone
   swyddogaeth cyrion dinas, *eb*, outer city use
cwrare, *eg*, curare
cwrbyn, *eg*, curb
cwrcwd, *eg*, *ll* cyrcydau, crouch
cwrdd, *be*, meet; *eg*, *ll* cyrddau, meet
cwrel, *eg*, *ll* cwrelau, cyrelau, coral
cwrelaidd, *a*, corallian
cwricwlwm, *eg*, *ll* cwricwla, curriculum
cwrio, *be*, cure
cwrliad, *eg*, *ll* -au, curl
cwrlio, *be*, curl
cwrpan, *eg*, *ll* -au, bedspread
cwrs, *eg*, *ll* cyrsiau, course
   cwrs addysg, curriculum
   cwrs ategol, subsidiary course
   cwrs brechdan, sandwich course
   cwrs carlam, crash course
   cwrs cyn-nyrsio, pre-nursing course
   cwrs cynorthwyol, auxilliary course
   cwrs gohebol, correspondence course
   cwrs rhyngosod, sandwich course
   llin-gwrs, string course
cwrs-traed, *eg*, *ll* -iau, foot-rush
cwrt, *eg*, *ll* -iau, -ydd, court
   cwrt barwn, court baron
   cwrt chwarae, ground (*Ch*)
   cwrt gweithio, working area
   cwrt lît, court leet
   cwrt tennis, tennis court
   cwrt y sir, county court
   Cwrt Anfonogion, Delegates
   Cwrt Bach, Petty Sessions
   Cwrt Deisyfion, Requests
   Cwrt Ecwiti, Equity
   Cwrt Eglwysig, Court Christian
   Cwrt Gward a lifrai, Wards and liveries
   Cwrt Gwrandawiad, Audience
   Cwrt Mainc y Brenin, King's Bench
   Cwrt Marchnad, Piepowder Court
   Cwrt Pledion Cyffredin, Common Pleas

Cwrt **Probat,** Probate
Cwrt **Sesiwn Chwarter,** Quarter Sessions
Cwrt **Siambr y Seren,** Star Chamber
Cwrt **Siawnsri,** Chancery
Cwrt **Uchelfraint Caergaint,** Prerogative Court of Canterbury
Cwrt **y Bwâu,** Arches
Cwrt **y Morlys,** Court of Admiralty
Cwrt **y Sesiwn Fawr,** Great Sessions
Cwrt **y Siecr,** Exchequer
Cwrt **yr Uchel Gomisiwn,** High Commission
Cwrt **yr ychwanegiadau,** Augmentations
Cwrt **ymrwymiadau,** Obligations
cwrteisi, *eg, ll* **-au,** courtesy
cwrtil, *eg, ll* **-au,** curtilage
cwsb, *eg, ll* **-au,** cusb
cwsbaidd, *a,* cuspate
cwsg, *a,* dormant; *eg, ll* **cysgau,** sleep
  cwsg-ddysgu, *be,* sleep learning
  cwsg feddygaeth, *eb,* anaesthesia
cwsmeriaeth, *eb,* custom
cwsmer, *eg, ll* **-iaid,** customer; consumer
cwstard, *eg, ll* **-iau,** custard
  cwstard ŵy, egg custard
cwstwm, *eg, ll* **cystymau,** custom
  cwstwm ac ecseis, custom and excise
cwstwmal, *eg, ll* **-au,** custumal
cwt (ciw), *eg, ll* **cwtiau,** queue
cwter, *eg, ll* **-i,** gutter
cwticl, *eg, ll* **-au,** cuticle
cwtin, *eg, ll* **-iau,** cutin
cwtleri, *ell,* cutlery
cwtogi, *be,* shorten
cwtogiad, *eg, ll* **-au,** contraction
  cwtogiad brawddegau, contraction of sentences
cwthwm, *eg, ll* **cythymau,** gust
cwymp, *eg, ll* **-oedd,** fall
  cwymp tir, landslip
cwympo, *be,* collapse; fall; fell
  cwympo'r sgrym, collapse the scrum
cwympol, *a,* caducous

cwyn, *eb, ll* **-ion,** complaint; grievance; *eg,* suit
cwynfan, *be,* whine; *eg, ll* **-au, -on,** whine
cwynwr, *eg, ll* **-wyr,** suitor; complainant; plaintiff
cŵyr, *eg, ll* **-au,** wax
  cŵyr gorffennu, finishing wax
  cŵyr gwenyn, beeswax
  cŵyr selio, sealing wax
  llathredd cŵyr gwenyn, beeswax polish
  llathrydd cŵyr, wax polish
  peintiad cŵyr, wax painting
cwyraidd, *a,* waxy
cwyrdeb, *eg, ll* **-au,** rennet
cwys, *eb, ll* **-i, -au,** furrow
cwysed, *eb, ll* **-i,** gusset
Cyanophyceae, *ell,* Cyanophyceae
cybôl, *eg, ll* **-ion,** ballyhoo
cychwyn, *be,* start
cychwyniad, *eg, ll* **-au,** start; starting; beginning
  cychwyniad afraid, redundant entry in a fugue
cychwynnol, *a,* initial
  cost cychwynnol, *eg,* initial cost
cychwynnwr, *eg, ll* **cychwynwyr,** promoter; starter; beginner
cyd, *rhag,* mutual
  yn gyd-sgwâr, mutually perpendicular
cydadwaith, *eg, ll* **-weithiau,** interplay; interaction
cydaddoliad, *eg, ll* **-au,** corporate act of worship
cydaddysg, *eb, ll* **-au,** co-education
cydamseredig, *a,* synchronous
cydamseriad, *eg, ll* **-au,** synchronization
cydamserol, *a,* simultaneous; synchronous
cydamseru, *be,* synchronize
cydamrywiad, *eg, ll* **-au,** joint variation; concomitant variation
cydanwythiad, *eg, ll* **-au,** mutual inductance
cydarwaith, *eg, ll* **-weithiau,** interaction
cydberchnogaeth, *eb,* collectivism
cydberchnogaethwr, *eg, ll* **-wyr,** collectivist

cydberthnasol, *a*, correlated
cydberthnasu, *be*, correlate
cydberthyn, *be*, correlate
cydberthynas, *egb*, *ll* cydberthnasau, relationship
cydberthyniad, *eg*, *ll* -au, correlation
  cydberthyniad annilys, spurious correlation
  cydberthyniad rhannol, partial correlation
  cydberthyniad rhestrol, rank correlation
  cyfernod cydberthyniad, *eg*, coefficient of correlation
  matrics cydberthyniad, *eg*, correlation matrix
cydbwyntol, *a*, copunctal
cydbwysedd, *eg*, *ll* -au, balance; equilibrium; poise
  colli cydbwysedd, *be*, off balance
  cydbwysedd ansad, unstable equilibrium
  cydbwysedd grym, balance of power
  cydbwysedd newtral, neutral equilibrium
  cydbwysedd sad, stable equilibrium
  diffyg cydbwysedd, *eg*, unbalance
  marciau cydbwysedd, *ell*, balance marks
cydbwyso, *be*, balance
  styllen gydbwyso drebl, *eb*, treble balance bar
cydbwysol, *a*, balancing
cyd-daro, *be*, coincide
cyd-deimlad, *eg*, *ll* -au, sympathy
cyd-derfynol, *a*, coterminal
cyd-doddi, *be*, blend
cyd-drafod unigolion, *eg*, case conference
cyd-drafodaeth, *eb*, *ll* -au, negotiation
cyd-drawol, *a*, coincident
cyd-drech, *a*, co-dominant
cyd-drefniant, *eg*, *ll* -drefniannau, co-ordination
cyd-drefnu, *be*, co-ordinate
cyd-dreiddiad, *eg*, *ll* -au, interpretation
cyd-droseddwr, *eg*, *ll* -wyr, accomplice

cyd-dwylledd, *eg*, collusion
cyd-dwyllo, *be*, collude
cyd-dyriad, *eg*, *ll* -au, conglomeration
cyd-ddant, *eg*, *ll* -ddannedd, synchromesh
cyd-ddiogelwch, *eg*, collective security
cyd-ddisgyblaethol, *a*, inter-disciplinary
cyd-ddwyn, *be*, connive
cyd-ddygiad, *eg*, *ll* -au, connivance
cydeffaith, *eg*, *ll* cydeffeithiau, resultant; *eb*, ensemble
cydeffeithiol, *a*, resultant
cydenedigol, *a*, congenital
  camffurfiadau cydenedigol, *ell*, congenital defects
cydenwadur, *eg*, common denominator
cydenzym, *eg*, *ll* -au, coenzyme
cydfaddau, *be*, condone
cydfan, *eg*, *ll* -nau, attachment
  cydfan gwerthyd, spindle attachment
  cydfan main, attachment constriction
cyd-fargeinio, *be*, collective bargaining
cydfodol, *a*, simultaneous
cyd-fyw, *be*, cohabit
cydfywydog, *a*, symbiotic
cydffurf, *a*, symmetrical
cydffurfedd, *eg*, *ll* -au, symmetry
cydffurfio, *be*, conform
cydffurfiwr, *eg*, *ll* -wyr, conformist
cydganoli, *be*, concentrate
cydganoliad, *eg*, *ll* -au, concentration
cydgordiol, *a*, concordant
cydgroesi, *be*, concur
cydgwmni, *eg*, *ll* cydgwmnïau, consortium
cydgyfeiredd, *eg*, *ll* -au, convergence
cydgyfeiriad, *eg*, *ll* -au, convergence
cydgyfeiriant, *eg*, *ll* cydgyfeiriannau, convergence
cydgyfeirio, *be*, converge
cydgyfeiriol, *a*, convergent
  cyfres gydgyfeiriol, *eb*, convergent series
cydgyfnerthedig, *a*, consolidated
cydgyfnerthiad, *eg*, *ll* -au, consolidation

cydgyfnerthu, *be,* consolidate
cydgyfnewidiol, *a,* interchangeable
cydgyfrif, *eg, ll* -**on,** joint account
cyd-gyfrifoldeb, *eg, ll* -**au,** collective responsibility
cydgylchol, *a,* concyclic
cydgymysgedd, *eg, ll* -**au,** intermixture
cydgymysgu, *be,* intermix
cydgymuned, *eb, ll* -**au,** association
cydgysylltiol, *a,* interlinked
cydgysylltu, *be,* co-ordinate
cydiad, *eg, ll* -**au,** junction
cydiedig, *a,* adjoined
cydio, *be,* engage
cydiol, *a,* resinous
cydiwr, *eg, ll* -**wyr,** clutch
cydlif, *eg,* consequent
cydlifiad, *eg, ll* -**au,** confluence
cydlifiad gohiriedig, deferred confluence
cydlyniad, *eg, ll* -**au,** coherence; cohesion
cydlynol, *a,* coherent
cydlynrwydd, *eg,* cohesiveness
cydnabod, *be,* acknowledge; honour; remunerate
cydnabod heb dystiolaeth, take judicial notice
cydnabyddiad, *eg, ll* -**au,** admission
cydnabyddiaeth, *eb,* remuneration; recognition
cydnaid, *eb, ll* **cydneidiau,** jump ball; throw up
cydosod, *be,* assemble
cydosodfa, *eb, ll* **cydosodfeydd,** assembly plant
cydosodiad, *eg, ll* -**au,** assembly
cydraddoldeb, *eg, ll* -**au,** equality
cydran, *eb, ll* -**nau,** component; resolute
  cydran cyflymder, component of velocity
  cydran grym, component of a force
  cydran modurol, automobile component
cydraniad, *eg, ll* -**au,** resolution
cydrannol, *a,* component
  darnau cydrannol, *ell,* component parts
cydrannu, *be,* share; resolve

cydrennydd, *eg, ll* **cydrenyddion,** resolvent
cydryw, *a,* homogeneous; monoecious
cydrywiaeth, *eb,* homogeneity
cydsyniad, *eg, ll* -**au,** assent; consent
cydwaddodi, *be,* co-precipitate
cydwedd, *a,* analogous, in phase; *eg, ll* -**au,** -**on,** analogue
cydweddiad, *eg, ll* -**au,** analogy
cydweddol, *a,* analogous
cydweddu, *be,* match
cydweithrediad, *eg, ll* -**au,** co-operation
cydweithredol, *a,* co-operative
  Cymdeithas Gydweithredol, *eb,* Co-operative Society
  mudiad cydweithredol, *eg,* co-operative movement
cydweithredu, *be,* co-operate
cydwladol, *a,* international
cydwybodolrwydd, *eg,* conscientiousness
cydymdeimlad, *eg, ll* -**au,** sympathy
cydymdeimlol, *a,* sympathetic
cyd-ymfantoli, *be,* self-balance
cydymffurfio (â), *be,* conform; comply (with)
cyd-ymgynghoriad, *eg,* joint consultation
cyddwysiad, *eg, ll* -**au,** condensation
cyddwyso, *be,* condense
cyddwysydd, *eg, ll* -**ion,** condenser
cyfadfer, *be,* compensate
cyfadferiad, *eg, ll* -**au,** compensation
cyfadferol, *a,* compensatory
cyfadran, *eb, ll* -**nau,** faculty
cyfaddasiad, *eg, ll* -**au,** adaptation
cyfaddasrwydd, *eg,* suitability
cyfaddasu, *be,* adapt
cyfaddef, *be,* admit
  cyfaddef trosedd, admit an offence
cyfaddefiad, *eg, ll* -**au,** admission
cyfagos, *a,* adjacent
cyfagosrwydd, *eg,* contiguity
cyfangiad, *eg, ll* -**au,** contraction
cyfangol, *a,* contractile
  gwagolyn cyfangol, *eg,* contractile vacuole
  gwreiddyn cyfangol, *eg,* contractile root
cyfangu, *be,* contract

cyfaint, *eg, ll* **cyfeintiau,** volume
cyfalaf, *eg, ll* -au, -oedd, capital
  adnoddau cyfalaf, *ell,* capital resources; capital goods
  cyfalaf ar waith, working capital
  cyfalaf sefydlog, fixed capital
  cyfrif cyfalaf, *eg,* capital account
  cynnydd cyfalaf, *eg,* capital appreciation
  dibrisiad cyfalaf, *eg,* capital depreciation
  swm cyfalaf, *eg,* capital sum
cyfalafiaeth, *eb,* capitalism
cyfalafol, *a,* capitalistic
cyfalafu, *be,* capitalize
cyfalafwr, *eg, ll* -wyr, capitalist
cyfalaw, *eb, ll* -on, descant
cyfalswm, *eg,* capital sum
cyfamod, *eg, ll* -au, covenant; contract
  Cyfamod Cenedlaethol, National Covenant
cyfamodwr, *eg, ll* -wyr, covenanter
cyfamseroldeb, *eb, ll* -au, simultaneity
cyfandir, *eg, ll* -oedd, continent
cyfandirol, *a,* continental
  sgafell gyfandirol, *eb,* continental shelf
cyfandiroledd, *eg, ll* -au, continentality
cyfanfaes, *eg, ll* **cyfanfeysydd,** universe
cyfannol, *a,* integrated
cyfannu, *be,* integrate
cyfanomalus, *a,* isanomalous
cyfanrif, *eg, ll* -au, total; integer
cyfanrwydd, *eg,* wholeness; entirety
cyfanrhed, *eb, ll* -au, aggregate
cyfansawdd, *a,* multiple; compound; composite; *eg, ll* **cyfansoddion, cyfansoddau,** compound
  amser cyfansawdd, *eg.* compound time
  cyfansoddion nitrad, nitrate compounds
  cyfyngau cyfansawdd, *ell,* compound intervals
  morlin gyfansawdd, *eb,* compound shoreline
  onglau cyfansawdd, *ell,* multiple angles
cyfansoddi, *be,* compose
cyfansoddi-ar-y-pryd, *be,* extemporize
cyfansoddiad, *eg,* composition; constitution; structure
cyfansoddiadol, *a,* constitutional
cyfansoddol, *a,* constitutional
  Cymanfa Gyfansoddol, *eb,* Constituent Assembly
cyfansoddyn, *eg, ll* **cyfansoddion,** compound; constituent
cyfanswm, *eg, ll* **cyfansymiau,** amount; total; sum total; tally
cyfanwerth, *eg,* wholesale
cyfanwerthol, *a,* wholesale
cyfar, *eg,* cover-point
  cyfar ychwanegol, extra cover
cyfarch, *be,* address; salute
cyfarganfyddiad, *eg, ll* -au, apperception
cyfarpar, *eg,* apparatus; equipment
  cyfarpar achub, rescue equipment
cyfarparu, *be,* equip
cyfartal, *a,* equal
  arwynebedd cyfartal, *eg,* equal area
  ymestyn cyfartal, *eg,* equal stretching
cyfartalaidd, *a,* average
cyfartaledd, *eg, ll* -au, average
  ar gyfartaledd, on average
  cyfartaleddau amryfal, multiple proportions
cyfartalog, *a,* average
  glawiad cyfartalog, *eg,* average rainfall
  pris cyfartalog, *eg,* average price
  tymheredd cyfartalog, *eg,* average temperature
cyfartalu, *be,* average; draw
cyfartalwch, *eg,* equality
cyfartalyn, *eg, ll* **cyfartalion,** average
cyfarthwr, *eg, ll* -wyr, barker
cyfarwyddeb, *eb, ll* -au, directive
cyfarwyddwr, *eg, ll* -wyr, director; coach (*Ch*)
  cyfarwyddwr bale, maître de ballet
  cyfarwyddwr y llwyfan, stage director
cyfarwyddiadur, *eg, ll* -on, reference book; directory

cyfarwyddo, *be,* guide; direct
  cyfarwyddo plant, child guidance
  cyngor cyfarwyddo plant, *eg,* child guidance council
cyfarwyddwr, *eg, ll* -wyr, instructor
cyfarwyddyd, *eg, ll* -au, guidance; instruction; recipe
  cyfarwyddyd addysgol, educational guidance
  cyfarwyddyd galwedigaethol, vocational guidance
cyfateb, *be,* match; tally
cyfatebiad, *eg,* tally
cyfatebiaeth, *eb, ll* -au, correspondence
cyfatebol, *a,* corresponding; proportionate
cyfathiant, *eg, ll* cyfathiannau, congruence
cyfathrach, *eb, ll* -au, -on, liaison; intercourse
cyfathreb, *eb, ll* -au, communication
cyfathrebiad, *eg, ll* -au, communication
cyfathrebol, *a,* communicational
cyfathrebu, *be,* communicate
cyfddewis, *eg, ll* -ion, combination
cyfddyddiol, *a,* up-to-date
cyfebru, *be,* conceive
cyfechelin, *a,* coaxial
cyfeddiannu, *be,* annex
cyfeddiant, *eg, ll* cyfeddiannau, annexation
cyfeiliornad, *eg, ll* -au, error
  cyfeiliornad safonol, standard error
  cyfeiliornad tebygol, probable error
cyfeilydd, *eg, ll* -ion, accompanist
cyfeireb, *eb, ll* -au, reference
cyfeirebwr, *eg, ll* -wyr, referee
cyfeirgylch, *eg, ll* -au, -oedd, director circle
cyfeiriad, *eg, ll* -au, address; bearing; reference; direction
cyfeiriadaeth, *eb, ll* -au, orientation
cyfeiriadedd, *eg, ll* -au, orientation
cyfeiriadol, *a,* directional
cyfeiriadu, *be,* orientate
cyfeiriant, *eg, ll* cyfeiriannau, bearing (*Ff*)
cyfeiriedig, *a,* directed

cyfeirio, *be,* orientate; refer
cyfeirlin, *eg, ll* -iau, directrix
cyfeirnod, *eg, ll* -au, reference
cyfeirydd, *eg, ll* -ion, guide
cyfeisteddwr, *eg, ll* -wyr, assessor
cyfenwadur, *eg, ll* -on, common denominator
cyferbwynt, *eg, ll* -iau, antipodes
cyferbyn, *a,* opposite; contrary
  cyferbyn â'r cofweinydd (C.C.), opposite prompt (O.P.)
cyferbyniad, *eg, ll* -au, contrast
cyferbyniol, *a,* contrasting; contrasted
cyferbynnu, *be,* contrast
cyfergyd, *eg ll* -ion, concussion
cyfernod, *eg, ll* -au, coefficient
  cyfernod amhendant, undetermined coefficient
  cyfernod cydberthyniad, coefficient of correlation
  cyfernod pendant, determined coefficient
cyfersin, *eg, ll* -au, coversine
cyfesur, *a,* commensurable; *be,* coordinate
  pwyllgor cyfesur, *eg,* coordinating committee
cyfesuryn, *eg, ll* -nau, coordinate
cyfethol, *be,* co-opt
  aelodau cyfethol, *ell,* co-opted members
cyfetholiad, *eg ll* -au, co-optation
cyfiau, *eg,* conjugate
cyfiawn, *a,* righteous
  dig cyfiawn, *eg,* righteous indignation
cyfiawnadwy, *a,* justifiable
cyfiawnder, *eg, ll* -au, justice
  aflwyddo cyfiawnder, miscarriage of justice
cyfiawnhad, *eg, ll* -au, justification
cyfieithiad, *eg, ll* -au, translation
cyfieithu, *be,* translate; interpret
cyflafan, *eb, ll* -au, massacre
cyflafareiddiad, *eg, ll* -au, arbitration
cyflafareddu, *he,* arbitrate
cyflafareddwr, *eg, ll* -wyr, arbitrator
cyflaith, *eg, ll* cyfleithiau, toffee
  cyflaith du, treacle toffee
cyflas, *eg, ll* -au, flavour
cyflasu, *be,* flavour

cyflasyn, *eg, ll* **-ion**, flavouring
cyflawn, *a*, complete
cyflawnhad, *eg*, consummation (of marriage)
cyflawni, *be*, execute
  yn cyflawni ei swydd, in the execution of his duty
cyflawniad, execution
cyflawnol, *a*, complemental
cyfledred, *eg, ll* **-ion**, colatitude
cyflehau, *be*, collate
cyflenwad, *eg, ll* **-au**, supply; complement
  cyflenwad a galw, supply and demand
cyflenwi, *be*, supply
cyflenwol, *a*, complementary; supplementary
cyfleus, *a*, expedient
cyfleusterau cyhoeddus, *ell*, public conveniences
cyflin, *a*, parallel, *eb, ll* **-iau, -ion**, parallel
  cyflin lledred, parallel of latitude
  cyflin safonol, standard parallel
  persbectif cyflin, parallel perspective
cyflinellau, *ell*, parallel lines
cyflinog, *eg, ll* **-au**, parallelogram
cyflinydd, *eg, ll* **-ion**, collimator
cyflog, *egb, ll* **-au**, wage; pay; salary
  cyfradd cyflog, *eg*, wage rate
  gŵr cyflog, *eg*, employee
  pacyn cyflog, *eg*, pay packet
  slip cyflog, *eg*, pay slip
  unfannu cyflog, *be*, pay freeze
cyflogadwy, *a*, employable
cyflogaeth, *eb*, employment
  swyddfa gyflogaeth, *eb*, employment exchange
cyflogarithm, *eg, ll* **-au**, cologarithm
cyflogedig, *eg ll* **-ion**, employee
cyflogi, *be*, engage
cyflogwr, *eg, ll* **-wyr**, employer
cyfludiad, *eg, ll* **-au**, agglutination
cyflun, *a*, similar
cyflunedd, *eg, ll* **-au**, similarity
cyfluniad, *eg, ll* **-au**, structure
cyfluniant, *eg, ll* **cyfluniannau**, similitude
  pwynt cyfluniant, *eg*, centre of similitude

cyflunio, *be*, structure
cyflusg, *eb, ll* **oedd**, slur
cyflwr, *eg, ll* **cyflyrau**, condition; state; stage
cyflwyniad, *eg, ll* **-au**, presentation; provision
  cyflwyniad y pab, papal provision
cyflwyno, *be*, produce
  cyflwyno i Lys Chwarter, *be*, commit to Quarter Sessions
cyflwynydd, *eg, ll* **-ion**, compère
cyflyedd, *eg, ll* **-au**, compurgation
cyflymder, *eg, ll* **-au**, velocity
  cyfartaledd cyflymder, *eg*, velocity ratio
  cyflymder cymharol, relative velocity
  cyflymder tro, angular velocity
  cymhareb cyflymder, *eb*, velocity ratio
cyflymdra, *eg*, pace
cyflymedig, *a*, accelerated
cyflymiad, *eg, ll* **-au**, acceleration
cyflymiadur, *eg, ll* **-on**, accelerator
cyflymu, *be*, accelerate
cyflyru, *be*, condition
  cyflyru gweithredol, operant conditioning
cyflythyr, *eg, ll* **-au, -on**, covering letter
cyfnerthydd, *eg, ll* **-ion**, booster
cyfnewid, *be*, substitute; exchange; *eg, ll* **-iau, -ion**, transition
  par cyfnewid, par of exchange
cyfnewidfa, *eb, ll* **cyfnewidfaoedd, cyfnewidfeydd**, exchange; clearing house
  cyfnewidfa gyflogi, employment exchange
  cyfnewidfa stociau, stock exchange
cyfnewidiad, *eg, ll* **-au**, change
cyfnod, *eg, ll* **-au**, period; phase; stage
  cyfnod Achosol, Casual Phase
  cyfnod byr, short term
  cyfnod cario, gestation; gestation period
  cyfnod gweithredol, operational period
  cyfnod hir, long term
  cyfnod llaetha, lactation period

cyfnodedd, *eg, ll* -au, periodicity
cyfnodol, *a,* periodical; periodic; *eg,* periodical
  gorchymyn am daliadau cyfnodol, *eg,* order for periodic payments
cyfnodoldeb, *eb, ll* -au, periodicity
cyfochredd, *eg,* parallelism
  cyfochredd corff-feddyliol, psychophysical parallelism
cyfochrog, *a,* parallel; collateral; *eg,* collateral
  chwarae cyfochrog, *eg,* parallel play
cyfodi, *be,* erect
cyfodiad (codiad), *eg, ll* -au, erection
cyfodwaith, *eg, ll* **cyfodweithiau**, erection
cyfoes, *a,* contemporary; up-to-date
  materion cyfoes, *ell,* current affairs
cyfoeswr, *eg, ll* -wyr, contemporary
cyfog, *eg,* nausea
cyfogi, *be,* emesis
cyfoglyn, *eg, ll* -ion, -nau, -oedd, emetic
cyfogol, *a,* emetic
cyfordraeth, *eg, ll* -au, raised beach
cyforglogwyn, *eg, ll* -i, raised cliff
cyforlan, *eb, ll* -nau, bankful
cyfosodiad, *eg, ll* -au, synthesis; juxtaposition; disposition
cyfosodol, *a,* synthetic
cyfradael, *be,* abandon
cyfradd, *eg, ll* -au, rate
  cyfradd amser, time rate
  cyfradd bresennol, current rate
  cyfradd cyfnewid, rate of exchange
  cyfradd cymathiad net, net assimilation rate
  cyfradd geni, birth-rate
  cyfradd genedigaethau, birth-rate
  cyfradd marwolaethau, death rate; mortality rate
  cyfradd newid, rate of change; lapse rate
  cyfradd twf, rate of growth
  cyfradd y cant, rate per cent
cyfradd-twf, *eg,* growth rate
  cyfradd-twf absoliwt, absolute growth rate
  cyfradd-twf cymharol, relative growth rate

cyfraddiad, *eg, ll* -au, rating
cyfraddio, *be,* prorate
cyfraith, *eb, ll* **cyfreithiau**, law
  cyfraith cwmnïau, company law
  Cyfraith Eingl-Norman, Anglo-Norman Law
  Cyfraith Eingl-Seisnig, Anglo-Saxon Law
  Cyfraith Fasnach, Merchant Law
  Cyfraith Ganon, Canon Law
  Gyfraith Gwlad, Common Law
  Cyfraith Gwstwm, Customary Law
  Cyfraith Rufain, Roman Law
  Cyfraith Rhyfel, Martial Law
  Cyfraith Salig, Salic Law
  Cyfraith Sifil, Civil Law
  Cyfraith Statud, Statute Law
  Cyfraith Trosedd, Criminal Law
  Cyfraith y Tlodion, Poor Law
  Gweinyddu Cyfraith Trosedd, Criminal Justice
  gwneir cyfraith, issue is found
  gwneuthur cyfraith, join issue
  hyddysg yn y gyfraith, *a,* legally qualified
cyfran, *eb, ll* -nau, share; proportion; quotient
  arnewid cyfrannau, *be,* convert shares
  blaen-gyfrannau, preference shares
  blaen-gyfrannau cronnol, cumulative preference shares
  blaen-gyfrannau cyfrannog, participating preference shares
  cyfrannau blaen, preference shares
  cyfrannau cyffredin, ordinary shares
  cyfrannau gohiriedig, deferred shares
  cyfrannau llawndal, paid up shares
  cyfrannau sefydlwyr, founders shares
  golchi cyfrannau, *be,* share washing
  tystysgrif cyfran, *eb,* share certificate
cyfranddaliwr, *eg, ll* -wyr, shareholder

cyfraneddol, *a*, proportional; *eg*, *ll* -ion, proportional
cyfraniad, *eg*, *ll* -au, contribution
cyfrannau, *ell*, proportional parts
cyfrannedd, *eg*, *ll* cyfraneddion, proportion
  cyfrannedd gwrthdro, inverse proportion
  cyfrannedd union, direct proportion
  mewn cyfrannedd, in proportion
cyfrannol, *a*, proportional
  achos cyfrannol, *eg*, contributory cause
cyfranogiad, *eg*, *ll* -au, participation
cyfredol, *a*, current; concurrent
cyfreithgar, *a*, litigious
cyfreithiad, *eg*, litigation
cyfreithiwr, *eg*, *ll* -wyr, solicitor
  cyfreithiwr y diffynnydd, counsel for defence
  cyfreithiwr yr erlynydd, counsel for prosecution
cyfreolus, *a*, regular
cyfreoluso, *be*, regularise
cyfres, *eb*, *ll* -i, -au, series; serial; suite
  cyfres ddargyfeiriol, divergent series
  cyfres o ystafelloedd, suite of rooms
cyfresiad, *eg*, *ll* -au, seriation
cyfresymiad, *eg*, *ll*, -au, syllogism
cyfrif, *be*, calculate; *eg*, *ll* -on, account
  cyfrif adnau, deposit account
  cyfrif atal, suspense account
  cyfrif coffr, cash account
  cyfrif cyd, cydgyfrif, joint account
  cyfrif cyfredol, current account
  cyfrif dosbarthu, appropriation account
  cyfrif swyddwr, minister's account
  cyfrif taledigwr, payee account
cyfrifedig, *a*, putative
cyfrifeg, *egb*, accountancy
cyfrifen, *eb*, *ll* -nau, statement; statement of account
  cyfrifen gysoni, reconciliation statement

cyfrifiad, *eg*, *ll* -au, numeration; calculation
  cyfrifiad dosbarthu, census of distribution
  cyfrifiad geiriau, vocabulary
  cyfrifiad swyddogol, census
cyfrifiadur, *eg*, *ll* -on, computer
  gweithiwr cyfrifiadur, *eg*, computer operator
cyfrifiadurwr, *eg*, *ll* -wyr, computer operator
cyfrifianneg, *eb*, computer science
cyfrifiannol, *a*, computational
cyfrifiannu, *be*, compute
cyfrifiannydd, *eg*, *ll* -wyr, computer
cyfrifiant, *eg*, *ll* cyfrifiannau, computation
cyfrifoldeb, *eg*, *ll* -au, responsibility; liability
cyfrifwr, *eg*, *ll* -wyr, scorer
cyfrifydd, *eg*, *ll* -ion, accountant; reckoner
  cyfrifydd parod, ready-reckoner
cyfrinachol, *a*, confidential
Cyfrin Sêl, *eg*, Privy Seal
cyfro, *be*, cover
cyfrol, *eb*, *ll* -au, volume
cyfrollwng, *a*, derelict
cyfrwng, *eg*, *ll* cyfryngau, agent; agency; medium; means
  cyfrwng a diben, means and end
  cyfryngau lliw, colour media
cyfrwy, *eg*, *ll* -au, saddle
  cyfrwy mynydd, saddle of mountain
  cyfrwy trawst, beam saddle
cyfrwystra, *eg*, artifice
cyfryngu, *be*, mediate
cyfryngwr, *eg*, *ll* -wyr, intermediary
cyfuchlin, *eg*, *ll* -iau, contour line
  cyfwng cyfuchlin, contour interval
cyfuchlinedd, *eg*, contour
cyfuchlinol, *a*, contour
  aredig cyfuchlinol, *be*, contour ploughing
cyfun, *a*, comprehensive
cyfundoddi, *be*, merge
cyfundoddiad, *eg*, *ll* -au, merger
cyfundrefn, *eb*, *ll* -au, system; organisation
  cyfundrefn dryfaes, open field system

cyfundrefniant, *eg, ll* **cyfundrefniannau,** systematisation
cyfunedig, *a,* integrated
cyfunedd, *eg, ll* -au, conjugation
cyfuniad, *eg, ll* -au, combination; integration
  cyfuniad fertigol, vertical combination
  cyfuniad llorwedd, horizontal combination
cyfunion, *a,* aligned
cyfunioni, *be,* align
cyfunioniad, *eg, ll* -au, alignment
cyfuno, *be,* combine
cyfunol, *a,* communal; combined; collective
  fferm gyfunol, *eb,* collective farm
cyfunoliad, *eg, ll* -au, collectivisation
cyfunrywiol, *a,* homosexual
cyfunrywoliaeth, *eb,* homosexuality
cyfunrhyw, *a,* homogeneous; homosexual
cyfuwch, *a,* accordant
cyfweled, *be,* interview
cyfweliad, *eg, ll* -au, interview
cyfwella, *be,* convalesce
  cartref cyfwella, *eg,* convalescent home
cyfwellhad, *eg,* convalescence
cyfwisgoedd, *ell,* accessories (*Gb*)
cyfwng, *eg, ll* **cyfyngau,** interval
  cyfwng canol, transitional stage
  cyfwng cywasg, diminished interval
  cyfyngau anghytseiniol, dissonant intervals
  cyfyngau cyfansawdd, compound intervals
  cyfyngau cytseiniol, consonant intervals
cyfwydydd, *ell,* accompaniments (*Co*)
cyfwyneb, *a,* flush; *eg, ll* -au, flush
cyfydod, *eg, ll* -au, county
cyfyng, *eg, ll* -oedd, defile
cyfyngder, *eg, ll* -au, distress
  arwydd cyfyngder, *egb,* distress signal
cyfyngedig, *a,* limited
cyfyngiad, *eg, ll* -au, limitation
  cyfyngiad atebolrwydd, limitation of liability
  cyfyngiad fas, vasoconstriction

cyfyngol, *a,* restrictive
  arferion cyfyngol, *ell,* restrictive practices
cyfyngu, *be,* restrict; decrease
  cyfyngu trwy gefn pwyth, decrease through back of stitch
cyfyngydd, *eg, ll* -ion, constraint
cyfyl, *eg, ll* -ion, neighbourhood
cyfyrddwr, *eg, ll* -wyr, commoner
cyffaith, *eg, ll* **cyffeithiau,** preserve; conserve
cyffeithio, *be,* preserve
cyffelyb, *a,* similar
cyffen, *eb, ll* **cyffs,** cuff
cyffin, *eg, ll* -iau, precinct
cyffindir, *eg, ll* -oedd, frontier
cyffinwlad, *eb, ll* **cyffinwledydd,** frontier state
cyffion, *ell,* stocks
  cyffion a deis, stocks and dies
cyffocal, *a,* confocal
cyffordd, *eb, ll* **cyffyrdd,** road junction
  cyffordd dail clofer, clover leaf junction
cyffredin, *a,* common; ordinary; vulgar
  amser cyffredin, *eg,* common time
  Tŷ'r Cyffredin, *eg,* House of Commons
  y lles cyffredin, *eg,* the common wealth
cyffredinol, *a,* general; generalized; universal
  casgliad cyffredinol, *eg,* generalisation
  cymal cyffredinol, *eg,* universal joint
  gallu cyffredinol, *eg,* general ability
  gwyddoniaeth gyffredinol, *egb,* general science
  tystysgrif gyffredinol, *eb,* general certificate
cyffredinoledig, *a,* generalized
cyffredinoli, *be,* generalize
cyffredinoliad, *eg, ll* -au, generalisation
cyffredinolrwydd, *eg,* universality
cyffroi, *be,* stir; incite
cyffsen, *eb, ll* **cyffs,** cuff
cyffug, *eg,* fudge

cyffur, *eg, ll* -iau, medicine; drug
  cyffur adfywio, stimulant
  cyffur caled, hard drug
  cyffur cwsg, hypnotic
  cyffur gweithio, laxative
  cyffuriau chwysu, sudorifics
  cyffur lliniaru, sedative
  cyffur llyngyr, vermifuge
  cyffur meddal, soft drug
  cyffur rhyddhau, laxative
  cyffur wyneb, astringent-lotion
cyffurf, *a*, conformal
cyffurfa, *eb, ll* cyffurfeydd, pharmacy
cyffurfiadwy, *a*, conformable
cyffurieg, *egb*, pharmacy
cyffwrdd, *be*, contact; touch
  cyffwrdd person, personal contact
cyffwrdd-dorrwr, *eg, ll* -dorwyr, contact breaker
cyffyrddiad, *eg, ll* -au, contact; touch
cyffyrddog, *a*, tactile
cyffyrddol, *a*, tactile
  gwerthoedd cyffyrddol, *ell*, tactile values
cygrychu, *be*, shirr
cyngaws, *eg, ll* cynghawsau, cynghawsion, law suit
cyngeth, *eg, ll* cynghethau, concept
cynghoraidd, *a*, conciliar
  Y Mudiad Cynghoraidd, *eg*, Conciliar Movement
Cynghorfa Gyhoeddus y Dinesyddion, *eb*, Citizens Advice Bureau
cynghori, *be*, counsel
cynghoriant, *eg*, counselling
cynghorol, *a*, advisory
cynghorus, *a*, prudential
cynghorwr, *eg, ll* -wyr, counsellor
cynghrair, *eg, ll* cynghreiriau, league; alliance
  Cynghrair y Cenhedloedd, League of Nations
cynghreiddig, *a*, concentric
cynghreiriad, *eg, ll* cynghreiriaid, ally
cynghreiriol, *a*, allied
cyngor, *eg, ll* cynghorau, council
  Cyfrin Gyngor, Privy Council
  Cyngor Cyffredin, Common Council
  Cyngor Dosbarth, District Council
  Cyngor Llundain fawr, Greater London Council
  Cyngor Llundain fewnol, Inner London Council
  Cyngor Prynwyr, Consumer Council
  Cyngor y Brenin, King's Council
cyngres, *eb, ll* -au, -i, congress
cyngresol, *a*, congressional
cyhoeddeb, *eb, ll* -au, edict
cyhoeddi, *be*, announce; issue
cyhoeddiad, *eg, ll* -au, announcement; issue
  heb ei gyhoeddi, unissued
cyhoeddus, *a*, public
  cysylltiadau cyhoeddus, *ell*, public relations
  gwasanaethau cyhoeddus, *ell*, public utilities
cyhoeddusrwydd, *eg*, publicity
cyhuddedig, *a*, accused
cyhuddiad, charge
cyhuddo, *be*, accuse; charge
cyhydedd, *egb, ll* -au, -ion, equator
  cyhydedd gwres, thermal equator
  cyhydedd thermal, thermal equator
  cyhydedd wybrennol, celestial equator
cyhydeddol, *a*, equatorial
cyhydnos, *eb, ll* -au, equinox
  cyhydnos y gwanwyn, vernal equinox
  cyhydnos yr hydref, autumnal equinox
cyhyr, *eg, ll* -au, muscle
  cyhyrau llygad, eye-muscles
  cyhyr di-res, smooth muscle
  cyhyr rhesog, skeletal muscle; striped muscle; voluntary muscle
cylch, *eg, ll* -au, -oedd, circle; ring; girdle; circuit
  cylch atal, restraining circle
  Cylch Bychan, Small Circle
  cylch canol, centre circle
  cylch gorchwyl, terms of reference
  cylch hydraidd, porous ring
  cylch llawr, floor ring

cylch llygad, eye ring
Cylch Mawr, Great Circle
cylchoedd blynyddol, annual rings
cylch pelfig, pelvic girdle
cylch pêl rwyd, netball ring
cylch perthnasol, terms of reference
cylch saethu, shooting circle
cylch yr ysgwydd, shoulder girdle
chwarter cylch, *eg,* quadrant
hollt cylch, *egb,* ring shake
Llwybr Cylch Mawr, *eg,* Great Circle Route
cylchdaith, *eb, ll* **cylchdeithiau,** circuit; progress
cylchdref, *eb, ll* -**i,** -**ydd,** satellite town
cylchdro, *a,* rotation; rotational, *eg, ll* -**eon,** cycle; rotation; rotary
cylchdro cnydau, rotation of crops
cylchdro masnach, trade cycle
pori cylchdro, *eg,* rotational grazing
symudiad cylchdro, *eg,* rotational movement
cylchdroi, *be,* rotate; revolve
cylched, *eb,* circuit
cylched cysain, tuned circuit
cylched cysain cyflin, parallel resonant circuit
cylched cysain cyfres, series resonant circuit
cylched derbyn, acceptor circuit
cylched gwrthod, rejector circuit
cylched pwt, short circuit
cylchedd, *eg, ll* -**au,** circumference; circle
cylchfa, *eb, ll* -**oedd, cylchfâu,** zone
cylchfa amser, time zone
cylchfa cronni, zone of accumulation
cylchfa cydgyfeiriant, convergence zone
cylchfa cynnydd a chymath, zone of advance and assimilation
cylchfa drwythiad, saturation zone
cylchfa dymherus, temperate zone
cylchfa ddryllio, shatter zone

cylchfa glaer-dymherus, cool temperate zone
cylchfa grasboeth, torrid zone
cylchfa gyfnosi, twilight zone
cylchfa gynnes-dymherus, warm temperate zone
cylchfa mewn trawsnewid, zone transition
cylchfa ragod, buffer zone
cylchfa rew, frigid zone
cylchfa trochion, splash zone
cylchfäedd, *eg, ll* -**au,** zonation
cylchyn hwla, hoola hoop
cylfat, *eg, ll* -**iau,** culvert
cym, *eg, ll* -**iau,** cyme
cyma, *eg, ll* **cymae,** cyma
cymaidd, *a,* cymose
cymal, *eg, ll* -**au,** clause; joint; phrase; knuckle
cymal cyffredin, common joint
cymal pelen a soced, ball and socket joint
dŵr cymalau, *eg,* joint oil
edau gymal, *eb,* knuckle thread
uniad cymal, *eg,* knuckle joint
cymalog, *a,* jointed
cymalwst, *eg,* articular rheumatism
cymanfa, *eb, ll* -**oedd,** assembly
cymantoledd, *eg, ll* -**au,** equilibrium
cymantoledd gallu, balance of power
cymanwlad, *eb, ll* **cymanwledydd,** commonwealth
cymar, *eg, ll* **cymheiriaid,** partner
cymarebol, *a,* rational
cymargelloedd, *ell,* companion cells
cymatiwm, *eg, ll* **cymatia,** cymatium
cymathiad, *eg, ll* -**au,** assimilation
cyfradd net cymathiad, *eg,* net assimilation rate
cymdeithas, *eb, ll* -**au,** society; association
cymdeithas luosryw, plural society
cymdeithaseg, *egb,* sociology
cymdeithasgarwch, *eg,* sociability
cymdeithasiad (syniadau), *eg, ll* -**au,** association (of ideas)
cymdeithasiadol, *a,* associative
cymdeithasol, *a,* social
astudiaethau cymdeithasol, *ell,* social studies

dosbarth cymdeithasol, *eg*, social class
oed cymdeithasol, *eg*, social age
pellter cymdeithasol, *eg*, social distance
seicoleg gymdeithasol, *egb*, social psychology
symudoledd cymdeithasol, *eg*, social mobility
cymdeithasoli, *be*, socialize
cymdogaeth, *eb*, *ll* -au, neighbourhood
uned gymdogaeth, *eb*, neighbourhood unit
cymdogrwydd, *eg*, neighbourliness
cymedr, *eg*, *ll* -au, mean; average
cymedr geometrig, geometric mean
cymedr harmonig, harmonic mean
cymedr rhifyddol, arithmetic mean
gwahaniaeth cymedr, *eg*, mean difference
taith gymedr, *eb*, mean free path
cymedraidd, *a*, average
cymedrig, *a*, mean
gwyriad cymedrig, *eg*, mean deviation
lefel môr cymedrig, *eb*, mean sea level
cymedrol, *a*, moderate
cymedrolwr, *eg*, *ll* -wyr, moderator
cymelliadaeth, *eb*, *ll* -au, motivation
cymelliadu, *be*, motivate
cymen, *a*, proper
cymer, *eg*, *ll* -au, confluence; junction
cymeradwyaeth, *eb*, applause
cymeradwyo, *be*, approve
cymeriad, *eg*, *ll* -au, character
cymeriadaeth, *eb*, *ll* -au, characterization
cymeriadol, *a*, in character
cymesur, *a*, proportional; proportionate; symmetric
cymesuredd, *eg*, *ll* -au, proportion; symmetry
cymesuredd dwyochrog, bilateral symmetry
cymesuredd rheiddiol, radial symmetry
cymesurol, *a*, symmetrical

cymhareb, *eb*, *ll* cymarebau, ratio
cymhareb cyflymder, velocity ratio
cymhareb ddeufforchio, bifurcation ratio
cymhareb ddeuhybrid, dihybrid ratio
cymhareb gritigol, critical ratio
cymhareb groes, cross ratio
cymhareb grym, force ratio
cymhareb monohybrid, monohybrid ratio
cymhareb union, direct ratio
cymhareb wrthdro, inverse ratio
cymhariaeth, *eb*, *ll* cymariaethau, comparison
cymharol, *a*, relative
gwastadrwydd cymharol, *eg*, relative flatness
lleithder cymharol, *eg*, relative humidity
cymharoldeb, *eg*, relativity
cymharoldeb cyffredinol, general relativity
cymharu, *be*, compare
o'i gymharu â, relative; with respect to
cymheiriad, *eg*, *ll* cymheiriaid, peer
statws ymhlith ei gymheiriaid, *eg*, status among his peers
cymhelliad, *eg*, *ll* cymelliadau, motive
cymhelliant, *eg*, *ll* cymelliannau, motivation
cymhendod, *eg*, neatness
cymhennu, *be*, neaten
cymhlan, *a*, complanar
cymhleth, *a*, complex, *eg*, *ll* -au, -ion, -oedd, complex
cymhleth Oedipus, Oedipus complex
cymhleth y myfi, ego-complex
cymhleth yr ego, ego-complex
cymhleth y taeog, inferiority complex
cymhlethdod, *eg*, *ll* -au, complexity
arwyddion cymhlethdod, *ell*, complexity indicators
cymhlitho, *be*, blend
cymhlyg, *a*, complex; *eg*, *ll* -au, complex

CYMHORTHDRETH 341 CYNEFIN

cymhlyg diwydiannol, industrial complex
ffwythiant cymhlyg, *eg,* complex function
newidyn cymhlyg, *eg,* complex variable
cymhorthdreth, *eb, ll* **cymorthdrethi,** aid
cymhorthiad, *eg, ll* **cymhorthiaid,** aide
cymhorthol, *a,* assistant; *eg,* subsidy
cymhorthwr, *eg, ll* **-wyr,** assistant
cymhwysedd, *eg, ll* **cymwyseddau,** adaptability; competence
cymhwysiad, *eg, ll* **-au,** adjustment; application; accommodation
cymhwyso, *be,* adjust; apply; adapt
cymhwysol, *a,* applied
ieithyddiaeth gymhwysol, *eb,* applied linguistics
mecaneg gymhwysol, *egb,* applied mechanics
mathemateg gymhwysol, *egb,* applied mathematics
cymhwyster, *eg, ll* **cymwysterau,** qualification
cymhwyster arholiadol, examination qualification
cymhwysydd, *eg, ll* **cymwysyddion,** adaptor
cymodi, *be,* conciliate; reconcile
cymodiad, *eg, ll* **-au,** conciliation
cymorth, *eg, ll* **cymhorthion,** aid
cymorth cartref, home help
cymorth cyfreithiol, legal aid
cymorth cyntaf, first aid
cymorth union, first aid
swyddog cymorth, *eg,* relieving officer
cymriw, *a,* lacerated
cymriwiadau, *ell,* lacerations
cymriwio, *be,* lacerate
cymrodeddu, *be,* reconcile
cymryd, *be,* take
cymryd clap, take a call (*Th*)
cymryd y gornel, take the corner (*Th*)
cymudadur, *eg, ll* **-on,** commutator
cymudiad, *eg, ll* **-au,** commutation
cymudo, *be,* commute
cymudol, *a,* commutative
cymudwr, *eg, ll* **-wyr,** commuter

cymuned, *eb, ll* **-au,** community
canolfan gymuned, *eb,* community centre
cymuned hil, racial community
cymunedol, *a,* community
canolfan gymunedol, *eb,* community centre
cartref cymunedol, *eg,* community home
cymuniaeth, *eb, ll* **-au,** demise
cymuno, *be,* demise
cymunol, *a,* communicant
cymunwr, *eg, ll* **-wyr,** communicant; houseling
cymunwyr, *ell,* houseling people
cymwys, *a,* exact; competent
cymwysedig, *a,* applied
cymwysoli, *be,* qualify
cymylogrwydd, *eg,* cloudiness
cymylyn, *eg, ll* **cymylos,** cloudlet
cymynnai, *eg, ll* **-eion,** devisee
cymynnu, *be,* bequeath
cymynnwr, *eg, ll* **cymynwyr,** devisor
cymynrodd, *eg, ll* **-ion,** bequest; legacy; devisee
cymynu, *be,* fell
cymynu coed, fell trees
cymysgar, *a,* promiscuous
cymysgaredd, *eg,* promiscuity
cymysgedd, *eg,* mixture
cymysgedd burum, yeast mixture
cymysgiad, *eg, ll* **-au,** admixture
cymysgryw, *eg, ll* **-iau,** intersex
cymysguchafiaeth, *eb,* mixed dominance
cymysgwy, *eg, ll* **-au,** scrambled egg
cŷn, *eg, ll* **cynion,** chisel; cutter
cŷn befel, bevel chisel
cŷn caled, cold chisel
cŷn cau cefn, firmer gauge
cŷn crwn, gouge
cŷn eingion, hardie
cynamserol, *a,* premature
cynaniad, *eg, ll* **-au,** articulation; pronunciation
cynanu, *be,* pronounce
cynderfynol, *a,* semi-final
cyndynrwydd, *eg,* tenacity
cynddaredd, *eb, ll* **-au,** rabies
cyn-enedigol, *a,* ante-natal
cynefin, *eg, ll* **-oedd,** habitat

cynefin ecolegol, ecological habitat
cynefin y defaid, sheep walk
cynefino, *be,* naturalize
cynefodig, *a,* habitual
  meddwyn cynefodig, *eg,* habitual drunkard
cynfas, *eg, ll* **-au,** canvas; sheet
  brodwaith cynfas, *eg,* canvas embroidery
  cynfas bwlch, cut cloth
  cynfas rowlio, roll-out
  cynfas rwg, rug canvas
  ennill o gynfas, *be,* win by a canvas
cynfennau, *ell,* condiments
cynfodol, *a,* pre-existing
cynfrodor, *eg, ll* **-ion,** aboriginal
cynfrodorion, *ell,* aborigines
cynfrodorol, *a,* aboriginal
cynffon, *eb, ll* **-nau,** tail
  cynffon a bwlch, pin and slot
  cynffon cast, tail
  cynffon oen bach, catkin
cynffonedd, *eg, ll* **-ion,** tail
Cyn-Gambriaidd, *a,* Pre-Cambrian
cyn-geni, *a,* ante-natal
  gofal cyn-geni, *eg,* ante-natal care
Cynhadledd, *eb, ll* **Cynadleddau,** Diet
cynhaliad, *eg, ll* **cynaliadau,** support
cynhaliaeth, *eb, ll* **cynaliaethau,** support; maintenance
cynhaliwr, *eg, ll* **-wyr,** support; supporter
cynhalydd, *eg, ll* **cynalyddion,** rest; holder
cynhanes, *eg,* pre-history
cynhanesiol, *a,* prehistoric
cynhaniad, *eg, ll* **-au,** enunciation
cynhebrwng, *eg, ll* **cynhebryngau,** cortege
cynheiliad, *eg, ll* **cynheiliaid,** support; strut; second (*Ch*)
cynheilio, *be,* strut
cynheilydd, *eg, ll* **cyneilyddion,** receptacle
cynhemlad, *eg, ll* **-au,** contemplation
cynhemlu, *be,* contemplate
cynhenid, *a,* innate; intrinsic; indigenous; native
cynhennus, *a,* contentious
cynhesu, *be,* warm; warm up

cynhinio, *be,* shred
cynhoredd, *eg,* initiative
cynhoriad, *eg, ll* **-au,** initiation
cynhorio, *be,* initiate
cynhwynol, *a,* innate; congenital; patrial
  anffurfiadau cynhwynol, *ell,* congenital deformities
  namau cynhwynol, *ell,* congenital deformities
cynhwysaidd, *a,* capacitative
cynhwysedd, *eg, ll* **cynwyseddau,** capacity; capacitance
cynhwysiad, *eg, ll* **cynwysiadau,** content
cynhwysion, *ell,* ingredients
cynhwysol, *a,* inclusive
cynhwysor, *eg, ll* **cynwysorau,** capacitor; condenser
Cynhwysrif Cyffredin Lleiaf (C.C.Ll.), *eg,* Lowest Common Multiple (L.C.M.)
cynhwysydd, *eg, ll* **cynwysyddion,** container
cynhyrchedd, *eg,* productivity
cynhyrchiad, *eg, ll* **cynyrchiadau,** production
  cynhyrchiad teithiol, touring production
cynhyrchiant, *eg, ll* **cynyrchiannau,** productivity
cynhyrchu, *be,* produce
cynhyrchydd, *eg, ll* **cynyrchyddion,** producer; generator (*Cr*)
cynhyrfawr, *a,* excitable
cynhyrfedd, *eg,* excitability
cynhyrfu, *be,* excite
cynhyrfus, *a,* exciting
cynhysgaeth, *eb, ll* **-au,** endowment
cyniferydd, *eg, ll* **-ion,** quotient
  cyniferydd cyflawniad, accomplishment quotient
  Cyniferydd Deallusrwydd (C.D.), Intelligence Quotient (I.Q.)
cynigiad, *eg, ll* **-au,** proposition
cynio, *be,* chisel
  cynio fertigol, vertical chiselling
  cynio llorweddol, horizontal chiselling
cynlyn, *eg, ll* **-noedd,** former lake
cynllun, *eg, ll* **-iau,** design; layout; plan; project; scheme

cynllun consentrig, concentric plan
cynllun gwaith, scheme of work
cynllun gwreiddiol, original design
cynllun haniaethol, abstract design
cynllun llawr, ground plan
cynllun torri, cutting layout
cynllunio, *be,* design; plan
　cynllunio cyfannol, integrated planning
　cynllunio integredig, integrated planning
cynlluniwr, *eg, ll* **-wyr,** draughtsman
cynllunydd, *eg, ll* **-ion,** designer; stylist
　cynllunydd golygfa, scene designer
　cynllunydd gwallt, hair stylist
cynllwyn, *eg, ll* **-ion,** conspiracy; intrigue
cynnal, *be,* subtend; support; sustain
　gorchymyn cynnal, *eg,* maintenance order
　tâl cynnal, *eg,* maintenance payment
cynnau, *be,* kindle
cynneddf, *eb, ll* **cyneddfau,** faculty
　cyneddfau beirniadu, critical faculties
　damcaniaeth y cyneddfau, *eb,* faculty theory
cynnen, *eb, ll* **cynhennau,** contention
　cynnen oesol, feud
cynnes, *a,* warm
　awyrglwm cynnes, *eg,* warm air mass
　ffrynt gynnes, *egb,* warm front
　sector cynnes, *eg,* warm sector
cynnig, *eg, ll* **cynigion,** offer; bid; proposal; order
　cynnig cadarn, firm order
　cynnig pendant, firm order
cynnil, *a,* economical
cynnud, *eg, ll* **cynudau,** fuel
　cynnud di-fwg, smokeless fuel
　cynnud solid, solid fuel
　traul cynnud, *eb,* fuel comsumption
cynnwrf, *eg, ll* **cynhyrfau,** disturbance
cynnwys, *eg, ll* **cynhwysion,** content

cynnydd, *eg, ll* **cynyddion,** increase; progress
cynnyrch, *eg, ll* **cynhyrchion,** product; return; yield; output
　cynnyrch llaeth, dairy product
cynodiad, *eg, ll* **-au,** connotation
cynorthwyo, *be,* aid
　cynorthwyo ac annog, aid and abet
cynorthwyol, *a,* auxiliary; accessary
　cylch cynorthwyol, *eg,* auxiliary circle
　hafaliad cynorthwyol, *eg,* auxiliary equation
cynosod, *be,* postulate
cynosodiad, *eg, ll* **-au,** postulate
cynradd, *a,* primary
Cyn-Raphaelaidd, *a,* Pre-Raphaelite
　Brawdoliaeth Gyn-Raphaelaidd, *eb,* Pre-Raphaelite Brotherhood
cyn-rewlifol, *a,* pre-glacial
cynrychiadol, *a,* representative
　cymanfa gynrychiadol, *eb,* representative assembly
　cynulliad cynrychiadol, *eg,* representative assembly
cynrychiadus, *a,* representational
cynrychiolaeth, *eb, ll* **-au,** delegation
cynrychioli, *be,* represent
cynrychioliad, *eg, ll* **-au,** representation
　cynrychioliad cyfrannol, proportional representation
cynrychioliadol, *a,* representative
cynrychiolydd, *eg, ll* **cynrychiolwyr,** representative; delegate
cynrhonen, *eb, ll* **cynrhon,** maggot
cynrhonyn, *eg, ll* **cynrhon,** maggot
cynsail, *eb, ll* **cynseiliau,** precedent
cyntafanedigaeth, *eb,* primogeniture
cyntedd, *eg, ll* **-au, -oedd,** vestibule; foyer
cyntefig, *a,* primitive; *eg, ll* **-ion,** primitive
cyntefigiaeth, *eb, ll* **-au,** primitivism
cynudfudd, *eg, ll* **-ion,** firebote
cynudydd, *eg, ll* **-ion,** fuel cell
cynulleidfa, *eb, ll* **-oedd,** audience
　cyfranogiad cynulleidfa, *eg,* audience participation
cynulliad, *eg, ll* **-au,** assembly
cynullydd, *eg, ll* **-wyr,** convener

cynweithredol, *a*, pre-operational
  meddwl cynweithredol, *eg*, pre-operational thought
cynyddol, *a*, progressive
cynyddu, *be*, increase
cyn-ymddygiad, *eg*, *ll* **-au**, initial behaviour
cypladu, *be*, copulate
cyplau, *ell*, principals; couples
cypledig, *a*, coupled; trussed
cyplu, *be*, couple; pair
cyplydd, *eg*, *ll* **-ion**, couplet
cyplysnod, *eg*, *ll* **-au**, brace
cyplysu, *be*, couple; mate; join
  cyplysu cyhuddiadau, *eg*, joinder of offences
  rhannau cyplysol, *ell*, mating parts
cypreswydden, *eb*, *ll* **cypreswydd**, cypress
cyrathiad, *eg*, *ll* **-au**, corrasion
  cyrathiad fertigol, vertical corrasion
  cyrathiad ochrol, lateral corrasion
cyrcydu, *be*, crouch
cyrch, *eg*, *ll* **-au**, **-oedd**, raid; fetch
cyrchfan, *egb*, *ll* **-nau**, resort; haunt
  cyrchfan dŵr-wyliau, watering place
  cyrchfan haf, summer resort
cyrchfilwyr, *ell*, guerrillas
cyrchnod, *eg*, *ll* **-au**, destination
cyrchu, *be*, fetch
cyrensen, *eb*, *ll* **cyrens**, currant
  cyrens duon, blackcurrants
cyrl, *eg*, *ll* **-iau**, **-s**, curl
cyrnol, *eg*, *ll* **-iaid**, colonel
  is-gyrnol, lieutenant colonel
cyrraedd, *be*, arrive; reach; *eg*, arrival
  amser cyrraedd, *eg*, time of arrival
  cyrraedd a gadael, arrival and departure
cyrri, *eg*, *ll* **cyrïau**, curry
cyrten, *eg*, *ll* **-ni**, curtain
  cyrten casment, casement curtain
cyrtsi, *eg*, *ll* **cyrtsïau**, curtsy
cyrydiad, *eg*, *ll* **-au**, corrosion
cyrydol, *a*, corrosive
cyrydu, *be*, corrode
cyrhaeddiad, *eg*, *ll* **cyraeddiadau**, attainment
cysain, *a*, resonant

cysefin, *a*, prime
  ffactor cysefin, *egb*, prime factor
  rhif cysefin, *eg*, prime number
cysegr, *eb*, *ll* **-au**, **-oedd**, sanctuary
cysegrfa, *eb*, *ll* **cysegrfeydd**, shrine
cysegriad, *eg*, dedication
cysegr-ladrad, *eg*, sacrilege
cyseiniant, *eg*, *ll* **cyseiniannau**, resonance
cyseinydd, *eg*, *ll* **-ion**, resonator
cysgod, *eg*, *ll* **-ion**, **-au**, shade; shadow
cysgodfa, *eb*, *ll* **-nnau**, shelter
cysgodlen, *eb*, *ll* **-ni**, shade
  cysgodlen lamp, lampshade
cysgodwaith, *eg*, *ll* **-weithiau**, shadow work
cysgu, *be*, sleep
cysodro, *be*, sweat
cyson, *a*, consistent; steady
cysondeb, *eg*, consistency; reliability
  cyfernod cysondeb, *eg*, reliability coefficient
  cysondeb mewnol, internal consistency
cysonyn, *eg*, *ll* **cysonion**, constant
  cysonyn amser, time-constant
  cysonyn deuelectrig, dielectric constant
cystadleuaeth, *eb*, *ll* **cystadlaethau**, competition
cysticercoid, *a*, cysticercoid
cysticercws, *eg*, *ll* **cysticerci**, cysticercus
cystiedig, *a*, encysted
cystrawen, *eb*, *ll* **-nau**, construction; (gramadegol)
cystrawennaeth, *eb*, *ll* **cystrawenaethau**, construction
cyswllt, *eg*, *ll* **cysylltau**, connection; contact; joint; liaison; link; union
cyswllt-dorrydd, *eg*, *ll* **-dorwyr**, contact breaker
cysylweddiad, *eg*, *ll* **-au**, consubstantiation
cysylltedd, *eg*, linkage; coherence
  cysylltedd anghyflawn, incomplete linkage
  cysylltedd cyflawn, complete linkage

cysylltfur, *eg*, *ll* -iau, curtain wall
cysylltiaeth, *eb*, associationism
cysylltiedig, *a*, connected
cysylltiol, *a*, associated
cysylltiolyn, *eg*, *ll* **cysylltolion**, contact
cysylltu, *be*, connect; join; engage
cysylltydd, *eg*, *ll* -ion, connector
cysyniad, *eg*, *ll* -au, concept
  cysyniad ffracsiynol, fractional concept
cysyniadaeth, *eb*, conception (seicolegol)
cysyniadolaeth, *eb*, conceptualism
cytawl, *eg*, *ll* **cytolion**, common
  cytawl pori, common pasture
cytbwys, *a*, well balanced
cytbwysedd, *eg*, balance
cytgar, *eg*, *ll* **cytgeir**, sidecar
cytew, *eg*, batter
  cytew caenu, coating batter
  cytew cotio, coating batter
  cytew Ffrengig, French batter
  cytew gorchuddio, coating batter
  cytew selsig, toad in the hole
  cytew sosej, toad in the hole
cytgord, *eg*, *ll* -iau, concord; harmony; co-ordination
cytgroes, *a*, concurrent
cytio, *be*, cut
cytir, *eg*, *ll* -oedd, common land
cytled, *eb*, *ll* -i, cutlet
cytocrom, *eg*, *ll* -au, cytochrome
cytogeneteg, *egb*, cytogenetics
cytoleg, *egb*, cytology
cytolysis, *eg*, *ll* **cytolyses**, cytolysis
cytoplasm, *eg*, *ll* -au, cytoplasm
cytoplasmig, *a*, cytoplasmic
cytref, *eb*, *ll* -i, colony
cytrefiad, *eg*, *ll* -au, conurbation
cytrefol, *a*, colonial
cytrefu, *be*, colonise
cytser, *eg*, *ll* -au, constellation
  cytser ambegynnol, circumpolar constellation
  cytser tymhorol, seasonal constellation
cytûn, *a*, compatible
cytundeb, *eg*, *ll* -au, agreement; pact; treaty; concord
  cytundeb terfynol, final concord
cytunedd, *eg*, *ll* -au, compatibility

cytuniad (i anrhydeddu), *eg*, *ll* -au, acceptance (for honour); treaty
cytuno, *be*, blend
cytunol, *a*, concordant
cytunwr, *eg*, *ll* -wyr, acceptor
cythruddo, *be*, provoke
cywair, *eg*, *ll* **cyweiriau**, pitch; key; tone
  arwydd cywair, *egb*, key-signature
  cyweiriau perthynol a mwyaf, relative major and minor keys
cywaith, *eg*, *ll* **cyweithiau**, project; mis-en-scène; product of co-operative activity
cywarch, *eg*, *ll* -au, hemp
cywasg, *a*, compressed
cywasgadwy, *a*, compressible
cywasgedig, *a*, compressed
cywasgedd, *eg*, *ll* -au, compression
cywasgfwrdd, *eg*, *ll* **cywasgfyrddau**, compo board
cywasgu, *be*, compress
cywasgydd, *eg*, *ll* -ion, compressor
cyweddiad, *eg*, *ll* -au, engagement
  cyweddiad dwbl, double engagement
  newid cyweddiad, *eg*, change of engagement
cyweddu, *be*, engage
cyweiriad, *eg*, *ll* -au, repair
cyweirio, *be*, mend; darn; equip
  cyweirio anwel, invisible mending
cyweirnod, *eg*, *ll* -au, keynote; pitch
  arwydd cyweirnod, *egb*, key-signature
cyweithgaredd, *eg*, *ll* -au, co-operative activity
cyweithgarwch, *eg*, co-operative activity
cywerth, *a*, equivalent
  cywerth electrogemegol, *eg*, electrochemical equivalent
  pwys cywerth, *eg*, equivalent weight
cywerthedd, *eg*, equivalence
cywir, *a*, true; correct; exact; right
  hyd cywir, *eg*, true length
cywirdeb, *eg*, *ll* -au, accuracy; exactness
cywiriad, *eg*, *ll* -au, correction; rectification
cywiro, *be*, correct; rectify
cywladu, *be*, naturalize

CH

chwaeth, *eb, ll* -au, -oedd, taste (art and moral)
chwalu, *be,* demolish
chwant, *eg, ll* -au, appetite
chwantus, *a,* sensual
chwarae, *be,* play; perform; *eg, ll* -on, game; play
  chwarae agor, curtain raiser
  chwarae dan gynfas, *be,* play under canvas
  chwarae dŵr, water play
  chwarae dwy ran, *be,* double (*Th*)
  chwarae gornest, match play
  chwarae gwerin, folk play
  chwarae i dŷ llawn, *be,* play to capacity
  chwarae i'r galeri, *be,* play to the gallery
  chwarae o'r neilltu, by-play
  chwarae patrwm, design play
  chwarae peryglus, dangerous play
  chwarae preifat, private theatricals
  chwarae strôc, stroke play
  chwarae unnos, one night stand
  iard chwarae, *eg,* playground
chwaraedy, *eg, ll* chwaraedai, playhouse
chwaraefa, *eb, ll* chwaraefeydd, pitch
chwaraele, *eg, ll* -oedd, play-ground
chwaraewr, *eg, ll* -wyr, player; performer
  chwaraewr cadw, reserve
  chwaraewr crafog, scratch player
  chwaraewr dethol, seeded player
chwaraeyddol, *a,* histrionic
chwarel, *eb, ll* -i, -au, -ydd, quarry
chwarela, *be,* quarry
chwarenlif, *eg, ll* -oedd, secretion
chwarennol, *a,* glandular
chwarren, *eb, ll* chwarennau, gland
  chwarren adrenal, adrenal gland
  chwarren barotid, parotid gland
  chwarren bineal, pineal body
  chwarren bitwidol, pituitary body
  chwarren brostad, prostate gland
  chwarren chwyddedig, enlarged gland
  chwarren chwys, sweat gland
  chwarren ddi-ddwythell, ductless gland
  chwarren endocrin, endocrin gland
  chwarren laeth, mammary gland
  chwarren las, green gland
  chwarren lymffatig, lymphatic gland
  chwarren sebacus, sebaceous gland
  chwarren theiroid, thyroid gland
  chwarren thyroid, thyroid gland
  chwarren uwcharennol, suprarenal gland
  chwarren werdd, green gland
  chwarren y ffolen, popliteal gland
chwart, *eg, ll* -au, quart
chwartel, *eg, ll* -au, -i, quartile
chwarter, *eg, ll* -i, one-quarter; quarter
  y chwarter du, black quarter
chwarterol, *a,* quarterly
chwechawd, *eg, ll* -au, sextet
chwerfan, *eb, ll* chwerfain, pulley
chweugain, *egb, ll* chwegeiniau, ten shillings
chwib, *eb, ll* -iau, whistle
chwig, *eg, ll* -iaid, whig
chwigaidd, *a,* whig
chwigiaeth, *eb,* whigism
chwilen, *eb, ll* chwilod, beetle
  chwilen celfi, furniture beetle
chwilfrydedd, *eg,* curiosity
chwiliad, *eg,* search
chwilio, *be,* search
  chwilio ymhellach, *eg,* further inquiry
  gwarant chwilio, *egb,* search warrant
chwiliwr, *eg, ll* chwilwyr, searcher
chwilys, *eg, ll* -oedd, inquisition
chwimguriad y galon, *eg,* tachycardia

DAEARYDDOL 349 DARFELYDD

daearyddiaeth gymhwysol, applied geography
daearyddol, *a,* geographical
inertia daearyddol, *eg,* geographical inertia
momentwm daearyddol, *eg,* geographical momentum
dafad, *eb, ll* **defaid,** sheep; wart
dafad ddidol, draft ewe
dafad yn myharenna, oestrum sheep
dafad yn rhydio, oestrum sheep
dafn, *eg, ll* **-au,** drop
dagreuol, *a,* lachrymal
Dagweroteip, *eg,* Daguerrotype
dangos, *be,* show; demonstrate; exhibit
i ddangos achos pam, to show cause why
dangosbeth, *eg, ll* **-au,** exhibit
dangosiad, *eg, ll* **-au,** demonstration; exposition
dangosiad er mwyn gwerthu, exposure for sale
dangosydd, *eg, ll* **-ion,** indicator
prawf ddangosydd deial, dial test indicator
dal, *be,* catch; capture; hold; stop
dal cynulleidfa, hold an audience
dal golygfa, hold a scene
dalbren, *eg, ll* **-nau,** bench holdfast
dalen (taflen), *eb, ll* **-nau,** sheet
dalen amser, time sheet
dalennau part, sides (*Th*)
dalen offeru lliw, colour tooling leaf
dalennig, *eg, ll* **dalenigion,** leaflet
dalfa, *eb, ll* **dalfeydd,** custody
dalfod, *eg,* endurance
dalfodedd, *eg,* endurance
dalgadw, *be,* intern; *eg,* internment
dalgadwor, *eg, ll* **-ion,** internee
dalgadwraeth, *eb,* internment
dalgaredd, *eg, ll* **-au,** tenacity; endurance
dalgylch, *eg, ll* **-oedd,** catchment area
dalgylch afon, drainage basin
daliad, *eg, ll* **-au,** catch; holding; tenement; held ball; suspended note
daliad glân, fair catch
mân ddaliad, small-holding

daliadaeth, *eg, ll* **-au,** tenure
daliadaeth am oes, life tenure
daliant, *eg, ll* **daliannau,** suspension
daliedydd, *eg, ll* **-ion,** retainer
daliedydd tir, retainer of land
daliwr, *eg, ll* **dalwyr,** holder; catcher; jig
daliwr mantol, stakeholder
dall, *a,* blind
man dall, *eg,* blind spot
dallbwynt, *eg, ll* **-iau,** blind spot
dallineb, *eg,* blindness
dallydd, *eg, ll* **dallwyr,** blinder
damasgin, *a,* damascene; *eg, ll* **-iaid,** damascene
damasgu, *be,* damascene
damcaniaeth, *eb, ll* **-au,** theory; hypothesis
damcaniaeth atgyfnerthu, reinforcement theory
damcaniaeth gwybodaeth, information theory
damcaniaethol, *a,* hypothetical
dampar, *eg, ll* **-s,** damper
damwain, *eb, ll* **damweiniau,** casualty
damweingar, *a,* accident-prone
damweiniol, *a,* contingent
damweinlon, *a,* accident-prone
danfon, *be,* remit
danheddiad, *eg, ll* **daneddiadau,** indentation
danheddog, *a,* serrated
danheddus, *a,* indented
dant, *eg, ll* **dannedd,** tooth; twine
copa dant, *eg,* crown of tooth
dannedd llif, saw teeth
dannedd parhaol, permanent teeth
dannedd sugno, milk teeth
dant blaen, incisor
dant ci, dog tooth
dant llygad, canine tooth
pydredd dannedd, *eg,* caries
da pluog, *ell,* poultry
darddull, *eb, ll* **-iau,** manner
darddullaidd, *a,* mannerist
darddulliaeth, *eb, ll* **-au,** mannerism
darddullwr, *eg, ll* **-wyr,** mannerist
darfath, *eg, ll* **-au,** swage
bloc darfath, *eg,* swage block
darfathu, *be,* swage
darfelydd, *eg, ll* **-ion,** imagination

darfod, *be,* finish; end; decay
  wedi darfod, *a,* extinct
darfodedigaeth, *eb,* consumption; tuberculosis; pthisis
darfodiant, *eg, ll* **darfodiannau,** downwash
darfodus, *a,* decaying; perishable
  defnyddiau darfodus, *ell,* perishable goods
darfudiad, *eg, ll* -au, convection
darfudol, *a,* convectional
  glaw darfudol, *eg,* convectional rain
darffeilio, *be,* draw filing
dargadw, *be,* retain
dargadwad, *eg, ll* -au, retention
dargadwaeth, *eb,* retentiveness
dargadwol, *a,* retentive
darganfod, *be,* discover
darganfyddiad, *eg, ll* -au, invention
dargludedd, *eg,* conductivity
dargludiad, *eg, ll* -au, conduction
dargludiant, *eg, ll* **dargludiannau,** conductance
dargludo, *be,* conduct
dargludydd, *eg, ll* -ion, conductor
dargopi, *eg, ll* **dargopïau,** tracing
dargopïo, *be,* trace
dargyfeiredd, *eg, ll* -au, divergence
dargyfeiriad, *eg, ll* -au, diversion
dargyfeirio, *be,* diverge
dargyfeiriol, *a,* divergent
dargyhoeddi, *a,* declare
darheulad, *eg, ll* -au, insolation
darlifo, *be,* perfuse
darlith, *eb, ll* -iau, lecture
darlithfa, *eb, ll* **darlithfeydd,** lecture room
darlithio, *be,* lecture
darlithydd, *eg, ll* **darlithwyr,** lecturer
  uwch-ddarlithydd, senior lecturer
darlun, *eg, ll* -iau, picture
  darlun canlyniadol, resultant picture
  plan darlun, picture plane
darluniadol, *a,* pictorial
darlunio, *be,* illustrate; draw
darluniol, *a,* pictorial
darlledfa, *eb, ll* **darlledfeydd,** broadcasting station

darllen, *be,* read
  darllen datblygus, developmental reading
  darllen gwefusau, lip read
  darllen pennau, *egb,* phrenology
darllenfa, *eb, ll* **darllenfeydd,** lectern
darllenfwrdd, *eg, ll* **darllenfyrddau,** lectern
darmerthu, *be,* cater
darmerthydd, *eg, ll* -ion, caterer
darn, *eg, ll* -au, piece; part; fragment
  darn crafangu, chucking piece
  darn crog, hanging piece
  darn chwal, break-up
  darn o gig, joint
  darn tro, return
  darn trwch, reveal
  rhestr darnau, *eb,* parts list
darniad, *eg, ll* -au, fragmentation
darniog, *a,* fragmentary
darnodiad, *eg, ll* -au, prescription
darnodi, *be,* prescribe
darogan, *be,* forecast; *eb, ll* -au, forecast
daroganwr, *eg, ll* -wyr, forecaster
  daroganwr tywydd, weather forecaster
darpar fam, *eb, ll* -au, expectant mother
darpariaeth, *eb, ll* -au, provision; equipment
darparu, *be,* prepare
  darparu prydau bwyd, provision of meals
darseinydd, *eg, ll* -ion, loudspeaker
dart, *eg, ll* -iau, dart
  toriad dart, *eg,* dart slash
dartio, *be,* dart
darwahanu, *be,* stagger
darwasgu, *be,* constrict
darwden, *eb, ll* -nau, ringworm
darwerthwr, *eg, ll* -wyr, purveyor
Darwiniaeth, *eb,* Darwinism
darwthiad, *eg, ll* -au, suppression
darwthio, *be,* suppress
data, *ell,* data
datblygiad, *eg, ll* -au, development; expansion
  stadau datblygiad, *ell,* stages of development
datblygiadol, *a,* developable

DATBLYGOL 351 DAWNS

datblygol, *a*, developing
  gwledydd datblygol, *ell*,
  developing countries
datblygu, *be*, develop; expand
  gwledydd sy'n datblygu, *ell*,
  developing countries
  rhanbarth datblygu, *eg*,
  development area
datblygus, *a*, developmental
datfforestiad, *eg, ll* -au,
  disafforestation
datfforestu, *be*, disafforest
datgan, *be*, state
datganiad, *eg, ll* -au, statement;
  declaration; rendition;
  rendering
  blaen ddatganiad, preliminary
  statement
  datganiad ariannol, statement of
  affairs; financial statement
  datganiad breinio, vesting
  declaration
  datganiad ffeithiau, statement of
  facts
  datganiad lliniarol, statement in
  mitigation
  datganiad ysgrifenedig, written
  statement
datganoli, *be*, decentralise; *eg*,
  decentralisation
datganoliad, *eg*, decentralisation
datgarboneiddio, *be*, decarbonise
datglymu, *be*, unhitch
datgoedwigiad, *eg*, de-afforestation
datgoedwigo, *eg*, de-afforestation
datgordeddu, *be*, untwist
datgudd, *eg, ll* -ion, disclosure
datguddiad, *eg, ll* -au, revelation
datguddio, *be*, disclose
  diffyg datguddio, *eg*,
  non-disclosure
datgyfannu, *be*, disintegrate; *eg*,
  disintegration
datgymaliad, *eg, ll* -au, luxation
datgymhwysiad, *eg, ll* -au,
  disqualification
  gosod datgymhwysiad ar, *be*,
  impose a disqualification on
datgysylltiad, *eg, ll* -au, dissociation;
  disestablishment
datgysylltiad personoliaeth,
  dissociation of personality

Datgysylltiad yr Eglwys,
  Disestablishment of the Church
datgyweddiad, *eg, ll* -au,
  disengagement
  datgyweddiad ffug, feint of
  disengagement
datgyweddog, *a*, disengaged
datgyweddu, *be*, disengage
datnwyo, *be*, evacuate
datod, *be*, undo
datru, *be*, de-code
datrys, *be*, solve
  datrys problemau, problem
  solving
datrysiad, *eg, ll* -au, solution;
  resolution
datseinedd, *eg*, reverberation
datseiniol, *a*, reverberatory
datysen, *eb, ll* datys, date
dau, *eg, ll* deuoedd, two
dawn, *eb*, talent; ability; aptitude;
  boon
  dawnwaith, *eg*, boon-work (*H*)
dawns, *eb, ll* -iau, dance
  symudiadau dawns, *ell*, dance
  movements
  ar hyd i bawb a fynno, longways
  for as many as will
  arwain i fyny, *be*, lead up
  breichio, *be*, arm
  cadwyn y merched, ladies' chain
  castio i fyny, cast up
  cefn-gefn, back to back
  colofn drioedd, column of
  threes
  cylch Sicily, Sicilian circle
  cylch tri, hands three
  do-si-do, do-si-do
  dwbl ymlaen ac yn ôl, up a double
  and back
  ffigur wyth, figure eight
  gwau, *be*, weave
  gwrogaeth i'r delyn, towards the
  harp
  hanner rownd, half round
  llanw a thrai, forward and back
  a double
  ril, reel
  ril teirllaw, three handed reel
  rownd, round
  seren, hands across
  set ar hyd, longways set

set ddeubar, duple minor set
set sengl, single set
set sgwâr, square set
step polka, polka step
step sgip, skip step
step slip, slip step
swing, swing
swingio cymar, swing corner
tro chwith, left hand turn
tro de, right hand turn
tro unfan, turn single
wysg y cefn, backwards
Dawns Addysgol Modern,
  Modern Educational Dance
Dawns Campau Conwy, Conway
  Races
Dawns Croesoswallt, Oswestry
  Wake
Dawns Dafydd Gain, Dainty
  David Dance
Dawns Esgob Bangor, Bishop of
  Bangor's Jig
Dawnsiau Cenedlaethol, National
  Dances
Dawnsiau Cleddyf, Sword
  Dances
Dawnsiau Gwledig, Country
  Dances
Dawnsiau Gwerin, Folk Dances
Dawnsiau Morris, Morris Dances
Dawnsiau Neuadd, Ballroom
  Dances
Dawnsiau'r Glocsen, Clog
  Dances
Dawnsiau Sgwâr, Square Dances
Dawnsiau Tap, Tap Dances
Dawns Ifan, Evan's Jig
Dawns Llandâf, Llandaff Reel
Dawns Llanofer, Llanover Reel
Ffansi Leisa, Princess Elizabeth's
  Fancy
O Uchel Dras oedd Siencyn, Of
  Noble Race was Shenkin
Twmpath Dawns, Public Dance
  (folk)
Y Chwiw Cymreig, The Welsh
  Whim
dawnsfa, eb, ll dawnsfeydd,
  ballroom
llawr dawnsfa, eg, ballroom floor
dawnsgôr, eg, ll dawnsgorau,
  chorus

dawnsgyfres, eb, ll -i, suite de
  danses
dawnsio, be, dance
dawnsiwr, eg, ll -wyr, dancer
dawnslamwr, eg, ll -wyr, floor-
  mopper
dawnus, a, gifted
  tra dawnus, highly gifted
de, a, right; south; eg, south
de-canol-cefn, right-centre-back
deall, be, understand; eg, ll -on,
  intellect
deallaeth, eb, intellectualism
deallgar, a, intellectual
deallol, a, intellectual
dealltwriaeth, eb, ll -au,
  understanding
deallus, a, intelligent; intellectual
  y deallusion, ell, the intellectuals
deallusrwydd, eg, intelligence
  categorïau deallusrwydd, ell,
    categories of intelligence
  prawf deallusrwydd, eg,
    intelligence test
  prawf deallusrwydd di-iaith, eg,
    non-verbal intelligence test
deamineiddiad, eg, ll -au,
  deamination
debentur, eg, ll -on, debenture
debyd, eg, ll -au, debit
  cyfrif fel debyd, be, debit
  nodyn debyd, eg, debit note
debydu, be, debit
dec, eg, ll -iau, deck
decagon, eg, ll -au, decagon
decastyl, a, decastyle; eg, decastyle
decibel, eg, ll -au, decibel
decl, eg, ll -au, deckle
declario (cyhoeddi digon), be,
  declare (Ch)
decrement, eg, ll -au, decrement
decretal, a, decretal; eg, ll -au,
  decretal
decstrin, eg, dextrin
decstros, eg, dextrose
dechreuol, a, initial; inchoate
dedfryd, eb, ll -au, sentence
  dedfryd ataliedig, suspended
    sentence
dedfrydu, be, pass judgement on;
  sentence

deddf, *eb, ll* -au, law
  Deddfau Helwriaeth, Game Laws
  Deddfau Mendel, Mendel's Laws
  Deddfau Ŷd, Corn Laws
  deddf cwbl-neu-ddim, all-or-none law
  deddf cynnyrch lleihaol, law of diminishing returns
  Deddf Galanas, Homicide Act
  Deddf Gyfuno, Combination Law
  deddf hawlfraint, copyright law
  Deddf Hyrwyddo Masnach, Trade Facilities Act
  deddf leol, by-law
  Deddf Lladd Dyn, Homicide Act
  Deddf Seneddol, Act of Parliament
  Deddf y Tlodion, Poor Law
  trefn yn ôl deddf, *eb*, statutory procedure
  trosedd yn erbyn deddf, *egb*, statutory offence
deddfeg, *eb*, jurisprudence
deddfegwr, *eg, ll* -wyr, jurist
deddfgadwol, *a*, law-abiding
deddfiad, *eg, ll* -au, ordinance
deddfroddwr, *eg, ll* -wyr, lawgiver
deddfu, *be*, legislate
  corff deddfu, *eg*, legislature
  deddfu dirprwyol, *eg*, delegated legislation
deddfwr, *eg, ll* -wyr, legislator
deddfwrfa, *nm*, legislature
deddfwriaeth, *eb, ll* -au, legislation
defeidiog, *eb, ll* -au, sheep walk
defnydd, *eg, ll* -iau, material; fabric; cloth
  defnydd blodeuog, floral material
  defnydd dwbl, double material
  defnydd gloyw, lustrous material
  defnyddiau anllosg, fire proof materials
  defnydd patrymog, patterned material
  defnydd plaen, plain material
  defnydd plastig, plastic material
  defnydd plod, plaid material
  defnydd rhaflog, fraying material
  defnydd smotiog, spotted material
  defnydd streip, striped material
  defnydd swmp, bulk material
  gwneuthuriad defnydd, *eg*, structure of material
  maint y defnydd, *eg*, quantity of material
  swm y defnydd, *eg*, quantity of material
defnyddiad, *eg, ll* -au, use
defnyddio, *be*, utilize; use
defnyddiol, *a*, utility
defnyddioliaeth, *eb*, utilitarianism
defnyddiwr, *eg, ll* -wyr, user; consumer
defod, *eb, ll* -au, custom; ritual
  defod llwyfan, stage etiquette
defodol, *a*, conventional
deg, *a*, ten; *eg, ll* -au, ten
  degau ac unau, tens and units
degawd (degad), *eg, ll* -au, decade
degfed, *a*, tenth; *eg*, tenth
degol, *eg, ll* -ion, decimal
  arian degol, *ell*, decimal coinage
  degol cylchol, recurring decimal
  lleoedd degol, *ell*, decimal places
  pwynt degol, *eg*, decimal point
  system ddegol, *eb*, decimal system
degoli, *be*, decimalize
degolyn, *eg*, decimal
degwm, *eg, ll* degymau, tenth; tithe
  degymau adfedd, appropriate tithes
  degymau amfedd, impropriate tithes
degymiad, *eg, ll* -au, tithing
degymol, *a*, decile
  pwyntiau degymol, *ell*, decile points
deheuig, *a*, dexterous
deheurwydd, *eg*, dexterity; competence
dehisent, *a*, dehiscent
dehongli, *be*, interpret
  dehongli deddf, construe a statute
dehongliad, *eg*, interpretation
dehydrad, *eg, ll* -au, dehydration
dehydrogenas, *eg, ll* -au, dehydrogenase
dehydru, *be*, dehydrate
dei, *eg, ll* -au, die
  dei crwn, circular die
  dei gastio, *be*, die casting
  dei gastio gwasgol, *be*, pressure die casting

deial, *eg, ll* -au, dial
deialog, *egb, ll* -au, dialogue
deic, *eg, ll* -iau, dyke
  clwstwr o ddeiciau, *eg*, dyke swarm
deif, *eb, ll* -iau, dive
  deif arwyneb, surface dive
  deif blygu, pike dive
  deif drosben, somersault dive
  deif ras, racing dive
  deif wennol, swallow dive
deifio, *be*, dive; scorch
  deifio o'r astell, springboard diving
deifrol ymlaen, *eg*, dive forward roll
deigryn, *eg, ll* dagrau, tear
deildres, *eb, ll* -i, leaf-trace
deilen, *eb, ll* dail, leaf
  deilen allddodol (deilen allddod), emergent leaf
  deilen arnawf, floating leaf
  deilen danddodol (deilen danddod), submerged leaf
  deilen gennog, scale leaf
  deilen gyfansawdd, compound leaf
  deilen syml, simple leaf
  parhad arwynebedd dail, *eg*, leaf area duration
deilgraith, *eg, ll* deilgreithiau, leaf-scar
deilgwymp, *a*, deciduous
  coed deilgwymp, *ell*, deciduous trees
deiliach, *ell*, leaflets
deiliad, *eg, ll* deiliaid, tenant
  deiliad tir, landholder
  deiliad tŷ, householder
deiliant, *eg, ll* deiliannau, foliage
deiliog, *a*, leafy; foliated
deiliogrwydd, *eg.* foliation
deiliosen, *eb, ll* deilios, leaflet
deilliad, *eg, ll* -au, derivative
deilliadol, *a*, derived; derivative
  ffwythiant deilliadol, *eg*, derived function
deilliant, *eg, ll* deilliannau, derivation
dein, *eg, ll* -iau, dyne
deintellion, *ell*, dentils
deintig, *eg, ll* -au, denticle

deintyddiaeth, *eb*, dentistry
deintyddol, *a*, dental
  fformwla deintyddol, *eb*, dental formula
deiseb, *eb, ll* -au, petition
deisyf, *be*, desire; beseech
  deisyf chwerthin, play for a laugh (*Th*)
delfryd, *eg, ll* -au, -ion, ideal
delfrydiad, *eg, ll* -au, idealisation
delfrydiaeth, *eb*, idealism
delfrydol, *a*, ideal; idealistic
delfrydu, *be*, idealise
deliant, *eg, ll* deliannau, deal
  deliant pac, package deal
delincwensi, *eg*, delinquency
delincwent, *a*, delinquent
delio, *be*, deal
deliriwm, *eg*, delirium
deliwr, *eg, ll* -wyr, dealer
delta, *eg, ll* deltâu, delta
  delta bwaog, arcuate delta
  delta crafanc, bird's foot delta
  delta glanllyn, lakeside delta
  delta penllyn, lake head delta
deltaidd, *a*, deltaic
delw, *eb, ll* -au, image; idol
  delw blaster, plaster cast
delwedd, *eb, ll* -au, image
  delwedd brand, brand image
  delwedd ddidro, erect image
  delwedd wrthdro, inverted image
delweddaeth, *eb*, imagery
  delweddaeth aroglau, olfactory imagery
delweddu, *be*, visualise; image
dellt, *eg*, lattice
delltwaith, *eg, ll* delltweithiau, lattice
demên, *eb, ll* demenau, demense
demograffi, *eg*, demography
demyriad, *eg, ll* -au, demurrer
demyrru, *be*, demur
dendrit, *eg, ll* -iau, dendrite
dentari, *eg, ll* dentarïau, dentary
dentin, *eg*, dentine
deodorant, *eg, ll* deodorannau, deodorant
deon, *eg, ll* -iaid, dean
  deon gwlad, rural dean
deoniaeth, *eb, ll* -au, deanery
  deoniaeth wlad, rural deanery

deor, *be*, buffer
deorfa, *eb, ll* deorfeydd, hatchery
deori, *be*, hatch
deorydd, *eg, ll* -ion, incubator
deponiad er diogelu tystiolaeth, *eg*, deposition to perpetuate testimony
depot (depo), *eg, ll* -au, depot
dera, *eb*, staggers
  dera'r borfa, grass staggers
derbyn, *be*, receive; accept; *eg*, intake; entry
  derbyn cyfnodol, staggered entry
  derbyn dechrau tymor, terminal entry (A)
derbynadwy, *a*, admissible
  datganiad derbynadwy, *eg*, admissible statement
derbyniad (tystiolaeth), *eg, ll* -au, admission
  derbyniad brys, emergency admission
derbyniadwyaeth, *eb*, admissibility
derbyniant, *eg, ll* derbyniannau, admittance
derbynion, *ell*, accessions
derbyniwr, *eg, ll* -wyr, receiver
derbynneb, *eb, ll* -ion, derbynebau, receipt
derbynnedd, *eg, ll* derbyneddau, intake; susceptibility
derbynnwr, *eg, ll* derbynwyr, receptionist
derbynnydd, *eg, ll* derbynyddion, receiver
  derbynnydd swyddogol, official receiver
derbynwest, *eb, ll* -i, reception
derbynwraig, *eb, ll* derbynwragedd, receptionist
derelict, *a*, derelict
deric, *eg, ll* -au, derrick
Dermaptera, *ell*, Dermaptera
dermatitis, *eg*, dermatitis
dermatogen, *eg*, dermatogen
dermis, *eg*, dermis
derwen, *eb, ll* derw, oak
  derwen fythwyrdd, holm oak
  derwen gorc, cork oak
  derwen reidd-dor, quartered oak
  derw rheidd-dor, *ell*, quartered oak

derwreinyn, *eg, ll* derwraint, ringworm
desgant, *eb*, descant
detector, *eg, ll* -au, detector
detergent, *eg, ll* -au, detergent
determinant, *eg, ll* -au, determinant
detritws, *eg*, detritus
dethol, *a*, choice; chosen; *be*, select
detholedd, *eg*, selectivity
detholiad, *eg, ll* -au, extract; selection
  detholiad naturiol, natural selection
detholiadol, *a*, selective
detholus, *a*, selective
deuad, *eg, ll* -au, dyad
deuaidd, *a*, binary
deuamgrwm, *a*, biconvex
deubegwn, *a*, bipolar
  sentimentau deubegwn, *ell*, bipolar sentiments
deuddegol, *a*, duodecimal; *eg*, duodecimal
deuelectrig, *a*, dielectric
deuelectryn, *eg, ll* -nau, dielectric
deufalf, *a*, bivalve; *eg*, bivalve
deufetel, *a*, bimetallic
deuffocal, *a*, bifocal
  golwg deuffocal, *egb*, bifocal vision
deufforchog, *a*, bifurcate
deugell, *a*, bicellular
deuglust, *a*, binaural
deuhedrol, *a*, dihedral
deuhybrid, *a*, dihybrid
deulawr, *a*, two storey
deulinol, *a*, bilinear
deulygadion, *ell*, binoculars
deunaw, *a*, eighteen; *eg*, eighteen
  deunaw c.n., eighteen new pence
deuocsid, *eg*, dioxide
deuod, *eg, ll* -au, diode
deuoecus, *a*, dioecious
deuol, *a*, dual
deuoliaeth, *eb*, duality
deupol, *eg, ll* -au, dipole
deurannol, *a*, bipartite
deuris, *a*, two-tier
deurod, *a*, two-wheeled
  modur deurod, *eg*, motor bicycle
deurodur, *eg*, bicycle
deuryw, *a*, bisexual

deusacarid, *eg, ll* -ion, disaccharide
deuswllt, *eg, ll* deusylltau, florin
dewis, *be*, select
dewisiad, *eg, ll* -au, selection
   dewisiad naturiol, natural selection
dewteriwm, *eg, ll* dewteria, deuterium
dewteron, *eg, ll* -au, deuteron
diabas, *eg, ll* -au, diabase
diabetes, *eg*, diabetes
diacinesis, *eg*, diakinesis
diacon, *eg, ll* -iaid, deacon
diacones, *eb, ll* -au, deaconess
diadelffus, *a*, diadelphous
diadell, *eb, ll* -oedd, flock
diaffram, *eg, ll* -au, diaphragm
diageotropedd, *eg*, diageotropism
diagnosis, *eg*, diagnosis
diagnostig, *a*, diagnostic
   profion diagnostig, *ell*, diagnostic tests
diagram, *eg, ll* -au, diagram
   diagram bloc, block diagram
dianghendod, *eg*, redundancy
dial, *eg, ll* -on, reprisal
di-alw-am-dano, *a*, redundant
di-alw-yn-ôl, *a*, irrevocable
dialysis, *eg, ll* -au, dialysis
diamagnetedd, *eg*, diamagnetism
diamedr, *eg, ll* -au, diameter
   diamedr craidd, core diameter
diamedral, *a*, diametral
diamod, *a*, unconditional; absolute
   rhyddhad diamod, *eg*, absolute discharge
diamodol, *a*, unconditional
diamwnt, *eg, ll* -au, diamond
dianc, *be*, escape
diannod, *a*, summary
   euogfarn ddiannod, *eb*, summary conviction
   trosedd euogfarn, *egb*, summary offence
di-anrhydeddu, *be*, dishonour
diaper, *eg, ll* -i, diaper
diarddel, *be*, disqualify; suspend
diarddeliad, *eg, ll* -au, expulsion; disqualification
diarffin, *a*, unbounded
diaroglu, *be*, deodorize
diaroglydd, *eg, ll* -ion, deodorant
diastas, *eg, ll* -au, diastase
diastol, *eg, ll* -au, diastole

diastyl, *a*, diastyle; *eg*, diastyle
diatom, *eg, ll* -au, diatom
diatonig, *a*, diatonic
diben, *eg, ll* -ion, end; aim
di-benllanw, *a*, off peak
di-berfeddu, *be*, gut
dibetal, *a*, apetalous
diblisgiad, *eg, ll* -au, exfoliation
diblisgo, *be*, exfoliate
diboblogaeth, *eb*, depopulation
diboblogi, *be*, depopulate
diboblogiad, *a*, depopulation
dibris, *a*, reckless
   yn ddibris, *ad*, recklessly
dibrisdod, *eg*, recklessness
dibrisiant, *eg, ll* dibrisiannau, depreciation
dibrisio, *be*, depreciate
dibwys, *a*, trivial
dibwysiant, *eg, ll* dibwysiannau, depression
   dibwysiant dilynol, secondary depression
dibyn, *eg, ll* -nau, precipice
dibynadwy, *a*, reliable
dibyniad, *eg, ll* -au, dependency
   dibyniad cyfatebol, matched dependency
dibyniant, *eg*, dependence
dibynnol, *a*, dependent
   gwlad ddibynnol, *eb*, dependency
   newidyn dibynnol, *eg*, dependent variable
   tiriogaeth ddibynnol, *eb*, dependency
dicléin, *eg*, consumption
dicllonedd, *eg*, indignation
dicotomi, *eg, ll* dicotomïau, dichotomy
dicotomus, *a*, dichotomous
Dicotyledoneae, *ell*, Dicotyledoneae
dictadur, *eg, ll* -iaid, dictator
dictadurol, *a*, dictatorial
dicter, *eg, ll* -au, anger
dichell, *eg*, deceit
dichelledd, *eg*, deception
dichellus, *a*, deceptive
diderfyn, *a*, unlimited
didoli, *be*, separate; segregate; select; screen
didoliad, *eg, ll* -au, segregation
di-dor, *a*, continuous

didoriad, *a,* intact
  ysbardun didoriad, *eg,* intact spur
didoriant, *eg,* continuity
  egwyddor didoriant, *eb,* principle of continuity
didraidd, *a,* opaque
di-drais, *a,* non-violent
di-do, *a,* hypaethral
didreiddedd, *eg, ll* -au, opacity
didreiddiad, *eg, ll* -au, opacification
didynnu, *be,* subtract
diddeiliad, *eg,* defoliation
diddeiliannaeth, *eb, ll* diddeilianaethau, defoliation
diddeiliannu, *be,* defoliate
diddeilio, *be,* defoliate
diddordeb, *eg, ll* -au, interest
  diddordeb union, immediate interest
diddos, *a,* water-proof; water-tight
diddosi, *be,* water-proof
diddwythiad, *eg, ll* -au, deduction
diddwytho, *be,* deduce
diddwythol, *a,* deductive
diddyled, *a,* fully paid
diddymiad, *eg, ll* -au, dissolution; liquidation
diddymu, *be,* dissolve; revoke; rescind
  diddymu gorchymyn, revoke an order
diddymwr, *eg, ll* -wyr, liquidator
diegni, *a,* unreactive
diemwnt, *eg, ll* diemynt, diamond
  olwyn ddiemwnt, *eb,* diamond wheel
  pig ddiemwnt, *eg,* diamond tipped
di-enaid, *a,* wooden
dienogi, *be,* acquit
dienyddiad, *eg, ll* -au, execution
dienyddio, *be,* execute
diesgyrnu, *be,* bone
diet, *eg, ll* -au, diet
dieteteg, *egb,* dietics
dietifeddu, *be,* disinherit
diewyllys, *a,* intestate
diewyllysiedd, *eg,* intestacy
difandwll, *a,* non-porous
difaterwch, *eg,* indifference
difenwad, *eg,* defamation
diferlif, *eg,* gleet
  diferlif gwaed, haemorrhage

diferticwlwm, *eg, ll* diferticwla, diverticulum
difidend, *eg, ll* -au, dividend
  bonyn difidend, *eg,* dividend top
  ex difidend (ex dif), ex-dividend
  gwarant difidend, *egb,* dividend warrant
di-fin, *a,* blunt
diflan, *a,* vanishing; lost
  pentrefi diflan, *ell,* lost villages
diflanbwynt, *eg, ll* -iau, vanishing point
diflannu, *be,* vanish
diflewiad (diflewedd), *eg, ll* -au, depilation
difod, *eg, ll* -ion, divot
difodi, *be,* annihilate
difreiniad, *eg, ll* -au, disqualification
difriaeth, *eb, ll* -au, vituperation
difrifol, *a,* grievous
difrio, *be,* vituperate
difrod, *eg, ll* -au, damage
  difrod maleisus, malicious damage
difrodi, *be,* damage
difwlch, *a,* continuous
difwyniad, *eg, ll* -au, adulteration; pollution
difwyno, *be,* adulterate; contaminate
difyrru, *be,* entertain
difyrwaith, *eg, ll* difyrweithiau, hobby
difywyd, *a,* inert
diffeithdir, *eg, ll* -oedd, desert land
diffeithle, *eg, ll* -oedd, desert place
diffeithwch, *eg,* desert
differiad, *eg, ll* -au, differentiation
  differiad arwynebedd, areal differentiation
differol, *a,* differential
  calcwlws differol, *eg,* differential calculus
  cyfernod differol, *eg,* differential coefficient
  pwli differol, *eg,* differential pulley
differu, *be,* differentiate
differyn, *eg, ll* -nau, differential
diffinedig, *a,* defined
diffiniad, *eg, ll* -au, definition
diffinio, *be,* define
diffodd, *be,* extinguish
diffoddiadur, *eg, ll* -on, extinguisher
difforestu, *be,* deforestate

diffreithiad, *eg ll* -au, diffraction
di-ffrwd, *a,* streamless
diffrwythdra, *eg,* barrenness
difftheria, *eg,* diptheria
difftheria lloi bach, calf diptheria
diffuant, *a,* sincere
  yn ddiffuant, sincerely
di-ffurf, *a,* amorphous
diffwys, *eg, ll* -au, -ydd, -oedd, precipice
diffwysol, *a,* precipitous
diffyg, *eg, ll* -ion, defect; deficit; flaw
  diffyg ar y lleuad, lunar eclipse
  diffyg ar yr haul, solar eclipse
  diffyg cydbwysedd, unbalance
  diffygion gweledol, visual defects
  diffyg sylw, inattention
diffygdalu, *be,* default
diffygdalwr, *eg, ll* -wyr, defaulter
diffygiad, *eg, ll* -au, deficiency
diffygiant, *eg, ll* diffygiannau, deficiency
  clefydau diffygiant, *ell,* deficiency diseases
  diffygiant meddyliol, mental deficiency
diffygiol, *a,* defective
  diffygiol addysgadwy, educable defective
  diffygiol anaddysgadwy, ineducable defective
diffynnydd, *eg, ll* diffynyddion, defendant
dig, *eg, ll* -au, indignation
digalcheiddiad, *eg, ll* -au, decalcification
digeniad, *eg, ll* -au, desquamation
digennu, *be,* desquamate; scale
digid, *eg, ll* -au, digit
digidiad, *eg, ll* -au, digitation
digidigrad, *a,* digitigrade; *eg,* digitigrade
digidol, *a,* digital
digoedwigo, *be,* deforestate
digon, *a,* sufficient; *eg,* sufficient
digoni, *be,* cook
digonol, *a,* competent
digornio, *be,* dehorn
digorydd, *eg, ll* -ion, broach
digrefft, *a,* unskilled

digriflun, *eg, ll* -iau, caricature
di-griw, *a,* unmanned
digroeso, *a,* inhospitable
digwyddiad, *eg, ll* -au, incident
digydymdeimlad, *a,* unsympathetic
digyfeiliant, *a,* unaccompanied
digyfnod, *a,* aperiodic
digymell, *a,* spontaneous
digymhellrwydd, *eg,* spontaneity
digymhwysiad, *eg,* disqualification
digyswllt, *a,* incoherent
di-haen, *a,* unstratified
di-haenedig, *a,* unstratified
dihangdwll, *eg, ll* -dyllau, loophole
dihangfa, *eb, ll* -feydd, escape
dihangyn, *eg, ll* dihangion, escape
dihatru, *be,* strip
diheigiannu, *be,* disinfest
diheigiant, *eg,* disinfestation
diheintiad, *eg, ll* -au, disinfection
diheintiedig, *a,* disinfected
diheintio, *be,* disinfect; sterilize
diheintydd, *eg, ll* -ion, disinfectant; steriliser
diheiriad, *eg,* acquittal
diheirio, *be,* acquit
dihenydd, *a,* obsolete
dihenyddiant, *eg, ll* dihenyddiannau, obsolescence
diheubrawf, *eg, ll* diheubrofion, ordeal
  diheubrawf dŵr, ordeal by water
  diheubrawf tân, ordeal by fire
dihid, *a,* reckless
  yn ddihid, *ad,* recklessly
dihidrwydd, *eg,* recklessness
dihoeniad, *eg, ll* -au, rundown
dihyffordd, *a,* unschooled
dilead, *eg, ll* -au, elimination; write-off; remission
dilechdid, *eg,* dialectic
dilechdidol, *a,* dialectical
dileu, *be,* eliminate; erase; write-off; quash (conviction)
dilëwr, *eg, ll* dilewyr, eraser
  swm ddilëwr, bulk eraser
dilëydd, *eg, ll* -ion, eraser; eliminant
diliw, *a,* achromatic
diliwio, *be,* bleach
di-lun, *a,* mis-shapen
dilyffethair, *a,* unincumbered

dilyn, *be*, pursue; follow
 dilyn cwrs, pursuit (of a subject)
 dilyn y copi, keep to the script (*Th*)
dilyniad, *eg, ll* -au, following
dilyniadol, *a*, progressive
dilyniaeth, *eb, ll* -au, succession
dilyniant, *eg, ll* dilyniannau, sequence; progression
 dilyniant cordiau, progression of chords
 dilyniant cynyddol, increasing sequence
 dilyniant geometrig, geometric progression
 dilyniant gwir, real sequence
 dilyniant harmonig, harmonic progression
 dilyniant rhifyddol, arithmetic progression
 dilyniant tonaidd, tonal sequence
dilynol, *a*, subsequent; contingent
dilynwyr, *ell*, following
dilyn-ymlaen, *be*, follow-up
dilys, *a*, valid
dilysiad, *eg, ll* -au, authentication
dilysiant, *eg, ll* dilysiannau, validation
dilysnod, *eg, ll* -au, hall mark
dilysrwydd, *eg*, validity
dilysu, *be*, validate
dillad, *ell*, clothes; clothing
 cambren dillad, *eg*, clothes hanger
 dillad cyffredin, plain clothes
 dillad hamdden, leisure clothes
 dillad isaf, underclothing
 dillad llwyfan, stage clothes
 dillad segura, casuals
 dillad traeth, beach clothes
 gwneud dillad, *be*, dressmaking
 hors dillad (cel dillad), *eg*, clothes horse
 lein ddillad, *eb*, clothes line
 pegiau dillad, *ell*, clothes pegs
dilladaeth, *eb*, drapery
dilladfa, *eg, ll* dilladfâu, -oedd, wardrobe
dilledyn, *eg, ll* dilladau, garment
 dilledyn sail, foundation garment
dim, *eg*, nought; love
 dim dim, love all (*Ch*)
 gêm i ddim, *eg*, love game (*Ch*)

dimensiwn, *eg, ll* dimensiynau, dimension
dimensiynu, *be*, dimension
dinas, *eb, ll* -oedd, city
 dinas ail radd, second order city
 rhanbarth dinas, *eg*, city region
 y felan ddinas, city blues
dincodyn, *eg, ll* dincod, pip
dinesig, *a*, civic
 astudiaethau dinesig (dinaseg), *ell*, civics
dinodwedd, *a*, featureless
dinoethi, *be*, expose; denude
dinoethiad, *eg, ll* -au, exposure
 dinoethiad anweddus, indecent exposure
dinoethiant, *eg, ll* dinoethiannau, denudation
diod, *eg, ll* -ydd, drink
 diod faeth, beverage
diodydd gwan, soft drinks
diodydd mwynol, mineral drinks
diodlyn, *eg, ll* -nau, beverage
diogel, *a*, safe
diogelwch, *eg*, safety; security
 mesurau diogelwch, *ell*, security measures
 swyddog diogelwch, *eg*, security officer
diogelydd, *eg, ll* -ion, safety-guard
diogell, *eb, ll* -ion, safe
diorama, *eg*, diorama
diorseddiad, *eg, ll* -au, deposition
diorseddu, *be*, depose
dip, *eg, ll* -iau, dip; dip trap
 dip gloywi, bright dip
dipell, *eb, ll* -ion, dipper
diper, *eg, ll* -i, dipper
diploblastig, *a*, diploblastic
diploid, *a*, diploid
diploma, *egb, ll* diplomâu, diploma
 Diploma Addysg Uwch, Diploma of Higher Education
diplomateg, *eb*, diplomacy
diplomatiaeth, *eb*, diplomacy
diplomydd, *eg, ll* -ion, diplomat
diplomyddol, *a*, diplomatic
diplotên, *a*, diplotene
dipswits, *eb*, dipswitch
Diptera, *ell*, Diptera
dipteral, *a*, dipteral

diptych, *eg, ll* -iau, diptych
diraddiad, *eg, ll* -au, degradation
dirbechod, *eg,* vice
dirbechu, *eg,* vice
dirdra, *eg, ll* dirdrau, violence
dirdro, *a,* twisted; *eg ll* -eon, torsion
dirdroad, *eg, ll* -au, twisting
dirdroi, *be,* twist
dirdyniad, *eg, ll* -au, convulsion
dirdyniant, *eg, ll* dirdyniannau, convulsion
direidi, *eg,* mischief; naughtiness
direidus, *a,* naughty
direswm, *a,* irrational
   creaduriaid direswm, *ell,* irrational creatures
dirfodaeth, *eb,* existentialism
dirfodol, *a,* existential
dirfodolwr, *eg, ll* -wyr, existentialist
dirfoddol (gwirfoddol), *a,* voluntary
   sylw dirfoddol, *eg,* voluntary attention
dirgroes, *a,* opposite
   arwyddion dirgroes, *ell,* opposite signs
   cyfeiriad dirgroes, *eg,* opposite direction
   hafal a dirgroes, *a,* equal and opposite
dirgryn, *a,* vibratory
dirgryniad, *eg, ll* -au, vibration
   dirgryniad gorfod, forced vibration
dirgryniant, *eg, ll* dirgryniannau, vibration
dirgrynnol, *a,* vibrating
dirgrynu, *be,* vibrate
diriaethol, *a,* concrete
diriant, *eg, ll* diriannau, stress
   diriant croesrym, shearing stress
dirlawn, *a,* saturated
dirlawnder, *eg, ll* -au, saturation
   cylchfa dirlawnder, *eb,* saturation zone
dirlenwi, *be,* saturate
dirmyg, *eg, ll* -on, -au, contempt
dirnad, *be,* apprehend; fathom
dirnadaeth, *eb,* apprehension
dirprwy, *eg, ll* -on, deputy; delegate
   dirprwy cyffredinol, general understudy

dirprwy-actor, *eg, ll* -ion, understudy
dirprwyad, *eg, ll* -au, substitution
dirprwyaeth, *eb, ll* -au, deputation
dirprwyo, *be,* delegate; substitute
dirwasgiad, *eg, ll* -au, depression
dirwedd, *eg, ll* -au, reality
dirweddaeth, *eb,* realism
dirweddol, *a,* real
dirwy, *eb, ll* -ion, fine
   dirwy etifedd, relief
   pallodd dalu'r ddirwy, defaulted in payment of the crime
dirwyn, *be,* wind
dirwynwr, *eg, ll* -wyr, winder
dirwynydd, *eg, ll* -ion, winder
dirwyo, *be,* fine
dirym, *a,* void
dirymdra, *eb,* nullity
dirymiad, *eg, ll* -au, revocation
dirymiadwy, *a,* revocable
dirymu, *be,* revoke; detoxicate
dirywiad, *eg, ll* -au, degeneration
dirywiedig, *a,* degenerate
dirywio, *be,* degenerate
dîs, *eg, ll* -iau, dice
   cwpan dîs, *eg,* dice shaker
disbaddu, *be,* spay
disbyddedig, *a,* exhausted
disbyddiant, *eg,* exhaustion
disbyddol, *a,* exhaustive
disg, *egb, ll* -iau, disc
   disg imaginal, imaginal disc
disgen, *eb, ll* disgiau, discus
di-sgil, *a,* unskilled
disglan, *eb, ll* -nau, dipper
disgleirdeb, *eg,* brilliance; brightness
disgownt, *eg, ll* -s, -iau, discount
   ar ddisgownt, at discount
   gyda disgownt, at a discount
   disgownt masnach, trade discount
   gwir ddisgownt, true discount
disgowntio, *be,* discount
disgresiwn, *eg,* discretion
disgrifiwr, *eg, ll* -wyr, compère
disgyblaeth, *eb, ll* -au, discipline
   disgyblaeth ffurfiol, formal discipline
disgyblaethol, *a,* disciplinary
disgyn, *be,* descend
disgyniad, *eg, ll* -au, descent

disgynneb, *eg, ll* **disgynebau**, bathos; anticlimax
disgynnol, *a*, descending
disgynnydd, *eg, ll* **disgynyddion**, descendant; issue
disgyrchedd, *eg*, gravitation
  deddf disgyrchedd, *eb*, law of gravitation
  grym disgyrchedd, *eg*, gravitational force
  maes disgyrchedd, *eg*, gravitational field
  unedau disgyrchedd, *ell*, gravitational units
disgyrchiant, *eg, ll* **disgyrchiannau**, gravity
  craidd disgyrchiant, *eg*, centre of gravity
  llif disgyrchiant, *eg*, gravity flow
  tynfa disgyrchiant, *eg*, gravity pull
disgyrchol, *a*, gravitational
  llithrad disgyrchol, *eg*, gravitational slumping
disio, *be*, dice
disiog, *a*, diced
dist, *eg, ll* **-iau**, joist
di-staen, *a*, stainless
distain, *eg, ll* **disteiniau**, controller
distal, *a*, distal
distaw, *a*, silent
distemper, *eg, ll* **-au**, distemper
distrywgaredd, *eg*, destructiveness
distrywydd, *eg, ll* **-ion**, destructor
distyll, *eg, ll* **-iau, -ion**, low water
  marc distyll, *eg*, low water mark
distylliad, *eg, ll* **-au**, distillation
distylliant, *eg, ll* **distylliannau**, distillation
distyllu, *be*, distil
diswyddiad, *eg, ll* **-au**, deposition
diswyddo, *be*, depose; dismiss
disych, *a*, desiccated
disychiad, *eg, ll* **-au**, desiccation
disychiant, *eg, ll* **disychiannau**, desiccation
disymud, *a*, at rest
disymudedd, *eg*, rest
ditiadwy, *a*, indictable
ditio, *be*, indict
ditiol, *a*, indictable
  trosedd dditiol, *egb*, indictable offence
ditiwr, *eg, ll* **-wyr**, indicter
ditment, *eg, ll* **-au**, indictment
  dirymu ditment, *be*, quash an indictment
  llunio ditment, *be*, draw up an indictment
  llythyr ditment, *eg*, bill of indictment
diwaith, *a*, unemployed
diwedd, *eg*, end
diweddar, *a*, juvenile; late
  tirwedd diweddar, *eb*, juvenile relief
diweddaredd, *eg*, recency
diweddeb, *eb, ll* **-au**, cadence
  cord diweddeb, *eg*, cadential chord
  diweddeb amherffaith, half close
  diweddeb annisgwyliadwy, interrupted cadence; surprise cadence; false close
  diweddeb berffaith, perfect cadence; full close
  diweddeb eglwysig, plagal cadence; Amen cadence
  diweddeb fenywaidd, feminine ending
diweddglo, *eg, ll* **-eon**, finale
diweddu, *be*, end
diweithdra, *eg*, unemployment
diwenwyno, *be*, detoxicate
diwlychiad, *eg, ll* **-au**, deliquescence
diwlychol, *a*, deliquescent
di-wraidd, *a*, rootless
diwrnod, *eg, ll* **-au**, day
  diwrnod haul, solar day
  diwrnod lleuad, lunar day
  diwrnod sêr, sideral day
diws, *eg, ll* **-iau**, deuce
diwydiannaeth, *eb, ll* **diwydianaethau**, industrialization
diwydiannol, *a*, industrial
  adsefydlu diwydiannol, *eg*, industrial rehabilitation
  cydberthynas ddiwydiannol, *egb*, industrial relations
  cymhlyg diwydiannol, *eg*, industrial complex
  cysylltiadau diwydiannol, *ell*, industrial relations

chwyldro diwydiannol, *eg,* industrial revolution
inertia diwydiannol, *eg,* industrial inertia
offeriant diwydiannol, *eg,* industrial plant
stad ddiwydiannol, *eb,* industrial estate
diwydiannu, *be,* industrialize
diwydiant, *eg, ll* diwydiannau, industry
cyfundrefn diwydiant aelwyd, *eb,* domestic system of industry
diwydiant arfau, armament industry
diwydiant ategol, ancillary industry
diwydiant awyrennau, aircraft industry
diwydiant canio, canning industry
diwydiant cynorthwyol, auxiliary industry
diwydiant echdyn, extractive industry
diwydiant echdynnol, extractive industry
diwydiant eilaidd, secondary industry
diwydiant gwasanaethol, service industry
diwydiant gwasanaethu'r cyhoedd, public utility industry
diwydiant primaidd, primary industry
diwydiant rhodres, prestige industry
diwydiant sylfaenol, basic industry
diwydiant tertaidd, tertiary industry
diwydiant trwm, heavy industry
diwydiant trydyddol, tertiary industry
diwydiant ymwelwyr, tourist industry
diwydiant ysgafn, light industry
Diwygiad, *eg, ll* -au, Reformation; Revival
Gwrthddiwygiad, Counter-reformation
diwygio, *be,* reform; amend
diwygio cyfraith brydles, leasehold reform
diwygiol, *a,* reformatory
diwygiwr, *eg, ll* -wyr, reformer
diwyllianiad, *eg,* culturalization
diwylliannol, *a,* cultural
diwyllannu, *be,* culturalize
diwylliant, *eg, ll* diwylliannau, culture
diwylliant craidd, core culture
diwyllio, *be,* cultivate
diwyllydd, *eg, ll* -ion, cultivator
diymwybod, *eg,* unconscious
diysgog, *a,* steady
dobiau, *ell,* blows (Cr)
dobiau ysgafn, uphand blows
docfa, *eb, ll* docfeydd, berth
docio, *be,* berth
doctor, *eg, ll* -iaid, doctor
doctor drama, play doctor
dod, *be,* come
dod i mewn, enter
dod yn llibau, come in great number; come in great quantity
dodecahedron, *eg, ll* -au, dodecahedron
dod-fethiant, *eg, ll* -fethiannau, missed entrance
dodi'n wlych, *be,* steep
dodrefn, *ell,* furniture; props
dodrefnau, *ell,* furnishings
dodrefnu, *be,* furnish
dof, *a,* domesticated
dofednod, *ell,* poultry; fowls
brech dofednod, *eb,* fowl pox
geri dofednod, *eg,* fowl cholera
haint dofednod, *eb,* fowl pest
parlys dofednod, *eg,* fowl paralysis
rŵp dofednod, *eg,* fowl roup
dofi, *be,* domesticate
dogfen, *eb, ll* -nau, document
cyflwyno dogfen, *be,* produce a document
dogfen anwir, false document
dogfen awdurdod (dogfen twrnai), power of attorney
dogfennen, *eb, ll* dogfenennau, documentary
dogfennol, *a,* documentary
bil dogfennol, *eg,* documentary bill
doili, *eg, ll* doilïau, doily

dol, *eb, ll* -iau, doll
dol racs, rag doll
dôl, *eb, ll* dolydd, meadow
dolbridd, *eg, ll* -oedd, meadow soil
doldrymau, *ell,* doldrums
dolen, *eb, ll* -nau, -ni, link; handle;
  bow; loop; eye
  dolen dab, tab hook
  dolen fasged, basket handle
dolenddawns, *eb, ll* -iau,
  enchainment
doleniad, *eg, ll* -au, linkage
dolennen, *eb, ll* dolennau, loop
dolennog, *a,* serpentine
  blaen dolennog, *eg,* serpentine
  front
dolennu, *be,* meander; sway
dolerit, *eg, ll* -iau, dolerite
dolin, *eb, ll* -iau, doline
dolomit, *eg, ll* -iau, dolomite
dolur, *eg, ll* -iau, hurt; ache; pain
  dolur rhydd, diarrhoea
dominiwn, *eg, ll* dominiynau,
  dominion
domino, *eg, ll* -s, domino
dominyddiaeth, *eb,* domination
dominyddol, *a,* dominant
dominyddu, *be,* dominate
domisil, *eg, ll* -iau, domicile
Doraidd, *a,* Dorian
  y modd Doraidd, *eg,* Dorian mode
Dorig, *a,* Doric
dormer, *eg, ll* -au, dormer
dormitori, *a,* dormitory
dorsal, *a,* dorsal; *eg,* dorsal
  nerf dorsal, *eg,* dorsal root
dorsifentral, *a,* dorsiventral
dos, *eb, ll* -au, dose
  dos atgyfnerthol, reinforcing dose
  dos gyfnerthol, booster dose
dosbarth, *eg, ll* -iadau, class
  dosbarth canol, middle class
  dosbarth gweithiol, working class
  dosbarth isaf, lower class
  dosbarth llywodraethol, working
  class
  dosbarth uchaf, upper class
  gwahaniad dosbarthiadau, *eg,*
  class separation
dosbarthiad, *eg, ll* -au, classification;
  distribution

dosbarthiad anheddau,
  distribution of settlements
dosbarthiadau meithrin, nursery
  classes
dosbarthiadol, *a,* classified
dosbarthol, *a,* distributive
dosbarthu, *be,* classify; group;
  distribute; sort; *eg,*
  distribution
  dosbarthu cyfanwerth ac adwerth,
  wholesale and retail
  distribution
dosbarthwr, *eg, ll* -wyr, distributor
dosbarthydd, *eg, ll* dosbarthwyr,
  distributor
dosio, *be,* dose
dosraniad, *eg, ll* -au, distribution
dosrannu, *be,* subdivide
dosrannwr, *eg, ll* -wyr, distributor
dostaliad, *eg, ll* -au, disbursement
dot, *egb,* dot
dotio, *be,* dot
dotwaith, *eg, ll* dotweithiau, stipple
dotweithio, *be,* stipple
dowcio, *be,* duck
dowel, *eg, ll* -i, dowel
draen, *eb, ll* -iau, drain
  draen gyfun, combined drain
  draeniau dŵr, water drains
draenbib, *eb, ll* -au, drainpipe
draenen, *eb, ll* drain, thorn
  draenen wen, hawthorn
draeniad, *eg, ll* -au, drainage
  draeniad canghennog, dendritic
  drainage
  draeniad dryslyd, confused
  drainage
  draeniad gorosod, superimposed
  drainage
  draeniad mewnol, interior
  drainage
  draeniad rhagosod, antecedent
  drainage
  draeniad rheiddiol, radial
  drainage
  draeniad rhwyllog, trellised
  drainage
  patrwm draeniad, *eg,* drainage
  pattern
draenio, *be,* drain
  bwrdd draenio, *eg,* draining board

draenog, *eg, ll* **-iaid,** hedgehog
draenog môr, sea urchin
draenogiad, *eg, ll* **draenogiaid,** perch
drafft, *eg, ll* **-iau,** draft
drafft ar hawliad, draft on remand
mewn drafft, in draft
drafften, *eb, ll* **drafts,** draught
drafftio, *be,* draft
drafftsmon, *eg, ll* **-myn,** draughtsman
drafftsmonaeth, *eb,* draughtsmanship
drag, *eg, ll* **-iau,** drag
drama, *eb, ll* **dramâu,** play
drama arwrol, heroic drama
drama bag, suitcase drama
drama bwnc, thesis play
drama clog a chledd, cloak and sword drama
drama cynhyrchydd, producer's play
drama dwyg, toga play
drama ddihangol, escapist play
drama ddihawlfraint, non-copyright play
drama dditectif, detective play; thriller
drama farddoniaeth, poetic drama
drama fasnachol, commercial play
drama Feiblaidd, Biblical play
drama Firagl, Miracle play
drama Foes, Morality play
drama fydr, verse play
drama fydryddol poetic drama
drama ffawd, fate drama
drama gartrefol, domestic drama
drama gronicl, chronicle play
drama gyfnod, period play
drama gyffro, thriller; detective play
drama gymdeithasol, social drama
drama gymuned, community drama
drama lenyddol, literary play
drama osgoi, escapist play
drama'r Dioddefaint, Passion play
drama'r Geni, Nativity play
drama sosialaidd, social drama
drama watwar, satire
drama wirod, cocktail drama
drama wledig, rustic drama
drama ymgom, conversation piece

drama-gerdd, *eb,* music-drama
dramateiddio, *be,* dramatise
dramatig, *a,* dramatic
dramodi, *be,* dramatise
dramodiad, *eg, ll* **-au,** dramatisation
dramodydd, *eg, ll* **dramodwyr,** dramatist
dreif, *eg, ll* **-iau,** drive
dreif blaenllaw, forehand drive
dreif gwrthlaw, backhand drive
dreifio, *be,* drive
dreifwr, *eg, ll* **-wyr,** driver
drensiwr, *eg, ll* **-wyr,** drencher-pipe
dres, *eb, ll* **-ys,** dress
dres min nos, evening dress
dresel, *eb, ll* **-au, -ydd,** kitchen dresser
dreser, *eg, ll* **-au,** dresser
dresin, *eg, ll* **-iau,** dressing
dresin Ffrengig, French dressing
dresin hâd, seed dressing
dresin salad, salad dressing
dresio, *be,* dress
dresio had, seed dressing
dribl, *ẽg, ll* **-au,** dribble
dribl dwbl, double dribble
driblad, *eg, ll* **-au,** dribble
driblo, *be,* dribble
drifft, *eg, ll* **-iau,** drift
drifft arfordirol, long shore drift
Drift Gogledd Iwerydd, North Atlantic Drift
drifft rhewlif, glacial drift
drifft y glannau, longshore drift
rhwydau drifft, *ell,* drift nets
driffter, *eg, ll* **-i,** drifter
drifftio, *be,* drift
dringen, *eb, ll* **-ion,** pitch
dringo, *be,* climb
cyfarwyddiadau dringo, climbing instructions
Clymwch, Make fast
Dyna fi, That's me
Pan fyddwch yn barod dringwch, Climb when ready
pedwar pwynt cyswllt, four points of contact
Trosio i'r dde, Traverse to the right
Tynnu slac, Taking in slack
dringwr, *eg, ll* **-wyr,** climber

dril, *eg, ll* -iau, drill
  dril **Archimedaidd,** Archimedean drill
  dril **brest,** breast drill
  dril **canoli,** combination drill; centre drill
  dril **dirdro,** twist drill
  dril **dymchwel,** capsize drill
  dril **fflat,** flat drill
  dril **garan syth,** straight shank drill
  dril **garan tapr,** taper shank drill
  driliau **jobwyr,** jobbers' drills
  dril **llaw,** hand drill
  dril **radial,** radial drill
  dril **rheiddiol,** radial drill
  maint driliau, *eg*, drill sizes
drilio, *be,* drill
driliwr, *eg, ll* **drilwyr,** driller
dripsych, *a,* drip dry
dripsychu, *be,* drip dry
dropsi, *eg,* dropsy
  dropsi'r **bol,** ascites
drôr, *eg, ll* **drorau,** drawer
drôr-gryfhawr, drawer slip
  drôr **gyfnerthydd,** drawer slip
  rhedegydd **drôr,** drawer guide
dros dro, *a,* provisional; interlocutory
Drosophila, *eg, ll* **Drosophilae,** Drosophila
drudwen, *eb, ll* **drudwy,** starling
drwg, *a,* bad; evil; wicked
  ŵy **drwg** (ŵy **clwc),** *eg,* rotten egg
drwglosgiad, *eg,* arson
drwm, *eg, ll* **drymiau,** drum
  drwm **a ffyn,** drum and sticks
  drwm **bas,** bass drum
  sŵn **drwm,** *eg,* drum roll
drŵp, *eg, ll* -iau, drupe
drwpled, *eg, ll* -au, drupelet
drws, *eg, ll* **drysau,** door
  capan **drws,** *eg,* lintel
  drws **actorion,** stage door
  drws **barrog,** barred door
  drws **bae,** dock door
  drws **ffrwst,** vamp
  drws **trwydded,** pass door
  drws **y brig,** fly door
  gosod **drws,** *be,* door hanging; door fitting
  paneli **drws,** *ell,* door panels

drycsain, *eb, ll* **drycseiniau,** cacophony
drych, *eg, ll* -au, mirror
drychfeddwl, *eg, ll* **drychfeddyliau,** idea
  prif **ddrychfeddwl,** leitmotif
drychiad, *eg, ll* -au, elevation
  drychiad **blaen,** front elevation
drych-ysgrifen, *eb,* mirror-writing
dryg, *eg, ll* -iau, drug
drygair, *eg,* defamation
drygioni, *eg,* naughtiness
drygionus, *a,* naughty
drygliwiad, *eg, ll* -au, discolouration
drygliwio, *be,* discolour
dryll, *egb, ll* -iau, gun
dryllfetel, *eg, ll* -au, gun-metal
drylliad, *eg, ll* -au, wreck
dryllio, *be,* shatter; wreck; chop
drymlin, *eb, ll* -oedd, drumlin
drysfa, *eb, ll* **drysfeydd,** maze
dryslwyn, *eg, ll* -i, thicket
dryswig, *eb, ll* -oedd, jungle
du, *a,* black
  y **clwy du,** *eg,* blackleg; blackquarter; anthrax
  y **chwarren ddu,** *eb,* blackleg; blackquarter; spleen
  y **chwarter du,** *eg,* blackleg; blackquarter
  y **fwren ddu,** *eb,* blackleg; blackquarter
dull, *eg, ll* -iau, method; style; mode
  dull **amryddewis,** multiple choice method
  dull **cynnig a methu,** method of trial and error
  dull **darganfod,** discovery method
  dull **edrych a dweud,** look and say method
  dull **enwi,** nomenclature
  dull **fforio,** exploration method
  dull **gorchymyn ac ymateb,** command-response method
  dull **hufen,** creamed method (*Co*)
  dulliau **mesur,** measurement methods
  dull **rhwbio,** rubbed-in method (*Co*)
  dull **rhydd,** free-style
  dull **storïol,** narrative method
  dull **toddi,** melting method (*Co*)

dull ymdaflunio, projective method
dullwedd, *eg, ll* -au, mannerism
duodecagon, *eg, ll* -au, duodecagon
duodecahedron, *eg, ll* -au, duodecahedron
duodenal, *a,* duodenal
wlser duodenal, *eg,* duodenal ulcer
duodenwm, *eg, ll* **duodena,** duodenum
duon, *ell,* blacks (*Th*)
dur, *eg, ll* -oedd, steel
corsen ddur, *eb,* steel reed
dur aloi, alloy steel
dur crai, raw steel
dur crwsibl, crucible steel
dur di-staen (dur gwrthstaen), stainless steel
dur meddal, mild steel
dur pothell, blister steel
dur sbîd uchel, high speed steel
dur twngsten, tungsten steel
fframwaith dur, *eg,* steel framing
gwlân dur, *eg,* steel wool; wire wool
duralwmin, *eg,* duralumin
duredig, *a,* indurated
duryn, *eg, ll* -nau, stem
dŵb, *eg, ll* **dwbiau,** daub
bangorwaith a dŵb, wattle and daub
plethwaith a dŵb, wattle and daub
dwbl, *a,* double; *eg, ll* **dyblau,** double
bar dwbl, *eg,* double bar
cofnod dwbl, *eg,* double entry
concerto dwbl, *eg,* double concerto
dangosiad dwbl, *eg,* double exposition
enciliad dwbl, *eg,* double recessive
ffiwg ddwbl, *eb,* double fugue
gofod dwbl, *eg,* double spacing
llonnod dwbl, *eg,* double sharp
llyfrifo dwbl, *eg,* double entry (*S*)
meddalnod dwbl, *eg,* double flat
dwbler, *eg,* doubler
dwblet, *eg, ll* -au, duplet
dwdlan, *be,* doodle

dweud, *be,* say; state
atal dweud, *be,* stammer; *eg,* impediment in speech
dwfn, *a,* deep; deep seated; *eg, ll* **dyfnion,** deep
dwl ac araf, *a,* dull and backward
dwnsiwn, *eg, ll* **dwnsiynau,** dungeon
dŵr, *eg, ll* **dyfroedd,** water
anwedd dŵr, *eg,* water vapour
bwlch dŵr, *eg,* water gap
dŵr achlysurol, casual water
dŵr barlys (dŵr haidd), barley water
dŵr berw, boiling water
dŵr berwedig, boiled water
dŵr coch (ar ddefaid), bradshot; braxy
dŵr Gavelle, Gavelle water
dŵr glaw, rain water
dŵr haearn, chalybeate water
dŵr halltog, brackish water
dŵr meddal, soft water
dŵr soda, soda water
dŵr tawdd, melt water
gwahanfa dŵr, *eb,* water parting; water shed
lefel dŵr, *eb,* water level
lefel trwythiad dŵr clo, *eb,* perched water table
prif beipiau dŵr, *ell,* water mains
pŵer dŵr *eg,* water power
pwll dŵr *eg,* water hole
sbowt dŵr, *eg,* water spout
traphont dŵr, *eb,* aqueduct
wedi ei oeri â dŵr, *a,* water cooled
dwrben, *eg,* hydrocephalus
dwrglos, *a,* waterproof; watertight
dwrlawn, *a,* waterlogged
dwrn, *eg, ll* **dyrn, dyrnau,** fist; handle; knob
dwyieithedd, *eg,* bilingualism; biliduality
dwyieitheg, *eg,* bilingualism (study of)
dwyieithog, *a,* bilingual
dwyieithrwydd, *eg,* bilingualism
dwyn, *be,* steal; take; bring; gestate; *eg,* theft
dwyn drwy drais, rob
dwyn y clap, steal the thunder (*Th*)

dygwyd lawr, brought down
dygwyd ymlaen, brought forward (S)
dwyochrog, a, bilateral
   yn ddwyochrog gymesurol, bilaterally symmetrical
dwyrain, a, east; eg, east
   Dwyrain Agos, Near East
   Dwyrain Canol, Middle East
   Dwyrain Pell, Far East
   Y Dwyrain, The Orient
dwyradd, a, two-tier
dwyrannu, be, bisect
dwyrannydd, eg, ll dwyranyddion, bisector
dwyreiniad, eg, ll -au, easting
dwyreiniol, a, east
dwys, a, intense
dwysau, be, intensify
   dwysau sbot, warm up a spot
dwysedd, eg, ll -au, density
dwysgyfalaf, eg, ll -au, -oedd, capital intensive
dwyslafur, eg, ll -iau, labour intensive
dwyster, eg, intensity
dwystroc, a, two stroke
dwythell, eb, ll -au, duct
   dwythell y bustl, bile duct
   dwythell y thoracs, thoracic duct
dyblu, be, double
dyblyg, a, duple; duplicate
   amser dyblyg, eg, duple time
   copi dyblyg, eg, duplicate copy
   darnau dyblyg, ell, duplicate pieces
dyblygeb, eb, ll -au, duplicate
dyblygu, be, duplicate
   papur dyblygu, eg, duplicating paper
dyblygydd, eg, ll -ion, duplicator
dycád, eg, consumption
dycáe, eg, consumption; tuberculosis
dyclein, eg, tuberculosis
dychmygol, a, imaginary
dychmygus, a, imaginative
dychweliad, eg, ll -au, return
   dychwel lletraws, angled return
dychymyg, eg, ll dychmygion, imagination
dydd, eg, ll -iau, day
   canol dydd, eg, noon

dydd cario drosodd, carry over day
dydd graddau, degree day
dydd tocyn, name day
y dydd a enwyd, the appointed day
dydd-berfformiad, eg, ll -au, matinee
dyddiad, eg, ll -au, date
dyddiadur, eg, ll -on, diary
dyddiedig, a, dated
dyddio, be, date
   wedi dyddio, a, out of date
dyddiol, a, diurnal
dyddlinell, eb, ll -au, international date line
dyddlyfr, eg, ll -au, day-book
dyddodi, be, deposit
dyddodiad, eg, ll -au, deposition
dyddodyn, eg, ll dyddodion, deposit
   dyddodion arwynebol, superficial deposits
   dyddodion halen, salt deposits
   dyddodion môr, marine deposits
   dyddodion neritig, neritic deposits
dyddradd, eb, ll -au, day degree
dyddwaith, eg, ll dyddweithiau, day-work
dyfais, eb, ll dyfeisiau, device; invention; artifice
dyfal, a, intensive
dyfalbarhad, eg, perseverance
dyfalu, be, guess
dyfarniad, eg, ll -au, judgement; verdict; decree; decision; award
   dyfarniad canolwr, arbitration award
dyfarnu, be, umpire
   dyfarnu'n euog, be, convict
   dyfarnwyd chwi'n euog, you were convicted
dyfarnwr, eg, ll -wyr, umpire
dyfeisio, be, invent
dyfnant, eb, ll dyfnentydd, ravine
Dyfnantaidd, a, Devonian
dyfnder, eg, ll -au, -oedd, depth
   dyfnder llwyfan, stage depth
dyfodiad, eg, ll -au, arrival
dyfodol, eg, future
dyfodolaeth, eb, futurism
dyfodolaidd, a, futuristic
dyfodoleg, eb, futurology
dyfodolion, ell, futures

dyfrfan, *eg, ll* -nau, watering place
dyfrffordd, *eb, ll* dyfrffyrdd,
  waterway
dyfrffos, *eb, ll* -ydd, ditch
dyfrgas, *a*, water avoiding
  pentrefan dyfrgas, water avoiding
  village
dyfrhad, *eg*, irrigation
dyfrhau, *be*, irrigate
dyfrnod, *eg, ll* -au, water mark
dyfrol, *a*, aquatic
dyfynbris, *eg, ll* -iau, -oedd,
  quotation
dyfyniad, *eg, ll* -au, quotation
dyfynnu, *be*, quote; cite
  heb eu dyfynnu, *a*, unquoted
dyffryn, *eg, ll* -noedd, valley; dale
  dyffryn bawdd, drowned valley
  dyffryn cafnog, trough shaped
  valley
  dyffryn cynfodol, pre-existing
  valley
  dyffryn hollt, rift valley
  **dyffrynnoedd pell oddi wrth ei
  gilydd**, widely spaced valleys
  mainc dyffryn, *eb*, valley bench
  rhewlif dyffryn, *eg*, valley glacier
dyffryndir, *eg, ll* -oedd, vale
  dyffryndir afon, valley tract
dygiedydd, *eg, ll* -ion, bearer
  gwarannoedd dygiedydd, *ell*,
  bearer securities
  siec dygiedydd, *eg*, bearer cheque
dygnedd, *eg*, endurance
dygwr, *eg, ll* -wyr, thief
dygwympiad, *eg, ll* -au, collapse
dygwympo, *be*, collapse
dygyfor, *be*, mobilise; *eg*,
  mobilisation
dyhead, *eg, ll* -au, aspiration
dyladwy, *a*, due
dylanwad, *eg, ll* -au, influence
  cylch dylanwad, *eg*, sphere of
  influence
dylanwadu, *be*, influence
dyled, *eb, ll* -ion, debt; due
  dyled ddiddyddiad, funded debt
  dyled ddrwg, bad debt
  dyled nawf, floating debt
  Y Ddyled Wladol, National Debt
dylednod, *eg, ll* -au, debit note
dyledog, *eg, ll* -ion, liege-lord

dyledogaeth, *eb*, allegiance
  dyledogaeth llys, suit of court
dyledus, *a*, due
  **rhandaliadau sy'n ddyledus hyd at
  heddiw**, instalments due to date
dyledwr, *eg, ll* -wyr, debtor
dyletswydd, *eg, ll* -au, duty
dylif, *eg, ll* -on, flux
dylifiad, *eg, ll* -au, flow; influx
dylifo, *be*, warp
  melin ddylifo, *eb*, warping mill
dylni, *eg*, dullness
dyluniad, *eg, ll* -au, drawing; design
  dyluniad sepia, sepia drawing
dylunio, *be*, design
dylunydd, *eg, ll* -ion, designer
dymchwel, *be*, capsize; turn over;
  topple; demolish
  bwrdd dymchwel, *eg*, turnover
  board
  gorchmynion dymchwel, *ell*,
  demolition orders
dymchweliad, *eg*, demolition
dymchwelydd, *be*, upset; overturn
dymi, *eg, ll* dymïau, dummy
dymuniad, *eg, ll* -au, wish
dymuno, *be*, desire; wish
dynameg, *egb*, dynamics
  dynameg gyffredinol, universal
  dynamics
dynamegol, *a*, dynamical
dynamig, *a*, dynamic
dynamo, *eg, ll* -au, dynamo
dynamomedr, *eg, ll* -au,
  dynamometer
dynatron, *eg, ll* -au, dynatron
dyndwll, *eg*, manhole
dyneiddiaeth, *eb, ll* -au, humanism
dyneiddiol, *a*, humanistic
dynesfa, *eb, ll* dynesfeydd, approach
dynfarch, *eg, ll* dynfeirch, centaur
dyngarwch, *eg*, philanthropy
dyngasedd, *eg*, misanthropy
dyngaswr, *eg, ll* -wyr, misanthropist
dyniaethau, *ell*, humanities
dynladdiad, *eg*, manslaughter
dynladdwr, *eg, ll* -wyr,
  manslaughterer
dynleiddiedig, *eg, ll* -ion,
  manslaughteree
dynodiad, *eg, ll* -au, denotation
dynodi, *be*, code

dynoliaeth, *eb*, humanity
dynwared, *be*, imitate; mimic
dynwarediad, *eg*, *ll* -au, imitation; mimicry
dynwaredwr, *eg*, *ll* -wyr, mimic
dynodi, *be*, denote; designate
dynodiad, *eg*, designation
dyraddiad, *eg*, *ll* -au, degradation
dyranedig, *a*, dissected
  llwyfandir dyranedig, *eg*, dissected plateau
dyraniad, *eg*, *ll* -au, allocation
dyrannu, *be*, allocate; dissect
dyrchafiad, *eg*, *ll* -au, promotion
dyrnio, *be*, punch
  bag dyrnio, *eg*, punch bag
  pad dyrnio, *eg*, punch pad
  pêl ddyrnio, *eb*, punch ball
dyrnod, *eg*, *ll* -au, punch
  cyfuniad dyrnod, *eg*, combination punch
  dyrnod bwt, short punch
  dyrnod chwith draws, left cross punch
  dyrnod de draws, right cross punch
  dyrnod gwar, rabbit punch
  lleddfu'r dyrnod, *be*, pull the punch
dyrydiad, *eg*, *ll* -au, degradation
dyrymadwy, *a*, voidable
dysenteri, *eg*, dysentery
  dysenteri'r ŵyn, lamb-dysentery
dysgl, *eb*, *ll* -au, dish
dysglo, *be*, dish up
dysgred, *eg*, *ll* -au, rate of learning
dysgu, *be*, learn; teach
  dysgu ar gof, memorise
  dysgu gartref, home teaching
dyslabia, *eg*, dyslabia
dyspepsia, *eg*, dyspepsia
dyspnoea, *eg*, dyspnoea
dyweddiedig, *a*, engaged

E

ebill, *eg*, *ll* -ion, bit
  ebill dowel, dowel bit
  ebill gwrthsoddi, countersink bit
  ebill hoelbren, dowel bit
  ebill tro, twist bit
  ebill ymledu, expansive bit
eboni, *eg*, ebony
ecdysis, *eg*, *ll* -au, ecdysis
eclampsia, *eg*, eclampsia
eclectiaeth, *eb*, eclectism
eclectig, *a*, eclectic
eclectigedd, *eg*, eclecticism
eclectigwr, *eg*, *ll* -wyr, eclectic
eclips, *eg*, *ll* -au, eclipse
  eclips haul, solar eclipse
  eclips lleuad, lunar eclipse
eclipsio, *be*, eclipse
ecliptig, *a*, ecliptic; *eg*, ecliptic
ecoleg, *egb*, ecology
ecolegol, *a*, ecological
ecolegwr, *eg*, *ll* -wyr, ecologist
economaidd, *a*, economic
economeg, *egb*, economics
economi, *eg*, *ll* economïau, economy
  economi cytbwys, balanced economy
ecseis, *eg*, excise
ecseismon, *eg*, *ll* ecseismyn, exciseman
ecsema, *eg*, eczema
ecsentredd, *eg*, *ll* -au, eccentricity
ecsentrig, *a*, eccentric
ecsodermis, *eg*, exodermis
ecsogenus, *a*, exogenous
ecsostosis, *eg*, exostosis
ecsploitio, *be*, exploit
ecstrados, *eg*, *ll* -au, extrados
ecstrors, *a*, extrorse
ectoderm, *eg*, *ll* -au, ectoderm
ectoparasit, *eg*, *ll* -on, ectoparasite
ectopig, *a*, ectopic
ectoplasm, *eg*, *ll* -au, ectoplasm
ecwiti, *eg*, *ll* ecwitïau, equity
ecwitïol, *a*, equitable
ecymosis, *eg*, *ll* -au, ecchymosis
echalaethog, *a*, extra galactic

echblyg, *a*, explicit
echdoriad, *eg*, *ll* -au, eruption
   echdoriad folcanig, volcanic eruption
   echdoriad yr haul, solar eruption
echdorri, *be*, erupt
echdygol, *a*, efferent
echdyniad, *eg*, *ll* -au, extract
echdynnol, *a*, extractive
echdynnu, *be*, extract
echdynnwr, *eg*, *ll* -wyr, extractor
echdynnydd, *eg*, *ll* echdynwyr, extractor
echel, *eb*, axis; axle
   echel bwt, stub axle
   echel fflwrgainc, inflorescence axis
   echel hwyaf, major axis
   echel leiaf, minor axis
   echel lleoli, axis of reference
   echel plyg, axis of fold
echelin, *a*, axial
echelinol, *a*, axial
   plân echelinol, *eg*, axial plane
echelog, *a*, axial
Echinodermata, *ell*, Echinodermata
Echinus, *eg*, Echinus
echlifiant, *eg*, *ll* echlifiannau, eluviation
echreiddiad, *eg*, *ll* -au, eccentricity
echreiddig, *a*, eccentric
echwthiol, *a*, extrusive
echwyn arian, *be*, moneylending
echwynnwr, *eg*, *ll* -wyr, moneylender
edafedd, *ell*, yarn
   edafedd brodio, crewel wool
   edafedd dwygainc, two ply wool
   edafedd ffilament, filament yarns
   edafedd stepl, staple yarns
   edafedd tair cainc, three ply wool
edafu, *be*, thread
edaffig, *a*, edaphic
   ffactorau edaffig, *ell*, edaphic factors
edau, *eb*, *ll* edafedd, thread
   cyffion edau, dies
   edafedd cotwm, cotton yarn
   edau acme, acme thread
   edau anwe, weft thread
   edau aur, gold thread
   edau chwil, drunken thread
   edau dacio lliw, coloured tacking cotton
   edau ddwbl, double thread
   edau fenyw, female thread
   edau fotwm, button thread
   edau frodwaith, embroidery cotton
   edau garped, carpet thread
   edau gotwm, cotton thread
   edau lîn, linen thread
   edau lwrecs, lurex thread
   edau mashîn, machine cotton
   edau selfais, selvedge thread
   edau Sellers, Sellers thread
   edau sglein, sylko
   rhedeg edau, *be*, baste
   tynnu edau, *be*, draw a thread
edefyn, *eg*, *ll* edefion, thread; staple
   edefyn cotwm, staple of cotton
   edefyn cyfrodedd, button thread
   edefyn gwlân, woollen thread; staple of wool
   edefyn llin, staple of flax
   edefyn sengl, single thread
edeubluen, *eb*, *ll* edaublu, filoplume
edeufollt, *eg*, *ll* edeufyllt, tap
edeuffurf, *a*, filiform
edifaredd, *eg*, *ll* -au, regret
edifarhau, *be*, repent
edifaru, *be*, regret
edifeirwch, *eg*, repentance
edwino, *be*, wilt
edwythiad, *eg*, *ll* -au, eduction
   edwythiad cydberthynas, eduction of correlates
   edwythiad perthynas, eduction of relations
edwytho, *be*, educe
eddi, *eg*, *ll* eddïau, fringe
eddylltrad, *eg*, adulteration
eddylltru, *be*, adulterate
efadu, *be*, evade
efasiwn, *eg*, evasion
efelychiad, *eg*, *ll* -au, imitation
efelychiant, *eg*, *ll* efelychiannau, imitation
efelychu, *be*, imitate
efelychydd, *eg*, *ll* -ion, simulator
eferwad, *eg*, *ll* -au, effervescence
eferwi, *be*, effervesce
efoliwt, *eg*, *ll* -iau, evolute
efrydu, *be*, study
   efrydu preifat, private study

efrydd, *eg, ll* -ion, -iaid, cripple
efryddu, *be,* cripple
efryddol, *a,* crippling
efydd, *eg, ll* -au, bronze; metal
  efydd alwminiwm, aluminium bronze
efyddu, *be,* braze
efyddyn, *eg, ll* -au, bronze
effaith, *eb, ll* effeithiau, effect
  effaith clepian, door slam effect (*Th*)
  effaith lleugylch, halo effect
  effaith olygfaol, scenic effect
effector, *eg, ll* -au, effector
effeithiau, *ell,* effects
  effeithiau amgyffredol, mental effects
  effeithiau sain, sound effects
effeithiol, *a,* effective; operative
  glawiad effeithiol, *eg,* effective rainfall
effeithiolrwydd, *eg,* effectiveness
effeithlon, *a,* efficient
effeithlonedd, *eg,* efficiency
effeithlonrwydd, *eg,* efficiency
  bar effeithlonrwydd, *eg,* efficiency bar
effemeral, *a,* ephemeral; *eg,* ephemeral
effemeris, *eg, ll* effemerides, ephemeris
efferent, *a,* efferent; *eg, ll* -au, efferent
eger, *eg, ll* -au, bore; eagre
eginiad, *eg, ll* -au, germination
egino, *be,* germinate
eginyn, *eg, ll* egin, sprout
eglur, *a,* explicit
eglureb, *eb, ll* -au, -ion, illustration
eglurebu, *be,* illustrate
eglurhad, *eg, ll* -au, explanation
egluro, *be,* explain; illustrate
eglwys, *eb, ll* -i, church
  corff eglwys, *eg,* nave
  eglwys gadeiriol, cathedral
egni, *eg, ll* egnïon, energy
  egni cinetig, kinetic energy
  egni uno, binding energy
  lefel egni, *eb,* energy level
egnïol, *a,* energetic
egnioli, *be,* energize
egosentrig, *a,* egocentric

egoymhlyg, *eg,* ego involvement
egwyd, *eb, ll* -ydd, fetlock
  gwendid yr egwyd, *eg,* knuckling
egwyddor, *eb, ll* -ion, principle
  egwyddorion cyffredinol, general principles
  egwyddorion neo-genetig, neo-genetic principles
egwyl, *eb, ll* -iau, -ion, interval; interlude
  egwyl-redeg, interval running
egwyriant, *eg, ll* egwyriannau, aberration
ehangiad, *eg, ll* -au, enlargement; extension
  ehangiad fas, vasodilation
ehangu, *be,* expand
ehangylch, *eg, ll* -au, -oedd, sweeping
ei gilydd, *a,* mutual
  yn annibynnol ar ei gilydd, mutually independent
  yn sgwâr i'w gilydd, mutually perpendicular
eiddigedd, *eg,* jealousy
eiddil, *a,* feeble
  eiddil ei feddwl, feeble minded
eiddilwch, *eg,* feebleness
  eiddilwch meddwl, feeble-mindedness
eiddo, *eg,* property
  eiddo cyhoeddus, property of a public nature
  eiddo personol, personal property
  eiddo real, real property
  eiddo tymhorol, temporality (*H*)
  eiddo ysbrydol, spirituality (*H*)
  rhestr eiddo, *eb,* inventory
  trosglwyddebu eiddo, *eg,* property conveyance
eiddoch, yours
eiddun-gyflawniad, *eg, ll* -au, wish-fulfilment
eiddun-synio, *be,* wishful thinking
eigioneg, *egb,* oceanography
eigionol, *a,* pelagic
eingion, *eb, ll* -au, anvil
  cyrn eingion, *ell,* anvil horns
  eingion gyriog, bickern anvil
  wyneb eingion, *eg,* anvil face
Eingl-Norman, *eg, ll* -iaid, Anglo-Norman

Eingl-Sais, *eg, ll* -Saeson, Anglo-Saxon
Eingl-Seisnig, *a,* Anglo-Saxon
eil, *eb, ll* -iau, -ion, aisle; recess
  eil ganol, centre aisle
eiladur, *eg, ll* -on, alternator
eilaidd, *a,* secondary; repeating
  meristem eilaidd, *eb,* secondary meristem
  nodwedd rywiol eilaidd, *eb,* secondary sexual character
  tewychu eilaidd, *be,* secondary thickening
eildwymo, *be,* reheat
eiledodd, *eg,* alternation
  eiledodd cenedlaethau, alternation of generations
eiledol, *a,* alternate; alternating
  cerrynt eiledol, *eg,* alternating current
ciledu, *be,* alternate
eilflwydd, *a,* biennial; *eb,* biennial
eilfydd, *a,* repeated
eiliad, *egb, ll* -au, second
eiliadur, *eg, ll* -on, alternator
eilio, *be,* second
eilradd, *a,* secondary; second rate
eilrif, *eg, ll* -au, even number
einion, *eb, ll* -au, anvil
  einion big, bick
eirinen, *eb, ll* eirin, plum
  eirin duon, damsons
  eirinen sych, prune
  eirinen Fair, gooseberry
  eirinen wlanog, peach
  eirin gwyrdd, greengages
  pren eirin, *eg,* plum tree
eirlaw, *eg, ll* -ogydd, sleet
eirlin, *eb, ll* -iau, snow line
eiro, *be,* air
eisberg, *eg, ll* -au, iceberg
eisen, *eb, ll* -nau, lath
eising, *eg,* icing
  eising brenhinol, royal icing
  eising sglein, glacé icing
eisio, *be,* ice
eistedd, *be,* sit
  eistedd ar eu dwylo, sit on their hands
eisteddiad, *eg, ll* -au, session
eisteddol, *a,* sedentary

  gwaith eisteddol, *eg,* sedentary work
eitem, *eb, ll* -au, item
  eitem saib, entr'acte
  prif eitem, star turn
eithaf, *a,* extreme; terminal; *eg, ll* -oedd, extremity
  eithafoedd dyffryn, extremities of vale
  gorllewin eithaf, extreme west
eithin, *ell,* furze
eithriad, *eg, ll* -au, exception; proviso
eithriedig, *a,* excepted
elastig, *a,* elastic
elastigedd, *eg, ll* -au, elasticity
elastin, *eg,* elastin
electrig, *a,* electric
electrod, *eg, ll* -au, electrode
electrofforesis, *eg,* electrophoresis
electrofforws, *eg,* electrophorus
electrogemegol, *a,* electrochemical
electrogemigyn, *eg, ll* electrogemigau, electrochemical
electrolysis, *eg,* electrolysis
electrolyt, *eg, ll* -au, electrolyte
electromagnetedd, *eg,* electromagnetism
electromagneteg (pwnc), *egb,* electromagnetism
electromagnetig, *a,* electromagnetic
electromedr, *eg, ll* -au, electrometer
electromotif, *a,* electromotive
  grym electromotif, *eg,* electromotive force
electron, *eg, ll* -au, electron
electroneg, *egb,* electronics
electro-negydd, *eg,* electronegative
electro-negyddol, *a,* electronegative
electronig, *a,* electronic
electro-plating, *eg,* electroplating
electroplatio, *be,* electroplate
electro-posidiol, *a,* electropositive; *eg,* electropositive
electrosgop, *eg, ll* -au, electroscope
electrostateg, *egb,* electrostatics
electrostatig, *a,* electrostatic
eleffantiasis, *eg,* elephantiasis
elfen, *eb, ll* -nau, factor; element
  elfen hybrin, trace element
  elfen mymryn, trace element

elfennol, *a,* elementary
eli, *eg, ll* **elïau.** ointment
　eli wyneb, face-cream
elifiant, *eg, ll* **elifiannau,** effluent
elifol, *a,* effluent
elifyn, *eg, ll* **elifion,** effluence
eliffant gwyn, *eg,* white elephant
elin, *eb, ll* **-au,** forearm
　elin ladrad, elbow of capture
eliniad, *eg, ll* **-au,** forearm deflection
elips, *eg, ll* **-au,** ellipse
elipsoid, *eg, ll* **-au,** ellipsoid
eliptig, *a,* elliptical; elliptic
eliptigol, *a,* elliptical
elor, *eb, ll* **-au,** catafalque
elusendir, *eg, ll* **-oedd,** frankalmoign
elusendy, *eg, ll* **elusendai,** almonry
elusenfa, *eb, ll* **elusenfeydd,** almonry
elusennwr, *eg, ll* **elusenwyr,** almoner
elusenwraig, *eb, ll* **elusenwragedd,** almoner
elw, *eg, ll* **-on,** profit
　cyfrif elw a cholled, *eg,* profit and loss account
　cymryd elw, *be,* profit taking
　elw annisgwyl, windfall
　elw crynswth, gross profit
　elw ffiniol, marginal returns
　elw gros, gross profit
　elw net, net profit
　lled yr elw, *eg,* profit margin
elwlen, *eb, ll* **elwlod,** kidney
elytra, *ell,* elytra
elytron, *eg, ll* **elytra,** elytron
embargo, *eg, ll* **-au,** embargo
embeslad, *eg, ll* **-au,** embezzlement
embeslu, *be,* embezzle
emblem, *eb, ll* **-au,** emblem
emboliaeth, *eb, ll* **-au,** embolism
embryo, *a,* embryo; *eg,* embryo
　cod embryo, *eg,* embryo sac
embryoleg, *eb,* embryology
embryolegol, *a,* embryological
emerald, *eg, ll* **-au,** **-s,** emerald
emeri, *eg, ll* **-au,** **-s,** emery
　clwt emeri, *eg,* emery cloth
emffysema, *eg,* emphysema
emosiwn, *eg, ll* **emosiynau,** emotion
　emosiwn esthetig, aesthetic emotion

emosiynau anhunangar, disinterested emotions
emosiynau deilliedig, derived emotions
emosiynog, *a,* emotive
emosiynol, *a,* emotional
　aflonyddwch emosiynol, *eg,* emotional disturbance
　agwedd emosiynol, *egb,* emotional attitude
　ataliad emosiynol, *eg,* emotional blocking
　sefydlogrwydd emosiynol, *eg,* emotional stability
emosiynus, *a,* emotive
empathi, *eg,* empathy
empeiraeth, *eb,* empiricism
empeiraidd, *a,* empirical
empeirig, *a,* empiric
empyaemia, *eg,* empyaemia
emwlsiad, *eg, ll* **-au,** emulsification
emwlsio, *be,* emulsify
emwlsiwn, *eg, ll* **emwlsiynau,** emulsion
emyn-dôn, *eb, ll* **-donau,** hymn-tune
enamel, *eg, ll* **-au,** enamel
encil, *a,* recessive; *eg, ll* **-ion,** recession; retreat
　ffactor encil, *egb,* recessive factor
enciledd, *eg,* recessiveness
encilfa, *eb, ll* **encilfeydd,** lay-by
encilgar, *a,* withdrawn; retiring
enciliad, *eg, ll* **-au,** retreat; recession
　enciliad cefn-fur, recession of head wall
　enciliad clogwyn, cliff recession
enciliant, *eg, ll* **enciliannau,** recessiveness
encilio, *be,* retreat
enciliol, *a,* recessive; receding
encilydd, *eg, ll* **encilwyr,** tormentor
encor, *eg,* encore
enchwythu, *be,* inflate
endemig, *a,* endemic; *eg,* endemic
endocarditis, *eg,* endocarditis
endocrinoleg, *egb,* endocrinology
endoderm, *eg, ll* **-au,** endoderm
endodermis, *eg, ll* **-au,** endodermis
endogenus, *a,* endogenous
endoparasit, *eg, ll* **-on,** endoparasite
endoplasm, *eg, ll* **-au,** endoplasm

Endopterygota, *ell,* Endopterygota
endorri, *be,* incise
endosberm, *eg, ll* -au, endosperm
endostyl, *eg, ll* -au, endostyle
eneidigol, *a,* animistic
eneidyddol, *a,* animistic
eneiniad, *eg,* unction
eneinio, *be,* annoint
eneinlyn, *eg, ll* -nau, liniment
enfys, *eb, ll* -au, rainbow
enffeodaeth, *eb, ll* -au, enfeoffment
enffeodu, *be,* enfeoff
engrafiad, *eg, ll* -au, engraving
   llin-engrafiad, line engraving
engrafu, *be,* engrave
engram, *eg,* engram
   cymhleth engram, *egb,* engram complex
engreinio, *be,* engrain
enghraifft, *eb, ll* **enghreifftiau,** example
enharmonig, *a,* enharmonic
   cyfnewidiad enharmonig, *eg,* enharmonic change
enhuddo, *be,* bank up
enllib, *eg,* libel
enllibus, *a,* libellous
enllyn caws, *eg,* Welsh Rarebit
ennill, *be,* win; gain
   ennill o ddigon, win easily
   ennill o fatiad, win by an innings
   ennill o innings, win by an innings
   ennill o un hyd, win by a length
ennyd, *egb,* instant; while; moment
   ennyd llwyfan, stage wait
enosod, *be,* inlay
enosodiad, *eg, ll* -au, inlay
enrhif, *eg,* value
   enrhif eigen, eigen value
enrhifo, *be,* evaluate
ensym (enzym), *eg, ll* -au, enzyme
ensoötig, *a,* enzoötic
entabladur, *eg, ll* -on, entablature
entael, *eg, ll* **enteiliad,** entail
entasis, *eg, ll* -au, entasis
enteilio, *be,* entail; tail
enterig, *a,* enteric
enteritis, *eg,* enteritis
enterocinas, *eg,* enterokinase
entomoffiledd, *eg,* entomophily
entomoleg, *egb,* entomology
entropi, *eg,* entropy
entrychdy, *eg, ll* **entrychdai,** skyscraper
enw, *eg, ll* -au, name
   bwrdd enwau, *eg,* name board
   cyfundrefn enwau, *eb,* nomenclature
enw da, reputation
enwadur, *eg, ll* -on, denominator
enwebai, *eg, ll* **enwebeion,** nominee
enwebiad, *eg, ll* -au, nomination
enwebu, *be,* nominate
enwebwr, *eg, ll* -wyr, nominator
enwi, *be,* name; nominate; cite; specify
   enwi darnau, identify pieces
   enwi euogfarnau cynharach, cite previous convictions
enwyd, said
   a enwyd uchod, aforesaid
   y llys a enwyd, *egb,* the said court
enydaıdd, *a,* instantaneous
eog, *eg, ll* -iaid, salmon
   eog mwg, smoked salmon
eosin, *eg, ll* -au, eosin
eosinoffil, *eg, ll* -au, eosinoffil
epeirogenetig, *a,* epirogenetic
epeirogenig, *a,* epirogenic
Ephemeroptera, *ell,* Ephemeroptera
epicotyl, *eg, ll* -au, epicotyl
epidemig, *a,* epidemic; *eg,* epidemic
epidermaidd, *a,* epidermal
epidermis, *eg, ll* -au, epidermis
epididymis, *eg, ll* -au, epididymis
epiffysis, *eg, ll* -au, epiphysis
epiffyt, *eg, ll* -au, epiphyte
epigeal, *a,* epigeal
epiglotis, *eg, ll* -au, epiglottis
epigynus, *a,* epigynous
epil, *eg, ll* -iaid, offspring; progeny
epilepsi, *eg,* epilepsy
epilio, *be,* reproduce
epilog, *eg, ll* -au, epilogue
epipetalus, *a,* epipetalous
episeicloid, *eg,* epicycloid
episod, *eg, ll* -au, episode
episoötig, *a,* epizoötic
epitacsis, *eg,* epitaxis
epitrocoid, *eg,* epitrochoid
epitrocoidal, *a,* epitrochoidal
epitheliwm, *eg, ll* **epithelia,** epithelium

epitheliwm cenhedlu, germinal epithelium
epitheliwm ciliedig, cilated epithelium
eples, *eg, ll* -au, ferment
eplesiad, *eg, ll* -au, fermentation
eplesu, *be,* ferment
epoc, *eg, ll* -au, epoch
epoled, *eb, ll* -au, epaulette
era, *eg, ll* erâu, era
erastaidd, *a,* erastian
erastiaeth, *eb,* erastianism
erastydd, *eg,* erastian
erchwyn, *egb, ll* -ion, scarp; parapet; side (of bed)
erchyllter, *eg,* atrocity
erepsin, *eg, ll* -au, erepsin
erfinen, *eb, ll* erfin, turnip
erfinen wen, white turnip
erfyn, *eg, ll* arfau, tool; instrument
erfyn ffurfio, forming tool
erfyn llinellu, lining tool
erfyn modelu clai, clay modelling tool
erfyn ysgythru, block cutting tool
erg, *eg, ll* -iau, erg
ergot, *eg, ll* -au, ergot
ergyd, *eg, ll* -ion, hit; blow; shot; stroke; gun; impulse
cam ergyd, foul shot
ergyd amddiffyn, defensive stroke
ergyd bwt, drop shot
ergyd blaenlaw, forehand shot
ergyd cornel, corner hit
ergyd cychwyn, starting gun
ergyd gwrthlaw, backhand stroke
ergyd munud, one minute gun
ergyd pum munud, five minute gun
ergyd rhydd, free hit
ergyd ymosod, attacking stroke
ergydiant, *eg, ll* ergydiannau, impulse
ergydio, *a,* impulsive
ergydiwr, *eg, ll* -wyr, striker
ergydwst, *eg,* concussion
erial, *eb, ll* -au, aerial
erlyn, *be,* prosecute
erlyniad, *eg, ll* -au, prosecution
 Cyfarwyddwr yr Erlyniadau Gwladol, *eg,* Director of Public Prosecutions
erlyniaeth, *eb, ll* -au, prosecution
 yr erlyniaeth, the prosecution
erlynwr, *eg, ll* -wyr prosecutor
erlynydd, *eg, ll* -ion, prosecutor
 Erlynydd Gwladol, Solicitor-General
ernes, *eb, ll* -au, earnest; security
ertrai, *eg, ll* ertreiau, neap tide
erthyglau, *ell,* articles
 Erthyglau Cymdeithasiad, Articles of Association
erthyglu, *be,* article
erthyl-feddyg, *eg, ll* -on, abortionist
erthyliad, *eg, ll* -au, abortion; miscarriage
erthylog, *a,* abortive
erthylu, *be,* abort; miscarriage
erthylydd, *eg, ll* -ion, abortionist
erw, *eb, ll* -au, acre
erwydd, *eg,* stave
 erwydd y trebl, treble stave
erydiad, *eg, ll* -au, erosion
 arwyneb erydiad, *eg,* erosion surface
erydiad dethol, selective erosion
erydiad eira, rivation
erydiad gwynt, wind erosion
erydiad rhewlif, glacial erosion
pant erydiad eira, *eg,* rivation hollow
erydog, *a,* eroded
erydol, *a,* erosive
erydu, *be,* erode
 blaen erydu, headward erosion
 cylchred erydu, *egb,* cycle of erosion
 llwyfan erydu, *egb,* erosion platform
erydydd, *eg, ll* -ion, erosive agent
eryr, *eg, ll* -od, eagle
erythema, *eg,* erythema
erythrocyt, *eg, ll* -au, erythrocyte
esblygiad, *eg, ll* -au, evolution
esblygiadaeth, *eb,* evolutionism
esblygiadol, *a,* evolutionary
esblygol, *a,* emergent
 cenhedloedd esblygol, *ell,* emergent nations
esboniad, *eg, ll* -au, explanation; exposition
esbonio, *be,* explain
esbonydd, *eg, ll* -ion, exponent

esbonyddol, *a*, exponential
escaladur, *eg, ll* -on, escalator
esdraddodi, *be*, extradite
esel, *eg, ll* -au, easel
esgair, *eg, ll* esgeiriau, esker
esgeulustod, *eg, ll* -ion, negligence
  esgeulustod dybryd, gross negligence
esgeulustra, *eg*, omission
esgid, *eb, ll* -iau, shoe
  esgidiau rhedeg, *ell*, running shoes
esgor, *be*, give birth; *eg*, parturition
esgoriad, *eg*, parturition
esgyll, *ell*, wings
esgyn, *be*, take off; progress
  esgyn deudroed, double take off
  esgyn untroed, single take off
esgynfa, *eb, ll* esgynfeydd, take off
esgynfaen, *eg, ll* esgynfeini, horseblock
esgyniad, *eg, ll* -au, ascension; ascent
  Esgyniad Cywir, Right Ascension
esgynlawr, *eg, ll* esgynloriau, dais; rostrum
  ffrynt esgynlawr, *egb*, rostrum front
esgynnol, *a*, ascending; progressive
  ymarferion esgynnol, *ell*, progressive exercises
esgytsiwn, *eg, ll* esgytsiynau, escutcheon
esmwythder, *eg*, ease
esmwytho, *be*, ease
ester, *eg, ll* -au, ester
esteras, *eg, ll* -au, esterase
  esteras colin, choline esterase
estopel, *eg, ll* -au, estoppel
estron, *a*, foreign
estronwr, *eg, ll* -wyr, alien
estyllen, *eb, ll* estyll, plank; board
  estyllen do, shingle
estyn, *be*, extend; stretch; reach; produce; enlarge
  estyn ymrwymiad, enlarge recognizances
estynadwy, *a*, extensible
estynedig, *a*, extended; stretched; augmented

  cyfwng estynedig, *eg*, augmented interval
  triad estynedig, *eg*, augmented triad
estyniad, *eg, ll* -au, extension; projection; reach
estynion, *ell*, extension pieces
estynneb, *eb, ll* estynebau, allonge
estynnell, *eb*, stretcher
estynnor, *eg*, extensor
estynnwr, *eg, ll* estynwyr, stretcher
estheteg, *eb*, aesthetics
esthetig, *a*, aesthetic
etesaidd, *a*, etesian
etifedd, *eg, ll* -ion, heir
  etifedd aparawns, heir apparent
  etifedd tebygol, heir presumptive
etifeddadwy, *a*, inheritable; heritable
etifeddedig, *a*, inherited
etifeddeg, *eb*, heredity
etifeddiaeth, *eb*, inheritance
  etifeddiaeth gymhlith, blending inheritance
  etifeddiaeth gytoplasmig, cytoplasmic inheritance
etifeddiant, *eg, ll* etifeddiannau, inheritance; hereditament
etifeddol, *a*, hereditary
etifeddu, *be*, inherit
etiolaeth, *eb*, etiolation
ethnig, *a*, ethnic
  grŵp ethnig, *eg*, ethnic group
ethnocentraeth, *eb*, ethnocentricism
ethnoleg, *egb*, ethnology
ethnolegwr, *eg, ll* -wyr, ethnologist
ethol, *be*, elect
etholaeth, *eb, ll* -au, electorate
  yr etholaeth balatin, palatinate
etholedig, *a*, elect
etholfraint, *eb, ll* etholfreintiau, franchise
etholfreinio, *be*, enfranchise
etholwr, *eg, ll* -wyr, elector; constituent
etholydd, *eg, ll* etholwyr, elector
  Etholydd Palatin, Elector Palatine
ethos, *eg*, ethos
eudden, *eb, ll* euddod, mite
euogfarn, *eb, ll* -au, conviction
  euogfarnau cynharach, previous convictions

euogfarnu, *be*, convict
 ar ôl eich euogfarnu, after convicting you
euraid, *a*, golden
 Cymedr Euraid, *eg*, Golden Mean
eurgylch, *eg*, *ll* **-oedd, -au**, aureole; halo
euro, *be*, gild
eurof, *eg*, *ll* **-aint**, goldsmith
eurych, *eg*, *ll* **-od, -iaid**, goldsmith
ewclidaidd, *a*, euclidean
ewgeneg, *egb*, eugenics
ewinor, *eb*, quitter; whitlow
 ewinor march, ring-bone
ewinrhew, *eg*, *ll* **-ogydd**, frost bite
ewlychiad, *eg*, *ll* **-au**, efflorescence
ewlychol, *a*, efflorescent
ewropeiddiad, *eg*, *ll* **-au**, europeanism
ewropeiddio, *be*, europeanise
ewrhythmeg, *eb*, eurhythmics
ewstatig, *a*, eustatic
ewstyl, *a*, eustyle; *eg*, eustyle
ewyllys, *egb*, *ll* **-iau, -ion**, will
 ewyllys da, goodwill
 grym ewyllys, *eg*, will-power
ewyllysiad, *eg*, volition
ewyllysiadol, *a*, volitionary
ewyllysiol, *a*, testate
ewyn, *eg*, *ll* **-nau, -ion**, foam; froth
ewynnu, *be*, foam; froth
ex-ffatri, ex-factory
exit, *eg*, exit
ex-officio, ex-officio
 aelod *ex-officio*, *eg*, ex-officio member
Exopterygota, *ell*, Exopterygota

F

faciwol, *eg*, *ll* **-ion**, vacuole
fagddu, (y), *eb*, blackout
fagina, *eg*, *ll* **-e, -u**, vagina
fagws, *eg*, vagus
 nerf fagws, *eg*, vagus nerve
falans, *eg*, *ll* **-ys**, valence
falensi, *eg*, *ll* **falensïau**, valency
 falensi unfalent, univalent valency
falf, *eb*, *ll* **-iau**, valve
 falf ddiogelu, safety valve
 falf dricwsbid, tricuspid valve
falid, *a*, valid
falidedd, *eg*, validity
falor, *eg*, valor
famp, *eg*, vamp
famwst, (y), *eb*, hysteria
fanadiwm, *eg*, vanadium
fanila, *eg*, vanilla
farnais, *eg*, *ll* **farneisiau**, varnish
 arwyneb farnais, *eg*, varnished surface
 farnais atal, stopping out varnish
 farnais caled, lacquer
 farnais capal, capal varnish
fasal, *eg*, *ll* **-au**, vassal
fasalaeth, *eb*, vassalage
fas defferens, *ll*, **fasa defferentia**, vas deferens
fasectomi, *eg*, vasectomy
fas efferens, *ll*, **fasa efferentia**, vas efferens
faselin, *eg*, *ll* **-au**, vaseline
fasgwlar, *a*, vascular
 planhigyn fasgwlar, *eg*, vascular plant
 sypyn fasgwlar, *eg*, vascular bundle
 system fasgwlar, *eb*, vascular system
fasoehangiad, *eg*, vasodilation
fasogyfyngiad, *eg*, vasoconstriction
fasomotor, *a*, vasomotor; *eg*, vasomotor
fector, *eg*, *ll* **-au**, vector
 fector eigen, eigen vector
fectoraidd, *a*, vectoral
feis, *eb*, *ll* **-iau**, vice
 arbedion feis, *ell*, vice clamps

feis baralel, parallel jaw
feis bin, pin vice
feis goes, leg vice
feis law, hand vice
felfed, *eg*, velvet
fen, *eb*, *ll* -iau, van
  fen ddosbarthu, delivery van
fena, *eg*, vena
  fena cafa infferior (bosterior), vena cava inferior
  fena cafa swperior, vena cava superior
fenswn, *eg*, venison
fent, *eb*, *ll* -iau, vent
fentio, *be*, vent
fentral, *a*, ventral
  nerf fentral, *eg*, ventral root
fentricl, *eg*, *ll* -au, ventricle
fenwl, *eg*, *ll* -au, venule
feranda, *eg*, *ll* ferandâu, verandah
fermiffurf, *a*, vermiform
fermin, *ell*, vermin
ferminog, *a*, verminous
fernier, *eg*, *ll* -i, vernier
  caliperau fernier, *ell*, vernier calipers
  medrydd uchder fernier, *eg*, vernier height gauge
  protractor fernier, *eg*, vernier protractor
fersin, *eg*, *ll* -au, versine
fersiwn, *eb*, *ll* fersiynau, version; view
fertebra, *eg*, *ll* fertebrau, vertebra
  fertebrau meingefn, lumber vertebrae
fertig, *eg*, *ll* -au, vertex
fertigol, *a*, vertical
  cyfwng fertigol, *eg*, vertical interval
  erydiad fertigol, *eg*, vertical erosion
  gwyriad fertigol, *eg*, hade
  llinell fertigol, *eb*, vertical line
  naddu fertigol, *be*, vertical paring; vertical chiselling
  persbectif fertigol, *eg*, vertical perspective
  plân fertigol, *eg*, vertical plane
fertigoledd, *eg*, *ll* -au, verticality
fesicl, *eg*, *ll* -au, vesicle
  fesicl semen, semen vesicle
fesicwla, *eg*, *ll* -u, vesicula
fest, *eb*, *ll* -ys, vest
festigiol, *a*, vestigial
  organ festigiol, *egb*, vestigial organ
festri, *eb*, *ll* festrïoedd, vestry
  festri agored, open vestry
  festri ddethol, close vestry
feto, *eg*, *ll* -au, veto
ficer, *eg*, *ll* -iaid, vicar
  ficer corawl, vicar-choral
  ficer cyffredinol, vicar-general
fifariwm, *eg*, *ll* fifaria, vivarium
fifiparus, *a*, viviparous
fignet, *eg*, vignette
fila, *eg*, *ll* filau, villa
filws, *eg*, *ll* fili, villus
finegr, *eg*, *ll* -au, vinegar
  finegr brag, malt vinegar
fiol, *eg*, *ll* -au, viol
fiola, *eb*, *ll* fiolae, viola
firgat, *eg*, *ll* -au, virgate
firginal, *a*, virginal
firws, *eg*, *ll* fira, virus
fisgos, *a*, viscose
fitamin, *eg*, *ll* -au, vitamin
fitriol, *eg*, *ll* -au, vitriol
flambé, *eg*, flambé
fodfil, *eb*, *ll* -iau, vaudeville
folatil, *a*, volatile; *eg*, *ll* -iau, volatile
folcanig, *a*, volcanic
  camlas folcanig, *eb*, volcanic dyke
  gweithgaredd folcanig, *eg*, volcanic activity
  lludw folcanig, *eg*, volcanic ash
  llwch folcanig, *eg*, volcanic dust
  tirffurfiau folcanig, *ell*, volcanic landforms
folcanigau, *ell*, volcanics
folcano, *eg*, *ll* -au, volcano
  folcano byw, active volcano
  folcano mud, dormant volcano
  folcano llaid, mud folcano
  folcano marw, extinct volcano
foli, *eg*, *ll* -iau, volley
  foli stop, stop volley
  hanner foli, half volley
folian, *be*, volley
foliwm, *eg*, *ll* -au, volume
foliwt, *eg*, *ll* -iau, volute
folt, *eg*, *ll* -iau, volt
foltamedr, *eg*, *ll* -au, voltameter

foltedd, *eg, ll* -au, voltage
  foltedd uchel, high voltage
foltmedr, *eg, ll* -au, voltmeter
fortecs, *eg, ll* -au, vortex
forteisedd, *eg,* vorticity
forteisiaeth, *eb,* vorticism
fowt, *eb, ll* -iau, vault
  fowt faril, barrel vault
  fowt groes, cross vault
fowtio, *be,* vault
fry, *ad,* aloft
fwlcaneiddio, *be,* vulcanise
fwlcanigrwydd, *eg,* vulcanicity
fwlcanoleg, *eb,* vulcanology
fwlgat, *a,* vulgate; *eg,* vulgate

FF

ffa, *ell,* broad beans
  ffa dringo, runner beans
  ffa Ffrengig, French beans
  ffa pob, baked beans
  ffa soya, soya beans
ffabrig, *eg, ll* -au, fabric
  ffabrig amsugnol, absorbent fabric
  ffabrigau gofal lleiaf, minimum care fabrics
  ffabrig bond, bonded fabric
  ffabrig defnydd hwyliau, sailcloth fabric
  ffabrig denim, denim fabric
  ffabrig dodrefnu, furnishing fabric
  ffabrig ffrogiau, dress fabric
  ffabrig gwau, jersey fabric
  ffabrig hystyn, stretch fabric
  ffabrig jersi, jersey fabric
  ffabrig lwrecs, lurex fabric
  ffabrig main, fine fabric
  ffabrig metelig, metallic cloth
  ffabrig nylon gwlanog, brushed nylon fabric
  ffabrig rayon rydd, spun rayon fabric
  ffabrig tywelin, towelling fabric
  peil y ffabrig, *eg,* pile of fabric
ffabrigedig, *a,* fabricated
ffabrigo, *be,* fabricate
ffacies, *eg,* facies
ffacsimile, *eg,* facsimile
ffactor, *egb, ll* -au, -ion, factor
  ffactor amgylchedd, environmental factor
  Ffactor Cyffredin Mwyaf (Ff.C.M. neu H.C.F.), Highest Common Factor (H.C.F.)
  ffactor cyffredinol, general factor
  ffactor cysefin, prime factor
  ffactor deheurwydd llaw, manual factor
  ffactor sbesiffig, specific factor
ffactoradwy, *a,* factorizable
ffactoriad, *eg, ll* -au, factorization
ffactoriaeth, *eb,* factorizing
ffactorial, *a,* factorial; *eg,* factorial
ffactorio, *be,* factorize
ffactorwr, *eg, ll* -wyr, factor
ffacwlti, *eb,* faculty
ffagl, *eb, ll* -au, flare
ffagl-bwysedd (ffagl-wasgedd), *eb, ll* fflaglau gwasgedd, pressure-torch
ffagocyt, *eg, ll* -au, phagocyte
ffagocytosis, *eg,* phagocytosis
ffagod, *eg, ll* -au, faggot
  ffagod dwbl, double faggot
ffagodi, *be,* faggot
ffagodwaith, *eg, ll* ffagodweithiau, faggotting
ffagotsen, *eb, ll* ffagots, faggot
ffair sborion, *eb, ll* ffeiriau sborion, jumble sale
ffals, *a,* false
ffalseddu, *be,* falsify
ffalseto, *eg,* falsetto
ffaltwng, *eg, ll* ffaltyngau, faltung; convolution
ffalang, *eg, ll* -au, phalange

ffan, *eb, ll* **-nau,** fan
ffan echdynnu, extractor fan
golau **ffan,** *eg,* fan light
ffanatigiaeth, *eb,* fanaticism
ffanfowt, *eg, ll* **-iau,** fan vault
ffanffar, *eg, ll* **-au,** fanfare
fanleu, *eg, ll* **-oedd,** fanlight
ffantasi, *egb, ll* **fantasïau,** fantasy
ffantasia, *egb, ll* **-u,** fantasy
ffarad, *eg, ll* **-au,** farad
ffarm, *eb, ll* **ffermydd,** farm
  ffarm laeth, dairy farm
  ffarm ddefaid, sheep farm
  ffarm stoc, stock farm
  ffarm y faenor, home farm
  ffarm y plas, home farm
ffarmio, *be,* farm
  ffarmio âr, arable farming
  ffarmio arddwys, intensive farming
  ffarmio bras, extensive farming
  ffarmio bugeiliol, pastoral farming
  ffarmio cymysg, mixed farming
  ffarmio da byw, livestock farming
  ffarmio gwladaidd, peasant farming
  ffarmio gwndwn, ley farming
  ffarmio mynydd, hill farming
  ffarmio sych, dry farming
  ffarmio tryc, truck farming
  ffarmio ymgynnal, subsistance farming
ffarmwr, *eg, ll* **-wyr,** farmer
ffars, *eb, ll* **farsau,** farce
ffarsi, *eg,* farcy
ffaryncs, *eg, ll* **-au,** pharynx
ffaryngitis, *eg,* pharyngitis
ffasâd, *eg, ll* **ffasadau,** facade
ffased, *eg, ll* **-au,** facet
ffasgia, *eg, ll* **ffasciae,** fascia
ffasgicwlar, *a,* fascicular
Ffasist (Ffasgydd), *eg, ll* **-iaid (-ion),** Fascist
ffasistaidd (ffasgaidd), *a,* fascist
ffasistiaeth (ffasgiaeth), *eb,* fascism
ffasiwn, *eg, ll* **ffasiynau,** fashion; vogue
  disg ffasiwn, *egb,* fashion disc
  mewn bri, in vogue

ffasnin, *eg, ll* **-au,** fastening
ffasno, *be,* fasten
ffasnydd, *eg, ll* **-ion,** fastener
  fasnydd zip, zip fastener
ffawna, *eg, ll* **-u, -e,** fauna
ffawdheglu, *be,* hitch-hike
ffawdheglwr, *eg, ll* **-wyr,** hitch-hiker
ffawt, *eg, ll* **-au,** fault
  ffawt arosgo, oblique fault
  ffawt bloc, block fault
  ffawt cafn, trough fault
  ffawt cilwth, reverse fault
  ffawt dwbl, double fault
  ffawt gris, step fault
  ffawt normal, normal fault
  ffawt rhwyg, tear fault
  ffawt traws, oblique fault
  ffawt troed, foot fault
  ffawt wthiol, thrust fault; reverse fault
  plân ffawt, fault plane
ffawtiad, *eg, ll* **-au,** faulting
ffawtio, *be,* fault
  cylchfa ffawtio, *eb,* fault zone
ffawtlin, *eg,* fault line
ffawydden, *eb, ll* **ffawydd,** beech
ffederal, *a,* federal
  Gweriniaeth Ffederal yr Almaen, *eb,* Federal German Republic
ffederasiwn, *eg, ll* **ffederasiynau,** federation
ffederu, *be,* federate
ffedog, *eb, ll* **-au,** apron
  ffedog flaen, frontal apron
  ffedog goginio, cookery apron
ffedraliaeth, *eb,* federalism
ffedralwr, *eg, ll* **-wyr,** federalist
ffedreiddio, *be,* federate
ffefryn, *eg, ll* **-nau,** favourite
ffeibr, *eg,* fibre
  bwrdd ffeibr, *eg,* fibre board
ffeil, *eb, ll* **-iau,** file
  ffeil driongl, three square file
  ffeil eildor, second cut file
  ffeil fastard, bastard cut file
  ffeil frasddant, rough cut file
  ffeil fflat, flat file
  ffeil hanner cron, half-round file
  ffeil law, hand file
  ffeil lefn, smooth file
  ffeil orfras, middle cut file

ffeil orlefn, dead smooth cut file
ffeil sgwâr, square file
ffeil wardio, warding file
ffeilio, *be*, file; hem
   cwpwrdd ffeilio, *eg*, filing cabinet
ffeirio, *be*, substitute
   tabl ffeirio, *eg*, substitution table
ffelem, *eb*, *ll* -au, phellem
ffeloderm, *eg*, *ll* -au, phelloderm
ffelogen, *eb*, *ll* -ni, phellogen
ffelon, *eg*, *ll* -iaid, felon
ffelonaidd, *a*, felonious
ffeloniaeth, *eb*, *ll* -au, felony
   ffeloniaeth ddihenydd, capital felony
ffelsbar, *eg*, *ll* -au, felspar
ffelsenmer, *eg*, felsenmeer
ffelt, *eg*, felt
   bwrdd ffelt, *eg*, felt board
   gwaith ffelt, *eg*, felt work
   pad ffelt, *eg*, felt pad
   pen blaen ffelt, *eg*, felt tip pen
   pin ffelt, *eg*, felt pen
   rhif ffelt, *eg*, felt numeral
   symbolau ffelt, *ell*, felted symbols
ffeltin, *eg*, *ll* -ion, felting
ffeltio, *be*, felt
ffelwn, *eg*, *ll* -au, felon
   celu ffelwn, misprision of felony
ffemwr, *eg*, *ll* ffemora, femur
ffen, *eg*, *ll* -iau, fen
ffenestr, *eb*, *ll* -i, window
   ffenestr adeiniog, casement window
   ffenestr do, skylight window
   ffenestr dormer, dormer window
   ffenestr ddalennog, sash window
   ffenestr fwa, bow window
   ffenestr Ffrengig, French window
   ffenestr gasment, casement window
   ffenestr gilan, recessed window
   ffenestr gron, wheel window
   ffenestr gromen, rose window
   ffenestr gron wheel window
   ffenestr olwyn, wheel window
   ffenestr ordo, overhanging window
   ffenestr oriel, oriel window
   ffenestr ros, rose window
   ffenestr sash, sash window
   lintar ffenestr, *eg*, window sill
ffenestriad, *eg*, *ll* -au, fenestration
ffenomen, *eb*, *ll* -au, phenomenon
ffenoteip, *eg*, *ll* -iau, phenotype
ffenoteipol, *a*, phenotypic
ffens, *eb*, *ll* -ys, fence
   ffens bleth, wattle fence
ffensio, *be*, fence
ffensiwr, *eg*, *ll* -wyr, fencer
ffeodaeth, *eb*, feoffment
ffeodari, *eg*, *ll* ffeodarïau, feodary
ffeodwr, *eg*, *ll* -wyr, feoffer
ffeodydd, *eg*, *ll* -ion, feoffee
ffêr, *eb*, *ll* fferau, ankle
fferi, *eg*, *ll* fferïau, ferry
fferm, *eb*, *ll* -ydd, farm
ffermio, *be*, farm
ffermwr, *eg*, *ll* -wyr, farmer
fferomagnetedd, *eg*, ferromagnetism
fferrig, *a*, ferric
fferrit, *eg*, ferrite
ffertileiddiad, *eg*, *ll* -au, fertilisation
ffertileiddio, *be*, fertilise
ffertileiddydd, *eg*, *ll* **ffertileiddion**, fertiliser
fferro-concrit, *eg*, ferro-concrete
fferru, *be*, freeze
fferrus, *a*, fferrous
fferwl, *egb*, *ll* -au, ferrule
fferyllol, *a*, pharmaceutical
ffesant, *eb*, *ll* -s, -au, **ffesynt**, pheasant
ffesin, *eg*, *ll* -iau, facing
ffetan, *eb*, *ll* -au, sack
ffetlo, *be*, fettle; mine
ffeuen, *eb*, *ll* ffa, bean; broad bean
ffi, *eb*, *ll* -oedd, fee
   ffi batent, fee patent
   ffi benodedig, prescribed fee
   ffi entael, fee entail
   ffi fferm, fee farm
   ffi rydd, fee simple
ffiard, *eg*, *ll* -iau, fjard
ffibr, *eg*, *ll* -au, fibre
   bwrdd ffibr, fibre board
   ffibr anifail, animal fibre
   ffibr coed, wood fibre
   ffibr gwneud, man-made fibre
   ffibr llysiau, vegetable fibre
   ffibr naturiol, natural fibre
   ffibr synthetig, synthetic fibre
ffibrin, *eg*, fibrin
ffibrinogen, *eg*, fibrinogen

ffibr-nerf, *eg,* nerve-fibre
  ffibr nerf medwla, medullated nerve-fibre
ffibrog, *a,* fibrous
  gwreiddyn ffibrog, *eg,* fibrous root
ffibrus, *a,* fibrous
ffibwla, *eg, ll* ffibwlae, fibula
ffid, *eg, ll* -iau, feed
ffidil, *eb, ll* -au, violin
ffidiwr, *eg, ll* -wyr, feed dog
ffieidd-dod, *eg,* disgust
ffigur, *eg, ll* -au, figure
  ffigur gosod, lay figure
ffigurol, *a,* figurative
ffiguryn, *eg, ll* -nau, figurine
ffigysbren, *eg, ll* -nau, fig-tree
ffilament, *eg, ll* -au, filament
ffilamentus, *a,* filamentous
ffildio, *be,* field
ffildiwr, *eg, ll* -wyr, fieldsman; outfielder
  ffildiwr canol, centre outfielder
  ffildiwr chwith, left outfielder
  fildiwr de, right outfielder
ffiledu, *be,* filet darn
ffilet, *eg, ll* -au, fillet
ffilial, *a,* filial
  ail genhedlaeth ffilial, *eb,* second filial generation
  cenhedlaeth ffilial gyntaf, *eb,* first filial generation
ffiligri, *a,* ffiligree; *eg,* filigree
ffilm, *eb, ll* -iau, film
  cylch ffilm, *eg,* film loop
  ffilm newyddion, newsreel
  stribed ffilm, *eg,* film strip
filmddolen, *eb, ll* -ni, -nau, concept-loop
ffilmgylch, *eg, ll* -oedd, film loop
ffilmlŵp, *eg, ll* -iau, film loop
ffilmstribed, *eb, ll* -i, filmstrip
ffilter, *eg, ll* -au, -i, filter
  ffilter aer, air filter
ffiltro, *be,* filter
  gwely ffiltro, *eg,* filter bed
ffin, *eb, ll* -iau, boundary; margin; frontier; limit
  carreg ffin, *eb,* boundary stone
  ffin cenedlaethol, national boundary
  ffin sir, county boundary
  tu hwnt i'r ffin, out of bounds
  y ffiniau, the boundaries
ffindir, *eg, ll* -oedd, borderland
ffinedig, *a,* bounded
ffin-haen, *eb, ll* -au, boundary layer
ffinial, *eg, ll* -au, finial
ffinio, *be,* abut
ffiniol, *a,* borderline
ffinrewlifol, *a,* periglacial
ffiord, *eg, ll* -au, fjord
ffiordaidd, *a,* fjord
ffirn, *eg, ll* -iau, firn
ffiseg, *egb,* physics
ffisegol, *a,* physical
  priodweddau ffisegol, *ell,* physical properties
ffisegwr, *eg, ll* -wyr, physician
ffisegydd, *eg, ll* -ion, physicist
ffisiograffig, *a,* physiographic
ffisioleg, *egb,* physiology
ffisiotherapi, *eg,* physiotherapy
ffistwla, *eg, ll* -u, fistula
ffit, *a,* fit; *eb, ll* -iau, fit
  ffitiau a therfannau, fits and limits
  ffit lithr, transition fit
  ffit redegog, running fit
  ffit ymyrru (ffit ymyrraeth), interference fit
ffitiad, *eg, ll* -au, fitting
ffitio, *be,* fit
  ffitio poeth, shrink fit
ffitiwr, *eg, ll* -wyr, fitter
ffitrwydd, *eg,* fitness
  ffitrwydd corfforol, physical fitness
ffitsh, *eg, ll* -au, fitch
ffiwd, *eg, ll* -au, feud
ffiwdal, *a,* feudal
ffiwdalhad, *eg,* feudalisation
ffiwdalhau, *be,* feudalise
ffiwdaliaeth, *eb,* feudalism
ffiwg, *eb, ll* -iau, fugue
  ffiwg driphlyg, triple fugue
ffiws, *eg, ll* -ys, -iau, fuse
ffiwsio, *be,* fuse
fflacsid, *a,* flaccid
fflachedig, *a,* flashed
fflachennu, *be,* scintillate
fflachio, *be,* flare
fflachlif, *eg, ll* -ogydd, flash flood

fflag, *eb*, *ll* -iau, flag-stick
  fflag **cornel**, corner flag
fflagelwm, *eg*, *ll* **fflagela**, flagellum
fflangell, *eb*, *ll* -au, whip
fflangellu, *be*, whip
fflaim, *eb*, *ll* **ffleimiau**, lancet
  bwa fflaim, *eg*, lancet arch
fflam, *eb*, *ll* -au, flame
fflamaidd, *a*, flamboyant
fflamwydden, *eg*, erysipelas
fflan, *eb*, *ll* -iau, flan
fflansio, *be*, flange
fflap, *eg*, *ll* -iau, flap
fflapio, *be*, flap
fflasg, *eb*, *ll* -iau, flask
  fflasg **dinfflat**, flat bottomed flask
  fflasg **dingron**, round bottomed flask
  fflasg **fonfflat**, flat bottomed flask
  fflasg **fyrdew**, squat flask
  fflasg **gonigol**, conical flask
fflat, *eg* (*Th*), *eb*, *ll* -iau, flat
  fflat **canllaw**, balustrade piece
  fflat **celu**, backing flat
  fflat **drws**, door flat
  fflat **ffenestr**, window flat
  fflat **gyflawn**, self-contained flat
  fflat **llyfr**, French flat (*Th*)
  fflat **llaid**, mud flat
fflatio, *be*, knock-down
  haearn fflatio, *eg*, knocking-down iron
fflatiwr, *eg*, *ll* -wyr, flatter
fflatwadn, *a*, flat-footed
fflaw, *eg*, flake
  diwylliant fflaw, *eg*, flake culture
  fflaw **mica**, mica flake
fflawiog, *a*, flaked
fflebitis, *eg*, phlebitis
fflebotomi, *eg*, phlebotomy
fflecnod, *eg*, *ll* -au, flecnode
fflecs, *eg*, *ll* -ys, flex
  fflecs **llwyfan**, stage flex
fflegmatig, *a*, phlegmatic
fflei, *eg*, fly hit
fflem, *eb*, phlegm
fflêr, *a*, flaring; *eb*, *ll* **flerau**, flare
fflewyn, *eg*, *ll* -au, splinter
fflic-ffloc, *eg*, flip-flap; flick-flock
fflicio, *be*, flick
fflint, *eg*, flint
fflip-fflap, *eg*, flip-flap

ffliwc, *eg*, *ll* -iau, liver-fluke
ffliwt, *eb*, *ll* -iau, flute
ffliwtiog, *a*, fluted
ffliwtwaith, *eg*, *ll* **ffliwtweithiau**, fluting
ffloc, *eg*, flock
  ffloc **gwlân**, wool flock
fflop, *eg*, flop
fflora, *eg*, *ll* **fflorae**, flora
ffloem, *eb*, phloem
ffloring, *eg*, *ll* -od, florin
fflotsam, *eg*, *ll* -au, flotsam
  fflotsam a jetsam, flotsam and jetsam
fflowns, *eb*, *ll* -iau, -ys, flounce
fflur, *a*, floral
  diagram fflur, *eg*, floral diagram
  fformwla fflur, *eb*, floral formula
ffluredig, *a*, floriated
fflurgainc, *eb*, *ll* **fflurgeinciau**, inflorescence
  echel fflurgainc, *eb*, inflorescence axis
ffluriant, *eg*, *ll* **ffluriannau**, anthesis
fflwff, *eg*, fluff
fflworideiddiad, *eg*, fluoridation
fflworideiddio, *eg*, fluoridate
fflworin, *eg*, fluorine
fflworosis, *eg*, fluorosis
fflwr, *eg*, flour
  fflwr **codi**, self raising flour
fflwrolau, *a*, fluorescent; *eg*, *ll* **fflwroleuadau**, fluorescent lighting
fflwroleuedd, *eg*, fluorescence
fflycs, *eg*, *ll* -ys, flux
  fflycs **goddefol**, passive flux
  fflycs **gweithredol**, active flux
fflyd, *eb*, *ll* -oedd, fleet
ffoadur, *eg*, *ll* -ion, -iaid, refugee
ffobia, *eg*, *ll* -u, -e, phobia
  ffobia **ysgol**, school phobia
ffocal, *a*, focal
  pwynt ffocal, *eg*, focal point
ffocws, *eg*, *ll* **ffocysau**, focus
ffocysu, *be*, focus
ffoetws, *eg*, *ll* **ffoetysau**, foetus
ffoïea, *eg*, *ll* **ffofeae**, fovea
ffohn, *eg*, *ll* -au, fohn
ffoil, *eg*, *ll* -iau, foil
ffolder, *eg*, *ll* -i, folder
ffoledd, *eg*, *ll* -au, folly

ffolen, *eb, ll* -nau, -ni, buttock
ffolicl, *eg, ll* -au, follicle
  ffolicl Graaf, Graafian follicle
  ffolicl ofaraidd, ovarian follicle
  hormon symbylu ffolicl, *eg,* follicle stimulating hormone
ffolineb, *eg, ll* -au, folly
ffolio, *eg, ll* -s, folio
ffoliwm, *eg, ll* ffolia, folium
ffon, *eb, ll* ffyn, stick; *eg, ll* -au, phon
  ffon fesur, ruler; yardstick
  ffon o chwith, bad stick
  ffon peintiwr, mahlstick
  ffon ryddhau, clearing stick
  ffon wasgu, back stick
  ffon ysgol, rung of ladder
ffôn, *eg, ll* ffonau, phone
  ffôn clust, earphone
ffoneg, *egb,* phonics
ffonegol, *a,* phonic
ffonig, *a,* phonic
ffont, *eg, ll* -ydd, font
ffontanel, *eg, ll* -au, fontanelle
fforamen, *eb, ll* fforamina, foramen
fforch, *eb, ll* ffyrch, prong
fforchi, *be,* fork
  fforchi'n ddau, bifurcate
ffordd, *eb, ll* ffyrdd, road; way; trackway
  ffordd arterial, arterial road
  ffordd deg, fairway
  ffordd fynediad, access road
  ffordd gyda ffens, fenced road
  ffordd gynhanes, prehistoric trackway
  ffordd gysylltu, trunk road
  ffordd heb ffens, unfenced road
  ffordd o fynd ati, approach
  ffordd y blaenau, heads of the valleys road
fforddol, *eg, ll* -ion, road-user
fforddolyn, *eg, ll* fforddolion, road-user
fforest, *eb, ll* -ydd, forest
  fforest corstir, swamp forest
  fforest ddrain, thorn forest
  fforest galeri, gallery forest
  fforest law, rain forest
  fforest soddedig, submerged forest
fforestbridd, *eg, ll* -oedd, forest soil

fforestiad, *eg, ll* -au, afforestation
fforestiaeth, *eb, ll* -au, forestry
fforestu, *be,* afforestate
fforestwr, *eg, ll* -wyr, forester
fforffedu, *be,* forfeit
  fforffedu ymrwymiad, forfeit recognizances
fforiad, *eg, ll* -au, exploration
fforio, *be,* explore
fforiwr, *eg, ll* -wyr, explorer
fforman, *eg, ll* -iaid, foreman
fformica, *eg,* formica
fformwla, *eb, ll* fformwlâu, formula
fformwlad, *eg, ll* -au, formulation
fforwm, *eg, ll* forymau, ffora, forum
ffos, *eb, ll* -ydd, trench; moat; ditch; fosse
  ffosydd dyfrhau, irrigation ditches
ffosffad, *eg, ll* -au, phosphate
ffosffin, *eg, ll* -iau, phosphine
ffosffo-protein, *eg, ll* -iau, phosphoprotein
ffosffor, *eg,* phosphor
ffosfforaidd, *a,* phosphorous
ffosfforefydd, *eg, ll* -au, phosphor-bronze
ffosfforeiddio, *be,* phosphorate; phosphorise
ffosfforesgedd, *eg,* phosphorescence
ffosfforesgol, *a,* phosphorescent
ffosfforesgu, *be,* phosphoresce
ffosfforig, *a,* phosphoric
ffosfforws, *eg,* phosphorus
ffosil, *eg, ll* -au, fossil
ffosilaidd, *a,* fossil
ffosiledig, *a,* fossilised
ffosileiddiad, *eg, ll* -au, fossilisation
ffosileiddio, *be,* fossilise
ffosio, *be,* trench
ffot, *eb, ll* ffotau, fault
ffotodrydan, *eg,* photoelectricity
ffoto-electrig, *a,* photoelectric
ffotogell, *eb, ll* -oedd, photocell
ffotogemegol, *a,* photochemical
ffotograff, *eg, ll* -au, photograph
  ffotograff o'r awyr, aerial photograph
ffotograffiaeth, *eb,* photography
ffotograinetreg, *eb,* photogrammetry
ffotolysis, *eg,* photolysis
ffotomedr, *eg, ll* -au, photometer

ffotomedrig, *a*, photometric
ffotometreg, *egb*, photometry
ffotomontedd, *eg*, photomontage
ffoton, *eg, ll* -au, photon
ffotonastedd, *eg*, photonasty
ffotoperiodedd, *eg*, photoperiodism
ffotosffer, *eg, ll* -au, photosphere
ffotosynthesis, *eg, ll* ffotosyntheses, photosynthesis
ffotosynthetig, *a*, photosynthetic
ffototacsis, *eg*, phototaxis
ffototropedd, *eg*, phototropism
ffowl, *a*, foul; *eb, ll* -iau, foul
 dyrnod ffowl, *eg*, foul blow
 ffowl bersonol, personal foul
 ffowl dechnegol, technical foul
ffowlard, *eg, ll* -au, foulard
ffowlen, *eb, ll* -au, foul
ffowlio, *be*, foul
ffowlyn, *eg, ll* ffowls, fowl
 ffowlyn berwi, boiling fowl
 ffowlyn rhostio, roasting fowl
ffowndri, *eb, ll* ffowndrïau, foundry
ffracsiwn, *eg, ll* ffracsiynau, fraction
 bwrdd ffracsiynau, *eg*, fraction inset board
 cafn ffracsiynau, *eg*, fraction trough
 ffracsiwn anghymen, improper fraction
 ffracsiwn bondrwm, proper fraction
 ffracsiwn cyffredin, vulgar fraction
 ffracsiwn cymen, proper fraction
 ffracsiwn cynrychiadol, representative fraction
 ffracsiwn pendrwm, improper fraction
 ffracsiynau rhannol, partial fractions
ffracsiynol, *a*, fractional; submultiple
 onglau ffracsiynol, *ell*, submultiple angles
ffraethineb, *eg*, wittiness
ffraethni, *eg, ll* ffraethnïau, tilth
ffrâm, *eb, ll* -au, frame; chassis
 ffrâm arwyddion, sign support
 ffrâm baent, paint frame
 ffrâm blyg, bent frame
 ffrâm ddringo, climbing frame
 ffrâm fasged, basket frame
 ffrâm gwiltio, quilting frame
 ffrâm lliwiau, colour frame
 ffrâm rifo, counting frame
 ffrâm y llwyfan, proscenium arch
fframwaith, *eg, ll* fframweithiau, framework; structure
 bras fframwaith, skeleton framework
ffransies, *eg*, franchise
Ffrengig, *a*, French
 y cyfresi Ffrengig, *ell*, French suites
 yr agorawd Ffrengig, *eg*, French overture
ffrenoleg, *egb*, phrenology
ffresgo, *eg, ll* -au, fresco
ffreutur, *eg, ll* -au, refectory
ffridd, *eb, ll* -oedd, moorland; sheep walk
ffrigad, *eb, ll* -au, frigate
ffril, *eg, ll* -iau, frill
 gosod ffriliau, *be*, attach frills
ffrimpan, *eb, ll* -au, frying pan
ffrio, *be*, fry
 ffrio bas, shallow frying
 ffrio dwfn, deep fat frying
 ffrio sych, dry frying
ffris, *eg, ll* -iau, frieze
ffriswr, *eg, ll* -wyr, friezeman
ffrit, *eg, ll* -iau, frit; flop
ffriter, *eg, ll* -au, fritter
ffrithiant, *eg, ll* ffrithiannau, friction
 cyfernod ffrithiant, *eg*, coefficient of friction
 ffrithiant llithro, sliding friction
 golchi ffrithiant, *eg*, friction washing
ffriwe, *eg, ll* -au, freeway
ffroenau, *ell*, nares
ffroenell, *eb, ll* -au, nozzle
ffroen-ffrydiad, *eg*, coryza
ffroen-waediad, *eg*, epistaxis
ffroenwst, *eg*, rhinitis
ffrog, *eb, ll* -au, iau, frock; dress
 ffrog diwnig, pinafore dress
 ffrog goctel, cocktail frock
 ffrog hwyr, evening dress
ffroisen, *eb, ll* ffrois, pancake
ffrond, *eg, ll* -au, frond
ffrotais, *eg, ll* ffroteisiau, frottage; rubbing

ffroteisio, *be*, frottage; rub
ffroth, *eg, ll* -au, froth
ffrwctos, *eg, ll* -au, fructose
ffrwd, *eb, ll* ffrydiau, stream
  ffrwd bengoll, beheaded stream
  ffrwd rewlifol, *a*, fluvio-glacial
  defnydd ffrwd rewlifol, *eg*, fluvioglacial material
ffrwstwm, *eg, ll* ffrwstymau, frustum
ffrwydrad, *eg, ll* -au, explosion
ffrwydriad, *eg, ll* ffrwydriaid, burster
ffrwydro, *be*, explode
ffrwydrol, *a*, explosive
ffrwydrydd, *eg, ll* -ion, explosive
ffrwyn, *eb, ll* -au, bridle
ffrwyno, *be*, steady
ffrwyth, *eg, ll* -au, fruit
  bwrw ffrwyth, *be*, brew
  ffrwythau crisial, crystallised fruits
  ffrwyth citraidd (ffrwyth citrus), citrus fruit
ffrwythlon, *a*, fertile
ffrwythlonder, *eg*, fertility
ffrwytho, *be*, bear fruit
  sbardun ffrwytho, *eg*, fruiting spur
ffrwythus, *a*, fruity
ffrydio, *be*, stream; gush out
ffrydlif, *eg, ll* -oedd, torrent
ffrynt, *egb, ll* -iau, front
  caddug ffrynt, *eg*, frontal fog
  ffrynt achludd, occluded front
  ffrynt gynnes, warm front
  ffrynt oer, cold front
  ffrynt rhyng drofannol, intertropical front
  ffrynt tŷ, front of house
  ffrynt y tŷ, front of house
  glaw ffrynt, *eg*, frontal rain
  o'r ffrynt, from the front
  yn y ffrynt, in front
ffryntiad, *eg, ll* -au, frontage
ffug, *a*, false; pseudo; imitation; *eg*, forgery; fake
  dogfen ffug, *eb*, forged document
  ffug broseniwm, *eg*, false proscenium
  ffug grothau coes, *ell*, false calves
ffug-basio, *be*, dummy

ffugiad, *eg, ll* -au, forgery
ffugio, *be*, fake; feint; forge
ffugwaith, *eg, ll* ffugweithiau, fake
ffug-ysgyfaint, *ell*, bastard strangles
ffull, *eg, ll* -on, bud
ffurf, *eb, ll* -iau, form; formation; shape; state
  ar ffurf U, U shaped
  ar ffurf V, V shaped
  ffurf safonol, standard form
  ffurf symlaf, lowest terms
  y ffurf ddyblyg, binary form
ffurfdro, *eg, ll* -eon, inflection
ffurfeb, *eb, ll* -au, formula
ffurfell, *eb, ll* -au, -i, formeret; precedent
ffurfiad, *eg, ll* -au, structure
ffurfiannol, *a*, structural
ffurfiant, *eg*, formation
ffurfiol, *a*, formal
ffurfiolaeth, *eb*, formalism
ffurflen, *eb, ll* -ni, form
  ffurflen amgae siec, cheque enclosure form
  ffurflen benodedig, prescribed form
  ffurflen cais, application form
  ffurflen gais, claim form
  ffurflen gynnig, proposal form
  ffurflen llythyr awyr, air-letter form
ffurflin, *eb, ll* -iau, formline
ffurflun, *eg, ll* -iau, cast
ffurflunio, *be*, cast
ffurfwaith, *eg, ll* ffurfweithiau, formwork
ffurfwedd, *eb, ll* -au, configuration
ffurfydd, *eg, ll* ffurfwyr, former
ffurfyn, *eg, ll* -nau, formant
ffwcocsanthin, *eg, ll* -au, fucoxanthin
ffŵet, *eg, ll* -au, fouette
ffwgato, *eg*, fugato
fwgheta, *eg*, fughetta
ffwng, *eg, ll* ffyngau, fungus
ffwngleiddiad, *eg, ll* -au, fungicide
ffwlbri, *eg*, buffoonery
ffwlcrwm, *eg, ll* ffwlcrymau, fulcrum
ffwlsgap, *eg, ll* -au, foolscap
ffwmarol, *eg, ll* -au, fumarole
ffwnicl, *eg, ll* -au, funicle
ffwnicwlar, *a*, funicular

ffwr, *eg, ll* **ffyrrau,** fur
ffwrn, *eb, ll* **ffyrnau,** oven
  cyfres ffyrnau cols, *eb,* coke oven batteries
ffwrnais, *eb, ll* **ffwrneisiau,** furnace
  ffwrnais amledd uchel Wilton, Wilton high frequency furnace
  ffwrnais arc trydan, electric arc furnace
  ffwrnais tân agored, open hearth furnace
ffwyl, *eg, ll* **-au,** foil (*Ch*)
ffwyliwr, *eg, ll* **-wyr,** foilist
ffwythiannaeth, *eb,* functionalism
ffwythiannedd, *eg,* functional
ffwythiannol, *a,* functional
  darllen ffwythiannol, *eg* functional reading
ffwythiant, *eg, ll* **ffwythiannau,** function
  ffwythiant echblyg, explicit function
  ffwythiant eigen, eigen function
  ffwythiant ymhlyg, implicit function
ffycocyanin, *eg,* phycocyanin
ffyloclad, *eg, ll* **-au,** phylloclade
ffylod, *eg, ll* **ffylodia,** phyllode
ffylogenedd, *eg, ll* **-au,** phylogeny
ffylotacsis, *eg, ll* **ffylotacses,** phyllotaxis
ffylwm, *eg, ll* **ffyla,** phylum
ffyniannus, *a,* prosperous; successful
  tra ffyniannus, booming
ffynnon, *eb, ll* **ffynhonnau,** well; fountain; spring
ffyrm, *eb, ll* **-iau,** firm
ffyrnig, *a,* virulent
ffytoffagus, *a,* phytophagous
ffytolithiau, *ell,* phytoliths
ffytoplancton, *eg,* phytoplankton

G

gabro, *eg, ll* **-au,** gabbro
gadael, *be,* leave; depart; abandon; *eg,* departure
  amser gadael, *eg,* time of departure
  cyrraedd a gadael, arrival and departure
  gadael allan, omit; cut off
  gadael mewn ewyllys, bequeath
gadawedig, *a,* derelict
gadawiad, *eg, ll* **-au,** departure
gaeafgwsg, *eg, ll* **gaeafgysgau,** hibernation
gaeafu, *be,* hibernate; winter
gafael, *be,* grip; handle; hold; *eb, ll* **-ion,** grip; grasp; purchase
  gafael ar yn ail, alternate grip
  gafael ebrwydd, instantaneous grip
gafaelai (gafaelydd), *eg,* vice
gafaeliau, *ell,* holds
  gafaeliau bysedd, finger holds
  gafaeliau traed, footholds
gafaelydd, *eg, ll* **-ion,** holder
  gafaelydd tiwb prawf, test tube holder
  gafaelydd profdiwb, test tube holder
gang, *eg, ll* **-iau,** gang
ganglion, *eg, ll* **ganglia,** ganglion
gaing, *eb, ll* **geingiau,** chisel
  gaing durnio, turning chisel
  gaing fefel, bevel chisel
  gaing fortais, mortice chisel
  gaing fferf, firmer chisel
  gaing galed, cold chisel
  gaing gau, gouge
  gaing gau gefn, firmer gouge
  gaing gau gerfio, carving gouge
  gaing gau hir, paring chisel
  gaing gau offeru, tooling gouge

gaing gau oledd, skew chisel
gaing gau wyneb, scribing gouge
gaing gerfio, carving chisel
gaing glo, drawer lock chisel
gair-berffaith, *a,* word-perfect
gair olaf, *eg,* tag *(Th)*
gala, *eg, ll* **galâu,** gala
  gala nofio, swimming gala
galactos, *eg,* galactose
galaeth, *eb, ll* -au, galaxy
galaethog, *a,* galactic
galantieren, *eg,* galantieren
galar, *eg,* grief
galaru, *be,* grieve
galena, *eg,* galena
galeri, *eg, ll* **galerïau,** gallery
galfanedig, *a,* galvanised
galfanomedr, *eg, ll* -au, galvanometer
galfanu, *be,* galvanize
gali, *eg, ll* **galïau,** galley
galiard, *eg, ll* -au, galliard
galiwn, *eg, ll* **galiynau,** galleon
galw, *be,* call; require
  galw'r cychwynwyr, call beginners
  nid oes galw arnoch i, you are not required to
galwad, *eg,* call
  galwad i ateb cyhuddiad, arraignment
  galwadau ôl-ddyledus, calls in arrears
  galwadau ymlaen llaw, calls in advance
galwedigaeth, *eb, ll* -au, occupation
  galwedigaeth glercol, clerical occupation
galwedigaethol, *a,* occupational; vocational
  adeilaeth alwedigaethol, *eb,* occupational structure
  cyfarwyddyd galwedigaethol, *eg,* vocational guidance
  dewisiad galwedigaethol, *eg,* vocational selection
  prawf galwedigaethol, *eg,* vocational test
  prawf tueddfryd galwedigaethol, *eg,* vocational aptitude test
  therapi galwedigaethol, *eg,* occupational therapy
galwyn, *eg, ll* -i, gallon

gallt, *eb, ll* **gelltydd,** hill; wooded hill-side
gallu, *eg, ll* -oedd, ability
  gallu arbennig, specific ability
  gallu cudd, potentiality
  gallu cynhenid, native ability; capacity
  gallu i gynhyrchu, ability to produce
  galluoedd yn herwydd pallu, default powers
gamet, *eg, ll* -au, gamete
  gamet benyw, female gamete
  gamet gwryw, male gamete
gametocyt, *eg, ll* -au, gametocyte
gametoffyt, *eg, ll* -au, gametophyte
  cenhedlaeth gametoffyt, *eb,* gametophyte generation
gamon, *eg, ll* -au, gammon
gamopetalus, *a,* gamopetalous
gamosepalus, *a,* gamosepalous
ganister, *eg, ll* -au, ganister
gar, *egb, ll* **garrau,** hock
  coden y gar, *eg,* thorough-pin
  chwyddi'r gar, *eg,* thorough-pin
  dŵr ar y gar, *eg,* capped hock
garan, *egb, ll* -au, shank
gard, *eg, ll* -iau, guard
gardrob, *eb, ll* -au, garderobe
gardd-ddinas, *eb, ll* -oedd, garden city
garddeg, *eb,* horticulture
garddio, *be,* garden
  garddio marchnad, market gardening
garddwr, *eg, ll* -wyr, gardener
  garddwr masnachol, market gardener
garddwriaeth, *eb,* horticulture; gardening
garddwrn, *eg, ll* **garddyrnau,** wrist
garej, *eg, ll* -ys, garage
garejo, *be,* garage
garged, *eb,* mastitis
gargoil, *eg, ll* -iau, gargoyle
garlant, *eg, ll* -au, garland
garlleg, *ell, un,* -en, garlick
garnisiad, *eg, ll* -au, garnishee order
garnisio, *be,* garnish
garnisiwr, *eg, ll* -wyr, garnishee
garsiwn, *eg, ll* **garsiynau,** garrison

garth, *eb, ll* -au, promontory; thicket
garw, *a,* rough; rugged
garwedd, *eg,* roughness; coarseness
garwfwyd, *eg, ll* -ydd, roughage
gast, *eb, ll* geist, bitch
  gast gynhaig, oestrum bitch
gastrig, *a,* gastric
gastritis, *eg,* gastritis
gastropod, *eg, ll* -ion, gastropod
Gastropoda, *ell,* Gastropoda
gastrwla, *eg, ll* gastrwlae, gastrula
gastrwlaeth, *eb, ll* -au, gastrulation
gât, *eb, ll* gatiau, gate
gau, *a,* false
  gau berthynas, *egb,* false relation
gaugoesau, *ell,* prolegs
gau-gyflogaeth, *eb,* under-employment
gau-gyflogi, *be,* under-employ
gaws, *eg, ll* -au, gauss
gefail, *eb, ll* gefeiliau, forge
gefeiliau, *ell,* tweezers
gefeilles i wryw, *eg,* free-martin
gefeilliaid, *ell,* twins
  gefeilliaid brawdol, fraternal twins
  gefeilliaid deuwy, dizygotic twins
  gefeilliaid unfath, identical twins
  gefeilliaid unwy, monozygotic twins
gefeillio, *be,* twin
gefel, *eb, ll* gefeiliau, tongs; pincers
  gefel bedoli, pincers
  gefel dynnu, draw tongs
  gefel follt, bolt tongs
  gefel gegagored, open mouth tongs
  gefel gegdyn, close mouth tongs
  gefel gegochr, side mouth tongs
  gefel gegron, hollow bit tongs
  gefel gegron ddwbl, double hollow bit tongs
  gefel gegsgwar, square mouth tongs
  gefel godi, pick-up tongs
gefelen, *eb, ll* gefeiliau, pliers
  gefelen drwyn fflat, flat nose pliers
  gefelen drwyn gron, round nose pliers
  gefelen gyfunol, combination pliers
  gefelen lygaden, eyelet pliers
gefelldref, *eb, ll* -i, twin-town
gefelidy, *eg, ll* gefeildai, semi-detached house
gefyn, *eg, ll* -nau, shackle
geilwad, *eg, ll* geilwaid, folk dance caller
geirddall, *a,* word blind
geirddallineb, *eg,* word blindness
geirfa, *eb, ll* -oedd, vocabulary
  amrediad geirfa, *eg,* range of vocabulary
  geirfa oddefol, passive vocabulary
  geirfa weithredol, active vocabulary
  mynychder geirfa, *eg,* frequency of vocabulary
geiriad, *eg,* diction
geirio, *be,* enunciate
geiriol, *a,* verbal
  delwedd geiriol, *eb,* verbal image
  ffactor geiriol, *egb,* verbal factor
geirioledd, *eg,* verbalism
geirw, *ell,* rapids
gel, *eg, ll* -iau, gel
gelatin, *eg, ll* -au, gelatine
  seis gelatin, *eg,* gelatine size
gelen, *eb, ll* gelod, gelennod, leech
gellygen, *eb, ll* gellyg, pear
  pren gellyg, pear tree
gêm, *eb, ll* -au, game; match
  ffurfiau gêm, *ell,* game forms
  gêm ddi-drech, drawn game
  gêm gyfartal, tie
gema, *eg, ll* gemâu, gemma
gemwaith, *eg, ll* gemweithiau, jewellery
gên, *eb, ll* genau, chin
genau, *eg, ll* geneuau, mouth
  rhannau'r genau, *ell,* mouth-parts
genedigol, *a,* natal
generadu, *be,* generate
generadur, *eg, ll* -on, generator
  generadur-tyrbo, turbo-generator
generig, *a,* generic
geneteg, *egb,* genetics
genetig, *a,* genetic
  seicoleg enetig, *egb,* genetic psychology
genetigol, *a,* genetical

geneufor, *eg, ll* -oedd, bight
geneuol, *a,* oral
genglo, *eg,* lockjaw; trismus
geni, *be,* born
  cyn geni, pre-natal
genoteip, *eg, ll* -iau, genotype
genoteipol, *a,* genotypic
genws, *eg, ll* **genysau,** genus
genychol, *a,* nascent
genyn, *eg, ll* -nau, gene
  cymhleth genynnau, *egb,* gene complex
geocemeg, *egb,* geochemistry
geodesig, *eg, ll* -au, geodesic
geoffiseg, *egb,* geophysics
geometreg, *egb,* geometry
  geometreg arwyneb, plane geometry
  geometreg plân, plane geometry
  geometreg plân a soled, plane and solid geometry
geometregol, *a,* geometrical
geometrig, *a,* geometric
geomorffoleg, *egb,* geomorphology
Georgaidd, *a,* Georgian
geosynclein, *eg,* geosyncline
geotacsis, *eg,* geotaxis
geotropedd, *eg,* geotropism
gêr, *egb, ll* **gerau,** gear
  gêr isaf, bottom gear
  gêr ymarferol, practical props
gerbocs, *eg, ll* -ys, gearbox
gergist, *eb, ll* -iau, gearbox
geri, *eg,* cholera
germ, *egb, ll* -au, germ
germleiddiad, *eg, ll* -au, germicide
gerontoleg, *eb,* gerontology
geso, *eg,* gesso
gestalt, *eg, ll* -en, gestalt
  seicoleg gestalt, *egb,* gestalt psychology
geto (ghetto), *eg, ll* -au, -s, ghetto
geuddrych, *eg, ll* -au, hallucination
gewyn, *eg, ll* -nau, sinew; tendon
  crebachdod gewynnau, *eg,* contracted tendons
geyser, *eg, ll* -au, geyser
gïau, *ell,* gristle
giblets, *ell,* giblets
gïewyn, *eg, ll* **gïau,** ligament; sinew
gingham, *eg,* gingham
  siec gingham, check gingham

gil, *eg, ll* -iau, gill
gild, *eg, ll* -iau, guild
  gild crefft, craft guild
  gild y barceiriaid, tanner guild
  gild y cneifwyr, shearer guild
  gild y cryddion, cordwainer guild
  gild y masnachwyr, merchant guild
  gild y panwyr, fuller guild
  gild yr eurofaint, goldsmith guild
  gild y taneriaid, tanner guild
gilotin, *eg, ll* -au, guillotine
gilt, *a,* gilt
  stociau gilt, *ell,* gilt-edged securities
gimbill, gimbil, *eb, ll* -ion, gimlet
ginerdy, *eg, ll* **ginerdai,** ginnery
gini, *egb,* guinea
giro, *eg,* giro
glaer, *eg, ll* -on, glair
glaeru, *be,* glair
glain, *eg, ll* **gleiniau,** bead
  gleiniau gwefr, amber beads
  trimin glain, *eg,* bead triming
glan, *eb, ll* -nau, bank; shore; land
  awdurdod glannau (afon), *eg,* riparian authority
  glannau bylchog, ragged shores
  gyda'r glannau, inshore
  perchennog glan afon, *eg,* riparian owner
  pysgota'r glannau, inshore fishing
gland, *eg, ll* -iau, gland
glandir, *eg, ll* -oedd, margin
  glandir dwyreiniol, eastern margin
  glandir gorllewinol, western margin
glanedol, *a,* detergent
glanedydd, *eg, ll* -ion, detergent
  glanedydd disebon, soapless detergent
glanfa, *eb, ll* **glanfeydd,** wharf; landing stage
glanhau, *be,* cleanse
  arwaith glanhau, *eg,* cleansing action
glanhawr, *eg, ll* -wyr, cleaner
glaniadur, *eg,* candle-snuffer
glanio, *be,* disembark; land
glans, *eb, ll* -ys, glance (*Ch*)
glanweithdra, *eg,* cleanliness

glasbrint, *eg, ll* -iau, blueprint
glasbren, *eg, ll* -nau, sapling
glasglwyf, *eg*, cyanosis
glasgoed, *ell, un,* -en, springwood
glasier, *eg, ll* -au, glacier
glaslain, *eb, ll* glasleiniau, lynchet
glaslun, *eg, ll* -iau, blue-print
glasog, *eb, ll* -au, gizzard
glastir, *eg, ll* -oedd, green sward
glasu, *be,* blue
glaswellt, *eg, ll* -au, grass
glaswellt clytiog, patchy grass
glaswelltir, *eg, ll* -oedd, grassland
glaswelltyn, *eg, ll* glaswellt, grass plant
glaw, *eg, ll* -ogydd, rain
glaw mân, drizzle
glawiad, *eg, ll* -au, rainfall
dibynadwyedd glawiad, *eg,* rainfall reliability
glawiad cymedrol, moderate rainfall
glawconit, *eg, ll* -iau, glauconite
glawog, *a,* pluvial
glawred, *eg, ll* -au, rainwash
glawsgodfa, *eb,* rain shadow
gleiniad, *eg, ll* -au, beading
gleiniau, *ell,* beads
gleiniau ar begiau, beads on pegs
gleiniau cydio, interlocking beads
gleiniau mawr, giant beads
gleinio, *be,* bead
gleinwaith, *eg, ll* gleinweithiau, beading
gleio, *be,* gley
gleisiad, *eg, ll* gleisiaid, sewin
glin, *eb, ll* -iau, knee
gliniau'n blyg i'r eithaf, full knees bend
gliniau'n blyg i'r hanner, half knees bend
gliwcos, glucos, *eg, ll* -au, glucose
glo, *eg,* coal
cols glo, *eg,* coke
cystradau glo, *ell,* coal measures
glo bitwmen, bituminous coal
glo brown, brown coal
glo canel, cannel coal
glo carreg, anthracite
glo colsio, coking coal
maes glo, *eg,* coalfield

maes glo anghudd, exposed coalfield
maes glo cudd, concealed coalfield
glob, *eg, ll* -au, globe
glofa, *eb, ll* glofeydd, colliery
Gobelin, *eg, ll* -iau, Gobelin
globwl, *eg, ll* -au, globule
globwl crog, pendant globule
globwlin, *eg, ll* -au, globulin
glomerwlws, *eg, ll* glomerwli, glomerulus
glotis, *eg, ll* -au, glottis
gloyn byw, *eg,* butterfly
gloywedd, *eg, ll* -au, lustre
gloywi, *be,* clear; clarify; drain
gloywydd, *eg, ll* -ion, clearing agent
glud, *eg, ll* -ion, glue; mucilage
brws glud, *eg,* glue brush
glud anifail, animal glue
glud casein, casein glue
glud fflocio, flocking mordant
glud llysiau, vegetable glue
glud oer ystwyth, flexible cold glue
glud perl, pearl glue
glud slab, cake glue
perlau glud, pearl glue
pot glud, *eg,* glue pot
tegell glud, *eg,* glue kettle
gludafael, *eb, ll* -au, holdfast
gludai, *eg,* gelatin
gludedd, *eg,* viscosity
gludio, *be,* glue
gludiog, *a,* adhesive; viscous
gludydd, *eg, ll* -ion, adhesive
glwcos, *eg, ll* -au, glucose
glwfer, *eg, ll* -iaid, glover
nodwydd glwfer, *eg,* glover's needle
glŵm, *eg, ll* -au, glume
glŵp, *eg, ll* -iau, gloup
glwten, *eg,* gluten
glycogen, *eg,* glycogen
glycoswria, *eg,* glycosuria
glyff, *eg, ll* -iau, glyph
glyn, *eg, ll* -noedd, valley; glen
glynol, *a,* resinous
glynu, *be,* adhere
gneis, *eg,* gneiss
gobennydd, *eg, ll* gobenyddion, gobenyddiau, pillow

cas gobennydd, *eg*, pillow case
gobennydd mawr, bolster
gobiler, *eg*, *ll* -i, -au, respond
goblygedig, *a*, implicit
goblygiad, *eg*, *ll* -au, implication
godro, *be*, milk
goddefedd, *eg*, tolerance; sanction
goddefiant, *eg*, *ll* goddefiannau, tolerance
goddefol, *a*, passive; permissive
  cymdeithas oddefol, *eb*, permissive society
goddefus, *a*, permissive
  cymdeithas oddefus, *eb*, permissive society
goddrych, *eg*, *ll* -au, subject
goddrychiad, *eg*, *ll* -au, subjectification
goddrychol, *a*, subjective
gof, *eg*, *ll* -aint, smith; blacksmith
  gof arian, silversmith
  gof aur, goldsmith
  tân gof, *eg*, blacksmith's hearth
gofal, *eg*, *ll* -on, care; charge
  gofal a sylw dyladwy, due care and attention
  gofal ôl eni, post natal care
gofalaeth, *eb*, *ll* -au, maintenance
gofalwr, *eg*, *ll* -wyr, caretaker
  gofalwr plant, child minder
gofaniad, *eg*, *ll* -au, forging
gofannu, *be*, forge
gofarniad, *eg*, adjudication
gofarnu, *be*, adjudge
gofidio, *be*, worry
gofod, *eg*, *ll* -au, space; spacing
  gofod darluniol, pictorial space
gofod-addysgu, *eg*, teaching-space
gofod-amser, *eg*, spacetime
gofodi, *be*, space
gofodlen, *eb*, *ll* -ni, schedule of accommodation
gofodol, *a*, spatial
  enciliad gofodol, *eg*, spatial recession
  perthnasiaeth ofodol, *eb*, spatial relationship
gofodwr, *eg*, *ll* -wyr, spaceman
gofwy, *eg*, *ll* -on, visitation
  gofwy esgob, episcopal visitation
  holiaduron ac atebion gofwy, *ell*, visitation question and answer

gofwywr, *eg*, *ll* -wyr, visitor
goffro, *be*, goffer
gogyforlan, *eb*, *ll* -nau, near-bankful
gogledd, *eg*, *ll* -au, north
  golau'r gogledd, *eg*, north light
  Pegwn y Gogledd, *eg*, North Pole
gogleddiadau, *ell*, northings
gogr, *eg*, *ll* -au, sieve
  gogr neilon, nylon sieve
  gogr rawn, hair sieve
  gogr weiren, wire sieve
gogrwn, *be*, sieve
gogwydd, *eg*, *ll* -au, inclination; tendency; declension; strike
  ar ogwydd, slanting; at an angle
gogwyddiad, *eg*, *ll* -au, declination; dip
gogyfran (e.e., o raglen deledu), *eb*, *ll* -nau, episode
gogyfrif, *be*, dead reckoning
go-gynderfynol, *a*, quarter-final
gohebiaeth, *eb*, *ll* -au, correspondence
gohirdal, *eg*, *ll* -oedd, backwardation
gohiriad, *eg*, *ll* -au, adjournment; prorogation
gohiriant, *eg*, *ll* gohiriannau, suspension
gohiriedig, *a*, deferred
  dedfryd ohiriedig, *eb*, suspended sentence
gohirio, *be*, adjourn; prorogue; defer
gohirnod, *eg*, *ll* -au, suspended note
goitr, *eg*, *ll* -au, goitre
gôl, *eb*, *ll* golydd, goliau, goal
  byrddau gôl, *ell*, goal boards
  cwrt gôl, *eg*, goal area
  gôl gosb, penalty goal
  pyst gôl, *ell*, goal posts
  rhwyd gôl, *eb*, goal net
golau, *eg*, *ll* goleuadau, light
  golau artiffisial, artificial light
  golau clwstwr, bunces
  golau gwaith, working light
  golau llywodraethol, dominant lighting
  golau môr, beacon
  golau polar, polarized light
  golau'r bwrdd, board-light

golau'r godre, footlights
golau'r top, toplights
golau'r tŷ, house lights
golau rhaid, police lights
golau sbot, spot light
golau uwchlas, uwch-fioled, ultra-violet
golau ychwanegol, additive lighting
o flaen y golau, before the lights
tywyll a golau, light and shade
golau-deimladrwydd, *eg,* photosensitization
golch, *eg, ll* **-ion,** wash
golchadwy, *a,* washable
golchdrwyth, *eg, ll* **-au,** lotion
golchdy, *eg, ll* **golchdai,** laundry
golchfa, *eb, ll* **golchfeydd,** laundry
golchi, *be,* wash; plate
golchi ymennydd, brain wash
tŷ golchi, *eg,* laundry
golchiad, *eg, ll* **-au,** wash
golch-lethr, *eb, ll* **-au,** wash slope
golchwaith, *eg, ll* **golchweithiau,** laundry-work
golchwraig, *eb, ll* **golchwragedd,** laundress
golchydd (peiriant golchi, injan olchi), *eg, ll* **-ion,** washing machine; washer
golchydd awtomatig, fully automatic washing machine
golchydd semi-awtomatig, semi-automatic washing machine
golchydd sugno, suction washing machine
golchydd tro, rotary washing machine
golchydd twb dwbl, twin tub washing machine
golchydd twb sengl, single tub washing machine
golchydd tyrfell ganol, central agitator washing machine
gold, *eg,* the gold (*Ch*)
goledd, *eg, ll* **-au,** slant; incline; dip
ar oledd, *a,* inclined
uchder goledd, *eg,* slant height
wedi ei oleddu, *a,* inclined
ymyl oledd, *egb,* slant edge
goleddf, *eg, ll* **-au,** dip; splay

goleddfog, *a,* splayed
goleddfu, *be,* modify; qualify; dip
swits oleddfu, *eb,* dip switch
goleddiad, *eg, ll* **-au,** declination
goleddol, *a,* inclined
goleddu, *be,* incline; slant; dip
golethr, *eb, ll* **-au,** dip slope
goleuadau, *ell,* illuminations
goleuannu, *be,* illuminate
goleuant, *eg, ll* **goleuannau,** illumination
goleubwyntio, *be,* high light
goleudy, *eg, ll* **goleudai,** lighthouse
goleuedigaeth, *eb,* enlightenment
goleuedd, *eg, ll* **-au,** luminosity
goleufa, *eg, ll* **goleufâu,** beacon
goleunerth, *eg, ll* **-oedd,** illuminating power
goleuni, *eg,* light
goleuni'r gogledd, northern lights
goleulong, *eb, ll* **-au,** lightship
goleuo, *be,* light; illuminate
goleuog, *a,* luminous
golewych, *eg, ll* **-au,** after-glow
golff, *eg,* golf
maes golff, *eg,* golf links
Golgi, Golgi
offer Golgi, *ell,* Golgi apparatus
goliwiad, *eg, ll* **-au,** illumination
goliwiedig, *a,* illuminated
llawysgrif oliwiedig, *eb,* illuminated manuscript
goliwio, *be,* illuminate
goliwog, *eg, ll* **-au,** golliwog
goludlawn, *a,* affluent
golwg, *egb, ll* **golygon,** sight; eyesight; view; vision
ar olwg, at sight
golwg allanol, exterior
golwg byr, short sightedness; near sight
golwg daenedig, exploded view
golwg deulygad, binocular view
golwg doriadol, sectional view
golwg hir, far sight; long sight
golwg ochrol, side view
golwr, *eg, ll* **-wyr,** goalkeeper
golwyth, *eg, ll* **-on,** chop
golwytho, *be,* chop
golygfa, *eb, ll* **golygfeydd,** view; scenery; scene

chwim olygfa, carpenter scene; front cloth scene
golygfa allanol, exterior
golygfa fewnol, interior
golygfa focs, box scene
golygfa gwymp, drop scene
golygfa trem aderyn, bird's eye view
golygfeydd taflu, projected scenery
golygu, *be*, edit
golygwr, *eg, ll* -wyr, inspector
golygydd, *eg, ll* -ion, editor
gollwng, *be*, drop; loosen; issue
gollyngdod, *eg, ll* -au, discharge; absolution
heb ei ollwng, undischarged
gonad, *eg, ll* -au, gonad
gonadotroffig, *a*, gonadotrophic
gôr, *eg, ll* gorion, gore
goractif, *a*, hyperactive
gor-aeddfedrwydd, *eg*, hypermaturity
goramser, *eg*, overtime
gorawen, *eb, ll* -au, elation
gorawenu, *be*, rave
gorawydd, *eg*, mania
gorbarhad, *eg*, perseveration
gorbenion, *ell*, overheads
gorbiso, *eg*, polyuria
gorblyg, *eg, ll* -ion, over fold; old fold
gorboblogaeth, *eb*, overpopulation
gorboblogi, *be*, overpopulate
gorbrisio, *be*, overestimate
gorchudd, *eg, ll* -ion, cover; covering; drapes
gorchudd cefn cadair, chair back
gorchudd llwyfan, stage cloth
gorchudd rhydd, loose cover
gorchudd trochion, spray cover
gorchudden, *eb, ll* gorchuddennau, covert
gorchwyl, *eg, ll* -ion, business; pursuit
gorchymyn, *be*, order; *eg, ll* gorchmynion, command; demand; order; require
gorchymyn amodol, conditional order
gorchymyn brys, urgency order

Gorchymyn Cyfyngiad, Restriction Order
gorchymyn dirwyn i ben, winding up order
gorchymyn tystiolaeth, witness order
gorchmynnod, *eg, ll* gorchmynodau, demand note
gordal, *eg*, surcharge
gordanysgrifio, *be*, oversubscribe
gordo, *eg, ll* -eau, -eon, overhang
gordreth, *eb, ll* -i, surtax
gordwr, *a*, overcrowded
gordyriant, *eg, ll* gordyriannau, congestion
gordyrrog, *a*, congested; overcrowded
gordyrru, *be*, congest; overcrowd
gordd, *eb, ll* gyrdd, mallet; sledge-hammer
gordd beiriant, pile driver
gordd ben ŵy, bossing mallet; egg shaped mallet
gordd bren, mallet
gordd bren caled, hardwood mallet
gordd brintio ffabrig, fabric printing mallet
gordd gerfio, carver mallet
gordd godi, raising mallet
gordd ledr, hide mallet
gordd pren bocs, boxwood mallet
gordd pren ffawydd, beechwood mallet
gor-ddefnyddio, *be*, over-utilize
gorddewis, *eg*, discretion
gorddewisol, *a*, discretionary
hawl orddewisol, *eb*, discretionary power
gorddirlawn, *a*, super saturated
gorddos, *eg, ll* -ion, over-dose
gorddwythiad, *eg, ll* -au, corollary
gorddyfnedig, *a*, overdeepened
gorddyfnu, *be*, overdeepen
wedi ei orddyfnu, *a*, overdeepened
gorddyledus, *a*, overdue
gorelw, *eg, ll* -au, excess profits
goreurog, *a*, gilt
gorewyn, *eg*, surf
gorewynnu, *be*, surf-bathe
gorfanwl, *a*, meticulous
gorfarchnad, *eb, ll* -au, hypermarket

gorfodaeth, *eb,* compulsion; conscription; duress
gorfodeb, *eb, ll* -au, injunction
gorfodi, *be,* conscript
gorfodiant, *eg, ll* **gorfodiannau,** injunction
gorfodog, *eg, ll* -ion, conscript
gorfodogaeth, *eb, ll* -au, sequestration
gorfodogi, *be,* sequester
gorfodogwr, *eg, ll* -wyr, sequestor
gorfodol, *a,* compulsory; mandatory; obligatory
  presenoldeb gorfodol, *eg,* compulsory attendance
gorfychan, *a,* infinitesimal
gorfychanyn, *eg, ll* -ion, infinitesimal
gorffen, *be,* finish
gorffenedig, *a,* finished
gorffeniad, *eg, ll* -au, finish; finishing touch
  gorffeniad addurnol, decorative finish
gorffennu, *be,* finish off
gorffwyll, *a,* insane
gorffwylledd, *eg,* insanity; mania
gorffwyllog, *eg, ll* -ion, maniac
gorffwysfa, *eb, ll* **gorffwysfeydd,** rest
gorgodi, *be,* overdraw
gorgodiant, *eg, ll* **gorgodiannau,** overdraft
gorgors, *eb, ll* -ydd, blanket bog
gorgyflogi, *be,* overman
gorgyforlan, *eb, ll* -nau, over-bankful
gorgyffwrdd, *be,* overlap
gorgymuned, *eb, ll* -au, consociation
gori, *be,* incubate
gorischwydd, *eg, ll* -iadau, upswelling
goriwaered, *eg,* declivity
gorlanw, *eg, ll* -au, spring tide
gorlawn, *a,* overcrowded
gorlawnder, *eg,* glut
gorlenwi, *be,* overcrowd
  wedi ei orlenwi, *a,* overcrowded
gorlif, *eg, ll* -ogydd, overspill
gorlifan, *eb, ll* -au, spillway
gorlifdir, *eg, ll* -oedd, flood plain
gorlifo, *be,* flood
gorludded, *eg,* exhaustion
gorlun, *eg, ll* -iau, caricature

gorlunio, *be,* caricature
gorlunydd, *eg, ll* -ion, caricaturist
gorllanw, *eg, ll* -au, spring tide
gorllwysiad, *eg,* discharge
gormes, *eg, ll* -au, oppression
gormesol, *a,* oppressive
gormesu, *be,* oppress
gormeswr, *eg, ll* -wyr, oppressor
gormodedd, *eg,* excess; glut
gormodi, *be,* overestimate
gormodol, *a,* excessive
gornest, *eb, ll* -au, contest; match; combat
  gornest derfynol y cwpan, cup final
  gornest dynnu, tug o war
  gornest glos, close combat
  gornest gwpan, cup-tie
  pwynt gornest, *eg,* match point
goroedi, *be,* outdate
goroedol, *a,* outdated
goroer, *a,* supercooled
goroesiad, *eg, ll* -au, survival
  goroesiad y cymhwysaf, survival of the fittest
  goroesiad yr addasaf, survival of the fittest
goroeswr, *eg, ll* -wyr, survivor
goror, *egb, ll* -au, border; frontier; march
  Y Gororau, The Marches
gororwlad, *eb,* frontier estate
gor-ragbrisiad, *eg,* over-estimate
gor-ragbrisio, *be,* over-estimate
gor-redeg, *be,* over-ride
gorsaf, *eb, ll* -oedd, station
  gorsaf betrol, petrol station
  gorsaf bŵer, power station
  gorsaf bws a choets, bus and coach station
  gorsaf lanhau, cleaning station
  prif orsaf, principal station
gorsin(g), *eg, ll* -au, jamb
gorswyno, *be,* hypnotise
gortho, *eg, ll* -au, canopy
gorthwr, *eg, ll* **gorthyrau,** keep
goruchaf, *a,* supreme
goruchafiaeth, *eb,* supremacy; hegemony
goruchwyliad, *eg,* supervision
  gorchymyn goruchwyliad, *eg,* order of supervision

goruchwyliaeth, *eb,* management
goruchwyliwr, *eg, ll* -wyr, manager; overseer
  goruchwyliwr llwyfan, stage manager
goruniad, *eg, ll* -au, lap joint
  goruniad cynffonnog, lap dovetail joint
  goruniad hanerog, lap halving joint
gorwariant, *eg, ll* **gorwariannau,** excess expenditure
gorweddiad, *eg, ll* -au, lie
gorweddol, *a,* recumbent
gorweiddiog, *a,* bed ridden
gorwel, *eg, ll* -ion, horizon
  gorwel allwaddodol, eluvial horizon
  gorwel mewnwaddodol, illuvial horizon
gorwthiad, *eg, ll* -au, overthrust
gorynys, *eb, ll* -oedd, peninsula
gorynysol, *a,* peninsular
  India orynysol, peninsular India
gor-ymarfer, *be,* over-rehearse
gorymdaith, *eb, ll* **gorymdeithiau,** procession
gorysgwydd, *eb, ll* -au, corbel
gosgordd, *eb, ll* -ion, household; retinue
goslef, *eb, ll* -au, cadence
goslefiad, *eg, ll* -au, modulation
gosod, *a,* applied; *be,* place; let; *eg,* let
  brêd gosod, *eg,* applied braid
  ffesin gosod, *eg,* applied facing
  fflowns gosod, *eg,* applied flounce
  gosod cynheiliaid, *be,* strut
  gosod i'r mur, *be,* set back to the wall
  tŷ ar osod, *eg,* house to let
gosodiad, *eg, ll* -au, placing; setting; statement; statement of fact; thesis; proposition; piece; provision
  gosodiad amryfal, multiple setting
  gosodiad arhosol, permanent setting
  gosodiad canol, centre piece
  gosodiad hanner arhosol, semi-permanent setting

Gosodiad Clarendon, Provision of Clarendon
Gosodiad Rhydychen, Provision of Oxford
gosodiadol, *a,* propositional
  meddwl gosodiadol, *eg,* propositional thinking
gosodyn, *eg, ll* **gosodion,** fixture
  gosodion masnachol, trade fixtures
gosteg, *eg, ll* -au, calm
gostwng, *be,* drop; lower; reduce; decrease; depress
  gostwng gwerth, devalue
gostyngiad, *eg, ll* -au, reduction; depression; deduction
gostyngol, *a,* reduced
  pris gostyngol, *eg,* reduced price
Gothig, *a,* Gothic
  Gothig Addurnedig, Decorated Gothic
  Gothig Fflamaidd, Flamboyant Gothic
  Gothig Perpendicwlar, Perpendicular Gothic
  Gothig Seisnig Cynnar, Early English Gothic
goweithredu, *be,* under-function
gowt, *eg,* gout
gradell, *eb, ll* -au, bakestone; griddle
  gradell rwyllog, grid iron
  patrwm gradell, *eg,* grid iron pattern
gradiwal, *eg, ll* -au, gradual
gradd, *eb, ll* -au, degree; sequence; power
  i raddau, to some extent
  graddau'r raddfa, degrees of the scale (*C*)
    is-feidon, submediant
    is-lywydd, subdominant
    llywydd, dominant
    nodyn arweiniol, leading note
    tonydd, tonic
    uwchdonydd, supertonic
    y feidon, mediant
graddedig, *a,* graded
graddedigaeth, *eb,* graduation
graddegau mesur, *ell,* rating scales
gradden, *eb,* division of scale
graddfa, *eb, ll* **graddfeydd, graddfâu,** scale

graddfa agweddiad, attitude scale
graddfa bentatonig, pentatonic scale
graddfa berthynol fwyaf, relative major scale
graddfa bwyntiau, point scale
graddfa deallusrwydd, scale of intelligence
graddfa ddegpwynt, ten point scale
graddfa fwyaf, major scale
graddfa fwyaf y tonydd, tonic major scale
graddfa genedlaethol, national scale
graddfa groeslin, diagonal scale
graddfa gromatig, chromatic scale
graddfa gromatig felodig, melodic form scale
graddfa gromatig harmonig, harmonic form scale
graddfa gymharol, comparative scale
graddfa isometrig, isometric scale
graddfa leiaf, minor scale
graddfa'r tonnau cyfartal, whole tonic scale
graddfa syml, plain scale
graddfâu cyflogau, salary scales
graddfa wladol, national scale
lluniad wrth raddfa, *eg,* scale drawing
lluniadu wrth raddfa, *be,* draw to scale
graddiad, *eg, ll* -au, gradation; progression
graddiant, *eg, ll* **graddiannau,** gradient
graddio, *be,* grade; graduate; scale
graddliwio, *be,* shade
graddluniad, *eg, ll* -au, drawing to scale; scale drawing
graddluniadu, *be,* draw to scale
graddnod, *eg, ll* -au, graduation
graddnodi, *be,* graduate; grade
graddol, *a,* gradual
graddoli, *be,* grade
graddoliad, *eg, ll* -au, gradation
Graeco-Romanaidd, *a,* Graeco-Roman
graean bras, *ell,* shingle

graen, *eg,* grain
graen pen, end grain
saeth y graen, *eg,* grain-like arrow
graenio, *be,* grain
graenog, *a,* grained
croen gafr graenog, *eg,* grained goat
grafel, *eg,* gravel
graff, *eg, ll* -iau, graph
graff llinell gyfansawdd, compound line graph
graff olwyn, graph wheel
graffig, *a,* graphic
graffigol, *a,* graphical
graffigwaith, *eg,* graphics
graffit, *eg, ll* -iau, graphite
graffito, *eg, ll* -au, graffito
grafftio, *be,* graft
gram, *eg, ll* -au, gram
gramoffôn, *eb, ll* **gramoffonau,** gramophone
grant, *eg, ll* -iau, grant
grantiau cymorth treth, rate-support grants
grant yn ôl y pen, capitation grant
granwlit, *eg, ll* -iau, granulite
granwlocyt, *eg, ll* -au, granulocyte
graptolit, *eg, ll* -iau, graptolite
gras, *eg, ll* -usau, -au, grace
dyddiau gras, *ell,* days of grace
grater, *eg, ll* -i, grater
graticwl, *eg, ll* -au, graticule
gratin, *eg, ll* -au, grating
grawn, *ell,* grain
bwrw grawn, *be,* spawn
grawn pysgod, spawn
grawnfwyd, *eg, ll* -ydd, cereal
grawnffrwyth, *eg, ll* -au, grapefruit
grawnwin, *ell, un* -en, grapes
greal, *eg, ll* -au, grail
greddf, *eb, ll* -au, instinct
greddf gadwyn, chain instinct
greddf gasglu, collective instinct
greddf greadigol, constructive instinct
greddf ryw, sex instinct
greddf warchod, protective instinct
greddf ymladd, pugnacious instinct
greddf ymwthio, assertive instinct

greddf yr haid, gregarious instinct; herd-instinct
y reddf baru, mating-instinct
grefi, *eg,* gravy
gregaredd, *eg,* gregariousness
greic, *eg, ll* **-iau,** grike
grenâd, *eb, ll* **-au,** grenade
grens, *eg, ll* **-iau,** grange
grid, *eg, ll* **-iau,** grid
　cyfeirnod grid, *eg,* grid reference
　gogledd grid, *eg,* grid north
　system grid, *eb,* grid system
gridyll, *eg, ll* **-au,** grill
gridyllio, *be,* grill
grifft llyffant, *eg,* spawn
gril, *eg, ll* **-iau,** grille; grill
　gril cymysg, mixed grill
grildun, *eg,* grill tin
grilio, *be,* grill
grîn, *eg, ll* **-au, -s,** green
　rwb y grîn, rub of the green *(Ch)*
grîngroser, *eg, ll* **-iaid,** greengrocer
gris, *eg, ll* **-iau,** step; stair
　gris ac wyneb, treads and risers
　grisiau symudol, escalator
　rhes symudol, *eb,* flight of stairs
grisal, *eg, ll* **-au,** grisaille
grisffordd, *eb, ll* **grisffyrdd,** stairway
gris-glogwyn, *eg, ll* **-i,** stepped cliff
grisialeg, crisialeg, *egb,*
　crystallography
grit, *eg, ll* **-iau,** grit
gritaidd, *a,* gritty
gritiog, *a,* gritaceous
griwel, *eg, ll* **-au,** gruel
gro, *ell,* gravel
　gro taele, taele gravel
Groeg-Rufeinig, *a,* Graeco-Roman
gronell, *eb, ll* **-au,** roe
gronyn, *eg, ll* **-nau, grawn, graen,**
　grain; granule; particle
　gronyn alffa, alpha particle
gronynellog, *a,* granular; granulated
gronyniad, *eg, ll* **-au,** granulation
gronynnell, *eb, ll* **gronynellau,**
　granule
　gronynellau Nissl, Nissl granules
gronynnog, *a,* granular
gros, *a,* gross; *eg,* gross
　colled gros, *egb,* gross loss
　elw gros, *eg,* gross profit
groser, *eg, ll* **-iaid,** grocer

groserion, *ell,* groceries
grot, *eg,* groat
grotesg, *a,* grotesque
groto, *eg,* grotto
growt, *eg, ll* **-iau,** grout
growtio, *be,* grout
grwal, *eg, ll* **-au,** gruel
grwnd, *a,* ground
grwndblat, *eg, ll* **-iau,** ground plate
grwndmas, *eg, ll* **-au,** groundmass
grwndrent, *eg, ll* **-i,** ground rent
grŵp, *eg, ll* **grwpiau,** group
　ffactorau grŵp, *ell,* group factors
　grŵp Abelaidd, Abelian group
　grŵp curo, beat-group
　grŵp cylchol, cyclic group
　grŵp cymudol, commutative
　　group
　grŵp cynilo, savings group
　grŵp cysylltiedig, linkage group
　grŵp chwarae, play group
　grŵp de Stijl, De Dtijl group
　grŵp oedran, age group
　grŵp tripled, triplet group
　prawf grŵp, *eg,* group test
grŵp-gapten, *eg, ll* **-iaid,**
　group-captain
grwpio, *be,* group
grwyn, *eg, ll* **-i,** groyne
grym, *eg, ll* **-oedd,** force
　grym allgyrchol, centrifugal force
　grym mewngyrchol, centripetal
　　force
　grym trydan, voltage
　grym tyniadol, tractive force
grymergyd, *egb, ll* **-ion,**
　power-stroke
gwacáu, *be,* exhaust; evacuate
gwactod, *eg, ll* **-au,** vacuum
　cell wactod, *eb,* vacuum chamber
gwadn, *eg, ll* **-au,** sole
　gwadn troed, sole of the foot
gwadu, *be,* dispute
　gwadu euogfarn, dispute a
　　conviction
gwaddod, *eg, ll* **-ion,** precipitate;
　sediment
gwaddodi, *be,* precipitate
gwaddodiad, *eg, ll* **-au,**
　precipitation; sedimentation
gwaddol, *eg, ll* **-ion,** endowment;
　dower

gwaddoledig, *a*, endowed
gwaedgeulo, *be*, blood-clot
gwaed, *eg*, blood
  cell waed, *eb*, blood cell
  corffilyn gwaed, *eg*, blood corpuscle
  ffilm gwaed, *eb*, blood film
  gollwng gwaed, *eg*, phlebotomy
  grŵp gwaed, *eg*, blood group
  gwasgedd gwaed, *eg*, blood pressure
  pibell waed, *eb*, blood vessel
  plasma gwaed, *eg*, blood plasma
  serwm gwaed, *eg*, blood serum
  siwgr gwaed, *eg*, blood sugar
  trallwysiad gwaed, *eg*, blood transfusion
gwaed-ferwi, *be*, blood boil
gwaedlif, *eg*, *ll* **-au**, haemorrhage
gwaed-sychu, *be*, blood dry
gwaedu, *be*, bleed; *eg*, phlebotomy
  mân waedu, petechiae
gwaedd, *eb*, *ll* **-au**, hue
  gwaedd ac ymlid, hue and cry
gwaelod, *eg*, *ll* **-ion**, base; bottom; deposit
  gwaelod gweflog, knocked up bottom (*Cr*)
gwaelodfa, *eb*, *ll* **gwaelodfeydd**, base level
gwaelodi, *be*, deposit
gwaelodlin, *eb*, *ll* **-iau**, base line
gwaelodol, *a*, underlying
  creigwely gwaelodol, *eg*, underlying bed rock
gwaelodoli, *be*, underlie
gwaell, *eb*, *ll* **gweill**, knitting needle
gwaellen, *eb*, *ll* **gweill**, knitting needle
gwag, *a*, barren
gwagedd, *eg*, *ll* **-au**, void
gwageddu, *be*, void
gwageddus, *a*, void
gwagen, *eb*, *ll* **-ni**, waggon
gwagnod, *eg*, *ll* **-au**, nought
gwahanadwy, *a*, separable
gwahandy, *eg*, villa
gwahanfa ddŵr, *eb*, divide
gwahaniad, *eg*, *ll* **-au**, separation; segregation; spacing
gwahaniaeth, *eg*, *ll* **-au**, difference; distinction
  cymryd gwahaniaethau, *be*, difference
  gwahaniaeth cymedr, mean difference
gwahaniaethiad, *eg*, differentiation
gwahaniaethol, *a*, differential
gwahaniaethu, *be*, differentiate; discriminate
gwahaniaethydd, *eg*, differential
gwahanion, *ell*, separates
gwahanolyn, *eg*, *ll* **gwahanolion**, discriminant
gwahanredol, *a*, distinctive
gwahanu, *be*, space
gwahardd, *eg*, exclusion
gwaharddiad, *eg*, *ll* **-au**, interdict; prohibition
gwaharddiad o ysgol, exclusion from school
gwahodd, *be*, invite
gwain, *eb*, *ll* **gweiniau**, sheath; spathe; nut
  gwain y ddeilen, leaf sheath
gwaith, *eg*, *ll* **gweithiau**, work
  cerdyn gwaith, *eg*, work card
  gwaith basged, basketry
  gwaith coed, woodwork
  gwaith Florence, Florentine work
  gwaith gosod, directed work
  gwaith hir a byr, long and short work
  gwaith llaw, handwork
  gwaith maes, fieldwork
  o'r maes, ex-works
gwaithgaledu, *be*, work hardening
gwal, *eb*, *ll* **-iau**, **-au**, wall; housing
gwalc, *eg*, *ll* **-iau**, parapet
gwald, *eg*, *ll* **-iau**, welt
gwaldu, *be*, welt
gwall, *eg*, *ll* **-au**, error; fallacy
  gwall cyfadfer, compensating error
  gwall egwyddor, error of principle
  gwall teipio, typing error
  gwall trwy anwaith, error of omission
  gwall trwy gamwaith, error of commission
gwallfaethiad, *eg*, *ll* **-au**, malnutrition
gwallgofiaeth, *eb*, lunacy

gwallog, *a*, fallacious
gwallt, *eg*, *ll* -au, hair
cynllunydd gwallt, *eg*, hair stylist
gwallt gosod, wig
trin gwallt, *be*, hairdressing
triniwr gwallt, *eg*, hairdresser
gwallus, *a*, erroneous; inaccurate
gwallusrwydd, *eg*, inaccuracy
gwan, *a*, feeble
gwan ei feddwl, *a*, feeble minded
gwanas, *egb*, *ll* -au, buttress; stay
gwanedig, *a*, attenuated; diluted
asid gwanedig, *eg*, diluted acid; dilute acid
gwanhad, *eg*, attenuation
gwanhadur, *eg*, *ll* -on, attenuator
gwanhau, *be*, attenuate; dilute
gwaniad, *eg*, *ll* -au, thrust
gwaniad union, direct thrust
gwanobaith, *eg*, despondency
gwanu, *be*, thrust
gwanwyn, *eg*, *ll* -au, spring
gwanwyneiddiad, *eg*, *ll* -au, vernalization
gwanychiad, *eg*, *ll* -au, damping
gwanydd, *eg*, *ll* -ion, piercer
gwar, *eg*, *ll* -rau, withers
gwarant, *egb*, *ll* -au, **gwarannau**, warrant; security; guarantee
arwyddo gwarant, *be*, issue a warrant
codi gwarant ar, *be*, take out a warrant against
gwarannau clo, lock up securities
gwarant atafael, distress warrant
gwarant chwilio, search warrant
gwarant difidend, dividend warrant
gwarant i restio, warrant for arrest
gwarant y Llywodraeth, Government Security
restio dan warant, arrest by warrant
gwarantiad, *eg*, *ll* -au, guarantee
gwarantu, *be*, back
gwarantwr, *eg*, *ll* -wyr, guarantor
gwarantydd, *eg*, *ll* -ion, guarantor
gwarchae, *be*, siege; *eg*, *ll* -oedd, siege

gwarcheidwad, *eg*, *ll* **gwarcheidwaid**, guardian
gwarcheidwaeth, *eb*, *ll* -au, guardianship
gwarchod, *be*, guard; cover-up (*Ch*)
gwarchod (baban), *be*, baby sit
gwarchodaeth, *eb*, *ll* -au, conservancy
bwrdd gwarchodaeth, *eg*, conservancy board
gwarchodfa, *eb*, *ll* **gwarchodfeydd**, **gwarchodfâu**, reserve; guardhouse
gwarchodfa natur, nature reserve
gwarchodgi, *eg*, *ll* **gwarchodgŵn**, watchdog
gwarchodiad, *eg*, defence
gwarchodliw, *eg*, *ll* -iau, camouflage; protective colouration
gwarchodwr, *eg*, *ll* -wyr, watchman; baby sitter
gwarchodwr asgell, wing defence
gwarchodwraig, *eb*, *ll* **gwarchodwragedd**, baby sitter
gwarchodydd, *eg*, *ll* -ion, guard
gward, *eg*, *ll* -iau, ward
gwyl a gward, watch and ward
Meistr y Gwardiau, Master of the Wards
gwareiddiad, *eg*, *ll* -au, civilization
gwarged, *eb*, *ll* -ion, surplus
gwariad, *eg*, disbursement
gwariant, *eg*, *ll* **gwariannau**, expenditure
gwariant gwirioneddol, incurred expenditure
gwarineb, *eg*, civility
gwartheg, *ell*, cattle
cêc gwartheg, *eg*, cattle cake
gwartheg tewion, fat cattle
gwarthol, *eb*, *ll* -ion, stirrup
gwas, *eg*, *ll* **gweision**, assistant; man-servant
gwas cyflog, hireling
gwasanaeth, *eg*, *ll* -au, service
canolfan gwasanaeth, *egb*, service centre
ffordd wasanaeth, *eb*, service road
Gwasanaeth Cludiant Cyhoeddus, Public Transport Services
gwasanaeth glanweithio cyhoeddus, public cleansing service

Gwasanaeth Ieuenctid, Youth Service
(gwasanaeth) pryd ar glud, meals on wheels (service)
gwasarn, *eg, ll* **-au,** deep litter
gwasg, *eb, ll* **gweisg,** press; waist; *eg, ll* **-au,** stress
datganiad i'r wasg, *eg,* press release
gwasg dorri, cutting press
gwasg orffennu, finishing press
gwasg osod, lying press
llinyn gwasg, *eg,* waistband
o'r wasg i'r hem, waist to hemline
styden wasg, *eb,* press stud
gwasgaredig, *a,* dispersed
anheddu gwasgaredig, dispersed settlement
gwasgariad, *eg, ll* **-au,** distribution; dispersion; dispersal; scattering
gwasgariant, *eg, ll* **gwasgariannau,** dispersion; dispersal
gwasgarog, *a,* sparse
gwasgarol, *a,* dispersive
gwasgaru, *be,* scatter; strew; disperse
gwasgblat, *eg, ll* **-iau,** caul
gwasgedd, *eg, ll* **-au,** pressure
canolbwynt gwasgedd, *eg,* centre of pressure
cylch gwasgedd, *eg,* pressure belt
graddiant gwasgedd, *eg,* pressure gradient
gwasgedd atmosfferig, air pressure
gwasgedd cyson, constant pressure
gwasgedd gwaed, blood pressure
gwasgedd isel, low pressure
gwasgedd mewn-galon, intracardiac pressure
llestr gwasgedd, *eg,* pressure vessel
tueddiad gwasgedd, *eg,* pressure tendency
gwasgeddedig, *a,* pressurized
gwasgeddu, *be,* pressurize
gwasgell, *eb, ll* **-au,** foot-presser; presser foot
gwasgfa, *eb, ll* **gwasgfeydd,** squeeze

gwasgfoliant, *eg, ll* **gwasgfoliannau,** blurb
gwasgnod, *eg, ll* **-au,** imprint
gwasgnodi, *be,* imprint
gwasgod, *eb, ll* **-au,** waistcoat
gwasgu, *be,* press; squeeze
bwrdd gwasgu, *eg,* pressing tool
erfyn gwasgu, *eg,* press tool
tun gwasgu, *eg,* pressing tin
gwasgwcer, *eg, ll* **-i,** pressure cooker
gwasgwr, *eg, ll* **-wyr,** wringer
gwasgydd, *eg, ll* **-ion,** wringer
gwastad, *a,* flat; level; *eg, ll* **-au,** flat; level; plantation
gwastadedd, *eg, ll* **-au,** plain
gwastadedd arfor, coastal plain
Gwastadedd Copa, Summit plain
gwastadedd isel, low-lying plain
gwastatau, *be,* level
gwastatir afon, *eg,* plain tract
gwastraff, *eg, ll* **-au, -oedd,** waste
gwastraffu, *be,* waste
gwastrawd, *eg, ll* **gwastrodion,** groom
gwastrod, *eg, ll* **gwastrodion,** groom
Gwastrod yr Ystafell, Groom of the Chamber
gwatwareg, *eb,* sarcasm
gwatwarlen, *eb,* satire
gwau, *be,* knit; weave
gwau o chwith, purl
gwau o'r dde, knitwise
gwau llac, loose knitting
gwau plaen, garter stitch
1 o dde, 1 o chwith, rib sengl, knit 1, purl 1
2 o dde, 2 o chwith, rib dwbl, knit 2, purl 2
gwaun, *eb, ll* **gweunydd,** moor
gwawd, *eg,* scorn
gwawdiaeth, *eb,* scorn
gwawdio, *be,* scorn
gwawr, *eb,* shade
gwayw, *eg,* bradshot; braxy
gwddf, *eg, ll* **gyddfau,** neck; throat
gwddf bad, boat neck
gwddf crwn, round neck
gwddf folcanig, volcanic neck
gwddf ffrog, neckline
gwddf sgwâr, square neck
gwddf V, V neck
o'r gwddf i'r wasg, neck to waist

gwddw, *eg, ll* **gyddfau**, neck
gwddwblat, *eg, ll* **-iau**, throat plate
gwe, *eb, ll* **-oedd**, web
gwead, *eg, ll* **-au**, structure; drawing
gweadedd, *eg, ll* **-au**, texture
  gweadedd bras, coarse texture
  gweadedd main, soft texture
gweadol, *a,* textural
gweadwaith, *eg, ll* **gweadweithiau**, textile
gwedd, *eb, ll* **-au**, phase; texture (*Cr*)
gwedder, *eg, ll* **gweddrod**, wether
gweddill, *a,* residual; *eg, ll* **-ion**, remainder; surplus; residue; balance
  dyddodion gweddill, *ell,* residual deposits
  gweddill c/l, balance c/d
  gweddill d/l, balance b/d
  theorem y gweddill, *eb,* remainder theorem
gweddlun, *eg, ll* **-iau**, view; lay-out
gwefl, *eb, ll* **-au**, bezel
gwefr, *eb, ll* **-au**, charge
gwefredig, *a,* charged
gwefrio, *be,* charge
gwefru, *be,* charge
gwefus, *eb,* lip
gwefusol, *a,* labial
gwegil, *eg, ll* **-au**, nape
  o'r gwegil i'r wasg, nape to waist
gwehydd, *eg, ll* **-ion**, weaver
gwehyddiad, *eg,* weave
gwehyddu, *be,* weave
  gwehyddu nodwydd, needleweave
gwehynnydd, *eg, ll* **gwehynyddion**, hydro-extractor
gweinell, *eb, ll* **-au**, nut
gweinidog, *eg, ll* **-ion**, minister
  Gweinidog Addysg, Minister of Education
  Gweinidog Gwladol, Minister of State
  Prif Weinidog, Prime Minister
gweinydd, *eg, ll* **-ion**, waiter; aide
gweinyddiad, *eg, ll* **-au**, administration
gweinyddiaeth, *eb, ll* **-au**, ministry
gweinyddol, *a,* administrative
gweinyddu, *be,* administer
  gweinyddu fflag, attend the flag
  gweinyddu llw, administer an oath
gweinyddwr, *eg, ll* **-wyr**, administrator
  gweinyddwr ystad, administrator of estate
gweinyddwraig, *eb, ll* **gweinyddwragedd**, administratix
gweirglodd, *eb, ll* **-iau**, meadow
gweirward, *eg, ll* **-iaid**, hayward
gweithbrawf, *eg, ll* **gweithbrofion**, performance test
  gweithbrawf deallusrwydd, performance intelligence test
gweithdy, *eg, ll* **gweithdai**, workshop
  dull gweithdy, *eg,* workshop approach
  gweithdy'r peiriannydd, *eg,* machine shop
gweithfa, gweithfan, *eb, ll* **gweithfannau**, working area
gweithgaredd, *eg, ll* **-au**, activity
  gweithgareddau dyn, human activity
  gweithgareddau grŵp, group activities
  gweithgaredd lleoledig, localized activity
  gweithgaredd rhagarweiniol, introductory activity
  gweithgaredd yr haul, solar activity
gweithgareddau, *ell,* proceedings; activities
gweithgareddol, *a,* active
gweithgor, *eg, ll* **-au**, working party
gweithgynhyrchion, *ell,* manufactured goods
gweithgynhyrchu, *be,* manufacture
gweithiad, *eg, ll* **-au**, action
gweithiedig, *a,* worked
gweithio, *be,* work
  gweithio glo brig, opencast mining
  gweithio i'r eithaf, work to capacity
  gweithio'n gyfun, work in unison
gweithiwr, *eg, ll* **-wyr**, worker
  gweithiwr allweddol, key worker
  gweithiwr crefftol, skilled worker
  gweithiwr di-grefft, unskilled worker

gweithiwr dihyffordd, unskilled worker
gweithiwr di-sgil, unskilled worker
gweithiwr dwylo glân, non-manual worker
gweithiwr enillol, gainful worker
gweithiwr hamdden, pastime worker
gweithiwr hyffordd, skilled worker
gweithiwr llaw, handworker
gweithiwr lled-grefftol, semi-skilled worker
gweithiwr lled hyffordd, semi-skilled worker
gweithiwr lled-sgil, semi-skilled worker
gweithiwr proffesiynol, professional worker
gweithwyr rhy fach eu cyflog, underpaid workers
sgil-weithiwr, skilled worker
gweithred, eb, ll -oedd, action; operation
  gweithred doddi, solvent action
  gweithred drosglwyddo, transfer deed
  gweithred newid enw, deed poll
  Gweithred o Dduw, Act of God
  gweithredoedd eiddo, title deeds
gweithrediad, eg, ll -au, operation
gweithrediadau, ell, proceedings
gweithrediadol, a, functional
gweithredol, a, operative
gweithredu, be, operate; execute
gweithredwr, eg, ll -wyr, operator
gweithredydd, eg, ll gweithredwyr, agent
gweithwyr, ell, labour force
gweithwyr-cynnal, ell, maintenance-men
gwelededd, eg, visibility
gwelediad, eg, ll -au, vision
  gwelediad cyfannol, integral vision
gweledigaeth, eb, vision
gweledog, a, visile; eg, visile
gweledol, a, visual
  cymhorthion gweledol, ell, visual aids
  delwedd weledol, eb, visual image

gwely, eg, ll -au, gwelyâu, bed
  cywair gwely, eg, bedding
  dillad gwely, ell, bed linen
  gorchudd gwely, eg, bedspread
  gwelyau gorffwys, rest beds
  gwelyau tas, nesting beds
  gwely gwiail, osier bed
  gwely llong, berth
  siaced wely, eb, bed jacket
  socsen wely, eb, bedsock
gwelyfod, eg, ll -ion, confinement
gwelyo, be, bed; embed; eg, bedding
  gwelyo gau, false bedding
  plân gwelyo, eg, bedding plane
gwelyog, a, bedding
gwella, be, improve; cure
  gwella o salwch, recover from illness
  tir wedi ei wella, eg, improved land
gwellaif, eg, ll gwelleifiau, shears; cutting out shears
  gwellaif pincio, pinking shears
gwellhad, eg, betterment
gwelliant, eg, amendment
gwenieithio, be, flatter
gwenith, ell, wheat
  carpion gwenith, shredded wheat
  cynhinion gwenith, shredded wheat
gwenithfaen, eb, granite
gwennol, eb, ll gwenoliaid, swallow; shuttle; shuttlecock (Gb)
gwenwyn, eg, poison
  gwenwyn pryfed, insecticide
gwenwyniad, eg, ll -au, poisoning; toxaemia
  gwenwyniad gwaed, blood-poisoning; septicaemia
gwenwyno, be, poison
  gwenwyno tomên, ptomaine poison
gwenynen, eb, ll gwenyn, bee
  gwenyn segur, drones
  tŷ cwch gwenyn, eg, beehive house
gweol, a, textile
gwêr, eg, ll gwerau, tallow
  gwêr cannwyll, candle grease
gwerddon, a, green; eb, ll -au, oasis
gwerddyr, eb, ll -au, groin
gweren, eb, warble

gwerin gwyddbwyll, *eb,* pawn (chess)
gweriniaeth, *eb, ll* -**au,** republic
gweriniaethol, *a,* republican
gweriniaethwr, *eg, ll* -**wyr,** republican
gwerinlywodraeth, *eb, ll* -**au,** commonwealth
gwerinwr, *eg, ll* -**wyr,** commoner
gwern, *eb, ll* -**i, -ydd,** swamp
gwernen, *eb, ll* **gwern,** alder
gwers, *eb, ll* -**i,** lesson
　gwers ddangos, demonstration lesson
gwerseb, *eb,* doctrine
gwerth, *eg, ll* -**oedd,** value
　am werth, for value
　ar lawn werth, at par
　gwerth absolwt, absolute value
　gwerth ardrethol, rateable value
　gwerth ariannol, cash value
　gwerth cyfryngol, instrumental value
　gwerth cynhenid, intrinsic value
　gwerth enwol, nominal value
　gwerth lle, place value
　gwerth par, par value
　gwerth presennol, present worth
　gwerth wedi ei dderbyn, value received
　llawn werth, par
gwerthfawrogi, *be,* appreciate
gwerthfawrogiad, *eg, ll* -**au,** appreciation
gwerthiant, *eg, ll* **gwerthiannau,** sale
gwerthostwng, *be,* devalue; depreciate
gwerthostyngiad, *eg, ll* -**au,** devaluation; depreciation
gwerthu, *be,* sell
　llawr gwerthu, *eg,* sales floor
　trosiant gwerthu, *eg,* sales turnover
gwerthusiad, *eg, ll* -**au,** evaluation
gwerthuso, *be,* evaluate
gwerthwr, *eg, ll* -**wyr,** seller; vendor
　gwerthwr papurau, stationer
gwerthwr-hynafolion, *eg, ll* -**wyr,** antique dealer
gwerthyd, *eb, ll* -**oedd,** spindle; shaft; spool
　cydiad gwerthyd, *eg,* spindle attachment

gwesgi, *eg, ll* **gwesgïau,** squeegee
gwestai, *eg, ll* **gwesteion,** guest
gwesty, *eg, ll* **gwestai,** guest house; hotel
gwestya, *be,* entertain
gwestyaeth, *eb,* hotel-management
gwestywr, *eg, ll* -**wyr,** host
gwestywraig, *eb, ll* **gwestywragedd,** hostess
gweundir, *eg, ll* -**oedd,** moorland
gweundirol, *a,* moorland
gweuwaith, *eg, ll* **gweuweithiau,** knitwear
gwewyr esgor, *ell,* labour-pains
gwgli, *eg,* googly
gwialen, *eb, ll* **gwiail; gwialenni,** cane
　gwaith gwiail, *eg,* canework
　gwiail lliw, dyed canes
　gwiail neidio, jumping canes
　gwiail siwgr, sugar canes
gwiail, *ell,* wicker
gwibfaen, *eg, ll* **gwibfeini,** meteorite
gwibio, *be,* élancé
gwichiad, *eg, ll* -**au,** winkle
gwichydd, *eg, ll* -**ion,** squeaker
gwifrad, *eg, ll* -**au,** wiring
gwifren, *eb, ll* **gwifrau,** wire
　gwifrau tywys, guide-lines
　gwifrau uwchben, overhead wires
　gwifrau uwch daear, overhead wires
　gwifren ddaear, earth wire
gwifro, *be,* wire
gwifrog, *a,* wiry; wired
　ymyl gwifrog, *egb,* wired edge
gwiniadur, *eg, ll* -**iau, -on,** thimble
gwinwyddaeth, *eb, ll* -**au,** viticulture
gwir, *a,* true; real; net
　gwir bwysau, *ell,* net weight
　gwir elw, *eg,* net profit
　gwir ffurf, *eb,* true shape
　gwir golled, *egb,* net loss
　gwir hyd, *eg,* true length
gwireddiad, *eg, ll* -**au,** verification
gwireddu, *be,* verify
gwireddus, *a,* virtual
gwirfoddol, *a,* voluntary
　o wirfodd, *a,* voluntary
　penderfyniad gwirfoddol, *eg,* voluntary decision
gwirfoddolrwydd, *eg,* voluntariness

gwiriad, *eg, ll* -au, check
gwirio, *be*, check
gwirionyn, *eg*, imbecile
gwirod, *eg, ll* -ydd, spirit, liquor
　farnais gwirod, *eg*, spirit varnish
　gwirod methyl, methylated spirit
　gwirod tyrpant, spirits of turpentine
　trwydded gwirod, *eb*, liquor licence
gwirodlyn, *eg, ll* -nau, liqueur
gwisg, *eb, ll* -oedd, costume; dress; suit
　gwisg gomedi, costume comedy
　gwisg gyfnod, period costume
　gwisg haul, sun suit
　gwisg swyddogol, uniform
　gwisg unffurf, unffurfwisg, uniform
gwisgo, *be*, dress; robe
　gwisgo'r llwyfan, dress the stage
　gwisgo'r part, dress the part
　gwisgo'r set, dress the set
　ystafell wisgo, *eb*, dressing-room
gwisgrestr, *eb, ll* -i, costume plot
gwisgwr, *eg, ll* -wyr, dresser
gwisgwraig, *eb, ll* gwisgwragedd, dresser
gwlïa, *be*, gully
gwlad, *eb, ll* gwledydd, country
　gwlad fewnol, interior
　gwlad uwch-ddatblygedig, advanced country
　gwledydd ddatblygol, developing countries
gwladaidd, *a*, rustic
gwladeiddiach, *eg*, peasantry
gwladeiddiwr, *eg, ll* gwladeiddwyr, peasant
gwladeiddyn, *eg, ll* -ion, peasant
gwladol, *a*, national
　Cymorth Gwladol, *eg*, National Assistance
　cynilion gwladol, *ell*, national savings
　diwydiant gwladol, *eg*, nationalized industry
　Gwasanaethau Iechyd Gwladol, *ell*, National Health Services
　y ddyled wladol, *eb*, national debt
　Ysgrifennydd Gwladol, *eg*, Secretary of State
　Yswiriant Gwladol, *eg*, National Insurance
gwladoli, *be*, nationalize
gwladoliad, *eg*, nationalization
gwladweiniaeth, *eb*, statesmanship
gwladweinydd, *eg, ll* gwladweinwyr, statesman
gwladwriaeth, *eb, ll* -au, state
　fferm y wladwriaeth, *eb*, state farm
　gwladwriaeth ddinas, city state
　gwladwriaeth genedl, gwladwriaeth genhedlig, nation state
　gwladwriaeth ragod, buffer state
gwladychiad, *eg, ll* -au, colonization
gwladychu, *be*, colonize
gwlân, *eg, ll* gwlanoedd, wool
　edau wlân, mending wool
　gwlân Cymru, Welsh wool
　gwlân dur, wire wool
　nwyddau gwlân, *ell*, woollens
gwlana, *be*, day-dream
gwlanen, *eb, ll* -ni, flannel
　bwrdd gwlanen, *eg*, flannelgraph
　graff gwlanen, *eg*, flannelgraph
gwlanog, *a*, woolly
gwledig, *a*, rural
gwleidydd, *eg, ll* -ion, politician
gwleidyddiaeth, *eb*, politics
gwleidyddol, *a*, political
gwlff, *eg, ll* gylffiau, gulf
　Llif y Gwlff, *eg*, Gulf Stream
gwli, *eg, ll* gwlïau, gully
gwlïog, *a*, gullied
gwlith, *eg, ll* -oedd, dew
gwlithbwll, *eg, ll* gwlithbyllau, dewpond
gwlithbwynt, *eg, ll* -iau, dew point
gwlithlaw, *eg, ll* -ogydd, drizzle
gwlyb, *a*, wet
　gwlyb-gwyn, *a*, wetwhite
gwlybwr, *eg, ll* gwlybyron, liquid
gwlybwr y llygad, aquenous humour
gwm, *eg, ll* gymiau, gum
　beindin gwm, *eg*, gummed binding
　dilëwr gwm, *eg*, gum eraser
　gwm arabig, gum arabic

gwm gwirod, spirit gum
gwm tragacanth, gum tragacanth
papur gwm, *eg*, gummed paper
gwn, *eg, ll* gynnau, gun
gŵn, *eg, ll* gynau, gown
  cas gŵn nos, nightdress case
  gŵn gwisgo, dressing gown
  gŵn nos, nightdress
  gŵn nos cwta, shortie nightdress
gwndwn, *eg*, ley
gwneuthur, *be*, manufacture
gwneuthuriad, *eg, ll* -au, manufacture; construction
gwneuthurwr, *eg, ll* -wyr, manufacturer
gwneuthuryn, *eg, ll* -nau, manufacture
gwnfetel, *eg*, gunmetal
  gwnfetel Morlys, Admiralty gunmetal
gwniadur, *eg, ll* -iau, -on, thimble
gwniadwaith, *eg, ll* gwniadweithiau, needlework; dressmaking
gwniadwraig, *eb, ll* gwniadwragedd, dressmaker
gwniadyddes, *eb, ll* -au, dressmaker
gwnïo, *be*, sew
  gwnïo plaen, plain sewing
  peiriant gwnïo, *eg*, sewing machine
  atodion y peiriant gwnïo, *ell*, sewing machine attachments
  beindell, *eb, ll* -i, -au, binder
  cwiltell, *eb, ll* -i, -au, quilter
  hemell, *eb, ll* -i, -au, hemmer
  peipell, *eb, ll* -i, -au, piper
  ryfflell, *eb, ll* -i, -au, ruffler
gŵr, *eg, ll* gwŷr, vassal
gwrach, *eb, ll* -od, witch
gwrachen, *eb, ll* gwrachod, roach
gwrandawiad, *eg, ll* -au, hearing
  gohirio gwrandawiad, *be*, adjourn a hearing
gwregys, *eb, ll* -au, girdle; belt
  gwregys bectoral, pectoral girdle; shoulder girdle
  gwregys belfig, pelvic girdle; hip girdle
gwreichionen, *eb, ll* gwreichion, spark
gwreichioni, *be*, spark

gwreichionnydd, *eg, ll* gwreichionyddion, echo-sounder
gwreidd-dardd, *a*, radical
gwreiddflewyn, *eg, ll* gwreiddflew, root-hair
gwreiddgap, *eg, ll* -iau, root-cap
gwreiddgnepynnau, *ell*, root nodules
gwreiddiau, *ell*, radices
gwreiddiog, *a*, rooted
gwreiddiol, *a*, original
gwreiddwasgedd, *eg*, root pressure
gwreiddyn, *eg, ll* gwraidd, root
  gwreiddyn cord, root of a chord
  gwreiddyn cyfangol, contractile root
  gwreiddyn dŵad, adventitious root
  gwreiddyn eilaidd, secondary root
  gwreiddyn ffibrus, fibrous root
  gwreiddyn sgwâr, square root
  gwreiddyn tap, tap root
  gwreiddyn ymudo, motor root
  prif wreiddyn, tap root
gwres, *eg*, heat
  gwres coch, red heat
  gwres cochias, bright red heat
  gwres cudd, latent heat
  gwres cymharol, specific heat
  gwresdriniaeth, *eb*, heat treatment
  gwres du, black heat
  gwres eirias, bright yellow heat
  gwres gwynias, white heat
  llethiad gwres, *eg*, heatstroke
  strôc gwres, *eb*, heatstroke
  trawiad gwres, *eg*, heatstroke
  triniaeth wres, *eb*, heat treatment
gwresog, *a*, warm
gwresogi, *be*, heat
gwresogydd, *eg, ll* -ion, heater
  gwresogydd troch, immersion heater
gwrido, *be*, flush
gwrit, *eb, ll* -iau, writ
  ceisio gwrit habeas corpus, apply for writ of *habeas corpus*
  gwrit gychwynnol, originating writ
gwrogaeth, *eb*, homage; vassalage
gwrtaith, *eg, ll* gwrteithiau, fertiliser

gwrth, *a*, counter
gwrth dafod, counter spit
gwrth-apeliwr, *eg*, respondent
gwrthateb, *eg*, *ll* -ion, rejoinder
gwrthban, *eg*, *ll* -au, blanket
gwrthbaralel, *a*, antiparallel
gwrthblot, *eg*, *ll* -iau, counter plot
gwrthbwynt, *eg*, *ll* -iau, counterpoint
gwrthbwyso, *be*, compensate
gwrthbwysynnau, *ell*, counterweights
gwrthdanu, *be*, fireproof
gwrthdaro, *be*, clash; collide
gwrthdestun, *eg*, *ll* -au, countersubject
gwrthdir, *eg*, *ll* -oedd, upland
gwrthdoriad, *eg*, *ll* -au, refraction
gwrthdrawiad, *eg*, *ll* -au, collision; crash
gwrthdro, *eg*, *ll* -eon, inverse; inversion
 y gwrthdro cyntaf, first inversion
 yr ail wrthdro, second inversion
gwrthdroad, *eg*, *ll* -au, inversion; reversal
gwrthdroad tymheredd, inversion of temperature
gwrthdroadwy, *a*, reversible
gwrthdroi, *be*, invert; back (e.g., of wind)
gwrthdyllu, *be*, counterbore; drift
gwrthdyllydd, *eg*, *ll* -ion, drift
gwrthdynfa, *eg*, *ll* **gwrthdynfeydd**, tension
gwrthdynnu, *be*, distract
 gwrthdynnu sylw, distract attention
gwrthdystiad, *eg*, *ll* -au, remonstrance
gwrthdystio, *be*, remonstrate
gwrthdystiolaeth, *eb*, *ll* -au, replication
gwrthddangosiad, *eg*, *ll* -au, counter-exposition
Gwrthddiwygiad, *eg*, *ll* -au, Counter-reformation
gwrthddrafftyn, (allanydd drafft), *eg*, draught excluder
gwrth-ddŵr, *a*, waterproof; water-repellent
gwrtheb, *eg*, *ll* -ion, repartee

gwrthedd, *eg*, resistivity
gwrtheinedd, *eg*, immunity
gwrtheiniad, *eg*, *ll* -au, immunisation
gwrthforio, *be*, counterbore
gwrthfflam, *a*, flame-resistant
gwrthgais, *eg*, *ll* **gwrthgeisiadau**, counter-claim
gwrthganon, *eg*, canon by inversion
gwrthgeisio, *be*, counter-claim
gwrthgenhedlu, *eg*, contraception
 maneg wrthgenhedlu, *eb*, contraceptive sheath
gwrthgloc, *a*, anticlockwise; counterclockwise
gwrthgrych, *a*, crease resisting
gwrthgyferbyn, *a*, opposite
gwrthgyferbyniad, *eg*, *ll* -au, contrast
gwrthgyferbyniol, *a*, opposite
gwrthgyferbynnedd, *eg*, oppositeness
gwrthgyfnewid, *be*, counterchange
gwrthgyfnewidiad, *eg*, *ll* -au, counterchange
gwrthgymesur, *a*, antisymmetric
gwrthgymesuredd, *eg*, antisymmetry
gwrth-gynnig, *eg*, *ll* -gynigion, counter proposal
gwrthgytbwys, *eg*, *ll* -au, counterbalance
gwrth-haul, *a*, sun proof
gwrth-heintiad, *eg*, *ll* -au, inoculation
gwrthiad, *eg*, *ll* -au, counter
gwrthiannol, *a*, resistant
gwrthiannu, *be*, resist
gwrthiant, *eg*, *ll* **gwrthiannau**, resistance; reluctance
gwrthio, *be*, counter
gwrthlaw, *eb*, backhand
gwrth-law, *a*, rain proof
gwrthlif, *eg*, *ll* -ogydd, obsequent stream
gwrthlogarithm, *eg*, *ll* -au, antilogarithm
gwrthnawsedd, *eg*, aversion; incompatibility
gwrthnysedd, *eg*, repulsion; perversion
gwrthnysig, *a*, perverse
gwrthod, *be*, dishonour; disqualify; dismiss
gwrthodedig, *a*, dishonoured

gwrthodiad, *eg, ll* -au, disqualification
gwrthran, *eb,* counterpart
gwrthrew, *eg,* antifreeze
gwrthrewyn, *eg,* antifreeze
gwrthrwd, *a,* rustless
gwrthrych, *eg, ll* -au, object; body
   gwrthrych hapgael, found object
   gwrthrych tri dimensiwn, three dimensional object
gwrthrychedd, *eg, ll* -au, objectivity
gwrthrychol, *a,* objective
   naturoliaeth wrthrychol, *eb,* objective naturalism
gwrthrychydd (microsgop), *eg,* objective
gwrthryfel, *eg, ll* -oedd, uprising
gwrthsafol, *a,* refractory
gwrthsaim, *a,* greaseproof
gwrthsain, *a,* sound-resisting
gwrthsefyll, *be,* resist
gwrthsoddi, *be,* countersink
gwrthsoddydd, *eg,* countersink
gwrthwedd, *a,* antiphase
gwrthwyfyn, *a,* mothproof
gwrthwyfynnu, *be,* mothproof
gwrthwynebiad, *eg, ll* -au, opposition; challenge
gwrthwynebiad di-nag, peremptory challenge
gwrthwynebiaeth, *eb,* antagonism
gwrthwynebu, *be,* oppose; thwart; challenge
   gwrthwynebu am reswm, challenge for a cause
   gwrthwynebu rheithiwr, challenge a juryman
   gwrthwynebu'r rheithgor cyfan, challenge to the array
   gwrthwynebu'r rheithwyr unigol, challenge to the polls
gwrthwynebwr, *eg, ll* -wyr, opponent; antagonist
gwrthwynebydd, *eg, ll* -wyr, protagonist
gwrthwynt, *a,* windproof
gwrthydd, *eg, ll* -ion, resistor; resist
   gwrthydd grid, grid resistor
gwrthymosod, *be,* counter attack
gwrthyriad, *eg, ll* -au, repulsion
gwrthyrru, *be,* repel
gwrthysgrif, *eb, ll* -au, rescript
gwrthysgrifennu, *be,* rescribe
gwrych, *eg, ll* -oedd, hedge; bristle
gwrychyn, *eg, ll* gwrychiau, bristle
gwryd, *eg, ll* -au, fathom
gwrymog, *a,* corrugated
gwrym, *eg, ll* -iau, seam; ridge
gwrymiog, *a,* seamed; corrugated
gwryw, *eg, ll* -od, male
gwrywaeth, *eb,* masculinity
gwrywaidd, *a,* masculine
gwrywgydiwr, *eg, ll* -wyr, homosexual
gwrywol, *a,* male
gwsberen, *eb, ll* gwsberys, gooseberry
gwt, *eg,* gut
gwtau, *ell,* guttae
gwth, *eg, ll* -iau, push; thrust
gwthbas, *eg,* push pass
gwthferyn, *eg, ll* -nau, thrust bearing
gwthiad, *eg, ll* -au, heaving; thrust
   gwthiad rhew, frost heaving
gwthio, *be,* push; thrust
gwybodaeth, *eb,* information; knowledge
gwybyddiaeth, *eb,* cognition
gwybyddol, *a,* cognitive
   elfen wybyddol, *eb,* cognitive element
gwyd, *eg, ll* -iau, vice
gwydnwch, *eg,* toughness
gwydr, *eg, ll* -au, glass
   gwydr lliw, stained glass
   gwydr plat trwchus, thick plate glass
   gwydr rib, reeded glass
gwydrau, *ell,* glasses
   gwydrau theatr, opera glasses
gwydrchwythu, *be,* glass blowing
gwydredd, *eg, ll* -au, glaze
   gwydredd blew ysgyfarnog, hare's fur glaze
gwydriad, *eg, ll* -au, glazing
gwydro, *be,* glaze
gwydrog, *a,* vitreous; glazed; glass
   hylif gwydrog, *eg,* vitreous humour
gwŷdd, *eg,* loom
   gwŷdd bwthyn, cottage loom
   gwŷdd tabi, tabby loom
   gwŷdd troedlath, foot power loom
gwyddbwyll, *eb,* chess
gwyddgrug, *eg, ll* -iau, barrow

gwyddoneg, *egb*, scientology
gwyddonegwr, *eg, ll* **-wyr**, scientologist
gwyddoniaeth, *egb*, science
gwyddor, *eb, ll* **-ion**, science
  gwyddor gwlad, rural science
  gwyddor tŷ, domestic science
  yr wyddor, the alphabet
gwyfyn, *eg, ll* **-od**, moth
gŵyl, *eb, ll* **gwyliau**, holiday
  gwyliau tâl, holiday with pay
gwyleidd-dra, *eg*, modesty
gwylio, *be*, observe
gwyliwr, *eg, ll* **-wyr**, watchman
gwyllgoed, *ell*, backwoods
gwyllt, *a*, malignant; acute; wild
gwyn, *a*, white
  sylwedd gwyn, *eg*, white matter
gwynegon, *eg*, rheumatism
gwyniad môr, *eg*, whiting
gwynias, *a*, incandescent
gwyniasedd, *eg*, incandescence
gwyniedyn, *eg*, sewin
gwynnin, *eg, ll* **gyninau**, alburnum; sapwood
gwynnu, *be*, whiten; blanch
gwynnwy, *eg*, white of egg
gwynnyn, *eg*, white matter
gwynt, *eg, ll* **-oedd**, wind; flatulence
  adwy gwynt, *eg*, wind gap
  atalfa gwynt, *eb*, wind-break
  bwlch gwynt, *eg*, wind gap
  ceiliog gwynt, *eg*, wind vane
  gwynt allchwyth, *eg*, outblowing wind
  gwynt cryfaf, dominant wind
  gwynt cyffredin, prevailing wind
  gwynt mewnchwyth, inblowing wind
  gwyntoedd braf y gorllewin, brave west wind
  gwyntoedd trafnid, trade winds; anti-trades
  gwyntoedd y gorllewin, westerlies
  seren wynt, *eb*, wind rose
gwyntglos, *a*, windproof
  dillad gwyntglos, *ell*, windproof clothing
gwyntyll, *eb, ll* **-au**, fan
gwyntylliad, *eg, ll* **-au**, ventilation
gwyn-ŵy, *eg*, white of egg
gwyran, *eb, ll* **gwyrain**, barnacle

gŵyrdro, *eg, ll* **-eon, -eau**, perversion
gŵyrdroedig, *eg, ll* **-ion**, pervert
gwyrdroi, *be*, pervert
gwyrduedd, *eb, ll* **-iadau**, bias
gwyrdd, *a*, green
  belt gwyrdd, *egb*, green belt
  gwregys werdd, *eb*, green belt
  saim gwyrdd, *eg*, green fat
  tywodfaen, *eg*, greensand
gwyrddenu, *be*, distract
  gwyrddenu sylw, distract attention
gwyrddfaen, *eg, ll* **gwyrddfeini**, emerald
gwyrddmon, *eg, ll* **gwyrddmyn**, verderer
gwyredd, *eg, ll* **-au**, rake
  gwyredd uchaf, top rake
gwyrgamedd, *eg*, skewness
gwyriad, *eg, ll* **-au**, deviation; remove; heave
  gwyriad y llonnod cyntaf, first-sharp remove
gwyro, *be*, deviate; swerve
gwyr traed, *ell*, infantry
gwyry, gwyryf, *eb*, virgin
gwyryfol, *a*, virgin
gwŷs, *eb*, summons
  estyn gwŷs, *be*, serve a summons
  gwŷs dyfarniad, judgement summons
gwysio, *be*, summon
  gwysio i weithredu'n rheithiwr, summon for jury service
gwysiwr, *eg, ll* **-wyr**, summoner
gwystl, *eg, ll* **-on**, hostage; pledge; wager; security; pawn
  gwystl cyfraith, wager of law
gwythi, *ell*, gristle
  clymau gwythi, *ell*, cramp
gwythïen, *eb, ll* **gwythiennau**, vein; lode; seam
  gwythïen bortal, portal vein
  gwythïen bostcafal, postcaval vein
  gwythïen fawr, artery
  gwythïen fwyn, vein of ore
  gwythïen ganol, midrib
  y wythïen wddf, jugular vein
gwythieniad, *eg, ll* **-au**, venation
gwythiennog, *a*, braided
gwythiennu, *be*, braid

gwythienwaith, *eg, ll*
   gwythienweithiau, veining
gwywo, *be*, fade; wither
gym, *eg, ll* -iau, gum
gymedig, *a*, gummed
gymio, *be*, gum
gymnasiwm, *eg, ll* gymnasia,
   gymnasium
gymnasteg, *egb*, gymnastics
Gymnospermae, *ell*, Gymnospermae
gynaecoleg, *egb*, gynaecology
gynandromorff, *eg, ll* -au,
   gynandromorph
gynoeciwm, *eg, ll* gynoecia,
   gynoecium
gynwal, *eg, ll* -au, gunwale

gypswm, *eg, ll* gypsa, gypswma,
   gypsum
gyr, *eg, ll* -roedd, herd
gyrfa, *eb, ll* -oedd, career
gyriad, *eg, ll* -au, drive
   gyriad cyfansawdd, compound
   drive
gyriadaeth, *eb*, compulsion
gyriadol, *a*, compulsive
gyriant, *eg*, drive
gyrosgop, *eg, ll* -au, gyroscope
gyrru, *be*, drive
   gyrru mewn a mas, roll on roll
   off
gyrrwr, *eg, ll* -wyr, driver
gyrwynt, *eg, ll* -oedd, typhoon
gysb, *eg*, staggers

H

hacio, *be*, hack
hach, *eg, ll* -au, hoose; husk
had, *eg, ll* -au, seed
   hadau carwe, caraway seeds
hadlestr, *eg, ll* -i, seed vessel
hadlif, *eg*, sperm
hadog, *eg, ll* -au, haddock
hadu, *be*, seed
haearn, *eg, ll* heyrn, iron
   gwasg haearn nipio, *eb*, iron
   nipping press
   haearn bwrw, cast iron; pig iron
   haearn castin hydrin, blackheart
   iron
   haearn galfanedig, galvanised iron
   haearn gloywi, polishing iron
   haearn gyr, wrought iron
   haearn haematit, haematite iron
   haearn hydrin, malleable iron
   haearn llathru, polishing iron
   haearn llwyd, grey iron
   haearn nwy, gas iron
   haearn nwy di-fflecs, flexless gas
   iron
   haearn ongl, angle iron
   haearn pwdl, bloom iron

   haearn sbot, spot bar
   haearn smwddio, iron
   haearn stêm, steam iron
   haearn Sweden, Swedish iron
   haearn trydan, electric iron
   sborion haearn, *ell*, scrap iron
haearnaidd, *a*, rigid
haematemesis, *eg*, haematemesis
haematitig, *a*, haematitic
haematoma, *eg*, haematoma
haematwria, *eg*, haematuria
haemocoel, *eg*, haemocoel
haemocyanin, *eg*, haemocyanin
haemoffilia, *eg*, haemophilia
haemoglobin, *eg*, haemoglobin
haemolysis, *eg*, haemolysis
haen, *eb, ll* -au, layer; coating;
   bed; lamina
   haen balis, palisade layer
   haen bilifferus, piliferous layer
   haen bwrw, abscission layer
   haen ffin, boundary layer
   haen genhedlu, germ-layer
   haen ryngol, intermediate layer
   pren pum haen, five ply wood
   pren tair haen, three ply wood

haenau, *ell*, strata
haenell, *eb, ll* -au, plate
haenellu, *be*, plate
haenen, *eb, ll* -nau, layer
　haenen plwmbago, black wash
haeniad, *eg, ll* -au, stratification
haenog, *a*, laminate; laminated
haenogi, *be*, laminate
haeriad, *eg, ll* -au, assertion
haf, *eg, ll* -au, summer
　Haf Bach Mihangel, Indian Summer
hafal, *a*, equal
　hafal a dirgroes, equal and opposite
　nod hafalu, *eg*, equal sign
　yn hafal i, equals
hafaliad, *eg, ll* -au, equation
　gwreiddyn yr hafaliad, *eg*, root of the equation
　hafaliad cydamserol, simultaneous equation
　hafaliad dwyradd, quadratic equation
　hafaliad pedradd, biquadratic equation
　hafaliad syml, simple equation
　hafaliad teirgradd, cubic equation
　hafaliad unradd, linear equation
hafalonglog, *a*, equiangular
hafalu, *be*, equate
hafan, *eb, ll* -au, haven
hafod, *eb, ll* -ydd, summer dwelling
hafoty, *eg, ll* hafotai, chalet; holiday-chalet; holiday-cottage
hagiosgop, *eg, ll* -au, hagioscope
hanger, *eg, ll* -i, hanger (e.g., coat)
haidd, *ell*, barley
haint, *eb, ll* heintiau, pestilence
　haint digwydd, epilepsy
　haint lleol, enzoötic
　haint llŷn, contagious disease
　haint yr ebolion, joint ill
halberd, *eg, ll* -au, halberd
halen, *eg, ll* -au, salt
　llestr halen, *eg*, salt cellar
haliad, *eg, ll* -au, heave
halibwt, *eg*, halibut
halio, *be*, heave
halmwd, *eg*, hallmote
halo, *eg, ll* -au, halo

haloffyt, *eg, ll* -au, halophyte
halogiad, *eg, ll* -au, contamination
halter, *eg, ll* -au, haltere
halwyn, *eg, ll* -au, salt
　halwynau bustl, bile salts
　halwynau lemon, salts of lemon
　halwynau mwynol, mineral salts
halwyndir, *eg, ll* -oedd, saltings
halwynedd, *eg, ll* -au, halinity
halwyno, *be*, salt
halwynog, *a*, saline
halltu, *be*, salt
ham, *eg, ll* -au, ham
hambwrdd, *eg, ll* hambyrddau, tray
　hambwrdd cymysgu, mixing tray
　hambwrdd diferion, drip tray
　hambwrdd rhifo, counting tray
　hambwrdd siswrn, scissor tray
　hambyrddau tas, nesting trays
　set hambwrdd, *eb*, tray set
　set hambwrdd rhifo, *eb*, number tray set
hamog, *eg, ll* -au, hammock
　cortyn hamog, *eg*, hammock twine
hamper, *eg, ll* -i, hamper
hances, *eg, ll* -i, handkerchief
　hancesi papur, tissues
handicap, *eg, ll* -au, handicap
hanerob, *eb, ll* -au, flitch of bacon
haneru, *be*, bisect; halve
hanerwr, *eg, ll* -wyr, half-back
　hanerwr asgell, wing-half
　hanerwr canol, centre-half
　hanerwr chwith, left-half
　hanerwr de, right-half
hanerydd, *eg, ll* -ion, bisector
hanes, *eg, ll* -ion, history
　hanes achos, case history
　hanes adweinyddol, administrative history
　hanes amaethyddol, agrarian history
　hanes bwrdeistrefol, borough history
　hanes cyfansoddiadol, constitutional history
　hanes cyfraith, legal history
　hanes diwydiannol, industrial history
　hanes economaidd, economic history

hanes eglwysig, ecclesiastical history
hanes gwledig, rural history
hanes gwleidyddol, political history
hanes llyngesol, naval history
hanes maestrefol, suburban history
hanes milwrol, military history
hanes politicaidd, political history
hanes trefedigaethol, colonial history
hanes trefol, urban history
hanes unigolion, case histories
hanesiaeth, *eb,* historicity
hanesyddiaeth, *eb,* historiography
hanesyddiaethwr, *eg, ll* **-wyr,** historiographer
hanfod, *eg,* essence
hanfodol, *a,* essential; intrinsic
haniaeth, *eg, ll* **-au,** abstract; abstraction
haniaethol, *a,* abstract
haniaethu, *be,* abstract
hanlith, *egb, ll* **-iau,** offprint
hanner, *eg, ll* **hanerau, haneri,** half
  bonyn hanner crwn, *eg,* half moon stake
  hanner ffordd i fyny, *ad,* midway-upward
  hanner tôn, *eb,* half tone
  portread hanner hyd, *eg,* half length portrait
hanner-brif, *eg,* semibreve
hanner-cwafer, *eg,* semiquaver
hanner-cylch, *eg, ll* **-cylchau,** semi-circle
hanner-eliptig, *a,* semi-elliptic
hanner-gosod, *a,* semi-mounted
hanner-hirgrwn, *a,* semi-elliptic
hanner-lled-hanner-cwafer, *eg,* semi-demi-semi-quaver
hanner-oes, *eb,* half-life
hanner-tôn, *eb,* semitone
  hanner-tôn ddiatonig, diatonic semitone
hans, *eg, ll* **-ys,** haunch
  hans cudd, secret haunch
hansiad, *eg, ll* **-au,** haunch
hansiedig, *a,* haunched
  mortais a thyno hansiedig, *eg,* haunched mortice and tenon

hansio, *be,* haunch
hap, *eb, ll* **-au, -iau,** random
hapddaliwr, *eg, ll* **-wyr,** stakeholder
haploid, *a,* haploid; *eg, ll* **-au,** haploid
hapnod, *eg, ll* **-ion,** accidental
haprif, *eg, ll* **-au,** random number
hapsampl, *eg, ll* **-au,** random sample
hapsamplu, *be,* random sample
hapteron, *eg, ll* **haptera,** hapteron
harbwr, *eg,* harbour
harddu, *be,* garnish
harddwch, *eg,* beauty
haricot, *eg, ll* **-au,** haricot
harmatan, *eg, ll* **-au,** harmattan
harmoni, *eg, ll* **harmonïau,** harmony
harmonig, *a,* harmonic; *eg,* harmonic
  cyfres harmonig, *eb,* harmonic series
  cymedr harmonig, *eg,* harmonic mean
  dilyniant harmonig, *eg,* harmonic sequence
  harmonig syml, simple harmonic
  lliw harmonig, *eg,* harmonic colour
  mudiant harmonig, *eg,* harmonic motion
harpsicord, *eg, ll* **-iau,** harpsichord
hash, *eg,* hash
hau, *be,* sow
haul, *eg, ll* **heuliau,** sun
  codiad haul, *eg,* sunrise
  cysawd yr haul (system yr haul), *eg,* solar system
  machlud haul, *eg,* sunset
hawddfraint, *eb,* easement
hawl, *eb, ll* **-iau,** claim; right; title
  hawl cynhwysol, inclusive right
  hawl echgynhwysol, exclusive right
  honni hawl mewn didwyledd, claim of right made in good faith
hawlen, *eb, ll* **-ni,** permit
hawlfraint, *eb, ll* **hawlfreintiau,** copyright
hawliad, *eg, ll* **-au,** demand
hawlio, *be,* demand
hawlwr, *eg, ll* **-wyr,** plaintiff
hawstoriwm, *eg, ll* **hawstoria,** haustorium

heb lawnwerth, no par value
hecsacord, *eg,* hexachord
hecsagon, *eg, ll* -au, hexagon
hecsagonal, *a,* hexagonal
hecsahedron, *eg, ll* -au, hexahedron
hecsastyl, *a,* hexastyle
hecsos, *eg, ll* -au, hexose
hectar, *eg, ll* -au, hectare
hedbridd, *eg, ll* -oedd, blown soil
hedegog, *a,* volatile
hedfanaeth, *eb, ll* -au, aviation
hediad, *eg, ll* -au, flight
hedoniaeth, *eb,* hedonism
hedonydd, *eg, ll* -ion, hedonist
hedyn, *eg, ll* hadau, seed
heddlu, *ell,* police
heffer, *eb, ll* heffrod, heifer
hegemoni, *eg, ll* hegemonïau, hegemony
heibiad, *eg, ll* -au, by-pass
heibiadu, *be,* by-pass
heidroffobig, *a,* hydrophobic
heigiad, *eg, ll* -au, infestation
heigiannu, *be,* infest
heigiannus, *a,* infested
heigiant, *eg,* infestation
heintiad, *eg, ll* -au, infection
  heintiad defnyn, droplet infection
heintio, *be,* infect
heintrwystriad, *eg,* prophylaxis
heintrydd, *a,* immune
heintryddid, *eg,* immunity
  heintryddid cynhenid, natural immunity
  heintryddid datblyg, acquired immunity
  heintryddid goddefol, passive immunity
  heintryddid gweithredol, active immunity
heintryddu, *be,* immunise
heintus, *a,* infected
helaeth, *a,* abundant
helaethu, *be,* enlarge; extend
heli, *eg, ll* helïau, salt water
  gwastad heli, *eg,* salt flat
  llyn heli, *eg,* salt lake
  morfa heli, *eg,* salt marsh
  pant heli, *eg,* salt pan
heliactit, *eg, ll* -au, heliactite
helicoid, *eg,* helicoid
helicoidal, *a,* helicoidal

helicopter, *eg, ll* helicoptrau, helicopter
helics, *eg, ll* -au, helix
heligol, *a,* helical
  ffliwtiau heligol, *ell,* helical flutes
heliotropedd, *eg,* heliotropism
helmintholeg, *eb,* helminthology
helwriaeth, *eb,* game
helygen, *eb, ll* helyg, willow
  helyg bwff, buff willow
  helyg Seisnig, English willow
hem, *eb, ll* -iau, hem; *eg, ll* -au, rivet
  gorffennu hemiau, *be,* finish hems
  hem ffug, false hem
  hem rol, rolled hem
  lwfans yr hem, *eg,* hem allowance
  lled yr hem, *eg,* depth of hem
  nodydd hem, *eg,* hem marker
  pwytho hem, *be,* hem stitching
  tacio hem, *be,* hem tacking
  troi hem, *be,* turn a hem
hembwyth, *eg, ll* -au, hem stitch
hembwytho, *be,* hem stitch
hemell, *eb, ll* -i, -au, hemmer
hemio, *be,* hem; rivet
  hemio slip, slip hemming
hemicellulos, *eg, ll* -au, hemicellulose
hemicellwlos, *eg, ll* -au, hemicellulose
Hemiptera, *ell,* Hemiptera
hemisffer, *eg, ll* -au, hemisphere
hemog, *a,* rivetted
henadur, *eg, ll* -iaid, alderman
henebyn, *eg, ll* henebion, ancient monument
hen law, *eg,* old stager; veteran
henoriaeth, *eb,* seniority
heparin, *eg,* heparin
hepatig, *a,* hepatic
hepatitis, *eg,* hepatitis
hepgor, *be,* discard
  cynfasau hepgor, *ell,* disposable sheets
  llieiniau hepgor, *ell,* disposable sheets
heptagon, *eg, ll* -au, heptagon
herc, *eb, ll* -iau, hop
  herc cam a naid, hop step and jump
hercian, *be,* hop
herclif, *eb, ll* -iau, jigsaw

heriot, *eg, ll* -au, heriot
heriwr, *eg, ll* -wyr, challenger
hermaffrodit, *a,* hermaphrodite; *eg,* hermaphrodite
hermitian, *a,* hermitian
hernia, *eg,* hernia
herodrol, *a,* heraldic
herwgipio, *be,* hijack
herwgydio, *be,* kidnap
herwhela, *be,* poach
herwr, *eg, ll* -wyr, outlaw
herwriaeth, *eb,* outlawry
hesben, *eb, ll* -od, yearling ewe
hesbin, *eg, ll* -od, yearling ewe
hesbwrn, *eg, ll* -byrniaid, yearling ram
hesgen, *eb, ll* hesg, sedge
hesian, *eg,* hessian
  hesian llifedig, dyed hessian
heterodein, *eg,* heterodyne
heterogenaidd, *a,* heterogeneous
heterogenus, *a,* heterogeneous
heterosis, *eg,* heterosis
heterostyledd, *eg,* heterostyly
heterosygus, *a,* heterozygous
heth, *eb,* severe cold spell
heuldro, *eg,* solstice
heulsaf, *eg, ll* -au, solstice
heulwen, *eb,* sunshine
heusor, *eg, ll* -ion, herdsman
hewristig, *a,* heuristic
heyrn, *ell,* irons
  heyrn sgrôl, *ell,* anvil horns
hic, *eg, ll* -iau, nock
hicio, *be,* nock
  man hicio, *eg,* nocking point
hidl, *eb, ll* -au, filter; strainer
hidlen, *eb, ll* -ni, strainer
hidlo, *be,* filter; strain
hierarchaeth, *eb, ll* -au, hierarchy
hierarchaidd, *a,* hierarchial
  trefn hierarchaidd, *eb,* hierarchial order
hieroglyffig, *eg, ll* -au, hieroglyphic
hil, *eb, ll* -ion, race
hil-laddiad, *eg,* genocide
hindreuliad, *eg, ll* -au, weathering
  cyfrwng hindreuliad, *eg,* weathering agent
hindreulio, *be,* weather
hinsawdd, *eb, ll* hinsoddi, climate
  hinsawdd arfor, maritime climate
  hinsawdd bywiogus, invigorating climate
  hinsawdd ynysol, insular climate
hinsoddeg, *egb,* climatology
hinsoddi, *be,* acclimatize
hinsoddol, *a,* climatic
  nodweddion hinsoddol, *ell,* climatic features
  rhanbarthau hinsoddol, *ell,* climatic regions
hirbell, *a,* long distance
hirdeithiog, *a,* long distance
hirgrwn, *a,* oval
hirgul, *a,* oblong; elongated
hirgylch, *eg, ll* -au, -oedd, ellipse
hirgylchog, *a,* elliptical
hirwasg, *a,* long waisted
histamin, *eg, ll* -au; histamine
histogram, *eg, ll* -au, histogram
histoleg, *egb,* histology
histon, *eg,* histone
histrionig, *a,* histrionic
hobgefn, *eg, ll* -au, hogback
hobi, *eg, ll* hobïau, hobby
  hobi hors, *eg,* hobby horse
hodograff, *eg, ll* -au, hodograph
hoelbren, *eg, ll* -nau, dowel
  ebill hoelbren, *eg,* dowel bit
  plat hoelbren, *eg,* dowel plate
  uniad hoelbren, *eg,* dowel joint
hoelen, *eb, ll* hoelion, nail
  addurn pen hoelen, *eg,* nail head ornament
  hoelen benfras (corhoelen), clout nail
  hoelen fain, brad nail
  hoelen fer (tac), tack
  hoelen glopa, stud
  hoelen gron, wire nail
  hoelen hirgron, oval nail
  hoelen lorio, clasp nail
  hoelen mat, drugget pin
  hoelen rychog, corrugated fastener
  pwns hoelion, *eg,* nail punch
hoelgloff, *a,* nail-bound
hoelio, *be,* nail
hoelion daear, *ell,* wireworms
hofranlong, *eb, ll* -au, hovercraft
hofrennydd, *eg, ll* hofrenyddion, helicopter
hoff, *a,* favourite

hogfaen, *eg, ll* **hogfeini,** whetstone
hogi, *be,* sharpen, whet
  carreg hogi, *eb,* hone
hongiad, *eg, ll* **-au,** suspension
hongian, *be,* suspend; hang;
  eg, hanging
  hongian halio, heave hanging
  hongian ôl plyg, backward hanging
  hongian pen i lawr, reversed hanging
  hongian syth, backward hanging
honglath, *eg,* balance beam
holdol, *eg, ll* **-au,** holdall
holeb, *eb, ll* **-au,** enquiry
holi, *be,* examine
holiad, *eg, ll* **-au,** enquiry
holiadur, *eg, ll* **-on,** questionnaire; questionary
holiadurol, *a,* questionary
holoffytig, *a,* holophytic
holograff, *eg,* holograph
holomorffig, *a,* holomorphic
"**Holwch Yma**", "Enquiries"
hollt, *egb,* slit; split; cleft; rift; shake
  hollt gam, cup-shake
  hollt seren, star-shake
holltedd, *eg, ll* **-au,** cleavage
  priodoleddau holltedd, *ell,* cleavage properties
hollten, *eb, ll* **-nau,** slit
holltennu, *be,* slit
holltiad, *eg, ll* **-au,** cleavage; severage
hollysol, *a,* omnivorous
homeostasis, *eg,* homeostasis
homiseid, *eg,* homicide
homogenaidd, *a,* homogeneous
homogeneg, *eb,* homogeneity
homogeneiddio, *be,* homogenise
homogenus, *a,* homogenous
homograffeg, *eb,* homography
homoithermal, *a,* homoithermal
homolog, *eg,* homologue
homologus, *a,* homologous
  cromosomau homologus, *ell,* homologous chromosomes
homomorffedd, *eg,* homomorphism
homomorffig, *a,* homomorphic
homothetig, *a,* homothetic
homosygus, *a,* homozygous

hôn, *eg, ll* **honau,** oilstone; hone
  hôn gau, slip stone
honcian, *be,* stagger
honedig, *a,* reputed
honorariwm, *eg, ll* **honoraria,** honorarium
honni, *be,* allege
hop, *eg, ll* **-iau,** hop
hopgefn, *eg, ll* **-au,** hogback
hopian, *be,* hop
hopys, *ell,* hops
hordin, *eg,* hoarding
hordio, *be,* hoard
hormon, *eg, ll* **-au,** hormone
  hormon antidiwretig, antidiuretic hormone
  hormon lactogenig, lactogenic hormone
  hormon lwteal, luteal hormone
  hormon lwteinio, luteinizing hormone
hors, *eg, ll* **-au,** clothes horse; horse
horst, *eg, ll* **-au,** horst
hosanwaith, *eg, ll* **hosanweithiau,** hosiery
hostel, *eg, ll* **-i,** hostel
  hostel ieuenctid, youth hostel
hotel, *eg, ll* **-au,** hotel
hotpot, *eg, ll* **-iau,** hotpot
how, *eg, ll* **-iau,** hoe
howld, *eg,* hold
hoyw, *a,* jaunty
hyd-lusern, *eg, ll* **-au,** magic lantern
hudwr, *eg, ll* **-wyr,** pull-in; enticer
hufen, *eg, ll* **-nau,** cream
  hufen cyflawn, full cream
  hufen chwisg, whipped cream
  hufen iâ, ice cream
  hufen salad, salad cream
  hufen tartar, cream of tartar
  hufen tolch, clotted cream
hufennog, *a,* creamy
hunan, *eg, ll* **hunain,** self
  allanoli'r hunan, self-projection
hunanaberth, *egb, ll* **-au, -oedd,** ebyrth, self-sacrifice
hunanactifedd, *eg,* selfactivity
hunanadnabyddiaeth, *eb,* self-identification
hunananwythiad, *eg, ll* **-au,** self inductance
hunanarddangos, *be,* self-display

hunanawgrymiad, *eg, ll* -au, autosuggestion
hunan-beilliad, *eg, ll* -au, self-pollination
hunanddatblygiad, *eg, ll* -au, self-development
hunanddibrisiad, *eg, ll* -au, self-depreciation
hunanfynegiant, *eg, ll* **hunanfynegiannau,** expressionism
hunan-ffertileiddiad, *eg, ll* -au, self-fertilization
hunangadwraeth, *eb*, self-preservation
greddf hunangadwraeth, *eb*, instinct of self-preservation
hunangarwch, *eg*, self-love
hunangyfeiriol, *a*, self-regarding
hunangysondeb, *eg*, self-consistency
hunangysyniad, *eg, ll* -au, self-concept
hunanhyder, *eg*, self-confidence
hunaniaeth, *eb*, self-hood; identity
gau hunaniaeth, false identity
hunan-les, *eg*, self-interest
hunanreolaeth, *eb*, autonomy
hunanreolus, *a*, automatic
hunansgwrsio, *eg*, synpractic speech
hunansylweddoliad, *eg, ll* -au, self-realisation
hunanymddiriedaeth, *eb*, self-confidence
hunanymholiad, *eg, ll* -au, self-examination
hunanymson, *eg, ll* -au, soliloquy
hunanymwadiad, *eg, ll* -au, self-denial
hunanymwybodol, *a*, self-conscious
hunanymwybyddiaeth, *eb*, self-consciousness
hunanysgogaeth, *eb*, automation
hunanysgogol, *a*, automatic
hunglwyf, *eg, ll* -au, coma
hurbrynu, *be*, hire purchase
hurbwrcasu, *be*, hire purchase
hwb, *eg, ll* -iau, hop
hwcio, *be*, hook
hwch, *eb, ll* **hychod,** sow
hwch lodig, oestrum sow
hwl, *eg, ll* -iau, hull

hwmaniaeth, *eb*, humanism
hwmanistig, *a*, humanistic
hwmerws, *eg, ll* **hwmeri,** humerus
hwmig, *a*, humic
hwms, *ell*, hums
hwmws, *eg*, humus
hwmysiad, *eg, ll* -au, humification
hwndrwd, *eg, ll* **hwndrydau,** hundred
hwnnw, *a*, said
y Llys hwnnw, *egb*, the said court
hwnt-gychwyn, *eg*, staggered start
hŵp, *eg, ll* **hwpiau,** hoop
hwla hŵp, hŵp hwla, hoola hoop
hwrdd, *eg, ll* **hyrddod,** ram
hwsmonaeth. *eb*, husbandry
hwstyng, *eg, ll* -au, husting
hwyaden, *eb, ll* **hwyaid,** duck
hwyfo, *be*, flutter
hwyhad, *eg*, elongation
hwyl, *eb, ll* -iau, mood; sail
hwyl flaen, foresail
yr hwyl fawr, mainsail
hwylus, *a*, expedient
hwylusfa, *eb*, convenience
hwylusfeydd cyhoeddus, public conveniences
hwylustod, *eg*, expediency
hwyraeddfediad, *eg*, late maturity
hwyr-ddyfodwyr, *ell*, late comers
hwyrgân, *eb, ll* **hwyrganeuon,** nocturne
hwyrglwb, *eg, ll* **hwyrglybiau,** nightclub
hyblyg, *a*, flexible; pliable
hyblygrwydd, *eg*, flexibility
hybrid, *a*, hybrid; *eg*, hybrid
grafft hybrid, *eg*, graft-hybrid
ymnerth hybrid, *eg*, hybrid vigour
hyd, *eg, ll* -au, -oedd, -ion, length
hyd perfformiad, acting time; running time (*Th*)
hyd tri chwarter, three quarter length
hydatid, *a*, hydatid; *eg*, hydatid
cyst hydatid, *eg*, hydatid cyst
hydathod, *eg, ll* -au, hydathode
hydawdd, *a*, soluble
hyder, *eg*, confidence
hydoddedd, *eg*, solubility
Hydra, *eg*, Hydra

hydrad (hydradiad), *eg, ll* **-au,** hydration
hydradu, *be,* hydrate
hydraidd, *a,* pervious
hydrant, *eg, ll* **-au,** hydrant
hydrawlig, *a,* hydraulic
hydred, *eg, ll* **-ion,** longitude
hydredol, *a,* longitudinal
 toriant hydredol, *eg,* longitudinal section
 trychiad hydredol, *eg,* longitudinal section
hydrin, *a,* docile; manageable; malleable
hydrinedd, *eg,* docility; malleability
hydrocarbon, *eg, ll* **-au,** hydrocarbon
hydroceffalws, *eg,* hydrocephalus
hydroclorid, *eg,* hydrochloride
hydroclorig, *a,* hydrochloric
hydrodynameg, *egb,* hydrodynamics
hydro-electrig, *a,* hydro-electric
 pŵer hydro-electrig, *eg,* hydro-electric power
hydroffobia, *eg,* hydrophobia
hydroffoil, *eg, ll* **-au,** hydrofoil
hydroffyt, *eg, ll* **-au,** hydrophyte
hydrogen, *eg,* hydrogen
hydrograffeg, *eb,* hydrography
hydroid, *a,* hydroid; *eg,* hydroid
hydroleg, *egb,* hydrology
hydrolu, *be,* hydrolyse
hydrolyddio, *be,* hydrolyse
hydrolysis, *eg, ll* **-au,** hydrolysis
hydromedr, *eg, ll* **-au,** hydrometer
hydroponeg, *egb,* hydroponics
hydroser, *eg, ll* **-au,** hydrosere
hydrosffer, *eg, ll* **-au,** hydrosphere
hydrostateg, *egb,* hydrostatics
hydrostatig, *a,* hydrostatic
hydrotropedd, *eg,* hydrotropism
hydrothermal, *a,* hydrothermal
hydrus, *a,* hydrous
hydwyth, *a,* supple; elastic; ductile
hydwythder, *eg,* elasticity; resilience
hydwythedd, *eg,* ductility; elasticity
hyfedr, *a,* proficient
hyfedredd, *eg,* proficiency
hyfriw, *a,* viable; friable
 mas hyfriw, *eg,* friable mass
hyffa, *eg, ll* **hyffae,** hypha
hyfflam, *a,* inflammable

hyfforddedig, *a,* trained
hyfforddi, *be,* train
hyfforddiant, *eg, ll* **hyfforddiannau,** instruction; training
 hunan hyfforddiant, self instruction
 hyfforddiant adfer, remedial instruction
 hyfforddiant rhaglennol, programmed instruction
 hyfforddiant-mewn-swydd, *eg,* in-service training
hyfforddwr, *eg, ll* **-wyr,** instructor; coach; trainer
hygroma, *eg, ll* **-e, -u,** hygroma
hygromedr, *eg, ll* **-au,** hygrometer
hygrosgopig, *a,* hygroscopic
hygyrch, *a,* accessible
hygyrchedd, *eg, ll* **-au,** accessibility
hylan, *a,* hygienic
hylendid, *eg,* hygiene
 gwyddor hylendid, *eb,* hygiene
 hylendid personol, personal hygiene
hylif, *eg, ll* **-au,** fluid
 hylif amniotig, amniotic fluid
 hylif cywiro, correcting fluid
 mesur hylif, *eg,* liquid measure
 mesurydd hylif, *eg,* liquid measure
hylifedig, *a,* liquefied
hylifedd, *eg,* liquidity
hylifiant, *eg, ll* **hylifiannau,** liquefaction
hylifo, *be,* liquefy
hylifol, *a,* liquid
hylosg, *a,* combustible; *eg,* combustible
hymen, *eb,* hymen
Hymenoptera, *ell,* Hymenoptera
hynafaidd, *a,* archaic
hynafiad, *eg, ll* **hynafiaid,** ancestor
hynafiadol, *a,* ancestral
hynafiaeth, *eg, ll* **-au,** antiquity
hynafolyn, *eg, ll* **hynafolion,** antique
hynawf, *a,* buoyant
hynod, *a,* singular
hynodedd, *eg,* singularity
hynodwedd, *eb,* idiosyncrasy
hynodyn, *eg, ll* **hynodion,** singularity

hynofedd, *eg*, buoyancy
  bagiau hynofedd, *ell*, buoyancy bags
hyperbola, *eg*, *ll* hyperbôlau, hyperbola
hyperbolig, *a*, hyperbolic
hyperboloid, *eg*, *ll* -au, hyperboloid
hyperfarchnad, *eb*, *ll* -au, hypermarket
hypergeometrig, *a*, hypergeometric
hyperplasia, *eg*, hyperplasia
hypertonig, *a*, hypertonic
hypertrocoid, *eg*, *ll* -au, hypertrochoid
hypertroffedd, *eg*, hypertrophy
hypnosis, *eg*, *ll* -au, hypnosis
hypnoteiddio, *be*, hypnotise
hypnotiaeth, *eb*, hypnotism
hypnotig, *a*, hypnotic
hypocawst, *eg*, *ll* -au, hypocaust
hypocotyl, *eg*, *ll* -au, hypocotyl
hypogeal, *a*, hypogeal
hypogynus, *a*, hypogynous
hyposeicloid, *eg*, *ll* -au, hypocycloid
hypostyl, *eg*, *ll* -au, hypostyle
hypotenws, *eg*, *ll* hypotenysau, hypotenuse
hypotonig, *a*, hypotonic
hypothesis, *eg*, hypothesis
hypsograffeg, *egb*, hypsography
hypsomedr, *eg*, *ll* -au, hypsometer
hypsomedrig, *a*, hypsometric
hyrddiad, *eg*, *ll* -au, charge
  hyrddiad ysgwydd, shoulder charge
hyrddiadur, *eg*, *ll* -on, battering ram
hyrddio, *be*, thrust; barge
  hyrddio'r pwysau, putting the shot

hyrddwr, *eg*, *ll* -wyr, rammer
hyrddwynt, *eg*, *ll* -oedd, squall
hyrwyddiad, *eg*, *ll* -au, promotion
hyrwyddwr, *eg*, *ll* -wyr, promoter; advocate
hysb, *a*, dry
hysbyseb, *eb*, *ll* -ion, advertisement
hysbysebu, *be*, advertise
  asient hysbysebu, *eg*, advertising agent
  cyfryngau hysbysebu, *ell*, advertising media
hysbysfwrdd, *eg*, *ll* hysbysfyrddau, notice-board
  hysbysfwrdd llwyfan, call board
hysbysiad, *eg*, *ll* -au, notice
hysbysiaeth, *eb*, information
  cyflwyno hysbysiaeth, *be*, lay an information
hysbyslen, *eg*, *ll* -ni, poster
  hysbyslen fach, handbill
hysbysnod, *eg*, *ll* -au, advice note
hysbysrwydd, *eg*, notification
hysbysu, *be*, inform; call
hysbyswr, *eg*, *ll* -wyr, call boy
hysbysydd, *eg*, *ll* -wyr, informant
hysteresis, *eg*, hysteresis
hysteria, *eg*, hysteria
  hysteria cŵn, canine hysteria
hysteroid, *a*, hysteroid
hystyn, *eg*, stretch
  hystyn dwy-ffordd, two-way stretch
hytrawst, *eg*, *ll* -iau, girder
hywasg, *a*, compressible
hywasgedd, *eg*, compressibility
hywedd, *a*, domesticated
hyweddu, *be*, domesticate

I

iâ, *eg*, ice
 cap iâ, *eg*, ice cap
 clusten iâ, *eb*, ice lobe
 disgynfa iâ, *eb*, ice fall
 ffloch iâ, *eg*, ice floe
 ffrynt iâ, *egb*, ice front
 iâ du, black ice
 iaglwm (wedi ei gaethiwo gan iâ), *a*, ice-bound
 llen iâ, *eb*, ice-sheet
 llif iâ, *eg*, ice flow
 llyn argae iâ, *eg*, ice dammed lake
 maes iâ, *eg*, ice field
 mynydd iâ, *eg*, iceberg
 Oes yr Iâ, *eb*, Ice Age
 troed iâ, *egb*, ice foot
iachlendid, *eg*, sanitation
iaenydd, *eg*, *ll* -ion, glacierologist
iaith, *eb*, *ll* ieithoedd, language
 iaith lafar, dialect
 iaith lafar safonol, standard spoken language
iâr, *eb*, *ll* ieir, hen
 iâr fach yr haf, butterfly
 iâr fatri, battery hen
 iâr goed, pheasant
 ieir maes, free range hens
iard, *eb*, *ll* ierdydd, yard
 iard chwarae, playground
iarll, *eg*, *ll* ieirll, earl
 Iarll Palatin, Palatine Earl
iarllaeth, *eb*, *ll* -au, earldom
 Iarllaeth Balatin, County Palatine
iarll-farsial, *eg*, *ll* -iaid, earl marshall
iau, *eb*, *ll* ieuau, ieuoedd, yoke; liver
 gosod iau, *be*, set a yoke
iawn, *a*, right; *eg*, compensation; reparation
iawndal, *eg*, *ll* -oedd, compensation; indemnity; damages
 dyfarnu iawndal, *be*, award damages
iawndyllu, *be*, ream
iawnliniad, *eg*, register
 iawnliniad argraffu, printing register

iawnochri, *be*, to be onside
icon, *eg*, *ll* -au, icon
iconig, *a*, iconic
 portread iconig, *eg*, iconic representation
iconoclasm, *eg*, *ll* -au, iconoclasm
iconoclastig, *a*, iconoclastic
iconograffiaeth, *eb*, iconography
iconograffig, *a*, iconographic
icosahedron, *eg*, *ll* -au, icosahedron
id, *eg*, id
idea, *eg*, idea
ideal, *eg*, *ll* -au, ideal
idealaeth, *eb*, idealism
idealiad, *eg*, *ll* -au, idealisation
idealiaeth, *eb*, *ll* -au, idealism
idemffactor, *eb*, *ll* -au, idemfactor
idempotent, *a*, idempotent
ideoleg, *eb*, ideology
ideolegol, *a*, ideological
idiom, *eg*, *ll* -au, idiom
iechyd, *eg*, hygiene
iechydaeth, *eb*, sanitation
iechydeg, *eb*, hygiene
iechydol, *a*, sanitary
 diffygion iechydol, *ell*, sanitary defects
 hwylusfa iechydol, *eb*, sanitary convenience
ieithwedd, *eb*, diction
ieithyddiaeth, *eb*, linguistics
 ieithyddiaeth gymdeithasol, sociolinguistics
 ieithyddiaeth gymhwysol, (ieithyddiaeth gymwysedig), applied linguistics
iengen, *eb*, *ll* iengion, junior (S)
iengyn, *eg*, *ll* iengion, iengwyr, junior (S)
ieuaf-anedigaeth, *eb*, postremogeniture
ieuanc, *a*, juvenile
ieuog, *a*, yoked
ifancaidd, *a*, juvenile
 tramgwydd ifancaidd, *eg*, juvenile delinquency

ifori, *eg,* ivory
igam-ogam, *a,* zig-zag
igamogi, *be,* zigzag
iglw, *eg, ll* **iglŵau,** igloo
ignëaidd, *a,* igneous
ildiad, *eg,* surrender
   gwerth ildiad, *eg,* surrender value
ildiant, *eg, ll* **ildiannau,** strain
ildio, *be,* yield; surrender
ilewm, *eg, ll* **ilea,** ileum
iliwm, *eg, ll* **ilia,** ilium
imaginal, *a,* imaginal
imago, *eg, ll* **-eon,** imago
impasto, *eg, ll* **-au,** impasto
   impasto trwm, heavy impasto
imperial, *a,* imperial
imperialaeth, *eb,* imperialism
imperialaidd, *a,* imperial
imperialydd, *eg, ll* **imperialwyr,** imperialist
impio, *be,* bud
imprest, *eg,* imprest
impyn, *eg, ll* **impion,** shoot
imwnaidd, *a,* immune
imwnedd, *eg,* immunity
   imwnedd datblyg, acquired immunity
   imwnedd goddefol, passive immunity
   imwnedd gweithredol, active immunity
   imwnedd naturiol, natural immunity
imwneiddiad, *eg, ll* **-au,** immunisation
inc, *eg, ll* **-iau,** ink
   inc cadw, (inc dal), indelible ink
   inc gwrth-ddwr, waterproof ink
   inc llawysgrif, manuscript ink
   inc lluniadu, drawing ink
   inc lluniadu lliw, coloured drawing ink
   inc printio lino, lino printing ink
   inc transffer, (inc troslun), transfer ink
   rholydd inc, *eg,* ink roller
   sychydd inc, *eg,* ink drier
   teneuydd inc, *eg,* ink thinner
incil, *eg, ll* **-iau,** tape
incio, *be,* ink in
incisor, *eg, ll* **-au,** incisor
inclein, *eg, ll* **-iau,** incline

incwm, *eg, ll* **incymau,** income; revenue
   grŵp incwm, *eg,* income group
   treth incwm, *eb,* income tax
incws, *eg, ll* **-au,** incus
indecs, *eg, ll* **-au,** index
   indecs trawsgroesi, cross-over index
   indecs uchder-defnydd, use-height index
indeintio, *be,* indent
indemneb, *eb, ll* **-au,** form of indemnity
indemniad, *eg, ll* **-au,** indemnity
   indemniad ymddeol, retirement indemnity
indemnio, *be,* indemnify
indent, *eg, ll* **-au** indent
indentur, *eg, ll* **-au,** indenture
india corn, *eg,* maize
Indo-Swmeraidd, *a,* Indo-Sumerian
indrawn, *eg,* maize
   indrawn fflawiog, flaked maize
inert, *a,* inert
inertia, *eg,* inerita
   moment inertia, *eg,* moment of inertia
infertas, *eg, ll* **-au,** invertase
infolwcr, *eg, ll* **-au,** involucre
infolwt, *eg, ll* **-iau,** involute
infolytedd, *eg, ll* **-au,** involution
ingot, *eg, ll* **-au,** ingot
injan, *eb, ll* **-s,** engine
   injan dân, fire engine
   injan olchi, washing machine
   injan wnïo, sewing machine
innings, *ell,* innings
Insecta, *ell,* Insecta
inset, *eg, ll* **-iau,** inset
inspector, *eg, ll* **-s,** inspector
instar, *be,* serennu; *eg,* instar
inswlin, *eg, ll* **-iau,** insulin
integradwy, *a,* summable
integrand, *eg, ll* **-au,** integrand
integredig, *a,* integrated
integriad, *eg, ll* **-au,** integration
integrol, *a,* integrol
integru, *be,* integrate
integryn, *eg, ll* **-nau,** integral
   integryn amhendant, indefinite integral
   integryn arbenigol, particular integral

integryn pendant, definite integral
intendant, *eg, ll* -iaid, intendant
intercalaraidd, *a,* intercalary
intercom, *eg, ll* -au, intercom
interegnwm, *eg,* interregnum
interffas, *eg, ll* -au, interphase
interffasgicwlar, *a,* interfascicular
  cambiwm interffasgicwlar, *eg,* interfascicular cambium
internod, *eg, ll* -au, internode
interstitial, *a,* interstitial
  celloedd interstitial, *ell,* interstitial cells
intrados, *eg, ll* -au, intrados
intrors, *a,* introrse
Invertebrata, *ell,* Invertebrata
inwlin, *eg, ll* -iau, inulin
ïodid, *eg, ll* -iau, iodide
ïodin, *eg,* iodine
ïon, *eg, ll* -au, ion
ïoneiddiad, *eg, ll* -au, ionisation
ïoneiddio, *be,* ionise
Ïonig, *a,* Ionic
ïonosffer, *eg,* ionosphere
Iorddonen, Jordan
iraid, *eg, ll* ireidiau, lubricant; grease
ireidio, *be,* grease
iriad, *eg, ll* -au, lubrication
iris, *eg, ll* -au, iris
iro, *be,* lubricate; grease; oil
iryn, *eg, ll* -nau, cream
  iryn diflan, vanishing cream
is-, *rhag,* sub-; infra
is-adain, *eb,* aileron
isadeiliaeth, *eb,* infrastructure
isaeddfed, *a,* submature
isafon, *eb, ll* -ydd, tributary
  isafon dde, right bank tributary
isalobar, *eg, ll* -rau, isallobar
is-ardal, *eb, ll* -oedd, sub-region
isawyrol, *a,* subaerial
is-bartner, *eg, ll* -iaid, junior partner
is-blot, *eg, ll* -iau, sub-plot
isblyg, *eg, ll* -ion, downfold
is-brawf, *eg, ll* -brofion, sub-test
isbridd, *eg, ll* -oedd, subsoil
isbrisiad, *eg, ll* -au, depreciation
isbrisio, *be,* depreciate
is-brydles, *eb, ll* -i, -au, under-lease
is-bwerdy, *eg, ll* -bwerdai, sub-station
is-bwyllgor, *eg, ll* -au, sub-committee
isciwm, *eg, ll* iscia, ischium
is-deulu, *eg, ll* -oedd, sub-family
isdrofannol, *a,* subtropical
is-ddatblygedig, *a,* under-developed
is-ddeddf, *eb, ll* -au, by-law
is-ddilyniant, *eg, ll* -ddilyniannau, subsequence
is-ddillad, **(dillad isaf)**, *ell,* underclothing
is-ddosbarth, *eg, ll* -au, -iadau, sub-class
isel-bartio, *be,* underpart
iselder, **(ysbryd)**, *eg,* depression
iseldir, *eg, ll* -oedd, lowland
is-etholiad, *eg, ll* -au, by-election
is-faeth, *a,* underfed
is-feidon, *eb,* submediant
isfyd, *eg, ll* -oedd, underworld
is-ffactorial, *eg, ll* -au, sub-factorial
is-ffeodaeth, *eb,* subinfeudation
is-ffeodu, *be,* subinfeudate
is-fformon, *eg, ll* -fformyn, charge-hand
is-ffylwm, *eg, ll* -ffyla, sub-phylum
is-gadeirydd, *eg, ll* -ion, vice-chairman
isgadfridog, *eg, ll* -ion, major general
is-gasgliad, *eg, ll* -au, sub-set
isgell, *eg,* stock
  isgell llysiau, vegetable stock
isgellog, *a,* subcellular
is-glarinet, *eg,* bass-clarinet
is-goch, *a,* infra-red
is-gorpral, *eg, ll* -iaid, lance-corporal
isgroenol, *a,* subcutaneous
is-grwp, *eg, ll* -grwpiau, sub-group
is-gwmni, *eg, ll* -gwmnïau, subsidiary company
is-gynnyrch, *eg, ll* -gynhyrchion, by-product
is-haen, *eb, ll* -au, substrate
is-harmonig, *eg, ll* -au, sub-harmonic
isl, *eg, ll* -au, easel
islaith, *a,* subhumid
islaw, *ad,* below (*Th*)
islawr, *eg, ll* isloriau, basement

islif, *eg, ll* -ogydd, undercurrent
is-liminal, *a,* sub-liminal
is-lywydd, *eg,* sub-dominant
is-nodiad, *eg, ll* -au, subscript
isnormal, *a,* inferior; subnormal; *eg,* subnormal
isobar, *eg,* isobar
isobarig, *a,* isobaric
isobilateral, *a,* isobilateral
isoclein, *eg, ll* -iau, isocline
isocleiniog, *a,* isoclinal
   plyg isocleiniog, *eg,* isoclinal folding
isocronus, *a,* isochronous
isogamedd, *eg,* isogamy
isoglos, *eg,* isoglos
isogonal, *a,* isogonal
isohyed, *eg, ll* -au, isohyet
isohyet, *eg, ll* -au, isohyet
isomedrig, *a,* isometric
   graddfa isomedrig, *eb,* isometric scale
   planau isomedrig, *ell,* isometric planes
   tafluniad isomedrig, *eg,* isomedric projection
isomorff, *eg, ll* -au, isomorph
isomorffedd, *eg,* isomorphism
isomorffig, *a,* isomorphic
isoperimedrig, *a,* isoperimetric
isopleth, *eg, ll* -au, isopleth
is-oruchwyliwr, *eg,* assistant manager
   is-oruchwyliwr llwyfan, assistant stage manager
isostasi, *eg, ll* isostasïau, isostacy
isosgeles, *a,* isosceles
isosod, *be,* sublet
isostatig, *a,* isostatic
   anomaledd isostatig, *eg,* isostatic anomaly
   cydbwysedd isostatig, *eg,* isostatic equilibrium
   cymantoledd isostatig, *eg,* isostatic equilibrium
   cymhwysiad isostatig, *eg,* isostatic adjustment
isotonig, *a,* isotonic
isotop, *eg, ll* -au, isotope
isotopig, *a,* isotopic
isotropig, *a,* isotropic
isotherm, *eg, ll* -au, isotherm
isothermal, *a,* isothermal
isradd, *a,* subinordinate; *eg, ll* -au, root; subinordinate
   ail isradd, square root
   isradd cymedr sgwâr, root mean square
   trydydd isradd, cube root
israddio, *be,* downgrade
israddol, *a,* subsidiary
israniad, *eg, ll* -au, subdivision
isrannu, *be,* subdivide
isrywogaeth, *eb, ll* -au, sub-species
is-safonol, *a,* substandard
is-sgert, *eb,* underskirt
is-sonig, *a,* sub-sonic
istangiad, *eg, ll* -au, subtangent
istraethol, *a,* sub littoral
   ymyl istraethol, *egb,* sub littoral fringe
istref, *eb, ll* -i, -ydd, sub-town
is-urdd, *eb, ll* -au, sub-order
is-wisg, *eb, ll* -oedd, underdress
isymwybod, *eg,* subconsciousness
italig, *a,* italic
item, *eb, ll* -au, item
   item analysis, item analysis
iteriad, *eg, ll* -au, iteration
iteru, *be,* iterate
iterus, *a,* iterative
ithfaen, *eg,* granite
Iwerydd, *eg,* Atlantic
   gwaneg Iwerydd, *eb,* Atlantic roller
iwmon, *eg, ll* iwmyn, yeoman
   Iwmyn y Gosgorddlu, Yeomen of the Guard
iwnifform, *eb,* uniform
iwsans, *eg,* usance

J

jab, *eb*, *ll* -iau, jab
Jacobeaidd, *a*, Jacobean
Jacobiad, *eg*, *ll* Jacobiaid, Jacobite
Jacobin, *eg*, *ll* -iaid, Jacobin
jam, *eg*, *ll* -iau, jam
jamio, *be*, jam
janisariad, *eg*, *ll* -iaid, janissary
Japaneaidd, *a*, Japanese
   printiau Japaneaidd, *ell*, Japanese prints
jar, *eb*, *ll* -iau, jar
jargon, *eg*, jargon
jejwnwm, *eg*, *ll* jejwna, jejunum
jeli, *eg*, *ll* jelïau, jelly
jenni, *eg*, jenny
jenny, *eg*, oddlegs (jenny)
jermon, *eg*, *ll* jermyn, journeyman
jersi, *eb*, *ll* -s, jersey
jet, *eg*, *ll* -iau, jet
jeti, *eg*, *ll* jetïau, jetty
jetlif, *eg*, jet stream
jetsam, *eg*, jetsam

jig, *eg*, *ll* -iau, jig
jigio, *be*, jig
jig-so, *eg*, jigsaw
   pos jig-so, *eg*, jigsaw puzzle
   rhifau jig-so, *ell*, jigsaw numerals
jinc, *be*, jink
jins, *eg*, jeans
jip, *eg*, jeep
jiwt, *eg*, *ll* -iaid, jute
jobio, *be*, job
jobiwr, *eg*, *ll* -wyr, jobber
   elw'r jobiwr, *eg*, jobber's turn
joter, *eg*, *ll* -i, jotter
Juncus, *eg*, Juncus
jwg grefi, *eg*, gravy boat
jwg saws, *eg*, sauce boat
jwmper, *eb*, *ll* -i, jumper
jwncet, *eg*, *ll* -au, -i, junket
Jwrasig, *a*, Jurassic
jwrnal, *eg*, *ll* -au, journal
jyngl, *eb*, *ll* -oedd, jungle

K

kilocalori, *eg*, *ll* -ïau, kilocalorie
kilogram (kgm.), *eg*, *ll* -au, kilogram
kilometr (km.), *eg*, *ll* -au, kilometre
kiloseicl, *eg*, *ll* -au, kilocycle
kilowat, *eg*, *ll* -au, kilowatt

L

label, *eb, ll* -i, label
labelu, *be,* label
labiwm, *eg, ll* labia, labium
labordy, *eg, ll* labordai, laboratory
   labordy iaith, language laboratory
labrwm, *eg, ll* labra, labrum
labyrinth, *eg, ll* -au, labyrinth
   labyrinth y glust, membranous labyrinth
lacolith, *eg, ll* -au, laccolith
lacr, *eg, ll* -au, lacquer
lacro, *be,* lacquer
lactas, *eg,* lactase
lactealau, *ell,* lacteals
lactig, *a,* lactic
lactogenig, *a,* lactogenic
lactos, *eg,* lactose
lacwnaria, *ell,* lacunaria
laefwlos, *eg,* laevulos
lafa, *eg, ll* lafâu, lava
   côn lafa, *eg,* lava cone
   golif lafa, *eg,* lava outflow
   lafa clustog, pillow lava
   llif lafa, *eg,* lava flow
lag a led, *eg,* lag and lead
lagio a ledio, *be,* lag and lead
lagŵn, *egb,* lagoon
Lamarckiaeth, *eb,* Lamarckism
lamela, *eg, ll* lamelae, lamella
   lamela canol, middle lamella
lamina, *eg, ll* laminae, lamina
laminadu, *be,* laminate
laminaidd, *a,* laminar
laminedig, *a,* laminated
laminiad, *eg, ll* -au, lamination
laminitis, *eg,* laminitis
lamp, *eb, ll* -au, lamp
   lamp ddeifio, singeing lamp
lamplen, *eb, ll* -ni, lampshade
landret, *eg,* laundrette
landri, *eg,* laundry
landrofer, *eb, ll* -au, -i, land-rover
lans, *eg, ll* -ys, launch
lanset, *eg, ll* -au, lancet
   bwa lanset, *eg,* lancet arch
lansio, *be,* launch
lap, *eg, ll* -iau, lap

laped, *eb, ll* -i, lapel
lapili, *ell,* lapilli
lapio, *be,* lap
lapolith, *eg, ll* -iau, lapolith
lard, *eg, ll* -iau, lard
larder, *eg, ll* -au, larder
lardfa, *eb, ll* lardfeydd, larder
lardio, *be,* lard
larfa, *eg, ll* larfae, larva
larfal, *a,* larval
laryngitis, *eg,* laryngitis
laryncs, *eg, ll* -au, larynx
laser, *eg, ll* -au, laser
lasio, *be,* lace
   cerdyn lasio, *eg,* lacing card
   darnau lasio, *ell,* lacing strips
lastig, *eg, ll* -au, elastic
latecs, *eg, ll* -au, latex
latereiddiedig, *a,* laterised
latereiddio, *eg,* laterisation
laterit, *eg, ll* -au, laterite
lateritig, *a,* lateritic
latiffwndia, *ell,* latifundia
latis, *eg, ll* -iau, -au, lattice
latsen, *eb, ll* lats, latsenni, lath
latws-rectwm, *eg,* latus-rectum
latholith, *eg, ll* -au, latholith
lawn, *eg,* lawn
lawnt, *eg,* lawn
ledjer, *eg, ll* -i, ledger
lefant, *eg, ll* -au, levant
lefel, *a,* level; *eb, ll* -au, level
   lefelau gwahan, split-levels
   lefel trwythiad, water table
   lefel wirod, spirit level
lefelu, *be,* level
lefi, *eg,* levy
   lefi gwelliant, betterment levy
legad, *eg, ll* -au, legate
legwm, *eg, ll* -au, legume
legwmaidd, *a,* leguminous
leim, *eg, ll* -iau, lime
   sudd leim, *eg,* lime juice
lein, *eb, ll* -iau, line; line-out (*Ch*)
   lein canoli, centre-line
   lein ddillad, clothes line
   lein fach, miniature railway

lein fach gul, narrow gauge
    railway
lein gosodiad, setting line
lein grog, spot line
lein hac, scoring line
lein halio, brail-line
lein waith, working line
lein weld, sight-line
lein weld lorwedd, horizontal
    line of sight
lein weld unionsyth, vertical line
    of sight
leiner, eg, ll -au, -i, liner
    trên leiner, eg, liner train
leinin, eg, ll -au, lining
leinin cudd, interlining
leinio, be, form a line out
leino, eg, ll -au, lino
    bloc leino, eg, linoleum block
    cyllell leino, eb, lino knife
    torlun leino, eg, lino cut
    torrell leino, eb, lino cutter
leitmotif, eg, leitmotiv
lema, eg, ll lemata, lemma
lemon, egb, ll -au, lemon
    gwasgell lemon, eb, lemon
    squeezer
lemwn, egb, ll -au, lemon
leno, eg, ll -au, leno
lens, egb, ll -ys, lens
    lens blaen, objective lens
    lens cydgyfeiriol, convex lens
    lens dargyfeiriol, concave lens
lenticel, eg, ll -au, lenticel
lenticwlar, a, lenticular
lentil, eb, lentil
leptoceffalws, eg, leptocephalus
leptocwrtig, a, leptokurtic
leptotên, a, leptotene
les, eg, ll -i, lace; eb, ll -i, lease
    gleinwaith les, eg, lace beading
    les ffliwt, fluted lace
    llenni les, ell, lace curtains
    mewniad les, eg, lace insertion
lesbiad, eb, ll lesbiaid, lesbian
lesbiaeth, eb, lesbianism
let, eg, ll -iau, let
letysen, eb, ll letys, lettuce
lewcocyt, eg, ll -au, leucocyte
lewcoplast, eg, ll -au, leucoplast
liana, eg, ll liana, liana
libart, eg, ll -au, liberty; run

libido, eg, libido
libreto, eb, ll -s, libretto
Lichenes, ell, Lichenes
lid, eg, ll -iau, lead
lido, eg, ll -au, lido
lien, eg, ll -i, lien
liern, eg, ll -au, lierne
lifer, eg, ll -i, lever
    llif ffret lifer, eb, lever frame
    fretsaw
lifrai, eg, livery
lifft, eb, ll -iau, lift
llfftenant, eg, ll -iaid, lieutenant
lignedig, a, lignified
lignid, eg, lignite
lignin, eg, lignin
lignit, eg, ll -iau, lignite
ligwl, eg, ll -au, ligule
lingri, eg, ll lingrïau, lingerie
linc, eb, link
lindysyn, eg, ll lindys, caterpillar
liniment, eg, ll -iau, liniment
linolewm, eg, ll -au, linoleum
lintel, eg, ll -au, -i, lintel
linter, eb, ll -au, -i, lintel
lipas, eg, ll -au, lipase
lipoid, eg, ll -au, lipoid
lipoma, eg, ll -ta, -u, lipoma
lipstic, eg, lipstick
lisb, eg, lisp
listaf, eg, ll -au, lystave
litmws, eg, litmus
litr, eg, ll -au, litre
litharg, eg, litharge
litholeg, eb, lithology
lithoser, eg, lithosere
lithosffer, eg, ll -au, lithosphere
lithosol, eg, ll -au, lithosol
liwt, egb, ll -iau, lute
lob, eg, ll -iau, lob
lobio, be, lob
lobsgows, eg, lobscouse
lobwlen, eb, ll -ni, lobule
loc, eb, ll -iau, lock
locer, eg, ll -i, locker
locomotif, eg, ll -s, -au, locomotive
locsodrom, eg, ll -au, loxodrome
locwm, eg, ll loci, locum
locws, eg, ll loci, locus
loch, eg, ll -au, loch
lodicwl, eg, ll -au, lodicule
lodj, eg, ll -iau, lodge

loés, *eg*, loess
log, *eg*, *ll* -iau, log
  llyfr log, *eg*, log book
  tagiant logiau, *eg*, log jam
loganau, *ell*, loganberries
logarithm, *eg*, *ll* -au, logarithm
logia, *eg*, *ll* logiâu, loggia
lolfa, *eb*, *ll* lolfeydd, lounge
  lolfa'r actorion, green room
lôm, *eg*, *ll* lomau, loam
lôn, *eb*, *ll* lonydd, lane
  lôn goed, avenue
lopolith, *eg*, *ll* -au, lopolith
lorri-danc, *eb*, tanker
lorri-gwch, *eb*, amphibious vehicle
losin, *eg*, *ll* -iau, lozenge
  grafell losin, *eb*, lozenge graver
lot a sgot, lot and scot
lotment, *eg*, *ll* -au, allotment
lwcs, *eg*, lux
lwch, *eg*, lough
lwfans, *eg*, *ll* -ys, allowance
  lwfans adloniant, entertainment allowance
  lwfans colli iechyd, break down allowance
  lwfans croesawu, entertainment allowance
  lwfans cychwynnol, initial allowance
  lwfans cynnal, subsistence allowance
  lwfans milltiredd, mileage allowance
  lwfansys teulu, family allowances
lwfer, *eg*, *ll* -au, hood; louvre
lwmen, *eg*, *ll* lwmina, lumen
lŵn, *eg*, *ll* lynau, lune
lwnwla, *eg*, *ll* lwnwlâu, lunula
lwrecs, *eg*, lurex
lwsern, *eg*, *ll* -au, lucerne
lwteal, *a*, luteal
lwyn, *egb*, *ll* -au, loin
  lwyn drwch, chump end of loin
  lwyn flaen, fore loin
lymber, *eg*, *ll* -au, lumber
lymbera, *be*, lumber
lymberjac, *eg*, *ll* -iaid, lumberjack
lymff, *eg*, lymph
lymffangitis, *eg*, lymphangitis

LL

llabed, *eb*, *ll* -au, lobe; label
llabeden, *eb*, *ll* -nau, lobule
llabedi, *ell*, revers
llabedig, *a*, labelled
llabedog, *a*, lobed
llabedu, *be*, label
llabedyn, *eg*, *ll* llabedi, label
llac, *a*, slack; *eg*, *ll* -iau, slack
  yn llaes ac yn llac, *a*, relaxed
llacio, *be*, slacken; relax
llacrwydd, *eg*, slack
llacharedd, *eg*, *ll* -au, glare
lladmera, *be*, interpret
lladmeriad, *eg*, *ll* -au, interpretation
lladmerwr, *eg*, *ll* -wyr, interpreter
lladrad, *eg*, *ll* -au, robbery;
  plagiarism, (*lit.*); larceny
lladrata, *be*, steal
  lladrata (person), *be*, kidnap
lladd, *be*, kill; slay
lladd-dy, *eg*, abattoir
llaesu, *be*, lengthen; relax
llaeth, *a*, dairy; *eg*, *ll* -au, milk
  cartonau llaeth, *ell*, milk cartons
  cynhyrchion llaeth, *ell*, dairy products
  ffarmio llaeth, *be*, dairy farming
  fflot laeth, *eb*, milk float
  llaeth anwedd, evaporated milk
  llaeth anweddog, evaporated milk
  llaeth ardyst, tuberculin tested milk
  llaeth cyddwys, condensed milk
  llaeth enwyn, butter milk

LLAETHA — LLAWESIAD

llaeth maidd, junket
llaeth powdr, dried milk
llaeth sgim, skim milk
llaeth sych, dried milk
llaetha, *be,* lactate
llaethdy, *eg, ll* **llaethdai,** dairy
llaetheg, *eb,* dairying
llaethiad, *eg, ll* **-au,** lactation
llaethog, *a,* milky
  paent llaethog, *eg,* emulsion paint
llaethyddiaeth, *eb, ll* **-au,** dairying
llafar, *a,* parol; *eg,* speech
llafn, *eg, ll* **-au,** blade; lamina
  cymryd y llafn, *be,* take the blade
  llafn y ddeilen, leaf blade
llafnedig, *a,* laminated
llafniad, *eg, ll* **-au,** lamination
llafnu, *be,* shear
llafur, *eg, ll* **-iau,** labour
  bwrdd llafur, *eg,* labour board
  Cyngres yr Undebau Llafur, *eb,* Trade Union Congress (T.U.C.)
  cysylltiadau llafur, *ell,* labour relations
  Plaid Lafur, *eb,* Labour Party
  undeb llafur, *eg,* trade union
  undebwr llafur, *eg,* trade unionist
llafurlu, *eg, ll* **-oedd,** labour force; workforce; manpower
llain, *eb, ll* **lleiniau,** strip; fillet
  llain driniad, strip cultivation
  llain ddaliad, strip holding
  llain glanio, landing strip
  lleiniau cytal, runrig; rundale
llais, *eg, ll* **lleisiau,** voice
llaith, *a,* moist; damp; humid
llam, *eg, ll* **-au,** bound; leap
  llam llyffant, leap frog
llamhidydd, *eg, ll* **-ion,** porpoise; acrobat
llamu, *be,* bound; leap
llannerch, *eb, ll* **llennyrch,** clearing
llano, *eg, ll* **-au,** llano
llanw, *eg, ll* **-au,** tide; filling
  cerrynt llanw, *eg,* tidal current
  dau lanw, double tide
  lagŵn llanw, *egb,* tidal lagoon
  llanw Groegaidd, Greek filling
  pen llanw, high tide
llanwad, *eg, ll* **-au,** filler; screen filler
llanwydd, *eg, ll* **-ion,** filler

llaped, *eb, ll* **-i,** lapel
llariaidd, *a,* docile
llarieidd-dra, *eg,* docility
llarwydden, *eb, ll* **llarwydd,** larch
llath, *eb, ll* **-au,** yard
  wrth y llath, per yard
llathaid, *eb, ll* **llatheidiau,** yard
llathen, *eb, ll* **-ni,** yardstick; yard
llathffon, *eb, ll* **llathffyn,** yardstick
llathraidd, *a,* glossy
llathredd, *eg,* polish; glare
  llathredd cŵyr, wax polish (shine)
  llathredd Ffrengig, French polish
llathru, *be,* polish
llathruddo, *be,* kidnap; abduct
llathrydd, *eg, ll* **-ion,** polish
  llathrydd cŵyr, wax polish (material)
llau defaid, keds
llaw, *eb, ll* **dwylo,** hand
  codi llaw, *be,* show of hands
  hwp llaw, hands off (*Th*)
  llaw gyntaf, first hand
llawchwith, *a,* left-handed
llawchwithedd, *eg,* left-handedness
llawdrin, *be,* manipulate
llawdueddiad, *eg, ll* **-au,** handedness
llaw-dde, *a,* right handed
llawddeheu, *a,* right-handed
llawddeheuedd, *eg,* right-handedness
llawenydd, *eg,* joy
llaweredd, *eg,* abundance
llawes, *eb, ll* **llewys,** sleeve
  band llawes, *eg,* wristband
  bwrdd llawes, *eg,* sleeve board
  gosod llawes, *be,* set in a sleeve
  hyd y llawes, *eg,* sleeve length
  llawes coes dafad, leg of mutton sleeve
  llawes dolman, dolman sleeve
  llawes dri-chwarter, three-quarter sleeve
  llawes esgob, bishop sleeve
  llawes fer, short sleeve
  llawes gap, cap sleeve
  llawes goch, vagina
  llawes magyar, magyar sleeve
  llawes osod, set-in sleeve
  llawes raglan, raglan sleeve
  twll llawes, *eg,* armhole
llawesiad, *eg, ll* **-au,** intussusception

llawfer, *eg*, shorthand
llawfom, *eb*, *ll* -iau, grenade
llawio, *be*, handle
llawlif, *eb*, *ll* -iau, hand saw
llawnder, *eg*, fullness
   atrefnu'r llawnder, *be*, dispose of fullness
llawr, *eg*, *ll* **lloriau**, floor; storey
   ar lawr, à terre
   arwynebedd llawr, *eg*, floor space
   i lawr, *ad*, downward
   i lawr ac i'r ochr, *ad*, downward-sideways
   llawr cyntaf, first floor
   llawr daear, ground floor
   llawr is-ddaear, lower floor
   llawr llofft, upstairs floor
   llawr sglefrio, rink floor
   llawr y neuadd, auditorium
llawr-res, *eb*, *ll* -i, groundrow
llawr-sgleiniwr, *eg*, floor polisher
llawr-sgleinydd, *eg*, floor polisher
llawryfen, *eb*, *ll* **llawryf(oedd)**, laurel
llawsafiad, *eg*, *ll* -au, handstand
llawsefyll, *be*, handstand
llawysgrif, *eb*, *ll* -au, manuscript
llawysgrifen, *eb*, *ll* -iadau, handwriting
lle, *eg*, *ll* -oedd, place; accommodation
   lle arbennig, special place
   lle drws, door space
   lle gwag, vacancy
   lle rhydd, free place
llecyn, *eg*, *ll* -nau, place
llech, *eb*, *ll* -au, rickets
llechen, *eb*, *ll* **llechi**, slate
llechfaen, *eg*, bakestone
llechfeddiannu, *be*, encroach
llechfeddiant, *eg*, *ll* **llechfeddiannau**, encroachment
llechres, *eb*, *ll* -i, inventory
llechwedd, *eg*, *ll* -au, -i, slope
   llechwedd sgarp, scarp slope
   tor llechwedd, *eg*, break of slope
llechweddu, *be*, slope
lled, *eg*, *ll* -au, breadth; width; beam (*Ch*); gauge
   lled llwyfan, stage width
lledaeniad, *eg*, *ll* -au, propagation
lledaenu, *be*, propagate

lledamcan, *eg*, *ll* -ion, approximation
lledamcanu, *be*, approximate
lledathraidd, *a*, semi-permeable
lled-ddargludydd, *eg*, semi-conductor
lled-ddiffeithwch, *eg*, semi-desert
lleddfoliad, *eg*, sedation
   dan leddfoliad, under sedation
lleddfolyn, *eg*, *ll* **lleddfolion**, sedative
lleden, *eb*, *ll* **lledod**, plaice
   lleden chwithig, sole
   lleden Dover, Dover sole
   lleden lemon, lemon sole
lledferwi, *be*, part boil
lledgrefftwr, *eg*, *ll* -wyr, semi-skilled craftsman
lled-haniaethol, *a*, semi-abstract; near abstract
lled-hanner-cwafer, *eg*, demi-semiquaver
lled-hufen, *eg*, half cream
llednant, *eb*, *ll* **llednentydd**, tributary; affluent
   llednant glan dde, right bank tributary
lledr, *eg*, *ll* -au, leather
lledred, *eg*, *ll* -au, -ion, latitude
   lledredau'r meirch, horse latitudes
   lledred canol, mid-latitude
   lledred isel, low latitude
lledu, *be*, fluff out; spread
lledwastad, *eg*, *ll* -eddau, peneplain
   lledwastad canol, middle peneplain
   lledwastad isel, low peneplain
lledwastadiad, *eg*, *ll* -au, peneplantation
llefareg, *eb*, speech training
llefaru, *be*, speak
Llefarydd (Y), *eg*, The Speaker
lleferydd, *egb*, speech
   diffyg lleferydd, *eg*, speech defect
   therapydd lleferydd, *eg*, speech therapist
llefrith, *eg*, milk
llefrithen, *eb*, sty
lleiaf, *a*, minor
lleiafrif, *eg*, minority
   daliad lleiafrif, *eg*, minority holding

lleidr, *eg, ll* lladron, thief; bandit
lleidr unfraich, one-armed bandit
lleidlif, *eg, ll* -ogydd, mudflow
lleihad, *eg,* decrease; diminution; diminution in fugue
lleihad trwodd a thro, overall decrease
lleihaol, *a,* decreasing
lleihau, *be,* decrease; diminish; reduce
lleihau'r gosb, remission of sentence
lleinasiad, *eg, ll* -au, fillet weld
lleinasio, *be,* fillet weld
lleiniog, *a,* filleted
lleisw, *eg,* urine
lleithan, *eg,* roe (soft)
lleithder, *eg, ll* -au, humidity; damp
cwrs lleithder, *eg,* damp course
lleithder absolwt, absolute humidity
lleithder cymharol, relative humidity
lleithedd, *eg, ll* -au, moisture
cynnwys lleithedd, *eg,* moisture content
lleithio, *be,* damp
llen, *eb, ll* -ni, curtain; sheet
dwyn y llen, *be,* cop the curtain
llen araf, slow curtain
llen blyg, festoon curtain; swag curtain
llen dablo, tableau curtain; tabs
llen dân, safety curtain; asbestos
llen dda, good curtain
llen ddirwyn, roller curtain
llen flaen, front curtain
llen gardd, garden-cloth
llen gwymp, drop curtain; the drop; act drop
llen hysbyseb, advertisement curtain
llen leoliad, positions for curtain
llenni Ffrengig, French curtains
llenni traws, traverse curtains
llen olaf, final curtain
llen sydyn, quick curtain
llen treigl amser, lapse of time curtain
llen-alwad, *eb, ll* -au, curtain call
llencyndod, *eg,* adolescence
llencynnol, *a,* adolescent
llenfetel, *eg, ll* -au, sheet metal
gwaith llenfetel, *eg,* sheet metalwork
llen-fiwsig, *eg,* curtain music
llengig, *eg, ll* -oedd, diaphragm
llên gwerin, *eb,* folk lore
llen-hoffwr, *eg, ll* -wyr, curtain taker
llenladrad, *eg, ll* -au, plagiarism
llenwad, *eg, ll* -au, fill; filling
llenwad dyffryn, valley fill
llenwi, *be,* fill
llenwydd, *eg, ll* -ion, filler; screen filler
llenwyn, *eg, ll* -nau, filling
lleol, *a,* local
lleolaeth, *eb, ll* -au, distribution
lleolbwynt, *eg, ll* -iau, origin
lleoledig, *a,* localized
lleoli, *be,* place; locate; deploy
lleoliad, *eg, ll* -au, location; position; setting
llepio, *be,* lap
lles, *eg,* benefit; advantage
gwladwriaeth les, welfare state
lles mamau a phlant, maternity and child welfare
llesmair, *eg, ll* llesmeiriau, syncope
llestair, *eg, ll* llesteiriau, hazard
llestair ochrol, lateral hazard
llesteiriant, *eg, ll* llesteiriannau, frustration
llestr, *eg, ll* -i, vessel
llestri gweini, serving dishes
llestri pridd, earthenware
llestri tas, nesting pots
llestr niwl, cloud chamber
lletem, *eb, ll* -au, wedge
lletem llwyfan, raked piece
lletemu, *be,* wedge
lletraws, *a,* oblique; diagonal; *eb,* diagonal
ar letraws, *a,* askew
gweddlun lletraws, *eg,* oblique view
tafluniad lletraws, *eg,* oblique projection
trychiad lletraws, *eg,* oblique section
lletrawsedd, *eg,* obliquity
ongl lletrawsedd, *eb,* angle of obliquity

lletwad, *eb, ll* -au, ladle
llety, *eg, ll* -au, lodgings
  llety cyffredin, common lodging-house
llethr, *eb, ll* -au, -i, slope; incline
  llethr amgrwm, convex slope
  llethr esmwyth, gentle slope
  llethr esmwythgrwm, gently rounded slope
  llethr geugrwm, concave slope
  llethr giliol, waning slope
  llethr gynyddol, waxing slope
  llethr gyson, constant slope
  llethr rydd, free slope
  llethr serth, steep slope
  llethr slip, slip-off slope
llethu, *be*, crush
lleuad, *eb, ll* -au, moon
  blaen lleuad, *eg*, moon-wax
  ciliad lleuad, *eg*, moon-wane
  cynnydd lleuad, *eg*, moon-wax
  chwarter lleuad, *eg*, quarter moon
  encil y lleuad, *eg*, moon-wane
  gweddau'r lleuad, *ell*, phases of moon
  hanner lleuad, half moon
  lleuad amgrwm, gibbous moon
  lleuad ar ei chil, moon-wane
  lleuad ar ei chynnydd, moon-wax
  lleuad fedi, harvest moon
  lleuad gilgant, crescent moon
  lleuad hela, hunter's moon
  lleuad lawn, full moon
  lleuad naw nos olau, harvest moon
  lleuad newydd, new moon
  lleuad yn ei gwendid, moon-wane
  mudiant ymddangosiadol y lleuad, apparent motion of the moon
lleugylch, *eg, ll* -au, -oedd, aureole; halo; nimbus
lleurith, *eg, ll* -iau, mirage
llewychiant, *eg, ll* **llewychiannau**, luminosity
llewychol, *a*, luminous
llewyrch, *eg*, gleam; brightness; lustre
  llewyrch daear, earthshine
lleyg, *a*, lay
  brawd lleyg, *eg*, lay brother
  y gŵyr lleyg, laity
lleygwr, *eg, ll* -wyr, layman

lliain, *eg, ll* **llieiniau**, linen; cloth
  basged llieiniau, *eb*, linen basket
  bin llieiniau, *eg*, linen bin
  bras liain, *eg*, linen crash
  brodwaith ar liain, *eg*, linen embroideries
  cwpwrdd llieiniau, *eg*, linen cupboard
  lliain Americanaidd, American cloth
  lliain bord, tablecloth
  lliain bwrdd, tablecloth
  lliain hambwrdd, traycloth
  lliain llestri, teacloth
  lliain llyfrau, bookcloth
  lliain main, fine linen
  lliain meinwe, gauze cloth
  lliain nenfwd, ceiling cloth; ceiling-piece
  lliain sgrim, linen scrim
  lliain smwddio, press cloth
  lliain tŷ, household linen
  llieiniau bwrdd, table linen
  plyg lliain, *eg*, linen fold
  twil lliain, *eg*, linen twill
llid, *eg*, inflammation
  llid falfau'r galon, endocarditis
  llid llafniog, laminitis
  llid yr afu, hepatitis
  llid yr amrant, conjunctivitis
  llid yr arennau, nephritis
  llid yr asgwrn, osteomyelitis
  llid y bledren, cystitis
  llid y coluddion, colitis
  llid y coluddyn ôl, proctitis
  llid y cylla (stumog), gastritis
  llid y famog, endometritis; metritis
  llid y ffedog, peritonitis
  llid y genau, stomatitis
  llid y glust, otitis
  llid y gwythiennau, phlebitis
  llid yr isgroen, cellulitis
  llid y llwnc, pharyngitis
  llid y pibau lymff, lymphangitis
  llid y rectwm, proctitis
  llid y rhedwelïau, arteritis
  llid yr ymennydd, encephalitis
  llid yr ysgyfaint, pneumonia
llidiart, *eb, ll* **llidiardau**, gate
llieinblyg, *eg, ll* -ion, linen fold

llif, *eg, ll* -ogydd, flow; *eb, ll,* -iau, saw
  blawd llif, *eg,* sawdust
  codi trwch ar lif, *be,* saw setting
  cylchlif, band saw
  gosod lif, *be,* saw setting
  haclif, hack saw
  herclif, jig saw
  llawlif, hand saw
  llif anabatig, anabatic flow
  llif banel, panel saw
  llif daear, earth flow
  llif dwll clo, pad saw
  llif dyno, tenon saw
  llif dyno fach, dovetail saw
  llif ddeffdal, dovetail saw
  llif fetel, hack saw
  llif fwa, bow saw
  llif fwa fach, coping saw
  llif ffret, fretsaw
  llif gron, circular saw
  llif gwmpas, compass saw
  llif lem, sheet saw
  llif lafnol, laminar flow
  llif llilin, streamline flow
  llif llinol, linear saw
  llif rwyllo, piercing saw
  llif slitio, slitting saw
  llif terfysgol, turbulent flow
  llif twll clo, key hole saw
  llwch llif, *eg,* sawdust
  patrwm llif, *eg,* flow pattern
  rhiplif, rip saw
  trawslif, cross cut saw
llifanu, *be,* grind
  maen llifanu, *eg,* grindstone
  olwynion llifanu, *ell,* grinding wheels
  past llifanu, *eg,* grinding paste
llifdaflen, *eb, ll* -ni, flow-sheet
llifdoriad, *eg, ll* -au, kerf
llifddol, *eb, ll* -ydd, water meadow
llifddwr, *eg, ll* llifddyfroedd, flood water
llifedig, *a,* dyed
llifedd, *eg,* fluidity
llifeiriant, *eg, ll* llifeiriaint, flood
llifglawdd, *eg, ll* llifgloddiau, levee
llifiad, *eg, ll* -au, saw cut
  llifiad drwodd, through saw cut
llifio, *be,* saw
  bwrdd llifio, *eg,* sawing board
  dulliau llifio, *ell,* sawing methods
  melin lifio, *eb,* sawmill
llifiwr, *eg, ll* -wyr, sawyer
llifo, *be,* flow; grind; dye
  maen llifo, *eg,* grindstone
  onglau llifo, *ell,* grinding angles
llifol, *a,* fluid
llifolau, *eg,* floodlight (*Th*)
  llifolau esgyll, wing floods
llifoleuo, *be,* floodlight
llifosod, *be,* saw setting
llifwaddod, *eg, ll* -ion, alluvium
  bwa llifwaddod, *eg,* alluvial fan
  dyddodion llifwaddod, *ell,* alluvial deposits
  gwastatir llifwaddod, *eg,* alluvial plain
llifwaddodol, *a,* alluvial
llifwelyo, *be,* current bedding
llifydd, *eg, ll* -ion, fluid
llifyddol, *a,* fluid
llifyn, *eg, ll* llifion, dye
  llifyn anniflan, fast dye
  llifyn cadarn, fast dye
  llifyn ffabrig, fabric dye
  llifyn fflwrolau, fluorescent dye
  llifyn llac, loose dye
llilin, *a,* streamline
lliliniad, *eg, ll* -au, streamlining
llilinio, *be,* streamline
llin, *eg,* flax
  edau lin, *eb,* linen thread
  llin ganol, *eb,* median
llinach, *eb,* lineage
  llinach bur, pure line
llindoriad, *eg, ll* -au, sketch section
llinell, *eb, ll* -au, line
  llinell adeiladwaith, construction line
  llinell a golchiad, line and wash
  llinell agoriadol, opening line
  llinell atchwel, line of regression
  llinell bar, bar-line
  llinell blwm, vertical line; plumb line; perpendicular line; vertical line of sight
  llinell bumlath, five yard line
  llinell darddiad, spring line
  llinell datwm, datum line
  llinell derfyn, boundary line; dead ball line

llinell doredig, broken line
llinell dorri, break line
llinell drychu, sectional line
llinell ddiflannol, vanishing line
llinell ddimensiwn, dimension line
llinell ddotiau, dotted line
llinell ddyfnder, depth line
llinell eira, snow-line
llinell estyn, ledger line
llinell fas, base line
llinell fertigol, vertical line
llinell ganol, centre line; halfway line
llinell gôl, goal line
llinell grom, curved line
llinell gudd, hidden line
llinell gwymp, fall line
llinell gyfanomalus, isanomalous line
llinell gyfuchder, contour line
llinell hyrddwynt, squall line
llinell isel, low line
llinell lorwedd, horizontal line
llinell manylion cudd, phantom line; hidden detail line
llinell mynd, exit line
llinell newid, alteration line
llinell ochr, side line
llinell orwel, eye level
llinell seithllath, seven yard line
llinell serfio, serving line
llinell serfio ganol, centre serving line
llinell uchel, high line
llinell y plyg, fold line
llinell ystlys, touch line
llinellen, *eb, ll* -au, liner
llinelliad, *eg, ll* -au, alignment
llinellog, *a,* ruled
llinellu, *be,* line
llinellwr, *eg, ll* -wyr, linesman
llinfap, *eg, ll* -iau, sketch map
llin-gwrs, *eg, ll* -gyrsiau, string course
lliniarol, *a,* palliative
 ystyriaethau **lliniarol,** *ell,* mitigating circumstances
lliniaru, *be,* mitigate
lliniarydd, *eg, ll* -ion, palliative
lliniogi, *be,* hatch
 croes **liniogi,** cross hatch

llinol, *a,* linear
 cyfansoddiad **llinol,** *eg,* linear composition
llinoryn, *eg,* pustule
llinyn, *eg, ll* -nau, cord; string
llinyn bogel, umbilical cord
llinyn ffidil, bosh line
llinyn mesur, tape measure
llinynnau llais, vocal cords
llinyn tynnu, drawstring
llipa, *a,* flaccid
llithiadur, *eg, ll* -on, lectionary
llithr, *eg, ll* -au, glide
llithrad, *eg, ll* -au, glide; slump
llithrad fferi, ferry glide
llithrad tir, slump of land
llithran, *be,* glide
llithredeg, *be,* skate
llithredwr, *eg, ll* -wyr, skater
llithredydd, *eg, ll* -ion, skate
llithren, *eb,* chute
llithren fach, nursery chute
llithren si-so, see-saw chute
llithriad, *eg, ll* -au, slur
llithriwl, *eg, ll* -iau, slide rule
llithrfa, *eb, ll* **llithrfeydd,** slipway
llithro, *be,* slide; glide; slump
lliw, *eg, ll* -iau, colour; colouring
 bwrw **lliw,** *be,* lose colour
 colli **lliw,** *be,* fade; lose colour
 gwahanfur **lliw,** *eg,* colour bar
lliw anniflan, fast colour
lliw cyflenwol, complementary colour
lliw dan wydredd, underglaze colour
lliw didraidd, body colour
lliw diflan, fugitive colour
lliw difywyd, inert colour
lliw enciliol, receding colour
lliw glas, blue
lliw gorgynnes, hot colour
lliw herodrol, heraldic colour
lliwiau pŵl, opaque colours
lliw pur, pure colour
lliw safadwy, fast colour
lliw sefydlog, permanent colour
lliw sy'n dal, fast colour
browniau, browns
coch Fenis, Venetian red
coch golau, light red
coch India, Indian red

ocr coch, red ochre
sienna llosg, burnt sienna
wmber crai, raw umber
wmber llosg, burnt umber
cochion, reds
carmin, carmine
ceirios, cerise
coch cadmiwm, cadmium red
fermiliwn, vermilion
llif rhuddgoch, crimson lake
llif sgarlad, scarlet lake
mader rhos, rose madder
mader sgarlad, scarlet madder
magenta, magenta
rhuddgoch, crimson
rhuddgoch alisarin, alizarin crimson
sgarlad cadmiwm, cadmium scarlet
duon a gwynion, blacks and whites
du ifori, ivory black
du lamp, lamp black
gwyn China, Chinese white
gwyn plwm, flake white
gwyn sinc, zinc white
gwyn titaniwm, titanium white
gleision a fioledau, blues and violets
cobalt, cobalt
dulas, ultramarine
fioled cobalt, cobalt violet
glas arhosol, permanent blue
glas newydd, new blue
glaswyrdd, turquoise blue
glas y nen, cerulean blue
glas Prwsia, Prussian blue
gwyrddlas, turquoise green
indigo, indigo
llif porffor alisarin, alizarin purple lake
llwyd Payne, Payne's blue
porffor golau, mauve
gwyrddion, greens
emrallt, emerald
firidian, viridian
gwyrdd alisarin, alizarin green
gwyrdd cobalt, cobalt green
gwyrdd crôm, chrome green
gwyrdd olewydd, olive green
melynion ac orenau, yellows and oranges

melyn cadmiwm canol, mid cadmium yellow
melyn cadmiwn dwfn, deep cadmium yellow
melyn cadmiwm golau, pale cadmium yellow
melyn crôm canol, mid chrome yellow
melyn crôm dwfn, deep chrome yellow
melyn crôm golau, pale chrome yellow
melyn lemon dwfn, deep lemon yellow
melyn lemon golau, pale lemon yellow
melyn Naples, Naples yellow
melyn Naples dwfn, deep Naples yellow
ocr melyn, yellow ochre
oren cadmiwm, cadmium orange
oren crôm, chrome orange
sienna crai, raw sienna
tint gamboge, gamboge tint
lliwddall, *a,* colour blind
lliwddallineb, *eg,* colour blindness
lliwgylch, *eg, ll* -oedd colour circle
lliwiad, *eg, ll* -au, colouring; coloration
cel liwiad, cryptic coloration
lliwiad rhybuddiol, warning coloration
lliwio, *be,* colour; dye
lliwur, *eg, ll* -au, dye
llo, *eg, ll* lloi, calf
llo benyw, heifer calf
lloc, *eg, ll* -iau, enclosure; lairage
lloc cadw, loafing yard
llocell, *eb,* locker
llodrau, *ell,* breeches
llodrau hosan, trunk hose
lloeren, *eb, ll* -nau, satellite
lloergryn, *eg, ll* -fâu, feydd, faoedd, moonquake
lloerigrwydd, *eg,* lunacy
llofnaid, *eb, ll* llofneidiau, vault
llofnaid ar led, astride vault
llofnaid ar led wysg y cefn, reverse astride vault
llofnaid blaidd, wolf vault
llofnaid ddeuglap, vault with double beat

llofnaid fwlch, through vault
llofnaid gadwynol, combined vault
llofnaid gefn, back vault
llofnaid glwyd, gate vault
llofnaid gylch, round vault
llofnaid gysylltiol, combined vault
llofnaid hir, horizontal vault
llofnaid lleidr, thief vault
llofnaid milwr, vault with foot assisting
llofnaid ochrol, side vault
llofnaid siswrn, scissors vault
llofnaid wellaif, running oblique back vault
llofnaid wyneb, face vault
llofnaid wysg y cefn, reverse horizontal astride vault
llofneidio, *be,* vault
llofnod, *eg, ll* **-au, -ion,** signature
llofnodi, *be,* sign; subscribe
llofnodwr, *eg, ll* **-wyr,** signatory
llofruddiaeth ddihenydd, *eb,* capital murder
llofft, *eb, ll* **-ydd,** upstairs
llofft ganol, mezzanine
llofft y gloch, belfry
llofft y grog, rood loft
llog, *eg, ll* **-au,** interest
cyfradd llog, *eg,* rate of interest
llog syml, simple interest
llong, *eb, ll* **-au,** ship
asiant llongau, *eg,* shipping agent
asiantaeth llongau, *eb,* shipping agency
cyweiriwr llongau, *eg,* ships chandler
iard llongau, *eb,* ship yard
llong garthu, dredger
llong hofran, hovercraft
llongiadu, *be,* ship
llongio, *be,* ship
llongiadwr, *eg, ll* **-wyr,** shipper
llonnod, *eg, ll* **llonodau,** sharp
llonydd, *a,* still
bywyd llonydd, *eg,* still life
pen llonydd, *eg,* tailstock
llordref, *eb, ll* **-i, -ydd,** downtown
llorfudiad, *eg, ll* **-au,** advection
llorfudo, *be,* advect
llorfudol, *a,* advective
llorgynllun, *eg, ll* **-iau,** ground plan

llorio, *be,* floor
llorio'r bêl, ground the ball; touch down
llorrew, *eg, ll* **-ogydd,** groundfrost
llorwedd, *a,* horizontal; *eg, ll* **-au,** groundrow
cyfwerth llorwedd, *eg,* horizontal equivalent
llorwedd-dra, *eg,* horizontality
llorweddol, *a,* horizontal
naddu llorweddol, *be,* horizontal paring; horizontal chiselling
llosgach, *eg,* incest
llosgarnedd, *eb, ll* **-au,** agglomerate
llosg eira, chilblains
llosgfynydd, *eg, ll* **-oedd,** volcano
llosgi, *be,* burn
llosgliw, *a,* encaustic
llosgwrn, *eg, ll* **llosgyrnau,** coda
lludw, *eg,* ash
cynnwys lludw, *eg,* ash content
lludded, *eg,* fatigue
lludded acwstig, acoustic fatigue
lluddedig, *a,* exhausted
lluddiant, *eg, ll* **lluddiannau,** inhibition
llufadredd, *eg,* humification
llufadron (hwmws), *eg,* humus
llugaeron, *ell,* cranberries
lluman, *eg, ll* **-au,** standard; flag; pennant
lluman cornel, corner flag
lluman cychwyn, starting flag
llumanu, *be,* flag
llumanwr, *eg, ll* **-wyr,** ensign
llumanydd, *eg, ll* **-ion,** standard-bearer
llun, *eg, ll* **-iau,** picture
llun dyfrliw, watercolour
llun llonydd, still
Llundeiniwr, *eg, ll* **-wyr,** Londoner
lluned, *eb, ll* **-au,** lunette
lluniad, *eg, ll* **-au,** drawing; construction; structure
byw luniad, byw luniadu, life drawing
lluniad wrth raddfa, scale drawing
lluniadaeth, *eb, ll* **-au,** constructivism
lluniadu, *be,* draw
lluniadu cydosod, assembly drawing

lluniadu'r byw, life drawing
lluniadu wrth raddfa, draw to scale
lluniadur, lluniadwr, *eg,* drawer
lluniant, *eg, ll* **lluniannau,** alignment
llunio, *be,* draw; shape; construct
  bwrdd llunio, *eg,* drawing board
llun-recordydd, *eg, ll* **-recordwyr,** video-tape recorder
llunwedd, *eb, ll* **-au,** layout
lluosflwydd, *a,* perennial; *eg,* perennial
lluosfon, *a,* multi-based
lluosgell, *a,* multicellular
lluosi, *be,* multiply
lluosiad, *eg, ll* **-au,** multiplication
lluosliw, *a,* multichrome
lluosog, *a,* plural
lluosogi, *be,* multiply; duplicate
lluosogrwydd, *eg,* multiplicity
lluosogydd, *eg, ll* **-ion,** duplicator
lluosrif, *a,* multiple
lluoswerth, *a,* multi-valued; many-valued
lluoswm, *eg, ll* **lluosymau,** product
lluosydd, *eg, ll* **-ion,** multiplier
lluosyn, *eg, ll* **lluosion,** multiplicand
llus, *ell,* bilberries; whinberries
  llus broga, spawn
llusern, *eg, ll* **-au,** lantern
llusgiad, *eg, ll* **-au,** drag
llusgiant, *eg, ll* **llusgiannau,** drag
llusi, *ell,* bilberries
  llusi duon bach, whinberries
lluwchwynt, *eg, ll* **-oedd,** blizzard
lluyddu, *be,* mobilise
llw, *eg, ll* **-on,** oath
  gweinyddu llw, *be,* administer an oath
  llw ffyddlondeb, fealty
  tyngu llw, *be,* swear an oath
llwch, *eg, ll* **llychau,** dust; lough
  bwrdd llwch, *eg,* dust board
  cythraul llwch, *eg,* dust devil
  pan llwch, *eg,* dust pan
  powlen lwch, *eb,* dust bowl
  llwch llif, sawdust
  storm lwch, *eb,* dust storm
llwchblat, *eg, ll* **-iau,** ashtray
llwchgell, *eb, ll* **-oedd,** ashbox
llwg, *eg,* scurvy
llwnc, *eg, ll* **llynciau,** pharynx

llwtra, *eg,* slime
llwy, *eb, ll* **-au,** spoon
  llwy bren, wooden spoon
  llwy bwdin, dessert spoon
  llwy de, tea spoon
  llwy dyllog, perforated spoon
  llwy ford, table spoon
  llwy fwrdd, table spoon
  llwy gawl, soup spoon
llwyarn, *eb, ll* **llwyerni,** slice
llwybr, *eg, ll* **-au,** track; path; route
  llwybr ceffyl, bridleway
  llwybr cyhoeddus, public path
  llwybr march, bridleway
  llwybr troed, footpath
  llwybr tynnu, towing path
  llwybr ymudo, motor path
  Y Llwybr Llaethog, Milky Way
llwydni, *eg,* mould; mildew
llwydrew, *eg, ll* **-ogydd,** hoar frost
llwydyn, *eg,* grey matter
llwyddiant, *eg, ll* **llwyddiannau,** success
llwyfan, *egb, ll* **-nau,** stage
  cefn y llwyfan, *eg,* backstage
  cyfarwyddiadau'r llwyfan, *ell,* stage directions
  fyny-chwith-canol, up-left-centre
  fyny'r llwyfan, up-stage
  i lawr y grisiau, downstairs
  lawr-canol, down-centre
  lawr-de-canol, down-right-centre
  lawr llwyfan, downstage
  dylanwad cefn y llwyfan, *eg,* backstage influence
  dyn llwyfan, *eg,* stage hand
  llwyfan agored, open stage
  llwyfan barclod, apron stage
  llwyfan byw, live stage
  llwyfan cludadwy, fit-up stage
  llwyfan ffedog, apron stage
  llwyfan ffrâm pictiwr, picture frame stage
  llwyfan gwagle, space stage
  llwyfan llithr, sliding stage
  llwyfan ogwydd, raked stage
  llwyfan siswrn, scissors stage
  llwyfan troi, revolving stage
  llwyfan uchel, highboard
  llwyfan 600', 600' platform
  staff cefn y llwyfan, *eg,* backstage staff

llwyfandir, *eg, ll* **-oedd,** plateau
  llwyfandir llynnoedd, lake plateau
  llwyfandir uchel, high plateau
llwyfannu, *be,* stage
  llwyfannu symbolig, presentational (*Th*)
llwyfen, *eb, ll* **llwyf,** elm
llwyn, *eg, ll* **-i,** bush
llwyrdduwch (blacowt), *eg, ll* **-iau,** blackout
llwyrlanhau, *be,* purge
llwyth, *eg, ll* **-au,** tribe; burden; load; freight
llwythleiner, *eg, ll* **-au, -i,** freightliner
llwytho, *be,* charge
  llwytho ffwrnais, charge a furnace
llychlyd, *a,* dusty
Llychlyn, Scandinavia
Llychlynnwr, *eg, ll* **-wyr,** Viking
llydan, *a,* wide
llydan-ddeiliog, broad-leaved
llydanu, *be,* widen
llyfelyn, *eg, ll* **llyfelod,** sty
llyfn, *a,* smooth; even; stoss
  llyfn a sgithrog, stoss and ice
llyfnhau, *be,* smooth
llyfnochr, *eb, ll* **-au,** slickenside
llyfnu, *be,* smooth; level
llyfnwr, *eg, ll* **-wyr,** smoother
llyfr, *eg, ll* **-au,** book; manual
  llyfr amser, time book
  llyfr clwt, rag book
  llyfr coffr, cash book
  llyfr cyfarwyddyd, reference book
  llyfr cyfrifon, ledger
  llyfr cyffro, thriller
  llyfr ditectif, thriller
  llyfr lloffion, scrapbook
  llyfr manion, scrapbook
  llyfr offeren, missal
  llyfr rhaglen wasgar, scrambled programme book
  llyfr sgrap, scrapbook
  llyfr tywys, guide book
  llyfr ymgynghori, reference book
  pennell llyfrau, *eb, ll* **pennyll llyfrau,** book end
  silffoedd llyfrau, *ell,* book shelves
llyfrgell, *eb, ll* **-oedd,** library
  llyfrgell deithiol, mobile library
  llyfrgell gangen, branch library

llyfrifeg, *egb,* book-keeping
llyfrifo dwbl, *eg,* double entry
llyfrifwr, *eg,* book-keeper
llyffant y droed, plantar cushion
llyffantws, *eg,* blain
llyg, *a,* lay
llygad, *eg, ll* **llygaid,** eye
  blew y llygad, *ell,* eye lashes
  llygad croes, squint
  llygad cyfansawdd, compound eye
  llygad-sefydledd, eye fixation
  pelen y llygad, *eb,* eyeball
  soced y llygad, *eg,* eyesocket
  straen y llygad, *eg,* eyestrain
llygad y dydd, *eb,* daisy
  cadwyn llygad y dydd, *eb,* daisy chain
  dolen cadwyn llygad y dydd, *eb,* daisy chain link
llygaden, *eb, ll* **-nau,** eyelet
  tyllau llygaden, *ell,* eyelet holes
llynges, *eb, ll* **-au,** fleet
  llynges faddon, bath tub fleet
llyngesydd, *eg, ll* **-ion,** admiral
  dirprwy lyngesydd, rear-admiral
  is-lyngesydd, vice-admiral
llyngyren, *eb, ll* **llyngyr,** tapeworm; worm; helminth
  llyngyren afu, liver-fluke
  llyngyren lledog, flatworm
  llyngyren llysiau, eel worm
llym, *a,* acute
llymarch, *eg, ll* **llymeirch,** oyster
llyn, *eg, ll* **-oedd,** lake
  llyn cafnog, gouged-out lake;
  llyn creicafn, rock basin lake
  llyn chwerw, bitter lake
  llyn halen, salt lake
  llyn hirgul, ribbon lake
  llyn mynydd, tarn
  rhewlyn, glacial lake
llyncoes, *eg,* spavin
llynctwll, *eg, ll* **llyntyllau,** swallow hole
llyncu, *be,* swallow
  llyncu'r ddrama, eat the play
llynmeirch, *eg,* glanders
llynnol, *a,* lacustrine
llynol, *a,* contagious; by contact
llys, *egb, ll* **-oedd,** court
  diwrnod llys barn, *eg,* law day

Llys Adrannol Mainc y Frenhines, Divisional Court of Queen's Bench
llys brenhinol, royal court
Llys Ieuenctid, Juvenile Court
llys plant, juvenile court
llys prifysgol, university court
Llys y Goron, Crown Court
Llys Ynadon, Magistrates' Court
Y Llys Adrannol, Divisional Court
Y Llys ag Awdurdod Digonol, Court of Competent Jurisdiction
Y Llys Apêl, Appeal Court
Y Llys Canolog Troseddau, Central Criminal Court
Y Llys Chwarter, Quarter Sessions
Yr Uchel Lys, High Court
llysfwytawr, *eg, ll* **-wyr,** vegetarian
llysfwytawr caeth, strict vegetarian
llysgenhadaeth, *eb, ll* **llysgenadaethau,** embassy
llysgenhaty, *eg, ll* **llysgenhatai,** embassy
llysgennad (llysgenhadwr), *eg, ll* **llysgenhadon,** ambassador
llysiau, *ell,* vegetables
llysiau blas, herbs
llysieueg, *egb,* botany
llysieufa, *eb,* herbarium
llysieuol, *a,* herbacious
llysieuyn, *eg, ll* **llysiau,** plant; herb
llysieuyn dringo, climbing plant
llysieuyn troellog, twining plant
llysleiddiad, *eg, ll* **-au,** herbicide
llysnafedd, *eg, ll* **-au,** mucus; slime
llystyfiant, *eg, ll* **llystyfiannau,** vegetation
llystyfol, *a,* vegetative
atgynhyrchiad llystyfol, *eg,* vegetative reproduction
llysysol, *a,* herbivorous
llysysydd, *eg, ll* **-od,** herbivore
llysywen, *eb, ll* **llysywod,** eel
llythreniad, *eg, ll* **-au,** lettering
llythrennol, *a,* literal
llythrennu, *be,* lettering
llythyr, *eg, ll* **-au, -on,** letter
bocs llythyrau, *eg,* letter box
breinlythyrau, letters patent
llythyrau breinio, letters patent
llythyr cofrestredig, registered post
llythyr credyd, letter of credit
llythyr cyfar, covering letter
llythyr cymun, letter of administration
llythyr gweinyddu, letter of administration
llythyrau patent, letters patent
pennawd llythyr, *eg,* letter heading
post llythyrau, *eg,* letter post
rhac llythyrau, *eb,* letter rack
llythyrdwll, *eg, ll* **llythyrdyllau,** letter box
Llythyrdy, *eg, ll* **Llythyrdai,** Sub Post Office
llythyren, *eb, ll* **llythrennau,** letter
llythrennau bras, block letters
llythrennau ffitio, lock-in letters
pôs llythrennau, *eg,* letter game
prif lythrennau bloc, block capital letters
llythyrgerdyn, *eg, ll* **llythyrgardiau,** letter card
llyw, *eg, ll* **-iau,** rudder; steering wheel
rhaffau llyw, rudderlines
llywiad, *eg, ll* **-au,** steer
llywio, *be,* steer
llywiwr, *eg, ll* **-wyr,** helmsman
llywodraeth, *eb, ll* **-au,** government
llywodraeth leol, local government
llywodraeth ofalu, caretaker government
llywodraethiad, *eg, ll* **-au,** regency
llywodraethol, *a,* dominant
llywodraethwr, *eg, ll* **-wyr,** governor
Llywodraethwr Cyffredinol, Governor-general
llywydd, *eg,* dominant (*C*)
anghytgordiau sylfaenol y llywydd, *ell,* fundamental dominant discords
cord seithfed y llywydd, *eg,* chord of dominant seventh
seithfed y llywydd, *eg,* dominant seventh

M

maban, *eg, ll* -od, infant
  lles mabanod, *eg,* infant welfare
mabandod, *eb, ll* -au, infancy
mabanaidd, *a,* infantile
maboed, *eg,* childhood
mabolgampau, *ell,* sports
  mabolgampau bach, potted sports
mabolgampwr, *eg, ll* -wyr, athlete
macaroni, *eg,* macaroni
macrell, *eb, ll* mecryll, mackerel
macrocosm, *eg, ll* -au, macrocosm
macronwclews, *eg, ll* macronwclei, macronucleus
macrosgopig, *a,* macroscopic
macsila, *eg, ll* macsilae, maxilla
macsimwm (maximwm), *eg, ll* macsima, maximum
macwi, *eg, ll* -s, macwïau, maqui
macwla, *eg, ll* macwlae, macula
mach, *eg, ll* meichiau, surety
machicolad, *eg, ll* -au, machicolation
madarch, *eg, ll* -au, mushroom
madredd, *eg,* decomposition; gangrene
  madredd nwyog, gas-gangrene
madrigal, *eg, ll* -au, madrigal
madrondod, *eg,* vertigo
madru, *be,* decompose; fester
madruddyn, *eg,* marrow
maddeueb, *eb, ll* -au, indulgence
maen, *eg, ll* meini main, stone; bakestone
  grit maen melin, *eg,* millstone grit
  gwaith maen, *eg,* masonry
  maen copin, coping stone
  maen llifo, grindstone
  maen prawf, criterion
  meini dyfod, erratic blocks
  tâl maen, gable
maenordy, *eg, ll* maenordai, manor house
  maenordy caerog, fortified manor house
maentumiad, *eg,* submission of counsel
maer, *eg, ll* meiri, mayor; reeve

maes, *eg, ll* meysydd, field; universe; syllabus
maes awyr, air-field
maes eira, snowfield
maes llafur cytun, agreed syllabus
safle maes glas, *eg,* green field site
y maes agored, open field
y maes agos, infield
y maes pell, outfield
maesglaf, *eg, ll* maesgleifion, outpatient
maeslywydd, *eg, ll* -ion, fieldmarshal
maestir, *eg, ll* -oedd, plain
  maestir gwartheg, cattle range
maestref, *eb, ll* -i, -ydd, suburb
  y maestrefi, suburbia
maesu, *be,* field
maeswellt, *eg, ll* -ydd, bent grass
maeth, *eg, ll* -ion, nourishment; nutriment
  diffyg maeth, malnutrition
  heb ddigon o faeth, undernourished
maethiad, *eg, ll* -au, nutrition
maethlon, *a,* nutritious
maethlyn, *eg, ll* -nau, beverage
maethol, *a,* nutritive; nutrient
  ffurf faethol, *eb,* nutrient form
  gwerth maethol, *eg,* nutrient value
mafonen, *eb, ll* mafon, raspberry
maglys, *eg, ll* -iau, lucerne
magma, *eg, ll* magmata, magma
magnelaeth, *eb,* artillery
magnelwr, *eg, ll* -wyr, artilleryman
magnesiwm, *eg,* magnesium
magnet, *eg, ll* -au, magnet
magnetedd, *egb,* magnetism
  magnetedd daear, terrestial magnetism
magneteg (pwnc), *egb,* magnetism
magneteiddiad, *eg, ll* -au, magnetisation
magneteiddio, *be,* magnetise
magnetig, *a,* magnetic
  gogledd magnetig, *eg,* magnetic north
  maes magnetig, *eg,* magnetic field

magneto, *eg, ll* **-eon**, magneto
magnetomedr, *eg, ll* **-au**, magnetometer
magnetron, *eg, ll* **-au**, magnetron
magwraeth, *eb*, nurture
manganîs, *eg*, manganese
mangl, *eg, ll* **-au**, mangle
  mangl pren, wooden roller mangle
mango, *eg, ll* **-s, -au**, mango
mangrof, *eg, ll* **-au**, mangrove
  swamp mangrof, mangrove swamp
mahogani, *eg, ll* **mahoganïau**, mahogany
maidd, *eg*, whey
main, *a*, fine
mainc, *eb, ll* **meinciau**, bench
  bach mainc, *eg*, bench hook
  cafn mainc, *eg*, well of bench
  gwaith mainc, *eg*, benchwork
  mainc ffiord, fjord bench
  mainc gwaith coed, woodwork bench
  mainc rhwymo llyfrau, bookbinder bench
  mainc waith, work bench
  offer mainc, *ell*, bench tools
  ystlys mainc, *egb*, bench end
maint, *eg*, size; quantity
maintfesurydd, *eg, ll* **maintfesurwyr**, quantity surveyor
maintioli, *eg*, magnitude; stature
malais, *eg*, malice
  malais rhagfwriadol, malice aforethought
malaria, *eg*, malaria
  parasit malaria, *eg*, malaria parasite
maleisus, *a*, malicious
maleithiau, *ell*, chilblains
malews, *eg, ll* **malei**, malleus
Malpighi, Malpighi
  corffilyn Malpighi, *eg*, Malpighian body
  haen Malpighi, *eb*, Malpighian layer
Malpighiaidd, *a*, Malpighian
maltas, *eg, ll* **-au**, maltase
maltos, *eg, ll* **-au**, maltose
Malthwsiaeth, *eb*, Malthusianism
malu, *be*, mill; chop
  malu blawd, mill flour

maluriad (ymfaluriad), *eg, ll* **-au**, disintegration
malurio, *be*, crumble
malurion, *ell*, debris
malwen, *eb, ll* **malwod**, snail
  llwybr malwen, *eg*, snail trail
malwoden, *eb, ll* **malwod**, slug
mama, *eb, ll* **mamae**; mamma
mamal, *eg, ll* **-od, -iaid**, mammal
mamalaidd, *a*, mammalian
mam-doddiant, *eg*, mother-liquor
mamgraig, *eb, ll* **mamgreigiau**, parent rock
mamladdiad, *eg*, matricide
Mammalia, *ell*, Mammalia
mamog, *eb, ll* **-iaid, -ion**, ewe
mam yn disgwyl, *eb, ll* **mamau'n disgwyl**, expectant mother
mân, *a*, fine
  mân anhwylderau, *ell*, minor ailments
  pridd mân, *eg*, fine soil
manblu, *ell*, down
mân-blu, *ell*, down
man cychwyn, *eg*, starting place
man cyfarfod, *eg*, venue
mandad (mandat), *eg, ll* **-au**, mandate
mandadadol, *a*, mandatory
mandadedig, *a*, mandated
  tiriogaeth fandadedig, *eb*, mandated territory
mander, *eg, ll* **-au**, fineness
mandibl, *eg, ll* **-au**, mandible
mandrel, *eg, ll* **-au**, mandrel
  mandrel côn, sugar loaf mandrel
mandwll, *a*, porous; *eg, ll* **mandyllau**, pore
mandylledd, *eg, ll* **-au**, porosity
mandyllog, *a*, porous
manedd, *eg, ll* **-au**, fineness
maneg, *eb, ll* **menig**, glove
  cledr y faneg, *eb*, inside of glove
  maneg agored, open glove
  maneg atal cenhedlu, contraceptive sheath
  sawdl y faneg, *egb*, heel of glove
mân-fywydeg, *egb*, micro-biology
mania, *eg*, mania
maniffold, *eg, ll* **-au**, manifold
  maniffold gwacáu, exhaust manifold

manion, *ell*, cough and a spit; two lines and a spit (*Th*); trifles; details; bit; part
maniwal, *eg*, manual
  Maniwal Cyfraith y Fyddin, Manual of Military Law
mân-ladrad, *eg, ll* -au, petty theft
manlaw, *eg*, drizzle
manomedr, *eg, ll* -au, manometer
manor, *eg, ll* -ydd, manor
  cwstwm y manor, *eg*, custom of the manor
manorol, *a*, manorial
manplis, *eg, ll* -iau, mantlepiece
mans, *eg*, manse
mantais, *eb, ll* manteision, advantage
  mantais fecanyddol, mechanical advantage
mantell, *eb, ll* mentyll, mantle; robe
  ceudod mantell, *eg*, mantle cavity
mantellu, *be*, mantle; robe
mantisa, *eg, ll* mantisâu, mantissa
mantol, *eb, ll* -ion, balance
  mantol drawst, beam balance
mantoledd, *eg, ll* -au, balance
  mantoledd masnach, balance of trade
mantolen, *eb, ll* -ni, balance sheet
mantoli, *be*, balance
mantoliad, *eg, ll* -au, libration
manwl, *a*, exact; fine; sensitive
  peiriannau manwl, *ell*, sensitive machines
  rheolaeth fanwl, *eb*, exact control
manwl-gywir, *a*, precise; rigorous
manws, *eg, ll* -au, manus
manwynion, *eg, ll* -au, erysipelas
manyldeb, *eg*, exactness
manyleb, *eb, ll* -au, specification
manylyn, *eg, ll* manylion, detail
  manylion y ddrwg-weithred, particulars of offence
  yn fanwl, in detail
map, *eg, ll* -iau, map
  cyfeiriad map, *eg*, map reference
  dalen fap, *eb*, map sheet
  map amlinell, outline map
  map cyfuchlin, contour map
  map defnydd tir, land utilisation map
  map gwrymiog, relief map
  map swyddogol y llywodraeth, ordnance survey map
  map sylfaenol, base map
  map tirwedd, relief map
  map tywydd, weather map
mapiad cydffurfiol, *eg*, conformal mapping
mapio, *be*, map
marc, *eg, ll* -au, -iau, mark
  marc sterling, mark sterling
  marc trâd, trade mark
marciadau, *ell*, markings
marciau, *ell*, markings
marcio, *be*, mark; mark out
marciwr, *eg, ll* -wyr, marker
marchnad, *eb, ll* -oedd, market
  cornelu'r farchnad, *be*, corner the market
  gwerth y farchnad, *eg*, market value
  marchnad arian, money market
  marchnad eirth, bear market
  marchnad teirw, bull market
  ymchwil marchnad, *egb*, market research
marchnadwerth, *eg, ll* -oedd, market value
marchnerth (m.n), *eg, ll* -oedd, horse-power
marchogwr, *eg, ll* -wyr, rider
margarin, *eg*, margarine
marian, *eg, ll* -nau, moraine; marianne
  cronlyn marian, *eg*, moraine dammed lake
  marian canol, medial moraine
  marian llusg, ground moraine
  marian ochr, lateral moraine
  marian olrhedol, recessional moraine
  marian perfedd, englacial moraine
  marian terfynol, end moraine; terminal moraine
marionet, *eg, ll* -au, marionnette
marjoram, *eg*, marjoram
marl, *eg*, marl
marmalêd, *eg, ll* -au, marmalade
marmor, *eg*, marble
marmori, *be*, marble
maro, *eg*, marrow (vegetable)
marsialu, *be*, marshal
marsialydd, *eg, ll* -ion, marshal

marsiandiaeth, *eb*, merchandise
marsiant, *a*, merchant
llongau marsiant, *ell*, merchant shipping
marsipan, *eg*, marzipan
mart, *eg*, *ll* -au, mart
marw, *a*, dead
act farw, *eb*, dead act
marweiddiad, *eg*, *ll* -au, mortification
marw-lun, *eg*, *ll* -iau, death-mask
marwol, *a*, lethal
genyn marwol *eg*, lethal gene
marwoldeb, *eg*, mortality
marwoldeb ameni, perinatal mortality
marwor, *ell*, *un*, -yn, cinders
mas, *eg*, *ll* -iau, mass; mace
masanheddu diwydiannol, industrial mass housing
mas negatif, negative mass
mas positif, positive mass
mas-symudiad, mass movement
masarnen, *eb*, *ll* **masarn**, maple; sycamore
masarnen fach, field maple
masc, *eg*, *ll* -iau, masque
masddarfodiant, *eg*, *ll* **masddarfodiannau**, mass-wasting
masfawr, *a*, massive
masg, *eg*, *ll* -iau, -au, mask; mesh
masgara, *eg*, mascara
masgl, *eg*, *ll* -au, shell
masgl pigog, burr
masgl ŵy, egg-shell
masgynhyrchu, *be*, mass produce
mashîn, *eg*, *ll* -au, machine
gweithdy mashîn, *eg*, machine shop
offer mashîn, *ell*, machine tools
masiff, *eg*, *ll* -iau, masif
masnach, *eb*, *ll* -au, trade; commerce
disgrifiad masnach, *eg*, trade description
gosodion masnach, *ell*, trade fixtures
masnach adwerthol, retail trade
masnachau dosbarthol, distributive trades
masnach carpiau ac esgyrn, rag and bone dealing
masnach dramor, foreign trade
masnach estron, foreign trade
masnach rydd, free trade
nod masnach, *eg*, trade mark
masnach-arddwr, *eg*, *ll* -wyr, market gardener
masnacheg, *egb*, commerce
masnachol, *a*, commercial
cwrs masnachol, *eg*, commercial course
rhifyddeg fasnachol, *egb*, commercial arithmetic
masnachwr, *eg*, *ll* -wyr, merchant; trader
masnachwr rhydd, free trader
masocïaeth, *eb*, masochism
masrwm, *eg*, *ll* -s, mushroom
mast, *eg*, *ll* -iau, mast
mastir, *eg*, *ll* -oedd, land mass
mastitis, *eg*, mastitis
mastwrbedd, *eg*, masturbation
mastwrbio, *be*, masturbate
maswr, *eg*, *ll* -wyr, outside-half
mat, *a*, matt; *eg*, *ll* -au, -iau, mat
mat cegin, drugget
mat ffibr, fibre mat
mat ffôm, foam mat
mat llawr, floor mat
materoliaeth, *eb*, materialism
matio, *be*, mat
matiog, *a*, matted
matras, *eb*, *ll* **matresi**, mattress
matrics, *eg*, *ll* -au, matrix
matrics cyfansawdd, compound matrix
matrics petryal, rectangular matrix
matrics sgwâr, square matrix
math, *eg*, *ll* -au, genus; species
mathemateg, *egb*, mathematics
mathradur, *eg*, *ll* -on, crusher
mathru, *be*, crush
mawn, *eg*, peat
mawn amorffus, amorphous peat
mawn ffibrus, fibrous peat
mawnen, *eb*, *ll* -nau, -ni, peat bog
mawnfa, *eb*, *ll* **mawnfeydd**, turbary
mawnog, *eb*, *ll* -ydd, peat bog
hag mawnog, *eg*, peat hag
mawreddog, *a*, grand
cyngerdd mawreddog, *egb*, grand concert
opera fawreddog, *eb*, grand opera

mawreddus, *a,* grand
  dull mawreddus, *eg,* grand manner
mawrfrydigrwydd, *eg,* magnanimity
mawrygiad, *eg, ll* -au, magnification
mawsolewm, *eg, ll* **mawsolea,** mausoleum
maxwell (uned), *eg,* maxwell
meatws, *eg, ll* -au, meatus
mecaneg, *egb,* mechanics
mecaneiddiad, *eg, ll* -au, mechanisation
mecanistig, *a,* mechanistic
  seicoleg fecanistig, *egb,* mechanistic psychology
mecanwaith, *eg, ll* **mecanweithiau,** mechanism
  mecanwaith amddiffyn, defence mechanism
mecanyddol, *a,* mechanical
  ffactor mecanyddol, *egb,* mechanical factor
  lluniadu mecanyddol, *be,* mechanical drawing
  mantais fecanyddol, *eb,* mechanical advantage
  tueddfryd mecanyddol, *eg,* mechanical aptitude
  ymarferion mecanyddol, *ell,* mechanical exercises
mechdeyrn, *eg, ll* -oedd, overlord
mechdeyrniaeth, *eb,* overlordship
mechnïaeth, *eb,* bail
  gofyn am fechnïaeth, *be,* apply for bail
medal, *eg, ll* -au, medal
mediastinwm, *eg, ll* **mediastina,** mediastinum
mediteranaidd, *a,* mediterranean
  hinsawdd mediteranaidd, *eb,* mediterranean climate
medr, *eg, ll* -au, skill; ability
  medr deheurwydd llaw, manipulative skill
medrus, *a,* skilful
medrydd, *eg, ll* -ion, gauge
  blociau medrydd, *ell,* gauge blocks
  medrydd arwyneb, surface gauge; scribing block
  medrydd bawd, thumb gauge
  medrydd deial, dial gauge
  medrydd dyfnder, depth gauge

medrydd glaw, rain gauge
medrydd marcio, marking gauge
medrydd mortais, mortice gauge
medrydd panel, panel gauge
medrydd pits sgriw, thread angle gauge; screw pitch gauge
medrydd teimlo, feeler gauge
medrydd terfan, limit gauge
medrydd torri, cutting gauge
medrydd uchder, height gauge
medryddu, *be,* gauge
medwla, *eg, ll* **medwlae,** medulla
  medwla oblongata, medulla oblongata
medwsa, *eg, ll* **medwsae,** medusa
medd, *eg,* mead
meddal, *a,* soft
  pren meddal, *eg,* softwood
  sodr meddal, *eg,* soft solder
meddalnod, *eg, ll* -au, flat
meddalu, *be,* soften
meddalydd, *eg,* softener
meddgaredd, *eg,* possessiveness
meddiannaeth, *eb,* occupation
meddiannu, *be,* obtain
  meddiannu drwy dwyll, obtain by fraud
  meddiannu drwy gamhoniad, obtain by fraud
meddiant, *eg, ll* **meddiannau,** seisin; possession
  estyn meddiant, livery of seisin
  yn (ei) feddiant, seised of
meddu, *be,* possess
meddwl, *be,* think; *eg, ll* **meddyliau,** mind
  ansicrwydd meddwl, *eg,* mental disturbance
  datblygiad meddwl, *eg,* mental development
  diffygiant meddwl, *eg,* mental deficiency
  iachusrwydd meddwl, *eg,* healthy mindedness
  iechyd meddwl, *eg,* mental health
  mesuriad meddwl, *eg,* mental measurement
  person diffygiol ei feddwl, *eg,* mentally defective person
  prawf meddwl, *eg,* mental test
  proses meddwl, *eb,* thought process

meddygaeth, *eb*, medicine
meddyg esgyrn, *eg*, *ll* -on, osteopath
meddygfa, *eb*, *ll* meddygfeydd, surgery
meddygol, *a*, medical
 archwiliad meddygol, *eg*, medical inspection
meddyliad, *eg*, *ll* -au, a thought
meddyliol, *a*, mental
 cywerthau oedrannau meddyliol, *ell*, mental age equivalents
 dirywiad meddyliol, *eg*, mental deterioration
 oedran meddyliol, *eg*, mental age
meddylu, *be*, think
mefusen, *eb*, *ll* mefus, strawberry
megalith, *eg*, *ll* -iau, megalith
megalopolis, *eg*, *ll* -iau, megalopolis
megalopolitan, *a*, megalopolitan
megasbor, *eg*, *ll* -au, megaspore
megin, *eb*, *ll* -au, bellows
 megin droed, foot bellows
 megin droed chwyth dwbl, double blast foot bellows
meglip, *eb*, *ll* -iau, meglip
meic, *eg*, *ll* -iau, microphone
meicosis, *eg*, mycosis
meicroffon, *eg*, *ll* -au, microphone
meichiau, *eg*, *ll* meichiafon, surety
 sicrhau meichiau, *be*, find surety
meidon, *eb*, mediant
meidr, *eg*, *ll* -au, meter
meidraidd, *a*, finite
meidrydd, *eg*, *ll* -ion, gauge
meidryddu, *be*, gauge
meillionen, *eb*, *ll* meillion, clover
meim, *egb*, *ll* -iau, mime
meinciwr, *eg*, *ll* -wyr, bencher
meincnod, *eg*, *ll* -au, bench mark
meindwr, *eg*, *ll* -au, minaret; spire
 meindwr broch, broach spire
meingil, *eg*, *ll* -ion, keel
meinlais, *eg*, falsetto
meinwe, *eg*, *ll* -oedd, tissue
 meinwe areolog, areolar tissue
 meinwe craith, scar tissue
 meinwe creithiog, scar tissue
 meinwe floneg, adipose tissue
 meinwe gyswllt, connective tissue
 meinwe lwteal, luteal tissue

meinwe nerfau, nervous tissue
meinwe ronynnog, granulation tissue
meiopia, *eg*, myopia
meiosis, *eg*, *ll* meioses, meiosis
meipen, *eb*, *ll* maip, turnip
meis, *eg*, *ll* -iau, mise
meistres, *eb*, *ll* -i, mistress
 meistres y gwisgoedd, wardrobe mistress
Meistri (Mri.), *ell*, Messrs.
 Mri. Jones a'i fab, Messrs. Jones & Son
 Mri. Jones a'i Gwmni Cyf., Messrs. Jones & Co. Ltd.
meistrolaeth, *eb*, mastery
meitr, *eg*, *ll* -au, mitre
 cramp meitr, *eg*, mitre cramp
meitral, *a*, mitral; *eg*, mitral
meitro, *be*, mitre
 blocyn meitro, *eg*, mitre block
 blwch meitro, *eg*, mitre box
 bwrdd meitro, *eg*, mitre-shooting board
 crampio meitr, *be*, mitre cramping
 sgwâr meitro, *egb*, mitre square
meitru, *be*, mitre
meithrin, *be*, foster
meithrinfa, *eb*, *ll* -oedd, nursery
mêl, *eg*, honey
 dynodau mêl, *ell*, honey guides
melan, *eb*, melancholia
melancolaidd, *a*, melancholic
melancolia, *eg*, melancholia
melanedd, *eg*, melanism
 melanedd diwydiannol, industrial melanism
melanin, *eg*, melanin
melanoffor, *eg*, melanophore
melfared, *eg*, corduroy
melfed, *eg*, *ll* -au, velvet
 melfed cotwm, velveteen
melfedîn, *eg*, *ll* -iau, velveteen
melin, *eb*, *ll* -au, mill
 ffos melin, *eb*, mill race
 melin dymheru, temper-mill
 melin strip, strip mill
 melin strip boeth, hot strip mill
 melin wynt, windmill
 melin wynt segur, disused windmill
 melin wynt yn gweithio, windmill in use

melino, *be*, mill
  melino dringol, climb milling
melinwaith, *eg*, millwork
melinydd, *eg*, *ll* **-ion**, miller
melodrama, *eb*, *ll* **melodramâu**, melodrama
melon, *eg*, *ll* **-au**, melon
melyn, *a*, yellow
  melyn ŵy, yolk
  pridd melyn, *eg*, yellow earth
melyngoch, *a*, amber
melynwy, *eg*, *ll* **-au**, yolk
  cwd melynwy, *eg*, yolk-sac
memo, *eg*, memo
memorandwm, *eg*, *ll* **memoranda**, memorandum
Mendeliaeth, *eb*, Mendelism
meningau, *ell*, meninges
meningitis, *eg*, meningitis
menisgws, *eg*, *ll* **menisga**, meniscus
menter, *eb*, venture; enterprise
mentersoddol, *a*, speculative
menu (bwydlen), *eg*, menu
mêr, *eg*, marrow (bone)
mercantil, *a*, mercantile
  cyfraith mercantil, *eb*, mercantile law
mercantilaidd, *a*, mercantile
mercantiliaeth, *eb*, mercantilism
mercantilydd, *eg*, mercantilist
mercwri, *eg*, mercury
mercwrig, *a*, mercuric
mercwrus, *a*, mercurous
merddwr, *eg*, stagnant water
meridian, *a*, meridian; *eg*, *ll* **-au**, meridian
  prif feridian, prime meridian
meristem, *eb*, *ll* **-au**, meristem
  meristem apigol, apical meristem
  meristem brimaidd, primary meristem
  meristem brimordial, primordial meristem
merlota, *be*, pony trekking
merlotwr, *eg*, *ll* **-wyr**, pony trekker
merllyn, *eg*, *ll* **-noedd, -nau**, mortlake; ox-bow lake
merllys, *ell*, *un*, **-en**, asparagus
meromorffig, *a*, meromorphic
mesa, *eg*, *ll* **mesae**, mesa
mesen, *eb*, *ll* **mes**, acorn

mesenteri, *eg*, *ll* **mesenterïau**, mesentery
meseta, *eg*, *ll* **mesetâu**, meseta
mesobr, *eg*, *ll* **-au**, pannage
mesocwrtig, *a*, mesokurtic
mesoderm, *eg*, *ll* **-au**, mesoderm
mesoffyl, *eg*, *ll* **-au**, mesophyll
mesoffyt, *eg*, *ll* **-au**, mesophyte
mesogloea, *eg*, mesogloea
mesolithig, *a*, mesolithic
meson, *eg*, *ll* **-au**, meson
mesothoracs, *eg*, mesothorax
mestiso, *eg*, *ll* **-aid**, mestizo
mesur, *be*, measure; assess; *eg*, *ll* **-au**, measure; quantity; metre; bar
  llinell mesur, *eb*, bar-line
  mesur di-odl, blank verse
  mesur rhydd, free verse
  mesur tir, *be*, survey
mesuradwy, *a*, measurable
mesureb, *eg*, *ll* **-au**, result (*Ff*)
mesureg, *egb*, mensuration
mesuriad, *eg*, *ll* **-au**, measurement
mesurol, *a*, quantitative
mesuroni, *be*, estimate
mesuroniad (amcangyfrif), *eg*, *ll* **-au**, estimate
mesuryn, *eg*, *ll* **-nau**, ordinate
metabolaeth, *eb*, metabolism
metaboleiddio, *be*, metabolize
metabolig, *a*, metabolic
metabwynt, *eg*, *ll* **-iau**, metacentre
metacarpal, *a*, metacarpal
  esgyrn metacarpal, *ell*, metacarpal bones
metaffas, *eg*, *ll* **-au**, metaphase
metaffiseg, *egb*, metaphysics
metamer, *eg*, *ll* **-au**, metamere
metameraeth, *eb*, metamerism
metamerig, *a*, metameric
metamorffiaeth, *eb*, metamorphism
metamorffig, *a*, metamorphic
  eurgylch metamorffig, *eg*, metamorphic aureole
metamorffosis, *eg*, *ll* **metamorffoses**, metamorphosis
metaplastig, *a*, metaplastic
metatarsal, *a*, metatarsal
  esgyrn metatarsal, *ell*, metatarsal bones
metasad, *a*, metastable

metastasis, *eg, ll* metastases, metastasis
metathoracs, *eg,* metathorax
metaxylem, *eb,* metaxylem
Metazoa, *ell,* Metazoa
metel, *eg, ll* -au, -oedd, metal
  curwr metel, *eg,* metal beater
  gwaith metel, *eg,* metal work
  metel Babbitt, Babbitt's metal
  metel Britannia, Britannia metal
  metel euro, gilding metal
  metel fferrus, ferrous metal
  metel gwn, gunmetal
  metel Muntz, Muntz metal
  metel naturiol, natural ore
  metel teip, type metal
  metel traul, bearing metal
  plaen metel, *eg,* metal plane
  sborion metel, *ell,* scrap metal
meteleg, *egb,* metallurgy
metelegol, *a,* metallurgical
  diwydiannau metelegol, *ell,* metallurgical industries
metelifferaidd, *a,* metalliferous
metelifferus, *a,* metalliferous
metelig, *a,* metallic
metelin, *eg, ll* -iau, metalling
meteor, *eg, ll* -au, meteor
meteorig, *a,* meteoric
meteorit, *eg, ll* -au, meteorite
meteoroleg, *eb,* meterology
meteoryn, *eg, ll* -nau, meteorite
metier, *eg, ll* -au, metier
metop, *eg, ll* -au, metope
metr, *eg, ll* -au, metre
metrig, *a,* metric
  mesur metrig, *eg,* metric measure
  system fetrig, *eb,* metric system
metrigadwy, *a,* metrisable
metritis, *eg,* metritis
metronom, *eg,* metronome
metropolis, *eg, ll* -iau, metropolis
metropolitan, *a,* metropolitan
methan, *eg,* methane
methdaliad, *eg. ll* -au, bankruptcy; insolvency
methdalus, *a,* insolvent
methdalwr, *eg, ll* -wyr, bankrupt; insolvent
methdalwriaeth, *eb,* bankruptcy
methiant, *eg, ll* methiannau, failure; breach; lapse

methmat, *eg,* stalemate (chess)
method, *eg, ll* -au, method
  method graddio, ranking method
methodoleg, *eb,* methodology
methyl, *eg,* methyl
  gwirod methyl, *eg,* methylated spirit
mewnafael, *eb,* inward grasp
mewnbwn, *eg, ll* mewnbynnau, input
mewndirol, *a,* inland
mewndreth, *eb, ll* -i, inland revenue
mewndro, *eg, ll* -eon, -oau, introversion
mewndroëdig, *a,* introvert
mewnddelwaeth, *eb,* introjection
mewnddirnadaeth, *eb, ll* -au, insight
mewnddyfodion, *ell,* incomings
mewnedd, *eg, ll* -au, interior
mewn enw, *a,* nominal
mewnfa, *eb, ll* mewnfeydd, inlet
mewnfaes, *eg, ll* mewnfeysydd, infield
mewnforio, *be,* import
mewnforiwr, *eg, ll* -wyr, importer
mewnforyn, *eg, ll* mewnforion, import
mewnfridio, *be,* inbreed
mewnfudiad, *eg, ll* -au, immigration
mewnfudo, *be,* immigrate
mewnfudwr, *eg, ll* -wyr, immigrant
mewnffrwydrad, *eg, ll* -au, implosion
mewnganol, *eg, ll* -au, incentre
mewngellol, *a,* intracellular
mewngraig, *eb, ll* mewngreigiau, inlier
mewngylch, *eg, ll* -au, incircle
mewngyrchol, *a,* centripetal
  grym mewngyrchol, *eg,* centripetal force
mewniad, *eg, ll* -au, insertion
mewn iawn bwyll, *a,* sane
mewnlenwad, *eg, ll* -au, infilling
mewnlif, *eg, ll* -au, intake
  tŵr mewnlif, *eg,* intake tower
mewnol, *a,* internal; inner; interior
  peiriant tanio mewnol, *eg,* internal combustion engine
  Rhanbarth Trefol Mewnol, *eg,* Inner Urban Range
mewnosod, *be,* insert; *eg,* input
mewn-osodiad, *eg, ll* -au, inset

mewnrhewlifol, *a*, englacial
mewnrhywogaethol, *a*, intraspecific
mewnsaethiad, *eg, ll* -au, injection
mewnsaethu, *be*, inject
mewnsgrifio, *be*, inscribe
mewnslip, *eg, ll* -iau, paying in slip
mewnsyllgar, *a*, introspective
mewnsylliad, *eg, ll* -au, introspection
mewn-waddodiad, *eg, ll* -au, illuviation
mewnwelediad, *eg, ll* -au, insight
mewnwr, *eg, ll* -wyr, inside-forward; inside-half
  mewnwr chwith, inside-left
  mewnwr de, inside-right
mewnwthiad, *eg, ll* -au, intrusion; implosion
  mewnwthiad cydgordiol, concordant intrusion
mewnwthio, *be*, intrude
mewnwthiol, *a*, intrusive
mewnwynebol, *a*, infacing
  sgarp mewnwynebol, *eg*, infacing scarp
mewnwythiennol, *a*, intravenous
mewnyn, *eg, ll* mewnion, filling
mica, *eg, ll* micâu, mica
micela, *eg, ll* micelae, micella
microcosm, *eg, ll* -au, microcosm
microffon, *eg, ll* -au, microphone
micrograff, *eg, ll* -au, micrograph
micro-hinsawdd, *eb, ll* -hinsoddau, microclimate
microlith, *eg, ll* -iau, microlith
micromedr, *eg, ll* -au, micrometer
  micromedr allanol, outside micrometer
  micromedr mewnol, inside micrometer
micron, *eg, ll* -au, micron
micronwclews, *eg, ll* **micronwclei**, micronucleus
micro-organeb, *eb, ll* -au, micro-organism
micropyl, *eg, ll* -au, micropyle
microsbor, *eg, ll* -au, microspore
microsboroffyl, *eg, ll* -au, microsporophyll
microsgop, *eg, ll* -au, microscope
  wltra microsgop, ultra microscope
microsgopeg, *eb*, microscopy

microsgopig, *a*, microscopic
  microsgopig o fach, microscopically small
microtom, *eg, ll* -au, microtome
mignen, *eb, ll* -ni, marsh; blanket bog
  mignen dŵr croew, fresh water marsh
migren, *eg*, migraine
migwrn, *eg. ll* migyrnau, knuckle
  migwrn blaen, fore knuckle
mileniwm, *eg, ll* milenia, millenium
milet, *eg, ll* -au, millet
milflwyddiant, *eg, ll* **milflwyddiannau**, millenium
miliaraidd, *a*, miliary
milibar, *eg, ll* -rau, millibar
mililitr, *eg, ll* -au, millilitre
milisia, *eg*, militia
miliwn, *eb, ll* miliynau, million
miliwnddinas, *eb, ll* -oedd, millionaire city
milwr, *eg, ll* -wyr, soldier
  milwr hur, mercenary
milltir, *eb, ll* -oedd, mile
  carreg filltir, *eb*, mile stone
  milltir fôr, nautical mile
  postyn milltir, *eg*, mile post
mimesis, *eg*, mimesis
min, *eg, ll* -ion, edge; lip; burr
minaret, *eg, ll* -au, minaret
mindag, *eg, ll* -au, lampas
minell, *eb, ll* -au, sharpener
minialaidd, *a*, osculating
minialedd, *eg*, osculation
minialu, *be*, osculate
miniatur, *eg, ll* -au, miniature
  peintio miniatur, *be*, miniature painting
minim, *eg, ll* -au, minim
minimal, *a*, minimal
minimwm, *eg, ll* -au, minimum
minio, *be*, sharpen; cut
  befel minio, *eg*, sharpening bevel
minion, *ell*, les points
minlliw, *eg, ll* -iau, lipstick
minor, *eg, ll* -ion, minor
mint, *eg, ll* -iau, mint
  Mint Brenhinol, Royal Mint
  par cyfnewid mint, mint par of exchange

mintys, *ell*, mint
mintys y graig, marjoram
minwend, *eg, ll* -au, minuend
minwét, *eg, ll* -au, minuet
   minwét a thrio, minuet and trio
minydd, *eg, ll* -ion, sharpener
miracidiwm, *eg, ll* **miracidia**, miracidium
misal, *eg, ll* -au, missal
misericord, *eg, ll* -au, misericord
misffit, *a*, misfit; *eg*, misfit
   afon misffit, *eb*, misfit river
misglen, *eb, ll* **misgl**, mussel
misglwyf, *eg*, menstruation
mistral, *eg, ll* -au, mistral
miten, *eb, ll* -ni, mitten
mitocondrion, *eg, ll* **mitocondria**, mitochondrion
mitosis, *eg, ll* **mitoses**, mitosis
mitotig, *a*, mitotic
mitral, *a*, mitral
   falf mitral, *eg*, mitral valve
miwsig, *eg*, music
   miwsig achlysurol, incidental music
   miwsig cefndir, background music
   miwsig traed, foot music
miwt, *eg, ll* -iau, mute
mochyn, *eg, ll* **moch**, pig
   mochyn bacwn, baconer
   mochyn pwrsog, ruptured pig
   mochyn stôr, store pig
model, *eg, ll* -au, model
   tref fodel, *eb*, model town
modeldref, *eb, ll* -i, model town
modelu, *be*, model
   bwrdd modelu, *eg*, modelling board
   modelu dau ddimensiwn, two dimensional modelling
   modelu tri dimensiwn, three dimensional modelling
moderneiddiad, *eg, ll* -au, modernisation
modfedd, *eb, ll* -i, inch
   modfedd sgwâr, square inch
modilion, *eg, ll* -au, bracket; modillion
modrwy, *eb, ll* -au, ring
modrwyog, *a*, ringed

modur, *eg, ll* **-on**, motor
   traffig moduron, motor traffic
modurdy, *eg, ll* **modurdai**, garage
modurfeic, *eg*, motor-cycle
modur-feiciwr, *eg, ll* **-wyr**, motor-cyclist
modwl, *eg, ll* -au, module
modwlar, *a*, modular
modwlo, *eg, ll* -au, modulo
modwlws, *eg, ll* **modwli**, modulus
modyledig, *a*, modulated
modylu, *be*, modulate
modylydd, *eg, ll* -ion, modulator
modd, *eg, ll* -au, mode; means
   modd i dalu, means to pay
   y modd mwyaf, major mode
moes, *eb, ll* -au, moral
moeseg, *eb*, ethics
moesegol, *a*, ethical
moesgarwch, *eg*, good manners
moesol, *a*, moral
   moesol ddiffygiol, morally defective
moesoldeb, *eg, ll* -au, morality
mogfa, *eb*, asthma
mogamu, *be*, side-step
mongol, *eg, ll* -iaid, mongol
moieti, *eg, ll* **moietïau**, moiety
môl, *eg, ll* **molau**, mole (*Ff*)
molar, *a*, molar; *eg, ll* -au, molar
mold, *eg, ll* -iau, mould
moldio, *be*, mould
moldin, *eg*, moulding
   moldin braced, bracket moulding
   moldin capan, hood moulding
   moldin cilfin, keel moulding
moldio, *be*, mould; *eg*, moulding
   mainc foldio, *eb*, moulding bench
   moldio disgyrchol, gravity moulding
   tywod moldio, *eg*, moulding sand
molecwl, *eg, ll* **molecylau**, molecule
molecwlaidd, *a*, molecular
molecwlar, *a*, molecular
molecylig, *a*, molecular
   pwysau molecylig, *ell*, molecular weight
Molinia, *eg*, Molinia
Mollusca, *eg*, Mollusca
moltas, *eg, ll* **molteisi**, archivolt
molwsc, *eg, ll* -iaid, mollusc
molybdenwm, *eg*, molybdenum

molit, *a*, moutoné
craig follt, *eb*, roche moutonée
molltyn, *eg, ll* myllt, wether
moment, *eb, ll* -au, moment
  moment plygu, bending moment
momentwm, *eg, ll* momenta,
  momentum
monadelffus, *a*, monadelphous
monadnoc, *eg, ll* -au, monadnock
monarchiaeth, *eb*, monarchy
monarchydd, *eg, ll* -ion, monarchist
monig, *a*, monic
monitor, *eg, ll* -ion, monitor
monitoraidd, *a*, monitorial
monoclein, *eg, ll* -iau, monocline
monoclin, *eg, ll* -iau, monocline
Monocotyledoneae, *ell*,
  Monocotyledoneae
monocrom, *a*, monochrome
monocromatig, *a*, monochromatic
monocsid, *eg*, monoxide
monocwlar, *a*, monocular
monocyt, *eg, ll* -au, monocyte
monodromi, *eg, ll* monodromiau,
  monodromy
monoecus, *a*, monoecious
monoffobia, *eg*, monophobia
monogenig, *a*, monogenic
monograff, *eg, ll* -iau, monograph
monogram, *eg, ll* -au, monogram
monohybrid, *eg, ll* -au, monohybrid
monolith, *eg, ll* -iau, monolith
monolog, *eb, ll* -au, monologue
monomaidd, *a*, monomial
monomial, *eg, ll* -au, monomial
monopodiwm, *eg, ll* monopodia,
  monopodium
monopoli, *eg, ll* monopolïau,
  monopoly
monopolwr, *eg, ll* -wyr, monopolist
monopolylog, *eg*, monopolylogue
monosacarid, *eg, ll* -au,
  monosaccharide
monoteip, *eg, ll* -iau, monotype
monotôn, *a*, monotone
monotonig, *a*, monotonic
monsŵn, *eg, ll* monsynau, monsoon
  blaenrhediad monsŵn, *eg*,
    advance monsoon
  olrhediad monsŵn, *eg*, retreat
    monsoon
  toriad monsŵn, *eg*, burst monsoon

montana, *eg, ll* montanâu, montana
mop, *eg, ll* -iau, mop
môr, *eg, ll* moroedd, sea
  broc môr, *eg*, flotsam and jetsam
  lefel môr, *eb*, sea level
  llwybr y môr, *eg*, sea lane
  Môr Atlantig, Atlantic Ocean
  Môr Caribi, Caribbean Ocean
  Môr Du, Black Sea
  Môr Hafren, Bristol Channel
  Môr Iwerydd, Atlantic Ocean
  Y Môr Canoldir, Mediterranean
    Sea
  Y Môr Coch, Red Sea
  Y Môr Marw, Dead Sea
  Y Môr Tawch, North Sea
morâl, *eg*, morale
moratoriwm, *eg, ll* moratoria,
  moratorium
morben, *eg, ll* -nydd, foreland
mordant, *eg, ll* -au, mordant
mordent, *eg, ll* -au, mordente
mordwll, *eg, ll* mordyllau, blow-hole
mordwyo, *eg*, navigation
  terfyn mordwyo, *eg*, head of
    navigation
mordwyol, *a*, navigable
morddwyd, *eb, ll* -ydd, thigh
  cesail morddwyd, *eb*, groin
môr-enweirio, *be*, sea-angling
moresg, *ell*, seagrass
  matiau moresg, *ell*, seagrass mats
morfa, *eg, ll* morfeydd, sea marsh
  morfa heli, salt marsh
morfilwr, *eg, ll* -wyr, marine
môr-filltir, *eb, ll* -oedd, nautical
  mile; knot
morffoleg, *egb*, morphology
morffordd, *eb, ll* morffyrdd, seaway
  Morffordd Sant Lawrence, Saint
    Lawrence Seaway
morgais, *eg, ll* morgeisiau,
  mortgage
morganatig, *a*, morganatic
morgeisai, *eg, ll* morgeiseion,
  mortgagee
morgeisio, *be*, mortgage
morgeisiwr, *eg, ll* -wyr, mortgagor
morgeisydd, *eg, ll* -ion, mortgagor;
  mortgagee
morglawdd, *eg, ll* morgloddiau, dyke

morgludo, *eg,* navigation
  Deddf Morgludo, *eb,* Navigation Act
morgrugyn, *eg, ll* **morgrug,** ant
  morgrugyn gwyn, termite
môr-gyllell, *eb,* cuttle-fish
morladrad, *eg,* piracy
morlan, *eb, ll* **-nau,** seacoast
  erydiad morlan, *eg,* seacoast erosion
morlin, *eb, ll* **-iau,** coastline
  morlin ardraws, transverse coastline
morlo, *eg, ll* **-i,** seal
morlun, *eg, ll* **-iau,** seascape
morlwybr, *eg, ll* **-au,** sea lane
morlloedd, *ell,* oozes (deep sea)
morol, *a,* marine
  dyddodion morol, *ell,* marine deposits
  peirianneg forol, *egb,* marine engineering
moron, *a,* moron
moronen, *eb, ll* **moron,** carrot
Morse, *eg,* Morse
  dril Morse, *eg,* Morse drill
  taprau Morse, *ell,* Morse tapers
mortais, *eg, ll* **morteisiau,** mortice
  mortais a thyno, mortice and tenon
  mortais a thyno clunedig, haunched mortice and tenon
  mortais a thyno dwbl, twin mortice and tenon
  mortais a thyno hir, long mortice and tenon
  mortais a thyno pwt, stubbed mortice and tenon
  mortais a thyno ysgwydd fer, short shouldered mortice and tenon
  mortais a thyno ysgwydd hir, long shouldered mortice and tenon
mortar, *eg, ll* **-au,** mortar
morteisio, *be,* mortise
mortiwari, *eg, ll* **-au,** mortuary
mortmain, *eg, ll* **mortmeiniau,** mortmain
mortwari, *eg, ll* **mortwarïau,** mortuary

morthwyl, *eg, ll* **-ion,** hammer
  morthwyl cefnu, backing hammer
  morthwyl codi, raising hammer
  morthwyl coleru, collet hammer; neck hammer
  morthwyl copr, copper hammer
  morthwyl crafanc, claw hammer
  morthwyl crychu, creasing hammer; creasing iron
  morthwyl planisio, planishing hammer
  morthwyl sincio, sinking hammer
  morthwyl wyneb crwn, ball pein hammer
morthwylio, *be,* hammer
morwal, *eb, ll* **-iau,** breakwater
morwellt, *ell,* seagrass
  morwellt llifedig, dyed seagrass
morwla, *eg, ll* **morwlae,** morula
morwydden, *eb, ll* **morwydd,** mulberry tree
morwyn, *eb, ll* **-ion,** virgin; maid
morwynaidd, *a,* virginal
moryd, *eb, ll* **-au,** estuary
  moryd wneud, constructed estuary
mosaig, *a,* mosaic; *eg, ll* **-au,** mosaic
  mosaig dail, leaf mosaic
motel, *eg, ll* **-au,** motel
motet, *eg, ll* **-au,** motet
motif, *eg, ll* **-au,** motive (*Cr*)
motifyddiaeth, *eb, ll* **-au,** motivation
motiff, *eg, ll* **-au,** motif
motor, *eg, ll* **-au,** motor
motor-feic, motor-beic, *eg, ll* **-iau,** motor-cycle
mowld, *eg, ll* **-iau,** mould
  mowld blawd corn, cornflour mould
  mowld tywod llaith, green sand mould
mowldin, *eg, ll* **-iau,** moulding
  mowldin rhol, roll moulding
  mowldin tonnog, wave moulding
mowldio, *be,* mould
mownt, *eg, ll* **-iau,** mount
mowntiedig, *a,* mounted
  bloc lino mowntiedig, *eg,* mounted lino block
mowntin, *eg, ll* **-au,** mounting
mownting, *eg,* mounting (*Ch*)

mowntio, *be,* mount
  bwrdd mowntio, *eg,* mounting board
muchudd, *eg,* jet black
mud, *a,* dumb; mute
  mud o fwriad, mute of malice
mudandod, *eg,* dumbness
mudferwi, *be,* simmer
mudiad, *eg, ll* -au, movement; swing
  Mudiad Cau Tir, Enclosure Movement
  mudiad esthetig, aesthetic movement
mudiant, *eg, ll* mudiannau, motion
  mudiant cyfyngedig, constrained motion
  mudiant ton, wave motion
mudo, *eg,* migration
mudol, *a,* mobile
mudoledd, *eg, ll* -au, mobility
mudydd, *eg, ll* -ion, mute
munud, *egb, ll* -au, minute
mur, *eg, ll* -iau, wall
  arcêd mur, *eg,* wall arcade
  asen fur, *eb,* wall rib
  pedwerydd mur, fourth wall
murdreth, *eb, ll* -i, murage
murlun, *eg, ll* -iau, mural; graffito
murol, *a,* mural
  cyfansoddiad murol, *eg,* mural composition
  grwnd murol, *eg,* mural ground
mursendod, *eg, ll* -au, affectation
murysgrifen, *eb, ll* -iadau, graffito
mwcilag, *eg, ll* -au, mucilage
mwcilaginus, *a,* mucilaginous
mwcin, *eg, ll* -au, mucin
mwclis, *ell, un,* -en, beads
  mwclis mawr, giant beads
mwcosa, *eg, ll* mwcosae, mucosa
mwcus, *a,* mucous
  pilen mwcus, *eb,* mucous membrane
mwcws, *eg, ll* mycysau, mwcwsi, mucus
mwffin, *eg, ll* -au, muffin
mwg, *eg, ll* mygau, smoke
  rhanbarth rheoli mwg, *eg,* smoke control area
mwgwd, *eg, ll* mygydau, mask
mwl (pridd), *eg, ll* mylau, mull (soil)
mwlato, *eg, ll* -au, mulatto

mwliwn, *eg, ll* mwliynnau, mullion
mwltinomaidd, *a,* multinomial
mwltinomial, *eg, ll* -au, multinomial
mwltitôn, *a,* multitone
mwll, *a,* muggy
mwmi, *eg, ll* mwmïau, mummy
mwsceg, *eg, ll* -au, muskeg
mwset, *eg, ll* -au, musette
mwslin, *eg, ll* -au, muslin
mwsogl, *eg, ll* -au, moss
  mwsogl Carragheen, Carragheen moss
  mwsogl carw, reindeer moss
mwstard, *eg, ll* -au, mustard
  mwstard a berwr, mustard and cress
mwstwr, *eg, ll* mystyrau, muster
  meistr fwstriwr, *eg,* muster master
  rhol fwstwr, *eb,* muster roll
mwtant, *eg, ll* -au, mutant
mwtantiad, *eg, ll* -au, mutation
mwtantu, *be,* mutate
mwtwl, *eg, ll* -au, mutule
mwyaf, *a,* major
mwyafrif, *eg,* majority
  daliad mwyafrif, *eg,* majority holding
  pleidlais mwyafrif, *eb,* majority vote
mwyar duon, *ell, un,* mwyaren ddu, blackberries
mwyar Mair, *ell,* mulberries
mwydion, *ell,* pulp; pith
  mwydion papur, papier-mâché
mwydo, *be,* steep; soak
mwyedig, *a,* amplified
mwygl, *a,* muggy
mwyglo, *be,* mugging
mwyhad, *eg,* augmentation; amplification
mwyhadur, *eg, ll* -on, amplifier
mwyhau, *be,* amplify
mwyn, *eg, ll* -au, ore; mineral
  mwyn haearn, iron ore
mwyngloddiaeth, *eb,* mining
mwyngloddio, *be,* mine
  mwyngloddio brig, opencast mining
mwyniant, *eg, ll* mwyniannau, use
mwynlong, *eb, ll* -au, ore carrier
mwynol, *a,* mineral
  dŵr mwynol, *eg,* mineral water

mwynyddiaeth, *eb*, mineralogy
mwythen, *eb*, *ll* **mwythion**, pet
mwythyn, *eg*, *ll* **mwythion**, pet
myceliwm, *eg*, *ll* **mycelia**, mycelium
mycoleg, *eb*, mycology
mycorhisa, *eg*, *ll* **-e**, mycorrhiza
mycosis, *eg*, *ll* **mycoses**, mycosis
myctarth, *eg*, fume
myctod, *eg*, asphyxia
mydr, *eg*, *ll* **-au**, metre
myfiaeth, *eb*, egoism
myfiol, *a*, egoistic
myfyrdod, *eg*, *ll* **-au**, meditation; contemplation
myfyrio, *be*, contemplate
myfyriwr, *eg*, *ll* **-wyr**, student
　myfyriwr mynd a dod, non-residential student
　myfyriwr preswyl, residential student
mygdarth, *eg*, *ll* **-au**, **-oedd**, fume
mygdarthiad, *eg*, *ll* **-au**, fumigation
mygdarthiad anheddau, fumigation of premises
mygdarthu, *be*, fumigate
mygedol, *a*, honorary
mygu, *be*, smother; smoke
mygydu, *be*, mask
mympwyol, *a*, arbitrary
mymryn, *eg*, *ll* **-nau**, trace
mynachlog, *eb*, *ll* **-ydd**, monastery
　Diddymiad y Mynachlogydd, *eg*, Dissolution of Monasteries
mynawyd, *eg*, *ll* **-au**, awl; bradawl
mynd, *be*, go
　mynd allan, exit
　mynd dros linell, run over lines
　mynd drwyddi, run through
　mynd i gyfraith, litigate
　mynd i mewn, enter
　mynd yn lle, go on for
mynedfa, *eb*, *ll* **-feydd**, entry
mynediad, *eg*, *ll* **-au**, access; entry; entrance
　mynediad allan, exit
　mynediad i briffordd, main road access
　tâl mynediad, *eg*, entrance fee

mynegai, *eg*, index
mynegeio, *be*, index
mynegfys, *eg*, *ll* **-edd**, forefinger; index finger
mynegi, *be*, express; state
mynegiad, *eg*, *ll* **-au**, expression
mynegiadaeth, *eb*, *ll* **-au**, expressionism
mynegiadwr, *eg*, *ll* **-wyr**, expressionist
mynegiannol, *a*, expressive
　symudiad mynegiannol, *eg*, expressive movement
mynegiant, *eg*, communication; expression; discourse (linguistics)
myneglon, *a*, expressive
myneglonrwydd, *eg*, expressiveness
mynegyn, *eg*, *ll* **mynegeion**, expression
mynwes, *eb*, *ll* **-au**, bust; bosom
mynwydd, *eg*, gooseneck
mynwyddu, *be*, gooseneck
mynychder, *eg*, *ll* **-au**, frequency
　cromlin mynychder, *eb*, frequency curve
　dosraniad mynychder, *eg*, frequency distribution
　polygon mynychder, *eg*, frequency polygon
mynychwr, *eg*, *ll* **-wyr**, frequenter
mynychwr drama, playgoer
mynydd, *eg*, *ll* **-oedd**, mountain
　cadwyn o fynyddoedd, *eb*, mountain range
mynydda, *be*, mountaineer
　cymdeithas fynydda, *eb*, mountaineering association
myopia, *eg*, myopia
Myriapoda, *ell*, Myriapoda
myrthylu, *be*, hammer
mysgol, *a*, blended
　bwyd mysgol, *eg*, blended food
mysgu, *be*, undo; blend
myswynog, *eb*, *ll* **-ydd**, **-au**, barren cow

N

nacer, *eg, ll* -i, knacker
  iard nacer, *eb,* knacker's yard
nadir, *eg,* nadir
naddion, *ell,* shavings; wood-
  shavings; swarf
naddu, *be,* chisel; whittle
  naddu fertigol, vertical chiselling
  naddu llorweddol, horizontal
    chiselling
  naddu unionsyth, vertical chiselling
naid, *eb, ll* neidiau, jump; leap
  naid ac adlam, jump with a
    rebound
  naid ar led, astride jump
  naid bolyn, pole vault
  naid broga, frog jump
  naid cwningen, rabbit jump
  naid gwrcwd, crouch jump
  naid hir, long jump
  naid llyffant, frog jump
  naid rythmig, rhythmic jump
  naid sgip, skip jump
  naid stand, standing jump
  naid stradl, straddle jump
  naid uchel, high jump
  naid yn ôl, backward jump
naill ochr, *ad,* aside
nam, *eg, ll* -au, defect
  namau, knotter faults
nant, *eb, ll* nentydd, stream
  nant gildro, reversed stream
  nant hafesb, bourne
nap, *eg, ll* -iau, nap
napcyn, *eg, ll* -au, napkin; table
  napkin; serviette
napiog, *a,* with nap
narcisiaeth, *eb,* narcissism
narcosis, *eg,* narcosis
nastig, *a,* nastic
  symudiad nastig, *eg,* nastic
    movement
Natsi, *eg, ll* Natsïaid, Nazi
Natsïaeth, *eb,* Nazism
Natsïaidd, *a,* Nazi
natur, *eb,* nature
  gwarchodfa natur, *eb,* nature
    reserve

natur a magwraeth, nature and
  nurture
seintwar natur, *eb,* nature
  conservancy
naturiol, *a,* natural; naperian
  rhif naturiol, *eg,* natural number
naturoliaeth, *eb,* naturalism
nawdd, *eg, ll* noddau, protection;
  patronage
nawddogaeth, *eb,* patronage
  bwrdd nawddogaeth, *eg,*
    patronage board
nawf, *a,* floating
  dyled nawf, *eg,* floating debt
  pridiant nawf, *eg,* floating charge
naws, *eb, ll* -au, nuance; tone
  naws y tŷ, feel of the house
nawsaer (nawsaerog), *a,* air-
  conditioned
nawsaeru, *be,* air-condition
necropolis, *eg, ll* -iau, necropolis
necropsi, *eg,* necropsy
necrosis, *eg, ll* -au, necrosis
necton, *eg, ll* -au, nekton
nedden, *eb, ll* nedd, nit
neddyf, *eb, ll* -au, adze
nefolion, *ell,* celestials
neffridiwm, *eg, ll* neffridia,
  nephridium
neffritis, *eg, ll* -au, nephritis
neffron, *eg, ll* -au, nephron
negatif, *a,* negative
negesydd, *eg, ll* negeswyr, messenger
negodi, *be,* negotiate
negodol, *a,* negotiable
  dogfen negodol, *eb,* negotiable
    instrument
negyddiaeth, *eb,* negativism
negyddol, *a,* negative
neidio, *be,* jump
  neidio llinellau, jump lines
  neidio trwy'r cortyn, skip
neiedd, *eg,* nepotism
neieddwr, *eg, ll* -wyr, nepotist
Neifion, *eg,* Neptune
Neil (Nil), *eb,* Nile
neilon, *eg,* nylon

neilleb, *eb, ll* -ion, aside
neilltuad, *eg, ll* -au, reservation
neilltuo, *be*, reserve; ear-mark; assign
neilltuol, *a*, particular
neilltuolaeth, *eb*, particularism
neithdar, *eg, ll* -au, nectar
neithdarfa, *eb, ll* neithdarfâu, nectary
nematocyst, *eg, ll* -au, nematocyst
nematôd, *eg, ll* -au, nematode
Nematoda, *ell*, Nematoda
nenbren, *eg, ll* -nau, -ni, ridge-tree
nenfwd, *eg, ll* nenfydau, ceiling
nenfforch, *eb, ll* nenffyrch, cruck
nenffyrchog, *a*, crucked
nenlen, *eb, ll* -ni, skycloth
nenlofft, *eb, ll* -ydd, attic storey
neo-argraffiadaeth, *eb, ll* -au, neo-impressionism
neo-falthwsiaeth, *eb*, neo-malthusianism
neo-glasuraeth, *eb, ll* -au, neo-classicism
neo-glasurol, *a*, neo-classical
Neo-Gothig, *a*, Neo-Gothic
neoplasm, *eg, ll* -au, neoplasm
nerf, *eg, ll* -au, nerve
ffibr nerf, *eg*, nerve fibre
ffibr nerf medwlaidd, *eg*, medulated nerve fibre
llinyn nerf, *eg*, nerve cord
nerf abdwcens, abucens nerve
nerf anterior, anterior nerve
nerf asgwrn cefn, spinal nerve
nerf atodol, accessary nerve
nerfau noson gyntaf, first night nerves (*Th*)
nerf fagws, vagus nerve
nerf y clyw, auditory nerve
nerf ymudol, motor nerve
terfyn nerf, *eg*, nerve ending
nerfeg (newroleg), *eb*, neurology
nerfegol, *a*, neurological
nerf-gell, *eb, ll* -oedd, nerve-cell
nerfogaeth, *eb, ll* -au, innervation
nerfol, *a*, nervous
canolfan nerfol, *eb*, nerve centre
system nerfol, *eb*, nervous system
system nerfol ganolog, *eb*, central nervous system
nerfrwyd, *eb, ll* -au, -i, nerve-net
nerfus, *a*, nervous

nerfwreiddyn, *eg, ll* nerfwreiddiau, nerve-root
nerfwst, *eg*, neurasthenia
neritig, *a*, neritic
nerob, *eb, ll* -au, flitch of bacon
nerth, *eg, ll* -oedd, power; potency
nerthol, *a*, vigorous
nerthyriad, *eg, ll* -au, power-drive
nesad, *eg, ll* -au, approach
nesau, *be*, approach
net, *a*, net
neuadd, *eb, ll* -au, hall; guildhall
neuadd ddawnsio, ballroom
neuadd gynnull, assembly hall
newid, *be*, change; *eg*, change
newid cyflym, quick change
newidiant, *eg, ll* newidiannau, variability
newidiol, *a*, variable
newidydd, *eg, ll* -ion, transformer
newidydd codi, step-up transformer
newidydd gostwng, step-down transformer
newidyn, *eg, ll* -nau, variable
newidyn annibynnol, independent variable
newidyn dibynnol, dependent variable
newral, *a*, neural
newritis, *eg*, neuritis
newro-gyhyrog, *a*, neuro-muscular
newroleg, *eb*, neurology
newrolegol, *a*, neurological
newron, *eg, ll* -au, neurone
newrosis, *eg, ll* -au, neurosis
newter, *a*, neuter; *eg*, neuter
newton, *eg, ll* -au, newton
newtral, *eg, ll* -iaid, neutral
newtraledig, *a*, neutralized
newtraliad, *eg, ll* -au, neutralization
newtraliaeth, *eb*, neutrality
newtraliaeth arfog, armed neutrality
newtralu, *be*, neutralize
newtrino, *eg, ll* -eon, neutrino
newtron, *eg, ll* -au, neutron
newydd-anedig, *a*, neonate
newydd-enedigol, *a*, neo-natal
newyddiadur, *eg, ll* -on, newspaper
newyddiadur byw, living newspaper

newyn, *eg, ll* -au, hunger
nicel, *eg,* nickel
   bwcl plat nicel, *eg,* nickel plated buckle
nicer, *eg, ll* -s, knicker
nifer, *eg, ll* -oedd, number; quantity
niferiadol, *a,* numerical
nifwl, *eg, ll* nifylau, nebula
   nifwl modrwy, ring nebula
   nifwl troellog, spiral nebula
nihiliaeth, *eb,* nihilism
nihilydd, *eb, ll* -ion, nihilist
nilpotent, *a,* nilpotent
nimbostratws, *eg, ll* nimbostrata, nimbostratus
nionyn, *eg, ll* nionod, onion
niper, *eg, ll* -i, nipper
   niper bandio, band nipper
nitrad, *eg, ll* -au, nitrate
nitraid, *eg, ll* nitreidiau, nitrite
nitreiddiad, *eg, ll* -au, nitrification
nitreiddio, *be,* nitrify
nitrid, *eg, ll* -au, nitride
nitrig, *a,* nitric
   asid nitrig, *eg,* nitric acid
nitrogen, *eg,* nitrogen
nitrus, *a,* nitrous
   asid nitrus, *eg,* nitrous acid
niwclear, *a,* nuclear
niwed, *eg, ll* niweidiau, injury; damage
   Deddf Niwed Bwriadol, *eb,* Malicious Damage Act
niweidiol i iechyd, *a,* prejudicial to health
niwl, *eg, ll* -oedd, mist; fog
niwlio, *be,* mist
niwmatig, *a,* pneumatic
niwmonia, *eg,* pneumonia
niwmothoracs, *eg,* pneumothorax
niwsans, *eg, ll* -ys, nuisance
   niwsans cyffredinol, public nuisance
nobyn, *eg, ll* nobiau, knob
nôd, *eg,* node; goal; mark; objective
   nôd adnabod, identification mark
   nôd gwarant, hall mark
   nôd masnach, trade mark
   nôd prawf, assay mark
nodal, *a,* nodal
nodaledd, *eg, ll* -au, nodality

nodenwi, *be,* label
nodi, *be,* mention
nodiadur, *eg, ll* -on, notebook; notary
nodiant, *eg, ll* nodiannau, notation
nodwedd, *eb, ll* -ion, feature; character; characteristic; property
   nodwedd caffael, acquired characteristic
   nodweddion priod, personal characteristics
   nodweddion rhieni, parental character; parental characteristics
nodweddiadol, *a,* characteristic
nodweddol, *a,* characteristic
nodweddrif, *eg, ll* -au, characteristic
nodwydd, *eb, ll* -au, needle
   blaen nodwydd, *eg,* needlepoint
   clamp nodwydd, *eg,* needle clamp
   crefft nodwydd, *eb,* needlecraft
   ffeiliau nodwydd, *ell,* needle files; Swiss files
   nodwydd beiriant, machine needle
   nodwydd bolstri, upholstery needle
   nodwydd frodio, crewel needle
   nodwydd frodwaith, embroidery needle
   nodwydd greithio, darning needle
   nodwydd harnais, harness needle
   nodwydd laeth, teat-syphon
   nodwydd pwyth chwip, whip stitching needle
   nodwydd sigl, swing needle
   nodwydd wnïo, sewing needle
   nodwydd ysgythru, etching needle
   peiriant nodwydd swing, *eg,* swing needle machine
   rhoi edau mewn nodwydd, *be,* thread a needle
   ymylwaith blaen nodwydd, *eg,* needlepoint edging
nodwydden, *eb, ll* -nau, between needle
nodwyddiad (pwythyn), *eg, ll* -au, length of thread for needle
nodwyddwaith, *eg, ll* nodwyddweithiau, needlework
nodyn, *eg, ll* nodau (C), nodion (S), note

cyfosod nodau, *eg*, grouping of notes
nodau afraid, unessential notes
nodau anhepgor, essential notes
nodau clwm, tied notes
nodau cynorthwy, auxiliary notes
nodau cyplad, passing notes
nodau cyplad acennog, accented passing notes
nodau cyplad diacen, unaccented passing notes
nodau dangos, distinguishing notes
nodau deutu, changing notes
nodau mynychedig, reiterated notes
nodau nodweddiadol, characteristic notes
nodau plaen, unmarked notes
nodau rhifol, marked notes
nodau unpwynt, dotted notes
nodyn arweiniol, leading note
nodyn atgoffa, reminder
nodyn cludwaith, consignment note
nodyn diogelu, cover note
nodd, *eg*, *ll* -ion, sap
nodded, *eg*, *ll* -au, -i, refuge
 pentref nodded, *eg*, refuge village
noeth, *a*, bare
noethlun, *eg*, *ll* -iau, nude
noethlymun, *a*, in the nude
noethlymuno profoclyd, *be*, striptease
nofa, *eg*, *ll* nofae, nova
nofio, *be*, swim
 campau nofio, *ell*, swimming gala
 dull Seisnig o nofio ar y cefn, *eg*, English backstroke
 gwisg nofio, *eb*, swim suit
 nofio ar y cefn, backstroke
 nofio ar y frest, breast-stroke
 nofio ar yr ochr, side-stroke
 nofio broga, breast-stroke
 nofio ci, dog paddle
 nofio glöyn byw, butterfly stroke
nofion, *ell*, floaters
nofiwr, *eg*, *ll* -wyr, swimmer
nofiwr tanddwr, frogman

nogi, *be*, nog
 nogi brics, brick nogging
nogiad, *eg*, *ll* -au, jibbing
nogio, *be*, jib
nôl, *be*, fetch
nomad, *eg*, *ll* -iaid, nomad
nomadiaeth, *eb*, nomadism
nomadig, *a*, nomadic
nomogram, *eg*, *ll* -au, nomogram
nonagon, *eg*, *ll* -au, nonagon
norm, *eg*, *ll* -au, norm
normadol, *a*, normative
normal, *a*, normal; *eg*, *ll* -au, normal
normaleiddio, *be*, normalize
normalydd, *eg*, *ll* -ion, normalizer
Norman, *a*, Norman
nos, *eb*, *ll* -au, night
 carthion nos, *ell*, night soil
nosgan, *eb*, *ll* -euon, serenade
noslun, *eg*, *ll* -iau, nocturne
nosluniol, *a*, nocturnal (*Cel*)
nosol, *a*, nocturnal
noson, *eb*, night
 noson agor, opening night
 noson gyntaf, first night
noswyl, *a*, dormitory
noswylfa, *eb*, *ll* -oedd, dormitory
not, *eb*, *ll* -iau, knot
notari, *eg*, *ll* notaríau, notary
noter, *eg*, *ll* -iaid, notary
 noter cyhoeddus, public notary
 noter y Pab, Papal notary
notocord, *eg*, *ll* -au, notochord
notri, *eg*, *ll* notriau, notary
nwcelws, *eg*, *ll* nwceli, nucellus
nwclear, *a*, nuclear
 gorsaf pwer nwclear, *eb*, nuclear power station
 llifydd nwclear, *eg*, nuclear fluid
 pwer nwclear, *eg*, nuclear power
nwcledig, *a*, nucleated
nwcleig, *a*, nucleic
 asid nwcleig, *eg*, nucleic acid
nwcleolws, *eg*, *ll* nwcleoli, nucleolus
nwcleon, *eg*, *ll* -au, nucleon
nwcleoplasm, *eg*, nucleoplasm
nwcleoprotein, *eg*, *ll* -iau, nucleoprotein
nwcleotid, *eg*, *ll* -au, nucleotide
nwclews, *eg*, *ll* nwclei, nucleus

nwdl, *eg, ll* -au, noodle
nwl, *a,* null; *eg, ll* -iau, null
nwlah, *eg, ll* -au, nullah
nwlbwynt, *eg, ll* -iau, null point
nwnatac, *eg, ll* -iau, nunatak
nwrliad, *eg, ll* -au, knurling
nwrlio, *be,* knurl
nwtrient, *a,* nutrient; *eg, ll* -au, nutrient
   halwynau nwtrient, *ell,* nutrient salts
nwy, *eg, ll* -on, -au, gas
   glo nwy, gas coal
nwy-cynnyrch, *eg,* producer-gas
nwyd, *eg, ll* -au, passion
nwy-dŵr, *eg,* water-gas
nwyddyn, *eg, ll* -nau, commodity
nwyddau, *ell,* goods; merchandise
   diwydiant nwyddau traul, *eg,* consumer industry
   lein nwyddau, *eb,* mineral railway
   marchnad nwyddau traul, *eb,* consumer market
   nwyddau cymhariaeth, comparison goods
   nwyddau darfod, perishable goods
   nwyddau gweithgynnyrch, manufactured goods
   nwyddau gwneud, manufactured goods
   nwyddau haearn, ironmongery
   nwyddau para, durable goods
   nwyddau rhaid, convenience goods
   nwyddau swmpus, bulky goods
   nwyddau traul, consumer goods
   nwyddau tŷ, household goods
nwyglos, *a,* gastight
nyctinastedd, *eg,* nyctinasty
nyddu, *be,* spin; twist
   troell nyddu, *eb,* spinning wheel
nyddyn, *eg, ll* -nau, spinneret
nylon (neilon), *eg,* nylon
   nylon gwlanog, brushed nylon
   torrwr nylon, *eg,* nylon cutter
nymff, *eb, ll* -od, nymph
nymffaewm, *eg, ll* nymffaea, nymphaeum
nymffomania, *eg,* nymphomania
Nymphaea, *eg,* Nymphaea
nyrs, *egb, ll* -ys, nurse
   nyrs ardal, *eb,* district nurse
nyrsio, *be,* nurse
nyten, *eb, ll* nytiau, nut
   nyten asgellog, wing nut
   nyten chwimwth, quick action nut
   nyten dei, die nut
   nyten gastell, castle nut
   nyten gloi, lock nut
   nyten hecsagonal, hexagonal nut
   nyten sgwâr, square nut
   nyten slot, slotted nut
   nytiau a bolltiau, nuts and bolts
nytmeg, *eg,* nutmeg
nythaid o fyrddau, *eg,* nest of tables

O

oasis, *eg, ll* -au, oasis
obelisg, *eg, ll* -au, obelisk
oblong, *eg, ll* -au, oblong
obo, *eg, ll* -au, oboe
obsesiwn, *eg, ll* obsesiynau, obsession
obstetreg, *eb,* obstetrics
ocelws, *eg, ll* oceli, ocellus
ocr, *eg, ll* -au, ochre
   ocr coch, red ochre
ocsid, *eg, ll* -iau, oxide
   ocsid crôm gwyrdd, green chrome oxide
ocsideiddiad, *eg, ll* -au, oxidisation
ocsideiddio, *be,* oxidise
ocsidiad, *eg, ll* -au, oxidation
ocsidio, *be,* oxidise
ocsido-rhydwythiad, *eg, ll* -au, oxidation-reduction
ocsidydd, *eg, ll* -ion, oxidising agent

ocsiwn, *eb, ll* ocsiynau, auction
ocsiwnier, *eg, ll* -iaid, auctioneer
ocsy-asetylen, *a,* oxy-acetylene
ocsygen (ocsigen), *eg,* oxygen
ocsygeneiddiad, *eg, ll* -au,
 oxygenation
ocsygeneiddio, *be,* oxygenate
ocsyhaemoglobin, *eg,*
 oxyhaemoglobin
octaf, *a,* octave; *eg, ll* -au, octave
octafo, *eg,* octavo
octagon, *eg, ll* -au, octagon
octahedron, *eg, ll* -au, octahedron
octant, *eg, ll* octannau, octant
octastyl, *eg, ll* -iau, octastyle
ocwlar, *a,* ocular; *eg, ll* -au, ocular
ochr, *eb, ll* -au, side
 i'r ochr ac i fyny, *ad,* sideways
 upward
 ochr cofweinydd (O.C.), prompt
 side (P.S.)
 ochr dde, right side
 ochr esgynedig, upthrow side
 ochr syrthiedig, downthrow side
 ochr waered, downhill side
 ochr weithiol, face side
ochr-ddrychiad, *eg, ll* -au, side
 elevation
ochri, *be,* side
ochrol, *a,* lateral
 goruchafiaeth ochrol, *eb,* lateral
 dominance
ochr-olwg, *egb, ll* ochr-olygon,
 end-elevation
ochr-oruchafiaeth, *eb, ll* -au, lateral
 dominance
odalisg, *eg, ll* -iaid, odalisque
odrif, *eg, ll* -au, odd number
Odonata, *ell,* Odonata
odyn, *eb, ll* -nau, kiln
 odyn drydan, electric kiln
 sychu mewn odyn, *be,* kiln
 seasoning
oddf, *eg,* bulb
oddfog, *a,* bulbous
oed, *eg,* age
 oed-galedu, *be,* age hardening
oedema, *eg, ll* oedemata, oedema
oedematus, *a,* oedematous
oed-grŵp, *eg, ll* -grwpiau, age-group
oedi, *be,* defer
oediad, *eg, ll* -au, moratorium

oedolaeth, *eb,* adulthood
 oedran oedolaeth, *eg,* age of
 majority
oedran, *eg, ll* -nau, age
 graddfa oedran, *eb,* age scale
 grŵp oedran, *eg,* age-group
 oedran addysgol, educational age
 oedran cronolegol, chronological
 age
 oedran cynsail, basal age
 oedran meddyliol, mental age
 oedran meddyliol canolrifol,
 median mental age
 ystod oedran, *eb,* age range
oedrannus, *a,* elderly; *ell,* elderly
oel, *eg, ll* -iau, oil; liniment
 can oel, *eg,* oil can
 cnewyll palm oel, *ell,* oil palm
 kernels
 had cel, *eg,* oilseed
 maes oel, *eg,* oilfield
 oel crai, crude oil
 oel had llin, linseed oil
 oel lard, lard oil
 oel llysiau, vegetable oil
 oel olif, olive oil
 oel salad, salad oil
 oel wedi'i ferwi, boiled oil
 rig cel, *eg,* oil rig
 tebot oel, *eg,* oil can
oelio allan, *be,* oil out
oen, *eg, ll* ŵyn, lamb
 oen benyw, ewe lamb
 oen hwrdd, ram lamb
oer, *a,* cold
 ffrynt oer, *egb,* cold front
 oer freuder, *eg,* cold shortness
oerddrws, *eg, ll* oerddrysau, wind
 gap
oergist, *eb, ll* -iau, refrigerator
oeriadur, *eg, ll* -on, refrigerator
oerydd, *eg, ll* -ion, coolant
oes, *eb, ll* -au, -oedd, age
 Oes Garbonifferaidd,
 Carboniferous Age
 Oes y Glo, Carboniferous Age
oesoffagws, *eg, ll* -i, oesophagus
oestrogen, *eb, ll* -nau, oestrogen
oestrus, *a,* oestrous
 cylchred oestrus, *eg,* oestrous
 cycle
oestrws, *eg,* oestrus

ofari, *eg, ll* ofariau, ovary
ofer, *a,* abortive; *eb,* over
  ofer feiden, maiden over
ofergyflogi, *be,* underemploy
oferôl, *eg, ll* -au, overall
ofidwct, *eg, ll* ofidyctiau, oviduct
ofiparus, *a,* oviparous
ofipositor, *eg, ll* ofipositorau, ovipositor
ofn, *eg, ll* -au, fright
  ofn llwyfan, stage fright
  parchedig ofn, awe
o fodd, *a,* voluntary
offal, *eg, ll* -au, offal
offdreif, *eg, ll* offdreifiau, off drive
ofwl, *eg, ll* -au, ovule
ofwliaeth, *eb, ll* -au, ovulation
ofwm, *eg, ll* ofa, ovum
offeiriant, *eg, ll* offeiriannau, plant
offer, *ell, un* offeryn, apparatus; equipment; gear; tackle; tools; instruments
  offer arbar, improvised apparatus
  offer cludol, portable apparatus
  offer ffarm, farm implements
  offer parod, manufactured apparatus
  offer strwythurol, structural apparatus
offeren, *eb, ll* -nau, mass
  llyfr offeren, *eg,* missal
offeru, *be,* tool
  dalen offeru, *eb,* tooling leaf
  gaing gau offeru, *eb,* tooling gouge
  lledr offeru, *eg,* tooling leather
offerwaith, *eg, ll* offerweithiau, instrumentation
offerwr, *eg, ll* -wyr, toolmaker
  clamp offerwr, *eg,* toolmaker's clamp
offeryn, *eg, ll* offer, offerynnau, tool; instrument
  bit offer, *eg,* tool bit
  offer chwyth, wind instruments
  offer ffurfio, forming tools
  offer llaw, hand props
  offer peiriannol, machine tools
  offer tannau, stringed instruments
  offeryn allweddog, key instrument
  offeryn Dresden, Dresden tool
  offeryn engrafu, engraving tool
  offeryn manylwaith, precision instrument
  offerynnau taro, percussion instruments
offeryniaeth, *eb, ll* -au, instrumentation
offerynnol, *a,* instrumental
offisial, *eg, ll* -s, official
off-rediad, *eg,* off-run
offthalmiad, *eg,* ophthalmia
offthalmolegwr, *eg, ll* offthalmolegwyr, ophthalmologist
offthalmosgop, *eg, ll* -au, ophthalmoscope
offrwm, *eg, ll* offrymau, oblation
ogamu, *be,* go about
  starn ogam, *eg,* gybe
  starn ogamu, *be,* gybe
ogee, *eg, ll* -au, ogee
ogif, *eg, ll* -au, ogive
ogof, *eb, ll* ogofâu, ogofeydd, cave
  ogof gron, cavern
  ogof ordo, overhanging cave
ogofeg, *egb,* spelaeology
ogofydd, *eg, ll* -ion, spelaeologist
ogylchu, *be,* contour
ongl, *eb, ll* -au, angle
  ongl aflem, obtuse angle
  ongl a gynhelir, subtended angle
  ongl allanol, exterior angle
  ongl aroledd, angle of inclination
  ongl arwyneb, glancing angle
  ongl atblyg, reflex angle
  ongl atodol, supplementary angle
  ongl baladr, beam angle
  ongl ddeuhedral, dihedral angle
  ongl eiledol, alternate angle
  ongl fewnol, interior angle
  ongl gliriad, clearance angle
  ongl godi, angle of elevation
  ongl groesfertig, vertically opposite angle
  ongl gyfagos, adjacent angle
  ongl gyfatebol, corresponding angle
  ongl gyflenwol, complementary angle
  ongl gynnal, subtended angle
  ongl lem, acute angle
  ongl ostwng, angle of depression
  ongl sgwâr, right angle

onglfaen, *eg, ll* onglfain; onglfeini, quoin
ongli, *be,* off-set
onglog, *a,* angular
persbectif onglog, *eg,* angular perspective
onglogrwydd, *eg,* angularity
onglydd, *eg, ll* -ion, protractor
ohm, *eg, ll* -au, ohm
o'i bwyll, *a,* insane
ôl, *eg, ll* olion, vestige
olafanedigaeth, *eb,* Borough English
ôl-chwarae, *eg, ll* -on, after-piece
oldal, *eg, ll* -oedd, back-pay
ôl-dal, *eg, ll* -daloedd, back-pay
ôl-daliadau, *ell,* arrears
oldywyn, *eg, ll* -iadau, afterglow
olddelwedd, *eb, ll* -au, after image
ôl-ddilynol, *a,* consequential
olddodiad, *eg, ll* olddodiaid, suffix
olddyddio, *be,* post date
ôl-ddyledaeth, *eb,* arrearage
ôl-ddyledion, *ell,* arrears
ôl-ddyled cyfraniadau, arrears of contributions
oleffin, *eg, ll* -iau, olefine
ôl-enedigol, *a,* post-natal
oleograff, *eg, ll* -iau, oleograph
olesgor, *eg, ll* -au, afterbirth
olew, *eg,* oil
  lliwiau olew, *ell,* oil colours
  maes olew, *eg,* oilfield
  olew grawn, corn oil
  olew iau penfras, cod liver oil
  olew llinad, linseed oil
  olew olewydden, olive oil
  peintiad olew, *eg,* oil painting
  peintio olew, *be,* oil painting
olewa, *be,* oil out
olewydden, *eb, ll* olewydd, olive
  olew olewydden, *eg,* olive oil
ôl-fynedfa, *eb, ll* -fynedfeydd, rear access
ôl-fflach, *eb, ll* -iau, flash back
olgart, *eg, ll* olgeirt, trailer
olgerbyd, *eg, ll* -au, trailer
olgofnod, *eg, ll* -au, post entry
olgripian, *be,* layback
olgroesiad, *eg, ll* -au, backcross
olgyfeiriad, *eg, ll* -au, backbearing
olgynnydd, *eg, ll* -ion, retardation

ôl-gynnyrch, *eg, ll* -gynhyrchion, by-product
olgynyddol, *a,* retarded
olif, *eg, ll* -au, olive
olin, *eg, ll* -au, trace
olinwaith, *eg,* tracery
olinydd, *eg, ll* -ion, tracer
ôl-nodyn, *eg,* postscript (P.S.)
olodell, *eb, ll* -au, back spacer
ôl-ofal, *eg, ll* -on, after-care
  ôl-ofal cleifion, after-care of patients
olredeg, *be,* recede
olrediad, *eg, ll* -au, recession
olrewlifol, *a,* postglacial
ôlseddwr, *eg, ll* -wyr, backbencher
olsodli, *be,* back-heel
olstroc, *eb,* downstroke
olsylliad, *eg, ll* -au, retrospection
olsyllu, *be,* retrospect
olwr, *eg, ll* -wyr, back
olwyn, *eb, ll* -ion, wheel
  adain olwyn, *eb,* spoke
  cadair olwyn, *eb,* wheel chair
  carndro olwyn, *eg,* wheel brace
  ffenestr olwyn, *eg,* wheel window
  olwyn balans, balance wheel
  olwyn ddargopïo, tracing wheel
  olwyn fandio, banding wheel
  olwyn fesur, trundle wheel
  olwyn gocos, cog wheel
  olwyn gydbwysedd, balance wheel
  olwynion cyswllt, idler wheels
  olwynion newid, change wheels
  olwyn rhif, number wheel
olwyndro, *eg, ll* -adau, cartwheel
olwyndroi, *be,* cartwheel
olwynion-troed, *ell,* roller-skates
olwyno, *be,* wheel
ôl-ymddygiad, *eg, ll* -au, terminal behaviour
ôl-ymennydd, *eg, ll* -ymenyddiau, hind-brain
olyniaeth, *eb, ll* -au, succession; sequence
olyniaeth creigiau, succession of rocks
olynol, *a,* successive; consecutive
  5edau ac 8fedau olynol, consecutive 5ths and 8ths
ôl-luosi, *be,* post-multiply
omaswm, *eg, ll* omasa, omasum

omatidiwm, *eg, ll* **omatidia**,
  ommatidium
ombwdsmon, *eg, ll* **ombwdsmyn**,
  ombudsman
omlet, *eg, ll* -**i**, omlette
oncosffer, *eg, ll* -**au**, onchosphere
ondreif, *eg, ll* -**iau**, on drive
onnen, *eb, ll* **ynn**, ash
ontogenedd, *eg, ll* -**au**, ontogeny
oöcyt, *eg, ll* -**au**, oöcyte
oögamedd, *eg*, oögamy
oögenesis, *eg*, oögenesis
oögoniwm, *eg, ll* **oögonia**, oögonium
oölitig, *a*, oölitic
oösbor, *eg, ll* -**au**, oöspore
oösffer, *eg, ll* -**au**, oösphere
opera, *eb, ll* **operâu**, opera
  opera ddigri, comic opera
  opera faled, ballad opera
  opera fawreddog, grand opera
  opera ysgafn, light opera
operadiad, *eg, ll* -**au**, operation
operadu, *be*, operate
operadur, *eg, ll* -**iaid**, operator
opercwlwm, *eg, ll* **opercwla**,
  operculum
opereta, *eb, ll* -**u**, operetta
opisthodomos, *eg, ll* -**au**,
  opisthodomos
opsiwn, *eg, ll* **opsiynau**, option
opteg, *eb*, optics
optegol, *a*, optical
  cymysgion optegol, *ell*, optical
    mixtures
  unioniad optegol, *eg*, optical
    refinement
optegwr, *eg, ll* -**wyr**, optician
optig, *a*, optig; *eg*, optic
optimistiaeth, *eb*, optimism
optimwm, *a*, optimum; *eg, ll*
  optima, optimum
  maint optimwm, *eg*, optimum size
  poblogaeth optimwm, *eb*,
    optimum population
opws, *eg, ll* **opera**, opus
oratorio, *eb, ll* -**s**, oratorio
orbit, *eg, ll* -**au**, orbit
orbitol, *a*, orbital
ordeinio, *be*, ordain
ordeinyn, *eg, ll* **ordeinion**, ordinand
ordinari, *eg, ll* -**iaid**, ordinary

ordiniant, *eg, ll* **ordiniannau**,
  ordinance
ordnans, *eg, ll* -**au**, ordnance
  datwm ordnans, *eg*, ordnance
    datum
  map ordnans, *eg*, Ordnance
    Survey Map
Ordofigaidd, *a*, Ordovician
oren, *eg, ll* -**nau**, orange
Orffiaeth, *eb*, Orphism
organ, *egb, ll* -**au**, organ
  organ y clyw, auditory organ
organdi, *eg, ll* **organdïau**, organdie
organeb, *eb, ll* -**au**, organism
organig, *a*, organic
  synwyriadau organig, *ell*, organic
    sensations
oriel, *eb, ll* -**au**, gallery
  bedd oriel, *eg*, gallery grave
  copi oriel, *eg*, gallery copy
ormolu, *eg, ll* -**au**, ormolu
orogenedd, *eg, ll* -**au**, orogeny
orogenesis, *eg*, orogenesis
orogenetig, *a*, orogenetic
orogeni, *eg, ll* **orogenïau**, orogeny
orograffig, *a*, orographic
oriog, *a*, moody
orlen, *eb, ll* -**ni**, time sheet
orlon, *eg*, orlon
orthogenesis, *eg*, orthogenesis
orthogonal, *a*, orthogonal
orthogonaledd, *eg*, orthogonality
orthograffig, *a*, orthographic
  tafluniad orthograffig, *eg*,
    orthographic projection
orthraidd, *eg, ll* **orthogreiddiau**,
  orthocentre
orthonormal, *a*, orthonormal
orthoptig, *a*, orthoptic
osason, *eg, ll* -**au**, ozazone
osgam, *eg, ll* -**au**, sidestep
osgamu, *be*, sidestep
osgiladiad, *eg, ll* -**au**, oscillation
  osgiladiad gorfod, forced
    oscillation
  osgiladiad gwanychol, damped
    oscillation
osgiladol, *a*, oscillatory
  symudiad osgiladol, *eg*, oscillatory
    movement
osgiladu, *be*, oscillate

osgiladur, *eg, ll* -on, oscillator
osgiladur amledd curiad, beat frequency oscillator
osgilosgop, *eg, ll* -au, oscilloscope
osgled, *eg, ll* -au, amplitude
osgled llanw, amplitude of tide
osgo, *eg, ll* -au, attitude
osgoi, *be,* dodge; evade
os gwelwch yn dda, please
osmo-reolaeth, *eb, ll* -au, osmoregulation
osmosis, *eg, ll* -au, osmosis
osmotig, *a,* osmotic
gwasgedd osmotig, *eg,* osmotic pressure

osôn, *eg, ll* -au, ozone
osteomyelitis, *eg,* osteomyelitis
osteopath, *eg, ll* -wyr, osteopath
otitis, *eg,* otitis
otolith, *eg,* otolith
otoroea, *eg,* otorrhoea
owmal, *eg,* enamel
owns, *eb, ll* -iau, ounce
owtffit, *eg, ll* -au, outfit
ozazon, *eg,* ozazone
ozôn, *eg,* ozone

P

pabell, *eb, ll* pebyll, tent
pabi, *eb, ll* pabïau, poppy
  pen pabi, *eg,* poppy head
pac, *eg, ll* -iau, pack
  dyn paciau, *eg,* baggage man
  pac agored, open pack
  pac clos, close pack
pacborth, *eg, ll* pacbyrth, packet port
pacedborth, *eg, ll* pacedbyrth, packet port
pacedlong, *eb, ll* -au, packet steamer
pacfa, *eb, ll* pacfeydd, pack
  pacfa iâ, pack ice
pacio, *be,* pack
  deunydd pacio, *eg,* packaging
  nodyn pacio, *eg,* packing note
pacytên, *a,* pachytene
pad, *eg, ll* -iau, pad
  pad gwasgu, pressing pad
  pad stampio, stamp pad
  padiau cicio, *ell,* kickers
  pwyth pad, *eg,* pad stitch
padell, *eb, ll* -i, pedyll, pan
  padell bobi, baking pan
  padell ffrïo, frying pan
  padell olchion, suds bowl
  padell pen-glin, knee cap; patella

padio, *be,* pad
padl, *eg, ll* -au, paddle
  coes padl, *egb,* loom
  fferwl, *eg, ll* fferylau, ferrule
padlo, *be,* paddle
  padlo'n araf, paddle light
  padlo'n gadarn, paddle firm
  strôc badlo'n ôl, *eb,* reverse paddling stroke
  strôc badlo ymlaen, *eb,* forward paddling stroke
padog, *eg, ll* -au, paddock
pae, *eg,* pay
  pacyn pae, *eg,* pay packet
  slip pae, *eg,* pay slip
paediatreg, *egb,* paediatrics
paediatrig, *a,* paediatric
paediatrydd, *eg, ll* -ion, paediatrician
paent, *eg, ll* -iau, paint
  paent emwlsiwn, emulsion paint
  paent iro, grease paint
  paent llathr (glós), gloss paint
pafan, *eg, ll* -au, pavan
pafin, *eg ll* -iau, pavement
paffio, *be,* box
  paffio clos, in-fighting
pagoda, *eg, ll* pagodau, pagoda

paill, *eg*, pollen
  gronyn paill, *eg*, pollen grain
pair, *eg*, *ll* **peiriau**, melting pot
pais, *eb*, *ll* **peisiau**, petticoat
paith, *eg*, *ll* **peithiau**, prairie; pampas
paladr, *eg*, *ll* **pelydr**, beam (of light); shaft
palaeobotaneg, *egb*, palaeobotany
palaeoddaearyddiaeth, *egb*, palaeogeography
palaeograffeg, *egb*, palaeography
palaeograffwr, *eg*, palaeographer
palaeolithig, *a*, palaeolithic
palaeontoleg, *egb*, palaeontology
Palaeosoig, *a*, Palaeozoic
palalwyfen, *eb*, *ll* **-nau, palalwyf,** lime tree
palet, *eg*, *ll* **-au**, palette
  cyllell balet, *eb*, palette knife
palfais, *eb*, *ll* **palfeisiau**, shoulder
palis, *eg*, palisade
palisâd, *eg*, *ll* **-au**, palisade
paliwm, *eg*, *ll* **palia**, pallium
palmant, *eg*, *ll* **-au**, pavement; pavimentum
palmwydden, *eb*, *ll* **palmwydd**, palm tree
palp, *eg*, *ll* **-iau**, palp
palstaf, *eg*, *ll* **-au**, palstave
pallwr, *eg*, defaulter
pampas, *ell*, pampas
pampero, *eg*, *ll* **-au**, pampero
panasen, *eb*, *ll* **pannas**, parsnip
panatrôp, *eg*, *ll* **-au**, panatrope
pancosen, *eb*, *ll* **pancos**, pancake
pancreas, *eg*, *ll* **-au**, pancreas
pancromatig, *a*, panchromatic
paned-fasnach, *eb*, *ll* **-oedd**, tea-cup trade
panel, *eg*, *ll* **-i**, panel
  ffurfio panel, *be*, empanel
  llif banel, *eb*, panel saw
  panel drws, door panel
  panel gwydr, glass panel
  panel llwyfan, stage board
  panel pell-reoli, remote-control panel
  panel trydan, switchboard
  pin panel, *eg*, panel pin
panelu, *be*, empanel
panig, *a*, panic; *eg*, panic

panlwch, *eg*, *ll* **panlychau**, pounce
panlychu, *be*, pounce
pannu, *be*, fuller
pannwl (tir), *eg*, *ll* **panylau**, depression
pannwr, pannydd *eg*, *ll* **panwyr, panyddion**, fuller
  pridd y pannwr, *eg*, fuller's earth
panorama, *eg*, *ll* **panoramâu**, panorama
panoramig, *a*, panoramic
pant, *eg*, *ll* **-iau, -au**, hollow; depression; pit
  pantiau gweflog, boarded pits
pantiad, *eg*, *ll* **-au**, indentation
pantio, *be*, hollow
pantograff, *eg*, *ll* **-au**, pantograph
pantomeim, *egb*, *ll* **-au**, pantomime
pantri, *eg*, *ll* **pantrïau**, pantry
pants, *ell*, pants
panwastadedd, *eg*, *ll* **-au**, panplain
panyliad, *eg*, *ll* **-au**, indentation
papila, *eg*, *ll* **papilae**, papilla
papur, *eg*, *ll* **-au**, paper
  arian papur, *ell*, paper money
  beindin papur, *eg*, paper binding
  cas papurau, *eg*, paper folder
  clip papur, *eg*, paper clip
  ffasner papur, *eg*, paper fastener
  papur blawd, flour paper
  papur carbon, carbon paper
  papur cartris, cartridge paper
  papur cegin, kitchen paper
  papur clawr, cover paper
  papur copïo, tracing paper
  papur crêp, crepe paper
  papur cropar, cropar paper
  papur cwyrog, waxed paper
  papur cyfreslun, frieze paper
  papur dargopïo, tracing paper
  papur dosbarth cyntaf, fine paper
  papur drafftio, drafting paper
  papur ffrîs, frieze paper
  papur graff, graph paper
  papur gwrthsaim, greaseproof paper
  papur gwrymog, corrugated paper
  papur gwydrog, papur swnd, sand paper; glass paper
  papur lliain, rag paper
  papur lluosogi, duplicating paper
  papur llwyd, brown paper

papur llyfnu, glass paper
papur menyn, greaseproof paper
papur printio a wnaed â llaw, hand-made printing paper
papur saim, greased paper
papur sglein, glazed paper
papur sidan, tissue paper
papur sidan lliw, coloured tissue paper
papur sugno, blotting paper
papur terfyn, end paper
papur torri allan, cutting-out paper
papur ysgrifennu, stationery
rhwymiad papur, eg, paper binding
papur-meddyg, eg, ll papuraumeddyg, prescription
papuro, be, paper
papuro'r tŷ, paper the house
papws, eg, ll papi, pappus
pâr, eg, ll parau, pair; coxless pair; par
ar bâr, at par
parabola, eg, ll parabolâu, parabola
parabolig, a, parabolic
paraboloid, eg, ll -au, paraboloid
tô paraboloid, eg, paraboloid roof
paradocs, eg, ll -au, paradox
paraffin, eg, paraffin
paralacs, eg, ll -au, parallax
paralel, eg, ll -au, parallel
paralelepiped, eg, ll -au, parallelepiped
paralelogram, eg, ll -au, parallelogram
paramagnetedd, eg, paramagnetism
paramedr, eg, ll -au, parameter
paramedrig, a, parametric
paranoia, eg, paranoia
parapet, eg, ll -au, parapet
parapodiwm, eg, ll parapodia, parapodium
paraffysis, eg, ll -au, paraphysis
parasit, eg, ll -au, parasite
parasitig, a, parasitic
paratoad, eg, ll -au, preparation
paratoad yr anghytsain, preparation of a discord in " suspension "
parathyroid, a, eg, ll -au, parathyroid

parau, ell, doubles
parcdir, eg, ll -oedd, parkland
rhodfa parcdir, eb, parkland avenue
parchedigaeth, eb, reverence
pardynwr, eg, ll -wyr, pardoner
parechelin, a, paraxial
pared, eg, ll parwydydd, partition
parêd, eg, ll paredau, parade
paredd, eg, ll -au, parity
parencyma, eg, ll parencymata, parenchyma
parenthesis, eg, ll -au, parenthesis
parhad, eg, ll -au, continuation; continuity
parhad analytig, analytical continuation
parhaus, a, habitual; chronic
pariad, eg, ll -au, draw; pairing
parietal, a, parietal; eg, ll -au, parietal
pario, be, parry
pario drwy wrthwynebu, parry by opposition
pario drwy ysgaru, parry by detachment
pario cylchol neu wrthbario, circular or counter parry
pario syml neu union, direct or simple parry
parlys, eg, ll -au, paralysis; dead stick (Th)
parlys mud, apoplexy
parod, a, prefabricated; ready-made
parôl, eg, ll -ion, parole
parsel, eg, ll -au, parcel
part, eg, ll -iau, part
part arglwyddes, grand dame part
part bras, fat part
part bwrdd, table part
part cymeriad, character part
part gwas, butler part
part iaith lafar, dialect part
part Lladinaidd, dago-part
part mas (gerin), horse gear
part prawf, probation part
part seren, star part
part syth, straight part
particwlariaeth, eb, particularism
partio, be, part off
erfyn partio, eg, parting off tool
powdr partio, eg, parting powder

PARTITA

partita, *eg, ll* -u, -e, partita
partner, *eg, ll* -iaid, partner
partner gweithiol, working partner
partner segur, sleeping partner
partneriaeth, *eb, ll* -au, partnership
parth, *eg, ll* -au, domain
parthedig, *a,* sorted
parthenogenesis, *eg, ll* -au, parthenogenesis
parthu, *be,* shed
ffon barthu, *eb,* shed stick
paru, *be,* mate
rhannau paru, *ell,* mating parts
parwerth, *eg, ll* -oedd, par value
pas, *eg, ll* -iau, pass
pas bowndio, bounce pass
pas cosb, penalty pass
pas cyntaf, centre pass
pas dros ysgwydd, overarm pass
pas gwaywffon, javelin pass
pas gwrthol, reverse pass
pas o'r frest, chest pass
pas o'r ysgwydd, overarm pass
pas tampio, bounce pass
pas ymlaen, forward pass
pâs, *eg,* whooping cough
pasej, *eg, ll* -au, -ys, passage
pasiant, *eg, ll* pasiannau, pageant
pasiantri, *eg,* pageantry
pasio, *be,* pass
paslyfr, *eg, ll* -au, passbook
pasport, *eg, ll* -au, -s, passport
past, *eg, ll* -au, paste
past pysgod, fish paste
pastai, *eb, ll* **pasteiod,** pie
pastai'r bugail, shepherd's pie
pasteiod Nadolig, mince pies
pastel, *eg, ll* -i, pastel
pasten, *eb, ll* -ni, pasty
pasteureiddio, *be,* pasteurize
pasteuro, *be,* pasteurize
patela, *eg, ll* -u, -e, patella,
patent, *eg,* patent
patent dan ystyriaeth, patent pending
patentai, *eg, ll* **patenteion,** patentee
patera, *eg, ll* -u, -e, patera
pati, *eg, ll* -au, patty
patina, *eg, ll* -u, -e, patina
patio, *be,* pat; *eg, ll* -au, patio
patrôl, *eg, ll* -au, patrol

PEDAGOGAETH

patrolio, *be,* patrol
patrolwr, *eg, ll* -wyr, patrolman
patrwm, *eg, ll* **patrymau,** pattern; structure; design
addasu patrwm, *be,* adapt a pattern
darnau'r patrwm, *ell,* pattern pieces
ehangu patrwm, *be,* enlarge a pattern
lleihau patrwm, *be,* reduce a pattern
newid patrwm, *eg,* pattern alteration
patrwm bloc, block pattern
patrwm creiddig, cored pattern
patrwm draeniad, drainage pattern
patrwm drafft, drafted pattern
patrwm gwrthgyfnewid, counter change design
patrwm hollt, split pattern
patrwm ochr od, odd-side pattern
patrwm parod, commercial pattern; bought pattern
patrwm pen saeth, herring bone pattern
patrwm sylfaenol, foundation pattern
patrwm undarn, one piece pattern
trefn y patrwm, *eb,* pattern sequence
tyllau a marciau, *ell,* perforations and markings
uned patrwm, *eb,* unit of design
patrymog, *a,* patterned
creithio patrymog, pattern darning
patrymlun, *eg, ll* -iau, template
pathogen, *eb, ll* -au, pathogen
patholeg, *eb,* pathology
pawl, *eg, ll* **polion,** pawl
pebl, *eg, ll* -au, pebble
pebl dash, pebble dash
pecaid, *eg, ll* **peceidiau,** peck
pectig, *a,* pectic
asid pectig, *eg,* pectic acid
cyfansoddau pectig, *ell,* pectic compounds
pectin, *eg, ll* -au, pectin
pectoral, *a,* pectoral
pedagogaeth, *eb,* pedagogy

pedairdalen, *eb, ll* -nau, -ni, pedairdail, quatrefoil
pedair-strôc, *a*, four-stroke
pedal, *eg, ll* -au, pedal
pedalfer, *eg, ll* -i, pedalfer
pedesis, *eg, ll* -au, pedesis
pedestal, *eg, ll* -au, pedestal
pedestrad, *eg, ll* pedestriaid, pedestrian
croesfa pedestriaid, *eb, ll* croesfeydd pedestr, pedestrian crossing
croesfa bedestr, pedestrian crossing
pedestrig, *a*, pedestrian
pedicel, *eg, ll* -au, pedicel
pedicwlosis, *eg*, pediculosis
pediment, *eg, ll* -au, pediment
  gwastadedd pediment, *eg*, pediplain
pedler, *eg, ll* -iaid, pedlar
pedocal, *eg*, pedocal
pedrant, *eg, ll* pedrannau, quadrant
pedrochr, *a*, quadrilateral; *eb*, quadrilateral
pedrongl, *eb, ll* -au, quadrangle
pedrwplet, *eg, ll* -au, quadruplet
pedwarawd, *eg, ll* -au, foursome; quartet; quadruple
pedwncl, *eg, ll* pedynclau, peduncle
peg, *eg, ll* -iau, peg
  pegiau dobio, hammer pegs
  pegiau ffusto, hammer pegs
  pegiau rhew, ice pegs
  (peg) piton, piton (peg)
pegol, *eg, ll* -ion, awl
pegwn, *eg, ll* pegynau, pole
  pegwn gafael, chuck
  pegwn wybrennol y de, south celestial pole
  pegwn wybrennol y gogledd, north celestial pole
  pegwn y de, south pole
  pegwn y gogledd, north pole
  tu pegwn, poleward
pegynlin, *eg, ll* -iau, polar
pegynol, *a*, polar
peilon, *eg, ll* -au, pylon
peilldiwb, *eg, ll* -iau, pollen tube
peilliad, *eg, ll* -au, pollination
peillio, *be*, pollinate
peint, *eg, ll* -iau, pint

peintiad, *eg, ll* -au, painting
  peintiad ogof, cave painting
peintio, *be*, paint
  cyllell beintio, *eb*, painting knife
  elfennau peintio, *ell*, elements of painting
  peintio arweithiol, action painting
  peintio morol, marine painting
  Ysgol Peintio Uniongyrch, *eb*, School of Direct Painting
peintiwr, *eg, ll* -wyr, painter
  peintiwr dihyffordd, unschooled painter
  peintiwr golygfeydd, scenic artist
peintwrus, *a*, painterly
peipen, *eb, ll* -ni; peipiau, pipe
  peipen gyswllt, service pipe
  peipen wacáu, allbib, exhaust pipe
peipio, *be*, pipe
  atodyn peipio, *eg*, piping foot
peiran, *eg, ll* -nau, corrie
  peiran tandem, tandem corrie
peirianneg, *egb*, engineering
  peirianneg uwch, advanced engineering
  peirianneg y gweithdy, machine shop engineering
peiriannol, *a*, mechanical; machine-made
  gorffennu peiriannol, *be*, machine (Cr)
peiriannu, *be*, machine
peiriannwr, peiriannydd, *eg, ll* peirianwyr, engineer
peiriant, *eg, ll* peiriannau, machine; engine
  feis beiriant, *eb*, machine vice
  gweithdy peiriant, *eg*, machine shop
  peiriannau pilerog, pillar type machines (Cr)
  peiriant adio, adding machine
  peiriant ager, steam-engine
  peiriant allfwrdd, outboard engine
  peiriant arfwrdd, inboard engine
  peiriant awtomatig, automatic machine
  peiriant cyfrif, calculating machine
  peiriant cyfrifeg, accounting machine
  peiriant cyfuno, combine machine

peiriant drilio, drilling machine
peiriant dril mainc, bench drilling machine
peiriant dril pedestal, pedestal drilling machine
peiriant dril piler, pillar drilling machine
peiriant dysgu, teaching machine
peiriant ffrancio, franking machine
peiriant glaw, rain machine
peiriant golchi, washing machine
peiriant gwynt, wind machine
peiriant hapchwarae, gaming machine
peiriant jet, jet engine
peiriant llafnu, shearing machine
peiriant llunio, shaper
peiriant melino, milling machine
peiriant mewndanio, internal combustion engine
peiriant pŵer atomig, atomic powered engine
peiriant sychu a chrasu, air-dryer
peiriant tablu, tabulating machine
peiriant tanio tu mewn, internal combustion engine
peirianwaith, *eg, ll* peirianweithiau, machinery; mechanism
peiswellt, *ell, un* -yn, fescues
peithbridd, *eg, ll* -oedd, prairie soil
peithynen, *eb, ll* peithynau, shingle
pêl, *eb, ll* peli, ball
pedair pêl, four ball
pêl dyllog, gamester ball
pêl ddarpar, provisional ball
pêl farw, dead ball
pêl goll, lost ball
pêl gwymp, dropped ball
pêl rong, wrong ball
pêl rygbi, rugby ball
pêl sbwng, sponge ball
pêl traeth, beach ball
pelagig, *a,* pelagic
peledu, *be,* bombard
pelen, *eb, ll* -ni, ball; pill; pellet
pelenbwynt, ball point
pelen laid, mud pellet
pelen y droed, ball of the foot
pwynt pelen, ball point
pelferyn, *eg, ll* -nau, ballbearing
pelfig, *a,* pelvic

pelfis, *eg, ll* -au, pelvis; hip-girdle
pelmet, *eg, ll* -au, pelmet
pelres, *eb, ll* -i, ball-race
pelydriad, *eg, ll* -au, radiation
gwaeledd pelydriad, *eg,* radiation sickness
pelydriad cyflawn, full radiation; black body radiation
pelydru, *be,* radiate
pelydrydd, *eg, ll* -ion, radiator
pelydr (yn), *eg, ll* pelydrau, ray
pelydr X, X-ray
pellen, *eb, ll* -ni, ball (of wool or cord)
pellen pen-glin, knee cap
pellter, *eg, ll* -au, -oedd, distance; deep
pen, *eg, ll* -nau, head
pen agosaf, proximal
pen byw, head stock
pen caeth, tight head
pennau masrwm, mushroom heads
pen rhydd, loose head
penboethni, *eg,* fanaticism
pencadlys, *egb, ll* -oedd, headquarters
pencampwr, *eg, ll* -wyr, champion
pencampwriaeth, *eb, ll* -au, championship
penchwyddni, *eg,* hydrocephalus
pendant, *a,* definite; explicit
pendantrwydd, *eg,* decisiveness
pendefig, *eg, ll* -ion, nobleman
pendefigaeth, *eb, ll* -au, nobility
pendentif, *eg, ll* -au, pendentive
penderfynedig, *a,* determinate
penderfyniad, *eg, ll* -au, resolution
penderfyniadol, *a,* determinist
penderfyniaeth, *eb,* determinism
penderfyniedydd, *eg, ll* -wyr, determinist
penderfynu, *be,* determine; resolve; decide
pendil, *eg, ll* -iau, pendulum
pendil cyfansawdd, compound pendulum
pendil syml, simple pendulum
pendrant, *eg, ll* -au, quadrant
pendrawst, *eg, ll* -iau, architrave
pendro, *eg,* giddiness; vertigo
pendrwm, *a,* improper (fraction)
penddelw, *eb, ll* -au, bust

penddu, *a*, blackhead; *eg*, blackhead
penddyn, *eg*, *ll* -nod, boil
penelin, *egb*, *ll* -oedd, elbow
  dŵr ar y penelin, capped elbow
penfras, *eg*, *ll* -au, cod
penffest, *eg*, *ll* -i, -au, headgear
pengernyn, *eg*, *ll* pengernion, gurnet; gurnard
pen-glin, *eb*, *ll* -iau, knee
  contrôl pen-glin, *eg*, knee control
penglog, *eb*, *ll* -au, skull
pen-gorn, *eg*, *ll* -gyrn, headphone
penhwyad, *eg*, *ll* penhwyaid, pike
peniant, *eg*, *ll* peniannau, fixture
penicilin, *eg*, penicillin
Penicillium, *eg*, Penicillium
penio, *be*, head
  penio'r bêl, head the ball
penis, *eg*, *ll* -au, penis
penisilin, *eg*, penicillin
pen-lin, *eb*, *ll* penliniau, knee
penlinio, *be*, kneel
  penlinio eistedd, kneel sitting
  penlinio llorwedd, horizontal sitting
  penlinio un glin, half-kneeling
penllanw, *eg*, *ll* -au, high water; peak
  awr benllanw, *eb*, peak hour
  cyfnod penllanw traffig, *eg*, peak period traffic
  marc penllanw, *eg*, high water mark
  penllanw poblogaeth, *eb*, peak population
penllwyd, *eg*, *ll* -ion, sewin
pennawd, *eg*, *ll* penawdau, headline
pennog, *eg*, *ll* penwaig, herring
  pennog coch, red herring
  pennog sych, bloater
pennu, *be*, fix
  pennu gwerth, *be*, evaluate
penodedig, *a*, prescribed; liquidated (damages)
penodi, *be*, appoint
penodiad, *eg*, *ll* -au, appointment
penodol, *a*, specific; particular
penoriad, *eg*, *ll* penoriaid, prefect
penrhif, *eg*, *ll* -au, principal value
penrhyn, *eg*, *ll* -au, cape; foreland
  Penrhyn Gobaith Da, Cape of Good Hope

pensaer, *eg*, *ll* penseiri, architect
pensaernïaeth, *eb*, architecture
  arddull pensaernïaeth, *eb*, architective style
  Addurnedig, Decorated
  Jacobeaidd, Jacobean
  Norman, Norman
  Perpendicwlar, Perpendicular
  Seisnig Cynnar, Early English
  pensaernïaeth ysgol, school architecture
pensaernïol, *a*, architectural
pensafiad, *eg*, headstand
pensefyll, *be*, headstand
  pensefyll ar ongl, angle headstand
pensil (pensel), *eg*, *ll* -iau, pencil
  pensil ael, eyebrow pencil
  pensil lliw, colour pencil
  pensil marcio, marking pencil
pensiwn, *eg*, *ll* pensiynau, pension
  cynllun pensiwn, *eg*, superannuation scheme
  pensiwn anghyfrannol, non-contributory pension
  pensiwn cyfrannol, contributory pension
pensynnu, *be*, day-dream
pentablech, *eb*, *ll* -i, -au, entablature
pentadactyl, *a*, pentadactyl; *eg*, *ll* -au, pentadactyl
  aelod pentadactyl, *eg*, pentadactyl limb
pentadecagon, *eg*, *ll* -au, pentadecagon
pentagon, *eg*, *ll* -au, pentagon
pentagonal, *a*, pentagonal
pentagram, *eg*, *ll* -au, pentagram
pentaptych, *eg*, *ll* -iau, pentaptych
pentir, *eg*, *ll* -oedd, promontory; headland
  caer bentir, *eb*, promontory fort
pentocsid, *eg*, pentoxide
pentos, *eg*, *ll* -au, pentose
pentref, *eg*, *ll* -i, -ydd, village
  grîn y pentref, *eg*, village green
  pentrefi diffaith, deserted villages
  pentrefi trac ras, race track villages
pentrefan, *eg*, *ll* -nau, hamlet
  pentrefan cysgotgar, shelter-seeking hamlet

pentwr, *eg, ll* pentyrrau, pile
 stoc bentwr, *eg,* stock pile
pentyrru, *be,* pile
 stoc bentyrru, *eg,* stock pile
penwmbra, *eg, ll* penwmbrae,
 penumbra
penydeg, *eg,* penology
penydegwr, *eg, ll* -wyr, penologist
penydiol, *a,* penal
peplwm, *eg, ll* peplymau, peplum
pepsin, *eg,* pepsin
peptid, *eg, ll* -au, peptide
pepton, *eg, ll* -au, peptone
per, *ardd,* per
percoladur, *eg, ll* -on, percolator
perchennog, *eg, ll* perchenogion,
 owner
 perchennog preswyl, owner
 occupier
perchenogaeth, *eb, ll* -au, ownership
 perchenogaeth gyflawn, fee-simple
perchentywr, *eg, ll* -wyr,
 householder
peren, *eb, ll* pêr, pear
 pren pêr, *eg,* pear tree
perennaeth, *eb, ll* perenaethau,
 perennation
perennial, *a,* perennial
perfedd, *eg, ll* -ion, middle; entrails
 cwlwm perfedd, *eg,* volvulus
 tynnu perfedd, *be,* gut
perfeddol, *a,* splanchnic
perfeddwlad, *eb, ll* perfeddwledydd,
 heartland; interior
perfeddyn, *eg, ll* perfeddion, gut
perffaith, *a,* perfect; ideal
perffeithiaeth, *eb,* perfectionism
perfforadur, *eg, ll* -on, perforator
perfformiad, *eg, ll* -au, performance
 arch berfformiad, command
 performance
 perfformiad cyhoeddus, public
 performance
perfformio, *be,* perform
perfformiwr, *eg, ll* -wyr, performer
peri, *be,* procure
perianth, *eg, ll* -au, perianth
periblem, *eb, ll* -au, periblem
peribolws, *eg, ll* -au, peribolus
pericardial, *a,* pericardial
pericardiwm, *eg, ll* pericardia,
 pericardium

pericarp, *eg, ll* -au, pericarp
periclin, *eg, ll* -iau, pericline
pericycl, *eg,* pericycle
periderm, *eg, ll* -au, periderm
perifferal, *a,* peripheral
 sbîd perifferal, *eg,* peripheral
 speed
 system nerfol berifferal, *eb,*
 peripheral nervous system
perifferi, *eg, ll* -au, periphery
perige, *eg, ll* -au, perigee
perigylch, *eg, ll* -oedd, pericycle
perigynus, *a,* perigynous
perihelion, *eg, ll* -au, perihelion
perimedr, *eg, ll* -au, perimeter
perinewm, *eg, ll* -iau, perineum
peripatetig, *a,* peripatetic
 athro peripatetig, *eg,* peripatetic
 teacher
perisgop, *eg, ll* -au, periscope
peristalsis, *eg, ll* -au, peristalsis
peristyl, *eg, ll* -iau, peristyle
peritoneal, *a,* peritoneal
peritonewm, *eg, ll* -iau, peritoneum
peritonitis, *eg,* peritonitis
perlio, *be,* pearl
 pwns perlio, *eg,* pearling punch
perlit, *eg, ll* -iau, pearlite
perlysiau, *ell,* spices
perlysiog, *a,* spicy
perllan, *eb, ll* -nau, orchard
perocsid, *eg, ll* -au, peroxide
perpendicwlar, *a,* perpendicular; *eg,*
 ll -au, perpendicular
persbecs, *eg,* perspex
 persbecs lliw, coloured perspex
persbectif, *eg, ll* -au, perspective
 persbectif atmosfferig,
 atmospheric perspective
 persbectif awyrol, aerial
 perspective
 persbectif lliw, colour perspective
persbectifedd, *eg,* perspectivity
persli, *ell,* parsley
personadu, *be,* impersonate
personadwr, *eg, ll* -wyr,
 impersonator
person anabl, *eg, ll* -nau, disabled
 person
personiad, *eg, ll* -au, personation
personiadu, *be,* personate
personnél, *eg, ll* personelau, personnel

personol, *a*, personal
personoliaeth, *eb, ll* -au, personality
  personoliaeth ddeuol, dual personality
  personoliaeth luosblyg, multiple personality
  teipiau personoliaeth, *ell*, personality types
  colerig, choleric
  fflegmatig, phlegmatic
  melancolig, melancholic
  sangwin, sanguine
perthfudd, *eg, ll* -ion, haybote
perthnasedd, *eg, ll* -au, relevance; relativity
perthnaseddol, *a*, relativistic
perthnasiad, *eg, ll* -au, affiliation
perthnasol, *a*, relevant; relative; related
perthynas, *egb, ll* **perthnasoedd**, relation; kin; relationship
  o berthynas i, with respect to
  perthynas agosaf, next of kin
  perthynas sibling, sibling relationship
perthynol, *a*, allied; relative
perygl, *eg, ll* -on, risk
pesari, *eg, ll* -au, pessary
pesimistiaeth, *eb*, pessimism
pestl, *eg, ll* -au, pestle
  pestl a morter, pestle and mortar
petal, *eg, ll* -au, petal
petiol, *eg, ll* -au, petiole
petrisen, *eb, ll* **petris**, partridge
petrocemigyn, *eg, ll* **petrocemigion**, petrochemical
petrol, *eg, ll* -au, petrol
  gorsaf betrol, *eb*, filling station
petroleg, *eb*, petrology
petryal, *eg, ll* -au, rectangle
petryalog, *a*, rectangular
Phaeophyceae, *ell*, Phaeophyceae
Philistaidd, *a*, Philistine
piano, *eg, ll* -s, piano
  allweddi piano, *ell*, piano keys
pianwr, *eg, ll* -wyr, pianist
pianwraig, *eb, ll* -wragedd, pianist
pianydd, *eg, ll* -ion, pianist
pib, *eb, ll* -au, pipe
  pib swigod, bubble pipe

pibell, *eb, ll* -au, -i, pipe
  pibell faeth, alimentary canal; enteric canal
  pibell fwyd, oesophagus
pibgorn, *eg, ll* **pibgyrn**, recorder
pibonwy, *ell, un* -en, icicle
picas, *eb, ll* -au, pick-axe
  picas iâ, ice-axe
  picas transiet, tranchet pick
picau ar y maen, *ell, un* **picen**, Welsh cakes
piced *eg, ll* -i, picket
picedu, *be*, picket
picedwr, *eg, ll* -wyr, picket
picl, *eg, ll* -au, pickle
piclen, *eb, ll* **piclys**, pickle
piclo, *be*, pickle
picolo, *eg, ll* -eon, piccolo
picot, *eg, ll* -au, picot
pictiwr, *eg, ll* **pictiyrau**, picture
  pictiwr llwyfan, stage picture
pictiwresg, *a*, picturesque
pictograffi, *eg, ll* **pictograffïau**, pictography
pier, *eg, ll* -i, pier
  pier clwstwr, clustered pier
pieta, *eg, ll* **pietâu**, pieta
pifod, *eg, ll* -au, pivot
  pifod blaen, forward pivot
  pifod ôl, reverse pivot
  troadau ar bifod, *ell*, pivot turns
pifodi, *be*, pivot
pig, *eg, ll* -au, peak; prong; bick
  bonyn pig, *eg*, bick iron
pigdwr, *eg, ll* -au, spire; steeple
  pigdwr broch, broach spire
pigfain, *a*, pointed
pigiad, *eg, ll* -au, injection
  pigiad atgyfnerthol, booster injection
  pigiad atgyfnerthu, booster injection
pigiadu, *be*, inject
pigment, *eg, ll* -au, pigment
pigo, *be*, sting; peck
pigoglys, *eg*, spinach
pigwrn, *eg, ll* **pigyrnau**, spire
pigyn, *eg, ll* -nau, spire; tip; thorn
pil, *eg*, peel
  pil candi, candied peel
  pil lemon, lemon peel
pilaster, *eg, ll* -au, pilaster

pilen, *eb*, *ll* **-nau**, membrane; cataract
　pilen blasma, plasma-membrane
　pilen nictitataidd, nictitating membrane
　pilen nwclews, nuclear membrane
　pilen serus, serous membrane
　pilen synofial, synovial membrane
　pilen waelod, basement membrane
　pilen ŵy, egg membrane
pilennog, *a*, membranous
piler, *eg*, *ll* **-i**, pillar; stilt
pilerog, *a*, columnar; stilted
pilifferus, *a*, piliferous
pilio, *be*, peel
pilipala, *eg*, butterfly
　nofio pilipala, pilipalan, *eg*, butterfly stroke
piliwr tatws (person), *eg*, potato peeler
pilsen, *eb*, *ll* **pils**, pill
pilsiard, *eg*, *ll* **-s**, pilchard
pilydd tatws (offeryn, peiriant), *eg*, *ll* **-ion**, potato peeler
pilyn, *eg*, *ll* **-nau**, garment; integument
pin, *eg*, *ll* **-nau**, pin; pen
　acwatint proses pin, pen process aquatint
　dril pin, *eg*, pen drill
　pin a golchiad, pen and wash
　pin arosgo croes, oblique reverse pen
　pin bawd, drawing pin
　pin cau, safety pin
　pin gwasgu, drawing pin
　pin hollt, coller (split) pin
　pin italig, italic writing pen
　pin llanw, fountain pen
　pinnau bach, dressmakers' pins
　pin panel, panel pin
　pin penfflat, drawing pin
　pin sbriws, spruce pin
　pin symudol, movable pin
　pwns pin, *eg*, pin punch
　twc pin, *eg*, pin tuck
pinacl, *eg*, *ll* **-au**, pinnacle
pinbwyntio, *be*, pin-point
pincio, *be*, pink
pincws, *eg*, *ll* **pincysau**, pincushion
pindwll, *eg*, *ll* **pindyllau**, pin-hole
pineal, *a*, pineal

pinio, *be*, pin
piniwn, *eg*, *ll* **piniynau**, pinion
pinna, *eg*, *ll* **pinnae**, pinna
pinsiad, *eg*, *ll* **-au**, pinch
pinsio, *be*, pinch
pinsiwn, *eg*, *ll* **pinsiynau**, pincers
pinwydden, *eb*, *ll* **pinwydd**, pine
　pinwydden pyg, pitch pine
piped, *eb*, *ll* **-au**, **-i**, pipette
piratiaeth, *eb*, piracy
pisiad, *eg*, *ll* **-au**, micturition
piso, *be*, urinate; micturate; *eg*, urine
pistil, *eg*, *ll* **-iau**, pistil
pistilaidd, *a*, pistillate
piston, *eg*, *ll* **-au**, piston
　cylchau piston, *ell*, piston rings
pisyn, *eb*, *ll* **-nau**, show-girl
pits, *eg*, *ll* **-iau**, pitch
pitsio, *be*, pitch
pitsiwr, *eg*, *ll* **pitswyr**, pitcher
pitwidol, *a*, pituitary
pitwitari, *a*, pituitary; *eg*, pituitary
pith, *eg*, pith
pithog, *a*, pithy
　stem pithog (coes pithog), *eg*, pithy stem
piwter, *eg*, *ll* **-au**, pewter
pla, *eg*, *ll* **plau**, plague; pest; infestation
　Pla Du, Black Death
　pla gwyn, tuberculosis
　pla'r gwartheg, cattle plague
　pla theatr, scorpion
plac, *eg*, *ll* **-iau**, plaque
　plac rhifo, number plaque
placenta, *eg*, *ll* **placentae**, placenta
placentiad, *eg*, placentation
placet, *eg*, *ll* **-au**, placket
　placet ffrog, dress placket
　placet parhaol, continuous wrap
plad, *eg*, plaid
plaen, *a*, plain; *eg*, *ll* **-au**, **-iau**, plane
　ceg (plaen), mouth (of plane)
　cilfa, escapement
　dant y wrach, old woman's tooth; router
　dihangle, escapement
　jacblaen, jack plane
　plaen aml ddefnydd, combination plane
　plaen bloc, block plane

plaen crafu, scraper plane
plaen danheddog, scraper plane; toothing plane
plaen deugarn, spokeshave
plaen dyfnder, router; old woman's tooth
plaen gleinio, moulding plane
plaen gwadn amgrwm, compass plane
plaen hir, trying plane
plaen jac, jack plane
plaen llyfnhau, smoothing plane
plaen rabad, rebate plane
plaen rhigoli, plough plane
plaen siapio, moulding plane
plaen tangiad, tangent plane
plaen trwynbwl, bull nose plane
plaen ysgwydd, shoulder plane
trymblaen, trying plane
plaengan, *eb*, plainsong
plaenio, *be*, plane
plagiogeotropedd, *eg*, plagiogeotropism
plaid, *eb, ll* **pleidiau**, party
pleidiau gwleidyddol, political parties
pleidiau politicaidd, political parties
plaleiddiad, *eg*, pesticide
plan, *eg, ll* **-nau, -iau**, plan
plan seddau, box office plan
plân, *eg, ll* **planau**, plane
plân ecliptig, ecliptic plane
plân goleddol, inclined plane
plân llawr, ground plane
plân llorwedd, horizontal plane
plân terfyn, bounding plane
plân torri, cutting plane
planar, *a*, planar
planc, *eg, ll* **-iau, -au**, plank; bakestone
plancton, *eg, ll* **-au**, plankton
ffytoplancton, phytoplankton
swoplancton (zoöplancton), zoöplankton
planctonig, *a*, planktonic
planhigfa, *eb, ll* **planhigfeydd**, plantation
planhigyn, *eg, ll* **planhigion**, plant
planhigyn byrddydd, short-day plant

planhigyn prennog lluosflwydd, woody perennial plant
planisffer, *eg*, planisphere
planisio, *be*, planish
plannu, *be*, plant; imbed
plant, *ell, un* **plentyn**, children
plant addysgol isnormal, educationally subnormal children
plant affasig, aphasic children
plant anghyflawn eu clyw, partially hearing children
plant anghyflawn eu golwg, partially sighted children
plant â nam ar eu lleferydd, children suffering from speech defects
plant â nam corfforol, physically handicapped children
plant araf, backward children
plant byddar, deaf children
plant dall, blind children
plant dan anfantais, handicapped children
plant diabetig, diabetic children
plant epileptig, epileptic children
plant gwanllyd, delicate children
plant heb ymaddasu, malajusted children
plant hwyrgynyddol, late developing children
plant olgynnyddol, retarded children
plant sbastig, spastic children
plantigrad, *a*, plantigrade; *eg*, plantigrade
plaog, *a*, pestiferous
plasm, *eg, ll* **-au**, plasm
plasm cenhedlu, germ-plasm
plasma, *eg, ll* **-au**, plasma
plasmagenyn, *eg, ll* **-nau**, plasmagene
plasmolysis, *eg, ll* **-au**, plasmolysis
plastid, *eg, ll* **-au**, plastid
plastig, *a*, plastic; *eg, ll* **-ion**, plastic
baddonau plastig, *ell*, plastic baths
celfyddyd blastig, *eb*, plastic art
costrel blastig, *eb, ll* **-i**, plastic container
lliw plastig, *eg*, plastic colour
padelli plastig, *ell*, plastic bowls
plastigedd, plastigrwydd, *eg*, plasticity

plastigydd, *eg, ll* -ion, plasticiser
plastr, *eg, ll* -au, plaster
  cast plastr, *eg,* plaster cast
  castio plastr, *be,* plaster casting
  delw blastr, *eb,* plaster cast
  plastr Paris, plaster of Paris
  plastr poeth, rubefacient
plastro, *be,* plaster; put it on with a trowel (*Th*)
plat, *eg, ll* -iau, plate
  papur plat, *eg,* plate paper
  plat cydio, catch plate
  plat dowel, dowel plate
  plat hidl, sieve-plate
  plat llyfr, book plate
  plat ongl, angle plate
  plat ongl bocs, box angle plate
  plat Sheffield, Sheffield plate
  plat tern, terne plate
  plat troi, driver plate; catch plate
  plat tynnu, draw plate
  plat y pitsiwr, pitcher's plate
  plat yr ergydiwr, striker's plate
platen, *eb, ll* -nau, platelet
platineiddio, *be,* platinise
platinwm, *eg,* platinum
platio, *be,* plate
platŵn, *eg, ll* **platynau**, platoon
platwydr, *eg,* plate-glass
platycwrtig, *a,* platykurtic
Platyhelminthes, *ell,* Platyhelminthes
playa, *eg, ll* **playau**, playa
ple, *eg, ll* **pledion**, plea
  Cwrt Pledion Cyffredin, *eg,* Court of Common Pleas
  hawl pledio, *eb,* cognizance of pleas
  pledion y Goron, pleas of the Crown
plecsws, *eg, ll* -au, plexus
Plecoptera, *ell,* Plecoptera
plediad, *eg, ll* -au, pleading
pledio, *be,* plead
  pledio gwirionedd, plead justification
  pledio'n ddieuog, plead not guilty
  pledio'n euog, plead guilty
  pledio'n gyffredinol, plead the general issue
  pledio ple arbennig, plead a special plea
plediwr, *eg, ll* -wyr, pleader

pledren, *eb, ll* -ni, -nau, bladder
  pledren wrin, urinary bladder
  pledren y bustl, gall bladder
pleidio, *be,* plead; favour
pleidlais, *eb, ll* **pleidleisiau**, vote; suffrage
  pleidlais fwrw, casting vote
  pleidlais gudd, ballot
  pleidlais gwlad, plebiscite
  pleidlais gŵyr, manhood suffrage
  pleidlais gyffredinol, universal suffrage
pleidleisio, *be,* vote
pleintydd, *eg, ll* -ion, plaintiff
plencyn, *eg, ll* **planciau**, plank
plenipotenswr, *eg, ll* -wyr, plenipotentiary
plentyn, *eg, ll* **plant**, child
  plentyn amddifadus, deprived child
  plentyn maeth, foster child
plentyndod, *eg,* childhood
plerom, *eg,* plerome
pleser, *eg, ll* -au, pleasure
  pleser ac amhlesur, pleasure and unpleasure
plet, *eb, ll* -au, pleat
  plet gwrthdro, inverted pleat
  plet llafn, knife pleat
pletio, *be,* pleat
  pletio acordion, accordion pleating
  pletio bocs, box pleating
  pletio gwrthdro, inverted pleating
  pletio parhaol, durable pleating
  pletio pelydrog, sunray pleating
  pletio rhydd, unpressed pleating
pletiog, *a,* pleated
  ymyl pletiog, *egb,* pleated edging
pleth, *eb, ll* -i, -au, plait
plethffens, *eb,* wattle fence
plethu, *be,* plait
plethwaith, *eg, ll* **plethweithiau**, wattle
  plethwaith a dwb, wattle and daub
plewra, *eg, ll* **plewrae**, pleura
plewrisi, *eg,* pleurisy
pliars, *eg,* pliers
pliciad, *eg, ll* -au, plucking
plicio, *be,* peel; pluck
plinth, *eg, ll* -iau, plinth

plisgyn, *eg, ll* plisg, shell; casing; bast; husk
plisgyn wy, egg-shell; egg case
plismon (heddwas), *eg, ll* plismyn, policeman
plismones (heddforwyn), *eb, ll* -au, policewoman
plocfa, *eb, ll* plocfäu, pack
plocfa agored, open pack
plocfa clos, close pack
plocfa iâ, pack ice
plocyn, *eg, ll* plociau, block
plocyn sgriwio, screwing block
plod, *eg, ll* -iau, plaid
plot, *eg, ll* -iau, plot
plot celfi, property plot
plot golau, lighting plot
plotio, *be*, plot
pluen, *eb, ll* plu, feather
pluen geiliog, cockfeather
pluo, *be*, feather
pluog, *a*, feathery
da pluog, *ell*, poultry
plwg, *eg, ll* plygiau, plug
medrydd plwg, *eg*, plug gauge
tap plwg, *eg*, plug tap
plwm, *a*, plumb; vertical; *eg*, lead
llinell blwm, *eb*, plumb line; vertical line
tri-phlwm tetrocsid, *eg*, tri-lead tetroxide
plwmbago, *eg*, plumbago
plwmpwdin, *eg, ll* -au, Christmas pudding
plwmsen, *eb, ll* plwms, plum
plwmwl, *eg, ll* plymylau, plumule
plws (plus), *eg*, plus
arwydd plws, *egb*, plus sign
plwtonig, *a*, plutonic
creigiau plwtonig, *ell*, plutonic rocks
plwyfolyn, *eg, ll* plwyfolion, parishoner
plwyfwas, *eg, ll* plwyfweision, beadle
plyg, *a*, refracted; folded; *eg, ll* -ion, fold; bend
golau plyg, *eg*, refracted light
mynydd plyg, *eg*, folded mountain
plyg anghymesur, symmetric fold
plyg cymesur, symmetric fold
plyg gorweddol, recumbent fold
strata plyg, *ell*, folded strata

tir plyg, *eg*, folded country
plygell, *eb, ll* -au, folder
plygiannedd, *eg*, refractivity
plygiant, *eg, ll* plygiannau, refraction; flexure; folding; flexiom; bending
indecs plygiant, *eg*, refractive index
plygiant tonnau, wave refraction
plygio, *be*, plug
plygor, *eg, ll* -ion, flexor
plygu, *be*, fold; bend
plymbwll, *eg, ll* plymbyllau, plunge pool
plymiad, *eg, ll* -au, plunge
plymig, *a*, plumbic
plymio, *be*, plunge; sound; fathom
plymus, *a*, plumbous
plymwr, *eg, ll* -wyr, plumber
pobi, *be*, bake
set bobi, *eb*, baking set
poblogaeth, *eb, ll* -au, population
poblogaeth symudol, floating population
poced, *eb, ll* -i, pocket
pigwr pocedi, *eg*, pick-pocket
poced glwt, patch pocket
poced gwydn, bag pocket
pocedu, *be*, pocket
pocer, *eg, ll* -i, poker
pocer nwy, gas poker
podiwm, *eg, ll* podia, podium
podsol, *eg, ll* -ion, podsol
poen, *egb, ll* -au, pain
poenau tyfiant, growing pains
poendod, *eg, ll* -au, nuisance
poergarthu, *be*, expectorate
poethbot (potpoeth), *eg, ll* -iau, hotpot
poethder, *eg*, hotness
poethdon, *eb, ll* -nau, heatwave
poethfreuder, *eg, ll* -au, hot shortness
poethofaniad, *eg, ll* -au, forging
poethofanu, *be*, forge
poicilothermig, *a*, poikilothermic
pôl, *eg, ll* polau, pole; poll
pôl uned, unit pole
polar, *a*, polar
corffilyn polar, *eg*, polar body
polaredd, *eg, ll* -au, polarity
polareiddiad, *eg, ll* -au, polarization

polarimedr, *eg, ll* -au, polarimeter
polarimedreg, *eb,* polarimetry
polaru, *be,* polarize
polarydd, *eg, ll* -ion, polarizer
polder, *eg, ll* -au, polder
poledd, *eg, ll* -au, pole strength
poliniwm, *eg, ll* **polinia,** pollinium
polisi, *eg, ll* **polisïau,** policy
politicaidd, *a,* political
polo, *eg,* polo
  polo'r dŵr, water-polo
polonais, *eg, ll* -ys, polonaise
polstri, *eg, ll* -au, upholstery
polygon, *eg, ll* -au, polygon
  polygon amgylchol, circumscribed polygon
  polygon cyswllt, link polygon
  polygon rhaff, funicular polygon; rope polygon
polyhedral, *a,* polyhedral
polyhedron, *eg, ll* -au, polyhedron
polymer, *eg, ll* -au, polymer
polymorff, *eg, ll* -au, polymorph
polynewritis, *eg,* polyneuritis
polynomaidd, *a,* polynomial
polynomial, *eg, ll* -au, polynomial
polyp, *eg, ll* -au, polyp
polypeptid, *eg, ll* -au, polypeptide
polyploid, *a,* polyploid; *eg, ll* -au, polyploid
polyptych, *eg, ll* -iau, polyptych
polypws, *eg, ll* **polypi,** polypus
polysacarid, *eb, ll* -au, polysaccharide
polythen, *eg, ll* -au, polythene
polywria, *eg,* polyuria
pôm, *eg, ll* **pomau,** pome
pomgranad, *eg, ll* -au, pomegranate
pompon, *eg, ll* -au, pompon
ponc, *eb, ll* -au, -iau, hummock
poncagen, *eb, ll* **poncagau,** pancake
ponciog, *a,* hummocky
pont, *eb, ll* -ydd, bridge; pons
  pont eira, snow bridge
  pont gerdded, footbridge
  pont godi, drawbridge
  pont ymlaen, forward bridge
  pont yr ysgwydd, collar bone; clavicle
  y bont, bridge passage (*C*)
pontffordd, *eb, ll* **pontffyrdd,** viaduct; fly-over

pontio, *be,* bridge; spin; arch
  man pontio, *eg,* bridge point
pontreth, *eb, ll* -i, pontage
pop, *a,* pop
popedi, *ell,* poppets
  cawrbopedi, giant poppets
  popedi mawrion, giant poppets
popethfag (dalsach), *eg,* holdall
poplysen, *eb, ll* **poplys,** poplar
popty, *eg, ll* **poptai,** oven
porc, *eg,* pork
porcyn, *eg, ll* **pyrcs,** porker
porchell, *eg, ll* **perchyll,** suckling pig
porfa, *eb, ll* **porfeydd, porfaoedd,** pasture
  porfa arw, rough pasture
  porfa mynydd, mountain pasture
porfäwr, *eg, ll* **porfawyr,** grazier
porfelaeth, *eb,* pasturage; agistment
porffor, *eg,* purple
  porffor gweledol, visual purple
porffyri, *eg, ll* **porffyrïau,** porphyry
porffyritig, *a,* porphyritic
porslen, *eg,* porcelain
  porslen plisgyn wy, egg shell porcelain
port, *eg, ll* -au, port
portal, *a,* portal
porter, *eg, ll* -iaid, porter
porteriaeth, *eb, ll* -au, porterage
porteriant, *eg, ll* **porteriannau,** porterage
portffolio, *eg, ll* -au, portfolio
portico, *eg, ll* -au, portico
portread, *eg, ll* -au, representation
porth, *eg, ll* **pyrth,** gate; porch; port
  porth galw, port of call
  porth mynwent, lych gate
porth-awyr, *eg, ll* **pyrth-awyr,** airport
porthcwlis, *eg, ll* -iau, portcullis
porthell, *eb, ll* -au, gate
porthellu, *be,* gate
porthfaer, *eg, ll* **porthfeiri,** port-reeve
porthi, *be,* feed
porthiant, *eg, ll* **porthiannau,** feed
  porthiant awtomatig, automatic feed
porthio, *be,* gate
porthladd, *eg, ll* -oedd, port
  porthladd rhydd, free port

porthor, *eg, ll* -ion, porter; janitor; commissionaire
porthor llwyfan, stage doorkeeper
pôs, *eg, ll* posau, puzzle
pôs antur, adventure puzzle
pôs gair ac inset, word and inset puzzle
posibiliaeth, *eb, ll* -au, possibilism
posibiliedydd, *eg, ll* posibiliedwyr, possibilist
posidiol, *a,* positive; *eg,* positive (Ce)
positif, *a,* positive; *eg,* positive
dreif positif, *eg,* positive drive
gwyredd positif, *eg,* positive rake
positron, *eg, ll* -au, positron
post, *eg, ll* -iau, post; mail; *eg, ll* pyst, post
archeb bost, *eb,* postal order
archebu drwy'r post, *be,* mail order
cerdyn post, *eg,* post card
cyfrif post, *eg,* postage account
gwasanaethau post, *ell,* postal services
llong bost, *eb,* mail boat
post a linter, post and linter
post grisiau, newel post
post parseli, parcel post
post ystlys, jamb
pyst gôl, goal posts
swyddfa bost (Swyddfa'r Post), *eb,* post office
tâl post, *eg,* postage
yn cynnwys tâl post, post free
poster, *eg, ll* -i, poster
lliw posteri, *eg,* poster colour
posterior, *a,* posterior; *eg,* posterior
nerf posterior, *eg,* posterior root
postfarc, *eg, ll* -iau, postmark
posticwm, *eg, ll* posticau, posticum; epinaos
postio, *be,* post
post-mortem, *eg, ll* -au, post-mortem
postwerthiant, *eg, ll* postwerthiannau, mail-order
postyn, *eg, ll* pyst, postys, post
pot, *eg, ll* -iau, pot
pot glud trydan, electric glue pot
pot isgell, stock pot
potas, *eg, ll* -au, potash
potash, *eg, ll* -au, potash
potasiwm, *eg,* potassium

potel, *eb, ll* -i, bottle
potelu, *be,* bottle
poten, *eb, ll* -ni, paunch; pudding
clwy'r boten, bloat
chwydd y boten, bloat
poten ludw, spleen
poten wêr, suet pudding
potensial, *a,* potential; *eg, ll* -au, potential
potensiomedr, *eg, ll* -au, potentionmeter
potes, *eg, ll* -i, broth
potsio, *be,* poach
potsydd wy, *eg,* egg poacher
pothell, *eb, ll* -i, blister
pothell waed, *eb,* haematoma
pothellog, *a,* vesicular
ceudod pothellog, *eg,* vesicular cavity
pothellu, *be,* vesicate
pothellydd, *eg, ll* -ion, vesicant
powdr, *eg, ll* -au, powder
powdr codi, baking powder
powdr crocws, crocus powder
powdr fflach, flashing powder
powdr fflochio, flocking powder
powdr gwn, gunpowder
powdr gwreiddio, rooting powder
powdr sialc, whiting powder
powdraidd, *a,* powdery
pridd powdraidd, *eg,* powdery soil
powdrliw, *eg, ll* -iau, powder colour
powlaid, *eb, ll* powleidiau, bowlful
powlen, *eb, ll* -ni, bowl
powltri, *ell,* poultry
powndedd, *eg, ll* -au, poundage
powndio, *be,* impound
practis, *eg, ll* -ys, -au, practice
y dull practis, *eg,* practice method
praesept, *eg,* precept
pragmatiaeth, *eg,* pragmatism
pragmatig, *a,* pragmatic
pram, *eg, ll* -iau, pram
prawf, *eg, ll* profion, test; check; proof; probation; trial
ar brawf, on probation
atal y prawf, *be,* stay proceedings
clwm o brofion, *eg,* battery of tests
prawf actifiant, activation test
prawf afresymolion, absurdities test

prawf agwedd (agweddiad, ymagweddiad), attitude test
prawf aildrefnu brawddeg, disarranged sentence test
prawf amgyffred, comprehension test
prawf blociau, block design test
prawf côd, code test
prawf cydweddiadau, analogies test
prawf cyferbyniadau, opposites test
prawf cyfystyr-gwrthystyr, synonym-antonym test
prawf cyffelybion, similarities test
prawf cyraeddiadau, attainments test
prawf dawn, aptitude test
prawf dawn iaith, linguistic test
prawf deallusrwydd geiriol, verbal intelligence test
prawf dehongli darlun, picture interpretation test
prawf diannod, summary test
prawf di-eiriau, non-verbal test
prawf di-iaith, non-language test
prawf dilyn cyfarwyddiadau, directions test
prawf dosbarthiad, classification test
prawf drysfa, mazes test
prawf gallu arbennig, special ability test
prawf geiriol, verbal test
prawf gorffen darlun, picture completion test
prawf grŵp, group test
prawf llenwi bylchau, completion test
prawf lluosbigiadau, multiple puncture test
prawf moddion, means test
prawf omnibws, omnibus type test
prawf parodrwydd, readiness test
prawf parodrwydd i ddarllen, reading readiness test
prawf Rorschach, Rorschach Inkblot Test
prawf rhesymu di-eiriau, non-verbal reasoning test
prawf rhif rhychwant, digit span test
prawf safonedig, standardised test
prawf sibrwd grymus, forced whisper test
prawf tueddfryd, aptitude test
prawf tyrfu, turbidity test
prawf theori, theory test
prawf ymarferol, practical test
prawf ymdaflunio, projection test
rhoddi ar brawf, *be*, try
prawfamod, *eb, ll* -au, probation order
praw troeth, *eg*, urine test
praw wrandawiad, *eg, ll* -au, audition
prebend, *eg, ll* -au, prebend
prebendari, *eg, ll* -au, prebendary
precatori, *eg*, precatory
predela, *eg, ll* predelâu, predella
preffab, *eg, ll* -iau, prefab
preifat, *a*, private; *eg, ll* -iaid, private
  menter breifat, *eb*, private enterprise
preimin, *eg, ll* -iau, priming
preimio, *be*, prime
preis, *eg, ll* -ys, prise
preisaeth, *eb*, prisage
preliwd, *eg, ll* -au, prelude
premacsila, *eg, ll* **premacsilae**, premaxilla
premiwm, *eg, ll* **premia**, premium
  ar bremiwm, at a premium
  bond premiwm, *eg*, premium bond
pren, *eg, ll* -nau, wood
  engrafiad pren, *eg*, wood engraving
  llifyn pren, *eg*, wood dye
pren balsa, balsa wood
pren bocs, boxwood
pren caled, hardwood
pren gwneud, synthetic wood
pren gwyn, whitewood
pren haengaled, armoured ply
pren haenog, plywood
pren meddal, soft wood
pren pêr, pear tree
pren pumhaenog, five ply wood
pren rownders, rounders stick
pren tairhaenog, three ply wood
sgriw bren, *eb*, wooden screw
sgriw pren, *eb*, wood screw
torlin pren, *eg*, woodcut

prenber, *eg, ll* **-i,** spitstick
prennaidd, *a,* wooden
prennog, *a,* woody
prentis, *eg, ll* **-iaid,** apprentice
  prentis actor, beginner
prentisiaeth, *eb,* apprenticeship
pres, *eg,* brass; money; press
  adran bres, *eb,* brass section of orchestra
  llygaden bres, *eb,* brass eyelet
  offer pres, *ell,* brass instrument
  rhwbiadau pres, *ell,* brass rubbings
  weiar bres, *eb,* brass wire
  y pres, press gang
Presbyterdy, *eg, ll* **-dai,** Presbytery
presennol, *eg,* present
  Cyn Presennol (C.P.), Before Present (B.P.)
presentiad, *eg, ll* **-au,** presentment
presentiwr, *eg, ll* **-wyr,** presentor
preserfio, *be,* preserve
presesiad, *eg, ll* **-au,** precussion
presesu, *be,* precess
presgang, *eg,* press gang
presgripsiwn, *eg, ll* **presgripsiynau,** prescription
preswyl, *a,* residential
  cylchfa breswyl, *eb,* residential zone
preswylfa, *eb, ll* **preswylfeydd,** dwelling
preswyliwr, *eg, ll* **-wyr,** occupier
presyddu, *be,* braze
  aelwyd bresyddu, *eb,* brazing hearth
presyn, *eg, ll* **-au,** brass
pricio, *be,* prick
  pricio a phlanychu, prick and pounce
priciwr, *eg, ll* **-wyr,** pricker
pridiannu, *be,* hypothecate
pridiant, *eg, ll* **pridiannau,** charge
pridd, *eg, ll* **-oedd,** soil; earth
  adeiliaeth y pridd (adeilwaith), *eb,* soil structure
  erydiad pridd, *eg,* soil erosion
  gweadedd pridd, *eg,* soil texture
  haenlun pridd, *eg,* soil horizon
  haen o bridd, *eb,* soil horizon
  llestri pridd, *ell,* earthenware
  mantell bridd, *eb,* soil profile
  pridd anghylchfaol, azonal zone
  pridd alcalinaidd, alkaline soil
  pridd asidig, acidic soil
  pridd blodiog, floury soil
  pridd brown, brown earth
  pridd coch, red earth
  pridd crai, skeletal earth
  pridd cras, arid soil
  pridd cydgylchfaol, intrazonal soil
  pridd cylchfaol, zonal zone
  pridd glei, glei soil
  pridd halwynog, saline soil
  pridd lletgras, semi-arid soil
  pridd llychog, dusty soil
  pridd mynydd, mountain soil
  pridd organig, organic soil
  pridd podsolig, podsolic soil
  pridd powdrog, powdery soil
  pridd pastog, pasty soil
  pridd step *(steppe),* steppe soil
  pridd step brown, brown steppe soil
  pridd y pannwr, fuller's earth
  ymgripiad pridd, *eg,* soil creep
priddeg, *eb,* pedology
priddegol, *a,* pedogenic
  proses priddegol, *eb,* pedogenic process
priddlifiad, *eg, ll* **-au,** solifluction
prif, *a,* main; major; principal; trunk; staple
  prif actorion, *ell,* principals
  prif afon, *eb,* trunk stream
  prif a mân chwaraeon, *ell,* major and minor games
  prif lanc, *eg,* principal boy
  prif lances, *eb,* principal girl
  prif ragosodiad, *eg,* major premise
prifathro, *eg, ll* **prifathrawon,** principal
prifddinas, *eb, ll* **-oedd,** capital
prif-golyn, *eg, ll* **-nau, -nod,** kingpin
prifiant, *eg, ll* **prifiannau,** growth
  poenau prifiant, *ell,* growing pains
priflythyren, *eb, ll* **priflythrennau,** capital
prifol, *eg, ll* **-ion,** cardinal
prifswm, *eg, ll* **prifsymiau,** capital; principal
prif swyddog, *eg, ll* **-ion,** principal
prifustus, *eg, ll* **-iaid,** justiciary
prifweithwyr, *ell,* key-workers

prifwyntoedd, *ell*, prevailing winds
primaidd, *a*, primary
   cynnyrch primaidd, *eg*, primary product
Primas, *eg*, Primate
primordial, *a*, primordial
print, *eg*, *ll* -iau, print
printiedig, *a*, printed
printio, *be*, print
   printio bloc, block printing
   printio ffabrig, fabric printing
   printio offset, offset printing
priodas, *eb*, matrimony
priod-ddenu, *be*, entice
priod-ddull, *eg*, *ll* -iau, idiom
priodol, *a*, proper; respective
   amser priodol, *eg*, proper time
   mudiant priodol, *eg*, proper motion
priodoledd, *eg*, *ll* -au, attribute; property
   priodoleddau ac amryweddau, *ell*, attributes and variates
   priodolion anheddau, *ell*, attributes of settlements
priodoli, *be*, impute
priodoriaeth, *eb*, peculiar
priodorol, *a*, peculiar
priodwedd, *eb*, *ll* -au, property (*Ce, Ff*); quality
prior, *eg*, *ll* -iaid, prior
priordy, *eg*, *ll* priordai, priory
priores, *eb*, *ll* -au, prioress
prioriaeth, *eb*, *ll* -au, priorship
pris, *eg*, *ll* -iau, price
   pris cadw, reserve price
   pris canol, middle price
   pris cloi, making up price
   pris cost, cost price
   pris gostyngol, reduced price
priser, *eg*, *ll* -i, prisere
prisiad, *eg*, *ll* -au, valuation
prisiant, *eg*, *ll* **prisiannau**, valuation
prisio, *be*, evaluate
prisiwr, *eg*, *ll* -wyr, valuer
   prisiwr rhanbarthol, district valuer
prism, *eg*, *ll* -au, prism
   prism oblig, oblique prism
   prism union, right prism
prismatig, *a*, prismatic
   cwmpawd prismatig, *eg*, prismatic compass

prismatoid, *eg*, *ll* -au, prismatoid
prismoid, *eg*, *ll* -au, prismoid
prismoidol, *a*, prismoidal
probat, *eg*, probate
problem, *eb*, *ll* -au, problem
   darlun problem, *eg*, problem picture
   problem artistig, artistic problem
procambiwm, *eg*, *ll* **procambia**, procambium
procer, *eg*, *ll* -au, -i, poker
procsimal, *a*, proximal
procsi, *eg*, proxy
procsimo-distal, *a*, proximo-distal
proctitis, *eg*, proctitis
proctodaewm, *eg*, *ll* **proctodaea**, proctodaeum
proctor, *eg*, *ll* -ion, proctor
procwradur, *eg*, *ll* -iaid, procurator
profeb, *eb*, *ll* -ion, probate
profi, *be*, test; check; prove; taste; try
   baich dystiolaethol y profi, evidentiory burden of proof
   profi tu hwnt i unrhyw amheuaeth resymol, prove beyond reasonable doubt
profiad, *eg*, *ll* -au, experience
   profiad synwyriadol, sense-experience
profiannaeth, *eb*, *ll* -au, probation
   ar brofiannaeth, on probation
   gorchymyn profiannaeth, *eg*, probation order
   swyddog profiannaeth, *eg*, probation officer
   tor-profiannaeth, breach of probation
profiannwr, *eg*, *ll* -wyr, probationer
profiant, *eg*, probate
proflen, *eb*, *ll* -ni, proof
   proflenni datblygiad, progress proofs
profost, *eg*, *ll* -ion, provost
   y profost farsial, provost marshall
proffâs (proffas), *eg*, *ll* -au, prophase
proffil, *eg*, *ll* -iau, profile
   proffil cydbwysedd, profile of equilibrium
   proffil delfrydol, classic profile
   proffil estynedig, projected profile

proffil graddedig, graded profile
proffil hydredol, longitudinal profile
proffil pridd, soil profile
proffylacsis, *eg,* prophylaxis
progesteron, *eg,* progesterone
proglotis, *eg, ll* -au, proglottis
prognosis, *eg, ll* -au, prognosis
project, *eg, ll* -au, project
projector effeithiau, *eg,* effects projector
prolocwtor, *eg, ll* -ion, prolocutor
prolog, *eg, ll* -au, prologue
promenâd, *eg, ll* **promenadau,** promenade
promeristem, *eb, ll* -au, promeristem
prôn, *eg, ll* **pronau,** prawn
pronadaidd, *a,* pronate
pronadedd, *eg, ll* -au, pronation
pronadu, *be,* pronate
pronaos, *eg, ll* -au, pronaos
propân, *eg, ll* -au, propane
proprioceptor, *eg, ll* -au, proprioceptor
propylaewm, *eg, ll* **propylaea,** propylaeum
prosbectws, *eg, ll* -i, prospectus
prosceniwm, *eg, ll* **proscenia,** proscenium
proses, *eb, ll* -au, process
  proses anwytho, process of induction
  proses asid Bessemer, acid Bessemer process
  proses basig tân agored, basic open-hearth process
  proses sgrîn sidan, silk screen process
prosesu, *be,* process
prostad, *a,* prostate; *eg, ll* -au, prostate
prostyl, *eg, ll* -iau, prostyle
protandrus, *a,* protandrous
proteas, *eg, ll* -au, protease
Protector, *eg,* Protector
Protectoriaeth, *eb,* Protectorate
protein, *eg, ll* -iau, protein
proteolytig, *a,* proteolytic
  enzym proteolytig, *eg,* proteolytic enzyme
protest, *eb, ll* -iadau, protest
protocol, *eg, ll* -au, protocol

protogynus, *a,* protogynous
proton, *eg, ll* -au, proton
protonoter, *eg, ll* -iaid, protonotary
protoplasm, *eg, ll* -au, protoplasm
protoplast, *eg, ll* -au, protoplast
prototeip, *eg, ll* -iau, prototype
protoxylem, *eb, ll* -au, protoxylem
Protozoa, *ell,* Protozoa
protractor, *eg, ll* -au, protractor
prothalws, *eg, ll* **prothali,** prothallus
prothoracs, *eg, ll* -au, prothorax
prothrombin, *eg,* prothrombin
pruddglwyf, *eg, ll* -au, melancholia
pruddglwyfus, *a,* melancholic
prŵn, *eg, ll* -au, prune
prwnio, *be,* prune
prwritis, *eg,* pruritis
pry, *eg, ll* -fed, fly
  pry tsetse, tsetse fly
pryder, *eg, ll* -on, anxiety; suspense
  arwydd pryder, *egb,* anxiety sympton
  cyflwr pryder, *eg,* anxiety state
prydferthwch, *eg,* beauty
prydles, *eb, ll* -i, -au, lease; demise
prydlesai, *eg, ll* **prydleseion,** lessee
prydlesol, *a,* leasehold
prydlesu, *be,* lease; demise
prydlesydd, *eg, ll* -ion, lessor
prydliw, *eg, ll* -iau, complexion
prydlondeb, *eg, ll* -au, punctuality
pryfbeilliad, *eg, ll* -au, entomophily
pryfdyllog, *a,* worm eaten
pryfedog, *a,* verminous
pryf gweryd, *eg,* warble fly
pryfleiddiad, *eg, ll* -au, insecticide
  pryfleiddiad cyffwrdd, contact insecticide
pryfocio, *be,* provoke
pryf pren, *eg,* woodworm
pryfyn, *eg, ll* **pryfed,** insect
  gwenwyn pryfed, insecticide
pryf yr afu, *eg,* fluke
pryfysol, *a,* insectivorous
pryfysydd, *eg, ll* -ion, insectivore
prynu, *be,* buy
  bras-brynu, bulk buying
  prynu ar goel, credit buying
  prynu ar gredyd, credit buying
  prynu byrbwyll, impulse buying
prynwr, *eg, ll* -wyr, consumer; buyer

prysg, *eg, ll* -au, -oedd, scrub
  prysg *mallee,* mallee scrub
  prysg mwlga, mulga scrub
prysglwyn, *eg, ll* -i, bush
  feld prysglwyn, *eg,* bush veld
  pobl y prysglwyni, *ell,* bushmen
  tir prysglwyn, *eg,* bush
prysgwydd, *ell,* brushwood; shrubs
prysgyn, *eg, ll* prysg, shrub
prysur, *a,* engaged
prysuro, *be,* expedite
psewdopodiwm, *eg, ll* psewdopodia, pseudopodium
pteroma, *eg, ll* pteromata, pteroma
ptyalin, *eg,* ptyalin
pumawd, *eg, ll* -au, quintet
pumdalen, *eb, ll* -nau, pumdail, cinquefoil
pum, *a,* five
  pum safle mewn dawnsio bale, five points in ballet dancing
pumedau, *ell,* fifths
  pumedau ac wythfedau cudd, exposed fifths and eighths
pumlet, *eg, ll* -au, quintuplet
pupur, *eg, ll* -au, pepper
  pupur Jamaica, allspice
pur, *a,* pure
purdebaeth, *eb, ll* -au, purism
purdebwr, *eg, ll* -wyr, purist
puredig, *a,* refined
  oel puredig, *eg,* refined oil
puro, *be,* refine
pwbig, *a,* pubic
  symffysis pwbig, *eg,* pubic symphysis
pwbis, *eg, ll* -au, pubis
pwdin, *eg, ll* -au, pudding
  pwdin Efrog, Yorkshire pudding
  pwdin Nadolig, Christmas pudding
  pwdin sbwng, sponge pudding
  pwdin siwed, suet pudding
  pwdin wedi'i bobi, baked pudding
  pwdin wedi'i ferwi, boiled pudding
  pwdin wedi'i stemio, steamed pudding
pwdlo, *be,* puddle
  ffwrnais bwdlo, *eb,* puddling furnace
pwdr, *a,* rotten

pwe, *eg, ll* -au, puy
pŵer, *eg, ll* -au, -oedd, power
  ffactor pŵer, *egb,* power factor
  Pŵer Mawr, Great Power
pwerddreif, *eg, ll* -iau, power drive
pwerperiwm, *eg,* puerperium
pwff, *eg, ll* pyffau, pyffiau, puff; gust
  pwff powdr, powder puff
pwgio, *be,* pug
pŵl, *a,* blunt
pwlfinws, *eg, ll* pwlfini, pulvinus
pwlofer, *eg, ll* -i, pullover
pwlp, *eg, ll* pylpiau, pulp
pwls, *eg, ll* pylsau, pulse
pwlsadu, *be,* pulsate
pwlsadur, *eg, ll* -on, pulsator
pwltis, *eg, ll* -au, poultice
pwll, *eg, ll* pyllau, pool; pit
  pwll neidio, jumping pit
  pwll nofio, swimming pool
  pwll tegell, kettle hole
pwllyn, *eg, ll* -nod, -nau, puddle
pwmis, *eg, ll* -iau, pumice
  powdr pwmis, *eg,* pumice powder
pwmp, *eg, ll* pympau, pympiau, pump
  pwmp awyru, aerator pump
  pwmp codi, lift pump
  pwmp eisio, icing pump
  pwmp grym, force pump
  pwmp gwacau, exhaust pump
  pwmp gwynt, windpump
  pwmp sugno, suction pump
  storfa bwmp, *eb,* pump storage
pwmpen, *eg, ll* -ni, pumpkin; marrow
pwn, *eg, ll* pynnau, burden; pack
  anifail pwn, *eg,* beast of burden
pwna, *eg, ll* pwnaon, puna
pwnc, *eg, ll* pynciau, subject; topic
pwnier, *eg, ll* -i, puncher
pwnio, *be,* nudge
pwns, *eg, ll* pynsiau, punch
  pwns canoli, centre punch
  pwns canoli awtomatig, automatic centre punch
  pwns cefndir, background punch
  pwns cloch, bell punch
  pwns dot, dot punch
  pwns hoelion, nail punch
  pwns llygadennu, eyelet punch
pwnsh, *eg, ll* pynshau, punch

pwnsio, *be,* punch
pwnter, *eg, ll* -iaid, punter
pwpa, *eg, ll* **pwpae,** pupa
pwped, *eg, ll* -au, puppet
　pwped llaw, hand puppet
pwpedwr, *eg, ll* -wyr, puppeteer
pwrcasu, *be,* purchase
　gallu pwrcasu, *eg,* purchasing power
　gorchymyn pwrcasu gorfodol, *eg,* compulsory purchase order
pwrcaswr, *eg, ll* -wyr, consumer
pwrpwra, *eg, ll* **pwrpwrae,** purpura
pwrs, *eg, ll* **pyrsau,** purse; scrotum
pwrsifant, *eg, ll* -iaid, pursuivant
pwstwla, *eg, ll* **pwstwlae,** pustule
pwtffalu, *be,* fumble
pwtgylchedu, *be,* short cut; short circuit
pwti, *eg,* putty
　pwti trwyn, nose putty
pwtio, *be,* short circuit
pwyad, *eg, ll* -au, blow; smash; shot
pwyllgor, *eg, ll* -au, committee
　pwyllgor ad hoc, ad hoc committee
　pwyllgor adloniannau, entertainments committee
　pwyllgor ariannol, finance committee
　pwyllgor brys, emergency committee
　pwyllgor cyfesur, co-ordinating committee
　pwyllgor dethol, selecting committee
　pwyllgor detholedig, select committee
　Pwyllgor Gofal Plant, Child Care Committee
　pwyllgor gwaith, executive committee
　pwyllgor materion cyffredinol, general purposes committee
　pwyllgor rhanbarth, divisional executive
　pwyllgor rheoli, management committee
pwyllgorfa, *eb, ll* **pwyllgorfeydd,** conference-room
pwylltrais, pwylltreisiad, *eg, ll* -treisiau, -treisiadau, brainwash

pwylltreisio, *be,* brainwash
pwynt, *eg, ll* -iau, point; stage
　pwynt anghyfnewid, fixed point
　pwynt caledu, point of decalescence
　pwynt critigol, critical point
　pwynt cymal, point of articulation
　pwynt degol, decimal point
　pwynt diflannu, vanishing point
　pwyntiau cardinal, cardinal points
　pwynt ildio, yield point
　pwynt oedi, point of delay
　pwynt rhewi, freezing point
　pwynt terfyn, end point
　pwynt triphlyg, triple point
　pwynt yr ên, point of the jaw
pwyntil, *eg, ll* -iau, pointel
pwyntiliaeth, *eb, ll* -au, pointillism
pwyntio, *be,* point
pwyntydd, *eg, ll* -ion, pointer
pwys, *eg, ll* -i, pound
pwysal, *eg, ll* -au, poundal
pwysau, *ell,* weight; tare
　pwysau agored, catch weight
　pwysau bantam, bantam weight
　pwysau bres, braceweight
　pwysau canol, middle weight
　pwysau godrwm, light heavy weight
　pwysau marw, dead weight
　pwysau pluen, feather weight
　pwysau pryf, fly weight
　pwysau trwm, heavy weight
　pwysau welter, welter weight
　pwysau ysgafn, light weight
pwysedig, *a,* weighed
pwysedd, *eg, ll* -au, pressure
pwysel, *eg, ll* -i, bushel
pwysfan, *eg, ll* -nau, steady
pwyslath, *eb, ll* -au, strut
pwyso, *be,* weigh; weigh-in
pwysol, *a,* weighted
pwysoli, *be,* weight
pwysyn, *eg, ll* -nau, weight
pwyth, *eg, ll* -au, -on, stitch
　cau pwythau, *be,* cast off
　codi pwyth, *be,* pick up a stitch
　codi pwythau, *be,* cast on; increase
　colli pwyth, *be,* drop a stitch
　pwyth addurnol, decorative stitch

pwyth amlinell, outline stitch
pwyth blanced, blanket stitch
pwyth cadwyn, chain stitch
pwyth cadwyn dwbl, double chain stitch
pwyth cadwyn unigol, detached chain stitch
pwyth cebl, cable stitch
pwyth clo, lock stitch
pwyth clwm, knotted stitch
pwyth conyn, stem stitch
pwyth croes, cross stitch
pwyth croes hirfraich, long armed cross stitch
pwyth cribog, crested chain stitch
pwyth crwybr, honeycomb stitch
pwyth cwlwm dwbl, double knot stitch
pwyth cynfas, canvas stitch
pwyth cyswllt, inserted stitch
pwyth dal, catch stitch
pwyth dolennog, looped stitch
pwyth ffagod, faggot stitch
pwyth ffagod sengl, single faggot stitch
pwyth gardas, garter stitch
pwyth gobelin, gobelin stitch
pwyth gwân, stab stitch
pwyth hir a byr, long and short stitch
pwyth hosan, stocking stitch
pwyth llanw, filling stitch
pwyth llygad y dydd, lazy daisy stitch
pwyth mwsogl, moss stitch
pwyth o chwith, purl stitch
pwyth o dde, plain stitch
pwyth ôl, back stitch
pwyth ôl dwbl, double back stitch
pwyth pabell, tent stitch
pwyth pad, pad stitch
pwyth parhaol, permanent stitch
pwyth Pekin, Pekinese stitch
pwyth pennog, herringbone stitch
pwyth pen tarw, tête de boeuf stitch
pwyth petryal, four sided stitch
pwyth pluen, feather stitch
pwyth pin, pin stitch
pwyth pwns, punch stitch
pwyth pysgodyn, fishbone stitch
pwyth reis, rice stitch
pwyth rhaff, rope stitch
pwyth rhedeg, running stitch
pwyth satin, satin stitch
pwyth sgadenyn, herring bone stitch
pwyth siefron (*chevron*), chevron stitch
pwyth stae, stay stitch
pwyth top, top stitch
pwyth triongl, three-sided stitch
pwyth tros bwyth, pass slip stitch over
pwyth twll botwm, button hole stitch
pwyth Twrc, Turkish stitch
rheolydd pwythau, *eg,* stitch regulator
pwytho, *be,* stitch
pwytho llwybr, threadmarking
pwythyn, *eg, ll* **pwythau,** length of thread; ligature
pyaemia, *eg,* pyaemia
pycnostyl, *eg, ll* -au, pycnostyle
pydew, *eg, ll* -au, well
pydredd, *eg, ll* -au, rot
pydredd pren, dry rot
pydru, *be,* decay
pyelitis, *eg,* pyelitis
pyg, *eg, ll* -ion, pitch
  bowlen byg, *eb,* pitch bowl
  pinwydden byg, *eb,* pitch pine
  plocyn pyg, pitch block
  powlen byg, *eb,* pitch bowl
pyglo, *eg,* bituminous coal
pygfaen, *eg, ll* **pygfain, pygfeini,** pitchstone
pyjamas, *eg, ll* -ys, pyjamas
  pyjamas cwta, shortie pyjamas
pylni, *eg,* bluntness
pylon, *eg, ll* -au, pylon
pylori, *be,* pulverise
pyloriad, *eg, ll* -au, pulverisation
pylorws, *eg, ll* -au, pylorus
pylu, *be,* blunt; dim
  panel pylu, *eg,* dimmer-board
pylydd, *eb, ll* -ion, dimmer
  pylydd gwlyb, liquid dimmer
pyllog, *a,* pitted
pyllu, *be,* pit
pyntio, *be,* punt
pyogenig, *a,* pyogenic

pyorea, *eg*, pyorrhea
pyped, *eg*, *ll* -au, puppet
  pyped bys, finger puppet
  pyped maneg, glove puppet
pyramid, *eg*, *ll* -iau, pyramid
  pyramidiau tas, nesting pyramids
pyramidiol, *a*, pyramidal
pyrecsia, *eg*, pyrexia
pyrenoid, *eg*, *ll* -au, pyrenoid
pyrit, *eg*, *ll* -au, pyrite
pyrites, *eg*, pyrites
pyroclast, *eg*, *ll* -au, pyroclast
pyroclastaidd, *a*, pyroclastian
pyromedr, *eg*, *ll* -au, pyrometer
pyromedreg, *eb*, pyrometry
pyrwydden, *eb*, *ll* **pyrwydd**, spruce
pysen, *eb*, *ll* **pys**, pea
  pys gleision, green peas
pysg mâl, fish meal
pysgodwr, *eg*, *ll* **pysgodwyr**, fishmonger
pysgodyn, *eg*, *ll* **pysgod**, fish
  pysgod a sglodion, fish and chips
  pysgod cregin, shell-fish
  pysgodyn magnet, magnetic fish
  pysgodyn ysgyfeiniog, lung fish
pysgota, *be*, fish
  pysgota'r cefnfor, deep sea fishing
  pysgota'r glannau, inshore fishing
  pysgota'r gwaelod, demersal fishing
  pysgota'r wyneb, pelagic fishing
pysgotwr, *eg*, *ll* **pysgotwyr**, fisherman
pytio, *be*, putt
  grîn pytio, *eg*, putting green
pytiwr, *eg*, *ll* -wyr, putter

R

rabad, *eg*, *ll* -au, rebate
  plaen rabad, *eg*, rebate plane
rac, *eb*, *ll* -iau, rack
  rac cylchgronau, magazine rack
racem, *eb*, *ll* -au, raceme
racila, *eg*, *ll* **racilae**, rachilla
racis, *eg*, *ll* -au, rachis
radar, *eg*, radar
radial, *a*, radial; *eg*, *ll* -au, radial
radical, *a*, radical; *eg*, *ll* -iaid, radical
radicalaidd, *a*, radical
radicaliaeth, *eb*, radicalism
radicl, *eg*, *ll* -au, radicle
radio, *eg*, radio
  seren radio, *eb*, radio star
radioactif, *a*, radioactive
radioactifedd, *eg*, radioactivity
radioastronomi, *eg*, radioastronomy
radio-didraidd, *a*, radio-opaque
radiofeddygaeth (radiotherapi), *eb*, radiotherapy
radiofioleg, *egb*, radiobiology
radiograff, *eg*, *ll* -iau, radiograph
radiograffaeth, *egb*, radiography
radioleg, *eb*, radiology
radioseryddiaeth, *egb*, radioastronomy
radiotherapi, *eg*, radiotherapy
radiws, *eg*, *ll* **radiysau**, radius
  fector radiws, *eg*, radius vector
  medrydd radiws, *eg*, radius gauge
radl, *eg*, *ll* -au, raddle
radwla, *eg*, *ll* **radwlae**, radula
radys, *ell*, *un* -en, radish
  radys poeth, horse radish
raffia, *eg*, raffia
  gwaith raffia, raffia work
  gwau raffia, plethu raffia, raffia weaving
rafft, *eb*, *ll* -iau, raft
rafftio, *be*, raft
rali, *eb*, *ll* **ralïau**, -s, rally
ramp, *eg*, *ll* -iau, ramp
ranc, *eb*, *ll* -iau, rank
rand, *eg*, *ll* -iau, rand
raffid, *eg*, *ll* -au, raphide

ras, *eb, ll* -ys, race
  ras draws gwlad, cross country race
  ras felin, mill race
  ras filltir, mile race
  ras ffos a pherth, steeplechase
  ras ganllath, 100 yards race
  ras glwydi, hurdles race
  ras gyfartal, dead heat race
  ras gyfnewid, relay race
  ras gyfnewid gymysg, medley relay race
  ras gyfnewid ôl a blaen, shuttle relay race
  ras rwystrau, obstacle race
  ras ystaden, 220 yards race
rasb, *eg, ll* -iau, rasp
rayon, *eg,* rayon
  cord rayon, *eg,* rayon cord
real, *a,* real
realaeth, *eb, ll* -au, realism
  realaeth arwrol, heroic realism
realeiddio, *be,* realize
realiti, *eg,* reality
receptor, *eg, ll* -au, receptor
reciwsant, *eg, ll* -iaid, recusant
reciwsantiaeth, *eb,* recusancy
record, *eb, ll* -iau, record
  cardiau record, *ell,* record cards
recorder, *eg, ll* recordwyr, recorder
recordio, *be,* record
  pen recordio, *eg,* recording head
recordiwr (person), *eg, ll* -wyr, recorder
recordydd (offeryn), *eg, ll* -ion, recorder
recriwt, *eg, ll* -iaid, recruit
recriwtio, *be,* recruit
rectwm, *eg, ll* recta, rectum
refeniw, *eg, ll* -iau, revenue
refersiwn, *eg,* reversion
refferendwm, *eg, ll* refferenda, referendum
refferi, *eg, ll* refferïon, -s, referee
reffractomedr, *eg, ll* -au, refractometer
regalia, *ell,* regalia
regentaidd, *a,* regency
regwla, *eg, ll* regwlâu, regula
reiat, *eg,* riot
reis, *eg, ll* -ys, rice

relái, *eg,* relay
remandio, *be,* remand
  remandio ar fechnïaeth, remand on bail
remandu, *be,* remand
remandy, *eg, ll* remandai, remand home
rendrad, *eg, ll* -au, render
rendro, *be,* render
rendsina, *eg, ll* rendsinâu, rendzina
rennin, *eg,* rennin
rêp, *eg, ll* -iau, rape
replefin, *eg, ll* -au, replevin
reredos, *eg, ll* -au, alterpiece; reredos
resbiradaeth, *eb, ll* -au, respiration
  resbiradaeth aerobig, aerobic respiration
  resbiradaeth anaerobig, anaerobic respiration
resbiradol, *a,* respiratory
  organ resbiradol, *egb,* respiratory organ
  pigment resbiradol, *eg,* respiratory pigment
  symudiad resbiradol, *eg,* respiratory movement
resbiradu, *be,* respire
resbiradur, *eg, ll* -on, respirator
reserf, *eg, ll* -au, reserve
  reserf cudd, secret reserve
resin, *eg, ll* -au, resin
resipi, *eb, ll* resipïau, recipe
resistor, *eg, ll* -au, resistor
rest, *eg, ll* -iau, rest
  rest llithr, slide rest
reteirio, *be,* retire
reticwlwm, *eg, ll* reticwla, reticulum
retina, *eg, ll* retinae, retina
retort, *eg, ll* -au, retort
retroactif, *a,* retroactive
  lluddiant retroactif, *eg,* retroactive inhibition
retrors, *a,* retrorse
ria, *eg, ll* riâu, ria
rib, *eb, ll* -iau, rib; *eg,* corduroy
ribosom, *eg, ll* -au, ribosome
rif, *eg, ll* -au, reeve
riff, *eg, ll* -iau, reef
riffio, *be,* reef
riffl, *eg, ll* -au, rifle
rifflwr, *eg, ll* -wyr, rifler

rig, *eg, ll* -au, rig
riger, *eg, ll* -i, rigger
rigio, *be,* rig
rigor, *eg, ll* -au, rigor
ringer, *eg, ll* -i, wringer
ringio, *be,* wring
rihyrsal, *eb, ll* -s, rehearsal
  rihyrsal golau, light rehearsal
  rihyrsal wisg, dress rehearsal
ril (ril), *eb, ll* -iau, reel
rilen, *eb, ll* rils, reel
rîm, *eg, ll* -au, ream
rinc, *eb, ll* -iau, rink
  rinc rew, ice rink
rins, *eg, ll* -au, rinse
rinsio, *be,* rinse
ripieno, *a,* ripieno; *eg,* ripieno
ripost, *eg, ll* -au, riposte
  ripost cyfun (cyfansawdd), compound riposte
  ripost gwrthol, counter riposte
  ripost oediog, delayed riposte
  ripost union, direct riposte
risg, *eg, ll* -iau, risk
risol, *eb, ll* -ion, rissole
riwbob, *eg, ll* -ion, rhubarb
riwl, *eb, ll* -iau, rule; *eg, ll* -iau, ruler
  riwl blyg, folding rule
  riwl droedfedd, foot rule
  riwl gyfangiad, contraction rule
  riwl gyfrif, slide rule
  riwl lathen, yard rule
  riwl rifo, slide rule
  riwl wrthslip, non-slip rule
riwledig, *a,* ruled
riwler, *eg, ll* -i, ruler
riwliad, *eg, ll* -au, ruling
roced, *eb, ll* -i, rocket
  roced â chriw, manned rocket
rocedwr, *eg, ll* -wyr, rocketeer
rococo, *a,* rococo
rod, *eb, ll* -iau, rod
rodent, *eg, ll* -au, rodent
rôl, *eb, ll* rolau, role
  rôl rhyw, sex-role
roli poli (rowlyn powlyn), *eg,* roly poly

roloc, *eg, ll* -iau, rowlock
rolocs, *ell,* pins
  rolocs sefydlog, fixed pins
Romanesg, *a,* Romanesque
roncsian, *eg, ll* -au, wronksian
rondel, *eg, ll* -i, rondel
rondo, *eg, ll* -au, rondo
  rondo modern, modern rondo
  rondo sonata, sonata rondo
  rondo syml, simple rondo
roset, *eb, ll* -i, -s, rosette
  cadwyn roset, *eb,* rosette chain
rostrwm, *eg, ll* rostra, rostrymau, rostrum
  ffrynt rostrwm, *egb,* rostrum front
rotari, *eg,* rotary
  Clwb Rotari, *eg,* Rotary Club
rotor, *eg, ll* -au, rotor
rotwnda, *eg, ll* rotwndâu, rotunda
Rouleau, *eg, ll* -x, Rouleau
rowlyn powlyn, *eg,* roly poly
rownd, *eg, ll* -iau, round
rwber, *eg, ll* -i, rubber
  band rwber, *eg,* rubber band
  cribyn rwber, *eg,* rubber rake
  cynfas rwber, *eg,* rubber sheet
  llywionen rwber, *eg,* rubber sheet
  mowld tywod rwber, *eg,* rubber sand mould
  pâl rwber, *eg,* rubber digger
  rwber ewynnog, rubber foam; foam rubber
  rhaca rwber, *eg,* rubber rake
  stamp rwber, *eg,* rubber stamp
  webin rwber, *eg,* rubber webbing
rwden, *eb, ll* rwdins, swede
rwg, *eg, ll* rouge
rwmen, *eg, ll* rwmena, rumen
ryffl, *eg, ll* -au, ruffle
rvfflo, *be,* ruffle
ryg, *eb, ll* -iau, rug
rygwaith, *eg,* rugmaking
ryot, *eg, ll* -iaid, ryot
rysáit, *eb, ll* -s, ryseitiau, recipe

RH

rhac, *eb, ll* -iau, rack
  rhac ddillad, clothes rack
  rhac nenfwd, ceiling clothes rack
rhaca, *eg, ll* -nau, rake
rhacanu, *be,* rake
rhaced, *eb, ll* -i, racket
  coes y rhaced, *eg,* handle of the racket
  gwddf y rhaced, *eg,* neck of the racket
  wyneb y rhaced, *eg,* face of the racket
rhacetîr, *eg, ll* -iaid, racketeer
rhacetiro, *be,* racketeer
rhacrent, *eg, ll* -i, rack rent
rhaeadr, *eb, ll* -au, waterfall
rhaflad, *eg, ll* -au, fray
rhaflo, *be,* fray
rhaff, *eb, ll* -au, rope
  rhaff ar oledd, inclined rope
  rhaffau clymu, painters
  rhaffau mast, shrouds
  rhaffau'r brig, lines of grid; fly lines
  rhaff ddringo, climbing rope
  rhaff flaen, foresheet
  rhaff nylon pwysau llawn, full weight nylon rope
  rhaff seisal, sisal rope
  rhaff sgipio, skipping rope
  y brif raff, mainsheet
rhaffordd, *eb, ll* rhaffyrdd, ropeway
  rhaffordd awyr, aerial ropeway
rhagaeddfed, *a,* precocious
rhagaeddfedrwydd, *eg,* precocity
rhag-amod, *eb,* precedent
rhagarchebu, *be,* advance booking
rhagarweiniad, *eg, ll* -au, introduction
rhagbennaeth, *eg, ll* rhagbenaethiaid, acting-head
rhagbrawf, *eg, ll* rhagbrofion, preliminary test; preliminary examination
rhagchwiliad, *eg, ll* -au, reconnaissance

rhagchwilio, *be,* reconnoitre
rhagdalwyd, *a,* prepaid
  amlen ragdal, *eb,* prepaid envelope
rhagdir, *eg, ll* -oedd, foreland
rhagdrefnydd, *eg, ll* -ion, advance-manager
rhag-dyb, *egb, ll* -ion, presupposition
rhagdybiaeth, *eb, ll* -au, presumption
rhagdybiaethol, *a,* presumptive
rhagdybio, *be,* presuppose
  rhagdybio'r casgliad, beg the question
rhagdybiol, *a,* presumptive
  aer rhagdybiol, *eg,* presumptive heir
rhagddetholus, *a,* pre-selective
rhagddodiad, *eg, ll* rhagddodiaid, prefix
rhagddweud, *be,* forecast
rhagddyfalus, *a,* anticipatory
rhag-esiampl, *eb,* precedent
rhagfarn, *eb, ll* -au, prejudice
rhagflaeniad, *eg, ll* -au, antecedent in canon
rhagflaenydd, *eg, ll* -wyr, -ion, antecedent; predecessor
rhagfur, *eg, ll* -iau, rampart
rhagfwriadol, *a,* premeditated
rhagfwriadu, *be,* premeditate
rhagfynegi, *be,* predict
rhagfynegiad, *eg, ll* -au, prediction
rhagfyrhau, *be,* foreshorten
rhagffurfiedig, *a,* prefabricated
rhagffurfio, *be,* prefabricate
rhag-ganfyddiad, *eg, ll* -au, preperception
rhaglaw, *eg, ll* -iaid, viceroy
rhaglen, *eb, ll* -ni, programme; program
  rhaglen amrylin, intrinsic programme
  rhaglen ganghennog, branching programme

rheoliadur, *eg, ll* -on, control equipment
rheolus, *a*, regular
rheoluso, *be*, regularise
rheolwr, *eg, ll* -wyr, manager; controller; referee; umpire
rheolwr busnes, business manager; acting manager
rheolwr bwth tocynnau, box office manager
rheolwr gyfarwyddwr, managing director
rheolydd, rheolwr (person), *eg, ll* -ion, control; controller; regulator
rheolydd lliwiau, telecolour controller
rheostat, *eg, ll* -au, rheostat
rhes, *eb, ll* -i, -au, row; line; rank; rib; tier; flight
rhesi o ffenestri, ranks of windows
rhes isaf, lower tier
rhes risiau, flight of stairs
rhesel, *eb, ll* -i, rack
rhesel lyfrau, book rack
rhesen, *eb, ll* -ni, -nau, stripe
rhesinen, *eb, ll* **rhesin**, raisin
rhesog, *a*, ribbed
rhestiad, *eg*, arrest
rhestio, *be*, arrest; attache
rhestr, *eb, ll* -i, list; schedule; inventory
rhestr aros, waiting list
rhestr brisiau, price list
rhestr defnyddiau, material list
rhestr diolch, credit list
rhestr ddarnau, repertory
rhestr llithiau, lectionary
Rhestr Sifil, Civil List
rhestren, *eb, ll* -nau, -ni, inventory
rhestru, *be*, specify
rheswm, *eg, ll* **rhesymau**, reason; ground
rhesws-bositif, *a*, rhesus-positive
rhesymeg, *eb*, logic
rhesymegiad, *eg, ll* -au, rationalisation
rhesymiad, *eg, ll* -au, reasoning
rhesymol, *a*, rational
rhesymoli, *be*, rationalize

rhesymoliad, *eg, ll* -au, rationalisation
rhesymoliaeth, *eb*, rationalism
rhesymu, *be*, reason
rhethreg, *eb*, rhetoric
rhew, *eg, ll* -ogydd, -iau, frost; ice
lletemiad rhew, *eg*, ice wedging
rhew du, black ice
rhew llonydd, dead ice
rhew parhaol, perma frost
wedi ei ddryllio gan rew, *a*, ice shattered
rhewadur, *eg, ll* -on, refrigerator
rhewbwynt, *eg, ll* -iau, freezing point
rhew-ddrylliog, *a*, ice shattered
rheweiddiad, *eg, ll* -au, refrigeration
rheweiddio, *be*, refrigerate
rhewfriw, *a*, frost shattered
rhewgell, *eb, ll* -oedd, freeze box; deep freeze cabinet; freezer
rhewgist, *eb, ll* -iau, deep freeze cabinet
rhewglai, *eg*, glacial clay
rhewi, *be*, freeze
rhewlif, *eg, ll* -iau, glacier
drifftion rhewlif, *ell*, glacial drifts
dyddodion rhewlif, *ell*, glacial deposits
erydiad rhewlif, *eg*, glacial erosion
enciliad rhewlif, *eg*, retreat glacier
estyniad rhewlif, *eg*, advance glacier
llaeth rhewlif, *eg*, glacier milk
swch rhewlif, *eg*, glacier snout
tafod rhewlif, *eg*, glacier tongue
rhewlifeg, *egb*, glaciology
rhewlifiant, *eg, ll* **rhewlifiannau**, glaciation
rhewlifo, *be*, glaciate
rhewlifol, *a*, glacial
cyn-rewlifol, *a*, pre-glacial
defnyddiau ffrwd rewlifol, *ell*, fluvio-glacial material
nodweddion rhewlifol, *ell*, glacial features
uchafbwynt rhewlifol, *eg*, glacial maximum
rhewlin, *eg, ll* -iau, frost line
rhewlyn, *eg, ll* -noedd, glacial lake
rhewllyd, *a*, frosty
rhewoer, *a*, icy cold

rhewydd, *eg, ll* **-ion,** refrigerant; refrigerator; deep freezer
rhiant, *eg, ll* **rhieni,** parent
  gofal rhieni, *eg,* parental care
  nodweddion rhieni, *ell,* parental character
rhic, *eg, ll* **-iau,** notch
rhicbren, *eg, ll* **-nau,** tally
rhicio, *be,* hatch; notch
rhicyn, *eg, ll* **-au,** notch
rhiden, *eb, ll* **-s,** border
rhidennu, *be,* fringe
rhidens, *ell,* fringe
rhidyll, *eg, ll* **-au, -iau,** sieve
rhidyllio, *be,* sieve
rhieiniol, *a,* parental
  greddf rieiniol, *eb,* parental instinct
rhif, *eg, ll* **-au,** number; figure
  rhif cyfan, whole number
  rhif cyfeiriol, directed number
  rhif cymysg, mixed number
  rhif cysefin, prime number
  rhif i'w gario, carrying figure
  rhif naturiol, natural number
  rhif torlun, cut out numeral
  rhif ystyrlon, significant figure
rhifadwy, *a,* countable; denumerable; enumerable
rhifadwyedd, *eg,* countability
rhifiadol, *a,* numerical
  data rhifiadol, *ell,* numerical data
  ffactor rhifiadol, *egb,* numerical factor
rhifiadur, *eg, ll* **-on,** numerator
rhifo, *be,* count; enumerate
rhifol, *eg, ll* **-ion,** numeral
rhifwr (person), *eg, ll* **-wyr,** counter
  rhifwyr lapiau, *ell,* lap scorers
rhifydd, *eg, ll* **-ion,** counter
rhifyddeg, *egb,* arithmetic
  profion rhifyddeg pen, *ell,* mental arithmetic tests
  rhifyddeg llafar, oral arithmetic
  rhifyddeg masnach, commercial arithmetic
  rhifyddeg mecanaidd, mechanical arithmetic
  rhifyddeg pen, mental arithmetic
rhifyddol, *a,* arithmetical
rhifyddwr, *eg, ll* **-wyr,** arithmetician
rhifynnog, *a,* numerate

rhîff, *eg, ll* **-iau,** reef
rhigol, *eb, ll* **-au,** groove; routine
  rhigol draws, housing
  rhigol draws gau, stopped housing joint
  sêm rigol, *eb,* grooved seam
  uniad rhigol, *eg,* housing joint
rhigolaeth, *eb, ll* **-au,** routine
  tuedd rhigolaeth, *eb,* routine tendency
rhigolaidd, *a,* routine
rhigoledig, *a,* grooved
rhigoli, *be,* groove; trench
rhigoliad, *eg, ll* **-au,** grooving
rhigolog, *a,* grooved
rhimyn, *eg, ll* **-nau,** rim
rhin, *eb, ll* **-iau,** extract
  rhin biff, beef extract
  rhin eidion, beef extract
rhinflas, *eg, ll* **-oedd,** essence
rhinitis, *eg,* rhinitis
rhip, *eg, ll* **-iau,** rip
rhipio, *be,* rip
rhipiwr, *eg, ll* **-wyr,** ripper
rhiplif, *eb, ll* **-iau,** rip saw
rhisglyn, *eg, ll* **rhisgl,** peel; bark
rhith, *eg, ll* **-iau,** illusion; foetus
rhithdyb, *egb, ll* **-iadau,** delusion
rhithganfyddiad, *eg, ll* **-au,** illusion
rhithwir, *a,* virtual
rhithwiredd, *eg, ll* **-au,** versimilitude
rhitholaeth, *eb, ll* **-au,** illusionism
rhiw, *eb, ll* **-iau,** hill
rhizoid, *eg, ll* **-au,** rhizoid
rhizom, *eg, ll* **-au,** rhizome
rhod, *eb, ll* **-au,** orbit; *eb, ll* **-iau,** rod
rhoden, *eb, ll* **-ni,** rod
  rhoden gyswllt, connecting rod
  rhoden lwybro, track rod
  rhoden reoli, control rod
rhodfa, *eb, ll* **rhodfeydd,** walk
  rhodfa'r gwyliwr, sentry-walk
rhodgofio, *be,* rote memory
rhodianfa, *eb, ll* **rhodianfeydd,** ambulatory
rhodio, *be,* walk; walk on
rhodiwr, *eg, ll* **-wyr,** extra; super (*Th*)
rhodli, *be,* scull
rhodlong, *eb, ll* **-au,** paddle-steamer
Rhodophyceae, *ell,* Rhodophyceae

rhodres, *eg, ll* -i, affectation
rhoddwr, *eg, ll* -wyr, donor; giver
rhofio, *be,* shovel
rhoi gorchymyn i, *be,* order
rhoi gwybod i, *be,* inform
rhol, *egb, ll* -iau, roll; *eg,* roller
   Ceidwad y rholiau, *eg,* Master of the rolls
   Meistr y rholiau, *eg,* Master of the rolls
   rhol gig, meat roll
   rhol rhent, rent roll
   rhol yn ôl, backward roll
   rhol y Gorllewin, Western roll
   rhol ymlaen, forward roll
rholbren, *eg, ll* -nau, -ni, rolling pin
rholer, *eg, ll* -i, roller
   gwŷdd rholer, *eg,* roller loom
   rholer gwasgu, pressing roller
rholferyn, *eg, ll* -nau, roller bearing
rholio, *be,* roll
   rholio mewn, roll in
rholiwr, *eg, ll* -wyr, roller
rholstoc, *eg, ll* -iau, rolling stock
rholydd, *eg, ll* -ion, roller
rholyn, *eg, ll* rholiau, roll
rhombohedron, *eg, ll* -au, rhombohedron
rhomboid, *eg, ll* -au, rhomboid
rhombws, *eg, ll* rhombi, rhombus
rhomper, *eg, ll* -i, romper
rhos, *eb, ll* -ydd, heath
rhosbren, *eg, ll* -nau, rosewood
rhosed, *eb, ll* -au, rosette (*B*)
rhostio, *be,* roast
rhostir, *eg, ll* -oedd, heathland
rhoswydd, *ell,* rosewood
rhuban, *a,* ribbon; *eg, ll* -au, ribbon; braid; streamer
   rhuban lliw, coloured braid
rhubanog, *a,* ribbon
   datblygiad rhubanog, *eg,* ribbon development
rhuchen, *eb,* cataract
rhuddiad, *eg, ll* -au, red shift
rhuddin, *eg,* heartwood
rhuddliw, *eg, ll* -iau, rouge
rhuddo, *be,* scorch
rhuddygl, *ell, un* -en, radishes
Rhufain, *eb,* Rome
rhufeineiddiad, *eg, ll* -au, romanization

rhugliad, *eg, ll* -au, crepitation
rhumblin, *eg,* rhumbic line
rhusio, *be,* shy
rhwbel, *eg, ll* -au, rubble
   gwaith maen rhwbel, *eg,* rubble masonry
rhwbiad, *eg, ll* -au, chafing
rhwbio, *be,* chafe; rub
   bwrdd rhwbio, *eg,* rubbing board
rhwd, *eg, ll* rhydau, rust
rhwy, *eb, ll* -au, ring
rhwyd, *eb, ll* -au, -i, net
   cordyn rhwyd, *eg,* net cord
rhwydo, *be,* net
   rhwydo'r bêl, net the ball
rhwydol, *a,* reticulate
rhwydwaith, *eg, ll* rhwydweithiau, mesh; network
   rhwydwaith weiar, wire mesh
rhwyf, *eb, ll* -au, oar
   coes rhwyf, *egb,* loom
rhwyg, *eg, ll* -au, flaw; tear
rhwyglif, *eb, ll* -iau, rip saw
rhwygo, *be,* rip; tear
rhwyll, *eb, ll* -au, buttonhole; fret
rhwyllen, *eb, ll* -ni, gauze
rhwyll-lif, *eb, ll* -iau, fretsaw
rhwyllo, *be,* pierce
rhwyllwaith, *eg, ll* rhwyllweithiau, fretwork
rhwym, *a,* bound
rhwymau, *ell,* relationship
rhwymder, *eg,* retention
rhwymdoll, *eb,* bond-customs
rhwymedigaeth, *eb, ll* -au, liability; obligation
   cyd-rwymedigaeth, joint liability
   rhwymedigaeth gyfyngedig, limited liability
rhwymedd, *eg,* constipation
rhwymo, *be,* bind; lash; require
   rhwymo rhywun (i gadw'r heddwch/i ymddangos yn dyst), bind over
   rhwymo yn y swm o, bind in the sum of
rhwymwr (person), *eg, ll* -wyr, binder
rhwymydd, *eg, ll* -ion, binder
   rhwymydd ymylon, edge binder
rhwymyn, *eg, ll* -nau, binding
   rhwymyn arbed, *eg,* safety belt

rhwysg, *eg*, pageantry
rhwystr, *eg*, *ll* -au, obstacle; obstruction; impediment
rhwystrad, *eg*, *ll* -au, obstruction; prevention
rhwystriadol, *a*, preventive
rhwystriant, *eg*, *ll* rhwystriannau, impedance
rhwystro, *be*, block
rhybannu, *be*, shrink
  deunydd gwrthrybannu, *eg*, shrink resistant material
rhybed, *eg*, *ll* -ion, rivet
  rhybed gwrthsodd, countersunk head rivet
  rhybed penban, pan head rivet
  rhybed penfflat, flat head rivet
  rhybed pen-gôn, conical head rivet
  rhybed pengrwn, round head rivet
  rhybed pop, pop rivet
  set rhybed, *eb*, rivet set
rhybedog, *a*, rivetted
rhybedu, *be*, rivet; *eg*, rivetting
  rhybedu doli, dolly rivetting
  rhybedu snap, snap rivetting
rhybudd, *eg*, *ll* -ion, warning
  rhybudd codi, ring up (*Th*)
  rhybudd diddymiad, abatement notice
  rhybudd gostwng, ring down (*Th*)
  rhybudd o gynnig, notice of motion
rhybuddio, *be*, warn
rhych, *eb*, *ll* -au, furrow; groove
  rhychau cymeriad, character lines
rhychedig, *a*, striated
rhychiadau, *ell*, striations
rhychiog, *a*, corrugated
rhychog, *a*, fluted
rhychu, *be*, incise; trench
rhychwant, *eg*, *ll* -au, span
rhyd, *eb*, *ll* -au, ford
rhydu, *be*, rust
rhydweli, *eg*, *ll* rhydweliäu, artery
  rhydweli carotid, carotid artery
rhydwythiad, *eg*, *ll* -au, reduction
rhydwytho, *be*, reduce
rhydwythydd, *eg*, *ll* -ion, reducing agent; reductant
Rhydychen, *eb*, Oxford

rhydd, *a*, free; disengaged
  rhydd ar drên, free on rail
  rhydd ar long, free on board
  rhydd ddaliadol, freehold
  rhydd o long, free overside
  rhydd wrth gei, free alongside quay
  rhydd wrth long, free alongside ship
rhyddarbed, *be*, indemnify
rhyddarbediad, *eg*, *ll* -au, indemnity
rhydd-ddeiliad, *eg*, *ll* -ddeiliaid, freeholder
rhyddfarnu, *be*, acquit
rhyddfraint, *eb*, freehold
rhyddfreinio, *be*, enfranchise
rhyddfynegiant, *eg*, *ll* rhyddfynegiannau, free-expression
rhyddfrydiaeth, *eb*, liberalism
rhyddfrydig, *a*, liberal
rhyddfrydol, *a*, liberal
  Y Blaid Ryddfrydol, *eb*, Liberal Party
rhyddfrydoli, *be*, liberalize
Rhyddfrydwr, *eg*, *ll* -wyr, Liberal
rhyddffordd, *eb*, *ll* rhyddffyrdd, freeway
rhyddgymdeithasiad, *eg*, *ll* -au, free-association
rhyddhad, *eg*, relief; manumission; discharge
  rhyddhad amodol, conditional discharge
  rhyddhad diamod, absolute discharge
rhyddhaol, *a*, laxative
rhyddhau, *be*, release; discharge
  rhyddhau ac achub, release and rescue
rhyddhawl, *eb*, *ll* -iau, easement
rhyddhawr, *eg*, *ll* rhyddhawyr, releaser
rhyddid, *eg*, *ll* -au, liberty
rhyddni, *eg*, diarrhoea
rhyddydd, *eg*, *ll* -ion, laxative
rhyfeddod, *eg*, *ll* -au, wonder
rhyfeddu, *be*, wonder
rhyfel, *egb*, *ll* -oedd, war
  rhyfel cartref, civil war
  rhyfel haint, germ warfare
  rhyfel oer, cold war

rhyfeliant, *eg, ll* rhyfeliannau, warfare
rhyfelrod, *eb, ll* -au, campaign
rhyfon, *ell, un* -en, blackcurrants
rhygwellt, *ell, un* -yn, rye-grass
rhygwellt Eidalaidd, Italian rye-grass
rhygwellt perennial, perennial rye-grass
rhyngafonol, *eg, ll* -ion, interfluve
rhyngalaethog, *a,* inter galactic
rhyngbarthol, *a,* transitional
cylchfa ryngbarthol, *eb,* transitional zone
rhyngberthynas, *egb, ll* -au, interrelation
rhyngblediwr, *eg, ll* -wyr, interpleader
rhyngdoriad, *eg, ll* -au, interception
rhyngdorri, *be,* intercept
rhyng-drofannol, *a,* inter tropical
rhyngddrymlinol, *a,* inter-drumlin
rhyngfridio, *be,* interbreed
rhyngfynyddig, *a,* intermont
rhyng-gellol, *a,* intercellular
rhyng-golofniad, *eg, ll* -au, intercolumnation
rhyng-gydberthyniad, *eg, ll* -au, intercorrelation
rhynglanw, *a,* inter-tidal
rhyngleisio, *be,* interlace
rhyngles, *eg, ll* -i, interlace
rhyngosod, *be,* interpolate
rhyngosodiad, *eg, ll* -au, interpolation
rhyngrewlifol, *a,* interglacial

rhyngweithiad, *eg, ll* -au, interaction
rhyngweithio, *be,* interact
rhyngwelyog, *a,* interbedded
rhyngwladol, *a,* international
rhŷn, *a,* chilled
rhyndod, *eg, ll* -au, chill
rhynion, *ell, un* rhynyn, groats
rhynnell, *eb, ll* rhynellau, chill
rhynnu, *be,* chill
rhysyfwr, *eg, ll* -wyr, receiver
rhythm, *eg, ll* -au, rhythm
enwau rhythm, *ell,* time-names
ffon rhythm, *eb,* rhythm stick
rhython, *ell, un* rhythen, cockles
rhyw, *eb,* sex
cromosom rhyw, *eg,* sex chromosome
cysylltedd rhyw, *eg,* sex linkage
penderfynaeth rhyw, *eb,* sex determination
rôl rhyw, *eb,* sex role
rhyw heterogametig, heterogametic sex
rhywiol, *a,* sexual
atgynhyrchiad rhywiol, *eg,* sexual reproduction
detholiad rhywiol, *eg,* sexual selection
rhywioledd, *eg,* sexuality
rhywogaeth, *eb, ll* -au, species; genus
rhywogaeth isaf, lowest species
rhywogaethol, *a,* generic; specific
delwedd rywogaethol, *eb,* generic image

S

Sabathyddiaeth, *eb,* Sabbatarianism
sabl, *a,* sable
sabr, *eg, ll* -au, sabre
sacaras, *eg, ll* -au, saccharase
Saccharomyces, *eg,* Saccharomyces
Sacsonaidd, *a,* Saxon
sacwl, *eg, ll* -au, saccule
sacral, *a,* sacral
fertebra sacral, *eb,* sacral vertebra

sacristan, *eg, ll* -au, sacristan
sacristi, *eg, ll* sacristïau, sacristy
sacrwm, *eg, ll* sacra, sacrum
sach, *eb, ll* -au, sack
sad, *a,* stable
sadio, *be,* steady
sadistiaeth, *eb,* sadism
sadiwr, *eg, ll* -wyr, stabiliser
sadrwydd, *eg,* stability

sadydd, *eg, ll* -ion, stabiliser
  sadydd disymud, fixed steady
  sadydd symudol, moving steady
saddurn, *eg, ll* -au, inlay
saddurno, *be*, inlay
saer, *eg, ll* **seiri**, carpenter; joiner
  gwaith saer, *eg*, joinery
  saer ceirt, wheelwright
  saer celfi, cabinet maker
  saer coed, *eg*, carpenter
  saer llwyfan, stage carpenter
  saer maen, stone-mason
  saer troliau, wheelwright
saernïaeth, *eb*, carpentry
saesoniaeth, *eb*, englishry
saeter, *eg, ll* -i, saeter
saets, *eg, ll* -iau, sage
  llwyn saets, *eg*, sagebush
  prysgwydd saets, *eg*, sage bush
saeth, *eb, ll* -au, arrow
  duryn saeth, pile of arrow
  hic saeth, nock of arrow
  pen saeth, *eg*, arrowhead
  pluen saeth, vane of arrow
  saeth droi, spinning arrow
  taciau pen saeth, *ell*, arrowhead tacks
saethben, *a*, herringbone
  patrwm saethben, *eg*, herringbone pattern
saethol, *a*, sagittal
saethu, *be*, shoot
  llinell saethu, *eb*, shooting line
  saethu pell, flight shooting
saethwr, *eg, ll* -wyr, archer; goal-shooter
saethyddiaeth, *eb*, archery
saethyll, *eb, ll* -au, missile
  saethyll balistig, ballistic missile
saethyn, *eg, ll* -nau, missile
safanna, *eg, ll* **safannau**, savanna
safbwynt, *eg, ll* -iau, viewpoint; point of sight
safiad, *eg, ll* -au, posture; stance
  safiad cychwyn, starting position
safle, *eg, ll* -oedd, position; site; rank
  safle bomiedig, bombed site
  safle cae glas, green field site
  safle datblygu, development site
  safle restr, rank order
safn, *eb, ll* -au, jaw

safon, *eb, ll* -au, standard
  safon byw, standard of living
safonedig, *a*, standardised
  prawf deallusrwydd safonedig, *eg*, standardised intelligence test
  prawf safonedig, *eg*, standardised test
safoni, *be*, standardise; standardisation
  grŵp safoni, *eg*, standardisation group
safoniad, *eg, ll* -au, standardisation
safonol, *a*, standard
  cyfeiliornad safonol, *eg*, standard error
  edau safonol, *eb*, standard thread
  gŵyriad safonol, *eg*, standard deviation
  sgôr safonol, *eb*, standard score
safoy, *ell, un* -en, savoy
safri fach, *eb*, savory
saffrwm, *eg, ll* **saffrymau**, saffron
sager, *eg, ll* -i, sagger
sagiad, *eg, ll* -au, sag
sagio, *be*, sag
saib, *eg, ll* **seibiau**, pause; intermission; interval; time-out
saig, *eb, ll* **seigiau**, dish
  seigiau eildwym, reheated dishes
sail, *eb, ll* **seiliau**, base; ground
  haen sail, *eb*, base coat
  sail yr achwyniad, the ground of complaint
saim, *eg, ll* **seimiau**, grease; fat
  saim glas, green fat
  saim gloywedig, clarified fat
saimdoddydd, *eg*, grease solvent
sain, *eb, ll* **seiniau**, sound
  effeithiau sain, *ell*, sound effects
  llwybr sain, *eg*, sound track
saith bob ochr, seven-a-side
sâl, *a*, bad
salad, *eg, ll* -au, salad
salifa, *eg*, saliva
  cromosomau chwarennau salifa, salivary gland chromosomes
salina, *eg, ll* **salinae**, salina
salm, *eb, ll* -au, psalm
  salm-dôn, *eb*, chant
salon, *eg, ll* -au, salon
sallwyr, *eg, ll* -au, psalter

samon, *eg*, salmon
samon mwg, smoked salmon
sampl, *eb*, *ll* -au, sample
  sampl ar antur, random sample
  sampl ar siawns, random sample
  sampl gynrychiadol, representative sample
sampler, *eg*, *ll* -i, sampler
samplu, *be*, sample
  gwallau samplu, *ell*, sampling errors
  method samplu, *eg*, sampling method
  techneg samplu, *eg*, sampling technique
sancsiwn, *eg*, *ll* sancsiynau, sanction
sandr, *eg*, *ll* -au, outwash plain; sandr
saproffyt, *eg*, *ll* -au, saprophyte
saproffytig, *a*, saprophytic
saraband, *eg*, *ll* -au, saraband
sarcoma, *eg*, *ll* sarcomata, sarcoma
sardin, *eg*, *ll* -au, -s, sardine
sarff, *eb*, *ll* seirff, serpentine; serpent
sarn, *eb*, *ll* -au, causeway
  gwersyll sarnau, *eg*, causeway camp
sarsiant, *eg*, *ll* -s, -au, sergeant
  sarsiant wrth arfau, sergeant at arms
  sarsiant wrth gyfraith, sergeant at law
  uwch-sarsiant, sergeant-major
sas, *eg*, *ll* -iau, sash
satelit, *eb*, *ll* -iau, satellite
  tref satelit, *eb*, satellite town
satin, *eg*, *ll* -au, satin
sawdl, *egb*, *ll* sodlau, heel
  sawdl gaerog, reinforced heel
  troi'r sawdl, *be*, turn the heel
sawrus, *a*, savoury
saws, *eg*, *ll* -iau, sauce
  saws caper, caper sauce
  saws gwyn, white sauce
sba, *eg*, *ll* -on, spa
sbadics, *eg*, *ll* -au, spadix
sbafen, *eb*, spavin
  sbafen asgwrn, bone spavin
  sbafen ddŵr, bog spavin
  sbafen waed, blood spavin
sbageti, *ell*, spaghetti

sbangl, *eg*, *ll* -au, spangle
sbandrel, *eg*, *ll* -i, spandrel
sbaner, *eg*, *ll* -i, spanner
  sbaner bocs, box spanner
  sbaner ceg agored, open ended spanner
  sbaner cylch, ring spanner
  sbaner cymwysadwy, adjustable spanner
  sbaner soced, socket spanner
sbâr, *eg*, *ll* sbarion, deadwood
sbarian, *be*, spar
  partner sbarian, *eg*, sparring partner
sbarib, *eb*, *ll* -iau, -s, spare-rib
sbaryn, *eg*, *ll* sbarion, remnant
sbasm, *eg*, *ll* -au, spasm
sbasmodig, *a*, spasmodic
sbastig, *a*, spastic
sbatwla, *eg*, *ll* sbatwlae, spatula
sbeci, *eg*, specie
  pwyntiau sbeci, *ell*, specie points
sbeciannol, *a*, speculative
sbeciannu, *be*, speculate
sbeciant, *eg*, *ll* sbeciannau, speculation
sbectol, *eb*, spectacles
  sbectol eira, snow-glasses
sbectral, *a*, spectral
sbectroffotomedr, *eg*, *ll* -au, spectrophotometer
sbectromedr, *eg*, *ll* -au, spectrometer
sbectromedreg, *egb*, spectrometry
sbectrosgop, *eg*, *ll* -au, spectroscope
sbectrosgopeg, *egb*, spectroscopy
sbectrwm, *eg*, *ll* sbectra, spectrum
  palet sbectrwm, *eg*, spectrum palette
  sbectrwm bylchliw, absorption spectrum
sbecwlwm, *eg*, *ll* sbecwlymau, speculum
sbecyn, *eg*, *ll* sbeciau, speck
sbeis, *ell*, spice
sbeislyd, *a*, spicy
sbel, *eb*, *ll* -au, break
sbelter, *eg*, *ll* -au, spelter
sberm, *eg*, *ll* -au, sperm
sbermaidd, *a*, spermatic
sbermatid, *eg*, *ll* -au, spermatid
sbermatocyt, *eg*, *ll* -au, spermatocyte

sbermatogenesis, *eg, ll*
sbermatogeneses,
spermatogenesis
sbermatogoniwm, *eg, ll*
sbermatogonia,
spermatogonium
sbermatoswon, *eg, ll* sbermatoswoa,
spermatozoön
sbermatozoid, *a*, spermatozoid;
eg, ll -au, spermatozoid
sbermatheca, *eg, ll* sbermathecae,
spermatheca
sbesiffig, *a*, specific
dwysedd sbesiffig, *eg*, specific gravity
gwres sbesiffig, *eg*, specific heat
sbicwl, *eg, ll* -au, spicule
sbîd, *eg*, speed
sbîd torri, cutting speed
sbigaidd, *a*, spikate
sbigolyn, *eg, ll* sbigolion, spikelet
sbigyn, *eg, ll* -nau, spike
sbilsen, *eb, ll* sbils, spill
sbin, *eg, ll* -nau, spin
top sbin, top spin
sbinio, *be*, spin
sbiracl, *eg, ll* -au, spiracle
sbiral, *eg, ll* -au, spiral
sbirem, *eb*, spireme
sbirilwm, *eg, ll* sbirilymau, sbirila, spirillum
sbirochaet, *eg, ll* -au, spirochaete
sblae, *a*, splayed; *eg, ll* -au, splay
sblein, *eg, ll* -iau, spline
sblen, *eb, ll* -nau, spleen
sblenig, *a*, splenic
sblint, *eg, ll* -iau, -s, splint
sblinter, *eg, ll* -i, -s, splinter
sblit, *eg, ll* -iau, split
sbogen, *eb, ll* -ni, spoke
sbongin, *eg, ll* -au, spongin
sboncio, *be*, bounce (*Ch*)
sboner, *eg, ll* -i, spanner; spooner
sbôr, *eg, ll* sborau, spore
sborangiwm, *eg, ll* sborangia, sporangium
sboroffyt, *eg, ll* -au, sporophyte
sbort, *eg, ll* -iau, -s, sport
sbortscar, *eg, ll* ceir sborts, sports car
sbortsmon, *eg, ll* sbortsmyn, sportsman

sbortsmonaeth, *eb, ll* -au, sportsmanship
sbot, *eg, ll* -iau, spot
sbot ffrynt balcon, balcony front spot
sbot godre, float spot
sbot llachar, hot spot
sbot nenfwd, ceiling spot
sbot-geisiwr, *eg, ll* -wyr, spotlight chaser
sbotio, *be*, spot
sbotyn, *eg, ll* sbotiau, spot
sbrat, *eg, ll* -iau, sprat
sbrigyn, *eg, ll* sbrigiau, sbrigynnau, sprig
sbring, *eg, ll* -iau, spring
pwns sbring, *eg*, spring punch
sbring arab, arab spring
sbring cefn, back spring
sbring deudroed, flyspring
sbring gwar, neck spring
sbring lwythog, *a*, spring-loaded
sbring pen, headspring
sbring sbiral, spiral spring
sbring untroed, handspring
sbringar, *a*, springy
tyweirch sbringar, *ell*, springy turf
sbringboc, *eg*, springbok
sbrint, *eg, ll* -iau, sprint
sbrintio, *be*, sprint
sbroced, *eg, ll* -i, sprocket
sbwng, *eg, ll* -au, sbyngiau, sponge
sbwngian, *be*, sponge
sbŵl, *eg, ll* sbwliau, spool
pin sbŵl, *eg*, spool pin
rhac sbwliau, *eb*, spool rack
sbwriel, *eg*, rubbish; litter; refuse
casglwr sbwriel, *eg*, refuse collector
gwared sbwriel, *eg*, refuse disposal
sbwrielwr, *eg, ll* -wyr, dustman
sbwrlas, *eg, ll* -au, brace
sbwylio, *be*, spoil
tacteg sbwylio, *eb*, spoiling tactics
sbybio, *be*, fluff out
sbyngio, *be*, sponge
sbyrt, *eg, ll* -iau, spurt
sbyrtio, *be*, spurt
scherzo a thrio, *eg, ll* scherzi a thrio, scherzo and trio
schist, *eg, ll* -iau, schist

schistedd, *eg, ll* -au, schistosity
schizocarp, *eg, ll* -au, schizocarp
seawns, *eg, ll* -au, seance
sebacus, *a,* sebaceous
sebon, *eg, ll* -au, soap
  fflochion sebon, *ell,* soap flakes
  sebon hylif, sebon hylifol, liquid soap
  sebon synthetig, synthetic soap
seboneiddio, *be,* saponify
seboni, *be,* flatter
seboniannu, *be,* saponify
seboniant, *eg,* saponification
sebonio, *be,* soap over
secant, *eg, ll* secannau, secant
seco, *a,* secco; *eg, ll* -au, secco
secondiad, *eg, ll* -au, secondment
secretiad, *eg, ll* -au, secretion
secretin, *eg, ll* -au, secretin
secretu, *be,* secrete
secsagesimal, *a,* sexagesimal;
  eg, ll -au, sexagesimal
secstant, *eg, ll* -au, sextant
secstig, *eg, ll* -au, sextic
sector, *eg, ll* -au, sector
secwestrwm, *eg, ll* secwestra, sequestrum
secwin, *eg, ll* -s, -nau, sequin
secwlar, *a,* secular
secwlariaeth, *eb,* secularism
secwndiad, *eg, ll* -au, secondment
sech, *eg, ll* -au, sech
sedatif, *eg, ll* -au, sedative
sedatifedd, *eg,* sedation
sedisiwn, *eg,* sedition
sedd, *eb, ll* -au, seat; pew
  seddau cerddorfa, orchestra stalls
  seddau diod, slips
  seddau ôl, pit; rear seats
  seddau'r cylch, dress circle; circle
  seddau slip, slips; whiskey seats
  sedd gadw, reserved seat
sefydledd, *eg, ll* -au, fixation
sefydliad, *eg, ll* -au, establishment; institution; induction
sefydlog, *a,* invariant; fixed; permanent; stationary
  porfa sefydlog, *eb,* permanent pasture
sefydlogi, *be,* fix

sefydlogiad, *eg, ll* -au, fixation
sefydlogiad nitrogen, nitrogen fixation
sefydlogrwydd, *eg,* stability
sefydlogrwydd y Cyniferydd Deallusrwydd, constancy of the Intelligence Quotient
sefydlu, *be,* establish; induct
sefydlyn, *eg, ll* -nau, invariant; fixative
sefyll, *be,* stand
sefyllfa, *eb, ll* -oedd, situation; position
segment, *eg, ll* -au, segment
segmentiad, *eg, ll* -au, segmentation
segmentu, *be,* segment
sengl, *a,* single
  styllen gydbwyso sengl, *eb,* single balance bar
senglau, *ell,* singles
seianosis, *eg,* cyanosis
seibiant, *eg, ll* -au, interval
seiciatreg, *egb,* psychiatry
seiciatrydd, *eg, ll* -ion, psychiatrist
seicloid, *a,* cycloid; *eg,* cycloid
seiclon, *eg, ll* -au, cyclone
seiclorama, *eg,* cyclorama
seiclotron, *eg, ll* -au, cyclotron
seico-analysis, *eg, ll* seico-analyses, psycho-analysis
seicograff, *eg, ll* -au, psychograph
seico-ieithyddiaeth, seico-ieitheg, *eb,* psycholinguistics
seicoleg, *egb,* psychology
  seicoleg wahaniaethol, differential psychology
  seicoleg y dorf, group psychology
seicolegol, *a,* psychological
  dadansoddiad seicolegol, *eg,* psycho-analysis
seicometreg, *egb,* psychometrics
seicometrydd, *eg, ll* -ion, psychometrist
seicosis, *eg, ll* -au, psychosis
seicosomatig, *a,* psychosomatic
seicotherapi, *eg,* psychotherapy
seidr, *eg, ll* -au, cider
seiffer, *eg, ll* -au, cipher
seilio, *be,* base
  wedi ei seilio ar ffurfiau geometrig, based on geometrical shapes

wedi ei seilio ar ffurfiau o fyd natur, based on natural shapes
wedi ei seilio ar wead a phatrwm, based on texture and print
seimio, *be,* grease
sein, *eg, ll* -i, sine
seinamledd, *eg, ll* -au, audio frequency
seinamlog, *a,* audio frequency
seindorf, *eb, ll* seindyrf, band
seindorf daro, percussion band
seindorf ddawns, dance band
seindorf filwrol, military band
seineg, *egb,* phonetics
seinegol, *a,* phonic
seinfan, *a,* loud
seinfanedd, *eg,* loudness
seintwar, *eb, ll* -au, sanctuary
seismograff, *eg, ll* -au, seismograph
seismoleg, *egb,* seismology
seismonastedd, *eg,* seismonasty
seisnigeiddio, *be,* anglicise; anglicisation
seisnigo, *be,* anglicise; anglicisation
sêl, *eg,* sale
seld, *eb, ll* -au, sideboard; kitchen dresser
seldfwrdd, *eg, ll* seldfyrddau, sideboard
seler, *eb, ll* -i, cellar
seler llwyfan, mazarine floor
seleri, *eg,* celery
selerwr, *eg, ll* -wyr, cellarer
selfa, *eg, ll* selfau, selva
selfais, *eg, ll* selfeisiau, selvedge
selnod, *egb, ll* -au, seal
selnod cwmni, seal of company
seloffên, *eg,* cellophane
selotâp, *eg, ll* selotapiau, sellotape
selsgi poeth, *eg, ll* selsgwn poeth, hot dog
selsigen, *eb, ll* selsig, sausage
selwloid, *eg,* celluloid
selwlos, *eg,* cellulose
past powdr selwlos, *eg,* cellulose paste powder
sêm, *eb, ll* -au, seam
beindin sêm, *eg,* seam binding
gorffeniad sêm, *eg,* seam finish
lwfans sêm, *eg,* seam allowance
sêm addurnol, decorative seam
sêm agored, open seam

semau peip, piped seams
semau slot, slot seams
sêm blyg, folded seam
sêm ddeublyg, double seam
sêm chwipio, whipped seam
sêm ffel, overlaid seam; felled seam
sêm Ffrengig, French seam
sêm redeg a ffelio, run and fell seam
sêm sengl, single seam
sêm wlanen, flannel seam
set sêm, *eb,* seam sett
semen, *eg,* semen
semi-, *rhag,* semi-
semi-fertigol, *a,* semi-vertical
semio, *be,* seam
erfyn semio, *eg,* seaming tool
semolina, *eg,* semolina
senario, *eg,* scenario
senedd, *eb, ll* -au, parliament
senglau, *ell,* singles
senith, *eg,* zenith
sensitif, *a,* sensitive
porthiant sensitif, *eg,* sensitive feed
sensitifedd, *eg, ll* -au, sensitivity
sensoriaeth, *eb, ll* -au, censorship
sentiment, *eg, ll* -au, sentiment
prif sentiment, master-sentiment
sentimentaliaeth, *eb,* sentimentalism
sentimentalrwydd, *eg,* sentimentalism
sepal, *eg, ll* -au, sepal
septig, *a,* septic
septwm, *eg, ll* septa, septum
seren-eitem, *eb, ll* sereitemau, star turn
serac, *eg. ll* -au, serac
sercol, *eg,* charcoal
serch, *eg, ll* -iadau, love; affection
elfen serch, *eb,* love interest
serchog, *a,* affectionate
seren, *eb, ll* sêr, star; asterisk
hollt seren, *egb,* star shake
seren ambegwn, circumpolar star
seren dymor, seasonal star
seren ddwbl, binary star
seren gawr, giant star
seren gorrach, dwarf star
seren guriadol, pulsating star
seren gynffon, comet

SERENÂD

seren newidiol, variable star
seren orgawr, super giant star
seren wib, meteor
seren y gogledd, pole star
sêr prif-ddilyniant, main sequence stars
serenâd, *eb*, *ll* serenadau, serenade
serfiad, *eg*, *ll* -au, service
   let, let
   serfiad byr, short service
   serfiad cannon, cannon ball service
serfio, *be*, serve
serfiwr, *eg*, *ll* -wyr, server
sego, *eg*, sago
sero, *eg*, *ll* -au, zero
   marc sero, *eg*, zero mark
   sero absoliwt, absolute zero
   sero eithaf, absolute zero
serol, *a*, stellar
serpentin, *a*, serpentine
serth, *a*, steep
serthiant, *eg*, degree of pitch
serthochrog, *a*, steepsided
serus, *a*, serous
serwm, *eg*, *ll* sera, serum
seryddiaeth, *egb*, astronomy
sesil, *a*, sessile
sesiwn, *eg*, *ll* sesiynau, session
sesning, *eg*, seasoning
sesno, *be*, season
sescwiocsid, *eg*, *ll* -au, sesquioxide
seston, *eb*, *ll* -au, cistern
   seston ddwrlif, flushing cistern
sêt, *eb*, *ll* seti, seat
   sêt sefydlog, fixed seat
   sêt ystlys, thwart
set, *a*, set; *eb*, *ll* -iau, set; sett; setting; scenery; suite
   set adeiladu, building set
   set agored, open set
   set coginio, cooking set
   set datrysiad, solution set
   set deithiol, touring set
   set ddyfroedd, set waters
   set fanwl, detail scenery
   set fewnol, indoor setting
   set focs, box set
   set gyfunol, combination set
   set gynhwysol, universal set
   set lanhau, cleaning set
   set lawn, full scenery; full set

SGEINTIWR

   set lenni, curtain set
   set o dair, three piece suite
   set o gardiau pwnsiedig, set of punched cards
   set olchi, laundry set
   set o lestri te, tea set
   set o liain, set of sails
   set trên nwyddau, freight train set
   set wag, null set
   uwch set, super set
setio, *be*, set
setledig, *a*, settled
setliad, *eg*, *ll* -au, settlement
setlo, *be*, settle
   dydd setlo, *eg*, settling day
setlwr, *eg*, *ll* -wyr, settlor
setwn, *eg*, *ll* setynau, seton
sffêr, *eb*, *ll* sfferau, sphere
sffer côn a silindr, cone and cylinder sphere
sffer wybrennol, celestial sphere
sfferaidd, *a*, spherical
sfferoid, *eg*, *ll* -au, spheroid
sfferomedr, *eg*, *ll* -au, spherometer
sffincter, *eg*, *ll* -au, sphincter
sgab, *eg*, *ll* -iau, scab
sgadenyn, *eg*, *ll* sgadan, herring
sgadenyn coch, red herring
sgaffald, *eg*, scaffold
sgalar, *a*, scalar
sgalaraidd, *a*, scalariform
   tewychu sgalaraidd, scalariform thickening
sgaldanu, sgaldian, *be*, scald
sgaldio, *be*, scald
Sgandinafia, Scandinavia
sganio, *be*, scan
sgap, *eg*, *ll* -iau, scape
sgapwla, *eg*, *ll* sgapwlae, scapula; shoulder blade
sgarff, *eb*, *ll* -iau, scarf
sgarffio, *be*, scarf
sgarmes, *eb*, *ll* -oedd, maul
   sgarmes rydd, loose maul
sgarp, *eg*, *ll* -iau, scarp
sgarpdir, *eg*, *ll* -oedd, scarpland
sgedwl, *eb*, *ll* sgedylau, schedule
sgedwl glwm, attached schedule
sgedwl gofod, schedule of accommodation
sgein, *eg*, *ll* -iau, skein
sgeintiwr, *eg*, *ll* sgeintwyr, dredger

sgema, *eg, ll* **sgemata**, schema
sgep, *eg, ll* **-iau**, skep
sgerbwd, *eg, ll* **sgerbydau**, skeleton; carcase
  sgerbwd allanol, exoskeleton
  sgerbwd mewnol, endoskeleton
sgeri, *eg, ll* **sgerïau**, skerry
sgerigard, *eg, ll* **-au**, skerry-guard
sgert, *eb, ll* **-i**, skirt
  sgert *culotte*, culotte skirt
  sgert fflêr, flared skirt
  sgert gylch, circular skirt
  sgert isaf, underskirt
  sgert renciog, tiered skirt
sgets, *eb, ll* **-au**, sketch
sgetwr, *eg, ll* **-wyr**, skater
sgewyll, *ell, un,* **-en**, sprouts
sgidiau, *ell*, boots
  sgidiau cynfas, canvas boots
  sgidiau hoelion clincer, clinker nailed boots
sgifer, *eg, ll* **-au**, skiver
sgil-effeithiau, *ell*, after effects
sgilgar, *a*, skilful
sgil-gynnyrch, *eg, ll* **-gynhyrchion**, by-product
sgim, *eg*, skim
sgïo, *be*, ski
  llechwedd sgïo, *eg*, ski slope
sgipio, *be*, skip
sgit, *eb, ll* **-iau**, skit
sgiw, *a*, skew; *eb*, skew
  llinell sgiw, *eb*, skew line
  sgiw bositif, positive skew
  sgiw negatif, negative skew
sgiwer, *eg, ll* **-au**, skewer
sglefrio, *be*, glissade
sglein, *eg, ll* **-iau**, shine; glaze; polish
  calico sglein, *eg*, glazed calico
sgleinio, *be*, shine; glaze; polish
sgleinyn, *eg, ll* **-nau**, glaze
sglerencyma, *eg, ll* **sglerencymata**, sclerenchyma
sgleroprotein, *eg, ll* **-iau**, scleroprotein
sglerosgop, *eg, ll* **-au**, scleroscope
sglerosis, *eg*, sclerosis
sglodio, *be*, chip
sglodyn, *eg, ll* **sglodion**, chip
  sglodion tatws, chipped potatoes
sgolastig, *a*, scholastic

sgolastigiaeth, *eb*, scholasticism
sgolecs, *eg, ll* **sgoleces**, scolex
sgolop, *eg, ll* **-iau**, scallop
  ymyl sgolop, *egb*, scalloped edge
sgolopio, *be*, scallop
sgon, *eb, ll* **-au**, scone
sgôr, *eb, ll* **sgorau**, score
  sgôr agored, open score
  sgôr fer, short score
  sgôr grai, raw score
  sgôr gyfradd, prorated score
  sgôr lawn, full score
  sgôr (prawf) di-eiriau, non-verbal score
  sgôr (prawf) geiriol, verbal score
  sgôr raddedig, scaled score
  sgôr raddfa lawn, full-scale score
  sgôr safonol, standard score
sgorio, sgori, *be*, score
  taflen sgorio, *eb*, score-sheet
sgorper, *eg, ll* **-au**, scorper
sgorpion, *eg, ll* **-au**, scorpion
sgorwr, *eg, ll* **-wyr**, scorer
sgotia, *eg, ll* **sgotiau**, scotia
Sgotland, Scotland
sgrafell, *eb, ll* **-i**, scraper; shelf
sgrafelliad, *eg, ll* **-au**, abrasion
sgrafellog, *a*, abraded
sgrafellu, *be*, abrase; scrape; abrade
sgrafwrdd, *eg, ll* **sgrafyrddau**, scraperboard
sgraffiniad, *eg, ll* **-au**, abrasion
sgraffinydd, *eg, ll* **-ion**, abrasive
sgraffito, *eg, ll* **sgraffiti**, sgraffito
sgrag, *eg, ll* **-iau**, scrag end
sgrap, *a*, scrap
  metel sgrap, *eg*, scrap metal
sgrech, *eb, ll* **-iadau**, yell
sgrechain, *be*, yell
sgrechu, *be*, yell
sgrepan, *eg, ll* **-au**, satchel
sgri, *eg, ll* **-iau**, scree
sgrifell (offeryn), *eb, ll* **-i**, scriber
sgrifellu, *be*, scribe
sgrifellwr (person), *eg, ll* **-wyr**, scriber
sgrifner, *eg, ll* **-au**, scrivener
sgriffiad, *eg, ll* **-au**, abrasion
sgriffio, *be*, abrade
sgrîn, *eb, ll* **-iau**, screen
  sgrîn arianlwyd, silver grey screen

sgrîn barclos, parclose screen
sgrîn gleiniau gwydr, glass beaded screen
sgrîn gludadwy, portable screen
sgrîn oldaflunio, rear projection screen
sgrîn sbot, barn-door (Th)
sgrîn y grog, rood screen
sgrip, *eg, ll* -iau, scrip
sgript, *eb,* script
sgript gwaith, working script
sgriw, *eb, ll* -iau, screw
medrydd pits sgriw, *eg,* screw pitch gauge
rhwymyn sgriw, *eg,* screw binder
sgriw Allen, Allen screw
sgriw bencosyn, cheese head screw
sgriw bengron, round head screw
sgriw bensgwar, square head screw
sgriw benuchel, raised head screw
sgriw benwastad, countersunk screw
sgriw coets, coach screw
sgriw cwlwm, tie-off screw
sgriw chwil, drunken screw
sgriw dywys, lead screw
sgriw ddigopa, grub screw
sgriw gopog, raised head screw
sgriw hecsagonal, hexagonal screw
sgriw llwyfan, stage screw
sgriw soced, socket screw
sgriw wagen, coach screw
sgriw wrthsodd, countersunk screw
sgriwdreifer, *eg, ll* -s, screwdriver
sgriwio, *be,* screw
plat sgriwio, *eg,* screw plate
rhych sgriwio, slot screwing
sgriwio cudd, secret screwing
sgriwio rhych, slot screwing
sgrôl, *eg, ll* -iau, scroll
erfyn sgrôl, *eg, ll* arfau sgrôl, scroll tool
heyrn sgrôl, anvil horn scroll
mowldin sgrôl, *eg, ll* mowldinau sgrôl, scroll moulding
tyndro sgrôl, *eg, ll* tyndrau sgrôl, scroll wrench
sgrotwm, *eg, ll* sgrota, scrotum
sgrwbio, *be,* scrub

sgrym, *eb, ll* -iau, scrum
sgrym rydd, loose scrum
sgrym osod, set scrum
sgrytiad, *eg, ll* -au, chatter
sgrytian, *be,* chatter
sgubell, *eb, ll* -au, broom
sgubiad, *eg, ll* -au, sweep
sgubo, *be,* sweep
sgwadron, *eb, ll* -au, squadron
sgwadron-bennaeth, *eg, ll* -iaid, squadron-leader
sgwâr, *egb, ll* -iau, square
edau sgwâr, *eb,* square thread
llinell sgwariau lleiaf, *eb,* least squares line
modfedd sgwâr, *eb,* square inch
sgwâr brofi, try square
sgwâr canoli, centre square
sgwâr modfedd, square inch
sgwâr T, T square
sgwario, *be,* square
sgwaronglog, *a,* right-angled
sgwaryn, *eg, ll* -nau, set square
sgwas, *eb,* squash
cwrt sgwas, squash court
sgwatwr, *eg, ll* -wyr, squatter
sgwd, *eg, ll* sgydau, cataract
sgwl, *eg,* single scull
sgwl dwbl, double scull
sgwlio, *be,* scull
i droi, draw stroke
i ymgynnal, for support
sgwmbl, *eg, ll* sgymblau, scumble
sgŵp, *eg, ll* sgwpiau, scoop
sgwriad, *eg, ll* -au, scouring
sgwriad y llanw, tidal scour
sgwrio, *be,* scour
sgwtelwm, *eg, ll* sgwtela, scutellum
sgwter, *eg, ll* -i, scooter
sgymblo, *be,* scumble
sgyrt, *eb, ll* sgyrtau, skirt
siaced, *eb, ll* -i, jacket
siaced achub, life jacket
siaced lymbar, lumber jacket
siachmat, *eg,* checkmate (chess)
siafft, *eb, ll* -au, shaft
siafft hyblyg, flexible shaft
siâl, *eg, ll* sialau, shale
sialc, *eg, ll* -iau, chalk
sialc Ffrengig, French chalk
sialc iard, playground chalk

sialc llythrennu, lettering chalk
sialc teiliwr, tailor's chalk
sialcaidd, *a,* cretaceous
sialcio, *be,* chalk
sialcio golygfa, chalk a scene
sialens, *eg,* challenge
sialotsyn, *eg, ll* **sialots,** shallot
siambr, *eb, ll* **-au,** chamber
   Siambr Fasnach, Chamber of Commerce; Chamber of Trade
   siambr hir, long chamber
siambrlen, *eg, ll* **-ni,** chamberlain
siamffer, *eg, ll* **-i,** chamfer
siamffro, *be,* chamfer
siami, *eg,* chamois
siampŵ, *eg, ll* **-au, -s,** shampoo
sianel, *eb, ll* **-i, -ydd,** channel
   cwch sianel, *eg,* cross channel boat
   effeithlonedd sianel, *eg,* channel efficiency
   sianel orlif, overflow channel
sianelau, *ell,* canals
   sianelau hanner cylch, semicircular canals
   sianelau Havers, Haversian canals (*B*)
siantri, *eg, ll* **siantrïau,** chantry
siantrïwr, *eg, ll* **siantrïwyr,** chantry priest
siâp, *eb, ll* **-iau,** shape
siapio, *be,* shape
siarad, *be,* speak
siarâd, *eg, ll* **-iau,** charade
siarp, *eg, ll* **-iau,** sharp
   siarp dwbl, double sharp
siars, *eg, ll* **-iau,** charge down
siart, *eg, ll* **-iau,** chart
   siart cyfarwyddo, instruction chart
   siart rhediad, flow-chart
   siart synoptig, synoptic chart
siartaeth, *eb,* chartism
siarter, *eb, ll* **-i,** charter
   hediad siarter, *eg,* charter flight
   parti siarter, *eg,* charter party
siartydd, *eg, ll* **-ion,** chartist
siasi, *eg, ll* **siasïau, siasis,** chassis
siasio, *be,* chase
siasin, *eg, ll* **-nau,** chasing
siaswr, *eg, ll* **-wyr,** chaser
Siawnsri, *eg, ll* **Siawnsrïau,** Chancery

sibling, *eg, ll* **-au,** sibling
   perthynas sibling, *egb,* sibling relationship
sibols, *ell, un* **-en,** spring onions
sibrwd, *eg, ll* **sibrydion,** whisper
   sibrwd llwyfan, stage whisper
sibwns, *ell, un* **-en,** spring onions
sicrhadaeth, *eb, ll* **-au,** ascertainment
sicrhadu, *be,* ascertain
sicrhau, *be,* assure; fix; obtain
   sicrhau'r tŷ, check the house
sicrwydd, *eg, ll* **-au,** security; cover
sicryden, *eb, ll* **sicrydau,** security
   sicrydau clo, lock up securities
sicsmo, *eg, ll* **-au,** sixmo
sidan, *eg, ll* **-au,** silk
   sidan artiffisial, artificial silk
   sidan gwneud, artificial silk
   sidan lacer, lacquered silk
sidaniaeth, *eb, ll* **-au,** sericulture
sidell, *eb, ll* **-i,** whorl
sidellog, *a,* whorled
sider, *eg, ll* **-i,** lace
sideru, *be,* lacemaking; trim with lace
Sidydd, *eg,* Zodiac
   Arwyddion y Sidydd, *ell,* Signs of the Zodiac
siec, *eb, ll* **-iau,** cheque; *eg,* check
   defnydd siec, *eg,* checked material
   siec allan, check out (*Th*)
   siec ben-agored, blank cheque
   siec dygiedydd, bearer cheque
   siec wedi'i chroesi, crossed cheque
siecerwaith, *eg, ll* **siecerweithiau,** chequerwork
sied, *eg, ll* **-iau,** escheat
siedwr, *eg, ll* **-wyr,** escheator
sielac, *eg, ll* **-iau,** shellac
sierardeiddio, *be,* sheradize
sieri, *eg, ll* **sierïau,** sherry
siero, *be,* shear
sierra, *eg, ll* **sierrâu,** sierra
siesta, *eg, ll* **siestâu,** siesta
siêt (siet), *eg, ll* **-iau,** front
sifil, *a,* civilian; civil
   gwasanaeth sifil, *eb,* civil service
   gwas sifil, *eg,* civil servant
sifilwr, *eg, ll* **-wyr,** civilian
siffon, *eg, ll* **-au,** siphon
sifft, *egb, ll* **-iau,** shift

sigladenydd, sigldenydd, *eb, ll* **-ion,** see-saw
sigl, *eg,* swing
sigledig, *a,* unstable
siglen, *eb, ll* **-ni, -nydd,** swing; quagmire; raised bog
siglen deiar, swing and tyre frame
siglen raff, rope swing
siglo, *be,* shake; balance
signal, *eg, ll* **-au,** signal
signwm, *eg, ll* **signa,** signum
sil, *eg, ll* **-iau,** sill; sill-iron; *eg, ll* **-od,** spawn
silfa, *eb, ll* **silfeydd,** spawning ground
silff, *eb, ll* **-oedd,** shelf
silff ben tân, mantlepiece
silff bobi, baking sheet
silff fantell, mantel shelf
silica, *eg, ll* **silicâu,** silica
silicad, *eg, ll* **-au,** silicate
silicon, *eg, ll* **-au,** silicon
silicwa, *eg, ll* **silicwae,** siliqua
silicwla, *eg, ll* **silicwlae,** silicula
silindr, *eg, ll* **-au,** cylinder
silindr echel, axis cylinder
silindrog, *a,* cylindrical
silindroid, *eg, ll* **-au,** cylindroid
silindrol, *a,* cylindrical
silio, *be,* spawn
silt, *eg, ll* **-iau,** silt
siltio, *be,* silt
silwair, *eg, ll* **silweiriau,** silage
silŵet, *eg, ll* **-au,** silhouette
Silwraidd, *a,* Silurian
sillaf, *eb, ll* **-au,** syllable
sim, *eg, ll* **-iau,** shim
simnai, *eb, ll* **simneiau,** chimney
brestyn simnai, *eg, ll* **brestiau simnai,** chimney breast
simoniaeth, *eb,* simony
simonwr, *eg, ll* **-wyr,** simonist
simsan, *a,* flimsy
simwm, *eg, ll* **-au,** simoom
sinamon, *eg,* cinnamon
sinc, *eg, ll* **-iau,** sink; zinc
clorid sinc, zinc chloride
sinh, *eg,* sinh
sinsir, *eg,* ginger
sinter, *eg, ll* **-au,** sinter
sinteru, *be,* sinter
sinws, *eg, ll* **-au,** sinus

sinwsoid, *eg, ll* **-au,** sinusoid
sioc, *eg, ll* **-iau,** shock
sioc laddydd, *eg, ll* **-ion,** shock absorber
sioe, *eb, ll* **-au,** show
sioe-ferch, *eb,* show-girl
sioe fiwsig, musical
sioe goesau, leg show
sioe gysgod, shadow show
siôl, *eb, ll* **sioliau,** shawl
siop, *eb, ll* **-au,** shop; store
lefel ffrynt siopau, *eb,* shop front level
siop adrannol, department store
siop beiriannau, machine shop
siop fwced, bucket shop
siop gadwyn, chain shop
siop gaeëdig, closed shop
siop gloi, lock up shop
siop helpu'ch hunan, self-service shop
siop henbethau, antique shop
siop hunan wasanaeth, self-service shop
siop nwyddau metel, hardware shop
siop trin gwallt, hairdressing shop
siop waith, workshop
siop wystlo, pawn shop
siopladrad, *eg, ll* **-au,** shoplifting
siopleidr, *eg, ll* **siopladron,** shoplifter
siorts, *ell,* shorts
siot, *eg, ll* **-iau, -s,** shott
sipell, *eb, ll* **-i,** zipperfoot
sipio, *be,* chip
sipsi, *eg, ll* **sipsiwn,** gipsy
siroco, *eg, ll* **-au,** sirocco
siryf, *eg, ll* **-ion,** sheriff
siryfiaeth, *eb, ll* **-au,** shrievalty
sism, *eg, ll* **-au,** schism
Sism Mawr, Great Schism
siswrn, *eg, ll* **sisyrnau,** scissors
siswrn brodwaith, embroidery scissors
siswrn igam-ogam, pinking scissors
siswrn llawchwith, left hand scissors
siswrn pincio, pinking scissors
siswrn torri allan, cutting out scissors

siswrn twll botwm, button-hole scissors
symudiad siswrn, *eg*, scissors movement
siten, *eb, ll* -ni, sheet
siten daran, thunder sheet
siwed, *eg*, suet
siwglwr, *eg, ll* -wyr, juggler
siwgr, *eg, ll* -au, sugar
  cên siwgr, *eg*, sugar cane
  gwialen siwgr, *eb*, sugar cane
  siwgr betys, beet sugar
  siwgr bras, (crystal), crystal sugar
  siwgr brown, brown sugar
  siwgr caster, caster sugar
  siwgr cên, cane sugar
  siwgr coch, brown sugar
  siwgr demerara, demerara sugar
  siwgr eising, icing sugar
  siwgr gronynnog, granulated sugar
  siwgr gwrthdro, invert sugar
  siwgr lwmp, lump sugar
  siwgr llosg, burnt sugar
  torth siwgr, *eb*, sugar loaf
siwntio, *be*, shunt
siwper, *a*, super
siwrnai, *eb, ll* siwrneiau, siwrneion, passage
siwrnal, *eg, ll* -au, journal
siwt, *eb, ll* -iau, suit; costume
  siwt byster, buster suit
  siwt deiliwr, tailored suit
  siwt nofio, bathing costume
  siwt wedi ei mesur, tailored suit
siynt, *eg, ll* -iau, shunt
slab, *eg, ll* -iau, slab
slacion, slacs, *ell*, slacks
slaes, *eg, ll* -au, slash
slaesio, *be*, slash
slaesu, *be*, slash
slag, *eg, ll* -iau, slag
Slav, *eg, ll* -iaid, Slav
sleid, *eg, ll* -iau, slide
sleis, *eb, ll* -iau, slice
  sleis bysgod, fish slice
sleisen, *eb, ll* sleisys, slice; rasher
sleisio, *be*, slice
slibord, *eg, ll* -ydd, sleeve board
sling, *eb, ll* -iau, sling
slip, *eg, ll* -iau, -s, slip; chit
  ail slip, second slip

medrydd slip, *eg*, slip gauge
slip cyfarchion, *eg*, compliment slip
slipffordd, *eb, ll* slipffyrdd, slip road
slipio, *be*, slip
slipwe, *eb, ll* -au, slipway
slit, *eb, ll* -iau, slit
slot, *eg, ll* -iau, slot
  slot T, T slot
slwmp, *eg, ll* -iau, slympiau, slump (industrial)
slwmp-glogwyn, *eg, ll* -i, -au, slumped cliff
slŵp, *eg, ll* slwpiau, sloop
slyg, *eg, ll* -iau, slug
smaldod, *eg, ll* -au, gag
smalio, *be*, make-believe; gag
smalosod, *be*, plant a gag
smelter, *eg, ll* -au, smelter
smeltio, *be*, smelt
sment, *eg, ll* -iau, cement
smentiad, *eg, ll* -au, cementation
  smentiad gwaddodion, cementation of sediments
smentio, *be*, cement
smentit, *eg*, cementite
smoc, *eb, ll* -iau, smock
smocwaith, *eg, ll* smocweithiau, smocking
  smocwaith cebl, cable smocking
  smocwaith crwybr, honeycomb smocking
  smocwaith dellt, trellis smocking
  smocwaith pluen, feather smocking
  smocwaith Vandyke, Vandyke smocking
smog, *eg, ll* -iau, smog
smotyn, *eg, ll* smotiau, spot
smwddio, *be*, iron
  bwrdd smwddio, *eg*, ironing board
  haearn smwddio, *eg*, smoothing iron
smwddydd, *eg, ll* smwddwyr, ironer
  smwddydd bwrdd, table ironer
  smwddydd tro, rotary ironer
smyglo, *eg*, smuggling
snac, *eg, ll* -iau, snack
snacbar, *eg, ll* -rau, snack bar
snacri, *eg, ll* -s, snackery
snip, *eg, ll* -iau, snip

snipydd, *eg, ll* -wyr, snips
snipydd crwm, curved snips
snipydd syth, straight snips
socaeth, *eb,* socage
soced, *eg, ll* -au, -i, socket
soced dril, drill socket
sociometreg, *egb,* sociometry
socsen, *eb, ll* socs, sock
socsen wely, bedsock
soda, *eg,* soda
soda costig, caustic soda
soda pobi, bicarbonate of soda
sodiwm, *eg,* sodium
sodiwm hydrogen carbonad, sodium hydrogen carbonate
sodlau gosod (sodlau dodi), *ell,* elevators (*Th*)
sodli, *be,* heel
sodomiaeth, *eb,* sodomy
sodr, *eg, ll* -au, solder
sodro, *be,* solder
haearn sodro, *eg,* soldering iron
sodro a phresyddu, solder and braze
sodro caled, hard soldering
wedi'i sodro, *a,* soldered
sodrog, *a,* soldered
soddedig, *a,* submerged
soddgrwth, *eg, ll* soddgrythau, cello
soddi, *be,* submerge; merge
sofiet, *eb, ll* -au, soviet
sofliar, *eb, ll* soflieir, quail
sofraniaeth, *eb, ll* -au, sovereignty
gwladwriaeth sofran, *eb,* sovereign state
soffistigedig, *a,* sophisticated
soffit, *eg, ll* -iau, soffit
sol, *eg, ll* -iau, sol
solar, *a,* solar
solenoid, *eg, ll* -au, solenoid
solenoid craidd awyr, air cored solenoid
solenoid craidd haearn, iron cored solenoid
solet, *a,* solid
solfatara, *eg, ll* solfatarâu, solfatara
solffa, *eg,* solfa
solffeuo, *be,* solfa
solid, *eg, ll* -iau, solid
solid rheolaidd, regular solid
solidiad, *eg, ll* -au, solidification
solidio, *be,* solidify

solitêr, *eg,* solitaire
solpitar, *eg,* saltpetre
somatig, *a,* somatic
sonata, *eg, ll* -s, sonata
ffurf-sonata, *eb,* sonata-form
sonatina, *eb, ll* sonatinâu, sonatina
sonig, *a,* sonic
soporiffig, *a,* soporific
sosban, *eb, ll* -nau, sosbenni, saucepan
sosban frys, pressure cooker
sosban stiwio, stewpan
sosialaeth, *eb,* socialism
sosialaidd, *a,* socialist
Sosialydd, *eg, ll* Sosialwyr, Socialist
sosej, *eb, ll* -ys, sausage
rhol sosej, *eb,* sausage roll
Spermatophyta, *ell,* Spermatophyta
stac, *eg, ll* -iau, stack
stacato, *a,* staccato
stad, *eb, ll* -au, state; stage; estate
stad ddiwydiannol, industrial estate
stad fasnach, trading estate
stad Gyngor, Council estate
staen, *eg, ll* -iau, stain
staen cemegol, chemical stain
staen eboni, ebony stain
staen gwydrin, glaze stain
symudydd staen, asiant symud staen, *eg,* stain removal agent
staer, *eb, ll* -au, staircase
staes, *eg, ll* -au, corset
stalactid, *eg, ll* -au, stalactite
stalagmid, *eg, ll* -au, stalagmite
stamina, *eg,* stamina
stamp, *eg, ll* -iau, stamp
stand, *eb, ll* -iau, stand; retort stand
stand arddangos, display stand
stand dyllog, perforated stand
stannig, *a,* stannic
stans, *eg, ll* -iau, stance
stapal, *eb, ll* staplau, staple
stapes, *eg, ll* -i, stapes
stapl, *eb, ll* -au, staple
staplen, *eb, ll* staplau, -ni, staple
staplwr (person), *eg, ll* -wyr, stapler
staplydd (offeryn), *eg, ll* -ion, stapler
starbwrdd, *eg,* starboard
starn, *eg, ll* -iau, stern

starts, *eg, ll* -ys, -iau, starch
starts cyflym, instant starch
starts cymysg, blended starch
starts chwistrell, spray starch
starts lliw, coloured starch
starts plastig, plastic starch
startsio, *be,* starch
stic startsio, *eg,* stick starch
stateg, *eb,* statics
statig, *a,* static
statocyst, *eg, ll* -iau, statocyst
statolith, *eg, ll* -au, statolith
stator, *eg, ll* -au, stator
statud, *eb, ll* -au, statute
statudol, *a,* statutory
cyrff statudol, *ell,* statutory bodies
niwsans statudol, *eg,* statutory nuisance
trefn statudol, *eb,* statutory procedure
stêc, *eb, ll* -iau, steak
stêc balfais, shoulder steak
stêc ffolen, buttock steak
stêc rwmp, rump steak
stêc syrlwyn, sirloin steak
steil, *eg, ll* -iau, style
stel, *eg, ll* -au, stele
stelit, *eg, ll* -iau, stellite
stem, *eg, ll* -iau, stem
stemio, *be,* steam
stemroler, *eg, ll* -i, -s, steam-roller
stemydd, *eg, ll* -ion, steamer
stensil, *eg, ll* -iau, stencil
stent, *egb, ll* -iau, extent
step, *eb, ll* -iau, step; *eg,* steppe
torri step, *be,* step cutting
steradian, *eg, ll* -nau, steradian
stereoffonig, *a,* stereophonic
stereograffi, *eg,* stereography
stereograffig, *a,* stereographic
stereosgopig, *a,* stereoscopic
steriliad, *eg, ll* -au, sterilisation
sterilio, *be,* sterilise
sterling, *eg,* sterling
sternwm, *eg, ll* sterna, sternum
steroid, *eg, ll* -au, steroid
sterylledd, *eg, ll* -au, sterility
steryllu, *be,* sterilise
steryllydd, *eg, ll* -ion, steriliser
stethosgop, *eg, ll* -au, stethoscope
stiffnin, *eg, ll* -au, stiffening

stigma, *eg, ll* **stigmata,** stigma
stileto, *eg, ll* -au, stiletto
stilt, *eg, ll* -iau, stilt
stiltaidd, *a,* stilted
stimwlws, *eg, ll* **stimwli,** stimulus
stip, *eg, ll* -iau, stipe
stipwl, *eg, ll* -au, **stipylau,** stipule
stiw, *eg, ll* -iau, stew
stiw Gwyddelig, Irish stew
stiward, *eg, ll* -iaid, steward
stiward llawr gwaith, shop floor steward
stiward tir, land agent
stiwio, *be,* stew
stoa, *eg, ll* **stoâu,** stoa
stoc, *eg, ll* -iau, stock
Cyfnewidfa Stoc, *eb,* Stock Exchange
cyfrif stoc, *be,* stocktaking
daliwr stoc, *eg,* stockholder
stoc arysgrif, inscribed stock
stociau a chyfrannau, stocks and shares
stoc o dras, pedigree stock
stof, *eb, ll* -au, stove
stof drydan, electric stove
stof orffennu, finishing stove
stof orffennu drydan, electric finishing stove
stôl, *eb, ll* **stolion, stolau,** stool; stole
stôl blyg, camp stool
stôl fach, playstool
stolion oriel, gallery stools
stolio, *be,* stall
stolon, *eg, ll* -au, stolon
stolonifferus, *a,* stoloniferous
stoma, *eg, ll* **stomata,** stoma
stomatitis, *eb,* stomatitis
stomodaewm, *eg, ll* **stomodaea,** stomodaeum
stôn, *eb, ll* **stonau,** stone
stondin, *eb, ll* -au, stall
stondin farchnad, market stall
stondinaeth, *eb,* stallage
stondio, *be,* trap
stopcoc, *eg,* stopcock
stôr, *eb, ll* **storau,** store; *eg, ll* **storau,** storage· reserve
stôr adrannol, department store
stôr celfi furniture store
stôr gadwyn, multiple store

stôr gyffredinol, general store
stôr hunan wasanaeth, self service store
storfa, *eb, ll* storfeydd, store; storage
storfa gelfi, property room
storm, *eb, ll* -ydd, storm
storm fellt a tharanau, thunderstorm
stormdraeth, *eg, ll* -au, storm beach
stôr-wresogydd, *eg, ll* -ion, storage heater
stow, *eg, ll* -iau, stow
stradegaeth, *eb, ll* -au, strategy
stradegol, *a,* strategic
stradegwr, stradegydd, *eg, ll* stradegwyr, strategist
stradlo, *be,* straddle
stradlwr, stradlydd, *eg, ll* stradlwyr, -ion, straddler
straen, *eg, ll* -au, strain
strap, *eb, ll* -iau, strap
strap gicio, kicking strap
strapen, *eb, ll* strapiau, strap
strapen awchu, strop
strapen hogi, strop
strapdeithiwr, *eg, ll* -wyr, strap hanger
strapwaith, *eg,* strapwork
strata, *ell,* strata
strata toredig, faulted strata
strategol, *a,* strategic
stratigraffi, *eg,* stratigraphy
stratigraffig, *a,* stratigraphical
tabl stratigraffig, *eg,* stratigraphical table
stratosffer, *eg, ll* -au, stratosphere
stratwm, *eg, ll* strata, stratum
stratwm cornewm, stratum corneum
streic, *eb, ll* -iau, strike
streic eistedd lawr, sit down strike
streic locowt, strike-lockout
streip, *eb, ll* -iau, stripe
streipen, *eb, ll* streipiau, stripe
streipiau croeslin, diagonal stripes
streipiog, *a,* striped
streto, *eg, ll* -i, stretto
stribed, *eg, ll* -i, strip; batten
golau stribed, strip light
stribed ffilm, film strip

stribyn, *eg, ll* stripiau, strip
stribyn gib, gib strip
stricl, *eg, ll* -au, strickling
erfyn stricl, *eg,* strickling tool
stringer, *eg, ll* -i, stringer
strimyn, *eg, ll* -nau, belt
strimyn dryllio, shatter belt
strip, *eg, ll* -iau, strip
stripiau rwbio, rubbing strips
strip-brofociad, *eg,* strip-tease
stripio, *be,* strip
striplun, *eg, ll* -iau, film strip
strobosgop, *eg, ll* -au, stroboscope
strôc, *eb, ll* -iau, stroke
ochr strôc, *eb,* stroke side
strôc dynnu, plain downstroke
strop, *eb, ll* -iau, strop
strwythur, *eg, ll* -au, structure
strwythuro, *be,* structure
strwythurol, *a,* structural
stryd, *eb, ll* -oedd, street
stryd unffordd, one-way street
studfach, *eg, ll* -au, stilt
studfachog, *a,* stilted
bwa studfachog, *eg,* stilted arch
stumog, *eb, ll* -au, stomach
stwb, *eg, ll* stybiau, stub
stwbyn, *eg, ll* -nau, stub
stwffin, *eg, ll* -nau, stuffing; filling; forcemeat
stwffwl, *eb, ll* styffylau, staple
stwmp, *eg, ll* stympiau, stump
stwmp canol, middle stump
stwmpio, *be,* stump
stwmpiwr, *eg, ll* -wyr, stumper
stwnsio, *be,* mash
styd, styden, *eb, ll* -iau, stud
styl, *eg, ll* -au, style (*Bot.*)
stylobat, *eg, ll* -au, stylobate
stylws, *eg, ll* styli, -au, stylus
stypig, *a,* stypig; *eg,* stypig
sudd, *eg, ll* -ion, juice; sap
sudd ffrwyth, fruit juice
sudd leim, lime juice
sudd nwclear, nuclear sap
suddbwll, *eg, ll* suddbyllau, sinkhole
suddiant, *eg,* sink
suddlon, *a,* succulent
suddlonedd, *eg,* succulence
suddog, *eg, ll* -ion, syrup
suddog egroes, rose hip syrup
suddurn, *eg, ll* -au, inlay

suddurno, *be,* inlay
sug, *eg, ll* -ion, juice; sap
sugion traul, digestion juices
sugion treuliad, digestion juices
sugnedd, *eg, ll* -au, suction
sugno, *be,* suck; sap
sunsur, *eg,* ginger
sur, *a,* sour
surbris, *eg, ll* -iau, surcharge
surdal, *eg, ll* -oedd, surcharge
surdreth, *eb, ll* -i, surtax
surni, *eg,* sourness; acidity
suro, *be,* sour
swab, *eg, ll* -iau, swab
swae, *eg, ll* -au. sway
swaeo, *be,* sway
swamp, *eg, ll* -iau, swamp
swberin, *eg, ll* -au, suberin
swbpoena, *eg, ll* swbpoenae, subpoena
arwyddo swbpoena, *be,* issue a subpoena
swbsonig, *a,* subsonic
swbstrat, *eg, ll* -au, substrate
swcras, *eg, ll* -au, sucrase
swcros, *eg, ll* -au, sucrose; cane sugar
swcws, *eg, ll* swci, -au, succus
swcws entericws, succus entericus
swd, *eg, ll* -iau, sudd
swêd, *eg, ll* swedau, suede
swêd menig, gloving suede
swedsen, *eb, ll* sweds, swede
swerfio, *be,* swerve
sweter, *eb, ll* -i, sweater
swffragan, *eg, ll* -iaid, suffragan
swffraget, *eb, ll* -iaid, suffragette
swing, *eb,* swing
swing ymhalio, heave swing
swingio, *be,* swing
swil, *a,* bashful
swildod, *eg, ll* -au, shyness; bashfulness
Swisaidd, *a,* Swiss
swît, *eb, ll* -s, -au, suite
swits, *egb, ll* -ys, switch
swits cychwyn, starter switch
switsbac, *a,* switchback; *eg, ll* -au, switchback
switsfwrdd, *eg, ll* switsfyrddau, switchboard
switsio, *be,* switch

swltana, *eb, ll* -s, sultana
swm, *eg, ll* symiau, amount; quantity
swmbwl, *eg, ll* symbylau, stimulus
swmer, *eg, ll* -au, chimney breast beam
swmp, *eg, ll* -au, bulk; sump; feel; handle
swmp deunydd, feel of material
swmpiad, *eg, ll* -au, feel; feeling
swmpo, *be,* feel; handle; palpate
swmpo deunydd, handle material
swmpus, *a,* bulky
swn, *eg, ll* synau, noise
swn tu ôl, noises off
swnt, *eg, ll* -iau, sound
swoleg, *egb,* zoölogy
swosbor, *eg,* zoöspore
swp, *eg, ll* swpiau, soup
swp clir, swp gloyw, clear soup
swp cynffon ych, oxtail soup
swp hufen, cream soup
swp llysiau, vegetable soup
swpernatant, *a,* supernatant
swpernofa, *eb,* supernova
swpersonig, *a,* supersonic
swrd, *eg, ll* syrdiau, surd
swrealaeth, *eb, ll* -au, surrealism
swrealaidd, *a,* surrealist
swrealwr, swrealydd, *eg, ll* swrealwyr, surrealist
swsbensor, *eg, ll* -ion, suspensor
swydd, *eb, ll* -i, -au, office; job; post
gŵr swydd, *eg,* placeman
swydd wag, vacancy
yn rhinwedd ei swydd, *a,* ex-officio
swyddfa, *eb, ll* swyddfeydd, office; chamber
peiriannau swyddfa, *ell,* office machinery
Prif Swyddfa Bost, General Post Office
swyddfa gastio, casting office
swyddfa gofrestru, registry
swyddfa gyflogi, employment exchange
Swyddfa Gyflogi Ieuenctid, Juvenile Employment Bureau
swyddfa gyfrif, counting house
swyddfa holi, enquiry office
swyddfa profebu, probate office

Swyddfa'r Post, Post Office
swyddfa ymholiadau, enquiry
 office
yn ei swyddfa, (Judge) in chamber
swyddog, *eg, ll* **-ion,** officer; prefect
peilot-swyddog, pilot officer
swyddog a chanddo ofal, officer
 in charge of
swyddog adroddol, returning
 officer
swyddog anoddi, issuing officer
swyddog ardystio, certifying
 officer
swyddog atebol, competent officer
swyddog cymwys, competent
 officer
swyddog cyswllt, liaison officer
swyddog gofal plant, child care
 officer
swyddog gweinyddol,
 administrative officer
swyddog gweithredol, executive
 officer
swyddog heb gomisiwn (s.h.g.),
 non-commissioned officer
 (n.c.o.).
swyddog hedfan, flying officer
Swyddogion Llys y Brenin,
 Officers of the Royal Court
swyddog prawf, probation officer
swyddog profiannaeth, probation
 officer
swyddogaeth, *eb, ll* **-au,** function
cylchfa swyddogaeth, *eb,*
 functional zone
swyddogaethol, *a,* functional
cymysgedd swyddogaethol, *eg,*
 functional mix
swyddogol, *a,* official
swyngwsg, *eg,* hypnotism
sybachu, *be,* pucker
syborniad, *eg,* subornation
sybseidi, swbsidi, *eg, ll* **sybseidïau,**
 subsidy
sych, *a,* dry
 adwy sych, *eg,* dry gap
 doc sych, *eg,* dry dock
 dyffryn sych, *eg,* dry valley
sychbwynt, *eg, ll* **-iau,** drypoint
sych-bydredd, *eg,* dry-rot
sychdarthiad, *eg,* sublimation (*Ce*)
sychdarthu, *be,* sublimate (*Ce*)

sychder, *eg, ll* **-au,** drought
sychdwr, *eg, ll* **sychdyrau,** drought
 sychdwr rhannol, partial drought
sychlanhau, *be,* dry clean
sychu, *be,* dry; season
 sychu artiffisial, artificial
  seasoning
 sychu awyr agored, outdoor drying
 sychu dan do, indoor drying
 sychu mewn odyn, kiln seasoning
 sychu sbin, spin drying
sychydd, *eg, ll* **-ion,** drier; siccative
 sychydd confector, convector
  drier
 sychydd sbin, spin drier
 sychydd tro, rotary drier
 sychydd twmbwl, tumble drier
syfien, *eb, ll* **syfi,** strawberry
sygnau, *ell,* signs of the zodiac
sygomorffig, *a,* zygomorphic
sygosbor, *eg, ll* **-au,** zygospore
sygot, *eg, ll* **-au,** zygote
sygotên, *eg,* zygotene
sylfaen, *egb, ll* **sylfeini,** base; basis;
 foundation; footing
sylfaenol, *a,* basic; fundamental;
 primary
 emosiynau sylfaenol, *ell,* primary
  emotions
 galluoedd meddyliol sylfaenol, *ell,*
  primary mental abilities
 geirfa sylfaenol, *eb,* primary
  (basic) vocabulary
sylfyn, *eg, ll* **-nau,** mounting
sylffaid, *eg, ll* **sylffeidiau,** sulphite
sylffat, *eg, ll* **-au,** sulphate
 sylffat bariwm, barium sulphate
 sylffat copor, copper sulphate
sylffid, *eg, ll* **-iau,** sulphide
 sylffid amoniwm, ammonium
  sulphide
sylffwr, sylffur, *eg, ll* **-au,** sulphur
sylffwrig, *a,* sulphuric
 asid sylffwrig, *eg,* sulphuric acid
sylffwrus, *a,* sulphurous
 asid sylffwrus, *eg,* sulphurous
  acid
sylw, *eg, ll* **-adau,** attention;
 observation
 dal sylw, *be,* attend
 gwrtholi sylw, reversion of
  attention

pall sylw, inattention
rhoi sylw, *be,* give attention
sylwebaeth, *eb, ll* -au, commentary
sylwebaeth ar y pryd, running commentary
sylwebwr, *eg, ll* -wyr, commentator
sylwedd, *eg, ll* -au, substance
sylweddol, *a,* substantial
sylweddoli, *be,* realize
sylwer, note (N.B.)
sylwi, *be,* observe
sylladur, *eg, ll* -on, eyepiece
sym, *eg, ll* -iau, sum
sym dynnu, subtraction sum
symadwy, *a,* summable
symans, *eg, ll* -au, summons
symas, *eg, ll* -au, zymase
symbal, *eg, ll* -au, cymbal
symbiosis, *eg,* symbiosis
swmbiotig, *a,* symbiotic
symbol, *eg, ll* -au, symbol
symbolaidd, *a,* symbolist
symboliaeth, symbolaeth, *eb,* symbolism
Mudiad Symboliaeth, *eg,* Symbolist Movement
symbolig, *a,* symbolic
portreadau symbolig, *ell,* symbolic representations
symbylair, *eg,* stimulus word
symbyliad, *eg, ll* -au, stimulus
symbylu, *be,* stimulate
gair symbylu, *eg,* stimulus word
symbylydd, *eg, ll* -ion, stimulant
symffoni, *eg, ll* **symffonïau,** symphony
symffonig, *a,* symphonic
cathl symffonig, *eb,* symphonic poem
symffysys, *eg, ll* -au, symphysis
symiant, *eg, ll* **symiannau,** summation
symio, *be,* sum
syml, *a,* simple
symledig, *a,* simplified
symleiddiad, *eg, ll* -au, simplification
symleiddio, *be,* simplify
symptom, *eg, ll* -au, symptom
sympathetig, *a,* sympathetic
parasympathetig, parasympathetic
ganglion sympathetig, *eg,* sympathetic ganglion

symud, *be,* move; remove; slide; *eg,* movement; action
irad symud, *eg,* removing cream
symudiad, *eg, ll* -au, movement
symudiadau cryfhau, strengthening movements
symudiad cyfredol, conjunct movement
symudiad digyswllt, disjunct movement
symudiad esthetig, aesthetic movement
symudiad o gerddoriaeth, movement of music
symudiad sgil, by-movement
symudiad ymddangosol, apparent movement
symudol, *a,* movable; mobile; kinetic
pin symudol, *eg,* movable pin
sêt symudol, *eb,* sliding seat
symudoledd, *eg, ll* -au, mobility
symudoledd i fyny, upward mobility
symudoledd i lawr, downward mobility
symudoledd noddedig, sponsored mobility
symudoledd ymryson, contest mobility
symudyn, *eg, ll* **symudion,** mobile
synaps, *eg, ll* -au, synapse
synapsis, *eg,* synapsis
synclein, synclin, *eg, ll* -iau, syncline
synclinol, *a,* synclinal
syncop, *eg, ll* -au, syncope
syncromesh, *eg, ll* -au, synchromesh
syncrotron, *eg, ll* -au, synchrotron
Syndicaliaeth, *eb,* Syndicalism
synergedd, *eg, ll* -i, synergism
synfen, *eg, ll* -nau, sentiment
prif synfen, master-sentiment
synhwyraidd, *a,* sensory
byd synhwyraidd, *eg,* sensory world
synhwyriad, *eg, ll* **synwyriadau,** sensation
synhwyro, *be,* sense
nerfau synhwyro, *ell,* sensory nerves
organ synhwyro, *egb,* sense-organ
synhwyrol, *a,* sensible

SYNHWYRUS 511 SYTHWELEDOL

synhwyrus, *a*, sensuous
synhwyraidd-ymudol, *a*, sensorymotor
ymudo synhwyraidd, sensorymotor action
syniad, *eg, ll* -au, idea; notion; thought
syniadaeth, *eb*, ideation
syniant, *eg, ll* syniannau, sentinence
synnwyr, *eg, ll* synhwyrau, sense
synnwyr digrifwch, sense of humour
synod, *eg, ll* -au, synod
synodaidd, *a*, synodical
synofial, *a*, synovial
synoptig, *a*, synoptic
synpractig, *a*, synpractic
iaith synpractig, *eb*, synpractic language
synthesis, *eg, ll* -au, synthesis
synthesu, *be*, synthesise
synthetig, *eg, ll* -ion, synthetic
synwyriadaeth, *eb, ll* -au, sensationalism
synwyriadrwydd, *eg, ll* -au, sensibility
synwyriadwy, *a*, sensible
ansoddau synwyriadwy, *ell*, sensible qualities
synysgal, *eg, ll* -iaid, seneschal
sypwellt, *eg, ll* -ydd, bunchgrass
sypyn, *eg, ll* -nau, bundle
sypyn cyfraidd, collateral bundle
sypyn cynghreiddig, concentric bundle
sypyn deugyfraidd, bicollateral bundle
syrcas, *eg, ll* -au, -ys, circus
syrincs, *eg*, syrinx
syrjeri, *eg, ll* syrjerïau, surgery
syrlwyn, *eg, ll* -au, -i, sirloin

syrth, *eg, ll* -au, offal
syrup, *eg, ll* -au, syrup
sysbendar, *eg, ll* -s, suspender
belt sysbendar, *egb*, suspender belt
system, *eb, ll* -au, system
system anadlol, respiratory system
system atgynhyrchiol, reproductive system
system bennor, prefect system
system dreuliol, digestive system
system fasgwlar ddyfrol, water vascular system
system fetrig, metric system
system gludo hepatig, hepatic portal system
system grid, grid system
system gwrthbwysau, counterweight system
system gylchredol, circulatory system
system nerfol, nervous system
system nerfol ganol, central nervous system
system sympathetig, sympathetic system
system ysgarthol, excretory system
systematig, *a*, systematical
systol, *eg, ll* -au, systole
systyl, *a*, systyl; *eg, ll* -au, systyle
syth, *a*, straight; erect
chwith syth, straight left (*Ch*)
de syth, straight right (*Ch*)
part syth, *eg*, straight part (*Th*)
ymyl syth, *egb*, straight edge
sythlin, *a*, linear
sythraen, *eg, ll* -au, straight grain
sythwelediad, sythweliad, *eg*, intuition
sythweledol, *a*, intuitive

T

tab, *eg, ll* -iau, tab
tabernacl, *eg, ll* -au, tabernacle
tabl, *eg, ll* -au, table
  tablau cyfnewid, conversion tables
  tablau newid, conversion tables
  tabl tri, three times table
tablaidd, *a*, tabular
tabled, *eb, ll* -au, -i, tablet
  tabled rhif, digit tablet
tablo, *eg, ll* -s, tableau
tablu, *be*, tabulate
tabŵ, *eg, ll* -au, -s, taboo
tabwrdd, *eg, ll* tabyrddau, tambour; drum
tac, *eg, ll* -iau, tack
  tac cynnal, bar tack
  tac teiliwr, tailor's tack
tacio, *be*, tack; beat (*Ch*)
  tacio port, port tack
  tacio starboard, starboard tack
taciwr, *eg, ll* -wyr, tacker
tacl, *eg, ll* -au, tackle
  gwibdacl, flying tackle
  llithr dacl, tacl llithr, sliding tackle
  tacl coflaid, smother tackle
taclad, tacliad, *eg, ll* -au, tackle
taclau, *ell*, gear; kit
taclo, *be*, tackle
taclusrwydd, *eg*, neatness
taclwr, *eg, ll* -wyr, tackler
tacnod, *eg, ll* -au, tacnode
tacsen, *eb, ll* -tacs, tack
tacsmon, *eg, ll* tacsmyn, tacksman
tacsonomeg, *eb*, taxonomy
tacsonomi, *eg, ll* tacsonomïau, taxonomy
tacteg, *eb, ll* -au, tactics
tacycardia, *eg*, tachycardia
tad, *eg, ll* -au, father
  tad-ddelw, *eg*, tad-ddelwau, father figure
tadladdiad, *eg*, parricide
tadogaeth, *eb, ll* -au, affiliation
taeniad, *eg, ll* -au, render
taenu, *be*, render

tafell, *eb, ll* tefyll, -au, slab; slice
  tafell gorc, cork slab
tafledd, *eg, ll* -au, throw
tafleisiwr, tafleisydd, *eg, ll* -wyr, -ion, ventriloquist
  dol tafleisiwr, *eb*, ventriloquist's guy
taflen, *eb, ll* -ni, sheet; leaflet
  taflen gwaith, work sheet
  taflen gyfarwyddo, instruction chart
  taflen newyddion, news sheet
tafliad, *eg, ll* -au, throw; cast; dislocation
  tafliad rhydd, free throw (*Ch*)
taflo, *be*, see-saw
taflod, *eb, ll* -au, palate
taflu, *be*, throw; project; cast; dislocate
  taflu mewn, throw in
  taflu'r ddisgen, throw the discus
  taflu'r ordd, throw the hammer
  taflu'r waywffon, throw the javelin
  taflu ymlaen, throw forward
taflunedd, *eg, ll* -au, projectivity
tafluniad, *eg, ll* -au, projection
  llinellau tafluniadol, *ell*, projection lines
  tafluniad arosgo, oblique projection
  tafluniad arwynebedd hafal, equi-area projection
  tafluniad asimwthal, azimuthal projection
  tafluniad atganolog, recentred projection
  tafluniad conigol, conical projection
  tafluniad cyhydeddol, equatorial projection
  tafluniad cynorthwyol, auxiliary projection
  tafluniad cytbell, equi-distant projection
  tafluniad gnomig, gnomic projection

tafluniad Mercator ardraws,
  transverse Mercator projection
tafluniad ongl gyntaf, first angle
  projection
tafluniad orthomorffig,
  orthomorphic projection
tafluniad pegynol, polar
  projection
tafluniad rhannog, interrupted
  projection
tafluniad senithal, zenithal
  projection
tafluniad silindrol, cylindrical
  projection
tafluniad stereograffig,
  stereographic projection
tafluniad trydedd ongl, third
  angle projection
taflunio, *be*, project
tafluniol, tafluniog, *a*, projective
taflunydd, *eg, ll* -ion, projector
lens taflunydd, *egb*, projector
  lense
taflunydd effeithiau, effects
  projector
uwchdaflunydd, overhead
  projector
taflwybr, *eg, ll* -au, trajectory
tafod, *eg, ll* -au, tongue; spit; tang
  tafod a rhigol, tongue and groove
  tafod a rhych, tongue and groove
  tafod bach, uvula
  tafod bachyn, hooked spit
  tafod rhydd, loose tongue
  tafod ych, ox tongue
tafodi, *be*, tongue
tafodiaith, *eb, ll* tafodieithoedd,
  dialect
  part tafodiaith, *eg*, dialect part
tafodieitheg, *egb*, dialectology
tafodigol, *a*, uvular
tafodog, *eg, ll* -ion, advocate
tafodrydd, *a*, flippant
tafodryddineb, *eg*, flippancy
tafol, *eb, ll* -au, -ion, scales;
  balance
tafoli, *be*, weigh
Tafwys, *eb*, Thames
taffeta, *eg*, taffeta
taffi, *eg*, toffee
  taffi triog, treacle toffee
tag, *eg, ll* -iau, tag

tagell, *eb, ll* -au, tegyll, damper
tagen, *eb, ll* -ni, chockstone
tagfa, *eb, ll* tagfeydd, bottleneck
tagiant, *eg, ll* tagiannau, congestion
  tagiant trafnidiaeth, traffic
    congestion
tagydd, *eg, ll* -ion, choke
T'ang, *eg*, T'ang
  celfyddyd T'ang, *eb*, T'ang art
tangiad, *eg, ll* -au, tangent
tangiadaeth, *eb, ll* -au, tangency
tangiadlifiad, *eg, ll* -au, tangential
  saw cut
tangiadlifiol, *a*, slash sawn
tangiadol, *a*, tangential
taiga, *eg, ll* taigau, taiga
tail, *eg, ll* teiliau, manure
taith, *eb, ll* teithiau, journey; tour;
  transit; passage
  ar daith, in transit
  pen y daith, terminus
  taith gwmpawd, compass walk
  taith gymedr, mean free path
tâl, taliad, *eg, ll* taloedd, taliadau,
  payment; fee; fine; rate; due;
  remuneration; front
tâl argadw, retention fee
tâl brocer, brokerage
tâl cadw, retainer
tâl cludo, freight rate
tâl gorgadw, demurrage
tâl gymryd, fine
tâl llocio, lairage
tâl penodedig, prescribed fee
tâl perfformio, performing fee
tâl wrth y gwaith, (yn ôl y
  gwaith), piecework
taladwy, *a*, payable
talai, *eg, ll* taleion, payee
talaith, *eb, ll* taleithiau, province
talbont, *eb, ll* -ydd, bridgehead
talcen, *eg, ll* -ni, -nau, forehead
  talcen tŷ, gable-end
talcendo, *eg, ll* -au, hip roof
tâl-feistr, *eg, ll* -i, paymaster
  Y Tâl-feistr Cyffredinol,
    Paymaster-General
talgrynnu, *be*, round off
taliad, *eg, ll* -au, remittance
taliadau rhanol, part payments
talog, *eg, ll* -au, pediment
talp ar asgwrn, *eg*, exostosis

talsbring, *eg, ll* -au, headspring
talu, *be,* pay; remunerate; defray
talu ar law, cash payment
talu i lawr, cash payment
talu pen arall, reverse charge
talu treuliau, defray expenses
Talu wrth Dderbyn (C.O.D.),
  Cash on Delivery (C.O.D.)
Talu wrth Ennill (P.A.Y.E.),
  Pay as you Earn (P.A.Y.E.)
talu yn ôl canlyniadau, payment by results
wedi ei dalu, *a,* carriage paid
talwrn, *eg, ll* talyrnau, experimental plot
talws, *eg, ll* tali, -au, talus
tamaid, *eg, ll* tameidiau, piece
tameidiach, odds and ends
tamarind, *eg, ll* -iau, tamarind
tambwrîn, *eg, ll* -au, tambourine
tameidiog, *a,* scrambled
tameidyn, *eg, ll* tameidion, snack
tampiad, *eg, ll* -au, bounce
tampio, *be,* bounce
tân, *eg, ll* tanau, fire
  dihangfa dân, *eb,* fire escape
  dril tân, *eg,* fire drill
  diffoddydd tân, *eg,* fire extinguisher
  gwasanaeth tân, *eb,* fire service
  lle tân, fireplace
  rhagodion tân, *ell,* fire precautions
  yswiriant tân, *eg,* fire insurance
tanadeiliaeth, *eb, ll* -au, infra structure
tanafael, *eb,* under grasp
tanasiad, *eg, ll* -au, fire weld
tanasio, *be,* fire weld
tanategu adeiladau, *be,* underpinning buildings
tanbeintio, *be,* underpaint
tanboblog, *a,* underpopulated
tanc, *eg, ll* -iau, tank
tancer, *eg, ll* -i, -s, tanker
tandoriad, *eg, ll* -au, undercutting
tandorri, *be,* undercut
tandwf, *eg, ll* tandyfiannau, undergrowth
tanddaear, *a,* underground
tanddaearol, *a,* underground; subterranean
tan-ddefnyddio, *be,* under-utilize

tanerdy, *eg, ll* tanerdai, tannery
tanfor, *a,* submarine
tanforol, *a,* submarine
tangwystl, *eg, ll* -on, frankpledge
  cwrt tangwystl, *eg,* view of frankpledge
tangyflogaeth, *eb,* underemployment
taniad, *eg, ll* -au, combustion; ignition
taniadur, *eg, ll* -on, detonator
taniadwy, *a,* inflammable
tanio, *be,* ignite; spark
  plwg tanio, *eg,* sparking plug
tanlinellu, *be,* underline
tanseilio, *be,* sap
tanseilio gwaelod, basal sapping
tansgrifeniad, *eg, ll* -au, underwriting
tansgrifeniad cadarn, firm underwriting
tansgrifennwr, *eg, ll* tansgrifenwyr, underwriter
tant, *eg, ll* tannau, string
  tant agored, open string
tanwydd, *eg, ll* -on, -au, fuel
  cyflenwad tanwydd, *eg,* fuel supply
  traul tanwydd, *eb,* fuel consumption
tân-weldio, *be,* fire weld
tan-ymarfer, *be,* under rehearse
tanysgrifio, *be,* subscribe
tap, *eg, ll* -iau, tap
  ail dap, second tap
  tap plwg gwaelodi, plug bottoming tap
  tap tapr, taper tap
  tyndro tap, *eg,* tap wrench
tâp, *eg, ll* -iau, tape
  prif dâp, master tape
  tâp adlyn, adlynol, self adhesive tape
  tâp cotwm, cotton tape
  tâp glud, gummed tape
  tâp masgio, masking tape
  tâp mesur, tape measure
  tâp parod, pre-recorded tape
tap-ddawnsio, *be,* tap-dance
taped, *eb, ll* -i, tappet
tapestri, *eg, ll* -au, tapestry
  edafedd tapestri, *ell,* tapestry wool

nodwydd dapestri, *eb,* tapestry needle
tapin, *eg, ll* -au, tapestry
tapio, *be,* tap; draw off
twll tapio, *eg,* tapping hole
tapioca, *eg,* tapioca
tapr, *eg, ll* -au, taper
drifft tapr, *eg,* taper drift
garan tapr, *egb,* taper shank
llawes dapr, *eb,* taper sleeve
tapr durnio, taper turning
tâp-recordydd, *eg, ll* -ion, taperecorder
tapro, *be,* taper
tar, *eg, ll* -rau, tar
côl tar, tar glo, coal tar
taradr, *eg, ll* terydr, auger
taradr hir, long auger
taradr y coed, woodpecker
taranfollt, *egb, ll* **taranfyllt,** thunderbolt
tarddell, *eb, ll* -au, spring
tarddiad, *eg, ll* -au, spring
llinell darddiad, *eb,* spring line
tarddiant, *eg, ll* **tarddiannau,** eruption; rash
tarddle, *eg, ll* -oedd, source
targed, *eg, ll* -au, -i, target
tarian, *eb, ll* -nau, shield
tarian geg, gum shield
tariandir, *eg, ll* -oedd, shield
Tariandir Canada, Canadian Shield
tariff, *eg, ll* -iau, tariff
tarnais, *eg, ll* **tarneisiau,** tarnish
tarneisio, *be,* tarnish
taro, *be,* hit; strike; knock
craidd taro, *eg,* centre of percussion
taro clos, close combat
taro chwech, hit for six
taro i lawr, knock down
taro'r pren, wood shot
taro ymlaen, knock on
tarren, *eb, ll* tarenni, scarp
tarsal, *a,* tarsal
esgyrn tarsal, *ell,* tarsal bones
tarsws, *eg, ll* **tarsi,** tarsus
tarten, *eb, ll* **-ni, tarts,** tart
tartled, *eb, ll* **-i,** tartlet
tarth, *eg, ll* -au, -oedd, river mist
tarthu, *be,* vaporise

tarw, *eg, ll* **teirw,** bull
tarw dur, bulldozer
tas, *eb, ll* **teisi,** stack
tasel, *eg, ll* -au, tassel
tasg, *eb, ll* -au, work
tasgu, *be,* splash; bounce
tasu, *be,* stack
taten, *eb, ll* **tatws, tato,** potato
taten trwy'r pil, potato in jacket
tatws ar amrant, instant mash potato
tatws pob, baked potatoes
tatws rhost, roast potatoes
tatws stêm, steamed potatoes
tatws stwns, mashed potatoes
tatws wedi eu berwi, boiled potatoes
tatws wedi eu ffrio, fried potatoes
tatws wedi eu pobi, baked potatoes
tatws wedi eu stemio, steamed potatoes
tawch, *eg, ll* -au, -oedd, haze
tawdd, *a,* molten
tawddgyffur, *eg,* suppository
tawelydd, *eg, ll* -ion, silencer
tawelyn, *eg, ll* -ion, tranquilizer
tawlbwrdd, *eg, ll* **tawlbyrddau,** chequerboard
tref dawlbwrdd, *eb,* chequerboard town
tawnod, *eg, ll* -au, rest
cyfosod tawnodau, *be,* group rests
tawnod unpwynt, dotted rest
tawtoleg, *eb, ll* -au, tautology
tawtologaeth, *eb, ll* -au, tautology
te, *eg,* tea
egwyl de, *eb,* tea break
te biff, beef tea
te eidion, beef tea
tebygoleg, *eb,* probability
tebygoliaeth, *eb, ll* -au, likelihood
tebygolrwydd, *eg,* probability
cromlin tebygolrwydd, *eb,* probability curve
tebygrwydd, *eg,* resemblance
teclyn, *eg, ll* **taclau,** tool; instrument; chattel
mân daclau, fittings
tecstil, *eg, ll* -au, textile
tectonig, *a,* tectonic

techneg, *eg, ll* -au, technique
technegau allaniadol, projection techniques
techneg West End, West End technique
technegol, *a*, technical
knock out **technegol**, technical knock out
lluniadu **technegol**, technical drawing
technegwr, *eg, ll* **technegwyr**, technician
technoleg, *eb*, technology
tedi, *eg, ll* -s, teddy bear
teflyn, *eg, ll* -nau, projectile
tegan, *eg, ll* -au, toy
tegan adeiladu, constructional toy
tegan golchadwy, washable toy
tegan meddal, soft toy
tei, *egb, ll* -au, tie
teiar, *eg, ll* -s, tyre
teiffŵn, *eg, ll* -au, typhoon
teiliwr, *eg, ll* **teilwriaid**, tailor
dymi **teiliwr**, *eg*, dressmaker's dummy
teilsen, *eb, ll* **teils**, tile
teilsen fonet, bonnet tile
teils gwydrog, glazed tiles
teils mosaig, mosaic tiles
teilyngdod, *eg, ll* -au, worth
teim, *eg*, thyme
teimlad, *eg, ll* -au, feeling
cynhesrwydd **teimlad**, *eg*, affection
teimladrwydd, *eg, ll* -au, sensitivity
teimlo, *be*, feel; palpate
teimlo'r awyrgylch, feel of the house
teip, *eg, ll* -iau, type
gorsaf **deip**, *eb*, type station
rhanbarth **teip**, *eg*, type region
teip gwyllt, wild type
teipiadur, *eg, ll* -on, typewriter
carais **teipiadur**, *eg*, typewriter carriage
teipoleg, *eb*, typology
teipydd, *eg, ll* -ion, typist
teipyddes, *eb, ll* -au, typist
teiran, *a*, tripartite
cyfundrefn **deiran**, *eb*, tripartite system
teirant, *eg, ll* **teiraniaid**, tyrant

teirdalen, *eb, ll* -nau, **teirdail**, trefoil
teisen, *eb, ll* -nau, cake
teisen Aberffro, shortbread
teisen ddwbl, sandwich cake
teisen furum, yeast cake
teisen ffrwythau, fruit cake
teisen garwe, seed cake
teisennau briwdda, mince pies
teisennau cri, Welsh cakes
teisen sinsir, gingerbread
teitl, *eg, ll* -au, title
teitl gwaith, working title
teitheb, *eb, ll* -au, visa
teithiwr, *eg, ll* -wyr, traveller
teithiwr-bawd, hitch-hiker
teithwedd, *eb, ll* **teithi**, trait
telathrebiaeth, *eg, ll* -au, telecommunication
telathrebu, *be*, telecommunicate
teledu, *eg*, television
teledu cylch-caeëdig, closed circuit television
teledu cylch-cau, closed circuit television
teleffon, *eg, ll* -au, telephone
bocs **teleffon**, *eg*, telephone call box
telegraffig, *a*, telegraphic
telegraffio, *be*, telegraph
teleprinter, *eg, ll* -au, teleprinter
telesgop, *eg, ll* -au, telescope
telesgopig, *a*, telescopic
medrydd **telesgopig**, *eg*, telescopic gauge
teloffâs, *eg, ll* -au, telophase
telori, *be*, warble
temenos, *eg, ll* -au, temenos
tempera, *eg*, tempera
tempera ŵy, egg tempera
templat, *eg, ll* -au, template
tempo, *eg, ll* **tempi**, tempo
tenant, *eg, ll* -iaid, tenant
tenant wrth ewyllys, tenant-at-will
tenantiaeth, *eb, ll* -au, tenancy
tenantiaeth swydd, service tenancy
tenau, *a*, sparse
tendon, *eg, ll* -au, tendon
tendr, *eg, ll* -au, tender
tendril, *eg, ll* -au, tendril

Tenebriad, *eg, ll* **Tenebriaid**, Tenebrist
tenement, *eg, ll* **-au**, tenement
teneuad, *eg, ll* **-au**, rarefaction
teneuo, *be*, reduce; dilute
 cyfrwng teneuo, *eg*, reducing medium
tenia, *eg*, tenia
tennis, *eg*, tennis
 tennis-bord, table-tennis
tennyn, *eg, ll* **tenynnau**, halter
 top tennyn, *eg*, halter top
tensiwn, *eg, ll* **tensiynau**, tension
tensor, *eg, ll* **-au**, tensor
tentacl, *eg, ll* **-au**, tentacle
tentaclog, *a*, tentacular
terai, *eg, ll* **tereiau**, terai
teras, *eg, ll* **-au**, terrace
 tai teras, *ell*, terrace houses
teraset, *eg, ll* **-au**, terracette
terasiad, *eg, ll* **-au**, terracing
terasu, *be*, terrace
teratoma, *eg, ll* **teratomata**, teratoma
terfan, *eb, ll* **-nau**, limit
 terfan dilyniannau, limit of sequences
 terfan elastig, elastic limit
 terfan ffwythiannau, limit of functions
 terfannau Newall, Newall limits
terfannol, *a*, limiting
terfyn, *eg, ll* **-au**, boundary; limit
 terfyn integriad, limit of integration
terfynadwy, *a*, terminable
terfynedig, *a*, terminated
terfynell, *eb, ll* **-au**, terminal; end-organ
terfynfa, *eb, ll* **terfynfeydd**, terminus
terfynol, *a*, final; terminal; peremptory
terfynus, *a*, terminating
terfysg, *eg, ll* **-oedd**, riot
 Deddf Terfysg, *eb*, Riot Act
terfysgiad, *eg*, sedition
terier, *eg, ll* **-au**, terrier
term, *eg, ll* **-au**, term
 term haniaethol, abstract term
termeg, *eb*, terminology
termol, *a*, terminal
terminws, *eg, ll* **termini**, terminus

ternari, *a*, ternary; *eg, ll* **ternariau**, ternary
terpen, *eg, ll* **-nau**, terpene
terra, *eg, ll* **terrae**, terra
terrain, *eg, ll* **terainau**, terrain
tertaidd, *a*, tertiary
terylen, *eg, ll* **-nau**, terylene
tes, *eg, ll* **-au, -oedd**, heat haze
test, *eg, ll* **-s, -iau**, test
testa, *eg, ll* **testae**, testa
testicl, *eg, ll* **-au**, testicle
testio, *be*, test
testis, *eg, ll* **-au, testes**, testis
testosteron, *eg*, testosterone
testun, *eg, ll* **-au**, subject
tetanedd, *eg, ll* **-au**, tetany
tetanws, *eg, ll* **tetanysau**, tetanus
tetracord, *eg, ll* **-iau**, tetrachord
tetrad, *eg, ll* **-au**, tetrad
 gwahaniaeth tetrad, *eg*, tetrad difference
 hafaliad tetrad, *eg*, tetrad equation
tetrahedrol, *a*, tetrahedral
tetrahedron, *eg, ll* **-au**, tetrahedron
tetraploid, *a*, tetraploid; *eg, ll* **-iau**, tetraploid
tetrastyl, *a*, tetrastyle; *eg, ll* **-au**, tetrastyle
tetrocsid, *eg, ll* **-au**, tetroxide
tetrod, *eg, ll* **-au**, tetrode
teulu, *eg, ll* **-oedd**, family
 cynllunio teulu, *be*, family planning
 teulu estynedig, extended family
 teuluoedd problemus, problem families
 uned cynghori teulu, *eb*, family advice centre
 uwch deulu, super family
tewychu, *be*, thicken
 tewychu cylchol, annual thickening
tewychydd, *eg, ll* **-ion**, thickening; condenser
teyrnas, *eb, ll* **-oedd**, realm
teyrnfradwriaeth, *eb*, high treason
teyrngarwch, **teyrngaredd**, *eg, ll* **teyrngareddau**, allegiance; loyalty
teyrnleiddiad, *eg, ll* **teyrnleiddiaid**, regicide

teyrnol, *a,* regalian
teyrnolion, *ell,* regalia
ti, *eg, ll* -au, tee
tibia, *eg, ll* tibiae, tibia
tic, *eg, ll* -iau, tick
tic, *eg, ll* -iau, teak
ticbryf, *eg, ll* -ed, death watch beetle
tiler, *eg, ll* -i, tiller
tileru, *be,* tiller
tilth, *eg, ll* -iau, tilth
tintio, *be,* tint
tïo, *be,* tee
  llawr tïo, *eg,* teeing ground
tîm, *eg, ll* timau, team
tîm-ddysgu, *be,* team-teach
tip, *eg, ll* -iau, tip
  tip ffowl, foul tip
tipio, *be,* tip
tir, *eg, ll* -oedd, land; earth; ground
  arolwg defnydd tir, *eg,* land use survey
  cofrestrfa tir, *eb,* land registry
  defnydd tir, *eg,* land use
  ennill tir, *be,* gain ground
  pridiant tir, *eg,* land charge
  tir anial, waste land
  tir comin, common land
  tir diffaith, waste land
  tir ffowl, foul ground
  tir llan, glebe
  tir llan farw, mortmain
  tir pori, grazing land
  tir prysg, scrubland
  tir rhydd, freehold land
  tir teg, fair ground
  tir ymyl, marginal land
  torri tir, *be,* break ground
  triniaeth tir, *eb,* tillage
  y tir mawr, mainland
tirfesur, *be,* survey
tirfesurydd, *eg, ll* **tirfesurwyr,** surveyor
tirfwrdd, *eg,* tableland
tirffurf, *eb, ll* -iau, -au, landform
tirgwymp, *eg, ll* -au, landslide
tirgylch, *a,* landlocked
tiriogaeth, *eb, ll* -au, territory
  tiriogaeth ddibynnol, dependency
  tiriogaeth ymddiriedol, trusteeship territory

tiriogaethol, *a,* territorial
  dyfroedd tiriogaethol, *ell,* territorial waters
tirlun, *eg, ll* -iau, landscape; paysage
  tirlun diwylliannol, cultural landscape
  ymgynghorwr tirlun, *eg,* landscape consultant
tirmon, *eg, ll* -au, tirmyn, groundsman
tirmonaeth, *eb, ll* -au, groundsmanship
tirwedd, *eb, ll* -au, relief; landscape
  map tirwedd, *eg,* relief map
  tirwedd anamlwg, faint relief
  tirwedd ddi-wrthdro, uninverted relief
  tirwedd leol, available relief; local relief
  tirwedd wrthdro, inverted relief
tisis, *eg,* pthisis
titaniwm, *eg,* titanium
titr, *eg, ll* -au, titre
titradaeth, *eg, ll* -au, titration
titradu, *be,* titrate
tiwb, *eg, ll* -iau, tube; tubing
  tiwb capilari, capillary tube
  tiwb Eustachio, Eustachian tube
  tiwb Fallopio, Fallopian tube
  tiwb hidl, sieve tube
  tiwb profi, test tube
  tiwb sugno, suction tube
  tiwb wterws, uterine tube
tiwba, *eg, ll* tiwbâu, tuba
tiwbaidd, *a,* tubular
tiwbin, *eg, ll* -au, tubing
tiwbwl, *eg, ll* tiwbylau, tubule
  tiwbwl semen, seminiferous tubule
  tiwbwl semenifferus, seminiferous tubule
  tiwbwl wrin, uriniferous tubule
  tiwbwl wrinifferus, uriniferous tubule
  tiwbylau Malpighi, Malpighian tubules
tiwl, *eg, ll* -iau, tulle
tiwmor, *eg, ll* -au, tumour
  codennau tiwmor, *ell,* tumour cysts

TIWNIG / TOP

tiwmor araf, simple tumour
tiwmor gwyllt, malignant tumour
tiwnig, *eb, ll* -au, tunic
tiwtelaeth, *eb,* tutelage
tloty, *eg, ll* tlotai, workhouse
tlotai'r undeb, union workhouse
tlws, *eg, ll* tlysau, trophy
tlyswaith, *eg, ll* tlysweithiau, jewellery
to, *eg, ll* -eau, -eon, roof
codiad to, *eg,* pitch of roof
llinell toeau, *eb,* roof line
to cafnog, valley roof
to gwastad, flat roof
to gwellt, straw thatched roof
to helm, helm roof
to trawst gordd, hammer-beam roof
tocbren, *eg, ll* -nau, pollard
tocata, *eg,* toccata
tociad, *eg, ll* -au, resection
tocio, *be,* lop; prune; crop; pollard
tocsaemia, *eg,* toxaemia
tocsicoleg, *eb,* toxicology
tocyn, *eg, ll* -nau, ticket
tocyn bwyd, luncheon voucher
tocyn Cymro, Welsh Rarebit
toddadwy, *a,* soluble
oel toddadwy, *eg,* soluble oil
toddadwyedd, *eg,* solubility
toddedig, *a,* dissolved
toddfa, *eb, ll* toddfâu, toddfeydd, solvent
toddi, *be,* dissolve
toddiant, *eg, ll* toddiannau, solution
toddiant lled-asid, mildly acid solution
toddion, *eg,* dripping
toddydd, *eg, ll* -ion, solvent
toddyn, *eg, ll* -ion, solute; fuse
toes, *eg,* dough
toesen, *eb, ll* -ni, doughnut
toi, *be,* thatch
gwellt toi, *ell,* thatch straw
toilet, *eg, ll* -au, toilet
tolc, *eg, ll* -iau, dent
tolch, *eb, ll* -au, clot
tolchedig, *a,* coagulated
tolchen, *eb, ll* -ni, thrombus
tolcheniad, *eg, ll* -au, thrombosis
tolchi, *be,* coagulate; clot; blood-clot
tolchiad, *eg, ll* -au, coagulation
toll, *eb, ll* -au, toll; duty; custom
toll allforio, export duty
tollau harbwr, harbour duties
tollau tramor a chwstwm, customs and excise
toll cartre, excise
toll cwstwm, customs duty
toll mewnforio, import duty
toll stamp, stamp duty
tollaeth, *eb, ll* -au, tollage
tollbont, *eb, ll* -ydd, toll bridge
tollborth, *eg, ll* tollbyrth, toll gate
tolldal, *eg, ll* -iadau, customs duty
tollfa, *eb, ll* tollfeydd, customs
nodyn tollfa, *eg,* customs entry
toll-gnydio, *be,* share crop
tollty, *eg, ll* tolltai, custom-house
tollwr, *eg, ll* tollwyr, customer
tomato, *eg, ll* -s, tomato
tombola, *eg, ll* -au, tombola
tôn, *eb, ll* tonau, tune; tone
gwerthoedd tôn, *ell,* tone values
tôn salm, psalm-tune
ton, *eb, ll* -nau, wave
llyfndir tonnau, *eg,* wave-cut platform
ton adeiladol, constructive wave
ton gario, carrier wave
tonnau dirgryn, vibration waves
ton unfan, stationary wave
ymchwydd ton, *eg,* swell
tonaidd, *a,* tonal
ateb tonaidd, *eg,* tonal answer
dilyniant tonaidd, *eg,* tonal sequence
tonalit, *eg, ll* -iau, tonalite
tonfedd, *eb, ll* -i, wavelength
tôn-fyddar, *a,* tone deaf
tonffurf, *eb, ll* -iau, wave-form
toniar, *eb, ll* -au, breaker
tonig, tonic, *a,* tonic; *eg, ll* -iau, tonic
tonnell, *eb, ll* tonellau, wavelet
tonnog, *a,* rolling
twyndir tonnog, *eg,* rolling downland
tonsil, *eg, ll* -au, tonsil
top, *eg, ll* -iau, top
top haul, sun top

top sgwrs, spinning top
top tro, spinning top
top y bil, top of the bill
topio, *be,* top
topograffig, *a,* topographic
topograffigol, *a,* topographical
celfyddyd topograffigol, *eb,* topographical art
topoleg, *egb,* topology
topolegol, *a,* topological
topyn, *eg, ll* **-nau,** stopper
tor, *eg, ll* **-rau,** tor
torbwynt, *eg, ll* **-iau,** break point; cutoff
torcyfraith, *eg,* breach of peace
torch, *eg, ll* **-au,** coil; torque; wreath
torchedig, *a,* wreathed
torchi, *be,* coil
torchog, *a,* wreathed
torddwr, *eg, ll* **torddyfroedd,** starling; cutwater; swash
toredig, *a,* faulted; discontinuous strata **toredig,** *ell,* faulted strata
torfennwr, *eg, ll* **torfenwyr,** tormentor
torfol, *a,* collective
torgest, *eb, ll* **-i,** rupture
torgoch, *eg, ll* **-ion,** roach
torgwmwl, *eg, ll* **torgymylau,** cloudburst
torheddwch, *eg, ll* **torheddychau, toriadau ar yr heddwch,** breach of peace
Tori, *eg, ll* **Torïaid,** Tory
toriad, *eg, ll* **-au,** cut; cutting; fracture; break; breakage; section; fault
toriad ar osgo, oblique section
toriad Cesaraidd, Caesarian section
toriad conig, conic section
toriad glân, clean cut
toriad union, right section
torïaeth, *eb,* toryism
torïaidd, *a,* tory
toriannu, *be.* section
toriant, *eg, ll* **toriannau,** section; discontinuity
toriant hydredol, longitudinal section
toriant rheidiol, radial section

toriant saethol, sagittal section
toriant tangiadol, tangential section
toriant trawslin, transverse section
torlan, *eb, ll* **-nau,** undercut bank
torlith, *eb, ll* **-iau,** press cutting
torllengig, *eg, ll* **toriadau llengig,** rupture
tornado, *eg, ll* **-au,** tornado
tor-orwedd, *be,* prone-lying
torrell, *eb, ll* **tɔrellau,** cutter; mower
torrell bastri, pastry cutter
torrell blaen, plain cutter
torell glai, clay cutter
torrell rychog, fluted cutter
torri, *be,* cut; break; sever; contravene
arwyddion torri patrwm, *ell,* cutting out guides
cynllun torri patrwm, *eg,* cutting lay-out
llinell dorri, *eb,* cutting line
torri allan, cut out; disqualify
torri allan ar groes, cut out on the cross
torri allan ar y bias, cut out on the bias
torri ar draws, cut in
torri ar yr edau, cut on the thread
torri cig, carve
torri enw, sign
torri gofynion, breach of requirement
torri i lawr, break down
torri i mewn i dŷ, housebreak
torri llwyth, break bulk
torri maes, cut out
torri syched, quench thirst
torri trwodd, cut through
torrwr, *eg, ll* **torwyr,** cutter; mower
torrwr cig, carver
torryn, *eg, ll* **torynnau,** cutting
tors, *egb, ll* **tyrs,** torch
torso, *eg, ll* **-au,** torso
tort, *eg, ll* **-au,** tort
tortus, *a,* tortious
torwaith, *eg, ll* **torweithiau,** cut work
torws, *eg, ll* **torysau,** torus
tosel, *eg, ll* **-au, -i,** tassel

tosis, *eg*, ptosis
tost, *eg*, *ll* -ys, toast
tostio, *be*, toast
trac, *eg*, *ll* -iau, track
tracea, *eg*, *ll* traceae, trachea
traceal, *a*, tracheal
 brancia traceal, tracheal gill
traceid, *eg*, *ll* -iau, tracheid
tracelion, *eg*, *ll* -au, trachelion
traceol, *eg*, *ll* -au, tracheole
tract, *eg*, *ll* -iau, tract
tractor, *eg*, *ll* -au, tractor
 tractor ffitio, pull-apart tractor
 tractor tynnu'n rhydd, pull-apart tractor
tractrics, *eg*, *ll* -au, tractrix
tracwisg, *eb*, *ll* -oedd, track suit
trachywir, *a*, precise
trachywiredd, *eg*, precision
trâd, *eg*, trade
traddodi, *be*, deliver; commit (for trial)
traean, *eg*, *ll* -au, one third; thirds
traeaniad, *eg*, *ll* -au, trisection
traeannu, *be*, trisect
traenband, *eg*, *ll* -iau, trained band
traeth, *eg*, *ll* -au, beach; shore
 awyr draeth, cirro-cumulus
 defnyddiau traeth, *ell*, beach material
 traeth byw, quicksands
 traeth canol, middle shore
 traeth gwyllt, quicksands
 traeth isaf, lower shore
 traeth pen bae, bay-head beach
 traeth uchaf, upper shore
traethell, *eb*, *ll* -au, strand
traethlin, *eb*, *ll* -au, shoreline
 traethlin gyfansawdd, compound shoreline
 traethlin llyn, lake shoreline
trafeiliwr, *eg*, *ll* trafeilwyr, traveller
trafnidiaeth, *eb*, traffic
trafod, *be*, discuss; negotiate; handle; *eg*, transaction
 cylch trafod, *eg*, discussion group
 trafod ariannol, financial transaction
trafodaeth, *eb*, *ll* -au, discussion; negotiation
trafodaethau, proceedings
trafodion, *ell*, proceedings

trafodwr, *eg*, *ll* trafodwyr, negotiator
traffertha, *be*, niggle
trafferthwr, *eg*, *ll* trafferthwyr, niggler
traffig, traffic, *eg*, *ll* -au, traffic
 traffig diarfod, optional traffic
 traffig gorfod, essential traffic
 traffig trwodd, through traffic
traffordd, *eb*, *ll* traffyrdd, motorway
traha, *eg*, *ll* trahau, arrogance
trahaus, *a*, arrogant
trai, *eg*, *ll* treiau, ebb; ebb tide
trais, *eg*, *ll* treisiau, rape; violence
tramel, *eg*, *ll* -au, trammel
tramgwydd, *eg*, *ll* -au, delinquency; offence
tramgwyddaeth, *eb*, delinquency
 ifanc-dramgwyddaeth, juvenile delinquency
tramgwyddus, *a*, delinquent; offensive
tramgwyddwr, *eg*, *ll* tramgwyddwyr, delinquent
 tramgwyddwr ifanc, juvenile delinquent
tramlin, *eg*, *ll* -au, tramline
tramor, *a*, foreign
 materion tramor, *ell*, foreign affairs
trampet, *eg*, *ll* -au, trampette
tramplin, *eg*, *ll* -au, trampoline
tramwy, *be*, transverse
tramwyfa, *eb*, *ll* tramwyfeydd, thoroughfare; passage
transbiradaeth, *eb*, *ll* -au, transpiration
transbiradu, *be*, transpire
transect, *eg*, *ll* -au, transect
transffer, *eg*, *ll* -au, transfer
transffer smocwaith, smocking transfer
transfferio, *be*, transfer
transistor, *eg*, *ll* -au, transistor
transistoraidd, *a*, transistorised
transitif, *a*, transitive
trap, *eg*, *ll* -iau, trap
 trap bedd, grave trap
 trap bwgan, ghost glide
 trap gwrychyn, bristle glide

trapesiwm, *eg, ll* **trapesiymau**,
   trapezium
trapesoid, *eg, ll* -au, trapezoid
trapio, *be*, trap
trapis, *eg, ll* -au, trapeze
traphont, *eb, ll* -ydd, viaduct
   traphont dŵr, aqueduct
tras, *eb, ll* -au, strain
trasiedi, *eg, ll* **trasiedïau**, tragedy
trasiedydd, *eg, ll* -ion, tragedian
trasiedyddes, *eb, ll* -au, tragedienne
traul, *eb, ll* **treuliau**, wear;
   expenditure; bearing; *eg*,
   digestion
traw, *eg*, pitch
   traw cyngerdd, concert pitch
   traw safon, absolute pitch
trawfwrdd, *eg, ll* **trawfyrddau**,
   keyboard
trawiad, *eg, ll* -au, beat; hit; stroke
   trawiad tes, heat stroke
trawiadol, *a*, impressive
trawiant, *eg, ll* **trawiannau**,
   incidence
   ongl trawiant, *eb*, angle of
   incidence
trawma, *eg, ll* **trawmata**, trauma
trawmatig, *a*, traumatic
trawol, *a*, incident
traws, *a*, transverse
trawsacen, *eb, ll* -ion, syncopation
trawsacennu, *be*, syncopate
trawsblanedig, *a*, transplanted
trawsblannu, *be*, transplant
trawsbwytho, *be*, overcast
trawsdoriad, *eg, ll* -au, cross-section
trawsddodi, *be*, transpose
trawsddodiad, *eg, ll* -au,
   transposition
trawsddodyn, *eg, ll* -nau, transpose
trawsfeddiannu, *be*, usurp
trawsfeddiannwr, *eg, ll*
   trawsfeddianwyr, usurper
trawsfeddiant, *eg, ll*
   trawsfeddiannau, usurpation
trawsfeidraidd, *a*, transfinite
trawsfudiad, *eg, ll* -au, transition;
   transference; translation (*Ff*)
trawsfudo, *be*, translate (*Ff*)
trawsffurf, *eb, ll* -iau, transform
trawsffurfiant, *eg, ll*
   trawsffurfiannau, transformation

trawsffurfio, *be*, transform
trawsgludiad, *eg, ll* -au,
   transportation
trawsgript, *eg*, transcript
trawsgroesiad, *eg, ll* -au, cross-over
trawsgyweiriad, *eg, ll* -au,
   modulation
trawsio, *be*, reach; oblique
trawslath, *eg, ll* -au, purlin; transom
trawsleoliad, *eg, ll* -au, translocation
trawslif, *eb, ll* -iau, cross cut saw;
   eg, subsequent stream
trawslifiant, *eg, ll* **trawslifiannau**,
   transfluence
trawslifio, *be*, cross cut
trawslin, *a*, transverse; *eg, ll* -iau,
   transverse
   cnap trawslin, *eg*, transverse
   process
   toriant trawslin, *eg*, transverse
   section
trawslinelliad, *eg, ll* -au, cross-
   hatching
trawslinellu, *be*, cross-hatch
trawslithryn, *eg, ll* **trawslithrion**,
   cross slide
trawslun, *eg, ll* -iau, section; cross
   section; transect
   trawslun canol, half section
trawslunio, *be*, transect
trawslwytho, *eg*, transhipment
   pwynt trawslwytho, *eg*,
   transhipment point
trawsnewid, *be*, convert; *eg, ll*
   -iadau, conversion
   trawsnewid gwaeredol, downhill
   transition
   trawsnewid rhannol, partial
   conversion
   trawsnewid siop, shop conversion
trawsnewidiad, *eg, ll* -au,
   conversion; transition;
   transmutation
trawsnewidiol, *a*, transitional
   arddull drawsnewidiol, *eb*,
   transitional style
trawsnewidydd, *eg, ll* -ion,
   converter; convertor
   trawsnewidydd Bessemer,
   Bessemer convertor
trawst, *eg, ll* -iau, beam; rafter; joist
   trawst bras, baulk

trawst gordd, hammer beam
trawst o chwith, reversed beam
trawstaith, *eb, ll* trawsteithiau, transit; traverse
rhanbarth trawstaith, *eg,* transit region
trawstiog, *a,* trabeated
trawstoriad, *eg, ll* -au, cross section
trawstorri, *be,* cross cut
trawstrefa, *eb,* transhumance
trawswelyog, *a,* cross-bedded
trawsyddol, *a,* transistorised
trawsylweddiad, *eg,* transubstantiation
trawsyriad, *eg, ll* -au, drive
trawsyriant, *eg, ll* trawsyriannau, transmission; drive
belt trawsyriant, *egb,* transmission belt
trawsyrru, *be,* transmit; drive
lein trawsyrru trydan, *eb,* electricity transmission line
trawsyrrydd, *eg, ll* trawsyryddion, transmitter
trech, *a,* dominant
gwair trech, *eg,* dominant grass
nodwedd drech, *eb,* dominant factor; dominant characteristic
trechedd, *eg,* dominance
trechu, *be,* beat
tref, *eb, ll* -i, -ydd, town
tref adwy, gap town
tref shanti, shanty town
tref wledig, country town
trefdadol, *a,* patrial
trefedigaeth, *eb, ll* -au, colony
trefedigaethol, *a,* colonial
trefgordd, *eb, ll* -au, township
treflin, *eg, ll* -iau, townscape
trefn, *eb, ll* -au, system; order; sequence; procedure; organisation
trefn ddiannod, summary procedure
trefn gywir, correct sequence
Trefn Llys Sifil, Civil Court Procedure
Trefn Llys Troseddau, Criminal Court Procedure
trefnedig, *a,* ordered
trefniad, *eg, ll* -au, arrangement

trefniadaeth, *eb, ll* -au, organisation; procedure
trefniant, *eg, ll* trefniannau, arrangement; formation; assortment
trefniant preifat, private arrangement
trefnol, *eg, ll* -ion, ordinal
trefnu, *be,* order; arrange; marshal
iard drefnu, *eb,* marshalling yard
trefnus, *a,* systematic
trefnusrwydd, *eg,* orderliness
trefnwr, *eg, ll* -wyr, manager
trefnwr personol, personal manager
trefnydd, *eg, ll* -ion, organiser
trefnydd effeithiau, effects man
trefol, *a,* urban
cylch trefol, *eg,* urban field
hierarchaeth drefol, *eb,* urban hierarchy
trefolaeth, *eb,* urbanisation
trefoledig, *a,* urbanised
trefoli, *be,* urbanise; *eg,* urbanisation
trefwedd, *eb, ll* -au, townscape
treffoil, *eg, ll* -iau, trefoil
treial, *eg, ll* -on, trial
treial o flaen ynadon, summary proceedings
treidd-dwll, *eg, ll* -dyllau, bore-hole
treiddio, *be,* penetrate
treiddiol, *a,* penetrating
treiffl, *eg, ll* -au, trifle
treiglad, *eg, ll* -au, mutation
treiler, *eg, ll* -i, trailer
treillio, *be,* trawl
treillong, *eb, ll* -au, trawler
treillrwyd, *eb, ll* -i, -au, trawl net
treinio, *be,* train
treiniwr, *eg, ll* -wyr, trainer
treip, *eg,* tripe
treiplaen, *eg, ll* -au, -iau, trying plane
treisgyrch, *eg, ll* -oedd, aggression
treisiad, *eb, ll* treisiedi, heifer
treisicl, *eg, ll* -au, tricycle
treisiol, *a,* violent
treler, *eg, ll* -au, trailer
Trematoda, *ell,* Trematoda
tremolando, *a,* tremolando
tremolo, *eg,* tremolo

tremyg, *eg, ll* -ion, contempt
tremyg barn, contempt of justice
tremyg llys, contempt of court
tremygu, *be,* have contempt
trên, *eg, ll* trenau, train
trên cul, narrow gauge railway
trên gêr, gear train
trên llusgo, pullalong train
trental, *eg, ll* -au, trental
trepannu, *be,* trepan
tresbas, *eg,* trespass
tresbasu, *be,* trespass
tresio, *be,* trace
olwyn dresio, *eb,* tracing wheel
tresmasiad, *eg, ll* -au, trespass
tresmasu, *be,* trespass
tresmaswr, *eg, ll* tresmaswyr, trespasser
treswaith, *eg, ll* tresweithiau, tracery
treswn, *eg, ll* tresynau, treason
uchel dreswn, high treason
treth, *eb, ll* -i, tax, levy
treth adwerth, value added tax
treth bwrcas, purchase tax
treth faril a phwysau, tonnage and poundage
treth gasgen, tonnage and poundage
Treth Gyflogi Dethol, Selective Employment Tax
trethi anunion, indirect taxes
trethi pennau, poll tax
treth wirfodd, benevolence tax
tystysgrif reserf treth, *eb,* tax reserve certificate
wedi tynnu treth, less tax
trethiad, *eg, ll* -au, taxation
trethiant, *eg, ll* trethiannau, taxation
trethu, *eg,* taxation
treuliad, *eg, ll* -au, digestion
treuliadwyedd, *eg,* digestibility
treuliant, *eg, ll* treuliannau, denudation
cronoleg treuliant, *eb,* denudation chronology
treuliau, *ell,* expenses
treulio, *be,* digest, wear
treuliwr, *eg, ll* treulwyr, consumer
triad, *eg, ll* -au, triad
triad sylfaen, primary triad
tri allan, three outs (*Ch*)

triawd, *eg, ll* -au, threesome
tribiwnlys, *eg, ll* -oedd, tribunal
triboleg, *eb,* tribology
tricel, *eg, ll* -i, tricel
Trichoptera, *ell,* Trichoptera
tri-chwarter, *eg,* three-quarter
trifforiwm, *eg, ll* trifforia, triforium
triffosffad adenosin (A.T.P.), *eg,* adenosine triphosphate (A.T.P.)
trigfa, *eb, ll* trigfeydd, residence
triglyff, *eg, ll* -au, triglyph
trigonometreg, *egb,* trigonometry
trigonometrig, *a,* trigonometric
trihedrol, *a,* trihedral
tril, *eg, ll* -iau, trill
trilith, *eg, ll* -iau, trilith
trilithiwm, *eg, ll* trilithia, trilithium
trilobit, *eg, ll* -iau, trilobite
trimiant, *eg, ll* trimiannau, trimming
trimin, *eg, ll* -iau, trimming
trimio, *be,* trim
trimio a chlipio, trim and clip
trin, *be,* cultivate (land); dress (stone)
triniad, *eg, ll* -au, cultivation; dressing
terfyn triniad, *eg,* limit of cultivation
triniad mudol, shifting cultivation
triniadur, *eg, ll* -on, cultivator
triniaeth, *eb, ll* -au, treatment
triniaeth traed, chiropody
trinomaidd, *a,* trinomial
trinomial, *eg, ll* -au, trinomial
trio, *eg, ll* -s, trio
triocsid, *eg, ll* -au, trioxide
triod, *eg, ll* -au, triode
triog, *eg, ll* -au, treacle
triog melyn, golden syrup
triongl, *eg, ll* -au, triangle
triongl dwy ochr hafal, isosceles triangle
triongl grymoedd, triangle of force
triongli, *be,* triangulate
Piler Triongli, *eg,* Triangulation Pillar
triongliant, *eg, ll* triongliannau, triangulation
trionglog, *a,* triangular; three square
tripled, *eb, ll* -i, triplet

triploblastig, *a*, triploblastic
triploid, *a*, triploid; *eg, ll* **-au,** triploid
Tripoli, *eg*, Tripoli
  sebon Tripoli, *eg*, Tripoli composition
triptych, *eg, ll* **-iau,** triptych
triphlyg, *a*, triple; triplicate
  concerto **triphlyg**, *eg*, triple concerto
  ffiwg driphlyg, *eb*, triple fugue
  y ffurf driphlyg, *eb*, ternary form
trismws, *eg, ll* **trismysau,** trismus
trist, *a*, sad
triton, *eg, ll* **-au,** tritone
  amherthynas y triton, *egb*, false relation of the tritone
trithrwch, *a*, three-ply (wood)
triwant, *a*, truant; *eg, ll* **-au,** truant
triwanta, *be*, play truant; *eg*, truancy
triwr, *eg, ll* **-wyr,** triumvir
triws, *ell*, trews
triwyriaeth, *eb*, triumvirate
tro, *eg, ll* **-eon, -eau,** turn; torsion
  ar dro, curved
troad, *eg, ll* **-au,** curve; turning
  lwfans troadau, *eg*, turning allowance
  troadau'n gynwysedig, turnings allowed
  troad dwbl, double turning
  troad sengl, single turning
trobwll, *eg, ll* **trobyllau,** whirlpool
trobwynt, *eg, ll* **-iau,** turning point; critical point
trocanter, *eg, ll* **-au,** trochanter
trocoid, *a*, trochoid; *eg, ll* **-au,** trochoid
trochi, *be*, immerse
  trochi defaid, sheep dipping
trochiad, *eg, ll* **-au,** immersion
trochoeri, *be*, quench
troed, *egb, ll* **traed,** foot
  gwaith traed, *eg*, footwork
  traed ar led, feet astride
  troed clonc, foul in the foot
  troed cnapiog, bumble foot
troedfedd, *eb, ll* **-i,** foot
troëdigaeth, *eb, ll* **-au,** conversion
trcedio, *be*, tread: refoot
troedlath, *eg, ll* **-au,** treadle-machine

troednoeth, *a*, in bare feet
troedwaith, *eg*, **troedweithiau,** footwork
troedwisg, *eb, ll* **-oedd,** footgear
troell, *eb, ll* **-au,** turn
troelledd, *eg, ll* **-au,** nutation
troelli, *be*, twine; wind
troelliad, *eg, ll* **-au,** nutation
troellog, *a*, spiral
  tewychu troellog, *eg*, spiral thickening
troellu, *be*, nutate
troellyn, *eg, ll* **-nau,** twiner
trofan, *eg, ll* **-nau,** critical range
trofannau, *ell*, tropics
  Trofan Cancr, Tropic of Cancer
  Trofan Capricorn, Tropic of Capricorn
trofannol, *a*, tropical
  awyr drofannol, *eb*, tropical air
  glaswelltiroedd trofannol, *ell*, tropical grasslands
trofar, *eg, ll* **-rau,** torsion bar
trofer, *eg*, trover
trofwrdd, *eg, ll* **trofyrddau,** turntable
troffi, *eg, ll* **troffïau,** trophy
trogen, *eb, ll* **-nod, trogod,** tick
trogylch, *eg, ll* **-au,** roundabout
troi, *be*, turn; wind veer
  troi fel olwyn, *be*, cartwheel
  troi'n ôl, try back (*Th*)
trolen, *eb, ll* **-ni,** trolley
  trolen ginio, dinner wagon
troli, *eg, ll* **trolïau,** trolley
  troli llaeth, milk crate trolley
trolif, *eg, ll* **-au,** eddy
trombôn, *eg, ll* **-au,** trombone
tropedd, *eg, ll* **-au,** tropism
tropism, *eg, ll* **-au,** tropism
tropopos, *eg, ll* **-au,** tropopause
troposffer, *eg, ll* **-au,** troposphere
trosafael, *eb, ll* **-au,** over grasp
trosaidd, *a*, transitive
trosbeintio, *be*, overpaint
trosben, *eg, ll* **-nau,** somersault
  trosben ceugefn, hollow back somersault
  trosben dwbl, double somersault
trosbennu, *be*, somersault
  trosbennu ymlaen neu'n ôl, somersault forwards or backwards

trosblyg, *eg, ll* **-ion,** overfold
trosbwytho, *be,* seam
trosedd, *egb, ll* **-au,** crime; offence; violation
  cyfraith trosedd, *eb,* criminal law
  mân droseddau, *ell,* petty offences
  trefn llys troseddau, *eb,* criminal procedure
  trosedd priodasol, matrimonial offence
  trosedd restiol, arrestable offence
troseddeg, *egb,* criminology
troseddiad, *eg, ll* **-au,** transgression
  troseddiad môr, marine transgression
troseddlu, *eg, ll* **-oedd,** crime squad
troseddol, *a,* criminal
troseddwr, *eg, ll* **troseddwyr,** criminal
trosffordd, *eb, ll* **trosffyrdd,** fly-over
trosgaen, *eb, ll* **-au,** overlay
  trosgaen ddiwylliannol, cultural overlay
trosgais, *eg, ll* **trosgeisiau,** converted try
trosglud, *eg, ll* **-ion,** delivery
  llyfr trosglud, *eg,* delivery book
  dyddiad trosglud, *eg,* delivery date
  trosglud cofnodedig, recorded delivery
trosgludo, *be,* deliver
  dyddiad trosgludo, *eg,* delivery date
trosglwyddai, *eg, ll* **trosglwyddeion,** transferee
trosglwyddeb, *eb, ll* **-au,** conveyance
trosglwyddebu, *be,* conveyance
trosglwyddiad, *eg, ll* **-au,** conveyance; transfer; transference; transfusion; transmission; assignment
  trosglwyddiad ardyst, certified transfer
  trosglwyddiad cebl, cable transfer
  trosglwyddiad pen-agored, blank transfer
  trosglwyddiad telegraffig, telegraphic transfer
trosglwyddo, *be,* convey; transfer; transmit; deliver; assign
trosglwyddwr, *eg, ll* **-wyr,** transferor
trosgrog, *eb, ll* **-au,** overhang
trosgyfeiriad, *eg, ll* **-au,** sublimation (*H*)
trosgyfeirio, *be,* sublimate (*H*)
trosgymryd, *be,* takeover; *eg,* takeover
trosgynnol, *a,* transcendental
trosi, *be,* convert
trosiad, *eg, ll* **-au,** modulation; transposition
trosiadur, *eg, ll* **-on,** modulator
  trosiadur mawr, extended modulator
trosiannol, *a,* transitional
trosiant, *eg, ll* **trosiannau,** turnover; conversion
troslun, *eg, ll* **-iau,** transfer
trosol, *eg, ll* **-ion,** lever
trosoledd, trosoliad, *eg, ll* **-au,** leverage
trosroddi, *be,* extradite
trosroddiad, *eg, ll* **-au,** extradition
tros swing, *eg,* overswing (bent arm)
  tros swing freichsyth, overswing (long arm)
trostorri, *be,* cut-over
troswydro, *be,* overglaze
troswydryn, *eg, ll* **-au,** overglaze
tro-sychydd, *eg, ll* **-ion,** spin drier
trothwy, *eg, ll* **-au, -on,** threshold
  poblogaeth drothwy, *eb,* threshold population
trowasgu, *be,* spin
  metel trowasg, *eg,* spun metal
trowsus, *eg, ll* **-au,** trousers
  trowsus byr, shorts
trowynt, *eg, ll* **-oedd,** whirlwind
trumbren, *eg, ll* **-nau,** keel
trumwel, *eg, ll* **-oedd,** sky-line
trwch, *eg, ll* **trychion,** thickness; density
  trwch dwbl, double thickness
trwchus, *a,* dense
trwm, *a,* heavy
  blaenwr trwm, *eg,* heavy lead; heavy man
trwmped, *eb, ll* **-i,** trumpet
trwnion, *eg, ll* **-s, -nau,** trunnion
trŵp, *eg, ll* **trwpiau,** troupe
trwpiwr, *eg, ll* **trwpwyr,** trouper

TRWS 527 TRYSIO

trws, *eg, ll* trysiau, truss
trwsio, *be,* mend; repair; darn
set drwsio, *eb,* repair kit
siop drwsio, *eb,* repair shop
trwst, *eg,* trust
trwst-gorfforaeth, *eb,* trust corporation
trwstiaeth, *eb,* trusteeship; trust
trwydded, *eb, ll* -au, licence; dispensation
all-drwydded, off-licence
hawl trwyddedu, *eb,* dispensing power
mewn-drwydded, on-licence
trwydded perfformio, performing licence
trwydded yr Arglwydd Siambrlein, Lord Chamberlain's licence
trwyddedai, *eg,* licensee
trwyddedwr, *eg, ll* trwyddedwyr, licensor
trwy hyn, hereby
trwyn, *eg, ll* -au, nose; naze (*D*); ness (*D*); muzzle; point
trwyn eisio, icing nozzle
trwynbwl, *a,* bullnose
trwyndynnu, *be,* truncate
trwyth, *eg, ll* -au, infusion; tincture
trwythedig, *a,* saturate
trwytho, *be,* saturate; impregnate; infuse
trwytholchi, *be,* leach
trwytholchiad, *eg, ll* -au, leaching
trybedd, *eb, ll* -au, trivet
trybedd yr ysgwydd, collar bone; clavicle
tryc, *eg, ll* -iau, truck
tryc gyro, gyro drive truck
tryc llwyfan, boat truck; bogey
trych, *a,* truncated
trychfa, *eb, ll* trychfeydd, cutting
trychfilyn, *eg, ll* trychfilod, insect
trychfilyn cymdeithasol, social insect
trychiad, *eg, ll* -au, cut; amputation; section
trychiad hydredol, longitudinal section
trychiadol, *a,* sectional
golwg drychiadol, *egb,* sectional view
gweddlun trychiadol, *eg,* sectional view
trychlun, *eg, ll* -iau, sectional drawing
trychu, *be,* cut; amputate
trychu a gwanu, cut and thrust
trychu at ben, cut at head
trychu at foch, cut at cheek
trychu at fynwes, cut at chest
trychu at ystlys, cut at flank
trychyr, *eg, ll* -rau, trocar
trydan, *a,* electric; *eg,* electricity
arc drydan, *eg,* electric arc
motor trydan, *eg,* electric motor
trydaneg, *egb,* electricity (subject)
trydanol, *a,* electric
trydanolchi, *be,* electroplate
trydanu, *be,* electrify
trydanwr, *eg, ll* trydanwyr, electrician
trydydd, *a,* third; *eg,* third man
trydyddol, *a,* tertiary
tryddiferiad, *eg, ll* -au, seepage
tryddiferu, *be,* seep
tryfalu, *be,* dovetail
tryfalu cudd, secret dovetail
tryfygu, *be,* fumigate
tryffin, *eg, ll* -iau, trephine
tryffinio, *be,* trephine
trylediad, *eg, ll* -au, diffusion
tryledol, *a,* diffused
tryledu, *be,* diffuse
tryleu, *a,* translucent
trylifiad, *eg, ll* -au, percolation
trylifo, *be,* percolate
tryloyw, *a,* transparent
papur gwm tryloyw, *eg,* transparent gummed paper
tryloywder, *eg, ll* -au, transparency
tryloywlun, *eg, ll* -iau, transparency
trylwyr, *a,* intensive
trync, *eg, ll* -iau, trunk
tryncion, *ell,* trunks
tryncs, *ell,* trunks
trynewid, *be,* permutate; *eg, ll* **-ion,** permutation
trypsin, *eg, ll* -nau, trypsin
trypsinogen, *eb, ll* -ni, trypsinogen
trysgli, *eg,* thrush
trysiad, *eg, ll* -au, truss
trysiedig, *a,* trussed
trysio, *be,* truss

trysorlys, *eg*, treasury
  bil trysorlys, *eg*, treasury bill
  tag trysorlys, *eg*, treasury tag
trywanu, *be*, pierce
trywel, *eg*, *ll* **-i, -ion**, trowel
trywydd, *eg*, *ll* **-ion**, spur; trace; trail
  cŵn trywydd, *ell*, tracker dogs
tsâr, *eg*, *ll* **tsarau**, tsar
tsieni, *eg*, china
  palet tsieni, *eg*, china palette
  tsieni asgwrn, bone china
tsiet, *eb*, *ll* **-iau**, dicky
  tsiet bapur, paper dicky
tu, *eg*, side
  tu clytaf, leeward side
  tu chwith, wrong side
  tu chwithig, wrong side
tua, *ardd*, *ad*, approximately
tuedd, *eb*, *ll* **-iadau**, tendency; inclination
  tuedd ganolog, *eb*, central tendency
tueddfryd, *eg*, *ll* **-au**, inclination; aptitude
tueddiad, *eg*, *ll* **-au**, tendency; proneness
tueddu, *be*, tend
tulath, *eb*, *ll* **-au**, rafter
  tulath gypledig, trussed rafter
tun, *eg*, *ll* **-iau**, tin; can
  tun byns, bun tin
  tun gridyll, grill pan
  tun pati, patty tin
  tun pobi, baking tin
tunelledd, *eg*, *ll* **-au**, tonnage
  tunelledd dadleoliad, displacement tonnage
  tunelledd dŵr croyw, freshwater tonnage
  tunelledd dŵr heli, saltwater tonnage
  tunelledd gros, gross tonnage
  tunelledd llwyth, dead weight tonnage
  tunelledd marw, dead tonnage
tunio, *be*, tin
tuniwr, *eg*, *ll* **tunwyr**, tinman
  eingion tuniwr, *eb*, tinman's anvil
tunnell, *eb*, *ll* **tunelli**, ton
tunplat, *eg*, *ll* **-iau**, tinplate
  diwydiant tunplat, *eg*, tinplate industry

turn, *eg*, *ll* **-iau**, lathe
  canolau turn, *ell*, lathe centres
  cariwr turn, *eg*, lathe dog
turnio, *be*, wood turning
tuth, *eg*, *ll* **-iau**, trot
tuthio, *be*, trot
twb, *eg*, *ll* **tybau, tybiau**, tub
  twb pâr, tub pair
  twb pedwar, tub four
  twb sefydlog, fixed tub
twbercwl, *eg*, *ll* **-au**, tubercle
twbercwlin, *eg*, *ll* **-nau**, tuberculin
twbercwlosis, *eg*, tuberculosis
twbio, *be*, tub
twc, *eg*, *ll* **tyciau**, tuck
  twc cragen, shell tuck
  twc croes, cross tuck
  twc llydan, wide tuck
  twc pin, pin tuck
twcio, *be*, pan; tuck
  morthwyl twcio, *eg*, panning hammer; tucking hammer
twf, *eg*, growth
  dadansoddiad twf, *eg*, growth analysis
  twf byngaloaidd, bungaloid growth
twff, *eg*, *ll* **-iau**, tuff
twffa, *eg*, *ll* **twffâu**, tufa
twffaidd, *a*, tuffaceous
twngsten, *eg*, tungsten
  carbid twngsten, tungsten carbide
twîd, *eg*, *ll* **-s, -iau**, tweed
twil, *eg*, *ll* **-s, -iau**, twill
  twil cafalri, cavalry twill
twist, *eg*, *ll* **-iau**, twist
twistio, *be*, twist
twll, *eg*, *ll* **tyllau**, hole; pore
  mandwll, pore
  twll cliriad, clearing hole
  twll dall, blind hole
  twll edau, thread hole
  twll lludw, ashpit
twmbler, *eg*, *ll* **-i**, tumbler
twmblo, *be*, tumble
  gêrs twmblo, *ell*, tumbler gears
twmffat, *eg*, *ll* **-au**, funnel
  bonyn twmffat, *eg*, funnel stake
Twm Parddu, *eg*, golliwog
twmplen, *eb*, *ll* **-ni**, dumpling
twmwlws, *eg*, *ll* **twmwli**, tumulus

twndis, *eg, ll* -au, funnel
  bonyn twndis, *eg,* funnel stake
twndra, *eg, ll* twndrâu, tundra
twnel, *eg, ll* -au, -i, tunnel
  mynedfa i ffordd dwnel, *eb,*
  entrance to road tunnel
twnig, *eb, ll* -au, tunic
twr, *eg, ll* tyrrau, group; clump;
  keep
tŵr, *eg, ll* tyrau, tower
twrbot, *eg,* turbot
twrci, *eg, ll* twrcïod, tyrcwn, turkey
twrch, *eg, ll* tyrchod, hog
  twrch daear, mole (*B*)
twred, *eg, ll* -i, turret; multi-tool post
  pen twred, turret-headed
twrgid, *a,* turgid
twristiaeth, *eb,* tourism
  bwrdd twristiaeth, *eg,* tourist board
twrmeric, *eg,* turmeric
twrn, *eg, ll* tyrnau, tourn
twrnai, *eg, ll* twrneiod, attorney;
  solicitor
  Y Twrnai Gwladol, Attorney-General
twrnamaint, *eg,* tournament
twrneimant, *eg, ll* twrneimaint,
  tournament
twti, *a,* tutti; *eg,* tutti
twtio, *be,* neaten
twyer, *eg, ll* -au, tuyere
twyll, *eg,* fraud; deception
  drwy dwyll, *ad,* fraudulently
twylledd, *eg, ll* -au, forgery
twyllo, *be,* deceive; defraud
twyllodrus, *a,* deceptive; fraudulent
twym, *a,* warm
twymo, *be,* warm
twymyn, *eb, ll* -au, fever; pyrexia
  twymyn doben, mumps
  twymyn donnol, undulant fever
  twymyn goch, scarlet fever
twyn, *eg, ll* -i, burrow
twyndir, *eg, ll* -oedd, downland
tŷ, *eg, ll* tai, house
  dull tŷ ransh, *eg,* ranch house style
  piniwn tŷ, *eg,* gable end
  pobl y tŷ, *ell,* household
  talar tŷ, *eg,* curtilage

talcen tŷ, *eg,* gable end
tŷ ar wahân, detached house
tŷ bach, privy
tŷ clirio, clearing house
tŷ clwb, clubhouse
tŷ clwm, tied house
tŷ cwrw, beer house
tŷ chwarae, playhouse
tŷ doriad, housebreaking
tŷ-ddarpariaeth, *eb,* housing
tŷ llawn, full house
tŷ lluos-breswyl, house in multiple occupation
tŷ pâr, semi-detached house
tŷ'r siapter, chapter house
tŷ sâl, bad house
tŷ sengl, detached house
tŷ tafarn, public house
tŷ un-talcen, semi detached house
tyalin, *eg,* ptyalin
tybiad, *eg, ll* -au, presumption
tybiadol, *a,* presumptive
tybiaeth, *eb, ll* -au, presumption;
  supposition; assumption
  tybiaeth amodol, conditional presumption
  tybiaeth derfynol, irrebuttable presumption
tybiannol, *a,* notional
tŷ-ddeiliad, *eg, ll* tŷ-ddeiliaid, householder
tyddyn, *eg, ll* -nau, -nod, smallholding
tyfiant, *eg, ll* tyfiannau, growth
  cylch tyfiant, *eg,* growth ring
  prif gyfnod tyfiant, *eg,* grand period of growth
  tyfiant ffyngoid, fungoid growth
tyfu, *be,* grow
tyngu, *be,* swear
  tyngu anudon, perjure; commit perjury
  tyngu llw, swear an oath
tyle, *eg, ll* -au, hill
tylino, *be,* knead
  tylino'r corff, massage
tylos, *eg, ll* -au, tylose
tyllfedd, *eb, ll* -au, bore
tyllu, *be,* bore
tyllwr, *eg, ll* -wyr, borer
tyllydd, *eg, ll* -ion, perforator
tymer, *eb, ll* tymherau, tilth; temper

tymestl, *eb, ll* **tymhestloedd,** gale
tymheredd, *eg, ll* **tymereddau,**
temperature
  amrediad tymheredd, *eg,*
  temperature range
  tymheredd critigol, critical
  temperature
  tymheredd cronedig, accumulated
  temperature
  tymheredd cymedrig, mean
  temperature
  tymheredd egino, germinating
  temperature
  tymheredd isafbwynt, minimum
  temperature
  tymheredd macsimwm, maximum
  temperature
  tymheredd minimwm, minimum
  temperature
  tymheredd synhwyraidd, sensible
  temperature
  tymheredd uchafbwynt, maximum
  temperature
tymheru, *be,* temper
tymherus, *a,* temperate
  claer dymherus, cool temperate
  cylchfa dymherus, *eb,* temperate zone
  cynnes dymherus, warm temperate
  fforest dymherus, *eb,* temperate forest
  glaswelltir tymherus, *eg,* temperate grassland
tymor, *eg, ll* **tymhorau,** season
  tymor tyfiant, growing season
tympanau, *ell,* kettle drums; timpani
tympanig, *a,* tympanic
  ceudod tympanig, *eg,* tympanic cavity
  pilen dympanig, *eb,* tympanic membrane
tympanites, *eg,* tympanites
tympanwm, *eg, ll* **tympana,** tympanum
tyn, *a,* tight; rigid
tyndra, *eg, ll* **tyndrau,** tension
tyndro, *eg, ll* **-eon,** wrench
tyndroi, *be,* wrench
tynddwr, *eg, ll* **tynddyfroedd,** backwash

tynerwch, *eg,* tender emotion
tynfad, *eg, ll* **-au,** tug
tynfadwyr, *ell,* tugmen
tynhau, *be,* tighten
  tynhau'r bwa, brace the bow
tyniad, *eg, ll* **-au,** draw; abstraction
tyniadau, *ell,* drawings
tyniadol, *a,* tractive
  grym tyniadol, *eg,* tractive force
tyniant, *eg, ll* **tyniannau,** tension; traction
tyniol, *a,* subtractive
tynion, *ell,* tights
tynlath, *eb, ll* **-au,** tie
tynnol, *a,* tensile
tynnu, *be,* pull; draw; deduct; abstract; attract
  tynnu allan, extract; abstract
  tynnu ato, shrink
  tynnu esgyrn, bone
  tynnu i ffwrdd, subtract; draw off
  tynnu i lawr, draw down
  tynnu'n ddarnau, crab
  tynnu'n ôl, withdraw
  tynnu'n rhydd, disunite
  tynnu (o), subtract
  tynnu'r set, strike the set
  tynnu rhaff, tug o' war
  tynnu trwy'r dŵr, rinse
  wedi'i dynnu'n oer, *a,* cold drawn
tynnwr, *eg, ll* **tynwyr,** drawer; puller
  tynnwr dagrau, tear jerker
tyno, *eg, ll* **-au,** tenon
  tyno dwbl, double tenon
  tyno pwt, stub tenon
  tyno un ysgwyddog, bare faced tenon
tyrbin, *eg, ll* **-iau,** turbine
tyrchfa, *eb, ll* **tyrchfeydd,** burrow
tyrchu, *be,* burrow; down cut
tyrfedd, *eg, ll* **-au,** turbulence
tyrfell, *eg, ll* **-i,** agitator
  golchydd tyrfell ganol, *eg,* central agitator washing machine
tyrfol, *a,* turbulent
  llifiant tyrfol, *eg,* turbulent flow
tyrniwr, *eg, ll* **tyrnwyr,** turner
tyrnpeg, *eg, ll* **-au,** turnpike
tyrnsgriw, *eg, ll* **-iau,** screwdriver; turnscrew
tyrnwriaeth, *eb,* turnery

tyrpant, *eg, ll* -au, turpentine
oel tyrpant, *eg*, oil of turpentine
olew tyrpant, *eg*, oil of turpentine
tyrpeg, *eg, ll* -au, turnpike
cwmni tyrpeg, *eg*, turnpike trust
tyrpentin, *eg*, turpentine
tyrrog *a*, towering
tyrru, *be*, crowd; surge
tysen, *eb, ll* tatws, potato
tyst, *eg, ll* -ion, witness
ailholi tyst, *be*, re-examine a witness
croesholi tyst, *be*, cross examine a witness
cymhwyster tyst, *eg*, competency of witness
galw tyst, *be*, call a witness
holi tyst, *be*, examine a witness
tyst cymwys, competent witness
tystio, *be*, testify; depose
tystiolaeth, *eb, ll* -au, evidence; deposition; testimony
Cyfraith Tystiolaeth, *eb*, Law of Evidence
rheol y dystiolaeth, *eb*, the rule of evidence
tystiolaeth ail law, hearsay evidence
tystiolaeth amgylchiadol, circumstantial evidence
tystiolaeth arbrofol, experimental evidence
tystiolaeth berthnasol, material evidence
tystiolaeth ddi-lw, unsworn testimony
tystiolaeth lafar, oral evidence
tystiolaeth uniongyrchol, direct evidence
y baich tystiolaethol, *eg*, the evidentiary burden
y dystiolaeth gyntaf, evidence in chief
tystiolaethol, *a*, evidential
tystiolaethu, *be*, testify
tystysgrif, *eb, ll* -au, certificate
tystysgrif amddiffyniad, defence certificate
Tystysgrif Gyffredinol Addysg, General Certificate of Education
tystysgrif meddyg, medical certificate
Tystysgrif Safon Gyffredin, Ordinary Level Certificate
Tystysgrif Safon Uwch, Advanced Level Certificate
tywallt, *be*, downpour
tywalltiad, *eg, ll* -au, downpour
tywel, *eg, ll* -i, -ion, towel
rheilen tywelion, *eb*, towel rail
tywel iechydol, sanitary towel
tywel misglwyf, sanitary towel
tywel rholio, roller towel
tywel tynnu, towel master
tywod, *ell*, sand
banc tywod, *eg*, sand bank
bar tywod, *eg*, sand bar
bwrdd tywod, *eg*, sand play table; sand tray
bryn tywod, *eg*, sand hill
crib tywod, *eb*, sand comb
cynhwysion tywod, *ell*, sand inclusions
gogr dywod, *eg*, sand sieve
gronyn tywod, *eg*, sand grain
offer tywod, *ell*, sand tools
pensil tywod, *eg*, sand pointer
pwll tywod, *eg*, sand pit
rhidyll tywod, *eg*, sand sieve
storm dywod, *eb*, sand storm
tafod tywod, *eg*, sand spit
tywod chwyth, blown sand
tywod Mansfield, Mansfield sand
tywod sïo, whistling sand
tywod wynebu, facing sand
tywodfaen, *eg, ll* tywodfeini, sand stone
tywydd, *eg*, weather
tywyllu, *be*, darken
tywyllu'n araf, fade out
tywyn, *eg, ll* -nau, dune; sand-dune; glow
belt tywynnau, *egb*, dune belt
cymuned dywyn, *eb*, dune community
slac tywyn, *eg*, duneslack
tywyn blaen, advanced dune
tywyn cilgant, crescentic dune
tywyn cynffon, tail dune
tywyn cysylltiedig, attached dune
tywyn ôl, wake dune
tywyn pen, head dune

tywynnu, *be,* glow
tywyrchfa, *eb,* turbary
tywysog, *eg, ll* **-ion,** prince

tywyswr (tywyswraig), *eg, ll* **-wyr,** conductor; guide; courier; usher
tywysydd, *eg, ll* **-ion,** guide book

TH

thaloid, *a,* thalloid
thalweg, *eb, ll* **-au,** thalweg
thalws, *eg, ll* **thali,** thallus
Thallophyta, *ell,* Thallophyta
theatr, *eb, ll* **-au,** theatre; playhouse
  theatr amatur, amateur theatre
  theatr awyr agored, open air theatre
  theatr bypedau, puppet theatre
  theatr dan gynfas, canvas theatre; tent theatre
  theatr deithiol, travelling theatre
  theatr ddinesig, civic theatre
  theatr fach, little theatre
  theatr fiwsig, music hall
  theatr gartrefol, intimate theatre
  Theatr Genedlaethol, National Theatre
  theatr gymuned, community theatre
  theatr plant, childrens' theatre
  theatr un cwmni, repertory theatre
  theatr uniongred, legitimate theatre
  theatr ŵyl, festival theatre
theatraidd, *a,* theatrical
thema, *eb, ll* **themâu,** theme
theodolit, *eg, ll* **-iau,** theodolite
theorem, *eb, ll* **-au,** theorem
  theorem cyfdro, converse theorem
theori, *eb, ll* **theorïau,** theory
  theori aml ffactor, multiple factor theory
  theorïau ffactoraidd, factor theories
  theori celloedd, cell-theory
  theori cinetig, kinetic theory
  theori hormig, hormic theory
  Theori Man Canol, Central Place Theory
  theori Ostwald, Ostwald theory
  theori'r ddau ffactor, two-factor theory
  theori tebygolrwydd, theory of probalility
therapi, *eg, ll* **therapïau,** therapy
  therapi gweithgareddol, occupational therapy
  therapi siarad, speech therapy
therapiwtig, *a,* therapeutic
therapydd, *eg, ll* **-ion,** therapist
therm, *eg, ll* **-au,** therm
thermal, *eg, ll* **-au,** thermal
thermoclein, *eg,* thermocline
thermocwpl, *eg, ll* **thermocyplau,** thermo-couple
thermodynameg, *egb,* thermodynamics
thermoelectrig, *a,* thermoelectric
thermogram, *eg, ll* **-au,** thermogram
thermogydiad, *eg, ll* **-au,** thermojunction
thermol, *a,* thermal
  cyhydedd thermol, *eg,* thermal equator
  gwynt thermol, *eg,* thermal wind
thermomedr, *eg, ll* **-au,** thermometer
  thermomedr bwlb gwlyb, wet bulb thermometer
  thermomedr macsimwm, maximum thermometer
thermopil, *eg, ll* **-iau,** thermopile
thermosgop, *eg, ll* **-au,** thermoscope
thermostat, *eg, ll* **-au,** thermostat
thesbiad, *eg, ll* **thesbiaid,** thespian
thesis, *eg, ll* **-au,** thesis
thoracoplasti, *eg,* thoracoplasty
thoracs, *eg, ll* **-au,** thorax
thrilen, *eb, ll* **-nau,** thriller

throtlo, *be*, throttle
thuser, *eb*, *ll* -au, censer
thymws, *eg*, thymus
thyrocsin, *eg*, thyroxin
thyrotropig, *a*, thyrotropic

U

uchaf, *a*, upper; highest
 gwagfan llawr uchaf, *eg*, upper floor vacancy
uchafbwynt, *eg*, *ll* -iau, climax
 uchafbwynt llystyfiant, climax vegetation
uchafiaeth, *eb*, *ll* -au, dominance
 uchafiaeth llygad chwith, left eye dominance
uchafradd, *a*, supernormal
uchder, *eg*, *ll* -au, height; altitude
 indecs uchder, *eg*, height index
 pwynt uchder, *eg*, spot height
uchelarglwyddiaeth, *eb*, *ll* -au, honour
ucheldir, *eg*, *ll* -oedd, highland
uchelfraint, *eb*, *ll* **uchelfreiniau**, prerogative
 Cwrt Uchelfraint Caer-gaint, *eg*, Prerogative Court of Canterbury
uchelgaer, *eb*, *ll* -au, citadel
uchelgyhuddiad, *eg*, *ll* -au, impeachment
uchelgyhuddo, *be*, impeach
unben, *eg*, *ll* -iaid, dictator; despot
 unben goleuedig, enlightened despot
 unben tadol, benevolent despot
unbenaethol, *a*, dictatorial
unbotensial, *a*, equipotential
uncnwd, *eg*, *ll* **uncnydau**, monoculture
uncwrsaidd, *a*, unicursal
un chwarter, *eg*, one-quarter
undeb, *eg*, *ll* -au, union
 undeb llafur, trade union
undod, *eg*, *ll* -au, unity
un-dôn, *a*, monotone

undonedd, *eg*, monotony
uned, *eb*, *ll* -au, unit
 uned gludo, conveying unit
 uned glynu, tying unit
 uned gofal arbennig, special care unit
 uned mesur, unit of measurement
 uned sinc, sink unit
unedig, *a*, united
 Cenhedloedd Unedig, *ell*, United Nations
 Y Deyrnas Unedig, *eb*, United Kingdom
unedol, *a*, unitary
 awdurdod unedol, *eg*, unitary authority
unfaniad, *eg*, *ll* -au, stillstand
unfath, *a*, identical
unfathiant, *eg*, *ll* **unfathiannau**, identity
unflwydd, *a*, annual; *eg*, annual
 cylch unflwydd, *eg*, annual ring
unfodylaidd, *a*, unimodular
unffurf, *a*, uniform
unffurfedd, *eg*, *ll* -au, uniformity
unffurfiaeth, *eb*, uniformity
unffurfwisg, *eb*, *ll* -oedd, uniform
ungell, *a*, monocellular; unicellular
unglinol, *a*, uniclinal
uniad, *eg*, *ll* -au, joint; unification; union
 uniad bagl, bridle joint
 uniad bagl cornel, corner bridle joint
 uniad baglau meitrog, mitred bridle joint
 uniad bocs, box joint
 uniad bôn, butt joint
 uniad crib, comb joint

UNIADU 534 URDD

uniad croes hanerog, cross halving
  joint
uniad cymal, knuckle joint
uniad cynffonnog, dovetail joint
uniad cynffonnog cudd, secret
  dovetail joint
uniad cynffonnog meitrog, mitred
  dovetail joint
uniad dowel, dowel joint
uniad ffrâm, sash joint
uniad hanerog T, tee halving
  joint
uniad haneru, halving joint
uniad haneru cornel, corner
  halving joint
uniad haneru croes, cross halving
  joint
uniad haneru cynffonnog,
  dovetail halving joint
uniad hoelbren, dowel joint
uniad mortais a thyno, mortice
  and tenon joint
uniad mortais a thyno cluniedig,
  haunched mortice and tenon
  joint
uniad mortais a thyno cribog,
  pinning joint
uniad mortais a thyno dwbl,
  double mortice and tenon joint
uniad mortais a thyno hansiedig,
  haunched mortice and tenon
  joint
uniad riwl, rule joint
uniad rhigol draws agored,
  through housing joint
uniad rhigol draws gudd, stopped
  housing joint
uniad rhigol gynffonnog, dovetail
  housing joint
uniad rhwbiedig, rubbed joint
uniad sgriwio cudd, secret
  screwing joint
uniad tafod a rhigol, tongue
  and groove joint
uniad tafod rhydd, loose tongue
  joint
uniadu, be, joint
uniaethu â, be, identify with
unigo, be, isolate
unigol, a, individual; singular
  gwahaniaethau unigol, ell,
  individual differences

unigedd, eg, ll -au, isolation
unigoliaeth, eb, ll -au, individuality
unigolrwydd, eg, individuality
unigolydd, eg, ll -ion, individualist
unigolyn, eg, ll unigolion, individual
  seicoleg yr unigolyn, egb,
  individual psychology
unigryw, a, unique
unigyn, eg, ll -nau, isolate
union, a, direct; exact
uniongroes, eb, ll -au, direct cross
uniongyrchol, a, direct
unioni, be, straighten; rectify
unioniad, eg, ll -au, rectification
unionlin, a, linear; rectilinear
  ffrâm unionlin, eb, linear frame
  rhaglen unionlin, eb, linear
    programme
unionsgwar, a, perpendicular
unionsyth, a, straight; upright;
  vertical
  naddu unionsyth, vertical paring
unionydd, eg, ll -ion, rectifier
unllin, a, collinear
unllinedd, eg, ll -au, collinearity
unlliniad, eg, ll -au, collineation
unlliw, a, monochrome;
  monochromatic
uno, be, join
unochrog, a, unilateral; lop sided
unodi, be, identify
unol, a, unified
  edau unol, eb, unified thread
unoli, be, unify
unoliad, eg, ll -au, unification
un pumed, eg, one-fifth
unrhywiaeth, eb, homogeneity
unrhywiol, a, unisexual
unsain, a, unison
untrac, a, single track
unwerth, a, single valued
urdd, eb, ll -au, order
  urdd dosbarth, class order
  urdd gardotaidd, medicant order
  urdd grefyddol, religious order
  urdd isaf, lower order
  urdd leiaf, minor order
  urdd uchaf, higher order
  Urdd Awstinaidd, Augustinian
    Order
  Urdd Bremonstratensaidd,
    Premonstratensian Order

Urdd Ddominicaidd, Dominican Order
Urdd Fenedictaidd, Benedictine Order
Urdd Ffransisgaidd, Franciscan Order
Urdd Gapwcaidd, Capuchin Order
Urdd Garmelaidd, Carmelite Order
Urdd Jeswitaidd, Jesuit Order
Urdd Sistersaidd, Cistercian Order
Marchogion Temlaidd, Knights Templar
Marchogion Tewtonig, Knights Teutonic
Marchogion Ysbytyaidd, Knights Hospitallers
urddoliaeth, *eb, ll* -au, peerage
prawf gan ei gyfurdd, trial by his peers
urddolyn, *eg, ll* urddolion, peer
urddwisg, *eb, ll* -oedd, vestment
Dadl yr urddwisgoedd, *eb*, Vestiarian Controversy
ustus, *eg, ll* -iaid, justice
Arglwydd Brif Ustus, Lord Chief Justice
Ustus Cylch, Justice in Eyre
ustus cworwm, justice in the quorum
Ustus Heddwch, Justice of the Peace
ustus rhyddhau o garchar, justice of gaol delivery
uwch, *a*, senior; superior
uwcharennol, *a*, suprarenal
uwchben, *a*, overhead
gwifrau uwchben, *ell*, overhead wires
uwchblyg, *eg, ll* -ion, upfold

uwchbridd, *eg, ll* -oedd, topsoil
uwchbrisiad, *eg, ll* -au, write up
uwchbrisio, *be*, write up
uwchdir, *eg, ll* -oedd, upland
uwchdôn, *eb, ll* -au, overtone
uwchdonydd, *eg*, supertonic
uwchddargludedd, *eg*, superconductivity
uwch-ddarlithydd, *eg, ll* -ddarlithwyr, senior lecturer
uwch-farchnad, *eb, ll* -oedd, supermarket
uwchfinial, *a*, superosculate
uwchfinialaidd, *a*, superosculating
uwchfyd, *eg, ll* -oedd, upper-world
uwchganolbwynt, *eg, ll* -iau, epicentre
uwchgapten, *eg, ll* -iaid, major
uwch-gefnffordd, *eb, ll* -gefnffyrdd, super highway
uwchgrid, *eg, ll* -iau, supergrid
uwchgyhuddiad, *eg*, impeachment
uwchnodiad, *eg, ll* -au, superscript
uwchnormal, *a*, superior
deallusrwydd uwchnormal, *eg*, superior intelligence
oedolyn uwchnormal, *eg*, superior adult
plentyn uwchnormal, *eg*, superior child
uwcholeubwynt, *eg, ll* -iau, highlight
uwcholwg, *eg*, plan
uwchradd, *a*, secondary
uwchraddio, *be*, upgrade
uwch-synhwyrol, *a*, extra-sensory
uwchwerthiannu, *be*, write-up
uwchysgol, *eb, ll* -ion, high school
uwchysgol hŷn, senior high school
uwchysgol iau, junior high school
uwd, *eg, ll* -iau, porridge

V

Vertebrata, *eg*, Vertebrata
Victoraidd, *a*, Victorian
Uwch Victoredd, High Victorianism

volt, *eg, ll* -iau, volt
voltamedr, *eg, ll* -au, voltameter
voltedd, *eg, ll* -au, voltage
voltmedr, *eg, ll* -au, voltmeter

W

wadi, *eg, ll* wadïau, wadi
waffl, wafflen, *eb, ll* -ni, waffle
wagen, *eb, ll* -ni, truck
   wagen gymal, articulated truck
   wagen lusgo, tug-along truck
wal, *eb, ll* -iau, wall
   wal erchwyn, parapet wall
   wal gydrannol, party wall
   wal gynnal, retaining wall; revetment
wardio, *be*, ward
   ffeil wardio, *eb*, warding file
wâr, *eg, ll* -iau, ware
ward, *eg, ll* -iau, ward
   ward y llys, ward of court
wardrob, *eb, ll* -au, -s, wardrobe
   cynllunio wardrob, *be*, plan a wardrobe
warren, *eg, ll* warenni, warren
warws, *eg, ll* warysau, warehouse
wasier, *eb, ll* -i, washer
   wasier gopor, copper washer
   wasier sbring, spring washer
   wasier wrthgryn, shake proof washer
wat, watt, *eg, ll* -iau, watt
watedd, *eg, ll* -au, wattage
wdward, *eg, ll* -iaid, woodward
webin, *eg, ll* -au, webbing
wedi-geni, *a*, post-natal
weddro, *be*, weather
weiar, *eb, ll* -au, -s, wire
   medrydd weiar, *eg*, wire gauge
   tynnu weiar, *be*, wiredrawing
   weiar bres fain, fine brass wire
   weiar goprog, copper wire
   weiar rwymo, binding wire
weiariad, *eg, ll* -au, wiring
weiriad, *eg, ll* -au, wiring
weiro, *be*, wire
weld, *eg, ll* -iau, weld
weldio, *be*, weld
   sbot-weldio, spot welding
   sbot-weldio trydan, electric spot welding
   weldio arc drydan, electric arc welding

wen, *eb, ll* -nau, wen
wensgot, *eg, ll* -au, wainscot
wermod, *eg*, wormwood
wfwla, *eg, ll* wfwlae, uvula
wfwlar, *a*, uvular
whilber, *eb, ll* -i, wheelbarrow
wiced, *eb, ll* -i, wicket
   cadw wiced, *be*, keep wicket
   torri'r wiced, *be*, break the wicket
wicedwr, *eg, ll* -wyr, wicket-keeper
wifren (gwifren), *eb, ll* wifrau, wire
   rhwyd wifren, *eb*, wire netting
wig, *eb, ll* -iau, wig
wigwam, *eg, ll* -au, wigwam
wimbled, *eb, ll* -i, gimlet
windiad, *eg, ll* -au, winding
windio, *be*, wind
wins, *eb, ll* -ys, winch
winsio, *be*, winch
winwnsyn, *eg, ll* winwns, onion
wlna, *eg, ll* wlnae, ulna
wlser, *eg, ll* -i, ulcer
wltrabasig, *a*, ultrabasic
wltra-fioled, *a*, ultra-violet
wltramontan, *eg, ll* -au, ultramontane
wltramontaniaeth, *eb*, ultramontanism
wltrasoneg, *egb*, ultrasonics
wltrasonig, *a*, ultrasonic
wmbel, *eg, ll* -i, umbel
wmbilig, *a*, umbilic
wnsial, *a*, uncial; *eg, ll* -au, uncial
wobler, *eg, ll* -iaid, wobbler
wolffram, *eg, ll* -au, wolfram
wraemia, *eg, ll* wraemiae, uraemia
wrea, *eg, ll* wreae, urea
wreas, *eg*, urease
wreter, *eg, ll* -i, ureter
wrethra, *eg, ll* wrethrae, urethra
wrig, *a*, uric
   asid wrig, *eg*, uric acid
wrin, *eg*, urine
wrinadu, *be*, urinate
wrn, *egb, ll* yrnau, urn
   wrn baril, barrel urn
   wrn bwced, bucket urn

wrn claddu, burial urn
wrn cortynnog, cordoned urn
wrn cramennog, encrusted urn
wrn glainymyl, beaded urn
wrn lludw, cinerary urn
wrn pedestal, pedestal urn
wrstromtal, *eg, ll* -er, urstromtal
wstid, *a,* worsted; *eg, ll* -iau, worsted
wterws, *eg, ll* wteri, uterus
wtricl, *eg, ll* -au, utricle
ŵy, *eg, ll* -au, egg
  ŵy Sgotyn, Scotch egg
  ŵy wedi'i botsio, poached egg
wybren, *eb, ll* -nau, -ni, heavens
wybrennol, *a,* celestial
wyneb, *eg, ll* -au, face; surface; pane
  marc wyneb, *eg,* face mark
  plat wyneb, *eg,* face plate; surface plate
wyneb gweithiol, face side; working face
wyneb i waered, *a,* upside-down
wynebiad, *eg, ll* -au, facing
wynebu, *be,* face
  sbot wynebu, spot facing
wynebwedd, *egb, ll* -au, aspect
wynebwerth, *eg, ll* -oedd, face value
wynebydd, *eg, ll* -ion, facing
wynebyn, *eg, ll* -nau, head (D)
wyrcws, *eg, ll* -au, -ys, workhouse
wyrwym, *a,* eggbound
wystrysen, *eb, ll* wystrys, oyster
wyth, *eg, ll* -au, eight
wythawd, *eg, ll* -au, octet
wythfed, *eg, ll* -au, octave
  wythfedau cudd, exposed octaves
  wythfedau olynol, consecutive octaves
wythnoswaith, *eg,* weekwork
wythwr, *eg, ll* wythwyr, eight (*Ch*)

X

xanthoffyl, *eg, ll* -au, xanthophyll
xeroffyt, *eg, ll* -au, xerophyte
xeromorff, *eg, ll* -au, xeromorph
xeromorffedd, *eg, ll* -au, xeromorphy
xeroser, *eg, ll* -i, xerosere
xylem, *eb, ll* -au, xylem

Y

yardang, *eg, ll* -au, yardang
ychwanegiad, *eg, ll* -au, augmentation; increment
ychwanegion, *ell,* additional pieces
ŷd, *eg, ll* -ydau, corn
  creision ŷd, cornflakes
Y Deg a Thrigain, Septuagint
ydlan, *eb, ll* -nau, rickyard
yngan, *be,* utter
ynganiad, *eg, ll* -au, pronunciation; diction
ynganu, *be,* pronounce
ynghlwm, *a,* engaged
ymadael, *be,* depart
ymadawiad, *eg, ll* -au, departure
ymadfer, *be,* recover; convalesce
  cartref ymadfer, *eg,* convalescent home
ymadferiad, *eg,* convalescence
ymaddasiad, *eg, ll* -au, adjustment
  diffyg ymaddasiad, maladjustment

ymaddasu, *be*, adjust; adapt
ymagweddiad, *eg, ll* -au, attitude
 prawf ymagweddiad, *eg*, attitude test
ymarddangos, *be*, self-display
ymarddel, *be*, identify oneself with
ymarfer, *be*, rehearse; *eb, ll* -ion, exercise; practice
ymarfer abdomen, abdominal exercise
ymarfer adfer, remedial exercise
ymarfer bol, abdominal exercise
ymarfer bongorff, trunk exercise
ymarfer crynswth, block-practice
ymarfer cyfadfer, compensatory exercise
ymarfer graddedig, progressive exercise
ymarfer ochrol, lateral exercise
ymarfer rhydd, free practice
ymarfer uwchgefn, dorsal exercise
ymarfer ystwytho, agility exercise
ymarferiad, *eg, ll* -au, practice
ymarferol, *a*, practical
 ffactor ymarferol, *egb*, practical factor
ymarferydd, *eg, ll* -ion, practitioner
ymarweddiad, *eg, ll* -au, conduct; deportment
ymarweithio, *be*, interact
ymasiad, *eg, ll* -au, fusion
ymatblyg, *a*, reflexive
ymatchwelaidd, *a*, autoregressive
ymatchweliad, *eg, ll* -au, autoregression
ymateb, *be*, respond; *eg, ll* -ion, reaction; response
 ymateb lluniedig, constructed response
 ymateb rhagddyfalu, anticipatory reaction
 ymateb rhagddyfalus, anticipatory reaction
ymbelydraidd, *a*, radioactive
ymbelydredd, *eg*, radioactivity
ymbelydrol, *a*, radioactive
ymblaid, *eb, ll* ymbleidiau, faction
ymbortheg, *egb*, dietetics
ymborthiant, *eg, ll* ymborthiannau, foodstuff
ymchwiliad, *eg, ll* -au, research; inquisition; inquest

ymchwiliad cyhoeddus, public inquiry
ymchwiliwr, *eg, ll* ymchwilwyr, researcher; inquisitor
ymchwydd, *eg, ll* -iadau, surge; swell; upswelling
ymchwyddo, *be*, swell
ymdaith, *eb, ll* ymdeithiau, march
ymdawelwch, *eg*, repose
ymdeimlad, *eg, ll* -au, feeling
ymdeithio, *be*, march
ymdoddbwynt, *eg, ll* -iau, melting point
ymdoddi, *be*, melt
 pwynt ymdoddi, *eg*, melting point
ymdoddiad, *eg, ll* -au, fusion
ymdonni, *be*, undulate
ymdorchi, *be*, wring
ymdoriad, *eg, ll* -au, faulting
ymdorri, *be*, fault
ymdrech, *eb, ll* -ion, effort
ymdrechiad, *eg, ll* -au, conation
ymdreiddiad, *eg, ll* -au, infiltration
ymdreiddio, *be*, infiltrate
ymdriniaeth, *eb, ll* -au, handling
ymdwymo, *be*, warm up
ymdyrru, *be*, engross; clump
ymddangos, *be*, appear
 ymddangos mewn drama, appear in a play
ymddangosol, *a*, apparent
ymddaliad, *eg, ll* -au, posture
ymddatblygiad, *eg, ll* -au, self-development
ymddibrisiad, *eg, ll* -au, self-depreciation
ymddibyniant, *eg, ll* ymddibyniannau, dependence
ymddiddan, *eg, ll* -ion, conversation
 darlun ymddiddan, *eg*, conversation piece
ymddiddymiad, *eg*, liquidation
ymddiriadaeth, *eb*, trusteeship
ymddiried, *be*, trust; *eg, ll* -au, confidence
ymddiriedaeth, *eb, ll* -au, trust
ymddiriedol, *a*, fiduciary
 cylchrediad ymddiriedol, *eg*, fiduciary circulation
ymddiriedolaeth, *eb, ll* -au, trust
 dogfen ymddiriedolaeth, *eb*, trust deed

ymddiriedolwr, *eg, ll* -wyr, trustee
ymddiswyddiad, *eg, ll* -au, resignation
ymddygiad, *eg, ll* -au, behaviour; conduct
gŵyr-ymddygiad, deviant behaviour
ymddygiad anfonheddig, ungentlemanly conduct
ymddygiadaeth, *eb,* behaviourism
ymelwa (ar), *be,* exploit
ymelwad, *eg, ll* -au, exploitation
ymennydd, *eg, ll* ymenyddiau, brain
gallu ymenyddol, *eg,* brainpower
tref ymennydd, *eb,* brainstown
ymerodraeth, *eb, ll* -au, empire
Yr Ymerodraeth Rufeinig Santaidd, Holy Roman Empire
ymerodraethol, *a,* imperial
ymestyn, *be,* lengthen; extend; stretch
ymestyniad, *eg, ll* -au, stretch; extension
ymfalurio, *be,* crumble
ymfudo, *be,* emigrate
ymfudwr, *eg, ll* ymfudwyr, emigrant
ymganoli, *be,* concentrate
ymgasgliad, *eg, ll* -au, accretion
ymgasgliad rhyngserol, interstellar accretion
ymgeledd, *eg, ll* -au, care
bocs ymgeledd parod, *eg,* first aid box
ymgeledd parod, first aid
ymgilgar, *a,* withdrawn; retiring
ymglymedig, *a,* involved
ymglymiad, *eg, ll* -au, involvement
ymglymu, *be,* involve
ymgodi, *be,* uplift; heave
ymgodiad, *eg, ll* -au, uplift
ymgodol, *a,* elevated; uplifted
lledwastad ymgodol, *eg,* uplifted peneplain
ymgomwest, *eb, ll* -i, conversazione
ymgorffori, *be,* incorporate
ymgrymiad, *eg, ll* -au, bow
ymgrymu, *be,* bow
ymgyfnewid, *be,* interchange
ymgyfnewidiol, *a,* interchangeable
ymgyfraniad, *eg, ll* -au, involvement
ymgyfreitha, *be,* litigate
ymgyfreithgar, *a,* litigious
ymgyfreithiad, *eg,* litigation
ymgyfreithiwr, *eg, ll* -wyr, litigant
ymgynghori, *be,* counsel
ymgynghorol, *a,* advisory
ymgynghorwr, *eg, ll* ymgynghorwyr, consultant
ymgymhwyso, *be,* qualify
ymgynhaliad, *eg,* deportment
ymgynhaliol, *a,* subsistence
ffarmio ymgynhaliol, subsistence farming
ymgynhesu, *be,* warm up
ymgynnal, *be,* support; *eg,* support
ymgynnal blaen, front support
ymgynnal cytbwys, balance support
ymgynnal ochr, side support
ymgynnull, *be,* gather
ymhaliad, *eg,* heave
ymhalio, *be,* heave
ymhinsoddi, *be,* acclimatize
ymhlyg, *a,* implicit
ymhlygiad, *eg, ll* -au, implication
ymhlygu, *be,* imply
ymhoelyd, *be,* topple
ymholi, *be,* inquire
ymholiad, *eg, ll* -au, inquiry
tâl ymholiad, *eg,* inquiry fee
ymhollti, *be,* fission
cynnyrch ymhollti, *eg,* fission product
ymholltiad, *eg, ll* -au, fission
ymholltus, *a,* fissile
ymhonnwr, *eg, ll* ymhonwyr, pretender
ymlaciad, *eg, ll* -au, relaxation
ymlacio, *be,* relax
ymlaen, *ad,* forward
ymlaen ac i fyny, forward and upward
ymlaen ac i lawr, forward and downward
ymlaen ac i'r ochr, forward and sideways
ymlaen ac yn ôl, forward and backward
ymlaesu, *be,* relax
ymlediad, *eg, ll* -au, dilation; expansion
ymledol, *a,* postrate
ymledydd, *eg, ll* -ion, runner (*B*)
ymlid, *be,* chase

ymlusgiad, *eg*, *ll* **ymlusgiaid**, reptile
ymlusgo, *be*, crawl
  ymlusgo ar y cefn, back crawl
ymlyniad, *eg*, *ll* -au, adherence; adhesion; loyalty
ymneilltuaeth, *eb*, dissent
ymneilltuol, *a*, dissenting
ymneilltuwr, *eg*, *ll* **ymneilltuwyr**, dissenter
ymnerth, *eg*, vigour
ymolchfa, *eb*, *ll* **ymolchfeydd**, bathroom; lavatory
ymoleuedd, *eg*, luminescence
ymollwng, *be*, let oneself go; relax; creep
ymosod, *be*, attack; assault; *eg*, attack; assault
  ymosod anweddus, indecent assault
  ymosod â'r min, attack with edge
  ymosod â'r pwynt, point attack
  ymosod a tharo, assault and battery
  ymosod ar X a'i tharo, assault and beat X
  ymosod ar y llafn, attack on the blade
  ymosod cyfun, compound attack
  ymosod cyffredin, common assault
  ymosod ffals, false attack
  ymosod gan fwriadu lladrata oddi ar, assault with intent to rob
  ymosod syml, simple attack; common assault
ymosodedd, *eg*, *ll* -au, aggression
ymosodgar, *a*, aggressive
ymosodgaredd, *eg*, *ll* -au, aggressiveness
ymosodiad, *eg*, *ll* -au, attack; assault
  ffug ymosodiad, feint of attack
  ymosodiad blaen, frontal attack
ymosodol, *a*, aggressive; offensive
ymosodwr, *eg*, *ll* **ymosodwyr**, attacker; attack
  ymosodwr asgell, wing attack
ymostwng, *be*, submit; capitulate; *eg*, *ll* **ymostyngau**, capitulation; resignation
ympowndio, *be*, impound
ymrain, *be*, impregnate

ymread, ymreiniad, *eg*, *ll* -au, impregnation
ymreinio, *be*, impregnate
ymreolaeth, *eb*, autonomy
ymreolaethol, *a*, autonomous
ymresymiad, *eg*, *ll* -au, argument; reasoning
ymroad, *eg*, *ll* -au, addiction
ymrwymedig, *a*, engaged
ymrwymiad, *eg*, *ll* -au, engagement; recognizance
ymrwymo, *be*, enter into recognizance
ymsoddi, *be*, merge
ymsoddiad, *eg*, *ll* -au, merger
ymsuddiant, *eg*, *ll* **ymsuddiannau**, subsidence
ymsylweddoliad, *eg*, *ll* -au, self-realisation
ymsuddo, *be*, subside
ymudol, *a*, motor
ymuniaethu â, *be*, identify oneself with
ymwahaniaeth, *eb*, separatism
ymwahanwr, *eg*, *ll* **ymwahanwyr**, separatist
ymwaith, *eg*, *ll* **ymweithiau**, reaction
  ymwaith biuret, biuret reaction
  ymwaith cadwynol, chain reaction
ymweiniad, *eg*, *ll* -au, invagination
ymweithio, *be*, react
ymweithredydd, *eg*, *ll* -ion, reagent
ymweithydd, *eg*, *ll* -ion, reactor
  ymweithydd bridiol, breeder reactor
ymweld â, *be*, visit
ymweliadol, *a*, visiting
  athro ymweliadol, *eg*, visiting teacher
ymwelydd, *eg*, *ll* **ymwelwyr**, -ion, visitor
ymwneiddiog (oddi wrth, rhag, i), *a*, immune (from, against, to)
ymwthiad, *eg*, *ll* -au, intrusion; jutting; thrusting
  ymwthiad cytunol, concordant intrusion
ymwthio, *be*, jut
ymwybod, *eg*, consciousness
  ffin ymwybod, *eb*, threshold of consciousness

maes yr ymwybod, *eg*, field of consciousness
ymwybyddiaeth, *eb*, *ll* -au, consciousness
ymyl, *egb*, *ll* -on, edge; margin
riff ymyl, *eg*, fringing reef
rhyddell ymyl, *eb*, margin release
stop ymyl, *eg*, margin stop
ymyl befel, bevelled edge
ymyl crai, raw edge
ymyl ddiogel, safe edge
ymyl fain, arris
ymyl llifddant, sawtooth edge
ymyl rhwymo, binding margin
ymyl syth, straight edge
ymyl weithiol, working edge; face edge
ymyled, *eg*, *ll* -au, coaming (of ship)
ymylriffiau, *ell*, fringing reefs
ymylu, *be*, adhere; abut; take side position
ymyluniad, *eg*, *ll* -au, edge joint
ymyluno, *be*, edge jointing
ymylwaith, *eg*, *ll* ymylweithiau, ending
ymyradur, *eg*, *ll* -on, interferometer
ymyriant, *eg*, *ll* ymyriannau, interference
ymyrraeth, *eb*, *ll* ymyraethau, interference
ymysgu, *be*, fold in
ynad, *eg*, *ll* -on, magistrate
ynad cyflog, stipendiary magistrate
Ynad Heddwch, Justice of the Peace
ynad lleyg, lay magistrate
Ynadaeth, *Yr*, *eb*, Magistracy
yndeintiad, *eg*, *ll* -au, indentation
yndeintio, *be*, indent
yndeintur, *eg*, *ll* -au, indenture
ynfydrwydd, *eg*, insanity
ynfytyn, *eg*, *ll* ynfydion, idiot
ynfytyn talentog, idiot savant
ynni, *eg*, energy
ynyden, *eb*, *ll* ynydau, initial
ynydu, *be*, initial
ynys, *eb*, *ll* -oedd, island; isle
ynysoedd Langerhans, islets of Langerhans
ynysedig, *a*, insulated
ynysfor, *eg*, *ll* -oedd, archipelago
ynysiad, *eg*, *ll* -au, insulation
ynysig, *eb*, *ll* -au, islet
ynysog, *a*, insulated
ynysol, *a*, insular
ynysu, *be*, insulate
ynysydd, *eg*, *ll* -ion, insulator
ysbaddu, *be*, splay
ysbaenoled, *eg*, *ll* -au, espagnolette
ysbardun, *eg*, *ll* -au, spur
ysbardunau pleth, interlocking spurs
ysbardun blaendor, truncated spur
ysbardun trwyndwn, truncated spear
ysbawd, *eb*, *ll* -iau, shoulder
ysbeidiol, *a*, occasional; casual; intermittent
ffrwd ysbeidiol, *eb*, occasional stream
llafur ysbeidiol, *eg*, casual labour
porthi ysbeidiol, *eg*, intermittent feeding
ysbeiliad, *eg*, *ll* -au, robbery
ysbeiliad drwy drais, robbery with violence
ysbeilio, *be*, rob
ysbrigyn, *eg*, *ll* ysbrigau, twig
ysbryd, *eg*, *ll* -ion, spirit
ysbrydoliaeth, *eb*, *ll* -au, inspiration
Ysbytai'r Frawdlys, *ell*, Inns of Court
Ysbyty Clifford, Clifford's Inn
Ysbyty Gray, Gray's Inn
Ysbyty Lincoln, Lincoln's Inn
Ysbyty Ceisiaid, Serjeants' Inn
Ysbyty'r Inner Temple, Inner Temple
Ysbyty'r Middle Temple, Middle Temple
ysbyteiddio, *be*, hospitalise
ysbyty, *eg*, hospital
anfon i'r ysbyty, *be*, hospitalise
ysbyty arunigedd, isolation hospital
ysbyty cyffredinol, general hospital
ysbyty mamolaeth, maternity hospital
ysbyty seiciatrig, psychiatric hospital
ysgafell, *eb*, *ll* -oedd, ledge

ysgafnhad, *eg,* relief
ysgafnhad comic, comic relief
ysgariad, *eg, ll* -au, divorce
ysgarth, *eg, ll* -ion, excretion
ysgarthbel, *eb, ll* -i, turd
ysgarthiad, *eg, ll* -au, excretion
ysgarthion, *ell,* faeces
ysgarthu, *be,* excrete
ysgawen, *eb, ll* ysgaw, elder
ysgeintell, *eb, ll* -i, sprinkler
ysgeintiad, *eg, ll* -au, sprinkle; sprinkling
ysgeintio, *be,* sprinkle
ysgewyll Brussels, *ell, un* (y)sgewyllen, Brussels sprouts
ysgogiad, *eg, ll* -au, impulse; incentive; impetus
ysgogiad di-wrthdro, irresistible impulse
ysgogiad rhywiol, sexual impulse
ysgol, *eb, ll* -ion, school; ladder
Cyngor Ysgolion, *eg,* Schools Council
gêm sarff ac ysgol, *eb,* snakes and ladders
ysgol amaethyddol gyntaf, junior agricultural school
ysgol amlochrog, multilateral school
ysgol annibynnol, independent school
ysgol arbennig, special school
ysgol ardal, area school
ysgol arlwyaeth, catering school
ysgol breswyl, boarding school
ysgol dechnegol, technical school
ysgol dechnegol gyntaf, junior technical school
ysgol drydyddol, tertiary school
ysgol ddeuryw, two sex school; co-educational school
ysgol ddiddarpariaeth, non-provided school
ysgol ddiwydiant, school of industry
ysgol ddiwygio, reformatory school
ysgol ddwyochrog, bilateral school
ysgol elusennol, charity school
ysgol feithrin, nursery school
ysgol fonedd, public school

ysgol fones, dame school
ysgol fonitoraidd, monitorial school
ysgol fraich, arm ladder
ysgol freiniol, public school
ysgol Frutanaidd, British school
ysgol ffenestr, window ladder
ysgol ganolog, middle school; central school
ysgol ganolradd, intermediate school
ysgol genedlaethol, national school
ysgol grant union, direct grant school
ysgol grefft, trade school
ysgol gydaddysgol, co-educational school
ysgol gyfun, comprehensive school
ysgol gyngor, council school
ysgol gylchynnol, circulating school
ysgol gymorthedig, aided school
ysgol gynradd, primary school
ysgolion gweithiau, works' school
ysgol nos, evening school
ysgol plant bach, infants' school
ysgol plant hŷn, senior school
ysgol plant iau, junior school
ysgol pob oed, all-range school
ysgol radd uwch, higher grade school
ysgol raff, rope ladder
ysgol ramadeg, grammar school
ysgol reoledig, controlled school
ysgol sir, county school
ysgol un rhyw, single sex school
ysgol uwchradd, secondary school
ysgol waddoledig, endowed school
ysgol warchod, approved school
ysgol wersyll, camp school
ysgol wirfoddol, voluntary school
ysgol wirfoddol dan gytundeb arbennig, special agreement school
ysgol y brig, fly ladder (*Th*)
ysgol ysbyty, hospital school
ysgol y wladwriaeth, state school
ysgolen, *eb, ll* -ni, ladder (e.g. in stocking)
ysgoli, (y)sgolennu, *be,* ladder

ysgolwr, *eg, ll* -wyr, schoolman
ysgor, *eb, ll* -au, citadel
ysgothi, *be,* scour
  ysgothi gwyn, white scour
ysgraff, *eb, ll* -au, barge
ysgrifell, *eb, ll* -au, scriber
ysgrifellu, *be,* scribe
ysgrifennydd, *eg, ll* ysgrifenyddion, secretary
  Ysgrifennydd Gwladol, Secretary of State
  Ysgrifennydd Gwladol dros Addysg, Secretary of State for Education
ysgrifner, *eg, ll* -iaid, scrivener
ysgryd, *eg,* shivering
ysgub, *eb, ll* -au, sheaf
ysgutor, *eg, ll* -ion, executor
ysgutores, *eb, ll* -au, executrix
ysguthan, *eb, ll* -od, wood pigeon
ysgwier, *eg,* esquire; squire
  Ysgwier o Gorff y Brenin, Esquire of the King's Body
  Ysgwier o Gorff y Frenhines, Esquire of the Queen's Body
ysgwieriaeth, *eb,* squirearchy
ysgwtreth, *eb,* scutage
ysgwyd, *be,* shake
ysgwydd, *eb, ll* -au, shoulder
  dolur ysgwydd, *eg,* shoulder galls
  llinell ysgwydd, *eb,* shoulder line
  pont yr ysgwydd, *eb,* clavicle
  ysgwyddau llidus, fistulous withers
ysgwyddlen, *eb, ll* -ni, stole
ysgwyddo, *be,* shoulder
ysgyfant, *eg, ll* ysgyfaint, lung
ysgyfarnog, *eb,* hare
  ysgyfarnog jwg, jugged hare
ysgyfeiniol, *a,* pulmonary
ysgyfeinwst, *eg,* strangles
ysgymuniad, *eg,* excommunication
ysgymuno, *be,* excommunicate
ysgytwad, *eg, ll* -au, shock; shaking
ysgythrad, *eg, ll* -au, abrasion
ysgythriad, *eg, ll* -au, etching
ysgythru, *be,* etch
  grwnd ysgythru, *eg,* etching ground
  ysgythru ar rwnd meddal, soft ground etching
  ysgythru sychbwynt, drypoint etching

ysgythrydd, *eg, ll* -ion, burin; graver
ysnoden, *eb,* gleet
ysnodi, *eg,* coryza
ystad, *eb, ll* -au, estate
  ystad real, real estate
ystadegaeth, *eb,* statistics
ystadegau, *ell,* statistics
  ystadegau bywyd, vital statistics
ystadegeg, *egb,* statistics
ystaden, *eb, ll* -ni, -nau, furlong
ystafell, *eb, ll* -oedd, room
  ystafell bowdro, powder room
  ystafell ddangos, showroom
  ystafell fyw a chysgu, bedsitter
  ystafell gotiau, cloakroom
  ystafell newid cyflym, quick change room
ystafellwr, ystafellydd, *eg, ll* ystafellwyr, -ion, chamberlain
ystent, *egb,* extent
ystlys, *egb, ll* -au, side; flank; limb; aisle
  llinell ystlys, *eb,* touch-line
  ystlys denau, thin flank
  ystlys dew, thick flank
  ystlys fflat, slide
  ystlys mochyn, flitch of bacon
  ystlys y geisfa, touch in goal
ystlyswr, *eg, ll* -wyr, linesman; sidesman; touch judge
ystod, *eb, ll* -au, range
ystof, *eb, ll* -au, warp
  ystof ac anwe, warp and weft
ystofi, *be,* warp; cast on
ystola, *eb, ll* ystolau, stole
ystorus, *a,* resinous
ystrad, *eg, ll* -au, dale; strath
ystrêd, *eb, ll* ystredau, estreat
ystredu, *be,* estreat
ystrydeb, *eb, ll* -au, cliché; stereotybe
ystrydebaidd, *a,* stereotyped
ystrydebu, *be,* stereotype
ystum, *egb, ll* -iau, bend; gesture; meander; shape; form
  craith ystum, *eb,* meander scar
  strimyn ystumiau, *eg,* meander belt
  ystum culrych, entrenched meander
  ystum lledrych, ingrown meander
  ystum rhychiog, incised meander

ystumiad, *eg, ll* -au, distortion
ystumiaeth, *eb, ll* -au, chironomy
ystumio, *be,* meander
ystumllyn, *eg, ll* -noedd, -nau, mortlake; ox-bow lake; abandoned meander
ystwffwl, *eb, ll* ystyffylau, staple
ystwythder, *eg, ll* -au, agility
ystyfnigrwydd, *eg,* obstinacy
ystyllen, *eb, ll* ystyllod, board
ystyllen ddraenio, draining board
ystyllen falu, chopping board
ystyllen grwst, pastry board
ystyr, *egb, ll* -ron, meaning; sense
ystyr fewnol, inner meaning
ystyriaeth, *eb, ll* -au, consideration; deliberation
ystyriaethau lliniarol, mitigating circumstances
ystyried, *be,* consider
ystyrlon, *a,* meaningful
yswiradwy, *a,* insurable
diddordeb yswiradwy, *eg,* insurable interest
yswiro, yswirio, *be,* insure
yswiriant, *eg, ll* yswiriannau, insurance
yswiriant cyfun, comprehensive insurance
Yswiriant Gwladol, National Insurance
yswiriant heb gyfartalu, free of average insurance
yswiriant trydydd person, third party insurance
yswiriedig, *a,* insured
poblogaeth yswiriedig, *eb,* insured population
yswr, *eg, ll* -wyr, consumer
ywen, *eb, ll* yw, yew

Z

zenith, *eg,* zenith
zero, *eg, ll* -au, zero; nought
zip, *eg, ll* -iau, zip
zona pelwcida, zona pellucida
zoöleg, *egb,* zoölogy
zoösbor, *eg, ll* -au, zoöspore

zygomorffig, *a,* zygomorphic
zygosbor, *eg, ll* -au, zygospore
zygot, *eg, ll* -au, zygote
zygotên, *eg, ll* -ni, zygotene
zymas, *eg,* zymase